A Course in Miracles

Vol.I TEXT

ナチュラルスピリット

奇跡のコース

第一巻／テキスト

ヘレン・シャックマン 記
ウィリアム・セットフォード、ケネス・ワプニック 編
大内 博 訳

まえがき

このまえがきは『奇跡のコース』についての簡潔な紹介文が欲しいとの数多くの要請に応えて一九七七年に書かれたものです。最初の二つの部分、〝どのようにして誕生したか〟と〝『奇跡のコース』とは何か〟はヘレン・シャックマン自身によって書かれ、最後の部分、〝奇跡のコースは何を語るか〟はまえがきの中で記述されている内なる口述筆記のプロセスによって書かれたものです。

どのようにして誕生したか

『奇跡のコース』は二人の人物が一つの共通の目標において力を合わせると突然決断したことによって始まりました。二人の名前はヘレン・シャックマンとウィリアム・セットフォードで、共にニューヨーク市のコロンビア大学の内外科学部で医学心理学を教える教授でした。この物語は「神」の手にかかればすべてが可能であるということを除けば、彼らがどんな人物であったかは重要な問題ではありません。二人はスピリチュアルと言うにはほど遠い存在でした。二人の関係は困難なもので、多くの場合緊張した状態にあり、二人は個人的にも職業的にも認知され地位を得ることに関心をもっていました。概して、二人は俗世間の価値に相当な投資をしていました。二人の人生は『奇跡のコース』が唱導するいかなる教えともほとんど一致するものではありませんでした。『奇跡のコース』を受け取ったヘレンは自分自身を次のように描写しています。

> 理論的には保守的な心理学者および教育者であり、信条的には無神論者であった私は、格式の高いきわめて学術的な環境の中で仕事をしていました。それからあることが起こり、私には予測しようにも絶対予測できなかったような一連の出来事が次々と誘発されました。私が所属していた学部の学部長が、教授団の態度に映し出される怒りと攻撃的な感情には嫌気がさしたと突然宣言し、〝別なやり方があるに違いない〟と結論を下しました。まるでその合図を待っていたかのように、私はそのやり方を見つけることに同意しました。『奇跡のコース』がその別なやり方であることは明らかです。

二人の意図は真剣なものでしたが、この共同プロジェクトに着手するのは容易なことではありませんでした。しかし、二人は「聖霊」に〝僅かの意欲〟を示したのであり、『コース』自身が何度も強調することになりますが、「聖霊」がいかなる状況であれ「聖霊」の目的のために活用し、その状況に「聖霊」の力を付与するためには、〝僅かの意欲〟で十分なのです。

ヘレンの一人称の語りを続けることにしましょう。

> 実際に書き始めるまでに驚きに満ちた三ヵ月の時間がありましたが、この間に、私のもとにやって来つつあったきわめて象徴的な夢を書きとめ、奇妙なイメージを描写することをビル（ウィリアム・セットフォード）

は提案しました。その時点では予想外の事柄に慣れつつありましたが、〝これは奇跡についてのコースです〟と書き出したときには非常に驚きました。それが最初に聞いた「声」でした。音が聞こえるわけではなく、非常に早口の内的な口述筆記のような感じで、私はその内容を速記のノートに書きとめました。記述が自動的に行われたことは一度もありません。いつ中断しても後で再びそこから開始することができました。これによって非常に不快な感情を体験しましたが、やめることを真剣に考えたことはありませんでした。それはなぜかは分かりませんが、どこかで、遂行することに同意した特別な任務であるように思われました。これはビルと私自身の真の意味での協力的な冒険的な試みであり、重要性の多くはその事実にあると私は確信しています。私はその「声」が〝言った〟ことを書きとめ、次の日にそれをビルに向かって読み上げ、ビルは私の口述筆記に従ってタイプしました。ビルもまた特別な任務をもっていたのだと思います。ビルの励ましと支持がなければ、任務を果たすことは決してできなかったでしょう。このプロセス全体に七年を要しました。最初に「テキスト」が来て、次に、「学習者のためのワークブック」、最後に、「教師のためのマニュアル」が来ました。ごく少数の修正しか加えられていません。テキストには章のタイトルと節の見出しが挿入されました。最初のほうでなされた個人的な事柄についての言及は省略しました。これを除けば、この資料は実質的に修正されていません。

『コース』を記録するに際して協力した人々の名前は本書（原書）の表紙には記載されていません。その理由は、『コース』は独立して立つことができるものであり、また、そうであるべきだからです。本書はカルトの土台となるように意図されたものではありません。唯一の目的は、人々が自分自身の「内なる教師」を発見する一つの方法を提供することにあります。

『奇跡のコース』とは何か

タイトルが暗示するように、『コース』の全体は教えるための手段として構成されています。（原書で）669ページの「テキスト」（日本語版915ページ）、（原書で）488ページの「学習者のためのワークブック」、（原書で）92ページの「教師のためのマニュアル」の三冊で構成されています。学習者がこれらの本を活用する選択をするにあたっての順序や学び方は、学習者自身のそれぞれの必要性や好みに任されています。

『コース』が提示するカリキュラムは注意深く考案されたものであり、理論的なレベルにおいても、実践的なレベルにおいても、一歩一歩説明されています。理論よりも応用することを強調し、神学よりも体験が強調されています。『コース』は特に、〝普遍的な神学は不可能ですが、普遍的な体験は可能であるだけでなく必要なものです〟（「マニュアル」原書77ページ）と具体的に述べています。言葉づかいはキリスト教的ですが、『コース』は普遍的で霊的なテーマを扱っています。『コース』は普遍的なカリキュラムの一つのヴァージョンにすぎないことを強調しています。このほかに数多くのものがあり、この『コース』は形においてそれらと異なっているということです。すべてのカリキュラムが究極的には「神」のもとへと導きます。

「テキスト」は主として理論的であり、『コース』の思考体系の基本となっている概念を説明しています。「テキスト」の諸々の考えの中に「ワークブック」のレッスンのための論拠が含まれています。「ワークブック」が提供する具体的な応用法がなければ、「テキスト」は大体において一連の抽象的な概念にとどまり、『コース』が目指す思考の逆転をもたらすにはあまり十分とは言えなくなるでしょう。

「ワークブック」には365のレッスンが含まれ、一年の一日一日に対して一つのレッスンが用意されています。しかしながら、レッスンをそのペースでやる必要はなく、特定の魅力を感じたレッスンに一日以上を費やしたいと思う方もいるかもしれません。一日につき一つ以上のレッスンを試みないこと、それだけが指示されています。「ワークブック」の実用的な性質は、レッスンに対する序文の中で裏付けられています。この序文では、霊的な目標に前もってコミットするよりも応用を通しての体験の重要性が強調されています。

> ワークブックが提示する考えの中には読者が信じがたいと思うものもあるでしょう。中にはきわめて驚くべきものもあることでしょう。これは問題ではありません。考えを指示されているように応用することを求められているだけです。それらの考えの価値判断をすることは求められていません。それらの考えを活用することを求められているだけです。それらの概念を活用することによってあなたに意味が与えられ、その真実性が示されることになるでしょう。
>
> これだけを覚えておいてください。これらの考えを信じる必要はなく、受け容れる必要もなく、歓迎する必要すらありません。考えの一部に対してあなたは強く抵抗することもあるかもしれません。そうしたことのすべては問題ではなく、それによってこれらの考えの効力が減じることもありません。しかし、ワークブックに含まれる考えを例外なく応用してください。そして、それらの考えに対するあなたの反応が何であろうとも、その考えを活用してください。それ以上のことは何も必要ではありません。
>
> （「ワークブック」原書2ページ）

最後に、「教師のためのマニュアル」ですが、これはQ＆Aの形式で書かれていて、学習者が疑問をもつ可能性の高い質問に対する答えを提供しています。同時に、『コース』が使用する用語の一部が明確にされ、「テキスト」の理論的な枠組みの中でそれらの用語が説明されています。

『コース』はこれですべてが解決するという主張はしておらず、「ワークブック」もまた、学習者の学びの完了をもたらすことを意図していません。最後に読者は自分自身の「内なる教師」の手に委ねられることとなり、この「内なる教師」が適切と見なす学びを引き続き方向づけていくことになります。『コース』はその規模において包括的なものですが、真実は特定の限定された形に制限することは不可能です。そのことは「ワークブック」の最後の文言の中で明確に認められています。

> **この「コース」は始まりであって終わりではありません……これ以上の具体的なレッスンは課されません。というのは、これ以上必要ではないからです。したがって、「神の声」だけを聞いてください……「神」があなたの努力に方向性を与えられるでしょう。そして、何をなすべきか、マインドをどのように方向づけるべきか、確実な方向づけと「神」の確かな言葉を求めて沈黙の中で「神」のもとにいつやって来るべきかを厳密に教えてくださるでしょう。**
>
> （「ワークブック」原書487ページ）

『奇跡のコース』は何を語っているか

実在するものは存在を脅かされることはありません。

非実在なるものは存在しません。
ここに「神」の安らぎがあります。

『奇跡のコース』はこれらの言葉で始まります。実在的なものと非実在的なもの、知識と知覚の基本的な区別がなされます。一つの法則、すなわち、愛の法則ないしは「神」の法則のもとにおいて、知識は真実です。真実は変更不可能であり、永遠であり、あいまいではありません。真実は認識不可能であるかもしれませんが、変更することは不可能です。真実は「神」が創造されたすべてのものにあてはまり、「神」が創造されたものだけが実在します。それは学びを超越したものです。なぜなら、真実は時間とプロセスを超越しているからです。真実と反対のものはなく、始まりもなく、終わりもありません。真実はただ存在します。

一方において、知覚の世界は時間の世界であり、変化の世界であり、始まりと終わりの世界です。知覚の世界は事実ではなく解釈に基づいています。知覚の世界は誕生と死の世界であり、不足・喪失・分離・死を信じることの上に築かれています。それは与えられた世界というよりも学ばれた世界であり、選択的に知覚的な強調がなされており、機能性において不安定であり、解釈は不正確です。

知識と知覚のそれぞれから、二つの明確に異なった思考体系が生じ、それらはすべての点において正反対です。知識の世界においてはいかなる思いも「神」を離れて存在することはありません。なぜなら、「神」と「神の創造物」は一つの「意志」を共有するからです。しかしながら、知覚の世界は対立するもの・分離した意志・お互い同士および「神」との不断の葛藤を信じることによって作られています。知覚によって見聞きするものは実在するように見えます。なぜなら、知覚は知覚者の欲求にあったものだけを意識の中に入れることを許容するからです。これは幻想の世界を導きます。すなわち、まさに実在しないが故に絶えず防御を必要とする世界を導きます。

知覚の世界に捕らわれているとき、あなたは夢に捕らわれています。助けがなければそこから脱出することはできません。なぜなら、あなたの感覚が示すものはすべて夢の実在性を証言するからです。「神」が「答え」を提供してくださっています。それは唯一の「脱出口」であり、真の「助力者」です。二つの世界の仲立ちをすることは「神の声」である「神の聖霊」の機能です。「聖霊」にこれができるのは、一方において真実を知りながら、他方において、私たちの幻想も認識しているからです。しかしながら、幻想を信じてはいないからです。思考を逆転し間違いを捨てる方法を教えることによって、私たちがこの夢から脱出する手伝いをすることが「聖霊」の目標です。この思考の逆転をもたらすにあたって、ゆるしが「聖霊」の偉大なる学びの補助教材です。しかしながら、『コース』はこの世界を独自の方法で定義しているのと同じように、ゆるしが実際に何であるかに関して独自の定義をしています。

私たちが見る世界は私たち自身の内的な参照の枠組みを反映しているにすぎません。私たちのマインドの中にある支配的な考え、欲求、感情を反映しているにすぎません。〝投影が知覚を作ります〟（「テキスト」原書445ページ、日本語版607ページ）。私たちは最初に内面を見てどのような世界を見たいかを決断し、それからその世界を外部へと投影し、それを自分に見える真実にします。見ているものが何であるかについて解釈することによってそれを真実にします。私たち自身の間違い、たとえば、怒り、攻撃したいという衝動、どのような形であれ愛の欠如といったものを正当化するために知覚を利用すれば、邪悪・破壊・悪意・羨望・絶望の世界を見ることになります。ゆるすためにはこうしたことのすべてを学ばなければなりませんが、それは私たちが〝善良〟で〝慈善的〟だからではありません。私たちが見ているものが真実ではないからです。私たちは歪められた防御によってこの世界を歪曲させてしまったために、存在しないものを世界の中に見ています。知覚的な過ちを認識するにつれて、過ちを見過ごすこともできるようになり、〝ゆるす〟ことができるようになります。同時に、自分自身をもゆるし、歪められた自己概念を見過ごして、「神」が私たちの中に私たちとして創造された「自己」を見ます。

罪は〝愛の欠如〟として定義されます（「テキスト」原書11ページ、日本語版12ページ）。愛だけが存在するが故に、罪は「聖霊」の目で見ると罰せられるべき悪であるというよりも修正されるべき間違いです。私たちがもっている不十分という感覚、虚弱という感覚、不完全という感覚は、幻想の世界を支配する〝不足の原理〟にしっかりと投資していることが原因です。この観点からすると、私たちは自分に欠けていると感じるものを他者の中に求めます。自分のために何かを得るために他者を〝愛します〟。実際の話、夢の世界においてはそれが愛として通用しています。これよりも大きな間違いはありません。というのは、愛は何も依頼することはできないからです。

マインドだけが一緒になることができます。そして、神が一緒にされたものを誰も別々にすることはできません（「テキスト」原書356ページ、日本語版487ページ）。しかしながら、真の結合が可能であるということ、そして、結合が一度も失われたことはないというのは「キリストのマインド」のレベルにおいてだけです。〝矮小な私〟は外見、外的な所有物、外的な〝愛〟によって自らを高めようとします。「神」が創造された「自己」は何も必要とはしません。それは永遠に完璧であり、安全であり、愛されており愛に満ちています。それは得るよりも分かち合うことを求め、投影するよりも延長することを求めます。それには必要なものはなく豊かさをお互いに自覚しているところから他者と一緒になることを望みます。

この世界の特別な関係は破壊的であり、自己中心的であり、子供じみた利己主義に基づいています。しかしながら、「聖霊」に与えられれば、これらの関係は地上において最も神聖なものとなることができます。「天国」に帰る道を示す奇跡になることができます。この世界は特別な関係を排除するための最終的な武器として用い、分離の実証例として用います。「聖霊」は特別な関係をゆるすにあたっての、そして、夢から目覚めるにあたっての完璧なレッスンに変容させます。一つ一つの特別な関係が、知覚を癒し、過ちを修正するための機会です。一つ一つの特別な関係が、他者をゆるすことによって自分自身をゆるすためのもう一つの機会です。そして、一つ一つの特別な関係が、「聖霊」へのもう一つの誘《いざな》いとなり、「神」を思い出す誘いとなります。

知覚は肉体の機能であり、したがって、意識の制限を代表しています。知覚は肉体の目を通して見て、肉体の耳を通して聞きます。知覚は肉体が起こす制限された反応を呼び起こします。肉体は大体において自立的で独立しているように見えますが、実際にはマインドの意図に対してのみ反応します。マインドがいかなる形であれ肉体を攻撃のために利用しようとすると、肉体は病気、年齢、衰退の餌食となります。その代わりにマインドが「聖霊」の目的を受け容れると、肉体は他者とコミュニケーションをとるための有効な方法となり、必要とされる限りにおいては傷つけられることはなく、使用が終わればそっと横たえられることになります。知覚の世界においてはすべてのものがそうであるように、肉体はそれ自体においては中立的です。肉体がエゴの目標のために使われるか、それとも「聖霊」の目的のために使われるかは、マインドが何を望むかにすべてかかっています。

肉体の目を通して見るのと正反対なのが「キリスト」のヴィジョンであり、「キリスト」のヴィジョンは弱さよりも強さ、怖れよりも愛を反映します。肉体の耳を通して聞くことの反対は「神を代弁する声」である「聖霊」を通してコミュニケーションをすることであり、その「聖霊」は私たち一人一人の中に住んでいます。「聖霊の声」は遠くかすかで聞きにくいように思われます。なぜなら、矮小で分離された自己を代弁して語るエゴの声がずっと大きなものに思われるからです。「聖霊」は誤解しようのない明確さと圧倒的な魅力をもって語ります。肉体に帰属意識をもつことを選択しない人は誰一人として、解放と希望の「聖霊」のメッセージが聞こえないことはあり得ません。また、自分自身についての惨めな絵と喜んで代えて、「キリスト」のヴィジョンを喜びと共に受け容れることができない人はいません。

「キリスト」のヴィジョンは「聖霊」の贈り物であり、分離の幻想と罪・罪悪感・死の実在性を信じる代わりに「神」が提供される選択肢です。それは知覚のすべての過ちに対する一つの修正であり、この世界が基礎を置いている一見したところ正反対に見えるもの同士の和解です。「キリスト」のヴィジョンの優しい光は別な観点からすべてのものを見せ、知識から派生する思考体系を反映しながら、「神」への帰還を可能にするだけでなく不可避的にします。他者によってなされた非公正であると見なされていたものが、今や助けと結合を求める呼び声になります。罪、病気、攻撃は誤った知覚と見なされ、優しさと愛による治癒を求めているものと見なされます。防御は外されます。なぜなら、攻撃のない所に防御は必要ないからです。兄弟が必要とするものは私たち自身が必要するものとなります。なぜなら、兄弟は神に向かう旅を私たちと一緒にしているからです。私たちがいなければ兄弟は道に迷ってしまいます。兄弟がいなければ私たちは決して自分の道を発見することはできません。

ゆるしは「天国」では未知のものです。「天国」ではゆるしの必要性は想像できません。しかしながら、この世界においては、ゆるしは私たちが犯したすべての間違いに対する必要な修正です。ゆるしを差し出すことがゆるしを得るための唯一の方法です。というのは、与えることと受け取ることは同じであるという「天国」の法則をそれは反映するからです。「天国」は「神」が創造された「神の子どもたち」の自然な状態です。それが「神の子どもたち」の永遠の実在性です。忘れられたからといって変わることはありません。

ゆるしは私たちが思い出すための手段です。ゆるしを通じてこの世界の思考は逆転します。ゆるされた世界は「天国」の門になります。なぜなら、ゆるしの慈悲によって私たちは遂に自分自身をゆるすことができるからです。誰も罪悪感の虜にしないことによって私たちは自由になります。すべての兄弟たちの中に「キリスト」を認めることによって、「キリスト」の存在を私たち自身の中に見ることができます。誤った知覚のすべてを忘れ、過去のいかなることによっても引きとめられることなく「神」を思い出すことができます。これ以上、私たちの学びが進むことはできません。私たちの準備ができたとき、「神ご自身」が「神」のもとに私たちが戻るための最後の一歩を踏み出されます。

目次

第5章　癒しと完全性

第6章　愛のレッスン

第7章　神の王国の贈り物

第8章　故郷へ帰る旅

第25章　神の正義

第26章　変　移

第27章　夢の癒し

第28章　怖れの解除

序文

1. これは、奇跡についてのコースです。[2]これは必修のコースです。[3]あなたに任されているのは、コースを受ける時をいつにするかだけです。[4]自由意志とは、あなたがカリキュラムを設定できるという意味ではありません。[5]ある時に何を学ぶかを選択できるという意味です。[6]このコースは、愛の意味を教えることを目指すものではありません。というのは、愛の意味を教えることはできないからです。[7]しかしながら、このコースは、あなたの生得の権利である愛の存在について、自覚を妨げている障壁を取り去ることを目指します。[8]「愛」の反対語は怖れですが、すべてを包含するものに反対語はありません。

2. 故に、このコースは次のように端的に要約することができます。

[2]実在するものは、存在を脅かされることはありません。

[3]非実在なるものは存在しません。

[4]ここに「神」の安らぎがあります。

第1章　奇跡の意味

I. 奇跡の原理

1. 奇跡に難易度はありません。[2]一つの奇跡が他の奇跡に比べて〝より難しい〟、とか、〝より偉大である〟ということはありません。[3]奇跡はすべて同じです。[4]愛の表現はすべて最大限です。

2. 奇跡そのものは重要ではありません。[2]重要なのは奇跡の「源」であり、奇跡の「源」は評価をはるかに超越したものです。

3. 奇跡は愛の表現として自然に起こります。[2]真の奇跡は、奇跡を喚起する愛です。[3]この意味において、愛から生じるものは、すべて奇跡です。

4. すべての奇跡は生命を意味します。そして、「神」が生命を「与える者」です。[2]「神の声」は、あなたを非常に具体的に導いてくださるでしょう。[3]知る必要のあることのすべてがあなたに告げられるでしょう。

5. 奇跡は習慣であり、無意識のうちに起こるべきものです。[2]意識的にコントロールされるべきものではありません。[3]意識的に選択された奇跡は、間違った方向へ導かれる可能性があります。

6. 奇跡は自然に起きるものです。[2]奇跡が起きないときは、何かが間違っています。

7. 奇跡はすべての人々の権利ですが、はじめに浄化が必要です。

8. 奇跡は欠けているものを補うが故に癒す力をもっています。奇跡は一時的に他人より多くを有する者によって、一時的に他人より少なく有する者のために行われます。

9. 奇跡は一種の交換です。[2]愛の表現はすべて、本当の意味において常に奇跡的なものです。そういう愛の表現と同じように、奇跡の交換は物理的な法則を逆転させます。[3]奇跡の交換は、与える者と受け取る者の両方に、更に多くの愛をもたらします。

10. 信じさせるために見世物として奇跡を用いることは、奇跡の目的を誤解したものです。

11. 祈りは奇跡の媒体です。[2]祈りは創造されたものと「創造主」のコミュニケーションの手段です。[3]祈りを通して愛は受け取られ、奇跡を通して愛が表現されます。

12. 奇跡は思いです。[2]思いはより低いレベルの体験、つまり、肉体のレベルの体験を表すこともできれば、体験のより高いレベル、つまり、霊的なレベルの体験を表すこともできます。[3]一方は物理的体験を作り出し、他方は霊的な体験を創造します。

13. 奇跡は始まりであり終わりです。したがって、奇跡は時間の順序を変えます。[2]奇跡は常に再生の確認であり、後退するように見えて、実際は前進します。[3]奇跡は現在において過去を解除し、そうすることによって未来を解放します。

14. 奇跡は真実の証人です。[2]説得力があるのは、奇跡は確信から生まれるからです。[3]確信がなければ、奇跡は魔術へと堕落します。魔術にはマインドがなく、したがって破壊的であり、換言すれば、創造的ではないマインドの使い方です。

15. 毎日を奇跡に捧げるべきです。[2]時間の目的は、時間の建設的な使い方を学ぶことです。[3]したがって、時間は教えの手段であり、目的を達成するための手段です。[4]学びの役に立たなくなったとき、時間は消滅します。

16. 奇跡は、与えることは受け取ることと同じように祝福されていることを実証するための教えの手段です。[2]奇跡は与える者の力を増大させると同時に、受け取る者にも力を与えます。

17. 奇跡は肉体を超越します。[2]奇跡は肉体のレベルから、目に見えないレベルへの突然の移行です。[3]だからこそ、奇跡は癒しをもたらします。

18. 奇跡は奉仕です。[2]奇跡はあなたが他の人に対してできる最高の奉仕です。[3]奇跡は隣人を自分自身と同じように愛する一つの方法です。[4]奇跡を行うとき、あなたは自分自身の価値と隣人の価値の両方を同時に認識します。

19. 奇跡は人々のマインドを「神」において一つにします。[2]奇跡は協力に依存します。なぜなら、「神の子のすべて」は「神」によって創造されたすべての創造物の総和だからです。[3]したがって、奇跡は時間の法則を反映するのではなく、永遠の法則を反映します。

20. 肉体ではなくスピリットが真実の祭壇であるという自覚を、奇跡は再び目覚めさせます。[2]これが奇跡がもつ癒しの力につながる認識です。

21. 奇跡は、ゆるしの自然なしるしです。[2]ゆるしを他の人へと延長することにより、奇跡を通してあなたは「神」のゆるしを受け容れます。

22. 奇跡から怖れを連想するのは、暗闇が隠れて存在し得ると信じるからです。[2]あなたは肉眼で見えないものは存在していないと信じています。[3]これが霊的視力の否定につながります。

23. 奇跡は知覚を再調整して、すべてのレベルを本来の視野の中に置きます。[2]これが癒しとなります。なぜなら、病気はレベルを混同した結果、生じるからです。

24. 奇跡によって、あなたは病を癒し死者をよみがえらせることができるようになります。なぜなら、病と死はあなた自身が作り出したものだからです。したがって、そのどちらもあなたは廃止することができます。[2]**あなた**は奇跡であり、あなたの「創造主」と同じように創造することのできる存在です。[3]他のすべてのものは、あなた自身が作り出した悪夢であり、実在しません。[4]光の創造物だけが実在します。

25. 奇跡は、互いにかみ合ったゆるしの連鎖の一部であり、完成したときには「あがない」になります。[2]「あがない」は常に働いており、時間のすべての次元において働いています。

26. 奇跡は怖れからの自由を象徴しています。[2]〝あがなう〟ことは〝解除する〟ことを意味します。[3]怖れを解除することが、奇跡の「あがない」としての価値の本質的な部分です。

27. 奇跡は、「神」が私を通して私のすべての兄弟に与える普遍的な祝福です。[2]ゆるすことはゆるされた者の特権です。

28. 奇跡は怖れからの解放を勝ち取る手段の一つです。[2]啓示は、怖れが既に除去された状態を誘発します。[3]したがって、奇跡は手段であり、啓示は結果です。

29. 奇跡はあなたを通して「神」を讃えます。[2]奇跡は「神」の創造物に敬意を払い、それらが完璧であることを確認することによって、「神」を讃えます。[3]奇跡は癒しをもたらします。なぜなら、奇跡は肉体としての帰属意識を否定し、スピリットとしての帰属意識を肯定するからです。

30. スピリットを認識することにより、奇跡は知覚レベルを調整して、適切に並べ替えて見せてくれます。[2]これにより、スピリットが中心に置かれ、スピリットはそこで直接的にコミュニケーションをすることができるようになります。

31. 奇跡は畏怖の念ではなく感謝を喚起すべきものです。[2]あなたは本来の自分という存在に関して「神」に感謝すべきです。[3]「神」の子どもは神聖であり、奇跡はその神聖性を尊重します。「神」の子どもの神聖性は隠されることはあっても、決して失われることはありません。

32. 私はあらゆる奇跡を喚起しますが、奇跡は実は仲介です。[2]奇跡はあなたの神聖性のために仲介の労をとり、あなたの知覚を神聖なものにします。[3]あなたを、物理的法則を超えた所に連れていくことにより、天界の秩序が支配する世界に引き上げます。[4]この天界の秩序においては、あなたは完璧な存在です。

33. あなたは愛すべき存在であるが故に、奇跡はあなたを尊重します。[2]奇跡はあなた自身についての幻想を追い払い、あなたの中に光を知覚します。[3]こうして、奇跡はあなたを悪夢から解放することによって、あなたの過ちをあがないます。[4]自らの幻想の虜となっていたあなたのマインドを解放することによって、あなたの正気を回復させます。

34. 奇跡はマインドを本来の完全な状態に回復させます。[2]欠如をあがなうことにより、奇跡は完璧な守りを確立します。[3]スピリットの強さには侵入する隙はありません。

35. 奇跡は愛の表現です。しかし、奇跡が常に観察可能な効果をもたらすとは限りません。

36. 奇跡は正しい思考の具体例であり、あなたの知覚を「神」が創造されたままの真実に一致させます。

37. 奇跡は誤った思考の中に私が導入した修正です。[2]奇跡は触媒として働き、間違った知覚をうち砕き、適切に再編成します。[3]これによってあなたは「あがない」の原理の下に置かれることとなり、そこで知覚が癒されます。[4]これが起きるまでは、「神聖な秩序」を知ることは不可能です。

38. 「聖霊」は奇跡の仕組みです。[2]「聖霊」は、「神」の創造物とあなたの幻想の両方を認識します。[3]「聖霊」は選択的にではなく全体的に認識する能力により、誤ったものから真実のものを分離します。

39. 奇跡は過ちを解消します。なぜなら、「聖霊」は過ちを誤っていると判断するか、または非実在であると判断するからです。[2]これは、光を認識することによって暗闇は自動的に消滅すると言うことと同じです。

40. 奇跡は、あらゆる人をあなたの兄弟であり私の兄弟であると認めます。[2]奇跡は、「神」の遍在的な痕跡を知覚する一つの方法です。

41. 完全性が奇跡の知覚の内容です。[2]こうして、奇跡は欠如という不完全な認識を修正し、あがないます。

42. 奇跡の主要な貢献は、孤立感、喪失感、不足感という誤った感覚からあなたを解放する強さにあります。

43. 奇跡は、奇跡的なマインドの状態、言い換えれば、奇跡に対する準備ができたマインドの状態から生じます。

44. 奇跡は「キリスト」についての内なる自覚の表現であり、「キリストのあがない」を受け容れたことの表現です。

45. 奇跡は決して失われることはありません。[2]奇跡はあなたがまだ会ったことさえない数多くの人々にまで触れ、あなたが自覚していない状況においてさえ、夢にも思わなかったような変化を生み出すかもしれません。

46. 「聖霊」はコミュニケーションの最高の媒体です。[2]奇跡は**一時的な**コミュニケーションの手段であるため、この種のコミュニケーションとは関係しません。[3]直接的な啓示による「神」とのコミュニケーションの原形に戻ると、奇跡の必要性はなくなります。

47. 奇跡は時間の必要性を減少させる学びのための手段です。[2]奇跡は通常の時間の法則に支配されない、枠から外れた時間帯を確立します。[3]この意味において、奇跡に時間は存在しません。

48. 奇跡は、時間を制御するためにあなたが直ちに使える唯一の手段です。[2]啓示のみが、時間とはまったく関わりをもたないために、奇跡を超越することができます。

49. 奇跡は、知覚の誤りの程度を区別することはありません。[2]奇跡は知覚を修正するための手段であり、過ちの程度や方向とはまったく関係なく効果を発揮します。[3]これが奇跡の真の非差別性です。

50. 奇跡はあなたが作り出したものを「神」の創造物と比べ、「神」の創造物と一致するものを真実として受け容れ、一致しないものを偽りとして拒絶します。

II. 啓示、時間、そして奇跡

1. 啓示は、完全ではあるけれども一時的な疑いと怖れの停止を誘発します。[2]啓示は「神」と「神」の創造物間のコミュニケーションの原形を反映しており、時として肉体的な関係の中で探求される非常に個人的な創造の感覚とも関係があります。[3]肉体的な親密さが啓示を達成することはできません。[4]しかし、奇跡はまさしく人と人の間に生じるものであり、奇跡によって他の人との真の意味での親しさが生まれます。[5]啓示はあなたを「神」と一直線に結びつけます。[6]奇跡はあなたを兄弟と一直線に結びつけます。[7]奇跡と啓示のいずれも意識から発生するものではありませんが、どちらも意識において体験されます。[8]意識は行動を誘発する状態ではありますが、行動を喚起することはありません。9あなたは自分が選択するものを自由に信じて良いですが、あなたの行動はあなたが何を信じているかの証となります。

2. 啓示は非常に個人的なものであり、有意義な翻訳は不可能です。2そのために、啓示を言葉で描写しようとするいかなる試みも不可能です。3啓示は体験しか誘発しません。4それに対して、奇跡は行動を誘発します。5奇跡は人と人の間に生じる性質の故に、今は奇跡のほうが役に立ちます。6怖れからの解放は強制できるものではないために、学びのこの段階においては奇跡を起こすことが重要です。7啓示は言葉で表すことのできない愛の体験であるために、文字通り、言葉で表すことはできません。

3. 畏怖の念は啓示のために取っておくべきものです。啓示にこそ畏怖の念が完璧にそして正確に妥当します。2畏怖の念は奇跡に対しては適切ではありません。なぜなら、畏怖の念を抱いた状態は崇拝の心をもった状態であり、低い序列に属する者が「創造主」の前に立っていることを暗示するからです。3あなたは完璧な創造物です。そして、完璧を創造された「創造主」の前に立ったときだけ、畏怖の念を体験すべきです。4したがって、奇跡は対等な者同士の愛のしるしです。5対等な者同士はお互いに対して畏怖の念を抱くべきではありません。なぜなら、畏怖の念は対等ではないことを暗示するからです。6したがって、畏怖の念は私に対する適切な反応ではありません。7兄たる者はより偉大な体験をもつが故に尊敬に値し、より優れた叡知を有するが故に、服従するに値します。8兄たる者にはまた愛される資格がありますが、それは兄弟であるからです。また、兄たる者がもし献身的であるならば、献身を受ける資格があります。9私にあなた方から献身を受ける資格があるのは、私があなた方に献身しているからに他なりません。10私にできることで、あなた方に達成できないものは何もありません。11私にあるものはすべて「神」から来ているものです。12今、あなた方と私の間にある違いは、私にはそれ以外に何もないということです。13私には「神」からもたらされるもの以外は何もないために、あなた方にとってはまだ可能性でしかない状態の中に私はいることになります。

4. 〝私によらずに、誰も「父」のみもとに行くことはできない〟という言葉は、私があなた方と何らかの意味でかけ離れた存在で、異なった存在であることを意味するものではありません。私とあなた方の違いは時間における違いだけです。そして、実際には時間は存在しません。2この言葉は、横軸よりも縦軸から見たほうがより意味があるでしょう。3あなた方は私の下に立ち、私は「神」の下に立っています。4〝上昇〟の過程において、このままでは「神」と人との距離が大きすぎてあなた方の手が届かないので、私はあなた方より高い所に立っています。5私は一方ではあなた方の兄として、そしてもう一方では「神の子」として、その距離に橋を架けています。6私は兄弟に身を捧げるが故に、「神の子のすべて」の責任をあずかっているのです。私も「神の子」であるが故に、私の参加によって「神の子のすべて」が完璧なものとなります。7これは、〝私と私の「父」は一つである〟という言葉と矛盾するように思えるかもしれませんが、この言葉には「父」のほうがより偉大であることを認識して二つの意味が込められています。

5. 啓示は間接的に私が喚起します。なぜなら、私は「聖霊」の近くにいて、兄弟が啓示を受け容れる準備ができているかどうかがよく分かるからです。2したがって、私は、兄弟が自分で降ろすことができる以上のものを彼らにもたらすことができます。3「聖霊」は高い所から低い所へのコミュニケーションを仲介し、「神」とあなたを直接つないでいる回路を、啓示に備えて開かれた状態に保ちます。4啓示は、相互に与え合うことができるものではありません。5啓示は「神」からあなたにやって来るものであり、あなたから「神」に行くものではありません。

6. 奇跡は時間の必要性を最小限にします。2縦軸あるいは横軸の世界にあっては、「神の子」である仲間の対等性を認識するのに、ほとんど永遠に近い時間が必要なようです。3しかし、奇跡は、水平的な知覚から垂直な知覚への突然の移行を必然的に起こします。4これが時間に一つの間隔を導入し、奇跡を与える者も受け取る者も、水平的な認識が可能にしてくれたであろうよりもずっと未来の時間の中に出現することになります。5このように、奇跡には時間を終焉させるという独特な資質があり、奇跡が及ぶ時間の幅そのものを不必要にします。6奇跡に要する時間と奇跡が及ぶ時間との間に相関関係はありません。7奇跡は、何千年も要したかもしれない学びに取って代わります。8与える者と受け取る者は完全に対等であるという、奇跡の土台をなす根本的な認識によってそれがなされます。9奇跡は時間を崩壊させ、時間内の一定の間隔を除去することによって、時間を短縮します。10しかし、奇跡はより大きな時間の流れの中でこれを行います。

III. あがないと奇跡

1. 私は「あがない」の過程に責任をとっています。あがないの過程は私が開始しました。[2]あなたが私の兄弟の誰かに対し奇跡を差し出すとき、あなたはそれを**あなた自身**と私に対して差し出しています。[3]あなたが私より前に来る理由は、私は私自身の「あがない」のために奇跡を必要としないからです。しかし、私はあなたが一時的であれ失敗するかもしれないので後ろに控えているのです。[4]「あがない」における私の役割は、私がそうしなければ修正できないあなたのすべての過ちを抹消することです。[5]あなたが本来の自分の状態についての認識を取り戻したとき、あなた自身が自然に「あがない」の一部となります。[6]あなた自身の中に、そして、他の人たちの中に過ちを容認することをよしとしない私の気持を共有するようになったとき、あなたはそれを修正するための大いなる聖戦に参加しなければなりません。私の声に耳を傾け、過ちを解除することを学び、過ちを修正するために行動しなければなりません。[7]奇跡を行う力はあなたに属しています。[8]私は奇跡を行うための機会を提供しますが、あなたに心の準備と意欲がなければなりません。[9]奇跡を行うことによって、奇跡を行う能力への確信がもたらされます。なぜなら、確信は達成によってもたらされるからです。[10]奇跡を行う能力は潜在的可能性であり、奇跡の成就はその可能性の表現です。「神」の子どもたちの自然な宣言である「あがない」は、奇跡の目的です。

2. 〝天と地は滅びるであろう〟という一節は、天と地が別々の状態で存在し続けることはなくなるという意味です。[2]私の言葉は、よみがえりであり生命であって、滅びることはありません。なぜなら、生命は永遠だからです。[3]あなたは「神」の作品であり、「神」の作品は完全に愛に値するものであり、完全に愛に満ちた存在です。[4]人間はハートの中で自分自身をそのようなものとして考えなければなりません。なぜなら、それが人間の本当の姿だからです。

3. ゆるされた者は「あがない」の手段です。[2]ゆるされた者はスピリットに満たされ、今度は自らがゆるす者となります。[3]解放された者は兄弟の解放に加わらなければなりません。というのは、それが「あがない」の計画だからです。[4]奇跡は、「聖霊」に仕えるマインドが、「神」のすべての創造物の救いないしは解放のために、私と一体になる方法です。

4. 奇跡を無差別に行うことができるのは私だけです。なぜなら、私は「あがない」そのものだからです。[2]あなたは「あがない」において一つの役割を担っています。その役割が何であるか私がお伝えしましょう。[3]あなたがどの奇跡を行うべきかを、私に聞いてください。[4]そうすれば、不必要な努力を省くことができるでしょう。なぜなら、あなたは直接私とコミュニケーションをとりながら行動することになるからです。[5]奇跡の非個人的な性質は本質的な要素です。なぜなら、それによって私は奇跡の具体的な応用法を指示することができるからです。そして、私の導きのもとに、奇跡が非常に個人的な体験である啓示へとつながるからです。[6]ガイドはあなたを支配はしませんが、方向づけることはします。それに従うかどうかはあなたに任されます。[7]〝私たちを誘惑からお守りください〟というのは、〝あなたの過ちを認識しなさい、そして私の導きに従うことによって、過ちを放棄する選択をしなさい〟という意味です。

5. 過ちは真実を真に脅かすことはできません。真実は常に過ちに耐えることができます。[2]実際には過ちだけが傷つきやすいのです。[3]あなたには、あなたの王国をあなたが適切であると思う所に建設する自由があります。しかし、次のことを覚えておけば、その場所の選択を誤ることは決してないでしょう。

[4]**スピリットは永遠に恩寵の状態にあります。**
[5]**あなたの実在はスピリットだけです。**
[6]**故に、あなたは永遠に恩寵の状態にあります。**

[7]「あがない」はこの点において、すべての過ちを解除し、怖れの源を根絶します。[8]あなたが、「神」の確約を脅威として体験するとき、それは必ず、誤った場所に抱いていた忠誠心、あるいは、誤った方向に向けていた忠誠心を守ろうとしているからです。[9]あなたがこれを他の人たちに投影するとき、あなたは彼らを幽閉することになります。しかし、それは彼らが既に犯した過ちをあなたがどの程度まで補強するか、その程度だけ幽閉するにすぎません。[10]このことは、彼らを他の人々の歪みの影響を受けやすい状態にします。それは、彼らの自分自身に対する知覚が歪められるからです。[11]奇跡を行う者はただ祝福します。それによってそのような人たちの認識の歪みは解除され、彼らは幽閉されていた牢獄から解放されます。

6. あなたは、自分が知覚するものに対して反応します。そして、知覚に応じて行動します。[2]「黄金律」は、自分に対してこうして欲しいと思うことを他の人に対して行うように求めます。[3]これは、両者の知覚が共に正確でなければならないことを意味します。[4]「黄金律」は適切な行動のための規律です。[5]正しく知覚しなければ適切な行動をとることはできません。[6]あなたもあなたの隣人も一つの家族の対等な一員ですから、あなた方がお互いを知覚するように、お互いに対して行動することになります。[7]自分自身の神聖性の知覚から、他者の神聖性を見やるべきです。

7. 奇跡は、奇跡の準備ができているマインドから生じます。[2]マインドはすべてのものと結びついているために、奇跡への準備ができているマインドは、奇跡を行う人自身は自覚していなくとも、すべての人に到達します。[3]奇跡の非個人的な性質は、「あがない」そのものは一つであり、「あがない」はすべての創造物を「創造主」と一体にするからです。[4]本来のあなたの一表現である奇跡は、マインドを恩寵の状態の中に置きます。[5]すると、マインドは自然に「内なるキリスト」と外なる見知らぬ人を歓んで迎え入れます。[6]あなたが見知らぬ人を迎え入れるとき、その人はあなたの兄弟となります。

8. 奇跡があなたに認識できない影響をあなたの兄弟に与えるかもしれないということは、あなたが心配するべきことではありません。[2]奇跡は常に**あなた**を祝福します。[3]あなたが行うように求められていない奇跡は、その価値が失われたわけではありません。[4]そうした奇跡は、依然としてあなた自身の恩寵の状態の表現ですが、奇跡の行動の側面については、計画全体を完全に自覚している私が制御しなければなりません。[5]奇跡を志向するマインドの非個人的な性質はあなたに恩寵を確保してくれますが、奇跡をどこに与えることができるかを知る位置にいるのは私だけです。

9. 奇跡は選択的ですが、それは自分のために奇跡を活用できる人々に対して奇跡はもたらされる、という意味においてだけです。[2]このため、奇跡をもたらされた人々が奇跡を他の人々へと延長することは不可避的となり、「あがない」の強い絆が結ばれます。[3]しかし、この選択性は、奇跡そのものの規模を考慮することはありません。なぜなら、大きさの概念は、それ自体実在しない世界に存在するものだからです。[4]奇跡は実在についての自覚を回復することを目指すものですから、修正しようとする過ちを支配している法則に縛られていては役に立ちません。

IV. 暗闇からの脱出

1. 暗闇からの脱出には、二つの段階があります。第一の段階は、暗闇は隠すことはできないという認識です。2 通常、この段階で怖れが生じます。3 第二の段階は、たとえ隠せたとしても、隠したいものは何もないという認識です。4 この段階が怖れからの脱出をもたらします。5 何も隠そうとしなくなったとき、進んで「神」と心を通わせるようになるだけでなく、安らぎと喜びを理解するでしょう。

2. 神聖性を暗闇の中に隠すことは、実際には決してできませんが、それについて自分自身を欺くことはできます。2 この欺きによって、あなたは怖れを抱くようになります。なぜなら、心の中でそれが欺きであることを知っているからです。そして、その実在を確立しようとして非常な努力を払うことになります。3 奇跡は実在を実在が所属する場所に位置づけます。4 実在はスピリットだけに所属し、奇跡は真実だけを認めます。5 奇跡はこうしてあなた自身についての幻想を追い払い、あなた自身と霊的に交わり、「神」と霊的に交わることを可能にしてくれます。6 奇跡はマインドが「聖霊」に仕えるようにすることで、「あがない」に加わります。7 これによって、マインドの適切な働きが確立され、過ちが修正されます。マインドの過ちとは愛の欠如にすぎません。8 マインドが幻想に占有されることはあっても、スピリットは永遠に自由です。9 もしマインドが愛をもたずに知覚すれば、空虚な殻を知覚するだけで、内なるスピリットに気づくことはありません。10 しかし、「あがない」はスピリットを適切な場所へと回復させます。11 スピリットに仕えるマインドは、決して傷つくことはありません。

3. 罪が愛の欠如であるように、暗闇は光の欠如です。2 暗闇には独自の性質は何もありません。3 暗闇は〝欠乏〟という信念の一つの例であり、この信念からは過ちしか生まれません。4 真実は常に豊かです。5 自分にはすべてのものがあると知覚し、それを認めている人はいかなる種類の必要性も感じません。6「あがない」の目的は、すべてのものをあなたに回復することです。というより、そのことをあなたの自覚に回復することにあります。7「神」があなたを創造されたとき、すべての人と同じように、あなたはすべてのものを与えられたのです。

4. 怖れによって生み出される空しさは、ゆるしに代えなければなりません。2それが「聖書」の〝死は存在しない〟という言葉の意味であり、死が存在しないことを私が実証できた理由です。3私は法則を解釈し直すことによって、法則を成就するためにやって来ました。4法則そのものは、正しく理解されるならば、保護を差し出すだけのものです。5マインドを変えなかった者が、〝地獄の業火〟という概念を法則の中に持ち込んだのです。6私はあなたに保証します。私の証を受け容れる者なら誰であれ、その人のために、その人が許容するところまで、私は証言するだろうと。7あなたが証言することであなた自身の信念が実証され、更に強化されます。8私のために証言する者は、奇跡を通して、欠乏への信仰を放棄し、その代わりに豊かさは自分のものであると学んだことを表明しているのです。

V. 完全性とスピリット

1. 奇跡と肉体は、いずれも最後にはそれ自体が不要になる状態を促進するための学習補助教材であるという点でよく似ています。2直接的なコミュニケーションができるスピリットの本来の状態に到達したときには、肉体も奇跡も存在意義がなくなります。3しかし、肉体の中に存在していると信じている間は、愛のない表現回路になるか、それとも奇跡の表現回路になるかの選択をすることができます。4あなたは空虚な殻になることはできても、何も表現しないということはできません。5待ち続け、ぐずぐずと行動を遅らせ、自分自身を痲痺させ、創造性をほとんど無に近いところまで減ずることもできます。6しかし、あなたには創造性を廃棄することはできません。7あなたのコミュニケーションの媒体を破壊することはできますが、あなたの潜在能力を破壊することはできません。8あなた自身を創造したのはあなたではありません。

2. 奇跡を志向する人の基本的な決断は、必要以上に時間に仕えないということです。2時間は無為に過ぎていくことがあるだけでなく、ただ無駄にされることも可能です。3したがって、奇跡を行う者は、奇跡がもつ時間制御の要素を喜んで受け容れます。4奇跡を行う者は、時間が崩壊する度ごとに、すべての人が時間からの究極的な解放に近づくということを認識しています。時間から解放されたとき、「父」と「子」は一つになります。5対等性は、**今現在**対等であることを暗示するものではありません。6誰もが自分はすべてをもっていると認識したとき、「神の子のすべて」に対する個々の貢献は必要でなくなります。

3.「あがない」が完成したとき、すべての才能が「神の子」全員によって共有されることになるでしょう。2「神」はえこひいきをすることはありません。3すべての「神」の子どもたちは、「神」に百パーセント愛され、「神」の贈物は、すべての人に同じように自由に与えられます。4〝あなたが幼い子どものようにならなければ〟という一節は、完全に「神」に依存していることを十分に認識しない限り、「父」との真のつながりにおいて「子」がもっている本当の力を知ることはできない、という意味です。5「神の子」の特別性は、排他性に由来するのではなく、包括性に由来しています。6私の兄弟は皆、特別な存在です。7私の兄弟が、何かを剥奪されていると信じるならば、彼らの知覚は歪んだものとなります。8その時、「神」の家族全体、すなわち、「神の子のすべて」がその様々な関係において不完全なものになってしまいます。

4. 最終的には、「神」の家族全員が「神」のもとへと帰っていかなければなりません。2彼らがスピリットの中にいなかったとしても、奇跡は家族一人一人を祝福し尊重するが故に、「神」のもとへ帰るようにと呼びかけるのです。3〝神は侮られるような方ではない〟という言葉は、警告ではなく確約の言葉です。4もし「神」の創造物の中に一つでも神聖性に欠けたものがあれば、「神」は侮られるでしょう。5「神」の創造は完全であり、完全性のしるしが神聖性です。6奇跡は、完璧にして豊かな状態である「神の子であること」の確認です。

5. 真実であるものはすべて永遠であり、変わることも変えられることもありません。2したがって、既に完璧であるスピリットを変えることはできません。しかし、マインドは何に仕えるかを選択できます。3その選択に課せられる唯一の制約は、マインドは二人の主人に仕えることはできないということです。4自らそう選択するならば、マインドは、スピリットが独自の創造の方針に沿って創造するときの媒体となることができます。5それを自由に選択しなければ、マインドは創造的な潜在能力を保持はしますが、「権威者」の支配下ではなく、暴政の支配下に自らを委ねることになります。6その結果、マインドは自らの創造的な潜在能力を幽閉することになります。なぜなら、それこそが暴君の命ずることだからです。7マインドを変えるということは、マインドを、**真の**「権威者」に委ねることを意味します。

6. 奇跡は、マインドが、「キリスト」への奉仕において私の導きを受けることを選択したことのしるしです。2「キリスト」に従うという選択の自然な結果として、「キリスト」の豊かさがもたらされます。3浅い根はすべて根こそぎにしなければなりません。なぜなら、浅い根にはあなたを支えるだけの深さがないからです。4浅い根がやがて深く根を張り自分を支えてくれるだろうという幻想は、「黄金律」とは正反対のものが拠り所とする歪曲の一つです。5このような誤った支柱を放棄すると、平衡が一時的に不安定になる経験をします。6しかし、逆さまに置かれたものほど不安定なものはありません。7物事を逆さまな状態にしておくものは何であれ、安定性の増大に役立つこともありません。

VI. 必要性という幻想

1. 安らぎを望む者は、完全なゆるしによってのみそれを得ることができます。2誰でも、自らそれを学びたいと望み、何らかの意味でそれを学ぶ必要があると信じない限り、何も習得することはできません。3「神」の創造物に欠如は存在しませんが、あなたが作り出したものには、欠如が顕著にあります。4事実、これが「神」の創造物とあなたが作ったものとの間にある本質的な違いです。5欠如は、今置かれている状況より何か別の状況にあったほうが良いことを暗示します。6〝堕落〟を意味する〝分離〟が起こるまでは何も欠けてはいませんでした。7いかなる必要性もありませんでした。8あなたが自分自身から奪ったときにのみ、必要性が生じます。9あなたは、自分で確立する必要性についての特定の順序に従って行動します。10そして、自分をどのような存在として知覚しているかによって、この順序が決まります。

2. 「神」から分離しているという感覚だけが、あなたが真に修正する必要がある唯一の欠如です。2あなたが真実についての知覚を歪め、そしてその結果、自分自身を何かが欠けたものとして知覚することがなかったならば、分離の感覚は決して生じなかったでしょう。3必要性の順序という考えが生じたのは、あなたがこの根本的な過ちを犯し、自分自身を様々な必要性をもった複数のレベルに断片化したからです。4自らを統合すればあなたは一つとなり、それに応じて、必要性も一つになります。5必要性が一つになれば、行動も一つに統一されます。なぜなら、必要性が一つになると、葛藤はなくなるからです。

3. 必要性の順序という考えは、人は「神」から分離できるという最初の過ちに伴うものですが、そもそも様々なレベルを知覚すること自体の過ちを修正する前に、それ自身のレベルで修正されなければなりません。2様々なレベルで機能している限り、あなたは効果的に行動することはできません。3しかし、あなたがそうしている間は、修正は下から上へと垂直に導入されなければなりません。4これは、あなたが〝上〟とか〝下〟といった概念に意味がある空間に生きていると思っているからです。5究極的には、空間も時間と同じように無意味です。6いずれも単なる信念にすぎません。

4. あなたの不信を修正するために活用すること、それがこの世界の真の目的です。2あなたには怖れの力を抑制することは決してできません。なぜなら、怖れはあなたが作り出したものであり、あなたは自分が作り出したものを信じて疑わないからです。3したがって、創造物の内容においてではなく態度において、あなたは、「ご自身」が創造されたが故に創造物を完璧に信頼しているあなたの「創造主」に似ています。4信念は存在の容認をもたらします。5他の誰も真実だと思わないことを、あなたが信じられるのはこのためです。6それはあなたにとっては真実です。なぜなら、それはあなたによって作られたからです。

5. 怖れの諸々の側面は、すべて真実ではありません。なぜなら、それは創造のレベルでは存在せず、したがって、そもそも存在しないものだからです。2あなたがどの程度まで自分の信念をこのテストにかける気持があるか、その程度に応じて、あなたの知覚が修正されます。3真実であるものから偽りであるものを選別し取り除くとき、奇跡は次のように進行していきます。

4 **完全なる愛は怖れを払拭する。**
5 **もし怖れが存在すれば、**
完全なる愛は存在しない。
6 しかし
7 **完全なる愛だけが存在する。**
8 **もし怖れが存在すれば、**
存在しない状態が生み出される。

9 これを信じてください。そうすればあなたは自由になるでしょう。10「神」だけが、この解決策を確立することができ、これを信じることは「神」からの贈り物なのです。

VII. 奇跡衝動の歪み

1. 歪曲された知覚は奇跡衝動の上に厚い膜を作り、奇跡衝動があなた自身の意識にのぼることを困難にします。2 奇跡衝動と肉体的衝動との混同は、知覚の歪曲の主たるものです。3 肉体的衝動は間違った方向に向けられた奇跡衝動です。4 真実の喜びは、すべて、「神の意志」を行うことから生まれます。5 なぜなら、「神の意志」を行わないことは「自己」の否定だからです。6「自己」の否定は結果として幻想を生み出しますが、それに対して、過ちの修正は幻想からの解放をもたらします。7 自分自身を欺いて、外的な何かによって、心安らかに「神」あるいはあなたの兄弟と関わることができると信じ込まないでください。

2. 「神の子」よ、あなたは善なるもの、美しきもの、神聖なるものを創造するために創造されました。2 このことを忘れないでください。3 ヴィジョンがまだおぼろげな状態であるため、「神の愛」はしばらくの間、肉体から肉体へと表現されなければなりません。4 肉体の最善の活用法は、肉眼には不可能な本当のヴィジョンを達成できるように、知覚の拡大に肉体を役立てることです。5 これを学ぶことこそ、肉体の唯一にして真の有用性です。

3. 妄想は、歪曲されたヴィジョンの一形態です。2 いかなる種類の妄想も、常に知覚をねじ曲げて実在でないものを実在にしてしまうため、歪曲です。3 歪曲から生じる行動は、文字通り自分が何をしているか知らない人々の反応です。4 妄想は、誤った必要性に従って実在を制御しようとする試みです。5 どんな形であれ、実在を曲解するならば、あなたの知覚は破壊的なものとなります。6 妄想は誤った連想をして、そこから喜びを得ようとする一つの手段です。7 しかし、あなたが誤った連想を知覚することができたとしても、その連想の実在性はあなただけのものでしかありません。8 あなたは自分が作るものを信じます。9 あなたが奇跡を差し出すならば、あなたはその奇跡を同様に強く信じるでしょう。10 そうすると、あなたの確信の力が、奇跡を受け取る人の信念を支えるでしょう。11 完全な満足をもたらす実在の性質が、与える者と受け取る者の双方に明らかになるにつれて、妄想はまったく不必要になります。12 実在は不法な乱用によって〝失われ〟、それが暴虐を生み出します。13 一人でも〝奴隷〟が地上を歩き続けている限り、あなたの解放は完全なものではありません。14「神の子のすべて」の完全な回復こそ、奇跡を志向する人々の唯一の目標です。

4. これはマインドを訓練するコースです。2学びというものはすべて、あるレベルでの注意力と学習を必要とします。3このコースの後半の一部は、前半の部分に依存するところが大きいため、それほど注意深く勉強する必要はありません。4また、コース全体への準備の意味からも前半の部分を学習することが必要です。5この準備をしないと、どんな内容が出てくるかを恐れるあまり、コースの教えを建設的に活用することができないかもしれません。6しかし、コースの前半を学習する中で、後で敷衍《ふえん》されることになる様々な含みの一部が見え始めるでしょう。

5. 既に言及した怖れと畏怖との混同があるため、そしてまた、この混同は頻繁になされるため、しっかりとした基盤を固めておく必要があります。2自分と対等の者を前にして畏怖を感じるべきではないが故に、畏怖の念は「神の子」とのつながりの中では不適切であると私は言いました。3しかし、「創造主」の「前」に立ったときには、畏怖の念を抱くことが適切であることも強調しました。4私は、「あがない」における私の役割を誇張もせず、かつ、控えめにもなりすぎずに、明確にするように注意を払ってきました。5あなたの役割についても、同じ努力をしています。6私は、私たちがもつ内在的な対等性のため、あなたが私に対して畏怖の念を抱くことは適切な反応ではないと強調しました。7しかし、このコースの後半の段階では、「神ご自身」に対するより直接的なアプローチを扱うことになります。8その段階を慎重な準備なしに始めるのは賢明ではありません。慎重に準備をしておかないと、畏怖は怖れと混同され、その体験は至福をもたらす代わりに、精神的な傷をもたらすことになるでしょう。9癒しは、究極的には「神」からやって来るものです。10その手段を今、注意深くあなたに説明しています。11啓示が時としてあなたに目的地を見せてくれるかもしれませんが、そこに到達するには手段が必要です。

第2章　分離とあがない

I. 分離の起源

1. 延長することは、「神」が「神の子」に分け与えられた「神」の基本的な側面の一つです。[2]「神」は創造するにあたって、「ご自身」を創造物にまで延長し、すべての創造物に、愛に満ちた創造の「意志」を吹き込まれました。[3]あなたは「神」によってすべてを備えた存在として創造されただけではなく、完璧な存在として創造されました。[4]あなたの内部に虚ろな部分はありません。[5]あなたは「創造主」に似ているが故に創造的です。[6]「神」の子は誰もこの能力を失うことはありません。なぜなら、創造の能力は「神」の子の本質の中に内在しているからです。しかし、投影することによって、この能力を不適切に用いることもできます。[7]延長の不適切な使用、すなわち投影は、あなたが自分の内部に何らかの空虚さあるいは欠如が存在していると信じ、それを真実ではなく自分自身の考えで満たすことができると信じたときに生じます。[8]この過程は次のような段階を踏んで進行します。

[9]最初に、あなたは自分のマインドで、「神」が創造されたものを変えることができると信じます。

[10]二番目に、完全なものが、不完全なもの、あるいは欠如したものになり得ると信じます。

[11]三番目に、あなた自身を含めた「神」の創造物を、歪曲することができると信じます。

[12]四番目に、あなたは自分自身を創造できると信じ、自分自身の創造の方向性は自分次第であると信じます。

2. この一連の相互に関連した歪曲が、分離したとき、すなわち、〝怖れへの回り道〟をしたときに実際に何が起きるかの様子を表しています。[2]分離以前にはこうしたものはまったく存在していませんでした。今でも実際には存在していません。[3]「神」が創造されたものはすべて、「神」と類似しています。[4]「神」により行われる延長は、「父」の子どもたちが「父」から受け継ぐ内なる輝きに似ています。[5]内なる輝きの本当の源泉は内部にあります。[6]「父」と同様に「神の子」についてもこれがあてはまります。[7]この意味において、創造には「神」による「子」の創造と、「子」

のマインドが癒されたときに「子」によって創造されるものの両方が含まれます。[8]これには、「神」が「子」に自由意志を付与することが必要になります。なぜなら、すべての愛に満ちた創造は軌を一にして自由になされ、そのすべての側面は同じ重要性をもっているからです。

3.「エデンの園」、すなわち、分離以前の状況は、何も必要とされていないマインドの状態でした。[2]アダムが〝蛇の嘘〟に耳を貸したとき、彼が聞いたものはすべて真実ではありませんでした。[3]あなたは、真実でないものを信じ続ける必要はありません。ただし、あなたがそうすることを選択するのであれば話は別です。[4]それはすべて、文字通り一瞬のうちに消えてしまうことが可能です。なぜなら、それは単なる錯覚にすぎないからです。[5]夢の中で見ることは、非常に現実味があるように思えます。[6]しかし、「聖書」はアダムに深い眠りが訪れたと述べているだけで、彼が目覚めたとの記述はどこにも見当たりません。[7]世界はまだ包括的な再覚醒、あるいは再生を体験していません。[8]そのような再生は、あなたが自己投影を続ける限り、あるいは、誤った創造を続ける限り不可能です。[9]「神」が「ご自身のスピリット」をあなたへと延長したように、あなたにも自らのスピリットを延長する可能性がまだ残されています。[10]実際には、あなたにはその選択肢しかありません。なぜなら、あなたの自由意志は完璧なものを創造する喜びを体験するために与えられたからです。

4.すべての怖れは、究極的には、あなたが「神」の力を不法に乱用する能力をもっているという基本的な錯覚に帰することができます。[2]もちろん、そのようなことは今もできませんし、これまでもできませんでした。[3]あなたが怖れから脱出するための真の土台とも言うべきものがここにあります。[4]怖れからの脱出は「あがない」を受け容れることによってもたらされ、「あがない」を受け容れると、過ちは実際には一度も犯していなかったことに気づくことができます。[5]深い眠りがアダムに訪れた後に、はじめて彼は悪夢を体験しました。[6]誰かが恐ろしい夢を見ているときに、突然灯された光を見れば、最初はその光を夢の一部と解釈し、光を怖れるかもしれません。[7]しかし、目が覚めれば、光は夢からの解放であるという正しい知覚に至り、夢はもはや実在性を与えられることはありません。[8]この解放は幻想に依存しません。[9]暗闇を光で照らす知識はあなたを自由にしてくれるだけでなく、あなたが既に自由であることをはっきりと見せてくれます。

5.あなたがどのような嘘を信じていたとしても、奇跡にとってそれは問題ではありません。奇跡はどのような嘘でも同じように簡単に癒すことができるからです。2奇跡は、様々な錯覚の間に区別をつけることはしません。3奇跡の唯一の関心は、真理と過ちを別々なものとして区別することにあります。4ある種の奇跡のほうが、他の奇跡よりも重要であるように見えるかもしれません。5しかし、このコースの最初の原則を思い出してください。奇跡に難易度はありません。6実際には、あなたは愛が欠如した言葉によって影響を受けることはありません。7そのような言葉は、あなた自身のものであるかもしれないし、他の人のものであるかもしれません。つまり、あなたが他の人に対して、あるいは他の人があなたに対して言った言葉であるかもしれません。8安らぎはあなたの中にある属性です。9安らぎをあなたの外に見つけることはできません。10病とは、外に答えを求めようとする一つの形態です。11健康とは内なる安らぎです。12内なる安らぎによって、外部から来る愛の欠如に動揺せずにいることができます。そして、奇跡を受け容れることによって、他の人々の愛の欠如が生み出している状況を修正することができます。

II. 防御としてのあがない

1. あなたは私が依頼することは何でもできます。2私はあなたに奇跡を行うことを依頼しました。そして、奇跡は自然なものであり、誤りを修正するものであり、癒しをもたらすものであり、普遍的なものであることを明らかにしました。3奇跡にできないことは何もありませんが、疑いや怖れを抱いたスピリットでは奇跡を行うことはできません。4どんなものであれ何かを恐れるとき、あなたはそれに自分を傷つける力があることを認めています。5あなたのハートがある所には、あなたの宝物もあるということを思い出してください。6あなたは、自分が大切だと思っているものを信じています。7あなたが恐れているとしたら、誤ったものを大切に思っているのです。8そうすると、物事についての理解も、間違ったものとなることは避けられません。そして、あなたはあらゆる思いに等しい力を与えるため、心の安らぎが破壊されてしまいます。9「聖書」が〝人知ではとうてい知ることのできない「神」の安らぎ〟について語っているのはこのためです。10この安らぎは、いかなる種類の過ちによってもまったく揺らぐことはありません。11それは、「神」から発していないものが、いかなるものであれ、あなたに対して影響力をもつことを拒絶します。12これが拒絶の適切な使用法です。13拒絶は何かを隠すためではなく、過ちを修正するために使われます。14それによりすべての過ちは光の中に入れられ、過ちと暗闇とは同じであるが故に、過ちは自動的に修正されます。

2. 真の拒絶は、強力な防御手段です。2あなたは、過ちが自分を傷つけ得るという信念をすべて拒絶でき、また、拒絶すべきです。3この種の拒絶は、隠蔽ではなく、修正です。4あなたの正しいマインドがそれにかかっています。5過ちの拒絶は真実の強力な防御ですが、真実の拒絶は結果として誤った創造、すなわちエゴの投影を生み出します。6過ちの拒絶は、正しいマインドに奉仕して、マインドを解放し、意志の自由を再び確立します。7意志が真に自由であるとき、誤って創造することはありません。なぜなら、意志は真実だけを認識するからです。

3. あなたは、過ちだけでなく真実も防御することができます。2目指す目標の価値がしっかりと確立されれば、手段を理解することはずっと容易になります。3要は、何のための手段かということです。4誰でも自分の宝は守ります。そして、自動的にそうします。5真の問題は、あなたが何を宝とし、どれくらいそれを大切にしているかということです。6このことをよく考え、すべての行動にこの問いかけをすることを学べば、手段を明確にすることに困難はほとんどなくなるでしょう。7求めさえすれば、手段はいつでも入手可能です。8しかしながら、この段階を必要以上に長引かせなければ、時間を節約することができます。9正しく焦点を定めれば、計り知れないほどにこの段階を短縮することができるでしょう。

4. 「あがない」は破壊的に用いることができない唯一の防御法です。なぜなら、「あがない」はあなたが作った手段ではないからです。2「あがない」の**原則**は「あがない」が始まるずっと以前から働いていました。3「あがない」の原則は愛であり、「あがない」は愛の**行為**でした。4行為は分離以前には必要ありませんでした。なぜなら、分離以前には、空間や時間に対する信念が存在しなかったからです。5「あがない」とその達成に必要な条件が計画されたのは分離以降のことです。6それ以降、拒否されることはあっても、濫用されることのないすばらしい防御法が必要になりました。7この防御法を拒否してもそれを攻撃の武器に変えることはできません。拒否されれば攻撃のための武器に変わるのは他の防御法の内在的な特長です。[8] したがって、「あがない」は両刃の剣ではない唯一の防御法になります。[9]「あがない」は、ただ癒すことができるだけです。

5.「あがない」は時空間の信念体系の中に組み込まれましたが、それは、その信念体系そのものの必要性を限定し、究極的には学びを完全なものとするためでした。[2]「あがない」は最後のレッスンです。[3] 学ぶこと自体は、学びが行われる教室と同じように一時的なものです。[4] 変化が不要となったとき、学ぶ能力に価値はなくなります。[5] 永遠に創造的なものには何も学ぶべきものはありません。[6] 知覚を改善することを学び、ますます優れた学び手になることはできます。[7] そうすることによって、ますます「神の子であること」に近づいていくでしょう。しかし、「神の子であること」自体は完璧な創造であり、完璧であることは程度の問題ではありません。[8] 学びに意味があるのは、違いに対する信念が存在する間だけのことです。

6. 進化とは、あなたがある段階から次の段階へと進んで行くように見えるプロセスのことです。[2] あなたは前進することによって、以前の誤った歩みを修正します。[3] このプロセスは、時間という観点からは実際には理解できないものです。なぜなら、前進しながら戻るからです。[4]「あがない」は、あなたが前進するにつれて、あなたを過去から解放する手段です。[5]「あがない」は過去の過ちを解除し、戻るために前進することなく引き返すことを不要にしてくれます。[6] この意味で、「あがない」は時間を節約してくれますが、「あがない」が仕える奇跡と同じように、時間を廃棄することはありません。[7]「あがない」の必要性がある限り、時間にも必要性があります。[8] しかし、計画が完了したときの「あがない」は、時間と独特の関係をもちます。[9]「あがない」が完成するまでは、その様々な段階は時間の中で進行しますが、「あがない」の全体は時間の終わりに位置します。[10] その時点で帰還のための橋が完成します。

7.「あがない」は、全面的なコミットメントです。[2] あなたは未だにこれは喪失と関係があると考えるかもしれません。それは分離した「神の子」が誰でも何らかの形で犯す過ちです。[3] 攻撃できない防御法が最高の防御法であるとは信じがたいことです。[4] これが、〝柔和な人々が地を受け継ぐであろう〟という言葉の意味です。[5] 柔和な人々は、彼らの強さにより、文字通り地上を相続するでしょう。[6] 双方向性をもった防御は、両刃の剣であるが故に、本来弱いものです。そして、そのような防御は、まったく予期しないときに刃をあなたに向けてくる可能性があります。[7]この可能性を制御できるのは奇跡だけです。[8]奇跡は「あがない」という防御法で、あなたを真の意味で守ります。そしてあなたがより安全になるにつれ、あなたは自分が兄弟の一人であり、「神の子」の一人であることを自覚して、他の人たちを守るという天賦の才を発揮するようになるでしょう。

III. 神の祭壇

1. 内なる光を解放することによってのみ、「あがない」をあなたの内部で受け容れることが可能となります。[2]分離以来、防御はほとんどの場合、「あがない」に対抗し、分離を維持するために用いられてきました。[3]これは一般的に、肉体を守るために必要なことと見なされています。[4]マインドが関わる肉体についての数多くの妄想は、肉体が〝あがない〟を達成する手段として使えるという歪んだ信念から生じます。[5]肉体を神殿として知覚することは、この歪みを修正する上での最初の一歩にすぎません。なぜなら、その知覚は歪みの一部しか変更しないからです。[6]肉体を神殿として知覚するとき、肉体的な意味での「あがない」は不可能であるということは認識されます。[7]しかし、次の段階は、神殿とは建物ではないと理解することです。[8]神殿の真の神聖性は内部の祭壇にあり、建物はその周りに作られています。[9]建物の美しさを強調することは、「あがない」を恐れ、祭壇そのものには到達したくないと思っているしるしです。[10]神殿の真の美しさは肉眼では見えません。[11]一方において、霊的な視力は、完璧な視力であるが故に、建物はまったく見えません。[12]しかし、祭壇は完璧にはっきりと見えます。

2. 完璧な効果を上げるために、「あがない」は内なる祭壇の中央に位置しています。そこで、「あがない」は分離を解除し、マインドの完全性を回復します。[2]分離以前には怖れは存在していませんでしたから、マインドが怖れによって傷つくことはありませんでした。[3]分離も怖れも誤って創造されたものですから、神殿を復元し祭壇を開いて「あがない」を受け取るために、解除しなければなりません。[4]こうすることによって、あらゆる分離の思いに対して唯一の効果的な防御法があなたの内部に配置され、あなたは完璧に傷つくことのない存在となって、分離が癒されるでしょう。

3. すべての人が「あがない」を受け容れるのは時間の問題です。[2]これは自由意志に反するように見えるかもしれません。最終的な決定は不可避的であるというのですから。しかし、そうではありません。[3]あなたはいろいろと時間稼ぎをして、決定を果てしなく先延ばしにすることはできますが、「創造主」から完全に離れることはできません。「創造主」は誤った創造をするあなたの能力に制限を設定されました。[4]幽閉された意志は、極端な場合には、耐えられないような状況を生み出します。[5]苦痛に対する忍耐力が相当なものであるとしても、限界がないわけではありません。[6]やがて、誰もが他にもっと良い方法があるに違いないと、おぼろげながらも認識し始めます。[7]この認識がよりしっかりと確立されたとき、それが転換点となります。[8]これが、究極的には霊的な目を再び目覚めさせ、同時に、肉体的な視力への投資を弱めることになります。[9]二つのレベルの知覚に交互に意識を傾けると、それは普通、葛藤として体験され、非常に激しい葛藤になる場合もあります。[10]しかし、最終的な結果は「神」のごとく確かなものです。

4. 霊的な目には過ちは文字通り目に入らず、ただ「あがない」だけを探します。[2]肉体の目が求める解決策はすべて消散します。[3]霊的な目は内面を見つめ、祭壇が汚され、修復し保護する必要があることを即座に見て取ります。[4]霊的な目は正しい防御法を完全に自覚しているため、その他の防御法のすべてを無視し、過ちを見過ごして真実を見つめます。[5]霊的な目は、その視力によって、マインドを自らに奉仕させせます。[6]これによって、マインドの力が再び確立され、マインドは決定を先延ばしにすればするほど不必要な苦痛が増すことに気づき、遅らせることにますます耐えられなくなります。[7]その結果、それまでは取るに足りない不快な邪魔程度に見なしていたものに対して、マインドはますます敏感になっていきます。

5. 「神」の子どもたちには、完全な信頼から生まれる完全な慰めを味わう資格があります。[2]これを達成するまでは、不適切な手段で慰めを得ようとして無益な試みをしては自分自身を消耗させ、真の創造力を無駄にすることになります。[3]しかし、真の手段は既に与えられており、それには自分の側からの努力はまったく必要ありません。[4]「あがない」だけが「神」の祭壇に捧げるにふさわしい貢物です。それは、祭壇そのものの価値の故です。[5]祭壇は完璧に創造されており、まさに完璧なものだけを受け取るにふさわしいのです。[6]「神」と「神」の創造物は完全に「相互」に依存しています。7「神」は創造物を完璧に創造されたが故に、創造物に依存します。8創造物が動揺し欺かれることのないように、「神」は「ご自分」の安らぎを与えられました。9怖れを抱くとき、あなたは必ず欺かれており、マインドは「聖霊」に仕えることができません。10そうするとあなたは日々の糧を自らに否定することとなり、飢えることになります。11「神」は「子」がいなければ孤独であり、「子」は「神」がいなければ孤独です。12「神の子」は、この世界を分離を癒すための手段であると見なすことを学ばなければなりません。13「あがない」は、彼らが究極的にはこれに成功することを保証するものです。

IV. 怖れからの解放としての癒し

1. 次に、癒しに重点を置いて話を進めましょう。2奇跡は手段であり、「あがない」は原則であり、癒しは結果です。3〝癒しの奇跡〟について語ることは、二種類の実在を混同することです。4癒しは奇跡ではありません。5「あがない」、すなわち最後の奇跡は治療薬であり、癒しはどのような癒しであれ結果です。6どのような過ちに「あがない」が適用されるかは無関係です。7すべての癒しは、本質的には怖れからの解放です。8奇跡を行うためには、あなた自身が恐れていてはなりません。9あなたに癒しが理解できないのは、あなた自身の怖れが原因です。

2.「あがない」の計画における大きな一歩は、すべてのレベルにおいて過ちを解除することです。2病気、もしくは〝正しくないマインドの状態〟は、レベルの混同の結果です。なぜなら、レベルを混同すると、一つのレベルにおける間違いが、他のレベルに悪影響を与え得ると常に信じてしまうからです。3私たちは、レベルの混同を修正するための手段として奇跡に言及しました。というのは、すべての間違いは間違いが生じたレベルにおいて修正されなければならないからです。4マインドだけが過ちを犯すことができます。5肉体は誤った思いに反応するときにのみ、誤った行動をとります。6肉体には創造することはできません。肉体に創造する能力があると信じることは根本的な過ちであり、それがすべての肉体の症状を生み出します。7肉体の病は魔術の信仰を象徴しています。8魔術を作り出した歪みは、物質に創造能力が存在していて、マインドはそれを制御することができないという信念に基づいています。9この過ちは、二つの形をとる可能性があります。一つはマインドが肉体の中で誤った創造をすることができるという信念であり、もう一つは、肉体がマインドの中で誤った創造をすることができるという信念です。[10]マインドは唯一の創造のレベルであり、それ以外のレベルで創造することはできないということが理解されたとき、この二種類の混同のいずれも起こる必要はなくなります。

3. 創造できるのはマインドだけです。なぜなら、スピリットは既に創造されたものであり、肉体はマインドの学びのための手段だからです。[2]学びのための手段自体はレッスンではありません。[3]学びのための手段の目的はただ学びを促進することにあります。[4]学びのための手段を誤用した結果生じ得る最悪の事態は、学びを促進できないということです。[5]学びのための手段自体には、実際の学びに過ちを持ち込むだけの力はありません。[6]適切に理解するならば、肉体は「あがない」の無傷性を共有しており、両刃の剣として使われることはないということが分かります。[7]これは肉体が奇跡だからではなく、肉体は先天的に誤った解釈を受け容れるものではないからです。[8]肉体は、物理的な世界におけるあなたの体験の一部にすぎません。[9]肉体の能力は過大評価されやすく、実際、頻繁に過大評価されています。[10]しかし、この世界において肉体の存在を否定することはほとんど不可能です。[11]肉体の存在を否定する者たちは、何の価値もない形で否定していることになります。[12]ここで言う〝価値のない〟という言葉は、マインドでないものを否定することによってマインドを守る必要はないということを意味しています。[13]マインドの力のこの不幸な側面を否定すれば、同時に、マインドの力そのものまで否定することになります。

4. 肉体的病の治療薬としてあなたが受け容れる物理的手段はすべて、魔術の原則を裏書きするものです。[2]それは、肉体が自ら病を作り出すと信じる第一歩です。[3]非創造的な媒体を用いて病を癒そうとする試みは第二の誤ったステップです。[4]しかしだからといって、修正を目的としてそのような媒体を用いることが悪いというわけではありません。[5]時として病は、一時的であれ、その人が「あがない」に近づくことを許さないほど強力にマインドを縛っていることもあります。[6]そのような場合には、マインドと肉体に対して妥協的なアプローチをとって、外部からの何かによって一時的な癒しの信念を与えることが賢明であるかもしれません。[7]その理由は、マインドが正しい状態にない人、つまり、病気の人を助けるにあたって最も役に立たないのは、怖れを増幅させることだからです。[8]彼らは、既に怖れで弱体化された状態にあります。[9] 時期尚早に奇跡を体験すれば、彼らは恐慌状態に陥るかもしれません。[10] 本末転倒した知覚によって、奇跡は怖ろしいと信じさせられたとき、それは起こりやすくなります。

5.「あがない」の価値は、それがどのように表現されるかにあるのではありません。[2] 実際、もし「あがない」が真の形で活用されるならば、不可避的に、受け取る人にとって最も役に立つ形で表現されます。[3] つまり、百パーセントの効力を発揮するためには、奇跡は奇跡を受ける人が怖れを抱かずに理解できる言語で表現されなければならないということです。[4] これは、それがその人に可能な最高レベルのコミュニケーションであることを必ずしも意味するわけではありません。[5] しかし、**現時点においては**、それがその人に可能な最高レベルのコミュニケーションであるという意味です。[6] 奇跡のねらいそのものはコミュニケーションのレベルを高めることであって、怖れを増幅させてコミュニケーションのレベルを下げることではありません。

V. 奇跡を行う人の機能

1. 奇跡を行う人が、この世界における自分の役割を引き受けるには、解放に対する怖れを十分に理解することが不可欠です。[2] さもなければ、自分でも気がつかないうちに、解放とは幽閉であるという既に広く浸透している信念を助長してしまうかもしれません。[3] この誤った知覚は、危害は肉体に限定できるという信念から生じます。[4] その理由は、マインドは自らを傷つけ得るという怖れが根底に横たわっているからです。[5] このような過ちはすべて無意味なものです。なぜなら、マインドが誤って創造したものは実際には存在しないからです。[6] この認識は、いかなる形のレベルの混同よりもずっと優れた保護手段です。なぜなら、この認識によって過ちのレベルでの修正が導入されるからです。[7] マインドだけが創造できるということ、そして、修正は思いのレベルに属するということを覚えておくことが不可欠です。[8] 前に述べたことを重ねて言いますが、スピリットは既に完璧なものであり、したがって、修正は必要としていません。[9] 肉体は、マインドの学びのための手段としてのみ存在しています。[10]この学びのための手段は創造することができないので、自分自身の過ちに支配されることはありません。[11]とすれば、誤って創造したものを放棄するようにマインドを導くことだけが、唯一の真に意味のある創造能力の使い方であるということは明らかです。

2. 魔術は、マインドのないマインドの使い方であり、創造性を誤ったマインドの使い方です。[2]物理的な治療薬は、〝呪文〟の一形態です。しかし、癒すためにマインドを使うことを恐れるのであれば、マインドを使うべきではありません。[3]恐れているという事実そのものによって、あなたのマインドは誤った創造をしやすい状態になるからです。[4]したがって、起こるかもしれないいかなる癒しをも誤解する可能性が高くなります。通常、自己中心性と怖れは一緒に起こるために、あなたは癒しの真の「源」を受け容れることができないかもしれません。[5]こうした状況下では、一時的に物理的な癒しの手段に頼るほうが安全です。なぜなら、物理的な癒しの手段を自分の創造物であると誤解することはできないからです。[6]自分は傷つきやすいという感覚がある間は、奇跡を行おうとするべきではありません。

3. 既に述べたように、奇跡は、奇跡を志向するマインドの表現であり、奇跡を志向するマインドとは、正しいマインドの状態を意味します。[2]正しいマインドの状態の人は、奇跡を行う人のマインド、あるいは奇跡を受ける人のマインドを褒めそやすことも軽視することもありません。[3]しかし、修正の手段である奇跡は、奇跡を受ける人のマインドが正しい状態になるのを待つ必要はありません。[4]実際のところ、奇跡の目的は奇跡を受ける人を正しいマインドへと回復させることです。[5]しかし、奇跡を行う人は、たとえ僅かな間であっても、正しいマインドの状態にいなければなりません。そうでなければ、他者の内部に正しいマインドの状態を再び確立することはできないからです。

4. 自分自身のマインドの準備ができていることに依存するヒーラーは、自分の理解を危険にさらしています。[2]自分自身のマインドが準備できているかどうかをまったく気にすることなく、終始一貫して私のマインドが準備できていることを信頼していれば、完璧に安全です。[3]もし奇跡を行おうとする気持が適切に働いていないとしたら、それは、常に、怖れがあなたの正しいマインドの状態に侵入し、マインドを攪乱しているからです。[4]正しくないマインドの状態にもいろいろな形がありますが、それらはすべて、あなた自身のために「あがない」を受け容れることを拒絶した結果です。5あなたが「あがない」をしっかりと受け容れるとき、癒しを必要とする人は正しいマインドの状態こそが癒しであることを理解していない人にすぎないと認識できる場所にいることになります。

5. **奇跡を行う人の唯一の責任は、自分自身のために「あがない」を受け容れることです。**2これは、マインドが唯一の創造的レベルであり、マインドが犯す過ちは「あがない」によって癒されると認識することを意味します。3このことをいったん受け容れれば、あなたのマインドはただ癒すだけになるでしょう。4自分のマインドにいかなる破壊的可能性も認めず、純粋に建設的な力を復権させることにより、あなたは他の人々のレベルの混同を解消できる立場に身を置くことになります。5すると次に、あなたが送るメッセージは彼らのマインドも同様に建設的であるという真実となり、彼らが誤って創造したものが彼らを傷つけることはなくなります。6あなたはこれを肯定することにより、マインド自身の学びのための手段を過大評価することからマインドを解放し、学ぶ者としての本来の状態にマインドを立ち戻らせるのです。

6. 肉体は創造しないだけでなく学ぶこともないということを再び強調する必要があります。2学ぶための手段である肉体は、学ぶ者に従うだけです。しかし、誤って主導権を与えられると、肉体は本来自らが促進すべき学びそのものに対して重大な障害物となります。3マインドだけに光を照らす力があります。4スピリットは、既に光に満たされていますが、肉体自体はあまりにも密度が濃く光を通しません。5しかし、マインドは、肉体が学ぶ者ではなく、したがって、学びに従順ではないことを認識することによって、自らの光を肉体にもたらすことができます。6しかし、肉体は、肉体を超えて光の方を見ることを学んだマインドとであれば簡単に同調します。

7. 修正をもたらす学びは、常にスピリットの目覚めから始まります。そして、肉体的視力を信じることをやめることから始まります。2これは多くの場合、怖れを引き起こします。なぜなら、霊的な視力が見せるものをあなたは恐れるからです。3前にも言いましたが、「聖霊」には過ちは見えません。「聖霊」には過ちを見過ごして「あがない」の防御線を見る能力しかありません。4これは疑いもなく不快感を生じさせますが、その不快感は、この知覚がもたらす最終結果ではありません。5「聖霊」が汚された祭壇を見ることを許されれば、「聖霊」は直ちに「あがない」の方にも目を向けます。6「聖霊」が知覚するものが何であれ、怖れを引き起こすことはありません。7霊的な自覚から生じるものは、すべて修正へと方向づけられるだけです。8不快感は、修正の必要性を自覚させるために生じているにすぎません。

8. 最後に、癒しが必要だということを無条件に受け容れたくない気持から、癒しに対する怖れが生じます。2肉体の目に見えるものを修正することはできません。また過ちは、肉眼で見えるいかなる手段によっても修正することはできません。3肉体的視力が告げることを信じている限りは、あなたの修正の試みは間違った方向に向けられるでしょう。4真の視力は曇ってしまいます。なぜなら、あなたは自分の汚された祭壇を見ることに耐えられないからです。5しかし、祭壇が汚されているため、そのことを知覚しないと、あなたは二重に危険な状態に陥ります。

9. 癒しは分離の後に発達した能力であり、分離以前には必要ありませんでした。2空間と時間に対する信念のすべての側面がそうであるように、癒しも一時的なものです。3しかし時間が存続する限り、保護する手段として癒しが必要です。4その理由は、癒しは慈善に基礎を置いているからです。慈善は、自分自身の中に完璧さを知覚できない場合でも、他の人の完璧さを知覚する方法です。5今のあなたに可能な比較的高貴な概念のほとんどは時間に依存しています。6あなたが現時点で想像できるいかなる形の慈善をも凌駕する強力な包含性をもった愛が存在し、慈善は実はそのささやかな反映にすぎません。7今達成できるレベルという限定された意味において、慈善は正しいマインドの状態にとって不可欠です。

10. 慈善とは、他者を見るときに、時間の中で実際に達成した段階を遥かに超えた存在としてその人を見る眼差しです。2その人自身の思考に欠点があるために、その人は自分のための「あがない」を見ることができません。もしそうでなければ、その人は慈善を必要としないでしょう。3その人に与えられる慈善は、その人が今、助けを必要としているということの承認であり、その人がそれを受け容れるだろうという認識です。4これら二つの知覚は時間に依存していることを暗示しており、慈善がまだこの世界の制約の中にあることを明らかに示しています。5啓示だけが時間を超越すると私は前に言いました。6慈善の表現としての奇跡は、時間を短縮することができるだけです。7しかし、あなたが奇跡を誰かに差し出すときは、常に、自分と相手の双方の苦しみを短縮していることを理解しなければなりません。8 これによって、修正が現在から未来にわたって行われるだけでなく、過去にさかのぼって行われます。

A. 奇跡を行う人の特別な原則

11. (1) 奇跡は、低い序列に属する様々な心配を不要にします。2 奇跡は枠から外れた時間帯にあるため、時間と空間についての通常の配慮はあてはまりません。3 あなたが奇跡を行うとき、私が、時間と空間を奇跡に合うように調整します。

12. (2) 創造されるものと作り出されるものを明確に区別することが不可欠です。2 あらゆる形の癒しが、レベルの知覚におけるこの基本的な修正の上に基礎を置いています。

13. (3) 正しいマインドの状態と誤ったマインドの状態を決して混同してはなりません。2 いかなる形の過ちに対してであれ、癒したいという願望以外の気持を抱いて反応することはこの混同の表れです。

14. (4) 奇跡は常にこの過ちの否定であり、真実の肯定です。2 正しいマインドの状態だけが、実際的な効果をもたらす形で修正することができます。3 実用主義的な言い方をすれば、実際的な効果をもたないものは、実際には存在していないということです。4 とすれば、そうしたものがもたらす効果は実質が何もなく、無ということになります。5 実質的な内容が何もないために、それは自らを投影に明け渡すことになります。

15. (5) 奇跡がもつレベル調整力は、癒しのための正しい知覚を誘発します。2 これが生じるまでは、癒しを理解することはできません。3 結果として修正をもたらさなければ、ゆるしは空疎なジェスチャーにすぎません。4 修正をもたらさなければ、ゆるしは癒しというよりは本質的な意味で価値判断になってしまいます。

16. (6) 奇跡を志向するマインドによるゆるしは、修正以外の何ものでもありません。2 そこには価値判断の要素はまったくありません。3 〝父よ、彼らをおゆるしください。彼らは何をしているか分からずにいるのです〟という言葉は、彼らがしていることについて一切評価を下してはいません。4 それは彼らのマインドを癒してくださいという「神」への訴えです。5 過ちの結果については何も言及していません。6 それは問題ではないのです。

17. (7) 〝思いを一つにしなさい〟という命令は、啓示を受ける準備を促すための言葉です。2 〝私を思い出して、このようにしてください〟という私の要請は、奇跡を行う人たちが協力するようにと訴えているものです。3この二つの言葉は、実在の同じ序列には属しません。4思い出すということは、現在において過去を呼び戻すことですから、後者の言葉のみが時間の自覚に関係しています。5時間は私の管理下にありますが、無時間性は「神」に属しています。6時間の中にあっては、私たちはお互いのために、お互いと共に存在しています。7時間のない世界にあっては、私たちは「神」と共存しています。

18. (8)助けが求められている状況の中で、次のように考えるならば、あなたは自分自身の癒しと他者の癒しのために多くのことができるでしょう。

2私は、真に人々の役に立つためにここにいます。

3私は、私を遣わされた「神」の代理としてここにいます。

4私は何を語り、何を行うべきか心配する必要はありません。なぜなら、私を遣わされた神が私を導いてくださるからです。

5私は、「神」が望まれる所であればどこにいても満ち足りています。「神」が一緒にそこに行ってくださると知っているからです。

6私は、「神」が癒しを教えてくださることに身を任せる中で癒されます。

VI. 怖れと葛藤

1. 怖れは無意識に生じるかのように思われます。つまり、あなた自身にはどうすることもできないことのように思われます。2しかしながら、私が既に言った通り、建設的な行いだけが無意識のうちになされるべきです。3もしもあなたがそう選択するならば、重要でないすべてのことを私は制御できますし、重要なことはすべて私が指示を与え、導くこともできます。4怖れを私が制御することは不可能ですが、あなた自身は怖れを制御できます。5怖れは、私があなたに制御を与えることを妨げます。6怖れが存在するということは、あなたが肉体の思いをマインドのレベルにまで引き上げたことを示しています。7そのために、私は肉体の思いを制御できなくなり、あなたは肉体の思いに対して個人的に責任を感じるようになります。8これは、明らかにレベルの混同です。

2. 私はレベルの混同を助長させないようにしますが、あなたはレベルの混同を修正する選択をしなければなりません。2あなたは、仕方がなかったと言い訳することで、自分の狂気じみた行動を容認したくはないはずです。3なぜあなたは狂気じみた思考を容認するのでしょうか。4しっかりと見つめることによって恩恵を得ることができる一つの混同がここに存在します。5あなたは自分の行動については責任があるけれども、思うことについては責任がないと信じているかもしれません。6実際には、あなたはあなたが思うことに対して責任があります。なぜなら、思うことのレベルにおいてのみ、選択権を行使できるからです。7あなたの行動はあなたが思うことから生まれます。8行動に自治権を〝与える〟ことで、自分自身を真実から分離させることはできません。9あなたが思うことを私の導きに委ねた瞬間から、こうしたことは自動的に私が制御できるようになります。10あなたが怖れを抱くのは、自分のマインドに誤った創造を許可していることの確かなしるしであり、私にあなたのマインドを導くことを許していないことの確かなしるしです。

3. 誤った思いの結果を制御すれば癒しをもたらすことができると信じるのは無意味です。2怖れを抱いたとき、あなたは誤った選択をしたのです。3だからこそ、あなたはそれに対し責任を感じます。4行動ではなくマインドを変えなければなりません。これはあなたの意欲の問題です。5マインドのレベル以外のところでは導きは必要ありません。6修正は変化が可能なレベルにだけ属します。7変化は症状が表れるレベルでは何の意味もありません。そのレベルでは変化は生じないのですから。

4. 怖れの修正はあなたの責任です。2怖れからの解放を求めるとき、あなたは、怖れの修正は自分の責任ではないと暗示しています。3そうする代わりに、あなたに怖れをもたらした状況に関して助けを求めるべきです。4そのような状況は、分離することを望む気持を必然的に起こします。5このレベルでなら、あなたはそれを何とかすることができます。6あなたはマインドの彷徨に対してあまりに寛容であり、マインドが誤って創造したものを受動的に容認しています。7そのために生じる具体的な結果は問題ではありませんが、根本的な過ちは問題です。8修正は常に同じです。9何かをする前に、あなたの選択が私のそれと一致しているかどうか、私に聞いてください。10もし、一致しているという確信があなたにあれば、怖れはないでしょう。

5. 怖れは常に緊張状態の表れであり、自分が欲することと自分が行っていることの間に葛藤があるときに生じます。[2]こうした状況は二つの形をとって表れます。まず、あなたは相互に矛盾したことを同時にあるいは継続的に行うという選択をするかもしれません。[3]これは矛盾した行動を生み出し、あなたにとって耐えがたいものとなります。なぜなら、それ以外のことをしたいと思っているマインドの別の部分が憤慨して納得しないからです。[4]次に、百パーセントそうしたいとは思わないけれど、そうすべきだと思って行動するかもしれません。[5]これは首尾一貫した行動を生み出しますが、結果的に非常な緊張状態がもたらされます。[6]いずれの場合もマインドと行動とが一致しておらず、百パーセントやりたいと思ってはいないことをやっているという状況をもたらします。[7]これは強制されているという感覚を誘発し、この感覚は通常、怒りを生み出し、その後に投影が続くことになります。[8]怖れがあるときは、必ずあなたがマインドを決めていないことに原因があります。[9]したがって、あなたのマインドは引き裂かれて、行動は不可避的に散漫になります。[10]行動のレベルで修正することによって、一つ目の過ちから二つ目の過ちへと移行することはできますが、怖れを消し去ることはできません。

6. 意識的な努力をすることなく、あなたのマインドが私の導きのもとにある状態に到達することは可能ですが、そのためには今のあなたがまだ身につけていない意欲が必要です。[2]「聖霊」は、あなたが自分から進んで実行したいと思っている以上のことを求めることはできません。[3]実行する力は、あなたの迷いのない決断から生まれます。[4]「神の意志」を行うとき、それがあなた自身の意志でもあることを認識した瞬間に、いかなる緊張状態もなくなります。[5]ここでの教訓はきわめて単純なものですが、非常に見過ごされやすいものです。[6]そういうわけで、ここでもう一度繰り返し、あなたに是非よく聞いてもらいたいと思います。[7]怖れを生み出すことができるのは、あなたのマインドだけです。[8]マインドは、自分が何を欲するのかについて葛藤があるとき、怖れを生み出します。欲することと行うことがくい違うために緊張状態を余儀なくされ、怖れを生み出すのです。[9]統一された目標を受け容れることによってしか、これを修正することはできません。

7. 過ちを解除するための修正の第一歩は、まず葛藤とは怖れの表れであると知ることです。[2]〝私は、なぜか愛さないという選択をした。そうでなければ、怖れが生じるはずはなかった〟と、自分に向かって言ってみてください。[3]そうすれば、修正の過程全体が、治療薬として「あがない」

を受け容れていく、より大きな過程の中の一連の実用的な段階にすぎなくなります。4 その段階は次のように要約できるでしょう。

5 まず、これは怖れであると知る。
6 怖れは、愛の欠如から生じる。
7 愛の欠如に対する唯一の治療薬は、完璧な愛である。
8 完璧な愛は、「あがない」である。

8. 奇跡、すなわち「あがない」の表現は常に、価値ある者から価値ある者への尊敬のしるしであることは既に強調した通りです。2 この価値の認識は、「あがない」によって再び確立されます。3 とすれば、あなたが恐れているとき、「あがない」を必要とする場所に自分を置いたということは明らかです。4 あなたは愛のない選択をし、愛のない行いをしたのです。5 まさにこのような状況のために、「あがない」が差し出されたのです。6 治療薬の必要性が「あがない」の確立を喚起したのです。7 治療薬の必要性しか認識できない間は、あなたは怖れを抱き続けることになります。8 しかし、この治療薬を受け容れた瞬間、あなたは怖れを廃棄します。9 真の癒しはこのようにして起こります。

9. 誰でも怖れを経験します。2 しかし、ほんの少しでも正しい思考をするならば、怖れが生じる理由を理解することができます。3 マインドの真の力を理解している人はほとんどいませんが、それを常に十分に意識している人は皆無です。4 しかし、もしあなたが怖れをもたずにすませたいと望むのであれば、理解しなければならないことがあります。しかも、十分に理解しなければなりません。5 それは、マインドは非常に強力なものであり、創造力を失うことは絶対にないということです。6 マインドは眠ることもありません。7 マインドはあらゆる瞬間において創造しています。8 思いと信念が合体して力の衝撃波となり、文字通り山をも動かすものとなることを認識するのは難しいことです。9 自分自身にそのような力があると信じるのは、一見、傲慢のように思えるかもしれません。しかし、あなたがその力を信じないのはそれが本当の理由ではありません。10 あなたは、実は、自分の思いを恐れているが故に、自分の思いには本当の影響力はないと信じたいのです。11 そうすることで、罪悪感は軽減されるかもしれませんが、マインドは無力であると知覚する代価を払うことになります。12 もし、あなたが思うことには何の力もないと信じるならば、自分の思いを恐れることはなくなるかもしれませんが、尊敬もしなくなるでしょう。[13]無駄な思いというものはありません。[14]すべての思考は、何らかのレベルで形を生み出します。

VII. 原因と結果

1. 怖れについて不平を言いながらも、あなたは未だに自分自身を怯えさせることに固執しています。[2]既に指摘したように、怖れからの解放を私に依頼することはできません。[3]私には怖れは存在しないことが分かっていますが、あなたには分かっていません。[4]私があなたの思いとその結果に介入すれば、原因と結果という最も基本的な法則に干渉することになります。これは最も根本的な法則です。[5]あなた自身の思考の力を私が軽視すれば、あなたを助けることにはほとんどなりません。[6]そんなことをすれば、このコースの目的とまったく相反することになってしまうでしょう。[7]それよりも、十分な注意を払って思いを防御していないことをあなたに思い出してもらったほうが、ずっと役に立ちます。[8]今の時点でそれをするには奇跡が必要だとあなたは感じるかもしれません。それはまさにその通りです。[9]あなたは、奇跡を志向する考え方に慣れていませんが、訓練すればそのように考えることができるようになります。[10]奇跡を行う人は誰でも、そのような訓練を必要としています。

2. あなたがマインドを無防備な状態にしておくのをそのままにしておくことは、私にはできません。そういう状態では、あなたは私の役に立つことができません。[2]奇跡を行うと必然的に思いの力を完全に理解することとなり、これによって誤った創造を避けることができます。[3]さもなければ、マインドそのものを正すための奇跡が必要となり、それは同じ所を回り続ける循環運動となるだけで、奇跡が意図した時間の崩壊を促進することにはなりません。[4]奇跡を行う人は、真の因果関係を奇跡が起きるための必要条件の一つとして誠実に尊重しなければなりません。

3. 奇跡も怖れも思いから生じます。[2]このうちの一つを自由に選ぶことができなければ、もう一つのものを選ぶ自由もありません。[3]奇跡を選択すれば、一時的であっても、怖れをしりぞけたことになります。[4]あなたはこれまですべての人を恐れ、すべてのものを恐れてきました。[5]あなたは「神」を恐れ、私を恐れ、自分自身を恐れています。

6あなたは「私たち」を誤って知覚し、あるいは、「私たち」でないものを「私たち」であるとして創造し、あなたが作ったものを信じています。7あなたが自分自身の思いを恐れていなければ、こんなことはしなかったでしょう。8怖れを抱いている者は必ず誤った創造をします。なぜなら、創造について誤った認識をしているからです。9誤って創造すると苦痛を体験します。10すると、因果の法則が、一時的ではあっても、すべてのものを加速していきます。11実際は、〝原因〟という言葉は本来、「神」に属するもので、「神」の〝結果〟が「神の子」です。12この事実は、あなたが誤った創造に導入する因果関係とはまったく異なった一連の「因果」関係を必然的に引き起こします。13したがって、この世界における基本的な葛藤は、創造と誤った創造との間に存在します。14後者にはありとあらゆる怖れが、前者にはありとあらゆる愛が内在します。15したがって、葛藤は愛と怖れの間にあるものです。

4. 既に述べたことですが、あなた自身が怖れを作り出したために、怖れを抑制することはできないとあなたは信じています。あなたがそう信じているために、怖れはますます抑制不可能になっているかのようです。2しかしながら、怖れを統御することによってこの過ちを解決しようとしても無駄なことです。3それどころか、怖れを統御する必要があるという仮定そのものが、怖れの力を増長させることになります。4真の解決は愛による統御しかありません。5しかしながら、そこに行き着くまでの間は、葛藤の感覚を避けることはできません。あなたは存在しないものを信じるという立場に自分自身を置いてしまったからです。

5. 無とすべてのものが共存することはできません。2一方を信じれば他方を否定することになります。3怖れは実際には無であり、愛がすべてです。4光が暗闇の中に入る度に、暗闇は廃棄されます。5あなたが信じていることはあなたにとっては真実です。6この意味において、確かに分離が生じています。それを否定することは、不適切な否定以外の何ものでもありません。7しかしながら、過ちに思いを集中することは、更に過ちを犯すことです。8修正の第一手順は、問題があることを一時的に認識することですが、問題と言っても、直ちに修正を必要とする兆候があることを認識するだけです。9これによって、「あがない」を遅滞なく受け容れるマインドの状態が確立されます。10しかしながら、究極的には、すべてのものと無との間の妥協は不可能であることを強調しておかなければなりません。11時間は、本質的には、この点におけるすべての妥協を放棄しやすくするための手段です。12この妥協は徐々にしか廃棄されないように見えますが、その理由は、時間そのものが現実には存在しない間隔というものを包含しているからです。13誤った創造がなされたために、その修正手段としてこのようなことが必要となったのです。14〝神は世界を深く愛されたが故に一人子を下され、神を信じる者は皆、死することなく永遠の生命を与えられた〟という言葉がこの文脈において意味をもつためには、一つの僅かな修正で十分です。〝神はそれを神の一人子に与えられた〟。

6.「神」にはただ一人の「子」しかいないということに特に注目する必要があります。2「神」のすべての創造物が「神の子」であるとするならば、すべての存在は、「神の子のすべて」の不可欠な一部でなければなりません。3「神の子であることの一体性」は、個々の部分の総和を凌駕するものです。4しかしながら、全体を構成する部分が一部でも欠ければ、この事実は不明瞭なものとなります。5こういうわけで、無とすべてのものの葛藤は、「神の子のすべて」のすべての部分が戻るまでは、究極的には解決しません。6「神の子のすべて」が戻ってはじめて、完全性の真の意味が理解できます。7「神の子のすべて」の一部である人は誰であれ、もし自分がそう選択するならば、過ちを信じ、不完全さを信じることができます。8しかし、そうすれば、無の存在を信じることになります。9この過ちの修正が「あがない」です。

7. 準備ができた状態については既に簡単に話しましたが、ここでいくつか役に立つと思われることを付け加えて説明しておきます。2準備のできた状態は達成の前提条件にすぎません。3準備のできた状態と達成は、混同されるべきではありません。4準備ができた状態になるとすぐに、達成したいという願望がある程度生じるのが普通ですが、まったく迷いがないわけではありません。5この状態はマインドが変化する潜在的な可能性以上のものを暗示しているわけではありません。6制御が達成されるまでは完全な自信をもつことはできません。7私たちは、怖れは制御できるものであるという基本的な誤解を解こうとする試みは既に行ってきました。そして、唯一にして真の怖れの制御は愛を通してしか可能ではないことも強調してきました。8準備ができた状態は自信の始まりにすぎません。9これは準備のできた状態から制御までには膨大な時間が必要であることを暗示しているとあなたは考えるかもしれません。しかし、思い出してください。時間と空間は私の支配下にあります。

VIII. 最後の審判の意味

1. 魔術と奇跡の混同を修正する一つの方法は、あなたはあなた自身を創造したのではないという事実を思い出すことです。[2] 自己中心的になってしまうと、このことを忘れがちであり、そうすると、魔術を信じることが事実上避けられない立場に身を置くことになります。[3] 創造したいというあなたの意志は、「創造主」があなたに与えられたのです。「創造主」は、創造という活動においてあなたと同じ「意志」を表現されました。[4] 創造の能力はマインドに基礎を置くので、あなたが創造するすべてのものは必然的にあなたの意志の問題です。[5] したがって、あなたが一人で作り出すものはすべて、「神のマインド」においては実在するものではありませんが、あなた自身の目から見ると実在していることになります。[6] これらの基本的な違いが、そのまま「最後の審判」の真の意味につながります。

2. 「最後の審判」は、あなたの考えでは最も恐ろしい概念の一つです。[2] これは、あなたが「最後の審判」を理解していないからです。[3] 価値判断は「神」の属性にはありません。[4] これは分離が起きた後にはじめて導入されたものです。分離が起きたとき、「あがない」の計画全体の中に多くの学びのための手段が取り入れられましたが、価値判断もその一つです。[5] 分離が何百万年にわたって起きたように、「最後の審判」も同じくらいの長さの期間、あるいは、おそらくそれ以上の長い期間にわたるものとなるでしょう。[6] しかし、その長さは奇跡によって大幅に短縮することが可能です。奇跡は時間を廃棄することはできませんが、時間を短縮することができる手段です。[7] もし、十分な数の人が、真の意味で奇跡を志向するようになれば、この過程は事実上計り知れないほどに短縮されることになるでしょう。[8] しかしながら、あなたが怖れから自分自身を早急に解放することが不可欠です。なぜなら、あなたが他の人々のマインドに安らぎをもたらすためには、あなた自身が愛と怖れの葛藤から抜け出さなければならないからです。

3. 「最後の審判」は、一般的には、「神」により行われる手順であると考えられています。[2] 実際には、「最後の審判」は私の援助によって、私の兄弟たちによって行われることになるでしょう。[3] あなたがどんなに罰を受けるに値すると考えたとしても、「最後の審判」とは、罰を割り当てることではなく、最後の癒しです。4罰という概念は、正しいマインドの状態と完全に相反する概念であり、「最後の審判」のねらいは、あなたに正しいマインドの状態を回復させることにあります。5「最後の審判」は、正しく評価する過程と呼んでも良いでしょう。6「最後の審判」とは、誰もが、何が価値あるもので、何が価値のないものかを最終的に理解するようになるというだけの意味です。7これができるようになると、選択の能力を理性的に方向づけることができるようになります。8しかし、この区別ができるまでは、自由意志と幽閉された意志との間を行ったり来たりするしかありません。

4. 自由に向かう最初の一歩は、真実のものと偽りのものを見分けることです。2これは建設的な意味での分離の過程であり、「黙示録」の真の意味を反映しています。3誰もが最終的には自分の創造したものをよく見て、善いものだけをもち続けるという選択をするでしょう。それは、「神」がご自身の創造物を見て、それが善いものであると知られたのとまったく同じことです。4この時点で、マインドは自分の創造物を、それが価値あるものであるが故に愛の眼差しで見ることができるようになります。5同時に、マインドは自らが誤って創造したものを必然的に放棄することになるでしょう。誤って創造されたものは信念がなければ存在を停止します。

5. 「最後の審判」という言葉が恐ろしいのは、それが「神」に投影されているだけでなく、〝最後〟という言葉が死を連想させるからです。2これは本末を転倒した知覚の際だった例です。3「最後の審判」の意味を客観的に検討すれば、それは実は、生命への入り口であることはきわめて明らかです。4恐れながら生きている者は、本当の意味で生きているとは言えません。5あなた自身の最後の審判をあなた自身に向けることはできません。なぜなら、あなたを創造したのはあなたではないからです。6しかし、あなたは自分が作り出したものすべてに対し、最後の審判をいつでも有意義に適用することができます。そして、記憶の中には創造的で善いものだけをとどめておくことができます。7あなたの正しいマインドの状態は必ずやそうするように命じるでしょう。8時間の目的は、この審判が下せるように〝時間をあなたに与える〟こと、それだけです。9それは、あなたの完璧な創造物に対するあなた自身の完璧な審判です。10あなたの保持するものすべてが愛すべきものであるとき、怖れがあなたのもとにとどまる理由はありません。11これが「あがない」におけるあなたの役割です。

第3章　罪のない知覚

I. 犠牲なきあがない

1. 奇跡についてまだ残っている怖れがすべて消えるようにするには、もう一つ完全に明らかにしておくべきことがあります。2「あがない」を確立したのは、十字架刑ではなく、復活であったということです。3多くの誠実なキリスト教徒がこれを誤解しています。4欠乏という信念から解放されている者であれば、このような間違いを犯すことはありません。5逆さまの観点から十字架刑を見れば、まるで、「神」が「ご自身の子ども」の一人が、良い子であるが故に、受難することを許し、受難を奨励したようにすら見えます。6この誠に残念な解釈は、投影から生じたものですが、多くの人々が「神」をひどく恐れるという結果につながりました。7こうした反宗教的な概念は多くの宗教に入り込んでいます。8しかしながら、真のキリスト教徒であれば、ここで立ち止まって、「いったいそういうことがあり得るだろうか」と聞いてみるべきでしょう。9「神ご自身」の言葉が、「神の子」にふさわしくないと明言しているような考え方を、「神ご自身」がなされることがあり得るでしょうか。

2. 最善の防御は、常にそうですが、相手の立場を攻撃することではなく、真実を守ることにあります。2いかなる概念であれ、正当化するために考え方の枠組みを逆さまにしなければならないとしたら、その概念を受け容れることは賢明ではありません。3この手順はこまごまとした問題にあてはめていくのも苦痛を伴いますが、より大きな規模においては、本当に悲劇的なものです。4迫害は多くの場合、「神ご自身」が救いのために「神ご自身の子」を迫害したという恐ろしくも誤った知覚を〝正当化〟しようという結果をもたらします。5そうした言葉そのものに意味がありません。6この問題を克服することがこれまでとりわけ難しかったのは、この過ちそのものが他の過ちに比べて修正が難しいわけではないにもかかわらず、防御法として非常に価値があるために多くの人々がこの過ちを手放したがらなかったからです。7もっと穏やかな例をあげれば、親が子どもをぶつときに、〝あなたよりも私のほうが痛いのですよ〟と言うことによって、親は自分の罪は免除されたと感じます。8あなたは私たちの「父」が本当にこのように考えると信じることができますか。9このような思考はすべて一掃することがきわめて重要であるため、あなたのマインドの中にほんの僅かでもこのような思考が残ることのないようにしなければなりません。10私は、**あなた方**が悪いから〝罰せられた〟のではありません。11「あがない」が教える完全に温情に満ちた教訓も、このような歪曲によってどのような形であれ汚されると、意味が失われてしまいます。

3. 〝復讐は我にあり、と神はのたまう〟という言葉は、誤った知覚であり、この誤った知覚によって、人は自分自身の〝邪悪な〟過去を「神」のせいにします。2〝邪悪な〟過去は、「神」とはいかなる関係もありません。3「神」はそれを創造もされませんでしたし、維持されてもいません。4「神」は懲罰を信じません。5「神のマインド」がそのような方法で創造することはありません。6「神」は、あなたの〝邪悪な〟行動を理由にあなたを責めることはありません。7「神」があなたの〝邪悪な〟行動を理由に私を責めるというようなことがあり得るでしょうか。8このような思い込みがいかに突拍子もないものであるかを認識し、これが完全に投影によって生じたものであることをしっかりと認識してください。9この種の過ちによって数多くの関連した過ちが引き起こされていますが、「神」がアダムを退け、エデンの園から追放したという考えもその一つです。10あなたが時々、私によって誤った導きを受けていると信じるのも、こうした過ちの一つです。11私は、歪曲するのがほとんど不可能な言葉を使おうと、ありとあらゆる努力をしてきましたが、その気があればどのような象徴記号でもねじ曲げることは常に可能なのです。

4. 犠牲という概念は、「神」にとってまったく未知の概念です。2それは怖れが唯一の原因で生じたものであり、恐れおののく人はきわめて残忍になり得るものです。3いかなる形であれ犠牲を捧げるということは、「天国」におられる「父」と同じように慈悲深い存在であれという私の指令に反するものです。4多くのキリスト教徒には、これが自分自身にあてはまるということがなかなか理解できません。5良い教師は、生徒を恐怖に陥れることは決してしません。6恐怖に陥れることは攻撃することであり、その結果として、教師が教えようとすることは拒絶されます。7その結果、学びは失敗に終わります。

5. 私は、〝世の罪を取り除く子羊〟であると言われてきましたが、これはその通りです。しかし、子羊を血にまみれたものとして描写する人々は、子羊が象徴する意味を理解していません。2これを正しく理解するならば、子羊は私の罪のなさについて語っている非常に単純な象徴です。3一緒に横たわっているライオンと子羊は、強さと罪のなさは相反するものではなく、ごく自然に安らかに共存するものであることを象徴しています。4〝心の清き人は幸いなり、彼らは神を見るであろう〟も、同じことを別な言葉で表現したものです。5清らかなマインドは真実を知っており、これが清らかなマインドの力になります。6清らかなマインドは、破壊と罪のなさを混同することはありません。それは、清らかなマインドは罪のなさから、弱さではなく、強さを連想するからです。

6. 罪のなさは、いかなるものも犠牲にすることはできません。なぜなら、罪のないマインドにはすべてのものが備わっており、自らのその完全性を守ろうと努力するだけだからです。2したがって、罪のないマインドには投影することはできません。3罪のないマインドは他のマインドをただ尊重することができるだけです。なぜなら、本当に愛されている者が自分と同じような存在に挨拶するとき、自然に尊重という形をとるからです。4子羊は、罪のない状態、あるいは、恩寵の中にある状態は、「あがない」の意味が完全に明らかにされている状態であるという意味において、〝世の罪を取り除く〟のです。5「あがない」には一点の曇りもありません。6「あがない」は、光の中にあるが故に、完璧に明白なものです。7それを見ることを選択しない人たちが「あがない」に近づくことができないのは、「あがない」を暗闇で覆い隠そうとしているからにすぎません。

7. 「あがない」自体は、真実以外のいかなるものも放射することはありません。2したがって、「あがない」は無害性を具現するものであり、ただ祝福を発するだけです。3「あがない」が、完璧な罪のなさ以外の何かから生まれたものであるならば、これは不可能です。4罪のなさは悪を知らないが故に叡智です。そして、悪は存在しません。5しかし、罪のなさは、真実であるものについてはすべて完璧に自覚しています。6復活は、いかなるものといえども真実を破壊することはできないことを実証しました。7光がいかなる形の暗闇も廃棄してしまうのと同じように、善はいかなる形の悪にも耐えることができます。8したがって、「あがない」は完璧なレッスンです。9「あがない」は、私が教えた他のすべてのレッスンが真実であることの最終的な証明です。10あなたが、今、この一般化された考えを受け容れることができるならば、数多くのこまごまとしたレッスンから学ぶ必要はなくなるでしょう。11 これを信じるならば、あらゆる過ちから解放されるでしょう。

8. 「神」の罪のなさこそ、「神の子」のマインドの真実の状態です。2 この状態においては、あなたのマインドは「神」を知っています。というのは、「神」は象徴的なものではなく、「事実」そのものだからです。3 「神の子」の本来の姿を知ったあなたは、犠牲ではなく、「あがない」が「神」の祭壇にふさわしい唯一の捧げ物であることを認識します。4 罪のない者の理解は真実そのものです。5 彼らの祭壇が真に輝いているのはそのためです。

II. 真の知覚としての奇跡

1. 既に述べた通り、このコースの中で言及されている様々な基本概念は、程度の問題ではありません。2 基本概念の中には、反対概念の観点から理解することが不可能なものもあります。3 光と闇、すべてのものと無という概念を、同時に存在する可能性として考えることは不可能です。4 このような概念は、まったくの真実であるか、まったくの間違いであるかのどちらかです。5 どちらかの概念にしっかりとコミットするまでは、あなたの思考は不安定であり続けるということを理解することが不可欠です。6 しかしながら、暗闇あるいは無に、しっかりとコミットすることは不可能です。7 この世に生を受けた人で、**何らか**の光、あるいは、**何らか**のものを体験したことのない人はいません。8 したがって、真実を完全に否定できる人はいません。仮に、自分では否定できると思っても、それは不可能です。

2. 罪のなさは部分的な属性ではありません。2 罪のなさは全体的なものとなるまでは実在しません。3 部分的にだけ罪がない者は、時として、きわめて愚かな行動をとりがちです。4 罪のなさは、普遍的に応用できる視点になってはじめて叡智になります。5 罪のない知覚、あるいは、真の知覚とは、誤って知覚することが絶対になく、常に、真の意味で見ることを意味します。6 もっと簡単な言い方をすれば、存在しないものは絶対に見えず、存在するものだけが見えるということです。

3. 誰かがこれからしようとしていることを信頼できないとき、あなたは、その人は正しいマインドの状態にはないという自分自身の信念の証となっています。2 これは奇跡に基づいた視点とはほど遠いものです。3 それはまた、奇跡の力を否定するという悲惨な結果をもたらします。4 奇跡はすべてのものをあるがままに知覚します。5 真実以外は何も存在しないとすれば、正しいマインドで見れば、完全な状態しか見えないということになります。6 私は、「神」が創造されるもの、あるいは、あなたが「神」と同じ「意志」によって創造するものしか実在しないと言いました。7 したがって、罪のない者に見えるのはそれだけです。8 彼らが歪んだ知覚に苦しむことはありません。

4. あなたは「神の意志」を恐れています。なぜなら、あなたは「神」が「ご自身の意志」に似せて創造されたあなた自身の意志を用いて、誤った創造をしてきたからです。2 マインドが誤った創造をするのは、自由でないと信じているときだけです。3 〝幽閉された〟マインドは、それ自身によってとりつかれ、あるいは、抑止されているが故に自由ではありません。4 したがって、マインドは制限され、マインドの意志は自由に自己主張することができません。5 一つであるということは、一つのマインド、ないしは、一つの意志であるということです。6「神の子のすべての意志」と「父」が一つになるとき、その完璧な一致は「天国」そのものです。

5. いかなるものも、自らのスピリットを「父の手」に委ねる「神の子」に打ち勝つことはできません。2 スピリットを「神の手」に委ねることによって、マインドは眠りから覚め、「創造主」を思い出します。3 分離の感覚はすべて消失します。4「神の子」は、「神聖な三位一体」の一部ですが、「三位一体そのもの」は一つです。5「そのレベル」の中においては、混乱は一切ありません。なぜなら、この「三者」には一つの「マインド」と一つの「意志」しかないからです。6 この単一の目的が完璧な統合を創り出し、「神」の安らぎを確立します。7 しかしながら、本当に罪のない者にしかこのヴィジョンを知覚することはできません。8 罪のない者は、ハートが純粋であるが故に、本当の知覚に対して自分自身を防御する代わりに、本当の知覚を防御します。9 彼らは、「あがない」のレッスンを理解しているために、攻撃することを望まず、したがって、真の意味で見ることができます。10「聖書」に、〝彼が出現するとき(あるいは、彼が知覚されるとき)、私たちは彼のようになるだろう。なぜなら、私たちには彼のありのままの姿が見えるであろうから〟とあるのは、このような意味です。

6. 歪みを修正する唯一の方法は、歪みに対する信頼を撤回し、真実であるものにだけ信頼を投資することです。2 真実でないものを真実にすることはできません。[3]知覚するものすべての中にある真実を受け容れる気持があれば、あなたはそれがあなたにとっての真実になることを許すでしょう。[4]真実はすべての過ちを克服します。過ちと虚しさの中で生活している人には、永続的な慰めを見出すことは決してできません。[5]あなたが真に知覚するならば、あなた自身の中にある誤った知覚と、他の人の中にある誤った知覚の両方を同時に抹消することになるでしょう。[6]彼らのありのままの姿が見えるために、あなたは彼らの真実を受け容れ、その結果、彼らもそれを受け容れることができるようになります。[7]これこそが、奇跡が誘発する癒しです。

III. 知覚対知識

1. 私たちはこれまでのところは知覚を強調してきましたが、知識についてはまだほんの少ししか触れていません。[2]これは、どんなことであれ何かを知ることができるようになるためには、知覚を矯正しなければならないからです。[3]知ることとは確信することです。[4]確信がないということは、知らないということです。[5]知識は確信であるが故に力であり、したがって、確信は強さです。[6]知覚は一時的なものです。[7]知覚は時空間に対する信念の一属性であるため、怖れないしは愛によって支配されます。[8]誤った知覚は怖れを生み出し、真の知覚は愛を育みます。しかし、いずれも確信をもたらすことはありません。なぜなら、すべての知覚は様々に変化するからです。[9]知覚が知識ではない理由はここにあります。[10]真の知覚は知識の土台となりますが、知るということは真実の確認であり、あらゆる知覚を超越しています。

2. あなたが経験する困難のすべては、あなたが自分自身を認識せず、あなたの兄弟を認識せず、「神」を認識しないという事実から来ています。[2]認識するということは〝再び知る〟という意味であり、あなたが以前に知っていたということを暗示します。[3]知覚には解釈が含まれるため、あなたには物事が様々な形で見えます。これは、知覚が完全なものではなく、首尾一貫したものでもないことを意味しています。[4]奇跡は、知覚の一方法であり、知識ではありません。[5]それは疑問に対する正しい答えではありますが、知っていれば疑問を発することはありません。[6]幻想に対して疑問を発することが、幻想を解除するための第一歩です。7奇跡、あるいは、その疑問に対する正しい答えが幻想を修正します。8知覚は変化するものですから、時間に依存していることは明らかです。9いついかなる時であれ、あなたがどのように知覚するかで何をするかが決定されます。行動は時間の中で起こらなければなりません。10知識は時間を超越しています。なぜなら、確実なものには疑問の余地がないからです。11疑問を発することをやめたとき、あなたは知るのです。

3. 疑問を発するマインドはそれ自身を時間の中で知覚します。したがって、未来の答えを探します。2閉ざされたマインドは、未来と現在は同じであると信じています。3これによって、一見、安定した状態が確立されますが、それは通常、未来は現在よりもひどいであろうという根底に潜む怖れに対抗しようとする一つの試みです。4この怖れがそもそも疑問を発したいという性向を抑制することになります。

4. 真のヴィジョンは霊的視力の自然な知覚ですが、それでも、事実というよりは修正です。2霊的な視力は象徴的であり、したがって、知るための手段ではありません。3しかし、それは正しい知覚の手段であり、この正しい知覚が霊的視力を奇跡という適切な領域に導きます。4〝「神」のヴィジョン〟は啓示というよりは奇跡です。5そもそも知覚が関わっているという事実によって、その体験は知識の領域から除外されます。6ヴィジョンがいかに神聖なものであっても、長続きすることがないのはこのためです。

5. 「聖書」はあなたに自分自身を知りなさい、あるいは、確信をもちなさいと言っています。2確信の対象は常に「神」です。3あなたが誰かを愛するとき、あなたはその人をありのままに知覚したのです。それによって、あなたがその人を知ることが可能になります。4最初にその人をありのままに知覚しなければ、その人を知ることはできません。5その人について疑問を発している間は、あなたは「神」を知らないことをはっきりと暗示しています。6確信は行動を必要としません。7あなたが知識に基づいて行動していると言うとき、実は、知識と知覚を混同しています。8知識は創造的な思考のための力を提供しますが、正しい行動のための力を提供することはありません。9知覚と奇跡と行動は密接につながり合っています。10知識は啓示の結果であり、知識が誘発するのは思いだけです。11最も霊的な形態においてすら、知覚には肉体が関わります。12知識は内なる祭壇からやって来るものであり、確実なものであるが故に時間を超越しています。13真実を知覚することは、真実を知ることと同じではありません。

6. 「神」が、「神」の祭壇と直接的にコミュニケーションができるためには、正しい知覚が必要です。その祭壇は、「神」が「神の子」の内部に確立したものです。2そこにおいては、「神」は「神」の確実性を伝えることが可能であり、「神」の知識は必ず安らぎをもたらすでしょう。3「神」は「神の子」にとって見知らぬ存在ではなく、「神の子どもたち」はお互いにとって見知らぬ存在ではありません。4知識は知覚や時間よりも先に存在していたものであり、究極的にはそれらに取って代わることになるでしょう。5それが、〝アルファにしてオメガ、初めにして終わりである〟、〝アブラハムが生まれる前から、私はある〟という言葉の本当の意味です。6知覚を安定させることは可能であり、安定させなければなりませんが、知識は安定しています。7〝神を恐れ、神の命令を守りなさい〟は、〝神を知り、神の確実性を受け容れなさい〟になります。

7. 他人の過ちを攻撃すれば、あなた自身を傷つけることになるでしょう。2あなたの兄弟を攻撃すると、兄弟を知ることはできません。3攻撃は、常に、見知らぬ人に対してなされるものです。4あなたは兄弟を誤って知覚することによって、兄弟を見知らぬ人にしているのであり、したがって、兄弟を知ることはできません。5あなたが兄弟を恐れるのは、兄弟を見知らぬ人にしてしまったからです。6兄弟を知ることができるように、兄弟を正しく知覚してください。7「神」の創造物に見知らぬ人はいません。8「神」が創造されたように創造すれば、あなたが知っているものしか創造することはできません。したがって、自分のものとして受け容れることができます。9「神」は完璧な確実性をもって「ご自分の子どもたち」を知っておられます。10「神」は「神の子どもたち」を知ることによって彼らを創造されたのです。11「神」は彼らを完璧に認識されます。12神の子どもたちがお互いを認識しないとき、彼らは「神」を認識していません。

IV. 過ちとエゴ

1. あなたが現在所有する能力は、あなたの本当の強さの影にすぎません。2あなたが現在もっている機能のすべては分断されており、疑問や疑惑を免れません。3これはあなたがそれらをどのように使うかについて確信がなく、したがって、知ることができないからです。4また、あなたは未だに愛をもたずに知覚することができるために、知ることができません。5分離が程度と側面と間隔を導入するまでは、知覚は存在しませんでした。6スピリットにはいかなるレベルもなく、あらゆる葛藤はレベルという概念から生じます。7「三位一体のレベル」だけが結合の能力をもっています。8分離によって創造された様々なレベルは衝突するしかありません。9その理由は、レベルはお互いにとって無意味なものだからです。

2. 知覚のレベルである意識は、分離後にマインドの中に導入された最初の断片であり、これによってマインドは創造者ではなく知覚者になりました。2意識はエゴの領域であると見なすのが正確です。3エゴは、あなたをありのままにではなく、こうありたいと願っているものとして知覚しようとする、誤ったマインドの状態による試みです。4しかしながら、あなたにはありのままの自分しか知ることはできません。なぜなら、あなたが確信をもてるのはそれだけだからです。5それ以外のことはすべて疑いを免れません。

3. エゴは、分離後の自己の、疑問を発する側面であり、創造されたというよりも作られたものです。2エゴには問いを発する能力はありますが、意味のある答えを知覚する能力はありません。なぜなら、意味のある答えは知識と関わりがあり、知覚することはできないからです。3したがって、マインドは混乱します。なぜなら、混乱することがないのは「一つに統合されたマインド」だけだからです。4分離されたマインド、あるいは、分断されたマインドは混乱せざるを得ません。5それは自らが何であるかについて、必然的に確信がもてないからです。6それは自分自身と調和のとれた関係にないために、葛藤の状態に陥らざるを得ません。7これによって、その諸側面はお互いに対して見知らぬものとなります。これが、怖れが生じやすい状態の本質であり、この状態においては攻撃が常に可能です。8あなたが自分自身を知覚するとき怖れを感じるもっともな理由がたくさんあります。9そのために、あなたは自分自身を創造しなかったし、創造することはできなかったということを認識するまでは、怖れから逃げることができないのです。10あなたの誤った知覚を真実のものにすることは決してできません。そしてあなたの創造物はあなた自身の過ちを超越しています。11それが、やがてあなたは分離を癒す選択をしなければならない理由です。

4. 正しいマインドの状態は知っているマインドと混同されるべきではありません。なぜなら、それは正しい知覚にしか適用できないからです。[2]あなたは正しいマインドの状態にいることも可能であり、誤ったマインドの状態にいることも可能ですが、それすらも程度は様々であり、これは知識が関与していないことをはっきりと示しています。[3]〝正しいマインドの状態〟という言葉は、〝誤ったマインドの状態〟に対する修正として使われるのが適切であり、正確な知覚を誘発するマインドの状態にあてはまります。[4]それは誤った知覚を癒すが故に奇跡を志向するマインドの状態であり、あなたが自分自身をどのように知覚しているかという観点からすると、これはまさしく奇跡です。

5. 知覚には常にある程度のマインドの誤用が伴います。なぜなら、知覚はマインドを不確定の領域に導くからです。[2]マインドは非常に活動的です。[3]マインドが分離することを選択すると、知覚することを選択します。[4]その時までは、マインドは知ろうと意図するだけです。[5]その後、マインドは曖昧に選択することしかできなくなり、曖昧さから脱出する唯一の方法は明確な知覚です。[6]マインドは知りたいという意志をもったときはじめて、その適切な機能に戻っていきます。[7]これによってマインドはスピリットに奉仕する状態に置かれ、そこで、知覚は変えられます。[8]マインドが独自のレベルを作る選択をするとき、自らを分断する選択をします。[9]しかし、マインドは自らをスピリットから完全に分離することはできません。なぜなら、マインドは他ならぬスピリットから、作る力や創造する力を引き出しているからです。[10]誤った創造においてすら、マインドはその「源」を肯定しています。さもなければ、マインドはその存在をただ停止するだけでしょう。[11]それは不可能です。なぜなら、マインドは、「神」が創造されたが故に不滅であるスピリットに属しているからです。

6. 知覚する能力によって肉体が可能になりました。なぜなら、あなたは何かを何かによって知覚しなければならないからです。[2]知覚には交換や翻訳が関わるのはこれが理由ですが、知識には交換や翻訳は必要ありません。[3]それから、創造の歪められた形態である知覚の解釈的機能が、あなたが誘発した葛藤から逃れようとして、肉体をあなた自身であると解釈することをあなたに許します。[4]知っているスピリットは、この力の喪失を甘受することはできません。なぜなら、スピリットには暗闇の能力はないからです。[5]このために、スピリットはマインドにとってほとんどアクセス不可能となり、肉体にとっては完全にアクセス不可能になります。[6]その後は、スピリットは脅威として知覚されることになります。なぜなら、光はあなたに暗闇はそこに存在しないことをただ示すことによって、暗闇を廃棄するからです。7 真実は常にこのようにして過ちを克服します。8 これは活発な修正の過程にはなり得ません。なぜなら、私が既に強調したように、知識は何もしないからです。9 知識は攻撃者として知覚される可能性はありませんが、攻撃することはできません。10 あなたが知識の攻撃として知覚するものは、知識は一度も破壊されたことがないために、常に思い出し得るものであるということに対するあなた自身の漠然とした認識です。

7.「神」と「神」の創造物の確信は揺らぐことなく、したがって、誤りとしての創造物は存在しないことを知っています。2 真実は、あなたが欲する過ちと関わりをもつことはできません。3 私は人間でしたが、スピリットとその知識を覚えていました。4 人間であった私は知識によって過ちに対抗しようとはせず、基本から過ちを修正しようとしました。5 私は肉体の無力さとマインドの力を実証しました。6 私の意志を「創造主」の意志と一体にすることによって、当然のことながらスピリットを思い出し、スピリットの真の目的を思い出しました。7 あなたに代わって、あなたの意志を「神の意志」と一体にすることはできませんが、もしもあなたがマインドを私の導きのもとに置くならば、あなたのマインドからすべての誤った知覚を消去することはできます。8 あなたの道に立ちはだかっているのは、あなたの誤った知覚だけです。9 誤った知覚がなければあなたの選択は確実なものとなります。10 正気の知覚は正気の選択を誘発します。11 私にはあなたに代わって選択することはできませんが、あなたがあなた自身の正しい選択をする手伝いをすることはできます。12〝招かれる人は多いが、選ばれる人は少ない〟は、〝すべての人が呼ばれるが、耳を傾ける選択をする人は少ない〟であるべきです。13 したがって、彼らは正しい選択をしません。14〝選ばれた者〟とは、単により早く正しい選択をする人たちにすぎません。15 正しいマインドの人たちは今これをすることができ、魂に安らぎを見出すことでしょう。16「神」は安らぎの中にあるあなただけをご存じであり、これこそがあなたの実在です。

V. 知覚を超えて

1. あなたが所有する能力はあなたの本当の強さの影にすぎず、知覚は内在的に価値判断をするものであり、分離後にはじめて導入されたものであると私は言いました。2 それ以来、誰も、いかなることに関しても確信をもつことができないでいます。[3]また、復活は知識に戻るための手段であり、私の意志が「父の意志」と一体になることで実現したことも明らかにしました。[4]私たちがこれから述べる事柄の一部を明確にしてくれる一つの区別をここでしておくことにしましょう。

2. 分離以来、〝創造する〟と〝作る〟という言葉は混同されてきました。[2]何かを作るとき、あなたはある特定の不足感、あるいは、必要だという思いからそうします。[3]ある特定の目的のために作られたものは何であれ、真の意味で一般的な法則に還元できる性質をもっていません。[4]ある不足を知覚して、その不足を満たすために何かを作るとき、あなたは分離を信じているということを暗黙のうちに示唆しています。[5]エゴはこの目的のために数多くの巧妙な思考体系を発明しました。[6]そのいずれも創造的ではありません。[7]発明の才は、その最も巧妙な形態においてすら無駄な努力です。[8]発明のきわめて具体的な性質は、「神」の創造物の抽象的な創造性にふさわしいものではありません。

3. 既に観察してきた通り、知るということは行動することにはつながりません。[2]創造物としての本来のあなたと、あなたが作り上げた自分との間にある混同は、非常に根深いものであるために、どんなことであれあなたが知ることは文字通り不可能になってしまいました。[3]知識は常に安定していますが、あなたが安定していないことはきわめて明らかです。[4]にもかかわらず、「神」が創造されたあなたは完璧に安定しています。[5]この意味において、あなたの行動が不安定なとき、あなたはあなたという創造物についての「神」の考えに異議を唱えていることになります。[6]選択すればそうすることはできますが、もしもあなたが正しいマインドの状態にあるならば、ほとんどそうしたいとは思わないはずです。

4. あなたが自分自身に絶えず投げかけている根本的な質問は、自分自身に適切に向けることができるものでは決してありません。[2]あなたは自分が何であるかを問い続けています。[3]このことは、その答えはあなたが知っているものであるだけでなく、あなたが供給すべきものであることも暗示しています。[4]にもかかわらず、あなたには自分自身を正しく知覚することはできません。[5]あなたには知覚するべきイメージがありません。[6]〝イメージ〟という語は、常に知覚と関連しており、知識の一部ではありません。[7]イメージは象徴的であり、何か別のものを表します。

8〝イメージを変える〟という考えは、知覚の力を認識していますが、知る必要のある安定したものは何もないことも暗示しています。

5. 知るということは解釈を許されることではありません。2あなたは意味を〝解釈〟しようとするかもしれませんが、これは意味についての知覚に言及するが故に、常に過ちを免れることができません。3このような首尾一貫性の欠如は、自分自身を分離されたものと見なし、同時に、分離されていないものと見なそうとしたことの結果です。4このような根本的な混乱が生じれば、あなたの全体的な混乱が更に増大しないはずはありません。5あなたのマインドは非常に巧妙なものになったかもしれませんが、方法と内容が分離したときはいつもそうであるように、逃げようのない袋小路から逃げ出そうとする無益な試みにおいて使われています。6巧妙さは知識からは完全に離反しています。なぜなら、知識は巧妙さを必要としないからです。7巧妙な思考はあなたを解放してくれる真実ではありませんが、あなたがそれを手放す気持になれば、それに従事する必要性からは自由になれます。

6. 祈りは何かを求めるための一つの方法です。2祈りは奇跡の媒体です。3しかし、意味のある祈りはただ一つ、ゆるしを求める祈りだけです。なぜならば、ゆるされた者はすべてを所有することになるからです。4いったんゆるしが受け容れられると、普通の意味における祈りはまったく無意味になります。5ゆるしを求める祈りは、既にもっているものを認識することができますようにという要請以上の何ものでもありません。6あなたは、知識の代わりに知覚を選ぶことによって、奇跡的に知覚することによってしかあなたの「父」に似ることができないという立場に自分自身を置きました。7あなたはあなた自身が「神」の奇跡であるという知識を失ってしまいました。8創造こそあなたの「源」であり、あなたの唯一の実在的な機能です。

7. 〝「神」はご自分のイメージにかたどって、ご自分に似たものとして人間を創造された〟という言葉には再解釈が必要です。2〝イメージ〟は〝思い〟と理解することも可能であり、〝似たもの〟は〝似た性質〟と理解することもできます。3「神」は確かに「神ご自身の思い」に似せてスピリットを創造し、スピリットの性質を「ご自身の性質」に似せて創造されました。4それ以外に何もありません。5一方、知覚は、〝多いか〟、〝少ないか〟を信じなければ不可能です。6あらゆるレベルにおいて、知覚には選択性が伴います。7知覚は、受け容れては拒絶し、編成しては再編成し、取り替えてはまた変えるという連続的な過程です。8評価は知覚の必要不可欠な部分です。なぜなら、選択するためには価値判断が必要だからです。

8. いかなる価値判断もなく、完璧な平等以外に何もなかったとしたら、知覚はどうなるでしょうか。2知覚は不可能になります。3真実は知るしかありません。4真実のすべては等しく真実であり、どの部分であれ真実の一部を知ることは真実のすべてを知ることです。5部分的な自覚に関わるのは知覚だけです。6知識は知覚を支配している法則を超越しています。なぜなら、部分的な知識は不可能だからです。7知識はすべて一つであり、分離した部分はありません。8知識と真に一つとなっているあなたは、自分自身を知るだけで良いのです。そうすれば、あなたの知識は完全です。9「神」の奇跡を知ることは、「神」を知ることです。

9. ゆるしは分離という知覚の癒しです。2あなたの兄弟を正しく知覚することが必要です。なぜなら、マインドが自分自身を分離したものとして見る選択をしたからです。3スピリットは「神」を完全に知っています。4それがスピリットの奇跡的な力です。5一人一人がこの力を完全にもっているという事実は、世の人々の考えではまったく受け容れられない状況です。6世の人々は、もしも誰かがすべてのものを所有していれば、後には何も残らないと信じています。7しかし、「神」の奇跡は「神の思い」であるが故に、「神の思い」と同じく全体的なものです。

10. 知覚が継続する限り、祈りの居場所があります。2知覚は不足に依存しているために、知覚する人は「あがない」を完全には受け容れておらず、真実に身を委ねていません。3知覚は分離した状態に基づいています。そのため、少しでも知覚する人は誰であれ、癒しを必要としています。4祈りではなく、コミュニオンが、知っている人の自然な状態です。5「神」と「神」の奇跡は分離不可能です。6「神」の光の中に生きる「神の思い」は、なんと美しいことでしょう！ 7あなたの価値は疑いを超越しているが故に知覚を超越しています。8あなた自身を異なった光の中で知覚しないでください。9「一つの光」の中にいるあなた自身を知ってください。そこではあなたという奇跡が完璧に見えます。

VI. 価値判断と権威の問題

1. 私たちは「最後の審判」について既に話し合いましたが、詳細については十分に話し合いませんでした。[2]「最後の審判」の後には価値判断はなくなります。[3]知覚を超越した所には価値判断は存在しないが故に、価値判断は象徴的なものです。[4]「聖書」に、〝人に価値判断を下すなかれ。あなた方も価値判断されないようにするためである〟とありますが、その意味は、もしも他人の実在に価値判断を下すならば、自分自身の実在に価値判断を下すことを避けられないということです。

2. 知るよりも価値判断する選択をすることが安らぎの喪失の原因です。[2]価値判断は、知識ではなく知覚が依拠する過程です。[3]私はこのことについて前に知覚の選択性という観点から論じましたが、評価が知覚の明白な前提条件であることも指摘しました。[4]価値判断には常に拒絶が伴います。[5]価値判断は、あなたが対象であれ他人が対象であれ、価値判断されているものの肯定的な側面だけを強調するということは決してありません。[6]知覚され拒絶されたもの、あるいは、価値判断されて欠けたところがあると見なされたものは、知覚されたが故にあなたのマインドに残ります。[7]あなたが苦しんでいる幻想の一つは、否定的に価値判断したものはいかなる影響力ももたないという信念です。[8]否定的に価値判断したものが存在していないと信じているのでなければ、これは真実ではあり得ません。[9]あなたがこれを信じていないことは明らかです。さもなければ、それを否定的に価値判断することはしなかったはずです。[10]最終的には、あなたの価値判断が正しいか間違っているかは問題ではありません。[11]いずれにしても、あなたの信念を実在しないものに置いているのです。[12]これはいかなる様式の価値判断においても避けることはできません。なぜなら、それは実在とはあなたが自由に選択するものであるという信念を暗示しているからです。

3. 価値判断をまったくせずに、あなた自身そしてあなたの兄弟と会ったときに訪れる途方もない解放感と深い安らぎは、あなたには想像もつきません。[2]あなたが誰であるか、あなたの兄弟が誰であるかを認識すると、いかなる意味においてであれ、あなたそしてあなたの兄弟の価値判断をすることは無意味であることを実感するでしょう。[3]実際のところ、彼らに価値判断を下しているというまさにその理由で、彼らの意味はあなたにとって失われてしまいます。4すべての確信のなさは、自分が価値判断の支配下にあるという信念から生じています。5人生を組織だったものにするのに価値判断は必要ではなく、自分自身を組織立てるのにも価値判断が必要でないことは確実です。6知識の前にあっては、すべての価値判断は自動的に一時停止します。認識が知覚に取って代わるのを可能にするのはこの過程です。

4. あなたは、知覚しながらも受け容れることは拒否しているすべてのことを非常に恐れています。2受け容れることを拒否したが故に、それを抑制できなくなってしまったと信じています。3これが原因で、悪夢の中でそれを見ます。あるいはもっと楽しく偽装された場合には、より幸せな夢と思われるようなものの中でそれを見ます。4あなたが受け容れることを拒否したものは、いかなるものといえども自覚されることはありません。5それは、それ自体においては危険ではありませんが、あなたが、自分にとって危険に見えるようにしたのです。

5. あなたが疲れを感じるとき、それは、あなたが自分自身を疲れさせることができると価値判断したからです。2誰かを嘲笑するとき、それは、あなたがその人には価値がないと判断したからです。3自分自身を嘲笑すれば、自分は他の人たちよりも価値がないという考えを許せないというただそれだけの理由であったとしても、他の人たちをも嘲笑しなければなりません。4こうしたことのすべては、本質的に気落ちさせるものであるために、あなたに疲れを感じさせます。5あなたは実際には疲れることはできませんが、自分自身を疲れさせる能力は十分にあります。6絶え間のない価値判断の重圧は、事実上耐えがたいものです。7これほど人を弱くする能力が、実に深く尊重されるというのは不思議なことです。8しかしながら、あなたが実在の作者になることを望むとすれば、価値判断を手放そうとはしないでしょう。9あなたはまた、怖れの目で価値判断を見ます。それは、価値判断がいつの日かあなたに対してなされるだろうと信じているからです。10この信念は、あなた自身の権威を防御する武器として価値判断がどの程度有効であるとあなたが信じているか、その程度だけ存在することができます。

6. 「神」は慈悲心だけを差し出されます。2あなたの言葉は慈悲心だけを反映するべきです。なぜなら、それが、あなたが受け取ったものであり、したがって、あなたが与えるべきものだからです。3正義は一時しのぎの便法であるか、または、あなたに慈悲心の意味を教えようとする試みです。4正義は価値判断的ですが、その理由はただ一つ、あなたには非正義をする能力があるからです。

7. 私は異なった複数の症状について話してきました。そのレベルにはほとんど果てしない多様性があります。2しかしながら、それらすべてには一つの原因しかありません。権威の問題です。3これが〝諸悪の根源〟です。4エゴが作る症状はどれも言葉における矛盾を内包しています。なぜなら、マインドはエゴと「聖霊」との間で分裂しているため、エゴが作るものは何であれ不完全であり、矛盾しているからです。5この支持不可能な立場は権威の問題の結果ですが、権威の問題は一つのとんでもない思いを前提として受け容れるが故に、思いもよらない考えしか生み出すことができません。

8. 権威の問題は、実際には、誰が作者であるかという問題です。2権威の問題を抱えているとき、その理由は常にあなたがあなた自身の作者であると信じているからであり、あなたの妄想を他人に投影するからです。3それから、あなたはその状況を他の人たちがあなたの作者としての権利を奪おうとしてあなたに戦いを挑んでいる状況として認識します。4これが、「神」の力を強奪したと信じている人々の根本的な過ちです。5この信念は彼らにとっては非常に恐ろしいものですが、「神」を悩ませるものではありません。6しかし、「神」はそれを解除することを切望しておられます。それは、「神」の子どもたちを罰するためではなく、それによって子どもたちが不幸になっていることを知っておられるというのが唯一の理由です。7「神」の創造物の真の作者は「神」ですが、あなたはあなたの「作者」から分離する選択をするとき、匿名であることを好みます。8あなたの真の「作者」が誰であるかに確信がもてないために、あなたという存在の「作者」は匿名であるとあなたは信じます。9これによってあなたは、自分が自分自身を創造したと信じることが意味ありげに思われる立場に置かれることになります。10誰が作者であるのかという論争はあなたのマインドの中に大変な不確実性を残しているために、あなたのマインドはあなたがそもそも本当に存在するのかどうかさえ疑い出すかもしれません。

9. 拒絶したいという願望をすべて明け渡す者だけが、彼ら自身を拒絶することは不可能であると知ることができます。2あなたは「神」の力を強奪したのではなく、それを失ってしまったのです。3幸いなことに、何かを失うということはそれがなくなったことを意味するものではありません。[4] それがどこにあるかを思い出せないということを意味するだけです。[5] その存在は、それを識別するあなたの能力にかかっているわけではなく、その場所を発見する能力にさえ依存していません。[6] 価値判断抜きで実在を見て、それがそこにあることをただ知ることは可能です。

10. 安らぎはスピリットの当然の遺産です。[2] 誰でも自分の遺産を受け取ることを拒否する権利はありますが、自分の遺産が何であるかを定める自由はありません。[3] 誰もが結論を下さなければならない問題は、誰が作者であるかという根本的な問題です。[4] すべての怖れは、時には非常に曲がりくねった道を経由しますが、究極的には「神」が作者であることを否定することからきています。[5] これは「神」に対しては決して侮辱になることはなく、「神」を否定する人に対してのみ侮辱となります。[6]「神」が作者であることを否定することは、あなた自身に安らぎの根拠を否定することです。その結果、あなたは自分自身が様々に区分されたものとしてしか見えなくなります。[7] この奇妙な知覚が権威の問題です。

11. 何らかの意味で幽閉されていると感じていない人はいません。[2] もしもこれが人の自由意志の結果であるとすれば、その人は自分の意志は自由ではないと見なさなければなりません。そうでなければ、この立場における推論の堂々巡りはきわめて明らかです。[3] 自由意志は自由につながらなければなりません。[4] 価値判断は常に幽閉します。なぜなら、不安定な願望の尺度によって現実の様々な区分を分離するからです。[5] 望みは事実ではありません。[6] 望むことは意志をもつだけでは十分でないことを暗示します。[7] しかしながら、正しいマインドの状態にある人で、望むことは意図することと同程度に実在的であると信じる人はいません。[8] 〝汝、まず天国を求めよ〟と言う代わりに、〝汝、まず天国を意図せよ〟と言うならば、〝私は私が何であるかを知っています。そして、私は私自身の遺産を受け取ります〟と言ったことになります。

VII. 創造 対 セルフイメージ

1. すべての思考体系には出発点がなければなりません。[2] それは作ることから始まるか、創造することから始まるかのどちらかです。この違いについては既に論じました。[3] それらの類似点は土台としての力にあります。[4] 相違点は、何がそれに依拠しているかという点にあります。[5] いずれも人が生きていく上でよりどころとする信念体系の礎です。6嘘に基づいた思考体系は弱いものであると信じるのは間違いです。7「神」の子どもによって作られるもので力がないものはありません。8これに気づくことが不可欠です。なぜなら、さもないと、あなたは自分で作った牢獄から脱出することができなくなります。

2. あなたのマインドの力を軽視することで、権威の問題を解決することはできません。2そうすることは、あなた自身を欺くことです。これはあなたを傷つけることになるでしょう。なぜなら、あなたは本当のところはマインドの力を理解しているからです。3あなたはまた、「神」を弱めることができないのと同じように、マインドを弱めることもできないことに気づくでしょう。4〝悪魔〟はきわめて強力にしてきわめて活発であるように思えるが故に、恐ろしい概念です。5悪魔は「神」と戦う力であると知覚され、「神」の創造物を奪おうとして「神」と戦っていると知覚されています。6悪魔は嘘によって欺き、すべてのものが「神」と真っ向から対立する王国を築きます。7にもかかわらず、悪魔は人々の反発を買う代わりに人々を惹きつけ、人々は実在的な価値のない贈り物と交換するために悪魔に魂を〝売る〟のです。8これはまったく意味をなしません。

3. 私たちは堕落あるいは分離について前に論じましたが、その意味は明確に理解されなければなりません。2分離とは一つの思考体系であり、時間の中においては十分実在的なものですが、永遠の中においてはそうではありません。3信念はすべて、信じる者にとっては実在的です。4ただ一本の木の果実だけがあの象徴的な園において禁じられました。5しかし、「神」がそれを禁じたということはあり得ません。さもなければ、それが食べられたということはあり得ないからです。6もしも「神」が「神」の子どもたちを知っているならば、私は「神」は知っておられることを保証しますが、「神」は彼ら自身の破壊が可能であるような立場に彼らを置いたでしょうか。7あの〝禁じられた木〟には〝知識の木〟という名前がつけられました。8にもかかわらず、「神」は知識を創造され、それを「神」の創造物に自由に与えられたのです。9この象徴的表現に関して数多くの解釈がなされてきましたが、「神」ないしは「神」の創造物に「彼ら自身」の目的を破壊する能力があると見なすような解釈がいずれも過ちであることは確かです。

4. 知識の木の果実を食べるということは、自己創造の能力の強奪についての象徴的な表現です。2「神」と「神」の創造物が共同創造者でないのは、この意味においてだけです。[3]彼らがこの意味でも共同創造者であるという信念は、〝自己概念〟、あるいは、自己がそれ自身のイメージを作るという傾向において暗示されています。[4]イメージは知覚されるものであり、知られるものではありません。[5]知識は欺くことはできませんが、知覚は欺くことができます。[6]あなたは自分自身を自己創造するものとして知覚することはできますが、それを信じる以上のことはできません。[7]あなたにはそれを真実にすることはできません。[8]そして、以前私が言ったように、あなたが遂に正しく知覚できるようになったとき、自己創造ができないことをあなたは本当に喜ぶでしょう。[9]しかしながら、その時までは、それができるという信念があなたの思考体系の礎石であり、それについての真実を明るみに出すかもしれない考えを、あらゆる防御手段を用いて攻撃するでしょう。[10]あなたは未だにあなた自身が作ったイメージであると信じています。[11]あなたのマインドはこの点に関して「聖霊」とは分裂しており、文字通り思いもよらないこの考えをあなたが信じている間は、解決はありません。[12]このために、あなたは創造することができず、あなたが作るものに関する怖れでいっぱいなのです。

5. マインドは、分離への信念を非常に実在的で、非常に恐ろしいものにすることができます。この信念が〝悪魔〟です。[2]悪魔は強力で、活動的で、破壊的で、明らかに「神」と対立するものです。なぜなら、悪魔は「神が父であること」を文字通り否定するのですから。[3]あなたの人生を見てください、そして、悪魔が何を作ったかに気づいてください。[4]しかし、悪魔によって作られたものは、真実の光に当たれば確実に溶解するということに気づいてください。なぜなら、その土台は嘘なのですから。[5]「神」によるあなたという創造物だけが、揺るがすことのできない「土台」です。なぜならば、その中には光があるからです。[6]あなたの出発点は真実です。あなたの「出発点」に戻らなければなりません。[7]それ以来、多くのことが見られましたが、実際には何も起きていません。[8]あなたのマインドは葛藤の中にありますが、あなたの「自己」は未だに安らぎの中にいます。[9]あなたはまだ十分な道のりを戻っていません。そのために非常な怖れを抱くのです。[10]「出発点」に近づくにつれて、あなたに関する思考体系が破壊されることへの怖れが、まるで、死の怖れであるかのように感じられるでしょう。[11]死はありませんが、死に対する信念はあります。

6. 実を結ばない枝は切り落とされ、枯れるでしょう。[2]喜んでください！ [3]光が生命の真の「土台」から輝き出て、あなた自身の思考体系は修正されてしっかりと立つでしょう。4 そうでなければ、あなたの思考体系が立つことはできません。5 救いを恐れるあなたは、死を選択しています。6 生命と死、光と闇、知識と知覚は両立できません。7 これらのものが両立できると信じることは、「神」と「神の子」が両立できないと信じることです。8 知識の一体性だけが葛藤から自由です。9 あなたの「王国」はこの世界のものではありません。なぜなら、この世界を超えた所からあなたに与えられたものだからです。10 権威の問題という考えに意味があるのはこの世界においてだけです。11 この世界を離れる手段は死ではなく、真実です。そして、彼らのために「王国」が創造された人々は皆、真実を知ることが可能であり、「王国」が彼らを待っています。

第4章　エゴの幻想

序論

1. 「聖書」は、兄弟が依頼する距離の二倍を兄弟と共に行くべきであると言っています。2 兄弟の旅路を遅らせるべきであると示唆していないことは確かです。3 兄弟への献身があなたを遅らせるということもあり得ません。4 兄弟への献身はお互いの進歩につながるという可能性しかありません。5 正真正銘の献身の結果は霊感であり、この言葉は適切に理解するならば、疲労の正反対です。6 疲労することはスピリットがなくなることであり、霊感を与えられるということはスピリットの中にいるということです。7 自己中心的であることはスピリットがなくなることですが、正しい意味で「自己」中心的であることは霊感を与えられることであり、あるいは、スピリットの中にいることです。8 真に霊感を与えられた者は光で満たされた者であり、暗闇の中に住むことはできません。

2. あなたは、選択に応じて、スピリットから話すこともできれば、エゴから話すこともできます。2 スピリットから話すならば、あなたは、〝静かにしなさい、私こそ「神」であることを知りなさい〟を選択したのです。3 これらの言葉は知識を反映しているが故に、霊感を与えられています。4 エゴから話すならば、知識を肯定する代わりに否定することになり、したがって、あなた自身のスピリットを奪うことになります。5 無益な旅には出ないことです。なぜなら、そのような旅は本当に無駄なのですから。6 エゴはそれを望むかもしれませんが、スピリットはそのような旅に出ることはできません。なぜなら、スピリットはその「基盤」を離れることを永遠によしとしないからです。

3. 十字架への旅は最後の〝無益な旅〟であるべきです。2 これに長く心をとどめることをせず、達成されたものとして念頭から追い払ってください。3 もしもこれをあなた自身の最後の無益な旅として受け容れることができるならば、あなたもまた私の復活に加わる自由を得ることができるでしょう。4 そうするまでは、あなたの人生はまったく無駄なものとなるでしょう。5 あなたの人生は、分離、力の喪失、エゴによる不毛な償いの試み、そして最終的には肉体の十字架刑または死を再演するだけでしょう。6その ような繰り返しは、自発的に放棄するまでは果てしなく続きます。7〝古くごつごつした十字架にしがみつく〟という悲劇的な過ちを犯さないでください。8十字架刑の唯一のメッセージは、あなたは十字架を克服することができるということです。9その時まで、何度でもあなたの選択に応じて自分自身を十字架にかける自由があります。10これは私があなたに差し出そうとした福音ではありません。11私たちはもう一つの旅に着手しなければなりません。あなたが本書のレッスンを注意深く読むならば、この旅に着手する準備の役に立つことでしょう。

I. 正しい教えと正しい学び

1. 良い教師は、教えることによって自分自身の考えを明確にし、強化していきます。2教師も生徒も学びの過程においては同じです。3彼らは同じ序列の学びに従事しており、レッスンを分かち合わなければ、確信が欠けることになるでしょう。4良い教師は自分が教える考えを信じなければなりませんが、もう一つの条件を満たす必要があります。自分が考えを差し出す対象である生徒を信じなければならないということです。

2. 多くの人は、自分の思考体系を現在のままに保っておきたいが故に、自分の考えを警戒して見張っていますが、学ぶということは変化を意味します。2変化は分離された者にとっては常に恐ろしいものです。なぜなら、変化は分離を癒す方向に向かう動きであると考えることができないからです。3彼らは、変化は更なる分離に向かう動きであると常に知覚します。なぜなら、分離が彼らの最初の変化の体験だったからです。4あなたのエゴの中にいかなる変化も入ることを許さなければ、安らぎを見出すだろうとあなたは信じています。5このきわめて深い混乱は、同一の思考体系が二つの基盤の上に立つことができると主張してはじめて可能となります。6いかなるものもエゴからスピリットに到達することはできず、いかなるものもスピリットからエゴに到達することはできません。7スピリットはエゴを強化することもできなければ、エゴの内部における葛藤を減殺することもできません。8エゴは矛盾です。9あなたの自己と「神の自己」は対立しています。10それらは、源において、方向において、結果において対立しています。11それらは根本的に相容れないものです。なぜなら、スピリットは知覚することができず、エゴは知ることができないからです。12したがって、それらはコミュニケーションをしておらず、コミュニケーションすることは決してできません。13にもかかわらず、エゴを作る人が誤って導かれることはあるとしても、エゴは学ぶことができます。14しかし、エゴを作る人は、生命を与えられているものから、完全に生命のないものを作ることはできません。

3. スピリットに教える必要はありませんが、エゴには教えなければなりません。2学ぶことは究極的には恐ろしいものとして知覚されます。なぜなら、学ぶことはエゴの破壊につながるのではなく、エゴを放棄してスピリットの光に委ねることにつながるからです。3この変化をエゴは必然的に恐れなければなりません。なぜなら、エゴには私がもつ慈善はないからです。4私のレッスンはあなたのレッスンと同じでした。私はそれを学んだが故にそれを教えることができます。5私はあなたのエゴを攻撃することは決してしませんが、エゴの思考体系がどのようにして生まれたのかをあなたに教えようと努力しています。6あなたに真の創造物としてのあなたを思い出させると、あなたのエゴは怖れをもって反応するしかありません。

4. 教えることと学ぶことが、今やあなたの最大の強さです。なぜならば、そうすることによってあなたはマインドを変えることができ、他の人たちがマインドを変える手伝いをすることができるからです。2マインドを変えることを拒絶しても、分離が起こらなかったことの証明にはなりません。3夢を見ている人が夢を見ている最中に夢の実在を疑っても、自分の分裂したマインドを本当に癒していることにはなりません。4あなたは分離されたエゴを夢に見て、そのエゴの上に安住した世界を信じています。5これはあなたにとって非常に実在的なものです。6それについてのマインドを変えずにそれを解除することはできません。7もしもあなたに思考体系の守り手という役割を放棄する気持があり、あなたの思考体系を私に開いてくれれば、私はそれを非常に優しく修正し、あなたを再び「神」のもとへと導きましょう。

5. 良い教師は皆、自分自身が学んだことをできるだけ多く自分の生徒に与え、彼らがいつの日か自分を必要としなくなることを願っています。2これが教師の唯一にして真の目標です。3エゴにこれを説得するのは不可能です。なぜなら、それはエゴ自身の法則のすべてに反するからです。4しかしながら、法則は法則を作る人が信じている体系の存続を守るために設定されるということを思い出してください。5あなたがエゴを作った瞬間からエゴが自分を守ろうとするのは自然なことですが、あなたが法則を信じていないのに法則に従おうとするのは自然ではありません。6エゴは自らの起源の性質の故にこの選択をすることはできません。7しかし、あなたはあなたの起源の性質の故にこれをすることができます。

6. エゴはいかなる状況においても衝突する可能性がありますが、スピリットが衝突することは絶対にあり得ません。2教師を単に〝より大きなエゴ〟としてだけ知覚するならば、あなたは恐れることになるでしょう。なぜなら、エゴを拡大すれば分離についての不安を増大することになるからです。3もしもあなたに私と共に考える意志があれば、私はあなたと共に教え、あなたと共に生きますが、あなたが最終的には教師を必要としなくなることを常に目標とするでしょう。4これはエゴによって方向づけられた教師の目標とは正反対のものです。5エゴによって方向づけられた教師は、彼のエゴが他のエゴに及ぼす影響に関心があり、したがって、エゴ同士の関わり合いを、エゴを保存するための手段と解釈します。6もしも私がこれを信じていたならば、教えることに献身することはできないでしょう。あなたもこれを信じている限り、献身的な教師にはなれないでしょう。7私はたえず、賞讃されるべき教師か、拒絶されるべき教師として知覚されていますが、私自身に対する知覚として、私はこのどちらも受け容れません。

7. あなたの価値は、教えることや学ぶことによって確立されることはありません。2あなたの価値は「神」によって確立されます。3これに異議を唱える限り、あなたがすることはすべて怖れに満ちたものとなるでしょう。特に、優越性に対する信念や劣等性に対する信念につながるような状況は、すべて怖れに満ちたものとなるでしょう。4教師は辛抱強く、生徒が習得するまで繰り返しレッスンを教えなければなりません。5私には喜んでこれをやる気持があります。なぜなら、私にはあなたの学びに制限を設定する権利はないからです。6再び繰り返しますが、あなたの価値を確立するために、何をする必要もなく、何を考える必要もなく、何を望む必要もなく、何を作る必要もありません。7この点については、妄想を見ているときは例外として、論争の余地はありません。8あなたのエゴは「神」によって創造されなかったが故に、決して危機に瀕するということはありません。9あなたのスピリットは「神」によって創造されたが故に、決して危機に瀕するということはありません。10この点に関するいかなる混乱も妄想のなせるものであり、この妄想が続く限り、いかなる形の献身も不可能です。

8. エゴは、自らの疑いを克服するために、あらゆる状況を搾取して何らかの形で自分自身を賞讃するものに変えようとします。2エゴはあなたがその存在を信じ続ける限り、疑いをもち続けるでしょう。3エゴを作ったあなたはエゴを信頼できません。なぜなら、正しいマインドの状態にあるとき、それが実在しないことに気づくからです。4唯一の健全な解決法は、実在を変えようとすることではなく、実在を変えようとするのは本当に恐ろしい試みですが、実在をありのままに受け容れることです。5あなたは実在の一部です。それは不変であり、エゴには手が届きませんが、スピリットには簡単に手が届きます。6怖れを感じるときには、じっと静かにして、「神」は実在するものであり、あなたは「神」の意に叶った「神の最愛の子」であることを知ってください。7このことについてあなたのエゴに異議を唱えさせないでください。なぜなら、エゴの手の遥かに届かない所にいるあなたをエゴが知ることは不可能なのですから。

9.「神」は怖れの作者ではありません。2あなたが怖れの作者です。3あなたは「神」とは異なったやり方で創造するという選択をしました。それ故に、あなた自身のために怖れを作ったのです。4あなたはあなたの機能を果たしていないが故に、心が安らかではありません。5「神」はあなたに一つの非常に高遠な機能を与えましたが、あなたはそれを果たしていません。6あなたのエゴはその機能を果たす代わりに恐れるという選択をしたのです。7目を覚ましたとき、あなたにはこれが理解できないでしょう。なぜなら、それは文字通り信じられないことですから。8**今信じられないことを信じないでください。**9その信憑性を増大させようとしても、不可避的なことを先送りにするだけです。10〝不可避的〟という言葉はエゴにとっては怖れに満ちたものですが、スピリットにとっては喜びにあふれたものです。11「神」は不可避的であり、「神」があなたを避けることができないのと同じように、あなたも「神」を避けることはできません。

10. エゴはスピリットの喜びを恐れています。なぜなら、いったんあなたがそれを体験すると、あなたはエゴを守ることをすべてやめ、怖れに投資することを完全にやめてしまうからです。2あなたが現在怖れに大きく投資しているのは、怖れが分離の証人であるからです。あなたが怖れの証人になると、あなたのエゴは喜びます。3怖れを置き去りにしてください。4怖れに耳を傾けないでください。怖れを保護しないでください。5「神」の声にだけ耳を傾けてください。「神」は「ご自身」が創造されたスピリットと同じように、欺く能力をもってはおられません。6あなた自身を解放し、他の人たちを解放してください。7自分には価値がないといった誤った絵を他の人たちに提示しないでください。そして、他の人のそのような絵をあなた自身も受け容れないでください。

11. エゴはあなたのために粗末で避難所にもならないような家を建てました。なぜなら、エゴにはそれ以外のものは建てることができないからです。2この貧弱な家が立っていられるようにしようと努力しないでください。3その弱さはあなたの強さです。4「神」だけが「神」の創造物にふさわしい家を建てることができますが、「神」の創造物は自ら所有権を放棄することによって、その家を空き家にしておくという選択をしました。5しかし、「神」の家は永久に立ち続け、あなたがその家に入る選択をしたときには準備ができているでしょう。6このことについては、完全に確信をもって結構です。7エゴには永続的なものを作る能力がないのとまったく同じように、「神」には朽ちるものを創造する能力はありません。

12. エゴに頼ることによっては、自分自身を救うためにも、他の人たちを救うためにも何もすることはできませんが、あなたのスピリットに頼れば、この両者の救いのためにあらゆることができます。2謙虚さはエゴにとってのレッスンですが、スピリットにとってはそうではありません。3スピリットは謙虚さを超越しています。なぜなら、スピリットは謙虚さの輝きを認識し、喜んでその光であらゆる所を照らすからです。4柔和な人たちは、エゴが謙虚であるが故に地を受け継ぐでしょう。そして、これによって彼らはより真実に近い知覚を与えられるでしょう。5「天の王国」はスピリットの権利であり、その美しさと尊厳は疑惑を遙かに超越し、認識を超越し、「神」の創造物に対する「神の愛」のしるしとして永遠に在り続けるでしょう。そして、「神」の創造物は十分に「神」に値し、「神」にのみ属します。6それ以外のいかなるものも、「神ご自身」の創造物への贈り物として十分な価値はありません。

13. あなたが望むのであれば、私はあなたのエゴの代わりになる意志はありますが、あなたのスピリットの代わりになる意志は毛頭ありません。2父親は幼い子を責任感があることを証明した兄に預けても安心ですが、しかし、これによってその子の起源が混同されることはありません。3兄はその子の肉体とエゴを守ることはできますが、そうしたからといって自分がその子の父親であると勘違いすることはありません。4私にあなたの肉体とエゴを預けても良いですが、その理由はただ一つ、これによってあなたは肉体とエゴについて心配しなくても良くなり、それらが重要ではないことを私が教えられるようになるからです。5私自身、かつて、肉体とエゴを信じる誘惑に駆られたことがなかったならば、あなたにとってのそれらの重要性を理解することはできないでしょう。6肉体とエゴから自由になれるように、一緒にこのレッスンの学びに着手しましょう。7マインドを癒すという私のねらいを共有してくれる献身的な教師を私は必要としています。8スピリットはあなたの保護、あるいは私の保護の必要性を遥かに超越しています。9次のことを覚えておいてください。

10**私がこの世界を克服したが故に、この世界においてあなたは苦難を体験する必要はありません。**

11**あなたが大いに喜ぶべき理由はここにあります。**

II. エゴと誤った自律

1. マインドはそもそもどのようにしてエゴを作ることができたのかという問いかけは、理に適った質問です。2実際の話し、それはあなたが尋ね得る最高の質問です。3しかしながら、過去の観点から答えることには意味はありません。なぜなら、過去は重要ではなく、同じ過ちが現在においても繰り返されていなければ、歴史は存在しないからです。4知識は完全に非個人的であるが故に、抽象的な思いは知識にあてはまり、具体例はその理解には無関係です。5しかしながら、知覚は常に特定されており、したがって、きわめて具体的です。

2. 誰でも自分自身のためにエゴあるいは自己を作りますが、それはその不安定性の故に非常に変わりやすいものです。2また、誰でも自分が知覚するすべての人のためにエゴを作りますが、これも等しく変わりやすいものです。3これらのエゴの関わり合いは両者を変える過程です。なぜなら、それらは「不変の存在」によって作られたのではなく、また、「不変の存在」と共に作られたのでもないからです。4 関わり合いがマインドの中で行われる場合でも、身体的な接近を伴う場合と同じように、この変化は容易に起こることが可能であり、実際に起きるということに気づくことが重要です。5 他の人のエゴについて考えることは、身体的な交流と同様に、相対的な知覚を変える上で効果があります。6 エゴは単なる考えであり事実ではないことを示す上で、これよりも良い例はありません。

3. あなた自身のマインドの状態は、エゴがどのようにして作られたかを示す良い例です。2 知識を捨てたとき、あなたはまるで知識をもっていたことがなかったかのようでした。3 これは非常に明白であるため、それを認めるだけで、実際に起きるものであることが分かります。4 もしもこれが現在起きているならば、それが過去においても起こったということがなぜ驚きに値するでしょうか。5 驚きは見知らぬものに対してであれば妥当な反応ですが、これほどの執拗な持続性をもって起きることに対しては妥当な反応とはとても言えません。6 しかし、マインドは、現在は確かにそのように働いていますが、そうする必要はないということを忘れないでください。

4. 動物が子孫に対して抱く愛について考えてみてください。そして、子孫を守る必要があると動物が感じていることについて考えてみてください。2 それは、彼らが子孫は自分の一部であると見なしているからです。3 誰も自分の一部と見なすものを捨て去ることはありません。4 あなたはあなたのエゴに対して、「神」が「神」の創造物に対するのと同じように反応します。すなわち、愛と、守る気持と、慈善の心をもって反応します。5 あなたが作った自己に対するあなたの反応は驚くべきものではありません。6 実際のところ、それはあなたがいつの日か、あなた同様に時間を超越したあなたの真の創造物に対して反応するその反応の仕方と多くの点で似ています。7 問題はエゴに対してどのように反応するかではなく、自分が何であると信じているかです。8 信念はエゴの機能であり、あなたの起源が信念に左右されるものである限り、あなたはそれをエゴの観点から見ています。9 教えがもはや必要でなくなったとき、あなたはただ「神」を知るでしょう。10 別な知覚の方法があるという信念は、エゴの思考に可能な最も高遠な考えです。11 その理由は、その信念にはエゴは「自己」ではないということのかすかな認識が含まれているからです。

5. エゴの思考体系をなし崩しにするのは苦痛であると知覚されるに違いありませんが、これは真実からほど遠いものです。2 赤ちゃんからナイフやハサミを取り上げれば、赤ちゃんは怒って泣き叫びますが、取り上げなければおそらく怪我するでしょう。[3]この意味において、あなたはまだ赤ちゃんです。[4]あなたは本当の自己保存が何であるかを全然理解しておらず、自分を最も傷つけるものがまさに自分に必要なものであると判断する確率が高いのです。[5]しかしながら、今それを認識していようといまいと、あなたは無害で有用になると努力することによって協力することに同意したのです。この二つの属性は一緒でなければなりません。[6]このことに対するあなたの態度ですら必ずや葛藤に悩まされるでしょう。なぜなら、すべての態度はエゴに基づいたものだからです。[7]これは長続きしません。[8]少しの間辛抱してください。そして、結果は「神」と同じくらいに確実なものであることを思い出してください。

6. 実在的で永続的な豊かさの感覚をもっている人だけが、本当の意味で慈善の心をもつことができます。[2]何がそれに関係しているかを考えてみれば、これは明白です。[3]エゴにとって、何かを与えることは、これからはそれなしでやっていかなければならないことを暗示します。[4]与えることを犠牲と結びつけて考えるならば、与える唯一の理由は、もっと良い何かを手に入れることができると信じているからであり、したがって、与えるものなしでもやっていけると信じているからです。[5]〝得るために与える〟のはエゴの不可避的な法則であり、エゴは常に他のエゴとの関連において自分自身を評価します。[6]したがって、エゴは絶えず欠乏を信じることで頭がいっぱいですが、そもそもエゴを生み出したのはその考えです。[7]他のエゴが実在するというエゴの知覚そのものは、自分が実在するということを自らに納得させようとする試みにすぎません。[8]エゴの言葉における〝自己尊敬〟は、エゴが自分を騙してエゴの実在を受け容れ、したがって一時的に捕食性が比較的少なくなったというだけのことにすぎません。[9]この〝自己尊敬〟は、常にストレスに影響を受けます。ストレスという言葉は、エゴの存在にとって脅威と知覚されるものすべてを指します。

7. エゴは文字通り比較によって生きています。[2]平等性はエゴの理解を超えており、慈善は不可能になります。[3]エゴが豊かであるという気持から与えることは絶対にありません。なぜなら、エゴは豊かさの代替物として作られたからです。[4]それが理由で〝得る〟という概念がエゴの思考体系の中に生じたのです。[5]欲望は、エゴが自らを確認する必要性を代表する、〝得るための〟メカニズムです。[6]これは、いわゆる〝より高いエゴの必要性〟と同じように、肉体の欲望に関してもあてはまります。[7]肉体の欲望は、元々は身体的なものではありません。[8]エゴは肉体を自分の家であると見なしており、肉体を通して自分を満足させようとします。[9]しかし、これが可能であるという考えはマインドの決断であり、マインドは何が本当に可能であるかに関して完全に混乱してしまったのです。

8. エゴは完全に自立していると信じています。これはエゴが自らの起源についてどのように考えているかを別な形で描写しているにすぎません。[2]これは非常に怖れに満ちた状態であるため、エゴは他のエゴに頼るしかなく、帰属意識を求める弱々しい試みにおいて他のエゴと一体になろうとします。あるいは、同様に弱々しい力を発揮して彼らを攻撃しようとします。[3]しかしながら、エゴにはその前提を疑問にさらす自由はありません。なぜなら、その前提がエゴの土台だからです。[4]エゴとは、マインドは完全に自立しているというマインドの信念です。[5]エゴは絶えずスピリットの承認を得ようとします。そうすることによって自らの存在を確立しようとしますが、それは無駄なことです。[6]スピリットはその知識においてエゴを自覚していません。[7]スピリットがエゴを攻撃することはありません。ただ、エゴをまったく想像できないだけです。[8]エゴも同様にスピリットを自覚していませんが、自分自身よりも偉大な何かによって自分が拒絶されているとは知覚しています。[9]エゴの言葉における自己尊敬が妄想であるに違いないことの理由はここにあります。[10]「神」の創造物が神話を創造することはありませんが、創造的な努力を神話の体系に向けることは可能です。[11]しかしながら、それは一つの条件下においてのみ可能です。すなわち、創造的な努力が作るものは、その時点でもはや創造的ではないという条件です。[12]神話は完全に知覚的なものであり、形態においては非常に曖昧であり、その性質上、善と悪の性質をもっているため、最も善意に満ちたものですら怖れの意味合いがないというわけにはいきません。

9. 神話と魔法は密接なつながりをもっています。というのは、神話は普通、エゴの起源と関係があり、魔法はエゴが自らもっていると見なしている力と関係があるからです。[2]神話の体系は、一般的に、〝創造〟についての何らかの記述を含んでおり、それをエゴによる特定の形態の魔法と関連づけています。[3]いわゆる〝生き残りのための戦い〟は、エゴが自らを保存しようとするもがきにすぎず、自らの始まりについての自らの解釈です。[4]この始まりは普通、肉体的な誕生と関連づけられています。なぜなら、エゴがその時点よりも前に存在していたと主張するのは難しいからです。5 より〝宗教的に〟エゴによって方向づけられた人は、魂はそれよりも前に存在し、一時的にエゴの生活に転落した後でも存在し続けると信じるかもしれません。6 中にはこの転落の故に魂が罰せられると信じる人すらいるかもしれません。7 しかしながら、救いはスピリットにはあてはまりません。スピリットは危険な状態にはなく、救われる必要はありません。

10. 救いは〝正しいマインドの状態〟以上の何ものでもありません。それは、「聖霊」の「一つに統合されたマインド」ではありませんが、「一つに統合されたマインド」が復元される前に達成されなければならない状態です。2 正しいマインドの状態は、自動的に次の段階へとつながっていきます。なぜなら、正しい知覚は何に対しても攻撃することはなく、したがって、誤ったマインドの状態は跡形もなく消されてしまうからです。3 エゴは価値判断なしでは生き残ることはできません。したがって、エゴは脇に置かれます。4 するとマインドが動くことができる方向はただ一つになります。5 その方向は常に自動的なものです。なぜなら、マインドが従う思考体系によって指図を受けるしかないからです。

11. 知覚を修正することは一時的な方策にすぎないということは、何度強調しても強調しすぎることはありません。2 それが必要な唯一の理由は、正確な知覚は知識に至る足がかりであるのに対して、誤った知覚は障害物であるということです。3 正しい知覚の全体的な価値は、知覚はすべて不必要であるという不可避的な気づきにあります。4 これが障害物を完全に取り除いてくれます。5 この世界に生きているように思われる限りにおいては、どうしてそれが可能なのかとあなたは問うかもしれません。6 それはもっともな質問です。7 しかしながら、それを本当に理解するように注意しなければなりません。8 この世界に生きている〝あなた〟とは誰なのでしょうか。9 スピリットは不滅であり、不滅性は不断の状態です。10 それは過去においてそうであったように、未来においてそうであるように、現在においても真実です。なぜなら、不滅性はいかなる変化も暗示しないからです。11 それは連続体でもなければ、反対概念と比較されることによって理解されるものでもありません。12 知識が比較を内包することは決してありません。13 それが、マインドが把握するその他諸々のすべてと知識の主な違いです。

III. 葛藤のない愛

1. 〝神の王国はあなたの中にあります〟が本当は何を意味するのかを理解するのは困難です。2 なぜなら、それはエゴには理解不可能だからです。エゴは、それはまるで外にある何かが中にあるということであるかのように解釈し、これはいかなる意味ももちません。3 〝中に〟という言葉は必要ではありません。4「神の王国」はあなたです。5 あなた以外の誰を「創造主」が創造したというのでしょうか。そして、あなた以外の何が「神の王国」だと言えるのでしょうか。6 これが「あがない」のメッセージのすべてです。「あがない」のメッセージはその全体性において、部分の総計を超越します。7 あなたもあなたのスピリットが創造した「神の王国」をもっています。8 あなたのスピリットは、エゴの幻想が理由で創造をやめてはいません。9 あなたの創造物は、あなたが父なし子ではないのと同じように、父なし子ではありません。10 あなたのエゴとあなたのスピリットが、共同の創造主になることは決してありませんが、あなたのスピリットとあなたの「創造主」は常にそうであるでしょう。11 あなたの創造物はあなたと同じくらい安全であるということに自信をもってください。

12 **神の王国は完璧に結合され、完璧に守られ、エゴがこれに打ち勝つことはありません。**13 **アーメン。**

2. これが祈りの形で書かれているのは、誘惑の瞬間に役に立つからです。2 これは独立宣言です。3 それを十分に理解すれば、非常に役立つものであることが分かるでしょう。4 あなたが私の助けを必要とする理由は、あなたがあなた自身の「ガイド」を否定したために、導きを必要としているからです。5 私の役割は、エゴが築いた障壁を真実が突き破ってあなたのマインドを光で照らしてくれるように、真実なるものと誤ったものとを区別することです。6 私たちが力を合わせれば、エゴが勝つことは不可能です。

3. エゴがなぜスピリットを〝敵〟と見なすか、これで非常に明白になったはずです。2 エゴは分離から生まれたものであり、その存在の存続はあなたが分離を信じ続けることにかかっています。3 エゴはあなたがこの信念を維持することに対して、何らかの報酬を差し出さなければなりません。4 エゴが差し出すことができるものは、それ自身の始まりと共に始まり、それ自身の終わりと共に終わる一時的な存在感だけです。5エゴはこの人生があなたの存在であると言いますが、それは、この人生がエゴ自身の存在だからです。6この一時的な存在感に対して、スピリットは永遠の知識と動じることのない存在についての知識を差し出します。7この啓示を体験した人は、再びエゴを完全に信じることは絶対にできなくなります。8あなたへのエゴの貧弱な提供物が、「神」の光輝に満ちた贈り物に対抗できるはずがあるでしょうか。

4. エゴが自分であると思っているあなたは、「神」があなたを愛していると信じることはできません。2あなたはあなたが作ったものを愛しておらず、あなたが作ったものはあなたを愛していません。3「父」を否定することによって作られたエゴは、それを作った人に対して忠誠心をもっていません。4あなたはあなたが作った自己に対する憎悪のために、「神」と「神」の創造物の間に存在する実在的な関係を想像することができません。5あなたは分離の決断をエゴに投影しますが、これは、あなたが作ったが故にエゴに対して感じている愛とは相容れません。6この世界における愛で、この両面感情がないものはありません。エゴは両面感情のない愛を体験したことがないために、愛という概念はエゴの理解を超えています。7愛は真に愛を欲するいかなるマインドの中にも直ちに入っていきますが、そのためにはマインドが愛を真に欲しなければなりません。8これは、両面感情なしにマインドが愛を欲することを意味し、この種の欲求にはエゴの〝得たいという衝動〟はまったくありません。

5. エゴが差し出すことができるいかなるものとも非常に異なっているため、二度とそれを覆ったり、隠したいとは決して思わないような体験があります。2光が入ることができないのは、あなたが暗闇を信じ、隠れるべきだと信じているからであると繰り返して言わなければなりません。3あなたのために存在しますが、あなたが求めなければならない計り知れない贈り物に「聖書」は何度も言及しています。4これはエゴが設定する条件と同じような条件ではありません。5あなたが何であるかということについての輝かしい条件です。

6. あなた自身の意志以外のいかなる力も、あなたを導くに十分な力も十分な価値もありません。2このことにおいて、あなたは「神」と同じくらいに自由であり、永遠にそうであり続けなければなりません。3あなたに対する「神」の愛と、「神」に対するあなたの愛を、あなたが思い続けることができるように、私の名において一緒に「神」にお願いすることにしましょう。[4]「神」がこの願いに応えられなかったことは一度もありません。なぜならば、それは「神」が既に意図されていることを求めているだけだからです。[5]真に呼びかける者には常に答えが返ってきます。[6]「神」以外に神はいないが故に他に神がいてはなりません。

7. これまで抱いた考えで知識に反するものはすべて棄てるということをあなたはまだ考えたことがありません。[2]あなたは何千という怖れの小さな断片を保持していて、それが「神聖な存在」が入ってくることを妨げています。[3]光には、あなたが光を遮るために作っている壁を貫くことはできません。そして、光には、あなたが作ったものを破壊する気持は永遠にありません。[4]誰にも壁を通して見ることはできませんが、私は壁を迂回することができます。[5]あなたのマインドを見つめて怖れの断片を探してください。さもないと、私にそれを依頼することができないでしょう。[6]私たちの「父」が私たちを創造してくださったようにしか、私にはあなたを助けることはできません。[7]私は今後ともあなたを愛し、あなたを尊敬し、あなたが作ったものに対する完璧な尊敬をもち続けるでしょう。しかし、それが真実でなければ支持はしません。[8]「神」があなたを見捨てることがないのと同じように、私もあなたを決して見捨てることはありません。しかし、あなたがあなた自身を見捨てる選択をしている間は、私は待たなければなりません。[9]私は焦燥の気持ではなく、愛の気持で待つが故に、あなたが真に私に依頼するであろうことは確実です。[10]紛れもなく私を呼ぶ声が一度でも聞こえれば、それに応じて私はやって来ます。

8. 注意深く見つめて、あなたが本当に求めているものが何であるかを見てください。[2]このことについて、自分に非常に正直であってください。というのは、私たちはお互い何も隠してはならないからです。[3]本当にこれをしようとすれば、「神聖な存在」が入ってくるようにマインドの準備をする第一歩を踏み出したことになります。[4]私たちはこのための準備を一緒にすることになるでしょう。というのは、いったん「神聖な存在」がやって来れば、あなたは他の人たちのマインドが「神聖な存在」を受け容れられるように私の手伝いをする用意ができるからです。[5]あなたはどれくらいの間、「神聖な存在」に対して「神の王国」を拒否するのでしょうか。

9. エゴは拒否しますが、あなた自身のマインドの中には、あなたの解放の宣言があります。[2]「神」**はあなたにすべ**

てを与えられました。[3]この一つの事実が意味することは、エゴは存在しないということであり、これはエゴに深い怖れを抱かせます。[4]エゴの言葉においては、〝所有すること〟と〝在ること〟は違いますが、「聖霊」にとっては、それはまったく同じことです。[5]「聖霊」は、あなたはすべてのものを**もっている**だけでなくすべてのもので**在る**ことを知っています。[6]この点における区別はどのような区別であれ、欠如を暗示する〝得る〟という考えが受容されたとき、はじめて意味のあるものとなります。[7]私たちが、「神の王国」を**もつ**ことと「神の王国」で**在る**ことの区別をしない理由はここにあります。

10. 「神の王国」の静かな存在は、あなたの正気のマインドにおいては完全に意識のある存在ですが、エゴが支配するマインドの部分からは容赦なく追放されます。[2]エゴは、あなたが眠っていようと目を覚ましていようと、文字通り勝ち目のない確率に対抗しているが故に必死です。[3]エゴを守るためにあなたがどれだけ警戒してきたか、そしてまた、あなたの正しいマインドを守るためにいかに僅かの警戒しかしてこなかったかを考えてみてください。[4]狂気の人でもなければ、誰が真実でないことを信じ、それから、その信念を真実という代価を払ってまで守ろうとするでしょうか。

IV. こうである必要はありません

1. もしあなたに「神の声」が聞こえないとすれば、それはあなたが聞く選択をしないからです。[2]あなたがエゴの声をしっかり聞いているということは、あなたの態度、あなたの感情、あなたの行動によって実証されています。[3]しかし、これはあなたが望んでいることです。[4]これが、あなたが保持しようとして戦っているものであり、あなたが警戒して助けようとしているものです。[5]あなたのマインドは、エゴの顔を立てるための様々な計画でいっぱいですが、あなたは「キリスト」の顔を求めようとはしません。[6]エゴが自分の顔を見ようとする鏡は、非常に暗いものです。[7]エゴは、鏡を使わなければ自己存在のトリックを維持することはできません。[8]しかし、自分自身を見つけるためにどこを見るかは、あなたの自由です。

2. 行動を変えることによってはマインドを変えることはできないと私は言いましたが、マインドを変えることはできるということも何度も言いました。[2]気持の状態が間違った選択をしたと告げるとき、喜びにあふれていないときはいつもそうなのですが、そういう時は、**こうである必要はない**ということを知ってください。3 そういう場合はいつも、「神」が創造された兄弟について誤った考えを抱いているのであり、エゴが真っ黒な鏡に映すイメージを知覚しているのです。4 「神」であれば考えないであろうけれども、あなたが考えてしまったことを正直に考えてみてください。そして、あなたは考えたことはないけれども「神」があなたに考えて欲しいと思われるであろうことを正直に考えてみてください。5 あなたがなしたこと、したがってその結果として、なさずにおいたことを誠実に探してみてください。それから、あなたのマインドを変えて「神」のマインドで考えてみてください。6 これは実行が困難に思われるかもしれませんが、「神」のマインドに逆らって考えようとするよりはずっと簡単です。7 あなたのマインドは「神のマインド」と一つです。8 これを否定して反対の思考をすることによって、あなたのエゴはしっかりと安定し、あなたのマインドは文字通り分裂したのです。9 一人の愛する兄弟として、私はあなたのマインドを非常に心配しています。あなた自身を見るとき、そして、あなたの兄弟を見るとき、どうぞ私の例を見習って、両者の中に、光輝に満ちた「父」の、光輝に満ちた創造物を見てください。

3. 悲しみを覚えるとき、**こうである必要はない**ことを知ってください。2 鬱状態は、あなたが欲しいと思っているけれどももっていない何かを奪われているという感覚から生まれます。3 あなた自身の決断によって奪われているものを除けば、あなたは何も奪われていないことを思い出してください。そして、別な決断をしてください。

4. 不安を覚えるとき、不安はエゴの気まぐれからきているということに気づいてください。そして、**こうである必要はない**ことを知ってください。2 エゴの命令を実行しようと待ちかまえているのと同じくらいの熱意を、エゴの命令に対する警戒にも示してください。

5. 罪悪感を覚えるとき、エゴは確かに「神」の法則を破りましたが、あなたは破ってはいないことを思い出してください。2 エゴの〝罪〟は私に任せてください。3 そのために「あがない」があります。4 しかし、あなたのエゴが傷つけた人々についてあなたがマインドを変えるまでは、「あがない」もあなたを解放することはできません。5 あなたが罪悪感を覚えている間は、あなたのエゴが君臨します。なぜなら、罪悪感はエゴにしか経験できないからです。6 **こうである必要はありません。**

6. あなたのマインドを見つめ、エゴの誘惑に気をつけてください。そして、エゴに騙されないでください。[2]エゴはあなたに何も差し出すことはありません。[3]自分で決断してスピリットを放棄することをやめたとき、あなたのマインドが優れた集中力をもち、疲労を克服し癒す能力をもっていることが分かるでしょう。[4]しかしながら、あなたはエゴの要求に対して十分な警戒をしていないために、エゴの要求から自由になることができないでいます。[5]**こうである必要はありません**。

7. マインドの集中力が切れることを積極的に拒絶すれば、「神」そして「神」の創造物と深く交わるという習慣は簡単に身につくものです。[2]これは集中力の問題ではありません。問題は、あなた自身を含めて、誰も首尾一貫した努力には値しないという信念です。[3]この欺瞞に対抗して、首尾一貫して私の味方になってください。そして、このみすぼらしい信念があなたを引き戻すことを許さないでください。[4]気落ちした人々は本人にとっても私にとっても役に立ちませんが、気落ちすることがあり得るのはエゴだけです。

8. あなた自身を喜ばせる機会が何度あったか、そして、その機会を何度拒否したか、本当に考えたことがあるでしょうか。[2]「神の子」の力に限界はありませんが、その力の表現については、「神の子」が自分で選択する程度まで制限することは可能です。[3]あなたのマインドと私のマインドは一体となって、あなたのエゴを光で照らして追放し、あなたが考えそして行うすべての事柄の中に「神」の強さを解き放つことができます。[4]妥協してこれ以下のもので満足しないでください。そして、これ以外のいかなることも目標として受け容れることを拒否してください。[5]マインドを注意深く見つめて、その達成を妨げるいかなる信念に対しても用心し、そうした信念から遠ざかってください。[6]これをどの程度うまく達成したかを感情で判断してください。というのは、これが価値判断の正しい使い方の一つだからです。[7]価値判断は、他の防御手段と同じように、攻撃するためにも守るためにも使うことが可能であり、傷つけるためにも癒すためにも使うことが可能です。[8]エゴは審判の席にかけられるべきであり、そこにおいて、欠けたところがあることを発見されるべきです。[9]あなた自身の忠誠心と保護と愛がなければ、エゴは生き残ることはできません。[10]エゴに真の価値判断を下して、エゴに対する忠誠心と保護と愛を撤回しなければなりません。

9. あなたは、「神ご自身」が完璧な光で輝いている真実の鏡です。2 エゴの真っ暗な鏡に向かっては、〝私はこれらのイメージが真実ではないことを知っているのでそこは見ません〟と言うだけで良いのです。3 それから、「神聖な存在」の光を安らかに浴びて、これがなされなければならない、これだけがなされなければならないことを知ってください。4 あなたが創造されたとき、「神聖な存在」の光はあなたの上に輝き、あなたのマインドを誕生させました。5「神聖な存在」の光は未だにあなたの上に輝いており、あなたを通して輝かなければなりません。6 あなたのエゴは、「神聖な存在」の光があなたの上に輝くことを妨げることはできませんが、あなたが「神聖な存在」をあなたを通して輝かせるのを妨げることはできます。

10. 「キリストの第一降臨」は創造の別名にすぎません。というのは、「キリスト」は「神の子」だからです。2「キリストの再臨」は、エゴによる支配の終焉とマインドの癒しという意味以上のものではありません。3 私は「第一降臨」において、あなたと同じように創造され、「再臨」に私と一緒に参加するようにとあなたに呼びかけています。4 私は「再臨」の責任を担っていますが、私の価値判断は、保護のために使われるだけであり、決して攻撃することがないが故に間違うことはあり得ません。5 あなたの価値判断は非常に歪んでいるかもしれないために、私があなたを選んだのは間違いであるとあなたは信じるかもしれません。6 これはあなたのエゴの間違いであることを保証します。7 それを謙虚さと誤解しないでください。8 あなたのエゴは、エゴが実在するものであり、私は実在しないということをあなたに説得しようとしています。なぜなら、もしも私が実在するならば、あなたも私と同程度に実在することになるからです。9 その知識は、それは知識であることを私はあなたに保証しますが、「キリスト」があなたのマインドに入りマインドを癒したことを意味します。

11. 私はあなたのエゴを攻撃しません。2 しかし私は、あなたが眠っていようと目を覚ましていようと、「聖霊」の家であるあなたのより高いマインドと一緒に働いています。それは、あなたのエゴが、エゴの家であるあなたのより低いマインドと一緒に働いているのとまったく同じです。3 私はこのことに関してあなたの不寝番をしています。なぜなら、あなたは混乱のあまり自分の希望を認識できないでいるからです。4 私は間違っていません。5 あなたのマインドは、私のマインドと一緒になる選択をするでしょう。私たちがマインドを合わせれば、何者にも負けることはありません。6 あなたとあなたの兄弟は、やがて、私の名において一緒になり、あなたの正気は回復するでしょう。7私は、生命は、生命ある「神」が創造されたすべてのものの永遠の属性であることを知ることによって、死者をよみがえらせました。8スピリットを失った人々に霊感を与え、不安定な人々を安定させることのほうが私には難しいと、なぜあなたは信じるのでしょうか。9私は奇跡に難易度があるとは信じていませんが、あなたはそう信じています。10私は呼びかけました。あなたは応えるでしょう。11奇跡は自然なものであることを私は理解しています。なぜならば、奇跡は愛の表現だからです。12私があなたに呼びかけるのは、あなたの答えと同じくらい自然であり、不可避的です。

V. エゴ - 肉体の幻想

1. すべてのことは善なるもののために一緒に働きます。2エゴの価値判断を除けば例外はありません。3エゴは何が意識の中に入ることを許すかについて最大限の警戒態勢をとりますが、これはバランスのとれたマインドが自らをしっかりと保持するあり方ではありません。4エゴはその主な動機をあなたの意識から隠しているために、更に自らのバランスを崩し、正気を優位に立たせる代わりに支配を優位に立たせます。5エゴを生み出した思考体系、そして、エゴが奉仕する思考体系からすれば、エゴがこうする理由は十分そろっています。6正気の価値判断がエゴに逆らった判断をすることは不可避的ですから、エゴは自分を守るためにそれを消し去らなければなりません。

2. エゴのバランスが崩れる主な原因は、肉体と「神の思い」に関する区別が欠如していることにあります。2「神の思い」はエゴにとっては受け容れられるものではありません。なぜなら、「神の思い」はエゴそのものの非存在をはっきりと指し示すからです。3したがって、エゴはそれを歪曲するか、あるいは、受け容れることを拒絶します。4しかしながら、エゴは「神の思い」の存在を終わらせることはできません。5したがって、エゴは〝受け容れられない〟肉体の衝動だけでなく、「神の思い」をも隠そうとします。なぜならば、両者はエゴにとって脅威だからです。6脅威に直面して、自らを保存することが最大の関心事であるエゴは、両者を同じものとして知覚します。7それらを同じものとして知覚することによって、エゴは押し流されまいとします。知識を前にすれば、エゴが押し流されることは確実ですが。

3.「神」と肉体を混同する思考体系は、どのようなものであれ狂っているに違いありません。2しかしながら、この混同は、自らに対する脅威であるかないかという観点からしか判断しないエゴにとっては不可欠です。3ある意味においては、エゴの「神」に対する怖れは少なくとも論理的です。「神」という考えは、確かにエゴを追い払ってしまうのですから。4しかし、エゴが非常に緊密な帰属意識をもっている肉体に対する怖れはまったく意味をなしません。

4. 肉体はエゴの選択によってエゴの家となっています。2それはエゴが安全であると感じる唯一の帰属意識です。というのは、肉体の脆弱性はあなたが「神」のものではないことのエゴの最善の論拠だからです。3これはエゴが熱心に支持する信念です。4にもかかわらず、エゴは肉体を憎みます。なぜなら、エゴは肉体を自分の家として十分に立派なものであるとして受け容れることができないからです。5ここにおいて、マインドは実際に茫然自失の状態になります。6本当は肉体の一部であり、肉体がマインドの守り手であるとエゴに聞かされていたマインドが、今度は、肉体はマインドを守ることはできないと告げられるのです。7したがって、マインドは、〝守ってもらうためにはどこに行けば良いのですか〟と聞きます。すると、エゴは〝私に頼りなさい〟と答えます。8マインドはエゴに対して、エゴ自身がエゴは肉体に帰属意識をもっていると主張したことがあること、したがって、守ってもらうためにエゴに頼るのは意味がないということを思い出させます。これは、もっともな理由があってのことです。9エゴはこの質問に対しては答えるすべがありません。答えがないのですから。しかし、エゴにはいかにもエゴらしい解決法があります。10エゴはマインドの意識からこの質問を消し去ります。11この質問がいったん意識から消えても、不安を生み出す可能性があり、実際に不安を生み出しますが、質問をすることができないために答えを得ることはできません。

5. 尋ねなければならない質問はこれです。〝守ってもらうためにはどこに行けば良いのですか〟。2〝求めなさい、そうすれば与えられる〟という言葉は、認識できないような何かを盲目的に必死になって探すべきであるという意味ではありません。3意味のある探求は意識的に着手され、意識的に組織され、意識的に方向づけられます。4目標を明確に形作り、マインドに銘記しておかなければなりません。[5]学びと、学びたいという意欲は切り離すことはできません。[6]学ぼうとしているものがあなたにとって価値があると信じるとき、最高の学びになります。[7]しかしながら、あなたが学びたいもののすべてに永続的な価値があるわけではありません。[8]実際のところ、あなたが学びたいと思っている事柄の多くは、その価値が永続しないという理由で選ばれるかもしれません。

6. エゴは、永遠であるものに自らをコミットしないのは強みであると思っています。なぜなら、永遠なるものは「神」からやって来るからです。[2]永遠性は、エゴが発展させようと努力したにもかかわらず、達成することに体系的に失敗した一つの機能です。[3]エゴは、永遠であるものの事柄については妥協します。何らかの意味で実在的な問題に触れるすべての事柄についても妥協します。[4]エゴは、本題から逸れた事柄と関わることによって、本当の問題を隠し、それを忘れていたいと願います。[5]非本質的な事柄と忙しく関わるのはいかにもエゴらしいのですが、その目的はまさにここにあります。[6]解決不可能に設定されている問題に没頭するのは、学びの進歩を妨げるためのエゴの大好きな手段です。[7]しかしながら、このような陽動作戦のすべてにおいて、その作戦を追いかける人たちが決して尋ねることのないのが、〝何のために〟という質問です。[8]これこそ、すべての事柄との関連においてあなたが尋ねるようにならなければならない質問です。[9]目的は何か。[10]それが何であっても、この質問によってあなたの努力は自動的に方向づけられることになります。[11]目的について決断を下すとき、未来の努力について決断を下したことになります。その決断は、あなたがマインドを変えなければ、ずっと有効であり続けるでしょう。

VI. 神の報酬

1. エゴは〝脅威〟の本当の原因を認識しません。あなたが自分自身をエゴと結びつけて考えるならば、状況をありのままに理解することはできません。[2]エゴに対する忠誠心だけが、あなたに対する支配力をエゴに与えることができます。[3]私は、エゴがまるで自分だけの力で行動している分離した存在であるかのように話してきました。[4]エゴを軽く片づけるわけにはいかないこと、そして、あなたの思考の多くがいかにエゴによって方向づけられているかをあなたに納得してもらうためにはこうする必要がありました。5しかしながら、この話をこれで打ち切りにするのは安全ではありません。ここで打ち切りにすれば、あなたはこの地上にある間は、あるいは地上にあるとあなたが信じている間は、必ず葛藤に悩まされなければならないと考えるでしょう。6エゴはあなたが自分自身について抱いている信念の一部以上の何ものでもありません。7あなたの他の生命は中断されることなく続いてきました。あなたがエゴとの関係を絶とうとしても、それによって影響されることはこれまでもまったくありませんでしたし、これからもまったくないでしょう。

2. 幻想から逃れることを学ぶとき、あなたの兄弟への借りを決して忘れてはなりません。2それはあなたが私に負っているのと同じ借りです。3あなたが他の人に対して自己中心的に行動するときはいつも、あなたが恩義を受けていることの優雅さと、それがもたらす神聖な知覚を捨て去っています。4ここで〝神聖な〟という言葉を使うことが可能である理由は、あなたが私を含む「神の子のすべて」にどれだけ恩義を受けているかを学ぶにつれて、知覚として可能な限りの近さにまで知識に近づくからです。5そのとき、知識との間にあるギャップは本当に微々たるものとなり、知識は簡単にそれを乗り越えて流れることができ、永久にそのギャップを消滅させてしまうでしょう。

3. あなたは今のところ、私のことはほんの僅かしか信頼していませんが、導きを求めてエゴに頼る代わりに私に頼ることが多くなるにつれて、私に対する信頼は増していくことでしょう。2それによってもたらされる結果が、あなたに可能な唯一の正気の選択はこれであることをますます納得させてくれるでしょう。3他の選択が混沌と不幸をもたらすのに対して、ある選択が安らぎと喜びをもたらしてくれることを体験で学んだ人には、それ以上の説得は不要です。4報酬を通じて学ぶほうが、苦痛を通じて学ぶよりも効果的です。なぜなら、苦痛はエゴの幻想であり、一時的な効果以上のものを誘発することは決してできないからです。5しかしながら、「神」の報酬は永遠なるものとして直ちに認識されます。6この認識はあなたによってなされ、エゴによってなされるものではないために、認識そのものがあなたとあなたのエゴは同一のものではあり得ないことを確立します。7あなたはこの違いを既に受け容れていると信じているかもしれませんが、今のところはまったく納得していません。8エゴから逃げ出さなければならないと信じている事実がこれを示しています。しかし、謙虚にさせることによっても、支配することによっても、罰することによっても、エゴから逃げ出すことはできません。

4. エゴとスピリットはお互いを知りません。2分離されたマインドは関係を絶つことによってしか分離を維持することはできません。3いったんこれをすれば、分離されたマインドは、本当に自然な衝動をすべて否定します。その理由は、エゴが分離したものだからではなく、あなたが自分は分離したものであると信じたいからです。4エゴはこの信念を維持するための手段ですが、それでも、エゴの存続を可能にする手段を使う決断をするのはあなた以外の誰でもありません。

5. ある人が故意に捨て去ったものの価値を、その人にどうやって教えることができるでしょうか。2その人はその価値を認めなかったが故にそれを捨て去ったに違いありません。3あなたにできることは、それがなくなっていかに惨めであるかを示して、ゆっくりとそれを近づけてやり、それが近づくにつれていかに惨めさが少なくなっていくかが分かるようにすることだけです。4これによって、その人は自分の惨めさを捨て去ったものの欠如と結びつけ、惨めさと反対の状態をそれが在ることと結びつけることを教えられます。5捨て去ったものの価値についてマインドを変えるにつれて、それは徐々に望ましいものになっていきます。6私はあなたに、惨めさをエゴと結びつけ、喜びをスピリットと結びつけるように教えています。7あなたはそれと正反対のことを自分に教えました。8あなたには今でも選択する自由はありますが、「神」の報酬を目前にして、エゴの報酬を欲するということが本当にできるのでしょうか。

6. 現在のところ、あなたに対する私の信頼は、私に対するあなたの信頼よりも大きいですが、これからも常にそうであるということはありません。2あなたの使命は単純です。3あなたは自分がエゴではないということを示すように生きることを求められていますが、私は「神」のチャンネルを間違って選ぶことはありません。4「神聖な存在」も私と同じ信頼をもっておられます。そして、「神聖な存在」は私の「あがない」の決断を受け容れます。なぜなら、私の意志は「神聖な存在の意志」と一致しないことはないからです。5前にも言いましたが、私は「あがない」の責任を担っています。6その理由はただ一つ、私は「あがない」における人間としての役割を果たし、今や、他の人々を通じてそれを達成することができるからです。7私が選んだチャンネルが失敗することはあり得ません。なぜなら、彼らの強さが十分でなければ、私の強さを彼らに貸してあげるからです。

7. 私はあなたと一緒に「神聖な存在」の所に行きましょう。そうすれば、私の知覚を通して「神聖な存在」はその僅かなギャップを埋めることができるでしょう。[2]あなたの兄弟への感謝、それが、私が望む唯一の贈り物です。[3]あなたの兄弟を知ることは「神」を知ることであると知っている私は、あなたに代わってその贈り物を「神」のみもとへもっていきましょう。[4]あなたがあなたの兄弟に対して感謝の気持をもつならば、あなたは「神」が創造されたものに対して「神」に感謝しているのです。[5]あなたは感謝の気持を通してあなたの兄弟を知るようになり、真実の認識が行われた瞬間にすべての人はあなたの兄弟となります。なぜなら、人は皆「神」から生まれているからです。[6]愛はすべてのものを克服することはありませんが、すべての事柄を正しい状態にしてくれることは確かです。[7]あなたは「神の王国」であるが故に、私はあなたをあなた自身の創造物の所へ導き戻すことができます。[8]あなたは現在のところは彼らを認識していませんが、あなたによって関係を絶たれたものは依然としてそこにあります。

8. あなたが兄弟に近づくにつれ、あなたは私に近づき、兄弟から離れるにつれて私から遠ざかります。[2]救いは共同の事業です。[3]自らを「神の子のすべて」から切り離す人々がそれをやろうとしても成功することはできません。なぜなら、そういう人たちは自分自身を私から切り離しているからです。[4]あなたが「神」を兄弟に与えたとき、はじめて「神」はあなたの所にやって来ます。[5]最初に兄弟について学んでください。そうすればあなたは「神」の声を聞く準備ができるでしょう。[6]その理由は、愛の機能は一つだからです。

VII. 創造とコミュニケーション

1. 特定のエゴの幻想の内容が何であってもそれは重要ではありませんが、その修正が具体的な文脈においてより役に立つことは明らかです。[2]マインドは生来抽象的なものですが、エゴの幻想はきわめて具体的です。[3]しかしながら、マインドが分裂すると、マインドの一部は具体的になります。[4]マインドの具体的な部分はエゴを信じます。なぜなら、エゴは具体的なものに依存しているからです。[5]エゴとは、あなたという存在は分離によって定義されていると信じているマインドの部分です。

2. エゴが知覚するものはすべて、一つの分離した全体であり、そこには在ることを暗示する関係はありません。2したがって、エゴは、コミュニケーションが分離した状態を廃棄するのではなく確固たるものにするために活用される場合を除いては、コミュニケーションに反対します。3エゴのコミュニケーション体系は、エゴが命令する他のすべてがそうであるように、独自の思考体系に基づいています。4エゴのコミュニケーションは自らを守る必要性によって支配されており、脅威を体験するとコミュニケーションを混乱させます。5この混乱はある特定の人、あるいは特定の人々に対する一つの反応です。6したがって、エゴの思考の具体性は、実際には全然抽象的でない似非の一般化という結果をもたらします。7エゴは、自分に関連していると知覚するものすべてに対して、ある特定の形で反応するだけです。

3. これとは対照的に、スピリットは真実であると知っているものすべてに対して同じように反応し、それ以外のものに対しては全然反応しません。2また、何が真実であるかを確立しようと試みることもありません。3スピリットは、真実であるものは「神」が創造されたものすべてであるということを知っています。4スピリットは創造物のあらゆる側面と完璧で直接的なコミュニケーションをとっています。なぜなら、スピリットは「創造主」と完璧で直接的なコミュニケーションをとっているからです。5このコミュニケーションは「神の意志」です。6創造とコミュニケーションは同義語です。7「神」は「神の意志」をコミュニケーションすることによってすべてのマインドを創造され、そうすることによって、マインドを「神のマインドと意志」を受信するためのチャンネルとして永遠に確立したのです。8同じ序列の存在だけが本当の意味でコミュニケーションができるために、「神」の創造物は当然「神」とコミュニケーションすることが可能であり、「神」のようにコミュニケーションします。9このコミュニケーションは完全に抽象的です。というのは、その資質は応用性において普遍的であり、いかなる価値判断、いかなる例外、いかなる変更にも左右されることがないからです。10「神」はこれによって、そして、このためにあなたを創造されました。11マインドはその機能を歪めることはできますが、与えられていない機能を自らに付与することはできません。12マインドが、ただ在ることのためにコミュニケーション能力を活用することを拒絶するかもしれないとしても、その能力を完全に失うことがあり得ないのはこれが理由です。

4. 在ることだけでなく存在もコミュニケーションに依拠しています。2しかしながら、存在は、どのように、何を、誰とコミュニケーションをはかる価値があると判断するかということにおいて具体的です。3在ることにはこうした区別はまったくありません。4在ることは、マインドが実在するものすべてとコミュニケーションをしている状態です。5この状態が削減されるのをどの程度許すか、その程度だけあなた自身の実在感を制限することになります。あなたの実在感は、すべての実在をあなたとの真実の関係という光輝に満ちた文脈において認識することによってのみ全体的なものとなります。6これがあなたの実在です。7それを冒瀆しないでください。また、それにひるまないでください。8それはあなたの真の家であり、あなたの真の神殿であり、あなたの真の「自己」です。

5. 在ることをすべて包み込む「神」は、それぞれがすべてのものをもちながらも、喜びを増すためにそれを分かち合いたいと欲する存在を創造されました。2実在するもので、分かち合い以外の手段で増加し得るものはありません。3「神」があなたを創造されたのはこのためです。4「神聖な抽象」は分かち合うことを喜びます。5それが創造の意味です。6〝どのように〟、〝何を〟、〝誰に〟ということは無関係です。なぜなら、真の創造は自分と同じものしか創造することができないが故に、すべてを与えるからです。7「神の王国」においては、人間の存在において見られるような、〝**もつこと**〟と〝**在ること**〟の違いはないということを思い出してください。8在る状態においては、マインドは常にすべてのものを与えます。

6. 「聖書」は、「神」を誉め讃えるべきであると繰り返し述べています。2これは、「神」がどんなにすばらしいものであるかを「神」に告げるべきであるという意味ではありません。3「神」にはそのような賞讃を受け止めるエゴもなければ、それを判断するための知覚もありません。4しかし、あなたが創造に参加しなければ、あなたの喜びが不完全であるが故に、「神」の喜びも完全ではありません。5このことを「神」はしっかりと知っておられます。6「神」は「ご自身の存在」においてそれを知っておられ、そしてまた、「神の子」の体験についての「ご自身の存在」の体験を知っておられます。7「神の愛」の絶え間ない流れは、「神」のチャンネルが閉鎖されると止められてしまいます。「神」はご自身が創造されたマインドが「神」と十分にコミュニケーションをはからないとき孤独です。

7. 「神」はあなたのためにあなたの「王国」を保ってこられ

ましたが、あなたがマインドの全体でそれを知るまでは喜びをあなたと分かち合うことはできません。2 啓示は十分ではありません。なぜなら、啓示は「神」からの一方的なコミュニケーションだからです。3 「神」に啓示を返す必要はありません。それが不可能であることは明らかです。しかし、「神」は啓示が他の人たちの所へもたらされることを望んでおられます。4 これは実際の啓示によっては達成不可能です。なぜなら、その内容は、啓示を受けるマインドにとって強烈に個人的なものであるために、表現することが不可能だからです。5 しかし、啓示は、啓示から来る知識がもたらす態度を通して、啓示を受けたマインドから他のマインドへと送り返すことは可能です。

8. 誰のマインドであれ、マインドが完全に役立つようになると、「神」は賞讃されることになります。2 これは完全に無害であることなくしては不可能です。なぜなら、これら二つの信念は共存しなければならないからです。3 真に役立つ者は傷つくことはありません。なぜなら、彼らは自分のエゴを守ろうとしていないが故に、いかなるものも彼らを傷つけることができないからです。4 彼らが人のために役立つことは「神」を賞讃することであり、「神」は彼らの「神」に対する賞讃を、彼らが「神」と同じであるが故に彼らに返し、彼らは「神」と共に喜ぶことができます。5 「神」は彼らのもとに行き、彼らを通じて広がり、「神の王国」全体に大いなる喜びが生まれます。6 変化を遂げたマインドの一つ一つが、その喜びを分かち合いたいという意欲によってこの喜びを更に大きなものにするでしょう。7 真に役立つ人は「神」の奇跡を行う人々です。私たちが皆「神の王国」の喜びの中で一体になるまで、私はこれらの人々を導きます。8 私はどこであれ、あなたが真に役立つことのできる場所へあなたを導き、誰であれ、あなたを通して私の導きに従うことのできる人の所へとあなたを導くでしょう。

第５章　癒しと完全性

序論

1. 癒すとは幸せを作ることです。[2]あなたに自分自身を喜ばせる機会がどれくらいあったか、そして、その機会をどれくらいあなたが拒絶したかを考えるようにと私はあなたに言いました。[3]これは、あなたは自分自身を癒すことを拒絶してきたのですよとあなたに言っているのと同じことです。[4]あなたに属する光は喜びの光です。[5]輝きは悲しみと結びつけられることはありません。[6]喜びは喜びを分かち合いたいという統合された意欲を喚起し、一体となって反応したいというマインドの自然な衝動を促します。[7]自分自身が百パーセント喜びの中にいないにもかかわらず癒そうとする人々は、様々に異なった反応を同時に喚起するため、心から反応するという喜びを他の人々から奪ってしまいます。

2. 心が満たされるためには幸せでなければなりません。[2]怖れと愛が共存できないとすれば、そして、百パーセント怖れに満ちている状態では生きていることが不可能であるとすれば、完全であり得る唯一の状態は愛の状態です。[3]愛と喜びに違いはありません。[4]したがって、完全であり得る唯一の状態は百パーセント喜びに満ちた状態です。[5]したがって、癒すこと、あるいは喜びに満ちた状態を作るというのは統合して一つにするのと同じことです。[6]「神の子のすべて」のどの部分に対して癒しが差し出されているか、「神の子のすべて」のどの部分によって癒しが差し出されているかが問題でないのはこのためです。[7]すべての部分が恩恵を受けます。平等に恩恵を受けます。

3. あなたは、あなたの兄弟が抱く恵み深い思いの一つ一つによって祝福されています。その兄弟が誰であろうと、どこにいようと変わることはありません。[2]あなたはこの返礼として、感謝の気持を込めて彼らを祝福したいとの思いをもつべきです。[3]あなたが個人的に彼らを知っている必要はなく、彼らが個人的にあなたを知っている必要もありません。[4]その光は非常に強烈であるため、「神の子のすべて」に放射され、その光の上に「父」が喜びを放射してくださったことに対する感謝の気持を「父」に返すことになります。5「神」の神聖な子どもたちだけが、「神」の美しい喜びのチャンネルとしてふさわしいのです。なぜなら、その喜びを分かち合うことによって保持するのに十分な美しさをもっているのは彼らしかいないからです。6「神」の子どもにとって、隣人を自分以外のものとして愛することは不可能です。7ヒーラーの祈りが次のようなものである理由はここにあります。

8私が私自身を知っているのと同じように、この兄弟を知ることができますように。

I. 聖霊への招待

1. 癒しとは、それによって二つのマインドが一体性を認識し、喜びの状態になる思いです。2この喜びは、「神の子のすべて」のすべての部分に共に喜ぶように呼びかけ、それにより「神」は彼らの中にお入りになり、彼らの中から出ていかれます。3癒されたマインドだけが、永続的な効果をもつ啓示を体験できます。なぜなら、啓示は純粋な喜びの体験だからです。4もしもあなたが完全に喜びの中にいる選択をしなければ、あなたのマインドはマインドがこう在りたいと選択しないものを手に入れることはできません。5スピリットには**所有することと在ること**の違いは分からないことを思い出してください。6高貴なマインドはスピリットが従っている法則に基づいて考えます。それ故に、「神」の法則だけを尊重します。7スピリットにとって得ることは無意味であり、与えることがすべてです。8スピリットはすべてのものをもっているが故に、すべてのものを与えることによってすべてのものを保持し、かくして、「父」が創造したのと同じように創造します。9この種の思考は物を所有することとは完全に相容れないのに対し、低次なマインドにとってすら、考えとのつながりにおいてはきわめて理解可能なものです。10もしもあなたが物質的な何かを分かち合うのであれば、その所有権を分割することは確かです。11しかしながら、一つの考えを分かち合っても、その考えを減ずることはありません。12その考えのすべてが与えられたにもかかわらず、その考えのすべてはまだあなたのものです。13更に、あなたによってその考えを与えられた人がそれを自分のものとして受け容れるならば、その人はあなたのマインドの中にあるその考えを強化することになり、かくして、その考えは増大することになります。14もしもあなたが、この世界は考えによってできているという概念を受け容れることができれば、与えることと失うことに関するエゴの誤った関連づけを信じる気持はすべてなくなるでしょう。

2. 再覚醒の過程をごく少数の単純な概念と共に開始することにしましょう。

2**思いは与えられることによって増大する。**

3**思いは信じる人が多ければ多いほど強くなる。**

4**すべては考えである。**

5**だとすれば、与えることと失うことを関連づけることは不可能である。**

3. これが「聖霊」への招待です。2既に言ったことですが、私は手を伸ばして「聖霊」をあなたの所まで降ろすことはできます。しかし、あなたの招待があってはじめて「聖霊」をあなたの所まで連れていくことができます。3「聖霊」は私の正しいマインドの中にいたのですが、それと同じように、あなたの正しいマインドの中にいます。4「聖書」は、〝イエス・キリストの中にもいたマインドがあなたの中にもありますように〟と述べ、これを祝福として使っています。5それは、奇跡を志向するマインドのあり方の祝福です。6それは、私が考えたようにあなたも考えることを求め、私と共に「キリスト」的思考に加わることを求めています。

4. 「聖霊」は「神聖な三位一体」の中で、象徴的な機能をもつ唯一の部分です。2「聖霊」は「癒す者」、「慰める者」、「ガイド」として言及されています。3「聖霊」は「父」と「子」から〝分離した〟何かであるとも描写されています。4私自身次のように言いました。〝もしも私が去るならば、あなたのためにもう一人の「慰める者」を派遣し、「彼」はあなたと共にとどまることになるでしょう〟。5「聖霊」の象徴的な機能が「聖霊」に対する理解を困難にしています。なぜなら、象徴は様々な解釈を免れることができないからです。6一人の人間として、また、「神」の創造物の一人として、「聖霊」ないしは「宇宙的な霊感」から生まれた私の正しい思考が、この「霊感」はすべての存在のためのものであるということを何よりも最初に私に教えてくれました。7私がこれを知らなければ、「それ」をもつことはできなかったでしょう。8〝知る〟という語はこの文脈において適切です。なぜなら、「聖霊」は知識に非常に近い所にいるために、知識を喚起するからです。というよりも、知識がやって来ることを可能にしてくれます。[9]私は前に、より高い知覚、より〝真実な〟知覚は真実に非常に近い所にあるために、「神ご自身」が僅かのギャップを越えて流れてくることが可能であると話したことがあります。[10]知識は常に至るところに流れる準備ができていますが、反対することはできません。[11]したがって、あなたが知識を失うことはあり得ませんが、それを妨害することはあり得ます。

5.「聖霊」は、知覚の彼方にある知識を自覚している「キリストのマインド」です。[2]「聖霊」は、防御者として分離と共に生まれ、同時に、「あがない」の原則に霊感を与えました。[3]それ以前においては癒しの必要はありませんでした。というのは、慰めを得ることができない人はいなかったからです。[4]「聖霊の声」は、「あがないへの呼びかけ」であり、あるいは、マインドの統合性の回復への呼びかけです。[5]「あがない」が完了し、「神の子のすべて」が癒されたとき、帰還への「呼びかけ」はなくなるでしょう。[6]しかし、「神」が創造されるものは永遠です。「聖霊」は「神の子」と共にとどまり、彼らの創造物を祝福し、彼らを喜びの光の中に保ち続けるでしょう。

6.「神」は「神」の子どもたちが誤って創造したものですら、彼らがそれを作ったという理由で尊重されました。[2]しかし、「神」はまた、「神」の所にほぼ帰っていけるほどの高みまで知覚を高め得る考え方を与えることによって、「神」の子どもたちを祝福されました。[3]「聖霊」は「あがないのマインド」です。[4]「聖霊」は「一つに統合されたマインド」に近いマインドの状態を代表しており、そこへの移動がついに可能となったのです。[5]知覚は知識ではありませんが、知識へと移動させること、あるいは、乗り換えてそれに変わることは可能です。[6]最後の一歩は「神」によって踏み出されるのですから、移動させる、ないしは、〝運んでいく〟といった表現を文字通りの意味で使うことがここでは更に役立つかもしれません。

7.「神の子のすべて」の一人一人によって共有される「霊感」である「聖霊」は、多くの要素が「天の王国」そのものにおける要素と同じような知覚を誘発します。

[2]第一に、その普遍性は完璧に明確であり、それを達成する人は、それを分かち合うことはすなわち獲得することであることを、誰一人として一瞬たりとも疑うことはないでしょう。

[3]第二に、それには攻撃する能力はなく、したがって、真の意味で開かれています。[4]これは、それが知識を生み

出すことはないにしても、知識をいかなる意味においても妨害することはないことを意味します。

[5]最後に、この知覚はそれがもたらす癒しの更に彼方に至る道を指し示し、マインド自身の統合の彼方にある創造の道へと導いてくれます。[6]まさにこの時点において、真の質的な変化を生み出すのに十分なだけの量的な変化が起こります。

II. 神を代弁する声

1. 癒すことは創造することではなく、償いです。[2]「聖霊」は、癒しの更に向こうを見て、「神」の子どもたちが癒しを必要とする前にどのような存在であったか、癒されたときにどのような存在になるかを見ることによって癒しを促進します。[3]時間の順序をこのように変更することは、奇跡が導入する時間の知覚におけるシフトと非常に似ているが故に、きわめてなじみ深いものであるはずです。[4]「聖霊」は、奇跡を志向するマインドのあり方への動機づけです。そのあり方とは、分離を手放すことによって分離を癒そうとする決断です。[5]あなたの意志は、「神」がそれをあなたのマインドの中に置いたが故に、まだあなたの中に存在します。あなたはそれを眠らせておくことはできますが、消滅させることはできません。[6]時間が存在する限り、「神」ご自身が「神のマインド」からあなたのマインドに伝えることにより、あなたの意志を生き続けさせてくださいます。[7]奇跡それ自体は、「父」と「子」の意志のこの結合の反映です。

2. 「聖霊」は喜びのスピリットです。[2]「聖霊」は帰還への「呼びかけ」であり、「神」はこの呼びかけをもって、分離された神の子らのマインドを祝福されたのです。[3]これはマインドの天職です。[4]分離が生じるまでは、マインドにはいかなる呼びかけも行われませんでした。なぜなら、それ以前にはマインドには存在することがあるだけであり、正しい思考への「呼びかけ」を理解することはできなかったからです。[5]「聖霊」は分離に対する「神」の「答え」であり、これを手段として「あがない」はすべてのマインドが創造に復帰するまで癒すのです。

3. 「あがない」の原則と分離は同時に始まりました。[2]エゴが作られたとき、「神」はマインドの中に喜びへの「呼びかけ」を置かれました。[3]この「呼びかけ」は非常に強力なものであるために、エゴは「その」音を聞けば常に消散してしまいます。[4]あなたの中にある二つの声のうちの一つを選択しなければならない理由はここにあります。[5]一つの声はあなた自身が作ったものであり、その声は「神」の声ではありません。[6]しかし、もう一つの声は「神」によって与えられたものであり、「神」があなたに求めるのはただその声に耳を傾けることだけです。[7]「聖霊」は文字通りの意味においてあなたの中にいます。[8]「聖霊」の声は、あなたが以前いた場所であり、再び戻ることになる場所へあなたを呼び戻す「声」です。[9]この世界においてすら、その「声」だけを聞いてそれ以外の声を聞かないことは可能です。[10]学ぶためには努力と大いなる意欲が必要です。[11]それは私が学んだ最後のレッスンでしたが、「神の子どもたち」は、子として平等であるのと同じように、学ぶ者としても平等です。

4. あなたは「神の王国」ですが、暗闇への信念がマインドの中に入ることを許したがために、新しい光を必要としています。[2]「聖霊」は、それによって暗闇という考えを消滅させなければならない輝きです。[3]「聖霊」の栄光の前にあって分離は姿を消し、「神の王国」が姿を現します。[4]分離以前においては、あなたは導きを必要としませんでした。[5]あなたは過去において知っていたと同じように、未来においては知るようになるでしょう。しかし、今のあなたは知りません。

5. 「神」が導かれることはありません。なぜなら、「神」は完璧な知識しか分かち合うことはできないからです。[2]導きには評価が関わってきます。なぜなら、導きは、正しいやり方と間違ったやり方、すなわち、選ぶべき道と避けるべき道があることを暗示するからです。[3]あなたは一つの道を選択することによって、別の道を放棄します。[4]「聖霊」を選択することは「神」を選択することです。[5]「神」は文字通りの意味であなたの中にいるのではありません。あなたは「神」の一部です。[6]あなたが「神」のもとを去る選択をしたとき、「神」は何の妨害もなくあなたと知識を分かち合うことができなくなってしまったために、「神」に代わって話す「声」をあなたに与えられました。[7]直接的なコミュニケーションは断たれました。なぜなら、あなたが別な声を作ってしまったからです。

6. 「聖霊」はあなたに、思い出すように、そして、忘れるようにと呼びかけています。[2]あなたは正反対のものが可能である対立状態に身を置く選択をしました。[3]その結果、あなたにはしなければならない様々な選択があります。[4]神聖な状態においては、意志は自由であり、その結果、意志の創造力は無限であり、選択は無意味です。[5]選択する自由は創造する自由と同じ力ですが、その応用は異なります。[6]選択は分裂したマインドに依存します。[7]「聖霊」は選択の一方法です。[8]「神」は、子どもたちが「彼」のもとを去る選択をしたにもかかわらず、彼らを慰めのない状態に置き去りにはされませんでした。[9]彼らがマインドの中に置いた声は、「聖霊」が代弁する「神の意志を語る声」ではありませんでした。

7.「聖霊の声」は命令することはありません。なぜなら、「聖霊」は傲慢になることはできないからです。[2]「聖霊の声」は要求することをしません。なぜなら、「聖霊」は支配を求めることがないからです。[3]「聖霊の声」は打ち負かすこともありません。なぜなら、「聖霊」は攻撃しないからです。[4]「聖霊」はただ思い出させるだけです。[5]「聖霊」に説得力がある唯一の理由は、「聖霊」があなたに思い出させることによります。[6]「聖霊」はあなたが作り出すかもしれない混乱のまっただ中にあってさえ、静けさを保ちながら、別な方法をあなたのマインドにもたらします。[7]「神を代弁する声」は常に静かです。なぜなら、「それ」は安らぎについて語るからです。[8]安らぎは癒すが故に戦争よりも強いものです。[9]戦争は分裂であり、増加ではありません。[10]争いによって誰も得することはありません。[11]全世界を手に入れたとしても自分の魂を失ってしまったならば、何の得にもなりません。[12]誤った声に耳を傾けるならば、魂を見失ってしまったのです。[13]魂を失うことはできませんが、魂を知ることはできなくなります。[14]したがって、あなたが正しい選択をするまで、魂はあなたにとっては〝失われた〟ものとなります。

8.「聖霊」はあなたが選択するときの「ガイド」です。[2]「聖霊」は常に正しい選択のために発言するあなたのマインドの部分にあります。なぜなら、「聖霊」は「神」に代わって発言するからです。[3]「聖霊」はあなたの「神」との残されたコミュニケーションであり、あなたはそれを妨害することはできますが、破壊することはできません。[4]「聖霊」は、「神の意志」が「天国」においてと同じように地上においてもなされるための手段です。[5]「天国」と地上はあなたの中にあります。なぜなら、両者の呼び声があなたのマインドの中にあるからです。[6]「神を代弁する声」は「神」を祭るあなた自身の祭壇からやって来ます。[7]これらの祭壇は物体ではなく、献身です。[8]しかし、今のあなたには他の献身もあります。[9]分割された献身があなたに二つの選択肢を与えているため、あなたはどちらの祭壇で奉仕することを望むかの選択をしなければなりません。10あなたが今応える呼びかけは一つの決断であるが故に評価です。11その決断は非常に単純です。どちらの呼びかけがあなたにとってより価値があるかに基づいて、その決断はなされます。

9. 私のマインドは常にあなたのマインドと同じであるでしょう。なぜなら、私たちは対等な存在として創造されたのですから。2「天国」と地上におけるすべての力を私に与えたのは、私の決断に他なりませんでした。3私からあなたへのただ一つの贈り物は、あなたが同じ決断を下すように手を貸すことだけです。4この決断とは、それを分かち合うという選択です。なぜなら、決断そのものが分かち合うという決断だからです。5それは与えることによってなされ、それ故に、真の創造と類似する唯一の選択です。6私は決断を下すにあたってのあなたのモデルです。7私は「神」を選ぶ決断を下すことによって、この決断を下すことは可能であり、あなたもその決断を下すことができることを示しました。

10. 私のために決断を下した「マインド」はあなたの中にもあり、それが私を変えたのとまったく同じように、あなたもそれにあなたを変えさせることができると、私はあなたに保証しました。2この「マインド」は絶対的に紛れようのないものです。なぜなら、それにはただ一つの「声」しか聞こえず、ただ一つの方法で答えるからです。3あなたは私と同じようにこの世の光です。4休息は睡眠によってではなく目覚めることによって得られます。5「聖霊」は目を覚まし喜びなさいという「呼びかけ」です。6世界は非常に疲れています。なぜなら、世界は疲労という考えそのものだからです。7私たちの仕事は、世界の目を覚まし、「神への呼びかけ」に目覚めさせるという喜びに満ちた仕事です。8誰もが「聖霊」の「呼びかけ」に応えるでしょう。さもなければ、「神の子のすべて」が一つになることは不可能です。9「神の王国」のどこに、「神の王国」を一つのものにする完璧な統合へと「神の王国」を復元する仕事よりも良い仕事があるでしょうか。10あなたの内なる「聖霊」を通してこのことだけに耳を傾け、私が今あなたに教えているように、あなたの兄弟に耳を傾けるようにと教えてください。

11. 誤った声に誘惑されたときには、私の決断を分かち合い、それを更に強固なものにすることによって、癒しの方法を思い出させてくれるようにと私に依頼してください。2私たちがこの目標を共有するとき、「神の子のすべて」を引き寄せるその力を増大させ、「神の子のすべて」が創造された一体性の中へと再び「神の子のすべて」を連れ戻すその力を増大させることになります。3〝くびきをかける〟とは〝一緒になる〟ことであり、〝荷〟とは〝メッセージ〟であることを思い出してください。4〝私のくびきは負いやすく、私の荷は軽いからである〟は、次のように言い換えましょう。〝一緒に集まろう。というのは、私のメッセージは光であるから〟。

12. 私が行動したように行動するようにと私はあなたに言ってきました。しかし、これをするためには同じ「マインド」に応じなければなりません。2この「マインド」とは「聖霊」であり、「聖霊の意志」は常に「神」を選択します。3「聖霊」は、どうすれば私をあなたの思いのモデルとして維持し、その結果、私と同じように行動することができるようになるかをあなたに教えます。4私たちの共同の動機がもつ力は信念を超越したものですが、達成できないものではありません。5私たちが一緒に達成できるものに限りはありません。なぜなら、「神への呼びかけ」は「無限なるもの」への「呼びかけ」だからです。6「神の子」よ、私のメッセージはこうです。あなたの内なる「聖霊」に応えながら、それを聞き、分かち与えてください。

III. 救いへの導き

1. あなたの兄弟を認識する唯一の方法は、彼の中に「聖霊」を認識することです。2既に述べたことですが、「聖霊」は知覚が知識へと移動するための「架け橋」です。したがって、知覚と知識という言葉は相互に関連しているように使うことができます。なぜなら、「聖霊のマインド」においてはこれらの二つの言葉は関連しているからです。3この関係は「聖霊」のマインドの中になければなりません。なぜなら、そうでなければこの二つの思考法の分離が癒される可能性はありません。4「聖霊」は「三位一体」の一部です。なぜなら、「聖霊のマインド」は部分的にはあなたのマインドであり、部分的には「神」のマインドだからです。5これには言葉ではなく体験による明確な説明が必要です。

2. 「聖霊」は癒しの考えです。2この考えは思いであるが故に、分かち合われる中で向上します。3それは「神への呼びかけ」であるが故に、「神」の考えでもあります。4あなたは「神」の一部ですから、それは、「神」のすべての創造物の考えであると同時にあなた自身の考えでもあります。[5]「聖霊」という考えは、それ自身がその一部である宇宙の法則に従うが故に、他の考えの資質も共有しています。[6]それは与えられることによって強化されます。[7]それを兄弟に与えると、あなたの中において増大します。[8]この奇跡が起こるためには、あなたの兄弟が、自分自身の中にあり、また、あなた自身の中にある「聖霊」を自覚する必要はありません。[9]あなたの兄弟は、あなたがそうしたのと同じように、「神への呼びかけ」から自分を切り離してしまったかもしれません。[10]この切断は、あなたが兄弟の中にある「神への呼びかけ」を自覚し、その結果、「神」の存在を認めるとき、あなた方二人の中で癒されます。

3. 兄弟をどのように見るかに関しては、二つの正反対の方法があります。[2]この二つの方法は、共にあなたのマインドの中になければなりません。なぜなら、あなたが知覚者だからです。[3]それは、兄弟の中にもなければなりません。なぜなら、あなたは彼を知覚しているからです。[4]兄弟を彼のマインドの中にある「聖霊」を通して見てください。そうすれば、あなたのマインドの中にある「聖霊」が認識できるでしょう。[5]兄弟の中にあると認めるものは、あなた自身の中にあると認めているのです。あなたは分かち合うものを強化します。

4. 「聖霊の声」は、あなたの中にあっては弱いものです。[2]あなたが「聖霊の声」を分かち合わなければならない理由はここにあります。[3]「聖霊の声」が聞こえるためには、「聖霊」の力が増大しなければなりません。[4]あなたのマインドの中で「聖霊の声」が非常に弱い間は、「それ」をあなた自身の中に聞き取ることは不可能です。[5]「聖霊の声それ自体」は弱くはありませんが、「それ」を聞こうとするあなたの意欲がないために制限されています。[6]自分自身の中にだけ「聖霊」を探し求めようとする間違いを犯せば、様々な思いがあなたを怯えさせることになります。なぜなら、エゴの見方を採用することによって、エゴをガイドとしてエゴには未知の旅に出ることになるからです。[7]これは必ず怖れを生み出すことになります。

5. 遅延はエゴに属します。なぜなら、時間はエゴの概念だからです。[2]時間も遅延も永遠においては共に無意味です。[3]「聖霊」はエゴに対する「神の答え」であると私は前に言いました。[4]「聖霊」があなたに思い出させるものはすべてエゴの概念と真っ向から対立します。なぜなら、真の知覚と誤った知覚そのものが対立するからです。[5]「聖霊」にはエゴが作ったものを解除するという仕事があります。[6]「聖霊」はエゴの行動と同じレベルでそれを解除します。

そうでなければ、エゴのマインドにはその変化を理解することはできません。

6. マインドの或るレベルはマインドの別なレベルには理解不可能であることを私は繰り返し強調してきました。[2]それはエゴと「聖霊」、時間と永遠についてもあてはまります。[3]永遠は「神」の考えです。したがって、「聖霊」はそれを完璧に理解しています。[4]時間はエゴの信念です。したがって、エゴの領域である低次なマインドは何の疑いも抱かずにそれを受け容れます。[5]時間の側面で唯一永遠である側面は、**今**です。

7. 「聖霊」はエゴの解釈とスピリットの知識の「仲介者」です。[2]象徴記号を扱う能力によって、「聖霊」はエゴ独自の言語に対する信念に対処することができます。[3]象徴の彼方にある永遠をのぞき込む能力によって、「聖霊」は「神」の法則を理解することができ、「神」の代弁をします。[4]したがって、「聖霊」はエゴが作るものを再解釈する機能を果たすことができますが、破壊によってではなく、理解によってそれを行います。[5]理解は光であり、光は知識につながります。[6]「聖霊」は光であるあなたの中にいるために光の中にいますが、あなた自身はこれを知りません。[7]したがって、「神」に代わってあなたを再解釈するのが「聖霊」の仕事です。

8. あなたは自分自身を単独では理解することはできません。[2]その理由は、「神の子のすべて」の中でのあなたの正しい場所を離れては、あなたには何の意味もないからです。そして、「神の子のすべて」の正しい場所とは「神」です。[3]これがあなたの生命であり、あなたの永遠性であり、あなたの「自己」です。[4]これこそ「聖霊」があなたに思い出させるものです。[5]これこそ「聖霊」に見えるものです。[6]このヴィジョンは非常に穏やかであるためにエゴを怯えさせます。[7]実在に関するエゴの解釈によれば、戦争はエゴの生き残りを保証するものであるが故に、平和はエゴの最大の敵です。[8]エゴは争いの中で強くなります。[9]争いがあると信じれば、あなたは悪意をもって反応します。なぜなら、危険という考えがあなたのマインドに入ったからです。[10]危険という考えそのものがエゴにとっては魅力です。[11]「聖霊」もエゴと同じく危険の呼び声に対して警戒を怠ることはなく、エゴがそれを歓迎するのに対し、「聖霊」の強さをもってそれに対抗します。[12]「聖霊」は平和を歓迎することによってこのエゴの歓迎に対抗します。[13]永遠性と安らぎは、時間と戦争と同じ程度に密接なつながりがあります。

9. 知覚は人間関係から意味を引き出します。2あなたが受け容れる人間関係はあなたの信念の基盤です。3分離とは分裂したマインドの別名にすぎません。4「聖霊」が安らぎの象徴であるのとまったく同じように、エゴは分離の象徴です。5あなたが他人の中に知覚するものは、あなた自身の中で強化することになります。6あなたはあなたのマインドに誤った知覚をさせるかもしれませんが、「聖霊」はあなたのマインドにその誤った知覚を再解釈させてくれます。

10. 「聖霊」は完璧な教師です。2「聖霊」はあなたのマインドが既に理解していることだけを使って、あなたがそれを理解していないということをあなたに教えます。3「聖霊」はやる気のない学び手に対しても、そのマインドに逆らうことなく対処することができます。なぜなら、そういう学び手のマインドの一部はまだ「神」を選択しているからです。4エゴはこの部分を隠そうとしますが、それはエゴよりもずっと強いものです。しかし、エゴはそれを認識していません。5「聖霊」は、それが「彼自身」の住処であるが故に、すなわち、「彼」がくつろぐことができるマインドの中の場所であるが故に、それを完璧に認識します。6あなたもそこではくつろぐことができます。なぜなら、それは安らぎの場所であり、安らぎは「神」に属するからです。7「神」の一部であるあなたは、「神」の安らぎ以外の場所においてはくつろぐことはありません。8安らぎが永遠であるとすれば、あなたは永遠においてのみくつろぐことができるのです。

11. エゴは世界を自分が知覚したように作りましたが、エゴが作ったものの再解釈者である「聖霊」は、この世界はあなたを故郷へ連れ戻すための教えの手段であると見なしています。2「聖霊」は時間を知覚しなければなりません。そして、時間を再解釈して永遠へと導かなければなりません。3「聖霊」は対立するものを通して働かなければなりません。なぜなら、「聖霊」は対立しているマインドと共に働き、対立しているマインドのために働かなければならないからです。4修正し、学んでください。そして、学びに対して心を開いてください。5あなたは真実を作りはしませんでしたが、それでも、真実はあなたを解放することができます。6「聖霊」が見るように見てください。「聖霊」が理解するように理解してください。7「聖霊」の理解は私を思い出しながら「神」を振り返ります。8「聖霊」は常に「神」と心を通わせており、あなたの一部でもあります。9「聖霊」は救いに至るあなたの「ガイド」です。なぜなら、「聖霊」は過去および未来の様々な事柄の記憶を保持し、それを現在にもたらすからです。10「聖霊」はこの喜びをあなたのマインドの中に優しく保持し、あなたに対して「聖霊」が抱く喜びを増すためにこの喜びを分かち合うことによって、あなたが「聖霊」の名において喜びを増すことだけを求めます。

IV. 教えることと癒すこと

1. 怖れが隠してしまったものもまだあなたの一部です。2「あがない」に参加することが怖れから脱出する唯一の方法です。3「聖霊」はあなたが恐ろしいと知覚するものすべてを再解釈する手助けをし、愛情深いものだけが真実であることをあなたに教えるでしょう。4 真実はあなたの破壊能力を超越した所にありますが、あなたの受容能力が完全に及ぶ範囲内にあります。5 真実は、あなたが「神」の延長存在として「神」と共にそれを創造したが故に、あなたに所属します。6「神」があなたを創造されたが故に、あなたは「神」の一部であるのと同じように、真実はあなたの一部であるが故に、あなたのものです。7 善なるものは、創造のための「声」である「聖霊」からやって来るが故に、失われることはあり得ません。8 善でないものが創造されたことはありません。したがって、創造されたことがないものを守ることは不可能です。9「あがない」は「神の王国」の安全を保証するものであり、「神の子のすべて」が一体になることがその守りです。10「神の子のすべて」が一体となっているが故に、エゴは「神の王国」に対して勝利を収めることはできません。11 一体になるようにとの「聖霊の呼び声」が聞こえる人々のいる所では、エゴは輝きを失い、解除されます。

2. エゴは自分が作ったものを自分だけのものにしておくが故に、エゴが作ったものには強さがありません。2 エゴの存在は分かち合われていません。3 エゴは死ぬことはありません。生まれたことがないというだけのことです。4 肉体の誕生は始まりではありません。それは継続です。5 継続するものはすべて既に生まれています。6 あなたが癒されていないマインドの部分をマインドのより高い部分へと戻す意欲をもち、マインドを分割されていないものとして創造へと戻すとき、継続するものは増大します。7 私は、あなた自身の思いがあなたを本当に解放できるように、あなたにその基盤を与えるためにやって来ました。8 あなたは、弱すぎて増大できない共有されない考えという重荷を背負ってきましたが、自分で作ったがためにそれを解除する方法を知りませんでした。9 過去の過ちをあなた一人では抹消することはできません。10 過去の過ちは、あなたが作った治療法ではない「あがない」なくしては、マインドから消えることはありません。11「あがない」は純粋な分かち合いの行動として理解されなければなりません。12 この世界においてすら一つの「声」に耳を傾けることは可能であると私が言ったのはこの意味です。13 あなたが「神」の一部であり、「神の子のすべて」が一つであるならば、あなたはエゴの目に映っている自己に限定されることはあり得ません。

3. 「神の子のすべて」のどの部分においてであれ、愛に満ちた思いが抱かれると、その思いの一つ一つはすべての部分に属することになります。2 それは愛に満ちているが故に分かち合われます。3 分かち合いは「神」の創造法であり、あなたの創造法でもあります。4 エゴはあなたを「神の王国」からの亡命者にしておくことはできますが、「神の王国」においてはエゴにはいかなる力もありません。5 スピリットの考えはそれらを思うマインドを離れることはなく、互いに相反することもありません。6 しかし、エゴの考えは異なったレベルで生じるが故に、また、同じレベルでの対立する考えを含むが故に、相反することがあり得ます。7 **対立する考えを共有することは不可能です。**8 あなたが共有することができるのは、「神」に属する思いと「神」があなたのために保持される思いだけです。9「天の王国」はそのようなものです。10 それ以外の思いは、「聖霊」が「神の王国」の光の中で再解釈し、分かち合うだけの価値があるものにするまでは、あなたのもとにとどまります。11 それらの思いが十分に浄化されたとき、「聖霊」はあなたがそれらを与えることを許します。12 それらを分かち合うという決断がそれらの浄化です。

4. 私に一つの「声」が聞こえたのは、自分だけでは自分自身のあがないをすることはできないことを理解したからです。2 一つの「声」に耳を傾けるということは、「それ」を自分で聞くために「それ」を分かち合うという決断を暗示します。3 私の中にあった「マインド」は、「神」によって創造されたすべてのマインドに未だに抗しがたく惹きつけられています。なぜなら、「神の完全性」は「神の子の完全性」だからです。4 あなたが傷つけられることは不可能であり、あなたは兄弟にあなたの完全性以外のいかなるものも示したくはないはずです。5 あなたの兄弟があなたを傷つけることはできないことを示してください。そして、兄弟にいかなる恨みも抱いてはなりません。さもなければ、あなたは自分自身に恨みを抱くことになります。6これが〝他の頬を向けること〟の意味です。

5. 教えは多くの形で行われますが、とりわけ、模範を示すことによってなされます。2教えることは癒すことであるべきです。なぜなら、教えることは考えの分かち合いであり、考えを分かち合うことは考えを強化するということの認識だからです。3私は学んだことを教えるという私の必要性を忘れることはできません。この必要性が私の中に生じたのは、私がそれを学んだからでした。4学んだことを教えるようにと私はあなたに依頼します。なぜなら、そうすることによって学んだことに頼ることができるからです。5私の名において、それを頼ることができるものにしてください。なぜなら、私の名前は「神の子の名前」だからです。6私が学んだものはあなたに自由に与えましょう。私の中にあった「マインド」は、あなたがそれを聞く選択をすると喜びます。

6. 「聖霊」は解除することによって私たちすべてのあがないをし、そうすることによって、あなたがマインドの中に置いた荷物を持ち上げます。2あなたは「聖霊」に従うことによって、あなたが本来所属する「神」の所まで導き戻されます。その時、兄弟を一緒に連れていかずしてその道を見出すことができるはずはありません。3「あがない」における私の役割は、あなたがそれに加わり、それを分け与えるまでは完了しません。4あなたは教えることによって学びます。5私はあなたを決して置き去りにすることはしません。見捨てることもしません。なぜなら、あなたを見捨てることは私自身を見捨てることであり、私を創造された「神」を見捨てることだからです。6あなたが兄弟の誰であれ見捨てるならば、あなた自身を見捨てることになります。そして、「神」を見捨てることになります。7あなたの兄弟をあるがままに見ることを学ばなければなりません。そして、彼らもあなたと同様に「神」に属するということを理解しなければなりません。8あなたの兄弟を遇するにあたって、「神」のものは「神」に返すということよりも良い処遇の仕方があるでしょうか。

7. 「あがない」はあなたに癒されたマインドの力を与えますが、創造する力は「神」に属します。2したがって、ゆるされた者は、まず癒しに献身しなければなりません。なぜなら、癒しの考えを受け取った後にそれを保持するためには、与えなければならないからです。3「神」の考えが一つでも「神の王国」で阻止されている間は、創造の最大限の力が表現されることはありません。4「神の子のすべて」の共通の意志だけが、「父」のように創造することができる唯一の創造者です。なぜなら、完全なる者だけが完全に思考できるのであり、「神」の思考には欠けるものは何もないからです。5あなたが考えることで「聖霊」を通さないものは、すべて何かが欠けています。

8. かくも神聖なあなたに、どうして苦しむということがあり得るでしょうか。2あなたの過去はその美しさを除いてはすべて過ぎ去り、祝福以外の何ものも残されていません。3私はあなたのすべての親切、あなたが抱いたすべての愛に満ちた思いを安全に保ってきました。4私は、光を隠して見えなくしていた過ちを除去することでそれらを浄化し、あなたのために、それらを独自の完璧な輝きの中に保ってきました。5それらは破壊を超越し、罪悪感を超越しています。6それらはあなたの内なる「聖霊」から生まれたものであり、「神」が創造されるものは永遠であることを私たちは知っています。7私は私自身を愛したようにあなたを愛したが故に、あなたは安らかに出発できます。8私の祝福と共に、そして、私の祝福を求めて、進んでいってください。9それが常に私たちのものであり続けるように、しっかりと保持し、分かち合ってください。10私は「神」の安らぎを、あなたが保ち、分かち合うことができるようにあなたのハートの中に置きます。そして、あなたの手の中に置きます。11ハートはそれを保持するために純粋であり、手はそれを与えるために強いのです。12私たちが負けることはあり得ません。13私の判断は、「神」の叡智と同じ程度に強力です。「神のハートと手」に私たちの存在は委ねられています。14「神」の静かなる子どもたちは、「神」に祝福された「子どもたち」です。15「神の思い」はあなたと共にあります。

V. エゴによる罪悪感の利用

1. おそらく、私たちが扱っている概念の一部は、エゴによる罪悪感の利用が明確にされれば、より明らかになり、より個人的に意味のあるものとなるでしょう。2「聖霊」に目的があるのと同じように、エゴにも目的があります。3エゴの目的は怖れです。なぜなら、怖れに満ちた者だけが自己中心的になり得るからです。4エゴの論理は、「聖霊」のそれと同じくらいに非の打ち所がありません。なぜなら、あなたのマインドは選択するにあたって、天に味方するにしても地に味方するにしても、その手段は自由に駆使することができるからです。5しかし、再び繰り返しますが、この両者は共にあなたの中にあることを思い出してください。

2. 「天」には罪悪感は存在しません。なぜなら、「神の王国」は「あがない」を通して達成され、「あがない」はあなたを解放してあなたが創造することを可能にするからです。2“創造する”という言葉がここでは適切です。なぜなら、あなたが作ったものがいったん「聖霊」によって解除されると、祝福された残滓物が原状に回復され、したがって、創造を継続することになるからです。3真に祝福されたものには罪悪感を生み出す能力はなく、したがって、必然的に喜びを生み出します。4これによって、祝福されたものはエゴによる攻撃を受けることはなくなります。なぜなら、その安らぎは攻撃不可能だからです。5それは完全であるが故に破壊されることはありません。6罪悪感は**常に**破壊的です。7怖れを生み出すものは何であれ、分裂の法則に従うが故に分裂を引き起こします。8エゴは分離の象徴であるとしても、同時に、罪悪感の象徴でもあります。9罪悪感は単に「神」に属さないというだけではありません。10罪悪感は「神」に対する攻撃の象徴です。11これはエゴ以外のものにとっては完全に意味のない概念ですが、これに対するエゴの信念の力を過小評価してはなりません。12すべての罪悪感は実にこの信念に根ざしているのです。

3. エゴは分裂を信じるマインドの部分です。2「神」の一部が、「神」を攻撃していると信じることなく自らを分離させることが可能でしょうか。3私たちは前に、権威の問題は「神」の力を強奪するという概念に基づいているという話をしました。4自分はすなわちあなたであるとエゴは信じているが故に、これはあなたのやったことであるとエゴは信じています。5もしもあなたがエゴに帰属意識をもっているならば、自分自身を有罪であると知覚せざるを得ません。6あなたのエゴに反応する度ごとに、あなたは罪悪感を体験し、罰を恐れるでしょう。7エゴとは、きわめて文字通り、怖れに満ちた思いです。8「神」を攻撃するという考えが、正気のマインドにとってはいかに馬鹿げたものであっても、エゴは正気ではないことを決して忘れてはなりません。9エゴは妄想の体系を代表するものであり、その代弁者です。10エゴの声に耳を傾けることは、「神」を攻撃することが可能であると信じることであり、「神」の一部があなたによって引きちぎられたと信じることです。11 外部からの報復に対する怖れがそれに続くことになります。なぜなら、罪悪感の厳しさは激烈を極めるため、投影されることは必然だからです。

4. あなたがマインドの中に受け容れるものは何であれ、あなたにとっては実在性をもっています。2 あなたがそれを受容することによって、それは実在することになります。3 エゴをマインドの中に祭り上げるならば、エゴが入ることを許すこととなり、それはあなたの実在となります。4 これは、マインドには実在を創造する能力も、幻想を作る能力もあるからです。5 私は前に、あなたは「神」と共に考えることを学ばなければならないと言いました。6「神」と共に考えるとは、「神」のように考えるということです。7 これは罪悪感ではなく喜びを生み出します。なぜなら、それは自然なことだからです。8 罪悪感はあなたの思考が不自然であることの確かなしるしです。9 不自然な思考には必ず罪悪感が伴います。なぜなら、罪悪感は罪を信じることだからです。10 エゴは罪を愛の欠如としてではなく、攻撃という肯定的な行動として知覚します。11 これはエゴの生存にとって必要です。なぜなら、罪を欠如として認識するやいなや、あなたは自動的にその状況を改善しようとするからです。12 そしてあなたはそれに成功するでしょう。13 エゴはこれを身の破滅と見なしますが、あなたはそれを自由と見なすことを学ばなければなりません。

5. 罪悪感をもたないマインドが苦しむことは不可能です。2 正気であるマインドは、既に癒されているが故に、肉体を癒します。3 正気のマインドは、誰かを、あるいは、何かを攻撃することを想像することができないが故に、病気を想像することができません。4 私は前に、病気は魔法の一形態であると言いました。5 それは魔法のような解決策の一形態であると言ったほうが良いかもしれません。6 エゴは、自らを罰すれば「神」の罰を和らげることができると信じています。7 しかしながら、これにおいてすらエゴは傲慢です。8 エゴは罰を下すという意図を「神」の属性と見なし、それから、この意図を自分自身の特権にします。9 エゴは自らが知覚する「神」のすべての機能を強奪しようとします。なぜなら、エゴは完全な忠誠だけが信頼可能であることを認識しているからです。

6. これはあなたにもできないことですが、エゴは「神」の法則に抵抗することはできません。しかし、あなたにもできるように、エゴは自分が何を欲するかに応じて「神」の法則を解釈することはできます。2 だからこそ、〝あなたは何を欲するのか〟という問いに答えなければなりません。

[3]あなたは毎秒、毎分、この問いに答えています。そして、瞬間瞬間に下す決断は、絶大な効果をもった価値判断です。[4]その効果は、決断が変更されるまで自動的に継続します。[5]しかし、選択肢そのものは変更不可能であることを思い出してください。[6]「聖霊」はエゴと同じように一つの決断です。[7]この両者が、マインドが受け容れ、かつ従うことができる選択肢のすべてを構成します。[8]「聖霊」とエゴだけがあなたに開かれた選択です。[9]「神」がそのうちの一つを創造しました。したがって、あなたにはそれを根絶することはできません。[10]もう一つの方はあなたが作りました。したがって、それをあなたは根絶することができます。[11]「神」が創造されるものだけが元に戻すことが不可能であり、変更不可能です。[12]あなたが作ったものは常に変更可能です。その理由は、あなたが「神」のように考えないときには、全然考えていないからです。[13]妄想的な考えは、あなたはそれを信じるかもしれませんが、本当の思いではありません。[14]しかし、あなたは間違っています。[15]思いの機能は「神」から来るものであり、「神」の中にあります。[16]「神」の思いの一部であるあなたは、「神」を離れて思考することはできません。

7. 不合理な思いは無秩序な思いです。[2]あなたの思いは「神」によって創造されたが故に、「神ご自身」があなたの思いに命令を下されます。[3]罪悪感は常に、あなたがこれを知らないということのしるしです。[4]罪悪感はまた、あなたが「神」を離れて思考することが可能であると信じており、そうしたいと望んでいることも示しています。[5]すべての無秩序な思いには、その始まりの段階で罪悪感が伴い、その継続は罪悪感によって維持されます。[6]自分自身の思いは自分が命令していると信じ、したがって、自らの命ずるところに従わなければならないと信じている人々にとっては、罪悪感は回避不可能です。[7]このために彼らは自分の過ちに対して責任を感じることになりますが、この責任を受け容れることによって自分が無責任に行動しているということを認識していません。[8]奇跡を行う人の唯一の責任が自らのための「あがない」を受け容れることであるならば、私はあなたにそうであることを保証しますが、あがなわれるものに対する責任があなたにあるということはあり得ません。[9]このジレンマは、解除するという解決策を受け容れる以外には解決不可能です。[10]もしもそれを解除することが不可能であれば、あなたはあなたのすべての間違った思考の結果に対して責任があることになります。[11]「あがない」の目的は、過去を浄化された形においいてのみ救うことにあります。[12] 無秩序な思いに対するこの治療薬を受け容れるならば、すなわち、効果は疑う余地のないこの治療薬を受け容れるならば、症状が残るということはあり得ません。

8. 分離された状態にとどまるという継続的な決断が、罪悪感が継続する唯一の可能な理由です。[2] これは前にも言ったことですが、その時はこの決断の破壊的な結果については強調しませんでした。[3] マインドのいかなる決断であれ、行動と体験の両方に影響を及ぼします。[4] あなたが欲するものをあなたは予期します。[5] これは妄想ではありません。[6] あなたのマインドは確かにあなたの未来を作ります。そして、あなたのマインドが最初に「あがない」を受け容れるならば、未来を今すぐにでも完全な創造へと引き戻すでしょう。[7] あなたのマインドもまた、そうした瞬間に完全な創造へと戻ることになるでしょう。[8] 無秩序な思いを放棄した後には、思いへの適切な命令がきわめて明白になります。

VI. 時間と永遠

1. 「神」は「神」の知識においては待っていませんが、「神の王国」はあなたが待っている間は欠けた状態です。[2]「神の子どもたち」は皆、あなたが彼らを待っているように、あなたの帰還を待っています。[3] 遅れは永遠においては問題ではありませんが、時間の中においては悲劇的です。[4] あなたは永遠の中にいるよりも時間の中にいる選択をしました。それ故に、あなたは時間の中にいると信じています。[5] しかしながら、あなたの選択は自由であり、かつ変更可能です。[6] あなたは時間には属していません。[7] あなたの場所はただ一つ永遠の中であり、「神ご自身」がそこに永遠にとどまるようにとあなたを置かれたのです。

2. 罪悪感は時間を保存するものです。[2] 罪悪感は報復や見捨てられることを恐れる気持を誘発し、そうすることによって、未来も過去と同じになることを確実にします。[3] これがエゴの継続性です。[4] それがエゴに似非の安心感を与えますが、それはあなたがエゴの継続性から逃れることはできないと信じるからです。[5] しかし、あなたは逃れることができるし、逃れなければなりません。6「神」はそれとの交換に永遠の継続性をあなたに差し出します。7あなたがこの交換の選択をするとき、同時に、罪悪感を喜びと、悪意を愛と、苦痛を安らぎと交換することになります。8私の役割は、ただあなたの意志の鎖をほどき、解放するだけです。9あなたのエゴはこの自由を受け容れることができず、ありとあらゆる瞬間に、ありとあらゆる方法でそれに対抗するでしょう。10エゴの作者であるあなたは、エゴに何ができるかを認識していますが、それはあなたがエゴにそうする力を与えたからです。

3. いつも「神の王国」を思い出してください。そして、「神の王国」の一部であるあなたが道を見失うことはないということを思い出してください。2私の中にあった「マインド」はあなたの中にもあります。というのは、「神」は完璧に公平に創造されるからです。3「聖霊」によって、常に「神」の公平性を思い出させてもらうことです。そして、それをあなたの兄弟と分かち合う方法を私に教えさせてください。4それ以外の方法では、それを自分のものにする機会を自分自身に与えることは不可能です。5二つの声が同じことについての異なった解釈を同時に弁護します。いや、ほとんど同時に弁護します。というのは、エゴが常に最初に口を切るからです。6最初の解釈がなされるまでは、それに代わる解釈は必要ではありませんでした。

4. エゴは価値判断をして話します。そして、「聖霊」はその決定を覆します。それは、この世界においても高等裁判所は下級裁判所の決定を覆す力をもっているのと同じことです。2エゴの決定は常に間違っています。なぜなら、エゴの決定は過ちを支持するためになされますが、その決定はその過ちに根拠を置いているからです。3エゴが知覚するものは何一つとして正確には解釈されません。4エゴは「聖書」をそれ自身の目的のために引用するだけでなく、「聖書」を自らの証人であるとさえ解釈します。5「聖書」はエゴの価値判断においては恐ろしいものです。6「聖書」を恐ろしいものとして知覚するエゴは、怖れをもって解釈します。7恐れていれば、高等裁判所に上訴することはしません。なぜなら、その判決もまた自分に不利なものになるだろうと信じるからです。

5. エゴの解釈がいかに誤解を招きやすいものであるかの例は数多くありますが、「聖霊」がいかにしてそれらを「彼自身の光」に当てて再解釈することができるかを示すには二、三の例で十分です。

6. 〝人は、自分の蒔いたものを刈り取ることになるのです〟

を、「聖霊」は、あなたが耕す価値があると見なすものは、自分自身の中で耕すだろうということを意味すると解釈します。[2]何に価値があるかについてのあなたの価値判断が、それをあなたにとって価値のあるものにします。

7. 〝「復讐は私のすること、私が報復する」と主は言われる〟は、考えは分かち合われることによってのみ増大するということを思い出せば、簡単に再解釈できます。[2]この言葉は、復讐を分かち合うことはできないということを強調しています。[3]それ故に、復讐は「聖霊」に与えてください。そうすれば、「聖霊」はそれをあなたの中で解除してくれるでしょう。なぜなら、復讐は、「神」の一部であるあなたのマインドに属するものではないからです。

8. 〝父祖の罪を、子、孫に三代、四代までも問う〟は、エゴの解釈によれば、特に悪意に満ちたものです。[2]それは単に、エゴ自身の生存を保証しようとする試みになってしまいます。[3]「聖霊」にとっては、この言葉は、後の世代においても前の世代が誤解したことを「聖霊」が再解釈することができ、かくして、怖れを生み出す能力からそれらの思いを解放できることを意味します。

9. 〝主に逆らい敵対する者は必ず滅びる〟は、〝滅びる〟という語が、〝解除される〟であると理解されれば、「あがない」を述べた言葉になります。[2]愛のない思いはすべて解除されなければなりません。この「解除する」という語はエゴには理解することすら不可能です。[3]エゴにとっては、解除されることは破壊されることを意味します。[4]エゴはあなたの思いの一部であるが故に、破壊されることはありません。しかし、エゴは非創造的であり、したがって、分かち合うことがないために、再解釈されてあなたを怖れから解放することになります。[5]あなたがエゴに与えたマインドの部分は、単に「神の王国」に戻ることになります。そこがあなたの完全なマインドが属する場所です。[6]あなたは「神の王国」の完成を遅らせることはできますが、その中に怖れの概念を導入することはできません。

10. 「高等裁判所」があなたに有罪判決を下すであろうと恐れる必要はありません。[2]あなたに対する訴訟が却下されるだけです。[3]「神」の子どもに対する訴訟は不可能です。「神」の創造物の罪に対する証人は皆、「神ご自身」に対して偽証をしています。[4]あなたが信じることをすべて「神ご自身の高等裁判所」に喜びをもって訴えてください。なぜなら、その裁判所は「神」に代わって言葉を語り、したがって、真実だけを語るからです。[5]あなたがどれほど注意深く起訴を準備したとしても、あなたに対する訴訟は却下されるでしょう。6その訴訟は万全で抜かりがないかもしれませんが、「神」の目を欺くことはできません。7「聖霊」は納得しません。なぜなら、「聖霊」には真実の証言しかできないからです。8「聖霊」の評決は常に〝神の王国は汝のものなり〟です。なぜなら、「聖霊」は本来のあなたを思い出させるためにあなたに与えられたからです。

11. 〝私は光として世に来た〟と言ったとき、私が意味したことは、私は光をあなたと分かち合うために来たということでした。2エゴの暗い鏡に私が言及したことを思い出してください。更に、〝そこを見てはならない〟と私が言ったことも思い出してください。3自分自身を見つけるためにどこを見るかはあなた次第であることは、今もなお真実です。4兄弟に対するあなたの忍耐は、あなた自身に対する忍耐です。5「神」の子どもは忍耐に値しないでしょうか。6私はあなたに対して無限の忍耐を見せてきましたが、その理由は、私の意志は私たちの「父」の意志だからであり、私は「父」から無限の忍耐を学んだのです。7「父の声」はあなたの中にあるように私の中にもあり、この「声」が、その「創造主の名」において「神の子のすべて」に対する忍耐を語ったのです。

12. さて、あなたは、無限の忍耐だけが即時の効果を生み出すということを学ばなければなりません。2このようにして、時間は永遠と交換されます。3無限の忍耐は無限の愛に呼びかけ、結果を今生み出すことによって時間を不必要なものにします。4時間は必要でなくなったときには廃止されるべき学びのための手段であることを、私たちは繰り返し述べてきました。5時間の中にあって「神」の代弁をする「聖霊」もまた、時間は無意味であることを知っています。6「聖霊」は過ぎゆく時間の瞬間瞬間の中であなたにこれを思い出させます。なぜなら、あなたを永遠へと連れ戻し、そこにとどまってあなたの創造物を祝福することが「聖霊」の特別の機能だからです。7「聖霊」はあなたが真に与えることができる唯一の祝福です。なぜなら、「聖霊」は真に祝福されているからです。8「聖霊」は「神」によって自由にあなたに与えられたが故に、あなたは「聖霊」を与えられたように与えなければなりません。

VII. 神を選択する決断

1. あなたは、「神」の声をかき消すことができる声を出すことができると本当に信じているのでしょうか。2あなたは、あなたを「神」から分離できる思考体系を考案することができると本当に信じているのでしょうか。[3]あなたは、「神」よりも上手にあなたの安全や喜びのための計画を立てることができると本当に信じているのでしょうか。[4]あなたは、注意深くする必要もなければ不注意である必要もありません。思い煩っていることは「神」にお任せすれば良いのです。なぜなら、「神」はあなたのことを心にかけていてくださるからです。[5]「神」はあなたを愛しておられるが故に、あなたは「神」に保護されています。[6]「神」の声は、すべての希望は「神」の配慮の故にあなたのものであるということを常にあなたに思い出させてくれます。[7]あなたは「神」の配慮から逃れる選択はできません。なぜなら、それは「神」の意志ではないからです。しかし、あなたは「神」の配慮を受け容れ、「神」の配慮の無限の力を、配慮によって「神」が創造されたすべてのもののために用いる選択をすることはできます。

2. 自分自身を癒さなかったヒーラーは数多くいます。[2]彼らの信仰は完全ではなかったが故に、彼らは信仰で山を動かしませんでした。[3]時として、病める者を癒した者もいますが、死者をよみがえらせることはしませんでした。[4]ヒーラーは自分自身を癒さない限り、奇跡には難易度がないと信じることはできません。[5]癒されていないヒーラーは、「神」が創造されたマインドはすべて「神」が完全に創造されたが故に、等しく癒される価値があることを学んでいないのです。[6]あなたは「神」が創造されたマインドをそのまま「神」に返すようにと求められているだけです。[7]「神」は「神」が与えられたものをあなたに求めているだけですが、それは、あなたがそれを与えることによって癒されることを知っておられるからです。[8]正気は完全性であり、あなたの兄弟の正気はあなたの正気です。

3. 自分の中に「神を代弁する声」があると知ることができるのに、自分に向けられているとあなたが考える果てしのない狂気の呼び声になぜ耳を傾けなければならないのでしょうか。[2]「神」は「神のスピリット」をあなたに委ねられました。そして、あなたのスピリットを「神」に委ねるようにと求められています。[3]「神」はそれを完全な平和の中に保とうと意図されています。なぜなら、あなたはマインドにおいてもスピリットにおいても「神」と一つだからです。[4]あなた自身を「あがない」から除外しようとするのは、エゴの生き残りをかけた最後の防御手段です。[5]それは、エゴの分離の必要性と、エゴの分離に味方しようとするあなたの意欲を反映しています。[6]この意欲はあなたが癒されることを望んでいないことを意味します。

4. しかし、その時は今です。2 あなたは自分で救いの計画を考え出すことを求められてはいません。なぜなら、前にも話したように、治療薬はあなたが作るものではあり得ないからです。3「神ご自身」が、あなたが作ったもので「神」の神聖な「意志」と一致しないものすべてに対する完璧な「修正」をあなたに与えられました。4 私は「神」の計画をあなたに完璧に明確にしていますが、その計画におけるあなたの役割について、そしてまた、それを果たすことがいかに緊急を要するかについても話しましょう。5 自分は「神」にとって失われたものであると信じている「神」の子どもたちの〝犠牲〟に、「神」は泣いておられます。

5. あなたが完全な喜びにあふれていないとき、それは常にあなたが「神」の創造物の一人に対して愛をもたずに反発したからです。2 これを〝罪〟であると知覚したあなたは、攻撃を予期するが故に防御的になります。3 このように反発するという決断は、あなたの決断です。したがって、解除することが可能です。4 それは普通の意味での後悔によっては解除することはできません。なぜなら、それは罪悪感を暗示するからです。5 自分自身に罪悪感を覚えることを許せば、過ちがあなたのために解除されることを許す代わりに、過ちを補強することになります。

6. 決断が難しいということはあり得ません。2 罪悪感を感じているとすれば、それは完全な喜びを感じないという決断を既に下したに違いないからだと分かれば、これは明らかなことです。3 したがって、解除する上での第一歩は、自発的に誤った決断を下したけれども、逆の決断を自発的に下すこともできると認識することです。4 これについては、自分自身に対して断固とした態度をとってください。そして、解除する過程は、それはあなたからやって来るものではありませんが、それにもかかわらず、「神」がそこに置かれたが故にあなた自身の中にあるということをしっかりと自覚してください。5 あなたの役割は、その過ちが犯された所まで思考を戻し、それを心安らかに「あがない」に任せることだけです。6「聖霊」はあなたのほんのささやかな招待に対しても十分に応じてくれることを思い出しながら、次の言葉をできるだけ誠実に自分自身に向かって言ってください。

7 **私は誤った決断を下したに違いない。なぜなら、私の心は安らかではないから。**

8 **私は自分でその決断を下したが、それと逆の決断も**

下すことができる。

9 私は逆の決断を下したい。なぜなら、私は安らぎを得たいから。

10 私は罪悪感を感じない。なぜなら、「聖霊」に任せれば、「聖霊」が私の誤った決断のすべての結果を解除してくれるから。

11 私は、「聖霊」が私のために「神」を選択する決断を下すのを許すことにより、「聖霊」に解除してもらうことを選択する。

第6章　愛のレッスン

序　論

1. 怒りと攻撃の関係は明らかですが、怒りと怖れの関係は必ずしも明白ではありません。[2] 怒りは常に分離からの投影を伴いますが、他人のせいにして責めるのではなく、究極的には自分自身の責任として受け容れなければならないものです。[3] 自分は攻撃された、その報復として攻撃することは正当化される、これに関して自分には一切責任がない、と信じなければ、怒りが生じることはあり得ません。[4] これらの三つのまったく不合理な前提を受けて、兄弟は愛よりも攻撃を受けるに値するという同様に不合理な結論が後に続くことになります。[5] 狂気じみた前提からは狂気じみた結論しか期待できません。[6] 狂気じみた結論を解除するための方法は、結論が依拠する前提が正気であるかどうかを考察することです。[7] あなたが攻撃されるということはあり得ません。攻撃を正当化することはできません。あなたは自分が信じていることに対して責任があります。

2. 極端な例は特に有用な学びのための手段であるため、私を学びのモデルにするようにとあなたは依頼されました。[2] 誰もが教えています。しかも、いつも教えています。[3] これは、あなたが何らかの前提を受け容れた瞬間に不可避的に背負い込む責任です。何らかの思考体系をもたずに自分の人生を組織立てることができる人はいません。[4] どのような種類のものであれ、一つの思考体系を発達させると、それによって生き、それを教えることになります。[5] 思考体系に対して忠誠を尽くす能力は誤った場所に置かれているかもしれませんが、それでもそれは一種の信仰であり、方向を別な方向に向けなおすことは可能です。

I.　キリストの磔のメッセージ

1. 学びのために、キリストの磔について再び考えてみましょう。[2] あなたはこのことから恐ろしい意味合いを連想するかもしれないために、私は以前はあまり詳しく話すことはしませんでした。[3] これまでにただ一つ強調したことは、キリストの磔は罰の一形態ではなかったということでした。[4]しかしながら、いかなるものといえども、否定的な言葉だけで説明することは不可能です。[5]キリストの磔には肯定的な解釈もあり、この解釈には怖れはみじんもなく、したがって、適切に理解されるならば、それが教えることはまったく恵み深いものです。

2. キリストの磔は、一つの極端な例以上の何ものでもありません。[2]その価値は、教えの手段の価値が皆そうであるように、どのような学びを促進するか、ただそのことだけにあります。[3]キリストの磔は誤解される可能性があり、実際に誤解されてきました。[4]その理由はただ一つ、怖れに満ちた者は怖れをもって知覚しがちだからです。[5]既に言ったことですが、あなたはいつでも私に依頼して私の決断を分かち合い、そうすることによって私の決断を更に強くすることができます。[6]キリストの磔は「神の子のすべて」がなすべき最後の無益な旅であったこと、そして、それを理解する人にとっては誰にとっても怖れからの解放を表すものであるとも私は言いました。[7]前に話したときは復活だけを強調しましたが、「キリスト」の磔の目的、そしてそれが実際にはどのようにして復活につながったかということは明確にしませんでした。[8]にもかかわらず、それはあなた自身の人生に対してはっきりとした貢献をすることができます。そして、もしもあなたにそれを恐れずに考察する気持があるならば、教師としてのあなたの役割を理解する一助となるでしょう。

3. おそらくあなたは何年もの間、まるで自分が十字架にかけられているかのように反発してきたかもしれません。[2]これは分離された人々の著しい傾向です。分離された人々は、自分が自分自身に対して何をしたのかについて考慮することを常に拒絶します。[3]投影は怒りを意味し、怒りは攻撃を育み、攻撃は怖れを助長します。[4]キリストの磔の本当の意味は、「神の子」の誰かが別な「神の子」に対してなした一見強烈な攻撃にあります。[5]もちろん、これは不可能なことであり、不可能なこととして十分に理解されなければなりません。[6]さもなければ、私は学びのためのモデルとして役に立つことはできません。

4. 攻撃は究極的には肉体に対してのみなされ得るものです。[2]一つの肉体が他の肉体を攻撃することは可能であり、破壊することすら可能であることには疑いがありません。[3]しかしながら、破壊そのものが不可能であるとすれば、破壊可能なものは何も実在し得ないことになります。[4]したがって、それが破壊されても怒りを正当化することにはなりません。[5]破壊は怒りを正当化するとあなたが信じるその程度だけ、あなたは誤った前提を受け容れ、それを他の人たちに教えることになります。[6]「キリスト」の磔が教えるように意図されたメッセージは、迫害にいかなる形の攻撃も知覚する必要はないということでした。なぜなら、あなたが迫害されることはあり得ないからです。[7]もしも怒りをもって反応しているならば、あなたは自分自身を破壊され得るものと同一視しているのであり、したがって、自分自身を狂気の目で見ていることになります。

5. 私はあなたと同じであり、あなたは私と同じであるということは完璧に明らかにしてきましたが、私たちの根本的な平等性は、共同の決断によってしか実証することはできません。[2]あなたには、もしそう選択したいならば、自分自身が迫害されていると知覚する自由があります。[3]しかしながら、そのように反発する選択をするならば、私は世間の価値判断からすれば迫害されましたが、私自身はこの評価を共有しなかったということを思い出すべきかもしれません。[4]そして、私はそれを共有しなかったが故に、それを強化しなかったのです。[5]したがって、私は攻撃についての異なった解釈を差し出したのであり、その解釈をあなたと分かち合いたいと思うのです。[6]それを信じてくれれば、あなたは私がこれを教えることに協力することになります。

6. 前にも言ったことですが、〝あなたは教えることを学ぶ〟のです。[2]まるで迫害されているかのように反発するならば、あなたは迫害を教えることになります。[3]これは「神の子」が自らの救いを実現したいのであれば、教えることを望むべきレッスンではありません。[4]それよりも、あなた自身の完璧な免疫性を教えることです。それは、あなたの内部における真実であり、それが攻撃されることはあり得ないことに気づいてください。[5]それを自分で守ろうとしないでください。さもなければ、それが攻撃可能であると信じることになります。[6]あなたは十字架にかけられることを求められてはいません。それは私自身の教えの貢献の一端でした。[7]あなたは私の例に倣うことを求められているだけですが、私の場合ほど極端な誤った知覚への誘惑に直面しているわけではありません。誤った知覚への誘惑を、怒りを誤って正当化するものとして受け容れないように求められているだけです。[8]正当化できないことに対する正当化はあり得ません。[9]それでも正当化できるなどとは信じないでください。そして、正当化できるなどとは教えないでください。[10]信じることを教えることになるということを常に忘れないでください。11私と共に信じてください。そうすれば、私たちは教師として等しい存在になるでしょう。

7. あなたの復活はあなたの再覚醒です。2私は再生のモデルですが、再生そのものは既にそこにあるものがマインドの中に現れるということにすぎません。3「神ご自身」がそこに置かれたのであり、したがって、それは永遠に真実です。4私はそれを信じたが故に、それを真実として受け容れました。5「神の王国」の名においてそれを私たちの兄弟に教える手伝いをしてください。しかし、最初に、それがあなたにとって真実であることを信じてください。さもなければ、あなたは誤って教えることになります。6私の兄弟たちは、いわゆる〝庭園での苦悶〟の間に眠りに落ちました。しかし、私は彼らを怒ることはできませんでした。なぜなら、私が見捨てられることはあり得ないことを知っていたからです。

8. 私の兄弟たちがただ一つの「声」を聞くという私の決断を共有しないとき、私は残念に思います。なぜなら、それは教師としての彼ら、学ぶ者としての彼らを弱くするからです。2しかしながら、本当の意味では彼らは自分を裏切ることはできず、私を裏切ることもできないことを私は知っています。そして、それでもなお彼らの上に私の教会を築かなければならないことを私は知っています。3これには選択の余地はありません。なぜなら、教会の土台になれるのはあなた方だけだからです。4教会は祭壇がある場所であり、祭壇の存在が教会を神聖なものにします。5愛の霊感を与えない教会には、「神」が意図された目的を果たしていない、隠された祭壇があります。6私はあなた方の上に「神」の教会を築かなければなりません。なぜなら、私をモデルとして受け容れる人々は、文字通り私の使徒だからです。7使徒とは従う人です。使徒が選んだモデルがあらゆる点で彼らの苦しみを救うという選択をしたならば、そのモデルに従わないのは賢明ではありません。

9. 私は、エゴの判断からすれば最も凶暴な攻撃ですら重要ではないということを、あなた方のために、そして私のために実証することを選びました。2世間がこれらのことを判断すれば、「神」の知識からすればそうではないのですが、私は裏切られ、見捨てられ、打たれ、引き裂かれ、最後には殺されました。3これがなされた唯一の理由は、他の人々の私への投影であるということは明らかでした。というのは、私は誰も傷つけたことはなく、多くの人々を癒したのですから。

10. 私たちは平等な体験をもつ必要はありませんが、それでも学ぶ者としては平等です。[2]あなたが私の体験から学び、私の体験によって再び目覚めるとき、「聖霊」は喜びます。[3]それが私の体験の唯一の目的であり、そうすることによってのみ私を、道であり、真理であり、生命であると知覚することができます。[4]ただ一つの「声」しか聞こえなければ、犠牲を求められることは決してありません。[5]それどころか、他の人々の中に「聖霊の声」が聞こえることによって、彼らの体験から学ぶことが可能となり、自分で直接体験することなしに他人の体験から恩恵を得ることができます。[6]その理由は、「聖霊」は一つだからであり、「聖霊の声」に耳を傾ける人は誰であれ、不可避的に「聖霊」の道をすべての人のために実証するように導かれるからです。

11. あなたは迫害されていません。私も迫害されませんでした。[2]あなたは私の体験を繰り返すことを求められていません。なぜなら、私たちが共有する「聖霊」がこれを不必要にしているからです。[3]しかしながら、それでもなお、私の体験を建設的に活用するためには、それらをどのように知覚するかに関して、私の例に従わなければなりません。[4]私の兄弟そしてあなたの兄弟は、正当化できないものを正当化することに絶えず没頭しています。[5]私の一つのレッスンは、それを私は自分が学んだように教えなければならないのですが、「聖霊」の価値判断と一致しない知覚を正当化することはできないということです。[6]私は、これは極端な場合でも真実であることを示そうと企てましたが、その理由はただ一つ、それが怒りや攻撃の誘惑に負ける傾向がそれほど極端ではない人たちにとっての良い補助教材として役に立つからでした。[7]私は「神」と共に、「神の子」の誰も苦しむことがないようにと意図します。

12. 「キリスト」の磔を分かち合うことはできません。なぜなら、それは投影の象徴だからです。しかし、復活は分かち合いの象徴です。なぜなら、「神の子」の誰もが自らの完全性を知るためには、「神の子のすべて」の再覚醒が必要だからです。²これだけが知識です。

13. 「キリスト」の磔のメッセージは完璧に明らかです。

[2] **愛だけを教えなさい。というのは、それがあなたの本質なのですから。**

14. 「キリスト」の磔をこれ以外の形で解釈するならば、意図されている安らぎへの呼びかけとしてではなく、攻撃のための武器としてそれを使うことになります。2「使徒たち」はしばしばそれを誤解しましたが、その理由は誰もがそれを誤解する理由と同じでした。3彼ら自身の不完全な愛が彼らを投影の誘惑にさらし、彼らは彼ら自身の怖れのために、「神」の報復の武器としての〝「神」の怒り〟について語ったのです。4彼らはまた、「キリスト」の磔について怒りの気持をまったくもたずに語ることもできませんでした。なぜなら、彼らの罪悪感が彼らを怒らせていたからです。

15. これは「新約聖書」の中に見られる逆さま思考のいくつかの例です。「新約聖書」の福音は、本当は愛のメッセージだけです。2「使徒たち」が罪悪感を覚えていなかったならば、〝平和ではなく、剣をもたらすために来たのだ〟と私が言ったなどとは決して言わなかったはずです。3これは私が教えたすべてのことと明らかに正反対です。4また彼らが私を本当に理解していたならば、ユダに対する私の反応を彼らが描写したようには描写できなかったはずです。5私が裏切りを信じない限り、〝ユダ、あなたは接吻で人の子を裏切るのか〟と言うはずはありません。6「キリスト」の磔のメッセージのすべては、私は裏切りを信じないということに尽きるのです。7私が、ユダは〝罰せられるべきだ〟と言ったというのも同様の間違いです。8ユダは私の兄弟であり「神の子」であり、私自身と同様に「神の子のすべて」の一部です。9有罪判決は不可能であることをまさに実証しようとしていたときに、私がユダに有罪判決を下したという可能性があるでしょうか。

16. 「使徒たち」の教えを読むときには、彼らが後になって理解することがたくさんあるだろうと私自身が彼らに言っていたことを思い出してください。なぜなら、彼らはその当時は私に従う準備が完全にはできていなかったのです。2私が今あなたをそこに向かって導いている思考体系の中に、いかなる怖れも許さないようにして欲しいと思います。3私が求めているのは殉教者ではなく教師です。4誰も罪の故に罰せられることはなく、「神の子どもたち」は罪人ではありません。5いかなる罰の概念にも非難という投影が伴い、非難は正当であるという考えを強化します。6その結果は非難についてのレッスンです。というのは、すべての行動は行動の動機になっている信念について教えてくれるからです。7「キリスト」の磔は、明らかに対立する思考体系の結果でした。すなわち、エゴと「神の子」の〝葛藤〟の完璧な象徴でした。8この葛藤は現在もまったく同様に実在するようであり、そのレッスンは当時と同様にしっかりと学ばなければならないものです。

17. 私には感謝は必要ではありませんが、あなたは弱まってしまった感謝の能力を強くする必要があります。さもなければ、あなたは「神」をありがたいと思うことはできません。[2]「神」にはあなたの感謝は必要ではありませんが、あなたにはそれが必要です。[3]ありがたいと思っていないものを愛することはできません。というのは、怖れがありがたいと思うことを不可能にするからです。[4]あなたが本来の自分を恐れているとき、それをありがたいとは思っておらず、したがって、それを拒絶するでしょう。[5]その結果、あなたは拒絶を教えることになります。

18. 「神の子どもたち」の力は常に存在します。なぜなら、彼らは創造者として創造されたからです。[2]彼らがお互いに及ぼす影響には限りがなく、それは彼らの共同の救いのために活用されなければなりません。[3]誰もがあらゆる形態の拒絶は無意味であると教えることを学ばなければなりません。[4]分離は拒絶の概念です。[5]あなたがこれを教える限り、それを信じることになります。[6]これは「神」の考えではありません。あなたが再び「神」を知るためには、「神」が考えるように考えなければなりません。

19. 「聖霊」は、「父なる神」と「神」の分離された「子どもたち」の「コミュニケーションの絆」であることを思い出してください。[2]「聖霊の声」に耳を傾ければ、あなたは傷つけることもできず、傷つけられることもないことを知るでしょう。そして、これが自分でも聞こえるようになるために、多くの人たちがあなたの祝福を必要としていることを知るでしょう。[3]彼らの中にこの必要性だけを知覚し、それ以外の必要性に反応しなければ、あなたは私について学んだことになり、あなたの学びを私と同じように熱心に分かち合おうとするでしょう。

II. 投影に代わるもの

1. マインドにおけるいかなる分裂も、必然的にマインドの一部を拒絶することになり、これが分離に対する信念です。[2]「神」の安らぎである「神の完全性」は、「神」の創造物の「完全性」を認識する、完全なマインドによってしか理解され感謝されることはありません。[3]この認識によって、完全なマインドは創造者を知ります。[4]排除と分離は同義ですが、それは分離と切断が同義であるのと同じことです。[5]前にも言いましたが、分離は過去においても切断であったし、現在においても切断であり、いったんそれが起これば、投影がその主たる防御手段になります。すなわち、それを継続させる手段となります。[6]しかしながら、その理由はあなたが考えるほどには明瞭ではないかもしれません。

2. 投影するものをあなたは勘当します。したがって、それがあなたのものであるとは信じません。[2]投影する対象の人と自分は異なるという価値判断そのものによって、あなたは自分自身を除外します。[3]また、投影するものを否定的に価値判断したために、それを攻撃し続けます。なぜなら、それを分離された状態に保ち続けるからです。[4]これを無意識にやることによって、あなたは自分自身を攻撃しているという事実を意識から遠ざけるように努め、そうすることによって自分を安全にしたと想像します。

3. しかしながら、投影は常にあなたを傷つけます。[2]投影は、あなた自身の分裂したマインドに対する信念を強化しますが、その唯一の目的は分離を継続させることです。[3]投影は、あなたは兄弟とは異なっていると感じさせ、兄弟から分離していると感じさせるためのエゴの手段にすぎません。[4]エゴは、それがあなたを兄弟よりも〝優れている〟ように見せることを根拠としてこれを正当化し、そうすることによって、兄弟とのあなたの平等性を更に不明瞭にします。[5]投影と攻撃は不可避的に関連しています。なぜなら、投影は常に攻撃を正当化するための手段だからです。[6]投影のない怒りは不可能です。[7]エゴは、あなた自身およびあなたの兄弟についてのあなたの知覚を破壊するただそのために投影を利用します。[8]その過程は、あなたの中に存在していてあなたが欲しないものを排除することから始まり、あなたを兄弟から排除することに直接つながっていきます。

4. しかしながら、私たちは投影に代わるものがあることを学びました。[2]エゴのそれぞれの能力にはより良い活用法があります。なぜなら、その能力はより良い「声」をもったマインドによって方向づけられているからです。[3]「聖霊」は自己を延長し、エゴは投影します。[4]彼らの目標は相対立していますが、それと同様に結果も相対立したものです。

5. 「聖霊」はあなたが完璧であると知覚するところから開始します。[2]この完璧な状態は共有されていることを知っているため、「聖霊」はそれを他の人たちの中にも認識し、その結果、それを両者において強化します。[3]これは両者に対して怒りの代わりに愛を喚起します。なぜなら、包み込むあり方を確立するからです。4「聖霊」は平等性を知覚するが故に、等しい必要性を知覚します。5これが自動的に「あがない」を招じ入れます。なぜなら、「あがない」はこの世界における唯一の普遍的な必要性だからです。6自分自身をこのように知覚することが、この世界で幸せを見出す唯一の方法です。7その理由は、それがあなたはこの世界にいるのではないということの承認になるからです。というのは、この世界は不幸なのです。

6. 喜びのない世界で、自分はそこにいるのではないと気づく以外の方法によって、幸せを見出すことができるでしょうか。2「神」があなたを置かれなかった場所にあなたがいることは不可能です。「神」はあなたを「ご自分」の一部として創造されました。3それこそがあなたのいる場所であり、本来のあなたです。4それは絶対に変更不可能です。5それは完全な包み込みです。6あなたがそれを変更することは今も不可能であり、永遠に不可能です。7それは永遠に真実です。8それは信念ではなく「事実」です。9「神」が創造されたものは何であれ、「神」と同様に真実です。10その真実性は、ただ一人完全な存在である「神」にそれが完全に包み込まれているという点にあります。11これを否定することはあなた自身および「神」を否定することです。というのは、一方を否定してもう一方を受け容れることは不可能だからです。

7. 「聖霊」の知覚の完全な平等性は、「神」の知識の完全な平等性の反映です。2エゴの知覚に相当するものは「神」の中にはありませんが、「聖霊」は知覚と知識の「架け橋」であり続けます。3「聖霊」はあなたが知識を反映するような形で知覚を使うことを可能にしますが、それによってあなたは究極的には知識を思い出すでしょう。4エゴはこの記憶は不可能であると信じたいでしょうが、「聖霊」が導くのはあなたの知覚です。5あなたの知覚はそれが始まった場所で終わることになるでしょう。6すべてのものは神において出会うでしょう。なぜなら、すべてのものは「神」によって創造され、「神」の中で創造されたからです。

8. 「神」は「ご自分の思い」を延長し、「ご自分の思い」の延長部分を「ご自分のマインド」の中に保持することによって、「神の子どもたち」を創造されました。2こうして、「神の思い」はすべてそれ自身の内部において完璧に結合され、相互に結合しています。3「聖霊」はあなたがこの完全性を今この瞬間に知覚することを可能にしてくれます。4神はあなたが創造するようにとあなたを創造しました。5その完全性を知るまでは、あなたは「神の王国」を延長することはできません。

9. 思いは考える人のマインドの中で始まり、そこから外部へと広がっていきます。[2]これはあなたの思考についてと同様に、「神の思考」についても言えることです。[3]あなたのマインドは分裂しているが故に、あなたは考えるだけでなく知覚することができます。[4]しかしながら、あなたの知覚はマインドの基本的な法則から逃れることはできません。[5]あなたはマインドで知覚し、その知覚を外部へと投影します。[6]いかなる種類の知覚も非実在ではありますが、あなたがそれを作ったが故に、「聖霊」はそれを巧みに活用することができます。[7]「聖霊」は知覚に霊感を与え、「神」の方向へと導くことができます。[8]この結合は遙か未来のことのように思われますが、その理由はただ一つ、あなたのマインドがこの考えと完全には軌を一にしておらず、したがって、今はそれを望まないからです。

10. 「聖霊」は時間を活用はしますが、時間を信じてはいません。[2]「神」から来ている「聖霊」は、すべてのものを善なることのために活用しますが、真実でないものを信じることはしません。[3]「聖霊」はあなたのマインドの中にあるのですから、あなたのマインドも真実であることしか信じることはできません。[4]「聖霊」にはこのことしか代弁することはできません。なぜなら、「聖霊」は「神」の代弁をするからです。[5]「聖霊」はあなたに、あなたのマインドのすべてを「神」に返すようにと言います。なぜなら、あなたのマインドは「神」のもとを一度も離れたことはないからです。[6]一度も「神」のもとを離れたことがないのであれば、それをありのままに知覚さえすれば戻っているのです。[7]とすれば、「あがない」を完全に自覚するということは、**分離は一度も起こらなかった**と認識することです。[8]エゴはこれに打ち勝つことはできません。なぜなら、それは、エゴは一度も生じなかったということを明確に述べている言葉だからです。

11. エゴは、帰還が必要だという考えは受け容れることができます。なぜなら、その考えを困難なものに見せかけることは簡単にできるからです。[2]しかし、「聖霊」は帰る必要すらないとあなたに言います。なぜなら、一度も起こらなかったことが困難であるということはあり得ないからです。[3]しかしながら、あなたは、帰還という考えを必要で困難なものにすることができます。[4]しかし、完璧なものには何も必要ではないことは確実に明確であり、完璧さを達成困難なものとして体験することはできません。なぜなら、完璧であることがあなたの本来の姿なのですから。

[5]「神」の創造物はこのような形で知覚されなければなりません。そして、あなたの知覚のすべてを「聖霊」が見る一本の線に収斂しなければなりません。[6]この線は「神」と直結したコミュニケーションの線であり、あなたのマインドを「神のマインド」と一緒にしてくれるものです。[7]この知覚のどこにも葛藤はありません。なぜなら、それは、あらゆる知覚は「聖霊」によって導かれていることを意味し、「聖霊のマインド」は「神」に固定されているからです。[8]葛藤を解決できるのは「聖霊」だけです。なぜなら、葛藤から自由なのは「聖霊」だけだからです。[9]「聖霊」はあなたのマインドの中にある真実だけを知覚し、他のマインドの中にある真実に対してだけそれを延長します。

12. エゴの投影と「聖霊」の自己延長の違いはきわめて単純です。[2]エゴは排除するために投影し、したがって、騙すために投影します。[3]「聖霊」はすべてのマインドの中に自分自身を認識することによって自らを延長し、かくして、それらのものを一つのものとして知覚します。[4]この知覚においては何も相反するものはありません。なぜなら、「聖霊」が知覚するものはすべて同じだからです。[5]「聖霊」は目を向けるすべての場所に自分自身を見、「聖霊」は結合されているが故に、常に「神の王国」のすべてを差し出します。[6]これこそ「神」が「聖霊」に与えられた最も重要なメッセージであり、「聖霊」はこれを代弁しなければなりません。なぜなら、それが「聖霊」の本質だからです。[7]「神」の安らぎはこのメッセージにあり、したがって、「神」の安らぎはあなたの中にあります。[8]「神の王国」の大いなる安らぎはあなたのマインドの中で永遠に輝きますが、あなたにそれを自覚させるためには外に向かって輝き出ることが必要です。

13. 「聖霊」は完璧な公平性をもってあなたに与えられました。したがって、「聖霊」を公平に認識することによってはじめて「聖霊」を認識することが可能です。[2]エゴは多数ですが、「聖霊」は一つです。[3]暗闇は「神の王国」のどこにもありませんが、あなたの役割は暗闇があなたのマインドの中に住むのを許さないようにすることだけです。[4]光とこのように波長を合わせることには限りがありません。なぜなら、それはこの世界の光と波長を合わせることだからです。[5]私たちの一人一人が世界の光です。私たちのマインドをこの光と一緒にすることによって、私たちは「神の王国」を共に、そして一体となって、宣言するのです。

III. 攻撃の放棄

1. 既に強調したように、すべての考えはその考えを考える人のマインドの中で始まります。[2] したがって、マインドから延長されるものはまだマインドの中にあり、マインドは延長するものによって自分自身を知ることになります。[3] ここでは、〝知る〟という語が正確です。なぜなら、「聖霊」は「自ら」の公平な知覚を通して、知識をあなたのマインドの中に未だに安全に保持しているからです。[4]「聖霊」はいかなるものも攻撃しないために、「神」のコミュニケーションに対して何の障壁も提示しません。[5] したがって、在ることが脅かされることは決してありません。[6] あなたの「神のような」マインドは決して汚されることはありません。[7] エゴがあなたの「神のような」マインドの一部であったことはこれまで一度もなく、これからも決してないでしょう。しかし、あなたはエゴを通して、真実でないものを聞いたり、教えたり、学ぶことはできます。[8] あなたは自分自身に、本来のあなたはあなたではないと信じるように教えました。[9] 学んでいないことを教えることはできません。そして、あなたが教えることは、それを分かち合っているが故に、自分自身の中で強化することになります。[10] あなたが教えるレッスンの一つ一つをあなたは学んでいます。

2. それがただ一つのレッスンしか教えてはならない理由です。[2] あなた自身が葛藤から自由になるためには、「聖霊」からだけ学び、「聖霊」によってのみ教えなければなりません。[3] あなたは愛でしかありませんが、これを否定するとき、あなたは自分自身を思い出さなければならない何かにしてしまいます。[4] 私は前に、キリストの磔のメッセージは、〝愛だけを教えなさい。というのは、それがあなたの本質なのですから〟であると言いました。[5] これは完璧に統一された一つのレッスンです。なぜなら、これだけが教えるレッスンと教える者が一つになっているレッスンだからです。[6] あなたは、それを教えることによってのみそれを学ぶことができます。[7]〝あなたが教えることをあなたは学びます〟。[8] それが真実であるとするならば、そして、それは確かに真実なのですが、あなたが教えていることがあなたに教えているということを忘れないでください。[9] そして、あなたが投影するもの、ないしは、延長するものをあなたは信じているということを忘れないでください。

3. 唯一の安全な方法は、「聖霊」を延長することにあります。なぜなら、他の人の中に「聖霊」の優しさを見るとき、あなた自身のマインドは自らを完全に害のないものとして知覚するからです。2あなたのマインドがこれを完全に受け容れれば、自分自身を守る必要をまったく感じなくなります。3その時、「神」に保護されているということがマインドにも分かり始め、マインドは、永遠に、完璧に、安全であることが保障されます。4完璧に安全なものは百パーセント恵み深いものです。5彼らは祝福されていることを知っているが故に祝福します。6不安のないマインドは百パーセント親切であり、恵みを延長するが故に恵み深い存在です。7安全であることは攻撃の完全な放棄です。8これにおいてはいかなる妥協も不可能です。9いかなる形であれ攻撃を教えれば、あなたはそれを学んだことになり、それによって傷つけられるでしょう。10しかし、この学びは永遠ではなく、それを教えないことによって学びを元に戻すことができます。

4. 教えないことは不可能ですから、あなたの救いはエゴが信じるすべてのことの正反対を教えることにかかっています。2このようにして、あなたは自分を解放する真実を学び、他の人々があなたからそれを学ぶ中で、あなたの自由を維持してくれる真実を学びます。3安らぎを得る唯一の方法は、安らぎを教えることです。4安らぎを教えることによって、あなた自身安らぎを学ばなければなりません。なぜなら、あなたが未だに関係を絶っているものを教えることはできないからです。5こうすることによってのみ、放棄した知識を取り戻すことができます。6分かち合う考えをあなたはもっているに違いありません。7それは教えるという確信を通してあなたのマインドの中に目覚めます。8あなたが教えるもののすべてをあなたは学んでいます。9愛だけを教えてください。そして、愛はあなたのものであり、あなたは愛であることを学んでください。

IV. ただ一つの答え

1. 「聖霊」は「答え」であって質問ではないことを思い出してください。2エゴが常に最初に口を切ります。3エゴは気まぐれであり、自分を作った人に対して良い意図をもっていません。4エゴは、自分を作った人はいつか自分を支持しなくなるかもしれないと正確に信じています。5エゴがあなたに対して良い意図をもっているならば、エゴはあなたがエゴを支持しなくなることを喜ぶべきでしょう。「聖霊」があなたを故郷に連れ帰り、あなたがもはや「聖霊」の導きを必要としなくなったときには喜ぶのと同じように喜ぶべきでしょう。6エゴは自らをあなたの一部とは見ていません。7ここにエゴの最初の過ちがあり、エゴの思考体系全体の基盤があります。

2. 「神」があなたを創造されたとき、「神」はあなたを「神」の一部として作られました。2これが「神の王国」の中において攻撃が不可能である理由です。3あなたは愛をもたずにエゴを作りました。そのため、エゴはあなたを愛していません。4愛がなければ「神の王国」にとどまることはできません。「神の王国」は愛ですから、あなたは「神の王国」の外にいると信じています。5これによってエゴは自分自身を、自分を作った存在から分離していてその外にいると見なすことが可能となり、自分は「神のマインド」から分離していてその外にいると信じているあなたのマインドの一部を代弁します。6それから、エゴは、最初の質問にして絶対に答えることができない質問を発しました。7〝あなたは何ですか〟というその質問は、疑いの始まりでした。8エゴはそれ以来数多くの質問を発してきましたが、一度も答えたことはありません。9エゴの最も創意に富んだ活動ですら、その質問を不明瞭なものにする以上のことはしませんでした。なぜなら、あなたはその答えをもっており、**エゴはあなたを恐れている**からです。

3. エゴは何も知ることはできないという基本的な事実を完全に理解するまでは、この葛藤を理解することは不可能です。2「聖霊」は先に口を切ることはしませんが、**常に答えます**。3誰でもある時点で、何らかの形で、「聖霊」に助けを求めたことがあり、答えを得ています。4「聖霊」は真の意味で答えるために、あらゆる時にわたって答えます。ということは、すべての人が今この瞬間に答えを得ていることを意味します。

4. エゴには「聖霊」は聞こえません。しかし、エゴは、エゴを作ったマインドの一部がエゴに反対していると信じています。2エゴは、これはエゴを作った人を攻撃するための正当な理由になると解釈します。3エゴは攻撃こそ最善の防御であると信じ、あなたにもそれを信じて欲しいと思っています。4それを信じなければ、あなたはエゴの側につくことはありません。すると、エゴは兄弟が必要であると感じることはないにしても、味方が非常に必要であると感じることになります。5あなたのマインドの中に自分とは異質な何かを知覚したエゴは、肉体に味方を求めます。なぜなら、肉体はあなたの一部ではないからです。6このために肉体はエゴの友達になります。7それは、率直に言うならば、分離に基づいた同盟です。8この同盟の側につけば、あなたは恐れることになるでしょう。なぜなら、あなたは怖れの同盟の味方になったのですから。

5. エゴはあなたのマインドに対して陰謀を企てるために肉体を利用します。エゴは、〝敵〟がエゴと肉体はあなたの一部ではないとただ認識することによってエゴと肉体を終わらせることができることに気づいて、肉体と共にこの攻撃に加わります。2それがどのようなことを巻き込むかを考えてみれば、これはおそらくはあらゆる知覚の中でも最も奇妙な知覚です。3実在しないエゴが、実在するマインドに対して、マインドはエゴの学びのための手段であり、更に、肉体はマインドよりも実在性が高いと説得しようとするのです。4正しいマインドの状態にある人は誰もこれを信じることはあり得ず、正しいマインドの状態にある人は事実、誰もこれを信じません。

6. そういうわけで、エゴが提起するすべての質問に対する「聖霊」の最も重要な答えを聞いてください。すなわち、あなたは「神」の子であり、「神の王国」のかけがえのない部分であり、「神」が「神」の一部として創造されたものです。2これ以外何も存在せず、これだけが実在します。3あなたは眠りを選択し、その眠りの中で悪い夢を見てきました。しかし、その眠りは実在するものではなく、「神」が目を覚ますようにとあなたに呼びかけておられます。4「神の声」を聞くとき、あなたの夢は何も残っていないでしょう。なぜなら、あなたは目を覚ますからです。5あなたの夢にはエゴの象徴がたくさん含まれており、それがあなたを混乱させてきました。6しかし、それはあなたが眠っていて知らなかったことが唯一の理由です。7目を覚ましたとき、あなたはあなたの周りに、あなたの中に真実を見るでしょう。そして、夢を信じることはなくなるでしょう。なぜなら、夢はあなたにとって何の実在性ももたなくなるからです。8しかし、「神の王国」とあなたがそこに創造してきたすべてのものは、あなたにとって大いなる実在性をもつことでしょう。なぜなら、それらは美しく、真実だからです。

7. 「神の王国」においては、あなたがどこにいるか、あなたが何者であるかは完璧に確実です。2疑いはありません。なぜなら、最初の質問は一度も尋ねられたことがないからです。3究極的に完全な解答を得ているために、**質問は一度も尋ねられたことはありません。**4存在だけが「神の王国」に生きており、そこではすべてのものが疑いもなく「神」の中に生きています。[5]夢の中で質問することに費やされていた時間は、創造と永遠に取って代わられます。[6]あなたは、「神」と同程度に真実であるが故に「神」と同程度に確実です。しかし、あなたのマインドの中でかつて確実であったものは、確実性のための単なる能力になっています。

8. 能力を存在へ導入したことが不確実性の始まりでした。なぜなら、能力は潜在的可能性であって、達成ではないからです。[2]あなたの能力は「神」が達成されたものの前にあっては何の意味もありません。そして、あなたが達成したものの前にあっても何の意味もありません。[3]達成されたものは成就された結果です。[4]達成されたものが完全であるとき、能力は無意味です。[5]完璧なものを、今、完璧にしなければならないというのは不思議な話です。[6]実際のところ、それは不可能です。[7]しかしながら、あなたは自分自身を不可能な状況に置くと、不可能なことが可能であると信じることを思い出してください。

9. 能力を用いるには、まず能力を開発しなければなりません。[2]これは「神」が創造されたいかなるものに関しても妥当しませんが、あなたが作ったものにとっては可能な解決策の中でも最も親切なものです。[3]不可能な状況にあっては、あなたをその状況から救い出してくれる程度まで能力を開発することができます。[4]あなたにはその能力をどのように発達させるかについての「ガイド」はいますが、指揮官はあなた以外にはいません。[5]こうしてあなたは「神の王国」を任されることになりますが、それを発見するための「ガイド」と、それを維持するための手段を与えられています。[6]あなたには従うべきモデルがいて、そのモデルはあなたの命令を強化し、いかなる意味においてもあなたの命令を弱めることは決してありません。[7]したがって、あなたは想像上の隷属状態にあって中心的な場所を保持することになりますが、そのこと自体が、あなたは隷属状態にはないことを実証しています。

10. あなたが不可能な状況にいる唯一の理由は、不可能な状況にいることが可能であるとあなたが考えるからです。[2]「神」があなたの完全性をあなたに示し、同時に、あなたが間違っていることを証明されたならば、あなたは不可能な状況にいることになるでしょう。[3]これは、完全なものであっても自分自身に自らの完全性を自覚させる能力はないと実証することになり、その結果、すべてのものをもっている人々も助けが必要であり、したがって、無力であるという信念に組することになります。[4]この種の〝論理的思考〟にエゴは没頭します。[5]「神」は、「ご自分」の創造物が完全であることを知っているため、彼らを侮辱することはありません。[6]これはエゴが「神」を侮辱したというエゴの概念と同程度に不可能でしょう。

11. それが「聖霊」は決して命令しない理由です。[2]命令するということは不平等を仮定することであり、不平等は存在しないことを「聖霊」は実証しているのです。[3]前提への忠誠はマインドの法則であり、「神」が創造されたものはすべて「神の法則」に忠実です。[4]他の法則への忠誠も可能ですが、その理由はその法則が真実だからではなく、あなたがそれを作ったからです。[5]あなたが狂気の思考をしてきたことを「神」があなたに対して証明したとしても、何が得られるでしょうか。[6]「神」が「神ご自身の確実性」を失うことがあり得るでしょうか。[7]あなたが教えることはあなたの本質であると私は何度も言ってきました。[8]あなたは自分が罪を犯したということを「神」に教えて欲しいでしょうか。[9]「神」があなたのために創造された真実をもって、あなたが作った自己と対決したならば、あなたは恐れるしかないのではないでしょうか。[10]そんなことになれば、「神」があなたに与えられた正気を発見できる唯一の場所である、あなたの正しいマインドさえ、あなたは疑うことになるでしょう。

12. 「神」は教えることはされません。[2]教えるということは不足を暗示しますが、不足は存在しないことを「神」はご存じです。[3]「神」は葛藤に悩まされることはありません。[4]教えることは変化を目指すことですが、「神」は不変のものだけを創造されました。[5]分離は完全性の喪失ではなく、コミュニケーションの失敗でした。[6]不快で耳障りな形のコミュニケーションがエゴの声として起こりました。[7]それは「神」の安らぎをうち砕くことはできませんが、**あなたの安らぎ**をうち砕くことはできます。[8]「神」はそれを消すことはされませんでした。なぜなら、それを根絶することはそれを攻撃することになるからです。[9]「神」は質問されたとき、質問を発しませんでした。[10]「神」はただ「答え」を与えられました。[11]「神の答え」があなたの「教師」です。

V. 聖霊のレッスン

1. 良い教師が誰でもそうであるように、「聖霊」は今のあなたが知っているよりも多くのことを知っています。しかし、「聖霊」はあなたを「自分」と対等にするためにだけ教えます。2あなたは真実でないことを信じたために、既に自分自身に間違ったことを教えてきました。3あなたはあなた自身の完全性を信じませんでした。4あなたのマインドが完全であることだけを知っておられる「神」が、あなたは分裂したマインドを作ってしまったとあなたに教えるでしょうか。5「神」が確実に知っておられることは、コミュニケーションのチャンネルが開かれておらず、そのために「神」は「神」の喜びを分け与えることができず、「神」の子どもたちが百パーセント喜びの中にあるのを知ることができないということです。6「神」が「神」の喜びを与えられるというのは常に進行中の過程であり、時間の中ではなく永遠の中で進行しています。7「神」が外へと向かう延長は、「神の子のすべて」が一体となって「神」とコミュニケーションをはからないとき妨害されます。8そこで「神」はこう思われたのです。〝私の子どもたちは眠っているから目を覚ましてあげなければならない〟。

2. 子どもの目を覚まさせるときに、怯えさせることのない優しい「声」で、夜が終わって光がやって来たことをただ思い出させるよりも親切な方法があるでしょうか。2彼らをひどく怯えさせた悪夢は実在しないと子どもたちに教えるものではありません。なぜなら、子どもたちは魔法を信じているのですから。3今はもう安全であることを告げて安心させてあげるだけで良いのです。4それから、夢を恐れる必要はないことが分かるように、睡眠と覚醒の違いが認識できるように子どもを訓練します。5そうすれば、再び悪夢がやって来ても、子どもたちは自分で光に頼んでそれを追い払ってもらうことができます。

3. 賢明な教師は、回避を通してではなく、接近する方法を通して教えます。2害から逃れるために何を避けなければならないかを強調するのではなく、喜びを得るために何を学ぶ必要があるかを強調します。3〝これをするとあなたは怪我をすることになって危険ですから、これをしてはいけません。だけど、代わりにこれをすれば、災難を逃れることができて安全で、あなたも怖がることはないでしょう〟と言われた子どもが体験する怖れと混乱を考えてみてください。4単純に、〝ただそれをやりなさい〟と言ったほうが良いことは確実です。5この単純な言葉は、完璧に明確であり、簡単に理解することができ、非常に簡単に思い出すことができます。

4. 「聖霊」は過ちを箇条書きにすることはありません。なぜなら、「聖霊」は子どもたちを怯えさせたりはしないからです。子どもたちは叡智を欠いています。[2]しかし、「聖霊」は彼らの呼びかけには常に答えます。そして、「聖霊」のこの信頼性のお陰で、子どもたちはより確信をもつことができます。[3]子どもたちは確かに妄想と実在を混同し、その違いが認識できないために怯えます。[4]「聖霊」は夢に区別をつけることはしません。[5]「聖霊」はただ光で夢を追い払うだけです。[6]「聖霊」の光は常に、あなたが見ていた夢が何であれ、その夢から目を覚ますようにとの「呼びかけ」です。[7]夢には永続的なものは何もありません。「聖霊」は「神ご自身の光」で輝いており、永続するもののためにだけ代弁します。

A. 所有するために、すべてのものをすべての人に与えなさい

1. 肉体とエゴと夢がなくなったとき、あなたは永遠に生き続けることを知るでしょう。[2]たぶんあなたは、これは死によって達成されると思うかもしれませんが、死によって達成されることは何もありません。なぜなら、死は無だからです。[3]すべては生命を通して達成されますが、ここで言う生命とはマインドに属する生命であり、マインドの中にある生命です。[4]肉体は生きることも死ぬこともありません。なぜなら、肉体には生命であるあなたを封じ込めることはできないからです。[5]私たちが同じマインドを共有しているならば、私は死を克服したのですから、あなたも死を克服することができます。[6]死はまったく決断することなく葛藤を解決しようとする試みです。[7]エゴが試みるその他の不可能な解決策が皆そうであるように、**これはうまくいきません**。

2. 「神」は肉体を作られませんでした。なぜなら、肉体は破壊可能なものであり、したがって、「神の王国」に属するものではないからです。[2]肉体は、あなたが自分はこうであると思っているものの象徴です。[3]それは明らかに分離の手段であり、したがって、存在しません。[4]「聖霊」は、いつものように、あなたが作ったものを取って、学びのための手段に変えます。[5]ここでも、いつものように、「聖霊」はエゴが分離のための論拠として用いるものを再解釈して分離の反証例に変えてしまいます。[6]マインドは肉体を癒すことができ、肉体にはマインドを癒すことができないとすれば、マインドは肉体よりも強いに違いありません。[7]すべての奇跡がこれを実証しています。

3. 私は、「聖霊」は奇跡を動機づけるものであると言いま

した。[2]「聖霊」は、マインドだけが実在すると常にあなたに教えます。なぜなら、マインドだけが共有できるからです。[3]肉体は分離したものであり、したがって、あなたの一部ではあり得ません。[4]マインドを一つにすることには意味がありますが、肉体を一つにすることは無意味です。[5]とすれば、マインドの法則に照らせば、肉体は無意味です。

4. 「聖霊」にとって、奇跡に難易度はありません。[2]これは今ではあなたにとって十分聞き慣れたものになりましたが、信じられるものにはまだなっていません。[3]したがって、あなたはそれを理解しておらず、それを使うことはできません。[4]私たちには「神の王国」に代わって達成すべきことがたくさんあり、そのためにも、この重要な概念を見逃すことはできません。[5]これは、私が教え、あなたにも教えて欲しいと思っている思考体系の真の土台となる石です。[6]これを信じることなく奇跡を行うことは不可能です。なぜなら、これは完璧な平等性に対する信念だからです。[7]平等な「神の子どもたち」に対しては、一つの平等な贈り物しか差し出すことはできません。それは十分な感謝です。[8]それ以上でもなく、それ以下でもありません。[9]限界というものがなければ、難易度は無意味であり、あなたが兄弟に差し出すものには限界があってはなりません。

5. 「聖霊」は、「神」へと導いてくれる存在ですが、究極的には知覚を知識に変えるのとまったく同じように、コミュニケーションを在ることに変えます。[2]あなたは伝えるものを失うことはありません。[3]エゴは肉体を攻撃・快楽・誇りのために使います。[4]この知覚の狂気は知覚を非常に怖れに満ちたものにします。[5]「聖霊」は肉体をコミュニケーションの手段とだけ見なし、コミュニケーションをすることは分かち合うことであるが故に、それはコミュニオンになります。[6]おそらく、愛だけでなく怖れも伝えることが可能であり、したがって、怖れも分かち合うことが可能であるとあなたは思うかもしれません。[7]しかし、これは見かけほどには実在性のあるものではありません。[8]怖れを伝える人は攻撃を助長し、攻撃は常にコミュニケーションを打ち壊し、コミュニケーションを不可能にします。[9]エゴは確かに一時的な忠誠において団結しますが、それは常にそれぞれのエゴが**別々に**手に入れようとしているもののためです。[10]「聖霊」はそれぞれの人がすべての人に与えることができるものだけを伝えます。[11]「聖霊」はどんなものであれ取り返すことは決してしません。なぜなら、「聖霊」はあなたにそれをもっていて欲しいからです。

12したがって、「聖霊」のレッスンはこのレッスンから始まります。

13所有するために、すべてのものをすべての人に与えなさい。

6. これは非常に予備的なステップであり、あなたが自分で踏まなければならない唯一のステップでもあります。2自分でそのステップを完了させる必要すらありませんが、その方向を向くことは必要です。3その道を行く選択をしたことによって、あなたは旅の責任を自分でとることになります。そして、その旅を続けるのはただあなただけです。4このステップは葛藤を解決するよりも、むしろ悪化させるように見えるかもしれません。なぜなら、それはあなたの知覚を逆にして、正しい方向に向ける最初の一歩だからです。5これはあなたがまだ見捨てていない逆さまの認識とは相容れません。そうでなければ、方向転換は必要ではなかったでしょう。6人によっては、このステップに長い間とどまり、激しい葛藤を体験する人もいます。7この時点では、彼らはその解決に向かって次のステップを踏み出すよりも、葛藤を受け容れようとするかもしれません。8しかしながら、最初のステップを踏み出したために、彼らには援助の手が差し伸べられるでしょう。9いったん自分だけでは完了できないことを選択すれば、もはや一人ではありません。

B. 安らぎを得るために、安らぎを教えてそれを学びなさい

1. 分離を信じる人は皆、報復と放棄に対して基本的な怖れを抱いています。2彼らは攻撃と拒絶を信じており、したがって、攻撃と拒絶を認識し、教え、学びます。3こうした狂気の考えは明らかに分断と投影の結果です。4あなたが教えることはすなわちあなたそのものですが、間違って教えることがあり得るというのはきわめて明らかであり、したがって、自分自身を間違った形で教えることがあり得るというのもきわめて明らかです。5私が攻撃していないのは明らかであったのに、多くの人たちは私が彼らを攻撃していると思っていました。6狂気の学び手は奇妙なレッスンを学ぶものです。7認識しなければならないことは、ある思考体系を分かち合っていないときは、その思考体系を弱くしているということです。8したがって、それを信

じている人々は、これを彼らに対する攻撃であると知覚します。[9]この理由は、誰でも自分自身を自分の思考体系と同一視するからであり、更に、すべての思考体系はあなたが自分をどう考えているかを中心に展開するからです。[10]思考体系の中心が真実であれば、真実のみがそこから延長されます。[11]しかし、嘘がその中心にあるならば、欺瞞だけがそこから出ていきます。

2. 優れた教師は誰でも、根本的な変化だけが持続することに気づいていますが、そのレベルから開始することはしません。[2]変化への動機を強化することが優れた教師にとっての第一の目標です。[3]と同時に、それが最終的な目標でもあります。[4]学び手の変化への動機を増やすこと、それだけが変化を必ず起こすために教師に必要なことです。[5]動機の変化はマインドの変化であり、これはマインドが根本的であるが故に、不可避的に根本的な変化を生み出します。

3. この逆転の過程、あるいは、解除する過程の第一歩は、〝手に入れる〟という概念を解除することです。[2]それに応じて、「聖霊」の第一のレッスンは、〝所有するために、すべてのものをすべての人に与えなさい〟でした。[3]これは一時的に葛藤を増大させがちであると私は言いましたが、今ここでこれを更に明確にすることができます。[4]この時点では、**所有すること**と**在ること**の平等性はまだ知覚されていません。[5]これが知覚されるまでは、**所有すること**は**与えること**の反対であるように見えます。[6]それ故に、第一のレッスンは矛盾を含んでいるように思われます。その理由は、それが葛藤に悩まされるマインドによって学習されているからです。[7]これは相反する動機を意味し、そのために、このレッスンはまだ首尾一貫して学ぶことはできません。[8]更に、学び手のマインドはそれ自身の葛藤を投影し、そのために、他の人たちのマインドの中に首尾一貫性を知覚せず、彼らの動機に疑いを抱くことになります。[9]多くの点において、最初のレッスンが学ぶ上で一番難しい本当の理由はここにあります。[10]自分自身の中にあるエゴをまだ強く意識し、主として他人の中にあるエゴに反応しているあなたは、自分が信じていることがまるで真実ではないかのように両者に反応するようにと教えられることになります。

4. 常に逆さまであるために、エゴはこの最初のレッスンを狂気であると知覚します。[2]実際は、エゴにとってはこれが唯一の選択肢です。というのは、もう一つの可能性は、エゴは狂気であるということは明らかなのですから。それはエゴにとってはずっと受け容れがたいものです。[3]エゴの価値判断は、いつもと同じようにここでも、エゴの本来の性質によって前もって決定されています。[4]それでも、根本的な変化は考える人のマインドの変化と共に起きるでしょう。[5]一方では、「聖霊の声」がますます明確になってくるために、学び手がそれに耳を傾けないでいることはできなくなります。[6]というわけで、学び手は、しばらくの間は相反するメッセージを受け取り、両方のメッセージを受け容れることになります。

5. 二つの相対立する思考体系の葛藤から抜け出すための方法は、明らかなことですが、一つを選択して他方を放棄することです。[2]自らの思考体系と自分自身を同一視するならば、実際のところこれを逃れることはできないのですが、そして、まったく一致しない二つの思考体系を受け容れるならば、マインドの安らぎは不可能です。[3]この二つの思考体系を教えるならば、両者を受け容れている限り必ずそうするわけですが、葛藤を教え、葛藤を学ぶことになります。[4]しかしながら、あなたは安らぎを強く望んでいます。そうでなければ、安らぎを代弁する「声」に助けを求めることはなかったでしょう。[5]葛藤のレッスンは狂気ではありません。葛藤は狂気です。

6. 正気と狂気の間に葛藤はあり得ません。[2]一つだけが真実であり、したがって、一つだけが実在します。[3]エゴは、どちらの声が真実であるかを決断するのはあなた次第であると説得しようとしますが、「聖霊」は、真実は「神」によって創造されたものであり、あなたの決断がそれを変えることは不可能であると教えます。[4]「聖霊の声」の静かな力と、「その」完璧な首尾一貫性に気づき始めると、あなたのマインドは自分のためになされた取り消しのきかない決断を解除しようとしていることが分かり始めるに違いありません。[5]「聖霊」があなたに代わって「神」を選択する決断をすることを許すように、自分自身に思い出させるべきであると、私が以前提案したのはこのためです。

7. あなたは狂気の決断を下すことを求められているわけではありません。しかし、そうすることを求められているとあなたが考えることは可能です。[2]しかしながら、「神」の創造物が何であるかを決定するのはあなた次第であると信じるのは狂気であるに違いありません。[3]「聖霊」は葛藤をあるがままに正確に知覚します。[4]したがって、「聖霊」の第二のレッスンはこうです。

5 安らぎを得るために、安らぎを教えてそれを学びな

さい。

8. **所有すること**と**在ること**がまだ等しいものになっていないために、これはまだ予備的なステップです。[2]しかしながら、事実上、思考逆転の開始にすぎない最初のステップよりも進んでいます。[3]第二のステップはあなたが欲することの積極的な肯定です。[4]というわけで、これは葛藤から抜け出す方向に向けてのステップです。というのは、これは他の選択肢も考慮した上で、一つの選択肢がより望ましいものとして選択されたことを意味するからです。[5]それにもかかわらず、〝より望ましい〟という言葉は、望ましいということには程度があることをまだ暗示しています。[6]したがって、このステップは究極的な決断のためには不可欠ではあるものの、最終的なステップではないことは明らかです。[7]奇跡に難易度はないということがまだ受け容れられていません。なぜなら、**完全に**願望されるものは、いかなるものといえども困難ではないからです。[8]完全に願望することはすなわち創造することであり、「神ご自身」があなたを創造者として創造したならば、創造することが困難であるはずはありません。

9. とすれば、第二のステップは、「神」の知識を反映する統一された知覚に向けての大きなステップではあるものの、まだ知覚的なものです。[2]このステップを踏み出し、この方向を保持するとき、根本的な変化が起こる場所である思考体系の中心に向かって前進することになります。[3]第二のステップにあっては、進歩は断続的ですが、後についていくために最初のステップよりも容易です。[4]後についていかなければならないと気づくことは、「聖霊」の導きをますます自覚するようになっていることを実証するものです。

C. 「神」と「神の王国」についてだけ警戒しなさい

1. 私たちは前に、「聖霊」は評価を下すものであり、そうでなければならないと言いました。[2]「聖霊」は、あなたのマインドの中の真実であるものと誤ったものを選別し、あなたがマインドの中に入ることを許す思いの一つ一つを、「神」がそこに何を置かれたかという光に照らして価値判断することを教えます。[3]「聖霊」は、この光と一致するものは何であれ、あなたの中にある「神の王国」を強化するために保持します。[4]その光と部分的に一致するものについては、「聖霊」はそれを受け容れ、浄化します。[5]しかし、完全に外れているものについては、「聖霊」はそれを否定的に価値判断することによって拒絶します。[6]こうして、「聖霊」は「神の王国」を完全に首尾一貫した状態に保ち、完全に統一された状態に保ちます。[7]しかしながら、「聖霊」が拒絶するものをエゴは受け容れることを思い出してください。[8]この理由は、「聖霊」とエゴはあなたが誰であるかに関して基本的な合意がないために、あらゆることに関して基本的な合意がないからです。[9]この重要な問題に関するエゴの信念は変化します。そのために、エゴは様々なムードを助長します。[10]「聖霊」はこの点に関して変わることは決してありません。そのため、「聖霊」が生み出すただ一つのムードは喜びです。[11]「聖霊」は喜びを育まないものはすべて拒絶することによってそれを守ります。したがって、「聖霊」だけがあなたを百パーセント喜びにあふれた状態に保つことができます。

2.「聖霊」は他人を価値判断するようにと教えることはありません。なぜなら、「聖霊」はあなたが過ちを教え、過ちを学ぶことを望まないからです。[2]避けるべきことを逆に強化することを「聖霊」があなたに許したとしたら、「聖霊」には首尾一貫性がなくなってしまいます。[3]それ故に、考える人のマインドの中では、「聖霊」は価値判断を下す存在ということになりますが、それはマインドを統一して、マインドが価値判断することなく知覚できるようにするという目的のためです。[4]これによってマインドは価値判断することなく教えることができるようになり、したがって、価値判断することなく在ることを学ぶことができます。[5]解除することはあなたのマインドの中においてだけ必要であり、その目的は、あなたが延長する代わりに投影しないようにすることです。[6]「神ご自身」が、あなたが完璧な安全性をもって延長できるものを確立されました。[7]したがって、「聖霊」の第三のレッスンはこれです。

[8]**「神」と「神の王国」についてだけ警戒しなさい。**

3.これは根本的な変化に向けての重要なステップです。[2]しかしながら、それでもこのステップには思考逆転の側面があります。というのは、それはあなたが警戒しなければならない何かがあることを暗示するからです。[3]それは思考逆転の始まりにすぎない最初のレッスンよりは遙かに前進しています。また、本質的には、より望ましいものとは何であるかの確認である第二のレッスンからも遙かに前進しています。[4]第二のステップが第一のステップの後に続くように、第二のステップの後に続くこのステップは、望ましいものと望ましくないものの二分性を強調します。5したがって、第三のステップは究極的な選択を不可避的にします。

4. 最初のステップは葛藤を増大させるように見え、第二のステップがまだある程度は葛藤を結果的に引き起こすかもしれないのに対して、このステップは葛藤に対して首尾一貫した警戒を要求します。2既にあなたに話したことですが、あなたはエゴのために警戒するだけでなく、エゴに対抗して警戒することもできます。3このレッスンはあなたにはそれができるだけでなく、そうしなければならないことを教えます。4これは難易度と関連することはありませんが、警戒の明確な優先順位とは関連します。5このレッスンは、例外を認める誘惑が起きるであろうことを否定はしないものの、いかなる例外もあってはならないと教える点において明白です。6というわけで、ここでは混沌にもひるむことのないあなたの首尾一貫性が求められます。7しかし、混沌と首尾一貫性は相容れないために、長い間共存することはできません。8しかしながら、何かに対抗して警戒している間は、あなたはこの相互の排他性を認識しておらず、どちらでも選択できるとまだ信じています。9「聖霊」は何を選択すべきかを教えることによって、全然選択する必要はないことを究極的には教えることになります。10これが最終的にあなたのマインドを選択から解放し、「神の王国」の中での創造へと導きます。

5. 「聖霊」を通して選択することによって、あなたは「神の王国」へと導かれます。2あなたはあなたの真実の在り方によって創造しますが、本来のあなたが何であるかを思い出すようにしなければなりません。3それを思い出す方法が第三のステップに内在しています。第三のステップは他のステップで暗示されているレッスンをまとめて、真の統合を目指してそれらのレッスンの更なる彼方へと向かいます。4マインドの中に「神」が置かれたものしか許さなければ、あなたは「神」が創造されたあなたのマインドを承認しています。5したがって、マインドをありのままに受け容れています。6あなたのマインドは完全であるがために、あなたは安らぎを教えています。というのは、あなたは安らぎを信じているからです。7それでも、最後のステップは「神」があなたの代わりにとることになりますが、第三のステップの段階までには、あなたが「神」に向かう準備を「聖霊」が完了しているでしょう。8「聖霊」は、あなたが「聖霊」と共に歩まなければならないステップの性質そのものによって、**所有すること**から**在ること**への変化に向けてあなたの準備をしています。

6. まず、あなたは**所有すること**は与えることにあり、手に入れることにあるのではないことを学びます。[2]次に、あなたは自分が教えることを学ぶのであり、安らぎを学びたいと思っているということを学びます。[3]これが「神の王国」に帰属意識をもつための条件です。というのは、それが「神の王国」の条件だからです。[4]あなたは「神の王国」の外にいると信じてきました。それ故に、あなたの信念の中で自分自身を「神の王国」から排除してきました。[5]したがって、あなたも「神の王国」に含まれなければならないということを自分自身に教えることが不可欠です。そして、排除しなければならないのは、あなたが「神の王国」に含まれていないという信念だけであることを自分自身に教えることが不可欠です。

7. このようなわけで、第三のステップはあなたのマインドを守るためのステップであり、「神」が「ご自分」への祭壇を置かれたマインドの中心にだけあなたが帰属意識をもつことを許すものです。[2]祭壇は信念ですが、「神」と「神」の創造物は、疑問の余地がないものであるために信念を超越しています。[3]「神を代弁する声」は、疑問の余地がない信念だけを代弁します。それが、疑いなくただ在ることへの準備です。[4]「神」と「神の王国」に対する信念があなたのマインドの中にある疑問によって攻撃される限り、「神」の完璧な達成はあなたにとっては明白ではありません。[5]これが理由で、あなたは「神」に代わって警戒しなければならないのです。[6]エゴは「神」の創造物を悪く言い、したがって、疑いを生み出します。[7]あなたは、完全に信じるまでは信念を超越することはできません。

8. 「神の子のすべて」に例外なく教えることは、あなたが「神の子のすべて」の完全性を知覚し、それが一つであることを学んだことを実証するものです。[2]今やあなたは、マインドの中にその一体性を保持するように警戒しなければなりません。なぜなら、疑いが入ることを許せば、その完全性についての自覚を喪失し、それを教えることができなくなるからです。[3]「神の王国」の完全性はあなたの知覚に依存してはいませんが、その完全性についてのあなたの自覚はあなたの知覚に依存しています。[4]在ることは攻撃不可能であるために、保護を必要とするのはあなたの自覚だけです。[5]しかしながら、本当に在るという感覚は、本来のあなたが誰であるかを疑っている間は、あなたのものにはなりません。[6]警戒が不可欠である理由はここにあります。7在ることについての疑いがあなたのマインドに入ってはなりません。さもなければ、あなたは確信をもって本来の自分を知ることはできません。8「神」はあなたに対して確信をもっておられます。9真実に対して警戒は必要ではありませんが、幻想に対しては必要です。

9. 真実は幻想の外にあり、したがって、「神の王国」の中にあります。2「神の王国」の外にあるものはすべて幻想です。3真実を捨て去ったとき、あなたはまるで真実の外にいるように自分自身を見ていました。4あなたにとって大切なもう一つの王国を作ることによって、マインドの中に「神の王国」だけを保持することができず、マインドの一部を「神の王国」の外に置くこととなったのです。5あなたが作ったものがあなたの意志を幽閉し、癒されなければならない病めるマインドをあなたに与えました。6この病に対して警戒することがそれを癒す道です。7一度癒されれば、あなたのマインドは健康を放射し、それによって癒しを教えます。8これが、私と同じように教える教師としてのあなたを確立します。9警戒は、私の場合もあなたの場合と同程度に必要でした。同じことを教える人々は、信じることに関して合意していなければなりません。

10. したがって、第三のステップはあなたが何を信じたいかを述べた言葉であり、それ以外のものはすべて放棄する意欲をもたせる結果になります。2「聖霊」の後についていくならば、「聖霊」はあなたがこのステップを踏み出すことを可能にしてくれるでしょう。3あなたの警戒心は、「聖霊」に導いて欲しいと望んでいることのしるしです。4警戒には確かに努力が必要ですが、それも、努力そのものが不必要であるとあなたが学ぶまでのことです。5あなたは自分が作ったものを保存するために多大な努力を払ってきました。なぜなら、あなたが作ったものは真実ではなかったからです。6したがって、今やそれをなくすことに努力を向けなければなりません。7こうすることによってのみ、努力の必要性を抹消することが可能となり、あなたが**所有し**かつそうで**在る**ところの在り方を呼び起こすことが可能となります。8これを認識するにはまったく努力の必要はありません。というのは、それは既に真実であり、いかなる保護も必要とはしていないからです。9それは「神」の完璧な安全の中にあります。10したがって、すべてのものが完全に包み込まれ、創造は無限です。

第7章　神の王国の贈り物

I. 最後のステップ

1. 「神」と「神」の創造物の創造力は無制限ですが、両者は互恵的な関係にはありません。[2]「神」があなたと十分にコミュニケーションをはかっておられるのと同じように、あなたは「神」と十分にコミュニケーションをはかっています。[3]これは常に進行中の過程であり、この過程の中であなたは分かち合います。そして、それを分かち合うが故に、「神」のように創造する霊感を与えられます。[4]しかしながら、創造において、あなたは「神」と互恵的な関係にはありません。というのは、「神」はあなたを創造されましたが、あなたは「神」を創造しなかったからです。[5]既に言ったことですが、この点に関してだけ、あなたの創造力は「神の創造力」と異なっています。[6]この世界においてもそれに匹敵する例があります。[7]両親は子どもを産みますが、子どもは両親を産みません。[8]しかし、子どもたちは自分の子どもを産み、こうして彼らの両親と同じように産みます。

2. もしもあなたが「神」を創造し、「神」があなたを創造されたとするならば、「神の王国」はそれ自身の創造的な思いによって増大することは不可能でしょう。[2]したがって、創造は制限され、あなたは「神」と共同の創造者になることはできないでしょう。[3]「神」の創造的な「思い」が、「神」から出てあなたの所に来るのと同じように、あなたの創造的な思いは、あなたから出てあなたの創造物の所に行かなければなりません。[4]この方法によってのみ、すべての創造力が外延的に延びることが可能となります。[5]「神」の達成はあなたの達成ではありませんが、あなたの達成は「神」の達成に似ています。[6]「神」は「神の子のすべて」を創造され、あなたはそれを増やします。[7]あなたには「神の王国の創造主」に付加する力はありませんが、「神の王国」に付加する力はあります。[8]あなたが「神」と「神の王国」についてだけ警戒するようになるとき、この力を我がものとして主張することができます。[9]この力を自分の力として受け容れることによって、あなたは本来のあなたを思い出すことを学びました。

3. あなたの創造物は、あなたが「神」に属するのと同じようにあなたに属します。2あなたの子どもたちが「神の子どもたち」の一部であるのと同じように、あなたは「神」の一部です。3創造することは愛することです。4愛は外延的に延びていきますが、その理由はただ一つ、愛を封じ込めることは不可能だからです。5愛は無限であるためにとどまることはありません。6愛は永遠に創造しますが、時間の中において創造するのではありません。7「神」の創造物は常に存在してきました。なぜなら、「神」は常に存在していたからです。8あなたの創造物は常に存在してきました。なぜなら、あなたには「神」が創造されるようにしか創造できないからです。9永遠はあなたのものです。なぜなら、「神」はあなたを永遠のものとして創造されたからです。

4. これに対して、エゴは常に互恵的な権利を要求します。なぜなら、エゴは愛情深いというよりも競争が好きだからです。2エゴは常に意欲的に取引しようとしますが、他人と同じようになることは、取引は不可能であることを意味するということが理解できません。3手に入れるためには、取引をするのではなく、与えなければなりません。4取引をすることは与えることを制限することであり、これは「神の意志」ではありません。5「神」と共に意図するということは、「神」のように創造することです。6「神」はいかなる意味においても贈り物を制限されることはありません。7あなたは「神」の贈り物です。それ故に、あなたの贈り物も「神」の贈り物と同じようなものでなければなりません。8「神の王国」へのあなたの贈り物は、あなたへの「神」の贈り物と同じようなものでなければなりません。

5. 私は「神の王国」に愛だけを与えました。なぜなら、愛が私の本質であると信じたからです。2自分を何であると信じているかが、あなたの贈り物を決定します。もしも、「神」が「神ご自身」を延長してあなたを創造されたとするならば、あなたは「神」がされたのと同じように自分自身を延長するしかありません。3喜びだけが永遠に増大します。というのは、喜びと永遠は不可分だからです。4「神」は限りなく時間を超えて外延的に延長されます。そして、「神」の共同創造者であるあなたは永遠に、限りなく「神の王国」を延長します。5永遠性は創造の消すことのできない刻印です。6永遠なるものは、永遠に、安らぎと喜びの中にあります。

6. 「神」のように考えることは、あなたが何であるかについての「神」の確信を分かち合うことであり、「神」のように創造することは、「神」があなたと共有する完璧な「愛」を分かち合うことです。2「神の王国」は完全であるが故に、あなたの喜びが完全なものとなるように、これに向かって「聖霊」があなたを導くでしょう。3知識の再覚醒における最後のステップは「神」によって踏み出されると私は言いました。4これは真実ですが、しかし、言葉は象徴であるが故に、言葉で説明することは困難です。真実であるものは説明を必要としません。5しかしながら、「聖霊」は、無用なものを有用なものに、無意味なものを有意味なものに、一時的なものを永遠のものに変えるという任務を負っています。6したがって、「聖霊」はこの最後のステップについてあなたに説明することができます。

7.「神」がいくつものステップを踏まれることはありません。なぜなら、「神」の達成は漸進的なものではないからです。2「神」は教えることはされません。なぜなら、「神」の創造物は不変だからです。3「神」は最後に何かをされるということはありません。なぜなら、「神」は最初に創造されたからであり、そして、永遠のために創造されたからです。4〝最初〟という言葉が「神」に適用されるとき、それは時間の概念ではないということが理解されなければなりません。5「神」が最初であるという意味は、「神聖な三位一体そのもの」において、「神」が「最初」であるということです。6「神」は「第一の創造主」です。なぜなら、「神」は「神」の共同創造者を創造されたのですから。7そうであるが故に、時間は「神」にも、「神」が創造されたものにも適用されることはありません。8したがって、「神」が踏み出される〝最後のステップ〟は、初めにおいても真実であったのであり、現在も真実であり、永遠に真実であり続けるでしょう。9時間がないものは常にそこに存在します。なぜなら、その存在は永遠に不変だからです。10それは増加によって変化することもありません。なぜなら、それは永遠に増加するように創造されたからです。11増加していないと知覚しているとすれば、あなたにはそれが何であるか分かっていません。12また、誰がそれを創造したのかも分かっていません。13「神」はこれをあなたに啓示されません。なぜなら、それが隠されたことは一度もなかったのですから。14「神」の光が覆い隠されたことは一度もありません。なぜなら、それを分かち合うことが「神の意志」だからです。15完全に分かち合われているものが隠され、それから、啓示されるということがあり得るでしょうか。

II. 神の王国の法則

1. 癒すことは、この世界における思いでただ一つ「神の思い」に似ているものであり、この二つの思いが分かち合う共通要素のために、簡単に「神の思い」に移行することができます。[2]兄弟が自分自身を病気であると知覚するとき、自分自身を完全ではないと知覚しており、したがって、何かが必要であると知覚しています。[3]もし、あなたも兄弟をこのように見るならば、彼がまるで「神の王国」にはいないかのように見ていることになり、あるいは、「神の王国」から分離されているかのように見ていることになり、「神の王国」そのものをあなた方二人にとって不明瞭なものにしてしまいます。[4]病気と分離は「神」に属するものではありませんが、「神の王国」は「神」に属します。[5]もしも「神の王国」を覆い隠すならば、「神」に属さないものを知覚することになります。

2. したがって、癒すということは、「聖霊」を兄弟と分かち合うことによって、兄弟およびあなた自身の知覚を修正することです。[2]これによって、あなた方は共に「神の王国」に置かれることとなり、マインドの中に「神の王国」の完全性が復活することになります。[3]これは創造を反映します。なぜなら、創造は増加することによって統一し、延長することによって統合するからです。[4]あなたが投影し、延長するものは、あなたにとっては実在するものです。[5]これは「神の王国」においても、この世界においても、マインドの不変の法則です。[6]しかしながら、この世界においてはその内容は異なります。なぜなら、この世界が支配する思いは、「神の王国」における「思い」とは非常に異なるからです。[7]秩序を保つためには、法則は状況に適応されなければなりません。[8]この世界で働くマインドの法則の際だった特徴は、その法則に従うことによって（保証しますが、その法則には従わなければなりません）、正反対の結果に到達できるということです。[9]その理由は、その法則がこの世界の状況に適応されてきたからです。この世界の状況にあっては、あなたは二つの相反する声に反応できるが故に、正反対の結果が可能のように思われるのです。

3. 「神の王国」の外にあっては、「神の王国」の中で支配的な法則は、〝あなたが投影することをあなたは信じる〟に変更されます。[2]これがその教えの形態です。なぜなら、「神の王国」の外にあっては、学びは不可欠だからです。[3]この形態は、あなたが他の人たちに投影したもの、したがって、彼らはこうであるとあなたが信じているものから、自分が何であるかを学ぶことを暗示します。[4]「神の王国」においては、教えることも、学ぶこともありません。なぜなら、信念は存在しないからです。[5]確信だけが存在します。[6]「神」と「神の子どもたち」は、存在の確実さの中で、あなたが延長するものがすなわちあなたであることを知っています。[7]この形態の法則は、創造の法則であるが故に、適応のために変更されることは絶対にありません。[8]「神ご自身」がこの法則によって創造されることにより、それを創造されたのです。[9]そして、「神」と同じように創造する「神の子どもたち」は、喜んでそれに従います。それは、彼ら自身の創造もそうであったように、「神の王国」が増大するか否かはそれにかかっていることを知っているからです。

4. 法則が役に立つためには、法則を伝えなければなりません。[2]実際の話、異なった言語を話す人々のためには、翻訳されなければなりません。[3]それにもかかわらず、優れた翻訳者は、翻訳する事柄の形は変えなければならないものの、意味を変えることは決してしません。[4]実際、翻訳者の目的のすべては、原文の意味を保持するように形を変えることです。[5]「聖霊」は、「神」の法則を理解しない人たちにとっての「神」の法則の「翻訳者」です。[6]あなたには自分だけでこれをすることはできません。なぜなら、葛藤に悩まされるマインドが一つの意味に忠実であることは不可能であり、したがって、形を保存するために意味を変えてしまうからです。

5. 翻訳における「聖霊」の目的はこれとはまったく正反対です。[2]「聖霊」は、原文の意味をあらゆる点において、あらゆる言語において保存する目的のためにだけ翻訳します。[3]したがって、「聖霊」は形の違いは有意味であるという考えに反対し、**これらの違いは重要ではない**ことを常に強調します。[4]「聖霊」のメッセージの意味は常に同じであり、意味だけが重要であるということです。[5]「神」の創造の法則は、「神の子どもたち」に真実を納得させるために真実を利用することはありません。[6]真実の延長は、それは「神の王国」の法則なのですが、何が真実であるかという知識にだけ基礎を置いています。[7]これはあなたが遺産として継承するものであり、学びは一切必要としません。しかし、遺産相続を拒否したとき、あなたは学びが必要な人となったのです。

6. 学びと記憶のつながりに疑義を挟む人はいません。[2]学びは記憶なしでは不可能です。というのは、思い出すことができるためには学びは首尾一貫していなければならないからです。[3]「聖霊」の教えが思い出すことのレッスンである理由はここにあります。[4]私は前に、「聖霊」は思い出すことと忘れることを教えると言いましたが、忘れるのは思い出すことに首尾一貫性を与えることだけが目的です。[5]あなたはより上手に思い出すために忘れます。[6]「聖霊」の翻訳についての二つの解釈法に耳を傾けている間は、「聖霊」が翻訳したものを理解できないでしょう。[7]したがって、他方を理解するためには、もう一方を忘れるか放棄しなければなりません。[8]これが首尾一貫性を学ぶ唯一の方法であり、その結果、遂に首尾一貫性をもつことができます。

7. 混乱した人々にとって、「神の王国」の完璧な首尾一貫性は何を意味し得るでしょうか。[2]混乱が意味を妨害し、したがって、学び手の意味の理解を妨げることは明らかです。[3]「神の王国」には混乱はありません。なぜなら、そこにはただ一つの意味しかないからです。[4]この意味は「神」からやって来るものであり、「神」そのものです。[5]それはまたあなたでもあるが故に、あなたの「創造主」がしたのと同じように、あなたはそれを分かち合い、延長します。[6]これは完璧に理解されているために翻訳は必要ではありませんが、延長を意味するが故に延長を必要としています。[7]コミュニケーションは完璧に直接的であり、完璧に統合されています。[8]コミュニケーションはまったく自由です。なぜなら、不協和なものが入ってくることは決してないからです。[9]だからこそ、それは「神の王国」なのです。[10]それは「神」に属し、したがって、「神」に似ています。[11]それがコミュニケーションの実在であり、何者もそれを攻撃することはできません。

III. 神の王国の実在性

1. 「聖霊」は一つのレッスンを教えますが、それをすべての状況におけるすべての個人に適用します。[2]「聖霊」は葛藤から自由であるために、すべての努力とすべての結果を最大化します。[3]「神の王国」の力を「自ら」教えることによって、「聖霊」はすべての力はあなたのものであることを教えます。[4]その適用は重要ではありません。[5]それは常に最大限です。[6]あなたの警戒のためにそれをあなたのものとして確立することはできませんが、それを常に、あらゆる形であなたが使うことを可能にしてくれることは確かです。7〝私はいつもあなた方と共にいる〟と言ったとき、私は文字通りの意味でそう言いました。8私はいかなる状況においても、誰に対しても、不在ではありません。9私は常にあなたと共にいるが故に、**あなた**が道であり、真実であり、生命です。10私がこの力を作らなかったと同様に、あなたもこの力を作りませんでした。11それは分かち合うようにと創造されたのです。したがって、他人を犠牲にしてそれが誰かに属するものと知覚することに意味はありません。12そのような知覚は、その本当のそして唯一の意味を排除ないしは見過ごすことによって、それを無意味なものにしてしまいます。

2. 「神」の意味は「神の王国」で待っています。なぜなら、「神」はそれをそこに置かれたからです。2それは時間の中では待ちません。3「神」の意味はあなたと同じようにそこに属するが故に、「神の王国」でただ休息するだけです。4「神」の意味であるあなたが、自分自身を「神」の意味が不在の存在であると知覚することがいったい可能でしょうか。5自分自身を非実在的なものと体験することによってのみ、自分自身が意味から分離していると見なすことが可能です。6エゴが狂気である理由はここにあります。エゴは、本来のあなたはあなたではないと教えます。7それはあまりにも矛盾しているために、明らかに不可能です。8したがって、それは実際には学ぶことのできないレッスンであり、したがって、実際には教えることのできないレッスンです。9しかし、あなたは常に教えています。10したがって、エゴにはそれが何であるかは分かりませんが、あなたはそれ以外の何かを教えているに違いありません。11というわけで、エゴは常に解除されるプロセスの中にあり、あなたの動機を疑っているのは確かです。12あなたのマインドがエゴへの忠誠心において統一されることは不可能です。なぜなら、マインドはエゴに属さないからです。13しかしながら、エゴに〝反逆する〟ものは安らぎに忠実です。14エゴの〝敵〟は、したがって、あなたの友達です。

3. エゴの友達はあなたの一部ではないと私は前に言いました。なぜなら、エゴは自分が戦争行為に従事していると知覚しており、したがって、同盟軍が必要であると知覚しているからです。2戦争行為に従事していないあなたは兄弟を探さなければならず、会う人すべてを兄弟であると認識しなければなりません。なぜなら、対等なものだけが平和でいられるからです。[3]「神」の対等な「子どもたち」はすべてをもっているが故に、競争することはできません。[4]しかしながら、兄弟の誰かを、完全に対等な者以外の何かであると知覚したとすれば、競争の考えが彼らのマインドに入ってしまったのです。[5]この考えに対する警戒の必要性を過小評価しないでください。なぜなら、あなたの葛藤はすべてそこからやって来るからです。[6]それは、利害の衝突は可能であるという信念であり、したがって、あなたは不可能なことを真実であるとして受け容れたのです。[7]それは、あなたが自分自身を非実在的なものと知覚していると言うのと何の違いがあるでしょうか。

4.「神の王国」にいるということは、ただあなたの注意をすべて「神の王国」に集中するということです。[2]真実でないものに留意することができると信じている限り、葛藤を選択として受け容れています。[3]それは本当に選択でしょうか。[4]そのように見えますが、外見と実在はとても同じであるとは言えません。[5]「神の王国」であるあなたは、外見を心配することはありません。[6]実在性はあなたのものですが、その理由はあなたが実在性だからです。[7]究極的にはこのようにして**所有すること**と**在ること**が和解することになりますが、「神の王国」においてではなく、あなたのマインドの中でそれが行われます。[8]そこにある祭壇が唯一の実在です。[9]その祭壇は思いにおいて完璧に明確です。なぜなら、それは完璧な「思い」の反映だからです。[10]あなたの正しいマインドには兄弟だけが見えます。なぜなら、それはそれ自身の光においてだけ見るからです。

5.「神」は「ご自身」であなたのマインドに火を灯され、「ご自身」の光によってあなたのマインドに火を灯し続けられます。なぜなら、「神」の光があなたのマインドの正体だからです。[2]これにはまったく疑問の余地はありませんが、それに対して疑問を発すれば、答えが返ってきます。[3]その「答え」は、実在に対して疑問を発することは無意味に疑問を発することであるという事実を確立することによって、その疑問を解除するだけのことです。[4]「聖霊」が決して疑問を発しない理由はここにあります。[5]「聖霊」の唯一の機能は、疑わしいものを解除し、そうすることによって確信へと導くことです。[6]確信をもったものは完璧に落ち着いています。なぜなら、彼らは疑いの中にいないからです。[7]彼らは疑問を提起しません。なぜなら、疑わしいことは一切彼らのマインドに入ってこないからです。[8]このために、彼らは完璧に落ち着いているのです。なぜなら、自分が何であるかを知っているために、これが、彼らが分かち合うものだからです。

IV. 真実の認識としての癒し

1. 真実は認識され得るだけであり、認識される必要があるだけです。2霊感は「聖霊」に属し、確信は「神」の法則により「神」に属します。3したがって、両者は同じ「源」から来ています。なぜなら、霊感は「神を代弁する声」から発し、確信は「神」の法則から発しているからです。4癒しは、自らの創造物が完全であることを知っておられる「神」から直接やって来るものではありません。5しかしながら、それでも癒しは「神」に属するものです。なぜなら、癒しは「神の声」と「神」の法則から出てくるからです。6癒しは、「神」を知らないマインドの状態における、「神の声」と「神」の法則の結果です。7その状態は「神」には未知のものであり、したがって、存在しません。しかし、眠っている者は自覚していません。8彼らは自覚していないために知りません。

2. 「聖霊」は「聖霊」があなたの中にいるということを教えるために、あなたを**通して**働かなければなりません。2これは、あなたは「神」の一部であるが故に「神」の中にいるという知識に向けての中継的なステップです。3「聖霊」が霊感を与える奇跡には難易度はあり得ません。なぜなら、創造物のすべての部分は一つの序列に属しているからです。4これは「神の意志」であり、あなたの意志です。5「神」の法則がこれを確立し、「聖霊」があなたにそれを思い出させます。6あなたが癒すとき、あなたは「神」の法則を思い出しているのであり、エゴの法則を忘れています。7私は前に、忘れるのは単により良く思い出すための一つの方法にすぎないと言いました。8したがって、適切に知覚するならば、忘れることは思い出すことの反対ではありません。9忘れることが不適切に知覚されると、不正確な知覚が常にそうであるように、他の何かとの葛藤という知覚を誘発します。10適切に知覚されれば、すべての適切な知覚と同じように、それは葛藤から抜け出すための方法として活用することができます。

3. エゴは、自らが学んだすべてのことをすべての人に教えることを望みません。なぜなら、そうすればエゴの目的に反することになるからです。2したがって、エゴは実際のところまったく学ぶということがありません。3「聖霊」は、エゴが〝学んだ〟ことの反対を教えるために、エゴが作ったものを活用することをあなたに教えます。4学びの種類は、その学びに適用された特定の能力と同程度に無意味です。5あなたは学ぶ努力をするだけで良いのです。というのは、「聖霊」は、その努力に対して統一された目標だけをもっているからです。6様々に異なった能力が、一つの目標に十分長い時間適用されるならば、それらの能力そのものが統一されることになります。7この理由は、それらの能力が一つの方向、ないしは、一つの方法に向けられるからです。8とすれば、究極的には、様々な異なった能力は皆一つの結果に貢献することとなり、そうすることによって、違いよりも類似性が強調されることになります。

4. したがって、すべての能力はその適切な使い方を理解している「聖霊」に預けられるべきです。2「聖霊」は能力を癒しのためにだけ使います。なぜなら、「聖霊」はあなたを完全な存在としてだけ知っているからです。3癒すことによって、あなたは完全性について学び、完全性について学ぶことによって「神」を思い出すことを学びます。4あなたは「神」を忘れました。しかし、「聖霊」はあなたの忘却を思い出すための手段に変えなければならないと理解しています。

5. エゴの目標は、「聖霊」のそれと同程度に統一されています。このために、両者の目標は、いかなる点においても、いかなる程度であっても、両立させることは絶対に不可能です。2エゴは常に分断し分離させようとします。3「聖霊」は常に統一し癒そうとします。4あなたが癒すとき、あなたは癒されます。なぜなら、「聖霊」は癒しに難易度はないと見ているからです。5癒しは違いに対する信念を解除するための方法であり、「神の子のすべて」を一つとして知覚する唯一の方法です。6したがって、この知覚は「神のマインド」と一致していないマインドの状態においてすら、「神」の法則と一致しています。7正しい知覚の強さは非常なものであるために、マインドを「神のマインド」と一致させます。なぜなら、それはあなた方すべての中にある「神の声」に奉仕するからです。

6. 「神の意志」に反対することができると考えるのは真の妄想です。2エゴはそれが可能であると信じ、あなたにエゴ自身の〝意志〟を贈り物として差し出すことができると信じています。3**あなたはそれを欲しがるべきではありません**。4それは贈り物ではありません。5何の価値もないものです。6「神」はあなたが**所有している**贈り物、あなたが**そうで在る**ところの贈り物をあなたに与えられました。7それを用いないと、それをもっていることを忘れます。[8]それを思い出すことができないために、あなたは自分が何であるかを知りません。[9]とすれば、癒しは「神」の法則に従って考えることにより知識に接近し、「神」の法則の普遍性を認識する一つの方法です。[10]この認識がなかったために、あなたは「神」の法則をあなたにとって無意味なものにしてしまったのです。[11]しかしながら、「神」の法則は無意味ではありません。というのは、すべての意味は「神」の法則によって封じ込められ、「神」の法則の中に封じ込められているからです。

7. 何よりもまず、「神の王国」を求めてください。なぜなら、「神の王国」こそ「神」の法則が真に働いているところだからです。「神」の法則が真に働くことができる唯一の理由は、それが真実の法則だからです。[2]しかし、これだけを求めてください。なぜなら、それ以外には何も見つけることはできないからです。[3]他には何も存在しません。[4]「神」はまさに文字通りの意味において、すべてにおける「すべて」です。[5]すべての存在は、すべての「存在」である「神」の中に在ります。[6]したがって、あなたの存在は「神の存在」であるがために、あなたは「神」の中にいます。[7]癒しは、エゴがあなたの内部に誘発した危機感を忘れる一つの方法ですが、危機感の存在をあなたの兄弟の内部に認識しないことによってそれを行います。[8]これはあなたの兄弟とあなたの中の「聖霊」を強化します。なぜなら、それは怖れを承認することへの拒否だからです。[9]愛が必要とする招待はこれだけです。[10]愛は、「神の子のすべて」がもつ本来の性質の故に、「神の子のすべて」に自由にやって来ます。[11]あなたは、愛に目覚めることによって、本来のあなたではないあなたを忘れるだけです。[12]これによって、本来のあなたが何であるかを思い出すことができます。

V. 癒しとマインドの不変性

1. 肉体は、諸能力を発達させるための枠組み以上のものではありません。しかし、これは肉体が実際に使われている用途からはきわめてかけ離れています。[2]**それ**は決断です。[3]この問題におけるエゴの決断の結果は非常に明白であるために、詳しい説明は必要ではありません。しかし、肉体をコミュニケーションのためにだけ使うという「聖霊」の決断は、癒しと非常に直接的なつながりがあるために、しっかりとした説明を必要とします。[4]癒されていないヒーラーが自らの天職を理解していないことは明らかです。

2. マインドだけがコミュニケーションをします。[2]エゴは創造したいという衝動でもあるが故にコミュニケーションをしたいという衝動を消滅させることはできないため、肉体にはコミュニケーションと創造の両方が可能であり、したがって、マインドは必要ではないとあなたに教えるしかありません。[3]こうして、エゴはあなたに、肉体はマインドと同じように行動することができ、したがって、自足した存在であると教えようとします。[4]しかし、私たちは、行動は教えるためのレベルでもなければ、学ぶためのレベルでもないことを学びました。というのは、あなたは信じていないことに従って行動することもできるからです。[5]しかしながら、そうすることは教師としてのあなた、そして、学ぶ者としてのあなたを弱めることになります。なぜなら、何度も繰り返し強調されてきたように、あなたは信じていることを教えるからです。[6]首尾一貫性を欠いた教えは不十分に教えられ、不十分に学ばれるものです。[7]病気と癒しの両方を教えるならば、あなたは教師としても、学ぶ者としても不十分です。

3. 癒しの能力は誰でも発達させることができる能力であり、癒しが起こるためには誰もが発達させなければならない最も重要な能力です。[2]癒しはこの世界において「聖霊」がとるコミュニケーションの形であり、「聖霊」が受け容れる唯一のコミュニケーションの形です。[3]それ以外のものは認識しません。なぜなら、「聖霊」はマインドと肉体についてのエゴの混乱を受け容れないからです。[4]マインドはコミュニケーションをはかることはできますが、傷つけることはできません。[5]エゴに奉仕する肉体が他の肉体を傷つけることはあり得ますが、これは肉体が既にマインドと混同されていなければ起こり得ません。[6]この状況もまた癒しか魔術のために利用できますが、魔術には癒しは有害であるという信念が常に伴うことを思い出さなければなりません。[7]この信念は魔術の完全に狂気じみた前提であり、そのため、魔術はそれに応じて進行していきます。

4. 癒しは強化するだけです。[2]魔術は常に弱めようとします。[3]癒しは、他のすべての人がヒーラーと共有していないものは一切ヒーラーの中に知覚しません。[4]魔術はヒーラーの中に何か〝特別な〟ものを常に見ようとし、ヒーラーはそれをもたない人にそれを贈り物として差し出すことができると信じています。[5]ヒーラーはその贈り物は「神」から来ていると信じているかもしれませんが、他の人々に欠けているものを自分がもっていると考えているとすれば、「神」を理解していないことは明らかです。

5.「聖霊」はたまたま働くということはありません。「聖霊」から来る癒しは**常に**うまく働きます。[2] ヒーラーが常に「聖霊」によって癒さなければ、その結果は様々に変わることになります。[3] しかし、癒しそのものは首尾一貫しています。というのは、首尾一貫性だけが葛藤から自由であり、葛藤から自由なものだけが完全だからです。[4] 例外を受け容れ、癒しができることもあればできないこともあると認めることによって、ヒーラーは明らかに首尾一貫性がないことを受け容れています。[5] したがって、ヒーラーは葛藤の中にあり、葛藤を教えています。[6]「神」に属するものが何であれ、すべてのもののために機能することができず、常に機能できないということがあり得るでしょうか。[7] 愛にはいかなる例外も不可能です。[8] 怖れがある場合だけ、例外という考えが有意味のように見えます。[9] 例外は怖れによって作られるが故に、怖れに満ちています。[10] 〝怖れに満ちたヒーラー〟は矛盾した言葉であり、したがって、葛藤に悩まされるマインドだけが有意味であると知覚することができる概念です。

6. 怖れは喜ばせることはありません。[2] 癒しは喜びをもたらします。[3] 怖れは常に例外を作ります。[4] 癒しは決して例外を作りません。[5] 怖れは分断を生み出します。なぜなら、怖れは分離を誘発するからです。[6] 癒しは常に調和を生み出します。なぜなら、癒しは統合から発するからです。[7] 癒しは当てにできるものであるが故に予知可能です。[8]「神」に属するものはすべて当てにすることができます。なぜなら「神」に属するものはすべて完全に実在しているからです。[9] 癒しが当てにできるのは、それが「神の声」によって霊感を与えられているからであり、「神」の法則と一致しているからです。[10] しかしながら、癒しが首尾一貫したものであれば、首尾一貫性を欠いた形で癒しを理解することは不可能です。[11]「神」は首尾一貫性を意味するが故に、理解することは首尾一貫性を意味します。[12] それが「神」の意味であるが故に、それはあなたの意味でもあります。[13] あなたの意味が「神」の意味と一致しないということはあり得ません。なぜなら、あなたのすべての意味にして唯一の意味は「神」の意味から来ているのであり、「神」の意味と同様だからです。[14]「神」が「ご自身」と一致しないということはあり得ません。そして、あなたも「神」と一致しないということはあり得ません。[15] あなたは、「ご自身の存在」をあなたと分かち合うことによってあなたを創造された「創造主」からあなたの「自己」を分離させることはできません。

7. 癒されていないヒーラーは兄弟から感謝されることを望みますが、兄弟に対して感謝の気持はもっていません。2その理由は、彼は兄弟に何かを与えていると考えており、それと交換に同等に望ましいものを受け取っていないと考えているからです。3彼は非常に僅かしか学んでいないが故に、彼の教えは限定されています。4癒されていないヒーラーの癒しのレッスンは、彼自身の感謝の欠如によって制限されています。それは病のレッスンです。5真の学びは不断であり、その変化の力において非常に強大であるために、「神の子」は一瞬の内に自らの力を認識し、次の瞬間に世界を変えることができます。6その理由は、マインドを変えることによって、変化のためにこれまで与えられたものの中でも最も強力な手段を変えたからです。7これは、「神」が創造されたマインドの不変性といかなる意味においても矛盾することはありません。しかし、エゴを通して学ぶ限り、あなたはマインドを変えたと考えます。8これによって一見矛盾したレッスンを学ぶ必要があるという立場に置かれることになります。すなわち、あなたのマインドについてのマインドを変えることを学ばなければなりません。9これをすることによってのみ、マインドが不変であることを学ぶことができます。

8. あなたが癒すとき、癒すことこそ、まさにあなたが学んでいることです。2兄弟がマインドを変えたはずがないと認識することによって、兄弟の中に不変のマインドを認識します。3このようにして、あなたは兄弟の中に「聖霊」を知覚します。4兄弟の中にある「聖霊」だけが決して「マインド」を変えないのです。5あなたの兄弟自身はマインドを変えることができると考えるかもしれません。さもなければ、自分が病気であると知覚することはないのですから。6したがって、彼は彼の「自己」が何であるかを知りません。7もしあなたが兄弟の中に不変のものしか見ないとすれば、彼を本当に変えたことにはなりません。8彼に代わって彼のマインドについてのあなたのマインドを変えることによって、彼のエゴが彼の中に作ったと考えている変化を解除する手伝いをすることができます。

9. あなたには二つの声が聞こえるのと同じように、二つの見方ができます。2一つの方法はイメージないしは偶像をあなたに見せます。それをあなたは怖れの気持から崇拝するかもしれませんが、決して愛することはありません。3別な方法はあなたに真実だけを見せます。あなたはそれを愛するでしょう。なぜなら、あなたはそれを理解するからです。4理解するということは、ありがたいと思うことです。なぜなら、理解できるものに対しては帰属意識をもつことができるからであり、あなたはそれをあなたの一部にすることによって愛をもって受け容れたのです。5「神ご自身」もそのようにしてあなたを創造されました。すなわち、理解と、感謝と、愛の中であなたを創造されました。6エゴにはこれは全然理解できません。なぜなら、エゴは自分が作るものを理解せず、ありがたいと思わず、愛さないからです。7エゴは奪うために相手と一緒になります。8エゴは誰かから何かを奪う度ごとに自分が増大したと文字通り信じています。9私は、あなたの創造物によって「神の王国」が増大することについてたびたび話しました。そして、あなたの創造物はあなたが創造されたようにしか創造することはできません。10「神の王国」であることの栄光のすべてと完璧な喜びはあなたの中にありますが、それは与えるためにあります。11それを与えたいと思いませんか。

10. あなたは「父」を忘れることはできません。なぜなら、私があなたと一緒にいるからです。そして、私は「父」を忘れることができないからです。2私を忘れることはあなた自身を忘れることであり、あなたを創造された「父」を忘れることです。3私たちの兄弟は忘れがちです。4そのために、私と私を創造された「父」についてのあなたの記憶が彼らには必要です。5この記憶を通じて、私があなたのマインドを変えることができるのと同じように、あなたは彼ら自身についての彼らのマインドを変えることができます。6あなたのマインドは非常に強力な光であるために、彼らのマインドの中をのぞき込むことができ、私があなたのマインドを照らすことができるのと同じように、彼らのマインドを光で照らすことができます。7私は私の肉体をコミュニオン（聖体拝領）において分かち合いたくはありません。なぜなら、これでは何も分かち合うことにはならないからです。8最も神聖なる「父」の最も神聖なる子どもたちと、私が幻想を分かち合おうとするでしょうか。9しかしながら、私のマインドをあなたと分かち合いたいと思います。なぜなら、私たちは一つの「マインド」に属しているからであり、その「マインド」は私たちのマインドだからです。10あらゆる場所において、この「マインド」だけを見てください。なぜなら、この「マインド」だけがあらゆる場所にあり、あらゆる物の中にあるからです。11それがすべてです。なぜなら、この「マインド」はそれ自身の中にあるすべてのものを包含するからです。12これだけを知覚するあなたは祝福されています。なぜなら、あなたは真実であるものだけを知覚しているからです。

11. そのようなわけですから、私のもとに来てください。そして、あなたの中にある真実について学んでください。[2]私たちが分かち合うマインドはすべての兄弟によって分かち合われており、私たちが彼らを真に見るとき、彼らは癒されるでしょう。[3]私のマインドと一緒に、あなたのマインドを彼らのマインドの上で輝かせましょう。そして、彼らに対する私たちの感謝の思いによって、彼らの中にある光に気づいてもらいましょう。[4]この光はあなたと「神の子のすべて」を照らし返すでしょう。なぜなら、これは「神」へのあなたからの適切な贈り物だからです。[5]「神」はそれを受け取り、「神の子のすべて」に与えられるでしょう。なぜなら、それは「神」にとって受け容れられるものであり、したがって、「神の子のすべて」にとっても受け容れられるものだからです。[6]これが「聖霊」との真のコミュニオンです。「聖霊」はすべての人の中に「神」の祭壇を見て、あなたがそれに感謝するように導くことによって、あなたが「神」を愛し、「神」の創造物を愛するように呼びかけるのです。[7]あなたは「神の子のすべて」をただ一つのものとして見ることによってのみ、感謝することができます。[8]これは創造の法則の一部であり、したがって、すべての思いを支配するものです。

VI. 警戒から安らぎへ

1. あなたは「神の子のすべて」をただ一つのものとして見ることはできますが、ばらばらに分断されたものとして見ることもできます。[2]しかしながら、或るものの全体がもっていないとあなたが見なすものを、その一部に見ることは不可能です。[3]攻撃が決して部分的ではない理由はこれであり、攻撃を完全に放棄しなければならない理由でもあります。[4]完全に放棄しなければ、まったく放棄したことにはなりません。[5]怖れと愛は作るか、もしくは創造します。それは、エゴないしは「聖霊」がそれらを産むか、あるいは、それらに霊感を与えるかにかかっています。しかし、作られたもの、ないしは創造されたものは、それを考えた人のマインドに戻ってきて、知覚全体に影響を及ぼすでしょう。[6]それには、彼の「神」についての概念、「神」の創造物についての概念、彼自身の創造物についての概念が含まれます。[7]怖れの気持をもって見るならば、「それら」をありがたいと思うことはないでしょう。愛をもって見るならば、「それら」のすべてをありがたいと思うでしょう。

2. 攻撃を受け容れるマインドは愛することはできません。[2]その理由は、そのマインドは愛を破壊することができると信じているからであり、したがって、愛が何であるかを理解していないからです。[3]愛が何であるかを理解しなければ、そのマインドは自らを愛に満ちたものとして知覚することはできません。[4]これは在るという自覚を喪失させ、非実在の感情を誘発し、完全な混乱という結果に終わります。[5]あなたの思考がその力によってこれをしたわけですが、その力はあなたが作ったものではないが故に、あなたの思考はこの状況からあなたを救うこともできます。[6]あなたの選択に応じて思考を方向づける能力は、その力の一部です。[7]これができるということを信じなければ、あなたの思いの力を否定したこととなり、その結果、あなたの信念によってそれを無力にしてしまったことになります。

3. 自分自身を守るためのエゴの創意工夫は非常なものですが、それはエゴが否定するマインドの力そのものに根ざしています。[2]これは、エゴが自らを守っているものを攻撃していることを意味し、結果的に極端な不安をもたらすことになります。[3]エゴが自分がやっていることを決して認めないのはこのためです。[4]それは完璧に論理的ですが、明らかに狂っています。[5]エゴは自らが生き残るために、自分という存在と完全な敵対関係にある源に頼ります。[6]エゴはこの源の力を知覚することを恐れているため、それを軽視せざるを得ません。[7]これはエゴ自身の存在を脅かすこととなり、この状態はエゴにとって耐えがたいものです。[8]論理性は維持しながらもまだ狂気の中にあるエゴは、この完全に狂気じみたジレンマを完全に狂気じみた方法で解決します。[9]エゴはその脅威をあなたに投影し、あなたという存在は存在しないと知覚することによって、自分という存在は脅かされていないと知覚します。[10]あなたがそれに味方すれば、あなたはあなた自身の安全性を知ることはないということが保証され、それによってエゴの継続は保証されることになります。

4. エゴにはいかなることをも知る余裕はありません。[2]知識は全体的なものであり、エゴは全体性を信じません。[3]この不信がエゴの起源であり、エゴはあなたを愛さない一方で、自らの素性には忠実で、自分が産まれたのと同じような形で産んでいきます。[4]マインドは常にそれ自身が生み出されたのと同じように再生します。[5]怖れによって生み出されたエゴは怖れを生み出します。[6]これはエゴの忠誠心であり、あなたは愛であるが故に、この忠誠心がエゴを愛に対して反逆的にします。7愛はあなたの力であり、エゴはそれを否定しなければなりません。8エゴはまた、この力があなたに与えるものをすべて否定しなければなりません。なぜなら、この力はあなたにすべてのものを与えるからです。9すべてのものをもっている人はエゴを欲しません。10ということは、エゴそのものを作った人もエゴを欲しません。11したがって、エゴを作ったマインドが自分自身を知ったならば、エゴが遭遇する可能性のある唯一の決断は拒絶ということになります。12マインドが「神の子のすべて」のいかなる部分であれ認識したならば、自分自身を知ることになるでしょう。

5. したがって、エゴは感謝すること、認めること、正気の知覚、知識のすべてに反対します。2エゴはそれらの脅威を全体的なものであると知覚します。なぜなら、マインドのコミットメントはすべて全体的なものであると感知するからです。3したがって、あなたから分離せざるを得なくなったエゴは、それ以外のどんなものにでも喜んで自分をくっつけようとします。4しかし、他には何もありません。5しかしながら、マインドは幻想を作り上げることができ、幻想を作れば、作り上げた幻想をマインドは信じます。なぜなら、そのように幻想を作ったからです。

6. 「聖霊」は攻撃することなく幻想を解除します。なぜなら、「聖霊」には幻想はまったく知覚できないからです。2したがって、「聖霊」にとって幻想は存在しません。3「聖霊」は幻想が生み出す外見上の葛藤を、無意味であると知覚することによって解決します。4前にも言いましたが、「聖霊」は葛藤をまさにあるがままに知覚します。すなわち、葛藤は無意味です。5「聖霊」はあなたが葛藤を理解することを望んではいません。葛藤は無意味であるが故に理解不可能であることにあなたが気づくことを「聖霊」は望んでいます。6既に言ったように、理解は感謝をもたらし、感謝は愛をもたらします。7これ以外のいかなることも理解することは不可能です。なぜなら、これ以外にはいかなることも実在せず、したがって、これ以外のいかなることにも意味がないからです。

7. 「聖霊」が差し出してくれるものをマインドに銘記するならば、「神」と「神の王国」のためにしか警戒することはできないはずです。2あなたはまだこれを受け容れがたいと思うかもしれませんが、その理由はただ一つ、それ以外に何かがあるかもしれないと考えるからです。3信念は葛藤に悩まされていなければ、警戒を必要とはしません。

[4]もしも信念が葛藤に悩まされていれば、信念の内部に相反する構成要素があり、そのために戦争状態が生まれて警戒が不可欠になったのです。[5]安らぎの中には警戒の居場所はありません。[6]警戒は真実ではない信念に対しては必要であり、真実でないものを信じたのでなければ、「聖霊」によって警戒が呼び求められることはなかったでしょう。[7]何かを信じるとき、あなたはそれをあなたにとっての真実にしたのです。[8]「神」がご存じないところのものをあなたが信じるとき、あなたの思いは「神」の思いと矛盾するように思われ、このために、あなたはまるで「神」を攻撃しているかのように見えます。

8. 何度も繰り返し強調してきたことですが、エゴは「神」を攻撃することができると信じており、あなたは「神」を攻撃したことがあると説得しようとします。[2]マインドが攻撃することができないとすれば、エゴは完璧な論理で、あなたは肉体であるに違いないという信念へと進んでいきます。[3]あなたをありのままに見ないことによって、エゴは自分自身をこうありたいと望んでいるものとして見ることができます。[4]自らの弱さを自覚するエゴは、あなたの忠誠心は欲しますが、本来のあなたを欲することはありません。[5]したがって、エゴはあなたのマインドをエゴ自身の妄想的な体系に従事させようとします。なぜなら、そうしなければ、あなたの理解の光がエゴを一掃してしまうからです。[6]エゴは、真実は一切欲しません。なぜなら、エゴそのものが真実ではないからです。[7]真実が全体的であるとすれば、真実でないものは存在し得ません。[8]どちらにコミットするにしても、それは全体的でなければなりません。真実と真実でないものがマインドを二分することなしに、マインドの中に共存することはできません。[9]この二つが安らぎの中で共存できないとすれば、そしてあなたが安らぎを望んでいるとすれば、あなたは完全に、あらゆる時にわたって、葛藤という考えをあきらめなければなりません。[10]これには警戒を必要としますが、それは、何が真実であるかを認識しない場合に限ってのことです。[11]完全に矛盾する二つの思考体系が真実を共有すると信じている限り、あなたが警戒を必要としていることは明白です。

9. あなたのマインドは二つの王国に忠誠心を分割しており、あなたはどちらにも完全にはコミットしていません。[2]あなたが「神の王国」に帰属することは、完全に疑いのない事実です。ただし、あなたが狂気の思考をしているときには、あなたはそれを疑問視します。[3]あなたが何であるかがあなたの知覚によって確立されることはありません。影響されることもまったくありません。[4]いかなるレベルであれ帰属意識において知覚される問題は、事実に関する問題ではありません。[5]それは理解の問題です。というのは、そういう問題が存在するということは、あなたが何であるかを決定するのはあなた次第であるという信念を暗示するからです。[6]エゴはこれを完全に信じており、この信念に百パーセントコミットしています。[7]この信念は真実ではありません。[8]したがって、エゴは、「聖霊」と「神」の知識とまったく矛盾した知覚によって、真実でないものに全面的にコミットしています。

10. あなたが意味をもって知覚されるのは、「聖霊」によって知覚されるときだけです。なぜなら、あなたの存在は「神」の知識だからです。[2]これ以外にあなたが受け容れるいかなる信念も、あなたの中にある「神の声」を不明瞭にし、したがって、あなたにとっての「神」を不明瞭なものにするでしょう。[3]「神」の創造物を真に知覚しなければ、「創造主」を知ることはできません。というのは、「神」と「神」の創造物は分離していないからです。[4]「創造主」と創造物の一体性はあなたの完全性であり、あなたの正気であり、あなたの無限の力です。[5]この無限の力は「神」からのあなたへの贈り物です。なぜなら、それがあなたの本質だからです。[6]この無限の力からあなたのマインドを分断すれば、宇宙における最も強力な力を、まるで弱いものであるかのように知覚していることになります。なぜなら、あなたは自分がその力の一部であると信じていないからです。

11. あなたの役割がそこにないと知覚されるとき、「神」の創造物は弱いものと見なされ、自分自身が弱められたと見なす者は確実に攻撃します。[2]しかしながら、その攻撃は盲目的な攻撃であるに違いありません。なぜなら、攻撃する対象は何もないのですから。[3]したがって、彼らはイメージを作り上げ、そのイメージを価値がないものとして知覚し、それが無価値であることを理由に攻撃します。[4]それがエゴの世界のすべてです。[5]無です。[6]それには何の意味もありません。[7]それは存在しません。[8]それを理解しようとしないでください。なぜなら、それを理解しようとすれば、それを理解することが可能であり、したがって、それに感謝することが可能であり、それを愛することが可能であると信じることになるからです。[9]そうすれば、正当化できないエゴの存在を正当化することになります。[10]無意味なものを有意味にすることはできません。[11]それは狂気の試みでしかありません。

12. 狂気がマインドの中に入るのを許すということは、正気を完全に望ましいものとは判断していないことを意味します。2あなたがそれ以外の何かを望めば、何か別のものを作ることになりますが、それは他の何かであるが故にあなたの思考体系を攻撃し、あなたの忠誠心を分断することになります。3このように分断された状態では創造することはできません。したがって、あなたはこの分断された状態に対して警戒しなければなりません。なぜなら、安らぎだけが延長可能だからです。4分断されたマインドは「神の王国」の延長を妨害していますが、それを延長することはあなたの喜びです。5もしもあなたが「神の王国」を延長していないとすれば、あなたは「創造主」と共に考えていないのであり、「創造主」が創造したのと同じように創造していないのです。

13. この憂鬱な状態にあるとき、あなたが悲しいのは「神」の共同創造者としての機能を果たしていないからであり、したがって、自分から喜びを奪っているのだということを、「聖霊」があなたに優しく思い出させてくれます。2これは「神」の選択ではなくあなたの選択です。3あなたのマインドが「神のマインド」と一致しないということがあり得るならば、あなたは何の意味もなく意図することになるでしょう。4しかし、「神の意志」は変更不可能であるが故に、意志のいかなる葛藤も不可能です。5これが「聖霊」の完全に首尾一貫した教えです。6分離ではなく、創造があなたの意志です。なぜなら、それが「神の意志」であるからです。これに反対するものにはまったく何の意味もありません。7完璧に達成されたものである「神の子のすべて」は、完璧に達成することができるだけであり、自らが創造されたときの喜びを延長し、自らの「創造主」および自らの創造物と自分自身を、「それら」が「一つ」であることを知っているが故に、同一視するでしょう。

VII. 神の王国の全体性

1. 兄弟への祝福を否定する度ごとに、あなたは喪失感を覚えるでしょう。なぜなら、否定は愛と同程度に全体的だからです。2「神の子のすべて」の一部を愛することが不可能であるのと同じように、「神の子のすべて」の一部を否定することは不可能です。3それを時々、全面的に愛するということも不可能です。4時々、全面的にコミットするということは不可能です。5否定それ自体には何の力もありませんが、あなたのマインドの力を否定に与えることができます。あなたのマインドの力は無限です。6 あなたが実在を否定するためにそれを用いれば、実在はあなたにとっては消失します。7 **実在に対して部分的にのみ感謝することは不可能です。**8 実在のどの部分であれ一部を否定することは、実在のすべてについて自覚を喪失したことを意味するのはこのためです。9 しかしながら、否定は一つの防御法です。したがって、否定的に用いることができるだけではなく、肯定的にも用いることができます。10 否定的に用いられれば、それは破壊的な働きをします。なぜなら、攻撃のために用いられるからです。11 しかし否定は、「聖霊」に奉仕する中で、あなたが実在の一部を認識し、その結果、実在のすべてに感謝するようになる手伝いをすることができます。12 マインドはあまりにも強力であるために排除されることはありません。13 あなた自身をあなたの思いから排除することは決してできません。

2. 兄弟が狂気じみた行動をとるとき、彼はあなたに彼を祝福する機会を差し出しています。2 彼が必要としているものは、あなたも必要としているものです。3 あなたが彼に差し出すことができる祝福を、あなたは必要としています。4 それを手に入れるには、それを与えるしか方法はありません。5 これが「神」の法則であり、例外はありません。6 あなたが否定するものをあなたは欠いています。それが欠如しているからではなく、あなたが他の人の中にあるそれを否定したからであり、したがって、自分自身の中にあるそれに気がついていないからです。7 あなたが起こす反応のすべては、あなたが自分の本質を何であると考えるかによって決定されます。そして、あなたがこうありたいと思うものが、あなたが自分の本質であると考えるものです。8 とすれば、あなたがこうありたいと思うものが、あなたが起こすすべての反応を決定することになります。

3. あなたは「神」の祝福を必要とはしていません。なぜなら、それは永遠にあなたのものだからです。しかし、あなたはあなた自身の祝福を必要としています。2 エゴがあなたについてもっているイメージは、恵まれない存在で、愛がなく、傷つきやすいというものです。3 あなたがこれを愛することは不可能です。4 しかしながら、それをただ後に置き去りにすることによって、このイメージから非常に簡単に逃げ出すことができます。5 あなたはそこにおらず、それはあなたではありません。6 このイメージを誰の中にも見ないでください。さもなければ、それをあなたであるとして受け容れてしまったことになります。7 「神の子のすべて」についての幻想は、すべて一緒に作られたものであるために、一緒に一掃されます。[8]誰に対してであれ、あなたはその人のようになることを望まないと教えてはなりません。[9]知覚が持続する限り、あなたの兄弟はあなた自身のイメージを映す鏡です。[10]そして、知覚は「神の子のすべて」が自らを完全であると知るまで持続するでしょう。[11]あなたが知覚を作ったのですから、知覚はあなたがそれを欲する限り持続することになります。

4. 幻想は投資です。[2]幻想はあなたがそれに価値があると見なす限り持続するでしょう。[3]価値は相対的なものですが、マインドによる価値判断であるが故に強力です。[4]幻想を一掃する唯一の方法は、幻想への投資をすべてやめることです。そうすれば、幻想はあなたにとって生命のないものとなります。なぜなら、マインドから取り除いてしまったからです。[5]あなたが幻想をマインドの中に入れておく間は、幻想に生命を与えています。[6]ただし、そこにはあなたの贈り物を受け取るものは何も存在しません。

5. 生命の贈り物はあなたのものであり、あなたが与えるべきものです。なぜなら、それはあなたに与えられたからです。[2]あなたはあなたの贈り物を自覚していませんが、それはその贈り物を与えないからです。[3]あなたは無を生かすことはできません。というのは、無に生命を与えることはできないからです。[4]したがって、あなたはあなたが**所有し**、かつ、そうで**在る**ところの贈り物を延長していません。そのため、あなたはあなたという存在を知りません。[5]すべての混乱は、生命を延長しないことに起因しています。なぜなら、それはあなたの「創造主の意志」ではないからです。[6]あなたは「神」から離れては何もできません。そして実際、「神」から離れては何もやってはいません。[7]あなた自身を思い出すために「神」の道を守ってください。そして、あなた自身を忘れないように「神」の道を教えてください。[8]生きている「神」の子どもたちに名誉だけを与えてください。そして、喜びをもってあなた自身もその一人に数えてください。

6. 「神ご自身」が名誉に値するものとして創造された存在、そして「神」が尊重される存在に対しては、名誉だけがふさわしい贈り物です。[2]彼らに対し、「神」が常に与えてくださる評価を与えてください。なぜなら、彼らは「神」の心に適った「神」の愛する子どもたちだからです。[3]あなたは「神」から離れてはいないが故に、彼らから離れていることはできません。[4]「神の愛」の中で休息し、愛することによってあなたの休息を守ってください。[5]しかし、あなたもその一部である、「神」が創造されたものをすべて愛してください。さもなければ、あなたは「神」の安らぎを学ぶことはできず、「神」の贈り物をあなた自身のために、あなた自身として受け容れることはできません。6 あなたと同じように創造されたすべての人々を尊重するまで、あなた自身の完全性を知ることは不可能です。

7. 「神」の一人の子どもだけが、別な「神」の子に教えるに十分に値する教師です。2 「一人の教師」はすべてのマインドの中にあり、「彼」は同じレッスンをすべての人に教えます。3 「一人の教師」は、「神のすべての子どもたち」の計り知れない価値について常にあなたに教えますが、「彼」が代弁する無限の「愛」から生まれた無限の忍耐をもってそれを教えます。4 攻撃はすべて「彼」の忍耐への呼びかけです。というのは、「彼」の忍耐は攻撃を祝福に変えることができるからです。5 攻撃する人々は自分が祝福されていることを知りません。6 彼らが攻撃するのは、自分が恵まれていないと信じているからです。7 そういうわけですから、あなたの豊かさから与えてください、そして、あなたの兄弟に彼らの豊かさを教えてください。8 彼らが抱く欠乏という幻想を共有しないでください。さもないと、自分自身を不足している者として知覚することになります。

8. 攻撃はあなたが欲するものをあなたから奪う手段であると知覚しなければ、攻撃が攻撃を促進することは決してありません。2 しかしながら、それを価値があると見なさず、したがって、それを欲することがなければ、いかなるものも失うことはあり得ません。3 欲しないが故に失うことによってそれを奪われたと感じ、あなた自身の拒絶を投影することによって、他の人々がそれをあなたから奪っていると信じることになります。4 あなたの兄弟が「天の王国」をあなたからもぎ取るためにあなたを攻撃していると信じているとすれば、あなたは怖れで満たされているに違いありません。5 これはエゴのすべての投影の究極的な根拠です。

9. 自分自身のことについて責任があるとは信じないあなたのマインドの一部であり、「神」に対する忠誠心をもっていないエゴには、信頼する能力がありません。2 あなたが「創造主」に反逆しているという狂気じみた信念を投影しながら、エゴは、あなたと同程度にこれをする能力がないあなたの兄弟が「神」をあなたから奪おうとしていると信じるのです。3 兄弟が兄弟を攻撃するとき、彼らは常にそう信じています。4 投影は常に、あなたの欲求を他人の中に見ます。5 あなたが「神」から自分自身を分離させる選択をした場合、他人の責任でそうなったとあなたは考えるでしょう。

10. あなたは「神の意志」です。2それ以外のいかなるものも、あなたの意志として受け容れないでください。さもなければ、あなたは本来のあなたを否定することになります。3これを否定すれば、あなたは自分が攻撃されたと信じて攻撃するでしょう。4しかし、「神の愛」をあなたの中に見れば、それは至るところに在るが故に、至るところにそれを見るでしょう。5「神」の豊かさをすべての人の中に見れば、あなたは彼らと共に「神」の中にいることを知るでしょう。6あなたが「神」の一部であるように、彼らはあなたの一部なのです。7あなたがこれを理解しないときには、「神の子どもたち」が「神」を知らないときに「神ご自身」が感じられるのと同じくらい、孤独を感じるでしょう。8「神」の安らぎはこれを理解することです。9この世界の思考に入っていく道がただ一つであったのと同じように、そこから抜け出す道もただ一つです。10全体性を理解することによって、全体的に理解してください。

11. エゴの思考体系のいかなる部分も、まったく狂っており、まったくの妄想であり、まったく望ましいものではないと知覚してください。そうすれば、エゴのすべてを正しく評価したことになります。2この修正によって、創造物のいかなる部分も、まったく実在的なものであり、まったく完全であり、まったく望ましいものであると知覚することができるようになります。3これだけを与えれば、これだけを**所有する**でしょう。これだけを欲すれば、あなたはこれだけで**在る**でしょう。4エゴに捧げる贈り物は常に犠牲として体験されますが、「神の王国」に捧げる贈り物はあなたへの贈り物です。5あなたが「神の王国」に捧げる贈り物は、「神」によって常に大切にされるでしょう。なぜなら、それは「神」に属する「神の愛する子どもたち」に属するのですから。6すべての力と栄光はあなたのものです。なぜなら、「神の王国」は「神」のものだからです。

VIII. 信じがたい信念

1. 投影がなければ怒りはあり得ないと私たちは言いましたが、延長がなければ愛はあり得ないというのも真実です。2これはマインドの根本的な法則を反映するものであり、したがって、常に働いている法則です。3それは、それによってあなたが創造する法則であり、それによってあなたが創造された法則です。[4]それは「神の王国」を統一し、「神の王国」を「神のマインド」の中に保つ法則です。[5]エゴにとっては、この法則はエゴが欲しないものを除去するための一つの手段として知覚されます。[6]「聖霊」にとっては、それは分かち合いの根本的な法則であり、この法則によってあなたは価値があると見なすものをマインドの中に保持するために与えます。[7]「聖霊」にとって、それは延長の法則です。[8]エゴにとって、それは剥奪の法則です。[9]したがって、それをどのように応用するかの選択次第で、豊かさか欠乏のいずれかを生み出します。[10]この選択はあなたに任されていますが、この法則を活用するか否かはあなたには任されていません。[11]すべてのマインドは投影するか、あるいは、自己延長しなければなりません。なぜなら、そのようにしてマインドは生きるからであり、すべてのマインドは生命体だからです。

2. 投影と怒りの不可避的な連携を最終的に解除するためには、エゴによる投影の活用を十分に理解しなければなりません。[2]エゴは常に葛藤を保とうとします。[3]エゴは葛藤を減殺するように思われる方法を案出することにおいて、きわめて独創的です。なぜなら、葛藤があまりにも耐えがたいので葛藤を棄てると、あなたに主張して欲しくないからです。[4]したがって、あなたがエゴを棄てず、自分自身を解放さえしなければ、エゴはあなたを葛藤から解放できると説得しようとします。[5]「神」の法則を独自に歪曲したヴァージョンを使って、エゴはマインドの真の目的を破るだけのためにマインドの力を利用します。[6]あなたはその問題を既に除去したと説得しようとして、エゴはあなたのマインドから他の人たちのマインドに葛藤を投影します。

3. この試みには二つの大きな過ちが含まれています。[2]第一に、厳密に言えば、投影することは不可能です。なぜなら、葛藤は共有できないからです。[3]その一部を保ち、他の一部を除去しようとする試みには、実際には何の意味もありません。[4]葛藤に悩まされる教師は、教師としても未熟であり、学ぶ者としても未熟であるということを思い出してください。[5]そのような教師のレッスンは混乱しており、その伝達価値は教師の混乱によって限定されます。[6]二番目の過ちは、自分が欲しくないものは人にあげることによって除去することができるという考えです。[7]それを人にあげることは、それを自分のものにしておくための方法です。[8]外部にそれを見れば、それを内部から排除したことになるという信念は、延長の力を完全に歪曲したものです。[9]投影する人々が自分の安全のために警戒する理由はここにあります。[10]彼らは自分が投影したものが戻ってきて自分を傷つけることを恐れています。[11]自分が投影するものをマインドから抹消したと信じてはいるものの、投影したものがこっそりと戻ってこようとしているとも信じています。[12]投影したものは彼らのマインドを離れてはいないために、彼らはこれを認めまいとして絶えず活動に従事せざるを得なくなります。

4. 他の人についての幻想を永続させれば、必ず自分自身についての幻想を永続させることになります。[2]これを逃れる方法はありません。なぜなら、マインドを細分化することは不可能だからです。[3]細分化するということは、ばらばらにするということです。しかし、マインドは攻撃することもできなければ、攻撃されることもあり得ません。[4]それが可能であるという信念はエゴが常に犯す過ちであり、この信念がエゴの投影の活用の根底に横たわっています。[5]エゴにはマインドが何であるかは理解できず、したがって、あなたが何であるかも理解できません。[6]しかしながら、エゴの存在はあなたのマインドに依存しています。なぜなら、エゴはあなたの信念だからです。[7]エゴは自分の帰属意識に関して混乱状態にあります。[8]首尾一貫したモデルをもったことがないために、エゴは首尾一貫した発達を遂げていません。[9]エゴは、自らの力を濫用する歪曲したマインドが、「神」の法則を誤って応用した結果の産物です。

5. **エゴを恐れないでください。**[2]エゴはあなたのマインドに依存しており、あなたはエゴを信じることによってエゴを作ったのとまったく同じように、エゴから信念を引っ込めることによってエゴを追い払うことができるのです。[3]エゴを信じたことの責任を他の人に投影しないでください。さもないと、その信念を保つことになります。[4]エゴの存在に関する全責任を受け容れる気持になったとき、あなたはすべての怒り、すべての攻撃をやめているでしょう。なぜなら、怒りや攻撃はあなた自身の過ちの責任を投影しようとする試みから生まれるからです。[5]しかし、その過ちを自分のものとして受け容れた後は、それを取っておかないでください。[6]それを完全に解除してもらうために、すぐに「聖霊」に引き渡してください。そうすれば、過ちがもたらすすべての結果はあなたのマインドから、そして、「神の子のすべて」からも消えてなくなるでしょう。

6. 「聖霊」が信念を超越して知覚する方法を教えてくれるでしょう。なぜなら、真実は信念を超越しており、「聖霊」

の知覚は真実だからです。2エゴはいつでも完全に忘れることができるものです。なぜなら、エゴは完全に信じがたい信念であり、信じがたいと判断した信念は誰もいつまでももっていることはできないからです。3エゴについて学べば学ぶほど、信じることができないものであると分かります。4信じられないものは、信じられないものであるが故に、理解されることはあり得ません。5信じられないものに基づいた知覚の無意味さは明白ですが、信じられないものであるとは認識されないかもしれません。なぜなら、それは信念によって作られたからです。

7. このコースの全目的は、エゴは現在も信じられないものであり、そして、永遠に信じられないものであることを教えることです。2信じられないものを信じることによってエゴを作ったあなたは、自分だけではこの価値判断をすることはできません。3あなた自身のために「あがない」を受け容れることによって、あなたは孤独であり得るという信念とは反対の判断を下し、こうして、分離という考えを一掃し、文字通りあなたの一部である「神の王国」全体への真の帰属意識を確認するのです。4この帰属意識は信念を超越したものであるのと同様に疑いをも超越したものです。5存在は無限であるが故に、あなたの完全性には限界がありません。

IX. 神の王国の延長

1. あなたの創造力を制限できるのはあなただけです。しかし、「神」はあなたの創造力を解放するという意志をもっておられます。2「神」は「ご自身」から「ご自身」の創造物を奪う意志をもっていないのと同様に、あなたをしてあなた自身の創造物をあなた自身から奪わせようという意志はもっておられません。3「神の子のすべて」へのあなたの贈り物を引っ込めないでください。さもないと、あなた自身を「神」から引っ込めることになります！　4自己中心主義はエゴに属しますが、自己充満性はスピリットに属します。なぜなら、「神」がそのように創造されたからです。5「聖霊」はエゴとスピリットの間に位置するマインドの部分にあって、両者の仲介役を果たし、常にスピリットに味方します。6エゴにとってこれは不公平というもので、まるで敵対されているかのようにエゴは反応します。7スピリットにとっては、これは真実です。なぜなら、スピリットは自らの充満性を知っており、スピリットが排除されている部分を思いつくことはできないからです。

2. すべての兄弟の意識は「神」の中に含まれているのと同じように、スピリットの意識にも含まれていることをスピリットは知っています。2したがって、「神の子のすべて」の力と「創造主」の力は、スピリット自身の充満性であり、それがスピリットの創造物を等しく完全にし、かつ、完全性において平等な存在にします。3エゴが「神」を含む全体性に打ち勝つことは不可能であり、いかなる全体性も「神」を含まなければなりません。4「神」が創造されたすべてのものは「神」の力のすべてを与えられます。なぜなら、それは「神」の一部であり、「神の存在」を「神」と分かち合うからです。5祝福が犠牲の反対であるように、創造することは喪失の反対です。6存在は延長されなければなりません。7そうすることによって、存在は自分自身についての知識を保持するのです。8スピリットはスピリットの「創造主」がそうであったのと同じように、自らの存在を分かち合うことを切望しています。9分かち合うことによって創造されたスピリットの意志は、創造することです。10スピリットは「神」を封じ込めることを望んではおらず、「神の存在」を延長することを意志としてもっています。

3. 「神の存在」の延長がスピリットの唯一の機能です。2スピリットの「創造主」の充満性を封じ込めることが不可能であるのと同じように、スピリットの充満性を封じ込めることも不可能です。3充満性は延長です。4エゴの思考体系の全体が延長を妨害し、したがって、あなたの唯一の機能を妨害します。5したがって、それはあなたの喜びを妨害し、その結果、あなたはあなた自身を実現されていないものとして知覚します。6創造しなければ、あなたは実現されていません。しかし、「神」は非実現を知りません。したがって、あなたは創造しなければなりません。7あなたはあなた自身の創造物を知ることはないかもしれません。しかし、あなたがあなたのスピリットについて自覚していないことがスピリットの存在を邪魔することがないのと同じように、これがあなたの創造物の実在を妨げることはありません。

4. 「神の王国」は「神のマインド」の中にあるが故に、常に延長しています。2あなたはあなた自身の「自己充満性」を知らないが故に、あなたの喜びを知りません。3「神の王国」のいかなる部分であれあなた自身から排除すれば、あなたは完全ではなくなります。4分裂したマインドは自らの充満性を知覚することができず、自らの完全性が夜明けのように訪れ自らを癒してくれる奇跡を必要としています。[5]これによって分裂したマインドの中にある完全性が再び目覚め、マインドは「神の王国」へと復帰します。それは、分裂したマインドが完全性を受け容れたからです。[6]マインドの「自己充満性」を完全に評価することが自己中心主義を不可能にし、延長を不可避的にします。[7]「神の王国」に完璧な安らぎがあるのはこのためです。[8]スピリットが自らの機能を実現しているのです。完全な実現だけが安らぎです。

5. あなたの創造物はあなたのために守られています。なぜなら、あなたのマインドの中にいる「聖霊」があなたの創造物について知っており、「聖霊」がそうすることをあなたが許す度に、「聖霊」はあなたの創造物をあなたの意識にもたらすことができるからです。[2]あなたの創造物はあなた自身の存在の一部として、あなたのマインドの中にあります。なぜなら、あなたの実現はあなたの創造物を含むからです。[3]「神の子」の一人一人の創造物はあなたの創造物です。というのは、すべての創造物は、「神の子のすべて」のために創造されたものであるが故に、すべての人のものだからです。

6. あなたは「神の子どもたち」の遺産を増やすことに失敗していません。したがって、それをあなた自身のために確保することにも失敗していません。[2]遺産をあなたに与えることが「神の意志」であったために、「神」はそれを永遠のものとして与えられました。[3]あなたがそれを永遠に所有することが「神の意志」であったがために、「神」はそれを保持するための手段をあなたに与えられました。[4]**そしてあなたはそれを保持してきました。**[5]「神の意志」に逆らうことは狂気の人にしか意味がありません。[6]実のところ、それは不可能です。[7]あなたの「自己充満性」は「神」のそれと同程度に限りないものです。[8]「神の充満性」と同じように、あなたの「自己充満性」は完璧な安らぎの中で永遠に延長します。[9]あなたの「自己充満性」の輝きは非常に強烈であるために、「それ」は完璧な喜びの中で創造し、「その完全性」からは完全なものしか生まれることはありません。

7. あなたは「帰属性」を失ったことは一度もなく、「それ」を完全にかつ安らぎの中で維持する延長を失ったことは一度もないことに自信をもってください。[2]奇跡はこの自信の表現です。[3]奇跡は、兄弟に対するあなたの適切な帰属意識の反映であり、あなたの帰属意識は延長によって維持されるという自覚の反映です。[4]奇跡は全体的な知覚のレッスンです。[5]全体性のいかなる部分であれ、それをレッスンに含めることによって、全体を含めたことになります。

X. 苦痛と喜びの混同

1. この世界が前提の結果であるのとまったく同じように、「神の王国」は前提の結果です。2 あなたはエゴの論理的思考をその論理的結論まで押し進めたかもしれません。その結論とは、あらゆることについての完全な混乱です。3 本当にこの結果を見て取ったならば、それを欲するということはあり得ません。4 エゴの論理的思考のどんな部分であれその一部をあなたが欲するとすれば、その理由はただ一つ、その全体を見ていないからです。5 あなたはエゴの前提は喜んでみようとしますが、その論理的な結果を見ようとはしません。6「神」の前提に関しても同じことをしているという可能性はないでしょうか。7 あなたの創造物は「神」の前提の論理的な結果です。8「神」の思考があなたのためにあなたの創造物を確立したのです。9 あなたの創造物はまさにいるべき場所にいます。10 あなたの創造物は、「神のマインド」への帰属意識の一部としてあなたのマインドの中にありますが、マインドの状態およびマインドの中に何があるかについての認識は、あなたのマインドについてあなたが何を信じているかに左右されます。11 こうした信念がどのようなものであれ、あなたがマインドの中に何を受け容れるかを決定する前提となります。

2. そこにないものを受け容れることもできれば、そこに在るものを否定することもできるというのは、確かに明らかなことです。2 しかしながら、「神ご自身」が「神のマインド」を通じてあなたのマインドに与えた機能をあなたは否定するかもしれませんが、それを阻止することはできません。3 それはあなたという存在の本質の論理的な結果です。4 論理的な結果を見る能力はそれを見ようとする意欲にかかっていますが、その真実性はあなたの意欲とは何の関係もありません。5 真実は「神の意志」です。6「神の意志」を分かち合えば、「神」が知っておられることを分かち合うことになります。7「神の意志」をあなたの意志として否定すれば、「神の王国」とあなたの「神の王国」を否定することになります。

3. 「聖霊」は苦痛を避ける目的のためだけにあなたを導いてくれるでしょう。2 それを認識さえすれば、この目標に反対する人はいないことは確かです。3 問題は、「聖霊」が言うことが真実であるかどうかではなく、「聖霊」が言うことにあなたが耳を傾けたいと思うかどうかです。[4]あなたは何が喜びをもたらすかを知らないのと同様に、何が苦痛をもたらすかも認識できません。実際のところ、両者を混同しがちです。[5]「聖霊」の主要な機能は、この二つの見分け方をあなたに教えることです。[6]あなたにとって喜びをもたらすものは、エゴにとっては苦痛をもたらすものであり、あなたが本来何であるかに関して疑惑を抱いている限り、あなたは喜びと苦痛を混同することでしょう。[7]この混同が犠牲という考えそのものの原因です。[8]「聖霊」に従ってください。そうすれば、あなたはエゴをあきらめることになるでしょう。[9]しかし、何も犠牲にすることにはなりません。[10]それどころか、すべてのものを手に入れることになるでしょう。[11]これを信じさえすれば、葛藤はなくなります。

4. あなたが明白なことを自分自身に対して実証する必要があるのはこのためです。[2]それはあなたにとっては明白ではありません。[3]あなたは「神の意志」とは反対のことをするのがあなたのためにより良いことであり得ると信じています。[4]あなたはまた「神の意志」と反対のことをするのが可能であるとも信じています。[5]したがって、不可能な選択肢があなたに開かれていると信じています。その選択肢は、怖れに満ちたものであると同時に望ましいものでもあります。[6]しかし、「神」は意志を働かされます。[7]「神」は望まれません。[8]あなたの意志は「神の意志」であるが故に、「神の意志」と同程度に強力です。[9]エゴの欲求は何も意味しません。なぜなら、エゴは不可能なことを望むからです。[10]あなたは不可能なことを望むことはできますが、意志は「神」と一緒にしか使うことはできません。[11]これはエゴの弱さであり、あなたの強さです。

5. 「聖霊」は常にあなたの味方であり、あなたの強さの味方です。[2]いかなる形であれ「聖霊」の導きを避ける限り、あなたは弱くありたいと望んでいます。[3]しかしながら、弱さは恐ろしいものです。[4]とすれば、この決断は、あなたは恐れていたいということを意味するとしか考えることはできません。[5]「聖霊」は決して犠牲を求めることはありませんが、エゴは常に犠牲を求めます。[6]あなたが動機におけるこの区別に関して混乱しているとき、その原因となり得るのは投影だけです。[7]投影は動機における混乱です。そして、この混乱が起きると、信頼は不可能になります。[8]信頼していないガイドに喜んで従う人はいませんが、これは、そのガイドが信頼に値しないことを意味するわけではありません。[9]この場合には、従う人が信頼に値しないことを常に意味します。[10]しかしながら、これもまた彼自身の信念の問題にすぎません。[11]自分は裏切ることができると信じるが故に、あらゆるものが彼を裏切ることができると信じます。[12]しかしながら、これがそうである唯一の理由は、彼が間違った導きに従う選択をしたからです。[13]怖れなくしてはこの導きに従うことができないために、彼は怖れと導きを結びつけて考え、どんな導きにも従うことを拒絶します。[14]この決断の結果が混乱であったとしても、それは驚くにはあたりません。

6. 「聖霊」はあなたが信頼に値するのと同じように、完全に信頼に値します。[2]「神ご自身」があなたを信頼されています。したがって、あなたの信頼性は疑いを超越しています。[3]あなたがそれをどれほど疑ったとしても、それは常に疑いを超越したままであり続けるでしょう。[4]私は前に、あなたは「神の意志」であると言いました。[5]「神の意志」はとりとめのない望みではありません。そして、「神の意志」へのあなたの帰属意識には選択の余地はありません。なぜなら、それが本来のあなただからです。[6]「神の意志」を私と分かち合うことは、一見選択を任されていることのように見えるかもしれませんが、実際にはそうではありません。[7]分離全体がこの過ちに依拠しています。[8]この過ちから脱出するための唯一の方法は、あなたは何も決断する必要がないと決断することです。[9]「神」の決断によって、すべてのものがあなたに与えられています。[10]それは「神の意志」であり、あなたがそれを解除することはできません。

7. あなたが決断を下すという誤った特権の放棄ですら、その特権をエゴは用心深く守りますが、あなたの望みによって達成されるのではありません。[2]それは「神の意志」によって、あなたのために達成されたのです。「神」はあなたを慰めのない状態のままに置き去りにされたことはありません。[3]「神の声」が苦痛と喜びを見分ける方法をあなたに教えてくれるでしょう。そして、あなたが作った混乱から導き出してくれるでしょう。[4]「神の子」のマインドにはいかなる混乱もありません。「神の子」の意志は「神の意志」であるに違いありません。なぜなら、「神の意志」はすなわち「神の子」で**ある**からです。

8. 奇跡は「神の意志」と一致していますが、あなたは何を意志としてもつかに関して混乱しているが故に、「神の意志」を知りません。[2]これはあなたが自らの本質に関して混乱していることを意味します。[3]あなたが「神の意志」であり、そして、「神の意志」を受け容れないとすれば、あなたは喜びを否定していることになります。4したがって、奇跡は喜びが何であるかについてのレッスンです。5それは分かち合うことについてのレッスンであるが故に、愛のレッスンです。愛は喜びです。6こうして、すべての奇跡は真実のレッスンであり、真実を差し出すことによって、あなたは苦痛と喜びの違いを学びます。

XI. 恩寵の状態

1. 「聖霊」は常にあなたを真の意味で導きます。なぜなら、あなたの喜びは「聖霊」の喜びだからです。2これはすべての人に対する「聖霊の意志」ですが、その理由は、「聖霊」は「神の王国」に代わって語るからであり、それは喜びなのです。3それ故に、「聖霊」に従うことは世界で一番容易なことであり、容易であるただ一つのことです。なぜなら、それはこの世界に属することではないからです。4したがって、それは自然です。5この世界は「神」の法則と一致していないがために、あなたの性質とは逆行しています。6この世界はすべてのものの中に難易度を知覚します。7その理由は、エゴはいかなるものも完全に望ましいものとは知覚しないからです。8あなたは奇跡にはいかなる難易度もないことを自分自身に実証することによって、自然な状態においては困難はまったく存在しないことを自分自身に納得させることになるでしょう。なぜなら、自然な状態は恩寵の状態だからです。

2. 恩寵は「神の子」の一人一人にとって自然な状態です。2恩寵の状態にないとき、「神の子」は自らの自然な環境を離れており、うまく機能しません。3その状態ですることのすべてが重圧になります。なぜなら、「神の子」は自分が作った環境のためには創造されていないからです。4したがって、その環境に適応することはできず、その環境を自らに適応させることもできません。5そうしようとしても意味がありません。6「神の子」が幸せなのは、「神」と共にいることを知っているときだけです。7それが「神の子」が重圧を体験しない唯一の環境です。なぜなら、それが「神の子」が属する所だからです。8それはまた、彼に値する唯一の環境です。なぜなら、「神の子」自身の価値は、自らが作るいかなるものをも超越しているからです。

3. あなたが作った王国について考え、その価値を公平に判断してください。2それには「神」の子どもの家としての価値があるでしょうか。3それは「神」の子どもの安らぎを守り、「神」の子どもの上に愛を輝かせるでしょうか。4それは「神」の子どものハートが怖れによって損なわれることを阻止し、「神」の子どもがいかなる喪失感ももたずに常に与えることを許すでしょうか。5それは「神」の子どもに、このように与えることは自らの喜びであることを教えるでしょうか。そして、「神ご自身」も「神」の子どもが与えることに対して感謝していることを教えるでしょうか。6そのような場所こそ、あなたが幸せでいることができる唯一の環境です。7あなたが自分自身を作ることができないのと同じように、あなたはそれを作ることはできません。8あなたがそれのために創造されたように、それはあなたのために創造されたのです。9「神」は「神」の子どもたちを見守り、彼らに対していかなるものも否定しません。10しかしながら、「神」の子どもたちが「神」を否定するとき、彼らはこれを知りません。なぜなら、彼らは自分自身に対してすべてを否定しているからです。11「神の愛」を、見るもの、触れるもの、思い出すもののすべてに与えることのできるあなたが、「天国」を自分自身に対して文字通り否定しているのです。

4. 「神の王国」を「神の王国」に教えるために私はあなたを選んだことを思い出してもらうために、私はあなたに呼びかけています。2このレッスンに例外はありません。なぜなら、例外の欠如がそのレッスンだからです。3このレッスンをハートにもって、「神の王国」に戻る「神の子」の誰もが「神の子のすべて」を癒し、「神」に感謝を捧げたのです。4このレッスンを学ぶ人はすべて完璧な教師になったのです。なぜなら、彼はそれを「聖霊」から学んだからです。

5. マインドが光だけを所有するとき、マインドは光しか知りません。2マインド自身の輝きが周囲全体に輝き、他のマインドの暗闇の中へと延びていき、他のマインドを尊厳のあるものに転換します。3あなたが認識し、感謝し、知ることができるように、そこには「神の尊厳」があります。4「神の尊厳」をあなたの兄弟として認識することは、あなた自身の遺産を受け容れることです。5「神」は平等にしか与えることはされません。6誰かの中に「神」の贈り物を認識するならば、あなたは「神」があなたに与えられたものを承認したのです。7真実ほど認識するのが容易なものはありません。8これは即時的で、明確で、自然な認識です。9あなたはそれを認識しないように自分自身を訓練してきましたが、これはあなたにとって非常に困難なことでした。

6. 自分にとって自然な環境から出てしまったあなたが、〝真実とは何だろうか〟と問いかけるのはもっともなことです。というのは、真実こそ、それによってあなたが創造され、そのためにあなたが創造された環境だからです。2 あなたは自分自身を知りません。なぜなら、あなたの「創造主」を知らないからです。3 あなたはあなたの創造物を知りません。なぜなら、共にそれらを創造したあなたの兄弟を知らないからです。4 既に言ったように、「神の子のすべて」だけが「神」との共同創造者になるに値します。なぜなら、「神の子のすべて」にしか「神」と同じように創造することはできないからです。5 兄弟の価値を認識することによって兄弟を癒す度に、あなたは兄弟の創造する力と、あなたの創造する力を承認しているのです。6 あなたが兄弟の中に認識するものを兄弟が失ったということはあり得ません。そして、あなたが兄弟の中に見る栄光をあなたももっているに違いありません。7 兄弟は、「神」との共同創造者であり、あなたとの共同創造者です。8 兄弟の創造力を否定すれば、あなた自身の創造力を否定することになり、あなたを創造された「神」の創造力を否定することになります。

7. あなたは真実の一部を否定することはできません。2 あなたはあなたの創造物を知りません。なぜなら、彼らの創造主を知らないからです。3 あなたはあなた自身を知りません。なぜなら、あなたの創造物を知らないからです。4 あなたには「神の実在」を確立することができないのと同様に、あなたの創造物にはあなたの実在を確立することはできません。5 しかし、あなたは「両者」を**知る**ことができます。6 存在は分かち合うことによって知られます。7「神」が「ご自分の存在」をあなたと分かち合われたが故に、あなたは「神」を知ることができます。8 しかし、「神」が創造されたものが何を分かち合ったかを知るためには、「神」が創造されたもののすべてを知らなければなりません。9 あなたの「父」なくしては、あなたは父親としての自分を知ることはできません。10「神の王国」は「神の子のすべて」と、彼らの子どもたちのすべてを含みます。彼らの子どもたちは、「神」に似ているのと同程度に「神の子どもたち」にも似ています。11 というわけで、「神の子どもたち」を知れば、すべての創造物を知るでしょう。

第8章　故郷へ帰る旅

I. カリキュラムの方向

1. 知識はこのコースを学ぶための動機ではありません。2 安らぎがその動機です。3 これは知識の必要前提条件ですが、その唯一の理由は、葛藤の中にある人々は安らいだ状態にはないからであり、安らぎは「神の王国」の条件であるが故に知識の条件だからです。4 知識はあなたがその条件を満たすとき、はじめて回復することが可能になります。5 これは「神」によってなされる取引ではありません。6 取引は単に、「神の意志」ではない想像上の意志に代わって「神」の法則をあなたが誤用する結果にすぎません。7 知識はまさに「神の意志」です。8「神の意志」に逆らっているとするならば、「神の意志」をもつことは不可能です。9 知識があなたに何を差し出してくれるかについて話しましたが、おそらく、あなたはこれを完全に望ましいものであるとはまだ見なしていないかもしれません。10 それが望ましいものであると見なしていれば、エゴがあなたの忠誠を求めるとき、知識をそれほどあっさりと捨てることはないでしょう。

2. エゴによって気を逸らされるために学びが妨げられるように思われるかもしれませんが、あなたがエゴにその力を与えない限り、エゴにあなたの気を逸らせる力はありません。2 エゴの声は幻覚です。3 エゴに、〝私は実在しません〟と言うことを期待することはできません。4 しかしながら、あなたは幻覚を自分だけの力で一掃することを求められているわけではありません。5 それがあなたにどのような結果をもたらすかという観点から評価することを求められているだけです。6 安らぎの喪失を理由にそれを望まなければ、幻覚はあなたのマインドから除去されることでしょう。

3. エゴへの反応の一つ一つはすべて戦争への呼びかけであり、戦争はあなたから確実に安らぎを奪います。2 しかし、この戦争に敵対者は存在しません。3 これが安らぎを確保するためにあなたが必要とする実在の再解釈であり、あなたにとって必要な唯一の再解釈です。4 あなたが敵対者であると知覚する人々はあなたの安らぎの一部であり、彼らを攻撃することによって、あなたは自分の安らぎの一部を放棄しているのです。[5]自ら放棄しているものを所有することが可能でしょうか。[6]あなたは得るために分かち合いますが、自らそれを放棄することはしません。[7]安らぎを放棄するとき、安らぎから自分自身を排除することになります。[8]これは「神の王国」とは非常に異質な状況であるために、「神の王国」を支配している状態をあなたは理解することができません。

4. あなたの過去の学びはあなたに間違ったことを教えたに違いありません。その理由はただ一つ、それはあなたを幸せにしていないからです。[2]これだけが唯一の根拠であっても、あなたの過去の学びの価値は疑問視されるべきです。[3]もしも学びが変化を目指すとするならば、それは常に学びの目的ですが、学びがもたらしてくれた変化にあなたは満足していますか。[4]学びの結果に対する不満は、学びが失敗したことの表れです。というのは、その不満はあなたが望んだことを入手できなかったことを意味するからです。

5. 「あがない」のカリキュラムは、あなたがあなた自身のために確立したカリキュラムとは正反対のものですが、得られる結果も同じように正反対です。[2]あなたのカリキュラムの結果があなたを不幸にしたとすれば、そして、あなたが異なった結果を望むとすれば、カリキュラムの変更が明らかに必要です。[3]導入すべき最初の変更は、方向を変えることです。[4]カリキュラムが有意義であるためには首尾一貫性は欠かせません。[5]カリキュラムが、まったく正反対の対立する考えを信じている二人の教師によって計画されたならば、それを統合することは不可能です。[6]このカリキュラムをそのような二人の教師が同時に遂行するならば、それぞれの教師はお互いの邪魔をするだけです。[7]これは動揺にはつながりますが、変化にはつながりません。[8]激しやすい者には方向性はありません。[9]彼らは一つの方向を選択することができません。なぜなら、たとえ別な方向が存在しなかったとしても、それを放棄することができないからです。[10]彼らの相反するカリキュラムはあらゆる方向が存在することを彼らに教えますが、選択のための論理的根拠を与えません。

6. 方向を本当に変えることが可能となるためには、そのようなカリキュラムの完全な無意味性が完全に認識されなければなりません。[2]あらゆることに関してまったく同意していない二人の教師から同時に学ぶことは不可能です。[3]そのような教師による共同のカリキュラムは、不可能な学習作業を提示します。[4]彼らはまったく異なったやり方で、まったく異なった事柄をあなたに教えることになります。それは可能であるかもしれませんが、問題は、両者共にあなたについて教えているということです。[5]あなたの実在はこの両者によって影響されることはありませんが、あなたの実在が何であるかに関して、あなたのマインドは分裂することになるでしょう。

II. 幽閉と自由の違い

1. 選択のための論理的根拠は確かに存在します。[2]ただ一人の「教師」だけが、あなたの実在が何であるかを知っています。[3]その知識への障害物を取り除くことを学ぶのがカリキュラムの目的であるとするならば、それは「彼」から学ばなければなりません。[4]エゴには自分が何を教えようとしているのかが分かっていません。[5]エゴはあなたが何であるかを知らずに、あなたが何であるかをあなたに教えようとしているのです。[6]エゴは混乱の名人であるにすぎません。[7]エゴにはそれ以外のものは何も分かりません。[8]したがって、教師としてのエゴは完全に混乱しており、大変な混乱を生じさせます。[9]仮にあなたが「聖霊」を完全に無視することができたとしても、それは不可能なことですが、エゴからは何も学ぶことはできません。なぜなら、エゴは何も知らないからです。

2. このような教師を選ぶべき理由がいったいあり得るでしょうか。[2]そういうエゴが教えるものは何であれ、完全に無視するのが分別ある行動ではないでしょうか。[3]これが自分自身を発見するために「神の子」が頼るべき教師でしょうか。[4]エゴがいかなる問題に対しても分別のある答えをあなたに与えてくれたことは一度もありません。[5]エゴの教えについてのあなた自身の体験に照らしてみただけでも、エゴはあなたの未来の教師としては失格ではないでしょうか。[6]にもかかわらず、エゴはこれ以外にもあなたの学びに害をなしてきました。[7]学びによって自然な道に導かれ、あなたがもっているものの発達が促進されるとき、学びは喜びに満ちたものになります。[8]しかしながら、あなたの性質に反して教えられるとき、学ぶことによって失うことになるでしょう。なぜなら、学びがあなたを幽閉することになるからです。[9]あなたの意志はあなたの性質の中にしっかりとあります。したがって、あなたの意志はあなたの性質に逆らうことはできません。

3. あなたの意志が自由である限り、エゴはあなたに何も教えることはできません。なぜなら、あなたはエゴの声に耳を傾けないからです。[2]幽閉されることはあなたの意志ではありません。なぜなら、あなたの意志は自由だからです。[3]エゴが自由意志の否定そのものである理由はこれです。[4]あなたを強制するのは「神」ではありません。なぜなら、「神」は「ご自分の意志」をあなたと分かち合われるからです。[5]「神の声」は「神の意志」に従って教えることしかしませんが、しかし、「神の意志」は「聖霊」のレッスンではありません。なぜなら、「神の意志」はあなたの本質だからです。[6]ここでのレッスンは、あなたの意志と「神の意志」は一つであるが故に一致しないことはあり得ないということです。[7]これはエゴが教えようとすることをすべて解除することです。[8]とすれば、葛藤を正さなければならないのはカリキュラムの方向だけではなく、カリキュラムの内容でもあるということになります。

4. エゴは、あなたは「神の意志」に逆らうことを望んでいると教えようとします。[2]この不自然なレッスンを学ぶことは不可能です。それを学ぼうとする試みはあなた自身の自由の侵害であり、あなたの意志は自由であるが故に、あなたは自分の意志を恐れるようになってしまいます。[3]「聖霊」は、「神の子」の意志は「父の意志」であると知っているために、「神の子」の意志を幽閉することに反対します。[4]「聖霊」は自由の道に沿ってあなたを着実に導き、あなたを抑止するものすべてをどのようにして無視するか、あるいは、どのようにして超越するかの方法をあなたに教えます。

5. 「聖霊」は苦痛と喜びの違いを教えてくれると私たちは言いました。[2]これは、「聖霊」は幽閉と自由の違いを教えてくれると言うのと同じことです。[3]「聖霊」なしではあなたにはこの区別をすることはできません。なぜなら、あなたは幽閉が自由であると自分自身に教え込んできたからです。[4]幽閉と自由が同じものであると信じているとすれば、それらの区別をすることが可能でしょうか。[5]幽閉と自由は同じであると信じるように教えたあなたのマインドの一部に、それらがどのように違うかを教えてくれるようにと依頼できるでしょうか。

6. 「聖霊」の教えにはただ一つの方向しかなく、ただ一つの目標しかありません。[2]「聖霊」の方向は自由であり、「聖霊」の目標は「神」です。[3]しかし、「聖霊」はあなたなくしては「神」を思うことはできません。なぜなら、あなたなくして存在することは「神の意志」ではないからです。[4]あなたの意志は「神の意志」であることを学んだとき、

「神」があなたなしで存在したいとの意志をもたれることがないのと同様に、あなたが「神」なしで存在したいとの意志をもつことはなくなるでしょう。[5]これが自由であり、これが喜びです。[6]自分自身に対してこれを否定するならば、「神」に対して「神の王国」を否定することになります。なぜなら、「神」はこのためにあなたを創造されたからです。

7. 〝「神の王国」は「神」のものであるが故に、すべての力と栄光はあなたのものである〟と私が言ったのは、〝「神の意志」には制限がなく、すべての力と栄光はその中にある〟という意味で言ったのです。[2]「神の意志」は、力と愛と安らぎにおいて無限です。[3]その延長は無限であるが故に境界はなく、それはすべてのものを創造したが故にすべてのものを包含します。[4]それはすべてのものを創造することによって、すべてのものを自らの一部にしたのです。[5]あなたは「神の意志」です。なぜなら、あなたはそのようにして創造されたからです。[6]あなたの「創造主」は「自分自身」と似ているものしか創造しないが故に、あなたは「神」に似ています。[7]あなたはすべての力と栄光である「神」の一部であり、したがって、「神」と同様に無限です。

8. 「神の王国」を回復させるために、「聖霊」はすべての力と栄光に訴えるしかありません。[2]したがって、「聖霊」の訴えは「神の王国」の本質に対してだけなされているのであり、「神の王国」が自らの本質を承認するようにと訴えているのです。[3]あなたがこれを承認すると、自動的にその承認をすべての人にもたらすことになります。なぜなら、あなたはすべての人をしっかりと承認したからです。[4]あなたの認識によって彼らの認識を目覚めさせることとなり、彼らの認識によってあなたの認識は延長されます。[5]「神への呼びかけ」に応えて、目覚めが「神の王国」を易々と、喜びをもって駆け巡ります。[6]これは「創造主を代弁する声」に対する、「神の子のすべて」の自然な反応です。なぜなら、その「声」は、「神の子」の創造物を代弁する、そしてまた、「神の子」自身の延長を代弁する「声」だからです。

III. 神聖な出会い

1. いと高き所に在る「神」に栄光あれ、そして、「神」がそのように意志を示されたが故に、あなたに栄光あれ。[2]求めなさい、そうすればそれはあなたに与えられるでしょう。なぜなら、それは既に与えられているのですから。[3]光を求めなさい。そして、あなたこそまさに光であることを学びなさい。4 あなたが理解と悟りを欲するならば、あなたはそれを学ぶでしょう。なぜなら、それを学ぶという決断は、光を知っているが故に光を教えることができる「教師」に耳を傾けるという決断だからです。5 あなたの学びには限りがありません。なぜなら、あなたのマインドには限りがないからです。6 この「教師」は教えるために創造されたが故に、「彼」の教えには限りがありません。7 自らの機能を完璧に理解しているこの「教師」は、自らの機能を完璧に果たします。なぜなら、それが「彼」の喜びであり、あなたの喜びだからです。

2. 「神の意志」を完璧に実現することが、完全に知ることが可能な唯一の喜びであり、安らぎです。なぜなら、それが完全に体験できる唯一の機能だからです。2 したがって、これが達成されたとき、他のいかなる体験も存在しません。3 しかし、他の体験への欲求がこの達成を妨害するでしょう。なぜなら、「神の意志」は完全に自主的な体験であるがために、強制することはできないからです。4「聖霊」はこれをどのようにして教えるかを理解していますが、あなたには分かっていません。5 このためにあなたには「聖霊」が必要であり、「神」が「聖霊」をあなたに与えられたのです。6「聖霊」の教えだけがあなたの意志を「神の意志」に向かって解放することができ、その結果、あなたの意志は「神」の力と栄光と一体になり、「神」の力と栄光はあなたのものとして確立されます。7 あなたは「神」がそれらを分かち合われるのと同じように、それらを分かち合います。なぜなら、これがそれらの在り方の自然な結果だからです。

3. 「父」と「子」の意志は、「父」と「子」の延長によって「一つ」になります。2「彼ら」の延長は「彼らの一体性」の結果であり、「彼ら」の共同の「意志」を延長することによって、「彼ら」の結合を保持しているのです。3 これは完璧に創造されたものによる完璧な創造であり、完璧な「創造主」と一体になって行われるものです。4「父」は「ご自分の子ども」に父性を与えなければなりません。なぜなら、「ご自身の父性」が外部へと延長されなければならないからです。5「神」に属するあなたがもつ唯一の機能は、それにいかなる制限も加えることなく「神の父性」を延長することです。6 これをどのようにして行うかを「聖霊」に教えてもらってください。というのは、それが何を意味するかは、「神ご自身」を通してしか理解することはできないからです。

4. 誰に会うときであれ、それは神聖な出会いであることを思い出してください。[2]あなたがその人をどのように見るかは、すなわち、あなたが自分自身をどのように見るかと同じことです。[3]その人をどのように扱うかは、すなわち、あなたが自分自身をどのように扱うかと同じことです。[4]その人をどのように考えるかは、すなわち、あなたが自分自身をどのように考えるかと同じことです。[5]決してこれを忘れないでください。会う人の中に自分自身を発見するか、それとも、自分自身を失うかのどちらかなのです。[6]二人の「神の子」が出会う度に、彼らは救いの機会を再び与えられます。[7]出会いの後に別れるときは、必ずその人に救いを与え、また、あなた自身も救いを受け取ってください。[8]というのは、あなたが誰であるかを思い出させるために、私は常にあなたと共にそこにいるからです。

5. あなたが誰を教師として選ぶにしても、カリキュラムの目標は〝汝、自身を知れ〟です。[2]これ以外に探求するものは何もありません。[3]誰もが自分自身を探し求めているのであり、失ってしまったと思っている力と栄光を探し求めています。[4]あなたが誰かと会う度ごとに、それらを発見する機会を与えられます。[5]あなたの力と栄光はその人の中にあります。なぜなら、それらはあなたのものだからです。[6]エゴはあなた自身の中にだけそれらを見出そうとします。なぜなら、エゴは探すべき場所を知らないからです。[7]自分だけを見ている限り、自分を発見することはできないと「聖霊」は教えます。なぜなら、それはあなたの本来の姿ではないからです。[8]あなたが兄弟と共にいるときは常に、自分が何であるかを学んでいます。なぜなら、自分が何であるかを教えているからです。[9]あなたの兄弟は苦痛をもって反応するか喜びをもって反応するかのどちらかですが、それはあなたが「聖霊」とエゴのどちらを教師としているかによります。[10]あなたの兄弟はあなたの決断に応じて幽閉されるか解放されることになりますが、あなたも幽閉されるか解放されることになります。[11]兄弟に対する責任を決して忘れないでください。なぜなら、それはあなた自身に対する責任でもあるからです。[12]「神の王国」の中に兄弟の居場所を与えてください。そうすれば、あなたの居場所も得られるでしょう。

6. 「神の王国」は単独では発見することはできません。そして、「神の王国」であるあなたも、自分自身を単独では発見することはできません。[2]したがって、カリキュラムの目標を達成するためには、エゴの声に耳を傾けることはできません。エゴの目的は、エゴ自身の目標を挫折させることなのですから。3エゴはこれを知りません。なぜなら、エゴは何も知らないからです。4しかし、あなたにはそれを知ることが可能であり、エゴがあなたをどのような存在にするかを見つめる気持になれば、あなたはそれを知ることができるでしょう。5これはあなたの責任です。なぜなら、一度本当にそれを見つめたならば、あなたは自分自身のために「あがない」をしっかりと受け容れることになるからです。6それ以外のどのような選択が可能でしょうか。7この選択をすると、これまで誰かと会ったときに、その人は紛れもなく自分以外の誰かであると、なぜあなたが信じたかが分かるでしょう。8あなたが完全に参加する神聖な出会いのすべてにおいて、あなたはこれがそうではないことを教えられるでしょう。

7. あなたは自分自身の一部にしか出会うことはできません。なぜなら、あなたはすべてのものである「神」の一部だからです。2「神」の力と栄光は至るところに存在し、あなたがそれから排除されることは不可能です。3エゴはあなたの強さはあなたの中にだけあると教えます。4「聖霊」はすべての強さは「神」の中にあり、したがって、あなたの中にもあると教えます。5誰であれ人が苦しむことは「神の意志」ではありません。6あなたも含めて誰であれ、誤った決断によって苦しむことは「神の意志」ではありません。7「神」があなたにそれを解除する手段を与えてくださった理由はここにあります。8「神」の力と栄光を通して、あなたの誤った決断はすべて完全に解除され、「神の子のすべて」の一部が抱いている、人を幽閉させる思いの一つ一つから、あなたとあなたの兄弟は解放されます。9誤った決断にはいかなる力もありません。なぜなら、誤った決断は真実ではないからです。10誤った決断が生み出すように思われる幽閉は、誤った決断が真実でないのと同様に真実ではありません。

8. 力と栄光は「神」にのみ属するものです。2あなたも「神」にのみ属するものです。3「神」は「ご自身」を与えられるが故に、「神」に属するものは何であれすべて与えられます。そして、すべてのものは「神」に属します。4あなた自身を与えるということが、「神」があなたに与えられた機能です。5この機能を完璧に果たすことによって、あなたは「神」の何をもっているかを思い出すでしょう。またこの機能を完全に果たすことによって、「神」の中にいるあなたが何であるかも思い出すことでしょう。6あなたにこれをするだけの力がないということはあり得ません。なぜなら、これがあなたの力だからです。7栄光は「神」からあなたへの贈り物です。なぜなら、それが「神」の本質だからです。8あなたの本質が何であるかを思い出すために、至るところでこの栄光を見てください。

IV. 自由という贈り物

1. あなたに対する「神の意志」が完璧な安らぎと喜びであるとすれば、そしてあなたが完璧な安らぎと喜びを体験していないとすれば、あなたは「神の意志」を承認することを拒否しているに違いありません。2「神の意志」は、永遠に不変であるが故に動揺することはありません。3あなたが安らぎの中にいないとすれば、その理由はただ一つ、あなたは「神」の中にいることを信じていないからです。4しかし、「神」はすべての中にある「すべて」です。5「神」の安らぎは完璧であり、あなたも必然的にその中に含まれます。6「神」の法則はあなたをも支配します。なぜなら、「神」の法則はすべてのものを支配するからです。7「神」の法則に従わないことはできますが、「神」の法則から自分自身を免除することはできません。8しかし、もしもあなたが自分を「神」の法則から免除したとするならば、もし仮に免除したとするならば、あなたは孤独に感じ、どうしたら良いか分からないと感じることでしょう。なぜなら、あなたは自分自身に対してすべてを否定することになるからです。

2. 私は、自らに対してすべてのものを否定する世界に一条の光としてやって来ました。2この世界はすべてのものとただ関係を絶つことによって、自らにすべてを否定します。3したがって、それは孤立という幻想であり、この幻想は、これもまた幻想である同じ孤独に対する怖れによって維持されます。4私はあなたと共に常にいると言いました。世界の果てまでも常にあなたと共にいると言いました。5だからこそ私は世界の光なのです。6孤独な世界の中に私があなたと一緒にいるならば、孤独感はなくなります。7一人でいるのでなければ、孤独という幻想を維持することはできません。8とすれば、私の目的は今もなお世界を克服することです。9私は世界を攻撃はしません。しかし、私の光はこの世界の性質の故に、この世界を一掃しなければなりません。10光は暗闇を攻撃はしませんが、輝きによって暗闇を消します。11私の光があなたと一緒にあらゆる場所に行くならば、あなたは私と一緒に暗闇を消すことになるでしょう。12その光は私たちの光となり、あなたが行く場所には暗闇が住むことはできなくなるのと同様に、あなたも暗闇の中に住むことはできなくなるでしょう。[13]私の思い出はあなた自身の思い出であり、私をあなたのもとに遣わされた「神」の思い出です。

3. 「神の意志」が、誰であれ「神の子のすべて」の一部の人によって完全に行われるまでは、あなたは暗闇の中にいました。[2]これがなされたとき、それはすべての人々によって完璧に達成されました。[3]これ以外の方法でそれを完璧に達成することが可能だったでしょうか。[4]私の使命はただ、私自身が「父の意志」を自覚することによって、「神の子のすべて」の意志を「父の意志」と一つにすることでした。[5]私があなたに与えるためにもってきた意識はこれです。それを受け容れることができないというあなたの問題は、この世界の問題です。[6]この問題を解消することが救いです。この意味において、私はまさに世界の救いです。[7]したがって、この世界は必ず私を軽蔑し拒絶することになります。なぜなら、この世界はまさに愛は不可能であるという信念そのものだからです。[8]私があなたと一緒にいるという事実をあなたが受け容れるならば、あなたはこの世界を否定しているのであり、「神」を受け容れています。[9]私の意志は「神の意志」であり、私の声を聞こうとするあなたの決断は、「神の声」を聞き、「神の意志」の中に住もうとする決断です。[10]「神」が私をあなたの所に遣わされたように、私はあなたを他の人たちの所へ派遣します。[11]そして、私は彼らに安らぎと結合を教えるために、あなたと一緒に彼らの所に行きます。

4. あなたが安らぎを必要としているのと同程度に、この世界は安らぎを必要としていると思いませんか。[2]あなたがそれを受け取りたいと望んでいるのと同程度に、それを世界に与えたいと思いませんか。[3]というのは、そう思わなければ、あなたがそれを受け取ることはないからです。[4]それを私から受け取りたいのであれば、それを与えなければなりません。[5]癒しは他人からやって来ることはありません。[6]あなたは内なる導きを受け容れなければなりません。[7]その導きはあなたが望むものでなければなりません。さもなければ、それはあなたにとって無意味なものです。[8]癒しが共同事業である理由はここにあります。[9]私はあなたにするべきことを指示はできますが、あなたがするべきことを私が知っていると信じることによって、あなたは協力しなければなりません。[10]その時はじめて、あなたのマインドは私に従うという選択をするでしょう。[11]この選択なしには、あなたが癒されることはありません。なぜなら、この選択をしないことによって、あなたは癒しを退ける決断をしたことになるからです。あなたのための私の決断をこうして拒絶することにより、癒しは不可能になります。

5. 癒しは私たちの共通の意志を反映します。[2] 癒しが何のためになされるのかを考えると、これは明らかです。[3] 癒しは分離を克服する方法です。[4] 分離は結合によって克服されます。[5] 分離することによって分離を克服することはできません。[6] 結合するという決断は絶対に揺るぎないものでなければなりません。さもなければ、マインドそのものが分割され、完全でなくなります。[7] あなたのマインドは、あなたがあなた自身の状態を決断するための手段です。なぜなら、マインドは決断のメカニズムだからです。[8] マインドは、あなたが分離するか一緒になるかを決断する力であり、それに応じて、苦痛を体験するか喜びを体験するかを決断する力です。[9] 私の決断はあなたの決断に打ち勝つことはできません。なぜなら、あなたの決断は私の決断と同じ程度に強力だからです。[10] もしそうでなかったとしたら、「神の子どもたち」は対等でなくなってしまいます。[11] 私たちの共同の決断があればすべてのことが可能ですが、私の決断だけではあなたを助けることはできません。[12] あなたの意志は私の意志と同じように自由であり、「神ご自身」もそれに逆らうことはされません。[13]「神」が意志としてもたれないことを、私が意志としてもつことはできません。[14] あなたの強さを何者にも負けないものにするために、私の強さを差し出すことはできます。しかし、私があなたの決断に反対すれば、あなたの決断と競争することは避けられず、それによって、あなたに対する「神の意志」を侵害することは避けられません。

6. 「神」が創造されたいかなるものも「神の意志」に反対することができないのと同じように、「神」が創造されたいかなるものもあなたの決断に反対することはできません。[2]「神」はあなたの意志にその力を与えられたのであり、私には「神の意志」に敬意を表してそれを承認することしかできません。[3] あなたが私のようでありたいと望むならば、私たちは同じであることを知っている私はあなたに援助の手を差し伸べましょう。[4] あなたが私と同じではありたくないと望むならば、あなたが気持を変えるまで待ちましょう。[5] 私はあなたに教えることはできますが、私の教えに耳を傾ける選択はあなたにしかできません。[6]「神の王国」が自由であるとするならば、これ以外の方法はありません。[7] いかなる種類の暴政によっても自由を学ぶことはできず、すべての「神の子どもたち」の完璧な平等性は、一つのマインドが他のマインドを支配することによっては認識することはできません。8「神の子どもたち」は、すべてが「父の意志」そのものであるが故に、意志において平等です。9私が教えに来たレッスンはこれに尽きます。

7. 仮にあなたの意志が私の意志でないとするならば、あなたの意志は私たちの「父の意志」でもないことになります。2これは、あなたがあなたの意志を幽閉し、自由を与えていないことを意味します。3あなただけでは何もできません。なぜなら、あなただけでは無だからです。4私は「父」がいなければ無であり、私がいなければあなたは無です。なぜなら、「父」を否定することによって、あなたはあなた自身を否定するからです。5私は常にあなたを思い出すでしょう。そして、あなたについての私の思い出の中に、あなた自身についてのあなたの思い出があります。6お互いについての私たちの思い出の中に、「神」についての私たちの思い出があります。7そして、この思い出の中にあなたの自由があります。なぜなら、あなたの自由は「神」の中にあるからです。8ですから、私と一緒に「神」を誉めたたえましょう。そして、「神」が創造されたあなたを誉めたたえましょう。9これが「神」に対する私たちの感謝の贈り物であり、「神」はそれを「神」のすべての創造物と分かち合われるでしょう。「神」はすべての創造物に対して、「神」にとって許容できるものはすべて平等に与えられます。10それが神にとって許容できるものであるが故に、それは自由という贈り物であり、それがすべての「神の子どもたち」に対する「神の意志」です。11自由を差し出すことによって、あなたは自由となるでしょう。

8. 自由は「神の子どもたち」の本質と「神」の本質に対する承認であるために、あなたが「神の子どもたち」に対して差し出すことができる唯一の贈り物です。2自由は創造です。なぜなら、自由は愛だからです。3あなたが幽閉しようとする人を、あなたは愛してはいません。4したがって、自分自身も含めて誰かを幽閉しようとするとき、あなたはその人を愛してはおらず、その人に帰属意識をもつことはできません。5あなたがあなた自身を幽閉するとき、あなたは私および「神」とあなたとの真の帰属意識を見失っています。6あなたの帰属意識は「神」および「神の子」にあります。7「神」か「神の子」の一方にだけ帰属意識を抱き、他方に帰属意識を抱かないということは不可能です。8あなたが「一方」の一部であるならば、同時に「他方」の一部でもなければなりません。なぜなら、「彼ら」は「一つ」だからです。9「三位一体」が神聖である理由は「それ」が「一つ」だからです。10あなたがこの結合から自分自身を排除するならば、「三位一体」を分離したものとして知覚していることになります。11あなたは「それ」に含まれなければなりません。なぜなら、「それ」はすべてのものだからです。12あなたが「三位一体」の中において自分の場所を占め、その一部として自分の機能を果たさなければ、「三位一体」はあなたと同じように欠けたものとなるでしょう。13「三位一体」の真実を知らしめるためには、「三位一体」のいかなる部分も幽閉されてはなりません。

V. 神の子のすべての分割されていない意志

1. 帰属意識から分離されながら、心が安らかでいることができるでしょうか。2分断は解決ではなく妄想です。3妄想を抱く人々は、真実が自分を襲ってくるだろうと信じていますが、妄想のほうをより好むために真実に気づきません。4彼らは、真実は自分が欲するものではないと価値判断した結果、知識を妨害する幻想を知覚します。5私があなたのマインドのために私の統一されたマインドを差し出しているように、彼らのためにあなたの統一されたマインドを差し出すことによって、彼らを助けてください。6私たちは単独では何もできませんが、私たちのマインドが一緒になれば、それぞれが単独でもっている力よりも遙かに大きな力をもった何かになることができます。7別々に分離しないことによって、「神のマインド」が私たちのマインドの中に、私たちのマインドとして確立されます。8この「マインド」は何者にも負けることはありません。なぜなら、分割されていないからです。

2. 「神の子のすべて」がもつ分割されていない意志は、完全に「神」に類似しているために、完璧な創造者であり、それはまさに「神の意志」です。2それが何であるか、そして、あなたが何であるかを理解するためには、あなたはそれを免れることはできません。3あなたの意志は私の意志から分離しているという信念によって、あなたはまさにあなた自身に他ならない「神の意志」からあなた自身を免除しています。4しかしそれにしても、癒すことは完全にすることです。5したがって、癒すことはあなたと同じような人々と一体になることです。なぜなら、この類似性を知覚することは「父」を認識することだからです。6あなたの完全性が「神」の中にあるならば、そして、「神」の中にしかないとするならば、「神」を認識することなくして、あなたの完全性をどうやって知ることができるでしょうか。7「神」を認識することはあなた自身を認識することです。8「神」と「神」の創造物は分離していません。9あなたの意志と私の意志の間には隔たりは何もないと理解したとき、これに気づくことができるでしょう。10私を受け容れることによって、「神の愛」をあなたの上に輝かせてください。11私の実在はあなたの実在であり、「神の実在」です。12あなたのマインドを私のマインドと一緒にすることによって、「神の意志」は「一つ」であるというあなたの自覚を表明することになります。

3. 「神の一体性」と私たちの一体性は別々ではありません。なぜなら、「神の一体性」は、私たちの一体性をも包み込んでいるからです。2私と一緒になるということは、「神」の力をあなたが回復するということです。なぜなら、私たちはそれを分かち合うからです。3私があなたに差し出すものはただ一つ、あなたの中にある「神」の力の認識だけですが、しかし、その中にすべての真実が横たわっています。4私たちが一体になるとき、私たちは「神」と一体になります。5「神」と「神の子どもたち」の結合に栄光あれ！ 6すべての栄光は「彼ら」の中にあります。なぜなら、「彼ら」は一体になったからです。7私たちが行う奇跡は、「子」に対する「父の意志」の証人です。そしてまた、私たちに対する「父の意志」と一体になった私たちの喜びの証人でもあります。

4. あなたが私と一体になるとき、あなたはエゴのない状態でそうしています。なぜなら、私は自分自身におけるエゴを放棄したために、あなたのエゴと一体になることはできないからです。2したがって、私たちの結合はあなたの中にあるエゴを放棄するための手段です。3私たちの中にある真実はエゴを超越しています。4エゴを超越することにおいて私たちが成功することは、「神」によって保証されています。あなたと私が、そして、私たちのすべてがこれに成功することに、私は自信をもっています。5私は「神」の安らぎを「神」の子どもたちすべてに持ち帰ります。なぜなら、私はそれを私たちすべてのために「神」からいただいたからです。6いかなるものも、私たちの一体となった意志を打ち負かすことはできません。なぜなら、いかなるものも「神の意志」を打ち負かすことはできないからです。

5. あなたに対する「神の意志」を知っていますか。2あなたに代わってそれを知っている私に聞いてください。そうすれば、あなたはそれを発見するでしょう。[3]「神」が私に対して何も否定されないように、私もあなたに対して何も否定しません。[4]私たちの旅は、故郷である「神」のもとに帰る旅にすぎません。[5]安らぎに至る道の途中で怖れが侵入してくるときは、常に、エゴが旅に加わろうとしてそれができないことが原因です。[6]エゴは敗北を感知して怒り、自分が拒絶されたと感じて報復に転じます。[7]あなたはエゴの報復によって傷つけられることはありません。なぜなら、私があなたと一緒にいるからです。[8]この旅において、あなたはエゴの代わりに私を道連れに選びました。[9]私とエゴの両方にすがりつくことはしないでください。さもないと、あなたは様々な方向に行こうとして、道に迷ってしまうでしょう。

6. エゴの道は私の道ではありませんが、あなたの道でもありません。[2]「聖霊」はすべてのマインドのために、一つの方向だけをもっています。そして、「聖霊」が私に教えてくれた方向はあなたの方向です。[3]幻想のために「聖霊」の方向を見失わないようにしましょう。というのは、別な方向の幻想だけが、私たちすべての内部で「神の声」が語る方向を不明瞭にすることができるからです。[4]この旅を妨害する力をエゴに決して与えないでください。[5]エゴにはその力はありません。なぜなら、この旅は真実であるものへと向かう旅だからです。[6]すべての幻想を置き去りにして、あなたを引き留めようとするエゴのすべての試みを乗り越えてください。[7]私はエゴを超越していますから、あなたの先を行きましょう。[8]ですから、私の手を求めてあなたの手を伸ばしてください。なぜなら、あなたもエゴを超越したいと望んでいるのですから。[9]私の強さが不十分であることは決してありません。もしもあなたが私の強さを共有する選択をするならば、あなたはそうするでしょう。[10]私はそれを快く、喜んで与えるでしょう。なぜなら、あなたが私を必要としているのと同程度に、私はあなたを必要としているからです。

VI. 神の宝物

1. 私たちは「神の子のすべて」の共通の意志であり、「神の子のすべて」の「完全性」はすべての人のためにあります。[2]私たちは共に足を踏み出して故郷へ帰る旅路につき、共に進みながら兄弟を仲間に加えていきます。[3]私たちの強さが増大すれば、それはすべての兄弟のために差し出され、それによって彼らもまた自分の弱さを棄てることが可能となり、彼らの強さを私たちの強さに加えることができます。4「神」の歓迎が私たちのすべてを待ち受けています。私があなたを歓迎しているように、「神」は私たちを歓迎してくださるでしょう。5この世界が差し出すものに目をくらまされて、「神の王国」を忘れないでください。

2. この世界は「神」と神聖な「神の子」の力と栄光に何も加えることはできませんが、「神の子」がこの世界を瞠目するならば、盲目となって「父」が見えなくなります。2この世界に瞠目し、同時に、「神」を知ることは不可能です。3真実はいずれか一つだけです。4真実であるものを選択するのはあなたではないことを告げるために、私はやって来ました。5仮にそれがあなたの選択に任されていたならば、あなたは自分自身を破壊してしまったでしょう。6しかしながら、「ご自分」の創造物を破壊することは「神の意志」ではありませんでした。「神」は創造物を永遠のために創造されたのですから。7「神の意志」はあなたを救ってくれましたが、あなた自身から救ったのではなく、あなた自身についてのあなたの幻想から救ったのです。8「神」は本来のあなたに代わってあなたを救われたのです。

3. この世界が否定する「神」の栄光を讃えましょう。というのは、「神の王国」に対してこの世界はいかなる力ももたないからです。2「神」によって創造された者は誰一人として、永遠であるもの以外のいかなるものにも喜びを見出すことはできません。それは彼に何かが不足しているからではなく、それ以外のものは何も彼に値しないからです。3「神」と「神の子どもたち」が創造するものは永遠であり、このことにのみ彼らの喜びがあり、これだけが彼らの喜びです。

4. 放蕩息子の物語に耳を傾けて、「神」の宝物が何であるか、あなたの宝物が何であるかを学んでください。愛情深い父親をもったこの息子は家を離れ、何の価値もないもののためにすべてを浪費してしまったと考えます。その時はそれらが無価値であることは分かっていなかったのですが。2彼は恥ずかしく思い、父のもとに帰ることを潔しとしませんでした。なぜなら、父親を傷つけてしまったと思ったからです。3しかし、彼が家に帰ったとき、父親は喜んで彼を迎え入れました。なぜなら、息子そのものが父親の本当の宝物だったからです。4父親はそれ以外に何も望みませんでした。

5. 「神」が望まれるのは「我が子」だけです。なぜなら、「我が子」だけが「神」の唯一の宝物だからです。2「神」が「ご自分」の創造物を望まれるように、あなたはあなたの創造物を望みます。3 あなたの創造物は「三位一体」へのあなたの贈り物であり、あなたが創造されたことに対する感謝の中で創造されたものです。4 あなたの創造物は、あなたがあなたの「創造主」のもとを離れることがないのと同様に、あなたのもとを離れることはありませんが、「神」が「ご自身」をあなたへと延長されたのと同様に、あなたの創造を延長します。5「神ご自身」の創造物が実在しないものに喜びを見出すということがあり得るでしょうか。6 そして、「神」の創造物と、「神」の創造物に似せて創造されたもの以外に、何が実在するでしょうか。7 あなたが創造という贈り物に感謝して「神」を愛しているのと同じように、あなたの創造物もあなたを愛しています。8 永遠なる贈り物はこの他にはなく、したがって、真実の贈り物はこれ以外にはありません。9 とすれば、これ以外のものを受け取って、あるいは、これ以外のものを何か与えて、見返りに喜びを期待するということはあり得ません。10 そして、あなたは喜び以外の何も望んではいないはずです。11 あなたはあなた自身を作りませんでしたし、あなたの機能も作りませんでした。12 あなたはそのどちらにも値しないという決断を下しただけです。13 しかしながら、あなた自身を価値がないものにすることはできません。なぜなら、あなたは「神」の宝物であり、「神」が価値ありと見なされるものには価値があるからです。14 その価値に疑問の余地はありません。なぜなら、その価値は「神」が「ご自身」をそれと分かち合い、その価値を永遠なるものとして確立したことに依拠するからです。

6. あなたの機能は、あなた自身の宝物を創造することによって「神」の宝物を増やすことです。2 あなたに対する「神の意志」はあなたのための「神の意志」です。3「神」があなたに創造力を許されないことはありません。なぜなら、「神」の喜びはあなたの創造力にあるからです。4 あなたは「神」と同じような形でしか喜びを見出すことはできません。5「神」の喜びはあなたを創造することにありました。そして、「神」と同じようにあなたも自分自身を延長することができるように、「神」はあなたに「ご自身の父性」を延長されます。6 あなたには「神」が理解できないために、これが理解できません。7 自分自身の機能を受け容れない者は、誰もその機能が何であるかを理解することはできません。そして、自分が何であるかを知らなければ、誰も自分の機能を受け容れることはできません。8 創造が「神の意志」です。9「神の意志」は、あなたが創造するようにとあなたを創造しました。10あなたの意志は「神の意志」から分離したものとしては創造されませんでした。したがって、あなたは「神の意志」と同じように意志を働かせなければなりません。

7.〝意欲のない意志〟は、実際には何も意味しない矛盾した言葉であるために、何も意味しません。2あなたが「神」と一緒に意志を働かせる気持がないと考えるとき、あなたは考えていません。3「神の意志」は「思い」です。4それを思いによって反駁することは不可能です。5「神」が「ご自分」に反駁されることはありません。「神の子どもたち」は、「神」に似ているが故に、自分自身にも「神」にも反駁することはできません。6しかしながら、「神の子どもたち」の思いは非常に強力であるために、そうすることを選択するならば、「神の子」のマインドを幽閉することすら可能です。7この選択によって「神の子」の機能は彼には未知のものになりますが、彼の「創造主」にとって未知のものになることは絶対にありません。8それは彼の「創造主」にとっては未知のものではないが故に、彼にとっていつでも知ることが可能なものです。

8. そもそもあなたが自分自身に問うべき質問は一つしかありません。それは、〝私は私のための「父の意志」を知りたいのだろうか〟という質問です。2「神」はそれを隠すことはされません。3「神」はそれを私に明らかにしてくださいました。なぜなら、私はそれについて「神」に問い、「神」がそれを既に与えてくださっていたことを学んだからです。4私たちの機能は一緒に働くことです。なぜなら、お互いから離れては、私たちはまったく機能できないからです。5「神の子のすべて」の力は私たちすべての中にありますが、単独の私たちにはありません。6「神」には一人でいたいという意志がないために、「神」は私たちが一人でいることを望まれません。7「神」が「神の子」を創造し、「神」と共に創造する力を与えられた理由はここにあります。8私たちの創造物は私たちと同程度に神聖であり、私たちは「神ご自身の子どもたち」であるが故に、私たちの創造物は「神」と同程度に神聖です。9私たちの創造物を通じて私たちは愛を延長し、かくして、「三位一体」の喜びは増大します。10あなたにはこれが理解できません。なぜなら、「神ご自身」の宝物であるあなたは、自分自身を価値あるものと見なしていないからです。11この信念があるために、あなたには何も理解することができません。

9. 私は「神」があなたの上に置かれる価値についての知識を「神」と共有しています。2私のあなたに対する献身は、私自身についての、そして「神」についての私の知識から生まれたものであるために、「神」のあなたに対する献身と同じものです。3私たちを分離することは不可能です。4「神」が結び合わされたものを分離することはできません。「神」はすべての「神の子どもたち」を「神ご自身」と結び合わされたのです。5あなたはあなたの生命から分離できるでしょうか。あなたという存在から分離できるでしょうか。6「神」へと向かう旅は、あなたが常にいる場所についての知識、そしてあなたが永遠に在り続ける本質についての知識を再び目覚めさせることにすぎません。7それは一度も変わったことのない目標に向かう行程のない旅です。8真実は体験するしかありません。9真実は描写することもできなければ、説明することもできません。10私は真実の条件をあなたに自覚させることはできますが、真実の体験は「神」のものです。11力を合わせれば私たちはその条件を満たすことはできます。しかし、真実はひとりでにあなたに訪れるでしょう。

10. 「神」があなたのために意図されたものはあなたのものです。2「神」は「ご自身の意志」を「神」の宝物に与えられ、今やそれは「神」の宝物の宝物です。3「神」のハートがそうであるように、あなたのハートはあなたの宝物がある場所にあります。4「神」に愛されているあなたは完全に祝福されています。5このことを私から学んでください。そして、あなたと同じように祝福されているすべての人たちの神聖な意志を解き放ってください。

VII. コミュニケーションの手段としての肉体

1. 攻撃は常に肉体的です。2どんな形であれ攻撃があなたのマインドの中に入ってくるとき、自分は肉体と同じであるとあなたは考えています。というのは、それがエゴによる肉体の解釈だからです。3この解釈を受け容れるために、肉体的に攻撃する必要はありません。4あなたはただ、攻撃することによって自分の欲しいものが入手できると信じることによって、それを受け容れています。5これを信じなければ、攻撃という考えはあなたにとって何の魅力もないでしょう。6あなたが自分を肉体と同じであると考えるとき、必ず憂鬱を体験します。7「神」の子が自分についてこのように考えるとき、自分を小さく見ており、自分の兄弟をも同様に小さなものとして見ています。8「神」の子は自分の兄弟の中にしか自分自身を発見することはできないために、こうすることで自分自身を救いから切り離してしまったことになります。

2.「聖霊」は肉体をコミュニケーションの手段であるとしか解釈しないことを思い出してください。2「神」と「神」から分離した「子どもたち」の間におけるコミュニケーションの「つなぎ目」である「聖霊」は、「自分」の本質に照らして、あなたが作ったもののすべてを解釈します。3エゴは肉体を通して分離します。4「聖霊」は肉体を通して他の人たちの所に達します。5あなたは「聖霊」があなたの兄弟を知覚するようには彼らを知覚していません。なぜなら、あなたは、肉体はマインドを結び合わせ、それをあなたのマインドそして私のマインドと一体にするための手段にすぎないとは見なさないからです。6肉体をこのように解釈することによって、肉体の価値についてのあなたのマインドは完全に変わることでしょう。7肉体それ自体には何の価値もありません。

3.あなたが肉体を攻撃に用いれば、肉体はあなたに害をなすでしょう。2自分は肉体であると信じている人々のマインドに到達するためにだけ肉体を用い、肉体を通して彼らは肉体ではないということを教えるならば、あなたの中にあるマインドの力をあなたは理解するでしょう。3肉体をこのために用いるならば、このためにだけ用いるならば、肉体を攻撃のために用いることはできません。4肉体は一体化に役立つことによって、コミュニオンにおけるすばらしいレッスンになります。肉体はコミュニオンが行われるまで価値があります。5これが、あなたが制限してしまったものを無制限なものにする「神」の方法です。6「聖霊」はあなたが肉体を見るようには肉体を見ません。なぜなら、いかなるものであれその唯一の実在は、「神」がそれに与えられる機能に代わって「神」に対してなす奉仕であることを「聖霊」は知っているからです。

4.コミュニケーションは分離を終わらせます。2攻撃は分離を促進します。3肉体は使い方によって、美しくもなれば醜くもなり、安らぎに満ちたものにもなれば凶暴にもなり、役に立つこともできれば害をなすこともできます。4そしてあなたが見る他の人の肉体において、あなたがあなたの肉体をどのように利用しているかが見えます。5肉体が「神の子のすべて」の結合のためにあなたが「聖霊」に与える手段になれば、あなたはそれをただありのままに見るだけで、肉体的なものは何も見えないでしょう。6肉体を真実のために使ってください。そうすれば、肉体が本当に見えるでしょう。7肉体を誤用すれば、肉体を誤解するでしょう。なぜなら、肉体を誤用することによって既に誤解しているのですから。8いかなるものであれ、「聖霊」から離れて解釈するならば、それを疑うことになります。9これはあなたを憎悪、攻撃、安らぎの喪失へと導くでしょう。

5. しかし、すべての喪失はあなた自身の誤解からしか生まれません。2いかなる種類の喪失も不可能です。3しかし、あなたが兄弟を肉体的な存在として見るとき、彼の力と栄光はあなたにとっては〝失われ〟、あなたの力と栄光も失われます。4あなたは兄弟を攻撃してきました。しかし、あなたはまずあなた自身を攻撃したに違いありません。5あなた自身の救いのために、兄弟をこのように見ないでください。あなたの救いは兄弟に救いをもたらさなければなりません。6あなたの兄弟があなたのマインドの中で自分自身を過小評価するのを許さないでください。その代わりに、矮小さに対する彼の信念からの自由を彼に与えて、そうすることによって、矮小さに対するあなたの信念から逃れてください。7あなたの一部であるあなたの兄弟は神聖です。8私の一部であるあなたも神聖です。9「神ご自身」の一部とコミュニケーションをはかることは、「神」があなたの一部として確立された「神の声」を通して、「神の王国」を越えてその「創造主」のもとに到達することです。

6. それならば、あなただけでは何もできないことを喜んでください。2あなたはあなた自身に属するのではありません。3あなたが属する「神」は、あなたのためにあなたの力と栄光を意図されました。あなたがそれを受け容れるとき、この栄光と力によってあなたのための「神の意志」を完璧に達成することができます。4「神」は贈り物をあなたから取り下げることはされませんでしたが、あなたは「神」の贈り物を自分で「神」から取り下げてしまったと信じています。5「神の名前」のために、「神の子」が誰一人として隠れ続けることがないようにしましょう。なぜなら、「神の名前」はあなたの名前なのですから。

7. 「聖書」は、〝言葉（あるいは思い）は肉となって、わたしたちの間に宿られた〟と言っています。2厳密に言えばこれは不可能です。というのは、それは一つの序列の実在を別な序列の実在に翻訳することを意味するように思われるからです。3異なった序列の実在はただ存在するように見えるだけです。それはちょうど、異なった序列の奇跡が存在するように見えるのと同じことです。4思いは肉体的なものではないために、信念によらなければ思いを肉にすることはできません。5しかし、思いはコミュニケーションであり、そのために肉体を使うことは可能です。[6]これが肉体の唯一の自然な活用法です。[7]肉体を不自然に使うことは「聖霊」の目的を見失うことであり、そうすることによって「聖霊」のカリキュラムの目標を混同することです。

8. 学ぶ者にとって、学ぶことが不可能なカリキュラムほど挫折を感じさせるものはありません。[2]自己能力についての充足感が打撃を受け、憂鬱にならざるを得ません。[3]学ぶことが不可能な状況に直面することほど、この世界で挫折を感じさせるものはありません。[4]実際のところ、この世界そのものが憂鬱なものであることの究極的な理由はここにあります。[5]「聖霊」のカリキュラムが憂鬱にすることは決してありません。なぜなら、それは喜びのカリキュラムだからです。[6]学ぶことへの反応が憂鬱であるときは例外なく、カリキュラムの真の目標が見失われてしまったことが原因です。

9. この世界においては、肉体ですら完全であるとは知覚されていません。[2]肉体の目的は、相互にほとんどあるいはまったく関係のない数多くの機能に細分化されていると見なされており、その結果、肉体は混沌によって支配されているように見えます。[3]エゴによって導かれれば、肉体は混沌に支配されます。[4]「聖霊」に導かれれば、混沌に支配されないことは確実です。[5]肉体は、あなたがスピリットから分離させようとしたマインドの一部が、その歪みを乗り越えてスピリットに戻っていくための手段となります。[6]かくして、エゴの神殿は「聖霊」の神殿となり、そこにおいて、「聖霊」への献身がエゴへの献身に取って代わります。[7]この意味において、確かに肉体は「神」を祭る神殿となり、「神の声」は肉体が供される活用法に方向性を与えることによって、肉体の中に住むことになります。

10. 癒しは、肉体をコミュニケーションのためにのみ使うことによって得られる結果です。[2]これは自然なことであるために、肉体は完全になることによって癒されます。それもまた自然なことです。[3]すべてのマインドは完全であり、マインドの一部は物質でありマインドではないという信念は、細分化された解釈、ないしは、病んでいる解釈です。[4]マインドを物質にすることはできませんが、マインドが自分自身を超越するために肉体を利用するならば、マインドを物質的な物を通じて顕現させることはできます。[5]手を差し伸べることによって、マインドは自らを延長します。[6]マインドは肉体で止まることはしません。というのは、もしもマインドが肉体で止まってしまったならば、マインドの目的が遮断されてしまうからです。[7]遮断されたマインドは、自らが攻撃されやすくなることを許します。なぜなら、自分自身に逆らってしまったからです。

11. したがって、障害の除去が助けと癒しを保証する唯一の方法です。[2]助けと癒しは、肉体の中ではなく肉体を通して働いているマインドの正常な表現です。[3]肉体が目標であるとマインドが信じるならば、マインドは肉体についての知覚を歪め、肉体を超越した自らの延長を遮断することによって、分離を育み、病気を誘発するでしょう。[4]肉体を分離した存在として知覚すれば、病を育むしかありません。なぜなら、それは真実ではないからです。[5]コミュニケーションの媒体は、それ以外のために用いられることがあれば、その有用性を失います。[6]コミュニケーションの媒体を攻撃の媒体として使うのは、明らかに目的の混同です。

12. コミュニケーションをはかることは一緒になることであり、攻撃することは分離することです。[2]同じことに関してこの二つのことを同時に行えば、苦しまずにはいられません。[3]肉体についての知覚は一つの目的によってしか統一することはできません。[4]そうすることによって肉体を数多くの光において見たいという誘惑からマインドは解放され、肉体が本当に理解され得る「一つの光」に完全に肉体は明け渡されます。[5]学びのための手段をカリキュラムの目標と混同することは根本的な混同であり、両者に対する理解を妨害するものです。[6]学びは肉体を超越して、肉体の中にマインドの力を再び確立することにつながらなければなりません。[7]これはマインドが他のマインドへと延長され、その延長において自らを阻止しない場合にのみ達成可能です。[8]この阻止があらゆる病気の原因です。なぜなら、延長だけがマインドの機能だからです。

13. 喜びの反対は憂鬱です。[2]あなたの学びが喜びの代わりに憂鬱を助長しているとすれば、「神」の喜びに満ちた「教師」の声に耳を傾け、「神」のレッスンを学んでいるということはあり得ません。[3]肉体をコミュニケーションの手段以外の何かとして見ることは、あなたのマインドを制限することであり、あなた自身を傷つけることです。[4]したがって、健康は統一された目的以上の何ものでもありません。[5]肉体がマインドの目的の下に置かれるならば、肉体は完全になります。なぜなら、マインドの目的は一つだからです。[6]攻撃は肉体の仮定された目的であり得るにすぎません。なぜなら、マインドを離れては肉体にはまったく何の目的もないからです。

14. あなたは肉体によって制限されてはいません。そして、思いが肉となることはできません。2しかしながら、マインドが肉体を超越し、肉体を制限として解釈しなければ、マインドは肉体を通して顕現されることが可能です。3ある人を肉体に限定されたものとして、あるいは、肉体によって限定されていると見なす度に、あなたはこの制限を自分自身に課しています。4学びの目的そのものが制限から逃れることであるのに、あなたはこれを受け容れるのでしょうか。5肉体を攻撃の手段と見なし、その結果として喜びが訪れるかもしれないと信じるのは、学び手として未熟であることのはっきりとした兆候です。6その人はカリキュラムの統一された目的とは明らかに矛盾する学習目標を受け容れてしまったのです。それは、その目的を自分自身の目的として受け容れる学び手の能力を妨げる学習目標です。

15. 喜びは目的が統一された状態であり、統一された目的は「神」の目的だけです。2あなたの目的が統一されていれば、それは「神」の目的です。3「神」の目的を妨げることができると信じたならば、あなたには救いが必要です。4あなたは自分自身に有罪判決を下してしまったわけですが、有罪判決は「神」のものではありません。5したがって、それは真実ではありません。6一見してその結果のように見えるものも真実ではありません。7兄弟を肉体であると見なすとき、あなたは兄弟に有罪判決を下しています。なぜなら、あなたはあなた自身に有罪判決を下してしまったからです。8しかし、すべての有罪判決が実在しないものであるとすれば、そして、それは攻撃の一つの形ですから実在しないに違いないのですが、だとすれば、それは絶対にいかなる結果ももたらすことはあり得ません。

16. 真実ではないものの想像上の結果によって、あなた自身が苦しむことを許さないでください。2これが可能であるという信念から、あなたのマインドを解放してください。3その完全な不可能性の中にだけ、あなたが解放される望みがあります。4しかし、これ以外のいかなる望みをあなたはもち得るというのでしょうか。5幻想からの自由は、幻想を信じないことにだけ依拠しています。6攻撃は存在しませんが、限りないコミュニケーションは確かに存在し、したがって、限りない力と完全性が存在します。7完全性の力とは延長です。8あなたの思いをこの世界に停滞させないでください。そうすれば、あなたのマインドは「神」における創造へと開かれることでしょう。

VIII. 手段としての肉体、ないしは、目的としての肉体

1. 肉体に対する態度は攻撃に対する態度です。2 エゴの定義は、どんなものについての定義であれ子どもじみたもので、それが何のためにあるとエゴが信じているかに基づいています。3 これはエゴには真の一般化の能力がなく、見るものをエゴがこうだと思う機能と同一視するからです。4 エゴは見るものをその本来の姿と同一視することはありません。5 エゴにとって、肉体は攻撃のための手段です。6 あなたを肉体と同一視するエゴは、あなたは攻撃するための手段であると教えます。7 したがって、肉体はそれ自身の健康の源泉ではないということになります。8 肉体の状態は、あなたが肉体の機能をどう解釈するかにだけ依拠しています。9 機能は存在から発しているために存在の一部ですが、その関係は互恵的ではありません。10 全体は確かに部分を規定しますが、部分は全体を規定しません。11 しかしながら、知識と知覚の根本的な違いの故に、部分的に知ることは全体を知ることです。12 知覚においては、全体は様々な部分から成り立っており、これらの部分は分離することもできれば、様々に異なったパターンで再集合することもできます。13 しかし、知識は決して変わることがなく、そのパターンは不変です。14 部分と全体という考えが意味をもつのは、変化が可能な知覚のレベルにおいてだけです。15 それ以外の場合は、部分と全体に違いはありません。

2. 肉体は、その所有権を巡って戦っている二つの声を包含しているように見える世界に存在しています。2 このように知覚されるパターンにおいては、肉体はあるものから別なものへと忠誠心を移し変える能力をもっていると見なされており、これは健康および病気という概念を意味のあるものにします。3 エゴは常にそうであるように、手段と目的について根本的な混同を犯します。4 エゴは肉体を目的と見なしているために、肉体を真に活用することはできません。なぜなら、肉体は目的ではないからです。5 あなたはエゴが自らの目的として受け容れたもののすべてがもつ顕著な特徴に気づいているに違いありません。6 それを達成しても、**あなたは満足しません**。7 このために、エゴは一つの目標から別な目標へと絶えず移動せざるを得ません。それにより、エゴはまだ何かを差し出すことができるという望みをあなたはもち続けることになります。

3. 肉体が目的であるというエゴの信念を克服するのは殊に難しいものでした。なぜなら、それは、攻撃が目的であるという信念と同義だからです。2エゴは病気に膨大な投資をしています。3あなたが病気であったならば、あなたは不死身ではないというエゴの確固たる信念に対抗できるはずがありません。4これはエゴの観点からすれば魅力的な議論です。なぜなら、それは病気の根底にある明白な攻撃を覆い隠してくれるからです。5あなたがこれを認識し、そしてまた、攻撃に反対する決断を下したならば、エゴの立場に対してこの誤った証言を与えることはできません。

4. 病気を偽の証人として知覚することは困難です。なぜなら、それはあなたが欲しているものとはまったく相容れないものであることにあなたが気づいていないからです。2したがって、この証人は無実で信頼できるように見えます。なぜなら、あなたはこの証人に対して真剣に反対尋問をしていないからです。3もしもあなたが反対尋問をしていたならば、病気をエゴの見解を代表する力強い証人と見なすことはないでしょう。4もっと正直な言い方をすれば、エゴを望む人たちはエゴを防御する気持を前もってもっています。5したがって、彼らが選ぶ証人は最初から怪しいのです。6エゴは自分の主張に同意しない証人を喚問することはしません。それは「聖霊」にしても同じことです。7価値判断こそは「聖霊」の機能であり、「聖霊」はその機能を果たす完璧な能力をもっていると私は言いました。8裁判官としてのエゴが下す判決は絶対に公平な判決ではありません。9エゴが証人を喚問するとき、エゴは証人を既に自分の味方にしています。

5. 肉体にはそれ自体の機能はないということはやはり真実です。なぜなら、肉体は最終目標ではないからです。2しかしながら、エゴは肉体を最終目標として確立します。なぜなら、肉体をそのようなものとして確立すれば、その真の機能は覆い隠されるからです。3これはエゴが行うすべての事柄の目的です。4その唯一のねらいは、あらゆるものの機能を見失うことにあります。5病気の肉体は意味をなしません。6病気は肉体が本来意図されている目的ではないが故に、病気の肉体は意味をなし得ないのです。7肉体についてのエゴの解釈が根拠としている二つの基本的な前提が真実であってはじめて、病気は意味をもち得ます。その二つの前提とは、肉体は攻撃のためのものであり、あなたは肉体であるということです。8これらの前提がなければ、病気は想像することすらできません。

6. 病気はあなたが傷つき得ることを実証する一つの方法で

す。2それはあなたの脆弱性、あなたの傷つきやすさ、あなたが外的な導きを極端なまでに必要としていることに対する証言です。3あなたがエゴの導きを必要としているという主張の最高の論拠として、エゴはこれを用います。4エゴは、悲惨な結果を避けるための数え切れないほどの処方箋を書き取らせます。5「聖霊」は、同じ状況を完全に自覚しながらも、それを分析しようと頭を悩ませることはまったくありません。6データが無意味であるとすれば、それを分析することには何の意味もありません。7真実の機能は真実の情報を収集することです。8過ちをいかなる方法で処理しても、得られる結果は無です。9結果が複雑になればなるほど、その無意味性を認識することはより困難になるかもしれません。しかし、それらに真実の判断を下すために、前提が生み出し得る結果のすべてを吟味する必要はありません。

7. 学びのための手段は教師ではありません。2それは、あなたがどのように感じているかをあなたに教えることはできません。3あなたは自分がどのように感じているのかが分かりません。なぜなら、エゴの混乱を受け容れたからです。そのために、学習のための手段はあなたがどう感じているかを本当にあなたに教えることができると信じています。4病気は、答えを知らない教師に導きを求めようとするあなたの頑迷さの一例にすぎません。5エゴにはあなたがどのように感じているかを知る能力はありません。6エゴは何も知らないと私は言いましたが、エゴについて完全に真実である唯一のことを言ったのです。7しかし、一つの必然的な帰結があります。もしも知識だけが存在を有しており、エゴには知識がないとすれば、エゴは存在を有していないということです。

8. 存在しないものの声が、どうしてそれほどに執拗であり得るのかという当然の質問をあなたはするかもしれません。2実在しないものであっても、あなたが欲しいと思っているものがもつ歪みをもたらす力について考えたことがありますか。3あなたが欲するものがどのように知覚を歪めるかについては多くの事例があります。4虚偽の申し立てを作りあげるエゴの手腕については誰も疑いません。5また、真実以外のいかなるものも受け容れないと選択するまでは、あなたは喜んでエゴに耳を傾けるであろうことを疑う人もいません。6あなたがエゴを捨てれば、それは消えてなくなるでしょう。7「聖霊」の声は、あなたの耳を傾けようとする気持に比例した大きさで聞こえます。8「聖霊」の声がそれ以上大きくなれば、あなたの選択の自由を犯すことになります。「聖霊」はあなたの選択の自由を回復しようとしているのであり、決して侵害することはありません。

9.「聖霊」は、兄弟に到達する目的のためにだけ肉体を使うことを教えます。そうすることによって、あなたを通して「彼」のメッセージを教えることができるからです。[2]これは彼らを癒し、したがって、あなたを癒します。[3]「聖霊」が見て取る機能と一致した形で用いられるものはすべて病気であるはずがありません。[4]それ以外の形で用いられるものはすべて病気です。[5]肉体が分裂したマインドの鏡となることを許さないでください。[6]肉体をあなた自身の矮小さについての知覚のイメージにしないでください。[7]攻撃するというあなたの決断を肉体に反映させないでください。[8]解釈が「聖霊」に任されているとき、健康がすべてのものの自然な状態であると見なされます。「聖霊」はいかなるものに対しても攻撃を知覚することはありません。[9]健康は、愛をもたずに肉体を用いようとするすべての試みを放棄した結果です。[10]健康は、「生命そのもの」を代弁する「声」であるが故に生命の何たるかを知っている一人の大切な「教師」の導きのもとに、生命を適切に展望する出発点です。

IX. 修正された知覚としての癒し

1. 私は前に、「聖霊」が「答え」であると言いました。[2]「聖霊」はすべてのものに対する「答え」です。なぜなら、「聖霊」はすべてのものに対する答えが何であるかを知っているからです。[3]エゴは数知れない質問をするにもかかわらず、本当の質問が何であるかを知りません。[4]しかしながら、エゴの価値を疑問視することを学び、その結果、エゴの質問を評価する能力を確固たるものにするにつれ、あなたは本当の質問が何であるかを学ぶことができるようになります。[5]エゴがあなたを病へと誘惑するとき、「聖霊」に肉体を癒してくれるようにとは依頼しないでください。というのは、そうすれば、肉体は癒しの適切な対象であるというエゴの信念を受け容れることになるだけだからです。[6]それよりもむしろ、肉体についての正しい**知覚**を教えてくれるように「聖霊」に依頼してください。というのは、歪曲され得るのは知覚だけだからです。[7]病気になり得るのは知覚だけです。なぜなら、間違う可能性があるのは知覚だけだからです。

2. 誤った知覚とは、物事が現在のような在り方ではないようにと願う欲求です。[2]あらゆるものの実在は完全に無害なものです。なぜなら、完全な無害性がその実在の条件だからです。[3]それはまた、すべてのものについてのあなたの自覚の条件でもあります。[4]実在を探し求める必要はありません。[5]実在があなたを捜し求め、あなたが実在の条件を満たしたときにあなたを見つけるでしょう。[6]実在の条件は実在の本質の一部です。[7]そしてこの部分だけがあなたに任されています。[8]それ以外の部分は実在自身に属しています。[9]あなたはほとんど何もする必要はありません。なぜなら、あなたという小さな部分がきわめて強力であるために、それが全体をあなたの所にもってくるからです。[10]そういうわけですから、あなたという小さな部分を受け容れ、全体をあなたのものとしてください。

3. 完全性が癒すことができるのは、それがマインドに属しているからです。[2]死に至るものも含めて、あらゆる形態の病は、目覚めに対する怖れの肉体的な表れです。[3]それは目覚めることを恐れて睡眠を強化しようとする試みです。[4]これは見る機能を無力にすることによって見ないようにしようとする哀れな方法です。[5]〝安らかな休息〟は、死者のためではなく生きている人のためにあります。なぜなら、休息は睡眠からではなく、目覚めることからやって来るからです。[6]眠りは退去することであり、目覚めることは加わることです。[7]夢は加わっているという幻想です。なぜなら、夢は加わるとはどういうことかについてのエゴの歪んだ概念を反映しているからです。[8]しかしながら、「聖霊」にとっても眠りは役に立つものであり、あなたがそれを許せば、「聖霊」は目覚めのために夢を用いることもできます。

4. あなたがどのように目覚めるかは、どのように眠りを使ったかを表すしるしです。[2]あなたは眠りを誰に与えたのでしょうか。[3]どの教師のもとに眠りを預けたのでしょうか。[4]元気なく目を覚ましたときは必ず、眠りが「聖霊」に与えられなかったのです。[5]喜びの中で目を覚ましたときだけ、あなたは「聖霊」の目的に従って眠りを活用したのです。[6]病気のために眠りを誤用した場合には、実際に眠りによって〝毒を盛られる〟こともあり得ます。[7]死が無意識の一形態ではないのと同じように、眠りは死の一形態ではありません。[8]完全な無意識は不可能です。[9]目覚めていてはじめて、安らかに休息することができます。

5. 癒しは目覚めることへの怖れからの解放であり、目覚めようとする決断に代わるものです。[2]目覚めるという決断は、愛したいという意志の反映です。というのは、すべての癒しは怖れを愛に置き換えることを含むからです。[3]「聖霊」には過ちの様々な程度を区別することはできません。というのは、「聖霊」がある形の病気が他の病気よりもより深刻であると教えたならば、ある過ちは他の過ちよりもより実在的であると教えることになってしまうからです。[4]「聖霊」の機能は、誤ったものと真実であるものの区別をすることだけであり、誤ったものを真実のものと置き換えることです。

6. 常にマインドを弱くしたいと望んでいるエゴは、マインドを破壊しようとしてマインドと肉体を分離しようとします。[2]しかし、エゴは実際にはマインドを守っていると信じています。[3]その理由は、マインドは危険であるとエゴは信じており、マインドをなくすことは癒すことであると信じているからです。[4]しかし、マインドをなくすことは不可能です。というのは、それは「神」が創造されたものから無を作り出すことを意味するからです。[5]エゴは弱さを誘発しようとしてあらゆる努力を払うにもかかわらず、弱さを軽蔑します。[6]エゴは自分が憎むものだけを欲します。[7]エゴにとって、これは完璧に分別のある行為です。[8]攻撃の力を信じているエゴは、攻撃を欲します。

7. 「聖書」はあなたに、完全でありなさい、すべての過ちを癒しなさい、肉体を分離したものと考えてはいけません、そしてすべてのことを私の名において達成しなさい、と命じています。[2]これは私の名においてだけではありません。というのは、私たちの名前は帰属意識を共有しているからです。[3]「神の子の名前」は一つであり、私たちはこの「一体性」を共有するが故に、愛の仕事をするようにと命じられています。[4]私たちのマインドは一つであるが故に完全です。[5]もしもあなたが病気であるとすれば、あなたは私から身を引いています。[6]しかし、あなたは、私からだけ身を引くことはできません。[7]私から身を引けば、あなた自身からも身を引くことになります。

8. これは非常に実用的なコースであり、言っていることがまさにその通りのことを意味するコースであることに、あなたは気づき始めているに違いありません。[2]私はあなたができないことをやるようにとは依頼しません。そしてまた、あなたができないことを私ができるということはあり得ません。[3]そうであるとするならば、文字通りそうであるとするならば、私が依頼することそのものをあなたが実行することを妨げるものは何もありません。そして、すべてのものはあなたがそれをすることに賛成しています。

[4]私はあなたにいかなる制限も与えません。なぜなら、「神」はあなたの上にいかなる制限も置かれないからです。[5]あなたがあなた自身を制限するとき、私たちは一つのマインドではなくなり、それが病気です。[6]しかし、病気は肉体が病むのではなく、マインドが病むのです。[7]あらゆる形態の病気はマインドが分裂している兆候であり、統一された目的を受け容れていないことのしるしです。

9. したがって、目的の統一が「聖霊」の唯一の癒しの方法です。[2]その理由は、それだけが癒しが何らかの意味をもち得る唯一のレベルだからです。[3]混乱した思考体系の中に意味を再び確立することこそ、それを癒す方法です。[4]あなたの仕事は意味の条件を満たすことだけです。というのは、意味そのものは「神」に属するからです。[5]しかし、あなたが意味に帰還することは「神」の意味にとって不可欠です。なぜなら、あなたの意味は「神」の意味の一部だからです。[6]したがって、あなたの癒しは「神」の健康の一部です。というのは、あなたの癒しは「神の完全性」の一部だからです。[7]「神」がこれを失うことはできませんが、あなたにはそれを知ることはできません。[8]しかしながら、それでもそれはあなたのための「神の意志」であり、「神の意志」は永遠に、あらゆるものの中においてしっかりと在り続けなければなりません。

第9章　あがないの受容

I. 実在の受容

1. 「神の意志」に対する怖れは、人間のマインドが今までに作った最も奇妙な信念の一つです。2 マインドが既に深く分裂していたために「神の意志」の本質をマインドが恐れることが可能になったのでなければ、これが起きることはあり得なかったはずです。3 実在は幻想以外のいかなるものも〝脅かす〟ことはできません。というのは、実在は真実を支持することしかできないからです。4 あなたの本来の姿である「神の意志」が恐ろしいものとして知覚されるという事実そのものが、あなたは本来の自分を非常に恐れていることを実証しています。5 とするならば、あなたが恐れているのは「神の意志」ではなく、あなたの意志であるということになります。

2. あなたの意志はエゴの意志ではありません。だからこそ、エゴはあなたに反対なのです。2 「神」に対する怖れのように見えるものは、実際にはあなた自身の実在に対する怖れです。3 恐慌状態においては、どんなことであれ首尾一貫して学ぶことは不可能です。4 このコースの目的が、本来の自分を思い出すのを手伝うことであるとするならば、そして、あなたが本来のあなたは恐ろしいものであると信じているならば、当然の帰結として、あなたはこのコースを学ぶことはないでしょう。5 しかしながら、このコースの存在理由は、あなたが本来の自分を知らないことにあります。

3. あなたの実在が何であるかを知らないとすれば、それが恐ろしいものであるということになぜあなたはそれほどの確信をもっているのでしょうか。2 真実と怖れを結びつけるのは、好意的に見ても非常に不自然ですが、それは真実が何であるかを知らない人々のマインドにおいては特に不適切です。3 それが意味し得ることは、あなたの意識を超越した何かを、あなたが欲しない何かと恣意的に結びつけているということにすぎません。4 したがって、あなたがまったく自覚していない何かをあなたが価値判断していることは明らかです。5 あなたはこの奇妙な状況を作り出した結果、あなたの実在が何であるかをはっきりと知っている「ガイド」なしではそこから脱出することは不可能になってしまいました。6この「ガイド」の目的は、ただあなたが何を欲しているのかをあなたに思い出させることにすぎません。7「ガイド」は相容れない意志をあなたに押しつけようとしているのではありません。8「ガイド」は、あなたが「ガイド」に課す制限の範囲内で、自覚におけるあなた自身の意志を再確立するためにあらゆる努力を払っているにすぎません。

4. あなたはあなた自身の自覚が届かない所に意志を幽閉してしまいました。あなたの意志はそこに残っていますが、あなたを助けることはできません。2「聖霊」の機能はあなたのマインドの中にある間違ったものの中から真実のものを選び出すことであると言いましたが、私が言おうとしたことは、「聖霊」にはあなたが隠したものの中をのぞき込み、そこにある「神の意志」を認識する力があるということでした。3この「意志」を「聖霊」が認識することによって、それがあなたにとって実在的なものとなり得ます。なぜなら、「聖霊」はあなたのマインドの中に在り、したがって、「聖霊」はあなたの実在だからです。4したがって、もしもあなたのマインドについての「聖霊」の知覚が「神の意志」の実在をあなたにもたらしてくれるとすれば、「聖霊」はあなたが本来の自分を思い出すのを本当に手伝っていることになります。5このプロセスにおける唯一の怖れの原因は、あなたが失うであろうと考えるものです。6しかしながら、あなたがそもそも所有できるのは、「聖霊」に見えるものだけです。

5. 「聖霊」はいかなる犠牲も決して求めないことを、私は何度も強調してきました。2しかし、あなたがあなた自身の実在の犠牲を求めるならば、それは「神の意志」ではないことを「聖霊」はあなたに思い出させなければなりません。なぜなら、それはあなたの意志ではないからです。3あなたの意志と「神の意志」には何の違いもありません。4あなたのマインドが分裂していなければ、意志をもつことは救いであるとあなたは認識するでしょう。なぜなら、意志をもつことはコミュニケーションだからです。

6. 異言語でコミュニケーションをはかることは不可能です。2あなたとあなたの「創造主」は、創造を通してコミュニケーションをすることができます。なぜなら、それが、ただそれだけが、「あなた方の共通の意志」だからです。3分裂したマインドはコミュニケーションをすることはできません。なぜなら、分裂したマインドは同じマインドに対して様々に異なったことを伝えるからです。4これはコミュニケーションの能力を失わせてしまいます。なぜなら、混乱したコミュニケーションは何も意味しないからです。[5]メッセージは意味をなさなければ伝わりません。[6]欲しくないものを依頼するとき、そのメッセージはどれほどの意味をもち得るでしょうか。[7]しかしながら、あなたがあなたの意志を恐れている限り、それこそまさにあなたが依頼しているものです。

7.「聖霊」が答えてくれないとあなたは主張するかもしれませんが、質問者としてのあなたがどのような存在であるかを考えてみるのがより賢明かもしれません。[2]あなたは欲しているものだけを依頼することはありません。[3]その理由は、依頼したものを受け取ることになるかもしれないことを恐れているからであり、確かに、依頼すればそれを実際に受け取ることになるでしょう。[4]そのために、あなたが欲するものを絶対に与えることができない教師に依頼することにあなたは固執します。[5]その教師から、あなたが欲するものが何であるかを学ぶことは決してできません。これがあなたに安全の幻想を与えてくれます。[6]しかし、あなたは真実を離れては絶対に安全ではあり得ません。真実の中においてだけ安全であり得ます。[7]実在が唯一の安全です。[8]あなたの意志はあなたの救いです。なぜなら、あなたの意志は「神の意志」と同じだからです。[9]分離はあなたの意志がそれとは異なるという信念以外の何ものでもありません。

8. 正しいマインドであれば、マインドの意志が「神の意志」よりも強いなどと信じることはできません。[2]マインドの意志は「神の意志」とは異なるとマインドが信じるならば、「神」は存在しないか、それとも、「神の意志」は恐ろしいものであると結論を下すしかありません。[3]前者は無神論者を説明し、後者は「神」は犠牲者を要求すると信じている殉教者を説明してくれます。[4]これらの狂気に基づいた結論のいずれも恐慌状態を誘発します。なぜなら、無神論者は孤独であると信じ、殉教者は「神」が自分を十字架にかけていると信じるからです。[5]しかし、多くの人たちがその両方を求めるかもしれませんが、誰も捨てられることや報復を本当は望んでいません。[6]「聖霊」に対してこのような〝贈り物〟を依頼し、実際にそれを受け取ることを期待することがいったい可能でしょうか。[7]「聖霊」はあなたが欲しないものをあなたに与えることはできません。[8]「宇宙の付与者」にあなたが欲しくないものを依頼するとき、与えることができないものを依頼しています。なぜなら、それはまったく創造されたことがないからです。

[9]それが一度も創造されなかったのは、それが**あなた**のためのあなたの意志であったことが一度もなかったからです。

9. 究極的には、誰もが「神の意志」を思い出さなければなりません。なぜなら、究極的には、誰もが自分自身を認識しなければならないからです。[2]この認識は、すべての人の意志と「神の意志」が一つであることの認識です。[3]真実の前にあっては、信じない人も犠牲も存在しません。[4]実在の安全性の中において、怖れはまったく意味がありません。[5]かくある現実を否定すれば、ただ恐れているように見えるだけです。[6]怖れは原因がなければ実在するものではなく、「神」が唯一の「原因」です。[7]「神」は「愛」であり、あなたが「神」を望んでいることは確かです。[8]これはあなたの意志です。[9]これを依頼してください。そうすれば願いは叶うでしょう。なぜなら、あなたはあなたに属するものを依頼しているだけなのですから。

10. 「聖霊」にあなたを傷つけるであろうものを依頼しても、「聖霊」は答えることはできません。なぜなら、いかなるものもあなたを傷つけることはできないからです。したがって、あなたは何も依頼していないことになります。[2]エゴから発する欲求はすべて無に対する欲求であり、それを依頼することは依頼ではありません。[3]それは依頼の形をとった否定にすぎません。[4]「聖霊」は意味を自覚しているだけであり、形に関心はありません。[5]エゴは「聖霊」に何も依頼することはできません。なぜなら、彼らの間のコミュニケーションは完全に断絶しているからです。[6]しかし、あなたは「聖霊」に何でも依頼することができます。なぜなら、「聖霊」に対するあなたの依頼は、正しいマインドから発しているために実在的だからです。[7]「聖霊」が「神の意志」を否定するでしょうか。[8]そして、「神」が「神の子」の中にある「神の意志」を認識できないということがあり得るでしょうか。

11. あなたは真実を否定することにどれほど膨大なエネルギーを無駄にしているかを認識していません。[2]不可能なことを達成することが成功であると信じて、不可能なことを達成しようとすることに固執している人に関して、あなたは何と言うでしょうか。[3]幸せになるためにはもち得ないものをもたなければならないという信念は、創造の原則と完全に矛盾しています。[4]あなたが決してもつことのできないものに幸せをかけることを「神」が意志として抱かれることはあり得ません。[5]「神」が「愛」であるという事実は信念を必要とはしませんが、受容は必要とします。[6]あなたが事実を変えることは不可能ですが、事実を否定することは確かに可能です。7両手で目を隠すならば、あなたの目は見えません。なぜなら、視覚の法則に干渉しているからです。8愛を否定するならば、愛を知ることはできません。なぜなら、あなたが協力することが愛の在り方の法則だからです。9あなたには自分で作らなかった法則を変えることはできません。幸福の法則はあなたのために創造されたのであって、あなたによって創造されたのではありません。

12. かくある現実を否定しようとするいかなる試みも、怖れに満ちたものであるに違いありません。そして、その試みが強固であれば、恐慌状態を誘発することになります。2不可能ではあるものの、実在に逆らって意図することを非常に持続的な達成目標とすることは可能です。自分が望まないにもかかわらずそうすることは可能です。3しかし、この奇妙な決断の結果について考えてみてください。4あなたはあなたが欲しくないものにマインドを捧げているのです。5この献身はいったいどれほどの実在性をもち得るでしょうか。6あなたがそれを欲しなければ、それは創造されたことは一度もありません。7一度も創造されたことがなければ、それは無です。8あなたは無に対して自分自身を実際に捧げることができるでしょうか。

13.「神」はすべてのものに献身するあなたを、あなたへの献身において創造され、あなたが献身するものをあなたに与えられました。2さもなければ、あなたは完全なものとして創造されなかったでしょう。3実在はすべてです。そして、あなたは実在するが故にすべてのものをもっています。4あなたは非実在のものを作ることはできません。なぜなら、実在の不在は怖れに満ちているからです。そして、怖れを創造することはできません。5怖れが可能であると信じる限り、あなたは創造することはないでしょう。6相対立する実在の序列は、実在を無意味なものにします。実在はまさに意味そのものです。

14. ですから、「神の意志」は既に可能であること、そしてそれ以外の何も可能になることは絶対にないことを思い出してください。2これは実在の単純な受容です。なぜなら、それだけが実在するからです。3実在を歪曲し、同時に、実在が何であるかを知ることは不可能です。4そして、実在を歪曲すれば、不安と憂鬱を体験することとなり、究極的には恐慌状態を体験するでしょう。なぜなら、自分自身を非実在なものにしようとしているからです。5このようなことを感じたときは、真実を求めて自分自身の向こうを見ないでください。というのは、真実はあなたの中にしかあり得ないからです。6したがって、次のように言ってください。

7キリストは私の中にいます。キリストがいる所には「神」もいらっしゃるに違いありません。というのは、キリストは「神」の一部であるのですから。

II. 祈りに対する答え

1. かつて何かを依頼するために祈りを用いようとしたことがある人は誰でも、一見失敗のように見える体験をしたことがあります。2これは有害であるかもしれない具体的な事柄との関連において真実であるばかりではなく、このコースと厳密に一致している要請との関連においても真実です。3特に後者の場合は、このコースが述べていることは実際その通りのことを意味しないことの〝証拠〟として、誤って解釈されるかもしれません。4しかしながら、このコースの目的は怖れからの脱出であると、コースが繰り返し述べていることを思い出さなければなりません。

2. それでは、「聖霊」に依頼することは本当にあなたが望んでいることで、あなたはまだそれを恐れていると仮定してみましょう。2仮にそうであるとするならば、それを達成することはもはやあなたが望むことではなくなってしまうでしょう。3癒しの状態が達成されているにもかかわらず、ある特定の形の癒しが達成されないのはこの理由によります。4人は肉体的な害を恐れているが故に、肉体的な癒しを求めるかもしれません。5と同時に、もしもその人が肉体的に癒されたならば、彼の思考体系に対する脅威は、その肉体的な表現よりも相当に恐ろしいかもしれません。6このような場合、彼は怖れからの解放を本当に求めているのではなく、彼自身が選択した症状の除去を求めています。7したがって、この依頼は決して癒しを求めるものではありません。

3. 「聖書」はすべての祈りは応えられることを強調しています。そして、これは確かに真実です。2どんなことであれ「聖霊」が何かを依頼されたというただその事実だけで、応答は保証されます。3しかし、「聖霊」によって与えられるいかなる応答も、怖れを増大するものではないということもまた同様に確実なことです。4「聖霊」の答えが聞こえないということはあり得ます。5しかしながら、「聖霊」の答えが失われるということはあり得ません。6あなたが既に受け取っていながらまだ聞こえていない答えがたくさんあります。7私はあなたに保証しますが、それらの答えはあなたを待っています。

4. あなたの祈りは応えられるということを知りたいと思うなら、「神の子」を決して疑わないでください。2「神の子」を疑問視しないでください。混乱させないでください。というのは、彼に対するあなたの信頼は、あなた自身に対するあなたの信頼だからです。3「神」と「神の答え」を知りたいと思うなら、あなたへの信頼が揺らぐことがあり得ない私を信じてください。4「聖霊」に真の意味で依頼しながら、兄弟を疑うということが可能でしょうか。5兄弟の中にある真実の故に、兄弟の言葉は真実であることを信じてください。6あなたは兄弟の中にある真実と一体になるでしょう。そして、兄弟の言葉は確かに真実であるでしょう。7あなたが兄弟の言葉を聞くとき、あなたは私の言葉を聞くでしょう。8真実に耳を傾けることが、今、真実を聞き、最終的に真実を知ることができる唯一の方法です。

5. 兄弟があなたに与えるメッセージはあなた次第です。2兄弟はあなたに何と言いますか。3あなたは兄弟に何と言わせますか。4兄弟についてのあなたの決断が、あなたが受け取るメッセージを決定します。5「聖霊」が兄弟の中にいること、そして、「聖霊の声」が兄弟を通してあなたに語りかけるのだということを思い出してください。6神聖なあなたの兄弟が真実以外の何をあなたに言えるでしょうか。7しかし、あなたはそれに耳を傾けていますか。8あなたの兄弟は自分が誰であるかを知らないかもしれませんが、彼のマインドの中にはそれをしっかりと知っている一条の光があります。9この光はあなたの光の中にさし込み、彼の言葉に真実を与え、彼の言葉が聞こえるようにしてくれます。10兄弟の言葉はあなたに対する「聖霊」の答えです。11兄弟に対するあなたの信頼は、あなたにそれを聞かせるだけの強さをもっていますか。

6. あなた自身のためにだけ喜びを見出すことができないのと同じように、あなた自身のためにだけ祈ることもできません。2祈りは包括を言い換えたものであり、「神の法則」のもとに、「聖霊」によって導かれるものです。3救いはあなたの兄弟からやって来ます。4「聖霊」はあなたのマインドから兄弟のマインドへと延長され、**あなた**に答えます。5あなたは「神を代弁する声」をあなた自身の中にだけ聞くことはできません。なぜなら、あなたは一人ではないからです。6そして、「聖霊」の答えは本来のあなたのためにだけあります。7私があなたに対して抱いている信頼は、あなた自身がその信頼を延長しなければ知ることはないでしょう。[8]「聖霊」の導きを他の人々の中に聞かなければ、あなたはそれを信頼せず、それがあなたのためにあるということを信じないでしょう。[9]それはあなたのためにあるのですから、あなたの兄弟のためのものでもあるに違いありません。[10]「神」はあなたのためにだけ「声」を創造するでしょうか。[11]あなたが聞くことができる「神」の答えは、「神の子どもたち」のすべてに対する「神」の答えではないでしょうか。[12]あなたについて私に聞いて欲しいと思うことを、あなたの兄弟から聞いてください。というのは、私が騙されて欲しいとはあなたは思わないはずですから。

7.「神」と同じように、私はあなたの中にある真実の故にあなたを愛しています。[2]あなたの欺瞞はあなたを騙すかもしれませんが、私を騙すことはできません。[3]あなたが何であるかを知っている私は、あなたを疑うことはできません。[4]私にはあなたの中にいる「聖霊」しか聞こえません。「聖霊」はあなたを通して私に語りかけます。[5]私の声を聞きたいと望むならば、「神の声」が語る声である兄弟の声を聞いてください。[6]すべての祈りに対する答えは彼らの中にあります。[7]すべての人の中に答えを聞くとき、あなたの祈りは応えられます。それ以外のものには耳を傾けないでください。さもなければ真実を聞くことはないでしょう。

8. 私はあなたを信じているのですから、あなたの兄弟を信じてください。そうすれば、あなたに対する私の信頼が正当なものであることが分かるでしょう。[2]「神」が彼らに与えられたものに鑑みて彼らを信じることによって、私を信じてください。[3]真実だけを求めることをあなたが学べば、彼らはあなたに応えてくれるでしょう。[4]彼らを祝福することなく、祝福を求めないでください。というのは、こうすることによってだけ、あなたがいかに祝福されているかを学ぶことができるからです。[5]このやり方に従うことによって、あなたはあなたの中にある真実を探求するのです。[6]これはあなた自身を超越してその彼方に行くのではなく、あなた自身に向かっていくことです。[7]「神の子どもたち」の中に「神の答え」だけを聞いてください。そうすれば、あなたの祈りは応えられるでしょう。

9. 信じないことは反対の側につくことであり、あるいは、攻撃することです。[2]信じることは受け容れることであり、味方の側につくことです。[3]信じることは軽々しく信じるということではなく、受容し、評価することです。[4]信じないものをありがたいと思うことはありません。そして、価値があるとあなたが評価しないものに対して感謝の気持をもつことはできません。5 価値判断に対しては代価を払わなければなりません。なぜなら、価値判断は価格の設定だからです。6 あなたが価格を設定して、それに応じて支払うのです。

10. 支払うことが手に入れることと同一視されるならば、あなたは価格を低く設定して、高い見返りを要求するでしょう。2 しかしながら、そうすれば、値段を付けることは価値を評価することであり、したがって、あなたが得る見返りは価値についての判断と比例することを忘れてしまったことになります。3 支払うことが与えることと関連づけられるならば、支払うことが喪失として知覚されることはあり得ず、与えることと受け取ることの互恵的関係が認識されるでしょう。4 すると、見返りの価値の故に、価格は高く設定されるでしょう。5 手に入れるための価格設定は価値を見失うことであり、不可避的に受け取るものの価値を高く評価しないことになります。6 それを低く評価しているあなたは、それをありがたいとは思わず、欲しいとは思わないでしょう。

11. したがって、あなたはあなたが受け取るものについての価値を設定するということ、そして、あなたが与えるものによってその価格を決めるということを決して忘れてはなりません。2 少なく払ってたくさんのものを手に入れることが可能であると信じるのは、「神」と取引をすることが可能であると信じることです。3「神」の法則は常に公平であり、完璧に首尾一貫しています。4 あなたは与えることによって受け取ります。5 しかし、受け取ることは受容することであり、手に入れることではありません。6 もたないことは不可能ですが、あなたがもっていることを知らないということは可能です。7 もっていることの認識は、与える意欲であり、この意欲によってのみ、もっているものを認識することができます。8 したがって、あなたが与えるものは、あなたがもっているものにあなたが置く価値であり、あなたがそれにどれだけの価値を置いているかを正確に示す尺度です。9 ひるがえって、どれくらいあなたがそれを欲するかの尺度はこれです。

12. したがって、「聖霊」に与えることによってだけ「聖霊」に依頼することができます。そして、あなたは「聖霊」を認識する場所においてのみ「聖霊」に与えることができます。2 あなたがすべての人の中に「聖霊」を認識したならば、どれほど「聖霊」に依頼することになるか、そしてどれくらい受け取ることになるか考えてみてください。[3]「聖霊」はあなたに対して何も否定しないでしょう。なぜなら、あなたは「聖霊」に対して何も否定しなかったのですから。したがって、あなたはすべてのものを分かち合うことができます。[4]これが「聖霊」の答えを得るための方法であり、唯一の方法です。なぜなら、「聖霊」の答えこそあなたが求めるすべてであり、あなたが欲するすべてであるのですから。[5]したがって、すべての人に対して次のように言ってください。

[6]私は自分自身を知る意志を抱くが故に、あなたは「神の子」であり、私の兄弟であると見なします。

III. 過ちの修正

1. 他のエゴの過ちに対してエゴは注意を怠りませんが、このような警戒は「聖霊」があなたに維持して欲しいと願っているものではありません。[2]エゴが象徴する〝感覚〟という点について言えば、エゴは批判的です。[3]エゴはこの種の感覚を理解しますが、その理由は、それが彼らにとって分別のあることだからです。[4]「聖霊」にとって、それはまったく意味をなしません。

2. エゴにとっては、過ちを指摘し〝修正する〟ことは親切なことであり、正しいことであり、良いことです。[2]これは、過ちとは何であるか、修正とは何であるかを自覚していないエゴにとっては完全に意味をなします。[3]過ちはエゴに属するものであり、過ちの修正はエゴを放棄することにかかっています。[4]兄弟を修正するとき、あなたは彼が間違っていると彼に告げています。[5]彼はその時点ではいかなる意味もなしていないかもしれません。そして、彼のエゴが話しているとすれば、彼が意味をなさないであろうことは確実です。[6]しかし、それでもあなたがやるべきことは、彼は正しいと彼に告げることです。[7]彼が意味をなさない馬鹿なことを言っているならば、あなたは正しいと言葉で彼に告げるべきではありません。[8]彼は別なレベルで修正を必要としています。なぜなら、彼の過ちは別なレベルで犯されているからです。[9]それでも彼は正しいのです。なぜなら、彼は「神の子」だからです。[10]彼のエゴは、何を言ったとしても、何をやったとしても、常に間違っています。

3. もしもあなたが兄弟のエゴの過ちを指摘しているとす

れば、あなたのエゴを通して見ているに違いありません。なぜなら、「聖霊」は兄弟の過ちを知覚しないからです。2これは絶対に真実でなければなりません。というのは、エゴと「聖霊」の間にはコミュニケーションは存在しないからです。3エゴは意味をなしません。そして、「聖霊」はエゴから発するいかなるものも理解しようとはしません。4「聖霊」はそれを理解しないがために、それを価値判断せず、エゴが作るものは何であれ意味をなさないということを知っています。

4. 少しでも過ちに反応しているなら、その時あなたは「聖霊」に耳を傾けてはいません。2「聖霊」は過ちを無視するだけであり、あなたが過ちに注意を向ければ、「聖霊」の声を聞いていないことになります。3「聖霊」の声が聞こえなければ、あなたはあなたのエゴに耳を傾けているのであり、あなたが過ちを知覚している兄弟と同程度にあなたも意味をなしていません。4これは修正ではあり得ません。5しかし、それは兄弟に対する修正の単なる欠如以上のものです。6それはあなた自身における修正をあきらめることです。

5. 兄弟が狂気の行動をとるとき、その兄弟の中に正気を認識することによってしか、彼を癒すことはできません。2もしもあなたが兄弟の過ちを知覚し、それを受容すれば、あなた自身の過ちを受容することになります。3自分の過ちを「聖霊」に委ねたいと望むならば、兄弟の過ちについてもそうしなければなりません。4これがすべての過ちに対処する唯一の方法にならなければ、すべての過ちがどのようにして解除されるかを理解することはできません。5これは、あなたが教えることをあなたは学ぶと言っていることとまったく同じです。6あなたの兄弟はあなたと同程度に正しいのです。ですから、兄弟が間違っていると考えれば、あなたは自分自身に有罪判決を下しています。

6. **あなた**には自分自身を修正することはできません。2とすれば、あなたに他の人を修正することができるでしょうか。3しかし、あなたは彼を真実の目で見ることができます。なぜなら、あなた自身を真実の目で見ることができるからです。4あなたの兄弟を変えるのはあなたの責任ではありません。彼をありのままに受け容れるのがあなたの責任です。5兄弟の過ちは彼の中にある真実から生まれるのではありません。この真実だけがあなたの真実です。6兄弟の過ちにはこれを変えることもできなければ、あなたの中にある真実にいかなる影響を及ぼすこともできません。7誰であれ人の中に過ちを知覚し、それがまるで実在するかのように反応すれば、それを自分にとって実在させることになります。8 そうすれば代価を払うことは免れませんが、それは罰せられるからではなく、間違ったガイドの後をついていっているために道に迷ってしまうからです。

7. あなたの兄弟の過ちは、あなたの過ちがあなたに属するものではないのと同じように、彼に属するものではありません。2 彼の過ちを実在するものとして受け容れれば、あなた自身を攻撃したことになります。3 あなたの道を発見し、それを維持したいと望むならば、あなたの傍らに真実だけを見てください。というのは、あなたと真実は一緒に歩いているからです。4 あなたの内なる「聖霊」は、あなたの中にあるすべてを、そして、あなたの兄弟の中にあるすべてをゆるします。5 あなたの兄弟の過ちは、あなたの過ちと一緒にゆるされます。6 愛があなたから分離していないのと同じように、「あがない」もあなたから分離してはいません。7「あがない」があなたから分離することはあり得ません。なぜなら、「あがない」は愛から生まれるからです。8 兄弟を修正しようと試みるということは、あなたによる修正が可能であると信じていることを意味します。これはエゴの傲慢でしかあり得ません。9 修正は、傲慢を知らない神に属するものです。

8. 「聖霊」はすべてのものをゆるします。なぜなら、「神」がすべてを創造されたからです。2「神」の機能を引き受けないでください。さもないと、あなたの機能を忘れることになります。3 時間の中における癒しの機能だけを受け容れてください。なぜなら、それが時間の目的なのですから。4「神」は永遠の中で創造する機能をあなたに与えられました。5 あなたにはそれを学ぶ必要はありませんが、それを欲することを学ぶ必要は絶対にあります。6 そのことのためにすべての学びが作られました。7 これはあなたが必要とはしてはいないのに作った能力の「聖霊」による活用法です。8 それは「聖霊」に任せてください！ 9 それをどのように使うのかは、あなたには分かりません。10「聖霊」は、どうすれば有罪判決をせずに自分自身を見ることができるかを教えてくれるでしょう。あらゆるものを有罪判決することなしに見ることを学ぶことによって、そうできるようにするのです。11 すると、有罪判決はあなたにとって実在性がなくなり、あなたのすべての過ちはゆるされるでしょう。

IV. 聖霊によるゆるしの計画

1. 「あがない」はすべての人のためのものです。なぜなら、それは、すべてのものはあなただけのためにあるという信念を解除するための方法だからです。2 ゆるすことは見過ごすことです。3 そういうわけですから、過ちの向こうを見てください。そして、知覚を過ちにとどめないでください。というのは、あなたは知覚が保持するものを信じるからです。4 あなた自身を知りたいと望むならば、あなたの兄弟の本来の姿だけを真実として受け容れてください。5 兄弟の本来の姿でないものを知覚すれば、あなたの本来の姿を知ることはできません。6 あなたの「帰属意識」は共有されていることを常に覚えておいてください。そして、「帰属意識」の共有は「帰属意識」の実在であることを覚えておいてください。

2. あなたには「あがない」で果たすべき役割がありますが、「あがない」の計画はあなたを超越しています。2 あなたにはどうすれば過ちを見過ごすことができるのかが分かりません。それが分かっていれば、過ちを犯すことはないでしょう。3 過ちを犯すことはないと信じ、あるいは、修正のための「ガイド」なしで過ちを修正することができると信じるとすれば、それは更なる過ちとなるだけです。4 この「ガイド」に従わなければ、あなたの過ちは修正されません。5 「あがない」の計画があなたのものではないのは、本来のあなたが誰であるかについてのあなたの考えが制限されているからです。6 この制限の感覚が、すべての過ちが発生する場所です。7 したがって、過ちを解除する方法はあなたに属するのではなく、あなたのためにあります。

3. 「あがない」は分かち合いのレッスンであり、**あなたがその使い方を忘れてしまった**ためにあなたに与えられました。2 「聖霊」はあなたの能力を自然に使うことを思い出させるだけです。3 攻撃する能力を再解釈して共有する能力に変えることによって、「聖霊」はあなたが作ったものを変えて「神」が創造されたものにします。4 「聖霊」を通してこれを達成したいならば、エゴの目を通してあなたの能力を見ないでください。さもなければ、エゴがするのと同じように、あなたの能力を価値判断することになります。5 あなたの能力の有害性のすべては、エゴの価値判断に依拠しています。6 あなたの能力の有用性のすべては、「聖霊」の価値判断に依拠しています。

4. エゴにもゆるしの計画はあります。なぜなら、それはあなたがゆるしの計画を依頼しているからです。しかし、正しい教師に依頼していないということがあります。[2]もちろんのことですが、エゴの計画は意味をなさず、機能することもありません。[3]エゴの計画に従えば、不可能な状況の中に身を置くことになるだけです。エゴは常にそのような状況にあなたを導きます。[4]エゴの計画はあなたに過ちをはっきりと見させ、それから、過ちを見過ごさせることです。[5]しかし、あなたが実在的なものにしたものを見過ごすことがいったいあなたにできるでしょうか。[6]過ちをはっきりと見ることによって、過ちを実在させたのですから、その過ちを見過ごすことはできません。[7]ここでエゴは〝ミステリー〟に訴えざるを得なくなります。そして、エゴは、あなたは自分自身を救うために意味のないものを受け容れなければならないと主張します。[8]多くの人々が私の名においてこれを試みてきましたが、彼らは、私の言葉は「神」から来ているが故に完璧な意味をなすことを忘れてそうしたのです。[9]私の言葉は常に理に適ったものでしたが、今もそのことに変わりはありません。なぜなら、私の言葉は永遠なる考えについて語るからです。

5. 私から学ぶゆるしは、怖れを解除するために怖れを用いることはありません。[2]また、非実在的なものを実在的にして破壊することもありません。[3]「聖霊」を通じてのゆるしは、ただ最初から過ちを見過ごし、あなたにとって非実在のままにしておくことに依拠します。[4]過ちの実在性に対するいかなる信念も、あなたのマインドに入れないでください。さもなければ、ゆるされるためにはあなたが作ったものを解除しなければならないと信じることになります。[5]いかなる影響も与えていないものは存在していないということです。そして、「聖霊」にとっては、過ちの影響は存在しません。[6]着実に首尾一貫して、あらゆる場所において、かつ、あらゆる点において過ちの影響を抹消することによって、エゴは存在しないことを「聖霊」は教え、証明します。

6. そのようなわけですから、ゆるしにおける「聖霊」の教えに従ってください。なぜなら、ゆるしは「聖霊」の機能であり、「聖霊」はその機能を完璧に果たす方法を知っているからです。[2]奇跡は自然なものであり、奇跡が起こらないときは何かが間違っていると私が言った意味の真意はここにあります。[3]奇跡とは、「聖霊」の救いの計画に従おうとするあなたの意欲のしるしであるにすぎません。「聖霊」の救いの計画が何であるかを理解していないことを認識して、あなたはそうするのです。[4]「聖霊」の仕事はあなたの機能ではありません。これを受け容れなければ、あなたは自分の機能が何であるかを学ぶことはできません。

7. 機能の混乱はエゴの典型的な特徴ですから、あなたはそれについてはもうよく知っているはずです。[2]エゴはすべての機能は自分に属していると信じています。しかし、それらの機能が何であるかはまったく分かっていません。[3]これは単なる混乱以上のものです。[4]エゴにまったく何の理由もなく誰でも何でも攻撃させるのは、誇大妄想と混乱のきわめて危険な組み合わせです。[5]これこそまさにエゴがすることです。[6]エゴがどのように反応するかを予測することはできません。なぜなら、エゴには自分が何を知覚しているかがまったく分かっていないからです。

8. 何が起こっているのかがまったく分かっていないとすれば、どの程度適切にそれに反応すると期待できるでしょうか。[2]その反応をどのように説明することができるかは別にして、この予知不可能性がエゴをあなたのガイドとしての健全な場所に位置づけるかどうかについては、考えてみる価値があるのではないでしょうか。[3]繰り返しますが、ガイドとしてのエゴの資格はきわめて不適切なものであり、救いの教師としては誠に貧弱な選択肢です。[4]完全に狂っているガイドを選択する人は誰であれ、自らも完全に狂っているに違いありません。[5]また、このガイドが狂気であることをあなたが分かっていないというのも真実ではありません。[6]あなたにはそれが分かっています。なぜなら、私にはそれが分かっているからです。そして、私がもっているのと同じ基準によって、あなたはその価値判断をしているからです。

9. エゴは文字通り、借りた時間の中で生きており、余命はいくばくもありません。[2]「最後の審判」を恐れることなく歓迎してください。それを待たないでください。というのは、エゴの時間はあなたの永遠の時間から〝借りている〟ものだからです。[3]これが「再臨」であり、最初の「到来」が創造されたときに、あなたのために作られたのです。[4]「再臨」とは感覚の復帰にすぎません。[5]これが恐ろしいということがあり得るでしょうか。

10. 妄想以外の何が恐ろしいということがあり得るでしょうか。そして、実在の中に満足を見出すことに絶望していなければ、誰が妄想に走るでしょうか。[2]しかしながら、妄想の中に満足を見出すことは絶対にないことは確実であり、したがって、唯一の希望は実在についてのあなたのマインドを変えることにしかありません。[3]実在は恐ろしいという決断が間違っていたときはじめて、「神」が正しいという可能性があります。[4]保証しますが、「神」は正しいのです。[5]そういうわけですから、あなたが間違っていたことを喜んでください。しかし、あなたが間違っていた理由はただ一つ、あなたが本当の自分が誰であるかを知らなかったからです。[6]それを知っていたら、「神」が間違われることがないのと同じように、あなたも間違うことはなかったでしょう。

11. あり得ないことは妄想の中においてだけ起こり得ます。[2]妄想の中に実在を探しても、見つけることはできません。[3]妄想の象徴はエゴに由来するものであり、あなたは多くの妄想の象徴を見つけることができるでしょう。[4]しかし、それらの象徴の中に意味を探さないでください。[5]そのような象徴は、それが織り込まれている妄想と同じように何の意味もありません。[6]おとぎ話は気持の良いものでもあり得ますし、恐ろしいものでもあり得ます。しかし、誰もそれらの話が真実であるとは言いません。[7]子どもたちはおとぎ話を信じるかもしれません、したがって、しばらくの間は子どもたちにとっては真実でしょう。[8]しかし、実在が姿を現せば、妄想は消えてなくなります。[9]実在はその間なくなっていたわけではありません。[10]「再臨」は実在の自覚であって、実在の復帰ではありません。

12. 我が子よ、見てください。実在はここにあります。[2]それはあなたに属するものであり、私に属するものであり、「神」に属するものであり、「私たち」すべてにとって完璧な満足をもたらしてくれるものです。[3]この自覚だけが癒してくれます。なぜなら、それは真実の自覚だからです。

V. 癒されていないヒーラー

1. ゆるしのためのエゴの計画は、ゆるしのための「神」の計画よりもずっと広範に使われています。[2]その理由は、ゆるしのためのエゴの計画は癒されていないヒーラーによって用いられているからであり、したがって、エゴに発しているからです。[3]ここで、癒されていないヒーラーについて更に注意深く考えてみることにしましょう。[4]言葉の定義からも明らかなように、癒されていないヒーラーは自分が受け取っていないものを与えようとしています。[5]たとえば、癒されていないヒーラーが神学者であるとすれば、〝私は惨めな罪人です。そして、あなたも同様です〟という前提から始めるかもしれません。[6]心理療法士であるとすれば、攻撃は自分自身にとっても患者にとっても実在的なものであるが、両者のいずれにとっても重要なものではないという、前者の例と同様に信じがたい信念から始めるかもしれません。

2. エゴの信念を共有することはできないと私は繰り返し述べてきましたが、エゴの信念が実在的でない理由はここにあります。2とすれば、エゴの信念を〝暴露する〟ことによって、どうしてそれを実在的なものにすることができるでしょうか。3真実を求めて妄想を探求するヒーラーは皆、癒されていないに違いありません。なぜなら、どこで真実を探すべきかを知らないからです。したがって、癒しの問題に対する答えをもっていないからです。

3. 悪夢を自覚することには一つの利点がありますが、悪夢は実在しないということ、そして、悪夢に含まれているものはすべて無意味であるということを教える上で利点があるというだけです。2癒されていないヒーラーにはこれはできません。なぜなら、癒されていない人はこれを信じていないからです。3癒されていないヒーラーは誰でも皆、何らかの形でゆるしのためのエゴの計画に従います。4癒されていないヒーラーが神学者であれば、自分自身を有罪であると見なし、有罪について教え、怖れに満ちた解決策を唱導する可能性が高いでしょう。5有罪判決を「神」に投影し、「神」を報復的な存在に見せ、「神」の懲罰を恐れさせるでしょう。6彼らがしていることは単にエゴに帰属意識を示すことだけであり、エゴが何をしているかを知覚することによって、この混乱の故に自分自身に有罪判決を下しているのです。7この概念に対して反乱が行われてきたことは理解できますが、それに対して反乱を起こすことは、それを信じることでもあります。

4. エゴの新しい形の計画の中には、古いものと同様に役立たないものもあります。なぜなら、形は問題ではなく、中身は変わっていないからです。2たとえば、新しい形の一つにおいて、心理療法士は悪夢の中のエゴの象徴を解釈して、悪夢が実在することを証明するためにそれらの象徴を使うかもしれません。3それらの象徴を実在的なものにした後で、彼は夢を見る人の重要性を軽視することによって、悪夢の象徴の影響を追い払おうとします。4夢を見る人が実在的な存在ではないと確認されれば、このようなヒーリングの手法がとられるでしょう。5しかしながら、夢を見る人がマインドと等しいものと見なされれば、「聖霊」を通してのマインドの修正能力は否定されることになります。6これはエゴの観点からしても矛盾であり、混乱しているときでさえ、通常はエゴが注目する矛盾です。

5. 怖れに対抗する方法がマインドの重要性を減少させることであるとすれば、これによって、エゴの強さをどのようにして築くことができるのでしょうか。[2]このような自明の矛盾が、心理療法において何が起こるかについて、誰も真に説明できないでいることを説明してくれます。[3]実際のところ、何も起こらないのです。[4]癒されていないヒーラーには実在的なことは何も起こっておらず、彼は自分自身の教えから学ばなければなりません。[5]彼のエゴは常に状況から何かを手に入れようとします。[6]したがって、癒されていないヒーラーは与える方法を知らず、結果として、共有することができません。[7]彼には修正することはできません。なぜなら、修正の観点から仕事をしないからです。[8]癒されていないヒーラーは、何が実在するかを患者に教えるのは自分の仕事であると信じています。自分自身それが分かっていないにもかかわらず、そう信じています。

6. それでは、何が起こるべきなのでしょうか。[2]「神」が〝光あれ〟と言われたとき、光がありました。[3]暗闇を分析することによって光を見つけることができるでしょうか。心理療法士がするように、あるいは、神学者がするように、あなた自身の中に暗闇を認め、その暗闇を除去するために遠くにある光を探すことによって、しかも、その距離を強調しながら探すことによって、光を見つけることができるでしょうか。[4]癒しは神秘的なことではありません。[5]いかなるものも、理解されなければ変わることはありません。というのは、光は理解なのです。[6]〝惨めな罪人〟は魔術なくしては癒すことはできません。また、〝重要でないマインド〟も魔術なくしては自らを尊敬することはできません。

7. したがって、エゴの二つの方法はいずれも袋小路にたどりつかざるを得ません。これはエゴが常に導く、いかにもエゴらしい〝不可能な状況〟です。[2]エゴがどこに向かっているかを指摘してあげれば誰かの助けになるかもしれませんが、方向を変える手伝いもしなければ、その意味も失われます。[3]癒されていないヒーラーにはこれはできません。というのは、ヒーラー自身が自分のためにもそうすることができないのですから。[4]ヒーラーにできる唯一の意味のある貢献は、方向を変えてもらった結果、今ではいかなる種類の悪夢も信じていない人の実例として自分自身を提示することです。[5]こうして、彼のマインドの中にある光が問いを発する人の問いに答え、その答えを得た人は「神」の側について、光はあると決断することになります。

なぜなら、光が見えるからです。[6]そして、彼の承認によってヒーラーはそこに光があることを知ります。[7]知覚はこのようにして究極的には知識へと変えられます。[8]奇跡を行う人は光を知覚することから始め、この知覚を絶えず延長し、その承認を受け容れることによって確信に変えます。[9]光がもつ影響力が、彼に光があることを確信させるのです。

8. セラピストは癒すのではありません。**セラピストは癒しを在らしめる**のです。[2]セラピストは暗闇を指し示すことはできますが、自分だけでは光をもたらすことはできません。というのは、光は彼に属していないからです。[3]しかしながら、彼のために存在する光は、彼の患者のためにも存在するに違いありません。[4]「聖霊」だけが唯一の「セラピスト」です。[5]「聖霊」は「自ら」が「ガイド」になっているいかなる状況においても、癒しを明確なものにします。[6]あなたは「聖霊」が自らの機能を果たすままにしておくことしかできません。[7]「聖霊」はこれに関していかなる助けも必要とはしていません。[8]「聖霊」は、「自ら」があなたのもとへと送る人を助けるために何をするべきかに関して厳密にあなたに指示し、あなたが干渉しなければあなたを通して患者に語りかけます。[9]思い出してください。あなたは援助のガイドを選択するのであり、間違った選択をすれば助けにはなりません。[10]しかし、正しい選択をすれば助けになることも覚えておいてください。[11]「聖霊」を信頼してください。というのは、助けることは「聖霊」の機能であり、「聖霊」は「神」に属しているからです。[12]あなたを通してではなく、「聖霊」を通して他のマインドを「聖霊」に目覚めさせるとき、あなたはこの世界の法則に従っているのではないことを理解するでしょう。[13]しかし、あなたが従っている法則は機能します。[14]〝善なるものは機能するものである〟という言葉は、健全ではありますが不十分な言葉です。[15]善なるものだけが機能するのです。[16]それ以外のものはまったく機能しません。

9. このコースは非常に直接的で単純な学びの状況を差し出し、何をするべきかをあなたに指示する「ガイド」を提供します。[2]「ガイド」の指示することを実行すれば、それが機能することが分かるでしょう。[3]その結果はその言葉よりも説得力があります。[4]その結果はその言葉が真実であることを納得させるでしょう。[5]正しい「ガイド」に従うことによって、すべてのレッスンの中でも最も単純なレッスンを学ぶことができるでしょう。

[6]成果によって彼らを知るでしょう。そして、彼らもまた自らを知るでしょう。

VI. あなたの兄弟を受け容れること

1. 「聖霊」の影響以外の何によって、あなたの中にある「聖霊」についての自覚を高めていくことができるでしょうか。[2]目で「彼」を見ることはできず、耳で「彼」の言葉を聞くこともできません。[3]それでは、いったいどうすれば「彼」を知覚することができるのでしょうか。[4]あなた自身は喜びを体験していないにもかかわらず、他の人の中に喜びを喚起することができて、他の人たちが喜びをもってあなたに応じたとしたら、喜びを生み出すことができる何かがあなたの中にあるに違いありません。[5]それがあなたの中にあり、喜びを生み出すことができるとすれば、そして、それが他の人の中に喜びを生み出すのが見えるとしたら、あなたは自分自身の中でそれを分断しているに違いありません。

2. 「聖霊」があなたの中に首尾一貫して喜びを生み出さない唯一の理由は、あなたが他の人の中に首尾一貫して喜びを生み出さないからであるかのようにあなたには思われます。[2]あなたに対する他の人たちの反応は、「聖霊」の首尾一貫性についてのあなたの評価です。[3]あなたが首尾一貫性を欠いているとき、常に喜びを生み出すことはありません。したがって、あなたは「彼」の首尾一貫性を認識しません。[4]あなたは兄弟に差し出すものを「聖霊」に差し出します。なぜなら、「聖霊」は与えるにあたってあなたが差し出すものを超えることはできないからです。[5]これは「聖霊」が与えることを制限しているからではなく、あなたが受け取ることを制限しているからにすぎません。[6]受け取るという決断は、受け容れるという決断です。

3. もしもあなたの兄弟があなたの一部であったとしたら、あなたは彼らを受け容れますか。[2]彼らだけがあなたが何であるかを教えることができます。というのは、あなたの学びはあなたが兄弟たちに教えたことの結果だからです。[3]あなたが彼らの中に呼び起こすものは、あなたがあなた自身の中に呼び起こすものです。[4]兄弟の中にそれを呼び起こすにつれて、それはあなたにとって実在的なものとなります。[5]「神」には一人の「子ども」しかいません。「神」はすべてを一つのものとして知っておられるからです。[6]「神ご自身」だけが子ども以上の存在ですが、子どもたちは「神」以下の存在ではありません。7 これが何を意味するか知りたいでしょうか。8 もしも、あなたが私の兄弟にすることを私にするならば、そして、あなたが、私たちはあなたの一部であるが故にすべてのことをあなた自身のためにするならば、私たちがすることのすべてもまたあなたに属することになります。9「神」が創造されたすべての人々はあなたの一部であり、「神」の栄光をあなたと共有しています。10「神」の栄光は「神」に属していますが、それと等しくあなたのものでもあります。11 したがって、あなたの栄光は「神」の栄光よりも少ないということはありません。

4. 「神」はあなた以上の存在ですが、その唯一の理由は「神」はあなたを創造されたからです。しかし、この創造力すらも「神」はあなたから遠ざけようとはされません。2 したがって、あなたは「神」が創造されたように創造することができ、あなたが分離してもこれは変わりません。3「神」の光も、あなたの光もあなたに見えないからといって弱まることはありません。4「神の子のすべて」は一人として創造しなければならないが故に、あなたは創造の一部を認識する度ごとに創造を思い出します。5 あなたが思い出す一つ一つの部分があなたの完全性に加えられます。なぜなら、それぞれの部分は完全だからです。6 完全性は分割不可能ですが、それをあらゆる場所に見るまでは、あなたの完全性について学ぶことはできません。7 あなたは「神」が「ご自身の子ども」を知るようにしか自分自身を知ることはできません。というのは、知識は「神」と共有されているからです。8 あなたが「神」の中で目覚めるとき、「神」の無限性をあなた自身のものとして受け容れることによって、あなた自身の規模を知ることができるでしょう。9 しかし、それまでの間は、兄弟の完全性を価値判断するのと同じように完全性の価値を判断し、兄弟の完全性を受け容れるのと同じように完全性を受け容れるでしょう。

5. あなたはまだ目覚めていませんが、目を覚ます方法を学ぶことはできます。2 非常に単純に、「聖霊」が他の人たちの目を覚ます方法を教えてくれます。3 兄弟が目覚めるのを見て、あなたは目覚めることが何を意味するかを学ぶでしょう。そして、兄弟の目を覚ます選択をしたが故に、あなたが彼らに与えたものへの彼らの感謝と理解があなたにその価値を教えてくれるでしょう。4 あなたが「神」の実在の証人として創造されたように、彼らはあなたの実在の証人となるでしょう。5 しかし、「神の子のすべて」が一緒になり、その「一体性」を受け容れるとき、「神の子のすべて」はそれが創造するものによって知られることとなり、「神の子のすべて」の創造物は「神の子」が父の証人となるように、その実在性の証人となることでしょう。

6. 奇跡は永遠性の中には居場所はありません。なぜなら、奇跡は回復させるためのものだからです。[2]しかしながら、癒しを必要としている間は、あなたの奇跡はあなたの実在性の認識できる唯一の証人です。[3]自分自身のために奇跡を行うことはできません。なぜなら、奇跡は受容を与え、受容を受け取る一つの方法だからです。[4]時間の中では与えることが先ですが、永遠の中では与えることも受け取ることも同時です。永遠の中では両者を分離することはできません。[5]両者が同じであることを学んだとき、時間の必要性は終了します。

7. 永遠は一つの時間であり、その唯一の次元は〝常時〟です。[2]「神」の開かれた「両腕」を思い出し、遂に、「神」の開かれた「マインド」を知るまでは、これはあなたにとって何も意味し得ません。[3]「神」と同じように、あなたは〝常に〟永遠であり、「神のマインド」の中にいて、「神のマインド」と同じマインドをもっています。[4]あなたの開かれたマインドの中にあなたの創造物があり、完璧な理解から生まれた完璧なコミュニケーションをとっています。[5]あなたの創造物の一つを受け容れることができたならば、この世界が差し出すものを望むことはないでしょう。[6]それ以外のものはすべて完全に無意味になるでしょう。[7]「神」の意味はあなたがいなければ不完全です。そして、あなたの創造物がなければあなたは不完全です。[8]この世界のあなたの兄弟を受け容れてください。それ以外の何も受け容れないでください。というのは、兄弟の中にあなたの創造物を発見することになるからです。なぜなら、あなたの兄弟はあなたと一緒にこれらの創造物を創造したからです。[9]あなたの兄弟があなたと共に創造する共同創造者であることを学ぶまで、あなたは「神」と共に創造する共同創造者であることを決して知ることはありません。

VII. 二つの評価

1. 「神の意志」はあなたの救いです。[2]「神」が救いを発見するための手段をあなたに与えられなかったということがあり得るでしょうか。[3]あなたが救いを体験することを「神」が意図されたならば、あなたがそれを入手することを可能にされ、しかも、容易にそれができるようにされたに違いありません。4 あなたの兄弟は至るところにいます。5 救いを求めて遠くを探す必要はありません。6 一分、一秒ごとにあなたは自分自身を救済する機会を与えられています。7 これらの機会を逃さないでください。これらの機会は再びやって来ないからではなく、喜びを遅らせることは不必要だからです。8「神」はあなたがいま完璧に幸せであることを意図されています。9 これが同様にあなたの意志ではないということがあり得るでしょうか。10 そして、これが同様にあなたの兄弟たちの意志でないということがあり得るでしょうか。

2. それでは、この共通の意志においてあなた方はすべて一つに結ばれていると考えてみてください。このことにおいてのみ一つに結ばれていると考えてみてください。2 他のすべての事柄に関しては不同意があるかもしれませんが、これに関して不同意はありません。3 とすれば、これが安らぎの住む場所です。4 そして、あなたがそう決断したとき、あなたは安らぎの中に住むことになります。5 しかしながら、「あがない」を受け容れるまでは安らぎの中に住むことはできません。なぜなら、「あがない」が安らぎに至る道だからです。6 その理由は非常に単純であまりにも明白であるために、しばしば見過ごされてしまうほどです。7 エゴは明白なものを恐れています。というのは、明白であることは実在の本質的な特徴だからです。8 しかしながら、見ていなければ話は別ですが、明白であることを見過ごすことは不可能です。

3.「聖霊」が知覚するすべてのものを愛を込めて見るとすれば、「聖霊」があなたを愛を込めて見ることは完璧に明白なことです。2 あなたについての「聖霊」の評価は、あなたの本質についての「聖霊」の知識に基づいています。したがって、「聖霊」はあなたを真に評価します。3 そして、この評価はあなたのマインドの中にあるに違いありません。なぜなら、「聖霊」はあなたのマインドの中にいるからです。4 エゴもまたあなたのマインドの中にいます。なぜなら、あなたがエゴをそこに受け容れたからです。5 しかしながら、あなたについてのエゴの評価は、「聖霊」の評価とは正反対です。なぜなら、エゴはあなたを愛していないからです。6 エゴはあなたの本質を自覚しておらず、知覚するものすべてをまったく信頼していません。なぜなら、エゴの知覚は非常に変わりやすいからです。7 したがって、エゴは最善の状態では疑惑をもつ能力を発揮し、最悪の状態では悪意をもつ能力を発揮することができます。8 それがエゴの行動領域です。9 エゴには確信がないために、この領域を越えることはできません。10 そして、決してこの領域を越えることはできません。なぜなら、エゴは決して確信をもつことはできないからです。

4. というわけで、あなたはマインドの中に自分自身に関する二つの相反する評価をもっています。そして、両者が共に真実であることは不可能です。2 これらの二つの評価がどれほど完璧に異なったものであるか、あなたにはまだ分かっていません。なぜなら、あなたについての「聖霊」の評価がいかに高遠なものであるかを理解していないからです。3「聖霊」はあなたが何をしても、それによって騙されることはありません。なぜなら、「聖霊」はあなたの本質を決して忘れることがないからです。4 エゴはあなたがするすべてのことによって騙されます。特に、あなたが「聖霊」に反応するときに騙されます。なぜなら、そのようなときエゴの混乱が増すからです。5 したがって、エゴはあなたが愛をもって反応するときに特に攻撃する確率が高くなります。なぜなら、エゴはあなたには愛がないという評価を下しており、あなたはその価値判断に逆らっているからです。6 あなたの動機があなたに関するエゴの知覚と明確に異なったものとなるやいなや、エゴはあなたの動機を攻撃します。7 エゴが疑惑をもった状態から悪意に満ちた状態に突然移行するのはこの時です。というのは、エゴの不安が増大したからです。8 しかしながら、反撃するのは確実に無意味です。9 反撃が意味し得るのは、あなたの本質についてのエゴの評価にあなたが同意しているということだけです。

5. 自分自身を愛のない人と見る選択をすれば、幸せにはなれないでしょう。2 あなたは自分自身に有罪判決を下しているのであり、したがって、自分自身を不十分であると見なしているに違いありません。3 エゴが生み出した不十分であるという感覚、それはエゴが生存するためには持続させなければならない感覚ですが、その感覚から逃れようとしてエゴに助けを求めたいですか。4 あなたは不十分であるというこの構図をしっかりと維持するためのエゴの手段を使うことによって、あなたはあなたに関するエゴの評価から脱出することができるでしょうか。

6. 狂気の信念体系をその信念体系の中から評価することはできません。2 その信念体系の行動領域がそれを阻みます。3 ただその行動領域を越えて、正気が存在する地点から振り返ることで、狂気と正気の**対照的な違いを見る**ことができます。4 この対照によってのみ、狂気を狂気であると判断することができます。5「神」の壮大さを自らの中にもちながら、あなたは矮小であることを選択し、自らの矮小性を嘆く選択をしました。[6]この選択を命じた信念体系の内部においては、嘆きは不可避的です。[7]そこにおいてはあなたの矮小性は当然のことと見なされ、〝誰がこれを許可したのか〟とあなたは問うことはしません。[8]この質問はエゴの思考体系の内部においては無意味です。なぜなら、それはエゴの思考体系のすべてを疑問にさらすことになるからです。

7. エゴは本当の質問が何であるかを知らないと私は言いました。[2]いかなる種類の知識であれ、知識の欠如は常に、知りたくないという気持と関連しています。そして、これは知識の完全な欠如を生み出します。なぜなら、知識は全体的だからです。[3]したがって、あなたの矮小性を疑問視しないことは、すべての知識を否定することであり、エゴの思考体系のすべてをそのままにしておくことです。[4]思考体系の一部を保持することはできません。なぜなら、思考体系はその基盤においてだけ疑いをはさむことができるからです。[5]この思考体系は、それを超越した所から疑いをさしはさまなければなりません。なぜなら、その思考体系の内部において、基盤はしっかりしているからです。[6]「聖霊」はエゴの思考体系の実在性に異を唱える価値判断を下しますが、その理由は単に、その基盤が真実ではないことを知っているからです。[7]したがって、エゴの思考体系から生じるものは何も意味しません。[8]「聖霊」はあなたがもっている信念のすべてについて、それがどこから来ているかという観点から価値判断を下します。[9]「神」から来ていれば、「聖霊」はそれが真実であることを知ります。[10]「神」から来ていなければ、「聖霊」はそれが意味のないものであることを知ります。

8. あなたの価値に疑問を抱くときは常に、次の言葉を言ってください。

[2]**「神ご自身」も私がいなければ不完全です。**

[3]エゴが語るときにこれを思い出してください。そうすれば、エゴの声は聞こえなくなります。[4]あなたについての真実は非常に高遠であるために、「神」にふさわしくないものはあなたにふさわしくはありません。[5]そういうわけですから、このような観点からあなたが望むものを選んでください。そして、「神」にとって完璧にふさわしいものとして「神」に差し出したくないものは、あなたも受け容れないでください。[6]あなたはそれ以外のいかなるものも

望むことはありません。[7]「神」にあなたという全体の一部を返してください。そうすれば、「神」は「神」に属し「神」を完全にしてくれるものが帰還した返礼として、「神ご自身」のすべてをあなたに与えてくださるでしょう。

VIII. 壮大さと誇大妄想

1. 壮大さは「神」のものであり、「神」だけのものです。[2]したがって、壮大さはあなたの中にあります。[3]たとえどんなにかすかであれ、この壮大さを自覚するようになる度に、あなたはエゴを自動的に放棄します。なぜなら、「神」の壮大さの前にあって、エゴの無意味さは完璧に明白になるからです。[4]これが起こったとき、エゴはそれが理解できないにもかかわらず、〝敵〟が攻撃してきたと信じ、あなたをエゴの〝保護下〟に戻らせるために贈り物を差し出そうとします。[5]エゴが差し出すことができる贈り物は自己増長しかありません。[6]エゴの誇大妄想は「神」の壮大さに対するエゴの代替物です。[7]あなたはどちらを選びますか。

2. 誇大妄想は常に絶望の隠れ蓑です。[2]誇大妄想に希望はありません。なぜなら、それは実在的ではないからです。[3]それは矮小性が実在的であるという信念に基づいて、あなたの矮小性に対抗しようとする試みです。[4]この信念がなければ誇大妄想は無意味であり、あなたがこれを望むことはあり得ません。[5]誇大妄想の本質は競争心です。[6]それは打ち負かそうとする妄想的な試みであって、解除しようとする試みではありません。[7]エゴは疑惑と悪意の間で揺れ動くという話を前にしました。[8]エゴはあなたが自分自身に絶望している間は疑惑をもち続けます。[9]あなたが自己卑下を許容しないと決断し、救援を求める決断を下すと、エゴは悪意へと移行します。[10]それから、〝解決策〟として、攻撃という幻想をあなたに差し出します。

3. エゴは壮大さと誇大妄想の違いを理解していません。なぜなら、エゴには奇跡の衝動とエゴ独自の異質な信念の違いが見えないからです。[2]エゴは自分自身の存在に対する脅威は自覚していますが、これら二つの非常に異なった脅威の区別はしないということは前にも話しました。[3]根深い脆弱感のために、エゴは攻撃という観点からしか判断できない状態になっています。[4]エゴが脅威を体験すると、唯一の決断は今攻撃するか、それとも、あとで攻撃するために退却するかのいずれかです。[5]あなたがエゴの誇大妄想の申し出を受け容れれば、エゴは直ちに攻撃します。[6]受け容れなければ、エゴは待ちます。

4. エゴは「神」の壮大さの前では動くことができません。なぜなら、「神」の壮大さはあなたの自由を確立するからです。[2]あなたの実在性をほんの僅かでもほのめかせば、エゴをあなたのマインドから文字通り追い払うことになります。なぜなら、あなたはエゴへの投資をすべて放棄するからです。[3]壮大さにはまったく幻想はありません。それは実在的であるが故に、圧倒的な説得力をもっています。[4]しかしながら、エゴがそれを攻撃することを許さないようにしなければ、壮大さの実在性についてのこの確信をもち続けることはできません。[5]エゴはあらゆる努力を払い、自らのエネルギーを動員してあなたの解放に立ち向かってきます。[6]あなたは狂気であるとエゴは語り、壮大さがあなたの一部であるはずがないと論じ立てるでしょう。なぜなら、エゴは矮小性を信じているからです。[7]しかしながら、あなたの壮大さは妄想ではありません。なぜなら、あなたがそれを作ったのではないからです。[8]あなたは誇大妄想を作り、それを恐れています。なぜなら、それは攻撃の一つの形だからです。しかし、あなたの壮大さは「神」から発しています。「神」は壮大さを「神の愛」から創造されたのです。

5. あなたの壮大さからあなたにできることは、祝福することだけです。なぜなら、あなたの壮大さはあなたの豊かさだからです。[2]壮大さを祝福することによって、マインドの中にそれを保持し、幻想から守り、あなた自身を「神のマインド」の中に置くことができます。[3]常に思い出してください。あなたは「神のマインド」以外のどんな場所にもいることはできません。[4]これを忘れると、あなたは絶望に陥り、攻撃します。

6. エゴを許容しようとするあなたの気持に、エゴはひたすらに依存しています。[2]あなたにあなた自身の壮大さを見る気持があれば、絶望することはあり得ません。したがって、エゴを欲するはずはありません。[3]あなたの壮大さがエゴに対する「神」の答えです。なぜなら、それは真実だからです。[4]矮小性と壮大さは共存することはできません。また、両者が交互に入れ替わることもできません。[5]矮小性と誇大妄想は交互に入れ替わることができ、そうしなければなりません。というのは、両者共に真実ではなく、したがって、同じレベルにいるからです。[6]それは移行のレベルであるために、移行するものとして体験され、極端さがその本質的な特徴です。

7. 真実と矮小性はお互いを否定しています。なぜなら、壮大さは真実だからです。2真実は揺れ動くことはありません。常に真実です。3壮大さがあなたから滑り落ちたとき、あなたはそれを自分が作った何かと取り換えました。4ひょっとすると、それは矮小性への信念だったかもしれません。あるいはひょっとすると、誇大妄想への信念だったかもしれません。5しかしながら、それは狂気のものであるに違いありません。なぜなら、それは真実ではないからです。6あなたの壮大さは決してあなたを欺きません。しかし、あなたの幻想は常にあなたを欺くでしょう。7幻想は欺瞞です。8あなたは勝利を収めることはできませんが、意気揚々とした気持になります。9そして、意気揚々とした状態であなたと同じような人たちを探し求め、彼らと一緒に悦に入って喜びます。

8. 壮大さと誇大妄想の区別をすることは簡単です。なぜなら、愛は報われますが高慢は報われないからです。2高慢は奇跡を生み出すことはなく、したがって、あなたの実在性に対する真の証人をあなたから奪うことになります。3真実は不明瞭でもなければ隠されることもありません。しかし、あなたにとっての真実の明白性は、あなたが真実の証人にもたらす喜びに依拠しています。真実の証人たちはあなたに真実を示すのです。4彼らはあなたの壮大さの証人となりますが、高慢の証人になることはできません。なぜなら、高慢は共有されないからです。5「神」は「ご自身」が創造されたものをあなたに見つめて欲しいのです。なぜなら、それは「神」の喜びだからです。

9. あなたの壮大さは、「神ご自身」がその証人となっておられるのに、傲慢であるということがあり得るでしょうか。2そして、証人のいないものが実在的であり得るでしょうか。3どのような善がそれから生まれ得るでしょうか。4いかなる善もそこから生まれることができないとすれば、「聖霊」はそれを使うことはできません。5「聖霊」が「神の意志」へと変容させることができないものは、まったく存在していません。6誇大妄想は妄想です。なぜなら、それはあなたの壮大さの代わりとして使われるからです。7しかしながら、「神」が創造されたものは取り換えることはできません。8「神」はあなたがいなければ不完全です。なぜなら、「神」の壮大さは全体的であり、あなたがそこから欠けることはできないからです。

10. あなたは「神のマインド」においては絶対に取り換えることのできない存在です。2他の誰も「神のマインド」の中のあなたの部分を満たすことはできません。そして、あなたがその部分を空っぽにしておく間は、あなたの永遠の居場所はあなたの帰りをただ待っています。3「神」は「神の声」を通してあなたにそのことを思い出させ、「神ご自身」があなたが延長したものをその中で安全に保ってくださるのです。4しかしながら、彼らの所に戻るまで、あなたは彼らを知ることはありません。5あなたは「神の王国」を取り換えることはできず、あなた自身を取り換えることもできません。6あなたの価値を知っておられる「神」はそれを望まれません。したがって、そうはなりません。7あなたの価値は「神のマインド」の中にあり、したがって、あなたのマインドの中だけにあるのではありません。8「神」が創造されたあなたをそのままに受け容れることは傲慢ではあり得ません。なぜなら、それは傲慢の否定だからです。9あなたの矮小性を受け容れることこそ傲慢です。なぜなら、それはあなた自身についてのあなたの評価のほうが、「神」の評価よりも真実であると信じていることを意味するからです。

11. しかしながら、真実が分割不可能であるとすれば、あなた自身についてのあなたの評価は「神」の評価であるに違いありません。2あなたがあなたの価値を確立したのではありません。あなたの価値はいかなる防御も必要とはしていません。3いかなるものもあなたの価値を攻撃することもできなければ、打ち負かすこともできません。4あなたの価値は変化しません。5ただ在るだけです。6「聖霊」にあなたの価値が何であるかを聞いてみてください。「聖霊」は教えてくれるでしょう。しかし、「聖霊」の答えを恐れないでください。なぜなら、それは「神」からやって来るのですから。7それはその「源」の故に高貴な答えです。しかし、その「源」は真実であり、「その」答えも真実です。8耳を傾けて聞き、聞こえることに疑いをさしはさまないでください。というのは、「神」が欺かれることはないからです。9「神」はエゴの矮小性に対する信念を、あなたの本質についての「神ご自身」の高貴な「答え」に取って代えるでしょう。そうすることによって、あなたは自分自身の価値を疑問視することをやめ、自分自身の価値の正体をしっかりと知ることができるようになるでしょう。

第10章　病の偶像

序論

1. あなた自身を超越した何かがあなたを恐れさせることはできません。あるいは、あなたを愛情深くすることもできません。なぜなら、あなたを超越しているものは存在しないからです。[2]時間と永遠は共にあなたのマインドの中にあり、時間は単に永遠を取り戻すための手段であるとあなたが知覚するまでは、相反するものとしてあり続けるでしょう。[3]あなたに起こることが何であれ、それはあなた自身の外部の要因によって引き起こされていると信じている限り、時間は永遠を取り戻すための手段であると知覚することはできません。[4]時間は完全にあなたの自由になるということ、そして、この世界のいかなるものもこの責任をあなたから奪うことはできないということを学ばなければなりません。[5]あなたは想像力の中で「神」の法則を犯すことはできますが、「神」の法則から逃れることはできません。[6]「神」の法則はあなたを守るために確立されたものであり、あなたの安全と同様に神聖にして犯すことのできないものです。

2. 「神」はあなたの他には何も創造されませんでした。そして、あなた以外には何も存在しません。というのは、あなたは「神」の一部だからです。[2]「神」以外に何が存在し得るでしょうか。[3]神を超越したものが起こることはあり得ません。なぜなら、「神」以外のものは実在しないからです。[4]あなたが「神」に付加されるのと同じように、あなたの創造物は「神」に付加されますが、すべてのものは常に存在していたが故に、異なったものが付加されることはありません。[5]あなたの気持を動揺させることができるのは、つかの間のもの以外の何ものでもありません。そして、あなたが「神」の唯一の創造物であり、「神」はあなたを永遠なるものとして創造されたとするならば、つかの間のものがいかにして実在することが可能でしょうか。[6]あなたの神聖なマインドが、あなたに起こるすべての事柄を確立します。[7]あなたが知覚するすべてのことに対するあなたの反応は、すべてあなた次第です。なぜなら、あなたのマインドがそれらについての知覚を決定するからです。

3. 「神」があなたについてマインドを変えられることはありません。というのは、「神」は「ご自身」に確信がもてないということはないからです。2 そして、「神」が知っておられることを知ることは不可能ではありません。なぜなら、「神」は「ご自身」のためにだけそれを知っているのではないからです。3「神」は「ご自身」のためにあなたを創造されましたが、あなたが「神」のようになることができるように、あなた自身のために創造する能力をあなたに与えられました。4 あなたのマインドが神聖である理由はここにあります。5「神の愛」を凌駕できるものがあるでしょうか。何もありません。6 それでは、あなたの意志を凌駕するものが何かあるでしょうか。7 あなたの意志を超越した所からあなたに到達できるものは何もありません。なぜなら、「神」の中にいるあなたはすべてのものを包み込んでいるからです。8 これを信じてください。そうすれば、どれだけ多くのことがあなたに任されているかに気づくことでしょう。9 どんなことであれ、何かがあなたのマインドの安らぎを脅かすときは、自分に次のように聞いてください。〝「神」は私について「マインド」を変えられたのだろうか〟。10 それから、「神」の決断を受け容れてください。というのは、それは実に不変であるからです。そして、自分自身についてのあなたのマインドを変えることを拒否してください。11「神」があなたに逆らって決断を下されることは決してありません。さもなければ、「神」は「ご自身」に逆らって決断を下すことになるでしょう。

I. 神の家でくつろぐ

1. あなたは自分の創造物を知りませんが、その唯一の理由は、マインドが分裂している限り自分の創造物に逆らって決断するからです。そして、自分が創造したものを攻撃することは不可能です。2 しかし、**それは「神」にとっても同様に不可能である**ことを思い出してください。3 創造の法則は、自分が創造したものを自分自身として愛するということです。なぜなら、自分が創造したものは自分の一部だからです。4 したがって、創造されたものはすべて完璧に安全です。なぜなら、「神」の法則が「神の愛」によってそれを守るからです。5 これを知らないあなたのマインドの一部はどの部分であれ、自らを知識から追放しています。なぜなら、知識の条件を満たしていないからです。6 あなた以外の誰にこれをすることができたでしょうか。7 喜びをもってこれを認識してください。というのは、この認識の中にこそ、あなたの追放は「神」によるものではなく、したがって、あなたの追放は存在しないという気づきがあるからです。

2. あなたは「神」の家にいて、流罪にあっているという夢を見ていますが、完璧に実在に目覚める能力をもっています。[2]そうすることはあなたの決断でしょうか。[3]夢の中で見るものは眠っている間は実在すると考えることを、あなたは自分の体験から認識しています。[4]しかし、目を覚ました瞬間に、夢の中で起きているように思われたことはすべて全然起きていなかったということが分かります。[5]あなたはこれを奇妙であるとは考えません。目覚めてそこへ戻っていく現実の法則は眠っている間すべて犯されていたにもかかわらず、これを奇妙であるとは考えません。[6]実際には、目を覚まさずに一つの夢からもう一つの夢へと移行したにすぎないという可能性があるのではないでしょうか。

3. 実在が夢のいずれとも一致していないことを発見したならば、相反する夢の中で起こったことを敢えて融和させようとするでしょうか、それとも、両者を共に退けるでしょうか。[2]あなたは目が覚めていたことを覚えてはいません。[3]「聖霊」の声を聞くと、愛することがその時にはあなたにとって可能であるように思えるために、気分が良いと感じるかもしれません。しかし、愛することがかつて可能であったことはまだ思い出していません。[4]これを思い出すとき、それが可能であることを再び知ることになるでしょう。[5]可能であることがまだ達成されていません。[6]しかしながら、かつて存在したことは、もしもそれが永遠のものであるとしたら、今も存在しています。[7]あなたが思い出すとき、思い出すものは永遠のものであり、したがって、現在も存在することを知るでしょう。

4. それを完全に願望した瞬間に、すべてのことを思い出すでしょう。というのは、完全に願望することが創造することであるならば、分離を意志によって退け、マインドをあなたの「創造主」とあなたの創造物の所に同時に戻したことになるからです。[2]「彼ら」を知ったあなたには眠りたいという欲求はまったくなく、目を覚まして喜びたいという願望だけがあるでしょう。[3]夢は不可能になるでしょう。なぜなら、あなたは真実だけを望むからです。遂に真実があなたの意志となったために、真実はあなたのものとなるでしょう。

II. 忘れるという決断

1. まず何かを知らなければ、その何かとの関係を切断することはできません。[2]知識が切断に先行しなければなりません。したがって、切断は忘れるという決断以上のものではありません。[3]忘れられてしまったものは恐ろしく見えますが、その唯一の理由は、切断は真実に対する攻撃だからです。[4]あなたが恐れているのは忘れてしまったからです。[5]そして、あなたは知識を夢の自覚に置き換えてしまいました。なぜなら、あなたは関係を切断したものを恐れているのではなく、切断を恐れているからです。[6]関係を切断したものが受け容れられると、それは恐ろしいことではなくなります。

2. しかしながら、実在との関係の切断をあきらめると、単なる怖れの欠如以上のものがもたらされます。[2]この決断の中に喜びと安らぎ、そして創造の栄光が横たわっています。[3]喜んで思い出すという意欲だけを「聖霊」に差し出してください。というのは、「聖霊」は、「神」についての知識とあなた自身についての知識をあなたのために保持しており、あなたがそれを受容するのを待っているからです。[4]思い出すことを邪魔するものはすべて、喜んで放棄してください。というのは、「神」はあなたの記憶の中にいるのですから。[5]あなたが「神」を喜んで思い出し、あなた自身の実在を再び知りたいと思うとき、あなたは「神」の一部であることを「神の声」が教えてくれるでしょう。[6]この世界のいかなるものであれ、あなたが「神」を思い出すことを遅れさせる原因にしてはいけません。というのは、この思い出すという行為の中に、あなた自身についての知識があるからです。

3. 思い出すということは、**既にそこにあるもの**をマインドに回復させることにすぎません。[2]思い出す内容をあなたが作るわけではありません。既にそこにあるにもかかわらず拒絶されていたものを、再び受け容れるだけのことです。[3]この世界において真実を受け容れる能力は、「神の王国」において創造することと知覚的に対応した能力です。[4]あなたがあなたの役割を果たせば、「神」は「神」の役割を果たされます。あなたが役割を果たすことに対する「神」の返礼は、知覚に取って代わるものとしての知識です。[5]あなたに対する「神の意志」を超越するものは何もありません。[6]しかし、「神」を思い出すというあなたの意志を表明してください。そして、見守ってください。[7]「神」は依頼されれば何でも与えてくださるでしょう。

4. 攻撃するとき、あなたは自分自身を否定しています。[2]本来のあなたがいるのにそれは自分ではないと具体的に自分自身に教えているのです。[3]実在を否定すれば、「神」の贈り物を受容することは不可能になります。なぜなら、その代わりに別の何かを受け容れてしまったからです。[4]これは常に真実に対する攻撃であり、真実は「神」であることを理解するならば、なぜ真実に対する攻撃が常に怖れに満ちたものであるかが分かるでしょう。[5]あなたが「神」の一部であることを更に深く認識すれば、なぜ常に自分自身を最初に攻撃するかが理解できるでしょう。

5. すべての攻撃は「自己」への攻撃です。[2]それ以外のものではあり得ません。[3]本来の自分にはなるまいとするあなた自身の決断から生じたものであるために、それはあなたの帰属意識に対する攻撃です。[4]このようなわけで、攻撃はあなたの帰属意識を失わせる方法です。なぜなら、攻撃するときのあなたは自分が何であるかを忘れてしまったに違いないからです。[5]そして、あなたの実在が「神」の実在であるとするならば、攻撃するときのあなたは「神」を思い出していません。[6]これは「神」がいなくなってしまったからではなく、あなたが「神」を思い出さないという選択を積極的にしているからです。

6. このことがマインドの安らぎをどれほど乱すかに気づいたならば、あなたがそのような狂気の決断をすることはあり得ません。[2]その決断を下す唯一の理由は、あなたが欲しい何かをそれが与えてくれるとなおも信じているからです。[3]したがって、あなたはマインドの安らぎ以外の何かを欲しているということになりますが、それが何であるかについては考えていません。[4]しかしながら、あなたの決断の論理的帰結は、それを見さえすればまったく明らかです。[5]あなたはあなたの実在に反する決断を下すことによって、「神」と「神の王国」に対して警戒するようになってしまったのです。[6]この警戒こそ、あなたに「神」を思い出すことを恐れさせているものです。

III. 病の神

1. あなたは「神」を攻撃したことはありません。そして、あなたが「神」を愛していることは確かなことです。[2]あなたはあなたの実在を変えることができるでしょうか。

[3]誰も自分自身を破壊する意志を抱くことはできません。[4]あなたが自分自身を攻撃していると考えるときは、自分の本質はこうであると考えるものを憎悪している確実なしるしです。[5]そして、これが、これだけが、あなたによって攻撃され得るものです。[6]あなたが自分はこうであると考えるものが非常に憎悪に満ちたものであることもあります。そして、この奇妙なイメージがあなたにさせることは非常に破壊的であり得ます。[7]しかしながら、その破壊にはそのイメージ同様に実在性はありません。ただし、偶像を作る人々が偶像を崇拝することは確かな事実ですが。[8]偶像は無ですが、偶像を崇拝する人々は病んでいる「神の子どもたち」です。[9]「神」は彼らを病から解放し、「神のマインド」へと戻らせるでしょう。[10]「神」はあなたが彼らを助ける力を制限されないでしょう。なぜなら、「神」はそれを既にあなたに与えられたからです。[11]それを恐れないでください。なぜなら、それはあなたの救いなのですから。

2. 病める「神」の子どもたちにとって、あなたを通じての「神」の力以外にいかなるものが「慰めるもの」となり得るでしょうか。[2]「神の子のすべて」のどこで「神」が受け容れられているかは問題ではないことを思い出してください。[3]「神」は常にすべての人のために受け容れられます。あなたのマインドが「神」を迎え入れるとき、「神」の記憶が「神の子のすべて」によみがえります。[4]あなたの兄弟に代わってただ「神」を受け容れることによって、彼らを癒してください。[5]あなたのマインドは分離してはいません。そして、「神」には一人の子どもしかいないが故に、「神」は癒しのチャンネルは一つしかもっておられません。[6]すべての「神」の子どもたちとの間に「神」がもっておられる残りの「コミュニケーションの絆」が彼らを相互に結び合わせ、彼らを「神」と結び合わせます。[7]これを自覚することが彼らを癒します。なぜなら、それは誰も分離してはおらず、したがって、誰も病気ではないという自覚だからです。

3. 「神の子」が病気になり得ると信じることは、「神」の一部が苦しむことが可能であると信じることです。[2]愛が苦しむことはあり得ません。なぜなら、愛は攻撃することができないからです。[3]したがって、愛の記憶は不死身性をもたらします。[4]「神の子」の前で、仮に彼が病気を信じていたとしても、病気の味方をしないでください。というのは、彼の中にある「神」を受け容れることは、彼が忘れてしまった「神の愛」を認めることだからです。[5]彼を「神」

の一部としてあなたが再認識することにより、彼が否定している彼自身についての真実を彼に思い出させることができます。[6]あなたは彼の「神」の否定を強化し、そうすることによってあなた自身を見失いたいと思いますか。[7]それとも、彼に彼の完全性を思い出させ、あなたの「創造主」を彼と共に思い出したいですか。

4. 「神の子」が病んでいると信じることは、彼が崇拝しているものと同じ偶像を崇拝することです。[2]「神」は愛を創造されましたが、偶像崇拝は創造されませんでした。[3]あらゆる形態の偶像崇拝は創造の拙劣な模倣であり、これはあまりにも分割されているがために、創造は力を分かち合うものであり、決して力を強奪するものではないことを知らない病んだマインドによって教えられます。[4]病気は偶像崇拝です。なぜなら、病気はあなたから力を奪うことができるという信念だからです。[5]しかし、これは不可能です。なぜなら、あなたは「神」の一部であり、「神」はすべての力だからです。[6]病める神は、それを作った人が自分はこうであると考えるイメージによって作られた偶像であるに違いありません。[7]そして、それがまさにエゴが「神の子」の中に知覚するものです。すなわち、自己によって創造され、自己充足した、非常な悪意に満ち、非常に脆弱な病める神です。[8]これはあなたが崇拝したいと思う偶像でしょうか。[9]これはあなたが警戒を怠らないようにして助けたいと思うイメージでしょうか。[10]あなたはこれを失うことを本当に恐れているでしょうか。

5. エゴの思考体系の論理的な帰結を静かに見てください。そして、エゴが差し出すものが、あなたが本当に望むものかどうかを判断してください。というのは、これこそまさにエゴがあなたに差し出すものだからです。[2]これを手に入れるために、あなたは兄弟の「神性」を喜んで攻撃しようとします。そして、あなた自身の「神性」を見失ってしまいます。[3]そして、危険からあなたを救ってくれると考えている偶像を守るために、あなたの「神性」を喜んで隠しておこうとします。しかし、偶像はそれらの危険を象徴していますが、危険はそもそも存在しないのです。

6. 「神の王国」には偶像崇拝者はいませんが、それぞれが「神」の一部であるという静かな知識があるために、「神」が創造されたものすべてに対する大いなる理解があります。[2]「神の子」は偶像を知りませんが、自らの「父」のことはしっかりと知っています。[3]この世における健康は「天国」における価値に相当するものです。[4]私があなたに寄与するのは、私の価値ではなく私の愛です。というのは、あなたは自分自身を価値ある存在と見ていないからです。[5]自分自身を価値があると見なさないと病気になります。しかし、あなたに対する私の価値評価があなたを癒すことができます。なぜなら、「神の子」の価値は一つだからです。[6]〝私の安らぎをあなた方に与える〟と私が言ったとき、私は本気でそう言いました。[7]安らぎは「神」に発し、私を通ってあなたにやって来ます。[8]あなたはそれを依頼していないかもしれませんが、それはあなたのためのものです。

7. 兄弟が病気であるとき、それは彼が安らぎを求めておらず、したがって、彼には安らぎがあることを知らないからです。[2]安らぎの受容は幻想の否定であり、病気はまさに幻想です。[3]しかし、「神の子」は誰もが、自分自身の中に幻想があることをただ完全に否定することによって、「神の王国」のいずこにおいても幻想を否定する力をもっています。[4]私はあなたを癒すことができます。なぜなら、私はあなたを知っているからです。[5]私はあなたに代わってあなたの価値を知っています。そして、この価値があなたを完全な存在にしています。[6]完全なマインドは偶像崇拝的ではなく、相反する法則も知りません。[7]私はただ一つのメッセージをもっているというだけの理由であなたを癒します。これは真実です。[8]あなたが私を信頼するとき、そのメッセージに対するあなたの信頼があなたを完全にするでしょう。

8. 私は「神」のメッセージを欺瞞と共にもたらすことはしません。メッセージをどれだけ受け取るかは、どれだけ受け容れる気持があるかと同じであると学ぶにつれて、あなたはこのことを学ぶでしょう。[2]あなたは今、すべての人に代わって安らぎを受け容れ、すべての幻想からの完全な自由を彼らに差し出すことができます。なぜなら、あなたは「神の声」を聞いたからです。[3]しかし「神」の前に他の神々を置かないでください。さもないと、「神の声」を聞くことはできません。[4]「神」はあなたが作る神々に嫉妬してはいませんが、あなたは嫉妬しています。[5]あなたは彼らを助け、彼らに奉仕しようとします。なぜなら、彼らがあなたを作ったと信じているからです。[6]あなたは彼らがあなたの父であると信じています。なぜなら、「神」に代えるために彼らを作ったという恐ろしい事実を彼らに投影しているからです。[7]しかし、彼らがあなたに話しかけるように思われるとき、いかなるものも「神」の代わりになることはできないということ、そして、あなたがどのような代替物を試みたとしても、それは無にすぎないことを思い出してください。

9. したがって、きわめて単純な言い方をすれば、あなたは無の状態を恐れていると信じているかもしれませんが、実際には無を恐れているのです。[2]そして、この自覚においてあなたは癒されます。[3]あなたはあなたが耳を傾ける神の声を聞くでしょう。[4]あなたは病の神を作りました。そして、彼を作ることによってあなた自身が彼の声を聞こえるようにしました。[5]しかしながら、あなたは彼を創造しませんでした。なぜなら、彼は「父の意志」ではないからです。[6]したがって、彼は永遠の存在ではなく、永遠のものだけを受け容れるという気持をあなたが表明するやいなや、あなたのために消失させられるでしょう。

10.「神」に一人の子どもしかいないとすれば、一人の「神」しか存在しません。[2]あなたは実在を「神」と共有しています。なぜなら、実在は分割されていないからです。[3]「神」ではなく他の神々を受け容れることは、あなた自身の前に他の様々なイメージを置くことです。[4]あなたがどれほどあなたの神々の声に耳を傾けているか、そして、彼らのためにどれほどあなたが警戒を怠らないでいるかにあなたは気づいていません。[5]しかし、彼らが存在する唯一の理由は、あなたが彼らを尊重することにあります。[6]尊重されてしかるべきものを尊重してください。そうすれば、安らぎはあなたのものとなるでしょう。[7]安らぎは、あなたが本当の「父」から受け継いだ遺産です。[8]あなたにはあなたの「父」を作ることはできません。そして、あなたが作った父はあなたを作りませんでした。[9]幻想は尊重されてしかるべきものではありません。というのは、幻想を尊重することは、無を尊重することだからです。[10]しかしながら、幻想は恐れるべきものでもありません。というのは、無が恐ろしいということはあり得ないからです。[11]あなたは愛の完璧な無害性の故に愛を恐れることを選択しました。そして、この怖れの故に、あなたは喜んであなた自身の有用性を放棄し、あなた自身のための完璧な「助け」を放棄してきました。

11.「神」の祭壇においてだけ、あなたは安らぎを見出すでしょう。[2]そして、この祭壇はあなたの中にあります。なぜなら、「神」が祭壇をそこに置かれたからです。[3]「神の声」は今でもあなたを呼んでいます。あなたが「神」の前に他の神々を置かなくなったとき、「神の声」が聞こえるでしょう。[4]あなたには兄弟のために病の神を放棄することができます。実際、あなた自身のために病の神を放棄すれば、そうしなければならないでしょう。[5]というのは、どんな場所であれ、あなたに病の神が見えるならば、あなたは病の神を受け容れているのです。[6]そして、病の神を受け容れたならば、あなたは病の神の前に屈服し、病の神を崇拝することになるでしょう。なぜなら、病の神は「神」に代わるものとして作られたからです。[7]病の神こそが、あなたにはどの神が実在するかを選択することができるという信念そのものです。[8]これは実在と何の関係もないことは明らかですが、あなたが知覚する実在とはあらゆる関係があるということも、またそれと同じくらいに明らかです。

IV. 病の終焉

1. すべての魔術は両立できないものを両立させようとする試みです。[2]すべての宗教は両立できないものを両立させることはできないということの認識です。[3]病であることと完璧であることは両立不可能です。[4]「神」があなたを完璧に創造されたのであれば、あなたはまったく完璧です。[5]病気になれると信じているとすれば、あなたは「神」の前に別な神々を置いたのです。[6]「神」はあなたが作った病の神々と交戦状態にはありませんが、あなたは彼らと交戦状態にあります。[7]病の神は「神」に逆らった決断の象徴であり、病の神を「神の意志」と両立させることはできないが故に、あなたは病の神を恐れています。[8]病の神を攻撃すれば、病の神をあなたにとって実在的なものにすることになります。[9]しかし、病の神がどのような形をとって現れるように見えたとしても、どのような場所で病の神の姿が見えたと思ったとしても、いかなる形においても彼を崇拝することを拒否するならば、病の神は自らの出所である無の状態の中へと姿を消すでしょう。

2. 実在は曇りのないマインドにだけ姿を見せます。[2]実在は受け容れてもらうべく常にマインドの中にありますが、それが受け容れられるか否かは、あなたにそれを所有する気持があるか否かにかかっています。[3]実在を知るためには非実在を非実在と判断する気持が必要です。[4]無であることを見過ごすことは、単にそれを正確に判断することであり、それを真に評価できるあなたの能力によってそれを手放すことです。[5]知識は幻想でいっぱいのマインドにやって来ることはありません。なぜなら、真実と幻想は両立不可能だからです。[6]真実は完全であり、マインドの一部によって知られることはあり得ません。

3. 「神の子のすべて」の一部が病気であると知覚することは不可能です。なぜなら、「神の子のすべて」をそのようなものとして知覚することは、まったく知覚しないことだからです。2「神の子のすべて」が一つであるならば、それはあらゆる点において一つです。3一体性を分割することは不可能です。4他の神々を知覚するならば、あなたのマインドは分裂しており、あなたにはその分裂を制限することはできません。なぜなら、それはあなたがマインドの一部を「神の意志」から移動させてしまったというしるしだからです。5これはあなたのマインドの収拾がつかなくなっていることを意味します。6収拾がつかないということは理に適っていないということであり、したがって、マインドは非理性的になります。7マインドを誤って規定すれば、マインドを誤って機能しているものとして知覚することになります。

4. 「神」の法則はあなたのマインドを安らいだ状態に保つでしょう。なぜなら、安らぎこそ「神の意志」であり、「神」の法則はそれを支持するために確立されているからです。2「神」の法則は自由の法則ですが、あなたのそれは束縛の法則です。3自由と束縛は両立不可能であるために、それらの法則を一緒に理解することは不可能です。4「神」の法則はあなたに有利に働くものであり、「神」の法則以外にはいかなる法則もありません。5それ以外のものにはすべて法則がなく、したがって、混沌としています。6しかし、「神」は「神」の法則によって創造されたすべてのものを「ご自身」で守ってこられました。7「神」の法則下にないものはすべて存在しません。8〝混沌の法則〟は意味のない用語です。9創造は完璧に法則に基づいており、混沌とした状態は「神」が不在であるが故に意味も不在です。10あなたは、あなたが作った神々にあなたの安らぎを〝与え〟ましたが、それをあなたから受け取る彼らはそこにはいません。したがって、あなたはそれを彼らに与えることはできません。

5. あなたには自由を放棄する自由はありません。自由を否定する自由があるだけです。2あなたには「神」が意図されなかったことをすることはできません。なぜなら、「神」が意図されなかったことは起こらないからです。3あなたの神々は混沌をもたらすことはありません。あなたが彼らに混沌を賦与し、それを彼らから受け取るのです。4こうしたもののすべては、一度も存在したことはありません。5「神」の法則以外のものはかつて存在したことは一度もなく、「神の意志」以外のものが存在することは決してないでしょう。6あなたは「神」の法則を通して、「神」の法則によって創造されましたが、そのように創造されたことにより、あなたは創造者として確立されました。7あなたが作ったものはあまりにもあなたにはふさわしくないために、それをありのままに見ようとする気持があれば、それを欲することなどほとんどあり得ないでしょう。8あなたにはまったく何も見えないでしょう。9あなたのヴィジョンは自動的にその向こうを見て、あなたの中にあるもの、あなたの周りにあるもののすべてに目をやることでしょう。10実在はあなたが介在させる障害物を突き破ることはできませんが、それらの障害物を手放せば、あなたをすっぽりと包み込んでくれるでしょう。

6. 「神」の守護を体験すれば、偶像を作ることは思いもよらないことになります。2「神のマインド」の中にはいかなる奇妙なイメージもありません。「神のマインド」の中にないものが、あなたの「マインド」の中にあることはあり得ません。なぜなら、あなたは一つのマインドから成っており、そのマインドは「神」に属するからです。3それは「神」に属するというまさにその理由により、あなたのものです。というのは、「神」にとって所有することは分かち合うことだからです。4「神」にとってそうであるとするならば、あなたにとってもそうなのです。5「神」が下される定義はまさに「神」の法則であり、それによって「神」は現在の宇宙を確立されました。6あなたがあなた自身とあなたの実在との間に介在させようとする、いかなる偽の神々も真実に影響を及ぼすことはまったくありません。7「神」があなたを創造されたが故に、安らぎはあなたのものです。8そして、「神」はそれ以外には何も創造されませんでした。

7. 奇跡とは、「神の子」がすべての偽の神々を捨て、兄弟にも同じことをするようにと呼びかける行為です。2それは信頼の行為です。なぜなら、それは兄弟もそれをすることができるということの認識だからです。3それは兄弟のマインドの中にいる「聖霊」への呼びかけであり、一緒になることによって強化される呼びかけです。4奇跡を行う人には「神の声」が聞こえたが故に、彼は兄弟がもっている病への信念を弱めることによって、病める兄弟の中にある「神の声」を強化します。奇跡を行う人は、病への信念を共有してはいません。5一つのマインドの力は別なマインドに光を注ぐことができます。なぜなら、「神」のすべてのランプは同じ火花によって点火されたからです。6それは至るところにあり、永遠です。

8. 多くの人のマインドには火花しか残っていません。というのは、「偉大な光線」が覆い隠されているからです。[2]しかし、その「光線」が完全に忘れられることが決してないように、「神」はその火花を保ち続けてこられました。[3]その小さな火花が見えさえすれば、あなたはより大きな光を知るでしょう。というのは、その「光線」はそこに見えずに存在しているからです。[4]その火花を知覚すれば癒すことになりますが、光を知れば創造することになります。[5]しかしながら、私たちが偉大な「光線」へと戻るとき、その小さな光をまず承認しなければなりません。というのは、分離は偉大さから矮小性への降下だったからです。[6]しかし、火花は未だに「偉大な光」と同程度に純粋です。なぜなら、それは残存する創造の呼びかけだからです。[7]それを全面的に信頼してください。そうすれば、「神ご自身」があなたに答えてくださるでしょう。

V. 神の否定

1. 病の神の儀式は奇妙であり、きわめて要求度が高いものです。[2]喜びは決して許されません。というのは、憂鬱が病の神に対する忠誠のしるしだからです。[3]憂鬱はあなたが「神」を強く否定したことを意味します。[4]多くの人々は瀆神を恐れていますが、それが何を意味するかは理解していません。[5]彼らは「神」を否定することは自分自身の「帰属意識」を否定することであり、この意味において、罪の報酬はまさに死であるということに気づいていません。[6]その意味はきわめて文字通りです。生命の否定は、すべての形の否定が現実であるものを現実でないものに置き換えるように、生命と正反対のものを知覚します。[7]誰も実際にはこれをすることはできません。しかし、それができるとあなたが考えること、そして実際にそうしたことがあると信じることができるということには、議論の余地はありません。

2. しかしながら、「神」を否定することは不可避的に投影という結果をもたらし、あなたは自分ではなく他の人がこれをあなたに対してやったと信じるであろうことを忘れないでください。[2]あなたは自分が与えるメッセージを受け取らなければなりません。なぜなら、それはあなたが欲するメッセージだからです。[3]あなたは兄弟があなたに与えるメッセージによって彼らを価値判断すると信じているかもしれませんが、あなたが彼らに与えるメッセージによって彼らを既に価値判断しています。[4]あなたの喜びの否定を彼らのせいにしないでください。さもないと、あなたに喜びをもたらしてくれる彼らの内なる火花を見ることができないでしょう。[5]その火花を否定することが憂鬱をもたらします。というのは、あなたの兄弟を火花をもたない者として見る度に、「神」を否定しているからです。

3.「神」の否定への忠誠がエゴの宗教です。[2]病の神が健康の否定を要求することは明らかです。なぜなら、健康はエゴ自身の生存と真っ向から対立するものだからです。[3]しかし、これがあなたにとって何を意味するかよく考えてみてください。[4]あなたが病気でなければ、あなたが作った神々を保持することはできません。というのは、あなたが彼らを欲するのは病気の時でしかあり得ないからです。[5]したがって、瀆神は「神」を破壊するものではなく、自己を破壊するものです。[6]これは、病気になるためであれば自分自身を知らなくても良いという気持をあなたが持っていることを意味します。[7]これこそ、あなたの神が要求する捧げ物です。なぜなら、あなたの狂気の状態から作られたあなたの神は、狂気の考えだからです。[8]あなたの神は様々な形をもっています。しかし、様々に異なったものに見えようとも、一つの考えであるにすぎません。それはすなわち、「神」の否定です。

4.病と死は、「神の子」のマインドに「彼の意志」に反して入ったかのようでした。[2]〝神に対する攻撃〟によって、「神の子」は自分には「父」がいないと考えるようになり、憂鬱な状態の中で彼は憂鬱の神を作りました。[3]これは喜びに対する彼のもう一つの選択肢でした。なぜなら、彼は創造者でありながら創造されたという事実を受け容れようとしなかったからです。[4]しかし、「神の子」は「父」がいなければまったくどうすることもできません。「父」だけが彼の「助け」なのです。

5.私は前に、あなただけでは何もできないと言いました。しかし、あなたはあなたから生まれたのではありません。[2]もしあなた自身から生まれたのであれば、あなたが作ったものは真実であり、あなたは決して逃避することはできないでしょう。[3]あなたは自分自身を作らなかったのですから、何も心配する必要はありません。[4]あなたの神々は無にすぎません。なぜなら、「父」が創造されたものではないからです。[5]「神」が「神」に似ていない子どもを創造されることがあり得ないのと同じように、あなたにはあなたの「創造主」に似ていない創造主を作ることはできません。[6]創造が分かち合うことであるとすれば、創造がそれ自身に似ていないものを創造することはできません。7創造は自らの本質しか分かち合うことはできません。8憂鬱は孤立です。したがって、それは創造されたものではあり得ません。

6.「神の子」よ、あなたは罪を犯してはいません。しかし、あなたは非常な間違いを犯しています。2しかし、これは修正可能であり、「神」はあなたが「神」に対して罪を犯すことはないと知っているために、それを修正するのを助けてくださるでしょう。3あなたは「神」を愛するが故に「神」を否定しましたが、それは、もしも「神」に対する愛を認識したならば、「神」を否定することは不可能であることを知っていたからです。4したがって、あなたの「神」の否定は、あなたが「神」を愛していることを意味し、「神」があなたを愛しておられることをあなたは知っていることを意味します。5あなたが否定するものは、あなたがかつて知っていたことであるに違いないことを思い出してください。6そして、否定を受け容れることができるならば、それを解除することも受け容れることができます。

7. あなたの「父」はあなたを否定していません。2「神」は報復されることはありませんが、あなたに戻ってくるように強く呼びかけています。3あなたは「神」があなたの呼びかけに応えていないと思っていますが、あなたが「神」の呼びかけに応えていないのです。4「神」は「神の子」に対する愛の故に、「神の子のすべて」のあらゆる部分からあなたに呼びかけておられます。5あなたに「神」のメッセージが聞こえれば、「神」はあなたに答えられたのであり、あなたが正しく聞くならば、あなたは「神」について学ぶでしょう。6「神の愛」は、「神」が創造されたすべてのものの中にあります。というのは、「神の子」はあらゆる場所にいるからです。7あなたの兄弟を安らかに見つめてください。そうすれば、あなたからの「神」への贈り物に感謝して、「神」があなたのハートの中に大急ぎでやって来られるでしょう。

8. 癒しを求めて病の神に頼るのではなく、愛の「神」にだけ頼ってください。というのは、癒しは「神」を認めることだからです。2あなたが「神」を認めるとき、「神」はあなたを認めることを一度もやめられたことはないこと、あなたに対する「神」の承認の中にこそあなたの存在があることを知るでしょう。3あなたは病気ではありません。あなたは死ぬことはできません。4しかし、病気になって死ぬものと自分を混同することはできます。5しかしながら、これをすることは瀆神であることを思い出してください。

というのは、それはあなたが愛をもたずに「神」および「神」の創造物を見ていることを意味するからです。「神」を「神」の創造物から分離することは不可能です。

9. 永遠なるものだけを愛することができます。というのは、愛は死なないからです。[2]「神」に属するものは永遠に「神」のものであり、あなたは「神」に属する存在です。[3]「神」は苦しむことを「ご自身」に許されるでしょうか。[4]「神」は「神の子」に、「神自身」にとって受け容れがたいものを差し出されるでしょうか。[5]もしもあなたが「神」が創造されたままのあなた自身を受け容れるならば、あなたは苦しむことはできないでしょう。[6]しかしながら、そうするためには「神」をあなたの「創造主」として認めなければなりません。[7]その理由は、そうしないとあなたが罰せられるからではありません。[8]その理由は単に、あなたが「父」を認めることは、ありのままのあなた自身を認めることだからです。[9]あなたの「父」は、まったく罪のない存在として、まったく苦痛のない存在として、いかなる種類の苦しみもまったくない存在として、あなたを創造されました。[10]あなたが「神」を否定すれば、「神」がマインドに与えられた力の故に、罪・苦痛・苦しみをあなた自身のマインドの中に持ち込むことになるでしょう。[11]あなたのマインドは様々な世界を創造することができますが、マインドは自由であるが故に、自らが創造するものを否定することもできます。

10. あなたがどれほど自分自身を否定してきたか、そして、「神」は「神の愛」においてそれをどれほど望んでおられないか、あなたには分かっていません。[2]しかしながら、「神」はあなたに干渉しようとはされません。なぜなら、「神の子」が自由でなかったならば、「神」が「神の子」を知ることはできないからです。[3]「神」があなたに干渉することは「神自身」を攻撃するようなものであり、「神」は狂ってはいないのでそれはされません。[4]「神」を否定するとき、あなたは狂っています。[5]「神」にあなたの狂気を共有して欲しいと思いますか。[6]「神」は「神の子」を愛することをやめられることは決してありません。そして、「神の子」は「神」を愛することを決してやめないでしょう。[7]これが「神の子」の創造の条件でした。それは「神のマインド」の中に永遠に固定されています。[8]それを知ることは正気です。[9]それを否定することは狂気です。[10]「神」はあなたを創造することにおいてあなたに「ご自身」を与えられました。そして、「神」の贈り物は永遠です。[11]あなたは「神」に対して自分自身を否定しますか。

11.「神」へのあなたの贈り物によって、「神の王国」は「神の子」に復元されるでしょう。2「神の子」は、自分のために創造されていたもの、更に、自分が「父の名」において創造していたものを受容することを拒絶することによって、自らを「神」の贈り物から遠ざけてしまいました。3「天国」は「神の子」の帰りを待っています。というのは、天国は「神の子」が住む場所として創造されたからです。4それ以外の場所、それ以外の状況はあなたの故郷ではありません。5あなたがあなた自身のために作った苦難のために、あなたのために創造された喜びをあなた自身に否定しないでください。6「神」はあなたが作ったものを解除するための手段をあなたに与えられました。7耳を傾けてください。そうすれば、本来のあなたをどうすれば思い出すことができるかが分かるようになるでしょう。

12. もしも「神」が「神」の子どもたちが完全に潔白であることを知っておられるとすれば、彼らを有罪と知覚することは瀆神です。2もしも「神」が「神」の子どもたちには完全に苦しみがないことを知っておられるとすれば、いかなる場所においてであれ苦しみを知覚することは瀆神です。3もしも「神」が「神」の子どもたちは完全に喜びにあふれていると知っておられるとすれば、憂鬱を感じることは瀆神です。4これらの幻想のすべて、そして、その他様々な形をとる瀆神は、創造物をありのままに受け容れることを拒否するものです。5「神」が「神の子」を完璧に創造されたとするならば、「神の子」の実在を学ぶために、そのように「神の子」を見ることを学ばなければなりません。6そして、「神の子のすべて」の一部として、あなたの実在を学ぶために、そのように自分自身を見なければなりません。

13.「神」が創造されなかったものは何であれ、知覚しないでください。さもなければ、あなたは「神」を否定することになります。2「神」だけが唯一の「父性」であり、それはあなたのものですが、その唯一の理由は、「神」がそれをあなたに与えられたからです。3あなた自身へのあなたの贈り物は無意味ですが、あなたの創造物に対するあなたの贈り物は「神」の贈り物と同じです。なぜなら、それらの贈り物は「神の名」において与えられるからです。4あなたの創造物が「神」の創造物と同程度に実在性がある理由はここにあります。5しかし、本当の子どもを知るためには、本当の「父性」が認められなければなりません。6あなたは、あなたが作った病めるものがあなたの本当の創造物であると信じています。なぜなら、あなたが知覚する病んだイメージが「神の子どもたち」であると信じているからです。[7]「神」が「父」であることを受け容れてはじめて、すべてのものがあなたのものとなります。なぜなら、「神」が「父」であることによって、あなたはすべてのものを与えられたからです。[8]「神」を否定することはあなた自身を否定することである理由はここにあります。

14. 傲慢は愛の否定です。なぜなら、愛は分かち合い、傲慢は引っ込めるからです。[2]この両者があなたにとって望ましいように見える間は、選択の概念をもち続けることになります。選択の概念は「神」に属するものではありません。[3]選択は永遠の中では真実ではありませんが、時間の中では真実です。したがって、時間があなたのマインドの中で継続している間は、選択肢があるでしょう。[4]時間それ自体があなたの選択です。[5]もしも永遠を思い出したいならば、永遠なるものだけを見なければなりません。[6]一時的なものに心を奪われることを自分自身に許すならば、時間の中で生きることになります。[7]常にそうであるように、あなたの選択はあなたが尊重するものによって決定されます。[8]時間と永遠が共に実在することは不可能です。なぜなら、両者は互いに矛盾しているからです。[9]時間を超越したものだけを実在するものとして受け容れるならば、あなたは永遠を理解し始め、永遠を自分のものとすることができるでしょう。

第11章　神それともエゴ

序論

1. 「神」かエゴのいずれかが狂気に侵されています。2 両者の側における証拠を公平に調べてみれば、これが真実であることに気づくでしょう。3「神」もエゴも部分的な思考体系は提示しません。4 それぞれが内的に首尾一貫していますが、両者はあらゆる点において正反対であり、その結果、部分的な忠誠は不可能です。5 また、両者の土台と同様に両者がもたらす結果も異なるということ、そして、両者の両立不可能な性質を両者の間を行ったり来たりすることによって両立させることは不可能であることを思い出してください。6 生命あるもので親のないものはありません。というのは、生命体は創造物だからです。7 したがって、あなたの決断は常に、〝私の父は誰なのか〟という問いに対する答えです。8 そして、あなたはあなたが選択する父親に忠実であるでしょう。

2. しかし、この質問には葛藤があると信じている人に対して、あなたは何と言うでしょうか。2 あなたがエゴを作ったとするならば、エゴがあなたを作ったということがあり得るでしょうか。3 ここでもまた、権威の問題が葛藤の唯一の根源です。なぜなら、エゴは「神の子」の、「神」の父になりたいという欲求から作られたからです。4 とすれば、エゴは妄想に基づいた体系以上の何ものでもなく、その体系の中で、あなたはあなた自身の父を作ったのです。5 これを間違えないでください。6 完璧な正直さでそれを説明すると狂気じみて聞こえますが、エゴは自分がすることを完璧な正直さで見ることは絶対にしません。7 しかしながら、それがエゴの狂気の前提であり、エゴの思考体系の暗がりにある礎石の中に注意深く隠されているものです。8 そういうわけで、あなたが作ったエゴが確かにあなたの父であるか、それとも、エゴの全思考体系には何の根拠もないかのどちらかです。

3. あなたは投影によって作りますが、「神」は延長によって創造されます。2「神」の創造物の礎石はあなたです。というのは、「神」の思考体系は光だからです。3 そこにある、見えていない「光線」を思い出してください。4「神」

の思考体系の中心に近づけば近づくほど、その光は明るくなります。[5]エゴの思考体系の土台に近づけば近づくほど、道は暗くなり見えにくくなります。[6]しかし、あなたのマインドの中にある小さな火花だけでも、それを明るくするのに十分です。[7]恐れずにこの光をもっていき、勇気をもってエゴの思考体系の土台を照らしてください。[8]それを完璧な正直さで判断する気持をもってください。[9]エゴの思考体系がその上に安住している恐怖の暗い礎石を露わにし、それを光の中に運び出してください。[10]光の中に置かれたとき、それが無意味性に基づいていたこと、そして、あなたがこれまで恐れてきたもののすべてに何の根拠もなかったことが見えるでしょう。

4. 私の兄弟よ、あなたは「神」の一部であり、私の一部です。[2]あなたが遂にエゴの土台をひるむことなく直視したとき、私たちの土台も見ることでしょう。[3]私はあなたに再びすべてのものを差し出すために、私たちの「父」のもとからあなたの所にやって来ました。[4]暗がりにある礎石を隠し続けるために、それを拒否しないでください。というのは、それによって守ってもらっても、あなたは救われないのですから。[5]私はあなたにランプを与え、あなたと一緒に行きましょう。[6]あなたはこの旅を一人ですることはありません。[7]私はあなたの本当の「父」のもとへとあなたを導きます。あなたの「父」は、私があなたを必要としているように、あなたを必要としています。[8]喜びをもってこの愛の呼びかけに応えられないでしょうか。

I. 父性の贈り物

1. あなたは癒しを必要としていることを学びました。[2]あなた自身のための癒しの必要性を認識した今、それ以外の何かを「神の子のすべて」にもたらしたいと思いますか。[3]というのは、ここにこそ知識への回帰の始まりがあるのです。その土台の上にあなたが「神」と共有する思考体系を築くのを、「神」が助けてくださるでしょう。[4]あなたがそこに置く石はすべて「神」によって祝福されるでしょう。というのは、あなたは「神の子」の神聖な住居を復元しているのですから。その家は「神の子」がそこにいるようにと「神」が意図されている所であり、「神の子」がいる所です。[5]「神の子」のマインドのどの部分にこの実在を復元しても、あなた自身のために復元することになります。[6]あなたはあなたの兄弟と一緒に「神のマインド」の中に住んでいます。なぜなら、「神ご自身」が一人でいることを意志としてもたれなかったからです。

2. 一人でいることは無限から分離されることです。しかし、無限に限りがないとすれば、これはいったいあり得ることでしょうか。2誰も無限のものを超越した所にいることはできません。なぜなら、限りがないものはあらゆる所に存在するに違いないからです。3「神」においては始まりもなく、終わりもありません。「神」の宇宙は「神ご自身」です。4あなたは宇宙から自分自身を排除することができるでしょうか。あるいは、宇宙そのものである「神」からあなた自身を排除することができるでしょうか。5私と私の「父」はあなたと一体です。というのは、あなたは「私たち」の一部だからです。6「神」の一部が行方不明になることがあり得るとあなたは信じますか。「神」からはぐれてしまうことがあり得ると、本当に信じますか。

3. もしもあなたが「神」の一部でないとすれば、「神の意志」は統一されないでしょう。2これは考えられることでしょうか。3「神のマインド」の一部が何も含んでいないということがあり得るでしょうか。4「神のマインド」におけるあなたの場所があなた以外の誰によっても埋めることができないとすれば、そしてそれを満たすことがあなたの創造であるとすれば、あなたがいなければ「神のマインド」の中に何もない場所が生まれるでしょう。5延長を阻止することはできません。延長には虚空はありません。6どんなにそれを否定しても、延長は永遠に継続します。7延長の実在に対するあなたの否定が、時間の中では延長を止めることがあるかもしれませんが、永遠の中ではそれはありません。8あなたの創造物の延長は停止してはおらず、非常に多くのものがあなたの帰還を待っている理由はここにあります。

4. 待つことは時間の中においてのみ可能ですが、時間には意味がありません。2遅延を作ったあなたは、始めも終わりも「永遠なる存在」によっては創造されなかったということをただ認識することによって、時間を置き去りにすることができます。「永遠なる存在」は「自ら」の創造物に対して、また、「彼」のように創造するものに対して、いかなる制限も加えませんでした。3あなたはこれを知りませんが、その理由は単に、「永遠なる存在」が創造したものを制限しようとしてきたからであり、その結果、すべての創造物は制限されていると信じているからです。4とすれば、あなたは無限を否定しているのですから、あなたの創造物を知ることができるはずはありません。

5. 宇宙の法則は矛盾を許しません。2「神」にとって有効であることは、あなたにとっても有効です。3 あなたが「神」にとって不在であると信じるならば、あなたは「神」があなたにとって不在であると信じるでしょう。4 あなたがいなければ無限は無意味であり、「神」がいなければあなたは無意味です。5「神」と「神の子」に終わりはありません。なぜなら、私たちがまさに宇宙そのものだからです。6「神」は不完全ではなく、子どもがいないということはありません。7「神」は一人でいるという意志をもたれなかったが故に、「神ご自身」と同じような子どもを創造されました。8「神」に対して「神の子ども」を否定しないでください。というのは、「神」が親であることをあなたが受け容れなかったがために、あなたも親であることが否定されてきたのですから。9「神」の創造物を「神の子ども」と見なしてください。というのは、あなたの創造物は「神」に敬意を表して創造されたからです。10 あなたにそれが見えないからといって、愛の宇宙が停止することはありません。また、あなたが目を閉じたからといって、目が見る能力を失ってしまったことにはなりません。11「神」の創造物の栄光を見てください。そうすれば、あなたは「神」があなたのために保ってこられたものを学ぶでしょう。

6. 「神」は「神のマインド」の中に、永遠にあなたのものである場所をあなたに与えられました。2 しかしながら、あなたはそれが与えられたように与えることによってしか、それを保つことはできません。3「神」が一人でいる意志をもたれなかったが故にそれがあなたに与えられたのに、あなたがそこで一人でいることが可能でしょうか。4「神のマインド」は減ずることはあり得ません。5「神のマインド」は増大することしかできません。というのは、「神」が創造されるものはすべて、創造する機能をもっているからです。6 愛は制限しません。そして、愛が創造するものは制限されません。7 制限なく与えることがあなたのための「神の意志」です。なぜなら、こうすることによってのみ、「神」の喜びであるあなたの喜びがもたらされ、「神」があなたと分かち合おうとされる喜びがあなたにもたらされるからです。8 あなたの愛はまさに「神の愛」であるが故に、「神の愛」と同じく限りがありません。

7. 「神」の一部に「神の愛」がないということがあり得るでしょうか。そして、「神の愛」の一部を封じ込めることができるでしょうか。2「神」はあなたの遺産です。なぜなら、「神」の唯一の贈り物は「神ご自身」だからです。3 あなたへの「神」の贈り物を知るためには、「神」のように与えるしかありません。[4]したがって、「神」がどれだけあなたに与えられたかを知るために、限りなく、終わることなく与えてください。[5]「神」を受け容れるあなたの能力は、「神」が与えられるようにあなたに与える気持があるか否かにかかっています。[6]あなたが父であることとあなたの「父」は一つです。[7]「神」は創造する意志を抱かれており、あなたの意志は「神の意志」です。[8]したがって、あなたの意志は「神」の意志からやって来るために、あなたは創造することを意志としてもつことになります。[9]そして、あなたの意志は「神」の意志の延長なのですから、同じであるに違いありません。

8. しかしながら、あなたが何を意志として抱くかをあなたは知りません。[2]否定することは〝知らない〟ことであることに気づけば、これは奇妙なことではありません。[3]「神の意志」は、あなたが「神の子」であることです。[4]これを否定することによって、あなたはあなた自身の意志を否定し、故に、それが何であるかを知りません。[5]あなたはすべてのものにおける「神の意志」が何であるかを問わなければなりません。なぜなら、それがあなたの意志だからです。[6]あなたはそれが何であるかを知りませんが、「聖霊」があなたの代わりにそれを覚えています。[7]それ故に、あなたのための「神の意志」が何であるかを「聖霊」に聞いてください。そうすれば、「聖霊」はあなたの意志を教えてくれるでしょう。[8]あなたがそれを知らないということは、何度繰り返しても十分ではありません。[9]「聖霊」があなたに告げることが強制的に思われるときは必ず、あなたが自分の意志を認識していないというただそれだけの理由です。

9. エゴの投影が、「神の意志」はあなた自身の外部にあり、したがって、あなたの意志ではないように見せかけます。[2]この解釈においては、「神の意志」とあなたの意志が対立することが可能であるように見えます。[3]すると、あなたが与えたくないものを「神」があなたに要求し、その結果、あなたが欲するものをあなたから奪うように見えるかもしれません。[4]あなたの意志だけを望まれる「神」にこのようなことが可能でしょうか。[5]あなたの意志は「神」の生命であり、それを「神」はあなたに与えられたのです。[6]時間の中においてすら、あなたは「神」から離れて生きることはできません。[7]眠りは死ではありません。[8]「神」が創造されたものは眠ることはできますが、死ぬことはできません。[9]不滅性は「神の子」に対する「神の意志」であり、「神の子」の自分自身に対する意志です。[10]「神の子」は「父」

が生命であり、「神の子」は「神」に似ているが故に、自らのために死を意志として抱くことはできません。[11]創造は「神の意志」であるが故に、あなたの意志です。

10. 真に意志として抱いていることをやらなければ幸せであることはできません。それは不変であるが故に変えることはできません。[2]それは「神の意志」により、そして、あなたの意志により不変です。なぜなら、そうでなければ「神の意志」は延長されないからです。[3]あなたは「神の意志」を知ることを恐れています。なぜなら、それはあなたの意志ではないと信じているからです。[4]この信念があなたの病のすべてであり、あなたの怖れのすべてです。[5]病と怖れのすべての症状がここに表れます。なぜなら、これがあなたに知りたくないと思わせる信念だからです。[6]これを信じてあなたは暗闇に隠れ、あなたの中に光があることを否定します。

11. あなたは「聖霊」を信頼することを求められていますが、その唯一の理由は、「聖霊」はあなたのために語るからです。[2]「聖霊」は「神を代弁する声」ですが、「神」は一人でいるという意志をもたれなかったことを決して忘れないでください。[3]「神」は「ご自分の意志」をあなたと分かち合われます。「神」は「ご自分の意志」をあなたに押しつけることはされません。[4]「神」は与えるものを「ご自身」も保持され、その結果、「神」が与えられるものはすべて「神」に相反することはあり得ないことを常に思い出してください。[5]「神」の生命を分かち合うあなたは、「神」の生命を知るためには「神」の生命を分かち合わなければなりません。というのは、分かち合うことこそ知ることだからです。[6]「父の意志」を聞くことはあなた自身の意志を知ることであると学ぶあなたは祝福されています。[7]というのは、「神」のようになることはあなたの意志であり、そうであることが「神の意志」でもあるからです。[8]「神の意志」は「神の子」が一つになり、「神の一体性」において「神」と一体になることです。[9]癒しこそ、あなたの意志は「神の意志」であるという認識の始まりである理由はここにあります。

II. 癒しへの招待

1. 病が分離であるとすれば、癒すという決断、そして癒されるという決断は、あなたが真に欲するものを認識することに向かう第一歩です。[2]攻撃の一つ一つはこれから一歩遠ざかることであり、癒したいという思いの一つ一つはそれを引き寄せます。[3]「神の子」は「父」と「子」の両方を確かにもっています。なぜなら「神の子」はまさに「父」であり「子」であるからです。[4]もつことと在ることを一体にすることは、あなたの意志と「神の意志」を一体にすることです。というのは、「神」はあなたに「ご自身」を与えられるからです。[5]そして、あなたはあなた自身を「神」に与えます。なぜなら、「神」についての完璧な理解において、一つの「意志」しかないことをあなたは知っているからです。[6]しかし、あなたが「神」や「神の王国」の一部をどこであれ攻撃するとき、あなたの理解は完璧ではなく、したがって、あなたが本当に欲するものはあなたにとって失われてしまいます。

2. かくして、癒しは理解における一つのレッスンになり、練習すればするほど、あなたはより良い教師、より良い生徒になります。[2]あなたが真実を否定してきたならば、真実によって癒された人ほど優れた真実の実在性に関する証人はいないでしょう。[3]しかし、あなた自身を必ずその中に数えてください。というのは、彼らの仲間に加わろうという意欲において、あなたの癒しは達成されるのですから。[4]あなたが達成する奇跡の一つ一つが、「神」が「父であること」についてあなたに語りかけます。[5]あなたの兄弟からであれ、あなた自身のマインドにおいてであれ、あなたが受け容れる癒しの思いの一つ一つは、あなたが「神の子」であることをあなたに教えてくれます。[6]あなたが抱く傷つける思いの一つ一つの中に、「神が父であること」そしてあなたが「神の子」であることに対する否定が横たわっています。

3. そして、否定は愛と同様に全体的です。[2]あなた自身の一部だけを否定することはできません。なぜなら、そうすればそれ以外の部分は分離していて、したがって、意味がないように見えてしまうからです。[3]あなたにとって意味がなければ、あなたはそれを理解しないでしょう。[4]意味を否定することは理解に失敗することです。[5]あなたには自分自身しか癒すことはできません。というのは、癒しを必要としているのは「神の子」だけだからです。[6]あなたは癒しを必要としています。なぜなら、あなたは自分自身を理解しておらず、したがって、何をしたら良いのか分からないからです。[7]自分の意志を忘れてしまったあなたは、何が本当に欲しいのか分からないのです。

4. 癒しはあなたが完全にしたいと願っているしるしです。[2]そして、この意欲によって、メッセージが完全性そのものである「聖霊の声」に対してあなたの耳は開かれます。

3「聖霊」はあなたが取り組む癒しの遙か彼方まで行くことを可能にしてくれるでしょう。というのは、完全にしたいというあなたのささやかな意欲の傍らに、「聖霊」は「聖霊自身」の完全な「意志」を置き、あなたの意志を完全なものにするからです。4 自らの内部に「父」である「神」がいる「神の子」に達成できないことがいったいあり得るでしょうか。5 しかしながら、招待はあなたから来なければなりません。というのは、既にあなたはしっかりと学んでいるように、あなたが客人として招待する人はあなたのもとにとどまるからです。

5.「聖霊」は歓迎してくれないホストに語りかけることはできません。なぜなら、そのような状況では「聖霊」の声は聞こえないからです。2「永遠の客人」はとどまりますが、「彼の声」は異質な同伴者を前にするとだんだんか細くなっていきます。3「聖霊」はあなたの保護を必要としていますが、その理由はただ一つ、あなたが「聖霊」の世話をすることはあなたが「聖霊」を欲しているしるしになるからです。4 ほんの僅かでも「聖霊」のように考えてください。そうすれば、その小さな火花がまばゆいばかりの光となり、「聖霊」はあなたのただ一人の「客人」となるでしょう。5 エゴに入ってくるようにと依頼する度に、「聖霊」に対する歓迎を減ずることになります。6「聖霊」はとどまりますが、あなたは「聖霊」に対抗する同盟軍に入ってしまったのです。7 あなたがどのような旅に出る選択をしようとも、「聖霊」はあなたと一緒に行き、待つでしょう。8「聖霊」の忍耐心は絶対に信頼できます。というのは、「聖霊」は「神」の一部から離れることはできないからです。9 しかし、あなたには忍耐よりもずっと多くのものが必要です。

6. あなたは自分の機能を知り、それを果たすまで、決してくつろぐことはないでしょう。というのは、これにおいてのみ、あなたの意志とあなたの「父の意志」が完全に一体となることができるからです。2「神」をもつということとは「神」のようになるということです。「神」は「ご自身」をあなたに与えられました。3「神」をもつあなたは「神」と同じであるに違いありません。というのは、「神」の機能が「神」の贈り物と共にあなたの機能となったからです。4 この知識を再びあなたのマインドの中に招じ入れ、それを不明瞭にするものは一切中に入れないでください。5 その小さな火花を認識しさえすれば、そしてそれを大きくする気持さえあれば、「神」があなたのもとに遣わされた「客人」がその方法を教えてくれるでしょう。6 あなたの意欲が完璧である必要はありません。なぜなら、この「客人」の意欲は完璧だからです。[7]「客人」に小さな場所を差し出しさえすれば、「彼」はそれを非常に明るく照らし出してくれるために、あなたは喜んでその場所を大きくするでしょう。[8]この増大によって、あなたは創造を思い出し始めるでしょう。

7. あなたはエゴの虜になりたいですか。それとも、「神」をもてなすホストになりたいですか。[2]あなたはあなたが招待する客人だけを受け容れれば良いのです。[3]誰があなたの客人になるか、その客人がどれくらいの間あなたの所にとどまるかは、あなたが自由に決めることができます。[4]しかし、これは本当の自由ではありません。というのは、本当の自由はなおも、あなたが本当の自由をどのように見るかにかかっているからです。[5]「聖霊」はあなたの招待がなければあなたを助けることはできませんが、そこにいます。[6]そして、あなたがエゴを招じ入れようと招じ入れまいと、エゴは無です。[7]本当の自由は実在を歓迎することに依拠しており、客人の中では「聖霊」だけが実在します。[8]したがって、既にそこにあるものを認識することによってのみ、「誰」があなたと一緒に住んでいるかを知ってください。そして、想像上の慰める者に満足してはいけません。というのは、「神」に属する「慰める者」があなたの中にいるのですから。

III. 暗闇から光へ

1. 疲れ切っているときには、あなたは自分自身を傷つけてしまったということを思い出してください。[2]あなたを「慰める者」はあなたに休息を与えてくれますが、あなたにはそれはできません。[3]あなたにはどうすればそれができるのかが分かりません。もしもあなたがそれを知っていたならば、疲れ切った状態になることはなかったでしょう。[4]あなたが自分自身を傷つけているのでなければ、いかなる意味においても苦しむことはあり得ません。というのは、それは「神の子」に対する「神の意志」ではないからです。[5]苦痛は「神」に属するものではありません。というのは、「神」は攻撃を知らず、「神」の安らぎはあなたを静かに取り囲むからです。[6]「神」は非常に静かです。というのは、「神」にはいかなる葛藤もないからです。[7]葛藤はすべての悪の根源です。というのは、葛藤は盲目であるために、それが誰を攻撃しているかが見えないからです。[8]しかし、葛藤は常に「神の子」を攻撃します。そして、「神の子」とはあなたのことです。

2. 「神の子」は確かに慰めを必要としています。というのは、自分の意志が自分の意志ではないと信じているがために、自分が何をしているのかが分からないからです。[2]「神の王国」は彼のものですが、にもかかわらず、彼は家もなくさまよい歩いています。[3]彼は故郷である「神」の中にありながらも孤独であり、兄弟のまっただ中にありながらも友人はいません。[4]「神ご自身」が一人になる意志をもたれなかったにもかかわらず、このようなことを実在させるでしょうか。[5]あなたの意志が「神の意志」であるならば、それがあなたに関して真実であるはずがありません。なぜなら、それは「神」に関して真実ではないからです。

3. おお、我が子よ、「神」があなたのためにどのような意志を抱いておられるかを知ったならば、あなたの喜びは完璧なものとなるでしょう。[2]そして、「神」が意志として抱かれたことは既に起こっているのです。というのは、それは常に真実だったのですから。[3]光が訪れてあなたが〝「神の意志」は私の意志である〟と言ったとき、あなたは妙なる美しさを目にして、それがあなたから来ている光ではないことを知るでしょう。[4]喜びの中から、あなたは「神の名」において美を創造するでしょう。というのは、「神」の喜びを封じ込めることができないのと同様に、あなたの喜びを封じ込めることはできないからです。[5]寒々とした小さな世界は消え去って跡形もなくなり、あなたのハートは喜びに満たされて「天国」まで跳ね上がり、「神がおられる所」まで跳ね上がるでしょう。[6]私はこれがどのようなものであるかをあなたに告げることはできません。というのは、あなたのハートはまだ準備ができていないからです。[7]しかし、「神」が「ご自身」のために意志として抱かれることはあなたのためにも意志として抱かれるということ、そして、「神」があなたのために意志として抱かれることはあなたのものであるということは、あなたに告げることができます。そして、何度もこれを思い出させることはできます。

4. その道は険しいものではありませんが、非常に異なった道です。[2]あなたの道は苦痛の道であり、この道については、「神」は何もご存じありません。[3]この道は確かに困難であり、非常に孤独です。[4]怖れと悲しみがあなたの客人であり、彼らはあなたと共に旅に出て、旅の途中、あなたと共にあり続けるでしょう。[5]しかし、陰鬱な旅は「神の子」の道ではありません。[6]光の中を歩いてください。

そして、陰鬱な道連れを見ないことです。というのは、彼らは光から創造され、光の中で創造された「神の子」にふさわしい道連れではないからです。7「偉大な光」が常にあなたを取り囲み、あなたから輝き出ています。8このような光の中で、陰鬱な道連れを見ることはできないはずです。9あなたに彼らが見えるとすれば、その理由はただ一つ、あなたが光を否定しているからです。しかし、そうする代わりに彼らを否定してください。というのは、光がここにあり、道ははっきりと見えているのですから。

5. 「神の子」は自分を隠そうとしますが、「神」は「神の子」から何も隠すことはされません。2しかし、「神の子」には自らの栄光を隠すことはできません。というのは、「神」は「神の子」が栄光に満ちたものとなるようにとの意志を抱かれ、「神の子」の内部において輝く光を与えられたからです。3あなたが道に迷うことは決してありません。というのは、「神」があなたを導いてくださるのですから。4あなたがさまよい歩くとき、あなたは実在しない旅に出ているにすぎません。5陰鬱な道連れ、陰鬱な道はすべて幻想にすぎません。6光に向かってください。というのは、あなたの中にある小さな火花は、あなたをすべての暗闇から永遠に救い出すことができるほど偉大な光の一部なのですから。7というのは、あなたの「父」はあなたの「創造主」であり、あなたは「父」に非常に似ているからです。

6. 光の子どもたちは暗闇の中に住むことはできません。というのは、暗闇は彼らの中にないからです。2陰鬱な慰める者に騙されないでください。彼らを「神の子」のマインドの中には絶対に入れないでください。というのは、「神の子」の神殿には彼らの居場所はないのですから。3「神」を否定したいという誘惑に駆られたときは、「神」の前に置くべき他の神々は絶対にいないことを思い出し、あなたに対する「神の意志」を安らかに受け容れてください。4というのは、それ以外の方法で「神の意志」を受け容れることは不可能だからです。

7. 「神」の「慰める者」だけがあなたを慰めることができます。2「神」の神殿の静けさの中で、あなたのものである安らぎをあなたに与えるために「神」は待っておられます。3「神」の安らぎを与えてください。そうすればあなたは「神」の神殿に入ることができ、そこで「神」の安らぎが待っているのを知るでしょう。4「神の御前」にあっては神聖であってください。さもなければ、そこにいることを知ることはできないでしょう。5というのは、「神」に似ていないものは「神のマインド」に入ることはできないからです。なぜなら、それは「神の思い」ではなく、したがって、「神」に属さないからです。[6]そして、あなたに属するものが何であるかを知りたければ、あなたのマインドは「神のマインド」と同様に純粋でなければなりません。[7]「神」の神殿を注意深く護衛してください。というのは、「神ご自身」がそこに住み、安らぎの中で居住しておられるからです。[8]傍らに陰鬱な道連れを従えて「神の御前」に行くことはできませんが、一人で行くこともできません。[9]あなたの兄弟のすべてもあなたと一緒に入っていかなければなりません。というのは、彼らを受け容れるまでは、あなたも入ることはできないからです。[10]というのは、あなたが完全でなければ、完全性を理解することはできないからです。そして、「父の完全性」を知りたいと願うのであれば、「神の子」のいかなる部分も排除することはできないからです。

8. あなたのマインドの中で「神の子のすべて」を受け容れ、あなたの「父」が「神の子のすべて」に与えられた光で、あなたも「神の子のすべて」を祝福することができます。[2]そうすれば、あなたは「神」と共に神殿に住む価値のある存在となるでしょう。なぜなら、一人でいないことがあなたの意志だからです。[3]「神」は「神の子」を永遠に祝福されました。[4]もしもあなたが「神の子」を時間の中において祝福しさえすれば、あなたは永遠の中に存在することになるでしょう。[5]時間を永遠なるもののために用いるならば、時間はあなたを「神」から分離することはできません。

IV. 神の子の遺産

1. 「神の子のすべて」があなたの救いであることを決して忘れないでください。というのは、「神の子のすべて」はあなたの「自己」だからです。[2]「神」の創造物としての「神の子のすべて」はあなたのものであり、あなたに属するが故に「神」のものです。[3]あなたの「自己」は救いを必要とはしていません。しかし、あなたのマインドは救いとは何であるかを学ぶ必要があります。[4]あなたは何かから救われるのではなく、栄光のために救われるのです。[5]栄光はあなたの遺産であり、あなたがそれを延長できるようにとあなたの「創造主」によって与えられたものです。[6]しかし、あなたがあなたの「自己」のほんの一部でも憎悪すれば、あなたの理解はすべて失われます。なぜなら、あなたは「神」があなた自身として創造されたものを愛なしに見ているからです。[7]そして、「神」が創造されたものは「神」の一部であるために、「神」に対して、「神ご自身」の祭壇における「神」の居場所を否定していることになるからです。

2. 「神」をホームレスにしてあなたは自分の家にいると知ることが可能でしょうか。2「父」が自分を否定したと信じることなくして、「神の子」が「父」を否定することができるでしょうか。3「神」の法則はあなたを守るためにのみ有効であり、「神」の法則が無駄に終わることは決してありません。4あなたが「父」を否定するときに体験することもなお、あなたを守るためです。というのは、あなたの意志の力に反対する「神」の介入がなければあなたの意志の力を減じることは不可能であり、あなたの力を少しでも制限することは「神の意志」ではないからです。5したがって、「神」があなたを救うために与えられた力だけに頼ってください。そして、それは「神」の力であるが故にあなたの力であることを思い出し、あなたの兄弟と共に「神」の安らぎに加わってください。

3. あなたの安らぎは安らぎの無限性に依拠しています。2あなたが分かち合う安らぎを制限すれば、あなたの「自己」はあなたにとって未知のものとならなければなりません。3「神」の祭壇の一つ一つはあなたの一部です。なぜなら、「神」が創造された光は「神」と一体だからです。4あなたは兄弟をあなたのものである光から閉め出したいでしょうか。5暗くすることができるのは自分自身のマインドだけであることに気づいたならば、そうはしないでしょう。6あなたが兄弟を連れ戻すとき、あなたも戻ることになります。7それが「神の子の完全性」を守るための「神」の法則です。

4. **たとえ何であれ、あなた自身から奪うことができるのはあなただけです。**2この理解に逆らわないでください。というのは、それは真に夜明けの光の始まりなのですから。3この単純な事実の否定は様々な形をとることも覚えておいてください。そして、それらの様々な形を認識することを学び、それらに対して例外なく断固として対抗することを学ばなければなりません。4これは再覚醒における一つの重要なステップです。5この逆転の最初の段階は多くの場合、非常な苦痛を伴います。というのは、外部に向けていた非難を引っ込めると、それは内部にとどめられるという強い傾向があるからです。6外部と内部には区別が存在しないが故に、これはまったく同じであることに気づくのは、最初は困難です。

5. あなたの兄弟があなたの一部であるとすれば、そして、あなたの窮乏について彼らを責めるならば、自分自身を責めることになります。[2]そして、彼らを責めることなしには、あなた自身を責めることはできません。[3]非難を解除し、どこか別の場所に非難を置かないようにしなければならない理由はここにあります。[4]自分自身を非難すれば、自分自身を知ることはできません。というのは、非難するのはエゴだけだからです。[5]したがって、自己非難はエゴの自己確認であり、他者への非難と同程度にエゴの自己防衛です。[6]**もしもあなたが「神の子」を攻撃すれば、「神の御前」に行くことはできません。**[7]「神の子」が「創造主」を賞讃して声を上げるとき、「聖霊の声」が聞こえるでしょう。[8]しかしながら、「神の子」がいなければ「創造主」を誉め讃えることはできません。というのは、「彼ら」の栄光は共有され、「彼ら」は共に栄光を讃えられるからです。

6.「キリスト」は「神」の祭壇にあって、「神の子」を歓迎するために待っています。[2]しかし、非難の気持をまったくもたずに来てください。というのは、そうしないとそのドアにはかんぬきがかかっていて、入ることができないとあなたは信じるでしょうから。[3]ドアにかんぬきはかかっていません。そして、「神」があなたにいて欲しいと願っておられる場所にあなたが入れないということはあり得ません。[4]しかし、「キリストの愛」で自分自身を愛してください。というのは、あなたの「父」も「キリストの愛」であなたを愛されているのですから。[5]あなたは自分が入ることは拒否できますが、「キリスト」が開けているドアにかんぬきをかけることはできません。[6]あなたのためにドアを開けている私の所に来てください。というのは、私が生きている間はそれが閉じられることはないのですから。そして、私は永遠に生きるでしょう。[7]「神」は私の生命であり、あなたの生命です。そして、「神の子」に対しては、いかなるものも「神」によって否定されることはありません。

7.「神」の祭壇で、「キリスト」はあなたの中での「キリスト自身」の復活を待っています。[2]「神」は、「神の子」が「神ご自身」と同じくまったく非難の余地がないことを知っておられます。そして、「神」に近づくためには「神の子」の真価を知ることが必要です。[3]「キリスト」は、あなたが「キリスト」をあなた自身として受け容れ、「キリスト」の「完全性」をあなたの完全性として受け容れることを待っています。[4]というのは、「キリスト」は、「自らの創造主」の中に住み、「創造主」の栄光と共に輝く「神の子」だからです。[5]「キリスト」は「神の愛」と美しさの延長であり、「キリストの創造主」と同様に完璧であり、「創造主」と安らかな関係にあります。

8. その輝きが「父」から発し、「父」が分かち合うように栄光を分かち合おうとする「神の子」は幸いです。[2]「神の子」には有罪判決はありません。なぜなら、「神」には有罪判決がないからです。[3]「父」の完璧な「愛」を共有している「神の子」は、「神」に属するものを分かち合わなければなりません。というのは、そうしなければ彼は「父」を知ることもなく、「神の子」を知ることもないからです。[4]「神」に安住するあなた、そして、「神の子のすべて」が安住するあなたに安らぎがありますように。

V. エゴの〝力学〟

1. 誰も幻想を見ることなくして幻想から脱出することはできません。というのは、見られないことによって幻想は守られているからです。[2]幻想から後ずさりする必要はありません。というのは、幻想は危険ではあり得ないのですから。[3]私たちにはエゴの思考体系をより接近して見る準備ができています。なぜなら、力を合わせればそれを払拭できるランプを私たちはもっているからです。それが必要ではないことに気づいているのですから、あなたはその準備ができているに違いありません。[4]この上なく心静かにこれをすることにしましょう。というのは、私たちは正直に真実を探し求めているだけなのですから。[5]エゴの〝力学〟はしばらくの間、私たちのレッスンであるでしょう。というのは、それをあなたが実在させたために、その向こうを見るためには最初にそれを見なければならないからです。[6]力を合わせて静かにこの過ちを解除し、それからその彼方にある真実を見ることにしましょう。

2. 知識に至る道を塞いでいるものすべてを除去することこそ癒しです。[2]そして、幻想を守ることなく幻想を直視する以外の方法では、幻想を振り払うことはできません。[3]そのようなわけですから、恐れないでください。というのは、あなたがこうして見るであろうものが怖れの根源であり、怖れは実在しないことをあなたは学び始めているからです。[4]あなたはまた、怖れによる影響の実在性をただ否定することによって、怖れの影響を払拭することができることを学びつつあります。[5]次のステップは、影響力をもたないものは存在していないのだと認識することであることは明らかです。[6]法則は真空状態では働きません。無という結果しかもたらさないものは起こっていません。

[7]実在はその延長によって認識されるとすれば、無という結果しかもたらさないものが実在するということはあり得ません。[8]とするならば、怖れを見ることを恐れる必要はありません。というのは、怖れは見えないのですから。[9]明瞭性は、当然のことながら、混乱を解除します。そして、光を通して暗闇を見れば、暗闇は払拭されます。

3. 〝エゴの力学〟という用語自体には何の意味もないということを理解することから、〝エゴの力学〟のレッスンを始めましょう。[2]この用語には、それを無意味にしてしまう用語上の矛盾が含まれています。[3]〝力学〟は何かをする力を暗示しますが、分離という誤った考えのすべては、エゴには何かをする力があるという信念に基づいています。[4]これを信じているが故に、エゴはあなたにとって恐ろしいのです。[5]しかし、真実はきわめて単純です。

[6]すべての力は「神」に属します。

[7]「神」に属さないものには何をする力もありません。

4. したがって、エゴを見るとき、私たちは力学を考察しているのではなく、妄想について考察しています。[2]妄想の体系を恐れることなく見ることができるのは確実です。というのは、その源が実在しないとすれば、いかなる影響力ももつことはできないのですから。[3]あなたがエゴの目標を認識すれば、怖れはますますはっきりと不適切なものになります。エゴの目標はきわめて明らかに無分別なものであるために、エゴのために費やされるいかなる努力も無に帰することになります。[4]エゴの目標が自律であることは明らかです。[5]したがって、エゴの目的は最初から分離することであり、自足することであり、自分自身の力以外の力から自立することにあります。[6]だからこそ、エゴは分離の象徴なのです。

5. すべての考えには目的があり、その目的とは常にその考えの本質の自然な結果です。[2]エゴから発するものはすべてエゴの中心的な信念の自然な結果であり、その結果を解除する方法は、そのような信念の源は不自然であり、あなたの真の性質と一致していないと認識することだけです。[3]私は前に、「神」と正反対のことを意志として抱くのは願望的思考であって、本当の意志表示ではないと言いました。[4]「神の意志」は「一つ」です。なぜなら、「神の意志」の延長が「神の意志」と異なることはあり得ないからです。[5]したがって、あなたが体験する本当の葛藤は、エゴの無為な欲求とあなたが共有する「神の意志」との間で起こります。[6]これが本当の葛藤であり得るでしょうか。

6. あなたの独立は創造という独立であり、自律という独立ではありません。[2]あなたの創造的な機能のすべては「神」への完全な依存に依拠しており、「ご自分の機能」を「神」はあなたと共有しておられます。[3]「神」がそれを喜んで共有されたことにより、あなたが「神」に依存しているのと同じように、「神」もあなたに依存することになりました。[4]エゴの傲慢さを、あなたからの自立を意図されていない「神」のせいにしないでください。[5]「神」は「神の自律」の中にあなたを含められました。[6]「神」を離れて自律が意味をもつと信じることができますか。[7]あなたはエゴの自律を信じているために、「神」に依存しているという知識を代価として払っています。「神」への依存にこそあなたの自由があります。[8]エゴはあらゆる依存を脅威と見なし、あなたの「神」へのあこがれすらもねじ曲げて、自らを確立する手段に変えてしまいました。[9]しかし、あなたの葛藤についてのエゴの解釈に騙されないでください。

7. エゴは常に分離のために攻撃します。[2]エゴはこれをする能力があると信じて、これ以外のことは何もしません。なぜなら、エゴの自律の目標はこれ以外の何ものでもないからです。[3]エゴは実在に関して完全に混乱していますが、自らの目標を見失うことはありません。[4]エゴはあなたよりもずっと強い警戒心をもっています。なぜなら、エゴは自らの目的を完璧に確信しているからです。[5]あなたは混乱しています。なぜなら、目的を認識していないからです。

8. エゴがあなたに絶対に気づいて欲しくないことは、あなたがエゴを恐れているということですが、あなたはこれを認識しなければなりません。[2]というのは、エゴが怖れを生じさせることができるとすれば、エゴはあなたの独立性を減じ、あなたの力を弱めることになるからです。[3]しかし、あなたの忠誠心に対するエゴの一つの主張は、エゴはあなたに力を与えることができるというものです。[4]これを信じなければ、あなたがエゴの声に耳を傾けることはないでしょう。[5]それでは、もしもあなたがエゴを受け容れることによって自分自身を過小評価し、自分自身から力を奪っているということに気づけば、いったいどうしてエゴの存続が可能でしょうか。

9. エゴはあなたが自分自身を、横柄で、懐疑的で、〝気楽で〟、よそよそしく、感情的に浅薄で、無神経で、無関心で、絶望的でさえあるけれども、それほど恐れてはいないと見なすことを許すことができるし、実際にそれを許します。[2]怖れを最小限に押さえはするものの解除はしないようにエゴは常に努力し、きわめて巧妙な技術でそれをやってのけます。[3]怖れを通して分離を支持することなくして、エゴが分離を説くことができるでしょうか。そして、これがエゴのやっていることであることに気づいたならば、あなたはエゴの声に耳を傾けるでしょうか。

10. あなたを「神」から分離させるように思われるものは何であれ、どのような形をとろうとも、また、エゴが体験させたいと望むものからどれほどほど遠いものであろうとも、怖れにすぎないとあなたが認識することは、したがって、エゴには基本的な脅威です。[2]エゴの自律の夢はこの自覚によって根底から揺るがされます。[3]というのは、あなたは誤った独立という考えは許すかもしれませんが、もしも怖れという代価を認識したならば、それを受け容れはしないでしょう。[4]しかし、これが代価であり、エゴはそれを小さくすることはできません。[5]愛を見過ごせば、あなた自身を見過ごすことになります。そして、あなた自身を否定したのですから、非実在を恐れているに違いありません。[6]真実を攻撃することに成功したと信じることによって、攻撃には力があるとあなたは信じます。[7]したがって、きわめて単純に、あなたは自分自身を恐れるようになってしまったのです。[8]誰も、自分が信じていることが自分を破壊することになると発見したくはありません。

11. エゴの自律の目標が達成可能であるとしたならば、「神」の目的を打ち負かすことが可能であることになり、これは不可能です。[2]怖れが何であるかを学ぶことによってのみ、あなたは不可能なことと可能なこと、偽りと真実を見分けることがようやくできるようになります。[3]エゴの教えによれば、エゴの目標は達成可能であり、「神」の目的は達成不可能です。[4]「聖霊」の教えによれば、「神」の目的だけが達成可能であり、それは既に達成されています。

12. 「神」はあなたが「神」に依存しているのと同じようにあなたに依存しておられます。なぜなら、「神の自律」はあなたの自律を包み込んでいるが故に、あなたの自律がなければ不完全だからです。[2]あなたは「神」に帰属意識をもち、真実の中に存在するあなたの機能を果たすことによってのみ、自律を確立することができます。[3]エゴは自分の目標を達成することが幸せであると信じています。[4]しかし、「神」の機能はあなたの機能であり、幸せは「あなた方の共通の意志」を離れては見出すことはできないということをあなたは既に知らされています。[5]あなたが熱心に追求してきたエゴの目標はあなたに怖れをもたらしただけであること、そして、怖れは幸せであるという考えを維持することは困難になるということだけを認識してください。6怖れによる支援を受け、エゴはあなたにこれを信じさせようとします。7しかし、「神の子」は狂気には侵されていませんから、これを信じることはできません。8「神の子」にそれさえ認識させれば、「神の子」がそれを受け容れることはありません。9というのは、愛の代わりに怖れを選択するのは狂気に侵された者だけであり、攻撃によって愛を得ることができると信じるのは狂気に侵された者だけだからです。10しかし、正気な者は攻撃だけが怖れを生み出すことが可能であり、その怖れから「神の愛」が完全に守ってくれることに気づいています。

13. エゴは分析し、「聖霊」は受け容れます。2完全性の理解は受け容れることによってのみ得られます。というのは、分析することは解体すること、ないしは、切り離すことを意味するからです。3全体を解体することによって全体を理解しようとする試みが、あらゆることに取り組む際のいかにもエゴらしい矛盾した方法であることは明らかです。4エゴは、力と理解と真実は分離に依拠すると信じており、この信念を確立するためには攻撃しなければならないと信じています。5この信念を確立することは不可能であることを自覚せず、分離こそ救いであるという信念にとりつかれているエゴは、知覚するものすべてを攻撃します。すべてのものを分解して、意味のある関係がない、したがってまったく意味のない、相互につながりのない小さな部分にしてしまうことによって攻撃します。6エゴは常に意味の代わりに混沌を用います。というのは、分離が救いならば、調和は脅威だからです。

14. 知覚の法則についてのエゴの解釈は「聖霊」のそれと正反対であり、正反対でなければなりません。2エゴは過ちに焦点を合わせ、真実を見過ごします。3エゴは知覚する過ちをすべて実在させ、独特の循環論法によって、過ちの故に首尾一貫した真実は無意味であるに違いないという結論を下します。4とすれば、次のステップは明らかです。5首尾一貫した真実が無意味であるとすれば、首尾一貫性がないことが真実であるに違いありません。6過ちを明確にマインドに保持し、自らが実在させたものを守って、エゴは自らの思考体系の次のステップへと進みます。すなわち、過ちは実在するものであり、真実は過ちである、という考えです。

15. エゴは決してこれを理解しようとはしません。そして、これは明らかに理解不可能です。しかし、エゴはそれを実証しようとしてあらゆることを試み、これを絶えず行います。[2]意味を攻撃するために分析することで、エゴは意味を見過ごすことに成功し、一連のばらばらに断片化した知覚が後に残され、エゴはそれらを自分自身のために統一させます。[3]そして、これがエゴの知覚する宇宙になります。[4]ひるがえって、エゴ自身の実在をエゴが実証するのがこの宇宙ということになります。

16. 耳を傾けようとする人々にとってエゴの実証がもつ魅力を過小評価してはいけません。[2]選択的な知覚はその証人を注意深く選択し、その証人は首尾一貫しています。[3]狂気に侵された者にとって、狂気のケースはしっかりとしています。[4]というのは、理性的な思考は狂気の始まりにおいて停止し、いかなる思考体系もその源を超越することはできないからです。[5]しかしながら、意味のない理性的思考は何も実証することはできません。したがって、それによって納得している人々は惑わされているに違いありません。[6]エゴは真実を見過ごしているのに、真実を本当に教えることができるでしょうか。[7]エゴは自らが否定したものを知覚することができるでしょうか。[8]エゴの証人はエゴが否定したという事実を証言しますが、エゴが否定した内容を証言することはほとんどありません。[9]エゴは「父」を直視しても、見えません。というのは、エゴは「神の子」を否定しているからです。

17. あなたは「父」を思い出したいですか。[2]「神の子」を受け容れてください。そうすれば「父」を思い出すことができるでしょう。[3]いかなるものも「神の子」が賞讃に値しないと実証することはできません。というのは、いかなるものも嘘が真実であるとは証明できないからです。[4]エゴの目を通して「神の子」を見たときに見えるものは、「神の子」は存在しないということの実証例です。しかしながら、「神の子」がいる所には「父」がいるに違いありません。[5]「神」が否定されないものを受け容れてください。そうすれば、それがその真実を実証するでしょう。[6]「神」のための証人は「神」の光の中に立ち、「神」が創造されたものを見ます。[7]彼らの沈黙は彼らが「神の子」を見たことのしるしであり、「キリストの御前」において彼らは何も実証する必要はありません。というのは、「キリスト」が自らについて、そして、「父」について彼らに語りかけるからです。[8]彼らは「キリスト」が彼らに語りかけるが故に沈黙しているのであり、彼らが語るのは「キリスト」の言葉です。

18. あなたが出会う兄弟の一人一人が、あなたが彼の中に何を知覚するかによって「キリスト」の証人に、あるいは、エゴの証人になります。2 あなたが知覚したいものをすべての人が確信させてくれます。そして、あなたが警戒して守るべく選択した王国の実在性を確信させてくれます。3 あなたが知覚する一つ一つのものが、あなたが真実であって欲しいと思っている思考体系の証人です。4 あなたが自由であることを選択するならば、兄弟の一人一人があなたを解放する力をもっています。5 あなたが彼に対して偽証を喚起していなければ、彼からの偽証を受け容れることはできません。6 彼があなたに「キリスト」について語らないとすれば、あなたは彼に「キリスト」について語らなかったのです。7 あなたにはあなた自身の声しか聞くことはできません。そして、「キリスト」があなたを通して話すならば、「キリスト」の声が聞こえるでしょう。

VI. 救いへの目覚め

1. 目に見えるものを信じないことは不可能ですが、信じていないものを見ることも等しく不可能です。2 知覚は体験に基づいて築き上げられ、体験は信念につながっていきます。3 信念が固定してはじめて知覚が安定します。4 とすれば、あなたが実際に見るものは事実上あなたが信じていることです。5 私が、〝見ずして信じる者こそ幸いなるかな〟と言った意味はこれだったのです。というのは、復活を信じる者は復活を見ることになるからです。6 復活はエゴに対する「キリスト」の完全な勝利であり、攻撃ではなく超越による勝利です。7 というのは、「キリスト」はエゴおよびエゴの働きのすべてを完全に超越し、「父」と「父の王国」へと上昇するからです。

2. あなたは復活に加わりたいですか。それとも、十字架刑に加わりたいですか。2 あなたは兄弟に有罪判決を下したいですか。それとも、兄弟を解放したいですか。3 あなたはあなたの牢獄を超越して「父」のもとへ上昇したいですか。4 これらの質問はすべて同じ質問であり、一緒に答えられます。5 知覚が何を意味するかに関して多くの混乱があります。なぜなら、この言葉は自覚と自覚の解釈の両方の意味で使われているからです。6 しかしながら、解釈することなく自覚することはできません。というのは、あなたが知覚するものはまさにあなたの解釈だからです。

3. このコースは完璧に明確です。2 それが明確に見えていないとすれば、それはあなたがそれに逆らって解釈しているからであり、したがって、それを信じていないからです。

[3]そして、信念は知覚を決定するがために、あなたはコースが意味することを知覚せず、したがって、それを受け容れません。[4]しかし、異なった体験は異なった信念につながっていき、それと共に異なった知覚へとつながります。[5]というのは、知覚は信念によって学ばれるものであり、体験は確かに教えるからです。[6]私はあなたが否定することをますますよしとしなくなるような新しい種類の体験へとあなたを導いています。[7]「キリスト」について学ぶことは簡単です。というのは、「キリスト」と共に知覚することには何の負担も伴わないからです。[8]「キリスト」の知覚はあなたの自然な自覚であり、あなたを疲れさせるのはあなたが導入する歪曲だけです。[9]あなたの中にいる「キリスト」にあなたに代わって解釈してもらい、「神の子」にふさわしくない狭小な信念によってあなたが見るものを制限しないように努めてください。[10]というのは、「キリスト」が「キリスト」として認められるまでは、「神の子」は自らを「父」がいない存在と見なすからです。

4. 私はあなたの復活であり、あなたの生命です。[2]あなたは「神」の中に生きているが故に私の中に生きています。[3]そして、あなたがすべての人の中に生きているように、すべての人があなたの中に生きています。[4]とすれば、兄弟の中に価値のなさを知覚して、あなた自身の中に価値のなさを知覚しないということがあり得るでしょうか。[5]そして、それをあなたの中に知覚して、「神」の中に知覚しないということがあり得るでしょうか。[6]復活は既に達成されたのですから、復活を信じてください。そして、復活はあなたの中において既に達成されています。[7]これは今後ずっと真実であるように今現在も真実です。というのは、復活は時間を知らず、例外を知らない「神の意志」だからです。[8]しかし、あなた自身も例外を作ってはいけません。さもないと、あなたのために達成されたものを知覚することができません。[9]というのは、私たちは、始めにそうであったように、現在もそうであるように、未来永劫にそうであるように、「神」に向かって一緒に上昇するからです。というのは、それが、「神」が創造された「神の子」の性質だからです。

5. 「神の子」の献身の力を過小評価しないでください。また、「神の子」が崇拝する神が「神の子」に対してもっている力も過小評価しないでください。[2]というのは、「神の子」は自分が作った神であれ、自分を創造した「神」であれ、自分自身を自分の神の祭壇に置くからです。[3]「神の子」の隷属が「神の子」の自由と同じように完全である理由はここにあります。というのは、「神の子」は自分が受け容れる神にしか従わないからです。[4]十字架刑の神は人を十字架刑にすることを要求し、彼の崇拝者はそれに従います。[5]彼らは十字架刑の神の名において、「神の子」の力は犠牲と苦痛から生まれると信じて、自分自身を十字架にかけます。[6]復活の「神」は何も要求しません。というのは、復活の「神」は奪うことを意図されないからです。[7]復活の「神」は従順を要求されません。というのは、従順は屈服を暗示するからです。[8]復活の「神」はあなたが自らの意志を学び、犠牲と屈服の精神においてではなく自由の喜びの中でそれに従うことを望まれるだけです。

6. 復活はあなたの忠誠を喜びの中で強制するに違いありません。なぜなら、復活は喜びの象徴だからです。[2]その強制力のすべては、それがあなたがかくありたいと思うものを代表しているという事実にあります。[3]あなたを傷つけ、卑しめ、脅かすもののすべてを置き去りにする自由をあなたに押しつけることはできません。しかし、それを「神」の恩寵を通して差し出すことはできます。[4]そして、あなたは「神」の恩寵によってそれを受け容れることができます。というのは、「神」は「神の子」に慈悲深く、「ご自身のもの」として一点の疑いもなく「神の子」を受け容れられるからです。[5]それでは、あなた自身のものとは誰なのでしょうか。[6]「父」は「ご自分のもの」のすべてをあなたに与えられました。したがって、「神ご自身」もそれらと共にあなたのものです。[7]それらが復活するとき守ってください。さもないと、あなたのものであるものに永遠に安全に囲まれて、「神」の中で目を覚ますことができないでしょう。

7. あなたは、「神の子」の両手から釘を取り除き、彼の額から最後の棘を取り除くまで、安らぎを見出すことはないでしょう。[2]十字架刑の神が有罪判決を下している「神の子」の周りを、「神の愛」が取り囲んでいます。[3]私が無駄な死を遂げたとは教えないでください。[4]そうではなく、私があなたの中に生きていることを実証することによって、私は死ななかったと教えてください。[5]というのは、「神の子」の十字架刑を解除するのは救いの仕事であり、この仕事においては誰もが同じ価値の役割を担うからです。[6]「神」は罪のない「神の子」を裁くことはされません。[7]「ご自身」を「神の子」に与えられたのですから、それ以外のことはあり得ません。

8. あなたは自分自身を十字架に釘付けし、棘の冠を自分自身の頭にのせました。[2]しかしながら、「神の子」を十字架にかけることはできません。というのは、「神の意志」が死ぬことはあり得ないからです。3「神の子」は自分自身の十字架刑から救い出されました。「神」が永遠の生命を与えられた者に死を課すことはできません。4十字架刑の夢は未だにあなたの瞼に重く横たわっています。しかし、あなたが夢の中で見るものは実在しません。5「神の子」が十字架にかけられていると知覚する間は、あなたは眠っています。6あなたが「神の子」を十字架にかけることができると信じている間は、悪夢を見ているにすぎません。7目を覚ましかけているあなたは未だに夢を意識していて、まだ夢を忘れていません。8夢の忘却と「キリスト」の自覚は、あなたの救いを共有するべく他の人々が目覚めるにつれて訪れます。

9. あなたはあなた自身の呼びかけによって目を覚ますでしょう。というのは、目を覚ますようにとの呼びかけは、あなたの中にあるからです。2私があなたの中に生きていれば、あなたは目を覚ましています。3しかし、私があなたを通してする仕事を見なければなりません。さもなければ、それらのことを私があなたにしたということを知覚できないでしょう。4あなたを通じて私ができるとあなたが信じることに制限を加えないでください。さもなければ、私があなたのためにできることをあなたは受け容れないでしょう。5しかし、それは既になされました。あなたが受け取ったもののすべてを与えなければ、あなたの救い主が生きていること、そして、あなたは彼と共に目覚めたと知ることはないでしょう。6救いはそれを分かち合うことによってのみ認識されます。

10. 「神の子」は救われました。2この意識だけを「神の子のすべて」にもたらしてください。そうすれば、救いにおいて私の役割と同様に価値のある役割をあなたももつことになるでしょう。3というのは、あなたの役割も、それを私から学ぶのであれば、私の役割のようなものでなければならないのですから。4あなたの役割は制限されていると信じれば、私の役割をも制限することになります。5奇跡に難易度はありません。なぜなら、「神の子」はすべて等しい価値をもっており、「神の子」の平等性は彼らの一体性だからです。6「神」の力のすべては「神」のすべての部分にあり、「神の意志」に矛盾するものはすべて大きくもなければ小さくもありません。7存在しないものにはサイズもなければ尺度もありません。8「神」にはすべてのことが可能です。9そして、「キリスト」には「父」と同じような資質が与えられています。

VII. 実在の条件

1. あなたが知覚する世界が「父」によって創造されたものであるはずはありません。というのは、世界はあなたが見ているようなものではないからです。2「神」は永遠なるものだけを創造されました。あなたに見えるものはすべて滅びゆくものです。3したがって、あなたには見えない別な世界があるに違いありません。4「聖書」は新しい「天国」、新しい地上について語っていますが、これは文字通りの意味では真実ではあり得ません。というのは、永遠なるものが再創造されることはないからです。5新たに知覚することは単に再び知覚することにすぎず、これは、それ以前、また、その間、あなたはまったく知覚していなかったことを暗示しています。6とすれば、あなたにその世界が見えるようになったときに、あなたの知覚を待っている世界とはどのような世界でしょうか。

2. 「神の子」がかつて抱いたことのある愛にあふれた思いはすべて永遠です。2「神の子」のマインドがこの世界において知覚する愛にあふれた思いだけが、この世界の唯一の実在です。3それらはまだ知覚です。なぜなら、「神の子」は分離しているとまだ信じているからです。4しかしながら、それらの知覚は愛にあふれているが故に永遠です。5それらは愛にあふれているが故に「父」のようであり、したがって、死ぬことはありません。6実在する世界は実際に知覚可能です。7それを知覚するために必要なことは、それ以外の何も知覚しないという気持だけです。8というのは、あなたが善と悪の両方を知覚しているとすれば、誤ったものと真実であるものの両方を受け容れており、両者の区別をしていないことになるからです。

3. エゴにもある程度、善が見えるかもしれませんが、善だけが見えることは決してありません。2そのためにエゴの知覚は非常に変わりやすいのです。3エゴは善を完全に拒絶することはしません。というのは、それはあなたが受け容れないからです。4しかし、エゴは実在しない何かを実在するものに常に付け加えて、幻想と実在を混乱させます。5というのは、知覚が部分的にだけ真実であるということは不可能だからです。6真実と幻想を信じるならば、どちらが真実であるかを区別することはできません。7個人としての自律を確立するために、あなたは「父」とは異なったように創造しようとしました。そして、あなたが作ったものは「神」とは違ったものであり得るということを信じました。[8]しかしながら、真実であるものはすべて「神」に似ています。[9]実在する世界だけを知覚することによって、実在する「天国」へと導かれるでしょう。なぜなら、そうすることによって、実在する世界を理解できるようになるからです。

4. 善を知覚することは知識ではありません。しかし、善の正反対を否定することによって、善と正反対のものが存在しない条件を認識することができるようになります。[2]そして、これが知識の条件です。[3]この自覚がなければ、あなたはまだその条件を満たしておらず、そうするまではそれが既にあなたのものであると知ることはできないでしょう。[4]あなたは数多くの考えを作り、それをあなた自身とあなたの「創造主」の間に置いてきました。そして、これらの信念が、あなたが知覚する世界です。[5]ここでは真実は不在ではありませんが、覆い隠されています。[6]あなたには自分が作ったものと「神」が創造されたものの違いが分かっていません。したがって、あなたが作ったものとあなたが創造したものの違いが分かりません。[7]実在の世界を知覚できると信じることは、自分自身を知ることができると信じることです。[8]あなたは「神」を知ることができます。なぜなら、知られることが「神の意志」だからです。[9]実在の世界はあなたが作ったものの中から「聖霊」が選んで取っておいたもののすべてです。そして、この実在する世界だけを知覚することが救いです。なぜなら、救いは実在は真実のものだけであるということの認識だからです。

VIII. 問題と解答

1. これは非常に単純なコースです。[2]もしかすると、最終的には実在だけが真実であると教えるコースは、自分には必要ではないとあなたは感じるかもしれません。[3]しかし、あなたはそれを信じていますか。[4]実在の世界を知覚したとき、それを信じていなかったことが分かるでしょう。[5]しかしながら、あなたの新しくも唯一の実在的な知覚は瞬時のうちに知識へと変えられ、その瞬間に、これだけが真実であることに気づくでしょう。[6]そして、あなたが作ったもののすべては忘れられるでしょう。善なるもの、悪なるもの、誤ったもの、真実のもののすべてが忘れられるでしょう。[7]というのは、「天国」と地上が一つになるとき、実在の世界ですらあなたの視界から姿を消すからです。[8]世界の終焉は世界の破壊ではなく、世界が変容して「天国」になることです。[9]世界を再解釈することは、すべての知覚を知識へと移動させることです。

2. 「聖書」は幼い子どものようになりなさいと教えています。[2]幼い子どもたちは自分が知覚することを理解していないことを認識しています。それで、何を意味するのかと尋ねます。[3]知覚しているものを理解していると信じる間違いを犯さないでください。というのは、その意味はあなたには失われているからです。[4]しかしながら、「聖霊」があなたのためにその意味を取っておいてくれました。あなたが「聖霊」にそれを解釈してもらえば、「聖霊」はあなたが捨て去ったものを取り戻してくれるでしょう。[5]しかしながら、その意味を知っていると思っている間は、それを「聖霊」に依頼する必要をあなたは感じないでしょう。

3. あなたは知覚するものが何であれ、その意味を知りません。[2]あなたが抱く思いのどれ一つとして、完全に真実であるものはありません。[3]これを認識することがしっかりとした始まりになります。[4]あなたは間違って導かれているわけではありません。いかなるガイドも受け容れることをしなかったのですから。[5]あなたは知覚について教えを受けることを大いに必要としています。というのは、あなたは何も理解していないからです。[6]これを認識してください。しかし、受け容れないでください。というのは、理解はあなたの遺産だからです。[7]知覚は学ばれます。そして、あなたには「教師」がいないわけではありません。[8]しかしながら、この「教師」から学ぶ意欲は、あなたが自分自身で学んだすべてのことを疑問視する意欲にかかっています。というのは、誤った学びをしたあなたは、自分自身の教師になるべきではないからです。

4. 誰も自分以外の人に対して真実を隠すことはできません。[2]しかしながら、「神」は「ご自身」が与えられた「答え」をあなたに対して拒否されることはありません。[3]そういうわけですから、あなたが作ったものではないけれども、あなたのものであるものを求めてください。そして、真実に逆らって自分を弁護しないでください。[4]あなたは「神」が答えられた問題を作りました。[5]したがって、自分自身に一つの単純な質問をしてください。

[6]**私は問題が欲しいのだろうか。それとも、答えが欲しいのだろうか。**

[7]答えが欲しいという決断をしてください。そうすれば、答えを得るでしょう。というのは、答えがありのままに見えるからです。そして、その答えは既にあなたのものです。

5. あなたは、このコースは理解して活用するには十分な具体性がないという不満を抱くかもしれません。[2]しかしながら、おそらくあなたはこのコースが具体的に説いていることをまだ実行していないかもしれません。[3]これは考えの遊びに関するコースではなく、考えの具体的な応用に関するコースです。[4]求めなさい、そうすれば受け取ることができるでしょうという教えよりも具体的な教えはあり得ません。[5]問題が具体的であるとあなたが信じている限りにおいて、「聖霊」がすべての具体的な質問に答えるでしょう。[6]あなたが一つは多数であると信じる限りにおいて、「聖霊」の答えは多数であると同時に一つであるでしょう。[7]あなたは「聖霊」の具体性を恐れているかもしれません。それは、「聖霊」の具体性があなたに要求するかもしれないとあなたが考えていることを恐れているからです。[8]しかしながら、ただ求めてみれば、「神」に発するものはあなたに何も要求しないことを知るでしょう。[9]「神」は与えられます。「神」は取ることはされません。[10]あなたが求めることを拒否する理由は、求めることは共有することではなく取ることであると信じているからです。

6. 「聖霊」はあなたのものだけをあなたに与え、見返りに何も取ることはしません。[2]というのは、あなたのものであるものはすべてであり、あなたはそれを「神」と共有しているからです。[3]それがあなたのものの実在です。[4]回復させることだけを意志としてもっている「聖霊」が、あなたが「聖霊」の答えを知るために問わなければならない質問を誤って解釈することがあり得るでしょうか。[5]あなたはその答えを聞いています。しかし、質問を誤解しています。[6]あなたは「聖霊」に導きを求めることは、窮乏を求めることだと信じています。

7. 「神」の幼い子どもよ、あなたはあなたの「父」を理解していません。[2]あなたは取る世界を信じています。なぜなら、取ることによって得ることができると信じているからです。[3]そして、この知覚によって、あなたは実在の世界を見失ってしまいました。[4]あなたはあなたに見える世界を恐れています。しかし、実在の世界は求めれば今でもあなたのものです。[5]この世界を自分自身に否定しないでください。というのは、実在の世界はあなたを自由にするだけなのですから。[6]「神」から発するいかなるものも、「神の子」を奴隷にすることはありません。「神」は「神の子」

を自由なものとして創造され、その自由は「神の存在」によって守られています。7 怖れをもたずに「神」の真実を求める気持のあるあなたに祝福がありますように。というのは、こうすることによってのみ、「神」の答えが怖れからの解放であることを学ぶことができるからです。

8.「神」の美しい子どもよ、あなたは私が約束したものを求めているだけです。2 私があなたを欺くと思いますか。3「天の王国」はあなたの中にあります。4 その真実は私の中にあることを信じてください。というのは、それがあなたの中にあることを私は知っているからです。5「神の子どもたち」には共有しないものは何もありません。6「神の子」の誰でも良いですから、真実について聞いてみてください。そうすれば、あなたは私にそれを聞いたのです。7 私たちの誰一人として、自分の中に答えをもっていない者はなく、それを求める誰にでもその答えを与えるでしょう。

9.「神の子」に何でも聞いてください。そうすれば、「神の子」の父があなたに答えてくださるでしょう。というのは、「キリスト」は「彼の父」に関して騙されることはなく、「彼の父」は「彼」に関して騙されることはないからです。2 そういうわけですから、あなたの兄弟に関して騙されないでください。そして、兄弟の愛に満ちた思いだけを彼の実在と見なしてください。というのは、兄弟のマインドが分裂していることを否定することによって、あなたのマインドを癒すことができるからです。3「父」が兄弟を受け容れるように兄弟を受け容れ、「キリスト」のもとに連れていき、癒してください。というのは、「キリスト」は兄弟の癒しであり、あなたの癒しだからです。4「キリスト」は「神の子」であり、「キリストの父」からいかなる意味においても分離されておらず、それによって「キリスト」が創造された「キリストの父の思い」と同様に、「キリスト」の思いの一つ一つは愛に満ちています。5「神の子」に関して欺かれないようにしてください。というのは、「神の子」に関して欺かれれば、あなた自身に関しても欺かれることになるからです。6 そして、自分自身について欺かれれば、あなたの「父」に関しても欺かれることになります。「父」に関してはいかなる欺瞞も不可能です。

10. 実在の世界に病はありません。というのは、いかなる分離も分割もないからです。2 愛に満ちた思いだけが認識され、誰もがあなたの助けを受けるが故に、「神の助け」はあなたと一緒にどこにでもついていきます。3 この「神の助け」を求めることによって「神の助け」を喜んで受け容れるようになるにつれて、あなたは「神の助け」を与えるようになります。なぜなら、「神の助け」が欲しいからです。[4]あなたの癒しの力で対処できないものは何もないでしょう。なぜなら、あなたの単純な依頼に対してすべてが与えられるからです。[5]「神の答えの前」で解消できない問題はありません。[6]そういうわけですから、あなたの兄弟の実在について学べるようにと依頼してください。なぜなら、これこそ兄弟の中にあなたが知覚することになるものであり、兄弟の美しさの中にあなたの美しさが反映されているのが見えるようになるからです。

11. 兄弟が自分自身についてもっている変わりやすい知覚を受け容れないでください。というのは、彼の分裂したマインドはあなたのマインドだからです。そして、彼の癒しと一緒でなければ、あなたがあなたの癒しを受け容れることはないでしょう。[2]というのは、あなたは「天国」を共有するのと同じように、実在の世界も共有しているからです。そして、彼の癒しはあなたの癒しだからです。[3]あなた自身を愛することはあなた自身を癒すことであり、あなたの一部を病んでいると知覚して目標を達成することはできません。[4]兄弟よ、私たちは一緒に生き、一緒に愛する中で、一緒に癒すのです。[5]「神の子」について騙されないでください。というのは、あなたの兄弟は自分自身と一体であり、彼の「父」と一体だからです。[6]「父」に愛されている兄弟を愛してください。そうすれば、あなたに対する「父の愛」を知ることができるでしょう。

12. 兄弟の中に侮辱を知覚したならば、マインドからその侮辱を摘み取ってください。というのは、あなたは「キリスト」に憤慨し、「キリスト」に関して騙されているからです。[2]「キリスト」によって癒されてください。「キリスト」に憤慨しないでください。というのは、「キリスト」の中に侮辱は存在しないからです。[3]知覚するものがあなたを憤慨させるのであれば、あなたは自分自身に憤慨しているのであり、「神」が有罪判決を下していない「神の子」に有罪判決を下しているのです。[4]「神の子」の自分自身に対する侮辱のすべてを「聖霊」に除去してもらってください。そして、「聖霊」の導きを通してすべての人を知覚してください。というのは、「聖霊」はあらゆる有罪判決からあなたを救ってくれるからです。[5]「聖霊」の癒しの力を受け取り、それを「聖霊」があなたのもとへと送ってくる人すべてのために使ってください。というのは、「聖霊」は「神の子」を癒すことを意図しており、「神の子」に関して騙されてはいないからです。

13. 子どもたちは恐ろしい幽霊、怪物、ドラゴンを知覚して恐怖を感じます。2しかしながら、子どもたちは知覚しているものの意味について信頼する誰かに尋ね、実在を受け容れて自分自身の解釈を手放し、怖れもそれと共に消えてなくなります。3〝幽霊〟はカーテンだった、〝怪物〟は影だった、〝ドラゴン〟は夢だったと解釈しなおす手伝いをしてもらうと、子どもはもはや怖れを感じることなく、自分自身の怖れを愉快そうに笑い飛ばします。

14. 我が子よ、あなたはあなたの兄弟を恐れ、あなたの「父」を恐れ、あなた自身を恐れています。2しかし、あなたは彼らに関して騙されているにすぎません。3実在の「教師」に、彼らが何であるかについて聞いてみてください。「彼」の答えを聞けば、あなたも怖れを笑い飛ばし、その代わりに安らぎを感じることでしょう。4というのは、怖れは実在に依拠するのではなく、実在を理解していない子どものマインドに依拠するからです。5彼らを怯えさせるのは理解の欠如にすぎず、真の意味で知覚することを学ぶと、怖れはなくなります。6こうして、恐怖を感じたとき、子どもたちは再び真実を求めて尋ねるでしょう。7あなたを怯えさせるのは兄弟の実在でもなく、あなたの「父」の実在でもなく、あなた自身についての実在でもありません。8あなたはそれらが何であるかが分からず、したがって、それらを幽霊、怪物、ドラゴンとして知覚します。9それを知っている「存在」に、彼らの実在が何であるかを聞いてください。そうすれば、この「存在」は彼らが何であるかを教えてくれるでしょう。10というのは、彼らが何であるか、あなたには理解できず、あなたは見ているものによって騙されるが故に、怖れを払拭するために実在が必要だからです。

15. 怖れを真実と交換したいのではないでしょうか。まして、依頼すれば与えられるものであれば、交換したいのではないでしょうか。2というのは、「神」があなたに関して騙されていないとすれば、あなた自身に関して騙されているのはあなたに他ならないということになるからです。3しかしながら、あなた自身についての真実は「聖霊」から学ぶことができます。「聖霊」は、「神」の一部であるあなたに関して騙されることはあり得ないことを教えてくれるでしょう。4欺瞞なく自分自身を知覚するとき、あなたはあなたが作った偽りの世界の代わりに実在の世界を受け容れることでしょう。5その時、あなたの「父」はあなたのほうに身をかがめて、最後の一歩をあなたに代わって踏みしめ、あなたを「ご自身」のもとへと掬いあげてくださるでしょう。

第12章　聖霊のカリキュラム

I. 聖霊の価値判断

1. あなたは過ちを実在させることのないようにと教えられてきました。そうするための方法は非常に簡単です。[2]過ちを信じたいと望むならば、それを実在させなければなりません。なぜなら、それは真実ではないからです。[3]しかし、真実は自らの権利において実在するものです。したがって、真実を信じるために**何もする必要はありません**。[4]あなたは何に対してであれ、直接的には反応せず、そのことについてのあなたの解釈に反応するということを理解してください。[5]こうして、あなたの解釈がその反応を正当化する根拠になります。[6]他人の動機を分析することがあなたにとって危険である理由はここにあります。[7]誰かがあなたを本当に攻撃しようとしている、あるいは、あなたを本当に見捨てようとしている、あるいは、あなたを本当に隷属化しようとしているとあなたが結論を下せば、彼の過ちをあなたにとって実在するものにしたために、彼がまるで実際にそうしたかのようにあなたは反応することになるでしょう。[8]過ちを解釈することは過ちに力を与えることであり、そうすることによって、真実を見過ごすことになります。

2. エゴの動機についての分析はきわめて複雑であり、問題を非常に不明瞭にするものであり、あなた自身のエゴが必ず関わることになります。[2]その全過程は、知覚するものに対するあなた自身の理解能力を実証しようとする明快な試みを表しています。[3]これは、あなたの解釈がまるで正確であるかのように、その解釈にあなたが反応するという事実によって示されます。[4]したがって、あなたは自分の反応を行動的にはコントロールできるかもしれませんが、感情的にはコントロールできないかもしれません。[5]これは明らかにあなたのマインドの分裂であり、ないしは、マインドの統合性に対する攻撃であり、マインドの中の一つのレベルを別なレベルと戦わせるものです。

3. 動機についての解釈で意味をなすものは一つしかありません。[2]それは「聖霊」の価値判断であるが故に、あなたの側における努力はまったく必要ではありません。[3]愛に

満ちた思いはすべて真実です。[4]それ以外のものはどのよ
うな形をとろうとも、すべて、癒しや助けを求める訴えで
す。[5]どんな人であれ、兄弟の助けを求める懇願に対して
怒りで反応することを正当化できる人がいるでしょうか。
[6]喜んで兄弟を助けようとする気持以外のいかなる反応も
適切ではあり得ず、兄弟が求めているのはまさにこれでし
かありません。[7]兄弟にそれ以外のものを差し出せば、あ
なたはあなたの好きなように彼の実在を解釈することに
よって、それを攻撃する権利を当然のものとして行使する
ことになります。[8]おそらく、これがあなた自身のマイン
ドに対してもつ危険性はまだ十分に明らかではないかもし
れません。[9]助けを求める訴えが他の何かであると信じれ
ば、他の何かに対して反応することになります。[10]したがっ
て、あなたの反応はありのままの実在に対して不適切なも
のですが、その実在についてのあなたの知覚に対しては不
適切ではありません。

4. 助けを求める呼びかけのすべてをありのままに認識する
ことを妨げるものは、攻撃しなければならないというあ
なた自身の想像上の必要性以外には何もありません。[2]実
在との果てしのない〝戦い〟に従事する気持にさせるのは、
これに他なりません。あなたはその戦いにおいて、癒し
の必要性という実在を非実在にすることによって否定しま
す。[3]実在をありのままに受け容れることをよしとしない
気持さえなければ、あなたがこれをすることはないでしょ
う。このようなわけで、ありのままの実在をよしとしたく
ない気持があるために、あなたは実在を自分自身から遠ざ
けておくことになります。

5. 自分に理解できないことは価値判断しないようにという
教えが良い忠告であることは確かです。[2]個人的な投資を
している人は信頼できる証人にはなれません。というのは、
その人にとっての真実はこうであって欲しいと望んでいる
ものになっているからです。[3]助けを求める訴えをありの
ままに知覚する気持があなたにないとすれば、それはあな
たに助けを与え、助けを受け取るという気持がないからで
す。[4]助けを求める呼びかけを認識できないということは、
助けを拒否することです。[5]あなたに助けは必要ではない
とあなたは言い張るでしょうか。[6]しかしながら、あなた
が兄弟の訴えを認識することを拒否するとき、あなたはそ
う言い張っています。というのは、兄弟の訴えに応えるこ
とによってのみ、あなたも助けられるのですから。[7]兄弟
に対するあなたの助けを否定すれば、あなたに対する「神
の答え」を認識することはないでしょう。[8]「聖霊」は動

機を解釈するにあたってあなたの助けを必要とはしませんが、あなたには「聖霊」の助けが必要です。

6. 感謝だけがあなたの兄弟に対する適切な反応です。[2]兄弟の愛に満ちた思いと助けを求める訴えに対して、兄弟に感謝しなければなりません。というのは、これらの二つのことは、あなたが真の意味で知覚すればあなたの意識に愛をもたらすことができるからです。[3]あなたが体験する重圧感はすべて、ただこれをやらないようにしようというあなたの試みが原因です。[4]とすれば、「神」の救いの計画はなんと単純なものでしょうか。[5]実在に対する反応は一つしかありません。というのは、実在は葛藤をまったく喚起しないからです。[6]実在が何であるかを理解している実在の「教師」は一人しかいません。[7]この「教師」は実在について「マインド」を変えることはありません。なぜなら、実在は変わらないからです。[8]実在についてのあなたの解釈はあなたの分断された状態においては無意味ですが、この「教師」の解釈は首尾一貫して真実であり続けます。[9]「彼」はその解釈をあなたに与えます。なぜなら、その解釈はあなたのためのものだからです。[10]あなたのやり方で兄弟を〝助け〟ようとしないでください。というのは、あなたには自分自身を助けることはできないからです。[11]そうではなく、「神の助け」を求める兄弟の声を聞いてください。そうすれば、あなた自身が「父」を必要としていることを認識することでしょう。

7. 兄弟が必要としているものについてのあなたの解釈は、あなたが必要としているものについてのあなたの解釈です。[2]あなたは助けを与えることによって助けを求めているのであり、自分自身の中にただ一つの必要性でも知覚すれば、あなたは癒されるでしょう。[3]というのは、あなたがこうであって欲しいと望む「神の答え」を認識するからであり、「神の答え」を真に望むならば、「それ」は真の意味であなたのものとなるからです。[4]あなたが「キリストの名」において応える訴えの一つ一つが、あなたの「父」についての思い出をあなたの意識に近づけます。[5]ですから、あなたの必要性を満たすために、助けを求めるすべての呼び声をありのままに聞いてください。そうすれば、「神」は**あなた**に応えることができるでしょう。

8. 他の人々の反応についての「聖霊」の解釈をより首尾一貫して適用することによって、「聖霊」の基準はあなたにも等しく適用できることをますます自覚するようになるでしょう。[2]というのは、怖れの認識は脱出の必要性を実証するためには必要ではありますが、怖れを認識するだけでは怖れから脱出するのに十分ではないからです。3「聖霊」はなおも怖れを真実へと翻訳しなければなりません。4あなたが一度怖れを認識し、怖れが残っているならば、実在から一歩遠ざかったのであり、実在に一歩近づいたのではありません。5しかしながら、私たちはエゴを解除する上での不可欠なステップとして、怖れを認識し、ごまかすことなく直視することの必要性を繰り返し強調してきました。6したがって、他の人々の動機に関する「聖霊」の解釈がどれほどあなたのために役立つかを考えてみてください。7他の人々における愛に満ちた思いだけを受け容れ、それ以外のものはすべて助けを求める訴えであると見なすように教えることによって、「聖霊」は怖れ自体が助けを求める訴えであることをあなたに教えました。8これが怖れを認識するということの本当の意味です。9あなたが怖れを守らなければ、「聖霊」は怖れを再解釈するでしょう。10それが、攻撃は愛を求める呼び声であると知覚することを学ぶことの究極的な価値です。11怖れと攻撃は不可避的に関連していることは既に学びました。12もしも攻撃だけが怖れを生み出し、あなたが攻撃は実は助けを求める呼び声であると見なすならば、怖れの非実在性があなたにも見えてくるに違いありません。13というのは、怖れはまさに、否定されてきたものに無意識に気づいて愛を求める呼び声だからです。

9. 怖れはあなた自身の深い喪失感の一症状です。2あなたが他の人々の中に怖れを知覚したときに、喪失したものを供給できるようになれば、怖れの基本的な原因は除去されます。3そうすることによって、怖れはあなたの中に存在しないことを自分自身に教えます。4それを除去するための手段はあなた自身の中にあり、あなたはそれを与えることによってこれを実証してきました。5あなたがもつことのできる感情は、怖れと愛だけです。6その内の一つは偽りのものです。というのは、それは否定から作り出されたからです。否定それ自体が存在するためには、否定されているものを信じなければなりません。7怖れは、怖れが覆い隠している根本的な信念の明確な確認であると正確に解釈すれば、怖れを無用のものにすることにより、怖れは役に立つという知覚の土台をなし崩しにすることができます。8全然機能しない防御は自動的に放棄されます。9怖れが隠しているものを明瞭で紛れもなく卓越した状態に上昇させれば、怖れは無意味なものとなります。10愛を覆い隠すという怖れの力を否定したことになります。愛を覆い隠すのが怖れの唯一の目的でした。11愛の顔に被せていたヴェールが消えてなくなったのです。

10. 世界の実在そのものである愛を見たいとすれば、愛に対抗するすべての防御の根底には愛に対する訴えがあることを認識するよりも良い方法があるでしょうか。2 そして、愛の実在について学ぶのに、愛を与えることによって愛に対する訴えに応えるよりも良い方法があるでしょうか。3 怖れについての「聖霊」の解釈は確実に怖れを払拭します。というのは、真実についての自覚を否定することは不可能だからです。4 このようにして、「聖霊」は怖れを愛に置き換え、過ちを翻訳して真実に変えます。5 そして、このようにして、あなたは分離の夢をどのようにして統一という事実に置き換えるかを「聖霊」から学びます。6 というのは、分離は結合の否定にすぎず、正確に解釈されるならば、結合が真実であるというあなたの永遠の知識を証言するものだからです。

II. 神を思い出すための方法

1. 奇跡は否定を真実に翻訳したものにすぎません。2 自分自身を愛することが自分自身を癒すことであるとすれば、病んでいる人たちは自分自身を愛していないことになります。3 したがって、彼らは彼らを癒してくれる愛、その愛を彼らは自分自身に対して否定しているわけですが、その愛を求めていることになります。4 彼らが自分自身についての真実を知ったならば、病気でいることは不可能です。5 かくして、奇跡を行う者の仕事は、**真実の否定を否定する**ということになります。6 病める者は自分自身を癒さなければなりません。というのは、真実は彼らの中にあるのですから。7 しかしながら、病める者はその真実を覆い隠してしまったがために、他の人のマインドの光が彼らのマインドの中を照らさなければなりません。なぜなら、その光はそもそも彼らのものだからです。

2. 病める者の中にある光は、それを覆い隠す濃い霧があるにもかかわらず、他の人の光と同じく明るく輝いています。2 霧に光を暗くする力を与えなければ、霧には何の力もありません。3 というのは、「神の子」が力を与えてはじめて霧は力をもつからです。4「神の子」は、すべての力は「神」に属することを思い出して、その力を自ら撤回しなければなりません。5 あなたは「神の子のすべて」のためにこれを思い出すことができます。6 あなたの兄弟が思い出さないことを許してはなりません。というのは、兄弟の忘却はあなたの忘却だからです。7 しかし、あなたが思い出すことは兄弟が思い出すことです。というのは、「神」を一人で思い出すことはできないからです。8 **これはあなたが忘れてしまったことです。**9 このように、あなたの兄弟の癒しをあなた自身の癒しとして知覚することが、「神」を思い出すための方法です。10 というのは、あなたはあなたの兄弟を「神」と一緒に忘れてしまったからであり、あなたの忘却に対する「神の答え」は思い出すための方法にすぎません。

3. 病の中には愛を求める呼び声があるとだけ知覚してください。そして、あなたの兄弟に、彼が自分では差し出すことができないと信じているものを差し出してください。2 病が何であれ、治療薬は一つしかありません。3 あなたが完全にするとき、あなた自身も完全にされます。というのは、病の中に健康を求める訴えを知覚することは、憎悪の中に愛を求める呼び声を認識することだからです。4 そして、兄弟が本当に望んでいるものを与えることは、それをあなた自身に与えることです。というのは、あなたの「父」は、あなたが兄弟をあなた自身であるとして知ることを意志として抱いておられるからです。5 愛を求める兄弟の呼び声に応えてください。そうすれば、あなたの愛を求める呼び声も応えられるでしょう。6 癒しとは、「キリストの父」に対する「キリストの愛」であり、「キリスト自身」に対する「キリストの愛」です。

4. 幼い子どもたちが抱く恐ろしい知覚についての話を思い出してください。子どもたちはそれが理解できないが故に怯えます。2 幼い子どもたちがそれらの悪夢について理解を求め、その理解を受け容れれば、怖れは消えてなくなります。3 しかし、その悪夢を隠せば、悪夢を維持することになります。4 確信がない子どもを助けることは容易です。というのは、彼は自分が知覚するものが何を意味するかが分からないことを認識しているからです。5 しかしながら、あなたは自分が知覚するものをしっかりと理解していると信じています。6 幼い子どもよ、あなたは自分の上に自分でかけた重い毛布の下に頭を隠しています。7 あなたは自分自身の誤った確信という暗闇の中に悪夢を隠し、目を開けてそれを見ることを拒否しています。

5. 悪夢を大事に取っておくことはやめましょう。というのは、悪夢は「キリスト」への捧げ物としてはふさわしいものではなく、したがって、あなたのための贈り物としてもふさわしくないからです。2 覆いを取り払って、あなたが恐れているものを直視してください。3 あなたを怯えさせるのは、恐れているものに対する予感だけです。というのは、無であることの実在は恐ろしいものではあり得ないからです。4これを引き延ばさないようにしましょう。というのは、助けなくして憎悪の夢が立ち去ることはなく、今、「助け」が来ているのですから。5混乱のまっただ中にあって、静かでいることができるようになってください。というのは、静けさは争いの終わりであり、これこそが安らぎに至る旅だからです。6あなたを遅らせようとして現れるイメージの一つ一つを直視してください。というのは、目標は永遠であるが故に不可避的だからです。7愛の目標はあなたの権利であるにすぎず、様々な夢を見たとしても愛の目標はあなたに属するものです。

6. あなたは今でも「神」が意志として抱かれているものを望んでおり、いかなる悪夢も「神の子」の目的をくじくことはできません。2というのは、あなたの目的は「神」によって与えられたものであり、あなたはそれを達成しなければならないからです。なぜなら、それは「神の意志」だからです。3目を覚まして、あなたの目的を思い出してください。というのは、そうすることがあなたの意志なのですから。4あなたのために達成されたことは、あなたのものでなければなりません。5あなたの憎悪に愛の道を邪魔させないでください。というのは、いかなるものも「キリスト」の「父に対する愛」に逆らうことはできず、「キリスト」に対する「父の愛」に逆らうことはできないのですから。

7. もう少し時間がたてば、あなたにも私が見えるようになります。というのは、**あなた**が隠れているからといって私は隠れてはいないからです。2自分自身を目覚めさせたのと同じように、私は確実にあなたを目覚めさせます。というのは、私はあなたのために目覚めたのですから。3私の復活の中にあなたの解放があります。4私たちの使命は救いからの脱出ではなく、十字架刑からの脱出です。5私の助けを信頼してください。というのは、私は一人では歩かなかったからです。私の「父」が私と一緒に歩いたように、私はあなたと一緒に歩きます。6私が「父」と共に心安らかに歩いたことを、あなたは知らないでしょうか。7そして、そのことは、この旅では安らぎが共に歩んでくれることを意味するのではないでしょうか。

8. 完全な愛に怖れはありません。2私たちはあなたの中において既に完全であるものをあなたにとって完全なものにするだけです。3あなたは未知なるものを恐れているのではなく、既に知っているものを恐れています。4あなたはあなたの使命において失敗することはありません。なぜなら、私は私の使命において失敗しなかったからです。[5]私があなたに対して抱いている完璧な信頼の名において、私に少しだけ信頼をください。そうすれば、私たちは完全性という目標を一緒に、容易に達成することができるでしょう。[6]というのは、完全性は既にしっかりと存在し、それを否定することは不可能だからです。[7]完全性の否定を否定することは、真実を否定することほど困難ではありません。そして、私たちが一緒に達成することができるものは、それを達成されたものとして見るとき信じられるでしょう。

9. 愛を追放しようとしたあなたは成功しませんでしたが、怖れを追放するという選択をするあなたは成功しなければなりません。[2]「主」はあなたと一緒におられますが、あなたはそれを知りません。[3]しかしながら、あなたの「救い主」は生きておられ、あなたの中に安らかに住んでおられます。「救い主」はその安らかさの中から創造されたのです。[4]怖れに対する自覚と、この自覚を交換したいと思わないでしょうか。[5]怖れを隠すことによってではなく、怖れを最小限に押さえることによってでもなく、怖れの重要性をいかなる意味においても否定することによってでもなく、怖れをただ克服するとき、これこそが本当に見えるものです。[6]本当のヴィジョンを妨げているものを直視することなく取り除くことはできません。というのは、取り除くということは、否定的に価値判断することを意味するからです。[7]あなたが見れば、「聖霊」が価値判断しますが、「聖霊」は真の意味で価値判断をします。[8]しかし、「聖霊」にはあなたが隠し続けるものを光で照らして消滅させることはできません。というのは、あなたはそれを「聖霊」に差し出してはおらず、「聖霊」はそれをあなたから奪うことはできないからです。

10. したがって、私たちはあなたが望まないもののすべてを、どのようにして「聖霊」に差し出すかを学ぶことをねらいとしたプログラムを作ろうとしています。系統化され、しっかりと組織化され、注意深く計画されたプログラムを作ろうとしているのです。[2]「聖霊」はそれをどうすべきかを知っています。[3]「聖霊」が知っていることをどのように活用すべきか、あなたには分かりません。[4]「聖霊」に与えられるもので「神」に属さないものは何であれ消失します。[5]しかし、あなたは完璧な意欲をもって自らそれを見なければなりません。というのは、そうしなければ「聖霊」の知識はあなたにとっては無用のままであり続けるからです。[6]助けることが「聖霊」の唯一の目的ですから、「聖霊」

があなたを助けることに失敗することは絶対にありません。7 あなたにとっては怖れの原因を直視して怖れを永遠に手放す理由よりも、あなたが知覚する世界を恐れる理由のほうが大きいのではないでしょうか。

III. 実在への投資

1. 所有するもののすべてを売って貧しい人たちに与え、私の後についてくるようにと一度あなたに依頼したことがあります。2 私が言おうとしたことは、もしもあなたがこの世界のいかなるものにも投資していなければ、貧しい人たちに彼らの宝物がどこにあるかを教えることができる、ということでした。3 貧しい人々とは誤った投資をしている人々にすぎず、彼らは本当に貧しいのです。4 彼らは必要としているが故に、そしてあなたは彼らと一緒にいるために、彼らを助ける任務があなたに与えられています。5 彼らの貧しさを共有することをあなたがよしとしなければ、あなたのレッスンがいかに完璧に学ばれるかについて考えてみてください。6 というのは、貧しさとは欠如であり、必要性は一つしかないのですから、欠けているものも一つしかありません。

2. 一人の兄弟が、あなたとしてはやりたくないと思っていることを、あなたにして欲しいと執拗に要求していると仮定してみましょう。2 彼の執拗な要求から、彼はそのことに救いがあると信じていることが分かります。3 あなたがそれをあくまでも拒否し、即座に抵抗にあえば、あなたの救いはそれをやらないことにあるとあなたが信じていることになります。4 すると、あなたは兄弟が犯しているのと同じ間違いを犯すこととなり、彼の過ちをあなた方二人にとって実在させることになります。5 執拗な主張は投資を意味し、あなたが何に投資するかは常に救いについてのあなたの概念と関連しています。6 質問は常に二つあります。第一は何を救うか、第二にどのようにそれを救うかです。

3. 理由が何であれ、兄弟に対して怒りを覚えるときはいつでも、エゴを救わなければならないとあなたは信じています。しかも、攻撃によってエゴを救わなければならないと信じています。2 もしも兄弟が攻撃すれば、あなたはこの信念に同意します。そしてあなたが攻撃すれば、この信念を強化します。3 **攻撃する者は貧しいということを思い出してください。**4 彼らの貧しさは、更なる貧しさではなく、贈り物を求めています。5 彼らを助けることができるあなたが、彼らの貧しさをあなたの貧しさとして受け容れるならば、確実に破壊的な行動をとっていることになります。6彼らが投資したようにあなたも投資していなければ、彼らの必要性を見過ごすなどということはあなたには思いもよらないでしょう。

4. **何が重要ではないかを認識してください。**あなたの兄弟が何か〝とんでもない〟ことをあなたに求めてきたならば、それをやってあげてください。なぜなら、それは重要ではないからです。2拒否すれば、あなたが反対するという事実が、それはあなたにとって重要であるということを確固たるものにします。3したがって、その依頼をとんでもないものにしたのはあなたに他なりません。そして、兄弟の依頼は皆あなたのためなのです。4あなたはなぜ彼を否定することに執拗にこだわるのでしょうか。5というのは、そうすることはあなた自身を否定することであり、あなたと兄弟の両方を貧しくすることなのですから。6彼はあなたと同じように救いを求めています。7貧困はエゴに属するものであり、決して「神」に属するものではありません。8価値があるものを認識し、それ以外のものを受け容れることを望まない人に対して〝とんでもない〟依頼をすることは不可能です。

5. 救いはマインドのためであり、安らぎを通して達成されます。2救うことができるのはマインドだけであり、安らぎがマインドを救うための唯一の方法です。3愛以外のいかなる反応も、〝何〟を救うか、そして、〝どのように〟救うかについての混乱から生じており、これが唯一の答えです。4決してこれを見失ってはいけません。そして、ほんの一瞬といえども別な答えがあるなどと信じることを絶対に自分に許さないでください。5というのは、さもないとあなたが自分自身を貧しい人々の中に置くようになることは確実だからです。貧しい人々は自分が豊かさの中で生活していることを知らず、救いは既にやって来たということが分からないでいます。

6. エゴに帰属意識を抱くことは自分自身を攻撃することであり、自分自身を貧しくすることです。2エゴに帰属意識を抱く人が皆、自分は恵まれていないと感じる理由はここにあります。3したがって、エゴに帰属意識を抱く人が体験するのは憂鬱ないしは怒りです。なぜなら、彼がやったことは「自己愛」を自己憎悪と交換し、自らに自分自身を恐れさせることだったからです。4彼はこのことに気づいていません。5不安を十分に自覚していたとしても、その原因が彼自身のエゴへの帰属意識にあるとは知覚しておらず、常にこの世界とある種の狂気じみた〝取り決め〟をすることによってこれを処理しようとします。6彼は常にこの世界は彼自身の外にあるものとして知覚します。というのは、彼の適応にとってこれは必要不可欠だからです。7彼は自分がこの世界を作っていることに気づいていません。というのは、彼の外にはいかなる世界も存在しないからです。

7. 「神の子」の愛に満ちた思いだけが世界の実在であれば、実在の世界は彼のマインドの中になければなりません。2彼の狂気じみた思いもまた彼のマインドの中になければなりません。しかし、これほど大きい内的な葛藤に彼は耐えることができません。3分裂したマインドは存在の危機に瀕しており、完全に相対立する思いがそれ自身の中に内包されているという認識は耐えがたいものです。4したがって、マインドはその実在ではなくその分裂を投影します。5外の世界として知覚するものはすべて、エゴへの帰属意識を維持しようとするあなたの試みにすぎません。というのは、誰もが帰属意識は救いであると信じているからです。6しかしながら、何が起こったのかを考えてみてください。というのは、思いはその思いをもった人に対して確実に結果をもたらすからです。7あなたは知覚する世界と反目するようになってしまいました。なぜなら、あなたはこの世界はあなたに敵意をもっていると考えているからです。8これはあなたが行ってきたことの必然的な結果です。9あなたは内部にあるものに対して敵意をもっているものを外に向けて投影しました。したがって、あなたは世界をこのように知覚しなければならなくなります。10憎悪を取り除くためには、憎悪はあなたのマインドの中にあるのであって、マインドの外にあるのではないことに気づかなければならない理由はここにあります。そしてまた、世界をありのままに知覚するには、憎悪を取り除かなければならない理由もここにあります。

8. 「神」はこの世界を非常に愛したが故に、それをただ一人の「子ども」に与えられたと私は前に言いました。2「神」は実在の世界を非常に愛しておられます。そして、その実在性が見える人々には死の世界は見えません。3というのは、死は実在の世界に属さず、実在の世界においてはすべてのものが永遠なるものを反映しているからです。4「神」は、あなたが分裂したマインドから作った、死の象徴である世界と交換するために、実在の世界をあなたに与えられました。5というのは、「神のマインド」からあなた自身を本当に分離させることが可能であるならば、あなたは死んでしまうからです。

9. あなたが知覚する世界は分離の世界です。[2]ことによると、あなたは「父」を否定するためであれば死さえ受け容れようとするかもしれません。[3]しかし、「父」はそれを望んではおられないために、そうはなりません。[4]あなたは「父」に逆らって意志をもつことはできません。あなたが作った世界をまったくコントロールできない理由はここにあります。[5]その世界は意志の世界ではありません。なぜなら、それは「父」とは異なろうとする願望によって支配されており、この願望は意志ではないからです。[6]したがって、あなたが作った世界は完全な混乱状態にあり、恣意的で無分別な〝法則〟によって支配され、いかなる意味もありません。[7]というのは、その世界はあなたが望まないものによって作られており、あなたが望まないものをあなたは恐れているが故に、それがあなたのマインドから投影されているからです。[8]しかしながら、この世界はそれを作った人のマインドの中にしか存在せず、彼の真の救いもマインドの中に共に存在しています。[9]それがあなた自身の外部に存在すると信じないでください。というのは、それがどこに存在するかを認識することによってのみ、それに対する支配を獲得できるからです。[10]というのは、マインドは決断のメカニズムであるために、あなたが自分のマインドを支配しているのは確かな事実だからです。

10. あなたが知覚する攻撃はすべてあなた自身のマインドにあり、それ以外の場所にはないと認識したならば、遂に攻撃の源をつきとめたことになります。そして、攻撃は開始される場所で終わらなければなりません。[2]というのは、それと同じ場所に救いもあるからです。[3]「キリスト」が住む「神」の祭壇がそこにあります。[4]あなたはこの祭壇を汚しましたが、世界を汚してはいません。[5]しかしながら、「キリスト」はあなたのために「あがない」を祭壇に置きました。[6]世界についてのあなたの知覚をこの祭壇にもってきてください。というのは、これは真実に捧げる祭壇だからです。[7]そこにおいてあなたのヴィジョンが変わり、そこにおいてあなたは真の意味で見ることを学ぶでしょう。[8]「神」と「神の子」が安らかに居住し、あなたが喜んで迎えられるこの場所から、あなたは安らかな心で外を見、真実の目で世界を見るでしょう。[9]しかしながら、この場所を見つけるためには、あなたが投影するものとしての世界に対する投資を放棄し、「聖霊」が「神」の祭壇から実在の世界をあなたへと延長することを許さなければなりません。

IV. 探求と発見

1. 愛は危険であるとエゴは確信しており、これが常にエゴの中心的な教えです。[2]エゴは決してこのような言い方をすることはありません。それどころか、エゴが救いであると信じている人は皆、熱烈に愛の探求に従事しているかのように見受けられます。[3]しかしながら、エゴは愛の探求を積極的に奨励するにもかかわらず、一つの条件をつけます。愛を見つけてはならないという条件です。[4]したがって、エゴの命令を簡単に要約すると、〝探求しなさい。しかし、見つけてはなりません〟となります。[5]これはエゴがあなたに差し出す一つの約束であり、エゴはこの約束は守ります。[6]というのは、エゴは熱狂的な執拗さでその目標を追求し、その価値判断は非常な欠陥があるものの、完全に首尾一貫しているからです。

2. したがって、エゴが着手する探求は必ず失敗します。[2]そしてまた、それがあなたの帰属意識であるとエゴは教えるために、エゴの導きは自己敗北と知覚されるものに終わらざるを得ない旅へとあなたを導きます。[3]というのは、エゴは愛することができないからです。そして、愛を狂ったように探求する中で、エゴは自分が発見することを恐れているものを探求します。[4]この探求は不可避的です。なぜなら、エゴはあなたのマインドの一部だからです。そして、エゴはその出所起源の故に完全にマインドから分離されてはいません。さもなければ、エゴは全然信じてもらうことはできないでしょう。[5]というのは、エゴを信じ、エゴを存在させるのはあなたのマインドだからです。[6]しかし、エゴの存在を否定する力をもっているのもあなたのマインドであり、エゴがあなたに向かわせる旅がどのようなものであるかにしっかりと気づいたとき、あなたはエゴの存在を確実に否定することになるでしょう。

3. 誰も自分を完全に打ち負かすものを見つけたいと思わないのはまったく明白なことです。[2]愛することができないがために、エゴは愛を前にするとまったく無力です。というのは、まったく反応することができないからです。[3]したがって、あなたはエゴの導きを放棄しなければならなくなるでしょう。というのは、あなたが必要とする反応の仕方をエゴは教えてくれなかったことがきわめて明らかになるからです。[4]したがって、エゴは愛を歪曲し、愛はエゴが完全に教えることができる反応を呼び起こすだけだとあなたに教えるでしょう。5そういうわけで、エゴの教えに従えば、愛を探求することにはなるでしょうが、愛を認識することはないでしょう。

4. あなたは、エゴが徒労と憂鬱な思いにしかつながらない旅に、あなたを向かわせなければならないことに気づいていますか。2探求し、そして、発見しない旅は喜びとはほど遠いものです。3これはあなたが守りたいと望む約束でしょうか。4「聖霊」はこれとは別な約束をあなたに差し出します。この約束は喜びにつながるものです。5というのは、この約束は常に、〝探求しなさい。そうすればそれを見つけることができるでしょう〟であり、「聖霊」の導きがあれば敗北はあり得ないからです。6「聖霊」の旅は達成に向かう旅であり、「聖霊」があなたの前に設定する目標は、「聖霊」が与えてくれるでしょう。7というのは、「聖霊」は自らが「父の愛」をもって愛する「神の子」を、欺くことは決してないからです。

5. あなたは必ず旅に出るでしょう。なぜなら、この世界はあなたの家ではないからです。2そして、あなたの家がどこにあるかを理解していようといまいと、必ずあなたの家を探すでしょう。3その家があなたの外にあると信じるならば、その探求は徒労に終わります。というのは、その家がない所で探しているのですから。4あなたはどのようにして自分の内部を探すか、その方法を覚えていません。というのは、あなたの家がそこにあるとは信じていないからです。5しかしながら、「聖霊」はあなたのためにそれを覚えており、それが「彼」の使命であるが故に、あなたの家へと導いてくれるでしょう。6「聖霊」が自らの使命を果たすとき、彼はあなたの使命を教えることになるでしょう。というのは、あなたの使命は「彼」の使命と同じだからです。7兄弟を故郷へと導くことによって、あなたはただ「聖霊」と同じ道を歩むことになります。

6. あなたには永遠の生命があることを学ぶために、「父」が与えてくださった「ガイド」をしっかりと見てください。2というのは、死はあなたの「父の意志」ではなく、あなたの意志でもないからです。そして、真実であるものは何であれ「父の意志」です。3あなたは生命に対してはいかなる代価も払いません。というのは、生命はあなたに与えられたからです。しかし、死に対してはしっかりと代価を払います。しかも、非常に高価な代価を払います。4死があなたの宝物であるとすれば、あなたはそれを購入するために死以外のものすべてを売却するでしょう。5そして、死を購入したと信じることでしょう。なぜなら、それ以外のものはすべて売ってしまったのですから。6しかし、あなたは「神の王国」を売ることはできません。7あなたの遺産は買うことも売ることもできません。8「神の子のすべて」には相続権を奪われた部分というものはありません。というのは、「神」は完全であり、「神」の延長物はすべて「神」と同じだからです。

7. 「あがない」はあなたの完全性の代価ではなく、あなたの完全性に対するあなたの自覚の代価です。2というのは、あなたが〝売る〟ことにしたものは〝買い〟戻すことはできないために、あなたのために取っておく必要があったからです。3しかしながら、あなたはそれに投資をしなければなりません。お金ではなくスピリットの投資です。4というのは、スピリットは意志であり、意志は「神の王国」の〝代価〟だからです。5あなたの遺産は、あなたが救われたという認識だけを待っています。6「聖霊」はあなたを永遠の生命へと導き入れますが、あなたは死への投資を放棄しなければなりません。さもなければ、生命が周囲の至るところにあるにもかかわらず、あなたには生命は見えないでしょう。

V. 正気のカリキュラム

1. 愛だけが強いものです。なぜなら、愛は分割されていないからです。2強いものは攻撃しません。なぜなら、その必要を感じないからです。3攻撃の考えがあなたのマインドに入る前に、あなたは自分自身が弱いと知覚したに違いありません。4あなたは自分自身を攻撃し、その攻撃が効果的であったと信じたが故に、自分自身が弱くなったと見なします。5もはやあなた自身とあなたの兄弟が対等であるとは知覚せず、自分は兄弟よりも弱いと見なし、自分が作り出したその状況の〝均衡をはかろう〟とします。6そのために攻撃を用います。なぜなら、攻撃が自分を弱くすることに成功したとあなたは信じているからです。

2. あなたが不死身であることの認識が、あなたの正気を回復するために非常に重要である理由はここにあります。2というのは、不死身であることを受け容れれば、攻撃には何の効果もないことを認識していることになるからです。3あなたは自分自身を攻撃したにもかかわらず、実際には何も起こらなかったことを実証することになります。

[4]したがって、攻撃によってあなたは何もしなかったのです。[5]一度これに気づくと、攻撃には何の意味もないことが見えてきます。というのは、攻撃は機能せず、あなたを守ることができないことは一目瞭然なのですから。[6]しかしながら、あなたが不死身であることの認識にはマイナスの価値以上のものがあります。[7]自分自身に対する攻撃があなたを弱めることに失敗したとすれば、あなたはまだ強いのです。[8]したがって、あなたの強さを確立するために状況の〝均衡をはかる〟必要はありません。

3. 自分自身に対する攻撃には何の効果もないということを認識しなければ、攻撃の完全な無益性に気づくことは決してないでしょう。[2]というのは、他の人々は攻撃を知覚すれば確実に反応し、あなたが彼らを攻撃しようとしていれば、あなたはこれを戦意の強化として解釈することは避けられないからです。[3]すべての戦意の強化を相殺することができる唯一の場所は、あなた自身の中にあります。[4]というのは、あなたは常にあなたの最初の攻撃目標であり、これがなされなければ結果は何も生じないからです。

4. 「聖霊」の愛はあなたの強さです。というのは、あなたの愛は分割されており、したがって、実在しないからです。[2]あなた自身の愛を攻撃するとき、あなたはその愛を信頼することはできません。[3]分裂したマインドでは完璧な愛について学ぶことはできません。なぜなら、分裂したマインドは自らを学ぶことが苦手な存在にしているからです。[4]あなたは分離を永遠のものにしようとしてきました。なぜなら、あなたは創造の特徴を保持したいと思ったからです。しかし、あなた自身の内容で創造の特徴を保持しようとしました。[5]しかしながら、創造はあなたに属するものではなく、学ぶことが苦手な者には特別な教えが必要です。

5. あなたはまさに文字通りの意味において、学習上のハンディキャップを抱えています。[2]あなたの学習技術の領域には非常な欠点があるために、あなたの限りある資源を超越することができる「教師」が絶えず明確な方向づけを提供してはじめて、あなたは進歩することができます。[3]あなた自身では学ぶことができないが故に、この「教師」はあなたの「資源」となります。[4]あなたが置かれている学習状況は実行不可能なものであり、この状況においては、特別な「教師」と特別なカリキュラムが必要とされていることは明らかです。[5]学ぶことが苦手な人は、教師としては良い選択ではありません。彼ら自身のためにも、他の人のためにも良い選択ではありません。[6]あなたは学ぶことが苦手な人に彼らが限界から脱出できるカリキュラムを確立してくれるようにとは依頼しないはずです。[7]彼らに理解不可能なことを彼らが理解できたならば、彼らのハンディキャップはなくなります。

6. あなたは愛の意味を知りません。それがあなたのハンディキャップです。[2]理解していないものを自分自身に教えようとしないでください。また、あなたのカリキュラムが明らかに失敗した所にカリキュラムの目標を設定しないでください。[3]あなたのこれまでの学習目標は学ばないようにすることでした。これが上手な学びにつながることはあり得ません。[4]自分が学んでいないものを伝えることはできません。一般化する能力に欠陥があるというのは重大な学習上の失敗です。[5]学ぶことに失敗した人に学習補助教材の目的は何かと聞くでしょうか。[6]彼らは知りません。[7]学習補助教材を正確に解釈することができたならば、それらのものから学んでいたでしょう。

7. エゴの規則は〝探求しなさい。しかし、発見してはなりません〟であると私は言いました。[2]これをカリキュラムの言葉に翻訳すると、〝学ぼうとしなさい。しかし、成功してはいけません〟となります。[3]このカリキュラムの結果は明らかです。[4]適切な教授資料、本当の教え、学習のための導きといったものはすべて誤って解釈されるでしょう。というのは、それらは皆、この奇妙なカリキュラムが反対している学びを容易にするものだからです。[5]もしも学ばないための方法を学ぼうとしているとすれば、そして、教えの目的が教えを失敗させることにあるとすれば、混乱以外の何を期待できるでしょうか。[6]そのようなカリキュラムは意味をなしません。[7]この〝学び〟の試みがあなたのマインドを非常に弱くしてしまったために、あなたは愛することができません。というのは、あなたが選んだカリキュラムは愛に反対するものであり、自分自身を攻撃する方法についてのコースに等しいものだからです。[8]このカリキュラムの補足的な目標は、カリキュラムの第一の目標を信憑性のあるものにしている分裂という問題を、克服しないようにするための方法を学ぶことです。[9]そして、このカリキュラムでは分裂を克服することはないでしょう。というのは、学びはすべて分裂のために行われるのですから。[10]しかしながら、あなたの学びがあなたのマインドに反論するように、あなたのマインドはあなたの学びに反論します。したがって、あなたはすべての学びに逆らって戦い、成功します。というのは、それがあなたの望むことだからです。[11]しかし、まだ気づいていないかもしれませんが、あなたには学びたいことがあります。そして、そうすることこそあなたの選択であるが故に、それを学ぶことができます。

8. 自分でも望んでいないことを学ぼうとしてきたあなたは元気を出すべきです。というのは、あなたが自分自身に課したカリキュラムは確かに気を滅入らせるものですが、それを直視してみれば馬鹿げているだけのことにすぎないからです。2 目標を達成するための方法とは目標を達成しないことであるということがあり得るでしょうか。3 今や自分自身の教師であることを辞めるときです。4 この辞職が憂鬱につながることはありません。5 それは単に、あなたが自分に教えてきたこと、そして、その結果として学んだことを正直に評価した結果にすぎません。6 あなたには提供することも理解することもできないものですが、適切な学習条件のもとであれば、あなたは優秀な学び手となり、優秀な教師となるでしょう。7 しかし、現在はまだそういう状況ではなく、あなたが設定した学習状況の全体が逆転するまではそうならないでしょう。

9. 学びにおけるあなたの潜在的な可能性は、適切に理解されるならば、無制限です。なぜなら、それによってあなたは「神」へと導かれるからです。2「神」に至る道を知っていて、それを学ぶための「神」のカリキュラムを理解している「教師」に従うならば、「神」に至る道を教え、「神」に至る道を学ぶことができます。3 そのカリキュラムにはまったく曖昧なところはありません。なぜなら、目標は分裂しておらず、手段と目的が完全に一致しているからです。4 あなたが差し出す必要があるのは完全な注意力だけです。5 それ以外のものはすべてあなたに与えられるでしょう。6 というのは、正しく学びたいと本当に望めば、いかなるものも「神の子」の決断には反対できないからです。7「神の子」の学びは彼自身の存在と同様に無限です。

VI. キリストのヴィジョン

1. エゴは世界全体を手に入れ、同時に、魂を失うための方法をあなたに教えようとしています。2「聖霊」は魂を失うことはできないということ、そして、それ自体では何も益することはできないが故に、世界はそれによって何も得ることはないと教えます。3 投資しても利益がなければあなたは確実に貧しくなり、総経費は高くなります。4 その投資には何の利益もないだけでなく、あなたにとっての費用は莫大なものとなります。5 というのは、この投資はあなたの実在を否定することによって世界の実在性という代価を払わせ、見返りに何も与えてくれないからです。[6]あなたは魂を売ることはできませんが、魂についてのあなたの自覚を売ることはできます。[7]あなたの魂を知覚することはできませんが、それ以外のもののほうがより価値があると知覚している間は、あなたの魂を知覚できないことを知ることはありません。

2. 「聖霊」はあなたの強さです。なぜなら、「聖霊」はスピリットとしてのあなたしか知らないからです。[2]「聖霊」はあなたが自分自身を知らないということを完璧に自覚しており、あなたが何であるかを思い出すことを教える方法を完璧に自覚しています。[3]「聖霊」はあなたを愛しているが故に、「聖霊」が愛しているものを喜んであなたに教えるでしょう。というのは、それを分かち合うことを「聖霊」は意志としてもっているからです。[4]「聖霊」はいつもあなたを忘れないが故に、あなたにあなたの価値を忘れさせることはできません。[5]というのは、「父」は「聖霊」に「神の子」を絶えず思い出させ、「聖霊」は「神の子」に「父」を絶えず思い出させるからです。[6]「神」は「聖霊」のお陰であなたの記憶に存在します。[7]あなたは「父」を忘れるという選択をしましたが、本当はそうすることを望んではおらず、したがって、それと逆の決断をすることができます。[8]それが私の決断であったように、それはあなたの決断です。

3. あなたはこの世界を望んではいません。[2]この世界の中でただ一つ価値があるものは、そのどの部分であれ、あなたが愛をもって見るものだけです。[3]これによって世界は自らがもち得る唯一の実在性を与えられます。[4]世界の価値は世界そのものの中にはありませんが、あなたの価値はあなたの中にあります。[5]自己の価値が自己の延長から生まれるように、自己の価値についての知覚は愛に満ちた思いを外側に延長することによって生まれます。[6]この世界をあなた自身にとって実在するものにしてください。というのは、実在の世界は「聖霊」の贈り物であり、したがって、あなたのものだからです。

4. 見えない人々すべてのために修正があります。[2]盲目の人々の目を開けることが「聖霊」の使命です。というのは、彼らはヴィジョンを失ったのではなく、眠っているだけであることを「聖霊」は知っているからです。[3]「聖霊」は忘却の睡眠から彼らの目を覚まし、「神」を思い出させたいのです。[4]「キリスト」の目は開かれており、あなたが「キリスト」のヴィジョンを自分のものとして受け容れるならば、あなたが愛をもって見るもののすべてを「キリスト」は見るでしょう。[5]「聖霊」は眠っている「神の子」一人一人のために「キリスト」のヴィジョンを保持しています。[6]「聖霊」の目からすると「神の子」は完全であり、「聖霊」は自らのヴィジョンをあなたと分かち合うことを切望しています。[7]「聖霊」は、「神」があなたに「天国」を与えられたが故に、実在の世界をあなたに見せてくれるでしょう。[8]あなたの「父」は「聖霊」を通して「神の子」に思い出すようにと呼びかけます。[9]「神の子」の目覚めは実在の世界に対する投資によって始まり、これによって彼は自分自身に再投資することを学びます。[10]というのは、実在は「父」および「神の子」と一体であり、「聖霊」は「彼らの名」において実在の世界を祝福するからです。

5. あなたがこの実在の世界を見るとき、必ず見るときがきますが、その時あなたは「私たち」を思い出すでしょう。[2]しかし、あなたは睡眠の代価を学ばなければなりません。そして、それを払うことを拒否しなければなりません。[3]その時はじめて、あなたは目を覚ますという決断をするでしょう。[4]その時、実在の世界があなたの視界に飛び込んでくるでしょう。というのは、「キリスト」は決して眠ったことはないからです。[5]「キリスト」は見られることを待っています。というのは、「キリスト」があなたを見失ったことは一度もないからです。[6]「キリスト」は静かに実在の世界を見つめ、「キリスト」に対する「父」の愛を知っているが故に、その世界をあなたと分かち合うでしょう。[7]これを知っている「キリスト」はあなたのものであるものをあなたに与えるでしょう。[8]「キリスト」は「父」の祭壇にあって完璧な安らぎの中であなたを待ち、「聖霊」の祝福の静かな光の中であなたに「父の愛」を差し出します。[9]というのは、「聖霊」はすべての人を故郷である「父」のもとへと導くからです。「キリスト」がすべての人の「自己」として待っている故郷へとあなたを導くからです。

6. 「神の子」は皆「キリスト」において一つです。というのは、「キリスト」の存在が「神」の中にあるように、「神の子」の存在は「キリスト」の中にあるからです。[2]「キリスト」のあなたに対する「愛」は、「キリスト」の「父」に対する「愛」であり、「キリスト」は「自分」に対する「父の愛」を知っているが故にそれを知っています。[3]「聖霊」が「父」の祭壇にいる「キリスト」のもとへと遂にあなたを導いたとき、知覚は融合して知識になります。なぜなら、知覚がきわめて神聖なものとなったために、神聖性への移動はその自然な延長にすぎないからです。[4]愛は愛へと何の妨害もなく移動します。というのは、二つの愛は一つだからです。5あなたがあらゆる状況の中にますます多くの共通点を知覚するようになるにつれて、「聖霊」の導きによる移動の訓練が増加し、一般的になります。6あなたはそれを徐々に、すべての人、そして、すべてのものに適用することを学ぶようになります。というのは、その適用性は普遍的だからです。7これが達成されると、知覚と知識は非常に似たものとなり、「神」の法則の統一性を共有するようになります。

7. 一つであるものを分離したものとして知覚することは不可能であり、分離の否定は知識の復権です。2「神」の祭壇で「神の子」の神聖な知覚は明るく照らされ、その中に光が流れ込み、「神の子」のスピリットが「父のマインド」の中で輝き、知覚と一つになります。3「神」は非常に優しく「ご自身」を照らされ、「神の子」という「ご自身」の延長を愛されます。4この世界が融合して「神」の目的になると、この世界のいかなる目的もなくなります。5というのは、実在の世界が「天国」の中へと滑るように静かに入ってしまったからです。「天国」は実在の世界における永遠なるものがすべて常に存在してきた場所です。6そこにおいては、「救い主」と救われた者が「神」への完璧な愛において、そして、お互いへの完璧な愛において一緒になります。7「天国」はあなたの家です。「天国」は「神」の中にあるのですから、あなたの中にもあるに違いありません。

VII. 内面を見る

1. 奇跡は正しい導きのもとで学びが起こったことを実証します。なぜなら、学びは目に見えないものであり、学ばれたことはその結果によってしか認識できないからです。2学んだことをより多くの状況で活用するにつれて、学んだことの一般性が実証されます。3奇跡をあらゆる状況に適用するとき、奇跡には難易度はないと学んだことを認識するでしょう。4奇跡が適用されない状況はありません。奇跡をあらゆる状況に適用することによって、実在の世界を獲得するでしょう。5というのは、この神聖な知覚の中であなたは完全な存在にされ、「あがない」をあなた自身のために受け容れることによって、「聖霊」があなたの祝福を得られるようにとあなたのもとに送ってくるすべての人に向かって、あなたから「あがない」が輝き出るからです。

[6]「神の子」一人一人に「聖霊」の祝福があり、「神」の子どもたちへのあなたの祝福の中に、あなたに対する「聖霊」の祝福があります。

2. 世界が救われたことを認識するためには、その救いにおいてすべての人が自分の役割を果たさなければなりません。[2]目に見えないものを見ることはできません。[3]しかし、その効果が見えれば、それがそこに在るに違いないことが分かります。[4]それが何をするかを知覚することによって、その存在を認識できます。[5]そして、それが何をするかによって、それが何であるかを学ぶことができます。[6]あなたにはあなたの強さは見えませんが、強さによって行動することが可能になるとき、強さの存在を信頼します。[7]そして、行動の結果をしっかりと見ることができます。

3. 「聖霊」は目には見えませんが、「聖霊の存在」の結果はあなたにも見ることができます。そして、その結果を通して「聖霊」がそこに存在することを学ぶでしょう。[2]「聖霊」の力によってあなたにできることは、明らかにこの世界に属することではありません。というのは、奇跡はこの世界の判断からすれば現実の法則をすべて犯すからです。[3]奇跡は時空の法則、質量の法則のすべてを超越します。というのは、「聖霊」の力によってあなたにできることは、そういったもののすべてを明らかに超越しているからです。[4]あなたは「聖霊」がもたらす結果を認識し、「聖霊」がいるに違いない場所を理解し、遂に「聖霊」が何であるかを知ることになるでしょう。

4. あなたには「聖霊」は見えませんが、「聖霊」が顕現するものは見えます。[2]それが見えなければ、「聖霊」がそこにいることをあなたは認識しないでしょう。[3]奇跡は「聖霊」の証人であり、「聖霊の存在」を証言するものです。[4]目に見えないものは、それを証言する証人を通してはじめてあなたにとって実在するものとなります。[5]というのは、あなたは目に見えないものを自覚することができるからであり、その「存在」があなたを通じて顕現するとき、それはあなたにとって抵抗しがたいほどに実在的なものとなり得るからです。[6]「聖霊」の仕事をしてください。というのは、あなたは「聖霊」の機能を共有しているのですから。[7]「天国」におけるあなたの機能が創造であるように、地上におけるあなたの機能は癒しです。[8]「神」は「ご自分」の機能を天国においてあなたと分かち合い、「聖霊」は「自ら」の機能を地上においてあなたと分かち合います。[9]自分には別な機能があると信じ続ける間は、それと同じ長さの期間にわたって修正を必要とするでしょう。[10]というのは、この信念は安らぎの破壊であり、「聖霊」の目的と真っ向から対立する目標だからです。

5. あなたはあなたが期待するものを見ます。そして、あなたが招待するものを期待します。2あなたの知覚はあなたが招待した結果であり、あなたがそれを招待したがために、それはあなたの所にやって来ます。3あなたは誰が顕現したものを見たいでしょうか。4誰の存在を確信したいのでしょうか。5というのは、あなたはあなたが顕現するものを信じるからです。外を見るときはすなわち自分の中を見ます。6世界を見るための二つの方法があなたのマインドの中にあり、知覚はあなたが選択した導きを反映します。

6. 私は「聖霊」が顕現したものであり、私が見えるとき、それはあなたが「聖霊」を招待したためです。2というのは、「聖霊」はあなたが注意して見さえすれば、「聖霊」の証人をあなたのもとに派遣するからです。3求めているものが見えるということを常に覚えておいてください。というのは、あなたは求めているものを発見するからです。4エゴは自らが求めるものを発見しますが、それしか発見することはありません。5エゴは愛を発見することはありません。というのは、愛はエゴが求めているものではないからです。6しかしながら、求めることと発見することは同じことです。二つの目標を探求すればそれらを発見するでしょうが、認識することはないでしょう。7あなたはその両者を欲するが故に、それらは同じものであると考えるでしょう。8マインドは常に統合を目指して努力します。もしもマインドが分裂していてその分裂を保持したいと望めば、マインドは自らを一つのように見せかけることによって、目標が一つであるとなおも信じるでしょう。

7. 私は以前に、あなたが何を投影するか、あるいは、何を延長するかはあなた次第であると言いました。しかし、あなたはそのどちらかを選択しなければなりません。というのは、それがマインドの法則だからです。そして、外を見る前に中を見なければなりません。2中を見るとき、あなたは見るためのガイドを選択します。3それから、外を見て、選んだガイドの証人を見ます。4あなたが求めるものを発見する理由はここにあります。5あなたは自分自身の中に欲するものを顕現させ、それを世界から受け取ります。なぜなら、それを欲することによって、あなたがそれをそこに置いたからです。6欲しくないものを投影していると思うときですら、それはあなたが実際にそれを欲しているから投影しているのです。7これは直接的に分断につながります。というのは、これは二つの目標を受容していることを象徴するからです。二つの目標はそれぞれ異なった場所において知覚され、あなたがそれらを異なったものにしたが故に、お互いから分離しています。8 それから、マインドはそれ自身の外部に分裂した世界を見ますが、内部には見ません。9 これがマインドに統合の幻想を与え、マインドは一つの目標を探求していると信じることができます。10 しかし、世界を分裂したものとして知覚する限り、あなたは癒されません。11 というのは、癒されるということは、一つの目標を探求することだからです。なぜなら、あなたはただ一つの目標しか受け容れていないからであり、一つの目標しか欲していないからです。

8. あなたが愛だけを欲するとき、愛以外には何も見ることはありません。2 あなたが知覚する証言の相矛盾する性質は、あなたの相反する招待の反映にすぎません。3 あなたは自分のマインドを見つめ、そこにある抵抗を受け容れました。それはあなたがそこに抵抗を求めたからです。4 しかし、だからといって抵抗の証言が真実であると信じないでください。というのは、それは実在についてのあなたの決断を証言しているだけであり、あなたが与えたメッセージをあなたに返しているだけなのですから。5 愛もまた愛のメッセンジャーによって認識されます。6 あなたが愛を顕現すれば、愛のメッセンジャーがあなたの所にやって来ます。なぜなら、あなたが彼らを招待したからです。

9. 決断の力は、この世界の囚人であるあなたにただ一つ残された自由です。2 あなたはこの世界を正しく見る決断を下すことができます。3 あなたのこの世界についての理解は、この世界の実在ではありません。というのは、その実在はあなたがこの世界に与えるものだけだからです。4 誰に対してであれ、何に対してであれ、愛以外のものを与えることは実際にはできません。また、彼らから愛以外のものを受け取ることも実際にはできません。5 愛以外の何かを受け取ったと考えているとすれば、それはあなたが自分の内面を見つめ、自分自身の中に愛以外の何かを与える力を見たと考えたためです。6 この決断こそが、何を発見するかを決定したのです。というのは、それはあなたが何を求めるかの決断だったからです。

10. あなたは私を恐れています。なぜなら、あなたの内面を見て、そこに見たものを恐れているからです。2 しかしながら、あなたは実在を見ることはできなかったはずです。というのは、あなたのマインドの実在は「神」の創造物の中でも最も美しいものだからです。3「神」を唯一の根源とするマインドの力と雄大さは、**あなたがそれを注意して**

本当に見つめさえすれば、安らぎしかもたらすことはできません。4あなたが恐れているとすれば、それはそこにはない何かを見たからです。5しかし、その同じ場所に、私たちを創造した「マインド」の完璧な安全性の中にいる私およびあなたの兄弟すべてを見ることも可能だったのです。6というのは、私たちは「父」の安らぎに包まれてそこにおり、「父」はあなたを通して「神」の安らぎを延長することを意図しておられるからです。

11. 安らぎを延長するという使命を受け容れるとき、安らぎを見出すでしょう。というのは、それを顕現することによって、それが見えるようになるからです。2あなたが依頼したが故に、安らぎの神聖な証人たちがあなたを取り囲むでしょう。彼らはあなたの所にやって来るでしょう。3私はあなたの呼び声を聞き、それに応えましたが、あなたは私を見ることも、求めた答えを聞くこともないでしょう。4その理由は、あなたはまだそれ以外のことはさておいて、それだけを望むというところにいないからです。5しかしながら、あなたにとって私の実在性が増していくにつれて、実はそれしか望んではいないことを学ぶでしょう。6あなたの内面を見るとき、そこに私を見て、私たちは一緒に実在の世界を見ることになるでしょう。7「キリスト」の目を通してみると、実在の世界しか存在せず、実在の世界しか見えません。8あなたが決断したように、あなたは見るでしょう。9あなたに見えるもののすべては、ただあなたの決断の証言です。

12. あなたの内面を見て私を見たとすれば、それはあなたが真実を顕現するという決断を下したからです。2真実を顕現するとき、真実を自分の外と内に見ることになるでしょう。3真実を最初に自分の内面に見たが故に、真実を外に見るでしょう。4外に見るもののすべては、内面に見たものについての価値判断です。5それがあなたの価値判断であれば、それは間違っているでしょう。というのは、価値判断はあなたの機能ではないからです。6それが「聖霊」の価値判断であれば、正しいでしょう。というのは、価値判断はまさに「聖霊」の機能だからです。7あなた自身に対する価値判断をまったく保留せずに、「聖霊」と同じように価値判断することによってはじめて、「聖霊」の機能を共有することになります。8あなたは自分自身に不利な価値判断を下しますが、「聖霊」はあなたに有利な価値判断を下すでしょう。

13. したがって、外を見てそこに見えるものに対して敵意のある反応を示すときはいつでも、自分自身を価値がない存在であると判断したのであり、自分自身に死刑の判決を下したのだということを覚えておいてください。2死刑はエゴの究極的な目標です。というのは、あなたは罪人であり死に値するとエゴは完全に信じているからです。「神」があなたは生命に値することを知っておられるのと同じ意味において、そう信じているのです。3死刑がエゴのマインドを離れることは決してありません。というのは、エゴが常に最後まであなたのために保留しているのは死刑だからです。4あなたに対する感情の最後の表現としてあなたを殺したいエゴは、あなたを生かしておきますが、最後には死が待っているだけです。5エゴはあなたが生きている間はあなたを苦しめます。しかし、エゴの憎悪はあなたが死ぬまで満足することはありません。6というのは、あなたを破壊することこそエゴが目指す唯一の最終目標であり、エゴが満足する唯一の結果だからです。

14. エゴは「神」に対する裏切り者ではありません。「神」に対する裏切りは不可能です。2しかし、エゴは「父」を裏切ったと信じているあなたに対する裏切り者です。3罪悪感を解除することが「聖霊」の教えの本質的な部分である理由はここにあります。4というのは、罪悪感を感じている限り、エゴの声に耳を傾けているからです。あなたは「神」を裏切ってきた、したがって、あなたは死に値するとエゴはあなたに言います。5あなたは、死は「神」からやって来るのであり、エゴからやって来るのではないと考えるでしょう。なぜなら、自分自身をエゴと混同することによって、あなたは死を欲していると信じているからです。6「神」はあなたが欲するものからあなたを救い出すことはされません。

15. 死への願望に屈したい誘惑に駆られたとき、**私は死ななかったことを思い出してください**。2内面を見て私をそこにしっかりと見たとき、これが真実であることに気づくでしょう。3私は自分自身のためにだけ死を克服したのでしょうか。4そして、「父」が永遠なる生命をあなたにも与えることなく、私に与えられたということがあり得るでしょうか。5私を顕現させることができるようになると、死を見ることは絶対になくなります。6というのは、自分自身の中に不滅の存在を見ることになるからであり、外に目を向けて死ぬことが不可能な世界を見るとき、永遠なる存在しか見えないからです。

VIII. 愛に愛が惹かれる

1. あなたは「神の子」を殺すことができると本当に信じていますか。[2]「父」は「神の子」を「ご自身」の中に安全に隠されました。そして、「神の子」をあなたの破壊的な思いから遠ざけてきました。しかし、あなたは破壊的な思いの故に「父」も「神の子」も知りません。[3]あなたは毎日、毎時間、毎分、実在の世界を攻撃しますが、実在の世界が見えないことに驚いています。[4]愛を攻撃するために愛を探求したとしても、愛は決して見つかりません。[5]というのは、愛が分かち合うことであるとするならば、分かち合いそのものによらずしていったいどうやって愛を見つけることができるでしょうか。[6]愛を差し出せば、愛はあなたの所にやって来ます。なぜなら、愛は自分自身に惹かれるからです。[7]しかし、攻撃を差し出せば、愛は隠れたままであり続けるでしょう。というのは、愛は安らぎの中にしか生きることができないからです。

2. 「神の子」は「父」と同じように安全です。というのは、「神の子」は「父」が守ってくださることを知っており、恐れることはできないからです。[2]「父の愛」が「神の子」を完璧な安らぎの中に保ち、何も必要ではなくしてくださるために、「神の子」は何も求めません。[3]しかしながら、「神の子」はあなたの「自己」でありながら、あなたからは遠く離れています。というのは、あなたが彼を攻撃することを選択したために、あなたの目の前から姿を消して「父」の中へと入ってしまったからです。[4]「神の子」は変わりませんでしたが、あなたは変わりました。[5]というのは、分裂したマインドと、それが作ったものは皆「父」によって創造されたものではなく、したがって、「父」の知識の中に住むことはできないからです。

3. 真実ではないものを目に見えるものにしたとき、本当に真実であるものはあなたには見えなくなりました。[2]しかしながら、それ自体が見えないということはあり得ません。というのは、「聖霊」には完璧な明瞭さでそれが見えるからです。[3]あなたにはそれが見えません。なぜなら、あなたは何か別のものを見ているからです。[4]しかし、何が実在であるかを決定するのがあなたの権限ではないのと同じように、何が見えて何が見えないかを決定するのももはやあなたの権限ではありません。[5]見ることができるものは「聖霊」に見えるものです。[6]実在の定義は「神」による定義であって、あなたの定義ではありません。7「神」がそれを創造されたのであり、「神」は実在が何であるかを知っておられます。8知っていたあなたは忘れ、「神」が思い出す方法をあなたにお与えになっていなかったならば、あなたは自分自身に有罪判決を下して自らを忘却へと追いやってしまったことでしょう。

4.「父の愛」の故に、あなたは「神」を決して忘れることはできません。というのは、「神ご自身」が記憶の中に置かれたものを誰も忘れることはできないからです。2あなたはそれを否定することはできますが、失うことはできません。3あなたがする質問のすべてに対して「声」が答え、あなたが見るものすべてについての知覚をヴィジョンが修正するでしょう。4というのは、あなたが目に見えなくしたものが唯一の真実であり、あなたがまだ聞いていないものが唯一の「答え」だからです。5「神」はあなたをあなた自身と再び一体にされるでしょう。「神」はあなたを苦しみの中に打ち捨てられたのではありません。6あなたは「神」だけを待っているのですが、それを知りません。7しかしながら、「神」の記憶はあなたのマインドの中で輝き、消すことはできません。8「神」の記憶は未来でも過去でもなく、永遠に常にあり続けます。

5. あなたはこの記憶を依頼するだけで良いのです。そうすれば、あなたは思い出すでしょう。2しかしながら、「神」についての記憶は、その記憶を消去し、消去したままにしておきたいと望むマインドの中で輝くことはできません。3というのは、「神」についての記憶は、思い出すことを選択し、実在をコントロールしたいという狂気の願望を放棄したマインドにしかよみがえることはないからです。4自分自身すらコントロールできないあなたは、宇宙をコントロールしたいなどという願望をもつべきではありません。5しかし、あなたが作ったものを見てください。そして、あなたが実在をコントロールできないことを喜んでください。

6.「神の子」よ、無に満足しないでください。2実在しないものを見ることはできません。そして、実在しないものにはいかなる価値もありません。3「神」は価値のないものを「神の子」に差し出すことはできません。「神の子」もまたそれを受け取ることはできません。4あなたは「神」を見捨てたと思った瞬間に救われたのです。5あなたが作ったものは何一つとして存在したことはなく、目に見えません。なぜなら、「聖霊」にはそれが見えないからです。6しかしながら、「聖霊」に見えるものはあなたも見るべきものであり、「聖霊」のヴィジョンを通してあなたの知覚は癒されます。7あなたはこの世界がもっている唯一の真実を見えなくしてしまいました。8何も尊重しないあなたは何も探求してきませんでした。9無をあなたにとって実在させることによって、無を見てきました。10**しかし、無はそこにはありません。**11そして、あなたがあなた自身にとって見えるものにしたもののために、「キリスト」はあなたには見えません。

7. しかしながら、あなたの自覚と真実の間にどれほど距離を介在させようとしても問題ではありません。2「神の子」は見られることが可能です。なぜなら、彼のヴィジョンは共有されているからです。3「聖霊」はあなたを見て、あなたの中に真実以外のものは見ません。4あなたにとって見えないものは「聖霊」の視力においては完璧に見え、「聖霊」の視力は真実のすべてを包み込みます。5「聖霊」はあなたを覚えています。なぜなら、「聖霊」は「父」を忘れなかったからです。6あなたは非実在なるものを見て絶望を発見しました。7しかしながら、非実在なるものを探求することによって、絶望以外の何を発見することができるでしょうか。8非実在の世界は絶望の世界です。というのは、それは絶対に存在不可能なのですから。9そして、「神の存在」を「聖霊」と共有するあなたは、実在なしでは決して満足することはできません。10「神」があなたに与えられなかったものがあなたを支配する力をもつことは決してできません。そして、愛に対する愛の魅力は抵抗しがたいものであり続けるでしょう。11というのは、すべてのものを愛と一体にすることが愛の機能であり、愛の完全性を延長することによって、すべてのものを一緒に保つことが愛の機能だからです。

8. 実在の世界は、あなたが作った世界、そして、あなたに見える世界と愛を込めて交換するために、「神」があなたに与えられたものです。2ただ「キリスト」の手から実在の世界を受け取って、それを見つめてください。3その実在性は他のすべてを見えなくするでしょう。というのは、それを見つめることは全体的な知覚体験だからです。4そして、実在の世界を見つめるとき、それは常にそうだったことをあなたは思い出すでしょう。5無は見えなくなるでしょう。というのは、あなたはついに本当に見たからです。6回復された知覚は簡単に知識へと変えることができます。というのは、知覚だけが過ちを犯すことができ、知覚は真の意味で存在したことはないからです。7知覚は修正されて知識のために場所をあけます。知識は常に唯一の

実在です。8「あがない」は決して失われたことのないも
のに帰る道です。9あなたの「父」には「我が子」を愛する
ことをやめることはできません。

第13章　罪のない世界

序論

1. 罪悪感を覚えなければ、攻撃することはあり得ません。なぜなら、有罪判決が攻撃の根本的な原因だからです。2 攻撃は、一つのマインドが別なマインドを愛するに値しないと価値判断し、したがって、罰するに値すると価値判断することです。3 しかし、ここには分裂があります。4 なぜなら、裁くマインドは他のマインドを罰することによって自分は罰を免れるだろうと信じているために、自らを裁かれるマインドから分離したものとして知覚するからです。5 これはすべて、マインドが自らを否定し、かつ否定の罰から逃れようとする、妄想に基づいた試みであるにすぎません。6 それは、否定を放棄しようとする試みではなく、否定を保持し続けようとする試みです。7 というのは、あなたから「父」を覆い隠してしまったものは罪悪感であり、あなたを狂気に走らせたのも罪悪感だからです。

2. 「神の子」のマインドの中に罪悪感を受け容れたことが分離の始まりでした。それは、「あがない」を受け容れることが「あがない」の終わりになるのと同じことです。2 あなたに見える世界は、罪悪感によって狂わされてしまった人々の妄想に基づいた体系です。3 この世界を注意深く見てください。そうすれば、そうであることに気づくでしょう。4 というのは、この世界は罰の象徴であり、この世界を支配しているように見える法則は、すべて死の法則だからです。5 子どもたちは苦痛を経て、苦痛の中で生まれます。6 子どもたちの成長には苦しみが伴い、彼らは悲しみや分離や死を知ることになります。7 子どもたちのマインドは脳に閉じ込められているかのようであり、身体が傷つけられればその力は衰退するかのようです。8 彼らは愛しているかのようですが、しかし、彼らは人を捨て、自分も捨てられます。9 彼らは愛しているものを失うかのようです。これは、おそらくはあらゆる信念の中でも最も狂気じみた信念であるかもしれません。10 彼らの肉体はしおれ、息が止まり、土の中に横たえられ、もはや存在しなくなります。11「神」は残酷であると考えたことのない人は一人もいません。

3. もしもこれが実在の世界であるとすれば、「神」は確かに残酷です。2 というのは、どんな「父」であれ、救いの代価として自分の子どもたちをこのようなことに屈服させ、それでいて愛に満ちた存在であるということはあり得ないからです。3 **愛は救うために殺すことはありません。**4 愛が救うために殺すとしたら、攻撃は救いということになります。これはエゴの解釈であって、「神」の解釈ではありません。5 これを要求し得るのは罪悪感の世界だけです。というのは、罪悪感をもった者にしかそれを思いつくことはできないからです。6 自分を「楽園」から追放したのは「父」であるとアダムが信じなかったならば、アダムの〝原罪〟は誰にも影響を及ぼすことはなかったでしょう。7 というのは、その信念において「父」についての知識は失われてしまったからです。というのは、「父」を理解していない者だけがそれを信じることができたからです。

4. この世界はまさに「神の子」が十字架にかけられている図です。2 そして、「神の子」を十字架にかけることは不可能であることに気づくまで、あなたはこの世界を見ることでしょう。3 しかし、「神の子」は無罪であるという永遠の真理を受け容れるまで、これに気づくことはないでしょう。4「神の子」に値するのは愛だけです。なぜなら、「神の子」は愛だけを与えてきたからです。5「神の子」に有罪判決が下されることはありません。なぜなら、「神の子」は一度も有罪判決を下したことはないからです。6「神の子」が学ぶ必要がある最後のレッスンが「あがない」です。というのは、「神の子」は罪を犯したことは一度もないが故に、救いを必要としていないことを「あがない」は教えるからです。

I. 無罪性と不死身性

1. 自分が知っていることをすべて生徒に与えることによって自分自身の必要性をなくすことを究極的に目指すという、良い教師であれば誰もがもっている目標を「聖霊」も共有していると私は前に言いました。2「聖霊」が望んでいるのはこれだけです。というのは、「神の子」に対する「父の愛」を分かち合う「聖霊」は、「神の子」が安らぎの中で「父」を思い出すことができるように、「神の子」のマインドから罪悪感をすべて取り除こうとするからです。3 安らぎと罪悪感は相対するものであり、「父」は安らぎの中でしか思い出すことはできません。4 愛と罪悪感は共存不可能であり、一方を受け容れることは他方を否定することです。[5]罪悪感はあなたの視界から「キリスト」を隠します。というのは、罪悪感は「神の子」が清廉潔白であることの否定だからです。

2. あなたが作った奇妙な世界においては、「神の子」は罪を犯しました。[2]とすれば、あなたには「神の子」を見ることは不可能です。[3]「神の子」を見えなくすることによって、受け容れた罪の黒い雲の中に報復の世界が出現し、あなたはそれを大切にしています。[4]というのは、「キリスト」が清廉潔白であることは、エゴは一度も存在したことはなく、決して存在することはできないことの証明だからです。[5]罪が存在しなければ、エゴには生命はなくなります。そして、「神の子」には絶対に罪はありません。

3. 自分自身を見て、自分がやっていることを正直に価値判断するならば、自分に罪がないということがいったいどうしてあり得るだろうかと思う誘惑に駆られるかもしれません。[2]しかし、次のように考えてみてください。あなたは時間の中においては無罪ではないけれども、永遠の中においては無罪なのです。[3]あなたは過去において〝罪〟を犯しました。しかし、過去は存在しません。[4]〝常に〟という言葉には方向はありません。[5]時間は一つの方向に向かっていくようですが、時間の終わりまで行くと、時間はあなたの背後の過去に沿って敷かれていた長いカーペットのように丸められて、姿を消してしまいます。[6]「神の子」は有罪であると信じている限り、あなたはそれが死に至ると信じながらそのカーペットを歩き続けるでしょう。[7]そして、その旅路は長く、残酷で、意味がないものに思われるでしょう。というのは、その通りなのですから。

4. 「神の子」が自らに課す旅は確かに無駄なものです。しかし、「神の子」の「父」が課す旅は解放と喜びの旅です。[2]「父」は残酷ではありません。「神の子」は自分自身を傷つけることはできません。[3]「神の子」が恐れ、そして、「神の子」に見える報復は、絶対に彼に触れることはありません。というのは、「神の子」はそれを信じていますが、「聖霊」はそれが真実ではないことを知っているからです。[4]「聖霊」は時間の終わりに立っています。そして、「聖霊」はあなたと一緒ですから、あなたも時間の終わりに立っているに違いありません。[5]「聖霊」は「神の子」にふさわしくないものは皆、既に解除してしまいました。というのは、それは「神」が「聖霊」に与えられた使命だったからです。[6]そして、「神」が与えられるものは常に存在してきました。

5. 「神の子」が無罪であることを学ぶにつれて、私が見えるようになるでしょう。2「神の子」は常に自らの無罪性を探し求めてきましたが、それを発見したのです。3というのは、誰もが自分で作った監獄から脱出しようとしており、解放を発見するための方法は閉ざされてはいないからです。4自らの内部に在ることによって「神の子」はそれを発見しました。5いつそれを発見するかは時間の問題にすぎず、時間は幻想にすぎません。6というのは、「神の子」は今現在において無罪であり、「神の子」の純粋さの輝きは「神のマインド」の中で永遠にそのままに変わることなく輝き続けるからです。7「神の子」は常に創造されたままであるでしょう。8あなたの世界を否定してください。そして、「神の子」を価値判断しないでください。というのは、「神の子」の永遠の無罪性は「父のマインド」の中にあり、「神の子」を永遠に守るからです。

6. あなた自身のために「あがない」を受け容れたとき、「神の子」は無罪であることに気づくでしょう。2そして、「神の子」を無罪であると見たときにはじめて、「神の子」の一体性が理解できるでしょう。3というのは、罪という考えは人が人に有罪判決を下し、結合の代わりに分離を投影することをよしとする信念をもたらすからです。4自分自身に対してだけ有罪判決を下すことができますが、そうすれば、あなたは自分が「神の子」であることを知ることができなくなります。5完全な清廉潔白性という「神の子」の存在条件を否定してしまうからです。6「神の子」は愛から創造され、愛の中に居住しています。7善と慈悲は常に「神の子」から離れずについてきました。というのは、「神の子」は常に「父の愛」を延長してきたからです。

7. あなたと一緒に旅をしている神聖な道連れを知覚するにつれて、旅は存在せず、目覚めだけがあることが分かるでしょう。2眠ることのない「神の子」は、あなたのために「父」への信仰を保ってきたのです。3旅するべき道はなく、旅して通るべき時間もありません。4というのは、「神」は「神の子」と共にないことを永遠によしとされないために、時間の中で「神の子」を待つことはされないからです。5常にそうだったのです。6「神の子」の神聖さの輝きによって、あなたの「マインド」を暗くしている罪悪感の雲を払いのけてください。そして、「神の子」の純粋さをあなたのものとして受け容れることによって、その純粋さはあなたのものであることを彼から学んでください。

8. あなたは不死身です。なぜなら、あなたは無罪だからです。2あなたは罪悪感によってしか過去にしがみつくことはできません。3というのは、罪悪感はあなたがやったことのために罰せられるということを確かなものにするからです。したがって、過去から未来へと進行する一次元的な時間に依存することになります。4これを信じる人は誰も、〝常に〟という言葉が何を意味するかを理解することはできません。したがって、あなたは罪悪感によって永遠についての理解を必ず奪われることになります。5あなたは永遠であるが故に、不滅です。そして、〝常に〟は今でなければなりません。6したがって、罪悪感は、エゴの継続を確かなものとするために過去と未来をあなたのマインドの中に保持しておくための一つの方法です。7というのは、これまで存在したものが未来において罰せられるならば、エゴの継続は保証されるからです。8しかし、あなたが継続することの保証は「神」による保証であり、エゴによる保証ではありません。9そして、不滅性は時間とは正反対のものです。というのは、不滅性は一定不変であるのに対して、時間は経過するからです。

9.「あがない」を受け容れることによって、不滅性とは何であるかを教えられるでしょう。というのは、あなたの無罪性を受け容れることによって、過去は一度も存在したことがないこと、したがって、未来は不必要であり、存在しないことを学ぶからです。2未来は時間の中では常に罪の償いと関連づけられます。そして、罪の償いが必要であるという感覚を惹起し得るのは、罪悪感だけです。3したがって、「神の子」の無罪性をあなたのものとして受け容れることは、あなたに「神の子」を思い出させ、「神の子」とは真実の意味において何であるかをあなたに思い出させる「神」の方法なのです。4というのは、「神」は「神の子」に有罪判決を下されたことは一度もなく、かくして、「神の子」は無罪であるが故に永遠だからです。

10. 罪悪感を実在するものにして、それから、そのためにあがないをすることによって罪悪感を追い払うことは不可能です。2これはエゴの計画であり、エゴは罪悪感を追い払う代わりにこの計画を差し出します。3攻撃は救いであるという狂気の概念に完全にコミットしているために、エゴは攻撃によるあがないを信じています。4そして、罪悪感を大切にするあなたもそれを信じているに違いありません。というのは、エゴに帰属意識を抱くことなくして、あなたが欲しないものを大切にすることがどうしてできるでしょうか。

11. あなたは有罪だから自分自身を攻撃するようにとエゴは教えます。そして、これは必ず罪悪感を増大させることになります。というのは、罪悪感は攻撃の結果だからです。

[2]したがって、エゴの教えにおいては罪悪感から逃れることは不可能です。[3]というのは、攻撃は罪悪感を実在性のあるものにするからです。罪悪感が実在するとすれば、それを克服する方法は絶対にありません。[4]「聖霊」は、罪悪感が存在したことはないことをただ静かに認識することによって、罪悪感を追い払います。[5]罪のない「神の子」を見るとき、これが真実であることが「聖霊」には分かります。[6]そして、自分に忠実であるあなたには自分自身を攻撃することはできません。というのは、罪悪感がなければ攻撃は不可能だからです。[7]とすれば、あなたは救われます。なぜなら、「神の子」は無罪だからです。[8]そして、完全に純粋であるが故に、あなたは不死身です。

II. 神の子は無罪

1. 投影の究極的な目的は、常に罪悪感を取り除くことにあります。[2]しかしながら、いかにもエゴらしく、エゴは自分の観点からだけ罪悪感を取り除こうとします。というのは、エゴがどんなに罪悪感を保持したいと思っても、他ならぬあなたには罪悪感は耐えがたいからです。というのは、罪悪感は「神」を思い出すことの妨げになるからです。「神」の引き寄せる力はあまりにも強烈で、あなたには抵抗することは不可能です。[3]したがって、この問題に関しては、あらゆる分裂の中でも最も深い分裂が生じます。というのは、エゴが強く主張するように罪悪感を保持しようとするなら、**あなたはあなたでいることはできないからです**。[4]それがあなたであると説得することによってはじめて、エゴはあなたを誘導して罪悪感を投影させることが可能となり、そうすることによって罪悪感をあなたのマインドの中に保持させることが可能となります。

2. しかしながら、エゴの取り決めがいかに奇妙な解決策であるかを考えてみてください。[2]罪悪感を取り除くためにあなたは罪悪感を投影しますが、実際には罪悪感を隠しているだけです。[3]あなたは確かに罪悪感を体験していますが、なぜそうなのかはまったく分かっていません。[4]それどころか、あなたは罪悪感を、エゴの主張によればあなたがしくじってしまった〝エゴの理想〟の奇妙な寄せ集めと関連づけて考えます。[5]しかしながら、あなたは「神の子」を有罪であると見なすことによって「神の子」であることに失敗しているということをまったく理解していません。[6]自分がもはや自分ではないと信じているがために、自分自身であることに失敗していることに気づいていません。

3. あなたの隠された礎石の最も暗闇の部分が、あなたの自覚の中にある罪悪感に対する信念を支えています。[2]というのは、その暗い秘密の場所の中に、「神の子」に有罪判決を下し死に至らせることによって「神の子」を裏切ってしまったという気づきがあるからです。[3]この凶悪にして狂気じみた考えがそこに隠れているかもしれないことなど、あなたは疑ってみることすらしません。というのは、エゴの破壊的な衝動はあまりにも強烈なために、「神の子」を十字架にかけなければ、いかなるものも究極的にはエゴを満足させることはできないからです。[4]エゴは「神の子」が誰であるかを知りません。なぜなら、エゴは盲目だからです。[5]しかしながら、いかなる場所においてであれ無罪性をエゴに知覚させれば、エゴは怖れのあまりそれを破壊しようとするでしょう。

4. エゴの奇妙な行動の大部分は、エゴによる罪の定義に直接帰することができます。[2]エゴにとっては、**無罪の者は有罪です**。[3]攻撃しない人々はエゴの〝敵〟です。なぜなら、救いについてのエゴの解釈を尊重しないことによって、彼らは最もエゴを手放しやすい場所にいるからです。[4]彼らはエゴの基盤となっている最も暗く最も深い礎石に接近したのです。これ以外のことに関する異議申し立てに対しては耐えることができるエゴですが、この秘密は命がけで守ろうとします。というのは、エゴの存亡はこの秘密を守ることにかかっているからです。[5]したがって、私たちが注視しなければならないのはこの秘密です。というのは、エゴはあなたを真実から守ることはできず、真実の前にあっては、エゴは追い払われてしまうからです。

5. 真実の静かな光の中で、「神の子」を十字架にかけてしまったと信じていることを認めることにしましょう。[2]「神の子」を発見したならば十字架にかけたいと未だに願っているために、あなたはこの〝恐ろしい〟秘密を認めていません。[3]しかしながら、この欲求は「神の子」をあなたから隠してしまいました。なぜなら、この欲求は非常に恐ろしいものだからです。そういうわけで、あなたは「神の子」を発見することを恐れています。[4]あなたは自分が誰であるかを知らずにいることによって、そして、他の何かに帰属意識をもつことによって、自分自身を殺したいというこの欲求を処理しました。[5]あなたは罪悪感を盲目的に、そして、無差別に投影してきましたが、その源を明らかにしてはいません。[6]というのは、エゴはあなたを殺したいと切望しているからです。そして、もしもあなたがエゴに帰属意識を抱いているならば、エゴの目標があなたの目標であると信じなければなりません。

6. 十字架刑はエゴの象徴であると私は言いました。2「神の子」の真の無罪性に直面したとき、エゴは「神の子」を殺そうとしました。それをしたエゴの理由は、無罪性は「神」に対する冒瀆であるというものでした。3エゴにとってはエゴが「神」であり、無罪性は殺人を完全に正当化する究極的な罪として解釈されなければなりません。4このコースとの関連において体験するかもしれないいかなる怖れも、究極的にはこの解釈に根ざしていることをあなたはまだ理解していません。しかし、それに対するあなたの反応を考えてみれば、これがそうであることをますます確信するようになるでしょう。

7. このコースがあなたのために目指している目標は、幸せと心の安らぎであるということは明確に述べられています。2にもかかわらず、あなたはこのコースを恐れています。3このコースはあなたを解放するだろうと何度も何度も聞かされてきましたが、それでもあなたは時として、まるでこのコースはあなたを幽閉しようとしているかのように行動します。4あなたは多くの場合、エゴの思考体系よりもこのコースをよりあっさりと退けます。5したがって、このコースを学ばないことによって自分自身を守っていると、ある程度信じているに違いありません。6そして、あなたを守ることができるのはあなたの無罪性だけであることに気づいていません。

8. 「あがない」は罪悪感からの解放であると常に解釈されてきました。「あがない」が正しく理解されるならば、これはその通りです。2しかし、私があなたのために解釈するときですら、あなたはそれを拒絶し、自分のためにそれを受け容れないかもしれません。3あなたはおそらくは、エゴおよびエゴが差し出すものの無益性を認識しているかもしれません。しかし、それらのものを望まないとしても、それに代わるものを喜んで見ていないかもしれません。4極端な場合には、救いを恐れ、救いはあなたを殺すであろうと信じています。5この怖れが非常に根深いものであることを理解しなければなりません。6というのは、真実を前にしたとき自分自身を裏切って自分自身を破壊するかもしれないとあなたは信じているからです。

9. 幼い子どもよ、これはそうではありません。2あなたの〝罪深い秘密〟には何の根拠もありません。それを光の前にもっていきさえすれば、光がそれを追い払ってくれるでしょう。3そうすれば、あなたとあなたの「父」の思い出の間にはいかなる暗雲も残らないでしょう。というのは、あなたは無罪である「神の子」を思い出すからです。「神の子」は不滅であるが故に死んではいなかったのです。4 そして、あなたは彼と共に救われたことを知るでしょう。そして、彼と分離したことは一度もなかったことを知るでしょう。5 この理解の中にあなたの記憶が横たわっています。というのは、あなたの記憶とは、恐れることなく愛を認識することだからです。6 あなたが故郷に帰還するとき、「天国」には大いなる喜びがあるでしょう。そして、その喜びはあなたの喜びであるでしょう。7 というのは、救われた人の子は罪のない「神の子」であり、彼を認識することこそ、あなたの救いだからです。

III. 救いへの怖れ

1. 自分の憎悪そしてその全貌を注視することが、なぜそれほどまでに重要なのだろうかとあなたは思うかもしれません。2 また、「聖霊」がそれをあなたに見せて、それを追い払うことは簡単であり、あなたが自分自身に自覚させる必要はないのではないかと思うかもしれません。3 しかしながら、あなた自身と「あがない」の間にあなたが介在させているもう一つの障害物があります。4 怖れを認識すれば誰も怖れを容認しないだろうと私たちは言いました。5 しかし、混乱したマインドの状態において、あなたは怖れを恐れてはいません。6 あなたは怖れが好きではありませんが、あなたを本当に怯えさせるのは攻撃したいという願望ではありません。7 あなたは自分の敵意にそれほど深刻には心を悩ませてはいません。8 あなたは敵意を隠していますが、それは敵意が覆っているものをもっと恐れているからです。9 エゴがなければ自分自身の中に更に恐ろしいものを見出すだろうと信じていなければ、エゴの最も暗い礎石ですら恐れることなく注視することができるでしょう。10 あなたは十字架刑を本当は恐れていません。11 あなたが本当に恐れているのは救いです。

2. エゴの暗い土台の下に「神」の記憶が埋もれています。あなたが本当に恐れているのはこれです。2 というのは、この記憶は一瞬のうちにあなたを適切な場所へと復帰させるからであり、あなたが離れようとしてきたのはこの場所に他ならないからです。3 攻撃に対するあなたの怖れは、愛に対する怖れに比較すれば取るに足りません。4 その欲求があなたを愛から救出してくれると信じなければ、「神の子」を殺したいというあなたの凶暴な欲求すらあなたは喜んで注視するでしょう。5というのは、この欲求が分離の原因であり、あなたは分離を癒されたくないがために、それを守ってきたからです。6その欲求を見えなくしている黒い雲を除去すれば、あなたの「父」に対する愛の故に「父の呼び声」に応えて「天国」へと飛躍せざるを得なくなるだろうとあなたは信じています。7攻撃はあなたがそうすることを妨げてくれるが故に、攻撃は救いであるとあなたは信じています。8というのは、「神」に対するあなたの強烈にして燃えさかる愛とあなたに対する「神」の愛は、エゴの土台よりも更に深いものであり、エゴの土台が達成し得る強さよりも遙かに強いものだからです。9あなたが本当に隠したいと思っているのはこのことです。

3. 正直に言って、あなたには〝私は憎んでいる〟と言うよりも、〝私は愛している〟と言うことのほうが難しいのではないでしょうか。2あなたは愛から弱さを連想し、憎悪から強さを連想します。そして、あなた自身の真の強さは、あなたには真の弱さであるように見えます。3というのは、愛の呼び声を聞いたならばそれに喜びをもって応じるしかなく、すると、あなたが作ったと思っていた世界のすべてが消え去ってしまうからです。4したがって、「聖霊」はあなたの要塞を攻撃しているかのように思われます。というのは、あなたは「神」を閉め出しておきたいからです。しかし、排除されることは「神」の意志ではありません。

4. あなたは狂気じみた信念体系を築いてきましたが、その理由は、「神の御前」にあってはどうすることもできないと考えているからであり、「神の愛」はあなたを粉砕して無にしてしまうがために、この信念体系が自分を救うことになると考えているからです。2あなたは「神の愛」があなた自身を奪い去って、小さなものにしてしまうだろうことを恐れています。なぜなら、偉大さは果敢な反抗にあり、攻撃は偉大さであると信じているからです。3あなたは世界を作りましたが、それを「神」は破壊されるであろうと思っています。そして、「神」を愛すれば、あなたは実際のところ「神」を愛しているのですが、この世界を放棄してしまうことになるだろうと思っています。そして、実際のところ、あなたはこの世界を放棄することになるでしょう。4したがって、あなたはあなたの愛を隠すためにこの世界を利用してきました。そして、エゴの土台の暗闇の中に深く入れば入るほど、そこに隠されている「愛」に近づくことになります。5**そして、まさにこのことがあなたを怯えさせます。**

5. あなたは自分でそれを作ったが故に狂気を受け容れることはできますが、愛は自分で作ったものではないが故に受け容れることができません。[2]あなたは救われる「神の子」であるよりも、十字架にかけられる奴隷でありたいのです。[3]あなたの個体としての死のほうが、生命をもった一体性よりも価値があるように見えるのです。というのは、与えられるものは、自分が作ったものほど愛しくないからです。[4]あなたはエゴよりも「神」をもっと恐れています。そして、愛は歓迎されない場所に入っていくことはできません。[5]しかし、憎悪は入っていくことができます。というのは、憎悪は自分の意志によって入っていくからであり、あなたの意志は気にしないからです。

6. あなたの幻想を注視し、隠しておかないようにしなければなりません。なぜなら、幻想はそれ自身の土台の上に立つことはできないからです。[2]隠れている状態においては、幻想はそれ自身の土台の上に立っているかのように見え、したがって、自立しているかのように見えます。[3]これが他の幻想が拠って立つ基本的な幻想です。[4]というのは、それらの幻想の下に、それらが隠され続ける限り見えない愛に満ちたマインドがあり、このマインドは怒りのあまりこれらの幻想を作ってしまったと考えています。[5]そして、このマインドの痛みはその覆いが取られたときには非常に明白であるために、癒しの必要性を否定することは不可能です。[6]あなたがそれに対してどれほど多くの手だてを差し出しても、それによってこの痛みを癒すことは不可能です。というのは、ここにあるのは「神の子」に対する本当の十字架刑だからです。

7. それでもなお、「神の子」は十字架にかけられていません。[2]ここに「神の子」の痛みと癒しが共に存在しています。というのは、「聖霊」のヴィジョンは慈悲深く、「聖霊」の治療は迅速だからです。[3]苦しみを「聖霊」の視界から隠さずに、喜んで苦しみを「聖霊」の所にもっていってください。[4]「聖霊」の永遠の正気の前にあなたのすべての傷を横たえ、「聖霊」にあなたを癒してもらってください。[5]痛む場所はすべて「聖霊」の光から隠さず、あなたのマインドを注意深く探究して、あなたが暴露することを恐れているかもしれない思いを探してください。[6]というのは、「聖霊」はあなたが自分を傷つけるために維持してきた細々とした思いのすべてを癒し、それらの思いから矮小性を取り除いて浄化し、「神」の偉大さへと回復させてくれるからです。

8. あなたが大切にしている誇大妄想の下に、本当は助けを求めているあなたの呼び声があります。2 というのは、あなたの「父」があなたを「ご自身」に呼び招いておられるのと同じように、あなたはあなたの「父」に向かって愛を求めて呼びかけているからです。3 あなたが隠してきたその場所において、「父」に対する愛に満ちた思い出の中で、「父」と一体になることだけをあなたは意志として抱くでしょう。4 この真実の場所を兄弟の中に見るとき、あなたはその場所を発見するでしょう。というのは、あなたの兄弟たちは自分自身を欺いているかもしれませんが、あなたと同じように自分自身の中にある偉大さを切望しているからです。5 そして、それを知覚するとき、あなたはそれを歓迎し、それはあなたのものとなるでしょう。6 というのは、偉大さは「神の子」の権利であり、いかなる幻想も「神の子」を満足させることは不可能であり、あるいは、いかなる幻想も本来のあり方から「神の子」を救出することは不可能だからです。7「神の子」の愛だけが実在であり、「神の子」の実在性にしか「神の子」は満足することはないでしょう。

9. あなたの「父」の偉大さを安らぎと喜びの中で受け容れることができるように、幻想から兄弟を救い出してください。2 しかし、あなたの愛から誰も免除しないでください。さもなければ、「聖霊」が歓迎されない暗い場所をあなたのマインドの中に隠すことになるでしょう。3 そうすることによって、「聖霊」の癒しの力からあなたを免除することになるでしょう。というのは、完全な愛を差し出さなければ完全には癒されないからです。4 癒しは怖れと同様に完璧でなければなりません。なぜなら、一点の怖れが残っていて愛が完全に歓迎されない場所に、愛が入ることはできないからです。

10. 正気よりも分離を好むあなたは、正しいマインドの状態においてはそれを手に入れることはできません。2 あなたは特別な好意を求めるまでは安らぎの中にいました。3 そして、「神」はそれをお与えにはなりませんでした。というのは、その依頼は「神」にとって異質なものだったからです。そして、あなたは「神の子」を真に愛される「父」にこれを依頼するべきではなかったのです。4 したがって、あなたは「父」を愛のない父にして、そのような父だけが与え得るものを「父」に要求したのです。5 そして、「神の子」の安らぎは粉々に砕け散りました。というのは、「神の子」にはもはや「父」が分からなくなってしまったからです。6「神の子」は自分が作ったものを恐れたのですが、それよりも、「父」と共有する自らの光輝に満ちた平等性を攻撃したために、真の「父」を恐れたのです。

11. 安らぎの中にあっては、「神の子」は何も必要とせず、何も求めませんでした。2 戦いの中にあっては、すべてのものを要求し、何も発見しませんでした。3 というのは、愛の優しさは、安らぎの中でその場を離れ「父」の所に戻る以外に、「神の子」の要求に応じようがなかったからです。4「神の子」は安らぎの中にとどまることを希望しなければ、まったくとどまることはできません。5 というのは、暗くなったマインドは光の中に住むことはできず、実際はそこにいないにもかかわらず、そこにいると信じることができる暗闇の場所を探さなければならないからです。6「神」はこれが起こることを許されませんでした。7 しかしながら、あなたはそれが起こることを要求し、したがって、そうであると信じたのです。

12. 〝選び出す〟ことは〝一人にする〟ことであり、したがって、孤独にすることです。2「神」はあなたに対してこれはされませんでした。3 あなたの安らぎは「神の一体性」の中にあることを知りながら、あなたを分離させることが「神」におできになるでしょうか。4「神」は苦痛を求めたあなたの依頼に応じられなかっただけでした。というのは、苦しみは「神」の創造ではないからです。5 あなたに創造を与えられた「神」には、それをあなたから奪うことはできません。6 あなたの狂気の依頼に対して、狂気の中にあってもあなたと共にとどまるであろう正気の答えをもって応じるしかないのです。7 そして、「神」はそうされました。8「神」の答えが聞こえれば、誰でも狂気を放棄するでしょう。9 というのは、「神」の答えは幻想を超えた地点にある参照点であり、そこから振り返って幻想を見て、それが狂気であることを見て取ることができるからです。10 しかし、この場所を探し求めれば、見つけることができるでしょう。なぜなら、「愛」はあなたの中にあり、あなたをそこに導いてくれるからです。

IV. 時間の機能

1. 今ではなぜあなたがこのコースを恐れているか、その理由は明らかなはずです。2 というのは、このコースはあなたについてのコースであるが故に、愛のコースであるからです。3 この世におけるあなたの機能は癒すことであり、「天国」におけるあなたの機能は創造することであるとあなたは教えられてきました。4 エゴはあなたの地上における機能は破壊であり、「天国」においてはあなたの機能はまったくないと教えます。[5]かくして、エゴはあなたをここにおいて破壊し、ここにあなたを埋め、あなたがそれで作られているとエゴが考えている埃以外にいかなる遺産もあなたのために残しません。[6]エゴの道理に照らして、ある程度あなたに満足している限りにおいて、エゴはあなたに忘却を差し出します。[7]過度に凶暴になると、エゴはあなたに地獄を差し出します。

2. しかし、忘却も地獄も、「天国」ほどにはあなたにとって受け容れがたいものではありません。[2]「天国」についてのあなたの定義はまさに地獄であり忘却です。したがって、真の「天国」は体験可能な最大の脅威であるとあなたは考えます。[3]というのは、地獄と忘却はあなたが作り上げた考えであり、あなたはあなたの実在性を確立するために、地獄と忘却の実在性を実証しようとするからです。[4]それらの実在性が疑問視されれば、あなたの実在性が疑問視されているとあなたは信じます。[5]というのは、攻撃はあなたの実在であると信じているからであり、あなたの破滅はあなたが正しかったことの究極的な証明であると信じているからです。

3. こういう状況においては、あなたは間違っていたという事実は別にしても、間違っていたほうがより望ましいのではないでしょうか。[2]死は生命が過去において確かに存在したことを暗示すると主張することはおそらく可能でしょうが、死が現在においても生命があることを証明するとは誰も主張しないでしょう。[3]死が暗示するかもしれない過去における生命ですら、こういう結果にならなければならないとしたら、そして、生命が仮にも存在したということを証明するためにこういう結果が必要であったとしたら、それは無駄でしかなかったことになります。[4]あなたは「天国」を疑問視しますが、このことは疑問視しません。[5]しかし、これをしっかりと疑問視するならば、あなたは癒すことができるし、癒されることもできます。[6]そして、あなたが「天国」を知らなかったとしても、「天国」は死よりも望ましいのではないでしょうか。[7]あなたは知覚の場合と同じように、疑問視することにおいても選り好みをしてきました。[8]開かれたマインドはこれよりも正直です。

4. エゴは時間について奇妙な概念をもっており、まずこの概念を疑問視することから始めるのが良いでしょう。[2]エゴは過去に非常な投資をして、最終的には、過去が時間の唯一の意味のある側面であると信じています。[3]エゴは罪悪感を強調することによって未来を過去と同じものにして、現在を回避し、自らの継続を確実なものにすることを思い出してください。4未来において過去の代価を払うという概念によって、過去が未来を決定するものとなり、中間に介在する現在はなくなり、過去と未来が連続的につながることになります。5というのは、エゴは現在を未来への短い過渡期であるとだけ見なし、その過渡期において現在を過去の言葉で解釈することにより、過去を未来へともっていくからです。

5. 〝今〟はエゴにとっては何の意味ももちません。2現在はエゴに過去の傷を思い出させるだけであり、エゴは現在に対してまるで過去であるかのように応じます。3エゴは過去からの解放を許容することはできません。過去は終わっているにもかかわらず、エゴはまるで過去が現在であるかのように応じることによって、過去のイメージを保とうとします。4エゴはあなたが現在において会う人々に対するあなたの反応を過去の参照点から指図して、彼らの現在における実在性を曖昧にします。5実際、エゴの指図に従うならば、兄弟に対してその兄弟がまるで別人であるかのように応じることとなり、このために兄弟をありのままに認識することは確実に妨害されます。6そして、兄弟からのメッセージをあなた自身の過去から受け取ることになります。なぜなら、過去を現在に実在させることによって、自分自身に対して過去を手放すことを禁じているからです。7こうしてすべての兄弟が**今という瞬間**に差し出す解放のメッセージを、あなたは自分自身に対して拒否することになります。

6. 過去の影のような人物はまさにあなたが逃げ出さなければならないものです。2彼らは実在しておらず、彼らを連れ歩かない限り、彼らにはあなたに対する支配力はありません。3彼らはあなたのマインドの中に痛みで疼く場所をもっていて、既に終わっている過去の報復のために現在において攻撃するようにとあなたに指示します。4したがって、この決断は未来の痛みをもたらす決断です。5過去の痛みは幻想であることを学ばなければ、幻想の未来を選択することになり、現在において発見可能な解放のための数多くの機会を失うことになります。6エゴはあなたの悪夢を保ち、目覚めることを妨害し、悪夢は過去のものであると理解することを妨げるでしょう。7神聖な邂逅を単なる自分自身の過去との出会いであると知覚するならば、それが神聖な邂逅であると認識できるはずはありません。8というのは、あなたは誰とも出会わないからであり、邂逅を神聖なものにする救いの分かち合いは、あなたの視界から排除されてしまうからです。9あなたは常に自分自身と出会うと「聖霊」は教えます。そして、その邂逅はあなたが神聖であるが故に神聖です。[10]あなたは常にあなたの過去と出会うとエゴは教えます。そして、あなたの夢は神聖ではなかったが故に、未来は神聖ではあり得ず、現在には何の意味もないと教えます。

7.「聖霊」の時間についての知覚はエゴのそれと正反対であることは明らかです。[2]その理由も同様に明確です。というのは、両者は時間の目標をまったく正反対のものとして知覚するからです。[3]「聖霊」は時間の目的は時間の必要性を不必要にすることであると解釈します。[4]「聖霊」は時間の機能は一時的なものであり、本来の性質からして一時的なものである「聖霊」の教えの機能にだけ奉仕するものであると見なします。[5]したがって、「聖霊」は無限にまで延長可能な時間の唯一の側面を強調します。というのは、今という瞬間だけがこの世が差し出す永遠に最も近いものだからです。[6]過去も現在もない〝今〟という瞬間の実在の中に、永遠に対する理解の始まりがあります。[7]というのは、〝今〟だけがここにあり、〝今〟だけが、救いの発見が可能な、神聖な邂逅のための機会を提示するからです。

8. 一方、エゴは時間の機能を永遠の代わりに自分自身を延長するための機能であると見なします。というのは、「聖霊」と同じように、エゴは時間の目標を自分自身の目標であると解釈するからです。[2]エゴの指図の下に過去と未来を連続させること、それが、エゴが時間の中に知覚する唯一の目的です。そして、エゴは自らの連続性にギャップが生じないようにするために現在を覆い隠します。[3]したがって、エゴの連続性はあなたを時間の中にとどめますが、それに対して「聖霊」はあなたを時間から解放します。[4]あなたを救うという「聖霊」の目標を共有したいのであれば、救いの手段についての「聖霊」の解釈を受け容れることをあなたは学ばなければなりません。

9. あなたもまた、あなたの機能を解釈するのと同じように、時間の機能を解釈するでしょう。[2]時間の世界におけるあなたの機能は癒すことであるとして受け容れれば、癒しが起きることが可能な時間の側面だけを強調することになります。[3]癒しを過去において達成することは不可能です。[4]癒しは未来を解放するために現在において達成されなければなりません。[5]この解釈は未来を現在と結びつけ、過去よりもむしろ現在を延長します。[6]しかし、あなたの機能は破壊であると解釈すれば、現在を見失い、破壊的な未来を確実なものとするために過去にしがみつくことになります。[7]そして、時間はあなたの解釈通りのものとなるでしょう。というのは、時間はそれ自体では無にすぎないからです。

V. 二つの感情

1. あなたには愛と怖れの二つの感情しかないと私は言いました。[2]前者は不変ですが絶えず交換され、永遠なる存在から永遠なる存在へと差し出されます。[3]この交換において、愛は延長されます。というのは、愛は与えられると増大するからです。[4]後者は数多くの形をとります。というのは、個々人の幻想の内容は非常に異なるからです。[5]しかし、一つの共通点があります。それらの幻想は、皆狂気じみているということです。[6]それらの幻想は見えない景色や聞こえない音でできています。[7]それらは分かち合うことが不可能な私的な世界を構成します。[8]というのは、それらの幻想はそれを作った人にとってだけ意味があるもので、したがって、まったく何の意味もないからです。[9]この世界においては、それらの幻想を作った人は一人で動きます。なぜなら、幻想を作った人にしかそれらの幻想は知覚できないからです。

2. 人は皆、自分の世界に自分自身の過去の人物たちを住まわせています。私的な世界が非常に異なるのはこのためです。[2]しかし、その人に見える人物は決して実在した人物ではありません。なぜなら、私的な世界はその人の兄弟に対する反応によってだけ構成されており、その人に対する彼らの反応は含まれていないからです。[3]したがって、その人には自分が彼らを作ったということ、そして、彼らは完全なものではないということが分かっていません。[4]というのは、これらの人物に証人はなく、一つの分離したマインドの中でしか知覚されていないからです。

3. これらの奇妙な影の人物たちを通して、狂気の人々は自らの狂気の世界と関わりをもちます。[2]というのは、彼らにはこれらのイメージを思い出させる人々しか見えず、関わりをもつのはまさにこれらの奇妙な影の人物たちだからです。[3]かくして、彼らはそこにいない人々とコミュニケーションをはかり、彼らに答えるのは彼ら自身です。[4]彼らの答えは彼らに呼びかけた人以外の誰にも聞こえず、呼びかけた人だけは彼らが答えてくれたと信じます。[5]投影は知覚を作り、あなたにはその向こうは見えません。[6]何度も何度もあなたはあなたの兄弟を攻撃してきました。なぜなら、あなたは兄弟の中にあなたの私的な世界の影の人物を見たからです。7かくして、まず自分自身を最初に攻撃しなければならないということになります。というのは、あなたが攻撃するものは他の人たちの中にはないからです。8その唯一の実在性はあなた自身のマインドの中にあり、他の人たちを攻撃することによって、あなたは文字通りそこにないものを攻撃します。

4. 妄想に駆られた人々は非常に危険である可能性があります。というのは、彼らは自分自身に有罪判決を下していることを認識していないからです。2彼らは死ぬことを望んではいませんが、有罪判決を手放しません。3そのため、彼らは分離して自分の私的な世界に入っていきます。そこでは、すべてのものが混乱状態にあり、内部にあるものが外側にあるように見えます。4しかし、内部にあるものは彼らには見えません。というのは、彼らの兄弟の実在性が認識できないからです。

5. あなたには二つの感情しかありません。しかし、あなたの私的な世界において、あなたは二つの感情のそれぞれに対して、それがまるでもう一方の感情であるかのように反応します。2というのは、愛が訪れても認識されない分離した世界に愛は住むことができないからです。3あなた自身の憎悪をあなたの兄弟と見なすならば、あなたは兄弟を見ていません。4誰でも自分が愛するものに惹かれ、恐れるものにはしりごみします。5そして、あなたは愛に対して怖れをもって反応し、愛から離れていきます。6しかしながら、怖れはあなたを惹きつけます。あなたは愛だと思って、怖れを自分自身に呼び込みます。7あなたの私的な世界はあなたが招じ入れた怖れの人物たちで満ち満ちており、兄弟たちが差し出す愛のすべてがあなたには見えません。

6. 目を開いてあなたの世界を注視してみれば、あなたは狂気の世界に閉じこもってしまったということに思い当たるに違いありません。2あなたにはそこにないものが見え、音を出していないものの音が聞こえます。3あなたの感情表現はその感情の本質とは正反対のものです。4あなたは誰ともコミュニケーションをとらず、まるでこの宇宙でひとりぼっちであるかのように実在から孤立しています。5狂気に駆られたあなたは実在を完全に見過ごし、至るところに見えるのは、あなた自身の分裂したマインドだけです。6「神」はあなたを呼んでいますが、あなたには聞こえません。というのは、あなたは自分自身の声に気持を奪われているからです。7そして、「キリスト」のヴィジョンはあなたの視界にはありません。というのは、あなたは自分自身だけをじっと見ているからです。

7. 幼い子どもよ、あなたはこれをあなたの「父」に差し出したいでしょうか。[2]というのは、それを自分自身に差し出しているならば、「父」に差し出しているのです。[3]「父」はそれを返すことはされないでしょう。というのは、それは「父」にふさわしいものではないが故に、あなたにもふさわしいものではないからです。[4]しかしながら、「父」はあなたをそれから解放し、あなたを自由にしてくださるでしょう。[5]「父」の正気の「答え」は、あなたがあなた自身に差し出してきたものは真実ではなく、「父」があなたに差し出すものは一度も変わったことはないことを教えてくれます。[6]自分が何をしているかが分からないあなたは、狂気が何であるかを学び、狂気の彼方を見ることができます。[7]狂気をどのようにして否定するかを学び、あなたの私的な世界から心安らかに出てくるための力は、あなたに与えられています。[8]自分自身の中の狂気を否定したが故に、これまで兄弟の中に否定していたもののすべてが見えるようになるでしょう。[9]というのは、あなたは彼らを愛するようになるからです。彼らに近づくことによって、彼らをあなた自身に引き寄せることとなり、彼らをあなたが「神」と共有する実在に対する証人であると知覚することになるでしょう。[10]私はあなたと一緒にいるのと同じように、彼らと一緒にいます。私たちはあなたの兄弟を彼らの私的な世界から引き出すことになるでしょう。というのは、私たちが一体となっているように、私たちは彼らと一体になるからです。[11]「父」は私たちのすべてを、喜びをもって歓迎してくださるでしょう。そして、喜びこそ私たちが「父」に差し出すべきものです。[12]というのは、「神の子」の一人一人は、「神」が「ご自身」をお与えになったあなたに与えられているからです。[13]そして、あなたへの「神」の贈り物を認識するために、あなたが彼らに差し出さなければならないのは「神」です。

8. ヴィジョンは光に依存します。[2]暗闇の中では見ることはできません。[3]しかしながら、暗闇の中でも眠りという私的な世界においては、目を閉じているにもかかわらず、夢の中で見ることができます。[4]あなたに見えるものをあなたが作ったのはまさにここです。[5]しかし、暗闇を払拭すれば、あなたが作ったものは皆見えなくなります。というのは、それが見えるにはヴィジョンの否定が必要だからです。[6]しかしながら、ヴィジョンを否定したからといって、あなたが見えなくなるということにはなりません。

7しかし、これは否定の働きです。というのは、ヴィジョンの否定によってあなたは私的な世界を作り、あなた自身の知覚を支配することができると信じて、狂気を受け容れるからです。8しかし、これをするためには光を排除しなければなりません。9光が訪れて見えるようになると、夢は消えます。

9. あなたの目を通してヴィジョンを求めないでください。というのは、あなたは暗闇でも見えるようにと、独自の見るための方法を作り出したからです。そして、このことにおいてあなたは騙されています。2この暗闇の向こうに、それでいてなおあなたの中に「キリスト」のヴィジョンがあり、「キリスト」はすべてのものを光の中で見ます。3あなたの〝ヴィジョン〟は、「キリスト」のヴィジョンが愛から来るのに対して、怖れから来ています。4そして、「キリスト」は実在の世界に対するあなたの証人として、あなたに代わって見ます。5「キリスト」は「聖霊」が顕現したものであり、常に実在の世界を注視し、実在の世界の証人を呼び起こし、実在の世界の証人をあなたの所へと引き寄せます。6「キリスト」はあなたの中に見えるものを愛し、それを延長しようとします。7「キリスト」は、あなたの知覚を「父」の所へ延長するまでは「父」のもとへ戻ることはないでしょう。8そして、そこにおいては知覚はもはや存在しません。というのは、「キリスト」は「キリスト自身」と一緒にあなたを「父」のもとへと返したからです。

10. あなたには二つの感情しかありません。一つはあなたが作ったものであり、一つはあなたに与えられたものです。2それぞれが見るための方法であり、それぞれの異なった視界から異なった世界が現れます。3あなたに与えられたヴィジョンを通して見てください。というのは、「キリスト」のヴィジョンを通して「キリスト」は「キリスト自身」を見るからです。4そして自分が何であるかを見ているために、「キリスト」は「自分の父」を知っています。5あなたの最も暗い夢をも超越して、「キリスト」にはあなたの中にいる罪のない「神の子」が見え、それはあなたの夢によっても暗くされることのない完璧な輝きをもって輝いています。6そして、「キリスト」と共に見るとき、あなたにもこれが見えるでしょう。というのは、「キリスト」のヴィジョンはあなたへの「キリスト」の愛の贈り物であり、それはあなたのために「父」から「キリスト」に与えられたものだからです。

11. 「聖霊」は光であり、この光の中に「キリスト」が立ち現れます。2そして、「キリスト」を見ようとするものは皆、「キリスト」を見ることができます。というのは、光を依頼したからです。3また、「キリスト」だけを見ることはないでしょう。というのは、彼らが一人ではないのと同じように、「キリスト」も一人ではないからです。4彼らは「神の子」を見たが故に、「神の子」と共に「父」の所へと上りました。5そして、こうしたことのすべてを彼らは理解するでしょう。なぜなら、彼らは自分の内面を見て、暗闇を超越した自分の中に「キリスト」を見て「キリスト」を認識したからです。6「キリスト」の正気のヴィジョンにおいて、彼らは愛をもって自分自身を注視し、「聖霊」が彼らを見るのと同じ目で自分自身を見ました。7そして、彼らの内面にある真実についてのこのヴィジョンと共に、世界の美しさのすべてがやって来て、彼らを照らし出しました。

VI. 現在の発見

1. 真に知覚するということは、あなた自身の意識を通してすべての実在を自覚することです。2しかし、このためにはいかなる幻想も視界に入れてはいけません。というのは、実在には過ちの余地はないからです。3これは、兄弟を**今現在**見ているようにしか知覚しないことを意味します。4兄弟の過去は現在においてはいかなる実在性もありません。したがって、あなたにはそれは見えません。5兄弟に対するあなたの過去の反応もそこにはありません。したがって、兄弟に対するあなたの過去の反応に反応すれば、自分が作った彼のイメージだけを見ていることになります。そして、兄弟を見る代わりにあなたが大切にしている兄弟のイメージだけを見ていることになります。6幻想を問題にするとき、過去のことを現在のこととして知覚することが本当に正気のことであるかどうか、自分自身に聞いてみてください。7あなたの兄弟を見るときに過去を思い出すならば、今ある実在を知覚することは不可能です。

2. あなたは、現在を判断するための参照点として過去の体験を使うことを〝当然である〟と考えています。2しかし、これはまったく**不自然な**ことです。なぜなら、それは妄想だからです。3過去をまったく参照することなく、すべての人を見ることができるようになれば、**今現在**見ていることから学ぶことができるようになるでしょう。相手の人の過去であれ、あなた自身の過去であれ、あなたが知覚する過去を参照点として使わないで見ることができるようになればということです。4というのは、**あなたが光を恐れて**

いなければ、過去が影を落として現在を暗くすることはあり得ないからです。5光を恐れている場合だけ、暗闇を持ち歩くこととなり、マインドの中にその暗闇を保持することによって、その暗闇があなたの兄弟を包み込み、彼らの実在をあなたの視界から隠している暗雲であると見なすことになります。

3. **この暗闇はあなたの中にあります。**2今あなたの前に現れつつある「キリスト」にはいかなる過去もありません。というのは、「キリスト」は不変だからです。そして、「キリスト」の不変性の中にあなたの解放があります。3というのは、「キリスト」が創造されたままの存在であるならば、「キリスト」には罪悪感はないからです。4罪悪感の雲がわき上がったために「キリスト」が見えなくなっているということはありません。「キリスト」はあなたが出会う一人一人の中に現れます。なぜなら、あなたは「キリスト自身」を通して「キリスト」を見るからです。5再び生まれるということは過去を手放して、咎める心をもたずに現在を見ることです。6あなたに「神の子」を見えなくさせている雲は過去です。その雲を過ぎ去ったものにしたいならば、それを今見てはなりません。7幻想の中でその雲を見ているとすれば、それは存在しないにもかかわらず、あなたのもとをまだ去っていません。

4. 時間についての誰の解釈を使うかによって、時間は幽閉することもできれば解放することもできます。2あなたが連続性を強制しない限り、過去と現在と未来は連続していません。3過去と現在と未来を連続したものとして知覚し、あなたにとってそのようなものにすることは可能です。4しかし、騙されて、時間はそのようなものであると信じないでください。5というのは、実在とは自分が実在をどう利用したいかに応じて自分の望み通りにできるものだと信じるのは妄想だからです。6あなたは自分自身の目的のために時間を過去、現在、未来に分割することによって時間の連続性を破壊します。7過去の体験に基づいて未来を予期し、それに応じて未来のための計画を立てます。8しかしながら、そうすることによって過去と未来を一直線上に並べ、奇跡が起こることを許しません。奇跡は過去と未来の間に介在してあなたを解放し、再び生まれさせてくれる可能性をもっているのです。

5. 奇跡は過去のない兄弟を見ることを可能にしてくれます。そして、その結果、兄弟を生まれ変わったものとして知覚することを可能にしてくれます。2兄弟の過ちはすべて過去のものであり、過ちのない兄弟を知覚することによって、あなたは兄弟を解放します。3兄弟の過去はあなたの過去であるが故に、あなたもこの解放を共有することになります。4あなたの過去の黒い雲で兄弟が見えなくならないようにしましょう。というのは、真実は現在の中にだけあるからです。したがって、現在の中に真実を探せば真実は見つかります。5あなたは真実のない所で真実を探してきました。そのために、あなたは真実を発見していません。6そういうわけですから、真実のある所で真実を探すことを学んでください。そうすれば、真実は真実を見る目に訪れるでしょう。7あなたの過去は怒りの中で作られました。現在を攻撃するためにその過去を用いるならば、現在が保持する自由は見えないでしょう。

6. 価値判断と有罪判決は過去のものです。それらをもって歩かなければ、あなたは価値判断と有罪判決から解放されていることが分かるでしょう。2愛をもって現在を見つめてください。というのは、現在は永遠に真実であるものしか保持していないからです。3すべての癒しは、現在の連続性が実在のものであるが故に現在の中にあります。4それは同時に、「神の子のすべて」のすべての側面に延長され、彼らがお互いの所に到達することが可能になります。5現在は時間が存在するようになる以前から存在しており、時間がもはや存在しなくなった時にも存在しているでしょう。6現在の中に永遠であるもののすべてがあり、それらは一つです。7永遠であるものの連続性は時間を超越しており、コミュニケーションは切断されていません。というのは、過去によって分離されていないからです。8分離できるのは過去だけであり、そして、過去はどこにも存在しません。

7. 現在は、あなたと兄弟を一体にする光の中で兄弟をあなたに差し出し、あなたを過去から解放します。2だとすれば、あなたは過去のことで兄弟を責めるでしょうか。3というのは、そうすれば、そこに存在しない暗闇の中にとどまる選択をしているのであり、あなたに差し出されている光を拒否することになるからです。4というのは、完璧なヴィジョンの光は自由に与えられ、自由に受け取られるからです。そして、無制限に受け容れるしかないからです。5変化することのないこのただ一つの静かな時間の次元において、そして、過去のあなたは視野に存在しないこの場所において、あなたは「キリスト」を見て、「キリスト」の証人たちにあなたを照らし出してくれるようにと呼びかけます。**なぜなら、あなたが彼らを呼び起こしたからです。**6彼らはあなたの中にある真実を否定しないでしょう。なぜなら、あなたがそれを彼らの中に探し、彼らの中にそれを発見したからです。

8. 今こそ救いの時です。というのは、今こそ時間から解放される時だからです。2 兄弟すべてに手を差し伸べ、「キリスト」が触れるように彼らに触れてください。3 兄弟との時間を超越した結合の中に、とぎれることのないあなたの連続性があります。なぜなら、あなたの連続性が完全に共有されるからです。4 罪のない「神の子」は光以外の何ものでもありません。5「神の子」の中にはいかなる場所にも暗闇はありません。というのは、「神の子」は完全だからです。6 私と一緒になるようにと私があなたに呼びかけているように、あなたの兄弟全員に呼びかけ、「神の子」の完全性の証人となるように依頼してください。7 一つ一つの声が救いの歌の中で役割を担っています。光の「創造主」に対する、光への喜びと感謝の讃美歌の中で役割を担っているのです。8「神の子」から輝き出る神聖な光は、彼の光が彼の「父」から発するものであることの証人です。

9. あなたの「創造主」を思い出して兄弟たちを光で照らしてください。というのは、「創造主」の創造に対する証人を呼び起こすとき、「創造主」を思い出すからです。2 あなたが癒す人々はあなたの癒しを証言します。というのは、彼らの完全性の中にあなた自身の完全性を見ることになるからです。3 そして、あなたの賞讃と喜びの讃美歌があなたの「創造主」のもとへと上がっていくとき、「創造主」はあなたの呼びかけに対する明確な「答え」によって、あなたの感謝に感謝をもって応えられるでしょう。4 というのは、「神の子」が「創造主」に呼びかけて応えられないことは決してないからです。5 あなたへの「創造主」の呼びかけは、「創造主」へのあなたの呼びかけに他なりません。6 そして、「創造主」において、「創造主」の安らぎによってあなたは応えられます。

10. 「光の子」よ、あなたは光が自分の中にあることを知りません。2 しかしながら、あなたは光の証人を通してそれを発見するでしょう。というのは、あなたが彼らに光を与えたが故に、彼らは光をあなたに返してくれるからです。3 あなたが光の中で見る一人一人が、あなたの光をあなたの意識に近づけてくれます。4 愛は常に愛へと導かれます。5 病める者は愛を求め、愛に感謝し、喜びの中で神聖な感謝をもって輝きます。6 病める彼らに喜びを与えたあなたに、彼らはこれを差し出してくれます。7 彼らはあなたを喜びへと導いてくれるガイドです。というのは、喜びをあなたから受け取ったために、その喜びを維持したいと思うからです。8あなたは彼らを安らぎへと導くガイドにしました。というのは、あなたは安らぎを彼らの中に顕現させたからです。9あなたがその安らぎを見るとき、その美しさがあなたを故郷へと呼び戻します。

11. この世界が与えることができない光があります。2しかしながら、その光はあなたに与えられたために、あなたはそれを与えることができます。3そして、あなたがそれを与えるとき、それは輝き出て、この世界から出てその光についてくるようにとあなたに呼びかけます。4というのは、この光はこの世界のいかなるものにも不可能なやり方であなたを引き寄せるからです。5そしてあなたはこの世界を捨て、別な世界を発見することになります。6この別な世界は、あなたが与えた愛で明るく輝いています。7そして、ここではすべてのものがあなたの「父」と「父」の神聖な「子」を思い起こさせます。8光は無制限にあり、静かな喜びの中でこの世界全体に広がっています。9あなたが一緒に連れていった人々が皆、あなたを光で明るく照らし、あなたは感謝の気持で彼らを光で明るく照らします。なぜなら、彼らがあなたをここに連れてきてくれたからです。10あなたの光は彼らの光と一緒になり、圧倒的に力強いものとなり、あなたが他の人々を見るとき、その力が彼らを暗闇から外へと連れ出すことになります。

12. 「キリスト」に目覚めることは、自由意志のもとに、愛の法則の中に真実があることを静かに認識して、愛の法則に従うことです。2光の魅力は自発的にあなたを引きつけなければなりません。そして、その自発性は与えることによって示されます。3あなたから愛を受け取る人々は、あなたが彼らに与えた愛に対する自発的な証人になります。そして、あなたに愛を差し伸べてくれるのは彼らに他なりません。4眠りの中であなたは一人です。そして、意識は自分自身だけに狭められます。5悪夢が訪れる理由はここにあります。6目が閉じられているために、孤立している夢を見るのです。7兄弟は見えず、暗闇の中ではあなたが彼らに与えた光を見ることはできません。

13. しかし、愛の法則はあなたが眠っているからといって停止することはありません。2そして、あなたはあなたが見た悪夢のすべてにおいて愛の法則に従ってきたのであり、与えることにおいて愛の法則に忠実だったのです。というのは、あなたは一人ではなかったからです。3眠りの中においてすら「キリスト」はあなたを守り、あなたが目覚める時のために実在の世界を確保しています。4「キリスト」は、あなたの名においてあなたに代わって与えてきました。そして、そのようにして与えた贈り物をあなたにも与えてきました。5「神の子」は、今もなお自らの「父」と同じように愛に満ちています。6「父」とつながっている「神の子」には、「父」から分離した過去はありません。7したがって、「神の子」は「父」の証人、および、自分自身の証人であることをやめたことは一度もありません。8「神の子」は眠っていたにもかかわらず、「キリスト」のヴィジョンは彼を離れませんでした。9そのようなわけで、「神の子」は自分が眠らなかったことを自分に教えてくれる証人を喚問することができます。

VII. 実在の世界の達成

1. 静かに座って、あなたが見ている世界をじっと見てください。そして、次のように言ってみてください。〝実在の世界はこのようなものではありません。2そこには建物はなく、人々が一人一人別々に歩いている通りもありません。3そこには人々が必要ともしないものを果てしなく買うための店もありません。4そこは人工的な光で照らされてはおらず、夜が訪れることはありません。5明るくなっては暗くなる一日というものもありません。6いかなるものも失われることはありません。7そこにあっては輝かないものはなく、すべてが永遠に輝いています〟。

2. あなたが見ている世界は否定されなければなりません。というのは、それを見るために別な種類のヴィジョンという代価を払っているからです。2**あなたには両方の世界を見ることはできません**。というのは、それぞれの世界が見えるためには異なった種類の視力が必要であり、それはあなたが何を大切にしているかに左右されるからです。3一つの世界が見えることは、他の世界を否定することによって可能となります。4二つの世界とも実在するものではありませんが、どちらの世界もそれを大切であると思う程度に応じて実在性があるように見えます。5しかし、それらの世界がもっている力は同じではありません。なぜなら、あなたにとってのそれらの世界の実在的な魅力は等しいものではないからです。

3. あなたはあなたに見える世界を本当は望んではいません。というのは、その世界は時間が存在し始めて以来ずっとあなたを失望させてきたからです。2あなたが建てた家は避難所にはなりませんでした。3あなたが作った道路はあなたをどこにも連れていってはくれませんでした。そして、あなたが建設したいかなる都市も、いつかは崩壊をもたらす時の攻撃に耐えることはできませんでした。[4]あなたが作ったもので死の刻印が押されていないものはありません。[5]それを大切であるとは見なさないことです。というのは、あなたがそれを作ったときですら、それは既に古く、疲れ切っており、土に返る状態にあったからです。[6]この痛みに疼く世界には、生命ある世界に接触する力はありません。[7]あなたにはこの世界に対し、生命ある世界に接触する力を与えることはできません。したがって、悲しみのあまりこの世界から向きを変えても、別な世界へと導いてくれる道を見つけることはできません。

4. しかし、実在の世界はこの世界においてすらあなたに接触する力をもっています。なぜなら、あなたは実在の世界を愛しているからです。[2]そして、あなたが愛を込めて呼ぶものはあなたの所へとやって来ます。[3]愛は常に応えます。それは、愛は助けを求める呼び声を否定できないからであり、また、あなたが作ったにもかかわらず欲していないこの奇妙な世界の隅々からわき上がってくる苦痛の悲鳴を聞かずにはいられないからです。[4]あなたが作らなかったものと交換するべくこの世を喜んで明け渡すためには、あなたが作った世界は偽りであることを自発的に学びさえすれば良いのです。

5. あなたは自分自身を誤って裁いたために、この世界についても誤っています。[2]そのような歪んだ参照点からいったい何が見えるでしょうか。何も見えません。[3]見るという行為はすべて、何が真実で何が偽りであるかを価値判断する知覚者から始まります。[4]そして、偽りであると価値判断しているものは見えません。[5]実在を裁くあなたには実在は見えません。というのは、価値判断が入ると実在は必ず消えてしまうからです。[6]マインドが見ようとしないものは絶対に見えません。なぜなら、否定されたものはそこにありますが、認識されていないからです。[7]「キリスト」は、あなたはまだ「彼」を知らないにもかかわらず、そこに存在します。[8]「キリストの存在」は、あなたが認識するかどうかには依存していません。[9]「キリスト」は静かな現在という時の中であなたの中に住んでおり、あなたが過去を後にして、「キリスト」が愛を込めて差し出している世界に入ってくるのを待っています。

6. この正気を失った世界にありながらも自分の周りに他の世界を垣間見たことのない人は一人もいません。[2]しかし、自分自身の世界に価値を置いている間は、人は他の世界のヴィジョンを否定し、自分が愛していないものを愛していると主張し、愛が指し示す道には従いません。[3]愛は非常なる喜びをもって導きます。[4]「キリスト」に従うとき、あなたは「キリスト」という道連れを発見したことを喜び、故郷に至る喜びに満ちた旅を「キリスト」に教えてもらったことを喜ぶでしょう。[5]あなたが待っているのはあなた自身以外の何者でもありません。[6]この悲しみに満ちた世界を明け渡し、あなたの過ちを「神」の安らぎと交換するのは**あなたの**意志以外の何ものでもありません。[7]そして、「キリスト」はあなたが「神の意志」を「キリスト」と共有していることを認識して、あなたに「神の意志」を常に差し出すことでしょう。

7.「神ご自身」以外はいかなるものも「神の子」に触れることはできないということ、そして、いかなるものも「神の子」には近づけないというのが「神の意志」です。[2]「神の子」は、あらゆることにおいて彼を見守ってくださる「神」と同じように、痛みから安全です。[3]「神の子」の周りの世界は愛で輝いています。なぜなら、「神」は苦痛が存在しない「ご自身」の中に「神の子」を置かれたからです。そして、愛は限りなく、何の非の打ち所もなく「神の子」を取り囲んでいます。[4]「神の子」の安らぎを乱すことは不可能です。[5]「神の子」は完璧な正気の中で愛を見つめます。というのは、愛は「神の子」の周囲の至るところにあり、「神の子」の内部にもあるからです。[6]愛の腕が自分を抱擁しているのを知覚した瞬間に、「神の子」は苦痛の世界を否定しなければなりません。[7]そして、この安全な地点から静かに自分の周りを見て、世界は自分と一つであることを認識します。

8.「神」の安らぎを理解することができないのは、過去においてだけです。[2]しかしながら、「神」の安らぎは今ここにあり、あなたは今それを理解することができます。[3]「神」は「ご自身の子ども」を永遠に愛しておられます。そして、「神の子ども」は「父の愛」を永遠に返し続けます。[4]実在の世界こそ、完全に真実で完全にあなたのものである一つのものについての記憶へとあなたを導いてくれる方法です。[5]というのは、他のすべてのものはあなたが時間の中であなた自身へと貸し出したものであり、それはやがて姿を消すからです。[6]しかし、この一つのものは、「神」の「子ども」に対する贈り物であるが故に、常にあなたのものです。[7]あなたの一なる実在はあなたに与えられました。「神」はこの実在によってあなたを「神」と一つのものとして創造されたのです。

9.あなたはまず安らぎについて夢を見て、それから安らぎに目覚めます。2あなたが作ったものと欲しいものとの最初の交換は、悪夢と愛についての幸せな夢の交換です。3愛についての幸せな夢にあなたの真の知覚は依拠しています。というのは、すべての知覚が存在する場所である夢の世界を「聖霊」が修正するからです。4知識は修正を必要としません。5しかしながら、愛についての夢は知識につながります。6愛についての夢の中には恐ろしいものは何も見えません。このために、愛についての夢はあなたが知識に差し出す歓迎のしるしとなります。7愛は歓迎に応えますが、時間には仕えません。そして、実在の世界は常に存在していたものに対するあなたの歓迎のしるしに他なりません。8したがって、実在の世界には喜びの呼び声があり、あなたの喜びに満ちた反応はあなたが失っていないものへの目覚めです。

10. そのようなわけですから、「神」の最も神聖な「子ども」の完璧な正気に関して「父」を賞讃してください。2あなたの「父」はあなたが何も必要としていないことを知っておられます。3「天国」ではそうなのです。というのは、永遠の中で何かを必要とするということがあり得るでしょうか。4あなたの世界においては、あなたは確かに様々なものが必要です。5あなたがいる世界は欠乏の世界です。なぜなら、あなたは不足しているからです。6しかしながら、そのような世界であなたは自分自身を発見できるでしょうか。7「聖霊」がいなければその答えはノーでしょう。8しかしながら、「聖霊」のお陰で、その答えは喜びに満ちた**イエス**です。9二つの世界の「仲介者」である「聖霊」は、あなたが何を必要としているかを知っています。そして、何があなたを傷つけることがないかを知っています。10所有権という概念は、もしもあなたの自由に任せておけば危険な概念です。11エゴは救いのために物をもつことを欲します。というのは、所有はエゴの法則だからです。12所有のための所有はエゴの根本的な教義であり、エゴが自らのために建てる教会の基本的な礎石です。13その祭壇に、エゴはあなたに命じて手に入れたもののすべてを供えることを要求し、その結果、あなたはそれらのものに何の喜びも見出すことはできません。

11. あなたに必要だとエゴが教えるもののすべてがあなたを傷つけるでしょう。2というのは、エゴは繰り返し繰り返し手に入れるようにとせきたてますが、あなたのために何も残してはくれません。なぜなら、あなたが手に入れるものを、エゴは自分のものであるとして要求するからです。3そして、つかんでいる手からその物はもぎ取られ、放り投げられて塵となるでしょう。4というのは、救いを見る場所に、エゴは分離を見るからです。したがって、エゴの名において手に入れたものが何であれ、あなたはすべてを失うことになります。5そのようなわけですから、あなたが何を必要しているかを自分に聞かないでください。というのは、あなたは知らないからです。そして、自分自身への忠告はあなたを傷つけることになるからです。6というのは、あなたが必要だと考えるものは、単に光に対してあなたの世界を固く閉ざすのに役立つにすぎないからです。そして、この世界が実際にあなたのために有する価値を疑問視する意欲をなくさせるのに役立つにすぎないからです。

12.「聖霊」だけがあなたが何を必要としているかを知っています。2というのは、「聖霊」は光への道を遮ることのないもののすべてをあなたに与えてくれるからです。3それ以外に何が必要でしょうか。4「聖霊」は時に応じてあなたがもつ必要のあるものをすべてあなたに与えてくれます。そして、あなたが必要としている間はそれらのものを更新してくれます。5あなたが必要としている限り、「聖霊」はいかなるものといえどもあなたから奪うことはしません。6にもかかわらず、「聖霊」は、あなたが必要としているものはすべて一時的なものであり、あなたが必要とするものから一歩退いて、実は必要な事柄はすべて満たされていると気づくその時までのものであることを知っています。7したがって、「聖霊」は自分が提供するものに対して、あなたがそれを時間の中に必要以上にとどまるために利用しないようにすることを除けば、いかなる条件も付けません。8「聖霊」はあなたが時間の中ではくつろげないことを知っていて、あなたが喜びの中で故郷に帰ることができるように遅滞なく役立ちたいという意志をもっています。

13.そのようなわけですから、あなたが何を必要としているかは「聖霊」に任せると良いでしょう。2「聖霊」はさりげなくあなたが必要とするものを提供してくれるでしょう。3「聖霊」からあなたの所にやって来るものは安全です。というのは、それがあなたのマインドの中で暗い点となり、そこに隠れてあなたを傷つけることがないように「聖霊」は保証するからです。4「聖霊」の導きのもとで、あなたは身軽に旅するでしょう。というのは、「聖霊」の目は常に旅の終わりに向けられ、それが「聖霊」の目標だからです。5「神の子」は外的な世界の旅行者ではありません。6「神の子」の知覚がどれほど神聖なものになったとしても、「神の子」の外の世界が彼の遺産を保持することはありません。

[7]「神の子」は内面においていかなるものも必要とはしていません。というのは、光には安らかに輝くこと以外に必要なことは何もないからです。そして、光線を静かに延長させて無限へと向かわせる以外に、何も必要ではないからです。

14. 光から逸れて無駄な道を行きたいという誘惑に駆られたときは、あなたが本当は何を望んでいるのかを必ず思い出してください。そして、次の言葉を唱えてください。

[2]「聖霊」が私を「キリスト」へと導いてくれる。それ以外のどこへ私は行きたいのだろうか。[3]「キリスト」の中で目覚めること以外に何が必要だろうか。

15. それから喜んで「聖霊」の後についていってください。この世界がもたらすかもしれないマインドの安らぎに対するありとあらゆる危険の中を、「聖霊」が安全に導いてくれることを信頼してついていってください。[2]生贄を捧げる祭壇の前にひざまずかないでください。必ず失うことになるものを求めないでください。[3]必ず保持できるものに満足し、落ち着いてください。というのは、あなたは「神」の安らぎに向かう静かな旅に出るのであり、そこでは「神」はあなたが静けさの中にいることを望まれるからです。

16. あなたを後退させることになるであろうあらゆる誘惑を、私においてあなたは既に克服しました。[2]私たちは「神」の贈り物である静けさに向かって共に歩いていきます。[3]私を大切にしてください。というのは、兄弟以外に何が必要でしょうか。[4]私たちはマインドの安らぎをあなたに回復させますが、それを一緒に発見しなければなりません。[5]どうすれば私たちに目覚めることができるか、あなた自身に目覚めることができるかを「聖霊」が教えてくれるでしょう。[6]これだけが時間の中で実現する必要のあることです。[7]世界からの救いはここにしかありません。[8]私の安らぎをあなたにあげましょう。[9]この世界が差し出してはいるけれどやがて奪うであろうすべてのものの代わりに、私の安らぎを喜んで受け取ってください。[10]私たちはこの安らぎを光のヴェールのように世界の悲しげな顔の上に広げ、このヴェールで兄弟たちをこの世界から隠し、この世界を兄弟から隠すのです。

17. 救いの讃美歌を一人で歌うことはできません。[2]すべての人の声が私の声と共に高らかに響き渡るまで、私の任務は完了しません。[3]しかしながら、その声は私の声ではありません。というのは、それが「父のスピリット」を通して与えられた私への「父」の贈り物であったように、それはあなたへの私からの贈り物だからです。4その声の音は「神」の最も神聖な「子」のマインドから悲しみを消失させるでしょう。「神の子」のマインドに悲しみが住むことはできません。5時間の中では癒しが必要です。というのは、喜びは悲しみが住んでいる場所に永遠の支配を確立することはできないからです。6あなたはここに住んでいるのではなく、永遠の中に住んでいます。7あなたは夢の中で旅をしているにすぎず、その間も故郷の家で安全にしています。8自分を思い出す方法をあなたが教えたあなたのすべての部分に感謝してください。9このようにして「神の子」は自らの純粋性を「父」に感謝します。

VIII. 知覚から知識へ

1. すべての癒しは過去からの解放です。2「聖霊」が唯一の「ヒーラー」である理由はここにあります。3過去は存在しないと「聖霊」は教えますが、過去は存在しないという事実は知識の領域に属する事実であり、したがって、この世界にいる人々は誰もこれを知ることはできません。4実際のところ、この知識と共にこの世界に存在することは不可能です。5というのは、これを揺るぎなく知っているマインドは同時に永遠の中に住んでいることを知っていて、知覚をまったく活用しないからです。6したがって、このマインドはどこにいるかということを考えません。なぜなら、“どこ”という概念はこのマインドにとっては何も意味しないからです。7あらゆる場所に自分が存在していることを知っているのです。すべてを所有しており、永遠に存在することを知っているのです。

2. 知識には部分的なものは何もないということを考えれば、知覚と知識の非常に実在的な違いはきわめて明白になります。2知識のすべての側面は全体的であり、したがって、いかなる側面も分離していません。3あなたは知識の一側面であり、あなたを知っておられる「神」の「マインド」の中に存在しています。4すべての知識はあなたのものであるに違いありません。というのは、あなたの中にすべての知識があるからです。5知覚は、最も高いレベルであっても完全であることは絶対にありません。6「聖霊」の知覚ですら、知覚としては完璧であっても、「天国」においては何の意味もありません。7知覚は「聖霊」の導きのもとでどこにでも到達することができます。というのは、「キリスト」のヴィジョンがすべてのものを光の中で見るからです。8 しかしながら、どれほど神聖であったとしても、知覚は永遠に持続することはありません。

3. そのようなわけで、完璧な知覚には知識との共通の要素が数多くあり、これによって知覚の知識への移行が可能になります。2 しかしながら、最後のステップは「神」によって踏まれなければなりません。なぜなら、未来のことのように思われるあなたの救いの最後のステップは、あなたの創造において「神」が既に達成されたからです。3 分離はそれを妨害しませんでした。4 創造を妨害することは不可能です。5 分離は実在の不完全な形成であり、何の影響力もありません。6 奇跡は「天国」では果たすべき機能はありませんが、ここでは必要です。7 実在の様々な側面はまだ見ることが可能であり、非実在の諸側面に取って代わるでしょう。8 実在の諸側面はあらゆるものの中に、あらゆる場所に見ることができます。9 しかしながら、「神」だけが実在の諸側面を集めて一つのものにして、永遠性という最後の贈り物の王冠を与えることができます。

4. 「父」と「父の子」を離れては、「聖霊」には何の機能もありません。2 「聖霊」は「父」からも「父の子」からも分離してはいません。「聖霊」は「両者のマインド」の中にあり、「マインド」は「一つ」であることを知っています。3 「聖霊」は「神の思い」であり、「神」は「聖霊」をあなたに与えられたのです。なぜなら、「聖霊」はすべての「思い」を分かち合うからです。4 「聖霊」のメッセージは時間の中で無時間性について語ります。そして、「キリスト」のヴィジョンがすべてのものを、愛をもって見る理由はここにあります。5 しかしながら、「キリスト」のヴィジョンですら「聖霊」の実在ではありません。6 「キリスト」の愛のこもったまなざしの下で突然光になる実在の黄金の側面は、その彼方にある「天国」の一部を垣間見たものです。

5. これが創造の奇跡です。すなわち、**創造は永遠に一つであるということです**。2 あなたが「神の子」に差し出す奇跡の一つ一つは、全体の一側面についての真の知覚に他なりません。3 一つ一つの側面が全体であるにもかかわらず、すべての側面は同じ光の中で知覚されれば同じであり、したがって、一つであることが分かるまで、あなたにはこれを知ることはできません。4 過去抜きで見られた一人一人の人が、あなたを時の終わりへと近づけてくれます。癒された視力と、癒しの力をもった視力を暗闇の中にもたらし、世界に見る力を与えることによってこれが達成されます。5 というのは、「キリスト」のヴィジョンをそこでも可能にするためには、暗闇に覆われた世界に光が入らなければならないからです。6暗闇の中をさまよっていると考えている人々のすべてに、「キリスト」の光の贈り物を与えることができるように「キリスト」の手伝いをしてください。そして、「キリスト」に彼らを集めてもらい、彼らを一つにする「キリスト」の静かな視界の中に入れてもらってください。

6. 彼らは皆同じです。彼らの神聖性において皆美しく、対等です。2そして、「キリスト」は彼らが「キリスト」に差し出されたのと同じように、彼らを「彼の父」に差し出すでしょう。3一つの実在があるのと同じように、一つの奇跡があります。4そして、あなたが行う奇跡の一つ一つが彼らのすべてを包含しています。それは、あなたに見える実在のすべての側面が「神」の一つの実在へと静かに融合するのと同じことです。5かつて存在した唯一の奇跡は、「神」の最も神聖な「子ども」であり、この「子ども」は彼の「父」という一つの実在性の中で創造されたのでした。6「キリスト」のヴィジョンはあなたへの「キリスト」からの贈り物です。7「キリストの存在」は「キリストの父」からの「キリスト」への贈り物です。

7. 癒しに満足してください。というのは、「キリスト」の贈り物をあなたは与えることができ、あなたの「父」の贈り物を失うことはあり得ないからです。2「キリスト」の贈り物をすべての人に対して、あらゆる場所で差し出してください。というのは、「聖霊」を通して「神の子」に差し出される奇跡は、あなたの波長を調和のとれたものにして実在に合わせてくれるからです。3「聖霊」は救いにおけるあなたの役割を知っています。そして、誰があなたを求めているか、どこで彼らを発見することができるかを知っています。4知識はあなたの個人的な関心をはるかに超越したものです。5知識の一部であり知識のすべてであるあなたは、知識は「父」に発するものであってあなたに発するものではないと理解するだけで良いのです。6救いにおけるあなたの役割は、知識の一体性をあなたのマインドに再確立することによって、あなたを知識へと導きます。

8. 兄弟をあなた自身として見たとき、あなたは解放されて知識に導かれるでしょう。自由を知っている「キリスト」を通して自分自身を解放することを学ぶことによって、それが可能になります。2「キリスト」の教えの旗の下で私と一体になってください。私たちが成長して力を増すにつれて、「神の子」の力が私たちの内部で動き、すべての人に触れ、誰一人として後に残すことはありません。3そして突然、時間は終了し、私たちのすべてが「父なる神」の永遠性の中で一体となるでしょう。[4]兄弟に差し出した一つ一つの奇跡の中で、自分自身の外部に見ていた神聖な光があなたの所に戻ってくるでしょう。[5]そして、その光があなたの中にあることを知って、あなたの創造物がやって来て、あなたと一緒にそこにいるでしょう。それはあなたがあなたの「父」の中にいるのと同じことです。

9. この世界における奇跡があなたを兄弟と一緒にするのと同じように、あなたの創造物は「天国」におけるあなたの父性を確立します。[2]あなたは「神の父性」の証人ですが、「神」はあなたの父性に対する証人を創造する力をあなたに与えられました。その父性は「神の父性」と同じものです。[3]この世界において兄弟を否定すれば、「天国」でのあなたの父性に対する証人を否定することになります。[4]「神」が創造された奇跡は完璧ですが、あなたが「神の名」において確立した奇跡もまた完璧です。[5]それらの奇跡に癒しは必要ではなく、奇跡を受け容れればあなたにも癒しは必要ではありません。

10. しかしながら、この世界におけるあなたの完璧さに証人はいません。[2]「神」はそれをご存じですが、あなたは知りません。したがって、あなたの完璧さに対する「神」の証言をあなたは共有していません。[3]あなたはまた「神」に対する証言もしません。というのは、実在は一つのものとして証言されるからです。[4]「神」は「神の子」と「神」に対するあなたの証言を待っておられます。[5]あなたが地上で行う奇跡は「天国」と「神」の所まで上がっていきます。[6]これらの奇跡はあなたが知らないことについての証言をしますが、「天国」の門に至ると、「神」が門を開けられます。[7]というのは、「神」は愛する「我が子」を「天国」の門の外に置き去りにして、「ご自身」の手の届かない所に置かれることは決してなさらないからです。

IX. 罪悪感の雲

1. 罪悪感は「父」を隠す唯一のものであり続けています。というのは、罪悪感は「神の子」に対する攻撃だからです。[2]罪悪感がある者は常に他者に有罪判決を下します。そして、有罪判決を下した後に更に有罪判決を下し、エゴの法則として未来を過去と結びつけます。[3]この法則に対する忠節は光を入れません。というのは、それは暗闇への忠節を要求し、目覚めを禁じるからです。[4]エゴの法則は厳しく、破れば容赦なく罰せられます。[5]そういうわけですから、エゴの法則に従順であってはなりません。というのは、それは罰の法則だからです。[6]そして、エゴの法則に従う人々は、自分は有罪であると信じ、したがって、他者に有罪判決を下します。[7]あなたが自分自身を解放したいのであれば、未来と過去の間に「神」の法則が介入しなければなりません。[8]「あがない」は未来と過去の間に立ち、灯火のように明るく輝いて、あなたが自分自身を縛りつけている暗闇の鎖は姿を消すことになります。

2. 罪悪感からの解放はエゴの完全な解除です。[2]**誰にも怖れを抱かせないでください**。というのは、人に罪悪感を抱かせれば、それはあなたの罪悪感だからです。エゴの過酷な命令に従えば、エゴの有罪判決をあなた自身の上にもたらすこととなり、エゴに従う人々にエゴが差し出す罰から逃れることはできません。[3]エゴへの忠節に対してエゴは苦痛の報酬で応えます。というのは、エゴに対する信頼は苦痛だからです。[4]そして、信頼に対する報酬は、信頼の対象となった信念という観点からしか与えられることはありません。[5]信頼は信念の力を作り、信頼が投資された場所がその報酬を決定します。[6]というのは、信頼は常に大切にされているものを与えられ、大切にされているものがあなたに返されるからです。

3. この世界はあなたが与えたものだけをあなたに与えることができます。というのは、あなた自身の投影以外の何ものでもないこの世界は、あなたがその中に発見したものと、あなたが信頼を置いたもの以外には何の意味もないからです。[2]暗闇に忠誠を尽くせば何も見ることはできません。なぜなら、あなたの信頼はあなたが信頼を与えたのと同じ形で応えられるからです。[3]あなたはあなたの宝物を受け容れるでしょう。そして、あなたの信頼を過去に置けば、未来は過去と同じものになるでしょう。[4]あなたが大切だと思うものは何であれ、すべてあなたのものです。[5]あなたの尊重する力によってそうなるのです。

4. 「あがない」はあなたが大切にしているもののすべてに再評価をもたらします。というのは、再評価は、あなたが区別することなくマインドに受け容れた間違っているものと真実のものを、「聖霊」が分離するための手段だからです。[2]したがって、間違っているものがなければ真実のものを評価することができません。あるいは、真実のものがなければ間違っているものを評価することはできません。こうして、有罪は無罪と同じようにあなたにとって真実のものとなりました。[3]あなたは「神の子」は無罪であるとは信じていません。なぜなら、あなたは過去を見て、「神の子」を見ることができないからです。[4]兄弟に有罪判決を下すときのあなたはこう言っています。〝有罪であった私は有罪のままにとどまることを選択します〟。[5]あなたは兄弟の自由を否定したのであり、そうすることによって、あなたの自由への証人を否定しました。[6]それと同様の容易さで兄弟を過去から解放し、兄弟を過去に縛りつけている罪悪感の雲を兄弟のマインドから取り除くこともできたはずでした。[7]そうすれば、兄弟は自由となり、その自由の中であなた自身も自由になることができたでしょう。

5. 兄弟の罪悪感を兄弟の上に置かないでください。というのは、兄弟の罪悪感は、あなたに対してこれをやってしまったという秘かな思いの中にあるからです。[2]とすれば、あなたは兄弟がこの妄想において正しいと彼に教えたいでしょうか。[3]罪のない「神の子」が自分自身を攻撃することができ、自分自身を有罪にできるという考えは狂気の考えです。[4]どのような形であれ、誰においてであれ、**これを信じないでください**。[5]というのは、罪と有罪判決は同じものであり、一方を信じることは他方を信じることであり、愛の代わりに罰を要求することだからです。[6]いかなるものも狂気を正当化することはできません。罰を自分自身に要求することは狂気の行為です。

6. そのようなわけですから、誰も有罪と見なさないことです。そうすれば、無罪性という真実をあなた自身に対して断言することになります。[2]「神の子」に対してあなたが差し出す一つ一つの有罪判決の中に、あなた自身の罪に対する確信が横たわっています。[3]「聖霊」にその確信を取り除いて欲しいと望むならば、あなたのすべての兄弟に対して「聖霊」が差し出している「あがない」を受け容れてください。[4]というのは、そうすることで、それがあなたにとって真実であると学ぶことができるからです。[5]「神の子」に対して部分的に有罪判決を下すことは不可能であることを常に忘れないでください。[6]あなたが有罪と見なす人々はあなた自身の罪の証人となり、あなたは自分の中に罪を見ることになります。というのは、それは解除されるまでそこにあるからです。[7]罪悪感は常にあなたのマインドの中にあり、あなたのマインドは自分自身に有罪判決を下してきました。[8]この罪悪感を投影しないでください。というのは、投影している間は罪悪感を解除することはできないからです。[9]あなたが罪悪感から解放する一人一人に関して、「天国」では大いなる喜びがあり、あなたの父性に対する証人たちが非常なる喜びを体験します。

7. 罪悪感はあなたを盲目にします。というのは、あなた自身の内面に一点でも罪悪感を見れば、光が見えないからです。2それを投影することによって、世界はあなたの罪悪感に覆われて暗く見えます。3あなたは世界を暗いヴェールで覆っているために、世界を見ることができません。なぜなら、そのヴェールの中を見ることができないからです。4あなたはそこに見えるであろうものを恐れています。しかし、それはそこにはありません。5**あなたが怖れているものはなくなってしまったのです。**6内面を見れば、「あがない」だけが見えるでしょう。「あがない」が、あなたの「父」に捧げる祭壇で静かに安らかに輝いているのが見えるでしょう。

8. 内面を見ることを恐れないでください。2エゴはあなたの内面は罪で真っ暗だと言って、内面を見てはならないと命令します。3その代わりに、エゴは兄弟を見るようにと命令します。そして、兄弟の内面に罪を見るようにと命令します。4しかしながら、盲目の状態にとどまらなければ、これをすることはできません。5というのは、兄弟を暗闇の中で見て、兄弟に暗闇をかぶせて有罪であると見なす人々は、怖れのあまりその中を見て光を見ることができないからです。6あなたの内部にあるのはあなたが信じているものではなく、あなたが信頼を置いているものです。7あなたの内部にはあなたの「父」があなたに置く完璧な信頼のしるしがあります。8「神」はあなたが評価するように評価されることはありません。9「神」は「ご自身」をご存じであり、あなたの中にある真実を知っておられます。10「神」はいかなる違いもないことを知っておられます。というのは、「神」は違いについてご存じないからです。11「神」が完璧な罪のなさを見ておられる場所にあなたは罪を見ることができるでしょうか。12あなたは「神」の知識を否定することはできますが、変えることはできません。13そのようなわけですから、「神」があなたの中に置かれた光を見てください。そして、あなたが怖れていたものは愛に取って代わられていることを学んでください。

X. 罪悪感からの解放

1. マインドは苦痛の源を苦痛の源ではない場所に見ることができるという概念にあなたは慣れています。2このような置き換えの疑わしい働きは、罪悪感の本当の源を隠すことであり、それが狂気の行為であることについての完全な知覚を自覚させないことにあります。[3]置き換えは、罪悪感の源は真実であるに違いない、恐ろしいものであるに違いないという幻想によって維持されます。しかし、注意は罪悪感の源から逸らされています。さもなければ、あなたは罪悪感を比較的恐ろしくないとあなたが信じるものに置き換えることはしなかったでしょう。[4]したがって、あなたはあらゆる種類の〝源〟を意欲的に見ようとします。ただし、それらの源とは実在的な関係はまったくない、より深い源ではないという条件が付きます。

2. 狂気の考えには実在的な関係はありません。というのは、それらの考えが狂気である理由はまさにここにあるからです。[2]実在的な関係は罪悪感に安らぐことはできません。あるいは、その純粋性を汚す罪悪感を一点でももつことはできません。[3]というのは、罪悪感が触れた関係のすべては、相手の人と罪悪感を避けるためにだけ活用されるからです。[4]あなたはこの奇妙な目的のためになんと奇妙な関係を作ったことでしょう！ [5]そして、実在的な関係は神聖なものであるということ、そして、あなたが活用することはまったく不可能であるということを忘れてしまいました。[6]実在的な関係は「聖霊」だけが活用できるのであり、それが実在的な関係を純粋なものにします。[7]あなたの罪悪感を実在的な関係の上に置いてしまえば、「聖霊」はその関係を活用することはできません。[8]というのは、「聖霊」に与えるべきであったものをあなた自身の目的のために先取りしたために、「聖霊」はそれらの関係をあなたの解放のために活用することができないからです。[9]個人的な救いのために誰かと何らかの形で一体になろうとする人は、誰もその奇妙な関係の中に救いを見出すことはありません。[10]その救いは共有されておらず、したがって、実在しません。

3. あなたの罪悪感を押しつけようとするような兄弟とのいかなる結びつきにおいても、あるいは、罪悪感を共有する結びつきにおいても、あるいは、兄弟自身の罪悪感を知覚するような兄弟とのいかなる結びつきにおいても、あなたは罪悪感を覚えるでしょう。[2]また、その兄弟との関係において満足と安らぎを見出すことはないでしょう。なぜなら、彼との結びつきは実在的なものではないからです。[3]あなたはその関係に罪悪感を見るでしょう。なぜなら、あなたが罪悪感をそこに置いたからです。[4]罪悪感に苦しむ人々がそれを置き換えようとするのは避けられないことです。なぜなら、彼らは罪悪感を信じているからです。[5]しかしながら、苦しんでいるにもかかわらず、彼らは内面を見て罪悪感を手放そうとはしません。6彼らには自分が愛していると知ることはできません。そして、愛することが何であるかを知ることはできません。7彼らの主な関心事は、自分自身の外側に、自分ではコントロールできないものとして罪悪感の源を知覚することにあります。

4. 自分は有罪であるけれども罪悪感の源は過去にあると主張するとき、あなたは自分の内面を見ていません。2過去はあなたの中にはありません。3過去とあなたの奇妙な交際は、現在においては何の意味もありません。4しかしながら、あなたはそれをあなたと兄弟との間に介在させ、兄弟との間に実在的な関係をまったく見出すことができません。5過去を〝解決する〟ための手段として兄弟を利用し、なおかつ、兄弟の本来の姿を見ることができると期待できるでしょうか。6そこに存在していない問題を解決するために兄弟を利用する人々は、救いを発見することはありません。7あなたは過去において救いを欲しませんでした。8漫然とした欲求を現在に押しつけて、今、救いを見出したいと思いますか。

5. とすれば、過去のような自分ではないという決断をしてください。2いかなる関係もあなたを過去に縛りつけるために利用しないでください。一つ一つの関係と共に、毎日再び生まれ変わってください。3一分あれば、いや、それよりも短い時間でも、過去から自分を解放し、マインドを安らかに「あがない」に明け渡すのに十分です。4あなたが「父」に歓迎されるのと同じように、すべての人を歓迎すれば、自分自身の中に罪悪感を見ることはなくなるでしょう。5というのは、「あがない」を受け容れたからです。「あがない」はあなたが罪悪感を夢見て、自らの内面を探して見ようとしなかった間でも、ずっとあなたの中で輝いていたのです。

6. 罪悪感はいかなる意味においても、何をしたとしてもすべての人において正当化できると信じている限り、あなたは内面を見ることはしません。内面を見れば必ず「あがない」を発見することができます。2あなたが罪悪感には理由があると信じている限り、罪悪感の終焉は訪れません。3というのは、罪悪感は完全に狂気であり、まったく理由はないということを学ばなければならないからです。4「聖霊」は実在性を追い払おうとはしません。5罪悪感が実在的なものであったとしたら、「あがない」はないでしょう。6「あがない」の目的は幻想を追い払うことであって、幻想を実在的なものとして確立し、それから、幻想をゆるすことではありません。

7.「聖霊」は、あなたを怯えさせるためにあなたのマインドの中に幻想を保つことはしません。そして、「聖霊」が何からあなたを救出したのかを実証するために、それらの幻想を恐ろしげにあなたに示すことはありません。2「聖霊」があなたをそこから救出した場所はもうありません。3罪悪感に実在性を与えないでください。そして、罪悪感の理由を認めないでください。4「聖霊」は「神」が命じられることをするのであって、常にそうしてきました。5「聖霊」は分離を見てきましたが、結合を知っています。6「聖霊」は癒しを教えますが、同時に、創造についても知っています。7「聖霊」が見るようにあなたも見て、「聖霊」が教えるようにあなたも教えるようにと「聖霊」は導いてくれます。「聖霊」を通してそれをさせてくれます。8しかしながら、「聖霊」が知っていることはあなたのものであるにもかかわらず、あなたは知りません。

8. さて、癒す力、教える力、未来に存在するものを**今この瞬間**に作る力をあなたは与えられています。2しかし、今はその瞬間ではありません。3「神の子」は罪悪感の中で道に迷い、苦痛が外部から身体の至るところを圧迫してくる暗闇の世界に一人でいると信じています。4「神の子」が自らの内面を見てそこに輝きを見たとき、彼の「父」がどれほど彼を愛しているかを思い出すでしょう。5そして、「父」に愛されていないと考えたことや、自分には有罪判決が下されていると思ったことが信じられないことのように思えるでしょう。6罪悪感が狂気であり、まったく正当化されるものではなく、まったく何の理由もないことであると気づいた瞬間、あなたは怖れることなく「あがない」を見て、完全に「あがない」を受け容れることでしょう。

9. 自分自身に対して無慈悲であったあなたは、「父の愛」を覚えていません。2そして、慈悲の思いをもたずに兄弟を見るあなたは、どれほど「父」を愛しているかを覚えていません。3しかしながら、それは永遠の真実です。4あなたの内面の輝ける安らぎの中には完璧な純粋性があり、あなたはこの純粋性によって創造されました。5あなたの中にある美しい真実を恐れずに見てください。6あなたのヴィジョンを曇らせる罪悪感の雲の間から見てください。そして、暗闇の向こうにある神聖な場所を見てください。そこに光を見ることができるでしょう。7あなたの「父」に捧げる祭壇は、祭壇を「自分自身」のために建設された「父」と同様に純粋です。8「キリスト」があなたに見せようとするものをいかなるものといえども阻止することはできません。9「キリストの意志」は「キリストの父の意志」

と同じものであり、「キリスト」は「神」のすべての子どもに慈悲を差し出しますが、あなたにもそうして欲しいと思っています。

10. あなたが解放されるように罪悪感を解放してください。2内面を見て、「神ご自身」が「神の子」を常に愛してこられたように、愛の光が着実に確実に輝いているのを見るためには、これ以外の方法はありません。3**そして、「神の子」も「神」をそのように愛しているのです。**4愛に怖れはありません。というのは、愛に罪はないからです。5常に「父」を愛してきたあなたには、内面を見てあなたの神聖性を見ることを恐れる理由はまったくありません。6あなたという存在はあなたが信じてきたようなものではあり得ません。7あなたの罪悪感には理由がありません。なぜなら、あなたがいる場所である「神のマインド」の中にはあなたの罪悪感はないからです。8そして、これこそが理由であり、「聖霊」はこれをあなたのために回復してくれるでしょう。9「聖霊」はすべての幻想を取り除くでしょう。10幻想以外のすべてのものを「聖霊」はあなたに見させるでしょう。11そして、「キリスト」のヴィジョンにおいて、「神の子」の内部に永遠に存在する完璧な純粋性を見せてくれるでしょう。

11. 「神の子のすべて」を平等に愛さなければ、「神の子」の誰とも実在的な関係をもつことはできません。2愛は特別ではありません。3あなたの愛のために「神の子のすべて」から一部を選び出すならば、あなたのすべての関係に罪悪感を課すことになり、すべての関係を非実在的なものにすることになります。4あなたは「神」が愛されるのと同じようにしか愛することはできません。5「神」と同じように愛さないことを求めないでください。というのは、「神」を離れて愛は存在しないからです。6これが真実であることに気づくまでは、愛がどのようなものであるかを理解することはまったくできないでしょう。7兄弟に有罪判決を下す人は誰であれ、自分は無罪であり、「神」の安らぎの中にいると考えることはできません。8無罪であり、「神」の安らぎの中にいるのにそれが見えない人は、妄想を抱いていて自分自身を見ていません。9そのような人に対して、私は次のように言いましょう。

> 10**「神の子」を見てください。そして、「神の子」の純粋性を見て心を静かにしてください。**11**静かに彼の神聖性を見て、いかなる罪悪感も彼に触れたことがないことを、彼の「父」に感謝してください。**

12. あなたが兄弟に対して抱いたことのある幻想は、いかなる意味においても彼の罪のなさに影響を与えていません。[2]罪悪感によってまったく影響を受けておらず、完全に愛だけが満ち満ちている兄弟の輝くような純粋性は、あなたの内部にあって明るく輝いています。[3]一緒に兄弟を見て彼を愛しましょう。[4]というのは、彼に対する愛の中にあなたの無罪性があるからです。[5]しかし、あなた自身を見てください。そこに見えるものに対する喜びと感謝の思いは罪悪感を永久に追放するでしょう。[6]「父」よ、私は「あなた」に感謝します。「あなた」が永遠に罪のない者として創造された「あなた」の最も神聖な「子」の純粋性に対して、私は感謝します。

13. あなたと同じように、私の信頼と信念は私が大切にしているものに集中しています。[2]あなたとの違いは、私は「神」が私と共に愛されるものだけを愛していることです。そして、このために、私はあなたがあなた自身の上に置いている価値よりも高くあなたを大切に思っています。「神」があなたの上に置かれた価値と同じくらいにあなたを大切に思っています。[3]私は「神」が創造されたものをすべて愛しています。そして、私の信頼と信念のすべてを「神」が創造されたものに差し出します。[4]あなたに対する私の信頼は、私が「父」に与える愛のすべてと同じくらいに強いものです。[5]あなたに対する私の信頼は無限であり、あなたに私の声が聞こえないという怖れを私はもっていません。[6]私はあなたの麗しさに関して「父」に感謝します。そして、「神」から発する「神の王国」の完全性に対する尊敬を込めて、私が「神の王国」に差し出すことをあなたが可能にしてくれる数多くの贈り物に関して、「父」に感謝します。

14. 「父」と「父の子」を一つにするあなたに賞讃を送ります。[2]一人では私たちは平凡な存在ですが、一緒になれば明るく輝き、その明るさは一人でいるときの私たちには考えることすらできないほどのものです。[3]「神の王国」の栄光に満ちた輝きを前にすれば、罪悪感は溶け去り、変容されて優しさとなり、二度と過去の状態に戻ることはないでしょう。[4]あなたが体験する反応の一つ一つはこの上なく純化されて、あなたの「父」を讃える讃美歌にふさわしいものとなるでしょう。[5]「神」が創造されたものの中に、「神」に対する賞讃だけを見てください。というのは、「神」はあなたに対する賞讃をやめられることは決してないのですから。[6]「天国」の門の前に私たちは「神」へのこの賞讃において一体となって立ち、罪のない私たちは確実に天国に入ることになります。7「神」はあなたを愛しておられます。8とすれば、私があなたを信頼することなく、「神」を完璧に愛することがいったい可能でしょうか。

XI. 天国の安らぎ

1. 安らぎの中に厳しい罪悪感の侵入が知覚されると、忘却、眠り、そして、死ですらも、それに対処するためのエゴの最善の忠告となります。2しかしながら、戦っている適対者同士が実在すると信じなければ、誰も自分自身を葛藤の中に見出すことはなく、過酷な戦争によって苛まれていると考えることはありません。3それを信じる人は逃げなければなりません。というのは、そのような戦争は確実にマインドの安らぎに終焉をもたらし、その人を破壊することになるからです。4しかしながら、その戦争は実在的な力と非実在的な力の間で起こっているものであると分かりさえすれば、自分自身を見て、自由を発見することができます。5戦いにはまったく意味がないことが知覚できれば、果てしない戦いに苛まれ、引き裂かれることはなくなります。

2. 「神」は「ご自分の子ども」が戦闘態勢をとることをお望みではありません。したがって、「神の子」の想像上の〝敵〟はまったく実在しません。2あなたは既にそこから逃亡した苦い戦争から逃げ出そうとしているにすぎません。3その戦争は終わっています。4というのは、あなたは自由を讃える讃美歌が「天国」へと昇っていくのを聞いたのです。5あなたの解放の歓喜と喜びは「神」に属します。なぜなら、あなたがこの解放を成し遂げたのではないからです。6しかしながら、あなたは自由も作りませんでしたが、自由を脅かしかねない戦争も作りませんでした。7破壊的なものは存在したことがなく、これからも存在することはありません。8戦争、罪悪感、過去は、すべて一つになってそれらの出身地である非実在の世界に戻っていったのです。

3. 私たちが「天国」で一緒になるとき、あなたはこの世界で価値を置いているものにはいかなる価値も置かなくなるでしょう。2というのは、あなたがこの世界で大切にしているもので、あなたが百パーセントの価値を置いているものはないからです。したがって、全然価値を置いていることにはなりません。3価値は「神」がそこに置かれたものであり、「神」が尊重されるものの価値を判断することは不可能です。4「神」が尊重されるものは完全な価値があるものです。5 それは単に感謝されるか感謝されないかのどちらかでしかありません。6 その価値を部分的に認めることはその価値を知らないということです。7「天国」には「神」が価値を置かれるものだけがあり、それ以外は何もありません。8「天国」では曖昧さは完璧に払拭されています。9 すべてのものが透明で明るく、一つの反応だけを呼び起こします。10 暗闇は存在せず、対照も存在しません。11 多様性もありません。12 妨害もありません。13 安らぎの感覚があり、それは非常に深い安らぎであるために、この世界で見る夢ですらまったく手の届かないようなものです。

4. この世界のいかなるものも、この安らぎを与えることはできません。というのは、この世界のもので完全に共有されているものはないからです。2 完璧な知覚は完全に共有できるものを見せることしかできません。3 完璧な知覚は、共有しないことによって生じる結果をあなたがまだ覚えている間に、共有することの結果も見せることができます。4「聖霊」は静かにその対照的な違いを指摘しますが、それはあなたが「聖霊」にその違いを価値判断させて、どちらが真実であるかを「聖霊」が実証することを許すと知っているからです。5「聖霊」はあなたの最終的な価値判断を完璧に信頼しています。なぜなら、「聖霊」は「自ら」があなたに代わって最終的な価値判断を下すことを知っているからです。6 これを疑うことは「聖霊」の使命の実現を疑うことです。7「聖霊」の使命は「神」から来ていることを考えると、これはあり得ないことです。

5. 疑いの思いと罪悪感によってマインドが暗闇に覆われているあなたに次のことを思い出してくれるようにお願いします。「神」はあなたに、「聖霊」を与えられ、「神」の大切な「子ども」が自分自身に対して抱いている疑いの思いや罪悪感を一つ残らず取り除くという使命を「聖霊」に与えられました。2 この使命が失敗することはあり得ません。3「神」が達成されたであろうことの達成は、いかなるものといえども阻止することはできません。4「聖霊の声」に対するあなたの反応がどのようなものであろうと、あなたがどのような声に耳を傾ける選択をしようと、どのような奇妙な思いがあなたに訪れようと、「神の意志」はなされます。5「神」があなたを確立されたときの安らぎをあなたは発見するでしょう。なぜなら、「神」は「マインド」を変えることはされないからです。6「神」は、あなたがその中に住んでいる安らぎと同じように不変です。そして、その安らぎを「聖霊」はあなたに思い出させてくれます。

6. あなたは、「天国」においては変化や移行のことは覚えていないでしょう。2 対照が必要なのはこの世界だけです。3 対照や違いは教えのために必要な道具です。というのは、対照や違いによって何を避けるべきか、何を探求すべきかを学ぶことができるからです。4 これを学んだとき、あなたはいかなる違いの必要性も消滅させる答えを発見するでしょう。5 真実は自らの意志でやって来ます。6 あなたが真実に属することを学んだとき、真実はいかなる違いもなく、軽々とあなたの上に流れてくるでしょう。7 というのは、あなたが望むのはこれであり、これだけであることを理解する助けとして、いかなる対照も必要ではないからです。8 あなたの「父」が「聖霊」に与えられた使命において「聖霊」が失敗することを恐れないでください。9「神の意志」はいかなることにおいても失敗することはありません。

7. 次のことだけを信頼してください。それだけで十分です。「神」はあなたが「天国」に在ることを意志として抱いておられます。いかなるものも、あなたをこの事実から遠ざけておくことはできません。あるいは、この事実をあなたから遠ざけておくことはできません。2 あなたの最も奇抜な誤解も、この上なく奇妙な想像も、最も凶暴な悪夢も、すべて何の意味もありません。3 そのようなものは、「神」があなたのために意志として抱いておられる安らぎに打ち勝つことはできません。4「聖霊」があなたの正気を回復してくれます。なぜなら、狂気は「神の意志」ではないからです。5「神」にとってそれで十分であるならば、あなたにとってもそれで十分です。6「神」が除去されたであろうものを保持するべきではありません。なぜなら、それは「神」がコミュニケーションを図りたいと望んでおられるあなたとのコミュニケーションを切断してしまうからです。7「神の声」は必ず聞こえるでしょう。

8. 「神ご自身」があなたの内部に置かれた「コミュニケーションの絆」は、あなたのマインドを「神のマインド」と結びつけるものですが、これを切断することは決してできません。2 あなたはこの「絆」を切断したいと願っていると信じているかもしれません。そして、この信念は、「神」があなたと共有しておられる甘美にして不断のコミュニケーションを知る基準となる、深い安らぎを確実に妨害します。3 しかしながら、手を差し伸べようとされる「神」のチャンネルを完全に閉じることは不可能であり、このチャンネルを「神」から分離することも不可能です。4 安らぎはあなたのものとなるでしょう。なぜなら、「神」の安らぎが、「意志」として安らぎをもっておられる「神」からあなたの所まで流れてくるからです。5 あなたは今もその安らぎをもっています。6「聖霊」がその使い方を教えてくれます。そして、その安らぎを延長することによって、その安らぎがあなたの中にあると学ぶ方法を教えてくれます。7「神」はあなたが「天国」にいることを意志としてもたれました。そして、常にそれ以外のものをあなたのために意志として抱かれることはありません。8「聖霊」は「神の意志」だけを知っています。9「天国」があなたのものにならないという可能性はまったくありません。というのは、「神」は確信をもっておられるからです。そして、「神」が意志として抱かれることは、「神」の存在と同様に確実だからです。

9. あなたは救いを学ぶでしょう。なぜなら、あなたは救うための方法を学ぶからです。2「聖霊」があなたに教えたいと望んでいることから免れることはできません。3 救いは「神」と同じくらいに確実です。4「神」の確実性で十分です。5 眠れる「神の子」のマインドを悩ませる最も凶暴な悪夢ですら、「神の子」を支配する力はまったくないことを学んでください。6「神の子」は目覚めのレッスンを学ぶでしょう。7「神」は「神の子」を見守り、光が「神の子」の周囲を取り囲みます。

10. 「神」が「神の子」に目を覚まして喜びなさいという「電話」をかけているときに、「神の子」が夢の中で自分を見失うということがあり得るでしょうか。2「神の子」は自分の中にあるものから自分自身を分離することはできません。3「神の子」の眠りは、目を覚ましなさいという「神からの電話」に逆らうことはできません。4 創造が永遠に不変であり続けるのと同じように、救いの使命は確実に達成されるでしょう。5「天国」を自分のものとするために、「天国」は自分のものであることを知る必要はありません。6「天国」はあなたのものです。7 しかしながら、それを知るためには、「神の意志」があなたの意志として受け容れられなければなりません。

11. あなたが学んできたことで、真実でないものを真実と和解させなければならないと教えるものはすべて「聖霊」が解除します。2 真実でないものと真実との和解は、あなたの正気および安らぎとの和解の代わりにエゴが差し出したい和解です。3「聖霊」はこれとは非常に異なった種類の和解をあなたのために「マインド」の中にもっています。これはエゴが試みても確実に結果を出すことができないのと同じくらいの確実さで、「聖霊」が結果として出す和解です。4 失敗はエゴに属することであって、「神」に属するものではありません。5「神」からあなたがさまよい出ていくことはできません。そして、すべての人の救いのために「聖霊」がすべての人に差し出す計画が、完璧に達成されないという可能性はありません。6 あなたは解放されるでしょう。そして、あなたが作ったものであなたのために創造されたのではないものや、返礼としてあなたが創造していないものが思い出されることはないでしょう。7 というのは、真実ではなかったものをどうすれば思い出すことができるでしょうか。あるいは、常に真実であったものをどうして思い出せないことがあるでしょうか。8「天国」の安らぎが依拠しているのは、真実とのこの和解です。それは真実だけとの和解です。

第14章　真実のための教え

序論

1. そうです、あなたは本当に祝福されています。[2]しかし、この世界にあってあなたはそれを知りません。[3]しかし、あなたにはそれを学び、それをきわめて明確に見るための手段があります。[4]「聖霊」の結論は狂気じみていないということを除けば、「聖霊」はエゴと同じように楽々と、そして上手に論理を使います。[5]「聖霊」の結論はまったく正反対の方向をとり、エゴが暗闇と死をはっきりと指し示すのと同じくらいはっきりと「天国」を指し示します。[6]私たちはこれまでエゴの論理の多くをたどってきました。そして、エゴの論理的な結論を見てきました。[7]そして、エゴの論理の結論を見た結果、それらは幻想の中でしか見ることはできないことに気づきました。というのは、そこにおいてだけその外見上の明確さがはっきりと見えるように思われるからです。[8]今や私たちはエゴの論理的な結論に背を向けて、「聖霊」が単純な結論を教えるのに使う単純な論理に従うことにしましょう。その単純な結論は真実を語るものであり、真実だけを語るものです。

I. 学びの条件

1. あなたが祝福されていて、それを知らないのであれば、それを学ぶ必要があります。[2]その知識は教えられませんが、その条件は獲得されなければなりません。というのは、捨てられてしまったのはその条件だからです。[3]あなたは祝福することを学ぶことができます。そして、あなたがもっていないものを与えることはできません。[4]したがって、もしもあなたが祝福を差し出すとすれば、祝福は最初にあなた自身の所にやって来たに違いありません。[5]そしてまた、あなたは祝福をあなたのものとして受け容れたに違いありません。というのは、そうでなければ、祝福を人に与えることはできるはずがないからです。[6]奇跡があなたは祝福されているという証言を**あなたに**差し出す理由はここにあります。[7]あなたが差し出すものが完全なゆるしであるとすれば、あなたは罪悪感を手放し、あなた自身のために「あがない」を受け容れ、自分には罪はないということを学んだに違いありません。8 知らないうちにあなたのためにされたことを学ぶにはどうすれば良いでしょうか。それがあなたのためにされたのであれば、しなければならないことをするしか方法はありません。

2. いかなる方向性もなく、否定から成り立っている世界においては、真実を間接的に証明することが必要です。2 否定することは知りたくないという決断であることに気づけば、真実の間接的な証明の必要性をあなたも知覚するでしょう。3 したがって、この世界の論理は無に導いていくに違いありません。というのは、その目標は無だからです。4 もしもあなたが夢以外の何ももたず、夢以外の何も与えず、夢以外の何にもならないと決断すれば、思いを忘却へと向けなければなりません。5 そして、もしもあなたがすべてのものをもち、すべてのものを与え、すべてのものであるとすれば、そして、これがすべて否定されたとすれば、あなたの思考体系は閉鎖され、真実から完全に分離されています。6 これは完全に狂気の世界です。その狂気がどれほどのものであるかを過小評価してはなりません。7 あなたの知覚で狂気が触れていない領域はありません。そして、あなたの夢はあなたにとって非常に神聖なものです。8「神」が「聖霊」をあなたの中に置かれた理由はここにあります。そして、その場所はあなたが夢を置いた場所です。

3. 見るという行為は常に外部に向けられます。2 あなたの思いが仮にすべてあなたから発しているとすれば、あなたが作った思考体系は永遠に暗闇のままであるでしょう。3「神の子」のマインドが投影したり延長したりする思いには、彼が与える力のすべてがあります。4「神の子」が「神」と分かち合う思いは彼の信念を超越していますが、彼が作った思いはまさに彼の信念です。5「神の子」が弁護し愛する選択をしたのはこれらの信念であって、真実ではありません。6 それらの信念は彼から奪われることはないでしょう。7 しかし、「神の子」がそれを放棄することは可能です。というのは、それらを解除する「源」は彼の中にあるからです。8 この世界の論理は完全に狂っていて無に導くだけであるということを教えるものは、この世界には何もありません。9 しかし、この狂気の論理を作った「神の子」の中に、それは無にしか導かないということを知っている「存在」がいます。というのは、「彼」はすべてを知っているからです。

4. 「聖霊」が導かない場所へと導く方向はあなたをどこに

も連れていってはくれません。[2]「聖霊」が真実であると知っていることを何であれ否定すれば、あなた自身を否定したことになります。したがって、「聖霊」はあなたにそれを否定しないようにと教えなければなりません。[3]何かを解除するということは、何かをすることと同じように間接的なことです。[4]あなたはただ創造するために創造されたのであって、見るために創造されたのでもなければ、するために創造されたのでもありません。[5]見ること、そして、することというのは、生きる意志の間接的な表現にすぎません。その生きる意志は、あなたの「父」があなたと共有しない死と殺人の、移り気で不浄な気まぐれによって妨害されてきました。[6]あなたは共有できないものを共有するという任務を自分自身に課してきました。[7]これができるようになると考えている限り、学べばできるようになることのすべてを信じることはできないでしょう。

5. したがって、「聖霊」はあなたが決して学ぶことができないことをあなたに示すことによって、教えを始めなければなりません。[2]「聖霊」のメッセージは間接的ではありませんが、「聖霊」はその単純な真実を、あまりにも歪んでしまって、あまりにも複雑になってしまったために何も意味がないということがあなたには分からなくなってしまった思考体系の中に導入しなければなりません。[3]「聖霊」はただその土台を見て、それを退けます。[4]しかし、自分が作ったものを解除することができず、マインドにのしかかるそのうっとうしさの重荷から逃れることができないあなたは、それを見通すことはできません。[5]それはあなたを欺きます。なぜなら、あなたは自分自身を欺く選択をしたからです。[6]欺かれる選択をした人々は直接的なアプローチをただ攻撃するでしょう。なぜなら、直接的なアプローチは欺瞞に忍び寄り、欺瞞を攻撃するように見えるからです。

II. 幸せな学び手

1. 「聖霊」は幸せな学び手を必要としています。幸せな学び手において、「聖霊」の使命が幸せに達成されるからです。[2]悲惨さにしっかりと献身しているあなたは、まず自分が惨めであり、幸せではないことを認識しなければなりません。[3]「聖霊」はこの対照がなければ教えることはできません。というのは、悲惨は幸せであるとあなたは信じているからです。[4]このためにあなたは非常に混乱して、それを学ばなければ決して幸せにはなれないと信じて、絶対に実行できないことを実行することを学ぶという仕事に着手しました。5 あなたはこの奇妙この上ない学習目標が拠って立つ土台にはまったく何の意味もないことに気づいていません。6 しかしそれでも、あなたにとっては意味をなすのかもしれません。7 無を信頼すれば、求めている〝宝物〟が見つかるでしょう。8 しかし、そうすれば既に重荷を背負ったあなたのマインドに更なる重荷を背負わせることになるでしょう。9 無には価値があると信じ、そしてそれを大切にすることでしょう。10 一枚のガラスの破片も、一介の塵埃も、一つの身体も、戦争も、あなたにとっては一つのものです。11 というのは、無からできているものを一つでも大切にすれば、無に価値があり得るとあなたは信じたのであり、真実でないものを真実にするための方法を学ぶことができると信じたのです。

2.「聖霊」はあなたがどこにいるかを見て取り、しかし、あなたが他の場所にいることを知っているために、彼のレッスンをごく単純に、**真実は真実である**という基本的な教えから始めます。2 これはあなたが学ぶレッスンの中でも最も難しいレッスンであり、最終的にはこれが唯一のレッスンです。3 単純であることはひねくれたマインドにとっては非常に困難です。4 あなたが無から作り出したありとあらゆる歪曲を考えてみてください。あなたが無から織り出したありとあらゆる形、感情、行動、そして反応を考えてみてください。5 あなたにとっては単純な真実ほど異質なものはありません。そして、単純な真実ほどあなたが耳を傾けようとしないものはありません。6 真実であることと真実でないことの対照は完璧に明確ですが、あなたにはそれが見えません。7 単純で明白な事柄は、無から宮殿や王衣を作り出し、それらのお陰で自分は黄金の王冠を被った王様であると信じている人々には明白ではありません。

3.こうしたことのすべてを「聖霊」は見て取り、これはすべて真実ではないとただ単純に教えます。2 自分自身に無を教え、自分に妄想を抱かせて、それは無ではないと信じ込ませようとする不幸せな学び手に対して、「聖霊」は確固たる静けさをもって次のように言います。

> 3 **真実は真実です。** 4 **それ以外の何も重要ではなく、それ以外の何も実在せず、その傍らにあるものはすべてそこに存在しません。** 5 **あなたにはできないけれども学ぶ必要がある一つの区別を「私」につけさせてください。** 6 **無に対するあなたの信頼はあなた**

を欺いています。7あなたの信頼を「私」に差し出してください。そうすれば、「私」はそれが属する神聖な場所に優しくそっと置くでしょう。8そこには欺瞞はありません。ただ、単純な真実だけがあります。9そして、あなたはその真実を愛するでしょう。なぜなら、あなたはそれを理解するからです。

4. あなたと同じように、「聖霊」は真実を作りませんでした。2「神」と同じように、「聖霊」は真実が真実であることを知っています。3「聖霊」は真実の光を暗闇の中へともたらし、その光であなたを照らします。4そしてその光が輝くとき、あなたの兄弟はそれを見ます。そして、この光はあなたが作ったものではないことに気づいて、あなたの中にあなた自身が見る以上のものを見ます。5彼らはこの光がもたらしてくれるレッスンの幸せな学び手になるでしょう。なぜなら、それは彼らに無からの解放と、無についてのありとあらゆる仕事からの解放を教えてくれるからです。6あなたが兄弟に光をもたらすまでは、彼らを絶望に縛りつけているように見える重い鎖は無であるということに彼らは気づきません。7あなたが光をもたらしたとき、その鎖がなくなってしまったことに彼らは気づくでしょう。とすれば、それらの鎖は無であったに違いありません。8そして、あなたはそれを彼らと一緒に見ることになるでしょう。9あなたが彼らに喜びと解放を教えたが故に、彼らは解放と喜びを教えるあなたの教師になるでしょう。

5. 誰に対してであれ、真実は真実であると教えると、あなたはそれをその人と共に学ぶことになります。2したがって、一番難しいように思えたことが一番容易であったということを学びます。3幸せな学び手になることを学んでください。4無をすべてのものに変える方法は絶対に学ぶことはできません。5しかしながら、それがこれまであなたの目標であったことを見て取り、それがいかに愚かなことであったかを認識してください。6それが解除されたことを喜んでください。というのは、それをただ正直に見れば、それは解除されるからです。7私は前に、〝無に満足しないでください〟と言いました。というのは、無が満足させてくれるとあなたは信じてきたからです。8**それは事実ではありません。**

6. 幸せな学び手になりたければ、学んだことのすべてを「聖霊」に託し、あなたに代わってその学びを解除してもらわなければなりません。2それから、真実は真実であるというしっかりとした土台の上に迅速にやって来る喜びに満ちたレッスンを学び始めてください。[3]というのは、そこに築かれるものは真実であり、それは真実の上に築かれるからです。[4]学びの宇宙がその優雅な単純さにおいてあなたの前に開かれるでしょう。[5]真実を前にしたあなたは振り返ることはしないでしょう。

7. 幸せな学び手は、ここ地上での学びの条件を満たしています。それは、彼が「神の王国」において知識の条件を満たしているのと同じことです。[2]こうしたことのすべては、あなたを過去から解放し、あなたのために自由の道を開くという「聖霊」の計画の中にあります。[3]というのは、真実は真実だからです。[4]それ以外の何があり得るでしょうか。あるいは、かってそれ以外の何があったでしょうか。[5]この単純なレッスンが、永遠に錠で閉ざされているとあなたが信じている暗いドアを開ける鍵です。[6]あなたがこの無のドアを作ったのであり、そのドアの背後には無があるだけです。[7]その鍵は、無の姿や形や怖れを照らし出して消してしまう光に他なりません。[8]「キリスト」と共に光をもたらすという神聖な仕事に加わることができるように、この自由の鍵をあなたに与えてくれる「キリスト」からそれを受け取ってください。[9]というのは、あなたはあなたの兄弟と同じように、光が既にやって来ていて、あなたを暗闇の眠りから解放したということに気づいていないからです。

8. 自由の中にいるあなたの兄弟を見てください。そして、暗闇から自由になるための方法を彼らから学んでください。[2]あなたの中にある光が彼らを目覚めさせ、彼らはあなたを眠ったままにはしておかないでしょう。[3]「キリスト」のヴィジョンはそれが知覚されたまさにその瞬間に与えられます。[4]すべてが明確である場所においては、すべてが神聖です。[5]その神聖な場所の単純性の静寂はあまりにも抵抗しがたいものであるために、その単純な真実を否定することは不可能であることに気づくでしょう。[6]というのは、それ以外には何もないからです。[7]「神」はあらゆる場所におられます。そして、「神の子」は「神」の中にあってすべてのものと共にいます。[8]これが真実であるとき、「神の子」が悲しみの葬送歌を歌うことがいったい可能でしょうか。

III. 無罪性への決断

1. 幸せな学び手は学ぶことについて罪悪感を抱いてはなり

ません。2これは学びにとって不可欠なことであるために、決して忘れてはなりません。3罪のない学び手は楽々と学びます。なぜなら、罪のない学び手の思いは自由だからです。4しかし、このためには罪悪感は妨害であって救いではなく、有意義な役割はまったく果たさないという認識が必要です。

2. おそらく、あなたは罪悪感の苦痛を相殺するために無罪性を活用することに慣れていて、無罪性はそれ自体で価値があると見ていないかもしれません。2罪悪感と無罪性には共に価値があって、それぞれがもう一方のものが差し出さないものからの逃避を象徴しているとあなたは信じています。3あなたはどちらか一つだけを望んでいません。というのは、両方なければ自分自身が完全であるとは見なさず、したがって、幸せであるとは見なさないからです。4しかし、あなたは無罪性においてのみ完全であり、無罪性においてのみ幸せであることができます。5ここにはいかなる葛藤もありません。6いかなる意味においてであれ、いかなる形においてであれ、罪悪感を願望すればあなたの無罪性に対する正しい評価は失われ、あなたの無罪性はあなたの視野から押し出されてしまうでしょう。

3. 罪悪感と妥協して、無罪性だけが和らげることができる痛みから逃れることはできません。2創造することが「天国」にいることであるのと同じように、ここ地上においては学ぶことが生きることです。3罪悪感の痛みがあなたを惹きつけるように思われるときはいつでも、それに屈すれば自分の幸せに逆らった決断を下すことになり、幸せになるための方法を学ぶことはできないことを思い出してください。4したがって、優しく、しかし、「神の愛」と「神の子の愛」から生まれた確信をもって、自分に向かって次のように言ってください。

5**私が体験することを私は顕現します。**
6**もし私が無罪であるならば、私には恐れるものは何もありません。**
7**私は「あがない」の拒絶ではなく、「あがない」の受容を証言する選択をします。**
8**私は無罪性を顕現させ、それを分かち合うことによって受け容れます。**
9**「父」からの安らぎを「神の子」に運ぶことを私にお任せください。**

4. 毎日、毎時間、毎分、そして、毎秒、あなたは十字架刑と復活、エゴと聖霊のどちらかを選択する決断をしています。2エゴは罪悪感の選択であり、「聖霊」は無罪性の選択です。3決断の力はすべてあなたのものです。4あなたが何と何の間で決断するかは確定しています。なぜなら、真実と幻想以外の選択肢はないからです。5この二つのものには重複する部分はありません。なぜなら、両者は対極にあるもので、両立することは不可能であり、共に真実であることは不可能だからです。6あなたは有罪か無罪かのどちらかであり、束縛されているか自由であるかのどちらかであり、不幸せか幸せかのどちらかです。

5. 奇跡はあなたが無罪と自由と喜びを選択したことをあなたに教えます。2奇跡は原因ではなく結果です。3奇跡は正しい選択をしたことの当然の結果であり、罪悪感から自由になる選択をしたことからやって来る幸せを証言します。4あなたが癒しを差し出す人は皆、癒しを返してくれます。5あなたが攻撃する人は皆その攻撃を保持し、あなたへの敵対心を保つことによってそれを大切にします。6あなたが攻撃する人が実際にこれをやろうとやるまいと同じことです。あなたはその人がそうすると考えるからです。7あなたが欲しないことを差し出せば、必ずこの罰を受けることになります。8与えることの対価は受け取ることです。9それはあなたが罰を受けて苦しむか、それとも、宝物を喜んで手に入れて大切にするかのいずれかです。

6. 「神の子」に罰が求められるとすれば、それは「神の子」自身によって、「神の子」に対して求められるだけです。2「神の子」に与えられる癒しの機会の一つ一つは、暗闇を光に代え、怖れを愛に代える更なる機会です。3「神の子」がそれを拒否すれば、自分自身を暗闇に縛りつけることになります。なぜなら、兄弟を解放する選択をしなかったからであり、兄弟と一緒に光に入る選択をしなかったからです。4無に力を与えることによって、無には力がないことを学ぶ喜びに満ちた機会を投げ出してしまいます。5そして、暗闇を追い払わないことによって、暗闇と光を恐れるようになったのです。6暗闇には「神の子」を支配する力はないことを学ぶ喜びは、「聖霊」が教える幸せなレッスンであり、「聖霊」があなたに一緒に教えて欲しいと思っているレッスンです。7それを教えることは「聖霊」の喜びであり、それはあなたの喜びにもなるでしょう。

7. この単純なレッスンを教える方法はただ次のようなものです。すなわち、無罪性は傷つくことがないということです。2したがって、あなたは傷つくことがないということをすべての人に顕現してください。3人があなたにどんなことをしようとしても、傷つけられるという信念からあなたが完全に自由であることが、その人が無罪であることをその人に示すでしょう。4 人にはあなたを傷つけることは何もできません。そして、あなたを傷つけることができると人が考える許可を与えないことによって、あなたは、あなたが自分自身のために受け容れた「あがない」はその人のものでもあることを教えるのです。5 ゆるすべきものは何もありません。6 誰も「神の子」を傷つけることはできません。7「神の子」の罪悪感にはまったく原因がなく、原因がないが故に、罪悪感は存在できません。

8. 「神」が唯一の「原因」であり、罪悪感は「神」に属するものではありません。2 誰に対してであれ、その人があなたを傷つけたと教えないでください。というのは、もしそう教えるならば、「神」に属さないものがあなたを支配する力をもっていると自分自身に教えることになるからです。3 **原因のないものは存在できません。**4 原因のないものを証言しないでください。そして、誰のマインドにおいてであれ、原因のないものに対する信念を助長しないでください。5 マインドは一つであり、原因は一つであることを常に思い出してください。6 原因のないものを否定することを学び、「神の原因」をあなたのものとして受け容れたときはじめて、この一体性とのコミュニケーションを学ぶことになるでしょう。7「神」が「神の子」に与えられた力はまさに「神の子」のものです。そして、「神の子」はそれ以外のものを見れば、あるいはそれ以外のものを注視する選択をすれば、「聖霊」が喜んで彼に差し出してくれる幸せな教えの代わりに、罪悪感という罰を自分自身に課すことになります。

9. あなたが自分だけで決断を下す選択をするときはいつも破壊的な思考をしており、その決断は誤った決断になるでしょう。2 その決断を導いた決断という概念のためにそれはあなたを傷つけるでしょう。3 あなたが自分自身の力だけで、あるいは、自分自身のためにだけ決断を下すことができるというのは真実ではありません。4「神の子」の思いがその影響力において分離ないしは孤立したものであることはあり得ません。5 すべての決断は「神の子のすべて」のためになされ、それは内と外に向けられ、あなたがかつて夢見たいかなる範囲よりも大きな範囲にまで影響を及ぼします。

10. 「あがない」を受け容れる人々はまったく傷つくことはありません。2 しかし、自分には罪があると信じている人々は罪悪感に反応するでしょう。なぜなら、彼らは罪悪感が救いであると考え、罪悪感を見ること、そして罪悪感の側に立つことを拒否しないからです。[3]彼らは罪悪感を増やすことは自分を守ることであると信じています。[4]そして、自分が欲しないものは自分を傷つけることになるという単純な事実を理解できないでしょう。[5]こうしたことのすべてが生じる理由は、自分が欲するものは良いものであるということを彼らが信じていないことにあります。[6]しかし、意志が彼らに与えられています。その理由は、意志は神聖であり、彼らが必要としているものすべてを彼らにもたらし、限界を知らない安らぎと同じように自然にやって来るからです。[7]彼らにとって価値のあるものを差し出すものは何であれ、彼らの意志は提供することができます。[8]しかし、彼らには自分の意志が理解できないために、「聖霊」が代わりに静かに彼らの意志を理解し、彼らが欲するものを彼らに与えてくれます。いかなる努力も重圧もなく、また、自分が単独で何を欲するのか、そして何を必要としているのかを決断するという耐えきれない重荷を負うことなく、これが与えられます。

11. あなたが自分だけで決断を下さなければならないという事態が生じることは決してありません。[2]あなたは助けを奪われてはいません。しかも、それは答えを知っている「助け」です。[3]あなたにすべてのものを与えてくれる「聖霊」がすべてのものをただあなたに差し出してくれるというのに、僅かなもので満足したいでしょうか。あなたが単独で自分自身に差し出すことができるのは、僅かなものでしかありません。[4]「聖霊」は、あなたが自分を「神」の贈り物に値する存在にするために何をしたかとは決して聞くことはありません。[5]そういうわけですから、それを自分に聞かないでください。[6]そうする代わりに、「聖霊」の答えを受け容れてください。というのは、「聖霊」は「神」があなたのために意志として抱かれることのすべてにあなたが値することを知っているからです。[7]「聖霊」がかくも自由に、かくも深い喜びをもって、あなたに差し出してくれる「神」の贈り物から逃げようとしないでください。[8]「聖霊」は「神」があなたのために「聖霊」に下さったものだけをあなたに差し出します。[9]あなたがそれに値するかどうかをあなたが決める必要はありません。[10]「神」はあなたがそれに値することを知っておられます。

12. あなたは「神」の決断の真実を否定して、「神の子」に対する「神」の穏やかで揺るぎない評価の代わりに、自分自身に対して惨めな評価を下したいでしょうか。[2]いかなるものも、「神」が創造されたものすべての完全な純粋性に対する「神」の確信を揺るがすことはできません。というのは、それは完全に純粋だからです。3これと反対の決断を下さないでください。というのは、それは「神」に属するが故に真実であるに違いないからです。4「神」が「あがない」のために設けてくださった計画を静かに受け容れ、自らの計画を放棄する一人一人のマインドの中には安らぎがあります。5あなたは救いを知りません。というのは、あなたは救いを理解していないからです。6救いが何であるか、救いがどこにあるかについて、いかなる決断も下さないでください。「聖霊」にすべてを聞いてください。そして、すべての決断を「聖霊」の優しい助言に任せてください。

13. 「神」があなたに従って欲しいと思っておられる「神」の計画を知っている「存在」が、その計画が何であるかをあなたに教えることができます。2あなたがその計画に従うように導くことができるのは、この「存在」の叡智だけです。3あなたが単独で下す決断の一つ一つは、救いとは何であるか、また、あなたが何から救われるのかをあなたが定義するということを意味するだけです。4「聖霊」はすべての救いは罪悪感からの脱出であることを知っています。5あなたにはこれ以外の〝敵〟はいません。そして、「神の子」の純粋性に対するこの奇妙な歪曲に対しては、「聖霊」があなたのただ一人の「友人」です。6「聖霊」はあなたを解放する罪のなさの強力な守り手です。7そして、あなたの曇りのないマインドから罪のなさを見えなくするもののすべてを解除するのが「聖霊」の決断です。

14. それ故に、あなたが救いに向かう道で従う唯一の「ガイド」は「聖霊」でなければなりません。2「聖霊」はこの道を知っており、喜んであなたを導くでしょう。3「聖霊」と一緒であれば、「神」があなたのために意志として抱かれることはあなたの意志であることを間違いなく学ぶことができるでしょう。4「聖霊」の導きがなければ、あなたは自分だけが知っていると考え、救いは自分の中にだけあるという結論を下したのと同じくらいの確実さで、安らぎとは正反対の決断を下すことでしょう。5救いは「聖霊」から来るものであり、「神」があなたのために「聖霊」に救いを与えられたのです。6「聖霊」はそれを忘れてはいません。7「聖霊」を忘れないでください。そうすれば、「聖霊」はあなたの救いのために、そして、あなたの中にある「神」の安らぎのために、あなたに代わってすべての決断を下してくれるでしょう。

15. 「神」が神聖なものとして創造された「神の子」の価値を

評価しようとしないでください。というのは、そうすることは、「神の子」の「父」を評価することであり、「神」に異を唱えて価値判断することだからです。2そして、あなたはこの想像上の犯罪に対して必ず罪悪感を覚えるでしょう。しかし、それはこの世界の誰も犯すことはあり得ない犯罪です。3「聖霊」が教えるのはただ、「神」の玉座に自分を置き換えることの〝罪〟は罪悪感の源ではないということだけです。4起こり得ないことは恐れるべきいかなる結果も生じさせることはありません。5あなたを愛し、あなたを狂気から導き出してくれる「聖霊」を心静かに信じてください。6狂気はあなたの選択であるかもしれませんが、あなたの実在ではありません。7あなたをずっと覚えていてくださった「神の愛」を決して忘れないでください。8というのは、「神の子」が創造された場所であり、「神の子」の住居が完璧な安らぎの中で永遠に定められている場所である、愛に満ちた「マインド」から、「神」が「神の子」を追放することはまったくあり得ないからです。

16.「聖霊」に向かって、ただ、〝私に代わって決断してください〟とだけ言ってください。それで、実行されます。2というのは、「聖霊」の決断は「神」があなたについて知っておられることの反映であり、この光において見るならば、いかなる種類の過ちも不可能になるからです。3「聖霊」があなたに代わって下す一つ一つの決断の背後にすべての知識が横たわっているというのに、あなたには知ることができないことをすべて予測しようとして、かくも必死にもがく必要があるでしょうか。4「聖霊」の叡智と愛を学び、暗闇の中でもがいているすべての人に「聖霊」の答えを教えてください。5というのは、あなたは彼らのために、そしてあなた自身のために決断を下しているのですから。

17.「聖霊」を通じてすべての事柄を決断するというのはなんと優雅なことでしょうか。「聖霊」の平等な愛はすべての人に平等にそして同様に与えられるのですから。2「聖霊」は誰もあなたの外側に置き去りにはしません。3したがって、「聖霊」はあなたのものであるものをあなたに与えてくれます。なぜなら、あなたがそれを「聖霊」と分かち合うことを「父」が望んでおられるからです。4あらゆることにおいて「聖霊」の導きを受けてください。そして、再考しないでください。5「聖霊」が迅速かつ確実に応えてくれることを信頼してください。そして、その決断によってどのような形であれ影響を受けるすべての人に対して、「聖霊」が「愛」をもって応えてくれることを信頼してください。6すべての人がその決断によって影響を受けるでしょう。[7]あなたは善なるものだけをすべての人にもたらすことを決断するという唯一の責任を自分自身に課したいでしょうか。[8]あなたにそれが分かるでしょうか。

18. あなたはあなたの「創造主」とコミュニケーションをしないという最も不自然な習慣を自分自身に教えました。[2]しかし、あなたは「聖霊」と緊密なコミュニケーションを依然としてとっており、「聖霊」の中にあってあなた自身の中にもあるすべてのものと緊密なコミュニケーションをとっています。[3]「聖霊」の愛に満ちた導きを通じて孤立の習慣を元に戻し、捨ててしまったけれども失うことはできない幸せなコミュニケーションのすべてについて学んでください。

19. 何をすべきかについて疑いを抱いているときはいつでも、あなたの中にいる「聖霊の存在」を思い、自分自身に向かって次のように言ってください。これだけを言ってください。

[2]「聖霊」は私を導き、私が知らない道を知っています。

[3]しかし、「聖霊」は私に学んで欲しいことを私から遠ざけることはしません。

[4]したがって、「聖霊」が私のために知っているすべてのことを伝えてくれると私は信じています。

[5]それから、既に存在するあなたの無罪性を知覚する方法をそっと「聖霊」に教えてもらってください。

IV. あがないにおけるあなたの機能

1. 兄弟の無罪性を受け容れるとき、兄弟の中に「あがない」を見るでしょう。[2]というのは、それが兄弟の中にあると宣言することによって、あなたはそれを自分自身のものにするからです。そして、あなたは探し求めていたものを見るでしょう。[3]それがそこにはないと信じている間は、兄弟の無罪性が彼の中で輝いているのを見ることはありません。[4]兄弟の無罪性こそあなたの「あがない」です。[5]それを兄弟に与えてください。そうすれば、あなたが認めた真実が見えるでしょう。[6]しかし、「神」が最初に真実を「神の子」に与えられたように、真実は最初に差し出され、それから受け取られます。[7]時間における最初には何の意味もありません。しかし、永遠における「最初」は「父なる神」であり、「神」は「最初にして一なるもの」です。[8]「最初」

を超越した他の何ものもありません。なぜなら、順序もなく、二番目もなく、三番目もなく、「最初」以外には何もないからです。

2. 「第一の原因」に属し、「神」によって「神」に似せて「神」の一部として創造されたあなたは、ただ無罪であるという以上の存在です。2無罪の状態は、そこに何かがあると考えていた混乱したマインドから、そもそもないものが除去された状態であるにすぎません。3「神」に傍らにいてもらって達成しなければならないのはこの状態であり、この状態だけを達成しなければなりません。4というのは、そうするまではあなたは「神」から分離していると考え続けるからです。5あなたはおそらく傍らに「神の存在」を感じることができるかもしれません。しかし、「神」と一体であるということを知ることはできません。6これを教えることは不可能です。7学びは、学びが自然に起きる状態にのみあてはまります。

3. あなたの最も神聖なマインドの中にある真実を見えなくしてきたもののすべてを解除してもらったとき、したがって、あなたが「父」の御前に恩寵に包まれて立つとき、「神」は常にそうしてこられたように、「ご自身」をあなたに与えられるでしょう。2「神」は「ご自身」を与えることしかご存じではありません。したがって、それが知識のすべてです。3というのは、「神」がご存じでないことは存在不可能であり、したがって、それを与えることはできないからです。4ゆるされることを求めないでください。というのは、それは既に達成されているからです。5それよりもむしろ、どうすればゆるすことができるかを学ぶことを求めてください。そして、常に存在していたものをあなたの不寛容なマインドに復活させることを求めてください。6「あがない」はそれを用いる人々にとって実在するようになり、目に見えるようになります。7地上においてはこれがあなたの唯一の機能であり、あなたが学びたいのはこれだけであることを学ばなければなりません。8これを学ぶまで、あなたは罪悪感を覚えるでしょう。9というのは、それがどのような形をとろうとも、最終的には、あなたの罪悪感は「神のマインド」の中で他のすべての機能と共にあなたの機能を果たすことができないことから生じるからです。10ここ地上においてあなたの機能を果たすことに失敗することによって、この罪悪感から逃れることができるでしょうか。

4. 創造の知識があなたにとって意味のあるものとなるまでは、しなければならないことをするために創造を理解する必要はありません。[2]「神」はいかなる障壁も破壊されることはありません。また、「神」はいかなる障壁も作られませんでした。[3]あなたが障壁を解放すれば、それはなくなります。[4]「神」はいかなることにおいても失敗されることはありません。これまでも失敗されたことはありません。[5]あなたに関して「神」が正しく、あなたは間違っているという結論を下してください。[6]「神」は「ご自身」から、しかし、「ご自身の中」においてあなたを創造されました。[7]「神」はあなたが何であるかをご存じです。[8]「神」に次ぐ者はないことを思い出してください。[9]したがって、「神の神聖性」をもたないものは存在不可能であり、「神」の完璧な「愛」に値しない者も存在不可能です。[10]暗闇と欺瞞から成る、愛のない場所において愛するというあなたの機能に失敗しないでください。というのは、このようにして暗闇と欺瞞は解除されるからです。[11]あなたの機能を果たすことに失敗する代わりに、潔白な「神の子」を「神」とあなた自身に差し出してください。[12]「神の愛」に対する感謝というこの小さな贈り物に対し、「神ご自身」があなたの贈り物と「神ご自身」の贈り物とを交換されるでしょう。

5. どのような決断であれ、自分で決断を下す前に、これまであなたは「天国」におけるあなたの機能とは反対の決断を下してきたことを思い出してください。それから、地上において決断を下すことを望むのかどうかを注意深く考えてください。[2]地上におけるあなたの機能は、自分は知らないということを認識して、あなたが欲するものと反対の決断を下すことだけです。[3]だとすれば、何をすべきかを決断することがそもそも可能でしょうか。[4]すべての決断を、「神」を代弁し、あなたの機能を知っている「存在」に任せてください。[5]そうすれば、「神の子」を愛さずに、愛の代わりに罪悪感を教えようとすることによって自分自身に負わせてきたひどい重荷を取り除く方法を、その「存在」が教えてくれるでしょう。[6]あなたの「父なる神」と共に生きる喜び、そして、「神の愛と神聖性」に目覚めるという喜びを騙し取る、この血迷った狂気の試みを放棄してください。「神の愛と神聖性」は一緒になってあなたの内なる真実となり、あなたを「神」と一体にしてくれます。

6. 「神」と一緒に決断を下す方法を学んだとき、すべての決断は呼吸と同じくらい簡単で正しいものになります。[2]何の努力をすることもなく、まるで夏の日に静かな道を乗り物に乗って進んでいくように優しく導かれることでしょう。[3]あなたの意志だけが決断を困難にしているようです。[4]「聖霊」は、何をすべきかについてのあなたの質問の一つ一つに遅滞なく答えてくれるでしょう。[5]「聖霊」は知っています。[6]そして、「聖霊」はそれをあなたに告げ、それからあなたに代わってやってくれます。[7]疲れているあなたは、眠るよりもこのほうが休まると思うでしょう。[8]というのは、罪悪感を睡眠へともっていくことはできますが、そこにはもっていけないからです。

7. 無罪でなければ「神」を知ることはできません。「神の意志」はあなたが「神」を知ることにあります。[2]したがって、あなたは無罪であるに違いありません。[3]しかしながら、「神」を知るために必要な条件を受け容れなければ、「神」を否定したことになり、「神」はあなたの周りにおられるにもかかわらず、あなたは「神」を認識できません。[4]「神の子」がいなければ「神」を知ることは不可能です。「神の子」の無罪性が「神」を知るための条件です。[5]「神の子」が有罪であると受け容れることは、あまりにも完璧な「神」の否定であるために、「神」が知識を置かれた場所であるマインドそのものの中における認識から、知識は一掃されてしまいます。[6]耳を傾けさえすれば、これがいかにあり得ないことであるかが分かるでしょう！ [7]あなたに理解できる属性を「神」に賦与しないでください。[8]あなたが「神」を作ったのではありません。したがって、あなたに理解できることは何であれ「神」に属するものではありません。

8. あなたの任務は実在を作ることではありません。[2]実在はあなたが作らなくともここに存在していますが、あなたなしでは存在しません。[3]あなたは自分自身を投げ出そうとしてきました。そして、「神」をほとんど尊重してきませんでした。そういうあなたですが、私が「神」に代わって、そして、あなた自身に代わって話すのを聞いてください。[4]あなたの「父」がどれほどあなたを愛しておられるか、あなたには理解できません。というのは、この世界での体験にはそれを理解するのに役立つような体験はないからです。[5]それに匹敵するものはこの地上には何もありません。そして、あなたが「神」から離れた状態で感じたものは何であれ、それにいささかも似ていません。[6]あなたには完全な優しさの中で祝福を与えることすらできません。[7]あなたは永遠に与える「存在」を知りたいですか。しかも、与える以外に何も知らない「存在」を知りたいですか。

9. 「天国」の子どもたちは、彼らの「父」の祝福の光の中で生きています。なぜなら、彼らは自分には罪がないことを知っているからです。[2]「あがない」は、無罪性を否定し、そうすることによって自らに「天国」を否定してきたマインドに無罪性を回復するための手段として確立されました。3「あがない」は「神の子」の真実の状態をあなたに教えます。4それはあなたが何であるか、あるいは、あなたの「父」が何であるかをあなたに教えるものではありません。5あなたに代わってこれを覚えている「聖霊」は、あなたとあなたが知っていることとの間にある障害物を取り除く方法をあなたに教えるだけです。6「聖霊」の記憶はあなたのものです。7あなたは自分が何を作ったかを覚えていたとしても、あなたは何も覚えていません。8実在の記憶は「聖霊」の中にあり、したがって、あなたの中にあります。

10. 罪のない者と罪のある者がお互いを理解することはまったく不可能です。2それぞれが他方を自分自身と同じようなものとして知覚し、その結果、両者がコミュニケーションをすることは不可能になります。なぜなら、それぞれが自分自身を見るのとは異なった目で相手を見るからです。3「神」はあなたの「マインド」の中にいる「聖霊」としかコミュニケーションをはかることはできません。なぜなら、あなたがどのような存在であるかという知識を「神」と共有しているのは「聖霊」だけだからです。4そして、あなたに代わって「神」に答えることができるのは「聖霊」だけです。というのは、「神」が何であるかを知っているのは「聖霊」だけだからです。5あなたがマインドの中に置いたそれ以外のものはすべて存在不可能です。というのは、「神のマインド」とコミュニケーションをとっていないものは一度も存在したことはないからです。6「神」とのコミュニケーションこそ生命です。7それなくしていかなるものもまったく存在しません。

V. あがないの輪

1. あなたのマインドで実在性をもつ唯一の部分は、未だにあなたを「神」と結びつけている部分です。2マインドのすべてを「神の愛」の燦然と輝くメッセージに変容させ、「神」を否定した孤独な人々すべてと分かち合いたいと思いませんか。3**「神」はこれを可能にしてくださいます。**4知られたいという「神」の切望をあなたは否定しますか。5「神」があなたを切望しておられるように、あなたは「神」を切望しています。6これは永遠に不変です。7したがって、不変なるものを受け容れてください。8死の世界を後にして、静かに「天国」に戻ってください。9この地上には価値のあるものは何もありません。「天国」には価値のあるもののすべてがあります。[10]「聖霊」に耳を傾けてください。そして、「聖霊」を通して「神」に耳を傾けてください。[11]「聖霊」はあなたに、あなたについて語りかけます。[12]あなたには何の罪もありません。というのは、「神の子」が「神」において祝福されているように、「神」は「神の子」において祝福されているからです。

2. 誰もが「あがない」において果たすべき特別な役割を担っています。しかし、すべての人に与えられるメッセージは常に同じものであり、**「神の子」は無罪である**ということです。[2]それぞれの人がこのメッセージを異なった方法で教え、異なった方法で学びます。[3]しかし、それを教えそれを学ぶまでは、自らの真の機能が自らにおいて実現されていないという漠然とした自覚に苦しむでしょう。[4]罪悪感は重荷ですが、「神」はあなたがそれによって束縛されることのないようにしてくださいます。[5]あなたの目覚めについての「神」の計画は、あなたの計画が確実に誤っているのと同程度の確実さで完璧です。[6]あなたは何をすべきかを知りません。しかし、それを知っている「聖霊」があなたについています。[7]「聖霊」の優しさはあなたの優しさであり、あなたが「神」と共有するすべての愛を「聖霊」はあなたのために信頼の中で保持しています。[8]「聖霊」は幸せになる方法だけをあなたに教えます。

3. 完全な祝福をしてくださる「父」により「祝福された子」よ、喜びはあなたのために創造されました。[2]「神」が祝福された者をいったい誰が咎めることができるでしょうか。[3]「神のマインド」の中には、「神」の輝ける罪のなさを共有しないものは何もありません。[4]創造は完璧な純粋性の自然な延長です。[5]ここ地上におけるあなたの天職は、あらゆる形における罪悪感の否定に積極的な意欲をもって献身することです。[6]責めることは**理解しないこと**です。[7]「あがない」の幸せな学び手は、「神」が創造されたすべてのものの権利である罪のなさを教える教師になります。[8]彼らが当然与えられるべきものを彼らから奪わないでください。というのは、それを彼らから奪えば、彼ら以外の人たちにも与えないことになるからです。

4. 「神の王国」の遺産は「神の子」の権利であり、それは「神の子」が創造されたときに彼に与えられたものです。[2]「神の子」からそれを盗もうとしてはなりません。さもなければ、あなたは罪悪感を求めることとなり、罪悪感を体験することになるでしょう。[3]「神の子」の純粋性をこっそりと持ち去り、「神の子」の視界から遠ざけてしまうような思いのすべてからこの純粋性を守ってください。[4]「あがない」の呼びかけに応えて、罪のなさを光の中へともっていってください。[5]純粋性を決して隠れたままにしておかないでください。そうではなく、「神の子」が自分自身の視界から自分自身を隠している罪悪感の重いヴェールに光を当てて、それを消滅させてください。

5. 私たちはこの地上で、「あがない」において皆一緒になります。この世界にあっては、それ以外のいかなるものも私たちを一体にすることはできません。[2]このようにして分離の世界は姿を消し、「父」と「子」の間に完全なコミュニケーションが復活するでしょう。[3]癒しの必要性を生み出すために否定されてきたに違いない無罪性を、奇跡は承認します。[4]この喜びに満ちた承認を与えることを差し控えないでください。というのは、幸せの希望とあらゆる種類の苦しみからの解放の希望は、その承認にあるからです。[5]苦しみから自由になることを望まない人がいるでしょうか。[6]人は罪悪感を罪のなさと交換する方法はまだ学んでいないかもしれません。また、この交換においてのみ苦しみからの自由が自分のものになるということに気づいていないかもしれません。[7]しかしながら、それをまだ学んでいない者には、攻撃ではなく教えが必要です。[8]教えを必要としている者を攻撃すれば、彼らから学ぶことに失敗することになります。

6. 罪のなさを教える者は、それぞれ独自の方法で一緒になり、「あがない」の統一されたカリキュラムに参加しています。[2]これを離れては学びの目標の統一はありません。[3]このカリキュラムに葛藤はありません。というのは、このカリキュラムはどのように教えたとしても目標は一つしかないからです。[4]そのためになされる努力の一つ一つは、罪悪感から解放され、「神」と「神」の創造物の永遠の栄光へ向かうという唯一の目的のために差し出されます。[5]そして、これを指し示す教えはすべて、「天国」と「神」の安らぎをまっすぐに指し示しています。[6]いかなる苦しみも、試練も、怖れも、これを教えることによってすべて克服することができます。[7]「神ご自身」の力がこの教えを支持し、その無限の結果を保証します。

7. あなた自身の努力を、失敗することがあり得ず、結果として必ず安らぎをもたらす力と合流させてください。[2]このような教えに感動しない人は一人もいません。[3]これだけを教えるならば、自分自身を「神」の力を超えたものとして見ることはないでしょう。[4]「神」の創造物の権利であるものの回復を求めているだけである、この最も神聖なレッスンの効果から免除されることもないでしょう。5罪悪感からの解放を与える一人一人から、不可避的にあなたの罪のなさを学ぶでしょう。6「あがない」の輪に終わりはありません。7そして、「あがない」の輪の安全と完璧な安らぎの中にあなたが連れてくる一人一人と一緒に、あなたは「あがない」の輪に安全に包まれていることをますます信頼するようになるでしょう。

8. したがって、安らぎは安らぎの教師になる人すべてに与えられます。2というのは、安らぎは完璧な純粋性の承認であり、誰もそれから排除されないからです。3その神聖な輪の中に、「神」が「神の子」として創造された者のすべてがいます。4喜びがそれを統一する属性であり、誰もその外に置かれてただ一人罪悪感に苦しむということはありません。5「神」の力がすべての人をその愛と結合の安全な抱擁へと引き寄せます。6この輪の中に静かに立ち、すべての苦悩するマインドを、あなたと一緒にその安らぎと神聖性の安全の中に入るように引き寄せてください。7罪悪感の教師としてではなく、「あがない」の教師として、この「あがない」の輪の中に私と共に住んでください。

9. 私と一緒に教えるあなたは祝福されています。2私たちの力は私たちからではなく、私たちの「父」からやって来ます。3「父」が私たちは無罪であることを知っておられるように、無罪性において私たちは「父」を知っています。4私はその輪の中に立ち、あなたを安らぎへと呼びかけます。5私と共に安らぎを教えてください。そして、神聖な地に私と共に立ってください。6「父」がすべての人に与えられた「父」の力を、すべての人のために思い出してください。7自分には「父」の完璧な安らぎを教えることはできないと信じてはなりません。8外側に立つのではなく、私と共に内側に入ってください。9私の教えがあなたに呼びかけるただ一つの目的において失敗しないでください。10「神の子」に「神の子」の罪のなさを教えることによって、「神」が創造された「神の子」を「神」に復活させてください。

10. 十字架刑は「あがない」においては何の役割も果たしませんでした。2復活だけが「あがない」における私の役割となりました。3それが無罪性による、罪悪感からの解放の象徴です。4あなたが人を有罪であると知覚すれば、その人を十字架にかけることになります。5しかし、あなたが無罪であると知覚する人は誰であれ、あなたがその人の無罪性を復活させます。6十字架刑は常にエゴが目指すものです。7エゴはすべての人を有罪であると見なし、その有罪判決によって殺します。8「聖霊」は無罪性だけを見て、優しさの中で怖れから解放し、愛の統治を再確立します。9愛の力が「聖霊」の優しさの中にあります。その優しさは「神」から来るものであり、したがって、十字架にかけることも、十字架刑に苦しむこともあり得ません。10あなたが復活させる神殿はあなたの祭壇となります。というのは、それはあなたを通して再建されたからです。11そして、あなたが「神」に与えるものはすべてあなたのものです。12このように「神」は創造されます。そして、あなたはこのように復活させなければなりません。

11. あなたは出会う一人一人の人を、十字架刑にふさわしいか、それとも救いにふさわしいかと価値判断して、「あがない」の神聖な輪の中に入れるか、外側に残しておきます。2その人を純粋性の輪の中に連れていけば、あなたもそこで休息することになります。3その人を輪の外側に残せば、あなたもそこにとどまることになります。4あなたから来るものではない静けさの中でだけ価値判断を下してください。5誰であれ「あがない」による祝福のない存在として受け容れることは拒否してください。そして、その人を祝福することによって「あがない」の祝福の中へと導き入れてください。6神聖性は分かち合われなければなりません。というのは、分かち合うことの中に神聖性を神聖にするもののすべてがあるからです。7この神聖な輪に喜んで来てください。そして、その輪の中から自分はその外側にいると考えている人たちすべてを心安らかに見てください。8誰一人として追い出してはなりません。というのは、この神聖な輪の中に「神の子」があなたと一緒に探し求めているものがあるからです。9来てください。「神の子」と一緒に、私たちすべてのためにある安らぎの神聖な場所の中に入り、安らぎの「原因」の中で一つになりましょう。

VI. コミュニケーションの光

1. 私たちが一緒に出る旅は、暗闇を光と交換し、無知を理解と交換する旅です。2あなたが理解するものは何であれ、恐ろしいものではありません。3恐ろしいものを知覚するのは暗闇と無知においてだけであり、あなたはそれを見てしりごみし、更に暗闇の中へと入っていきます。4しかし、恐れさせることができるものは隠れたものだけです。それも、そのものの本質によってではなく、それが隠れているという事実によって恐れさせます。5よく見えないものが恐ろしいのは、その意味が理解できないからです。6理解すれば、それは明瞭になり、あなたはもはや暗闇の中にいることはなくなります。7どんなものにも隠れた価値はありません。なぜなら、隠されているものを共有することは不可能であり、したがって、その価値は未知だからです。8隠されているものは別々にされていますが、価値は常に一緒に感謝することにあります。9隠されているものを共有することは不可能です。したがって、必ず恐れられることになります。

2.「聖霊」はあなたの中にあって静かな光の中に住んでいますが、その光は完璧な開放性にすぎません。その光の中では何も隠されておらず、したがって、何も恐ろしくはありません。2攻撃が愛から隠される代わりに愛の所へ導かれるならば、攻撃は常に愛に屈するでしょう。3愛の恵みから隠されていない限り、愛の光が一掃できない暗闇はありません。4愛から遠ざけられているものは癒しの力を分かち合うことはできません。なぜなら、それは分離され、暗闇の中に置かれているからです。5暗闇の番人がそれを注意深く監視し、これらの幻の守護者を無から作り出したあなたは、今や彼らを恐れています。

3. あなたは、安全についてのこれらの奇妙な考えに想像上の力を与え続けたいでしょうか。2それらの考えは安全でもなく、危険でもありません。3守ることもしませんが、攻撃もしません。4それらはまったく無であるが故に、まったく何もしません。5暗闇と無知の守護者であるそれらの考えは、怖れのためにだけあると見なすと良いでしょう。というのは、それらが曖昧にしているものは非常に恐ろしいのですから。6しかし、それらを手放してください。そうすれば、恐ろしかったものは消え去ります。7不明瞭性によって守られていなければ、残るのは愛の光だけです。というのは、これだけが意味をもっており、これだけが光の中に住むことができるからです。8それ以外のものはすべて消えなければなりません。

4. 破壊は真実ではないというただそれだけの理由によって、死は生命に屈服します。2無罪性の光は罪悪感を照らして消滅させます。なぜなら、無罪性と罪悪感が一緒にされれば、一方の真実性が他方の誤謬性を完璧に明確にするに違いないからです。3罪悪感と無罪性を別々にしておいてはいけません。というのは、両者をもつことが可能であるというあなたの信念は無意味だからです。4これら二つのものを別々にしておくことによってあなたが成し遂げたことは、両者を混同することによってそれらの意味を見失うことでしかありませんでした。5したがって、あなたはそのうちの一つにしか意味がないことに気づいていません。[6]他方にはまったくいかなる意味もありません。

5. あなたは分離をあなたの「父」とのコミュニケーションを分断するための手段と見なしてきました。[2]「聖霊」はそれを、分断はされなかったけれども確かに不明瞭にされてしまったものを、再確立するための手段であると再解釈します。[3]「聖霊」にとって、あなたが作ったものはすべて「聖霊」の最も神聖な目的のための利用価値があります。[4]あなたは「神」から分離していないことを「聖霊」は知っていますが、あなたのマインドの中には「神」から分離しているとあなたに考えさせるものがたくさんあるのを「聖霊」は知覚しています。[5]こうしたもののすべてを「聖霊」はあなたから分離しますが、それ以外のものは分離しません。[6]創造の力の代わりにあなたが作った決断の力について、あなたのためにそれを活用する方法を「聖霊」は教えてくれるでしょう。[7]自分自身を十字架にかけるためにそれを作ったあなたは、それを復活という神聖な目的のために応用する方法を「聖霊」から学ばなければなりません。

6. 暗い偽りの象徴記号を使って話すあなたは、自分が作った言語を理解していません。[2]その言語には何の意味もありません。というのは、その目的はコミュニケーションではなく、むしろコミュニケーションの妨害だからです。[3]言語の目的がコミュニケーションであるとすれば、これらの言語はいったい何を意味し得るでしょうか。[4]しかし、コミュニケーションをしないことによってコミュニケーションをするというこの奇妙にして屈折した努力にも、その「解釈をする者」がその言語を作った者でなければ、それを有意義なものにするのに十分なだけの愛があります。[5]この言語を作ったあなたは葛藤を表現しているだけですが、「聖霊」はその葛藤からあなたを解放してくれるでしょう。[6]コミュニケーションしたいことを「聖霊」に任せてください。[7]「聖霊」は完璧な明確さをもって、あなたにそれを解釈してくれるでしょう。というのは、あなたと完璧なコミュニケーションをとっている「聖霊」は知っているからです。

7. あなたは自分が言っていることを理解しておらず、したがって、あなたに向かって語られることを理解していません。[2]しかしながら、あなたの「解釈者」はあなたの異質な言語の中に意味を知覚します。[3]あなたの「解釈者」は意味のないことをコミュニケーションしようとはしません。[4]しかし、意味のあるものをすべて選び出し、残りのものを捨てて、あなたの真実のコミュニケーションを、それと同じ真実性をもってあなたとコミュニケーションをしたい人々に差し出すでしょう。5あなたは二つの言語を同時に話します。したがって、これは必然的に理解不可能という結果につながります。6しかし、一つの言語が何も意味せず、他方の言語がすべてを意味するとすれば、後者はコミュニケーションの目的に適っています。7前者はコミュニケーションの妨害をするだけです。

8.「聖霊」の機能はすべてコミュニケーションです。2したがって、「聖霊」はコミュニケーションを復活させるために、それを妨害しているものを何であれ除去しなければなりません。3したがって、「聖霊」の視界から妨害の原因を遠ざけてはなりません。というのは、「聖霊」はあなたの番人を攻撃はしないからです。4しかし、彼らを「聖霊」の所に連れていってください。そして、「聖霊」の優しさによって、光の中では彼らは恐ろしいものではなく、背後にはいかなるものも用心深く隠されてはいない暗闇のドアを、彼らが守ることはできないことを教えてもらってください。5私たちはすべてのドアを開け放ち、光が差し込むようにしなければなりません。6「神」の神殿には隠された部屋はありません。7神殿の門は「神の子」を迎え入れるために広く開け放たれています。8自分自身で「父」の歓迎に対してドアを閉じることさえしなければ、「神」が呼んでくださった場所に行くことができない人はいません。

VII. 知覚を聖霊と分かち合う

1. あなたは何が欲しいですか。2光または闇、知識または無知のどちらかがあなたのものですが、両者とも同時にあなたのものにすることはできません。3正反対のものは別々にしておくのではなく、一緒にしなければなりません。4というのは、これら二つのものの分離はあなたのマインドの中にあるだけであり、あなたがそうであるように、結合によって和解させられるからです。5結合において、実在しないものはすべて姿を消さなければなりません。というのは、真実とはまさに結合だからです。6暗闇が光の中で姿を消していくのと同じように、知識が現れ始めると無知は次第に姿を消していきます。7知覚は無知を知識へと至らせるための媒体です。8しかしながら、知覚に欺瞞があってはなりません。というのは、そうでなければ、知覚は真実の探求を助けるものとなる代わりに、無知の使者になってしまうからです。

2. 真実の探求は、真実を妨害するもののすべてを正直に探し出すことに他なりません。2 真実はただ存在します。3 真実は失われることもなく、探究されることもなく、発見されることもありません。4 真実はあなたがどこにいようとも、あなたの中に存在します。5 しかし、真実はあなたによって認識されることも可能であり、認識されないことも可能であり、あなたにとって実在することも可能であり、偽りであることも可能です。6 あなたが真実を隠せば、それはあなたにとって非実在のものとなります。なぜなら、あなたがそれを隠し、それを怖れで取り囲んでしまったからです。7 あなたが狂気の信念体系をその上に築いている一つ一つの礎石の下に、真実が隠されて横たわっています。8 しかしながら、あなたにはこれを知ることは不可能です。というのは、怖れの中に真実を隠したために、怖れを見つめれば見つめるほど怖れは見えなくなり、怖れが隠しているものがますますはっきりと見えてくると信じる理由はあなたにはないからです。

3. 知らない人々に、彼らは知っていると納得させることは不可能です。2 彼らの観点からすれば、それは真実ではありません。3 しかしながら、「神」がそうであると知っておられるが故に、それは真実です。4 これらは〝知らない人々〟とは何であるかについての明らかに正反対の見解です。5「神」にとって、知らないということは不可能です。6 したがって、それは見解ではまったくなく、存在しないものをただ信じているにすぎません。7 知らない人々がもっているのはこの信念にすぎず、この信念によって、彼らは自分自身についての理解を間違えています。8 彼らは創造されたものではない者として自分自身を定義しました。9 彼らが創造されたということは、見解ではなく確固たる事実です。10 確実性にもたらされる不確実性は、実在に対するいかなる確信も保有していません。

4. 望ましいことに望ましくないことをもたらすことを私たちは強調してきました。すなわち、あなたが欲するものにあなたが欲しないものをもたらすことを強調してきました。2 分断とは何であるかを考えてみれば、救いはこのような形であなたの所にやって来なければならないことに、あなたも気づくことでしょう。3 分断とは、二つの共存不可能な信念体系がそれによって維持されている、歪曲した思考過程のことです。4 この二つの思考体系を一緒にすれば、両者を受け容れることは不可能になります。5 しかし、一方がもう一方から隠されて暗闇の中に置かれていると、その分離が両者を生存可能にし、両者に等しい実在性をもたせるように見えます。6 こうして、両者を一緒にするということは怖れのもとになります。というのは、両者が出会えばどちらか一方の受容を撤回しなければならないからです。7 両方とももつことは不可能です。なぜなら、それぞれがお互いを否定するからです。8 別々にしておけば、この事実は視界から失われます。というのは、それぞれが別な場所において確固たる信念を賦与され得るからです。9 両者を一緒にすれば、非両立性は瞬時にして明らかになります。10 一方がなくなります。なぜなら、同じ場所にもう一方のものがあるのが見えるからです。

5. マインドが暗闇を信じ、暗闇を手放さないときには光は暗闇の中に入ることはできません。2 真実は無知と戦うことはなく、愛は怖れを攻撃しません。3 保護を必要としないものは、自らを防御することはありません。4 防御はあなたが作ったものです。5「神」は防御をご存じではありません。6「聖霊」は真実のために防御を用いますが、その理由はただ一つ、あなたが真実に対する防御を作ったからです。7 防御に対する「聖霊」の知覚は単に、「聖霊」の目的に従って、防御を、あなたが防御によって攻撃したものへの呼びかけに変えるだけです。8 あなたが作ったものは皆そうですが、防御もそっと方向を変えてあなたのために役立つものにし、自己破壊の手段から保存と解放の手段へと「聖霊」によって変えてもらわなければなりません。9「聖霊」の任務は大変なものですが、「神」の力が「聖霊」と共にあります。10 したがって、「聖霊」にとってそれはきわめて容易であるため、あなたのためにその任務が「聖霊」に与えられた瞬間に、それは達成されています。11「神」によって与えられた任務を「聖霊」はどのように成し遂げるのだろうといぶかしむことによって、安らぎへの帰還を遅らせてはなりません。12 知っている「聖霊」にそれは任せることです。13 あなた自身はこの大変な仕事を遂行することを求められてはいません。14「聖霊」が提案するごく僅かなことをするように依頼されているだけです。「聖霊」が依頼するならば自分にはそれができると信じる程度まで、「聖霊」を信頼するということです。15「聖霊」が依頼することはすべて簡単に達成できることがあなたにも分かるでしょう。

6. 「聖霊」があなたに依頼するのは次のことだけです。あなたがこれまで「聖霊」に対して錠をかけてしまい込んできたすべての秘密を「聖霊」の所にもってきてください。2「聖霊」に対してすべてのドアを開いてください。そして、「聖霊」に暗闇の中に入り、暗闇を光で照らして消滅させてくれるように依頼してください。3 あなたの依頼があれば「聖霊」は喜んで入ります。4 あなたが暗闇を「聖霊」に対して開けば、「聖霊」は暗闇に光をもたらします。5 しかし、あなたが隠すものは「聖霊」には見えません。6「聖霊」はあなたのために見ますが、あなたが一緒に見なければ見ることはできません。7「キリスト」のヴィジョンは「聖霊」だけのためのものではなく、「聖霊」とあなたのためのものです。8 したがって、あなたの暗い秘密の思いのすべてを「聖霊」の所にもっていってください。そして、それらの思いを「聖霊」と一緒に見てください。9「聖霊」は光を保持し、あなたは暗闇を保持しています。10「あなた方二人」が一緒にこの二つを見るとき、両者が共存することはできません。11「聖霊」の価値判断が勝利をおさめなければなりません。そして、あなたの知覚を「聖霊」の知覚と合流させるとき、「聖霊」はその価値判断をあなたに与えてくれるでしょう。

7.「聖霊」と一緒に見ることによって、知識につながる知覚の解釈を「聖霊」と共有することができるようになります。2 あなたは一人では見えません。3「神」があなたに与えてくださった「聖霊」と知覚を分かち合うことによって、あなたに見えるものを認識する方法を学ぶことができます。4 それは、あなたに見えるものはすべて単独では何も意味しないということの認識です。5「聖霊」と一緒に見ることによって、あなたの意味も含めてすべての意味は、二重のヴィジョンから来るのではなく、すべてのものが一つの意味に、一つの感情に、一つの目的に優しく融合することから生まれるということを見せられるでしょう。6「神」は一つの目的をもっておられますが、「聖霊」はそれをあなたと分かち合います。7「聖霊」があなたに差し出す一つのヴィジョンは、あなたのマインドに強烈な明晰性と明るさでこの一体性をもたらしてくれるでしょう。その明晰性と明るさはあまりにも強烈であるために、「神」があなたにもって欲しいと望んでおられることを受け容れたくないと思うことは不可能です。8 あなたの意志を見つめ、「聖霊」の意志として受け容れてください。「聖霊の愛」のすべてをあなたの愛とし、その愛をもって受け容れてください。9「聖霊」を通してすべての名誉があなたにやって来ます。そして、「聖霊」を通して「神」のもとへとやっていきます。

VIII. 神聖な出会いの場所

1. 「神」があなたに与えてくださった栄光と、「神」が罪のない「神の子」に授けられた力を、あなたは暗闇の中で見えなくしてしまいました。2 このようなもののすべては、暗い場所の一つ一つに、罪悪感と、罪のなさに対する陰鬱な否定に包まれて横たわっています。3 あなたが閉じた暗いドアの背後には何もありません。なぜなら、いかなるものも「神」の贈り物を見えなくすることはできないからです。4 ドアを閉めることによってのみ、あなたの中で輝いている「神」の力の認識が妨害されます。5 あなたのマインドから力を追放するのではなく、あなたの栄光を隠すすべてのものを「聖霊」の判断に委ね、そこで解除してもらってください。6「聖霊」が栄光のために救う者は栄光の故に既に救われています。7「聖霊」は「父」に対して、「聖霊」を通じてあなたを矮小性から栄光へと解放すると約束しました。8「神」に約束したことに対して「聖霊」は完全に忠実です。というのは、あなたと共有するべく「聖霊」が与えられた約束を「聖霊」は「神」と共有しているからです。

2. 「聖霊」は未だにそれをあなたのために分かち合っています。2 それが大きかろうが小さかろうが、大切にされていようがいまいが、それ以外のことを約束するものはすべて、「聖霊」が「聖霊」に与えられた一つの約束と取って代えるでしょう。その一つの約束は、あなたの「父」と「神の子」のための祭壇に捧げるようにと「聖霊」に与えられました。3「神の子」がいなければ「神」のための祭壇はありません。4 祭壇に捧げられたもので「神」と「神の子」の「両方」に等しく値しないものはすべて、「父」と「子」にとって完全に意に叶った贈り物に取って代えられるでしょう。5「神」に罪悪感を捧げることがいったい可能でしょうか。6 それが可能でないとすれば、それを「神の子」に捧げることはできません。7 というのは、「神」と「神の子」は別々な存在ではなく、一方に捧げられる贈り物はもう一方にも捧げられるからです。8 あなたは「神」を知りません。なぜなら、あなたはこれを知らないからです。9 にもかかわらず、あなたはしっかりと「神」を知っており、このこともまたしっかりと知っています。10 こうしたことのすべては、「聖霊」の光が輝いているあなたの中において何の心配もなく安全に存在しています。11「聖霊」は分断の中ではなく、「神」が「神の子」と一体になって「聖霊」を通して「神の子」に語りかけられる出会いの場所において輝きます。12分断不可能なもの同士のコミュニケーションが途絶えることはあり得ません。13分離されていない「父」と「子」の神聖な出会いの場所は、「聖霊」とあなたの中にあります。14「神ご自身」が「神の子」に対して意志をもってされるコミュニケーションにおいては、どのような妨害もすべてまったく不可能です。15途切れることも妨害されることもない愛が「父」と「子」の間に流れます。それは「父」と「子」が望むことです。16したがって、それは存在します。

3. あなたのマインドが光の中心を離れて、暗い回廊を彷徨することのないようにしてください。2あなたとあなたの兄弟は自分自身を迷わせる選択をするかもしれません。しかし、あなた方はあなた方のために任命された「ガイド」によってのみ一緒になることができます。3この「ガイド」は、「神」と「神の子」があなたによって認識されることを待っている場所へと、確実にあなたを導いてくれるでしょう。4「彼ら」は一緒になってあなたに一体性の贈り物を与えてくれるでしょう。そして、その贈り物の前で分離はすべて姿を消すでしょう。5本来のあなたと一体になってください。6あなたは実在以外のいかなるものとも一緒になることはできません。7「神」の栄光と「神の子」の栄光は真にあなたのものです。8「神」と「神の子」には正反対のものはなく、あなたがそれ以外のものを自分自身に与えることは不可能です。

4. 真実の代替物はありません。2そして、あなたが真実と出会わなければならない場所へと連れていかれたとき、真実がこれをあなたに明白にしてくれるでしょう。3あなたはそれ以外のいかなる場所へも導くことはできない優しさに満ちた理解によって、その場所へと導かれなければなりません。4「神」がおられる所に、あなたがいます。5それが真実です。6いかなるものも「神」があなたに与えられた知識を無知へと変えることはできません。7「神」が創造されたものはすべて自らの「創造主」を知っています。8というのは、創造は「創造主」とその創造物によってこのようにして達成されるからです。9神聖な出会いの場所において「父」と「父」の創造物が一緒になり、「神の子」の創造物が「彼ら」と一緒になります。10一つの輪が「彼ら」すべてを一緒に結びつけていて、「彼ら」を一体性の中に保ちます。そして、この一体性の中から創造が起こります。

5. 「神」が創造のための力をお与えになる人々と「神ご自身」を結びつける絆を、解消することは絶対に不可能です。2「天国」そのものは創造物のすべてと一体であり、その唯一の「創造主」と一体です。[3]そして、「天国」はあなたに対する「神の意志」であり続けます。[4]これ以外の贈り物をあなたの祭壇に置かないでください。というのは、いかなるものもこれと共存することはできないからです。[5]ここにおいて、あなたの小さな捧げ物が「神」の贈り物と一緒にされ、「父」にふさわしいものだけが「神の子」によって受け容れられるでしょう。「神」の贈り物は「神の子」のために意図されています。[6]「神の子」に「神」は「ご自身」を与えられますが、「神」は既に与えられています。[7]あなたのささやかな贈り物は、「神」が「ご自身」の贈り物を置かれた祭壇で姿を消すでしょう。

IX. 神聖性の反映

1. 「あがない」が神聖にすることはありません。[2]あなたは神聖なものとして創造されました。[3]「あがない」は非神聖性を神聖性へともっていくだけです。あるいは、あなたが作ったものを本来のあなたへともっていくだけです。[4]幻想を真実へともっていくこと、あるいは、エゴを「神」の所へ連れていくこと、それが「聖霊」の唯一の機能です。[5]あなたが作ったものを「神」から隠さないでください。というのは、それを隠したことによって、あなたは「神」についての知識、そして、自分自身についての知識という代価を払ってきたのですから。[6]その知識は安全です。しかし、その知識を離れてあなたの安全はいったいどこにあるでしょうか。[7]永遠に取って代わらせるために時間を作るという決断は、本来の自分ではいないという決断に依拠していました。[8]こうして、真実は過去のものとされ、現在は幻想に捧げられました。[9]そして、過去もまた変更され、常に存在していたものと現在との間に置かれたのです。[10]あなたが覚えている過去は一度も存在したことはなく、常に存在していたものの否定を象徴しているにすぎません。

2. エゴを「神」の所へもっていくことは過ちを真実の所へもっていくことであり、そこにおいて過ちは修正されます。なぜなら、過ちはそこで出合うものとは正反対だからです。[2]その矛盾はもはや成立しないがために、過ちは解除されます。[3]矛盾のあり得ない性質がはっきりと露呈されたとき、矛盾はもはや成立しなくなります。[4]光の中で消えてしまうものが攻撃されることはありません。[5]それは真実ではないが故に消えるだけです。[6]異なった複数の実在は無意味です。というのは、実在は一つでなければならないからです。7それは時間の経過と共に変わることもなければ、気分で変わることもなく、偶然によって変わることもありません。8その不変性が実在を実在的なものにします。9これを解除することはできません。10解除することができるものは非実在です。11そして、この実在性はあなたにとって十分であるでしょう。

3. 真実はただ真実であることによって、真実でないすべてのものからあなたを解放します。2「あがない」は非常に穏やかであるために、それに向かってそっとささやきさえすれば、その力のすべてがさっとやって来てあなたを援助しサポートしてくれるでしょう。3「神」があなたの傍らにいるのですから、あなたはか弱い存在ではありません。4しかしながら、「神」がいなければあなたは無です。5「あがない」はあなたに「神」を差し出します。6あなたが拒絶した贈り物は、「聖霊」によってあなたの中に保持されています。7「聖霊」があなたのためにそれをそこに保持しています。8「神」の崇拝者たちは他の神々を「神」の祭壇に置きましたが、「神」は「ご自分」の祭壇を離れてはおられません。9その神殿は今もなお神聖です。というのは、その中に住む「存在」はまさに「神聖性」であるからです。

4. その神殿の中で「神聖性」はそれを愛する者たちの帰りを静かに待っています。2その「存在」は彼らが純粋性と恩寵に戻ってくることを知っています。3慈しみ深い「神」が彼らをそっと優しく受け容れ、「父の愛」の不滅の保証によって彼らの苦しみと喪失感を包み込みます。4そこにおいて、死の怖れは生命の喜びに取って代わられるでしょう。5というのは、「神」は生命であり、彼らは生命の中に住んでいるからです。6生命は「神聖性」によって創造されましたが、その「神聖性」と同じように神聖です。7「神聖性という存在」は生命あるすべてのものの中に生きています。というのは、「神聖性」が生命を創造したからであり、「神聖性」が「それ自身」と同じように神聖なものとして創造されたもののもとを去ることはないからです。

5. この世界において、あなたは一点の汚れもない鏡になることができます。そして、その鏡の中であなたの「創造主」の「神聖性」があなたから辺り一面に輝き出るでしょう。2あなたはこの世界にあって「天国」を反映することができます。3しかしながら、他の神々のイメージを反映して「神」を映し出す鏡を暗くしてはなりません。4地上は「天国」を反映することもできれば、地獄を反映することもできます。すなわち、「神」ないしはエゴのいずれかを反映することができます。5あなたはただ鏡をきれいに保ち、あなたがその上に描いた隠された暗闇のイメージを取り除いておくだけで良いのです。6「神」はその鏡の中で「ご自身」の光を輝かされるでしょう。7「神」の明確な反映だけが鏡の上に知覚されるでしょう。

6. 鏡に映ったものは光の中で見ることができます。2暗闇の中ではそれらは不明瞭であり、それらの意味はそれ自身の中にあるというよりも、絶えず変化する解釈の中にあるように見えます。3「神」が映った姿にはいかなる解釈も必要ではありません。4それは明確です。5鏡をきれいにしさえすれば、すべての人が見えるようにと鏡が差し伸べているものから輝き出るメッセージを理解できない人はいません。6それは「聖霊」がすべての人の中にある鏡に対して掲げているメッセージです。7誰もがそれを認識します。なぜなら、彼らはその必要性を教えられたことがあるからです。しかし、彼らはそのメッセージを見つけるためにどこを見れば良いのか分からないでいます。8そのようなわけですから、あなたの中にあるそれを彼らに見せて、それをあなたと共有させてください。

7. あなたの中に映し出されて輝いている「神」の姿が世界全体にもたらすことができる癒しの力を、僅かな瞬間でも認識することさえできれば、世界を癒す神聖性のイメージを受け取るために、あなたは待ちきれずにマインドの鏡をきれいにすることでしょう。2あなたのマインドの中に輝く神聖性のイメージは不明瞭なものではなく、変化することはありません。3それを注視する人々にとってのその意味は不明瞭ではありません。というのは、誰もがそれを同じものとして知覚するからです。4すべての人がそれぞれ異なった問題をその癒しの光へともっていき、すべての問題はそこで癒しだけを発見することでしょう。

8. いかなる形の過ちに対しても神聖性の反応は常に同じです。2神聖性が呼び起こすものに矛盾はありません。3その唯一の反応は癒しであり、何がそのもとにもたらされようと変わりはありません。4自分自身の中に神聖性を反映しているが故に癒しだけを差し出すことを学んだ人々は、遂に「天国」への準備ができたのです。5そこでは神聖性は単なる反映ではなく、ここ地上において彼らに反映されたにすぎないものの実際的な状況です。6「神」はイメージではありません。そして、「神」の一部としての創造物が、彼らの内部に真実として「神」を保持します。7彼らは真実を反映しているだけでなく、まさに真実そのものです。

X. 奇跡の平等性

1.「神」と「神」の創造物との間に、あるいは、「神の子どもたち」と彼ら自身の子どもたちの間にいかなる知覚も介在しなければ、創造の知識は永遠に継続することになります。[2]あなたが時間の中でマインドの鏡に受け容れる反映は、永遠性を近づけるか遠ざけるかのいずれかです。[3]しかし、永遠性そのものはあらゆる時間を超越しています。[4]あなた自身の中にある永遠性の反映の助けを借りて、時間の中から手を伸ばして永遠性に触れてください。[5]そうすれば、神聖性の反映がすべての人にすべての罪悪感を手放すように呼びかけるのと同じくらい確実に、あなたは時間から神聖性へと向かうことでしょう。[6]「天国」の安らぎをこの地上で反映させ、この世界を「天国」へと連れていってください。[7]というのは、真実の反映はすべての人を真実へと引き寄せるからです。そして、「天国」に入るとき、彼らはすべての反映を後に残していくでしょう。

2.「天国」においては、実在は共有され、反映されることはありません。[2]実在の反映をここ地上で共有すれば、実在の真実は「神の子」が受け容れる唯一の知覚になります。[3]かくして、「父」の記憶がよみがえり、「神の子」自身の実在以外のいかなるものにも満足することはできなくなります。[4]地上にいるあなたは、無限という概念をまったく理解していません。というのは、あなたが住んでいるように見える世界は制限の世界だからです。[5]この世界においては、難易度なしに何でも起こり得るというのは真実ではありません。[6]したがって、奇跡には独特な機能があり、奇跡は別な世界の法則をこの世界へともたらしてくれる独特な「教師」によって動機を与えられています。[7]あなたにできることで序列を超越しているのは奇跡だけです。それは、奇跡が違いに基づいているのではなく平等性に基づいているからです。

3.奇跡は競争することはなく、あなたにできる奇跡の数は無限です。[2]奇跡は同時的であることも多数であることも可能です。[3]それが可能であると一度考えさえすれば、これを理解するのは難しいことではありません。[4]把握するのがもっと難しいのは難易度の欠如です。難易度の欠如は、奇跡はこの世界ではなくどこか別な世界から来るに違いないという刻印を押します。[5]この世界の観点からすると、奇跡が別の世界から来るということは不可能です。

4. おそらく、あなたが抱く様々な思いには競争はないということにあなたは気がついているかもしれません。思いはお互いに相反することはあるかもしれませんが、同時に起こることもできれば、多数起こることもできます。[2]あなたはこのことに非常に慣れてしまったために、ほとんど驚くことはないかもしれません。[3]しかし、あなたはまた、ある種の思いは他の思いよりもより重要で、より大きく、より優れており、より賢明であり、より生産的であり、より大切であると分類することにも慣れています。[4]これは分離して生きていると考えている人々のマインドを横切る思いにあてはまります。[5]というのは、思いの中には「天国」を反映するものもあれば、一見考えているように思われるエゴによって動機づけられているものもあるからです。

5. その結果はジグザグの変化のパターンであり、それは決して休息することなく、決して静止することがありません。[2]それはあなたのマインドの鏡の前を絶えず横切り、「天国」の反映はほんの一瞬続いたかと思うと、暗闇に消されてぼんやりとしたものになってしまいます。[3]光があった所では暗闇が一瞬のうちに光を除去し、光と暗闇が交錯するパターンが絶えずあなたのマインドを横切ります。[4]まだ残っている僅かの正気は、あなたが確立する秩序の感覚によって保たれます。[5]しかし、あなたにはこれができるという事実、そして、いかなる秩序であれ混沌の中にもたらすことができるという事実そのものが、あなたはエゴではないということ、そして、エゴ以上の何かがあなたの中にあるに違いないということを示してくれます。[6]というのは、エゴはまさに混沌であり、エゴがあなたのすべてであるとしたならば、秩序はまったく不可能だからです。[7]しかしながら、あなたがマインドに課す秩序はエゴを制限するものの、あなたをも制限します。[8]秩序立てるということは価値判断することであり、価値判断によって物事を整えることです。[9]したがって、それはあなたの機能ではなく、「聖霊」の機能です。

6. 思いを秩序立てるための根拠はあなたにはまったくないということを学ぶのは、あなたにとって困難であるように思われるでしょう。[2]このレッスンは、奇跡の輝かしい具体例をあなたに与えることによって「聖霊」が教えてくれます。そして、あなたの秩序立ての方法は間違っており、それよりも良い方法が差し出されていることを示してくれます。[3]奇跡は助けを求めるすべての呼び声に対してまったく同じ反応を差し出します。[4]奇跡は助けを求める呼び声を価値判断しません。[5]ただそれが何であるかを認識し、それに応じて答えるだけです。[6]どの呼び声がより大きく、より顕著で、より重要であるとは考えません。[7]価値判断にまだ縛られているあなたが、価値判断を必要としないことを実行するように求められるのはなぜだろうとあなたは思うかもしれません。[8]答えは非常に簡単です。[9]あなたの力ではなく、「神」の力が奇跡を生み出すからです。[10]奇跡そのものは、あなたの中に「神」の力があることの証言にすぎません。[11]奇跡を分かち合うすべての人に対して、奇跡が平等な祝福を与える理由はここにあります。そして、それがまた、すべての人が奇跡を分かち合う理由でもあります。[12]「神」の力は無限です。[13]「神」の力は常に最大限であるために、誰からの呼び声であれ、すべての呼び声に対してすべてを差し出します。[14]ここには難易度はまったくありません。[15]助けを求めれば助けは与えられます。

7. 関係する唯一の価値判断は「聖霊」が二つの範疇に分割することだけです。すなわち、愛という範疇と、愛を求める呼び声という範疇です。[2]あなたがこの分割をすることは危険です。というのは、あなたはあまりにも混乱しているために愛を認識することもできなければ、愛以外のものはすべて愛を求める呼び声であると信じることもできないからです。[3]あなたは内容ではなく、形にあまりにも縛られています。[4]あなたが内容であると信じるものは、内容とはほど遠いものです。[5]それはただの形であり、それ以外の何ものでもありません。[6]というのは、あなたは兄弟が本当にあなたに差し出しているものにではなく、兄弟が差し出すものについての特定の知覚に反応するからです。エゴはその知覚によって兄弟が差し出すものを価値判断します。

8. エゴには内容を理解する能力はありません。そして、エゴは内容にまったく関心がありません。[2]エゴにとっては、形が容認できるものであれば、内容も容認できるに違いないのです。[3]さもなければ、エゴは形を攻撃します。[4]たとえあなたがエゴの〝力学〟を少しでも理解していると信じているとしても、私は保証しますが、あなたにはそれはまったく分かっていません。[5]というのは、それはあなただけで理解できるものではないからです。[6]エゴについての研究はマインドについての研究ではありません。[7]実際のところ、エゴは自分自身について研究することを楽しみます。そして、エゴを〝分析し〟、そうすることによってエゴの重要性に同意する学び手の試みを完全に是認します。[8]しかしながら、彼らは意味のない内容をもった形を研究するだけです。[9]というのは、彼らの教師には分別がないからです。彼は印象的な言葉を使ってこの事実を注意深く隠しますが、それらの言葉を一緒にしてみると、一貫した意味は何もありません。

9. これはエゴの価値判断に特徴的なことです。[2]エゴの価値判断は単独では意味をなすように見えますが、一緒にすると、浮かび上がってくる思考体系は首尾一貫性を欠き、まったく混沌としたものになります。[3]というのは、形だけでは意味が不十分であり、根底にある意味の欠如が首尾一貫性のある体系を不可能にするからです。[4]したがって、分離がエゴの選択する条件であり続けます。[5]というのは、誰も単独ではエゴを真に価値判断することができないからです。[6]しかし、二人ないしはそれ以上の人々が真実の探究において一緒になると、エゴはもはや内容の欠如を防御できなくなります。[7]結合の事実がそれは真実ではないことを彼らに教えるのです。

10. 密かに一人だけで「神」を思い出すことは不可能です。[2]というのは、「神」を思い出すということは、あなたが一人ではないことを意味し、あなたが喜んでそれを思い出そうとしていることを意味するからです。[3]あなた自身のために思いをもってはなりません。というのは、あなたが抱く思いはどれ一つとして、あなたのためのものではないからです。[4]あなたの「父」を思い出したければ、「聖霊」にあなたの思いに序列を与えてもらい、「聖霊」があなたに答えるその答えだけを与えてください。[5]誰もがあなたと同じように愛を求めていますが、あなたと一緒に愛を求めるようになるまでは愛を知ることはありません。[6]あなたがその探究を共にするならば、非常に強烈であるためにあなたが見るものに意味を与えてくれる光をあなたはもたらすでしょう。[7]一人での旅は失敗します。なぜなら、一人旅は、発見するであろうものを排除しているからです。

11. 「神」があなたの内なる「聖霊」とコミュニケーションをするのと同じように、「聖霊」は「神」のコミュニケーションを、あなたを通して翻訳し、あなたがそれを理解できるようにします。[2]「神」には秘密のコミュニケーションはありません。というのは、「神」に属するものはすべてのもののためであるが故に、すべてのものに対して完全に開放されており、すべてのものが自由にアクセスすることができるからです。[3]いかなるものも密かに生きているのではありません。ですから、あなたが「聖霊」から隠そうとするものは無にすぎません。[4]あなたが兄弟に対して下そうとする解釈はすべて無意味です。[5]「聖霊」にあなたの兄弟を見せてもらってください。そして、兄弟の愛と、愛を求める兄弟の呼び声を「聖霊」に教えてもらってください。6 あなたの兄弟のマインドもあなたのマインドも、この二つの序列の思い以上のものは抱いてはいません。

12. これが真実であると認識することが奇跡です。2 愛がそこにあるとき、あなたの兄弟は愛の本質的な性質の故に愛をあなたに与えなければなりません。3 しかし、愛を求める呼び声があるとき、あなたはあなた本来の性質の故に愛を与えなければなりません。4 前に私は、このコースはあなたが何であるかを思い出し、あなたの「帰属性」を回復するための方法をあなたに教えるだろうと言いました。5 私たちはこの「帰属性」は共有されているということを既に学びました。6 奇跡は「帰属性」を分かち合うための手段になります。7「帰属性」が認識されていない場所がどこであれ、あなたは「帰属性」を与えることによって「帰属性」を認識するでしょう。8「神の子」と共に永遠にいることを意志として抱いておられる「神ご自身」は、「神の子」に対してもっておられるすべての愛をもって「神の子」の認識の一つ一つを祝福してくださるでしょう。9 あるいはまた、「神の愛」のすべてがもっている力は、あなたが「神の子」に差し出す奇跡の中に不在であることはありません。10 だとすれば、奇跡にいったいいかなる難易度があり得るでしょうか。

XI. 真実のテスト

1. しかしながら、本質的なことは、**あなたは知らない**ということを学ぶことです。2 知識は力であり、すべての力は「神」に所属します。3 力を自分自身のために保持しようとしてきたあなたは力を〝失って〟しまいました。4 あなたはその力をまだもっていますが、その力とそれについてのあなたの自覚との間にあまりにも多くのものを介在させてしまったがために、それを使うことができません。5 あなたが自分自身に教えてきたもののすべてがあなたの力をあなたにとって不明瞭なものにしてしまいました。6 あなたには力が何なのか、力がどこにあるのか分かりません。7 あなたが作った見せかけの力や、見せかけの強さは哀れむべきものであるために、必ずあなたを失敗させることになります。8 というのは、力は外見の強さではなく、真実はいかなる種類の見せかけをも超越したものだからです。9 しかしながら、あなたとあなたの内なる「神」との間に介在するのは、誤ったものについてのあなたの学びと、真実のものを解除しようとするあなたの試みだけです。

2. ですから、喜んでそうしたもののすべてが解除されるようにし、それによって永遠に束縛されていないことを喜んでください。[2]というのは、あなたは「神の子」を幽閉する方法を自分自身に教えてきたからです。このレッスンはまったく考えられないものであり、最も深い眠りについている狂気の人がやっと夢想することができるようなものです。[3]「神」が「神」でなくなる方法を学ぶことがいったい可能でしょうか。[4]そして、「神」によってすべての力を与えられている「神の子」が、無力になることを学ぶことがいったい可能でしょうか。[5]あなたが現にもっているもの、そしてあなたが現にそうである存在の代わりに、自分自身に教えてきたことで保持しておきたいと思うものがいったいあり得るでしょうか。

3.「あがない」は、あなたが**今現在**何であるか、それだけをあなたに示すことによって、あなたが過去において自分自身に教えてきたことのすべてから逃れる方法を教えてくれます。[2]学びはその効果が顕現する以前に既に達成されています。[3]したがって、学びは過去にありますが、学びの影響力は、学びがあなたに対してもっている意味が何であれ、その意味を与えることによって現在を決定します。[4]あなたの学びは現在に対していかなる意味も与えません。[5]あなたがかつて学んだいかなることも、あなたの現在についての理解を助けることもできなければ、過去を解除する方法を教えることもできません。[6]あなたの過去はあなたが自分自身に教えたものです。[7]**それをすべて手放してください**。[8]どのような出来事であれ、どのようなものであれ、どのような人であれ、過去の〝光〞の中で理解しようとしてはなりません。というのは、あなたは暗闇の中で見ようとしていますが、暗闇は見えなくするだけだからです。[9]あなたの理解に光明を投じようとして、暗闇に信頼を置くようなことは絶対にしないでください。というのは、そうすれば、光を否定することとなり、そうすることによって、暗闇が見えると思うからです。[10]しかし、暗闇を見ることはできません。というのは、暗闇とは見ることが不可能になる状況以上のものではないからです。

4. 自分自身に教えた暗闇のすべてを、まだ自分の内なる光の中に入れていないあなたは、このコースの真実と価値を判断することは到底できません。[2]しかしながら、「神」はあなたを見捨てることはされませんでした。[3]そういうわけで、あなたには「聖霊」が送ってくれたもう一つのレッスンがあります。そのレッスンは「神」によりそれを与えられた「聖霊」によって、すべての光の子どものために既に学ばれているものです。[4]このレッスンは「神」の栄光で輝いています。というのは、その中には「神」の力があり、「神」は「ご自分」の力を、喜びをもって「神の子」と分かち合われるからです。[5]あなたの幸せでもある「神」の幸せについて学んでください。[6]しかし、これを達成するためには、あなたの暗闇のレッスンを自発的に真実の前にもっていき、持ち去るために閉じた手ではなく、受け取るために開かれた手によってそれを横たえなければなりません。[7]光を教える「聖霊」の所にあなたがもっていく暗闇のレッスンの一つ一つを「聖霊」は受け取るでしょう。なぜなら、あなたはそれを欲しくないからです。[8]そして、「聖霊」は暗闇のレッスンの一つ一つを、「聖霊」があなたに代わって学んだ光り輝くレッスンと喜んで交換するでしょう。[9]「聖霊」から離れてあなたが学んだレッスンに、どんな意味であれ意味があるとは絶対に信じないでください。

5. あなたは「神」の存在と同じくらい確実に一つのテストを受けなければなりません。そのテストとは、あなたが学んだことが真実であるかどうかを認識するためのテストです。[2]あなたがいかなる種類の怖れからも完全に自由で、あなたと出会うすべての人々が、あるいは、あなたのことを思うすべての人々が、あなたの完璧な安らぎを共有するならば、あなたは自分自身のレッスンではなく、「神」のレッスンを学んだと確信して良いでしょう。[3]これがすべて真実でなければ、あなたのマインドの中には暗闇のレッスンがあり、そのレッスンがあなたおよびあなたの周囲のすべての人々を傷つけ、妨げています。[4]完璧な安らぎの欠如はただ一つのことを意味します。「父」が「神の子」のために意志として抱いておられることを、あなたは意志として抱いていないと考えているということを意味します。[5]暗闇のレッスンの一つ一つが何らかの形でこれを教えます。[6]あなたが受け容れない暗闇のレッスンと「聖霊」が交換する光り輝くレッスンの一つ一つが、あなたは「父」とそして「父の子」と共に意志を用いるであろうということをあなたに教えます。

6. あなたが自分自身に教えてきたことのすべてとまったく異なったレッスンを、どうすれば学ぶことができるのかについて心配することはありません。[2]それはあなたには知る由もないことです。[3]あなたの役割はきわめて簡単です。[4]あなたが学んだことのすべてを欲しないということを認識するだけで良いのです。5教えてくださいと依頼してください。そして、学んだことを確認するために、あなたの体験を使わないでください。6いかなる形であれ、あなたの安らぎが脅かされ、乱されたときは、自分自身に向かって次のように言ってください。

7このことも含めて、どんなことであれ、それが何を意味するのか私には分かりません。8したがって、それに対してどのように反応すべきか、私には分かりません。9そして、過去の学びを、今、私を導くための光として用いることはしません。

10自分が知らないことを自分自身に教える試みをこうして拒否すれば、「神」があなたにお与えになった「ガイド」があなたに語りかけるでしょう。11あなたの意識の中の「聖霊」がいるべき場所をあなたが放棄し、「聖霊」に差し出したその瞬間に、「聖霊」はあなたの意識の中に正当な場所を占めることになるでしょう。

7. あなたは奇跡に向かうために自分の道案内になることはできません。というのは、奇跡を必要にしたのはあなただからです。2そして、あなたが奇跡を必要にしたが故に、奇跡のために頼ることのできる手段があなたに与えられています。3「神の子」がほんの少しでも「父」の方を向けば、必要とするものは「父」がすべて与えてくださるでしょう。4しかしながら、「父」が強制して「子」に自分の方を向かせれば、「父」は「ご自分」の帰属性を失ってしまいます。5「神」が「神としての帰属性」を失うことは不可能です。というのは、「神」が「帰属性」を失ってしまったならば、あなたもあなたの「帰属性」を失ってしまうからです。6そして、あなたの「帰属性」である「神」には、「ご自身」を変えることはできません。というのは、あなたの「帰属性」は不変だからです。7奇跡は、「神の子」を自分自身をこうしたいと思っているものとしてではなく、彼が常にそうであったものとして見ることにより、「神」の不変性を承認します。8奇跡は無罪性だけがもたらすことのできる効果をもたらし、かくして、無罪性が存在するに違いないという事実を確立します。

8. かくもしっかりと罪悪感に束縛され、その状態にとどまることにかくもコミットしているあなたに、自分の力で自分の無罪性を確立することがいったいできるでしょうか。2それは不可能です。3しかし、それはまったく不可能であることを、必ず自分から進んで承認するようにしてください。[4]「聖霊」の導きが制限される唯一の理由は、あなたが何か小さな役割を果たすことができると考え、人生のある側面は自分だけで対処できると考えることにあります。[5]こうして、あなたは「聖霊」を頼ることができないものにしてしまい、ある種の暗闇のレッスンを「聖霊」から隠しておくための口実として、この想像上の非信頼性を用いるのです。[6]こうして、あなたは受け取る導きを制限してしまうために、あなたのすべての問題に対する答えとして奇跡に頼ることができなくなります。

9.「聖霊」があなたに与えさせるものを、あなたに与えないと思いますか。[2]「聖霊」があなたに奇跡を差し出すことによって解決できない問題はあなたにはありません。[3]奇跡はあなたのためにあります。[4]そして、あなたがもっている怖れのすべて、痛み、試練は既に解除されています。[5]「聖霊」があなたに代わってそれらのものを受け容れ、それらはまったく存在していないことを認識した上で、それらのすべてを光の場所へと連れていったのです。[6]暗闇のレッスンはすべて、「聖霊」が既にあなたのために光で明るく照らし出したものばかりです。[7]あなたが自分自身に教えるレッスンは「聖霊」によって既に修正されています。[8]それらのレッスンは「聖霊」の「マインド」にはまったく存在しません。[9]というのは、過去は「聖霊」を束縛しないからであり、したがって、あなたも束縛しないからです。[10]「聖霊」はあなたが時間を見るようには時間を見ません。[11]そして、「聖霊」があなたに差し出す奇跡の一つ一つがあなたの時間の使い方を修正し、それを「聖霊」の時間の使い方にします。

10. あなたを過去から解放した「聖霊」は、あなたは過去から自由であると教えるでしょう。[2]「聖霊」は自らの達成をあなたのものとして、あなたに受け取って欲しいだけです。なぜなら、「聖霊」はあなたのためにそうしたからです。[3]「聖霊」がそうしたが故に、それはまさにあなたのものです。[4]「聖霊」はあなたが作ったものからあなたを自由にしました。[5]あなたは「聖霊」を否定することはできますが、「聖霊」に何かを依頼すれば必ず報われます。[6]「聖霊」はあなたの贈り物の代わりに自らの贈り物を常に与えます。[7]「聖霊」は輝く教えをあなたのマインドにしっかりと確立するために、罪悪感についての暗闇のレッスンは、「聖霊」が「自らの存在」によって神聖なものとして確立したものの中に住むことはできません。[8]「聖霊」がそこにいて、あなたを通して仕事をしていることを「神」に感謝してください。[9]そして、「聖霊」の仕事はすべてあなたのものです。[10]あなたがあなたを通して「聖霊」に一つの仕事をさせる度ごとに、「聖霊」はあなたに奇跡を差し出します。

11. 「神の子」は常に不可分です。[2]私たちは「神」の中で一つのものとして抱かれているのと同じように、「神」の中で一つのものとして学びます。[3]「神の教師」と「神の教師」の「創造主」との関係は、「神の子」と「神の子」の「創造主」との関係と同じです。「神の教師」を通じて、「神」は「神の一体性」と「神の子」の一体性を宣言します。[4]沈黙の中で耳を傾けてください。そして、「神」に逆らって声を上げないでください。[5]というのは、「神」は一体性の奇跡を教えるからであり、「神」のレッスンの前では分断は姿を消すからです。[6]ここ地上にあって、「神」と同じように教えてください。そうすれば、あなたはあなたの「父」と同じようにいつも創造していたことを思い出すでしょう。[7]創造の奇跡には不滅という神聖な刻印が押されているために、創造の奇跡が途絶えたことは一度もありません。[8]これが創造物のすべてに対する「神の意志」であり、すべての創造物は共にこれを意志としてもっています。

12. 自分が何も知らないということを常に覚えていて、すべてのことを学びたいという気持になった人々は、すべてを学ぶでしょう。[2]しかし、自分自身を信頼するときは、学びはないでしょう。[3]既に知っていると考えることによって、学ぶ動機を破壊してしまったのです。[4]完璧な安らぎのテストに合格するまでは、いかなることであれ理解していると考えないでください。というのは、安らぎと理解は一緒に進むものであり、単独で進むことは決してないからです。[5]それぞれがもう一方を連れていきます。というのは、これら二つは分離してはならないというのが「神」の法則だからです。[6]両者は原因と結果であり、お互いに補完し合っており、一方がない所に他方があることは不可能です。

13. 理解の効果が伴っていなければ知っているとは言えないと認識している人々は、本当に学ぶことができます。[2]このためには、彼らが望むものは安らぎでなければならず、それ以外のものであってはなりません。[3]自分は知っていると考える度ごとに、安らぎはあなたから離れるでしょう。なぜなら、あなたは安らぎを教えてくれる「教師」を見捨ててしまったからです。[4]自分は知らないということを十分に実感する度ごとに、安らぎが戻ってくるでしょう。というのは、あなたは「聖霊」に代わってエゴを見捨てることにより、「聖霊」を招いて安らぎが戻るようにしたからです。5いかなることのためであれ、エゴに依存しないでください。あなたがする必要があるのはこれだけです。6「聖霊」のために場所を作る「マインド」の一つ一つを、「聖霊」は「聖霊自身」で満たすでしょう。

14. 安らぎを望むのであれば、攻撃を教える教師を見捨てなければなりません。2安らぎを教える「教師」はあなたを見捨てることは絶対にありません。3あなたは「聖霊」を見捨てることはできますが、「聖霊」があなたを見捨てることはありません。というのは、あなたに対する「聖霊」の信頼は「聖霊」の理解だからです。4あなたに対する「聖霊」の信頼は、「彼の創造主」に対する「彼」の信頼と同じ程度に確固たるものであり、「彼の創造主」に対する信頼は「創造主」の創造物に対する信頼をも包含しなければならないことを「聖霊」は知っています。5この一貫性の中に、「聖霊」が見捨てることのできない神聖性があります。というのは、それを見捨てることは「聖霊」の意志ではないからです。6「聖霊」はあなたの完全性を常に視野に置きながら、安らぎの必要性を知覚しかつそれを望むすべての人に安らぎの贈り物を与えます。7安らぎのために道をあけてください。そうすれば、安らぎはやって来ます。8というのは、理解はあなたの中にあり、その理解から安らぎはやって来なければならないからです。

15. 理解と安らぎの源である「神」の力は、「聖霊」のものであるのと同じくらい確実にあなたのものです。2あなたは「聖霊」を知らないと思っていますが、その理由はただ、単独で「聖霊」を知ることは不可能だからです。3しかし、「聖霊」があなたを通して行う畏敬の念を抱かざるを得ないような仕事を見れば、あなたがそれらの仕事を「聖霊」を通して行ったということを確信するに違いありません。4その効果はあまりにも強烈であるために、あなたからやって来たものではないことは明らかであり、その「源」を否定することは不可能です。5「聖霊」のために場所をあけておいてください。そうすれば、あなたは力に満たされ、いかなるものもあなたの安らぎに勝つことはできないでしょう。6これがテストであり、このテストによってあなたは自分が理解したことを認識します。

第15章　神聖な瞬間

I. 時間の二つの使い方

1. いつでも、何の気苦労もなく、何の心配もなく、何の不安もなく、ただ完全に心が穏やかで、静かでいるということがどのようなことか、想像できるでしょうか。2 しかしながら、時間はそもそもそのためにあります。ただそのことを学ぶためにあり、それ以上のことを学ぶためにはありません。3「神の教師」は「ご自分」の教えがあなたの学びのすべてを構成するようになるまでは、満足することはできません。4 あなたが首尾一貫した学び手になって、「神の教師」からだけ学ぶようになるまでは、「神の教師」は「ご自分」の教えの機能を果たしたことになりません。5 これが実現したとき、あなたにはもはや教師も、学びのための時間も必要ではなくなります。

2. あなたが味わうかもしれない知覚的な失望の一つの源は、これには時間がかかるという信念であり、「聖霊」の教えの結果は遙か未来にあるという信念です。2 これは事実ではありません。3 というのは、「聖霊」は独自の方法で時間を使うからであり、時間によって束縛されないからです。4 時間は「聖霊」が教えるときの「聖霊」の友達です。5 時間はあなたを消耗させますが、「聖霊」を消耗させることはありません。6 時間がもたらすように思われる消耗のすべては、あなたがエゴに帰属意識をもつことに起因しています。エゴは、破壊に対する自らの信念を支持するために時間を使います。7 エゴは「聖霊」と同じように時間を使って、目標の不可避性と教えの終わりをあなたに納得させようとします。8 エゴにとって目標は死であり、死はまさにエゴの終わりです。9 しかし、「聖霊」にとって目標は生命であり、生命に終わりはありません。

3. エゴは時間の同盟者ではありますが、友達ではありません。2 というのは、エゴは生命を信頼していないのと同じように、死も信頼していないからです。そして、エゴがあなたのために望んでいることを、エゴ自身は許容することができません。3 エゴはあなたの死を望んでいますが、自分自身の死は望んでいません。4 したがって、エゴの奇妙な宗教の所産は、エゴはあなたを墓場の向こうまで追いかけることができるという確信であるに違いありません。5エゴはあなたが死においてすら安らぎを見出すことを望まないために、地獄における不滅性をあなたに差し出します。6エゴは「天国」について語りかけますが、「天国」はあなたのためのものではないことを保証します。7罪のある者が「天国」を望むことがいったい可能でしょうか。

4. エゴに帰属意識をもつ人々にとって、地獄を信じることは不可避的です。2彼らの悪夢や怖れはすべてこの信念と結びついています。3地獄は未来にあるとエゴは教えます。というのは、エゴの教えはすべてこれに向けられているからです。4地獄がエゴの目標です。5というのは、エゴは死と崩壊を目標にしていますが、それを信じていないからです。6エゴがあなたのために希求する死という目標は、エゴを不満な状態に保ちます。7エゴの教えに従う者は、誰も死の怖れを免れません。8しかしながら、死が単に痛みの終わりであると見なされるならば、人は死を恐れるでしょうか。9エゴの思考体系におけるこの奇妙な逆説を私たちは前にも見たことがありますが、これほどはっきりとではありませんでした。10というのは、エゴはあなたの忠誠心をつなぎ留めておくために、怖れをあなたから遠ざけておくように見せなければなりません。11しかしながら、自分を維持するためには怖れを引き起こさなければなりません。12再びエゴは試み、非常に多くの場合、その二つのことにおいて成功します。両者が共存しているかのように見せかけるために、その矛盾した目的を、分断を使って両立させることによりこれを成功させます。13エゴは次のように教えます。「天国」の希望に関する限り、死が終わりである。14しかしながら、あなたとエゴを切り離すことは不可能であるために、そしてまたエゴは自分自身の死を想像することができないために、エゴはそれでもなおあなたを追いかけるでしょう。なぜなら、罪悪感は永遠だからです。15これが不滅性についてのエゴのバージョンです。16そして、時間についてのエゴのバージョンが支持するのはまさにこれです。

5. 未来は地獄であるが故に「天国」はここにあるとエゴは教えます。2エゴの声が唯一の声であると思っている人の生命を奪おうとして凶暴に攻撃するときですら、エゴはその人に対しても地獄について語ります。3というのは、地獄はここにもあると教え、地獄を飛び出して忘却の中に飛び込むようにと命令するからです。4エゴが誰に対してであれ、心静かに見ることを許す唯一の時間は過去だけです。5しかしその場合でも、時間の唯一の価値はそれがもうないということにあります。

6. エゴの時間の使い方はなんとわびしく、絶望的なものであることでしょうか。[2] そして、なんと恐ろしいものでしょうか。[3] というのは、過去と未来は同じであるというエゴの狂信的な主張の背後に、それよりも遙かに油断のならない安らぎへの脅威が潜んでいるからです。[4] エゴは自らが最後にもたらす脅威を宣伝することはありません。というのは、エゴの信奉者たちにエゴが逃避を差し出すことができると信じさせておきたいからです。[5] しかし、罪悪感を信じることは地獄を信じることにつながるに違いなく、常にそうなります。[6] 地獄の恐怖をエゴが体験させる唯一の方法は地獄をここにもってくるというものですが、それは常に、未来を前もって味わうものとして体験されます。[7] というのは、自分は地獄に値すると見なしている人は、罰が安らぎの内に終わるとは信じることができないからです。

7. 「聖霊」は、地獄は存在しないと教えます。[2] 地獄とはエゴが現在から作り出したものにすぎません。[3] 地獄を信じるがために、あなたの現在に対する理解が妨げられます。なぜなら、あなたは現在を恐れているからです。[4] エゴが地獄に追いやるのと同じくらい着実に、「聖霊」は「天国」へと導きます。[5] というのは、現在しか知らない「聖霊」は現在を活用して、現在を意味のないものにするためにエゴが利用する怖れを解除するからです。[6] エゴの時間の使い方では怖れから逃れることは不可能です。[7] というのは、エゴの教えによれば、時間とは罪悪感がすべてを包み込み、永遠に報復を要求し続けるものとなるまで罪悪感を増大させるための教えの手段にすぎないからです。

8. 「聖霊」は**今という瞬間**にこれらのすべてを解除します。[2] 怖れは現在から来るのではなく、存在しない過去と未来からだけやって来るものです。[3] 毎瞬間が過去と接触しておらず、過去から分離して存在し、過去の影が未来にさしていないとき、現在に怖れはありません。[4] それぞれの瞬間は汚れも曇りもない新しい誕生であり、その誕生において「神の子」が過去から現在へと生まれ出てきます。[5] そして、現在は永遠に延長されます。[6] それはこの上なく美しく、罪悪感から完全に解放され自由であるために、幸せ以外のいかなるものもそこにはありません。[7] 暗闇の記憶はなく、不滅性と喜びだけが今、存在します。

9. このレッスンに時間はまったくかかりません。[2] というのは、過去と未来のない時間とはそのようなものだからです。[3] かくも完璧にあなたの道を誤らせるのには時間がかかりましたが、あなたが本来の姿になるにはまったく時間はかかりません。[4]幸せと安らぎに至るための教えの手段として、「聖霊」の時間の使い方の実践を開始してください。[5]たった今というこの瞬間を取り上げ、これが存在する時間のすべてであると考えてみてください。[6]過去のいかなるものも、ここにいるあなたに到達することはできません。ここにおいては、あなたは完全にゆるされており、完全に自由であり、有罪判決からも完全に自由です。[7]神聖性が再び誕生したこの神聖な瞬間から、あなたは恐れることなく時間の中を進み、そして、時間の変化という感覚をもつことなく進むことでしょう。

10. 時間は変化がなければ想像することは不可能です。しかしながら、神聖性は変わることはありません。[2]この瞬間から、単に地獄は存在しないということ以上のことを学んでください。[3]この救いの瞬間の中に「天国」が横たわっています。[4]そして、「天国」は変わることはありません。というのは、神聖な現在の中に誕生することは、変化から救い出されることだからです。[5]変化は幻想であり、自分自身を無罪であると見なせない人々によって教えられるものです。[6]「天国」にはいかなる変化もありません。なぜなら、「神」にはいかなる変化もないからです。[7]この神聖な瞬間において、自分自身が自由で明るく輝いているのが見え、「神」を思い出すでしょう。[8]というのは、「神」を思い出すことはまさに自由を思い出すことだからです。

11. マインドをそれほどまでに完全に変えるのにどれだけの時間がかかるかと考えて意気消沈しそうになったときは、自分自身に、〝瞬間とはどれくらいの長さなのだろうか〟と聞いてみてください。[2]あなたの救いのためであれば、僅かそれだけの時間を「聖霊」に与えることはできるのではないでしょうか。[3]「聖霊」はそれ以上のことは求めません。というのは、「聖霊」にはそれ以上のものは必要ないからです。[4]「聖霊」がこの僅かな瞬間を使って「天国」のすべてをあなたに差し出すのに要する時間よりも、この僅かな時間を「聖霊」に与える気持にあなたがなるように教えるのに要する時間のほうがずっと多くかかります。[5]「聖霊」には、この瞬間と引き替えにあなたに永遠についての記憶を与える準備ができています。

12. この神聖な瞬間を、兄弟の解放のために彼らに与える気持にならない間は、あなた自身の解放のためにそれを「聖霊」に与える気持にはならないでしょう。[2]というのは、神聖な瞬間は共有されなければならず、あなただけのものであることはできないからです。[3]そういうわけですから、兄弟を攻撃したいという誘惑に駆られたときは、彼の解放の瞬間はあなたの解放の瞬間であることを思い出してください。4 奇跡とは、あなたが差し出す解放の瞬間であり、あなたが受け取る解放の瞬間です。5 奇跡は、完全に解放されたいというあなたの気持を証言するものであり、「聖霊」に時間を使ってもらうために時間を差し出したいというあなたの気持を証言するものです。

13. 瞬間はどれほどの長さでしょうか。2 それはあなたにとって短いものであるように、あなたの兄弟にとっても短いものです。3 この祝福された自由な瞬間を、時間の奴隷となっているすべての人々に与えることを常に実践してください。そうすることによって、時間を彼らの友達にしてあげてください。4「聖霊」はあなたがそれを与えることを通して、彼らの祝福された瞬間をあなたに与えます。5 あなたがそれを差し出すとき、「聖霊」はそれをあなたに差し出します。6「聖霊」から受け取るであろうものを与えることをためらわないでください。というのは、あなたは与えることにおいて「聖霊」と一緒になるのですから。7 あなたが与える解放の澄み切った純粋さの中に、罪悪感からの即時的な脱出があります。8 神聖性を差し出すためには、あなたは神聖でなければなりません。

14. 瞬間はどれほどの長さでしょうか。2 すべての人のために、「神」のために、そして自分自身のために、完全な正気と、完全な安らぎと、完全な愛を再確立するのに必要な長さです。3 不滅性を思い出し、不滅性を共有しているあなたの不滅の創造物を思い出すのに必要な長さです。4 地獄を「天国」と交換するのに必要なだけの長さです。5 エゴが作ったもののすべてを超越して、あなたの「父」の所まで上昇するのに十分な長さです。

15. 時間の使用を「聖霊」に任せておけば、時間はあなたの友達です。2「神」のすべての力をあなたのために回復するのに、「聖霊」にはほんの少しの時間があれば十分です。3 あなたに代わって時間を超越する「聖霊」は、時間が何のためにあるのかを理解しています。4 神聖性は時間の中にではなく、永遠の中に横たわっています。5「神の子」が自らの純粋性を失い得た瞬間というものは、一度も存在したことはありません。6「神の子」の不変の状態は時間を超越しています。というのは、「神の子」の純粋性は永遠に攻撃の及ばないものであり、変化することなくそのままだからです。7 時間は「神の子」の神聖性の中で静止し、変わることはありません。8 したがって、それはもはや時間ではなくなります。9 というのは、「神」の創造物の永遠に神々しい瞬間に捕えられて、永遠へと変貌してしまったからです。10 完全な解放のこの輝ける瞬間に、永遠があなたのために思い出されるように、その永遠の瞬間を与えてください。11 神聖な瞬間の奇跡を、「聖霊」を通して差し出してください。そして、「聖霊」がそれをあなたに与えることについては、「聖霊」に任せてください。

II. 疑惑の終焉

1. 「あがない」は時間の中にありますが、時間のためにあるのではありません。2「あがない」はあなたの中にあるが故に永遠です。3「神」の記憶を保持するものが時間によって束縛されることはありません。4 あなたも同様に、時間によって束縛されることはありません。5 というのは、「神」が束縛されていなければ、あなたが束縛されていることはあり得ないからです。6「聖霊」に差し出される瞬間は、あなたのために「神」に差し出されます。そして、その瞬間にあなたは「聖霊」の中でそっと目を覚ますでしょう。7 この祝福された瞬間に、あなたは過去に学んだことのすべてを手放し、「聖霊」がすぐに安らぎの全レッスンをあなたに差し出すでしょう。8 安らぎを学ぶための障害がすべて取り除かれたとき、いかなることにも時間はかからなくなります。9 真実は時間を遥かに超越しているために、そのすべてが一度に起こります。10 というのは、真実は一つのものとして創造されたために、その一体性は時間にはまったく依存しないからです。

2. 時間について心配することはありません。そして、すべての怖れを取り除いてくれる神聖な瞬間を恐れることもありません。2 というのは、安らぎの瞬間は怖れがないというまさにその理由によって永遠だからです。3 安らぎの瞬間は、「神」があなたに与えてくださるレッスンであるが故に、時間を永遠へと変換するように「神」が任命された「教師」を通してやって来るでしょう。4「神の教師」は祝福されています。「神」の神聖な「子」にその神聖性を教えることは「神の教師」の喜びです。5「神の教師」の喜びは時間の中に封じ込められることはありません。6「神の教師」の喜びはあなたのものであるが故に、「彼」の教えはあなたのためにあります。7「神の教師」を通してあなたは「神」の祭壇の前に立ち、そこで「神の教師」が地獄を「天国」へと優しく変換します。8 というのは、「神」があなたにいて欲しいと思っておられる場所は「天国」以外にはないからです。

3.「神」があなたにいて欲しいと思っておられる場所に行くのにどれほどの時間がかかるでしょうか。[2]というのは、あなたはあなたが永遠にいた場所に、そして永遠にいるであろう場所にいます。[3]あなたがもっているもののすべては永遠にあなたのものです。[4]「神」が「ご自身」を延長されてあなたを包み込むのと同じように、祝福された瞬間は手を差し伸べて時間を包み込みます。[5]エゴを支持しエゴの弱さを支えようとして、兄弟をあなたのエゴに鎖で縛りつけることに何時間も、何日間も、何年間も費やしてきたあなたは、強さの「源」を知覚していません。[6]この神聖な瞬間において、あなたはすべての兄弟の鎖をほどき、彼らの弱さ、あるいは、あなた自身の弱さを支持することを拒否します。

4. 兄弟をエゴを支持するための根拠と見なすことによって、どれほど彼らを悪用してきたかにあなたは気づいていません。[2]その結果、彼らはあなたの知覚におけるエゴの証人となり、エゴを手放さない理由を提供してくれるように思われます。[3]しかしながら、彼らはそれよりも遥かに強く、ずっと説得力のある「聖霊」の証人です。[4]そして、彼らは「聖霊」の強さを支持します。[5]したがって、彼らがあなたの中にあるエゴを支持するか、それとも、「聖霊」を支持するかはあなたの選択です。[6]そして、あなたは彼らの反応によって、自分がどちらを選択したかを認識するでしょう。[7]兄弟の中にいる「聖霊」を通して解放された「神の子」は常に認識されます。[8]彼を否定することはできません。[9]あなたが確信をもてないままであるとすれば、その唯一の理由は、あなたが完全な解放を与えていないからです。[10]そして、この理由によって、一つの瞬間をも「聖霊」に完全に与えることをしていないのです。[11]というのは、そうしたとき、そうしたことをあなたははっきりと確信できるからです。[12]確信できる理由は、「聖霊」に対する証人が「聖霊」について非常に明確に語るために、それが聞こえ、理解できるからです。[13]「聖霊」を通してあなたが完全に解放した一人の証人の声を聞くまでは、あなたは疑うでしょう。[14]この証人の声を聞いたとき、あなたはもはや疑うことはないでしょう。

5. この神聖な瞬間はあなたにはまだ起こっていません。[2]しかしながら、それは起こります。そして、あなたは完璧な確実さでそれを認識するでしょう。[3]「神」の贈り物がこれ以外の形で認識されることはありません。[4]あなたは神聖な瞬間の仕組みを実践することができます。そして、そうすることによって、たくさんのことを学ぶことができるでしょう。5しかしながら、それ独自のヴィジョンによってこの世界に対するあなたの目を文字通りくらませてしまう、きらきらと光るその輝きを、あなたが供給することは不可能です。6そして、この神聖な瞬間は、すべて今という瞬間の中にあり、完璧で、完成され、完全に与えられます。

6. 神聖な瞬間を選り分ける上でのあなたのささやかな役割を今から実践してください。2それを実践していく中で、非常に具体的な指示が与えられるでしょう。3この一秒間を選り分けることを学び、時間を超越したものとしてそれを体験することは、自分自身を分離していない者として体験し始めることです。4これをするにあたって援助を与えられないのではないかと恐れることはありません。5「神の教師」と「彼」のレッスンがあなたの強さを支えてくれるでしょう。6これを実行するときにあなたから離れていくのは、あなたの弱さだけです。というのは、それはあなたの内なる「神」の力を実行することだからです。7ほんの一瞬であれこの内なる「神」の力を用いれば、あなたはそれを二度と否定することはないでしょう。8宇宙が感謝と喜びで頭を垂れる「存在」を、いったい誰が否定できるでしょうか。9「それ」を証言する宇宙の認識を前にして、あなたの疑念は消え去るしかありません。

III. 矮小性と偉大さ

1. 矮小性に満足しないでください。2しかし、矮小性とは何であるか、そして、なぜあなたはそれに満足することはできないのかを必ず理解してください。3矮小性は、あなたが自分自身に与える捧げ物です。4あなたは偉大さの代わりにこれを差し出し、これを受け取ります。5この世界のものはすべて矮小です。なぜなら、矮小性で満足できるという奇妙な信念のもとに、矮小性で作られている世界だからです。6それが安らぎをもたらしてくれるだろうと信じて、この世界で何かを求めて努力するとき、あなたは自分自身を軽視し、栄光に対して自分の目をくらませています。7矮小性と栄光が、あなたの努力と警戒に対して開かれた選択です。8どちらかを選択すれば、必ず他方を犠牲にすることになります。

2. しかしながら、あなたが気づいていないことは、選択をする度に、その選択によって自分自身に評価を下しているということです。2矮小性を選択すれば、安らぎはありません。というのは、自分は安らぎに値しない存在であると価値判断したからです。[3]そして、その代わりに何を差し出したとしても、それはあなたを満足させるにはあまりにも貧弱な贈り物です。[4]あなたを満足させることができるいかなる形の矮小性も存在しないという事実を受け容れること、しかも、喜んで受け容れることが不可欠です。[5]好きなだけ多くの矮小性を試すのはあなたの自由ですが、それはあなたの故郷への帰還を遅らせるだけです。[6]というのは、あなたは偉大さにしか満足することはなく、偉大さこそあなたの故郷だからです。

3. あなたには自分自身に対して負っている一つの深遠な責任があります。それは常に覚えておくようにしなければならない責任です。[2]そのレッスンは、最初は難しく思われるかもしれません。しかし、それが真実であり、あなたの力に対する賞讃のしるしに他ならないと気づいたとき、そのレッスンを愛するようになるでしょう。[3]矮小性を求め、そして、矮小性を発見してきたあなたは、次のことを覚えておかなければなりません。それは、あなたが下す決断の一つ一つは、あなたが自分自身は何であると考えているかに基づいており、自分自身に置く価値を象徴しているということです。[4]矮小なものがあなたを満足させることができると信じれば、自分自身を制限することになり、満足することができないでしょう。[5]というのは、あなたの機能は矮小ではないからです。そして、あなたの機能を発見し、その機能を果たすことによってはじめて、矮小性から脱出することができます。

4. あなたの機能が何であるかについては何の疑いもありません。というのは、「聖霊」はそれが何であるかを知っているからです。[2]その偉大さについても疑いはありません。というのは、それは「偉大さ」から発して「聖霊」を通ってあなたに到達するからです。[3]それを目指して努力する必要はありません。なぜなら、あなたはそれをもっているからです。[4]あなたの努力のすべては矮小性とは反対の方向に向けられなければなりません。というのは、この世界にあっては、あなたの偉大さを守るために警戒が確かに必要だからです。[5]矮小性の世界にあって偉大さを完全に自覚し続けることは、矮小な者には着手不可能な仕事です。[6]しかしながら、あなたの矮小性ではなく偉大さに敬意を表して、それがあなたに求められています。[7]それはあなただけに求められているのではありません。[8]「神の親愛なる子」のためにあなたがする努力の一つ一つを、「神の意志」の力が支えてくれるでしょう。[9]あなたが矮小なものを求めれば、自分自身に対して「神」の力を否定することになります。[10]「神の子」がすべてのものよりも少ないもので満足することは、「神の意志」に叶ったことではありません。[11]というのは、「神の子」がいなければ「神」は満足されないからであり、「神の子」は「父」が与えてくださったものよりも少ないもので満足することはできないからです。

5. 私は前に、〝あなたはエゴの虜になりたいですか、それとも、神を宿らせる人になりたいですか〟と尋ねました。[2]決断を下す度ごとに、この質問を「聖霊」にしてもらってください。[3]というのは、あなたが下す決断の一つ一つはこの質問に確実に答え、その答えに応じて悲しみか喜びをもたらすからです。[4]「神」はあなたを創造されるにあたって「ご自身」をあなたに与えられたとき、あなたを永遠に「神」を宿らせる人として確立されました。[5]「神」はあなたのもとを去ってはおられません。あなたも「神」のもとを去っていません。[6]「神」の偉大さを否定し、「神の子」をエゴの虜にしようとするあなたのすべての試みも、「神」が「ご自身」と一緒にされた者を矮小にすることはできません。[7]あなたが下す決断の一つ一つは「天国」のためか地獄のためになされ、あなたがどちらの決断を下したかについての自覚をもたらしてくれます。

6. 「聖霊」は、あなたの偉大さをあらゆる矮小性から自由な状態で保持し、明確にそして完璧に安全にあなたのマインドの中に保持し、矮小性の世界があなたに差し出すあらゆる矮小な贈り物に触れさせないでおくことができます。[2]しかし、このためには、あなたは「聖霊」があなたのために意志として抱くことについて、「聖霊」と反対の側につくことはできません。[3]「聖霊」を通して「神」を選ぶ決断をしてください。[4]というのは、矮小性はあなたが自分自身について下す決断であり、矮小性で満足できるという信念も、あなたが自分自身について下す決断だからです。[5]あなたの中に横たわる「神」の力と栄光は、あなたと同じように自らを矮小であると知覚しながらも、矮小性を拡大して偉大さの感覚にすることによって自らを満足させることが可能であると信じている人々すべてのためにあります。[6]矮小性を与えることも、受け取ることもしないでください。[7]すべての名誉が「神」を宿らせる人に与えられるべきです。[8]あなたの矮小性はあなたを欺きますが、あなたの偉大さはあなたの中に住んでおられる「神」から来るものであり、あなたがその中に住んでいる「神」から来るものです。[9]したがって、「父」を永遠に宿らせる「キリストの名」において、矮小性をもって誰にも触れてはなりません。

7. 神聖性がこの世に誕生したことを祝うこの季節（クリスマス）に、あなたのために神聖性を選ぶ決断をした私と一緒になってください。2「神」が「ご自身」のために任命された「神」を宿らせる人に、偉大さの自覚を回復するのが、私たちが共に果たさなければならない任務です。3「神」の贈り物を与えることは、あなたの矮小性には不可能ですが、あなたには不可能ではありません。4というのは、「神」はあなたを通して「ご自身」を与えられるからです。5「神」はあなたからすべての人に達し、更に、すべての人を超えて「神の子」の創造物へと達しますが、あなたのもとを去ることなくこれを実現します。6あなたの矮小性を遙かに超えた所まで、それでいて、あなたの中において、「神」は永遠に延長されます。7しかしながら、「神」は「神」の延長物をすべて、「神」を宿らせる人であるあなたの所へともってこられます。

8. 矮小性を後にすること、無駄な放浪をしないことが犠牲を払うことでしょうか。2栄光に目覚めるのは犠牲を払うことではありません。3しかし、栄光以下のものを受け容れるのは犠牲を払うことです。4あなたが宿らせる「存在」に敬意を表して、あなたの中に生まれた「安らぎの王子」にあなたは値するに違いないことを知ってください。5あなたには愛が何を意味するか分かっていません。なぜなら、あなたは愛を小さな贈り物で買おうとしてきたからです。そうすることで、愛を小さな価値しかないものとして評価したために、その偉大さが理解できないのです。6愛は小さなものではなく、あなたの中に住んでいます。というのは、あなたは「神」を宿らせる人だからです。7あなたの中に住む偉大さの前にあっては、自分自身についての貧しい評価や、あなたが差し出す小さな捧げ物のすべては無意味なものとなります。

9. 「神の聖なる子」よ、神聖性だけがあなたを満足させることができ、安らぎをもたらすことができることをいつになったらあなたは学ぶのでしょうか。2私が私自身のためにだけ学んだのではないのと同様に、あなたもあなた自身のためにだけ学ぶのではないことを思い出してください。3あなたが私から学ぶことができるのは、私があなたのために学んだからです。4私はあなたに属するものを教えるだけであり、そうすることによって、私たちは力を合わせて、「神」を宿らせる者を罪悪感と弱さに縛りつけているみすぼらしい矮小性を、彼の中にある栄光についての喜びに満ちた自覚に代えることができるでしょう。5あなたの中に私が誕生するということは、あなたが偉大さに目覚めるということです。6私をまぐさ桶に迎え入れるのではなく、神聖性が完璧な安らぎの中に住む、神聖性の祭壇へと私を迎え入れてください。7私の「神の王国」はあなたの中に在るが故に、この世のものではありません。8そして、あなたはあなたの「父」のものです。9永遠に矮小性を超越し続けなければならないあなたを、共に力を合わせて尊重しましょう。

10. あなたと一緒に住む決断を下した私と一緒に決断を下してください。2私は私の「父」が抱かれる意志と同じ意志を抱きます。それは、「父の意志」は不変であり、それ自身と永遠に安らかな関係にあることを知っているからです。3あなたは「神の意志」以外のいかなるものにも満足することはないでしょう。4私が学んだことのすべてはあなたのものであることを思い出して、「神の意志」より以下のものは受け容れないでください。5私の「父」が愛されるものを、「父」が愛されるように私は愛します。「神」が愛されないものは、「神」も受け容れることができないように、私にも受け容れることはできません。6そして、あなたにもそれをすることはできません。7あなたの本質を受け容れることを学んだとき、自分自身に捧げる贈り物を作ることはもはやしなくなるでしょう。というのは、自分が完全であり、何も必要としておらず、自分自身のためには何も受け取ることはできないことを知るからです。8しかし、あなたは受け取ったが故に喜んで与えるでしょう。9「神」を宿らせる者には、何かを探そうとして模索する必要はありません。

11. 救いを「神」の計画に完全に任せる気持があり、自分で安らぎをつかもうとする気持がなければ、救いはあなたに与えられるでしょう。2しかし、「神」の計画に代えてあなたの計画ですませることができるとは考えないでください。3そうではなく、束縛されているすべての人々を解放するために、「神の子」は「神」を宿らせる者であることを共に宣言しながら、私と一緒に「神」の計画に参加してください。4かくして、あなたが思い出すであろうことを誰も忘れることがないようにできるでしょう。5かくして、あなたもそれを思い出すでしょう。

12. すべての人の中に、「神」の記憶と、彼らの中にある「天国」の記憶だけを喚起してください。2というのは、兄弟にいて欲しいと思うまさにその場所に、あなたもいるとあなたは思うからです。3地獄と矮小性への兄弟の訴えに耳を傾けることなく、「天国」と偉大さへの呼び声だけに耳を傾けてください。4兄弟の呼び声はあなたの呼び声であることを忘れずに、私と一緒に彼の呼び声に応えてください。5「神」の力は「神」を宿らせる者の側に永遠にあります。というのは、「神」の力は「神」がその中に住んでおられる安らぎだけを守るからです。6「神」の神聖な祭壇の前に矮小性を横たえてはなりません。「神」の祭壇はそれに与えられるものの故に、星の上まで上昇し、「天国」にすら届くからです。

IV. 神聖な瞬間を実行する

1. 「神」が意志として抱かれるものの実現には時間がかかるとあなたが信じなければ、このコースはすぐに学ぶことができないものではありません。2そして、そのように信じることは、「神の意志」が真実であるという認識を遅らせたいということしか意味しません。3神聖な瞬間とはこの瞬間であり、すべての瞬間です。4あなたが神聖な瞬間にしたいと思う瞬間が神聖な瞬間です。5あなたが神聖な瞬間にしない瞬間は、あなたには失われたものとなります。6いつが神聖な瞬間であるかはあなたが決断しなければなりません。7それを遅らせないでください。8というのは、神聖な瞬間は、過去と未来を超越した、あなたには見つけることのできない場所で、あなたの受容を待ちながら、きらきらと輝きながら準備を整えて待っているからです。9しかしながら、あなたがそれを望まない限り、神聖な瞬間を喜びに満ちた自覚の中にもってくることはできません。というのは、神聖な瞬間は矮小性からの完全な解放を包含しているからです。

2. したがって、神聖な瞬間を実行するのは、すべての矮小性を手放すあなたの気持にかかっています。2あなたに偉大さが分かり始める瞬間は、それをあなたが望む気持と同じ距離の所にあります。3あなたがそれを望まず、代わりに矮小性を尊重する間は、神聖な瞬間はそれだけあなたから遠い所にあります。4それを望む程度だけ、あなたはそれを自分の近くにもってきます。5あなた自身のやり方で救いを見つけることが可能であり、実際に救われると考えないでください。6救いのためにあなたが作った計画はすべて、「神」の計画と取り替えて捨ててください。7「神」の計画はあなたを満足させてくれますが、それ以外のいかなるものもあなたに安らぎをもたらすことはできません。

[8]というのは、安らぎは「神」に属するものであり、「神」以外の誰にも属さないからです。

3. 「神」の前で謙虚であってください。しかし、「神」の中にあって偉大であってください。[2]「神」の計画を前にして、エゴの計画を尊重しないでください。[3]というのは、あなたが「神」の計画以外の計画に参加する決断を下せば、「神」の計画の中におけるあなたの場所を空にすることになり、あなたが私と一緒になることを望むのであれば、その空いた場所を満たさなければならないからです。[4]「神」が世界を矮小性から解放するために世界に与えられた計画の中での、あなたの神聖な役割を果たすように私は呼びかけます。[5]「神」は「ご自分」を宿らせる者を完璧な自由の中に住まわせてくださるでしょう。[6]「神」を離れた救いの計画に対する忠誠心の一つ一つが、あなた自身のマインドにおけるあなたのための「神の意志」の価値を減じます。[7]それにもかかわらず、「神」を宿らせるのはあなたのマインドです。

4. あなたの「父」が「ご自身」を置かれた神聖な祭壇が、どんなに完璧であるか、そしてどんなに汚れのないものであるかを学びたいでしょうか。[2]神聖な瞬間において、あなたはこれを認識するでしょう。そしてその瞬間に、あなたは自分から進んで、そして喜びをもって、「神」の計画以外のすべての計画を捨て去るでしょう。[3]というのは、あなたがその条件を喜んで満たそうとしてきたがために、そこには完璧な明瞭さで安らぎがあるからです。[4]あなたはいつ、いかなる場所でも、望むときに神聖な瞬間を要求することができます。[5]神聖な瞬間の実行にあたっては、矮小性の中に偉大さを発見しようとして受け容れたすべての計画を捨て去ってください。[6]**偉大さはそこにはありません。**[7]神聖な瞬間を使い、あなた一人では偉大さを発見することは不可能であり、自分自身を騙すことにしかならないことをただ認識してください。

5. 私はあなたが望む明確さで、神聖な瞬間の中に立っています。[2]あなたが私をどの程度まで受け容れることを学ぶかが、神聖な瞬間がいつあなたのものとなるかを示す尺度です。[3]神聖な瞬間をすぐに自分のものとするようにと、私はあなたに呼びかけます。というのは、「神」を宿らせる者のマインドにある矮小性からの解放は、時間ではなく、意欲にかかっているからです。

6. このコースが単純である理由は、真実は単純だからです。[2]複雑性はエゴに属するものであり、明白なものを明白でなくそうとするエゴの試み以上の何ものでもありません。

[3]神聖な瞬間の中に永遠に生きることも可能です。すなわち、今から始めて永遠にまで至ることができます。しかし、それは非常に単純な理由によります。[4]この理由の単純性を見えなくしないでください。というのは、もしそうするなら、その理由はただあなたがそれを認識しないでおきたいからであり、手放したくないからです。[5]その単純な理由を単純に説明するなら、こういうことです。神聖な瞬間とは、あなたが完全なコミュニケーションを受け取り、かつ、与える時間です。[6]しかし、それはあなたのマインドが受け取り、かつ、与えるために開かれている時間であることを意味します。[7]それは、すべてのマインドはコミュニケーションをしているということの認識です。[8]したがって、神聖な瞬間は、いかなるものであれ変えようとすることはなく、ただすべてのものを受け容れようとします。

7. 個人的な思いを抱き、それを胸の内に秘めておくことをより好ましいと考えるならば、これをどうやって行うことができるでしょうか。[2]あなたに可能な唯一の方法は、神聖な瞬間をそうあらしめている完全なコミュニケーションを否定することしかありません。[3]あなたは人と分かち合いたくない思いを抱くことが可能であると信じ、救いは思いを自分の胸にだけ秘めておくことにあると信じています。[4]というのは、個人的な思いは自分にしか知られていないものであり、その中であなたは自分の胸にだけ秘めておきたいものを保持し、分かち合いたいと思うものを分かち合う方法を発見できると考えるからです。[5]そして、自分はどうして周りの人たちと、そして、すべてを取り囲んでおられる「神」と完全なコミュニケーションがとれていないのだろうと思います。

8. あなたが隠す思いの一つ一つがコミュニケーションを閉ざします。なぜなら、あなたがそれを望むからです。[2]コミュニケーションを断つことがあなたにとって価値のあることである間は、完全なコミュニケーションを認識することは不可能です。[3]自分に正直に聞いてみてください。〝私は完全なコミュニケーションを望んでいるだろうか。そして、完全なコミュニケーションを妨害するもののすべてを永遠に手放す気持があるだろうか〟。[4]答えがノーであれば、それをあなたに与える準備が「聖霊」にあっても、あなたのものにするには十分ではありません。というのは、あなたにはそれを「聖霊」と分かち合う準備ができていないからです。[5]そして、完全なコミュニケーションに反対する決断を下したマインドの中にそれが入ることはできません。[6]というのは、神聖な瞬間はすべての思いを支配する一つの「意志」の受容であるために、まったく等しい意欲をもって与えられ、かつ、受け取られるからです。

9. 神聖な瞬間に必要な条件には、純粋でない思いを抱いてはならないということはありません。[2] しかし、胸に秘めておく思いは抱かないということは必要です。[3] 罪のなさはあなたが作るものではありません。[4] 罪のなさはあなたがそれを望んだ瞬間に与えられます。[5]「あがない」はその必要性がなければ存在しないでしょう。[6] 完全なコミュニケーションを自分自身から隠したいと思っている間は、それを受け容れることはできないでしょう。[7] というのは、あなたが隠したいと思うものは、あなたから隠されているからです。[8] したがって、神聖な瞬間の実行においては、欺瞞だけを警戒するように努め、自分の胸に秘めておきたい思いを守ろうとしないでください。[9]「聖霊」の純粋な光でそれらを追い払ってもらい、「聖霊」が差し出す純粋さを受け容れる準備に意識のすべてを使ってください。[10] こうして「聖霊」は、あなたが「神」を宿らせる者であること、そして、あなたが誰の虜でもなく、いかなるものの虜でもないことを認める準備をあなたにさせてくれるでしょう。

V. 神聖な瞬間と特別な関係

1. 神聖な瞬間は、「聖霊」があなたに愛の意味を教える上での最も役に立つ学びのための手段です。[2] というのは、その目的は価値判断を完全に停止することだからです。[3] 価値判断は常に過去に依拠します。というのは、過去の体験を根拠として価値判断するからです。[4] 過去がなければ価値判断は不可能になります。というのは、過去がなければ何も分からないからです。[5] 過去がなければあなたは価値判断しようとはしないでしょう。なぜなら、どんなものであれそれが何を意味するのか分からないということがきわめて明らかだからです。[6] あなたはこれを恐れています。なぜなら、エゴがなければすべては混沌に陥るだろうと信じているからです。[7] しかしながら、エゴがなければすべては愛になることを私はあなたに保証します。

2. 過去は、エゴの主要な学びのための手段です。というのは、あなたは過去において自分自身が必要とするものを規定し、自分自身の条件に基づいてそれらを満たすための手段を獲得したからです。[2] 愛を「神の子のすべて」の一部に限定することは人間関係に罪悪感を導入することであり、その結果、人間関係を非実在的なものにすることになると私たちは言いました。[3]全体の或る側面を取り出して、あなたが想像した必要性を満たすためにそれに依存するならば、自分を救うために分離を利用しようとしていることになります。[4]とすれば、罪悪感が必ず入ってきます。[5]というのは、分離は罪悪感の源であり、分離に救いを求めることは、自分は一人であると信じることだからです。[6]一人であるということは有罪であるということです。[7]というのは、自分自身を一人であるとして体験することは、「父」と「子」の「一体性」を否定することであり、したがって、実在を攻撃することだからです。

3. 実在の一部だけを理解して、愛が何を意味するかを理解することはできません。[2]特別な愛をまったくご存じない「神」とは異なったやり方であなたが愛するとすれば、愛を理解することがいったい可能でしょうか。[3]**特別な**愛のある**特別な**関係があなたに救いを差し出すことができると信じることは、分離が救いであると信じることです。[4]というのは、「あがない」の完全な平等性の中にこそ救いがあるからです。[5]「神の子のすべて」の中の特別な側面が他の側面よりもより多くのものをあなたに与えることができるということを、どのようにして結論づけることができるでしょうか。[6]過去があなたにこれを教えました。[7]しかしながら、神聖な瞬間はそうではないとあなたに教えてくれます。

4. 罪悪感の故に、特別な関係にはすべて怖れの要素があります。[2]特別な関係が非常に頻繁に変わる理由はここにあります。[3]特別な関係は不変の愛にだけ基づいているのではありません。[4]そして、怖れが入っている愛は、完璧ではないが故に頼りになりません。[5]「聖霊」はあなたが作ったものの「解釈者」としての機能において、あなたがエゴを支持するために選択した特別な関係を、真実を目指す学びの体験として活用します。[6]「聖霊」の教えのもとでは、すべての関係は愛のレッスンになります。

5. 「聖霊」は誰も特別ではないことを知っています。[2]しかしながら、「聖霊」はあなたが特別な関係を作ったことも知覚しており、それらを浄化して、あなたが破壊することのないようにします。[3]それらの関係を作った理由がどれほど神聖なものではないとしても、「聖霊」はあなたが許す限り怖れを除去することによって、それらを神聖性へと変換します。[4]その関係を「聖霊」が必要とするもの以外のいかなるものにも役立てることはしないという気持を

「聖霊」に差し出せば、どのような関係であっても、「聖霊」の保護のもとに置けば、それが苦痛に終わることはないことが保証されます。[5]特別な関係における罪悪感のすべては、あなたがそれを活用することから生じます。[6]「聖霊」がそれを活用すると愛だけが生じます。[7]したがって、関係を破壊することになるあなたの想像上の必要性を手放すことを恐れないでください。[8]あなたに必要なのは「聖霊」が必要とするものだけです。

6. あなたが他の関係と取り替えようとする関係はどのような関係であれ、「聖霊」に活用してもらうために「聖霊」に差し出されていません。[2]愛の代替物は絶対にありません。[3]愛の或る側面を別な側面に取り替えようとしているとすれば、愛の或る側面により少ない価値を置き、別な側面により多くの価値を置いたことになります。[4]あなたはそれらを分離しただけでなく、両者に対してマイナスの価値判断を下したのです。[5]しかし、それよりも前にまず自分自身にマイナスの価値判断を下したのです。さもなければ、本来の姿ではない兄弟が必要であるなどとは決して想像することはなかったでしょう。[6]あなたが自分自身を愛がない者として見ていなかったならば、彼らをあなたと同じように欠けている者として価値判断することはあり得なかったでしょう。

7. エゴの関係の使い方は非常に断片的であるために、多くの場合、更にもっと先まで行きます。一つの側面の一つの部分がエゴの目的に適していますが、一方で、エゴはもう一つの側面の異なった部分をより好みます。[2]こうして、エゴは自分自身の気まぐれな好みに応じて実在を収集し、あなたがそれを求めた場合に備えて、それに似たものなど存在しない構図を差し出します。[3]というのは、「天国」にも地上にもそれに似たものは何も存在せず、したがって、あなたがその実在をどれほど探し求めても、それは実在しないが故に見つけることはできないからです。

8. 地上に住む人は、皆、特別な関係を形成しています。「天国」ではそうではないのですが、「聖霊」は「天国」の感触を地上の特別な関係にもたらす方法を知っています。[2]神聖な瞬間においては、誰も特別ではありません。というのは、あなたの個人的な必要性が介入して、兄弟が異なっているように見せかけることはないからです。[3]過去に基づいた価値観がなければ、あなたは兄弟のすべてを同じであると見なし、自分自身と同じであると見るでしょう。[4]また、あなた自身と彼らとの間にいかなる分離も見ることはないでしょう。[5]神聖な瞬間においては、現在という瞬間だけを知覚した場合に見えるものをすべての関係の中に見るでしょう。

9. 「神」は今という瞬間においてあなたを知っておられます。2「神」は、今現在あなたを知っておられるのとまったく同じようにあなたを知ってこられたが故に、何も覚えてはおられません。3神聖な瞬間は、すべての知覚を過去から取り出し、そうすることで、あなたが作った兄弟を価値判断するための準拠体系を取り除くことによって、「神」の知識を反映します。4あなたが作った準拠体系がなくなるとすぐに、「聖霊」はその代わりに「聖霊自身」の準拠体系を置きます。5「聖霊」の準拠体系は要するに「神」です。6「聖霊」の無時間性はここにおいてのみ存在します。7というのは、過去から自由である神聖な瞬間においては、あなたの中に愛があることが見え、したがって、自分の外を見てそこに愛があると見えた所から、罪悪感を覚えながら愛を奪い取る必要もないからです。

10. あなたの関係のすべては神聖な瞬間において祝福されます。なぜなら、祝福には限りがないからです。2神聖な瞬間において、「神の子のすべて」は一つのものとして進歩を遂げ、あなたの祝福の中で結ばれて、あなたにとって一つのものとなります。3愛の意味は「神」がそれに与えられた意味です。4「神」の意味以外のものを愛に与えれば、愛を理解することは不可能です。5「神」はあなたを愛されているのと同じように、すべての兄弟を愛しておられます。それ以下でもなく、それ以上でもありません。6「神」は兄弟のすべてを等しく必要とされており、あなたも同じように彼らを必要としています。7あなたは時間の中で、私の指示に従って奇跡を差し出すようにと教えられました。そしてまた、あなたを求めている人々をあなたの所まで「聖霊」に連れてきてもらうようにと教えられました。8しかし、神聖な瞬間において、あなたは「神」と直接的につながり、あなたの兄弟は皆、「キリスト」において一緒になります。9「キリスト」において一緒になっている人々は、いかなる意味においても分離した存在ではありません。10というのは、「キリスト」は「神の子のすべて」が共有する「自己」であり、それは、「神」が「ご自身の自己」を「キリスト」と共有しているのと同じことです。

11. あなたは「神の自己」を裁くことができると思いますか。2「神」は「ご自身の愛」を延長する必要性から、価値判断を超越したものとしての「自己」を創造されました。3愛を内面にもっているあなたには、愛を延長する以外にいかなる必要性もありません。4神聖な瞬間においては、必要性の葛藤は存在しません。というのは、一つの必要性しかないからです。[5]というのは、神聖な瞬間は永遠まで到達し、「神のマインド」に到達するからです。[6]そして、愛が意味をもつのはそこにおいてだけであり、愛が理解され得るのはそこにおいてだけだからです。

VI. 神聖な瞬間と神の法則

1. 一つの関係を犠牲にしてもう一つの関係を利用することに罪悪感を覚えないということは不可能です。[2]そして、関係の或る一面を非難して、その関係の中に安らぎを見出すことも等しく不可能です。[3]「聖霊」の教えのもとにあっては、すべての関係は完全なコミットメントと見なされており、それでいて、いかなる意味においてもお互いに衝突することはありません。[4]それぞれの関係に対する完全な信頼、すなわち、それぞれの関係があなたを完全に満足させることができるということへの信頼は、あなた自身に対する完全な信頼からのみ生まれます。[5]そして、罪悪感が残っている間はこれをもつことはできません。[6]そして、兄弟を本来の姿ではない存在に変えることができるという可能性を受け容れ、その可能性を大事にしている限りは、罪悪感が存在します。なぜなら、あなたは兄弟を本来の姿ではない存在に変えようとするからです。

2. あなたは自分自身に対する信頼をほとんどもっていません。なぜなら、完全な愛が自分の中にあるという事実を受け容れる気持がないからです。[2]したがって、外で発見することができないものを求めて自分の外を探します。[3]私は、あなたのあらゆる疑いの代わりに、あなたに対する私の完全な信頼を差し出します。[4]しかし、私の信頼はあなたに対して完全であるのと同じように、あなたの兄弟のすべてに対しても完全でなければならないということを忘れないでください。さもなければ、それはあなたにとって制限された贈り物となるでしょう。[5]神聖な瞬間において、私たちは「神の子」に対する信頼を共有します。なぜなら、「神の子」がそれに完全に値することを共に認識するからです。そして、彼の価値を評価するが故に、彼の神聖性を疑うことはできないからです。[6]したがって、私たちは彼を愛します。

3. 神聖性が共有されるとき、すべての分離は消滅します。[2]というのは、神聖性は力であり、分かち合うことによって強さを増すからです。[3]あなたが知覚する必要性を満たすことに満足感を求めているとすれば、強さは他の人からやって来るものであり、あなたが得るものを他の人は失うことになると信じているに違いありません。[4]もしもあなたが自分自身を弱いものとして知覚するならば、誰かが必ず負けなければなりません。[5]しかしながら、力の喪失という概念を完全に超越する、関係についてのもう一つの解釈があります。

4. あなた以外の誰かが愛を求めて「神」に呼びかけても、あなたの呼びかけもその呼びかけと同じくらい強いままであるということを信じるのは難しいことではありません。[2]また、あなたは「神」がその人の呼びかけに応えても、あなたが応えを得る希望がそれによって減じるとは考えないでしょう。[3]それどころか、その人の成功をあなたも成功する可能性があることの証言であると見なすでしょう。[4]その理由は、「神」とは一つの考えであり、したがって、「神」に対するあなたの信頼は共有することによって強化されることを、きわめてかすかにではあっても、あなたが認識するからです。[5]あなたが受け容れがたいと思うのは、あなたの「父」と同じように、**あなた**も一つの考えであるという事実です。[6]そして、「神」と同じように、あなたは自分自身を完全に与えても、まったく何も失うことはなく、ただ得るだけなのです。[7]ここに安らぎがあります。というのは、ここにはいかなる葛藤もないからです。

5. 欠乏の世界にあっては、愛には何の意味もなく、安らぎは不可能です。[2]というのは、得失が共に受け容れられ、したがって、誰も完全な愛が自分の中にあることを自覚していないからです。[3]神聖な瞬間において、あなたは自分の中に愛の考えを認識し、この考えを、それを思いつき放棄することができなかった「マインド」と一体にします。[4]愛の考えをそれ自身の中に保持しておくならば、まったく何も失われることはありません。[5]こうして、神聖な瞬間は、いかにして兄弟すべてをマインドの中に保持し、喪失ではなく完全な実現を体験するかのレッスンになります。[6]当然の帰結として、あなたはただ与えるだけということになります。[7]そして、これこそが愛です。というのは、これだけが「神」の法則のもとで自然なことだからです。[8]神聖な瞬間においては、「神」の法則が支配し、「神」の法則だけが意味をもちます。[9]この世界の法則はまったくいかなる意味ももたなくなります。[10]「神の子」が「神」の法則を、自分自身の喜びに満ちた意志として受け容れるとき、いかなる意味であれ束縛され、制限されるということは不可能です。[11]その瞬間、「神」が「神の子」に自由であって欲しいと思われているのと同じ自由を、「神の子」は享受するでしょう。12というのは、「神の子」が束縛されることを拒否した瞬間に、束縛は解かれるからです。

6. 神聖な瞬間においては、これまで常に存在していなかったことは何も起こりません。2ただ、実在を覆っていたヴェールが持ち上げられるだけです。3何も変わってはいません。4しかし、時間のヴェールが脇に押しやられると、不変性の自覚が素早く訪れます。5ヴェールが持ち上げられ、ヴェールの背後にある光に抵抗しがたい力で引き寄せられる感じを体験したことのない人は、怖れを抱かずに愛を信頼することはできません。6しかしながら、「聖霊」がこの信頼をあなたに与えてくれます。なぜなら、「聖霊」は私にそれを差し出し、私はそれを受け容れたからです。7神聖な瞬間があなたに対しては否定されるだろうと恐れることはありません。というのは、私はそれを否定しなかったからです。8そして、「聖霊」は私を通じて神聖な瞬間をあなたに与えます。それと同じようにして、あなたも神聖な瞬間を与えるでしょう。9あなたが知覚するいかなる必要性にも、あなたのこの必要性を覆い隠させることのないようにしてください。10というのは、神聖な瞬間において、あなたは「神の子」が等しく共有する唯一の必要性を認識し、この認識によって、私と一緒に必要とされているものを差し出すことになるからです。

7. 安らぎは私たちを通してやって来るでしょう。2私と一緒に安らぎの考えに加わってください。というのは、マインドは考えにおいてコミュニケーションをすることができるからです。3「神」が「ご自身の自己」を与えられるように、あなたが自分自身を与えれば、あなたは「自己というもの」を理解できるようになるでしょう。4そして、ここにおいて愛の意味が理解されます。5しかし、理解はマインドに属するものであり、マインドにだけ属するものであることを思い出してください。6したがって、知識はマインドに属するものであり、知識の条件は、知識と共にマインドの中にあります。7もし仮にあなたが一つの考えでなかったとしたら、一つの考え以上のものではなかったとしたら、これまでに存在したもののすべてと完全なコミュニケーションをとることは不可能です。8しかし、あなたがそれ以外の何かであることを好んで選択している限り、あるいは、それ以外の何ものでもないこととそれ以外の何かであることを同時に試みている限り、あなたが完璧に知っているコミュニケーションの言語を思い出すことはないでしょう。

8. 神聖な瞬間に「神」が思い出されます。そして、あなたの兄弟すべてとコミュニケーションをするための言語が「神」と一緒に思い出されます。2 というのは、コミュニケーションは一緒に思い出されるものであり、それと同じく、真実も一緒に思い出されるものだからです。3 神聖な瞬間に排除はありません。なぜなら、過去は過ぎ去ったものであり、過去と一緒に排除の根拠もすべてなくなるからです。4 その源となっているものがなければ排除は姿を消します。5 そして、これによってあなたの「源」、そして、あなたの兄弟すべての「源」があなたの自覚の中で排除に取って代わることができます。6「神」と「神」の力があなたの中で正当な場所を占めるようになり、あなたは考えと考えの完全なコミュニケーションを体験するでしょう。7 あなたはこれをする能力を通して、自分がどのような存在であるかをしっかりと学ぶでしょう。というのは、あなたはあなたの「創造主」がどのような存在であるかを理解し始め、「創造主」の創造物がどのような存在であるかを「創造主」に対する理解と共に理解し始めるからです。

VII. 不必要な犠牲

1. 特別な愛の関係の乏しい魅力の向こうに、常にそれによって見えにくくされながらも、「神の子」にとっての「父」の強烈な魅力があります。2 あなたを満足させることができる愛はこれ以外にはありません。なぜなら、これ以外に愛は存在しないからです。3 完全に与えられ、そして、完全に返されるのはこの愛だけです。4 完全であるが故に、それは何も求めません。5 それは完全に純粋であるが故に、その中に一緒に入っている人は誰もがすべてのものをもっています。6 これはエゴが入ってくる関係の基盤ではありません。7 というのは、エゴが乗り込んでくる関係はすべて非常に特別だからです。

2. エゴは何かを手に入れるだけのために関係を確立します。2 そして、罪悪感を通して、与える人を自分に束縛しておこうとします。3 エゴにとってどのような関係であれ、怒りをもたずに関係の中に入っていくことは不可能です。というのは、エゴは怒りが友達を作ると信じているからです。4 これはエゴの主張ではなく、エゴの目的そのものです。5というのは、エゴは**有罪にすることによって**手に入れ、手に入れたものを維持することができると本当に信じているからです。6これがエゴの一つの魅力です。この魅力はあまりにも弱いものであるために支配力はまったくありません。ただ問題は、誰もそれを認識していないことです。7というのは、エゴは常に愛を通して惹きつけるように見えるからです。しかし、エゴが罪悪感を通して惹きつけることを知覚している人にとっては、エゴは何の魅力もありません。

3. 罪悪感の病的な魅力は、まさにそのようなものとして認識されなければなりません。2というのは、罪悪感は実在的なものとされてきたために、罪悪感をはっきりと見つめ、罪悪感への投資を解約することによって、手放すことを学ぶことが肝要だからです。3誰も価値があると信じているものを手放す選択はしたくありません。4しかしながら、罪悪感の魅力があなたにとって価値があるのは、それが何であるかをしっかりと見たことがないからであり、真っ暗闇の中でそれについての判断を下したからです。5私たちがそれを光のもとへもっていったとき、あなたが聞きたいことはただ一つ、いったいどうして私はそれを望んだのだろうか、ということでしょう。6目を開いて見ることによって失われるものは何もありません。というのは、これほどに醜いものはあなたの神聖なマインドには属さないからです。7「神」を宿らせる者はここに本当の投資をすることはできません。

4. 私たちは前に、エゴは罪悪感を維持し増大させようとするが、それがあなたにどういう結果をもたらすかをあなたが認識しないような方法で行うと言いました。2というのは、あなたが他人に対してやることは、あなた自身は免れることができるというのがエゴの基本的な教理だからです。3エゴは誰に対しても幸福を願うことはありません。4しかしながら、エゴの存続は、あなたはエゴの邪悪な意図から免れることができるというあなたの信念にかかっています。5したがって、あなたがエゴを宿らせてくれるならば、それによってエゴの怒りを外に向けることが可能となり、かくしてあなたは守られるだろうとエゴは助言します。6こうして、エゴは終わりもなければ報われることもない、一連の鎖でつながれた特別な関係に入っていきます。それらの関係は怒りから鍛造されたものであり、自分自身の外側により多くの怒りを投資すればするほど安全になるという、狂気じみた一つの信念にだけ忠実なものです。

5. 「神の子」を罪悪感に縛りつけるのはこの鎖であり、「聖霊」が「神の子」の神聖なマインドから取り除いてくれるのがこの鎖です。[2]というのは、野蛮な鎖は、自らをエゴを宿らせる者とすることができない、選ばれた、「神」を宿らせる者に巻きつけるものではないからです。[3]「神の子」の解放の名において、そして、彼を解放してくれる「聖霊の名」において、エゴがもくろむ様々な関係をもっと近くから見つめ、「聖霊」に正しい判断を下してもらいましょう。[4]というのは、あなたがそれらの関係を見れば、それを喜んで「聖霊」に差し出すことは確実だからです。[5]「聖霊」がそれらの関係をどのようなものにできるかについては、あなたには分かりません。しかし、あなたがそれらの関係をどのようなものにしていたかをまず知覚しようという気持があれば、それを知りたいという気持になるでしょう。

6. いずれにしても、エゴが作る関係はすべて、エゴ自身を犠牲にすることによってエゴがより大きくなるという考えに基づいています。[2]エゴが浄化と見なす〝犠牲〟は、実際にはエゴの苦い恨みの思いの根本原因です。[3]というのは、エゴは直接攻撃することを好み、本当に自分が望むものの入手を遅らせることを回避するからです。[4]しかしながら、エゴは自分に見える〝実在〟を承認し、誰も直接的な攻撃を愛であるとは解釈できないことを認識します。[5]しかしながら、そのようには見えなくとも、罪悪感を覚えさせることは直接的な攻撃です。[6]というのは、罪悪感を覚えている者は攻撃を予期し、攻撃を求めたために、攻撃に惹かれるからです。

7. そのような狂気の関係においては、望んでいないものの魅力のほうが、本当に望んでいるものの魅力よりもずっと強いように思われます。[2]というのは、それぞれの人が相手のために何かを犠牲にしたと考えており、そのために相手を憎んでいるからです。[3]しかしながら、自分が望んでいるのはこれだと考えています。[4]相手の人をまったく愛していません。[5]ただ犠牲を愛していると信じているだけです。[6]彼らはこの犠牲を自らに要求しますが、自分が払うこの犠牲に対して相手が罪悪感を受け容れ、自分を犠牲にすることを要求します。[7]ゆるしは不可能になります。というのは、他の人をゆるすことはその人を失うことであるとエゴは信じているからです。[8]ゆるさずに攻撃することによってしか、エゴのすべての関係を一緒にまとめてくれる罪悪感を確保することはできません。

8. しかしながら、エゴの関係は一緒であるように見えるだけです。[2]というのは、エゴにとって、関係は肉体が一緒になることしか意味しないからです。3エゴが要求するのは常にこれであり、マインドが行く場所やマインドが考えることには反対しません。というのは、そうしたことは重要であるとは思えないからです。4肉体がそこにあってエゴの犠牲を受け容れさえすれば、エゴは満足です。5エゴにとって、マインドは個人的なものであり、肉体だけが共有できるものです。6考えは他人の肉体を近づけてくれるか遠ざけるかということを除いては、基本的にはエゴの関心事ではありません。7そして、エゴはこれらの条件に基づいて考えが良いか悪いかの評価を下します。8他の人に罪悪感を抱かせ、罪悪感を通して人を引き留めることができるものは〝良い〟考えです。9人を罪悪感から解放するものは〝悪い〟考えです。なぜなら、その人は肉体がコミュニケーションをするということをもはや信じなくなり、その結果、〝去って〟しまうからです。

9. 苦しみと犠牲は、エゴがすべての結合を〝祝福する〟贈り物です。2そして、エゴの祭壇で結合した人々は、結合の代価として苦しみと犠牲を受け容れます。3孤独に対する怖れから生まれ、それでいて孤独を継続することに献身する怒りに燃えた同盟において、それぞれが相手の罪悪感を増大させることによって自分の罪悪感を軽減しようとします。4というのは、こうすることによって自分の罪悪感が軽減されるとそれぞれ信じているからです。5相手は、取るに足りないような形で、たぶん〝無意識に〟、しかし、必ず犠牲を要求しながら、常に攻撃し、傷つけているように思われます。6エゴの祭壇で一緒になっている人々の憤激は、あなたの自覚を遥かに超えたものです。7というのは、エゴが本当に望んでいるものが何であるかにあなたは気づいていないからです。

10. あなたが怒りを覚えるときは、エゴが〝祝福した〟特別な関係を形成していると考えて間違いありません。というのは、怒りこそエゴの祝福だからです。2怒りは数多くの形をとります。しかし、愛はいかなる罪悪感ももたらすことはなく、したがって、罪悪感をもたらすものは愛ではなく怒りであるに違いないことを学んだ人々を、怒りが長い間にわたって欺くことは不可能です。3すべての怒りは誰かに罪悪感を覚えさせようとする試み以上のものではなく、この試みが特別な関係のためにエゴが受け容れる唯一の基盤です。4罪悪感だけがエゴの必要としているものであり、あなたがエゴに帰属意識を抱いている限り、エゴはあなたにとって魅力的であり続けるでしょう。5しかし、これを覚えておいてください。肉体と一緒になることはコミュニケーションではありません。6 そして、肉体と一緒になることがコミュニケーションであると考えれば、コミュニケーションについて罪悪感を覚え、「聖霊の声」の中にあなた自身のコミュニケーションの必要性を認識して、「聖霊の声」を聞くことを恐れるでしょう。

11. 「聖霊」は怖れを通して教えることはできません。2 コミュニケーションをすることは自分自身を孤独にするとあなたが信じているのに、「聖霊」があなたとコミュニケーションをすることがいったい可能でしょうか。3 コミュニケーションをすれば捨てられると信じるのは、明らかに狂気じみています。4 しかし、多くの人々がそれを強く信じています。5 というのは、マインドは個人的なものにしておく必要があり、さもなければマインドを失ってしまうと彼らは信じており、しかし、肉体同士が一緒であれば、マインドは自分のものであり続けると信じているからです。6 このようにして、肉体の結合がマインドを別々にしておくための方法になります。7 というのは、肉体はゆるすことができないからです。8 肉体はマインドが指示するままに行動することしかできません。

12. 肉体には自律性があり孤独を克服する能力があるという幻想は、エゴが自らの自律性を確立しようとする計画の具体的な働きにすぎません。2 肉体と一緒になることが兄弟との交わりであると信じている限り、あなたは兄弟を肉体の中にとどめ、罪悪感でそこに押さえ込んでおこうとするでしょう。3 そして、罪悪感の中に安全を見て、コミュニケーションの中に危険を見るでしょう。4 というのは、孤独は罪悪感によって解決され、コミュニケーションが孤独の原因であるとエゴは常に教えるからです。5 このレッスンは明らかに狂気じみたものですが、多くの人々がこのレッスンを学んできました。

13. 有罪判決が罪悪感の中にあるのと同じように確実に、コミュニケーションの中にはゆるしがあります。2 コミュニケーションは有罪判決であると信じている人々に、コミュニケーションは救いであることを教えるのが教師としての「聖霊」の機能です。3 そして、「聖霊」はそれを実行するでしょう。というのは、「聖霊」とあなたの中にある「神」の力がこの上なく神聖で強力な実在的な関係において一つになり、コミュニケーションは有罪判決であるとする信念すらも恐れることなく克服することができるからです。

14. 神聖な瞬間を通してこそ不可能に見えることが達成され、それが不可能ではないことが明らかにされます。2 神聖な瞬間においては、コミュニケーションが回復したために、罪悪感には何の魅力もなくなります。3 そして、コミュニケーションを混乱させるのが唯一の目的である罪悪感には、ここでは何の機能もありません。4 ここでは何も隠されてはおらず、いかなる個人的な思いもありません。5 コミュニケーションをしたいという気持がコミュニケーションをそれ自身に引き寄せ、孤独を完全に克服します。6 ここには完全なゆるしがあります。というのは、あなたの完全な実現から誰であれ排除したいという願望はまったくないからです。それはあなたの完全な実現において他の人が果たす役割の価値を突然認識したことによります。7 あなたの完全性に守られて、すべての人が招待され、すべての人が歓迎されます。8 そして、あなたの完全な実現は「神」の完全な実現であることを理解します。「神」がただ一つ必要としておられることは、あなたの完全な実現です。9 というのは、あなたの完全な実現が、あなたの自覚においてあなたを「神」のものにするからです。10 そして、まさにここにおいて、あなたは創造されたままの自分を体験し、ありのままの自分を体験します。

VIII. 唯一の実在的な関係

1. 神聖な瞬間が学びの必要性に取って代わることはありません。というのは、神聖な瞬間が時間を遥かに超越した彼方まで延長されるまでは、あなたの教師である「聖霊」はあなたのもとを去ってはならないからです。2 教師としての任務のために、「聖霊」はあなたの解放のためにこの世界のすべてのものを使わなければなりません。3「聖霊」は、真実であるに違いないことを「聖霊」から学びたいという、あなたの意欲を示す兆候やしるしをすべて支持しなければなりません。4「聖霊」はあなたがこのために差し出すものを何であれ素早く活用します。5 あなたに対する「聖霊」の関心と配慮には限りがありません。6 あなたがゆるしに対する怖れに直面しているとき、その事実を「聖霊」はゆるしが解放であることを知っているのと同じくらい明確に知覚しますが、ゆるしは喪失ではなく、救いであることを思い出すようにと教えてくれるでしょう。7 そしてまた、完全なゆるしにおいては、その時、ゆるすことは何もないことを認識しますが、あなたは完全にゆるされていることを思い出すようにと教えてくれるでしょう。

2.「聖霊の声」を喜んで聞いてください。そして、あなたには特別な関係はまったく必要がないことを「聖霊」から学んでください。2あなたは投げ捨てたものを特別な関係の中に求めているにすぎません。3特別な関係を通じて投げ捨てたものの価値を学ぶことは決してありませんが、それでも心からそれを願望し続けるでしょう。4私たちは一緒に力を合わせて、神聖な瞬間が存在するもののすべてであれと願望することにより、神聖な瞬間を存在するもののすべてにしましょう。5「神の子」はあなたがこれを求めて努力する意欲を非常に必要としています。その必要性は誠に大きなもので、あなたには想像することすらできないほどのものです。6「神」と「神の子」が共有する唯一の必要性を見てください。そして、共にその必要性を満たすことを意志として抱いてください。7あなたはこれにおいて一人ではありません。8あなたの創造物の意志が、あなたの意志を彼らと分かち合うようにとあなたに呼びかけます。9そのようなわけですから、心安らかに罪悪感を離れ、「神」へと向かってください。そして、あなたの創造物へと向かってください。

3. あなたを決して去ることがないものとだけ関わりをもってください。そして、あなたが決して去ることができないものとだけ関わりをもってください。2「神の子」の孤独は「神の子の父」の孤独です。3あなたの完全な実現についての自覚を拒まないでください。そして、それを自分自身に対して回復しようとしないでください。4救いをあなたの「救い主の愛」に委ねることを恐れないでください。5「救い主」があなたを失敗させることはありません。というのは、「救い主」は失敗することが不可能な「存在」から来ているからです。6あなたの挫折感は、あなたが誰であるかについての間違い以上のものではないとして受け容れてください。7というのは、「神」の神聖な宿主は失敗を超越しており、意志として抱くことが否定されることはあり得ないからです。8この上なく神聖であるがためにすべての人に孤独から抜け出し、あなたの愛と一緒になるようにと呼びかける関係の中に、あなたは永遠にいます。9そして、すべての人はあなたがどこにいるかを探し求め、そこであなたを見つけます。

4. ほんの一瞬、次のことを考えてみてください。「神」はあなたという完全な創造物を確実なものとするために、「神の子のすべて」をあなたに与えられました。2これは「神」の贈り物でした。というのは、「神」は「ご自身」をあなたに与えることを差し控えられなかったのと同じように、「ご自身」の創造物を与えることも差し控えられなかったからです。[3]かつて創造されたものはすべてあなたのものです。[4]あなたの関係は宇宙との関係です。[5]そして、この宇宙は「神」に属するが故に、あなたが知覚している分離した天体の取るに足りない集合を遙かに超越したものです。[6]というのは、それらの部分はすべて「キリスト」を通して「神」において一緒になり、そこで「父」と同じようになるからです。[7]「キリスト」は「父」からの分離を知りません。「父」は「キリスト」の唯一の関係であり、この関係において、「彼」の「父」が「彼」に与えるように「キリスト」は与えます。

5.「聖霊」は「聖霊」に理解できないことをあなたから解放しようとする「神」の試みです。[2]そして、その「源」の故に、この試みは成功するでしょう。[3]「聖霊」は「神」と同じようにあなたが反応することを依頼します。というのは、「聖霊」はあなたには理解できないことをあなたに教えようとするからです。[4]「神」はそれがどのような形をとろうとも、すべての必要性に反応します。[5]したがって、「聖霊」は「聖霊」のコミュニケーションをあなたが受け取ることができるように、このチャンネルを開いておきます。[6]「神」にはコミュニケーションにおけるあなたの問題は分かりません。というのは、「神」はそれをあなたと共有しておられないからです。[7]それが理解可能であると考えるのはあなただけです。[8]「聖霊」はそれが理解可能ではないことを知っていますが、あなたがそれを作ったが故にそれを理解しています。

6.「聖霊」の中にこそ、「神」が知り得ないことが何であるかについての自覚と、あなたが理解していないことが何であるかについての自覚が横たわっています。[2]両者を共に受け容れ、不調和の要素をすべて取り除くことによって両者を一つのものにすることが、「聖霊」の神聖な機能です。[3]「聖霊」は、それが自らの機能であるが故にそれをするでしょう。[4]したがって、あなたにとっては不可能に思えることを、「神の意志」であるが故に可能であるに違いないことを知っている「聖霊」に委ねてください。[5]そして、「神」についてだけ教える「聖霊」に、関係の唯一の意味を教えてもらってください。[6]というのは、「神」は意味のある関係だけを創造されたからであり、その関係とは「聖霊」とあなたとの関係だからです。

IX. 神聖な瞬間と神の魅力

1. エゴが兄弟についてのあなたの知覚を肉体に限定しようとするのと同じように、「聖霊」はあなたのヴィジョンを解放し、兄弟から輝き出ている偉大な光線を見せてくれるでしょう。その光線はこの上なく無限であるために、「神」にまで到達するものです。[2]神聖な瞬間に起こるのは、このヴィジョンの変化です。[3]しかしながら、この変化を永遠のものにする意欲をあなたがもてるように、それがいったい何を引き起こすのかを学ぶことが必要です。[4]この意欲を与えられれば、それはあなたのもとを去ることはありません。というのは、それはまさに永遠だからです。[5]それをあなたが望む唯一の知覚であるとしていったん受け容れれば、「神ご自身」が「あがない」において果たされる役割によって、それは知識へと変換されます。というのは、それが「神」が理解される「あがない」における唯一のステップだからです。[6]したがって、あなたにそのための準備ができたときにはこれに遅延はないでしょう。[7]「神」は既に準備ができておられますが、あなたは準備ができていません。

2. 私たちの任務は、すべての妨害を直視し、それをありのままに見て取るというプロセスをできるだけ速く継続することだけです。[2]というのは、あなたが欲しいと考えているものをまったく喜びのないものとして認識することは不可能だからです。[3]エゴが分離の象徴であるように、肉体はエゴの象徴です。[4]そして、両者共にコミュニケーションを制限し、コミュニケーションを不可能にしようとする試み以上のものではありません。[5]というのは、コミュニケーションが意味をもつためには無限でなければならず、意味が奪われてしまったならば、コミュニケーションがあなたを完全に満足させることはないからです。[6]しかしながら、それは依然として、あなたが実在的な関係を確立できる唯一の手段です。実在的な関係は「神」によって確立されたが故に、いかなる制限もありません。

3. 「偉大な光線」が意識の中で肉体に取って代わる神聖な瞬間においては、制限のない関係の認識が与えられます。[2]しかし、これが見えるためには、エゴが肉体に関してもっている活用法をすべて放棄し、あなたがエゴと共有する目的はないという事実を受け容れることが必要です。[3]というのは、エゴは自分自身の目的のためにすべての人を肉体に限定するからです。そして、エゴに目的があると思っている間は、あなたはエゴがその目的を達成しようとするための手段を利用する選択をするからです。[4]これは決して達成されることはありません。[5]しかしながら、達成不可能な目標をもったエゴは全力を尽くしてその達成のために努力するであろうこと、そして、エゴはあなたがエゴに与えた力によってそうするであろうことをあなたは確実に認識しています。

4. あなたの強さを「天国」と地獄、「神」とエゴとの間で分割しながら、あなたの力を創造に向けて解放することは不可能です。創造こそ、力があなたに与えられた唯一の目的です。[2]愛は**常に**増大させてくれます。[3]制限はエゴによって要求され、矮小にし、無能にするようにとのエゴの要求を象徴しています。[4]兄弟を見るあなたの視力を兄弟の肉体に限定すれば、兄弟を肉体から解放しない限りあなたはそうするでしょうが、あなたへの兄弟の贈り物を否定したのです。[5]兄弟の肉体はそれを与えることはできません。[6]したがって、それをあなたの肉体を通して求めないでください。[7]しかしながら、あなた方のマインドは既につながっていて、その結合を受け容れさえすれば、「天国」における孤独はなくなります。

5. あなたに対する「神の愛」について「聖霊」に語らせれば、そして、あなたの創造物は永遠にあなたと共にいなければならないということについて「聖霊」に語らせれば、あなたは永遠なるものの魅力を体験することでしょう。[2]誰も「聖霊」がこのことについて語るのを聞いて、長い間ここにとどまる気持をもち続けることはできません。[3]というのは、「天国」にいることがあなたの意志だからです。そして、「天国」では、いかなる制限も不可能な、本当にしっかりとした愛に満ちた関係の中で、あなたは完全であり、静かです。[4]あなたの矮小な関係をこれと交換したいと思いませんか。[5]というのは、肉体は本当に矮小で制限されているからであり、エゴが彼らに課する制限なしであなたが見る人たちだけが、あなたに自由という贈り物を差し出すことができるからです。

6. 自分の知覚に課している制限がどんなものであるか、あなたには想像もつきません。そしてまた、あなたに見ることが可能なありとあらゆる美しさをあなたはまったく知りません。[2]しかし、次のことをあなたは覚えておかなければなりません。罪悪感の魅力は「神」の魅力と対立するということです。[3]あなたにとっての「神」の魅力は依然として無限ですが、「神」の力であるあなたの力は「神」の力と同じように偉大であるために、あなたは愛に背を向けることができます。[4]あなたが罪悪感に投資するものは「神」から引き出しています。[5]そしてあなたの視力は弱くなり、かすみ、制限されるようになります。というのは、あなたは「父」を「子」から分離し、彼らのコミュニケーションを制限しようとしたからです。[6]更なる分離の中に「あがない」を求めないでください。[7]そして、「神の子」についてのあなたのヴィジョンを、「神の子」の解放を妨害するものに限定しないでください。そしてまた、彼を自由にするために「聖霊」が解除しなければならないものに限定しないでください。[8]というのは、制限を信じたがために、彼は幽閉されているからです。

7. 肉体があなたを魅了することがなくなり、何かを得るための手段として肉体に価値を置かなくなったとき、コミュニケーションには何の妨害もなくなり、あなたの思いは「神」の思いと同じように自由になるでしょう。[2]肉体をコミュニケーションの目的のためにだけ使う方法を「聖霊」に教えてもらい、エゴが肉体の中に見る分離と攻撃のための用途を放棄するにつれて、肉体はまったく必要ないことをあなたは学ぶでしょう。[3]神聖な瞬間に肉体は存在せず、あなたは「神」の魅力だけを体験します。[4]それを分割されていないものとして受け容れるとき、あなたは一瞬のうちに「神」と一緒になります。というのは、あなたは「神」との結合にいかなる制限も置かないからです。[5]この関係の実在性が、あなたが欲し得る唯一の真実になります。[6]すべての真実がここにあります。

X. 再生の時

1. 「父」と「子」の完全な結合を遅らせることはあなたの力の中にあり、時間の中にあります。[2]というのは、この世界においては、罪悪感の魅力が彼らの間に確かに介在するからです。[3]永遠においては時間も季節もいかなる意味ももちません。[4]しかし、ここ地上においては両者を活用することが「聖霊」の機能です。それはエゴの活用の仕方とは異なりますが。[5]今はこの世界への私の誕生を祝う季節です。[6]しかし、それをどのようにするのか、あなたには分かりません。[7]「聖霊」に教えてもらってください。そして、私に「聖霊」を通してあなたの誕生を祝わせてください。[8]私があなたから受け取ることができる贈り物は、私があなたにあげた贈り物だけです。[9]私があなた自身の解放を選択するのと同じように、私を解放してください。[10]「キリスト」の時を私たちは一緒に祝います。というのは、私たちがばらばらに離れていたならば、「キリスト」の時には何の意味もないからです。

2. 神聖な瞬間は真に「キリスト」の時です。[2]というのは、この解放的な瞬間においてはいかなる罪も「神の子」の上に置かれることはなく、かくして、「神の子」の無限の力が回復するからです。[3]私がこれだけをあなたに差し出す選択をしているとき、あなたはそれ以外のいかなる贈り物を私に差し出すことができるでしょうか。[4]そして、私を見ることはすべての人の中に私を見ることであり、あなたが私に差し出す贈り物をすべての人に差し出すことです。[5]「神」が犠牲を受け取ることができないのと同じように、私は犠牲を受け取ることはできません。そして、あなたが自分自身に求める犠牲は私に求める犠牲です。[6]いかなる種類の犠牲も、与えることに課された制限以上の何ものでもないことを今学んでください。[7]そして、あなたはこの制限によって、私があなたに差し出している贈り物の受容を制限してきました。

3. 一つである私たちは別々に与えることはできません。[2]私たちの関係を実在的なものとして受け容れる気持になったとき、罪悪感はあなたに対して何の魅力ももたなくなるでしょう。[3]というのは、私たちの結合において、あなたは私たちの兄弟のすべてを受け容れるからです。[4]結合の贈り物だけが、私が与えるために生まれてきた唯一の贈り物です。[5]あなたがその贈り物を自分のものにできるように、それを私にください。[6]「キリスト」の時は、すべての人に差し出される自由という贈り物のために定められた時です。[7]そして、あなたはそれを受容することによって、それをすべての人に差し出します。

4. この季節を神聖なものにする力があなたの中にあります。というのは、「キリスト」の時を今にする力があなたの中にあるからです。[2]これをすべて一度に行うことが可能です。なぜなら、必要な知覚の変化はただ一つだけだからです。というのは、あなたはたった一つの間違いしか犯していないのです。[3]それは多くの間違いのように見えますが、すべて同じです。[4]というのは、エゴは数多くの形をとりますが、常に同じ考えだからです。[5]愛でないものは常に怖れであり、それ以外のいかなるものでもありません。

5. ありとあらゆる回り道を行く怖れに従う必要はありません。怖れは地下に潜行し、暗闇に隠れ、その本来の姿とはまったく異なった姿で現れます。[2]しかしながら、怖れのすべてを支配する原則をもち続けている間は、怖れの一つ一つを検証することが絶対に必要です。[3]それらの怖れを別々なものとしてではなく、同じ考えの異なった表現と見なし、自分が欲するものではないと見なす気持があなたにあるとき、それらは一緒に去っていきます。[4]その考えは要するにこういうことです。あなたはエゴを宿らせる者となるか、それとも、神の虜になることが可能であると信じているということです。[5]これが与えられた選択であると思い、下さなければならない決断であるとあなたは信じています。[6]あなたにはこれ以外の選択肢が見えません。というのは、犠牲からは何も得ることができないという事実を受け容れることができないからです。[7]犠牲はあなたの思考体系にとって不可欠のものであるために、犠牲を離れた救いはあなたにとっては何の意味もありません。[8]犠牲と愛についての混同はきわめて根深いものがあるために、あなたには犠牲のない愛は想像することもできません。[9]あなたがしっかりと見つめなければならないのは次のことです。それは、犠牲は愛ではなく、攻撃であるということです。[10]この一つの考えさえ受け容れれば、愛に対する怖れは消えてなくなるでしょう。[11]犠牲という考えが取り除かれてしまえば、罪悪感が持続することは不可能です。[12]というのは、もしも犠牲があるならば、誰かが犠牲を払い、誰かが利益を得るに違いないからです。[13]そして残る唯一の質問は、その代価がどれほどのものになるかということであり、いったい何を得るための代価なのかということだけです。

6. エゴを宿らせる者であるあなたは、罪悪感のすべてを自分が好きな時にいつでも捨てることができると信じており、そうすることによって、安らぎを買うことができると信じています。[2]そして、その支払いはあなたがする必要はないように思われます。[3]エゴが支払いを絶対に要求するということは明らかですが、あなたから支払いを要求しているようには決して見えません。[4]あなたが招待したエゴは、エゴを宿らせていると考えている人々だけを裏切ることをあなたは認識しようとしません。[5]エゴは決してあなたにこれを知覚させません。というのは、この認識はエゴをホームレスにしてしまうからです。[6]というのは、その認識が明確に訪れるとき、エゴがあなたに見られまいとしてどのような形をとろうとも、それによってあなたが欺かれることはなくなるからです。[7]それぞれの形が、すべての形の背後に隠れている一つの考えを隠蔽する手段にすぎないものとして認識されるでしょう。その考えとは、愛は犠牲を要求し、したがって、攻撃と怖れから切り離すことはできないというものです。8そして、罪悪感が愛の代価であり、それを怖れによって支払わなければならないというものです。

7. こうして、「神」はあなたにとってなんと恐ろしいものになってしまったことでしょうか。そして、「神の愛」が要求する犠牲がどんなに大きなものであるとあなたは信じていることでしょうか。2というのは、全体的な愛は全体的な犠牲を要求するだろうからです。3したがって、エゴは「神」よりも要求するものが少ないように思われ、両者とも悪であるとしても、両者の中ではエゴのほうがましな悪であると判断されます。こうして、エゴは少し恐れるべきものであり、「神」は破壊されるべきものであるということになります。4というのは、あなたは愛を破壊的なものと見るからです。したがって、あなたにとっての唯一の質問は、誰が破壊されるべきか、あなたかそれとも相手かということになります。5あなたは特別な関係の中でこの質問に答えようとします。そして、特別な関係において、あなたは破壊者であると同時にいくぶんは破壊される者であり、それでいてどちらでもない者であることができます。6そして、これが全体的な「愛」によってあなたを完全に破壊してしまうであろう「神」から救ってくれるとあなたは考えます。

8. あなたは自分以外のすべての人があなたの犠牲を要求していると考えています。しかし、犠牲を要求しているのはあなただけであり、しかも自分自身からだけ犠牲を要求しているということが分かっていません。2しかしながら、犠牲の要求は非常に凶暴で恐ろしいものであるために、それが存在する場所において、それを受け容れることができません。3これを受け容れないことの真の代価は非常に大きなものであったために、あなたはそれを見つめる代わりに「神」を見捨ててしまいました。4というのは、もしも「神」があなたのすべてを犠牲にすることを要求するとすれば、「神」を外側に投影し、自分から遠ざけ、「神」を宿らせる者にならないほうが安全であるように思われるからです。5あなたはエゴの裏切りを「神」のせいにして、「神」からあなたを守ってもらうために、「神」の場所に取って代わるようにとエゴを招待したのです。6そして、あなたを破壊するのはあなたが招じ入れたものであり、それは完全な犠牲を要求することをあなたは認識していません。7部分的な犠牲でこの凶暴な客をなだめることはできません。というのは、それが親切を差し出すように見えるのは見せかけだけで、エゴは常に犠牲を完全なものにする侵略者だからです。

9. 部分的にだけエゴの虜になることはできません。というのは、エゴは約束を守らないために、あなたには何も残らないからです。[2]そしてまた、部分的にだけエゴを宿らせる者になることもできません。[3]完全な自由か完全な束縛のいずれかを選択しなければなりません。というのは、この二つ以外の選択肢はないからです。[4]あなたは下さなければならない一つの決断を認識することを避けようとして、数多くの妥協を試みてきました。[5]しかし、この決断を容易なものにするのは、それをまさに**ありのままに**認識することです。[6]救いは「神」に属するものであるが故に単純であり、したがって、理解するのも非常に簡単です。[7]それを自分から投影し、自分自身の外に見ようとしないでください。[8]あなたの中に質問と答えの両方があります。すなわち、犠牲の要求と「神」の安らぎです。

XI. 犠牲の終焉としてのクリスマス

1. 犠牲という考えそのものはもっぱらあなたが作ったものであると認識することを恐れないでください。[2]安全がない所から自分を守ろうとすることによって安全を求めないでください。[3]あなたの兄弟と「父」はあなたにとって非常に恐ろしいものになってしまいました。[4]あなたは彼らと交渉して、二、三の特別な関係を手に入れようとします。それらの特別な関係の中に僅かばかりの安全が見えるとあなたは考えます。[5]あなたの思いとあなたに与えられた「思い」をこれ以上別々にしておこうとしないでください。[6]この二つが一緒になり、どこにあるかが知覚されれば、それらのどちらを選ぶかという選択は静かな目覚め以上の何ものでもなくなり、これ以上眠る必要がなくなって目を開けて日光を見るのと同じくらい単純なことになります。

2. クリスマスのしるしは暗闇の中の一つの星であり、一条の光です。[2]それをあなた自身の外側に見るのではなく、内なる「天国」の中に輝いているものとして見てください。そして、それを「キリスト」の時が来たことのしるしとして受け容れてください。[3]「キリスト」は何も要求することなくやって来ます。[4]「キリスト」はいかなる種類の犠牲も、誰の犠牲も求めることはありません。[5]「キリストの前」にあっては、犠牲という考え全体の意味が失われます。[6]というのは、「キリスト」は「神を宿らせる者」だからです。[7]あなたは「キリスト」をもてなす者は「一つ」であることを認識し、「キリストの一体性」と異質の思いは、「キリスト」と共にそこに住むことはできないということを認識することによって、既にそこにいる「キリスト」を招じ入れるだけで良いのです。[8]「キリスト」を歓迎するためには、愛は全体的なものでなければなりません。というのは、「神聖性の存在」がそれを取り囲む神聖性を創造するからです。[9]「キリスト」の時にあっては、いかなる怖れも、「神」を揺りかごに入れて「宿らせる者」に触れることはできません。というのは、「神を宿らせる者」は「彼」が守っている完全な「罪のなさ」、そして、その力が「彼」を守ってくれる完全な「罪のなさ」と同様に神聖だからです。

3. このクリスマスがあなたを傷つけるであろうもののすべてを「聖霊」に与えますように。[2]「聖霊」と一緒に癒すことができるように、あなた自身を完全に癒してもらってください。そして、私たちと一緒にすべての人を解放することによって、私たちの解放を一緒に祝うことにしましょう。[3]何も後に残さないでください。というのは、解放は全体的だからです。そして、あなたがそれを私と一緒に受け容れたとき、あなたはそれを私と一緒に与えることになるでしょう。[4]すべての苦しみ、犠牲、矮小性は、私たちの関係の中で姿を消すでしょう。私たちの関係は私たちと「父」との関係と同じように罪のないものであり、強力なものです。[5]苦しみが私たちの所へともたらされ、私たちの前で姿を消すでしょう。そして、苦しみがなければ犠牲はあり得ません。[6]そして、犠牲がなければそこには必ず愛があります。

4. 犠牲が愛であると信じているあなたは、犠牲は愛からの分離であることを学ばなければなりません。[2]というのは、愛が安らぎをもたらすのと同じくらい確実に、犠牲は罪悪感をもたらすからです。[3]安らぎが「神」とあなたの関係についての自覚の条件であるように、罪悪感は犠牲の条件です。[4]あなたは罪悪感を通じて「父」と兄弟を自分自身から排除します。[5]あなたは安らぎを通じて再び彼らを招き、彼らはあなたの招待が指示する場所にいるのだということを実感します。[6]あなたが自分自身から遮断するものは恐ろしいものであるように見えます。というのは、あなたはそれに怖れを付与し、それがあなたの一部であるにもかかわらず追い出そうとするからです。7自分自身の一部が嫌でたまらないと知覚しながら、自分自身の中で安らかに生きることができる人がいるでしょうか。8そしてまた、自分の中にある「天国」と地獄の〝葛藤〟を解決しようとして「天国」を追い出し、「天国」に地獄の属性を与えておきながら、不完全で孤独な自分を体験しない人がいるでしょうか。

5. 肉体が自分の実在であると知覚している間は、あなたは自分自身を孤独で剥奪されている存在として知覚するでしょう。2そしてまた、そうしている間は自分自身を犠牲の被害者であると知覚し、他の人たちを犠牲にする正当な理由があると考えるでしょう。3というのは、「天国」とその「創造主」を追い出しておいて、犠牲を払っているという感覚、ないしは喪失感を感じない人はいないからです。4そしてまた、犠牲と喪失に苦しめば、誰でも自分を再び取り戻そうと試みます。5しかし、あなたの試みの基盤が剥奪の実在性に対する信念であるとき、これを自分で達成することがいったい可能でしょうか。6剥奪は、攻撃は正当化されるという信念であるために攻撃を繁殖させます。7そして、あなたが剥奪されていると感じ続けている間は、攻撃は救いになり、犠牲は愛になります。

6. そういうわけで、愛を求めようと様々な試みをする中で、あなたは犠牲を求め、そして、犠牲を発見します。2しかしながら、愛を発見することはありません。3愛が何であるかを否定し、そしてなお愛を認識することは不可能です。4愛の意味は、あなたが自分自身の外に投げ捨てたものの中に横たわっており、あなたから離れてはそれには何の意味もありません。5何の意味もないものをあなたは保有することを好みますが、あなたが遠ざけておこうとするもののすべてが宇宙の意味のすべてを保有しており、宇宙をその意味において結合しています。6宇宙があなたの内部において一緒になっていなければ、宇宙は「神」から離れてしまうでしょう。そして、「神」なしに存在することは意味なしに存在することです。

7. 神聖な瞬間において愛の条件は満たされます。というのは、肉体による妨害がないためにマインドが一緒になり、コミュニケーションのある所には安らぎがあるからです。2「安らぎの王子」は、肉体をコミュニケーションに必要な手段と見なさなければ、肉体が破壊されたとしてもコミュニケーションが中断されることはないと教えることによって、愛の条件を再び確立するために生まれてきました。[3]そして、このレッスンを理解できれば、肉体を犠牲にすることは無を犠牲にすることであり、マインドに属するコミュニケーションを犠牲にすることはできないことにあなたは気づくでしょう。[4]それでは、犠牲はどこにあるのでしょうか。[5]私が教えるために生まれてきたレッスンは、それを今でも私はすべての兄弟に教えようとしていますが、犠牲はどこにも存在せず、愛は至るところに存在するということです。[6]というのは、コミュニケーションはすべてのものを抱擁し、コミュニケーションが再び確立する安らぎの中で、愛が自らやって来るからです。

8. 絶望で「クリスマス」の喜びを暗くしたくはないものです。というのは、「キリスト」の時は喜びを離れては何の意味もないからです。[2]誰からも犠牲を要求せずに、共に安らぎを祝いましょう。そのようにして、あなたは私が差し出す愛を私に差し出すからです。[3]何も剥奪されていないと知覚することよりも嬉しいことがあるでしょうか。[4]それが「キリスト」の時のメッセージであり、私は愛をあなたに与えますが、それは、愛を私に下さった「父」にあなたが愛を与え、愛を返すことができるようにするためです。[5]というのは、「キリスト」の時においてはコミュニケーションが復活し、「キリスト」は私たちと一緒に「神の子」の創造を祝うからです。

9. 「神」を受け容れ、「神」が望まれる場所に入らせ、そこに住まわせてくれる神聖な宿主に、「神」は感謝を捧げられます。[2]あなたの歓迎によって、「神」はあなたを「ご自身」の中へと歓迎されます。というのは、「神」を歓迎するあなたの中に封じ込められているものが「神」へと戻されるからです。[3]そして、「神」を私たち自身の中へと歓迎するとき、私たちは「神の完全性」をひたすらに祝います。[4]「父」を受け容れる人たちは、彼らを創造した「神」を宿らせる者であるが故に、「神」と一つです。[5]そして、「神」が入るのを許すことによって、「父」の記憶が「神」と共に入ってきます。そして、彼らがこれまでにもった唯一の関係であり、もちたいと望む唯一の関係を、「神」と一緒に彼らは思い出します。

10. 今は「キリスト」の時から新しい年がまもなく生まれる時です。[2]私はあなたが達成したいことのすべてを遂行するであろうことを完全に信頼しています。[3]欠けているものは何もないでしょう。そして、あなたは物事を破壊するのではなく、完成させるでしょう。[4]そういうわけですから、あなたの兄弟に次のように言ってください。

5私はあなたを私自身の一部として「聖霊」に与えま
す。
6私が私自身を幽閉するためにあなたを利用したいと
思わなければ、あなたが解放されることを私は知っ
ています。
7私の自由の名において、私はあなたの解放を選択し
ます。なぜなら、私は私たちが一緒に解放されるこ
とを認識するからです。

8こうして、新年は喜びと自由の中で始まるでしょう。
9なすべきことはたくさんあります。そして、私たちはず
いぶんと遅れています。10この新年が生まれようとする時
に、神聖な瞬間を受け容れてください。そして、「偉大な
目覚め」の中にあるあなたの場所は長い間空いたままでし
たが、その場所に戻ってください。11この年をすべて同じ
にすることによって、異なったものにしてください。12そ
して、あなたの関係のすべてをあなたにとって神聖なもの
にしてください。13これが私たちの意志です。14アーメン。

第16章　幻想のゆるし

I. 真の共感

1. 共感することは一緒になって苦しむことではありません。というのは、苦しむことはあなたがしっかりと理解を拒絶しなければならないことだからです。2 それは共感についてのエゴの解釈であり、苦しみが共有される特別な関係を形成するために常に利用されます。3 共感する能力は、それを「聖霊」のやり方で「聖霊」に利用させるならば、「聖霊」にとってきわめて有用なものです。4「聖霊」のやり方は非常に異なったものです。5「聖霊」には苦しみは理解できません。そして、それが理解不可能であることをあなたに教えさせようとします。6「聖霊」があなたを通して関係をもつとき、あなたのエゴを通して別なエゴと関係をもつのではありません。7「聖霊」は一緒になって苦痛を体験することはしません。それは、苦痛の中に入っていき、その幻想を共有することによって苦痛を軽減しようとする、惑わされた試みによって苦痛の癒しが達成されることはないことを理解しているからです。

2. エゴが利用するものとしての共感が破壊的であることの最も明らかな証拠は、それがある種の問題にだけ適用されるという事実にあります。しかも、ある種の人々におけるある種の問題にだけ適用されるという事実にあります。2 これらの問題や人々をエゴは選び出し、一緒になります。3 そして、エゴは自らを強化する目的以外のために一緒になることは決してありません。4 エゴは自分に理解できると考えるものに帰属意識を抱いた後に、自分自身を見て、自分自身と似ているものを分かち合うことによって自らを増大させようとします。5 この行動を絶対に誤解してはなりません。エゴは常に弱体化させるために共感するのであり、弱体化させるということは常に攻撃することです。6 あなたには共感するとはどういうことか分かっていません。7 しかし、次のことについては確信をもって良いでしょう。ただ静かに傍観して、あなたを通じて「聖霊」に関わりをもたせるならば、あなたは力強さに共感し、弱さではなく強さを勝ちとるということです。

3. あなたの役割は次のことを覚えておくことだけです。あなたが価値を置くものが関係の中から生まれることを望まないということです。2あなた自身のやり方で関係を傷つけることも、癒すことも選択してはなりません。3あなたは癒しが何であるかを知りません。4あなたが共感について学んだことのすべては過去から来ています。5そして、過去から来ているものにはあなたが分かち合いたいと思うものは何一つありません。というのは、過去から来ているものにはあなたが保持したいと思うものは何一つないからです。6過去を実在的なものにし、そうすることによって過去を永続化するために、共感を利用しないでください。7静かに道をあけ、あなたのために癒しがなされるままにしてください。8どのような状況であれ、価値判断したいという誘惑に駆られても、価値判断することによって自分の反応を決定したいという誘惑に駆られても、マインドの中にはただ一つの思いだけを保持してください。そして、それを見失うことのないようにしてください。9マインドの焦点をただ次のことにだけ合わせてください。

10私は一人ではありません。そして、私は私の「客人」に過去を押しつけることはしません。

11私は「彼」を招待しました。そして、「彼」は今ここにいます。

12私には妨害しないこと以外に何もする必要はありません。

4. 真の共感は、共感が何であるかを知っている「聖霊」からやって来ます。2弱さに対する能力ではなく、強さに対するあなたの能力を「聖霊」に利用させるならば、共感についての「聖霊」の解釈を学ぶことができます。3「聖霊」があなたを見捨てることはありませんが、あなたは絶対に「聖霊」を見捨ててはなりません。4謙虚さは次の意味においてのみ強さになります。すなわち、自分が知らないという事実を認識して受け容れることは、「聖霊」は確かに知っているという事実を認識し受け容れることです。5あなたは「聖霊」が「聖霊」の役割を果たすであろうことを確信していません。なぜなら、自分の役割を完全に果たしたことがこれまでに一度もないからです。6理解していないことに対してどう反応するべきか、その方法を知ることはできません。7理解していないことに反応する誘惑に駆られ、エゴが自らの栄光のために共感を意気揚々と利用することに屈してはなりません。

5. 弱さの勝利はあなたが兄弟に差し出したいものではあり

ません。2しかしながら、あなたはこれ以外のいかなる勝利も認識しません。3これは知識ではありません。そして、これをもたらす共感の形態は非常に歪曲したものであるために解放したいものを幽閉してしまいます。4救われていない者が救うことはできません。しかし、彼らには「救い主」がいます。5「救い主」に教えようとはしないでください。6あなたは学ぶ者であり、「彼」が「教師」です。7あなたの役割を「彼」の役割と混同しないでください。というのは、そうすることによっては誰にも安らぎをもたらすことは決してできないからです。8「彼」にあなたの共感を差し出してください。というのは、あなたが分かち合いたいと望むのは「彼」の知覚であり、「彼」の強さだからです。9そして、あなたを通じて分かち合うことができるように、「救い主」に「彼」の強さと「彼」の知覚を差し出してもらってください。

6. 愛の意味は、弱さに頼ってそこに愛を見出したいと願うようないかなる関係においても失われてしまいます。2愛の力、それがまさに愛の意味ですが、それは愛の頭上を舞い、癒しの翼の中に愛を包み込むことによって静かに祝福を与えられる「神」の強さの中にあります。3これをそのままにしておいてください。そして、あなたの〝奇跡〟でこれの代用をさせようとしないでください。4兄弟から愚かなことをするように依頼された場合にはそれをしなさいと私は言いました。5しかし、これは兄弟やあなたを傷つける愚行をするという意味ではありません。というのは、前者を傷つけるものは後者をも傷つけるからです。6愚かな依頼が愚かである理由は、それらがお互いに相容れないからにすぎません。というのは、そうした依頼には何らかの特別な要素が常に含まれているからです。7「聖霊」だけが本当の必要性だけでなく愚かな必要性をも認識します。8そして、一方を失うことなく二つの必要性を満たす方法を「聖霊」は教えてくれます。

7. あなたはこれをただ秘密裏にやろうとするでしょう。2そして、一方の必要性を満たしても他方の必要性を危険にさらすことはないと考えるでしょう。なぜなら、あなたはそれらの二つの必要性を別々にしておき、お互いを秘密にしておくからです。3これは取るべき方法ではありません。というのは、それは生命と真実に導いてくれないからです。4必要性を満たすことがその機能である「聖霊」に必要性をすべて委ねるならば、それらの必要性が長い間満たされない状態のままにとどまることはありません。5それは「聖霊」の機能であって、あなたの機能ではありません。

[6]「聖霊」は秘密裏にそれらの必要性を満たすことはしません。というのは、「聖霊」はあなたが「聖霊」を通して与えるもののすべてを分かち合うからです。[7]「聖霊」がすべてのものを与える理由はここにあります。[8]あなたが「聖霊」を通して与えるものは「神の子のすべて」のためであり、「神の子のすべて」の一部のためではありません。[9]「聖霊」に「聖霊」の機能を委ねてください。というのは、あなたの様々な関係に入ってくれるようにと「聖霊」に依頼し、あなたのためにそれらの関係を祝福してくれるようにと依頼するだけで、「聖霊」は自らの機能を果たすからです。

II. 神聖性の力

1. 神聖性を理解することは不可能であるとあなたは未だに考えているかもしれません。なぜなら、どうすれば神聖性が延長されてすべてのものを包含できるようになるのか、あなたには見えないからです。[2]そして、あなたは神聖性が神聖であるためには、すべての人を包含しなければならないと教えられてきました。[3]神聖性の延長に関して心配することはありません。というのは、あなたは奇跡の性質を理解していないからです。[4]また、あなたは奇跡を行ってもいません。[5]あなたが奇跡を行わないことを実証するのは、あなたが知覚する限界の遙か彼方にまで及ぶ奇跡の延長です。[6]奇跡そのものが理解できないのに、奇跡がどのようにしてすべての「神の子」に延長されるのかを心配しても意味はありません。[7]一つの属性を理解することは全体を理解するのと同じくらいに困難です。[8]奇跡がいやしくも厳然として存在するならば、その属性は奇跡の一部であるが故に、奇跡的なものでなければなりません。

2. 断片化して、それから、全体のごく小さな部分の真実性について心配するという一つの傾向があります。[2]そして、これは全体を回避する一つの方法にすぎません。あるいは、全体から目をそらして、あなたがより良く理解できるかもしれないと考えるものの方へと目を向ける方法にすぎません。[3]というのは、これはなおも理解を自分の胸にだけしまっておこうとする一つの方法にすぎないからです。[4]これよりも優れた、ずっと役に立つ奇跡についての考え方は次のようなものです。あなたには奇跡は分かっていない。部分的にも全体としても分かっていない。[5]しかし、奇跡はあなたを通じて行われてきました。[6]したがって、あなたの理解が必要であるはずはありません。[7]しかし、それにしても、理解していないことを達成することは不可能です。[8]したがって、あなたの中にしっかりと理解している「何か」が存在しているに違いありません。

3. あなたにとって奇跡が自然なものに見えることはあり得ません。なぜなら、マインドを傷つけるためにあなたが行ったことは、マインドを非常に不自然なものにしてしまったために、マインドは自分にとって何が自然であるかを覚えていないからです。[2]したがって、何が自然であるかを教えられても、あなたにはそれを理解することはできません。[3]部分を全体として認識すること、そして、一つ一つの部分の中に全体を認識することはまったく自然なことです。というのは、それが「神」の考え方であり、「神」にとって自然であるものは、あなたにとっても自然だからです。[4]完全に自然な知覚は、奇跡における難易度はまったく不可能であることを瞬時に示してくれます。というのは、奇跡における難易度は、奇跡が何を意味するかについての矛盾を含んでいるからです。[5]そして、奇跡の意味が理解できれば、その属性があなたを困惑させることはほとんどあり得ません。

4. あなたは奇跡を行ってきました。しかし、あなたが奇跡を一人で行ったのではないことは明らかです。[2]あなたが別なマインドに到達し、それと一緒になったときには常に成功しました。[3]二つのマインドが一つになって一つの考えを等しく分かち合うとき、一つのものとしての「神の子のすべて」の意識における最初の絆が作られます。[4]「聖霊」の求めに応じてこのように結びつき、「聖霊」が適切と見なす方法でこれを使ってくださいと差し出すとき、あなたの贈り物についての自然な知覚によって「聖霊」はそれを理解することが可能となり、あなたはあなた自身のために「聖霊」の理解を利用することができます。[5]理解できなければ実在しないと信じている間は、あなたの意欲を通して、明らかに達成されているものの実在性をあなたに納得させることは不可能です。

5. 実在を非実在なものにすることに心を傾けながら、実在に対する信頼を自分のものとすることがいったい可能でしょうか。[2]そして、真実をありのままに喜びをもって受け容れて真実に感謝するよりも、幻想の実在性を維持することのほうが本当に安全でしょうか。[3]あなたに与えられた真実を尊重してください。そして、それが理解できないことを喜んでください。[4]奇跡は「神」に代わって語る「存在」にとっては自然なものです。[5]というのは、「彼」の任務は、奇跡が象徴し、かつあなたにとっては隠されたものである知識へと奇跡を変換することだからです。6奇跡についての「彼」の理解であなたには十分であるとしてください。そして、「彼」があなたに与えた「彼」の実在性についてのすべての証人に背を向けないでください。

6. いかなる証拠もあなたが欲しないものの真実性をあなたに納得させることはできません。2しかしながら、あなたと「聖霊」との関係は実在的なものです。3このことに怖れではなく喜びをもって注目してください。4あなたが助けを求めた「存在」はあなたと一緒にいます。5「彼」を歓迎してください。そして、「彼」がやって来たという吉報をもたらしてくれる証人を尊重してください。6あなたが恐れているように、「彼」を承認することはあなたが知っていると思っているすべてのことを否定することであるのは真実です。7しかし、あなたが知っていると思っていることが真実であったことは一度もありません。8それに固執し、真実の証拠を否定することで何を得ることができるでしょうか。9というのは、あなたは真実を放棄するにはあまりにも真実に近い所まできており、その抗いようのない魅力に必ず屈することになるからです。10あなたは今これを遅れさせることはできますが、ほんの少しの間しか遅れさせることはできません。11「神を宿らせる者」があなたに呼びかけ、あなたはそれを聞きました。12あなたがこれから再びまったく耳を傾ける気持にならないということは絶対にありません。

7. 今年は喜びの年です。あなたはますます耳を傾けるようになり、そうすることが増えるにつれて、安らぎが増していくでしょう。2神聖性の力と攻撃の弱さが両方共にあなたの自覚の中にもたらされつつあります。3そして、神聖性は弱さであり、攻撃が力であると固く信じていたマインドの中でこれが達成されたのです。4これは、あなたの「教師」はあなたから生まれたものではないということを教えてくれるのに十分な奇跡ではないでしょうか。5しかしまた、あなたが「彼」の解釈に耳を傾けたときには、いつもその結果はあなたに喜びをもたらしてくれたということも思い出してください。6あなたの解釈の結果が何であったかを正直に考慮してもなお、それらのほうが良いとあなたは思うでしょうか。7「神」はあなたに対してそれよりも良いことを意志として抱いておられます。8「神」が完全な「愛」をもって愛されている者を、より大きな思いやりをもって見ることはできないでしょうか。

8. 「神の愛」に逆らって解釈しないでください。というのは、それを見ることができず聞くこともできないのは盲目の人や耳が聞こえない人でしかないほどに明瞭に、「神の愛」について語ってくれる証人がたくさんいるのですから。2今年は、「神」によって与えられたものを否定しないと決心してください。3目を覚ましてそれを分かち合ってください。というのは、「神」があなたに呼びかけられた唯一の理由はそれだからです。4「神の声」は明瞭に語りましたが、あなたは聞いたことをほんの僅かしか信頼していません。なぜなら、自分が作り出した災いにより大きな信頼を置くことを好んできたからです。5今日この日に、災いは実在的なものではなく、実在は災いではないという吉報を一緒になって受け容れる決意をすることにしましょう。6実在は安全で確実であり、すべての人と物に対して完全に親切なものです。7これを受け容れて喜ぶことよりも大きな愛はありません。8というのは、愛はあなたが幸せであることしか求めず、幸せに寄与するものすべてをあなたに与えるからです。

9. あなたが「聖霊」に与えた問題で、「聖霊」があなたのために解決しなかった問題は一つもありません。これからもそれは決してないでしょう。2あなたが問題を自分で解決しようとして成功したことは一度もありません。3そろそろこのような事実をまとめて、理解してみるべき時期ではないでしょうか。4今年は、これまであなたが与えられてきた様々な考えを応用する年です。5というのは、あなたに与えられた考えは強大な力をもっており、それは活用すべきものであって、ただぼんやりと固守すべきものではないからです。6それらの考えは、否定するのではなく信頼するのに十分なだけの力を既に証明してきました。7今年は真実に投資してください。そして、真実を安らぎの中で機能させてください。8あなたに信頼を置く「聖霊」に信頼を置いてください。9あなたが本当に見聞きしたことを考え、それを認識してください。10このような証人がたくさんいるのに、あなたが一人であるということがあり得るでしょうか。

III. 教えの報酬

1. すべての人が教えるということ、そして、いつも教えているということを私たちは既に学びました。2あなたは上手に教えてきたかもしれませんが、教えることで得られる慰めを受け容れる方法は学んでいないかもしれません。3あなたが教えたことを考え、自分では知っていると思っていたこととそれがいかに異質なものであったかを考えてみれば、「教師」はあなたの思考体系を超越した所からやって来たことに気づかざるを得ないでしょう。[4]それ故に、「彼」はそれを公平に見て、真実ではないと知覚することができたのです。[5]「彼」は非常に異なった思考体系、それも、あなたの思考体系とは何の共通点もない思考体系に基づいてそうしたに違いありません。[6]というのは、「彼」が教えたこと、そして、あなたが「彼」を通じて教えたことは、「彼」が来る前にあなたが教えていたことと何の共通点もないことは確実だからです。[7]そして、その結果は苦痛があった所に安らぎがもたらされ、苦しみは消えてなくなり、喜びがそれに取って代わったのです。

2. あなたは自由を教えたかもしれませんが、どのようにして自由になるかについての方法は学んでいません。[2]私は前に〝その果実で彼らを知り、彼らは自らを知るだろう〟と言いました。[3]というのは、あなたが自分の教えに従って自分自身を価値判断することは確実だからです。[4]エゴの教えは即時的な結果を生み出します。なぜなら、エゴの決断はあなたの選択として直ちに受け容れられるからです。[5]そして、この受容はあなたがそれに応じて自分自身を価値判断する気持があることを意味します。[6]原因と結果はエゴの思考体系においては非常に明確です。なぜなら、あなたの学びのすべては原因と結果の相互関係を確立することに向けられてきたからです。[7]そして、自分自身に信じるようにと一生懸命に教えてきたことを、あなたは信頼したいと思うのではないでしょうか。[8]しかしながら、その証人を選ぶのにどれほどの注意を払ったか、そしてまた、真実の原因と結果のために語った人々を避けるのに、どれほどの注意を払ったかを思い出してください。

3. 自分が教えてきたことを学んでいないという事実は、「神の子のすべて」を一つのものとして知覚していないことをあなたに示しているのではないでしょうか。[2]そしてそれはまた、あなたは自分自身を一つのものと見なしていないということを示しているのではないでしょうか。[3]というのは、まったく確信がなくして成功裏に教えることは不可能であり、確信があなたの外にあるということもそれと同じく不可能だからです。[4]自由を信じることなくして自由を教えることは絶対にできなかったはずです。[5]そして、あなたが教えたことはあなた自身から来たに違いありません。[6]しかし、この「自己」をあなたが知らないことは明確であり、「それ」が機能しているにもかかわらずあなたは「それ」を認識していません。[7]機能しているものはそこに存在しているに違いありません。[8]そして、あなたがもし仮に「その存在」を否定することができるとすれば、「それ」があなたのために行ったことを否定することによってしか否定することはできません。

4. これは自分自身を知るためのコースです。[2]あなたはあなたが何であるかを教えてきましたが、あなたの本質である存在に自分を教えさせることはしてきませんでした。[3]あなたは非常に注意して一見明瞭なことを避け、完全に明白な本当の原因と結果の相互関係を見ないようにしてきました。[4]しかし、あなたの中にあなたが教えたことのすべてがあります。[5]それを学んでいないものとはいったい何でしょうか。[6]それはあなた自身の投影によってではなく、真の意味において、本当にあなた自身の外側にあるこの部分であるに違いありません。[7]そして、あなたが取り入れたのはこの部分であり、それはあなたではないものです。[8]あなたがマインドの中に受け容れるものは、本当の意味でそれを変えることはありません。[9]幻想とはそこに存在しないものを信じることにすぎません。[10]真実と幻想の間にある外見上の葛藤は、あなた自身を幻想から切り離すことによってのみ解決可能であり、真実から自分を切り離すことによっては解決不可能です。

5. あなたの教えは既にこれを成し遂げました。というのは、「聖霊」はあなたの一部だからです。[2]「聖霊」は「神」によって創造されたが故に、「神」のもとを去ってもいなければ、「神」の創造物のもとをも去っていません。[3]あなたが「神」であり、「聖霊」であるのと同じように、「聖霊」は「神」であり、あなたです。[4]というのは、分離に対する「神」の答えは、あなたが取り去ろうとしたものよりも多くのものをあなたに付加することだったからです。[5]「神」はあなたの創造物とあなたの両方を守り、あなたが排除しようとするものをあなたと一緒にしておいてくださったのです。[6]それらはあなたがあなたの創造物に代えようとして取り入れたものに取って代わるでしょう。[7]あなたの創造物はあなたが知らない「自己」の一部として、きわめて実在的です。[8]あなたの創造物は「聖霊」を通じてあなたとコミュニケーションをはかります。そして、それらの力とそれらを創造してくれたことへの感謝を、それらの故郷であるあなた自身についての教えに喜びをもって捧げます。[9]「神」を宿らせる者であるあなたは、あなたの創造物を宿らせる者でもあります。[10]というのは、実在的なものはいかなるものであれ、その創造主のマインドを離れたことはないからです。[11]そして、実在的でないものがそこに存在したことは一度もありません。

6. あなたは葛藤する二つの自己ではありません。[2]「神」の向こうにいったい何があるでしょうか。[3]「神」を保持するあなた、そして、「神」が保持するあなたが宇宙であるとすれば、他のすべてのものは外部にあるに違いありません。外部とは無が存在する場所です。[4]あなたはこれを教えてきました。そして、宇宙の遙か彼方から、それでいてあなた自身を超越していない場所から、あなたの教えに対する証人たちがあなたの学びを助けるために集まっています。[5]彼らの感謝はあなたの感謝および「神」の感謝と一緒になって、あなたが教えたことに対するあなたの信頼を強化しています。[6]というのは、あなたが教えたことは真実だからです。[7]一人であるならば、あなたはあなたの教えの外側に、教えから離れて立っています。[8]しかし、彼らと一緒であれば、あなたは自分自身に教えただけであることを学ばなければなりません。そして、彼らと共有した確信から学んだということを学ばなければなりません。

7. 今年、あなたは学び始めるでしょう。そして、学びを教えと同等のものにするでしょう。[2]あなたは教えたいというあなた自身の意欲によってこれを選択しました。[3]あなたはそのために苦しんだように見えますが、それでも、教える喜びはあなたのものとなるでしょう。[4]というのは、教える喜びは学ぶ者の中にあり、学ぶ者は感謝を込めてそれを教える者に差し出し、教える者と分かち合うからです。[5]学ぶにつれて、「自己」が何であるかを教えるあなたの「自己」に対する感謝の思いは成長し、あなたが「自己」を尊重するように助力してくれるでしょう。[6]そして、あなたは「自己」の力と強さと純粋性を愛し、「彼の父」が愛するように「自己」を愛するでしょう。[7]「あなたの自己の王国」には制限も終わりもなく、あなたの「自己」の中に完全にして永遠でないものは何もありません。[8]これらすべてのものが他ならぬあなたです。そして、この外側にあるものは何一つとしてあなたではありません。

8. あなたがあなたであることに関して、また、あなたをあなたとして創造した「存在」がその「存在」であることに関して、あなたの最も神聖な「自己」に対して、あらゆる賞讃が贈られてしかるべきです。[2]遅かれ早かれ、すべての人が複数の自分の間に存在すると想像しているギャップに橋をかけなければなりません。[3]それぞれがこの橋を造り、ギャップに橋をかけるために少しでも努力しようという気持になった瞬間に、この橋がギャップの上を渡らせてくれます。[4]彼らの僅かな努力は「天国」の強さによって、そしてまた、「天国」の中で一体となっていて、「天国」を「天国」たらしめているすべての存在の結ばれた意志によって力強く補強されます。[5] したがって、渡ろうとするものは文字通り、そこまでさっと運ばれてしまうでしょう。

9. あなたの橋はあなたが思っているよりも強くできており、あなたの足はその上にしっかりと立っています。[2] 橋の向こう側に立ってあなたを待っている人々の魅力が、あなたを安全に引き寄せてはくれないかもしれないと怖れることはありません。[3] というのは、あなたはあなたがいたい場所にやって来るからであり、あなたの「自己」があなたを待っている場所にやって来るからです。

IV. 愛の幻影と実在

1. 特別な憎悪の関係を注視することを恐れないでください。というのは、自由はそれを見つめることにあるからです。[2] 特別な憎悪の関係がなければ、愛の意味を知らずにいることは不可能です。[3] というのは、愛の特別な関係は、その中に愛の意味は隠されていますが、憎しみを手放すためではなく相殺するために始められるからです。[4] これを注視するとき、あなたの救いがあなたの開かれた目の前にはっきりと現れるでしょう。[5] 憎しみを制限することはできません。[6] 特別な愛の関係は憎しみを相殺することはなく、ただ地下に潜らせて見えなくするだけです。[7] それを目に見える場所に連れ出して、隠そうとしないことが不可欠です。[8] というのは、あなたにとって愛を意味のないものにするのは、愛によって憎しみのバランスを計ろうとする試みだからです。[9] これにどれほどの分裂が横たわっているか、その程度にあなたは気づいていません。[10] そして、それに気づくまでは、その分裂は認識されないままにとどまり、したがって、癒されることはありません。

2. 愛の象徴に対抗する憎しみの象徴は、存在しない葛藤を最後まで演じます。[2] というのは、象徴は何か別のものを表すからであり、愛がすべてであるとすれば、愛の象徴には何の意味もないからです。[3] あなたはこの最後の解除の過程をまったく傷つくことなくやり通し、遂に本来の自分自身として姿を現すことでしょう。[4] これが「神」に対する準備の最終段階です。[5] 今になって、その気持をなくさないでください。そうするにはあまりにも近い所に来ています。あなたはまったく安全に橋を渡り、戦争から平和へと静かに変換されるでしょう。[6] というのは、愛の幻想が決して満足させることはないのに対して、橋の向こうで待っている愛の実在はあなたにすべてを与えてくれるからです。

3.　特別な愛の関係は、罪悪感の嵐の中に避難所を見つけることによって、憎しみの破壊的な影響力を制限しようとする試みです。[2]嵐を抜け出して太陽光線の中へと上昇しようとはしません。[3]それどころか、罪悪感に対するバリケードを築いてその中にとどまろうとすることによって、避難所の外の罪悪感を強調します。[4]特別な愛の関係はそれ自体が価値あるものとしては知覚されず、憎しみがそこから分離して、分離した状態にとどまる安全な場所として知覚されます。[5]特別な愛のパートナーは、この目的を果たす限りにおいて受け容れられます。[6]憎しみは特別な愛の関係に入ることができ、その関係の或る側面において憎しみは歓迎されますが、それでも関係は愛の幻想によって保持されます。[7]愛の幻想がなくなれば、関係は壊れるか、幻想から目覚めたために満足のゆくものではなくなります。

4.　愛は幻想ではありません。[2]愛は事実です。[3]幻想から目覚めることが可能である場所には、愛ではなく憎しみがあったのです。[4]というのは、憎しみはまさに幻想であり、変わることができるものは決して愛ではなかったからです。[5]生きることのどんな側面においてであれ、ある人々をパートナーとして選び、他の人々とは分かち合わない目的のために彼らを利用する人々は、罪悪感で死ぬよりも罪悪感と共に生きようとしていることは確実です。[6]これが彼らに見える選択です。[7]そして、彼らにとって愛は死からの逃避にすぎません。[8]彼らは必死になって愛を求めますが、安らかに愛を求めることはありません。安らかに求めるならば、愛は喜んで静かに彼らの方にやって来るのですが。[9]そして、死の怖れから解放されていないと分かったとき、愛の関係に抱いていた幻想を失うことになります。[10]この幻想に対するバリケードが崩れると、怖れが殺到して、憎しみが勝利します。

5.　愛の勝利はありません。[2]憎しみだけが〝愛の勝利〟に関心をもっています。[3]愛の幻想は憎しみの幻想に勝利することはできますが、常に両者を幻想にするという代価を払わなければなりません。[4]憎しみの幻想が続いている間は、愛はあなたにとって幻想であるでしょう。[5]すると、あなたに残された唯一の可能な選択は、どちらの幻想をより好むかということだけになります。[6]真実と幻想の選択にはまったく何の葛藤もありません。[7]このような言葉において見るならば、誰もためらうことはありません。[8]しかし、幻想の中から一つの幻想を選択するように見える瞬間に葛藤が入ってきます。しかし、この選択は重要ではありません。[9]一つの選択がもう一つの選択と同じくらいに危険である場合には、その決断は絶望的なものにならざるを得ません。

6. あなたの任務は愛を探し求めることではなく、あなたが愛に対して築いた壁のすべてを自分自身の中に探し求めて発見することです。[2]真実であるものを探し求めることは必要ではありません。しかし、誤っているものを探し求めることは絶対に必要です。[3]すべての幻想はどのような形をとろうとも怖れの幻想です。[4]そして、一つの幻想から別な幻想へと逃避しようとする試みは必ず失敗します。[5]自分自身の外に愛を求めているとすれば、自分の中に憎しみを知覚し、それを恐れているに違いありません。[6]しかしながら、安らぎが愛の幻想からやって来ることは決してなく、安らぎは愛の実在からだけやって来ます。

7. 次のことを認識してください。というのは、それは真実だからです。そして、真実を幻想から区別するためには真実を認識しなければならないからです。すなわち、特別な愛の関係は愛を分離の中にもたらそうとする試みであるということです。[2]その性質上、特別な愛の関係とは、愛を怖れの中にもっていき、それを怖れの中で実在化しようとする試み以上の何ものでもありません。[3]特別な愛の関係は愛の一つの条件を根本的に犯すことによって、不可能なことを達成しようとします。[4]幻想の中でなければこれをすることは不可能です。[5]あなたにとっては非常に実在的であるように見えながら実際には存在しないジレンマを解決するために、厳密に言って自分に何ができると考えているかをしっかりと見つめることが不可欠です。[6]あなたは真実の近くまで来ています。そして、あなたを真実へと導いてくれる橋とあなたの間にあるのはこれだけです。

8. 「天国」は静かに待っています。そして、あなたの創造物は手を差し伸べてあなたが橋を渡り、あなたの創造物を歓迎できるように力を貸そうとしています。[2]というのは、あなたが求めているのは彼らだからです。[3]あなたはあなた自身の完全な実現だけを求めています。そして、あなたを完全にしてくれるのは彼らです。[4]特別な愛の関係は、幻想においてではなく真実においてあなたを完全にしてくれるものの粗末な代替物にすぎません。[5]あなたと彼らの関係に罪悪感はありません。そして、このためにあなたは兄弟のすべてを感謝の気持で見つめることができます。なぜなら、あなたの創造物は兄弟と力を合わせて創造されたからです。6あなたの創造物を受容することは創造の「一体性」を受容することであり、あなたはそれなくしては決して完全であることはできません。7いかなる特別性も「神」が与えられたものを差し出すことは不可能であり、あなたが「神」と共に与えるものを差し出すことは不可能です。

9. 橋の向こう側にあなたの完全な実現があります。というのは、橋の向こう側ではあなたは完全に「神」の中にあり、何も特別なことを意図せず、ただ完全に「神」のようであろうとする意志をもち、あなたの完全な実現によって「神」を完全に実現するからです。2安らぎと完全な神聖性が住む場所に渡ることを恐れないでください。3そこにだけ、「神」と「神の子」の完全な実現が永遠に確立されています。4すべてのものが確実ではなく、すべてのものが満足をもたらさない荒涼とした幻想の世界にこれを求めないでください。5「神の名」において、すべての幻想を完全に捨てる気持になってください。6あなたが完全な実現を受け容れる気持に完全になりきっている関係であれば、そして、この関係においてのみ、「神」が完全に実現され、「神」と共に「神の子」も完全に実現されます。

10. あなた自身の中における結合へとつながる橋は、必ず知識につながります。というのは、それはあなたのそばに「神」がいる状態で建設されたからであり、「神」のもとへとまっすぐに導いてくれるからです。「神」のもとではあなたの完全な実現は「神」の完全な実現とまったく矛盾のない状態で安らいでいます。2達成可能であると判断してマインドに受け容れる幻想の一つ一つが、あなた自身の完全な実現の感覚を取り除き、そうすることによって、あなたの「父の完全性」を否定します。3すべての夢想は、愛に関するものであれ憎しみに関するものであれ、あなたから知識を奪います。というのは、夢想とはヴェールであり、そのヴェールの背後に真実が隠れているからです。4非常に暗くそして重く見えるヴェールを持ち上げるためには、すべての夢想を超越して真実に価値を置き、真実の代わりに夢想で妥協して満足する気持をまったくもたないだけで良いのです。

11. 怖れを通り抜けてでも愛に到達したいと思いませんか。2というのは、愛に至る旅はそのように見えるからです。3愛は呼びかけます。しかし、憎しみはあなたをとどまらせようとします。4憎しみの呼び声に耳を傾けないでください。そして、いかなる夢想も抱かないでください。5というのは、あなたの完全な実現は真実に依拠しており、それ以外の場所には依拠していないからです。[6]憎しみの呼び声の中に、そして、あなたを遅れさせようとしてわき上がってくるすべての夢想の中に、あなたの中から絶えずわき起こってくる「創造主」に助けを求める呼び声を聞いてください。[7]あなたの完全な実現は「神」の完全な実現ですが、そういうあなたに「神」がお応えにならないということがあるでしょうか。[8]「神」はまったく幻想を抱かずにあなたを愛されています。あなたもそのように愛さなければなりません。[9]というのは、愛には幻想はまったくなく、したがって、怖れもまったくないからです。[10]「神」が覚えておられるものは完全であるに違いありません。[11]そして、「神」は「神」を完全にするものを忘れられたことは一度もありません。[12]あなたの完全な実現の中に、「神の完全性」の記憶と「神ご自身」を完全に実現させてくれたあなたへの「神」の感謝があります。[13]あなたと「神」の絆の中に、「神」の忘れることのできない能力と、あなたの思い出す能力が横たわっています。[14]「神」の中に、あなたの愛する意欲とあなたを忘れていない「神の愛」のすべてが一緒になっています。

12. あなたが自分の中にある真実を思い出すことができないのと同じように、あなたの「父」はあなたの中にある真実を忘れることはできません。[2]「聖霊」は「神」に至る「橋」であり、それは「神」と一つに結ばれたいというあなたの意欲によって作られ、あなたと一つに結ばれていることの「神」の喜びによって創造されました。[3]果てしないように見えた旅がほとんど終わろうとしています。というのは、まさに果てしないものが非常に近くにあるからです。[4]あなたはそれをほとんど認識しています。[5]今、私と一緒にすべての幻想にしっかりと背を向け、いかなるものにも真実の道を妨害させないでください。[6]私たちは真実から離れる最後の無用な旅に一緒に出ます。それから私たちは一緒に、「ご自分」の完全な実現を求める「神の呼び声」に喜びをもって応え、「神」のもとへと直行します。

13. いかなる種類の関係であれ、特別な関係が「神」の完全な実現を妨げるとすれば、そうした関係があなたにとっていかなる価値をもち得るでしょうか。[2]「神」を妨害しようとするものは、あなたを妨害するものであるに違いありません。[3]時間の中においてのみ、「神」の完全な実現に対する妨害が可能であるように見えます。[4]「神」があなたを運んで渡してくれる橋は、あなたを時間の中から持ち上げて、永遠の中へと連れていくでしょう。[5]時間から目覚めてください。そして、あなたを創造するとき、あなたに永遠を与えてくださった「神の呼びかけ」に恐れずに応えてください。6 時間のない世界に行く橋のこちら側にいるあなたは何も分かっていません。7 しかし、無時間性に持ち上げられて軽々とこの橋を渡ると、あなたは「神のハート」へとまっすぐに導かれます。8「神のハート」の中心において、そして、その場所においてのみ、あなたは永遠に安全です。なぜなら、あなたは永遠に完全だからです。9 私たちの中にある「神の愛」が一緒になれば、持ち上げることのできないヴェールはありません。10 真実への道は開かれています。11 私と一緒にその道に従ってください。

V. 完全な実現の選択

1. 特別な関係を見るときにまず必要なのは、それには多大な苦痛が伴うと理解することです。2 不安、絶望、罪悪感、そして攻撃がすべて苦痛の構成要素となりますが、時としてそうしたもののすべてがなくなってしまったように見えることもあります。3 こうしたもののすべてがありのままに理解されなければなりません。4 どのような形をとろうとも、それらは常に他者に罪悪感を抱かせるための自己への攻撃です。5 前にこれについて話したことがありますが、実際に試みられていることでまだ触れていないいくつかの側面があります。

2. きわめて簡単に言えば、有罪にしようとする試みは常に「神」に向けられます。2 というのは、エゴは「神」を、「神」だけを有罪であるように見せ、そうすることによって「神の子のすべて」を攻撃に曝し、攻撃から守られていない状態にするからです。3 特別な愛の関係は、あなたを「天国」から遠ざけておくためのエゴの主要な武器です。4 それは武器であるようには見えませんが、あなたがそれをどれほど重んじ、なぜ重んじるかを考えてみれば、そうであるに違いないことに気づくでしょう。

3. 特別な愛の関係はエゴが最も自慢にする贈り物であり、罪悪感を放棄することをよしとしない人々にとって最も魅力的な贈り物です。2 エゴの〝力学〟がここにおいて最も明確です。というのは、この捧げ物の魅力を当てにしてそれを取り巻く夢想は、多くの場合、きわめて公然としているからです。3 ここでは普通、夢想は受容可能であり自然であるとさえ判断されています。4 愛すると同時に憎むことを誰もおかしいとは考えません。そして、憎しみは罪であると信じている人たちですら、罪悪感を覚えるだけでそれを修正しません。[5]これは分離の〝自然な〟状態であり、それはまったく自然なことではないと学ぶ人たちは不自然な人たちであるように見えます。[6]というのは、この世界はまさに「天国」の正反対であり、「天国」とは正反対に作られており、ここではすべてのものが真実であるものとまったく正反対の方向をとるからです。[7]愛の意味が知られている「天国」においては、愛は一つに結ばれることと同じです。[8]愛の幻想が愛の代わりに受け容れられているこの世界においては、愛は分離および排除として知覚されます。

4. エゴの憎しみは、「神」から特別な愛を得ようとする隠れた欲求から生まれた特別な関係の中において勝利します。[2]というのは、特別な関係は「神の愛」の放棄であり、「神」が否定された特別性を自己のために確保しようとする試みだからです。[3]エゴを保つためには、この特別性は地獄ではなく「天国」であると信じることが不可欠です。[4]というのは、分離は喪失でしかあり得ないこと、そして、分離はその中においては「天国」が存在不可能な状態であることを、エゴは決してあなたに見せないからです。

5. すべての人にとって、「天国」は完全な実現です。[2]これに関しては意見の不一致はあり得ません。なぜなら、エゴも「聖霊」も共にこれを受け容れるからです。[3]しかしながら、彼らは完全な実現が何であるかに関して、また、それがどのようにして達成されるかに関しては完全に意見を異にしています。[4]「聖霊」は、完全な実現はまず結合にあり、それから、結合の延長にあることを知っています。[5]エゴにとって、完全な実現は勝利にあり、その〝勝利〟を「神」に対する最終的な勝利にまで延長することにあります。[6]この中にエゴは自己の究極的な自由を見ます。というのは、エゴを妨害するものは何も残っていないからです。[7]これが「天国」についてのエゴの考えです。[8]したがって、エゴが妨害できない状態である結合は、地獄であるということになります。

6. 特別な関係は、地獄と「天国」を一緒にして区別不可能にするための、奇妙で不自然なエゴの道具です。[2]そして、二つの世界の想像上の〝最善〟を発見しようとする試みは、二つの世界についての夢想を引き起こしただけであり、それぞれの世界をありのままに知覚できないようにしただけです。[3]特別な関係はこの混乱の勝利を表すものです。[4]それは結合が排除されている一種の結合であり、結合を試みるための根拠は排除に依拠しています。[5]〝探しなさい。しかし、見つけてはいけません〟というエゴの行動原理のこれよりも良い実例はありません。

7. 最も興味深いのは、エゴが特別な関係の中で助長する自己についての概念です。2この〝自己〟は自らを完全にするために特別な関係を求めます。3しかしながら、これを達成することができると自らが考える特別な関係を見つけると、自己は自分自身を与えて、他人の自己と自分自身を〝トレード〟しようとします。4これは結合ではありません。というのは、増加も延長もないからです。5それぞれのパートナーは自分が望ましいと考える自己のために、自分が欲しない自己を犠牲にしようとします。6そして、取るという〝罪〟のために罪悪感を覚え、見返りに価値のあるものを何も与えないことに罪悪感を覚えます。7〝より良い〟自己を得るために与えてしまう自己に、どれほどの価値を置くことができるでしょうか。

8. エゴが求める〝より良い〟自己は常により特別なものです。2そして、特別な自己をもっているように見える人が誰であれ、その人から奪うことができるものの故に、その人は〝愛され〟ます。3二人のパートナーがお互いの中にこの特別な自己を見る場合、エゴは〝「天国」において作られた結合〟を見ます。4というのは、二人はどちらも自分が地獄を求めていることを認識せず、したがって、エゴが「天国」を妨害するために差し出した「天国」についてのエゴの幻想に干渉しないからです。5しかし、すべての幻想が怖れから来ているとすれば、そして、怖れ以外の何ものからも来ていないとすれば、「天国」の幻想は〝魅力的な〟形の怖れ以上の何ものでもなく、その中に罪悪感が深く埋めこまれ、〝愛〟という形で浮上してきます。

9. 地獄の魅力は罪悪感の恐ろしいばかりの魅力にあるだけであり、エゴはこの罪悪感の魅力を矮小性に信頼を置く人々に差し出します。2矮小性に対する確信はすべての特別な関係に横たわっています。というのは、剥奪された者だけが特別性を尊重できるからです。3特別性を要求し、そして、特別性を与えることを愛の行為として知覚すれば、愛は憎悪に満ちたものとなるでしょう。4エゴの目標と厳密に一致している特別な関係の真の目的は、実在を破壊し、幻想に取って代わらせることです。5というのは、エゴそれ自体が幻想であり、幻想しかその〝実在〟の証言者となることができないからです。

10. 特別な関係を「神」に対する勝利であるとして知覚したならば、あなたはそれを望むでしょうか。2特別な関係の怖れに満ちた性質、それが必然的に引き起こす罪悪感、悲しみや孤独については考えないことにしましょう。3というのは、これらは分離という宗教全体の属性にすぎず、また、その中で分離が起こると考えられる文脈全体の属性にすぎないからです。[4]犠牲についての長々とした説明の中心的なテーマは、あなたが生きるためには「神」は死ななければならないというものです。[5]そして、特別な関係において演じられるのはまさにこのテーマです。[6]あなたの自己の死を通して他の自己を攻撃し、他人の自己をさっと奪い取って、自分が軽蔑する自己に代えることができるとあなたは考えます。[7]自分の自己を軽蔑する理由は、あなたが要求する特別性を差し出してくれないと考えるからです。[8]それを憎むことによって、あなたはそれを矮小で価値のないものにしてしまいました。なぜなら、あなたはそれを恐れているからです。

11. 自分が攻撃したと考えるものに対して無制限の力を付与することがいったいどのようにして可能でしょうか。[2]あなたにとって真実はあまりにも恐ろしいものとなってしまったために、真実が虚弱にして矮小で、かつ、価値のないものでなければ、敢えてあなたはそれを見つめようとはしません。[3]あなたは自分が作った矮小な自己に、真実と戦って勝利をおさめ、真実を無力にすることによって真実からもぎ取った力を付与するほうがより安全と考えます。[4]特別な関係において、この儀式がいかに厳密に演じられるかを見てください。[5]二人の別々な人の間に祭壇が築かれ、その祭壇の上でそれぞれが自らの自己を殺そうとし、自分の死から力を得るために自分の肉体の上に別な自己を打ち立てようとします。[6]何度も何度もこの儀式が演じられます。[7]そして、それはまだ完了したことはなく、これからも完了することはありません。[8]完全な実現の儀式が完了することは不可能です。というのは、生命が死から生じることはなく、「天国」が地獄から生じることもないからです。

12. いかなる形のものであれ、特別な関係が儀式の中で愛を求めるようにと誘惑してきたときには、愛は内容であっていかなる種類の形でもないことを必ず思い出してください。[2]特別な関係は形式的な儀式であり、内容の犠牲の上に形を格上げして、「神」に取って代わらせようとするものです。[3]形には何の意味もなく、今後も決して意味をもつことはありません。[4]特別な関係はその真実の姿において認識されなければなりません。すなわち、特別な関係は意味のない儀式であり、この儀式において、強さが「神」の死から抽出され、形が内容に対して勝利を収め、愛が意味を失ってしまったしるしとして、その強さが「神」を殺した者に投資されます。[5]それが明らかに不可能であることは別にしても、あなたはこれが可能であって欲しいと思うでしょうか。[6]仮にそれが可能であるとしたならば、あなたは自分自身を無力にしてしまったことになるでしょう。[7]「神」は怒ってはおられません。[8]「神」はこれが起こることを放置しておくことはできないだけです。[9]あなたには「神のマインド」を変えることはできません。[10]あなた自身が作った儀式は死のダンスであなたを喜ばせますが、永遠なるものに死をもたらすことはできません。[11]また、「神の完全性」に代えるべくあなたが選んだ代替物がそれに対して影響力をもつこともまったく不可能です。

13. 特別な関係の中に、他の神々を祭り上げて「神」の前に置き、彼らを崇拝することによって彼らの矮小性と「神」の偉大さを見えなくさせようとする試み以外のものを見てはなりません。[2]あなたの完全な実現の名において、あなたはこれを望まないはずです。[3]というのは、あなたが祭り上げて「神」の前に置く偶像の一つ一つは、あなたの本来の姿に代わってあなたの前に立つからです。

14. 救いは、幻想は真実ではないが故に恐ろしいものではないという単純な事実にあります。[2]幻想は、あなたがどの程度までありのままに認識できないか、その程度に応じて恐ろしいように見えます。そして、幻想が真実であって欲しいとあなたがどの程度望むか、その程度に応じてあなたはありのままに認識することに失敗するでしょう。[3]そして、それと同じ程度まであなたは真実を否定しており、したがって、真実と幻想、「神」と夢想との間での単純な選択ができないでいます。[4]これを覚えておいてください。そうすれば、その決断をただありのままに知覚して、それ以上の何ものでもないと知覚することに何の困難もないでしょう。

15. 分離の幻想の核心は、愛の意味の破壊という夢想に依拠しているだけです。[2]そして、愛の意味があなたにとって回復されなければ、愛の意味を分かち合うあなたは自分自身を知ることはできません。[3]分離とは自分自身を知らないようにするという決断にすぎません。[4]この思考体系そのものは、注意深く考案された学びのための体験であり、真実から外れて夢想に至るようにデザインされています。[5]しかしながら、あなたを傷つける学びの一つ一つに関して、「神」はあなたに修正を差し出され、そして、あなたを傷つける学びがもたらす結果のすべてからの完全な脱出を差し出されます。

16. このコースに耳を傾け、それに従うか従わないかの決断は、真実を選ぶか幻想を選ぶかの選択であるにすぎません。[2]というのは、ここには幻想から切り離され、幻想とまったく混同されていない真実があるからです。[3]真実がただありのままに知覚されるとき、この選択はなんと単純になることでしょうか。[4]というのは、選択にあたっての混乱を可能にするのは夢想だけであり、夢想はまったく非実在的だからです。

17. このようなわけで、今年はかつてあなたが直面した決断の中でも最も容易で、また、唯一の決断でもある決断を下す時です。[2]あなたは実在に至る橋を渡るでしょう。その理由は単に、橋の向こう側に「神」がおられるのに対して、こちら側にはまったく何もないことをあなたが認識するからです。[3]これに気づいたとき、この自然な決断を下さないことは不可能です。

VI. 実在の世界に至る橋

1. 特別な関係を探求することは、あなたが自分自身を「神」ではなくエゴと同一視しているしるしです。[2]というのは、特別な関係はエゴにとってのみ価値があるからです。[3]エゴにとっては、関係に特別な価値がなければ意味はありません。というのは、エゴはすべての愛を特別なものとして知覚するからです。[4]しかしながら、これは自然であるはずがありません。というのは、それは「神」と「神の子」の関係に似ていないからです。そしてこの関係に似ていない関係はすべて不自然であるに違いないからです。[5]というのは、「神」は「ご自分」が望まれるようなものとして愛を創造され、あるがままのものとしての愛を与えられたからです。[6]愛はその「創造主」が「ご自分の意志」によって規定した意味以外の意味をもちません。[7]愛をそれ以外のものとして規定し、それ以外のものとして理解することは不可能です。

2. 愛は自由です。[2]自分自身を束縛の中に置くことによって愛を探すことは、自分自身を愛から分離することです。[3]「神の愛」のために分離の中で結合を求め、束縛の中で自由を求めることはもうやめてください。[4]あなたが解放すれば、あなたも解放されるでしょう。[5]これを忘れないでください。さもないと、「愛」があなたを発見し、あなたを慰めることはできないでしょう。

3. 「聖霊」に助けてもらう気持があるならば、「聖霊」があなたに助けを求める一つのやり方があります。[2]神聖な瞬間が、特別な関係における真のおとりである罪悪感の魅力からあなたを守る上での、「聖霊」の最も有効な助けの道具です。[3]あなたはこれが特別な関係の真の魅力であることを認識していません。というのは、自由がその中にあるとエゴに教えられてきたからです。[4]しかしながら、特別な関係を近くで見れば見るほど、それは罪悪感を助長するに違いなく、したがって、幽閉するものであるに違いないことがますます明らかになってきます。

4. 特別な関係は肉体がなければまったく無意味です。[2]あなたが特別な関係を尊重しているとすれば、肉体も尊重しているに違いありません。[3]そして、尊重するものをあなたは保持することになります。[4]特別な関係はあなたの自己を肉体へと限定するための道具であり、他者についてのあなたの知覚を彼らの肉体に限定するための道具です。[5]「偉大な光線」がもし人に見えたならば、特別な関係の完全な価値の欠如が立証されるでしょう。[6]というのは、それらの光線を見たとき、肉体は姿を消すからです。なぜなら、肉体の価値が失われてしまうからです。[7]したがって、肉体を見ることにかけたあなたの投資のすべてが撤回されることになるでしょう。

5. あなたにはあなたが尊重する世界が見えます。[2]橋のこちら側に、分離した肉体が分離した結合の中で一緒になろうとし、失うことによって一つになろうとしている世界があなたには見えます。[3]二人の個人が一つになることを求めるとき、彼らは自分の偉大さを減殺しようとしています。[4]それぞれが自分の力を否定するでしょう。というのは、分離した結合は宇宙を排除するからです。[5]中に取り入れられるものよりも遙かに多くのものが外に残されます。というのは、「神」は外に残され、まったく何も中に取り入れられないからです。[6]そのような結合が完全な信頼においてなされれば、宇宙がその中に入ってくるでしょう。[7]しかしながら、エゴが探し求める特別な関係は一人の完全な人間すらも包含していません。[8]エゴが欲するのは個人の一部だけであり、この部分だけを見て、それ以外は何も見ません。

6. 橋の向こう側では状況はまったく異なります。[2]しばらくの間は肉体も見えますが、こちら側でのように肉体だけが見えるということはありません。[3]「偉大な光線」を内部に保持する小さな火花も見えます。そして、この火花を長い間小さく限定しておくことは不可能です。[4]この橋をいったん渡ったならば、肉体の価値はあなたの目から見て非常に小さなものとなってしまうために、それを拡大する必要性をまったく感じないでしょう。[5]というのは、肉体がもつ唯一の価値は、あなたが兄弟を橋まで一緒に連れていき、そこで一緒に解放されることを可能にしてくれることだけであることにあなたは気づくからです。

7. 橋そのものは、実在の観点における移動以上の何ものでもありません。[2]橋のこちら側においては、あなたが見るすべてのものはひどく歪んでおり、ものの見方が完全に狂っています。[3]小さなものや重要でないものが拡大され、非常に力強いものが矮小なものに削減されています。[4]移動の際に混乱する時期があり、この時期には実際に方向の喪失感が生じるかもしれません。[5]しかし、それを恐れることはありません。というのは、それはあなたの世界をつなぎとめているように見えた歪んだ準拠体系への執着をあなたが手放す気持になったことを意味するだけなのですから。[6]この準拠体系は特別な関係の周りに築かれています。[7]この幻想がなくなれば、あなたがなおここで探し求めたいと思う意味は存在し得ません。

8. 突然持ち上げられて実在の中に放り出されることを恐れないでください。[2]時間は親切です。時間を実在のために使うならば、あなたが移動するにあたって時間はゆったりとあなたのペースに合わせてくれるでしょう。[3]緊急を要するのはあなたのマインドをこの世界での固定した位置から動かすことだけです。[4]これによってあなたがホームレスとなり、準拠体系を失うことはありません。[5]実際の移動に先立ってやって来る方向喪失の時期は、マインドを幻想にしっかりと固定するのに要した時間よりも遥かに短いでしょう。[6]今は、遅延は以前よりもあなたに苦痛を感じさせることになりますが、その唯一の理由はそれが遅延であることにあなたが気づき、苦痛からの逃避が本当に可能であることに気づいているからです。[7]次のことに絶望ではなく希望と慰めを見出してください。あなたはこの世界にあって、どのような特別な関係においても、愛の幻想すら長い間見つけることができませんでした。[8]というのは、あなたはもはや完全には狂気でないからです。そして、まもなくあなたは、自分を裏切ることの罪悪感の本性を認識するようになるでしょう。

9. 特別な関係において強化しようとするいかなるものも実際にはあなたの一部ではありません。[2]そして、それが実在的なものであるとあなたに教えた思考体系の一部を保持しながら、あなたが何であるかをしっかりと知っている「思い」を理解することは不可能です。[3]あなたはあなたの実在についての「思い」がマインドの中に入ることを許しました。そして、あなたがそれを招じ入れたが故に、それはあなたと共にとどまるでしょう。[4]その思いに対するあなたの愛は、あなたが自分を裏切ることを許さないでしょう。そして、あなたはその思いが一緒に行くことができない関係に入ることはできないでしょう。というのは、あなたはそれから離れていることを望まないからです。

10. エゴがあなたに差し出したまがい物の救いから逃れたことを喜んでください。そして、エゴがあなたの様々な関係から作り出した茶番劇をあこがれの気持をもって振り返ってはなりません。[2]今や誰も苦しむ必要はありません。というのは、あなたは罪悪感の美しさと神聖性の幻想に屈服するにはあまりにも遠くまで来てしまったからです。[3]完全に狂気の者だけが、死、苦しみ、病、絶望を見て、美しく神聖であると見ることができます。[4]罪悪感が作り出したものは醜く、怖れに満ち、非常に危険なものです。[5]そこに真実と美の幻想を見ないでください。[6]そして、真実と美があなたを待っている場所が本当に存在することに感謝してください。[7]前進を続け、喜びをもってそれらのものと出合ってください。そして、無であるが故に無をあきらめるというただそれだけの気持になることによって、どれだけ多くのものがあなたを待っているかを学んでください。

11. 橋を渡ることによってあなたが得る新しい展望は、「天国」がどこにあるかについての理解です。[2]こちら側からは、「天国」は外側にあるように見え、橋の向こう側にあるように見えます。[3]しかし、橋を渡って「天国」と一緒になると、「天国」はあなたと一緒になり、あなたと一つになります。[4]そして、あなたは喜びながらも驚いて、こうしたもののすべてと引き換えに無をあきらめるだけで良かったのだと思うでしょう。[5]「天国」の喜びに限りはありませんが、その喜びは一つ一つの光が戻ってきて「天国」におけるそれぞれの正当な場所を占める度ごとに増大します。[6]「神の愛」と**あなた**をもはや待たないでください。[7]そして、神聖な瞬間がこの道を歩むあなたのスピードを速めてくれることを祈ります。神聖な瞬間があなたのもとにやって来ることを許しさえすれば、神聖な瞬間は必ずやって来るでしょう。

12. 「聖霊」があなたに依頼する唯一のささやかな援助は次のことだけです。すなわち、未だにあなたを魅惑する特別な関係の方に思いがさまよっていく度に、「聖霊」と一緒に神聖な瞬間の中に入り、そこで「聖霊」にあなたを解放してくださいと依頼することです。[2]「聖霊」が自らの展望をあなたに完全に与えるために必要なのは、「聖霊」の展望を共有したいというあなたの意欲だけです。3そして、「聖霊」の意欲は完全であるが故に、あなたの意欲は完全である必要はありません。4あなたの意欲のなさを「自ら」の完全な信頼によってあがなうのが「聖霊」の任務であり、あなたがそこで「聖霊」と分かち合うのは「聖霊」の信頼です。5自分自身の解放に対する意欲のなさをあなたが認識することによって、「聖霊」の完璧な意欲があなたに与えられます。6「聖霊」に呼びかけてください。なぜなら、「天国」は「聖霊」の指示を待っているからです。7あなたに代わって「聖霊」に「天国」へと呼びかけてもらってください。

VII. 幻想の終焉

1. 特別な関係を放棄することなく過去を手放すことは不可能です。2というのは、特別な関係とは過去を再演し過去を変えようとする試みだからです。3想像上の冷遇、記憶に残る苦痛、過去の失望、自分が知覚する不公平や損失、こうしたもののすべてが特別な関係を構成します。そして、特別な関係はあなたの傷つけられた自尊心を回復しようとするための一つの手段となります。4もしも過去が存在しないとしたら、特別なパートナーを選ぶ根拠がいったいあるでしょうか。5そのような選択はすべて、あなたがしがみついている過去の〝邪悪な〟何かのためになされ、それを誰かがあがなわなければならないのです。

2. 特別な関係は過去に復讐します。2特別な関係は、過去の苦しみを取り除こうとすることによって、過去に心を奪われ、過去に完全にコミットする中で現在を見過ごします。3今という瞬間においては、いかなる特別な関係も体験されることはありません。4過去の影に包み込まれて、特別な関係が特別な関係になります。5特別な関係は現在においては何の意味ももちません。そして、それが今、何も意味しないとすれば、実在的な意味はまったくもち得ません。6夢想の中以外で過去を変えることがいったい可能でしょうか。7そして、過去があなたから奪ったとあなたが考えているものを、誰があなたに与えることができるでしょうか。8過去は無です。9剥奪の罪を過去に着せようとしないでください。というのは、過去は過ぎ去ったものだからです。10既に過ぎ去ってしまったものを去らせないようにするというのは実際のところ不可能です。11したがって、あなたは達成したいと思っている何らかの目的のために過去が役立つと考えているが故に、過去は過ぎ去ったものではないという幻想をもち続けているに違いありません。[12]そしてまた、この目的を現在において果たすことは不可能であり、過去においてのみ果たすことが可能であるに違いありません。

3. 過去に復讐しようとのエゴの強烈な衝動を過小評価しないでください。[2]それは完全に凶暴であり、完全に狂気じみています。[3]というのは、あなたがやったことでエゴの気持を害したことをエゴはすべて覚えており、あなたに報復しようとしているからです。[4]エゴがその憎しみを実演するために特定の関係にもたらす夢想は、あなたを破壊するという夢想です。[5]というのは、エゴは過去のことであなたを恨んでおり、あなたが過去から脱出してしまえば、あなたがきわめて正当に値するとエゴが信じている復讐を奪われてしまうと考えるからです。[6]しかしながら、あなた自身の破壊に関してあなたの協力がなければ、エゴはあなたを過去に引き留めておくことはできません。[7]特別な関係において、あなたは自分が破壊されることを許しています。[8]これが狂気じみていることは明らかです。[9]しかし、それほど明らかでないのは、エゴの目標をエゴの協力者としてあなたが探求している間は、現在はあなたにとって役に立たないという事実です。

4. 過去は過ぎ去ったものです。過去を特別な関係の中に保存しようとしないでください。特別な関係はあなたを過去に押さえつけておき、救いは過去のものであり、したがって、救いを見出すには過去に戻らなければならないと教えるでしょう。[2]過去についての報復の夢を含まない夢想はありません。[3]あなたはその夢を演じたいでしょうか、それとも、手放したいでしょうか。

5. 特別な関係においては、あなたが求めているのは復讐の実演であるようには見えません。[2]そして、憎しみと凶暴性がほんの僅かのあいだ顔を出すときですら、愛の幻想が深く揺り動かされることはありません。[3]しかしながら、自覚に到達することをエゴが絶対に許さない一つのことは、特別な関係はあなた自身に対する復讐の実演であるという事実です。[4]しかしながら、特別な関係がそれ以外のものであり得るでしょうか。[5]特別な関係を求めるとき、あなたは自分自身の栄光を探し求めているのではありません。[6]栄光が自分の中にあることを否定してしまったのです。そして、特別な関係があなたの栄光の代替物となります。[7]そして、復讐が「あがない」の代替物となり、復讐からの脱出はあなたの喪失となります。

6. 救いについてのエゴの狂気じみた概念に対して、「聖霊」は神聖な瞬間をそっと横たえます。[2] 私たちは前に、「聖霊」は比較を通して教えなければならず、真実を指し示すために正反対のものを利用すると言いました。[3] 神聖な瞬間は、過去への復讐を通しての救いに対するエゴの固定的な信念と正反対のものです。[4] 神聖な瞬間においては、過去は過ぎ去ったものであることが理解され、過去が過ぎ去ると共に復讐の衝動は根こそぎにされ、姿を消します。[5] 今という瞬間の静けさと安らぎがあなたを完璧な優しさで包み込みます。[6] 真実以外のものはすべて跡形もありません。

7. しばらくの間は、あなたは幻想を神聖な瞬間の中に持ち込もうとして、真実と幻想の体験はあらゆる点において完全に違うことについての十分な自覚が妨げられるかもしれません。[2] しかしながら、これを長い間にわたって試みることはないでしょう。[3] 神聖な瞬間においては、「聖霊」の力が勝利をおさめるでしょう。なぜなら、あなたは「聖霊」と一緒になるからです。[4] あなたがもっていく幻想が「聖霊」についての体験をしばらくの間は弱め、その体験をマインドの中に保持することを妨げるでしょう。[5] しかしながら、神聖な瞬間は永遠です。そして、時間についてのあなたの幻想が、永遠のものが永遠であることを妨げることはないでしょう。そしてまた、あなたが永遠なるものをありのままに体験することを妨げることもないでしょう。

8. 「神」があなたに与えられたものは真に与えられたのであり、真に受け取られるでしょう。[2] というのは、あなたが受け取らなければ「神」の贈り物にはいかなる実在性もないからです。[3] あなたが受け取ることによって「神」の与えられる行為が完了します。[4] 与えることが「神の意志」であるが故に、あなたは受け取ります。[5] 「神」はそれがあなたに与えられるようにと神聖な瞬間を与えられました。したがって、「神」がそれを与えられたというまさにその理由によって、あなたが受け取らないということは不可能です。[6] 「神の子」が自由であるようにと「神」が意志を抱かれたとき、「神の子」はまったく自由でした。[7] 神聖な瞬間において、「神の子」は常に創造されたままであるだろうことを「神」は私たちに思い出させてくださいます。[8] そして、「聖霊」が教えることはすべて、「神」があなたに与えられたものをあなたは受け取っていることを思い出させてくれます。

9. あなたが実在に対して抱くことが可能な恨みは何もありません。[2] ゆるされなければならないことのすべては、あなたが兄弟に対して抱いてきた幻想だけです。[3]彼らの実在に過去はありません。したがって、ゆるされ得るのは幻想だけです。[4]「神」は誰に対しても恨みを抱いてはおられません。というのは、「神」はいかなる種類の幻想も抱くことはできないからです。[5]兄弟の内部にあなたが知覚する幻想に関して兄弟をゆるすことによって、兄弟を幻想への隷属から解放してください。[6]かくして、あなたはゆるされていることを学ぶでしょう。というのは、彼らに幻想を差し出したのはあなただからです。[7]神聖な瞬間において、これが時間の中にいるあなたのためになされ、あなたに「天国」の真実の状況がもたらされるでしょう。

10. あなたは常に真実と幻想から選ぶということ、すなわち、癒しをもたらす実在の「あがない」と、破壊をもたらすエゴの〝あがない〟から選ぶということを思い出してください。[2]「神の愛」から生じる「あがない」の計画におけるあなたの場所だけを求めるとき、「神」の力と「神の愛」のすべてが、限りなくあなたを支持するでしょう。[3]「あがない」がどうすればあなたのもとにやって来るかを探求するに際し、エゴの協力者ではなく「神」の協力者であってください。[4]「神」のご助力で十分です。というのは、「神のメッセンジャー」は「神の王国」をどのようにしてあなたに回復するか、そして、「神」とあなたの関係における救いにあなたがどのようにすべてを投資するか、そのための方法を理解しているからです。

11. すべての幻想がゆるされる神聖な瞬間の中に、「神」のメッセージを求め、見出してください。[2]そこから、奇跡が延長されて、すべての人に祝福を与え、あらゆる問題が解決されるでしょう。問題が大きなものと知覚されようと小さなものと知覚されようと、可能であると知覚されようと不可能であると知覚されようと、すべて解決されることでしょう。[3]「神」と「神の尊厳」に場所を譲らないものはありません。[4]「神」との緊密な関係において一緒になることは、様々な関係を実在的なものとして受け容れることであり、それらの実在性を通じて、すべての幻想を「神」とあなたとの関係の実在のために明け渡すということです。[5]「神」とあなたとの関係を賞讃してください。それ以外の関係を賞讃しないでください。[6]真実は「神」との関係にあり、それ以外の場所にはありません。[7]これを選択するか、無を選択するかのいずれかです。

12. **父よ、私たちの幻想をおゆるしください。そして、幻想が存在せず、いかなる幻想も絶対に入ることのできない、あなたと私たちの真実の関係を、私たちが受け容れる**

ことができますようにお助けください。2 私たちの神聖性
はあなたの神聖性です。3 あなたの神聖性が完全であると
き、私たちの中にある何がゆるしを必要とするでしょうか。
4 忘却の眠りは、「あなた」のゆるしと「あなたの愛」を思
い出したくないという気持にすぎません。5 私たちが道を
誤って誘惑に惑わされることのないようにお導きくださ
い。なぜなら、「神の子」の誘惑は、「あなたのご意志」で
はないからです。6 そして、あなたが与えてくださったも
のだけを、私たちが受け容れますように。そして、「あなた」
が創造され、「あなた」が愛しておられるマインドの中に、
それだけを受け容れるようにとお導きください。7 アーメ
ン。

第17章　ゆるしと神聖な関係

I. 真実に夢想をもたらす

1. 「神の子」の裏切りは幻想の中だけにあり、「神の子」の〝罪〟はすべて「神の子」自身の想像にすぎません。[2]「神の子」の実在には永遠に罪はありません。[3]「神の子」をゆるす必要はなく、目を覚まさせる必要があるだけです。[4]「神の子」は夢の中で自分自身を裏切り、兄弟を裏切り、「神」を裏切りました。[5]しかしながら、夢の中でなされたことは実際にはなされていません。[6]夢を見ている人にこれを説得することは不可能です。というのは、夢が夢であるのは、実在についての夢の幻想が原因だからです。[7]目覚めの中にだけ夢からの完全な解放があります。というのは、夢から覚めたときはじめて、夢は実在にまったく影響を与えなかったということ、そして、実在を変えなかったということが明らかになるからです。[8]夢想は実在を変えます。[9]それが夢想の目的です。[10]夢想は実際には実在を変えることはできませんが、実在が異なったものであって欲しいと思っているマインドの中では、実在を変えることができます。

2. したがって、恐ろしい実在を変えるのはあなたの欲求だけです。なぜなら、あなたは欲求によって望むことを達成したと考えるからです。[2]この奇妙な立場は、ある意味においてはあなたの力を承認します。[3]しかしながら、この立場はあなたの力を歪曲して、〝悪〟に捧げることによって、力を非実在的なものにもします。[4]相反することを求める二人の主人に対して忠実であることは不可能です。[5]あなたは、自分の夢想の中で用いるものは真実には与えません。[6]しかしながら、あなたのために用いるようにとあなたが真実に与えるものは、夢想から安全です。

3. 奇跡には難易度があるに違いないと主張するとき、あなたが意味していることは、あなたには真実に与えたくないものがあるということだけです。[2]真実はそれらのものに対処することができないとあなたは信じていますが、その理由はただ、あなたがそれらのものを真実から隠しておきたいからです。[3]非常に簡単な言い方をすれば、すべてのものを癒す力に対するあなたの信頼の欠如は、実在性の或る側面を夢想のために保持しておきたいとするあなたの欲求から発しています。[4]これが実在の全体性の理解に対してどんな悪影響を与えているかに気づいてくれたら良いのにと思わざるを得ません。[5]あなたが自分自身のために保持しておくものは、あなたを解放する「聖霊」から奪っているものです。[6]それを返さなければ、実在に対するあなたの展望が歪曲され、修正されないままに終わることは避けられません。

4. あなたがそれをそのままにしておきたいと望んでいる間は、奇跡の難易度に対する幻想もあなたのもとにとどまるでしょう。[2]というのは、あなたは実在の一部を一人の教師に与え、別な一部を別な教師に与えることによって、実在の序列を確立したからです。[3]その結果、真実の一部にはあるやり方で対処し、真実の別な部分には別なやり方で対処することを学ぶようになります。[4]真実を断片化することは、真実を無意味にすることによって破壊することです。[5]序列のある実在は理解を伴っていない展望です。すなわち、実際には実在と比較できない実在に対する準拠体系です。

5. 夢想に真実をもたらし、幻想の展望から真実が何を意味するかを学ぶことができると、あなたは考えるでしょうか。[2]真実は、幻想においてはまったく何の意味ももっていません。[3]その意味に対する準拠体系はそれ自身でなければなりません。[4]幻想に真実をもたらそうとするとき、幻想を実在的なものにしようとしているのであり、幻想に対する自分の信念を正当化することによって幻想を保持しようとしています。[5]しかし、真実に幻想を与えることは、幻想は非実在的であると真実が教えることを可能にし、そうすることによって、あなたが幻想から脱出することを可能にします。[6]真実以外にはいかなる考えも保持しないでください。さもなければ、あなたを幽閉することになるに違いない実在の序列を確立することになります。[7]実在に序列はありません。というのは、そこにあるものはすべて真実だからです。

6. したがって、あなたが真実の外側に保持してきたもののすべてを、真実を知っている「聖霊」に与えてください。「聖霊」において、すべてのものが真実へと導かれます。[2]分離からの救いは完全であるか、それとも、まったく救いがないかのいずれかです。[3]これを達成させたいという気持以外のいかなることも気にかける必要はありません。[4]あなたではなく、「聖霊」がそれを達成してくれるでしょう。[5]しかし、次のことを忘れないでください。誰かが夢想によって問題を解決しようとしているのが原因で、あなたが心を悩ませ心の安らぎを失うのは、同じ試みをしている自分をゆるすことを拒否しているということです。[6]そして、あなた方二人を真実と救いから遠ざけています。[7]その人をゆるすとき、あなた方二人が否定していたことを真実に復帰させることができます。[8]そして、ゆるしを与えた場所にゆるしを見るでしょう。

II. ゆるされた世界

1. あなたがゆるす人々があなたにとってどんなに美しく見えるか、想像することができるでしょうか。[2]いかなる夢想においても、あなたはそれほどに美しいものは見たことがありません。[3]この世界であなたが見るものは、眠っているにせよ目を覚ましているにせよ、そのような美しさからはほど遠いものです。[4]そして、あなたがこれほど尊重し、これほど大切に思うものもないでしょう。[5]あなたの心に喜びの歌を歌わせたどんな思い出も、この光景がもたらす幸せには到底およぶものではありません。[6]というのは、あなたは「神の子」を見るからです。[7]あなたは「聖霊」が見つめることが大好きな美しさを見るでしょう。その美しさは「聖霊」が「父」に感謝している美しさです。[8]「聖霊」はあなたがそれを自分で見ることができるようになるまで、あなたに代わってそれを見るために創造されました。[9]そして、「聖霊」の教えのすべてはそれを見ることにつながり、「聖霊」と共に感謝することにつながります。

2. この美しさは夢想ではありません。[2]それは明るく、清潔で、新しい、実在の世界であり、すべてのものが太陽の下できらきらと輝いています。[3]ここでは何も隠されてはいません。というのは、すべてのことが既にゆるされ、真実を隠す夢想が存在しないからです。[4]その世界とこの世界の間にかかる橋はあまりにも小さく、あまりにも渡るのが簡単であるために、それがそんなにも異なった世界の出合いの場所であるとは信じることができないでしょう。[5]しかしながら、この小さな橋は、この世界に境を接するものの中で最も強いものです。[6]この小さなステップはあまりにも小さなものであるために、あなたは気がつきませんでしたが、時間を通り抜けて永遠に至る大きな一歩であり、あらゆる醜悪さを超えてあなたを魅了する美に至る大きな一歩であり、その完璧さに対してあなたの驚嘆の思いは止むことがないでしょう。

3. このステップはこれまでに踏み出されたステップの中で最も小さなものですが、それでも、「神」の「あがない」の計画におけるすべての達成の中では最も偉大な達成です。[2]他のすべてのものは学ばれたものですが、これは完全でまったく完璧なものとして与えられたものです。[3]救いを計画された「神」以外に誰もそれをこのように完成させることはできません。[4]美しい実在の世界に到達することをあなたは学びます。[5]夢想はすべて解除され、誰も、そしていかなるものも、夢想に束縛された状態にとどまることはなく、あなたは自分自身のゆるしによって自由に見ることができるようになります。[6]しかしながら、あなたに見えるものは、ゆるしの祝福によってあなたが作ったものだけです。[7]そして、「神の子」の自分自身に対するこの最後の祝福によって、彼が学んだ新しい展望から生まれた実在の知覚が、その目的を果たしたのです。

4. 星々は光の中で姿を消し、世界を美に向けて開放した太陽も消えてなくなるでしょう。[2]知覚が完全なものとなったとき、知覚には意味がなくなります。というのは、学びのために使われてきたものはすべて機能がなくなるからです。[3]何も決して変わることはありません。知覚を可能にした変化も、陰影も、違いも、多様性ももはや起こることはありません。[4]実在の世界に対する知覚はあまりにも短いために、そのことを「神」に感謝する時間がかろうじてとれる程度でしかないでしょう。[5]というのは、あなたが実在の世界に到達し、「神」に対する準備が整ったとき、「神」は素早く最後の一歩を歩まれるからです。

5. 実在の世界は単に、古い世界、すなわち、あなたがゆるしの気持なしに見る世界に対する完全なゆるしによって達成されます。[2]知覚の偉大な「変換者」が、この世界を作ったマインドの注意深い探究にあなたと一緒に取りかかり、あなたがなぜそれを作ったのか、その見せかけの理由を明らかにするでしょう。[3]「彼」の後ろをついていく中で、「彼」がもたらす実在の理由の光に照らしてみれば、ここにはまったく理由がないことが「彼」によって示されるでしょう。[4]「彼」の理由が触れる一つ一つの場所が美しく生き生きとしたものとなり、あなたの理由の欠如による暗闇の中では醜悪に見えたものが、突然解放されて美しいものになるでしょう。[5]「神の子」が狂気の中で作ったものですら、優しさが解放できる隠れた美しい火花をもち得るのです。

6. ゆるしの目で世界を見つめるとき、このような美のすべてがよみがえってあなたの視界を祝福するでしょう。[2]というのは、ゆるしは文字通りヴィジョンを変換させ、実在の世界が静かに優しく混沌を横切って手を差し出し、あなたの知覚を歪ませて過去に固定させてきた幻想のすべてを取り除く様を見せてくれるからです。[3]最も小さな一枚の木の葉が驚異の的となり、一枚の草の葉が「神」の完全性のしるしになるでしょう。

7.「神の子」はゆるされた世界から故郷の家へとやすやすと持ち上げられます。[2]そして、「神の子」は故郷の家で常に安らぎの中で休息していたことを知ります。[3]救いですら夢となり、「神の子」のマインドから消えてなくなります。[4]というのは、救いは夢の終焉であり、夢が閉じられると共に意味をもたなくなるからです。[5]「天国」で目覚めている者の誰が、救いの必要性があるかもしれないなどと夢見ることができるでしょうか。

8. あなたは救いをどれくらい望んでいますか。[2]救いは実在の世界をあなたに与えてくれるでしょう。実在の世界は与えられるための準備が整って、打ちふるえながら待っています。[3]あなたにこれを与えたいという熱意が非常に強烈なために、「聖霊」はほとんど待ちきれないほどです。とは言っても、「聖霊」は忍耐強く待っています。[4]「聖霊」との出会いが遅れることへの焦燥感をもって「聖霊」の忍耐に応えてください。[5]喜んで出かけて「救い主」と出会ってください。そして、信頼の中でこの世界から「聖霊」と共に歩み出し、美とゆるしの実在の世界へと歩んでいってください。

III. 過去の影

1. ゆるすとは、あなたが過去において与えた愛に満ちた思いと、あなたが与えられた愛に満ちた思いを思い出すことにすぎません。[2]それ以外のものはすべて忘れられなければなりません。[3]ゆるしとは選択的に思い出すことですが、その選択はあなたの選択に基づいたものではありません。[4]というのは、あなたが不滅にしたい影の人物たちは実在の〝敵〟だからです。[5]「神の子」がやらなかったことに関して、「神の子」をゆるす気持になってください。[6]影の人物とは、「神の子」がやらなかったことをやったと実証するためにあなたが一緒に連れて歩く証人です。[7]あなたは彼らを連れて歩いているために、彼らの言うことが聞こえます。[8]そして、あなた自身の選択によって彼らを保持しておくあなたは、彼らがどのようにしてあなたのマインドの中に入ってきたのか、そして、彼らの目的が何であるかを理解していません。[9]彼らはあなたに対してなされたとあなたが考える悪を象徴しています。[10]悪には悪をもって報いるという目的だけのためにあなたは彼らを連れて歩き、彼らの証言によって他の人に罪があると考えることができることを願い、あなた自身は傷つけられないことを願っています。[11]彼らは非常に明確に分離賛成の意見を述べるために、分離を保持することに取りつかれていない人には彼らの言うことは聞こえません。[12]彼らはエゴの目標を支持するために、なぜあなたが神聖でない同盟関係に入るべきか、そして、なぜあなたの関係をエゴの力の証人にすべきであるかについて、いくつもの〝理由〟をあなたに差し出します。

2. エゴをあなたの目に神聖なものに見せ、エゴを安全にするためにあなたがすることが実際に愛であると教えるのは、これらの影の人物です。[2]影の人物は常に復讐を代弁し、彼らが入っていく関係はすべて完全に狂気じみています。[3]これらの関係は例外なく、その目的として他者および自分自身についての真実の排除を掲げています。[4]あなたが両者の中にないものを見て、両者を復讐の奴隷にする理由はここにあります。[5]過去の不平不満を思い出させるものが何であれ、それがあなたを惹きつける理由はここにあり、過去の不平不満と現在との関連性に到達するためにあなたが使う連想が、どれほど歪んでいようともそれが愛という名前でまかり通るように見える理由はここにあります。[6]そして、最後に、そのような関係のすべてが肉体を通じての結合の試みになる理由もここにあります。というのは、肉体だけが復讐の手段と見なし得るからです。[7]肉体がすべての神聖でない関係にとって中心的なものであることは明らかです。[8]あなた自身の体験がこれをあなたに教えています。[9]しかし、関係を神聖でないものにすることに貢献している様々な理由に、あなたは気づいていないかもしれません。[10]というのは、非神聖性は、神聖性と同じように、自分自身と似ていると自分が知覚するものを自分自身に寄せ集めることによって、自らを強化しようとするからです。

3. 神聖でない関係においては、結合が試みられるのは相手の肉体ではなく、そこに存在しない人たちの肉体です。[2]というのは、相手の肉体ですら、それは既に厳しく制限された知覚ですが、それすらもありのままのものとして中心的な焦点を合わせられることはなく、またその全体が中心的な焦点を合わせられることもないからです。[3]復讐の夢想に使うことができるもの、そして、復讐の相手と最も簡単に関連づけることができるものが、唯一価値のある部分として求められ、焦点を与えられ、分離されます。[4]神聖でない関係の確立、維持、決別における一歩一歩は、すべて更なる断片化と非実在へと向かう動きです。[5]影の人物がどんどん入り込んできて、彼らが入っているように見える人は重要性が減じていきます。

4. 時間は、神聖でない関係に対しては確かに不親切です。[2]というのは、時間は優しさのために使われるときには親切ですが、エゴの手にかかると非常に不親切になるからです。[3]神聖でない関係の魅力はほとんどすぐに輝きを失い始め、疑問視されるようになります。[4]神聖でない関係がいったん形成されると、疑惑が必ず入ってきます。なぜなら、その目的は不可能なものだからです。[5]こうして、神聖でない関係の〝理想〟は、相手の実在性が入ってきて夢を〝台無しにする〟ことが絶対にない関係ということになります。[6]相手がその関係にもたらしてくれるものが実際に少なければ少ないほど、それはますます〝良い〟関係となります。[7]こうして、結合の試みは結合の相手すらも排除する一つの方法となります。[8]というのは、神聖でない関係は相手をその関係から排除して、何者にも妨害されない〝至福〟に浸るために形成されたからです。

5. 「聖霊」はいったいどうすれば、肉体はコミュニケーションの一つの手段であるという「聖霊」の解釈を、実在からの分離が唯一の目的である関係にもたらすことができるでしょうか。[2]ゆるしの本質が、「聖霊」がそうすることを可能にします。[3]愛に満ちた思い以外のすべてが忘れられてしまえば、あとに残るものは永遠です。[4]そして、変容された過去は現在のようになります。[5]もはや、過去が今現在と葛藤することはありません。[6]この連続性が、現在についてのあなたの知覚における現在の実在性と現在の価値を増大させることによって、現在を延長します。[7]これらの愛に満ちた思いの中に、美の火花が、憎しみがまだ記憶されている神聖でない関係の醜い形をとって隠れています。しかし、その火花は、関係に生命と美を与える「聖霊」に関係が委ねられたとき、生き生きとよみがえります。[8]「あがない」が過去に中心を置く理由はここにあります。過去は分離の根源であり、分離を解除しなければならない場所です。[9]というのは、分離はそれが作られた場所で修正されなければならないからです。

6. エゴはエゴの問題を〝解決〟しようとしますが、問題の根源においてではなく、問題が生じた場所ではない所で〝解決〟しようとします。2そうすることによって、エゴは問題が解決されないことを保証しようとします。3「聖霊」は「聖霊」による解決策を完全で完璧にすることだけを望んでいます。したがって、「聖霊」は問題の根源を探求し、それがある場所にそれを発見し、そこでそれを解除します。4そして、「聖霊」が問題を解除するために一歩歩むごとに分離はますます解除され、結合はより近くに引き寄せられます。5「聖霊」は分離のいかなる〝理由〟によっても混乱させられることはまったくありません。6分離の中に「聖霊」が知覚するのは、それは解除されなければならないということだけです。7あなたの関係の中にある隠れた美の火花を「聖霊」に暴露させ、それを見せてもらってください。8その美しさは二度と見失いたくないと思うほどにあなたを魅了するでしょう。9そして、あなたはこの火花にあなたの関係を変容させ、美しさがますます見えるようにするでしょう。10というのは、あなたはそれをますます欲するようになり、あなたから隠れた状態にしておくことをますます不本意とするようになるからです。11そして、あなたはこの美しさを見ることができる状況を探し求め、その状況を確立することを学ぶでしょう。

7.「聖霊」にその火花をあなたの前に掲げさせ、あなたの道を照らして、道がはっきりと見えるようにしてもらうならば、こうしたことのすべてをあなたは喜びをもってすることでしょう。2「神の子」は一つです。3「神」が一つに合わされたものをエゴがばらばらに分断することはできません。4神聖性の火花は、それがどれほど隠されていようとも、すべての関係において安全であるに違いありません。5というのは、一つの関係の「創造主」はその関係のいかなる部分にも「ご自身」がおられないようにはされなかったからです。6「聖霊」が関係の中に見るのはこの部分だけです。なぜなら、「聖霊」はこれだけが真実であることを知っているからです。7あなたは関係が存在しない場所に関係を見ることによって、また、ありのままに見ないことによって関係を非実在的にし、したがって、神聖でないものにしてしまったのです。8あなたに代わって過去についてのあなたのマインドを変えることができる「聖霊」に過去を委ねてください。9しかし、最初に、あなたが過去に何を象徴させてきたか、そして、なぜそうさせてきたのかを十分に理解してください。

8.過去は現在に対抗するエゴとの継続的で神聖でない同盟関係に参入する正当な理由となります。2というのは、現在はゆるしだからです。3したがって、神聖でない同盟が指図する関係は**今現在**のものとして知覚されることもなければ、感じられることもありません。4しかしながら、現在の意味のために言及される準拠体系は過去の**幻想**であり、この幻想の中には神聖でない同盟の目的に適う要素だけが保持され、他のすべてのものは手放されます。5そして、このようにして手放されるものが、過去が現在の実在性の証人として現在に差し出すことが可能な真実のすべてです。6保持されるものは夢の実在性の証人にすぎません。

9. 真実と一緒になる選択をするか、それとも、幻想と一緒になる選択をするかは未だにあなたの自由です。2しかし、一方を選択することは他方を手放すことであるということを覚えておいてください。3選択するものにあなたは美と実在性を付与するでしょう。なぜなら、その選択はあなたがどちらをより尊重するかにかかっているからです。4美の火花かそれともヴェールで覆われた醜悪さか、実在の世界かそれとも罪と怖れの世界か、真実かそれとも幻想か、自由かそれとも隷属か、すべてどちらを尊重するかによって決定されます。それらは皆同じです。5というのは、あなたには「神」を選ぶかそれともエゴを選ぶかの選択しかできないからです。6思考体系は、真実であるかそれとも間違っているかのいずれかでしかありません。そして、思考体系の属性は思考体系の本質に由来するだけです。7「神の思い」だけが真実です。8そして、その「思い」からやって来るものはすべてその本質に由来するのであり、それが由来する神聖な「根源」と同じように真実です。

10. 私の神聖なる兄弟よ、私はあなたのすべての関係の中に入り、あなたとあなたの夢想の間に割って入りたいと思います。2あなたと私との関係を、あなたにとって実在的なものにしましょう。そして、兄弟についてのあなたの知覚に私が実在性をもたらすことを可能にしてください。3あなたの兄弟は、彼らを通してあなたが自分自身を傷つけるために創造されたのではありません。4彼らはあなたと一緒に創造するために創造されたのです。5私があなたと狂気じみたあなたの目標との間に差し挟みたい真実はこれです。6私から分離しないでください。そして、「あがない」の神聖な目的を復讐の夢の中で失わないでください。7そのような夢が大切にされる関係は私を排除してきました。8「神の名」において私を入れてください。そして、あなたが私に安らぎを差し出すことができるように、私があなたに安らぎをもたらすことを許してください。

IV. 二枚の絵

1. 「神」はあなたを幸せにするためにあなたとの関係を確立されました。そして、あなたがすることで「神」の目的を共有しないものが実在的であることは不可能です。2 いかなるものであれ、「神」によって課された目的がそのものの唯一の機能です。3 あなたと「神」との関係を創造する「神」の理由のために、関係の機能は永遠に〝幸せにすること〟になりました。4 **それ以外のいかなるものでもありません。** 5 この機能を果たすために、「神」が「神」の創造物と関わりをもたれるのと同じように、あなたもあなたの創造物と関わりをもちます。6 というのは、「神」が創造されたものはいかなるものも幸せと一体であり、「神」が創造されたものは、その「創造主」と同じように幸せしか延長しないからです。7 この機能を満たさないものは何であれ、実在的であることは不可能です。

2. この世界においては創造することは不可能です。2 しかしながら、幸せにすることは十分に可能です。3 「聖霊」はあなたから特別な関係を奪うのではなく、それを変容するということを私は繰り返し言ってきました。4 そして、それが意味することは、「神」が特別な関係に与えた機能を、「聖霊」が特別な関係に復活させるということだけです。5 あなたが特別な関係に与えてきた機能が、幸せにすることではないのは明らかです。6 しかし、神聖な関係は「神」の目的の代替物を作ることを目標とするのではなく、「神」の目的を共有します。7 あなたが作った特別な関係はすべて「神の意志」の代替物であり、「神の意志」とあなたの意志は異なっているという幻想のために、「神の意志」ではなくあなたの意志を礼讃します。

3. あなたはこの世界の中ですら非常に実在的な関係を作ったことがあります。2 しかしながら、あなたはそのような関係を認識していません。なぜなら、代替物を非常に優位な立場に押し上げてしまったために、真実があなたに呼びかけるとき、真実は絶えずそうしているのですが、あなたは代替物で応えるからです。3 あなたが作った特別な関係はすべて、基本的な目的として、あなたのマインドを完全に占領して真実の呼び声が聞こえないようにすることをねらいとしています。

4. ある意味において、特別な関係は「聖霊」の創造に対するエゴの答えでした。「聖霊」は分離に対する「神の答え」

だったのですが。[2]というのは、エゴは何が創造されたのかを理解できませんでしたが、脅威は自覚していたからです。[3]「聖霊」からの分離を守るためにエゴが発展させた防御システムは、「神」が分離を祝福するという贈り物を与えられたことに反応したものですが、この「神」の祝福によって「聖霊」からの分離の癒しが可能となったのでした。[4]この祝福はすべてのことについての真実を内部に保持しています。[5]そして、「聖霊」はあなたと緊密な関係にあるというのが真実です。なぜなら、「聖霊」において「神」とあなたとの関係が復活されているからです。[6]「神」との関係は一度も断たれたことはありません。なぜなら、「聖霊」は分離が始まって以来、誰からも分離したことはないからです。[7]そして、あなたの神聖な関係はすべて、「神」の目的をあなたのために果たすべく、「聖霊」を通して注意深く保持されてきたのです。

5. エゴは脅威に対して常に警戒を怠りません。そして、エゴが受け容れているあなたのマインドの一部は、自分なりに正当と考える理由を保持することに躍起になっています。[2]まったく狂っていることをあなたのマインドの一部は認識していません。[3]そして、正気に戻りたいのであれば、これがいったい何を意味するのかをあなたは認識しなければなりません。[4]狂気の人々は彼らの思考体系を守りますが、それを狂気の方法で行います。[5]彼らの防御そのものが、彼らが守るはずのものと同じくらいに狂っています。[6]分離には狂っていないものは何もなく、狂っていない部分もなく、狂っていない〝理由〟もなく、狂っていない属性もありません。[7]そして、分離を〝守ること〟は分離の一部であり、分離の全体と同じくらいに狂っています。[8]したがって、分離の主要な防御である特別な関係も狂っているに違いありません。

6. あなたは今や、特別な関係が守る思考体系は妄想の体系にすぎないと気づくことにほとんど困難を覚えないはずです。[2]少なくとも一般的な意味において、エゴは狂っていることをあなたは認識しています。[3]しかしながら、特別な関係はあなたにとっては未だに〝異なっている〟ように見えます。[4]しかしながら、私たちは、あなたが比較的手放す気持になっているエゴの思考体系の他の多くの側面を見るよりも、遙かに近い所から特別な関係を見てきました。[5]この側面が残っている限り、他の側面を手放すことはありません。[6]というのは、この側面は異なってはいないからです。[7]この側面を保持すれば、全体を保持したことになります。

7. すべての防御は、防御するものを実際に実践するということに気づくことがきわめて重要です。[2] 防御の有効性の根底にある基盤は、防御の対象物を差し出すということです。[3] 防御の対象物は保管するために防御の中に置かれ、防御を作動させるときにあなたの所へともたらされます。[4] すべての防御は、贈り物を与えることによって作動します。そして、その贈り物は常に防御が守る思考体系の雛形であり、金の額縁にはめられています。[5] その額縁は非常に精巧なもので、宝石がちりばめられ、深く彫刻がほどこされ磨き抜かれています。[6] 額縁の目的は、額縁自体に価値があるということであり、縁取るものから注意を逸らすことにあります。[7] しかしながら、絵の入っていない額縁をあなたは所有するわけにはいきません。[8] 防御は、絵がなくとも額縁には存在価値があるとあなたに思わせるように作動します。

8. 特別な関係は、エゴが用いるあらゆる防御の額縁の中でも最も堂々としていて欺瞞的な額縁をもっています。[2] 特別な関係においては、非常に重厚で精巧な額縁で縁取られたエゴの思考体系が差し出されます。額縁の堂々たる作りのために、絵はほとんど見えないほどです。[3] 額縁にはあらゆる種類の想像上の断片的な愛の幻想が織り込まれ、犠牲と誇大妄想の夢がはめ込まれ、自己破壊の金糸が交錯しています。[4] 血のきらめきがルビーのように輝き、涙はダイヤモンドのように刻まれて、捧げ物がなされる薄暗い明かりの中でかすかに光っています。

9. その絵を見てください。[2] 額縁によって目を逸らされてはなりません。[3] この贈り物はあなたを呪うために与えられます。したがって、それを受け取れば、あなたは確かに呪われていると信じるでしょう。[4] 絵をもたずに額縁だけをもつことはできません。[5] あなたが尊重しているのはその額縁です。というのは、そこには何の葛藤も見えないからです。[6] しかしながら、額縁は葛藤という贈り物の包装紙にすぎません。[7] 額縁は贈り物ではありません。[8] この思考体系の最も表面的な側面によって欺かれないでください。というのは、これらの側面は、あらゆる側面において完全な全体を封じ込めているからです。[9] このきらきらと輝く贈り物の中に死が横たわっています。[10] あなたを催眠術にかける額縁の光を長い間凝視しないようにしてください。[11] その絵を見て、死が差し出されていることに気づいてください。

10. 真実の防御において神聖な瞬間が非常に重要である理由はここにあります。[2] 真実自体は防御を必要としません。

しかし、あなたが死という贈り物の受容に対して防御を必要としていることは確実です。[3]真実であるところのあなたが、真実にとって非常に危険な考えを受け容れるとき、真実を破壊で脅かすことになります。[4]そして、今やあなたは真実を完全なものに保つために、防御に着手しなければならなくなります。[5]「天国」の力、「神の愛」、「キリスト」の涙、そして、「キリスト」の永遠なる「スピリット」の喜びが結集して、あなた自身の攻撃からあなたを防御します。[6]というのは、あなたは「彼ら」の一部であるにもかかわらず「彼ら」を攻撃するからです。そして、「彼ら」はあなたを救助しなければなりません。というのは、「彼ら」は「彼ら自身」を愛しているからです。

11. 神聖な瞬間は「天国」の雛形であり、「天国」からあなたへと送られたものです。[2]それはまた、額縁の中に飾られた一枚の絵でもあります。[3]しかしながら、あなたがこの贈り物を受け取れば、額縁はまったく見えません。なぜなら、その贈り物はすべての注意を絵に集中するという気持を通してのみ受け取ることができるからです。[4]神聖な瞬間は永遠性の雛形です。[5]それは無時間性の一枚の絵であり、時間という額縁の中に飾られています。[6]絵に注意の焦点を合わせれば、それが絵であると思わせたものは額縁にすぎなかったことに気づくでしょう。[7]額縁がなければ、その絵はそれが象徴するものとして見えます。[8]というのは、エゴの全思考体系がエゴの贈り物の中にあるように、「天国」の全体がこの瞬間にあるからです。永遠から借用されてあなたのために時間の中に設定されたこの瞬間にあるからです。

12. 二つの贈り物があなたに差し出されています。[2]それぞれが完全であり、部分的に受け取ることは不可能です。[3]それぞれが、あなたが持つことができるもののすべてを描いた絵ですが、あなたはそれらを非常に異なったものして見ています。[4]額縁と比較することによってそれらの絵の価値を比較することはできません。[5]比較するのは絵だけでなければなりません。さもなければ、比較にはまったく意味がありません。[6]贈り物は絵であることを思い出してください。[7]そして、これを基盤にしてはじめて、本当に自由に選択することができます。[8]絵を見てください。[9]両方の絵を見てください。[10]一枚の絵は非常に小さな絵で、巨大で不釣り合いな枠の重い影の下にあって非常に見にくいものです。[11]もう一枚の絵はあっさりとした額縁で縁取られ、光の当たる所に掲げられ、とても感じ良く見ることができます。

13. もっと良い絵を間違った額縁の中に入れようとしてきたあなた、したがって、合わせることができないものを合わせようとしてきたあなた、そして、未だにそうしようとしているあなた、これを受け容れてください。そして、喜んでください。これらの絵は、それぞれが表しているものに完璧にふさわしい額縁で縁取られています。[2]一枚の絵は焦点がぼかされて見えないように縁取られています。[3]もう一枚の絵は完璧な明確さで見えるように縁取られています。[4]暗闇と死の絵は、あなたがその包みの中に探し求めるうちに、だんだんと説得力が弱まっていきます。[5]暗闇の中で額縁から光を放っているように見える無意味な石の一つ一つが光にさらされていくにつれて、鈍く精彩を欠いたものとなり、あなたの目を絵から逸らせることはなくなります。[6]そして、遂にあなたは絵そのものを見つめます。そして、額縁によって守られていないその絵には何の意味もないことを遂に見て取ります。

14. もう一枚の絵はさりげない額縁で縁取られています。というのは、時間は永遠を封じ込めることはできないからです。[2]ここには気を散らすものは何もありません。[3]「天国」と永遠の絵は、あなたがそれを見つめるとき、ますます説得力のあるものになっていきます。[4]そして、今や、本当の比較によって二枚の絵の変容が遂に可能になります。[5]そして、二枚の絵がお互いとの関係において見られるとき、それぞれがふさわしい場所を与えられます。[6]暗闇の絵は、光の場所に連れてこられると恐ろしいものとして知覚されることはなく、ただ一枚の絵であるという事実が遂にはっきりと納得されます。[7]そして、あなたはそこに見るものをありのままに認識するでしょう。すなわち、あなたが実在的と思ったものの絵であり、それ以上の何ものでもないと認識するでしょう。[8]というのは、この絵の向こう側には何も見えないからです。

15. 光の絵は、はっきりとした間違いようのない対照において、絵を超越した所に横たわるものへと変容されます。[2]これを見つめるとき、それは絵ではなく実在であることにあなたは気づきます。[3]これは思考体系を画像で表したものなどではなく、「思い」そのものです。[4]それが表しているものがそこに存在します。[5]額縁はしだいに姿を消し、「神」があなたの記憶によみがえり、まったく何の価値もなく意味を完全に剥奪されたあなたの小さな絵と交換するために、創造のすべてをあなたに差し出してくださいます。

16. 「神」が「神」にふさわしい場所へと上昇し、あなたがあなたにふさわしい場所へと上昇するとき、あなたは関係の意味を再び体験し、それが真実であることを知るでしょう。2私たちのマインドの中で「父」に支配力を与えることにより、共に安らぎの中で「父」のもとへと上昇しましょう。3私たちは、「神」に力と栄光を与えることにより、そして、力と栄光がどこにあるかについての幻想を保持しないことにより、すべてのものを獲得するでしょう。4力と栄光は「神」の支配力を通して私たちの中にあります。5「神」が与えられたものは「神」のものです。6「神」が与えられたものは、「神」の全体において輝いているように、「神」のすべての部分において輝いています。7あなたと「神」との関係の実在性のすべては、私たちのお互いの関係の中に横たわっています。8神聖な瞬間はすべての関係を等しく照らします。というのは、神聖な瞬間の中ではすべての関係は一つだからです。9というのは、ここには癒しだけがあり、それは既に完全で完璧です。10というのは、ここには「神」がおられ、「神」がおられる所には完璧で完全なもののしか存在できないからです。

V. 癒された関係

1. 神聖な関係は、この世界で生きる中での神聖な瞬間の表現です。2救いについてのすべてがそうであるように、神聖な瞬間は実用的な道具であり、結果によって証言を与えられます。3神聖な瞬間は絶対に失敗することはありません。4神聖な瞬間の体験は常に感じられます。5しかし、表現されなければ思い出されることはありません。6神聖な関係は、神聖な関係がそのような関係になったときの体験を絶えず思い出させるものです。7そして、神聖でない関係がそれを作った存在を賞讃して絶えることなく歌われる憎しみの讃歌であるように、神聖な関係は関係の「救い主」に対する幸せな感謝の歌です。

2. 神聖な関係は、実在の世界を知覚することに向けての大きな一歩ですが、学ばれるものです。2それは古い、神聖でない関係が変容され、新たな目で見られたものです。3神聖な関係は驚異的な教育上の達成です。4あらゆる側面において、神聖な関係が始まり、発展し、達成されるとき、それは神聖でない関係の逆転を象徴します。5次のことに慰めを見出してください。唯一の困難な局面は最初だけです。[6]というのは、最初の局面において、関係の目標がそれまでのものとはまったく正反対のものへと急に移行するからです。[7]これが「聖霊」の目的に使ってもらうために関係を「聖霊」に差し出すことによって得られる最初の結果です。

3. この招待は直ちに受け容れられます。そして、「聖霊」は入るように依頼されたことの実用的な結果を、時間を無駄にすることなく直ちに導入します。[2]すぐさま、「聖霊」の目標があなたの目標に取って代わります。[3]これはきわめて迅速に達成されますが、このために関係は乱され、引き離され、非常に痛ましいものにさえ見えることになります。[4]その理由は明らかです。[5]というのは、現在ある関係はそれ自身の目標から外れており、その関係のために受け容れられた目的に適っていないことが明らかだからです。[6]その神聖でない状態においては、あなた自身の目標だけがそれに意味を与えるように見えたのです。[7]今や、それは何の意味もなさないように見えます。[8]多くの関係はこの時点でうち切られ、別の関係の中で古い目標の追求が再び確立されてきました。[9]というのは、神聖でない関係がいったん神聖性の目標を受け容れると、再びもとの関係のままでいることは絶対にできないからです。

4. 目標のこの移行と共に、エゴの誘惑が極端に強烈なものになります。[2]というのは、関係はそれが以前もっていた目標を完全に魅力のないものにするほどにはまだ変化しておらず、その構造が新しい目的を果たすためには不適切であるという認識によって〝脅かされる〟からです。[3]関係の目標と関係の構造の葛藤は非常に明白であるために、この二つが共存することは不可能です。[4]しかしながら、今となってはその目標は変えられません。[5]それは神聖でない関係の中にしっかりと組み込まれているために、目標に合わせて関係を変えるしかとるべき道はありません。[6]この幸せな解決策が見え、葛藤から抜け出す唯一の方法として受け容れられるまでは、関係は厳しいストレスにさらされているように思われるかもしれません。

5. この目標をもっとゆっくりと変えることのほうが親切であるとは言えないでしょう。というのは、そうすれば対照が見えなくなり、エゴはゆっくりとした歩みの一つ一つを自分の好みに従って解釈する時間を与えられるからです。[2]目的の急進的な移行だけが、関係とはそもそも何のためにあるかについて、マインドの完全な変化を誘発することができます。[3]この変化が発展し達成されるとき、関係はますます恩恵をもたらすものとなり、喜びに満ちたものとなります。[4]しかし、初めはその状況は非常に不安定なものとして体験されます。[5]神聖でない目的のために二人の個人によって始められた関係が、突然、その目標として神聖性をもつことになります。[6]この二人が、この新しい目的という観点から彼らの関係を熟考するとき、愕然とするのは避けられません。[7]その関係についての彼らの知覚はきわめて混乱したものにさえなるかもしれません。[8]しかし、彼らの知覚が以前にもっていた仕組みは、果たすことに同意した目的のためにもはや役立ちません。

6. これは**信頼**の時です。[2]あなたはこの目標があなたのために設定されることを許しました。[3]それは信頼の行為でした。[4]信頼の報酬がもたらされる今になって、信頼を捨てないでください。[5]「聖霊」がその関係を受け容れるためにそこにいると信じたのであれば、「聖霊」が指導することにしたものを浄化するために「聖霊」がそこにいると、なぜ今も信じないのでしょうか。[6]まさに試練の時に思われるこの時に、あなたの兄弟を信頼してください。[7]目標はしっかりと設定されています。[8]そして、あなたの関係の目的は正気です。[9]というのは、今やあなたは狂気の関係の中にいることに気づいたわけですが、この関係の目標に照らしてそうであると認識したのです。

7. さて、エゴはあなたに次のように忠告します。この関係の代わりに、あなたの前の目標がきわめて適切であった別な関係にしなさい。[2]あなたは兄弟を排除することによってはじめて心痛から脱出することができる。[3]そうしないと選択するならば、完全に関係を断つ必要はない。[4]しかし、あなたの正気を救うためには、兄弟から夢想の大部分を取り除かなければならない。[5]**今、これに耳を傾けないでください。**[6]あなたに答えた「聖霊」を信頼してください。[7]「聖霊」は聞いたのです。[8]「聖霊」は非常に明確に答えたのではないでしょうか。[9]あなたは今、完全には狂気ではありません。[10]あなたは「聖霊」がきわめて明確な言葉を与えたことを否定することができるでしょうか。[11]今、「聖霊」は、あなたが狼狽しながらも、もう少しの間信頼することを依頼しています。[12]というのは、この狼狽は去り、あなたの信頼を正当化する理由が現れ、あなたに輝くような確信をもたらすからです。[13]今、「聖霊」を見捨てないでください。そして、あなたの兄弟を見捨てないでください。[14]この関係は神聖なものとして生まれ変わったのです。

8. 理解できないものを、喜びをもって受け容れてください。そして、理解できないものの目的が理解できないものの中で働き、それを神聖なものにするのを知覚する中で、それがあなたに説明されるようにしてください。2あなたの関係が〝失敗〟であることに関して、兄弟を責める多くの機会をあなたは発見するでしょう。というのは、あなたの関係は多くの場合、何の目的もないように見えるからです。3目的の喪失感が何度もあなたを訪れ、あなたがかつて様々な形で満足感を求め、満足を発見したと思っていたことを思い出させるでしょう。4あなたが本当に発見したのは悲惨でしかなかったことを今になって忘れてはなりません。そして、活力を失いつつあるあなたのエゴに生命を吹き込んではなりません。5というのは、あなたの関係は崩壊していないからです。6あなたの関係は救われたのです。

9. あなたは救いの様々な道についてはまったく初体験です。したがって、道に迷ってしまったと考えています。2確かにあなたの道は失われましたが、これは損失であるとは考えないでください。3新規まき直しで、あなたとあなたの兄弟が**一緒に**再出発したのだということを思い出してください。4そして、兄弟の手を取り、あなたが今信じているよりも遥かに見慣れた道を一緒に歩いていってください。5永遠の時を通じて変わることのない目標をあなたが思い出すであろうことは確実です。6というのは、あなたは「神」という目標だけを選んだからであり、あなたの真の意図がその目標から不在であったことは一度もないからです。

10. 「神の子のすべて」に自由の歌が聞こえ、あなたの選択の、喜びに満ちたこだまが聞こえるでしょう。2あなたは神聖な瞬間において多くの人々と一緒になり、彼らもまたあなたと一緒になりました。3あなたの選択によってあなたが慰めのない状態に置かれると考えないでください。というのは、「神ご自身」があなたの神聖な関係を祝福されたからです。4「神」の祝福に加わってください。そして、その祝福に対してあなたの祝福を保留しないでください。5というのは、神聖な関係の中にこそ救いがあるとあなたが理解するために、神聖な関係が今必要としているのはあなたの祝福だけだからです。6救いを非難しないでください。というのは、それはあなたの所にやって来たからです。7救いを共に歓迎してください。というのは、「神の子のすべて」が共に祝福される関係において、あなたとあなたの兄弟を一緒にするために救いはやって来たからです。

11. あなた方は、「聖霊」をあなた方の関係に招じ入れることに共に着手しました。[2]さもなければ、「聖霊」が入ることは不可能だったでしょう。[3]その時以来、数多くの間違いを犯したかもしれませんが、「聖霊」が仕事をするのを助けるために多大な努力も払ってきました。[4]そして、あなたが「聖霊」のために行ったことすべてに対して、「聖霊」は欠かすことなく感謝してきました。[5]そしてまた、「聖霊」はあなたが犯した間違いを見ることもありません。[6]あなたも兄弟たちに対してこれと同じように感謝してきたでしょうか。[7]首尾一貫して善意の努力に感謝し、間違いを見過ごしてきたでしょうか。[8]それとも、間違いであると思われるもののために、あなたの感謝は揺らぎ、不明瞭なものになったでしょうか。[9]たぶんあなたは今、現在自分が置かれている状況が不快なものであることについて、兄弟を責める運動を開始しているところかもしれません。[10]そして感謝と謝意のこの欠如によって、神聖な瞬間を表現することができなくなり、その結果、神聖な瞬間を見失うことになります。

12. 瞬間的な体験は、たとえどんなに強烈なものであったとしても、時間がそれを覆い隠してしまうことを許せば、簡単に忘れられてしまうものです。[2]それを時間の内部に隠すのではなく、時間についての自覚の中に、光り輝く優雅なものとして保持しなければなりません。[3]その瞬間は存続します。[4]しかし、あなたはどこにいるのでしょうか。[5]兄弟に感謝することは神聖な瞬間に感謝することであり、そうすることによって、その結果が受け容れられ分かち合われることを可能にします。[6]兄弟を攻撃することは、その瞬間を失うことではなく、その瞬間が効力を発揮できなくすることです。

13. あなたは確かに神聖な瞬間を受け取りました。しかし、それを活用することができない状態を確立してしまったかもしれません。[2]その結果、その瞬間がまだあなたと共にあることに気づいていません。[3]そして、神聖な瞬間の表現から自分自身を切り離すことによって、自分自身に神聖な瞬間の恩恵を否定してきました。[4]あなたは兄弟を攻撃する度ごとにこれを強化しています。というのは、攻撃はあなたを自分自身に対して必ず盲目にするからです。[5]そして、自分自身を否定し、同時に、自分に与えられ、自分が受け取ったものを認識することは不可能だからです。

14. あなたとあなたの兄弟は、真実そのものである神聖な存在の前に一緒に立っています。[2]ここには目標があり、それはあなたと一緒にあります。[3]あなたは目標そのものがその達成のための手段を喜んで整えると思っていないでしょうか。4あなたを苦しませるように見えながらも「天国」を喜ばせるのは、受け容れられた目的と現在ある手段との間にあるこれと同じ矛盾です。5もしも「天国」があなたの外側にあるとしたならば、「天国」の喜びを分かち合うことは不可能でしょう。6しかしながら、「天国」はあなたの内部にあるために、「天国」の喜びもまたあなたのものです。7あなたは目的においては一体となっていますが、手段に関しては未だに分離して分かれています。8しかし、目標は固定され、断固として不変であり、目標が確定しているが故に手段は必ず整えられることになります。9そして、あなたは目標が確定していることに対する「神の子のすべて」の喜びを共有することになるでしょう。

15. 非常に自由に兄弟に与えた贈り物を認識し、受け容れ始めるにつれて、あなたはまた神聖な瞬間の効果を受け容れ、あなたの間違いのすべてを修正し、あなたを間違いの結果から解放するためにそれを用いるでしょう。2そして、これを学んだとき、あなたは「神の子のすべて」を解放するための方法も学ぶでしょう。そして、あなたに解放を与えてくれた「聖霊」に喜びと感謝をもってそれを差し出すでしょう。そして、「聖霊」はあなたを通してそれを延長するでしょう。

VI. 目標の設定

1. 「聖霊」の目的の実際的な応用は極端に単純ですが、紛れようがないものです。2事実、単純であるためには絶対に紛れようのないものでなければなりません。3単純なものは単に簡単に理解されるものであるにすぎません。そして、このためには、明確でなければならないことは明らかです。4「聖霊」の目標の設定は一般的です。5今の段階において、「聖霊」は目標を具体的にするためにあなたと一緒に仕事をします。というのは、目標の応用はきわめて具体的だからです。6どのような状況に対しても「聖霊」が提供する、ある種の非常に具体的な指針があります。しかし、あなたはその普遍的な応用についてはまだ気づいていないことを忘れないでください。7したがって、この時点では、それぞれの状況で別々にそれらの指針を用いることが不可欠です。あなたが現在もっているよりも遥かに広い理解力をもって、より安全にそれぞれの状況の向こうまで見ることができるようになるまでは、そうすると良いでしょう。

2. 確信をもつことができないいかなる状況においても、最初に考慮に入れるべきことは、非常に簡単なことですが、次のようなことです。〝私はこの状況から何を得ることを望むのか。2 これはいったい何のためにあるのか〟。3 目標を明確にすることは、最初の段階でなされなければなりません。というのは、結果を決定するのは明確な目標だからです。4 エゴの手順ではこれは正反対です。5 状況が結果を決定するものとなり、どんな結果も可能です。6 この組織されていない取り組み方の理由は明らかです。7 エゴはその状況から何を得たいかを知らないのです。8 エゴは何が欲しくないかは自覚していますが、それだけです。9 エゴは肯定的な目標はまったくもっていません。

3. 最初にはっきりした明確な目標を設定しなければ、状況がただ起きるように思われるだけで、それが既に起こってしまうまで何の意味もなしません。2 それから振り返ってそれを見て、それが意味したに違いないことをつなぎ合わせようとします。3 そして、間違うことになります。4 あなたの価値判断は過去にあるだけでなく、何が起こるべきかについてまったく何も知りません。5 手段を整えるための目標はまったく設定されません。6 そして、今残されている唯一の価値判断は、エゴがそれを気に入るか気に入らないかだけです。すなわち、それは受け容れるべきか、それとも、それは復讐を必要としているかという価値判断です。7 結果についての前もって設定された規準の欠如は、理解を不確かなものにし、評価を不可能にします。

4. 何が起こって欲しいのかを前もって決めることの価値は、要するに、状況をそれが起こるための手段として知覚することにあります。2 したがって、目的の達成を妨害するものには注意を払わず、その目的を果たす助けになるものすべてに集中するためにあらゆる努力を払うことになります。3 この取り組み方が、「聖霊」による真実と偽りの選別にあなたをより近づけたことは一目瞭然です。4 真実であるものはその目標を果たすために活用可能な手段になります。5 偽りのものはこの観点からすると無用になります。6 状況は今や意味のあるものとなりますが、その理由はただ一つ、目標がそれを意味のあるものにしたからです。

5. 真実の目標には更に実際的な利点があります。2 状況が真実と正気のために用いられるならば、その結果は必ず安らぎです。3 そして、これは一般的な結果とはまったく異なります。4 安らぎが真実と正気の条件であり、真実と正気なしでは存在できないとすれば、安らぎがある所には必ず真実と正気があることになります。5 真実は自らやって来ます。[6]安らぎを体験しているならば、それは真実があなたの所へやって来たからであり、あなたには結果が真に見えるからです。というのは、欺瞞はあなたに対して勝利することはできないからです。[7]あなたはその結果を認識します。なぜなら、心が安らぎの中にあるからです。[8]ここで再び、エゴの物の見方とは正反対のものを見ることになります。というのは、エゴは状況が体験をもたらすと信じているからです。[9]「聖霊」は、状況は目標が決定するものであり、目標に従って体験されることを知っています。

6. 真実の目標は信頼を必要とします。[2]信頼は「聖霊」の目的を受け容れるときの暗黙の了解であり、この信頼はすべてを包括します。[3]真実の目標が設定された場所には、必ず信頼があります。[4]「聖霊」はその状況を全体として見ます。[5]目標は、それに関わるすべての人がその達成においてそれぞれの役割を果たすという事実を確立します。[6]これは不可避的です。[7]誰も、いかなることにおいても失敗することはありません。[8]これはあなたを超越した信頼、そして、あなたが与えることができるものを超越した信頼を求めているように見えます。[9]しかし、そう見えるのはエゴの観点からだけです。というのは、エゴは断片化を通して葛藤を〝解決する〟ことを信じており、状況を全体としては知覚しないからです。[10]したがって、エゴは状況をいくつもの部分に分割して別々に対処しようとします。というのは、エゴは全体性ではなく分離を信頼しているからです。

7. 困難であるように見える状況のどんな側面であれそれに直面すると、エゴはその側面をどこか別な場所にもっていき、そこでそれを解決しようとします。[2]そして、それはうまく行くように見えます。しかし、問題はこの試みは結合に相反するものであり、必ず真実の目標を不明瞭にするということです。[3]そして、夢想の中でしか安らぎが体験されることはなくなります。[4]真実が来なかったのは、信頼が本来あるべき場所から引っ込められて否定されたからです。[5]こうして、あなたは真実の目標がもたらす状況についての理解を失ってしまいます。[6]というのは、夢想による解決は体験の幻想しかもたらすことはなく、安らぎの幻想は真実が入ることのできる状況ではないからです。

VII. 信頼への呼びかけ

1. 状況の諸側面の代替物は、あなたの信頼の欠如に対する証人です。[2]それらの代替物は、状況と問題は同じ場所にあったことをあなたが信じていないことを実証しています。[3]問題は信頼の欠如にあったのであり、あなたが問題をその源から移動して別な場所に置くとき、これを実証することになります。[4]その結果、あなたには問題が見えません。[5]それは解決できるという信頼があなたに欠けていなかったならば、問題はなくなっていたでしょう。[6]そして、状況はあなたにとって意味のあるものとなっていたでしょう。なぜなら、理解を妨げていた妨害が取り除かれたでしょうから。[7]問題を別な場所に移すことは、問題を保持することです。というのは、問題から自分を移動させ、問題を解決不可能にするからです。

2. どのような状況においてであれ、信頼が解決しない問題はありません。[2]問題のいかなる側面であれ移動させれば、必ず解決を不可能にします。[3]というのは、問題の一部を移動させれば、問題の意味は必ず失われることになるからです。そして、問題に対する解決は問題の意味に内在しているからです。[4]問題は既にすべて解決されているのに、あなたがその解決から自分自身を移動させてしまったという可能性があるのではないでしょうか。[5]しかしながら、何かがなされた場所、そして、何かがなされているのが見える場所には信頼があるに違いありません。

3. 状況とは関係です。というのは、状況とは複数の思いが一緒になることだからです。[2]もしも問題が知覚されたならば、それは複数の思いが葛藤の中にあると価値判断されているからです。[3]しかし、目標が真実ならば、これは不可能です。[4]肉体についての何らかの考えが入ったに違いありません。というのは、マインドは攻撃することができないからです。[5]肉体についての思いは信頼がないことのしるしです。というのは、肉体はいかなるものをも解決することはできないからです。[6]肉体についての思いは関係への侵入であり、その状況についてのあなたの思いにおける過ちであり、それがひいてはあなたの信頼の欠如に対する正当化になります。[7]あなたはこの過ちを犯すでしょう。しかし、それについて心配することはまったくありません。[8]その過ちは重要ではありません。[9]信頼にもたらされる信頼の欠如が真実を妨害することは絶対にありません。[10]しかし、真実に対抗して用いられる信頼の欠如は常に信頼を破壊します。[11]あなたが信頼を欠いているならば、それが失われた場所で信頼を回復することを求めてください。まるであなたがそれを不当にも奪われたかのように、それ以外の場所で信頼の埋め合わせをしてもらうことを求めないでください。

4. いかなる状況においてであれ欠けているものがあるとすれば、それはあなたが与えていないものだけです。[2]しかし、これを覚えておいてください。神聖性の目標はあなたの関係のために設定されたのであって、あなたによって設定されたのではないということです。[3]あなたは神聖性の目標を設定しませんでした。なぜなら、神聖性は信頼を通してしか見ることができないからです。そして、あなたの関係は神聖ではありませんでした。なぜなら、兄弟に対するあなたの信頼は非常に制限され、僅かなものだったからです。[4]設定された目標に到達するためには、あなたの信頼が成長しなければなりません。[5]目標の実在性がこれを呼び起こします。というのは、安らぎと信頼は別々にはやって来ないことをあなたは理解するからです。[6]いったいどのような状況において、信頼をもたずに兄弟に対して忠実であり続けることができるでしょうか。

5. あなたが自分自身を見出す状況の一つ一つは、あなたの関係のために設定された目的を果たすための手段に他なりません。[2]それを何か別なものとして見れば、あなたは信頼を欠いています。[3]あなたの信頼の欠如を利用しないでください。[4]信頼の欠如を中に入らせ、静かに見つめるのは良いですが、利用してはなりません。[5]信頼の欠如は幻想の召使いであり、その主人に対して完全に忠実です。[6]信頼の欠如を利用すれば、それはあなたをたちどころに幻想の所に連れていくでしょう。[7]それがあなたに差し出すものに誘惑されないでください。[8]それは目標を妨害することはありませんが、あなたにとっての目標の価値を妨害します。[9]信頼の欠如が差し出す安らぎの幻想を受け容れるのではなく、それが差し出すものをよく見つめ、それが幻想でしかないことを認識してください。

6. 幻想の目標は、信頼が真実と緊密に結びついているのと同じくらい、緊密に信頼の欠如と結びついています。[2]前もって真実に捧げられている状況においては、誰でも完璧に自分の役割を果たすことができますが、このことに対するあなたの信頼が欠如しているとすれば、あなたの献身は分断されています。[3]したがって、あなたは兄弟に対する信頼を欠いてきました。そして、あなたの信頼の欠如を兄弟に不利なように利用してきました。[4]いかなる関係も、その神聖性が関係と共にあらゆるところに行くのでなければ神聖ではありません。[5]神聖性と信頼が手を取り合って進むように、信頼は関係と共にあらゆるところに行かなければなりません。[6]目標の実在性が目標の実現に必要な奇跡のすべてを呼び起こし、達成します。[7]いかなるものも小さすぎることもなく、大きすぎることもなく、弱すぎることもなく、抵抗しがたいものでもなく、すべて、その使用目的の方向にそっと向けられることになります。[8]それが宇宙に奉仕するとき、宇宙は喜んでそれに奉仕するでしょう。[9]しかし、妨害してはなりません。

7.「聖霊」の目標が確立されているあなたの中に託された力は、無限なるものについてのあなたのささやかな概念を遙かに超越しているために、あなたについてくる強さがどれほど偉大なものであるかをあなたはまったく理解していません。[2]そして、あなたはこれをまったく安全に活用することができます。[3]しかし、その力は星を通り越して星の彼方にある宇宙にまで到達するほどのものであるにもかかわらず、その力の代わりに信頼の欠如を用いるならば、あなたの僅かな信頼の欠如でそれを無用のものにすることも可能です。

8.しかしながら、次のことを考えてみてください。そして、信頼の欠如の原因を学んでください。あなたは兄弟があなたに対してしたことに関して兄弟を咎めていると考えています。[2]しかし、あなたが本当に兄弟を責めているのは、あなたが兄弟に対してしたことに関してです。[3]あなたが兄弟を責めているのは、兄弟の過去ではなくあなたの過去に関してです。[4]そして、兄弟に対する信頼が欠けているのは、あなたの過去の在り様が原因です。[5]しかしながら、あなたは自分の過去の在り様に関してあなたの兄弟と同じように罪はありません。[6]一度も存在したことがないものには原因はなく、それが真実を妨害することもありません。[7]信頼の欠如の原因はありませんが、信頼の「原因」は厳として存在します。[8]その「原因」は「原因」の目的を共有する状況であればいかなる状況にも入っています。[9]真実の光が状況の中心から輝き出て、状況の目的が呼びかけるすべての人に触れます。[10]それはすべての人に呼びかけます。[11]あなたの関係の全体を巻き込まない状況はありません。すなわち、状況はあらゆる側面においてあなたの関係を巻き込み、あらゆる部分において完全なあなたの関係を巻き込みます。[12]あなたは真実の光の外側に自分自身をまったく残さずに状況を神聖に保つことができます。[13]というのは、真実の光はあなたの関係全体の目的を共有し、その意味をあなたの関係全体から引き出すからです。

9.兄弟を信頼してすべての状況に入ってください。さもなければ、あなたは自分自身の関係に対して信頼を欠くことになります。[2]あなたの信頼は他の人々にあなたの目的を共有するようにと呼びかけます。その同じ目的があなたの中に信頼を呼び起こしたように呼びかけます。[3]そして、あなたがかつて自分を幻想へと導くために用いた手段が、真実のための手段に変容するのを見るでしょう。[4]真実は信頼を喚起し、信頼は真実のための場所を作ります。[5]「聖霊」があなたの目的を「聖霊」の目的と交換することによってあなたの関係の目的を変えたとき、「聖霊」がそこに置いた目標は、あなたが入るすべての状況、あるいは、あなたが未来において入るすべての状況に延長されました。[6]かくして、すべての状況は過去から解放されたのです。そうでなければ、過去は状況を無目的なものにしてしまったでしょう。

10. あなたは、あらゆる状況において共に歩む「聖霊」の故に信頼を喚起します。[2]あなたはもはや完全には狂気ではなく、一人でもありません。[3]というのは、「神」の中における孤独は夢であるに違いないからです。[4]あなたの関係は「聖霊」の目標を共有していますが、そういうあなたは孤独から引き離されています。なぜなら、真実がやって来たからです。[5]信頼への真実の呼び声は強いものです。[6]それに対してあなたの信頼の欠如を用いないでください。というのは、真実はあなたに呼びかけ、救いと安らぎへと呼び寄せるからです。

VIII. 安らぎの条件

1. 神聖な瞬間は、すべての状況がそうであるように意図されていることの特別な事例、ないしは、極端な例以上の何ものでもありません。[2]「聖霊」の目的が神聖な瞬間に与えた意味は、すべての状況にも与えられています。[3]神聖な瞬間は信頼が真実の呼び声に応えられるように信頼の欠如を停止しますが、それと同じように信頼の欠如を制止し使用停止にします。[4]神聖な瞬間は、一つの全体として見なされるあらゆる関係、あらゆる状況の意味についての輝かしい手本であり、紛れもない実例です。[5]信頼が状況のあらゆる側面を受け容れ、信頼の欠如はそれに対していかなる排除も強制していません。[6]神聖な瞬間は完全な安らぎの状況ですが、その理由は単に、あなたがそれをあるがままにしておいたからです。

2. 「聖霊」があなたに依頼しているのはこの単純な礼儀だけです。[2]真実をあるがままにしておいてください。[3]真実に無理に介入しないでください。真実を攻撃しないでください。真実がやって来るのを妨げないでください。[4]真実にすべての状況を包み込ませ、あなたに安らぎをもたらすようにしてください。[5]あなたの信頼すら求められてはいません。というのは、真実は何も求めないからです。[6]真実を入れてあげてください。そうすれば、真実はあなたが安らぎのために必要としている信頼をあなたのために喚起し、確保してくれるでしょう。しかし、真実に対して反抗しないでください。というのは、真実はあなたの反抗に逆らってやって来ることはできないからです。

3. あらゆる状況を神聖な瞬間にしたいと思いませんか。[2]というのは、信頼の贈り物とはそのようなものであり、信頼の欠如が脇に押しやられて使われていない場所であればどこであれ自由に与えられるからです。[3]すると、代わりに「聖霊」の目的の力を自由に使うことができるようになります。[4]この力は直ちにすべての状況を変容して、「聖霊」の目的を確立し、「聖霊」の目的の実在性を実証するための、確実で継続的な一つの手段へと変えます。[5]実証されたものが信頼を喚起し、信頼を与えられてきました。[6]今やそれは事実となり、その事実に信頼を与えないことはもはやできません。[7]真実に対する信頼を拒絶する重圧は巨大であり、あなたが気づいているよりも遙かに大きなものです。[8]しかし、信頼をもって真実に答えることが重圧をもたらすことはまったくありません。

4. 「救い主の呼び声」を承認したあなたにとって、「救い主の呼び声」に応じないことから来る重圧はこれまでよりも大きなもののように思われます。[2]これは事実ではありません。[3]以前にもその重圧はありましたが、あなたは何か別なことが原因であると考え、〝何か別なこと〟がそれを生み出していると信じていました。[4]これが真実であったことは一度もありません。[5]というのは、その〝何か別なこと〟が生み出したものは悲しみと憂鬱であり、病と苦痛であり、暗闇と恐怖のおぼろげなイメージであり、怖れについてのぞっとするような夢想であり、焼けつくような地獄の夢だったからです。[6]そして、それは真実に信頼を与え、真実の明白な実在性を見ることを拒絶することから来る、耐えがたい重圧以外の何ものでもなかったのです。

5. 「神の子」の十字架刑とはこのようなものでした。[2]「神の子」の信頼の欠如が彼自身に対してこれをなしたのです。[3]あなた自身が「神の子」に対して信頼の欠如を使うことを許す前に、注意深く考えてください。[4]というのは、「神の子」はよみがえったからであり、あなたは「神の子」の目覚めの「原因」をあなたのものとして受け容れたからです。5あなたは「神の子」の救いにおいてあなたの役割を果たしましたが、今や彼に対して全面的に責任があります。6今になって彼を見捨てないでください。というのは、彼に対するあなたの信頼の欠如があなたに対して何を意味するかを実感する責任があなたに与えられているからです。7彼の救いがあなたの唯一の目的です。8あらゆる状況の中にこれだけを見てください。そうすれば、すべての状況が彼の救いだけをもたらすための手段となるでしょう。

6. あなたの関係の目標として真実を受け容れたとき、あなたはあなたの「父」があなたに安らぎを与えたのと同じくらい確実に安らぎを与える人となったのです。2というのは、安らぎという目標はその条件を抜きにして受け容れることは不可能だからです。そして、あなたは安らぎという目標を信頼したのです。というのは、誰も実在すると信じていないものを受け容れることはないからです。3あなたの目的は変わっておらず、これからも変わることはありません。というのは、あなたは決して変わることができないものを受け容れたからです。4そして、それが永遠に不変であるために必要とするものを、今になって撤回することはできません。5あなたの解放は確実です。6あなたが受け取ってきたように与えてください。7そして、あなたを引き戻すことが可能ないかなる状況よりも、遙かに高い所まであなたが上昇したことを実証してください。あなたがその「呼び声」に応えた「聖霊」からあなたを分離しておくことが可能ないかなる状況よりも、遙かに高い所まで上昇したことを実証してください。

第18章　夢の通過

I.　代用の実在性

1.　代用することは代わりに受け容れることです。[2]これが厳密に何を引き起こすかを考えてみさえすれば、「聖霊」があなたに与え、あなたのために達成したいと望んでいる目標とそれがいかに食い違っているかをあなたはすぐに知覚するでしょう。[3]代用することは、二つのものの間から選択することであり、「神の子のすべて」の一つの側面をよしとして他の側面を捨てることです。[4]この特別な目的のために、ある人はより価値があるという価値判断を受け、他の人はその人によって置き換えられます。[5]このようにして、代用が生じた関係はばらばらに分断されており、その目的もそれに応じて分裂しています。[6]断片に分けることは排除することであり、代用はエゴが分離のためにもっている最強の防御です。

2.　「聖霊」は決して代替物を使うことはありません。[2]エゴは一人の人を別な人の代わりと知覚するのに対して、「聖霊」は、人は一緒であり不可分であると見なします。[3]「聖霊」は人が一つであることを知っているために、人の間で裁くことをしません。[4]人は結ばれており、同じであるが故に一つです。[5]代用は人が異なっていると知覚される過程であることは明らかです。[6]「聖霊」は結び合わせようとし、エゴは分離させようとします。[7]「神」が一緒にされたものと、「聖霊」が一つであると見なすものの間には何も入ることはできません。[8]しかし、エゴがスポンサーとなって破壊する断片化された関係の間には、あらゆるものが入ってくるように見えます。

3.　代用が不可能な一つの感情は愛です。[2]怖れはその性質からして代用を必要とします。というのは、怖れは愛の代替物だからです。[3]怖れは断片化された感情であり、断片化する感情です。[4]怖れは多くの形をとるように見えます。そして、それぞれの形が満足を得るために様々な形で駄々をこねることが必要であるように見えます。[5]これはきわめて変化しやすい行動を導入するように見える一方で、それよりも遙かに深刻な影響は、その行動の原因となっている断片化された知覚にあります。[6]誰も完全であるとは見なされません。7ある部分が特別に強調されつつ肉体が強調され、特別な形の怖れを演じるために受け容れるか、それとも、拒絶するかの比較の規準として肉体が用いられます。

4. 「神」は怖れであると信じているあなたは、一つの代替物しか作っていません。2それは数多くの形をとってきました。なぜなら、それは真実を幻想で代用し、全体性を断片化で代用したからです。3それは何度も何度もばらばらにされ、更に分割され、再び分割され、かつては一つであったと知覚することは今やほとんど不可能です。しかし、それでもなお、怖れはかつてそうであったままです。4その一つの過ち、それは真実を幻想にもたらし、無限を時間にもたらし、生命を死にもたらしたものですが、あなたがこれまでに作ったものはこれだけです。5あなたの世界全体がそれに依拠しています。6あなたが見るすべてのものがそれを反映し、あなたがこれまでに作ったすべての特別な関係はその一部です。

5. 実在はあなたが見ているものとはどれほど異なったものであるかを聞いたならば、あなたは驚くかもしれません。2その過ちの規模がどれほどのものであるかにあなたは気づいていません。3それはあまりにも広大で、あまりにも信じがたいものであったために、その中から完全に非実在な世界が姿を現さざるを得ませんでした。4それ以外の何がそれから生じることが可能だったでしょうか。5それらのものを見つめれば分かることですが、その断片化された諸々の側面はそれだけでも十分に恐ろしいものです。6しかしながら、あなたが見たいかなるものも、最初の過ちの巨大さについての手がかりすら与えることはできません。その過ちはあなたを「天国」から放り出し、知識をうち砕いて支離滅裂な知覚の意味のない断片に変え、更なる代替物を作ることを強制したかのようでした。

6. それが外側に向けられた過ちの最初の投影でした。2世界が上昇してそれを隠し、それを投影するためのスクリーンとなり、そのスクリーンがあなたと真実の間に置かれました。3というのは、真実は内側に延長するからです。そこにおいては、喪失という考えは無意味であり、増大だけが想像可能です。4すべてのものが後ろ向きで逆さまな世界はこの過ちの投影から生じたということを、あなたは本当に奇妙であると思うでしょうか。5それは不可避的でした。6というのは、この逆さまな世界にもたらされた真実は内側に静かにとどまることしかできず、この世界を構成している諸々の気違いじみた投影に参加することはできないからです。[7]これは罪と呼ぶのではなく、狂乱と呼ぶのが良いでしょう。というのは、それは過去においても狂乱でしたし、現在でも狂乱のままだからです。[8]それに罪悪感を賦与しないでください。というのは、罪悪感はそれが実在において達成されたことを暗示するからです。[9]そして、何よりもまず、**それを恐れないでください**。

7. 原初の過ちが何か歪んだ形で現れてあなたを脅かすように見えると思われるときには、ただ、〝神は怖れではなく愛である〟と言ってみてください。そうすれば、それは姿を消すでしょう。[2]真実があなたを救ってくれます。[3]真実は狂った世界に入りあなたから離れようとして、あなたのもとを去ってはいません。[4]あなたの内面に正気があります。狂気はあなたの外側にあります。[5]あなたはその反対であると信じているだけです。すなわち、真実は外側にあり、過ちと罪悪感が内側にあると信じています。[6]あなたの矮小で無分別な代替物は、狂気に触れ、風の中を狂ったように舞う羽のように、くるくると回っては狂ったコースの方に飛び去っていきますが、実体はありません。[7]それらは、次々と変わるまったく意味をなさないパターンで、混じり合い、融合して一つになったかと思うと、また分離します。それらを価値判断する必要はまったくありません。[8]それらを個別に価値判断することには意味はありません。[9]それらの形における小さな違いは本当の違いではまったくありません。[10]それらの違いはすべて重要ではありません。[11]その点では共通していますが、それ以外の共通点はありません。[12]しかしながら、それらのものをすべて同じにするのに、それ以外の何が必要でしょうか。

8. それらをすべて手放し、それらが風の中を舞い、下降しては方向を変え、視界から姿を消し、あなたの遙か、遙か外側にまで去っていくのに任せると良いでしょう。[2]そして、あなたの内なる堂々たる静けさへと向かってください。そこには、神聖な静けさの中で、生命ある「神」が住んでおられます。それはあなたが一度もそのもとを離れたことがない「神」であり、あなたのもとを一度も離れたことのない「神」です。[3]「聖霊」は優しくあなたの手を取って、あなた自身の外側を通る気違いじみた旅路をあなたと一緒に引き返し、内側にある真実と安全へと優しく導き戻してくれるでしょう。[4]「聖霊」は、あなたが自分の外側に置いた狂気じみた投影と荒唐無稽な代替物のすべてを真実へともっていきます。[5]こうして、「聖霊」は狂気のコースを逆転し、あなたの理性を回復します。

9. あなたの兄弟とあなたの関係において、そこでは「聖霊」

があなたの要請に応じてすべてのことを引き受けていますが、「聖霊」はあなた方が共有する真実へと向かうコースを設定しています。2あなたの外側にある狂乱の世界においては、いかなることも共有することは不可能であり、代用することだけが可能です。そして、共有することと代用することには、実在においてはいかなる共通点もありません。3あなたは、あなた自身の内部において兄弟を完璧な愛で愛しています。4ここには神聖な場所があり、いかなる代替物も入ることはできず、兄弟の真実だけが住むことができます。5ここでは、あなた方は「神」と一緒にいるのと同じ緊密さで「神」において一緒になっています。6原初の過ちはここには入り込んではおらず、未来においても入り込むことはありません。7ここには燦然と輝く真実があり、「聖霊」はあなた方の関係をこの真実に委ねています。8「聖霊」があなた方の関係をここにもってくることを許してください。これはあなたも望んでいる場所です。9「天国」の代わりにあなたが作ったいかなる代替物もあなたを「天国」から遠ざけておくことはできないことを、「聖霊」が教えやすくするために、兄弟に対するささやかな信頼を贈り物として「聖霊」に与えてください。

10. あなたの中にはいかなる分離もなく、いかなる代替物もあなたを兄弟から遠ざけておくことはできません。2あなたの実在は「神」の創造によるものであり、いかなる代替物もありません。3あなた方は真実においてしっかりとつながっているため、「神」だけがそこに存在しておられます。4そして、「神」があなたに代わる何か別のものを受け容れられることは決してありません。5「神」はあなた方を等しく、一つのものとして愛しておられます。6「神」があなたを愛されているのと同じように、あなたもまた「神」を愛しています。7あなた方は幻想の中で一緒になっているのではなく、あまりにも神聖であまりにも完全であるために、幻想がとどまってあなた方が一緒に立っている神聖な場所を暗くすることができないような「思い」の中で一緒になっています。8私の兄弟よ、「神」はあなたと共におられます。9安らぎと感謝の中で「神」において結ばれ、「神」の贈り物を最も神聖にして完全な実在として受け容れようではありませんか。私たちは「神」においてこの贈り物を共有しているのです。

11. 「天国」はあなたの関係を通じて「神の子のすべて」に復活します。というのは、「天国」の中にこそ「神の子のすべて」が横たわっているからです。完全で美しく、あなたの愛の中にあって安全に横たわっています。2「天国」が静かに入ってきたのです。というのは、すべての幻想があなたの内なる真実の中に優しく導き入れられ、愛があなたを照らしてあなたの関係を真実で祝福したからです。[3]「神」と「神」の創造物のすべてが一緒にその中に入ったのです。[4]あなたの関係は真実の光に照らされ、なんと美しく、なんと神聖であることでしょうか。[5]「天国」はそれを見守り、それがあなたのもとにやって来るのをあなたが許したことを喜んでいます。[6]そして、「神ご自身」もあなたの関係が創造されたままであることを喜んでおられます。[7]あなたの内なる宇宙が、兄弟と一緒に、あなたと共に立っています。[8]そして、「天国」はその宇宙の中で一緒になっているものを、「創造主」と共に愛をもって見つめています。

12. 「神」に呼びかけられた者は「神」の声に代わるものを聞くべきではありません。[2]その代替物の呼び声は、「天国」を粉々にうち砕いた原初の過ちのこだまにすぎません。[3]それを聞いた人々の安らぎはどうなったでしょうか。[4]この世界を出て別な世界を通り抜け、他の世界が保持している美しさと喜びに向かって、兄弟と共に歩きながら、私と共に「天国」へと戻りましょう。[5]あなたは、既に破壊され絶望的な状態にあるものを更に弱体化し、ばらばらにすることを望みますか。[6]幸せを探したい場所はここでしょうか。[7]それよりも、破壊されたものを癒し、分離と病によって破壊されたものを完全にすることに加わることのほうが、あなたには好ましいのではないでしょうか。

13. あなたはこの世界がもつ最も神聖な機能へと、兄弟と一緒に呼ばれたのです。[2]それはいかなる制限ももたない唯一の機能であり、癒しと結合をもたらす慰めをもって「神の子のすべて」のすべての断片に手を差し伸べます。[3]あなたの神聖な関係の中でこれがあなたに差し出されます。[4]それをここで受け容れてください。そうすれば、あなたは受け容れたのと同じように、与えることになるでしょう。[5]「神」の安らぎは燃え立つような目的と共にあなたに与えられ、その目的において、あなたは兄弟と一緒になります。[6]あなたと兄弟を一緒にしたその神聖な光は、あなたがそれを受け容れたのと同じように延長されなければなりません。

II. 夢の基盤

1. きわめて実在的な世界が夢の中に現れるのではないでしょうか。[2]しかしながら、この世界が何であるかを考えてみてください。3それはあなたが眠る前に見た世界でないことは明らかです。4それはむしろ歪曲された世界であり、こうであったなら良いと思ったものにだけ基づいて計画されています。5ここでは、あなたを攻撃するように見えるものは何でも〝自由に〟作り直し、その〝攻撃〟に憤慨しているあなたのエゴに対する感謝のしるしに変えることができます。6あなたが自分自身をエゴと一つのものであると見なしているのでなければ、これはあなたが望むことではありません。エゴは常に自分自身が、したがって、あなたが攻撃にさらされていると見なしており、攻撃に対してきわめて傷つきやすいと見なしています。

2. 夢は葛藤する欲求によって支配されているが故に混沌としており、したがって、何が真実であるかには関心がありません。2夢は、真実を幻想で代用するために知覚をいかに利用できるかについて、あなたがもち得る最良の模範例です。3あなたは目を覚ますとき、夢について深刻に考えることはしません。なぜなら、実在が夢の中ではとんでもなく侵害されているという事実が明らかになるからです。4しかしながら、夢は世界を見るための一つの方法であり、世界をエゴにより良く合わせるための一つの方法です。5夢は、実在を容認することができないエゴの無能力と、実在をエゴのために喜んで変えようとするあなたの気持の際だった例を提供してくれます。

3. あなたは眠っているときに見るものと目を覚ましているときに見るものとの間にある違いを憂慮すべきものであるとは思いません。2目を覚ましているときに見えるものが、夢の中ではぼんやりとしたものにされていることをあなたは認識しています。3しかしながら、目を覚ましたときには、それがなくなってしまうとは思っていません。4夢の中では他ならぬあなたがすべてのものを取り決めます。5人々はあなたがこうであって欲しいと望むものになり、彼らが何をするかはあなたが命令します。6代用についてのいかなる制限も課せられません。7しばらくの間、世界をあなたの望み通りのものにするために、あたかも世界があなたに与えられたかのようです。8あなたは世界を攻撃しているのであり、世界に打ち勝とうとしているのであり、世界を自分のために奉仕させようとしているのだということに気づいていません。

4. 夢は知覚的な癇癪の発作であり、その中であなたは文字通り〝こうであって欲しい！〟と金切り声で叫びます。2そして、その通りになるかのように見えます。3しかし、それでも夢はその起源から逃れることはできません。4夢には怒りと怖れが充満しており、満足の幻想は一瞬のうちに恐怖の幻想によって侵略されます。[5]というのは、より好む世界を代用することによって実在をコントロールするあなたの能力についての夢は、まさに恐ろしいからです。[6]実在を不明瞭にしようとする試みは非常に恐ろしいものですが、この事実をあなたは潔く受け容れようとはしません。[7]したがって、あなたが実在に何をしているかを認めずに、実在は恐ろしいという空想によって代用します。[8]こうして、罪悪感は実在的なものにされます。

5. あなたには世界を自分が望むものにする能力があるということ、そして、あなたはそれを欲するが故にそれが見えるということを、夢は見せてくれます。[2]そして、あなたは夢を見ている間、それが実在することを疑いません。[3]しかしながら、明らかにあなたのマインドの中に在りながら、外側に在るように見える世界がここにあります。[4]あなたはそれに対して自分がそれを作ったかのようには反応しません。また、夢が生み出す感情があなたから発していることにも気づいていません。[5]夢を作っているように見えるのは夢の中の人物であり、彼らがやっていることです。[6]あなたに代わって彼らに実演させているのだということにあなたは気づいていません。というのは、あなたがそれに気づけば罪は彼らのものではなくなり、満足の幻想はなくなってしまうからです。[7]夢の中ではこれらの特徴は不明瞭なものではありません。[8]あなたは目を覚ましているようであり、夢は終わっています。[9]しかしながら、あなたが認識していないことは、夢の原因となったものは夢と共になくなってはいないという事実です。[10]実在しない別な世界を作りたいというあなたの欲求は依然としてあなたと共にあります。[11]そして、目を覚まして戻る世界は、夢の中で見るのと同じ世界で、別な形をとっているにすぎません。[12]あなたの時間のすべては夢を見ることに費やされています。[13]眠っているときに見る夢と、目を覚ましているときに見る夢は異なった形をとる、ただそれだけです。[14]それらの夢の内容は同じです。[15]それらの夢は実在に対するあなたの抗議であり、実在を変えることができるというあなたの固定観念であり、狂っている考えです。[16]目を覚ましているときに見る夢の中では、特別な関係には特別な場所があります。[17]特別な関係は、あなたが眠っているときに見る夢を実現させるための手段です。[18]こうした状況からあなたは目覚めません。[19]特別な関係は非実在にしっかりとつかまっていようとするあなたの決意であり、自分が目覚めるのを妨げようとするあなたの決意です。

[20]そして、目覚めていることよりも眠っていることにより多くの価値を見ている間は、それを手放すことはありません。

6. 叡智において常に実際的である「聖霊」はあなたの夢を受け容れ、目覚めさせるための手段として夢を用います。[2]あなたならば眠り続けるために夢を用いたでしょう。[3]私は前に、夢が消える前に起こる最初の変化は、怖れの夢が幸せな夢に変わることであると言いました。[4]「聖霊」が特別な関係の中ですることがそれです。[5]「聖霊」は特別な関係を破壊することもせず、あなたから奪い取ることもしません。[6]しかし、「聖霊」は特別な関係を異なったやり方で用います。すなわち、「聖霊」の目的をあなたにとって実在的なものにするための一助として用います。[7]特別な関係は苦痛と罪悪感の源としてではなく、喜びと自由の源として存続します。[8]それはあなただけのものではなくなります。というのは、あなただけのものにしておいたことに、特別な関係の悲惨があったからです。[9]特別な関係の非神聖性が特別な関係を遊離したものにしていたのと同じように、特別な関係の神聖性はすべての人に対する捧げ物となります。

7. 特別な関係は、神聖な関係を通じて祝福されたすべての人の罪悪感を解除するための手段となるでしょう。[2]それは幸せな夢となるでしょう。そして、あなたの視界に入ってくるすべての人とあなたが分かち合う夢となるでしょう。[3]それを通して、「聖霊」が特別な関係に与えた祝福が延長されるでしょう。[4]「聖霊」があなたに与えた目的において誰かを忘れたと考えないでください。[5]そして、「聖霊」が贈り物を与えたあなたを忘れてしまったと考えないでください。[6]「聖霊」は「彼」に助けを求めるすべての人を、すべての人の救いの手段として用います。[7]そして、「聖霊」は自分の関係を「彼」に差し出したあなたを通じてすべての人を目覚めさせます。[8]あなたが「聖霊」の感謝の気持を認識することさえしてくれたら、なんとすばらしいことでしょう。[9]そして、「聖霊」の感謝の気持を通して私の感謝の気持を認識してくれたなら、なんとすばらしいことでしょう。[10]というのは、私たちは「聖霊」と一つのマインドであるが故に、一つの目的においても同様に結ばれているからです。

8. 夢に根を下ろさせ、あなたの目を閉じさせてはなりません。[2]夢が実在しない世界を作るのは奇妙なことではありません。[3]信じがたいものを作るのは**欲求**です。[4]あなたの兄弟とのあなたの関係は、今やその欲求が除去された関係となりました。なぜなら、あなたの関係の目的は夢のそれから真実のそれへと変えられたからです。5あなたはこれこそが夢であるかもしれないと考えているために、確信がもてないでいます。6あなたは様々な夢の中から選択することにあまりにも慣れているために、遂に、真実とあらゆる幻想との間で選択したということが分かっていません。

9. しかしながら、「天国」は必ずやって来ます。2これは夢ではありません。3「天国」がやって来るということは、あなたが真実を選択したことを意味します。そして、「天国」がやって来たのは、あなたの特別な関係がその条件を満たすことをあなたが喜んで許してきたからです。4「聖霊」はあなたの関係の中に実在の世界をそっと置きました。それは幸せな夢の世界であり、そこから目を覚ますことは非常に簡単で、非常に自然です。5というのは、眠っているときに見る夢と目を覚ましているときに見る夢が、あなたのマインドの中にある同じ欲求を表しているのと同じように、実在の世界と「天国」の真実は「神の意志」において一緒になるからです。6目覚めるという夢は容易にその実在へと移動させることができます。7というのは、この夢は「神の意志」と一緒になったあなたの意志を反映しているからです。8そして、この「意志」が達成しようとしたことが達成されなかったことは一度もありません。

III. 夢の中の光

1. 真実を幻想にもたらし、実在を夢想にもたらすことに人生を費やしてきたあなたは、夢の道を歩んできました。2というのは、あなたは覚醒状態から睡眠状態に入り、更により深い眠りに入ってしまったからです。3一つ一つの夢が他の夢につながり、暗闇に光をもたらすように見えた夢想の一つ一つは、その暗闇を更に深くしただけでした。4あなたの目標はいかなる光線も入ることができない暗闇でした。5そして、あなたは完全な狂気の中で永遠に真実から隠れることができる完全な漆黒の闇を求めました。6あなたが忘れたことは、「神」が「ご自身」を破壊することは不可能であるというただそれだけのことでした。7その光はあなたの中にあります。8暗闇はそれを覆い隠すことはできますが、消すことはできません。

2. その光が近づいてくると、あなたは暗闇に向かって走り、真実から後ずさりし、時にはより小さな怖れへと、時にはより大きな怖れへと退却します。[2]しかし、あなたは前進するでしょう。なぜなら、あなたの目標は怖れから真実へと前進することだからです。[3]あなたが受け容れた目標は知識という目標であり、それに対する意欲をあなたは表明しました。[4]怖れは暗闇の中に住んでいるように見えます。そして、恐れているとき、あなたは後ろに下がりました。[5]そのようなわけですから、直ちに光の瞬間において一緒になりましょう。そうすれば、あなたの目標は光であることを思い出すのに十分です。

3. あなたが依頼したが故に、真実はあなたと会うために急いで駆けつけてきました。[2]あなたが選んだ道をあなたと一緒に歩いている「存在」を知ったならば、恐れることは不可能でしょう。[3]あなたは知りません。なぜなら、あなたが歩んできた暗闇への旅は長く過酷なものであり、あなたは暗闇の中に深く入ってしまったからです。[4]あなたの瞼は非常に長い間閉じられてきたために、ちょっと動かしただけでは非常に長い間軽蔑されてきた自分に対する自信を取り戻すには十分ではありません。[5]あなたは愛を憎みながら愛へと向かっています。そして、愛のあなたに対する価値判断を極度に恐れています。[6]そして、あなたは愛を恐れているのではなく、愛についてのあなたの解釈を恐れているだけであることに気づいていません。[7]あなたは愛の意味に向かって前進しており、あなたが愛の周りを囲わせてきたすべての幻想から離れつつあります。[8]あなたが幻想へと退却すると、怖れが増大します。というのは、それが意味するとあなたが考えるものは非常に恐ろしいということにはほとんど疑いがないからです。[9]しかしながら、確実にそして迅速に怖れを離れる旅をする私たちにとって、それがいったい何でしょうか。

4. 兄弟の手をつかんでいるあなたは私の手もつかんでいます。というのは、一緒になったとき、あなた方はあなた方だけではなかったからです。[2]あなたが私と一緒に去ることに同意した暗闇の中に、私があなたを置き去りにするとあなたは信じるでしょうか。[3]あなたの関係の中にこの世界の光があります。[4]そして、怖れは今、あなたの前で必ず姿を消すことになります。[5]あなたが兄弟に差し出した信頼という贈り物を奪い去りたいという誘惑に駆られてはなりません。[6]そうすれば、自分を怯えさせることに成功するだけでしょう。[7]その贈り物は永遠に与えられます。というのは、「神ご自身」がそれを受け取られたからです。[8]それを取り返すことはできません。[9]あなたは「神」を受け容れたのです。[10]あなたの関係の神聖性は「天国」において確立されています。[11]あなたは受け容れたものを理解していません。しかし、あなたの理解は必要ではないことを思い出してください。[12]必要だったのは、ただ理解したいという**欲求**だけでした。[13]その欲求は神聖でありたいという願望でした。[14]「神の意志」はあなたに与えられています。[15]というのは、あなたはあなたがもっていた唯一のものを望んでいるからであり、あるいは、あなたがかつてそうであった唯一のものを望んでいるからです。

5. 私たちが共に過ごす一瞬一瞬が、この目標が可能であることを教え、それに到達したいという願望を強化してくれるでしょう。[2]そして、その達成はあなたの願望に依拠しています。[3]あなたの願望は今や「聖霊の意志」のすべての力と完全に一致しています。[4]あなたが踏み出すどんなにささやかな歩みも、どんなにためらいがちな歩みも、あなたの願望を「聖霊の意志」と力から分離させることはできません。[5]あなたは兄弟の手をしっかりと握ることに同意しましたが、私もそれと同じくらいしっかりとあなたの手を握りましょう。[6]あなたが離れることはありません。というのは、私があなたと一緒に立ち、真実に向かって前進するあなたと一緒に歩くからです。[7]そして、私たちは目的地に「神」を一緒に運んでいくでしょう。

6. あなたの関係の中で、あなたは私と一緒に、暗闇の中に隠れていた「神の子」に「天国」をもたらしました。[2]あなたはその暗闇を意欲的に光のもとに連れてこようとしました。この意欲が暗闇の中に残ろうとする人すべてに強さを与えました。[3]見ようとする人たちはしっかりと見るでしょう。[4]そして、彼らは私と一緒に彼らの光を暗闇の中へと運び、その時、彼らの中にある暗闇は光に差し出され、永遠に除去されます。[5]私と一緒にあなたの関係の神聖な光の中に入ることが、私があなたに対して必要とすることですが、これは救いのためにあなたに必要なことでもあります。[6]あなたが私に与えてくれたものを、私があなたに与えないということがあるでしょうか。[7]というのは、あなたが兄弟と一緒になったとき、あなたは私に答えたからです。

7. 今や、救いをもたらす人であるあなたには、光を暗闇にもたらす機能があります。[2]あなたの中にある暗闇は光のもとへともたらされました。[3]あなたが暗闇を連れていった場所である神聖な瞬間から、暗闇を再び暗闇の中へと持ち帰ってください。[4]私たちは完全にしたいという願望において完全にされます。[5]時間のことは心配しないでください。というのは、あなたとあなたの兄弟が体験する怖れのすべては実際には過去のものだからです。[6]あなた方の別々な過去が妨げるであろうことを私たちが一緒に実践できるように、時間が再び調整されました。[7]あなた方は怖れを通り過ぎました。というのは、二つのマインドが一緒に愛を欲するならば、愛は必ずその二つのマインドと一緒になるからです。

8. 「天国」の光であなたと共に進み行かないものは一つとしてありません。[2]「神のマインド」の中で永遠に輝く光線で、あなたを照らさないものは一つとしてありません。[3]「天国」に向かってあなたが前進するとき、「天国」はあなたと一緒になります。[4]あなたの願望の小さな火花に「神ご自身」の力を与えるためにそのような偉大な光があなたと一緒になるとき、暗闇の中にとどまることがいったい可能でしょうか。[5]あなたとあなたの兄弟は、別々に歩んできた、どこにも導いてくれることのなかった長い無意味な旅を終えて家路についています。[6]あなた方は兄弟を発見しました。そして、お互いの道を光で照らし合います。[7]そして、この光から「偉大な光線」が後方の暗闇へと延長され、前方の「神」へと延長され、過去を光で追いやり、そうすることによって、「神」の永遠の「存在」のための場所を作ります。「神」の永遠の「存在」の中では、すべてのものが光の中で輝いています。

IV. ささやかな意欲

1. 神聖な瞬間は神聖であろうとするあなたの決意の結果です。[2]これこそが**答え**です。[3]神聖な瞬間を招来しようとする願望と意欲がその到来に先行します。[4]神聖な瞬間に対する準備は、他の何よりもそれを欲していることをどれだけ認識しているかに応じてなされます。[5]それ以上のことは必要ではありません。実際、それ以上のことはできないと気づくことが必要です。[6]「聖霊」が依頼していないものを「聖霊」に与えようとしないでください。さもなければ、あなたは「聖霊」にエゴを付加して両者を混同することになります。[7]「聖霊」が依頼するのはほんの僅かにすぎません。[8]偉大さと力を付加するのは「聖霊」です。[9]「聖霊」はあなたと一緒になって、神聖な瞬間をあなたが理解できるよりも遥かに偉大なものにします。[10]自分はほとんど何もする必要がないのだというあなたの気づきによって、「聖霊」が非常に多くのものを与えることが可能となります。

2. あなたの善意の意図を信頼しないでください。2善意だけでは十分ではありません。3しかし、他の何が入ってこようとも、あなたの意欲を暗黙のうちに信頼してください。4このことだけに集中し、様々な影がそれを取り囲んでいることに心を悩ませることはありません。5そのためにあなたはやって来たのです。6影をもたずにやって来ることが可能であれば、神聖な瞬間は必要ではありません。7神聖な瞬間の到来がもたらす状態を達成しなければならないと仮定して、傲慢な気持でその瞬間に来ようとしてはなりません。8神聖な瞬間の奇跡は、神聖な瞬間を神聖な瞬間のままにしておこうというあなたの意欲に依拠しています。9そして、このことに対するあなたの意欲に、本来あるべき自分に対するあなたの受容も依拠しています。

3. 謙虚さはあなたが矮小性に満足したままであることを決して求めることはありません。2しかし、謙虚さはあなたを源としない偉大さ以下のもので満足しないことを絶対に要求します。3神聖な瞬間に関するあなたの困難は、自分はそれに値しないという確固たる信念から生じます。4これはあなたが自分を作りたいように作るという決意以外の何ものでもありません。5「神」は「ご自分」の住む場所を「神」にふさわしくない場所としては創造されませんでした。6したがって、「神」はそこにいたいと意図される場所に入ることができないとあなたが信じるならば、あなたは「神の意志」を妨害しているに違いありません。7意欲の強さはあなたから来る必要はなく、「神の意志」から来る必要があるだけです。

4. 神聖な瞬間はあなたのささやかな意欲だけによってやって来ることはありません。2それは常に、あなたのささやかな意欲が「神の意志」の無限の力と結合して一体になった結果です。3あなたは「神」のために自分を準備する必要があると考えてきましたが、それは間違いです。4神聖性のために傲慢な準備をすれば、安らぎの条件を確立するのは自分に任されていると必ず信じることになります。5「神」が安らぎの条件を確立されました。6安らぎの条件が安らぎの条件であるために、あなたの意欲を待つことはありません。7安らぎの条件が何であるかをあなたに教えることを可能にするためにのみ、あなたの意欲が必要とされます。8あなたが自分はこれを学ぶに値しないと信じるならば、学び手を異なったものにしなければならないと信じることによって、そのレッスンを妨害していることになります。9あなたは学び手を作りませんでした。また、学び手を異なったものにすることもあなたにはできません。10最初に自分で奇跡を作り、それから、奇跡があなたのためになされることを期待したりするでしょうか。

5. あなたはただ質問をすれば良いのです。2その答えは与えられています。3答えようとはせずに、ただ、答えを与えられたままに受け取ってください。4神聖な瞬間に備えて準備するとき、それを受け取ることができるように自分自身を神聖なものにしようとしないでください。5それはあなたの役割を「神」の役割と混同するだけです。6「あがない」は最初にあがなわなければならないと考える人たちの所にはやって来ません。「あがない」のために道を開けるというただそれだけの意欲を「あがない」に差し出す人たちの所にだけやって来ます。7浄化は「神」にのみ発するものであり、したがって、あなたのためのものです。8「神」のために準備しようとするのではなく、次のように考えてみてください。

9「神」を宿らせる者である私は「神」に値します。

10私の中に住む場所を確立された「神」は、「ご自身」が望まれるようにそれを創造されました。

11私がこの場所を「神」のために準備する必要はなく、私には準備ができているという自覚を私に回復させる「神」の計画を妨害しないことだけが必要です。「神」に対して準備ができている私のあり方は永遠です。

12私は「神」の計画に何も付加する必要はありません。

13しかし、「神」の計画を受け取るためには、それを私自身の計画で代用する気持をもたないようにしなければなりません。

6. これですべてです。2これに何かを付加すれば、求められている僅かなものを取り去ることになるだけです。3あなたが罪悪感を作ったということ、そして、罪悪感から脱出するためのあなたの計画は、罪悪感に「あがない」をもたらし救いを怖れに満ちたものにすることだったということを思い出してください。4自分を愛に備えさせようとするならば、あなたが付加するのは怖れだけです。5神聖な瞬間に対する準備は、神聖な瞬間を与える「聖霊」に属します。6解放がその機能である「聖霊」に向かってあなた自身を解放してください。7「聖霊」に代わって「聖霊」の機能を引き受けないでください。8あなたの役割がいかに小さなものであり、「聖霊」の役割がいかに大きなものであるかを学ぶことができるように、「聖霊」が求めるものだけを「聖霊」に与えてください。

7. これこそが神聖な瞬間を非常に容易で、かつ、自然なものにします。2 あなたは神聖な瞬間を困難にしています。なぜなら、あなたは自分がする必要のあることがもっとあるに違いないと言い張るからです。3 非常に多くのものを受け取るためにほんの僅かしか与える必要がないという考えを受け容れるのは難しいとあなたは思います。4 そして、あなたの貢献と「聖霊」の貢献が極端なまでに不均衡であることはあなたを侮辱するものではないと気づくのは、あなたにとって非常に難しいことです。5 あなたの理解力は真実に対する強力な貢献であり、真実を真実にしているものであるとあなたはなおも確信しています。6 しかしながら、あなたは何も理解する必要はないと私たちは強調してきました。7 救いが容易であるのは、あなたが今現在与えることができないものを救いは求めないからです。

8. あなたにとって自然で容易であることのすべてを不可能なものにしたのはあなたの決断であったことを忘れないでください。2 神聖な瞬間はあなたにとって難しいものであると信じているとすれば、それはあなたが、何が可能であるかの決定者となったからであり、知っている「存在」にその地位を譲りたくないと思い続けているからです。3 奇跡の難易度に対する信念の中心にこれがあります。4「神」が意志として抱かれるもののすべては可能であるばかりではなく、既に起こっています。5 そして、過去が過ぎ去ってしまった理由はここにあります。6 過去は実在においては決して起こらなかったのです。7 過去が起こったと考えたあなたのマインドの中においてのみ、それを解除することが必要です。

V. 幸せな夢

1. 今こそ、決して存在しなかったものを解除するための準備をしてください。2 真実と幻想の違いを既に理解しているならば、「あがない」は何の意味ももたないでしょう。3 神聖な瞬間、神聖な関係、「聖霊」の教え、そして、救いを達成するための手段のすべてには何の目的もないことになります。4 というのは、これらのものは皆、あなたの怖れの夢を幸せな夢に変える計画の様々な側面にすぎないからです。幸せな夢からは簡単に知識へと目覚めることができます。5 この責任を自分で引き受けないでください。というのは、あなたには前進と退却の区別がつかないからです。6あなたは最もすばらしい前進を失敗と見なしたり、最悪の退却を成功と見なしたりしてきました。

2. すべての怖れや憎しみをマインドから取り除こうと努力した後で、神聖な瞬間に近づこうとしないでください。2それは他ならぬ神聖な瞬間の機能です。3「聖霊」の助けを依頼する前に、あなたの罪悪感を決して見過ごそうとしないでください。4それは他ならぬ「聖霊」の機能です。5あなたの役割は、「聖霊」にすべての怖れと憎しみを取り除いてもらい、ゆるしてもらうことへのささやかな意欲を「聖霊」に差し出すことだけです。6「聖霊」は「あがない」におけるあなたの役割を、「聖霊」の理解と一体になったあなたのささやかな信頼の上に築き、あなたがその役割を簡単に果たすことができることを確実にします。7そして、あなたは「聖霊」と共に、信頼のどっしりとした岩に足場をもち、「天国」の高みにまで届く梯子を築きます。8そして、あなたはその梯子を一人で「天国」に登るために用いることはしません。

3. 何千という人々が、あなたの神聖な関係を通じて、あなたが特に前もって準備したものではないすべての神聖な瞬間の中で生まれ変わり、祝福され、あなたと一緒に天国に昇るでしょう。2あなたにこれを計画することが可能でしょうか。3あるいはあなたはそのような機能に対して自分自身を準備させることが可能でしょうか。4しかしながら、それは可能です。なぜなら、「神」がそれを意志として抱かれるからです。5また、「神」はそれについて「マインド」を変えられることはありません。6その手段と目的は共に「神」に属しています。7あなたは、そのうちの一つは受け容れています。残りの一つは与えられるでしょう。8このような目的は手段なくしては考えることも不可能です。9「神」は「神」の目的を共有する人であれば、誰にでもその手段を提供されます。

4. 幸せな夢は実現しますが、それは幸せな夢が夢であるからではなく、幸せであるからです。2したがって、幸せな夢は必ず愛に満ちています。3幸せな夢のメッセージは、〝「神の意志」がなされますように〟であって、〝そうであって欲しくない〟ではありません。4手段と目的の一致はあなたにとっては理解不可能な企てです。5あなたは「聖霊」の目的を自分自身の目的として受け容れたことに気づいてさえいません。したがって、あなたは神聖でない手段を「聖霊」の目的の達成にもたらそうとするだけです。6目的を変えるのに必要だったささやかな信頼が、目的達成のための手段を受け取りかつ活用するのに必要なもののすべてです。

5. あなたの兄弟をあなた自身として愛するというのは夢ではありません。2 あなたの神聖な関係も夢ではありません。3 その中で夢として残っているのは神聖な関係が今も特別な関係であるということだけです。4 しかしながら、ここで特別な機能をもっている「聖霊」にとってそれは非常に有用です。5 特別な関係は幸せな夢となり、愛は幸せではなく怖れであると信じている数えられないほど多数の人々に、「聖霊」は喜びを広めることができるでしょう。6「聖霊」が特別な関係を受け容れることによってあなたの関係に与えた機能を「聖霊」が果たすことを許してください。そうすれば、「聖霊」があなたの関係を望むものにするために欠けているものは何もなくなるでしょう。

6. あなたの関係の神聖性が何かに脅かされていると感じたときは、直ちに立ち止まって、恐れながらも望んでいる神聖な瞬間とこの瞬間を「聖霊」に交換して欲しいという意欲を「聖霊」に差し出してください。2「聖霊」はそれに失敗することは決してありません。3 しかし、あなたの関係は一つであることを忘れないでください。したがって、一つの関係の安らぎを乱すものは何であれ、他の関係に対しても等しく脅威であるということになります。4 関係の祝福を結合する力は、今やあなたにとってもあなたの兄弟にとっても怖れを一人で体験することは不可能であり、怖れに一人で対処しようとすることも不可能であるという事実に依拠しています。5 これらのことが必要であると決して信じないでください。あるいは、可能であるとすら決して信じないでください。6 しかしながら、これらのことが不可能であるのとまったく同じように、神聖な瞬間があなた方のどちらかだけにやって来るということも同様に不可能です。7 そして、神聖な瞬間はあなた方のどちらかが要請すれば、二人の所にやって来ます。

7. 脅威が知覚されたときに、より正気である者が誰であれ、その人は相手に対する恩義がいかに深いものであるか、そして、どれほどの感謝の気持を彼に対して感じるべきかを思い出し、二人に幸せをもたらすことによってその借りを返すことができることを喜ぶべきです。2 相手の人にこのことを思い出してもらい、次のように言ってください。

3 私は、愛する兄弟と共有することができるように、私自身のためにこの神聖な瞬間を望みます。4 兄弟がいなければ私がそれをもつことは不可能であり、兄弟も私がいなければそれをもつことは不可能

です。

[5]しかしながら、それを今、共有することは完全に可能です。

[6]したがって、「聖霊」の祝福が私たちの所に降りてきて、私たちを共に安らぎの中に保ってくれるように、この瞬間を「聖霊」に差し出すべき瞬間として選択します。

VI. 肉体を超えて

1. あなたの外側には何も存在しません。[2]あなたが究極的に学ばなければならないのはこのことです。というのは、それは「天国」はあなたに復活しているという気づきだからです。[3]というのは、「神」が創造されたのは「天国」だけであり、「神」はそれを離れてはおらず、またそれは「神」ご自身」から分離されなかったからです。[4]「天国」は「神の子」の住む場所であり、「神の子」は「父」のもとを離れてはおらず、「神」から離れて住んでいるのではありません。[5]「天国」は場所でもなければ状態でもありません。[6]「天国」は単に完全な「一体性」の自覚であり、それ以外何も存在しないという知識です。すなわち、この「一体性」の外側には何もなく、内側にもそれ以外に何もないという知識です。

2. 「神」は「ご自身」についての知識以外に何をお与えになることができるでしょうか。[2]それ以外に与えるべきものがいったいあるでしょうか。[3]それ以外の何か、すなわち、自分自身の外側にある何かを与え、かつ、得ることができるという信念のために、あなたは「天国」とあなたの「帰属性」についての自覚という代価を払ってきました。[4]そして、あなた自身はまだ気づいていない奇妙なことをしてきました。[5]罪悪感をマインドから肉体へと置き換えたのです。[6]しかしながら、肉体が有罪であることは不可能です。というのは、肉体はそれ自体では何もできないからです。[7]自分の肉体を憎んでいると思っているあなたは、自分自身を欺いています。[8]あなたはあなたのマインドを憎んでいます。というのは、罪悪感がマインドの中に入ったからです。あなたのマインドはあなたの兄弟のマインドから分離したままでいようとしますが、それはできません。

3. マインドは結ばれていますが、肉体はそうではありません。[2]肉体の属性をマインドに帰することによってのみ、分離は可能であるように見えます。[3]そして、ばらばらに断片化され、私的で、一人きりに見えるのはマインドです。[4]マインドの罪悪感はマインドを分離した状態に保ち、肉体に投影され、肉体は苦しんで死亡します。なぜなら、肉体はマインドの中の分離を保持するために、そして、マインドにその「帰属性」を知らせないようにするために、攻撃されるからです。[5]マインドは攻撃することはできませんが、様々な夢想を作って、それらの夢想を肉体が演じるようにし向けることはできます。[6]しかしながら、満足をもたらすように見えるものが、肉体がすることであることは決してありません。[7]肉体がマインドの夢想を実際に演じているとマインドが信じなければ、マインドは肉体に対する罪悪感の投影を増大することによって肉体を攻撃します。

4. ここにおいて、マインドが妄想に惑わされていることは明らかです。[2]マインドは攻撃することはできません。しかし、攻撃できると言い張り、それを証明するために肉体を傷つける手段を利用します。[3]マインドは攻撃することはできませんが、自らを欺くことはできます。[4]肉体を攻撃したとマインドは信じても、自分自身を騙しているだけです。[5]マインドは罪悪感を投影することはできますが、投影によって罪悪感を失うことはありません。[6]そして、マインドが肉体の機能を誤って知覚することは明らかに可能ですが、「聖霊」が確立している機能を変えることはできません。[7]肉体は愛によって作られたのではありません。[8]しかしながら、愛は肉体に有罪判決を下すことはせず、愛を込めて肉体を活用することはできます。すなわち、「神の子」が作ったものを尊重し、「神の子」を幻想から助け出すために肉体を活用することはできます。

5. 分離の道具を救いの手段として再解釈し、愛の目的のために使われるようにしたいと思わないでしょうか。[2]復讐の夢想からの移行を歓迎し、支持し、夢想から解放されたいと思わないでしょうか。[3]肉体についてのあなたの知覚は明らかに病んでいる可能性がありますが、これを肉体に投影しないでください。[4]というのは、破壊的でないものを破壊的なものにしたいという願いはまったく何の効果ももたないからです。[5]「神」が創造されたものは、「神の意志」であるが故に、「神」がこうであれと望まれるものでしかありません。[6]あなたには「神の意志」を破壊的なものにすることはできません。[7]あなたの意志が「神の意志」とは相反すると夢想することはできますが、それ以上のことはできません。

6. 肉体を罪悪感の身代わりとして用いて、肉体の攻撃を指示し、あなたが肉体にして欲しいと願ったことに関して肉体を責めることは狂気です。[2]夢想を実演することは不可能です。[3]というのは、あなたが望むものはなおも夢想であり、夢想は肉体がすることとは何の関係もないからです。[4]肉体は夢想について夢見ることはせず、夢想は肉体が資産となり得るにもかかわらず負債にしてしまいます。[5]というのは、夢想があなたの肉体を、弱く、傷つきやすく、不誠実で、あなたが投資する憎しみに値する、あなたの〝敵〟にしたからです。[6]これはあなたのためにどのように役立ってきたでしょうか。[7]あなたは、憎んでいるこのもの、すなわち、復讐の道具であり、罪悪感の源であると知覚しているものに帰属意識を抱いてきました。[8]あなたは何の意味ももたないものに対してこれをなし、それは「神の子」が住む場所であると公言し、それを「神の子」にそむかせてきました。

7. これはあなたが作った「神」を宿らせるものです。[2]そして、「神」も「神」の最も神聖な「子」も、あなたが復讐と暴力と死の種を蒔いた、憎しみを宿す住居に入ることはできません。[3]あなたの罪悪感のために役立つようにとあなたが作ったこのものは、あなたと他のマインドとの間に介在します。[4]マインドは一つに結ばれていますが、あなたはそのマインドに帰属意識はもちません。[5]あなたは自分が分離された牢獄に閉じ込められ、追放され、接触不可能であり、外部から接触不可能であるだけでなく自らも接触をはかることはできない状態にあると考えています。[6]あなたは自分が作った牢獄を憎み、破壊したいと思っています。[7]しかし、この牢獄から脱出しようとはせず、この牢獄を破壊することもせず、この牢獄に関して罪悪感ももっていません。

8. しかしながら、**次のことを理解することによって**のみ、あなたの脱出は可能です。[2]復讐の家はあなたの家ではありません。憎しみを入れるためにあなたが取っておいた場所は牢獄ではなく、あなた自身についての幻想です。[3]肉体とはマインドの永遠の属性である普遍的なコミュニケーションに課せられた制限です。[4]しかし、コミュニケーションは内的なものです。[5]マインドはそれ自身に到達します。[6]マインドはお互いに行き交う様々な異なった部分から成っているのではありません。[7]マインドは外に出ていきません。[8]マインドはそれ自身の内部には何の制限もなく、外側には何もありません。[9]マインドはすべてのものを包み込みます。[10]マインドはあなたを完全に包み込みます。すなわち、あなたはマインドの中にいて、マインドはあなたの中にいます。11それ以外には、いかなる場所にも、いかなる時にも、何もありません。

9. 肉体はあなたの外側にありますが、あなたを取り囲み、あなたを他の人々から遮断し、あなたを他の人々から離し、他の人々をあなたから離しているように見えます。2肉体はそこにはありません。3「神」と「神の子」の間にはいかなる壁もなく、「神の子」が「神ご自身」から分離するということは幻想の中でしかあり得ません。4「神の子」はこれが彼の実在であると信じていますが、そうではありません。5しかしながら、仮に「神」が間違っておられたとすれば、その時はじめてこれは「神の子」の実在であり得るでしょう。6これを可能にするためには、「神」は異なった創造をしなければならなかったでしょう。そして、「ご自身」を「神の子」から分離しなければならなかったでしょう。7「神」は異なったものを創造しなければならなかったでしょうし、一部だけが愛である異なった実在の序列を創造しなければならなかったでしょう。8しかしながら、愛は永遠にそれ自身でなければならず、永遠に不変であり、永遠に選択肢なしでなければなりません。9したがって、愛はそのようなものです。10あなたは自分自身の周りに壁を築くことはできません。なぜなら、「神」は「ご自身」とあなたの間にいかなる壁も築かれなかったのですから。

10. あなたは手を伸ばせば「天国」に到達することができます。2あなたの手は兄弟の手とつながっていますが、肉体を超えて、しかし、自分自身の外側ではない場所で、共有する「帰属性」に一緒に到達し始めています。3この場所があなたの外側であるということはあり得ません。4「神」が存在しない場所ではあり得ません。5「神」は肉体でしょうか。そして、「神」は「ご自身」とは異なるあなたを創造されたでしょうか。しかも、「神」がいることができない場所としてあなたを創造されたでしょうか。6あなたは「神」によってだけ囲まれています。7「神」が包み込んでくださっているあなたに、いかなる制限があり得るでしょうか。

11. 誰でも自分自身を超えた場所へと運ばれたとでもいうべき感覚を体験したことがあります。2この解放感は、特別な関係の中で時として希求される自由の夢を遥かに超えたものです。3それは制限から実際に脱出したという感覚です。4この〝運搬〟によって実際に何が起きるのかを考えてみれば、それは肉体を突然自覚しなくなることであり、あなた自身が他の何かと一緒になり、マインドが拡大してそれを包み込むことであることに気づくでしょう。5それと一体になるとき、それはあなたの一部となります。6 そして、いずれも別なものとしては知覚されないために、二つのものが全体になります。7 実際に何が起こるかと言えば、あなたは制限された自覚の幻想を放棄し、結合に対する怖れを失くしたのです。8 直ちに怖れに取って代わる愛が、あなたを解放したものへと延長され、それと一体になります。9 そして、これが継続している間、あなたは自分の「帰属性」について確信をもち、その「帰属性」を制限しようとすることもありません。10 怖れを脱出して安らぎに至り、実在に関して何の問いも発することなく、ただそれを受け容れます。11 あなたは肉体の代わりにこれを受け容れ、マインドが肉体によって制限されることを許さないというただそれだけのことによって、自分が肉体を超えた何かと一つになることを許したのです。

12. これはあなたとあなたが一緒になるものとの間にあるように見える物理的な距離とは無関係に起こり得ます。あなた方の空間におけるそれぞれの位置とも無関係に、あなた方の大きさの違いや外見上の性質の違いとも無関係に起こり得ます。2 時間も無関係です。それは過去のことに関しても、現在のことに関しても、予測されることに関しても起こり得ます。3 その〝何か〟とはいかなるものでもある可能性があり、どんな場所においても起こり得ます。それは、一つの音、光景、思い、記憶、あるいは、特に具体的な何かと関係していない一般的な考えですらあるかもしれません。4 しかしながら、どの場合でもあなたはそれが大好きなために無条件でそれと一緒になり、それと一緒にいたいと思います。5 そういうわけで、様々な制限を取り払い、肉体が従っているすべての〝法則〟を一時停止してそっと脇に置き、それと会うために駆けつけます。

13. この脱出にはまったく何の暴力もありません。2 肉体が攻撃されることはなく、ただ適切に知覚されるだけです。3 肉体はあなたを制限しませんが、それはただあなたが肉体にそうさせないからです。4 実際に肉体から〝持ち上げられる〟のではありません。肉体はあなたを封じ込めておくことができないのです。5「自己」の感覚を失うのではなく、「自己」の感覚を獲得して、行きたいと思う所へ行きます。6 物理的な制限から解放されるこのような瞬間において、神聖な瞬間に起こることの多くを体験します。すなわち、時間と空間の壁が除去され、安らぎと喜びを突然体験し、とりわけ、肉体に対する自覚の欠如を体験し、こんなことがいったい可能だろうかという疑問の欠如を体験します。

14. それは可能です。なぜなら、あなたはそれを望むからです。[2]それに対するあなたの願望と共に起こる自覚の突然の拡大こそ、神聖な瞬間が保持する抵抗しがたい魅力です。[3]それはその安全な抱擁の中で、自分自身であれとあなたに呼びかけます。[4]そこではあなたをマインドの開放と自由へと歓迎するために制限の法則が取り払われます。[5]安らぎの中にありながら自分自身でいられるこの避難所に来てください。[6]破壊を通じてではなく、逃亡することによってではなく、ただ静かに溶け込むことによってここに来てください。[7]というのは、安らぎがそこであなたと一緒になるからです。その理由はただ、あなたが愛の上に置いた様々な制限を喜んで手放し、安らかであれという愛の優しい呼びかけに応じて、愛が存在し、愛が導いてくれた場所で、愛と一緒になったからです。

VII. 私は何もする必要はありません

1. あなたは強さの源としてまだ肉体を信頼しすぎています。[2]あなたが立てる計画で、何らかの形で肉体の安逸、肉体の保護、肉体の楽しみを伴わないものがあるでしょうか。[3]これによって、あなたの解釈では肉体は手段ではなく目的となり、このことは常に、あなたが未だに罪を魅力的なものと考えていることを意味しています。[4]未だに罪を自分の目標として受け容れている人は誰も、自分自身のために「あがない」を受け容れることはしません。[5]こうして、あなたは**一つ**の重大な責任を果たしていません。[6]「あがない」は苦痛と破壊を好む人々には歓迎されません。

2. あなたが一度も実践したことのないことが一つあります。あなたは肉体を完全に忘れたことがありません。[2]肉体は時としてあなたの視界から消えたことはあるかもしれませんが、まだ完全には姿を消してはいません。[3]一瞬間よりも長い間これが起きるようにすることをあなたは求められていません。しかし、「あがない」の奇跡が起こるのはまさにこの瞬間です。[4]その後で再び肉体を見ますが、決してまったく同じではありません。[5]そして、肉体についての自覚なしに過ごす一瞬一瞬が、肉体に戻ってくる度に肉体についての異なった見方を与えてくれます。

3. いかなる瞬間においても、肉体はまったく存在しません。[2]肉体は常に思い出されるか予測されるかであり、**今この瞬間**に体験されることは決してありません。[3]肉体の過去と未来だけが肉体を実在的なものに見せます。[4]時間が肉体を完全に支配しています。というのは、罪が完全に今にあるということは決してないからです。[5]いかなる瞬間においても、罪悪感の魅力は苦痛として体験され、それ以外のいかなるものとしても体験されることはなく、したがって、避けられることになります。[6]それは今という瞬間にはまったく何の魅力もありません。[7]罪悪感の魅力のすべては想像上のものであり、したがって、過去にあるものとして、あるいは、未来にあるものとして考えられることになります。

4. ほんの一瞬であれ、過去も未来も見ないという気持にならなければ、無条件に神聖な瞬間を受け容れることは不可能です。[2]神聖な瞬間の準備をすれば、神聖な瞬間を未来に置くことになります。[3]解放はあなたがそれを欲した瞬間に与えられます。[4]多くの人々が準備に一生を費やし、確かに、成功の瞬間を達成しました。[5]このコースは彼らが時間の中で学んだ以上のことを教えようとはしませんが、時間を節約することは目指しています。[6]あなたは受け容れた目標に向かって、非常に長い道を歩もうとしているかもしれません。[7]罪と戦うことによって「あがない」に到達するのはきわめて困難です。[8]憎まれ軽蔑されているものを神聖なものにしようとして、多大な努力が費やされています。[9]あるいはまた、肉体にとらわれないようにするために一生涯黙想することは必要ではなく、何度も長期間にわたって瞑想することも必要ではありません。[10]そのような試みはすべて最終的には成功しますが、成功の理由はその目的にあります。[11]しかしながら、その手段は退屈なものであり、非常に時間がかかるものです。というのは、そうした試みのすべては、現在における無価値感や不足感からの解放を未来に求めているからです。

5. あなたの方法は、目的においてではなく、手段において異なったものとなるでしょう。[2]神聖な関係は時間を節約するための一つの手段です。[3]兄弟と共に過ごした一瞬はあなた方二人に宇宙を復元してくれるでしょう。[4]あなたにはその準備ができています。[5]今あなたがしなければならないことは、何もする必要はないことを思い出すだけです。[6]何をすべきかと考えるよりも、今はただこのことにだけ集中したほうがずっと有益です。[7]誘惑と格闘し、罪に屈しまいと戦う人々に遂に安らぎが訪れるとき、黙想に熱中したマインドに遂に光が差し入るとき、目標が誰かによって達成されるとき、それは常に一つの幸せな気づきと共にやって来ます。〝**私は何もする必要はない**〟という気づきです。

6. ここに、誰もがいつか、それぞれのやり方で、それぞれの時間に見出すことになる究極的な解放があります。[2]あなたにはこの時間は必要ではありません。[3]あなたとあなたの兄弟は一緒であるが故に、時間はあなた方のために節約されました。[4]これはこのコースがあなたの時間を節約するために使っている特別な手段です。[5]他ならぬ**あなた**のために作られたものを無視して、他の人たちのためにしっかりと役立ってきた手段を使うと言い張るのであれば、あなたはこのコースを活用していないでしょう。[6]この一つの準備だけで私のために時間を節約してください。そして、他に何もしないということを実践してください。[7]〝私は何もする必要がない〟というのは忠誠心を表す言葉であり、揺るぎない忠節を表す言葉です。[8]ほんの一瞬の間これを信じてください。そうすれば、あなたは一世紀にわたる黙想や誘惑との格闘に対して与えられるよりも多くのことを達成するでしょう。

7. 何をするのにも肉体が必要です。[2]したがって、何もする必要はないと認識すれば、マインドから肉体の価値を引っ込めたことになります。[3]ここに何世紀にもわたる努力をするりと通り抜け、時間から素早く脱出できる開かれたドアがあります。[4]この方法によって罪が一瞬にしてすべての魅力を失います。[5]というのは、ここにおいて時間は否定され、過去も未来も存在しないからです。[6]何もする必要がない人間には時間は必要ではありません。[7]何もしないということは休息することであり、あなたの内部に肉体の活動が注意を要求することを停止する場所を作ることです。[8]この場所に「聖霊」が入り、そして、そこに住みます。[9]あなたが忘れ、肉体の活動が戻ってきてあなたのマインドの意識を占めるようになっても、「聖霊」はそこにとどまります。

8. しかしながら、あなたが戻ることができるこの休息の場所は常にそこにあります。[2]そして、あなたは荒れ狂う台風よりもこの静かな台風の目をより自覚することでしょう。[3]この静かな中心点は、そこではあなたは何もしないのですが、あなたと共にとどまり、従事しなければならないせわしない活動のまっただ中にあっても休息を与えてくれるでしょう。[4]というのは、この中心点から肉体を罪のない形で活用する方法についての指示が与えられるからです。[5]肉体が存在しないこの中心点こそ、肉体は存在しないというあなたの自覚を持続させてくれるものです。

VIII. 小さな庭

1. 愛を制限されたものに見せるのは肉体についての自覚だけです。[2]というのは、肉体はまさに愛に関する一つの制限だからです。[3]有限な愛に対する信念が肉体の起源でした。そして、肉体は無限なるものを制限するために作られました。[4]これを単に比喩的な話と考えないでください。というのは、肉体はあなたを制限するために作られたからです。[5]自分は肉体の中にいると見ているあなたが、自分が一つの考えであると知ることがいったい可能でしょうか。[6]あなたは、認識するもののすべてを外的なもの、すなわち、それ自身の外側にある何かに帰属すると見なします。[7]肉体をもたない「神」、あるいは、認識できると考える何らかの形をもたない「神」など考えることもできません。

2. 肉体には知ることはできません。[2]意識を肉体のちっぽけな感覚に制限している間は、あなたを取り囲んでいる偉大さを見ることはありません。[3]「神」は肉体の中に入ることはできず、あなたが肉体の中で「神」と一緒になることもできません。[4]愛に対する様々な制限は常に「神」を閉め出し、あなたを「神」から遠ざけるように見えるでしょう。[5]肉体は、栄光に満ちた完璧な考えのほんの僅かな部分を取り囲んでいるちっぽけなフェンスにすぎません。[6]肉体は、「天国」のごく小さな部分の周囲に限りなく小さな円を描き、その中にあなたの「王国」があると公言します。その小さな部分は「天国」の全体が砕け散った一つの部分です。その中に「神」が入ることはできません。

3. この王国の中ではエゴが支配者であり、残酷な方法で支配します。[2]そして、この小さな埃を防御するために、宇宙と戦うようにとエゴはあなたに命令します。[3]あなたのマインドのこの破片はマインドの本当に僅かな一部であるため、その全体さえ理解できたなら、それは太陽の一筋のかすかな光のようなものであり、大海原の海面に立つかすかな波紋のようなものであることが即座に分かります。[4]驚くべき傲慢さで、この小さな光線が自分は太陽であると決めたのです。このほとんど知覚不可能な波紋が自分は海であると自らを讃えているのです。[5]宇宙全体と自らを敵対させ、切り離しているこの矮小な考えが、この限りなく小さな幻想が、いかに孤独であり、いかに怯えているか考えてみてください。[6]太陽はその光線を飲み込むであろう〝敵〟となり、海はその小さな波紋を脅かし、それを飲み込もうとします。

4. しかしながら、太陽も海もこの奇妙で意味のない活動をまったく自覚すらしていません。[2]太陽も海も彼ら自身のごく小さな部分によって恐れられ、憎まれていることなど自覚することなく、ただ存在を継続します。[3]その部分ですら彼らにとっては失われたものではありません。というのは、それは彼らを離れては生き残ることはできないからです。[4]自分が何であるとそれが考えても、その存在を太陽や海に完全に依存しているという事実はいかなる意味においても変わることはありません。[5]その全存在はそれでも太陽や海の中にあり続けます。[6]太陽がなければ太陽光線は消えてしまいます。海なくしては海面の波紋は考えることも不可能です。

5. 肉体が居住する世界にいる人々が置かれているように見えるのはこのような奇妙な立場です。[2]それぞれの肉体は別々なマインド、すなわち、分断された思いを宿しているようであり、単独で生きており、それを創造した「思い」とはいかなる意味においてもつながっていないように見えます。[3]それぞれの小さな断片はそれだけで自己充足しているように見え、ある種の事柄に関しては他の断片を必要とはするものの、すべての事柄に関して自らの「創造主」に完全に依存するということは決してないように見えます。しかし、断片が自分自身に何らかの意味を与えるためには全体が必要です。というのは、断片はそれ自体では何も意味しないからです。[4]また、断片は全体から離れて単独ではいかなる生命ももつことはできません。

6. 太陽や海と同じように、あなたの「自己」はこの本当に小さな部分が自らをあなたと見なしていることなど気がつかずに存在を継続します。[2]それは行方不明になっているわけではありません。もしもそれが全体から分離しているならば存在不可能であり、それがなければ全体も完全ではありません。[3]それは他者から分離しているという考えによって支配された別な王国ではありません。[4]その周囲をフェンスが囲っていて、それが他者と一緒になることを妨げ、それを「創造主」から切り離しているということもありません。[5]この小さな側面は全体と異なることはなく、全体と連続しており、全体と一つです。[6]それは別な生命を営んでいるわけではありません。なぜなら、その生命は一体性であり、その一体性の中でその存在が創造されたからです。

7. この小さな、フェンスで囲われた側面を自分として受け容れないでください。[2]太陽も海もあなたに比べれば無のようなものです。[3]太陽光線は太陽の光の中にあってはじめて輝き、海の波紋は海面にあってはじめて踊ることができます。[4]しかし、太陽にも海にもあなたの中に宿る力はありません。[5]あなたはあなたの小さな王国の中で、情けない王様として、見渡す限りのものすべてを苦々しい思いで支配する人間のままでいたいでしょうか。そして、何も見えていないのにそれを死んでも防御したいと思うでしょうか。[6]この小さな自己はあなたの王国ではありません。[7]その上方高くアーチ状にそびえ、それを愛で取り囲んでいるのが栄光に満ちた全体であり、それがすべての部分にその幸せと深い満足とを差し出しているのです。[8]あなたが分離させたと考えているこの小さな側面も例外ではありません。

8. 愛は肉体を知らず、愛と同じように創造されたすべてのものに到達します。[2]制限の完全な欠如こそ愛の意味です。[3]愛は与えることにおいて完全に公平であり、与えるものを保ち完全にしておくだけの目的で包み込みます。[4]あなたの小さな王国ではあなたはほとんど何ももっていません。[5]とすれば、そこにこそ愛に入ってきてもらうように依頼すべきではないでしょうか。[6]あなたの小さな王国を構成する砂漠を見てください。それは乾燥し、何も生産することはできず、焼けただれ、喜びのない場所です。[7]この王国へ愛がもってくる生命と喜びに気づいてください。愛は自分が住む場所からやって来て、あなたと一緒にそこへ戻っていきます。

9. 「神の思い」があなたの小さな王国を取り囲み、中に入って不毛な地を光で照らすために、あなたが築いた壁の所で待っています。[2]生命が至るところに芽を出すその様子を見てください。[3]砂漠は緑が青々と茂る深く静かな庭となり、道に迷って砂埃の中をさまよう人々に休息を差し出します。[4]かつては砂漠であった場所に、彼らへの愛によって準備された避難所を提供してください。[5]そうすれば、あなたが歓迎する一人一人の人が「天国」からのあなたへの愛をもたらすことでしょう。[6]彼らはこの神聖な場所に一人ずつ入りますが、出発するときには来たときのように一人ではありません。[7]彼らがもたらした愛はあなたから離れることがないように、彼らからも離れることはありません。[8]そして、その恩恵のもとであなたの小さな庭は大きくなり、生命ある水を渇望しながらも疲れ果てて旅を続けることができないでいる人すべての所まで達することでしょう。

10. 外に出て彼らを見つけてください。というのは、彼らはあなたの「自己」を携えてくるからです。2 そして、彼らをあなたの庭へと優しく導き、そこで彼らの祝福を受け取ってください。3 こうしてあなたの庭は成長し、砂漠に広がっていき、愛を閉め出した孤独な小王国の中にあなたが閉じ込められたままにとどまることはなくなります。4 そして、あなたは自分を認識し、あなたの小さな庭が「創造主」のすべての「愛」の光に照らされて、「神の王国」へと静かに変容されるのを見ることでしょう。

11. 神聖な瞬間は、あなたの荒涼とした喜びのない王国に愛を招き入れ、それを安らぎと歓迎の庭に変えてくれるようにと依頼することです。2 愛の答えは不可避的です。3 愛はやって来ます。なぜなら、あなたは肉体なしでやって来て、その喜びの到来を妨害するためにいかなる壁も介在させなかったからです。4 神聖な瞬間においては、愛がすべての人に差し出すものだけを愛に求めます。それ以下でもなくそれ以上でもありません。5 すべてのものを求めれば、あなたはそれを受け取ることになります。6 そして、あなたが「天国」から隠そうとしてきた小さな側面を、あなたの光り輝く「自己」がまっすぐ「天国」まで持ち上げてくれるでしょう。7 愛のいかなる部分でも愛の全体に依頼すれば無駄に終わることはありません。8「神の子」は誰一人として「神の父性」の外側にとどまることはありません。

12. このことに確信をもってください。愛はあなたの特別な関係に既に入っています。あなたの不十分な要請にもかかわらず完全に入っています。2 あなたは愛がやって来たことを認識していません。なぜなら、兄弟に対してあなたがもっている壁のすべてをまだ手放していないからです。3 そして、あなたとあなたの兄弟は愛を別々に歓迎することはできません。4「神」があなたの兄弟抜きにあなたを知ることができないように、あなた一人では「神」を知ることはできません。5 しかし、あなたと兄弟が一緒であれば、愛を自覚しないでいることは不可能です。それは愛があなたを知ることができないことなど不可能であり、それ自身をあなたの中に認識できないことが不可能であるのと同じです。

13. あなたは古《いにしえ》の昔に始めた旅の終わりに到達しましたが、それが終わったことにまだ気づいていません。2 あなたはまだ疲労困憊の状態で、砂漠の埃が目を曇らせ、目が見えなくなっているようです。3 しかしながら、あなたが歓迎した「聖霊」があなたのもとに来ており、あなたを歓迎するでしょう。4「聖霊」はあなたにこれを与えるために長い間待っていました。[5]それを「聖霊」から受け取ってください。というのは、「聖霊」はあなたに「自分」を知って欲しいのです。[6]小さな埃の壁があなたとあなたの兄弟の間に立っているだけです。[7]幸せそうに笑いながらそれにそっと息を吹きかけてください。そうすれば、その壁は消えてなくなるでしょう。[8]それから、愛があなた方二人のために準備してくれた庭の中に歩いて入ってください。

IX. 二つの世界

1. あなたは暗闇を光へ、罪悪感を神聖性にもっていくようにと教えられました。[2]そしてまた、過ちはその源で修正されなければならないとも教えられました。[3]したがって、「聖霊」が必要としているのはあなた自身のごく小さな部分であり、分離してばらばらになっているように見える小さな思いです。[4]それ以外のものは完全に「神」のもとにあり、いかなる導きも必要ではありません。[5]しかしながら、以下に述べる途方もない妄想的な思いには助けが必要です。なぜなら、それは妄想の中で、自分は「神の子」であり、狂気による暴政を敷いて服従させ隷属させるために切り離した王国の、ただ一人の完全にして全能なる支配者であると思っているからです。[6]あなたが「天国」から盗んだと思っている小さな部分はこれです。[7]それを「天国」に返してください。[8]「天国」はそれを失ってはいませんが、あなたは「天国」を見失ってしまいました。[9]暗闇に囲まれ、攻撃によって守られ、憎しみによって強化されている色あせた王国から、「聖霊」の力でそれを取り除いてもらってください。その王国の中にあなたは盗んだものをしまっておいたのです。[10]そのバリケードの内部には、今でも「神の子」のごく小さな部分があります。それは完全にして神聖で、穏やかであり、あなたがそれを囲んでいると思っているものを自覚していません。

2. あなたは分離してはいません。というのは、それを取り囲んでいる「存在」があなたに結合をもたらし、暗闇というあなたのささやかな捧げ物を永遠の光へと返したからです。[2]これはどのようにしてなされるのでしょうか。[3]それは、この小さな王国の正体に基づいているためにきわめて単純です。[4]不毛の砂地、暗闇、生命の欠如は、肉体の目を通してのみ見られるものです。[5]その荒涼とした光景は歪んでおり、意識を制限するためにそれを作ったあなたにそれが伝えるメッセージは矮小で制限されており、非常に断片的であるために何の意味もありません。

3. 狂気によって作られた肉体の世界から、狂気のメッセージがその狂気を作ったマインドに返されてくるように見えます。2そして、これらのメッセージはこの世界に証言をもたらし、この世界が真実であると断言します。3というのは、これをあなたのもとに持ち帰ってくるようにとこれらのメッセンジャーをあなたが派遣したからです。4これらのメッセンジャーが伝えるものはすべてきわめて外的なものです。5表面下に横たわるものについて語るメッセージはまったくありません。というのは、これについて語ることができるのは肉体ではないからです。6肉体の目はそれを知覚しません。肉体の感覚はそれに関してはまったく無自覚のままです。肉体の舌にはそのメッセージを伝えることはできません。7しかしながら、「聖霊」があなたを見捨ててそこに置き去りにしないことを信じて、一見して恐ろしいものの中を「聖霊」に従っていく気持があれば、「神」はあなたをそこに連れていくことができます。8というのは、あなたを怯えさせるのは「聖霊」の目的ではなく、あなたの目的だけだからです。9あなたは怖れの外輪で「聖霊」を見捨てたいという強い誘惑に駆られますが、「聖霊」はあなたを導きその外輪を無事に通過させ、その遙か彼方まで連れていってくれるでしょう。

4. 怖れのサークルは肉体に見えるレベルのすぐ下に横たわっており、それがこの世界が拠って立つ土台のすべてであるように見えます。2ここに、幻想のすべて、歪んだ思いのすべて、狂気の攻撃のすべて、激怒、復讐、そして裏切りがあります。これらはすべて、罪悪感を適切な場所に保っておくために作られましたが、世界がそれから上昇しそれを隠しておくことができるように作られたのでした。3罪悪感の影は、その最も外的な顕現を暗闇の中に保ち、絶望と孤独をもたらしてそれを不幸にしておくに十分なだけ表面に浮上します。4しかしながら、その強烈さは重い覆いによって隠されており、罪悪感を隠しておくために作られたものからは引き離されています。5肉体にはこれを見ることはできません。というのは、肉体は罪悪感を守るためにこれから生じたからです。罪悪感を守るには罪悪感が見えないようにしておかなければならないのです。6肉体の目が罪悪感を注視することは絶対にありません。7しかしながら、肉体の目は罪悪感が命令するものを見ます。

5. 肉体は罪悪感のメッセンジャーであり続けるでしょう。そして、罪悪感は実在するとあなたが信じている限り、肉体は罪悪感が命令するままに行動するでしょう。2というのは、罪悪感の実在は肉体を重く、不透明で、貫通不可能で、エゴの思考体系の実在的な土台にしているように見える幻想だからです。[3]その薄さと透明性は、その背後にある光をあなたが見るまでは明らかでありません。[4]その時、それは光の前にある貧弱なヴェールであることがあなたにも見えるでしょう。

6. この重く見える壁、岩盤のように見える人工的な床は、太陽の前にあってどっしりとした壁のように見える、低くたれ込めた暗雲のようなものです。[2]貫通不可能に見えるその外見はまったくの幻想です。[3]それはそびえ立つ山頂に静かに道を開けており、山頂に登り太陽を見ようとする人を引き留める力はまったくありません。[4]それにはボタンが落ちるのを止める力もなく、一枚の羽毛を止めるだけの力もありません。[5]いかなるものもその上で安らぐことはできません。というのは、それは土台の幻想にすぎないからです。[6]触れようとすれば姿を消し、つかもうとしても手は虚空をつかむだけです。

7. しかしながら、この雲の層の中に世界全体が顕れるのを容易に見ることができます。[2]どっしりとした山並み、湖、町、そうしたもののすべてがあなたの想像力の中に現れ、雲の中からあなたの知覚のメッセンジャーが戻ってきて、それが確かにそこにあることを保証します。[3]人の姿がはっきりと見え、動き回り、その動きは本物に見え、様々な形のものが現れては美しいものからグロテスクなものへと変わります。[4]あなたに子どもの作り事のゲームを続ける気持がある間は、これらのものが行き来を繰り返します。[5]しかしながら、どんなに長い間そのゲームを続けようとも、どれほど多くの想像力をそれにもたらそうとも、それを下の世界と混同しないでください。それを実在的なものにしようとしないでください。

8. 罪悪感の雲についても同じであるべきであり、それは同様に貫通不可能ではなく、実質のあるものでもありません。[2]それを通り抜けていくときにぶつかって打撲傷を負うこともありません。[3]「ガイド」の導きでそれを通り過ぎていくとき、その非実質的な性質について「ガイド」に教えてもらってください。というのは、その下に光の世界があり、その世界に対してそれは影を落としてはいないからです。[4]その影はその向こうにある世界、光からはまだずっと離れた世界に落ちています。[5]しかしながら、その影が光に落ちることはできません。

9. この光の世界、この明るい光の輪の世界が実在の世界であり、罪悪感がゆるしと出合う場所です。[2]ここでは、外側の世界が新たなものとして見られ、いかなる罪悪感の影も落ちていないものとして見られます。3ここにおいて、あなたはゆるされます。というのは、ここであなたはすべての人をゆるしたからです。4ここには新しい知覚があり、すべてのものが罪のなさのために明るく輝き、ゆるしの水に洗われ、あなたが置いた邪悪な思いのすべてが浄められています。5ここには「神の子」に対する攻撃はなく、あなたは歓迎されます。6ここではあなたの罪のなさが、あなたに衣を着せ、あなたを守り、内側へと向かう旅の最後の一歩に向けてあなたを準備させるために待っています。7ここで、罪悪感の重い衣服は脇に置かれ、純粋さと愛によって静かに取って代わられます。

10. しかしながら、ゆるしですら最終目標ではありません。2ゆるしは確かに美しさを作りますが、創造はしません。3ゆるしは癒しの源ではありますが、愛のメッセンジャーであって、愛の「源」ではありません。4「神ご自身」が何ものにも妨げられることなく最後の一歩を歩むことができるように、あなたはここに導かれます。というのは、ここではいかなるものも愛を妨害することはなく、愛をそのままにしておくからです。5ゆるしのこの神聖な場所を超えたもう一歩は、すなわち、あなたには踏み出すことができない更に内面へと向かう一歩は、あなたをまったく異なった何かへと運びます。6ここには光の「源」があります。いかなるものも知覚されず、ゆるされず、変容されることもありません。7ただ、知られているだけです。

11. このコースは知識へとつながっています。しかし、知識そのものは私たちのカリキュラムの範囲を未だに超えたものです。2また、言葉を超越した所に永遠に横たわっていなければならないものについて、私たちが語ろうとする必要はありません。3私たちが思い出す必要があるのは、学びが超越できない実在の世界を達成する者は誰であれ実在の世界を超越するが、異なったやり方でそれをするだろうということだけです。4学びが終わる所において、「神」が始まります。というのは、学びは、「神」が始める場所において、また、終わりが存在しない場所において、完全である「神」の前で終わるからです。5達成不可能なことについてくよくよ考えるのは私たちのすべきことではありません。6学ぶべきことがありすぎます。7知識への準備がやはり達成されなければなりません。

12. 愛は学ばれるものではありません。2愛の意味は愛そのものの中に横たわっています。3愛でないもののすべてをあなたが認識したとき、学びは終わります。4愛でないものは妨害です。それを解除する必要があります。5愛は学ばれるものではありません。なぜなら、あなたが愛を知らなかった時というものは一度も存在しなかったからです。6学びはあなたの「創造主の御前」にあっては無用です。あなたに対する「創造主」の承認と、「創造主」に対するあなたの承認が、あらゆる学びを遥かに凌駕するために、あなたが学んだことのすべては無意味であり、愛の知識と愛の一つの意味によって永遠に取って代わられます。

13. あなたの兄弟とのあなたの関係は影の世界から根を引き抜かれ、その神聖でない目的は罪悪感の壁を無事に通過し、ゆるしによって洗い浄められ、輝きながら、光の世界にしっかりと固定し根づいています。2あなたの兄弟とあなたとの関係はその場所からそれが従ったコースをたどるようにとあなたに呼びかけます。すなわち、それは暗闇の頭上高くまで持ち上げられ、「天国」の門の前に静かに降ろされたのです。3あなたとあなたの兄弟が一緒になる神聖な瞬間は、ゆるしを超えた向こうに横たわっているすべてのものを思い出させるために、ゆるしを超えた所から派遣された愛のメッセンジャーに他なりません。4しかしながら、それはゆるしを通して思い出されます。

14. ゆるしの神聖な場所で、「神」の記憶があなたにやって来るとき、あなたはそれ以外のことは何も思い出さないでしょう。そして、記憶は学びと同じように無用になるでしょう。というのは、あなたの唯一の目的は創造することになるからです。2しかしながら、すべての知覚が清められ、浄化され、究極的には永遠に除去されるまでは、これを知ることはできません。3ゆるしは真実でないものを除去し、この世界から影を取り除き、その優しさの中で新しく明確な知覚の明るい世界へとこの世界を運んでいきます。4そこに、**今**、あなたの目的があります。5そして、そこで安らぎがあなたを待っています。

第19章　安らぎの達成

I. 癒しと信頼

1. 私たちは前に、状況が完全に真実に捧げられるとき、安らぎは不可避的であると言いました。2安らぎの達成は、献身の完全性を安全に仮定できる基準です。3しかしながら、私たちはまた、信頼がなければ安らぎが達成されることは決してないだろうとも言いました。というのは、唯一の目標として真実に捧げられるものは、信頼によって真実へともたらされるからです。4この信頼は関係するすべての人を包み込みます。というのは、こうすることによってのみ、その状況が意味深いものとして知覚され、また、一つの全体として知覚されるからです。5そして、すべての人がそれに含まれなければなりません。さもなければ、あなたの信頼は制限され、あなたの献身は不完全です。

2. すべての状況は、適切に知覚されるならば、「神の子」を癒すための機会になります。2そして、「神の子」は癒されています。なぜなら、あなたは彼に信頼を差し出し、彼を「聖霊」に委ね、あなたのエゴが彼に対して突きつけるすべての要求から彼を解放したからです。3こうして、あなたには彼が自由であることが見えます。そして、「聖霊」はこのヴィジョンを共有します。4そして、「聖霊」はそのヴィジョンを共有しているがために、ヴィジョンを与えたのです。したがって、「聖霊」はあなたを通して癒します。5この目的を実在的にするのは、一つになった目的において「聖霊」と一緒になることです。なぜなら、あなたがそれを完全にするからです。6そして、これこそが癒しです。7肉体は癒されています。なぜなら、あなたは肉体をもたずにやって来て、すべての癒しがその中に存在する「マインド」と一緒になったからです。

3. 肉体が癒されることはあり得ません。なぜなら、肉体は自らを病気にすることはできないからです。2肉体は癒しをまったく必要としません。3肉体の健康ないしは病気は、マインドが肉体をどう知覚するか、そしてまた、マインドが肉体をどのような目的に利用するかにすべてかかっています。4マインドの一部がそれ自身を「普遍的な目的」から分離していると見なす可能性があることは明らかです。

[5]これが起こるとき、肉体はその武器となり、分離が生じたという〝事実〟を実証するためにこの「目的」に対抗して使われます。[6]こうして、肉体は幻想の道具となり、それにふさわしい行動をとります。すなわち、そこにないものを見、真実が絶対に言わなかったことを聞き、狂気によって幽閉されているがために狂気の行動をとります。

4. 信頼の欠如はそのまままっすぐに幻想につながると私たちが前に言ったことを見過ごさないでください。[2]というのは、信頼の欠如は兄弟を肉体として知覚することであり、肉体を結合の目的に使うことは不可能だからです。[3]したがって、もしもあなたの兄弟を肉体と見なすならば、あなたは彼と結合することが不可能になる状態を確立したことになります。[4]兄弟に対するあなたの信頼の欠如はあなたを兄弟から分離し、あなた方が共に癒されることを妨げてきました。[5]あなたの信頼の欠如は、こうして、「聖霊」の目的に反抗し、肉体に焦点を絞った幻想をもたらし、その幻想をあなた方の間に介在させました。[6]そのために、肉体は病気であるように見えるでしょう。というのは、あなたは肉体を癒しの〝敵〟にしたからであり、真実と正反対のものにしたからです。

5. 信頼は信頼の欠如と正反対のものであるに違いないと気づくのが困難であるはずがありません。[2]しかしながら、それらの行動様式の違いは、それらの本質の基本的な違いから直接来ているにもかかわらず、それほど明らかではありません。[3]信頼の欠如は常に制限し攻撃します。信頼はすべての制限を除去し完全にします。[4]信頼の欠如は破壊し分離します。信頼は結合し癒します。[5]信頼の欠如は、「神の子」と彼の「創造主」の間に幻想をさしはさみます。信頼は、両者の間に生じるように見えるすべての障害物を除去します。[6]信頼の欠如は完全に幻想に献身し、信頼は完全に真実に献身します。[7]部分的な献身は不可能です。[8]真実とは幻想の不在であり、幻想とは真実の不在です。[9]両者が一緒にいることは不可能であり、同じ場所において知覚されることも不可能です。[10]この両者に献身することは、永遠に達成不可能な目標を設定することです。というのは、その目標の一部は、攻撃を通して実在を探し出すための手段と見なされている肉体を通じて探求されるからです。[11]別な部分は癒そうとします。したがって、肉体にではなくマインドに呼びかけます。

6. 不可避的な妥協は、肉体は癒されなければならないがマインドにはその必要はないという信念です。[2]というのは、この二分された目標は両者に等しい実在を与えたからです。そして、この等しい実在は、マインドが肉体に限定され、外見上は全体性をもちながらつながっていない小さな部分に分かれている場合にだけ可能となるものです。[3]これは肉体を傷つけることはありませんが、妄想的な思考体系をマインドの中に維持することになります。[4]したがって、癒しが必要とされているのはこの場所です。[5]そして、まさにここに癒しが存在します。[6]というのは、「神」は病気と無関係に癒しを与えられてはおらず、病気が存在し得ない場所に治療法を確立されてもいないからです。[7]それらのものは一緒です。そして、それらのものが一緒に見られるとき、真実と幻想を両者がいるべき場所であるマインドの中に保持しようとする試みのすべては、幻想に対する献身として認識されます。そして、それらの試みは、真実と直面させられたとき放棄され、いかなる点においてもいかなる形においても、真実とはまったく相容れないものであると見なされます。

7. 真実と幻想にはいかなるつながりもありません。[2]あなたがどんなに両者を結びつけようとしても、これは永遠に変わることのない真実です。[3]しかし、真実がそうであるように、幻想は常につながっています。[4]それぞれが結合されたものであり、一つの完全な思考体系ですが、お互いから完全に切り離されています。[5]そして、これを知覚することは分離がどこにあるかを認識することであり、どこで分離を癒す必要があるかを認識することです。[6]考えの結果が考えの源と別のものであることは決してありません。[7]分離という考えが肉体を生み出したのであり、この考えは肉体とつながりをもったままであり、マインドが肉体に帰属意識を抱いているが故に肉体を病気にします。[8]あなたはこのつながりを隠すことによって肉体を守っていると考えています。というのは、この隠蔽があなたの帰属性を真実の〝攻撃〟から守るように見えるからです。

8. この奇妙な隠蔽がどれほどあなたのマインドを傷つけ、そのためにあなた自身の帰属意識がどれほど混乱してしまったかをあなたが理解さえできたらと思います。[2]あなたの信頼の欠如がもたらした破壊がどれほど大きなものであるか、あなたには分かっていません。というのは、信頼の欠如は信頼の欠如の結果によって正当化されるように見える攻撃だからです。[3]というのは、信頼を差し控えることによって、あなたは信頼に値しないものを見ますが、あなたと一つに結ばれているものをその壁の向こうに見ることはできないからです。

9. 信頼することとは癒すことです。[2]それはあなたが自分自身のために「あがない」を受け容れたしるしであり、したがって、それを分かち合うであろうことのしるしです。3信頼によって、あなたは過去からの解放という贈り物を差し出します。この贈り物はあなたが受け取ったものです。4兄弟が以前にやったどんなことであれ、今、彼に有罪判決を下すためにそれを使うべきではありません。5彼の過ちを見過ごすことを自由に選択し、あなた自身と彼との間にあるすべての壁を見過ごして、両者を一つのものとして見てください。6そして、二人を一つのものと見ることにおいて、あなたの信頼は完全に正当化されます。7信頼の欠如を正当化する根拠はありませんが、信頼は常に正当化されます。

10. 信頼は怖れと正反対のものです。すなわち、信頼は、怖れが攻撃の一部であるのと同じように愛の一部です。2信頼は結合の承認です。3信頼は、すべての人は最も愛情深いあなたの「父の子」であり、あなたと同じように「神」によって愛され、したがって、あなたによってあなた自身として愛されているということに対する優雅な承認です。4あなたとあなたの兄弟を一緒にするのは「神の愛」です。そして、「神の愛」の故に、あなたは誰であれあなたの愛から分離させることはしません。5一人一人が罪悪感からの解放というあなたの目的において結ばれています。一人一人が、神聖な瞬間において知覚されるのと同じように知覚されます。6あなたは兄弟の中に「キリスト」を見ます。そして、彼は癒されます。なぜなら、あなたは信頼をすべての人において永遠に正当化するものを見ているからです。

11. 信頼は「神」の贈り物であり、「聖霊」を通して「神」があなたに与えられたものです。2信頼の欠如は「神の子」を見て、ゆるしに値しないと価値判断します。3しかし、信頼の目を通して見ると、「神の子」は既にゆるされていて、彼が自分に課した罪悪感のすべてから解放されているのが見えます。4信頼は今という瞬間においてだけ「神の子」を見ます。なぜなら、信頼は彼を価値判断するために過去を見ることはせず、あなたの中に見ようとするものだけを彼の中に見ようとするからです。5信頼は肉体の目を通して見ることはせず、また、その正当化のために肉体に頼ることもしません。6信頼は新しい知覚のメッセンジャーであり、新しい知覚が到来したことについての証人を集め、彼らのメッセージをあなたに返すために派遣されたのです。

12. 信頼は実在の世界と同じくらい簡単に知識と交換されま

す。2というのは、信頼は「聖霊」の知覚から生じるものであり、あなたが「聖霊」の知覚を共有しているしるしだからです。3信頼はあなたが「聖霊」を通して「神の子」に差し出す贈り物であり、「聖霊」にとってそうであるように、「神の子」の「父」にとっても完全に意に叶ったものです。4したがって、信頼はあなたに対して差し出されます。5新しい目的をもったあなたの神聖な関係は、兄弟に与えるための信頼をあなたに差し出します。6あなたの信頼の欠如は、あなたとあなたの兄弟をばらばらにしてしまいました。したがって、あなたは兄弟の中に救いを認識しません。7しかしながら、信頼はあなたが見る神聖さの中においてあなた方を一体にします。肉体の目を通してではなく、あなた方を一緒にした「聖霊」において、そして、あなた方がその存在の中で一体となっている「聖霊」の目を通して、これがなされます。

13. 恩寵は肉体にではなくマインドに与えられます。2そして、恩寵を受け取るマインドは直ちに肉体の向こうを見て、マインドが癒された神聖な場所を見ます。3恩寵が与えられた場所に祭壇があり、その中に恩寵が立っています。4そこで、あなたはあなたの兄弟に恩寵と祝福を差し出します。というのは、あなた方は恩寵が二人のために捧げられている同じ祭壇に立っているからです。5そして、あなたが信頼を通して癒す人となるように、恩寵によってあなた方は共に癒されるでしょう。

14. 神聖な瞬間に、あなたとあなたの兄弟は、「神」が「ご自身」とあなた方二人のために建てられた祭壇の前に立ちます。2信頼の欠如は横に置いて、一緒にこの祭壇に来てください。3そこであなたは信頼を通して再び作られたあなたの関係の奇跡を見るでしょう。4そして、そこにおいて信頼がゆるすことができないものは何もないことに気づくでしょう。5いかなる過ちも信頼の穏やかな視力を妨害することはなく、その視力はまったく等しい容易さでそれらすべてに対して癒しの奇跡をもたらします。6というのは、愛のメッセンジャーは達成するために派遣されてきたことを達成し、彼らが派遣されてきた場所である祭壇の前に一緒に立っているあなたとあなたの兄弟に、奇跡がなされたという喜ばしいニュースを伝えるからです。

15. 信頼の欠如があなたの小さな王国を不毛で分離した状態に保つのと同様に、信頼は「聖霊」を助けて土地を耕し、その土地を最も神聖な庭にする手伝いをします。2というのは、信頼は安らぎをもたらし、それ故に、真実に入るように呼びかけ、美しさのために既に準備されたものを美しくするようにと呼びかけるからです。[3]真実は信頼と安らぎの後に続き、信頼と安らぎが開始する美を作る過程を完了します。[4]というのは、信頼は未だに学びの目標の一つであり、そのレッスンを学び終えれば必要なくなるからです。[5]しかしながら、真実は永遠にとどまります。

16. したがって、あなたの献身は永遠なるものに向けてください。そして、永遠なるものを妨害せず、永遠なるものを時間の奴隷にしないようにするための方法を学んでください。[2]というのは、あなたが永遠なるものに対してすると考えることは、他ならぬ自分自身に対してすることだからです。[3]「神」が「神の子」として創造されたものは、いかなるものに対しても奴隷であることはなく、「創造主」と共にすべてのものを支配する王です。[4]肉体を隷属化することはできますが、考えは自由であり、それを考えたマインドがそうしなければ幽閉することは不可能であり、いかなる形であれ制限することも不可能です。[5]というのは、考えはその源と一緒であり続けるからです。そして、その源は考えがそれ自身の目的としていずれを選ぶかによって、看守ともなれば解放者ともなります。

II. 罪と過ち

1. 過ちを罪と混同しないことが不可欠です。そして、救いを可能にするのはこの区別です。[2]というのは、過ちを修正することは可能であり、誤ったことを正すことは可能だからです。[3]しかしながら、罪は、もしも罪が可能であるならばですが、解除することは不可能です。[4]罪に対する信念は、肉体は攻撃できないがマインドは攻撃できるという確固たる信念に必ず基づいています。[5]こうして、マインドは有罪となり、そのマインドの一部ではなく別なマインドがそれに赦免を与えるまでは永遠に有罪のままです。[6]過ちが修正を要求するのと同じように、罪は罰を要求します。そして、罰は修正であるという信念は明らかに狂気です。

2. 罪は過ちではありません。というのは、罪には過ちという考えにはない傲慢さが伴うからです。[2]罪を犯すということは実在を冒瀆することであり、それに成功することです。[3]罪は、攻撃は実在的であり、したがって罪悪感は正当化されるという宣言です。[4]それは「神の子」が有罪であり、したがって、自らの罪のなさを失うことに成功し、自分自身を「神」が創造されたものではないものにすることに成功したと仮定します。[5]かくして、創造は永遠でないものと見なされ、「神の意志」は抵抗と敗北を免れないものと見なされます。[6]罪はエゴのもったいぶった仰々しさのすべての根底に横たわる壮大な幻想です。[7]というのは、それによって「神ご自身」が変えられ、無力なものにされるからです。

3. 「神の子」が過ちを犯すことはあり得ます。「神の子」が自分自身を欺くことはあり得ます。「神の子」が自分のマインドの力を自分自身と対抗させることもあり得ます。[2]しかし、「神の子」が罪を犯すことは不可能です。[3]「神の子」にできることで彼の実在をいかなる形であれ本当に変えることができるものは何もなく、彼を本当に有罪にできるものは何もありません。[4]罪がしようとするのはそれです。というのは、それが罪の目的だからです。[5]しかしながら、罪という考えそのものに内在する途方もない狂気にもかかわらず、罪は不可能です。[6]というのは、罪への報酬は死だからです。不滅なるものがいったいどうして死ぬことができるでしょうか。

4. エゴの狂気の宗教における主要な教義は、罪は過ちではなく真実であるということであり、欺こうとするのは罪のなさであるというものです。[2]純粋性は傲慢と見なされ、自己を罪深いものとして受け容れることが神聖なことであると知覚されます。[3]そして、この教条が「父」が創造された「神の子」の実在に取って代わり、永遠に存在するようにと「父」が意図された「神の子」の実在に取って代わります。[4]これは謙遜でしょうか。[5]それとも、真実から創造をもぎ取り、それを分離させておこうとする試みでしょうか。

5. 罪を過ちとして再解釈しようとする試みはいかなるものであれ、エゴにとっては常に弁護不可能なものです。[2]罪という考えはエゴの思考体系にとっては完全に神聖で犯すべからざるものであり、尊敬と畏敬の念をもってはじめて近づくことができるものです。[3]それはエゴのシステムにおいて最も〝神聖な〟ものです。美しく、力強く、完全に真実であり、エゴに入手可能なすべての防御を用いて守る必要があるものです。[4]というのは、ここにエゴの〝最高の〟防御があり、他のすべての防御がこれに奉仕するからです。[5]ここにエゴの鎧があり、エゴの守りがあり、エゴの解釈における特別な関係の基本的な目的があります。

6. エゴは世界を罪の上に築いたと言っても過言ではありま

せん。2そのような世界においてのみ、すべてのものが逆さまであり得ます。3これが罪悪感の雲を重いものに見せ、貫通できないものに見せている奇妙な幻想です。4この世界の土台がもっているように思われる堅固さはこの中に見出されます。5というのは、罪が「神」の考えに発する創造をエゴが欲する理想へと変えてしまったからです。すなわち、肉体から成り、マインドはなく、完全な腐敗と衰退が可能な、エゴが支配する世界へと変えてしまったからです。6これが間違いであれば、真実によって簡単に解除することができます。7真実に判断を委ねるならば、いかなる間違いであれ修正可能です。8しかし、間違いに真実の地位が与えられるならば、それを何の判断に委ねることができるでしょうか。9罪の〝神聖性〟は以下に述べる奇妙なしかけによってしかるべき場所に置かれています。10真実としての罪は犯されることなく、すべてのものが裁きを受けるためにその前に連れていかれます。11間違いとしての罪は、真実の前に連れていかれなければなりません。12罪を信頼することは不可能です。というのは、罪は信頼の欠如だからです。13しかしながら、間違いは修正可能であるという信頼を抱くことは可能です。

7. 戦闘態勢をとったエゴのすべての城塞の中で、罪は実在するという考えよりもがっちりと防御されている石はありません。それが「神の子」が自分自身をそうであるとして作ったものの自然な表現であり、「神の子」の本質の自然な表現です。2エゴにとってこれは間違いではありません。3というのは、これがエゴの実在であり、脱出は常に不可能な〝真実〟だからです。4これが「神の子」の過去であり、現在であり、未来です。5というのは、彼はともかくも彼の「父」を堕落させ、「神のマインド」を完全に変えることに成功したからです。6とするならば、「神」の死を嘆くべきです。罪が「神」を殺してしまったのです。7そして、これこそがエゴの望むところであり、狂気の中にあってエゴはそれを達成したと信じています。

8. あなたとしては、これは間違い以外の何ものでもなく、完全に修正可能であり、そこから脱出することはきわめて容易であるために、その修正は霧の中を通り抜けて太陽の中へと歩いていくようなものであって欲しいのではないでしょうか。2というのは、まさにすべてその通りだからです。3あなたはひょっとしたら、間違っているよりも罪深いほうがずっとましであるというエゴの意見に賛成したいという誘惑に駆られるかもしれません。4しかし、自分にこの選択をすることを許す前に注意深く考えてください。

5それに軽々しく近づいてはなりません。というのは、それは地獄か「天国」かの選択だからです。

III. 罪の非実在性

1. 罪悪感の魅力は過ちの中にではなく、罪の中に見出されます。2罪はこの魅力の故に繰り返されるでしょう。3怖れは非常に深刻なものになり得るために、罪は実行を拒まれます。4しかし、罪悪感が魅力的である間は、マインドは苦しみ、罪の考えを手放すことはありません。5というのは、罪悪感はなおも罪に呼びかけ、マインドがそれを聞き、それを切望し、自ら進んでその病んだ訴えの捕虜になるからです。6罪は修正不可能な邪悪な考えですが、永遠に望ましいものです。7エゴがあなたの本質と見なすものの一部として、あなたは常にそれを欲するでしょう。8そして、あなた自身のマインドとは異なったマインドをもった復讐者だけが、怖れを通じてそれを粉砕することができます。

2. エゴは、怖れではなく、罪に依頼された愛が**必ず依頼に応じる**ことができるとは考えません。2というのは、エゴは罪を怖れにもっていき、罰を要求するからです。3しかしながら、罰は罪悪感を守るもう一つの形にすぎません。というのは、あるものが罰に値するとすれば、それは実際に犯されたに違いないからです。4罰は常に罪の偉大な守護者であり、尊敬の念をもって罪を扱い、罪の大きさを尊重します。5罰せられなければならないものは真実であるに違いありません。6そして、真実であるものは永遠でなければならず、果てしなく繰り返されなければなりません。7というのは、あなたが実在すると考えることをあなたは欲し、それを手放さないからです。

3. 一方、過ちは魅力的ではありません。2明らかに間違いであると見えるものであれば、あなたは修正したいと思います。3時として、罪が何度も何度も繰り返され、明らかに苦しい結果をもたらすにもかかわらず、その魅力を失うことがないということがあります。4そして、突然、あなたはその地位を罪から間違いへと変更します。5すると、あなたはそれを繰り返すことはありません。罪悪感が残っていなければ、ただそれをやめ、手放すだけです。6というのは、その時、あなたはそれが過ちであったことを認め、しかし、それを修正不可能なままにしておきながら、罪の形を変えるだけだからです。7これは本当のところは知覚の変化ではありません。というのは、罰を要求するのは罪であって、過ちではないからです。

4.「聖霊」には罪を罰することはできません。2間違いであれば「聖霊」は認識し、「神」に委託されたが故にそれをすべて修正するでしょう。3しかし、罪については「聖霊」は知らず、修正不可能な間違いを認識することもできません。4というのは、修正不可能な間違いは「聖霊」にとっては意味がないからです。5間違いは修正されるべきものであり、間違いはそれ以外の何も要求しません。6罰を要求するものは無を要求しているに違いありません。7間違いはすべて、愛を求める呼び声であるに違いありません。8とすれば、罪とは何でしょうか。9それはあなたが隠しておこうとする間違い以外の何ものでもないのではないでしょうか。すなわち、あなたが聞こえない状態に保ち、そうすることによって答えられない状態にしておこうとする、助けを求める呼び声なのではないでしょうか。

5.時間の中において、「聖霊」は「神の子」が間違いを犯し得るということをはっきりと見ます。2これに関してはあなたも「聖霊」のヴィジョンを共有します。3しかしながら、あなたは時間と永遠の違いについての「聖霊」の認識は共有していません。4そして、修正が完了したとき、時間は永遠になります。5「聖霊」は時間を異なった目で見て、時間の向こうを見る方法をあなたに教えることができますが、あなたが罪を信じている間はそうすることはできません。6あなたが信じているものが過ちであるならばそれは可能です。というのは、これはマインドによって修正可能だからです。7しかし、罪は、知覚は変更不可能であるという信念であり、マインドは知覚を通じて告げられるものを真実であるとして受け容れなければならないという信念です。8マインドがそれに従わなければ、狂気であると裁かれます。9こうして、知覚を変えることが可能な唯一の力は、マインドと一つであるマインドの「教師」がもたらしてくれる知覚の変更に対する怖れのために、肉体に抱きしめられて無力にされます。

6.罪は実在すると信じたい誘惑に駆られたときは、次のことを思い出してください。もしも罪が実在するならば、「神」もあなたも共に実在しないことになります。2創造が延長であるとすれば、「創造主」は「ご自身」を延長されたに違いなく、「創造主」の一部であるものが「創造主」の他の部分とまったく似ていないということはあり得ません。3もしも罪が実在するならば、「神」は「ご自身」と交戦状態ということになります。4「神」は善と悪に分裂し、善と悪の間で引き裂かれ、部分的に正気で部分的に狂気であるということになります。[5]というのは、「神」は「神」を破壊する意志をもち、そうする力をもったものを創造したに違いないからです。[6]これを信じるよりも、あなたが間違っていると信じることのほうが易しいのではないでしょうか。

7. あなたの実在とあなたの兄弟の実在が肉体によって制限されていると信じている間は、あなたは罪を信じるでしょう。[2]肉体は結合することができると信じている間は、罪に魅力を感じ、罪は大切であると信じるでしょう。[3]というのは、肉体はマインドを制限するという信念は、分離の証拠が至るところにあるように見える世界の知覚につながるからです。[4]そして、「神」と「神」の創造物はばらばらに分裂し、破壊されてしまったかのように見えます。[5]というのは、罪は、「神」が神聖なものとして創造されたものが罪に打ち勝つことはできず、罪の力の前にあっては本来の姿にとどまることはできないことを証明するからです。[6]罪は「神」よりも強力なものとして知覚され、その前にあっては「神ご自身」も頭を下げなければならず、「ご自身」の創造物をその征服者に差し出さなければなりません。[7]これは謙遜でしょうか。それとも、狂気でしょうか。

8. もしも罪が実在するならば、罪は永遠に癒される望みはないことになります。[2]というのは、「神」の力を超えた力が存在することになり、その力は「神の意志」を攻撃し、それに打ち勝つことができる別な意志を作ることができることになるからです。そして、その意志は「神の意志」から離れ、「神の意志」よりも強い意志を「神の子」に与えることになります。[3]そして、ばらばらに分断された「神」の創造物のそれぞれの部分が異なった意志をもち、「神の意志」と対立し、「神」およびお互いに対して永遠に対立することになります。[4]あなたの神聖な関係は今やその目的として、これが不可能であることを証明することを目標にしています。[5]「天国」が罪に微笑みかけ、罪に対する信念はその愛の微笑みの中で根こそぎにされました。[6]あなたにはまだ罪が見えます。なぜなら、その土台がなくなってしまったことに気づいていないからです。[7]源は取り除かれたために、罪を慈しむことができるのはそれが消えてなくなるまでの僅かな時間だけです。[8]罪を探す習慣だけがまだ残っています。

9. しかし、あなたは「天国」の微笑みを唇にたたえ、「天国」の祝福を目に浮かべて見ます。[2]あなたはこれから長い間にわたって罪を見ることはありません。[3]というのは、この新しい知覚においては、罪が見えるように思われたときにはマインドがそれを修正し、罪は見えなくなるからです。[4]過ちは直ちに認識され、隠されることなく直ちに修正され、癒されます。[5]兄弟を支配する力を罪に与えることをやめた瞬間に、あなたは罪から癒され、罪がもたらしたすべての惨禍から癒されるでしょう。[6]そして、喜びながら罪に対する信念から兄弟を解放することによって、兄弟が間違いを克服するのを手助けするでしょう。

10. 神聖な瞬間において、「天国」の微笑みがあなたとあなたの兄弟を明るく照らすのをあなたは見るでしょう。[2]そして、あなたは与えられた恩寵を喜びの中で承認しながら、兄弟を明るく照らすでしょう。[3]というのは、罪は「天国」が微笑みかける結合に打ち勝つことはないからです。[4]あなたの知覚は「天国」があなたに与えた神聖な瞬間において癒されました。[5]これまで見たものを忘れ、信頼の気持をもって今見ることができるものを見上げてください。[6]あなたの神聖な視力の前で「天国」の障壁は姿を消すでしょう。というのは、視力がなかったあなたがヴィジョンを与えられ、今や見えるようになったからです。[7]取り除かれたものを探そうとはせずに、あなたに見えるようにと回復された栄光を探してください。

11. あなたの「救い主」を見つめ、「救い主」があなたの兄弟の中に見せてくれるものを見つめてください。そして、罪が再び浮上してあなたの目を見えなくすることを許さないでください。[2]というのは、罪はあなたを兄弟から分離させようとしますが、あなたの「救い主」は兄弟をあなた自身として見させるからです。[3]あなたの関係は今や癒しの神殿です。すなわち、疲れ果てた人々が皆やって来て、休息することができる場所です。[4]ここに、旅の終わりにすべての人を待っている休息があります。[5]そして、それはあなたの関係によってすべての人の近くへともたらされます。

IV. 安らぎへの障害

1. 安らぎがあなた自身の奥深い所から延長されて「神の子のすべて」を抱擁し、休息を与えようとするとき、数多くの障害に遭遇します。[2]それらの障害の中にはあなたが課そうとするものもあります。[3]中には他の場所からやって来るように見えるものもあるでしょう。たとえば、あなたの兄弟、あるいは、外部世界の様々な側面からやって来るように見えるものもあるでしょう。4しかしながら、安らぎが優しくそれらの障害を覆い、何ものにも妨げられることなく延長されていくでしょう。5他の人々を優しく招じ入れるために、「聖霊」の目的をあなたの関係から他の人々に延長することによって、「聖霊」は手段と目標を一致させます。6あなたとあなたの兄弟の奥深い所に「聖霊」が横たえた安らぎは、あなたの人生のあらゆる側面にまで延長され、あなたとあなたの兄弟を輝く幸せで取り囲み、完壁に守られているという静かな自覚で取り囲むでしょう。7そして、あなたは愛と安全と自由のそのメッセージを、癒しが待っているあなたの神殿の近くに引き寄せられるようにやって来るすべての人に伝えるでしょう。8あなたは待つことをせずに、すかさずこれを兄弟に与えるでしょう。というのは、あなたは兄弟に呼びかけ、兄弟はあなたの呼びかけの中に「神への呼びかけ」を認識してあなたに応えるからです。9そして、あなたは兄弟を呼び寄せ、あなたが与えられたのと同じように休息を与えるでしょう。

2. こうしたことのすべてをあなたはするでしょう。2しかし、奥深い所に既に横たわっている安らぎがまず拡大して、あなたが安らぎの前に置いた障害物を越えて流れていかなければなりません。3あなたはこれをするでしょう。というのは、「聖霊」と共に着手することで達成されないままに終わるものはないからです。4あなたの外側に見えるものについては確信をもつことは絶対に不可能ですが、これについては確信をもって良いでしょう。すなわち、「聖霊」は、あなたが「聖霊」の中で休息できる場所を「聖霊」に差し出すように求めているということです。5「聖霊」はあなたの要望に応じて、あなたの関係の中に入りました。6あなたは「聖霊」のこの慈悲に報いて、「聖霊」と一緒に関係の中に入りたいと思わないでしょうか。7というのは、あなたの関係に神聖性という贈り物を差し出したのは「聖霊」であり、それがなければ、あなたの兄弟をありがたい存在であると評価することは永遠に不可能だったからです。

3. あなたが「聖霊」に対して負っている感謝を「聖霊」は求めますが、「彼」に代わってあなたがそれを受け取ることを求めるだけです。2そして、優しい慈悲をもってあなたの兄弟を見つめるとき、あなたは「聖霊」を見つめています。3というのは、あなたは「聖霊」がいる場所を見ているからであり、「聖霊」から離れた場所を見ているのではないからです。4あなたには「聖霊」を見ることはできませんが、兄弟を真の意味で見ることはできます。5そして、彼らの中にある光が、見る必要のあることのすべてを見せてくれます。6 あなたの中にある安らぎが延長されてすべての人を包み込んだとき、ここでの「聖霊」の機能は達成されたことになります。7 とすれば、見る必要性がいったいあるのでしょうか。8「神ご自身」が最後の一歩を歩まれるとき、「聖霊」はあなたが「聖霊」に差し出したすべての謝意と感謝を集めて、「神」の最も神聖な「子の名」において「聖霊」の「創造主」の前に優しく横たえるでしょう。9 そして、「父」は最も神聖な「子の名」においてそれらを受け取られるでしょう。10「神」の感謝を前にして、見る必要性がいったいあるでしょうか。

A. 最初の障害：安らぎを除去したいという願望

1. 安らぎが乗り越えて流れていかなければならない最初の障害は、安らぎを除去したいという願望です。2 というのは、あなたが安らぎを保たなければ安らぎは延長できないからです。3 あなたが中心であり、その中心点から安らぎは放射状に広がって他の人々を呼び込みます。4 あなたは安らぎの家であり、安らぎの静かな住処であり、そこから安らぎは優しく外に広がっていきますが、決してあなたを離れることはありません。5 あなたが安らぎをホームレスにしたならば、安らぎが「神の子」の中に住むことはできません。6 安らぎが創造物全体に広がっていくためには、まずあなたから始まらなければなりません。そして、安らぎはあなたから出て、安らぎを求めて呼びかけるすべての人の所に到達し、彼らはあなたと一緒になることによって休息をもたらされます。

2. あなたはなぜ安らぎをホームレスにしたいと望むのでしょうか。2 安らぎが一緒に住むことになれば奪われるに違いないものが何であるとあなたは考えるのでしょうか。3 それほどまでに払いたくないように見える代償とは何でしょうか。4 小さな砂の壁があなたとあなたの兄弟の間にまだ立っています。5 あなたは今もそれを強化したいでしょうか。6 あなた自身のためにだけそれを手放すようにと依頼されているのではありません。7「キリスト」が「ご自身」のためにそれをあなたに依頼しています。8「キリスト」はすべての人に安らぎをもたらしたいと思っていますが、あなたを通してしかこれを行う方法はありません。9 あなたはあなたの兄弟と救いとの間に、小さな砂の土手や土の壁、ちっぽけな障壁のように見えるものが介在することを許したいでしょうか。10 しかしながら、あなたが兄弟に対して未だに抱いている攻撃の思いの僅かな残滓物こそ、あなたの中にある安らぎが外に広がっていくときに出合う最初の障害物です。11この憎しみの小さな壁がなおも「神の意志」に逆らい、それを限りあるものに保とうとするでしょう。

3.「聖霊」の目的はあなたの中で安らかに休息しています。2しかしながら、あなたはそれが完全にあなたと一緒になるのを未だに許す気持になれないでいます。3あなたは未だに「神の意志」に僅かですが逆らっています。4そして、その僅かの抵抗はあなたが全体に課す制限です。5「神の意志」は「一つ」であり、多数ではありません。6「神の意志」には対立するものはありません。というのは、それ以外にいかなる意志もないからです。7あなたが小さな壁の背後に保有し、あなたの兄弟から分離させておきたいと未だに思っているものは、宇宙よりも強力であるように見えます。というのは、それは宇宙と宇宙の「創造主」を抑止するからです。8この小さな壁は「天国」の目的を隠し、「天国」から隠し続けるでしょう。

4.あなたは救いを与える存在から救いを無理に奪おうとするのでしょうか。2というのは、あなたはそのような人になったのです。3安らぎは「神」から離れることが不可能であるように、あなたから離れることも不可能です。4この小さな障害物を恐れることはありません。5それは「神の意志」を封じ込めることはできません。6安らぎはそれを越えて流れ、無事にあなたと一緒になります。7救いをあなたがもてないようにすることは不可能です。8救いはあなたの目的です。9あなたにはこれ以外の選択をすることはできません。10あなたには兄弟と無関係な目的はなく、あなたが「聖霊」に分かち合ってくれるようにと依頼した目的と無関係な目的もありません。11小さな壁は安らぎの羽ばたきの下で静かに崩れ落ちるでしょう。12というのは、安らぎはメッセンジャーをあなたから世界全体に派遣し、あなたが介在させる壁が簡単に乗り越えられてしまうのと同じように、壁はメッセンジャーがやって来る前に簡単に崩れ落ちるからです。

5.世界を克服することは、あなたの小さな壁を乗り越えることが困難でないのと同じように、困難なことではありません。2というのは、この壁がなくなったあなたの神聖な関係の奇跡の中に、すべての奇跡が含まれているからです。3奇跡に難易度はありません。というのは、奇跡はすべて同じだからです。4一つ一つの奇跡は、罪悪感の要請に愛の要請が優しく勝利することです。5これに対する取り組みがどこで着手されようとも、それが達成されないということがいったいあり得るでしょうか。6 罪悪感はそれに対していかなる実在的な壁も築くことはできません。7 そして、あなたとあなたの兄弟の間に立っているように見えるもののすべては、あなたがそれに応じた愛の要請の故に、崩れ落ちるはずです。8 応えたあなたから、あなたに応えた「聖霊」が呼びかけるでしょう。9「聖霊」の家はあなたの神聖な関係の中にあります。10「聖霊」と「聖霊」の神聖な目的との間に立とうとしないでください。というのは、「聖霊」の神聖な目的はあなたの目的だからです。11 そうではなく、あなたに与えられた関係の中に含まれている奇跡を、すべての人に対して「聖霊」が静かにそのまま延長するのに任せてください。

6. 「天国」には今、静けさがあります。それは、幸せな期待感であり、旅の終わりが迫っていることを知って喜びの中で一息ついている時間です。2 というのは、「天国」はあなたが「天国」を知っているようにあなたを知っているからです。3 今や、いかなる幻想もあなたとあなたの兄弟の間に介在していません。4 影でできた小さな壁を見ないでください。5 太陽がその上に昇ったのです。6 影があなたを太陽から遠ざけておくことがいったい可能でしょうか。7 あなたが幻想を終わらせる光から影によって遠ざけられることはもはやあり得ません。8 すべての奇跡は幻想の終わりにすぎません。9 旅はそのようなものであり、旅の終わりもそのようなものです。10 そして、あなたが受け容れた真実の目標の中で、すべての幻想が必ず終わります。

7. あなたが招じ入れた「聖霊」を除去して押し退けようとする少し狂気じみた欲求は、必ず葛藤を生むことになります。2 あなたがこの世界を見つめるとき、根がなくなって何の目的もなく漂っているこの小さな欲求は、どんなものの上にでも着地して少しの間そこに落ち着くことができます。というのは、それは現在のところ何の目的ももっていないからです。3「聖霊」が入ってあなたと一緒に住むようになるまでは、それには強力な目的があるように見えました。すなわち、罪と罪の結果に対する確固とした不変の献身がありました。4 今やそれには何の目的もなく、何の意味もなくさまよい、愛の魅力を僅かに邪魔しているにすぎません。

8. この僅かな欲求、このちっぽけな幻想、罪に対する信念の微細な残滓物、これがかつては世界であるように思われたものの遺物のすべてです。2 それはもはや安らぎに対する容赦ないまでに堅固な障壁ではありません。3 その意味のない彷徨はその結果をこれまでよりも不安定で予知しにくいものにしているように見えます。[4] しかしながら、しっかりと組織された妄想の体系よりも不安定なものがあり得るでしょうか。[5] 妄想の体系がもっている外見上の安定性は、広範に見られる弱点にすぎず、それはすべてのものに延長されます。[6] この僅かな残滓物が引き起こす可変性は、その制限された結果を示しているにすぎません。

9. 真実の巨大な翼の前にあって、小さな羽毛がどれほどの力をもつことができるでしょうか。[2] 一枚の羽毛が鷲の飛翔に逆らい、夏の訪れを妨げることができるでしょうか。[3] 夏の太陽が雪で覆われた庭園に及ぼす影響を妨害することができるでしょうか。[4] この小さな羽毛がいとも易々と持ち上げられ、二度と戻ってくることなく運び去られていくのを見てください。そして、後悔ではなく喜びの気持でそれと別れてください。[5] というのは、それはそれ自体において無であり、あなたがそれによる保護をより信頼していたときでも、何も意味していなかったからです。[6] あなたは消えゆく雪片をじっと見つめ、冬の寒さを思い起こして身震いするよりも、夏の太陽を喜びながら迎えたいのではないでしょうか。

i. 罪悪感の魅力

10. 罪悪感の魅力は愛に対する怖れを生み出します。というのは、愛は罪悪感を見つめることは決してないからです。[2] 真実だけを見つめるのが愛の性質です。というのは、真実の中に愛はそれ自身を見て、神聖な結合と完全な実現において真実と一体になるからです。[3] 愛が怖れの向こうを見なければならないように、怖れは愛を見てはなりません。[4] というのは、怖れが罪悪感に依存しているのと同じくらい確実に、愛は罪悪感の終焉を内包しているからです。[5] 愛は愛にだけ魅かれます。[6] 愛は罪悪感を完全に見過ごすために、いかなる怖れも見ることはありません。[7] 愛は攻撃することはまったくないために、愛が恐れることはあり得ません。[8] 怖れは愛が見ないものに魅かれ、愛と怖れはそれぞれ他方が見つめるものは存在しないと信じています。[9] 怖れは愛が愛自身を見つめるのとまったく同じ献身をもって罪悪感を見つめます。[10] そして、愛にも怖れにもメッセンジャーがいて、そのメッセンジャーたちは派遣が依頼されたときの言語で書かれたメッセージをもって、それぞれの所に戻ります。

11. 愛のメッセンジャーは優しく送り出され、愛と優しさのメッセージをもって戻ってきます。2怖れのメッセンジャーは罪悪感を探し出すようにとの厳しい命令を受け、見つけることができるほんの僅かの悪も罪もすべてを大切にして、失えば生命を落とすことになるため一つも失うことなく、主であり主人である存在の前に恭しくそれらを横たえます。3知覚は二人の主人に従うことはできません。というのは、二人の主人は異なった言語で異なった事柄についてのメッセージを求めるからです。4怖れが糧にしているものを愛は見過ごします。5怖れが要求するものは愛には見ることすらできません。6罪悪感が怖れに対してもっている強烈な魅力は、愛の優しい知覚からするとまったく存在しません。7愛が見つめようとするものは怖れにとって無意味であり、まったく目に見えないものです。

12. この世界の様々な関係は世界がどのように見られているかの結果です。2そして、これは、どの感情に依頼してメッセンジャーを派遣し、世界を見させ、見たものについての言葉を持って帰ってこさせるかにかかっています。3怖れのメッセンジャーは恐怖を通して訓練されており、彼らの主人に命令を受けると恐怖で身を震わせます。4というのは、怖れは友人ですら容赦しないからです。5怖れのメッセンジャーは罪悪感を飢えたように探し求めて、後ろめたい気持で盗んでいきます。というのは、彼らは主人によって暖をとることも許されず、飢餓状態に置かれ、その結果、非常に凶暴になっているからです。彼らの主人は彼らが持ち帰ってくるものしか食べることを許しません。6ほんの僅かの罪悪感でも、彼らの飢えた目を逃れることはありません。7そして、罪を凶暴な勢いで求める彼らは、彼らに見えるすべての生物に襲いかかり、泣き叫ぶ獲物を主人の餌食にするべく主人のもとに運んでいきます。

13. これらの凶暴なメッセンジャーを世界に送り込み、世界を彼らの饗宴の場にさせ、実在を彼らの餌食にさせないでください。2というのは、彼らはあなたに骨と皮と肉の言葉をもたらすからです。3彼らは腐敗しやすいものを探し出すようにと教えられ、朽ちて腐敗したもので胃袋をいっぱいにして戻ってくるようにと教えられています。4彼らにとってはそのようなものが美しいのです。なぜなら、それは彼らの猛烈な飢えの苦しみを和らげてくれるように見えるからです。5というのは、彼らは怖れの苦痛に恐れおののいており、彼らを派遣する怖れによる罰を、彼らが大切にしているものを怖れに差し出すことによって回避しようとするからです。

14. 「聖霊」は、あなたが怖れを通して訓練したメッセンジャーの代わりに派遣するための愛のメッセンジャーをあなたに与えました。2 彼らは怖れのメッセンジャーと同様に、彼らが大切に思うものをあなたの所に持って帰りたいと思っています。3 彼らを派遣すれば、彼らは咎める余地のないもの、美しいもの、優しいもの、親切なものだけを見るでしょう。4 彼らは細心の注意を払って、どんなに些細な慈善的な行為も、どんなにささやかなゆるしの表現も、どんなに小さな愛の息吹も見逃すことはないでしょう。5 そして、発見した楽しい事柄をすべて持ち帰り、愛を込めてあなたと分かち合うでしょう。6 彼らを恐れないでください。7 彼らはあなたに救いを差し出すでしょう。8 彼らのメッセージは安全のメッセージです。というのは、彼らはこの世界を親切な世界として見るからです。

15. 「聖霊」があなたに与えるメッセンジャーだけを派遣し、彼らのメッセージ以外のメッセージを欲しなければ、怖れを見ることはもはやなくなるでしょう。2 世界はあなたの目の前で変容を遂げ、すべての罪悪感は洗われ、美の刷毛を優しくかけられるでしょう。3 この世界にはあなたがそこに置かなかった怖れは含まれていません。4 そしてまた、あなたが愛のメッセンジャーにこの世界から取り除いてくれるように依頼して、なおも見える怖れはありません。5「聖霊」はあなたに愛のメッセンジャーを与えましたが、愛が見るものを兄弟に送り、それをもってあなたの所に戻ってこさせるためにそうしたのです。6 彼らはあなたが代わりに送った怖れの飢えた犬に取って代わるようにと与えられました。7 そして、彼らは怖れの終焉を告げるために出発するでしょう。

16. 愛もまたあなたの前にご馳走を広げるでしょう。そのご馳走は、歌と静かなささやきの声の他には何も聞こえない静かな庭の中にある、一点のシミもないテーブルかけで覆われたテーブルの上に置かれるでしょう。2 これはあなたの神聖な関係に敬意を表するためのご馳走であり、誰でも客人として歓迎されます。3 そして、神聖な瞬間に、皆がコミュニオンのテーブルの前で優しさの中で一緒になりながら、食前の祈りの言葉を唱えます。4 そして、私もそこであなたと一緒になるでしょう。それはずっと以前に私が約束したからであり、今もそう約束するからです。5 というのは、あなたの新しい関係の中で私は歓迎されるようになったからです。6 そして、私が歓迎されるようになった場所であれば、私はそこにいます。

17. 私は恩寵の状態において歓迎されましたが、それは、あなたが遂に私をゆるしたことを意味します。2 というのは、私はあなたの罪の象徴となり、したがって、私はあなたの代わりに死ななければならなかったからです。3エゴにとって罪は死を意味し、したがって、「あがない」は殺人を通して達成されます。4救いは「神の子」がそれによってあなたの代わりに殺された手段であると見なされます。5しかしながら、私が肉体の矮小性を知りながら、愛しているあなたに私の肉体を差し出すでしょうか。6それとも、肉体は私たちをばらばらに分断しておくことはできないと教えるでしょうか。7私の肉体にはあなたの肉体よりも大きな価値はありませんでした。救いのコミュニケーションの手段として優れているわけでもなく、救いの手段ではあっても救いの「源」ではありませんでした。8誰であれ自分以外の誰かのために死ぬことは不可能であり、死が罪をあがなうことはありません。9しかし、罪が実在しないことを示すために生きることはできます。10肉体はあなたが欲するものを与えることができると信じている間は、確かに罪の象徴であるように見えます。11肉体が快楽を与えることができると信じている間は、苦痛をもたらすこともできるとあなたは信じるでしょう。12それほどに僅かなもので満足でき幸せでいることができると考えることは、あなた自身を傷つけることです。自分がもちたい幸せを制限すれば、不十分な貯蔵所を満たして人生を完全にするようにと苦痛に依頼することになります。13これがエゴの目から見た完全な実現です。14というのは、幸せが取り除かれた所に罪悪感が忍び込み、幸せに取って代わるからです。15コミュニオンはもう一つ別な種類の完全な実現ですが、これは罪悪感を超越します。なぜなら、それは肉体を超越するからです。

B. 第二の障害物：肉体が差し出してくれるものの故に肉体は貴重であるという信念

1. 安らぎは、最初に、安らぎを除去したいという願望の障害を乗り越えなければならないと私たちは言いました。2罪悪感の魅力が決定権をもっている所では、安らぎが望まれることはありません。3安らぎが乗り越えて流れていかなければならず、一番目の障害物とも密接に関係しているもう一つの障害物は、差し出してくれるものの故に肉体は貴重であるという信念です。4というのは、ここに罪悪感の魅力が肉体において顕現され、肉体において見えるからです。

2. 安らぎが奪うであろうとあなたが考えている価値がこれ

です。[2]安らぎがこれを奪ってあなたをホームレスにしてしまうだろうとあなたは信じています。[3]このために、あなたは安らぎに家を提供することを拒否しています。[4]この〝犠牲〟はあまりにも大きすぎるものであり、自分にそれを求めるのは無理であるとあなたは感じています。[5]それは犠牲でしょうか、それとも、解放でしょうか。[6]肉体の中に救いがあるというあなたの奇妙な信念を正当化するいったい何を肉体は与えてくれたでしょうか。[7]これは死に対する信念であるということが見えないでしょうか。[8]ここに、「あがない」を殺人とする知覚の焦点があります。[9]ここに、愛は怖れであるという考えの源があります。

3. 「聖霊」のメッセンジャーは肉体を遥かに超越した所まで送られ、マインドに向かって神聖なコミュニオンに加わり安らぎを得るようにと呼びかけます。[2]私があなたのためにと彼らに与えたメッセージはそのようなものです。[3]肉体を見るのは怖れのメッセンジャーだけです。というのは、彼らは苦しむことができるものを探すからです。[4]苦しむことができるものから離れることは犠牲でしょうか。[5]「聖霊」は肉体の快楽という希望を犠牲にすることは要求しません。肉体は快楽の希望をまったく抱いていません。[6]しかし、肉体はまた、苦痛の怖れをもたらすこともできません。[7]「聖霊」が求める唯一の〝犠牲〟は苦痛であり、これを「聖霊」は取り除きます。

4. 安らぎはあなたから永遠なるものに対してだけ延長され、あなたの内面にある永遠なるものから広がっていきます。[2]それは他のすべてのものを越えて流れていきます。[3]二番目の障害物は一番目のそれと同様にしっかりしたものではありません。[4]というのは、あなたはそれによって安らぎを奪われ、安らぎを制限されることを望まないからです。[5]あなたが安らぎと安らぎの外的延長の間に介在させようとする障害物は、あなたの意志と意志の達成の間に置く障壁以外の何ものでもありません。[6]あなたが欲するものは怖れのご馳走ではなく、コミュニオンです。[7]あなたが欲するものは救いであって、罪悪感の苦痛ではありません。[8]あなたは「父」にあなたの家になって欲しいのであって、小さな粘土の山に家になって欲しいのではありません。[9]あなたの神聖な関係の中にあなたの「父の子」がいます。[10]彼は「神」とのコミュニオンを失っておらず、自分自身とのコミュニオンも失っていません。[11]あなたが兄弟と一緒になることに同意したとき、確かにそうであることをあなたは認めました。[12]これには代価はありませんが、代価からの解放があります。

5. あなたは幻想に対して非常に高い代価を払ってきました。そして、あなたが代価を払ったものはいかなる安らぎももたらしませんでした。[2]「天国」を犠牲にすることは不可能であり、あなたが犠牲を求められることもないというのは嬉しいことではないでしょうか。[3]私たちの結合の前にあなたが置くことができる障害物はありません。というのは、あなたの神聖な関係の中に私は既にいるからです。[4]私たちはすべての障害物を一緒に乗り越えるでしょう。というのは、私たちは門の外ではなく門の内側に立っているからです。[5]疲れた世界に祝福を与えるべく、安らぎを中に入れるために門を内側から開くのは非常に簡単なことです。[6]無限なるものと一緒になったとき、壁を一緒に通り抜けていくことが私たちにとって困難であるはずはありません。[7]罪悪感の終わりはあなたの手の中にあり、後はそれを与えるだけです。[8]そんな今、兄弟の中に罪悪感を探すために立ち止まりたいと思うでしょうか。

6. 私をあなたにとっての罪悪感の終わりの象徴にしてください。そして、私を見るように、あなたの兄弟を見てください。[2]「神の子」が犯したとあなたが考えているすべての罪について私をゆるしてください。[3]そして、あなたのゆるしの光の中で、「神の子」は本来の自分を思い出し、一度も存在したことがないものを忘れるでしょう。[4]私はあなたのゆるしを依頼します。というのは、もしもあなたが有罪であるとすれば、私も有罪であるに違いないからです。[5]しかし、私が罪悪感を乗り越え、この世界を克服したとすれば、あなたは私と一緒にいたのです。[6]私があなたに対してもつ意味を、あなたは自分自身の中に見ることを思い出すならば、私の中に罪悪感の象徴を見たいでしょうか、それとも、罪悪感の終わりを見たいでしょうか。

7. あなたの神聖な関係から、真実は真実を宣言し、愛は自らを見つめます。[2]救いはあなたが私の「父」と私に差し出した家の奥深い所から流れ出ます。[3]そして、私たちは「父」と「子」が一緒になる静かなコミュニオンにおいて一緒になります。[4]信仰深き者たちよ、「父」とあなたの内なる「子」の神聖な結合に来たれよ。[5]そして、「天国」の家に安らぎを与えてくれたことへの感謝を込めてあなたに差し出されるものから離れないでください。[6]罪悪感が終わったという喜びのメッセージを全世界に送ってください。そうすれば、全世界が応えるでしょう。[7]すべての人が罪が終わったという証言をあなたに差し出して、罪の力が永遠に去ったことをあなたに示してくれるときのあなたの幸せを思ってください。[8]罪に対する信念がなくなったとき、罪悪感はどこに存在することができるでしょうか。[9]そして、死の偉大な唱道者の声が聞こえなくなったとき、死はどこにあるのでしょうか。

8. あなたの幻想について私をゆるしてください。そして、私がしなかったことに対する罰から私を解放してください。[2]このようにして、あなたの兄弟に教えることによって私が教えた自由をあなたは学ぶでしょう。そして、そうすることによって私を解放するでしょう。[3]私はあなたの神聖な関係の中にいます。しかし、あなたは自由に対して障害物を積み重ね、その背後に私を幽閉して、あなたの所に至る私の道を閉ざそうとするでしょう。[4]しかしながら、既にそこにいる「存在」を遠ざけておくことは不可能です。[5]そして、この「存在」において、私たちがその中で既に一緒になっているコミュニオンが新しい知覚の焦点となることが可能です。この新しい知覚は、あなたの中に封じ込められている光をすべての世界にもたらすでしょう。

i. 苦痛の魅力

9. あなたの小さな役割は「聖霊」に犠牲という考えのすべてを与えることだけです。[2]そしてその代わりに、安らぎの延長を引き留め、その結果、安らぎについてのあなたの自覚を限定する様々な制限を抜きにして、「聖霊」が与えてくれる安らぎを受け容れることです。[3]というのは、「聖霊」が与えるものは、もしもあなたがその無限の力をもちたいのであれば、そして、それを「神の子」の解放に用いたいのであれば、延長されなければならないからです。[4]「聖霊」が与えてくれたこの無限の力は取り除くべきものではありません。そして、それをもっているあなたにはそれを制限することはできません。[5]安らぎがホームレスであるならば、あなたもホームレスであり私もホームレスです。[6]そして、私たちの家である「神」も私たちと共にホームレスです。[7]これがあなたの願っていることでしょうか。[8]あなたは安らぎを求めて永遠にさまよう人になりたいでしょうか。[9]安らぎと幸せの希望を必ず失敗するものに投資したいでしょうか。

10. 永遠なるものに対する信頼は常に正当化されます。というのは、永遠なるものは永遠に親切であり、その親切において無限であり、完全に愛に満ちているからです。[2]永遠なるものはあなたを完全に受け容れ、あなたに安らぎを与えるでしょう。[3]しかしながら、それはあなたの中にあって既に安らいでいて不滅であるものとしか結合することはできません。[4]肉体はあなたに安らぎをもたらすこともできなければ、混乱をもたらすこともできません。喜びも苦しみももたらすことはできません。[5]肉体は手段であって目的ではありません。[6]肉体にはそれ自身の目的はなく、与えられる目的があるだけです。[7]肉体はあなたが肉体に課す目標に到達する手段であるように見えるでしょう。[8]マインドだけが目標を設定することができ、目標を達成するための手段が見え、その使用を正当化できます。[9]安らぎと罪悪感は共にマインドの状態であり、達成されるものです。[10]そして、これらの状態は安らぎと罪悪感を呼び起こす感情の家であり、したがって、それらと相容れるものです。

11. しかし、あなたと合っているものがどちらであるとあなたは考えるでしょうか。[2]ここにあなたの選択があります。そして、その選択はまったく自由です。[3]しかし、その中にあるもののすべてが一緒にやって来るでしょう。そして、あなたが自分の本質であると考えるものがその選択から離れることは決してないでしょう。[4]肉体は信頼の偉大な裏切り者であるように見えます。[5]肉体の中には幻滅が横たわり、信頼の欠如の種が宿っています。しかし、それはあなたが肉体が与えることができないものを要求した場合だけです。[6]あなたの間違いが憂鬱や幻滅の妥当な根拠となり得るでしょうか。そしてまた、あなたを失敗させたとあなたが考えるものに対する報復の攻撃の妥当な根拠となり得るでしょうか。[7]過ちを信頼の欠如を正当化するものとして用いないでください。[8]あなたは罪を犯してはいません。ただ、何が信頼できるかについて間違っていただけです。[9]そして、間違いの修正が信頼への根拠を与えてくれるでしょう。

12. 肉体を通して快楽を求めれば、苦痛を体験しないことはあり得ません。[2]この関係を理解することが不可欠です。というのは、それはエゴが罪の証拠として見る関係だからです。[3]それは実際には懲罰的なものではありません。[4]自分自身を肉体と等しいものと見なすことの必然的な結果にすぎません。そのように見なすことは苦痛を招くことです。[5]というのは、それは怖れを招じ入れ、あなたの目的となるように招待することだからです。[6]罪悪感の魅力も必ずそれと一緒に入ってきます。そして、怖れが肉体に何を指示するとしても、それは苦痛に満ちたものとなります。[7]それはすべての幻想の苦痛を共有し、快楽の幻想は苦痛と同じものです。

13. これは不可避的ではないでしょうか。[2]怖れの命令の下に、肉体は罪悪感を探求し、主人に仕えます。肉体の主人は、罪悪感に魅かれることによって自らの存在についての幻想を維持しています。3したがって、これは苦痛の魅力です。4この知覚によって支配されているために、肉体は苦痛の召使いとなり、苦痛を忠実に探求し、苦痛は快楽であるという考えに従います。5肉体に対するエゴの大量の投資の根底にあるのはこの考えです。6そして、エゴが隠し続け、それでいながらそれを餌にしているのは、この狂気の関係です。7エゴはあなたに対して肉体の快楽は幸せであると教えます。8しかしながら、自分自身に対しては、〝それは死だ〟とささやきます。

14. 肉体があなたにとってどうして重要であり得るでしょうか。2肉体を構成しているものが大切なものでないことは確かです。3そして、それと同じくらい確実に、肉体には感情はありません。4肉体はあなたが欲する感情を伝えます。5他のすべてのコミュニケーションの媒体と同じように、肉体は与えられるメッセージを受け取り、そして、送ります。6肉体はそれらのメッセージに対して何の感情ももっていません。7メッセージに賦与される感情のすべてはその送り手と受け手によって与えられます。8エゴと「聖霊」は共にこれを認識し、ここにおいて送り手と受け手が同じであることも共に認識します。9「聖霊」は喜びをもってこれをあなたに伝えます。10エゴはそれを隠します。というのは、エゴはあなたにそれを自覚して欲しくないからです。11憎しみと攻撃のメッセージは自分自身に送るものに他ならないと知ったならば、誰がそれを送りたいと思うでしょうか。12自分自身を責め、罪悪感を抱かせ、咎めたい人がいるでしょうか。

15. エゴのメッセージは常にあなたから送られますが、あなたが送る攻撃と罪悪感のメッセージのために、あなた以外の誰かが苦しむだろうという信念のもとに送られます。2そして、仮にあなたが苦しむとしても、別な誰かはもっと苦しむだろうと考えます。3偉大な詐欺師とも言うべきエゴはこれが事実ではないことを認識していますが、安らぎの〝敵〟として憎しみのメッセージをすべて送り出し、自分を解放するようにとあなたをせきたてます。4そして、これが可能であることを確信させるために、エゴは肉体に他の人を攻撃させながら苦痛を探求させ、それを快楽と呼び、それを攻撃からの解放であるとしてあなたに差し出します。

16. エゴの狂気に耳を傾けないでください。そして、不可能なことが真実であると信じないでください。2エゴは肉体を罪という目標に捧げ、これが達成可能であるというその信頼のすべてを肉体に置いていることを忘れないでください。[3]エゴの悲しい使徒たちはエゴの規則を厳粛に祝いながら、肉体への賞讃を絶えることなく詠唱します。[4]誰一人として罪悪感の魅力に屈することが苦痛からの脱出であると信じない者はいません。[5]誰一人として、肉体を自分自身であると見なさない者はいません。すなわち、肉体がなければ人は死にます。しかしながら、肉体においても人の死は等しく不可避的なものです。

17. 自らが死に献身してきたことに気づくことは、エゴの使徒たちの任務ではありません。[2]自由が彼らに差し出されていますが、彼らはそれを受け容れていません。差し出されたものが本当に与えられるためには、受け取られなければなりません。[3]というのは、「聖霊」もまたコミュニケーションの媒体であり、「父」からメッセージを受け取り、「神の子」に差し出しているからです。[4]エゴと同じように、「聖霊」は送り手であり受け手です。[5]というのは、「聖霊」を通じて送られるものは、途中でそれ自身を探求し、自分が探求するものを見つけて「聖霊」の所に戻ってくるからです。[6]それと同じようにして、エゴは自分が探求している死を見つけ、それをあなたの所に戻します。

C. 第三の障害物：死の魅力

1. あなたとあなたの兄弟にとって、二人の特別な関係には「聖霊」が入ったわけですが、死への献身を解放し、また、死への献身から解放されることは可能です。[2]というのは、それがあなたに差し出され、あなたはそれを受け容れたからです。[3]しかしながら、あなたはこの奇妙な献身について更に多くのことを学ばなければなりません。というのは、それには安らぎが乗り越えて流れていかなければならない第三の障害が含まれているからです。[4]誰も自分で死ぬことを選択しなければ死ぬことはできません。[5]死の怖れのように見えるものは実は死の魅力です。[6]罪悪感もまた恐れられており、恐ろしいものです。[7]しかし、罪悪感はそれに魅力を覚え、探求しようとする人以外に対しては何の支配力ももち得ません。[8]それは死についても同様です。[9]死はエゴによって作られたものであるために、その暗い影はすべての生き物の上に落ちます。なぜなら、エゴは生命の〝敵〟だからです。

2. しかしながら、影には殺すことはできません。[2]生きているものにとって、影とは何でしょうか。[3]それはただ通り過ぎるものであり、去っていくものにすぎません。[4]しかし、生命をもたないことに献身している人々はどうでしょうか。すなわち、エゴの悲痛な歌を合唱しながら、重い足取りで生命から遠ざかり、鎖を引きずりながら、死に神という彼らの陰鬱な主人に敬意を表してゆっくりと行進する、黒い衣服をまとった〝罪人たち〟についてはどうでしょうか。5彼らの一人にゆるしの優しい手で触れてみてください。彼らを縛っている鎖は、あなたを縛っている鎖と一緒に切れて落ちるでしょう。6彼が自分の葬儀に行くためにまとっていた黒いガウンを投げ捨て、死を嘲笑するのを聞いてください。7あなたのゆるしによって、彼は罪が下す判決から逃れることができます。8これは傲慢ではありません。9「神の意志」です。10「神の意志」を自分の意志として選んだあなたにとって、不可能なことがあるでしょうか。11あなたにとって死が何でしょうか。12あなたが献身するのは死に対してでもなく、死の支配者に対してでもありません。13エゴの目的の代わりに「聖霊」の目的を受け容れたとき、あなたは死を放棄し、生命と交換しました。14私たちは考えがその源を去ることはないことを知っています。15そして、生命が「神の思い」の結果であるのと同じくらい確実に、死は私たちがエゴと呼ぶ思いの結果です。

i. 腐らない肉体

3. 生命と罪のなさに反抗して、そして、「神ご自身の意志」に反抗して、エゴから罪と罪悪感と死が生まれました。2そのような反抗は、狂気に献身し、「天国」の安らぎに逆らう狂気の者の病んだマインドにしかあり得ないものです。3一つのことは確実です。罪も死も創造されなかった「神」は、あなたが罪と死によって縛られることを意志としておもちではないということです。4「神」は罪についても、また罪の結果についてもご存じではありません。5死に装束を身にまとって葬送の列を歩む人々は、彼らの「創造主」に敬意を表していません。「神の意志」は彼らが生きることです。6彼らは「神の意志」に従っているのではなく、「神の意志」に反抗しています。

4. そして、彼らが埋葬しようとしている黒い布で覆われた肉体とは何でしょうか。2それは彼らが死に捧げた肉体であり、腐敗の象徴であり、罪がそれを食べて生きられるようにと罪に捧げられる生け贄です。それは有罪判決を受け、それを作った存在によって呪われ、それを自分自身と見なす会葬者の一人一人によって嘆かれるものです。3「神の子」にこのように有罪判決を下したと信じているあなたは非常に傲慢です。[4]しかし、「神の子」を解放しようとするあなたは、「創造主の意志」を尊重しているだけです。[5]罪の傲慢さ、罪悪感の誇り、分離の墓、これらはすべて死に対する認識されていない献身の一部です。[6]あなたが肉体の上に横たえた罪悪感のきらきらとした輝きが肉体を殺すでしょう。[7]というのは、エゴは自分が愛するものをそれが従順であるが故に殺すからです。[8]しかし、エゴに従わないものをエゴは殺すことはできません。

5. あなたにはもう一つの献身があり、それは肉体があなたの神聖な目的のために有用である間は、肉体を腐らせず完全に保ってくれるでしょう。[2]肉体は感じることができないのと同じように死ぬこともありません。[3]肉体は何もしません。[4]肉体それ自体は腐るものでもなければ腐らないものでもありません。[5]肉体はまったく無です。[6]肉体は腐敗という修正可能な小さな狂気の考えの結果です。[7]というのは、「神」はこの狂気の考えに「ご自身の答え」をもって応えられたからです。その「答え」は「神」のもとを去っておらず、したがって、「神の答え」を聞き、受け容れたすべてのマインドに「創造主」を自覚させるものです。

6. 腐敗しないものに献身するあなたは、受容を通じて腐敗から自由になる力を与えられました。[2]奇跡についてのコースの第一にして根本的な原理を教えるにあたって、一番難しいように見える原理が最初に達成できることを示すよりも良い方法があるでしょうか。[3]肉体にはあなたの目的に奉仕することしかできません。[4]肉体はあなたが見る通りに見えるでしょう。[5]死が真実であるならば、それはコミュニケーションの最終的で完璧な妨害となるでしょう。それがエゴの目標です。

7. 死を恐れる者たちは、どれほど頻繁にどれほど大きな声で死に呼びかけているか、そして、彼らをコミュニケーションから救出するようにと命令しているかを理解していません。[2]というのは、死は安全であり、真実の光から救出してくれる偉大な暗闇の救い主であり、「答え」に対する答えであり、「神」の代弁をする「声」を沈黙させるものであると見なされているからです。[3]しかし、死へと退却することは葛藤の終わりではありません。[4]「神の答え」だけがその終わりです。[5]安らぎが乗り越えて流れていかなければならない、死に対する外見上の愛という障害物は、非常に大きなものであるように見えます。[6]というのは、その中にはエゴの秘密のすべてが、欺瞞のためのエゴの奇妙な道具のすべてが、エゴの病んだ考えや奇妙な想像のすべてが隠れて横たわっているからです。[7]ここに結合の究極的な終わりがあります。エゴの創造に対する勝利があります。「生命そのもの」に対する生命の欠如の勝利があります。

8. 歪められた世界の埃だらけの片隅に、エゴは自分の命令によって殺された「神の子」を横たえるでしょう。エゴによる腐食は、「神ご自身」がエゴの力の前にあっては無力であり、「神」が創造された生命をエゴの凶暴な殺しの欲求から守ることができないということの証です。[2]私の兄弟よ、私たちの「父」の子よ、これは死の**夢**です。[3]肉体があなたを導いていく葬儀もなければ、暗い祭壇もなく、冷酷な命令もなく、ねじ曲げられた有罪判決の儀式も存在しません。[4]肉体の解放を求めないでください。[5]そうではなく、あなたが肉体に与えた無慈悲で容赦のない命令から肉体を解放してください。そして、あなたが肉体に命令して遂行させた事柄に関して肉体をゆるしてください。[6]肉体が高い地位に祭り上げられたとき、あなたは肉体に死ぬようにと命令しました。というのは、死だけが生命を克服することができるからです。[7]「神」の敗北を見つめてそれが実在的なものであると考えることができるのは、狂気以外の何ものでもありません。

9. 死の魅力が愛の実在的な魅力に屈するとき、死の怖れは消えます。[2]罪の終わりはあなたの関係の安全性の中に静かに包まれて横たわり、あなたとあなたの兄弟との結合によって守られ、「神」のための強力な力になろうとしていますが、それが今、非常に近くまできています。[3]幼児期にある救いは愛によって注意深く見張られており、それを攻撃しようとするすべての思いから守られ、それがあなたに与えられた理由である偉大な仕事を果たすために静かに準備されています。[4]生まれたばかりのあなたの目的は天使によって世話をされ、「聖霊」によってかわいがられ、「神ご自身」によって守られています。[5]それにはあなたの保護は必要ありません。それは**あなたのもの**です。[6]というのは、それは不死であり、その中に死の終わりが横たわっているからです。

10. 完全に罪のない者をいかなる危険が襲い得るでしょうか。[2]無罪である者を何が攻撃し得るでしょうか。[3]無罪であることによって得られる安らぎに、いかなる怖れが入り込み、乱すことができるでしょうか。[4]あなたに与えられたものはまだ幼児期にありながらも、「神」およびあなたと完全なコミュニケーションをとっています。[5]それはその幼い手に、あなたが行うであろうすべての奇跡を完璧に安全な状態で保持し、あなたに差し出しています。[6]生命の奇跡は時の中で生まれ、永遠の中で育まれ、老いることはありません。7あなたの兄弟をゆるすことによって休息の場所を与えたこの嬰児を見てください。そして、この嬰児の中に「神の意志」を見てください。8ここに生まれ変わったベツレヘムの乳飲み子がいます。9そして、この乳飲み子に宿を与える者は皆、彼の後についていくでしょう。十字架にではなく、復活と生命に向かってついていくでしょう。

11. どんなものであれ、何かがあなたにとって怖れの源であるように見えるとき、どのような状況であれ、それがあなたに恐怖を感じさせ、あなたの身体をふるえさせ、怖れの冷たい汗が出てくるとき、それは常に一つの理由によるものであることを思い出してください。すなわち、エゴがそれを怖れの象徴、そして、罪と死のしるしであると見なしたことが原因です。2それから、しるしも象徴も、源と混同されるべきではないことを思い出してください。というのは、しるしも象徴も、それ以外の何かを表さなければならないからです。3それらの意味はそれ自体の中にはあり得ず、それらが表しているものの中に求められなければなりません。4したがって、それらが反映する考えが真実であるか虚偽であるかによって、すべてのものを意味するかもしれず、まったく何も意味しないかもしれません。5意味のそのような外見上の不確実性を前にして、それを価値判断しないでください。6価値判断の「源」としてあなたに与えられた「一なる神聖な存在」を思い出してください。7あなたに代わって価値判断してもらうために、それを「聖霊」に与え、次のように言ってください。

8**これを私から受け取り、それを見つめ、私の代わりに価値判断をしてください。**

9**私がそれを罪と死のしるしとして見ることを許さないでください。また、それを破壊のために使うことを許さないでください。**

10**それを安らぎの障害物にしないようにするにはどうすれば良いか教えてください。私に代わって「あなた」がそれを用い、安らぎの到来を助けてください。**

D. 第四の障害物：神への怖れ

1. あなたに死の怖れがなければ何が見えるでしょうか。2死があなたに対して何の魅力ももたなかったとしたら、何を感じ、何を考えるでしょうか。3非常に簡単に言えば、あなたはあなたの「父」を思い出すでしょう。4生命の「創造主」、生きとし生けるものすべての「源」、宇宙の「父」、数ある宇宙の中の宇宙の「父」、そしてそれらのものすべての向こうに横たわっているものすべての「父」を、あなたは思い出すでしょう。5そして、この記憶があなたのマインドの中によみがえるとき、安らぎはなおも最後の障害物を乗り越えなければなりません。その後で、救いは完了し、「神の子」は完全に正気を回復します。6というのは、ここにおいてあなたの世界は確実に終わるからです。

2. 乗り越えなければならない四番目の障害物は、「キリスト」の顔の前に重いヴェールのように垂れ下がっています。2しかし、「キリスト」は「父の愛」の中に在るが故に、喜びに輝きながらその顔をヴェールが届かない所まで上げるとき、安らぎは軽くヴェールを横に払い、走って「神」に会いに行き、遂に「神」と一緒になります。3というのは、この暗いヴェールは、「キリスト自身」の顔をハンセン病患者の顔のように見せ、「キリスト」の顔を栄光で照らす彼の「父の愛の明るい光線」を血の流れのように見せますが、死の怖れがなくなると、その彼方にある鮮やかな光の中で次第に消えていくからです。

3. これは最も暗いヴェールであり、死に対する信念によって支えられ、死の魅力によって守られています。2死と死の尊厳に対する献身は、厳かな誓いに他なりません。すなわち、このヴェールを決して上げることはしない、それに近づくことはしない、それがそこにあることを疑うことすらしないというエゴとの秘密の約束です。3これは、ヴェールの向こうに横たわっているものを永遠に抹消し忘れられた状態にしておくという、エゴとの間に交わされた秘密の契約です。4ここに、結合があなたを分離から抜け出させることを決して許さないというあなたの約束があります。それは、「神」の記憶がまったく忘れられているように見える大いなる記憶喪失症であり、あなたの「自己」があなたから分裂することであり、**「神」への怖れ**であり、あなたの分離の最後の一歩です。

4. 死に対する信念がいかにあなたを〝救う〟ように見えるかを見てください。2というのは、これがなくなってしまったならば、生命以外の何を恐れることができるでしょうか。3生命を醜く、残酷で、暴虐的なものに見せるのは死の魅力です。4あなたはエゴを恐れていないのと同じように、死も恐れてはいません。5エゴも死もあなたが選んだ友達です。6というのは、あなたは彼らとの秘密の同盟において、「キリスト」の顔を見て、「キリストの父」の中で「キリスト」と一緒になることができるように、「神」への怖れをなくすことはしないと同意したからです。

5. 安らぎが乗り越えて流れていかなければならない障害物は皆、同じようにして乗り越えられます。障害物を生じさせた怖れはその彼方にある愛に屈し、かくして怖れは消え去ります。2それは第四の障害物についても同様です。3安らぎを取り除き、「聖霊」を追い払いたいという願望は、自分は「聖霊」を愛しているということの静かな認識を前にして薄れていきます。4肉体を高い地位にあげることは、スピリットのために放棄されます。あなたはスピリットを愛しており、それと同じように肉体を愛することは決してできません。5そして、愛の魅力があなたを刺激し、あなたに呼びかけるとき、死の魅力は永遠に失われます。6愛への障害物の一つ一つの向こう側から、「愛自身」が呼んだのです。7そして、それぞれの障害物がその向こうに横たわるものの魅力によって乗り越えられたのです。8あなたが怖れを欲しているために、障害物はその場所に固定されているように見えました。9しかしながら、それらの障害物の彼方から来る「愛の声」を聞いたとき、あなたは応え、障害物は姿を消しました。

6. そして、今あなたは決して見ないと誓ったものの前に恐怖におののきながら立っています。2あなたは〝友人たち〟との約束を思い出してうつむきます。3罪の〝美しさ〟、罪悪感の繊細な魅力、死の〝神聖な〟蝋人形のようなイメージ、決して見捨てないと血を流して誓ったエゴの報復に対する怖れ、こうしたもののすべてがわき上がってきて目を上げてはならないとあなたに命令します。4というのは、もしもあなたがこれを見てヴェールを上げれば、彼らは永遠に去ってしまうであろうことにあなたは気づいているからです。5あなたの〝友人たち〟、あなたの〝守り手たち〟、あなたの〝家〟のすべてが消えてしまうでしょう。6あなたが今覚えていることを何も覚えていないでしょう。

7. 目を上げただけでこの世界は完全にあなたを見捨てるように思われます。2しかし、実際に起こることは、あなたがこの世界を永遠に去るということだけです。3これはあなたの意志の再確立です。4目を開けてそれを見てください。そうすれば、自分を超越したものや、自分にはコントロールできない力や、自分の意志に反してやって来る思いに翻弄されるとは二度と信じることはなくなるでしょう。5これを見ることはあなたの意志です。6いかなる狂気の願望も、再び忘れたいという瑣末な衝動も、外見上の死の冷たい汗も、あなたの意志に対抗することはできません。7というのは、ヴェールの向こうからあなたを惹きつけるものは同時にあなたの中にあって、あなたはそれから分離してはおらず、完全に一つだからです。

i. ヴェールを上げる

8. あなたとあなたの兄弟はこれほど遠くまで一緒にやって来たということを忘れないでください。[2]そして、あなたをここまで導いてきたのがエゴでないことは確かです。[3]安らぎに対するいかなる障害物も、エゴの助けで乗り越えることは不可能です。[4]エゴは自分の秘密を開示して、あなたにその秘密を見させ、それを超えていくようにとは命令しません。[5]エゴはあなたにその弱点を見させて、あなたを真実から遠ざけておく力がエゴにはないことを学ばせようとはしません。[6]あなたをここまで連れてきた「ガイド」はあなたと共にとどまっており、あなたが目を上げるとき、あなたはまったく怖れの気持をもたずに恐怖を見つめる準備ができているでしょう。[7]しかし、最初に、あなたの目を上げて、あなたの兄弟の幻想に対する完全なゆるしから生まれた罪のない在り方の中で、そしてまた、彼の幻想を見ない信頼の目を通して、彼を見てください。

9. 「あがない」を受け容れ、幻想は実在しないことを学んでいなければ、誰も「神」への怖れを怯えることなく見つめることはできません。[2]誰もこの障害物の前に一人で立つことはできません。というのは、兄弟が傍らを歩いてきたのでなければ、これほど遠くまで到達することはできなかったはずだからです。[3]そして、誰もハートの中に兄弟に対する完全なゆるしをもつことなくそれを見つめようとは敢えてしないでしょう。[4]ふるえることなくここにしばらく立ってください。[5]あなたは準備ができるでしょう。[6]神聖な瞬間の中で一緒になりましょう。神聖な瞬間において与えられた目的があなたを導いてきたこの場所で会いましょう。[7]私たちをここまで一緒に連れてきてくれた「聖霊」が、あなたが必要としている罪のなさを差し出してくれることを共に信頼しましょう。そして、私の愛と「聖霊」の愛の故に、あなたがそれを受け取ることを共に信頼しましょう。

10. これを時期尚早に見ることも不可能です。[2]これは誰であれ準備ができたときに来なければならない場所です。[3]いったん兄弟を発見したならば、その人の準備は確実にできています。[4]しかしながら、その場所に到達するだけでは十分ではありません。[5]目的のない旅はなおも無意味であり、それが終わったときですら意味をなすようには見えません。[6]その目的が達成されたことに気づかなければ、旅が終わったことがどうして分かるでしょうか。[7]旅の終わりが目前にあるここにおいて、あなたには旅の目的がはっきりと見えます。[8]そして、ここにおいて、旅の目的を見つめるか、それとも、彷徨を続けてやがて戻り、再びその選択をするかを選びます。

11. 「神」への怖れを見つめるには、何らかの準備が確かに必要です。[2]正気の者だけが、完全な狂気と荒れ狂う狂乱を恐れることなく哀れみと同情をもって見つめることができます。[3]というのは、彼らがそれを共有するときだけそれは恐ろしく見えるからであり、完璧な信頼と愛と優しさをもって兄弟を見つめるまでは、あなたはそれを共有しているからです。[4]あなたは完全なゆるしの前でなおもゆるさずに立っています。[5]あなたはあなたの兄弟を恐れているが故に「神」を恐れています。[6]あなたはゆるしていないものたちを恐れています。[7]そして、誰も怖れが傍らにある状態で愛に到達することはありません。

12. あなたの傍らに立っているこの兄弟は、未だに見知らぬ人です。[2]あなたは彼を知りません。そして、彼についてのあなたの解釈は非常に怖れに満ちたものです。[3]そして、あなたはあなた自身であると思われるものを傷つけずにおくために、未だに彼を攻撃します。[4]しかしながら、兄弟の手の中にこそあなたの救いがあります。[5]あなたには兄弟の狂気が見え、それを共有しているが故に、それを憎みます。[6]そして、それを癒してくれる哀れみとゆるしは怖れに道を譲ります。[7]兄弟よ、あなたはあなたの兄弟をゆるす必要があります。というのは、あなた方は狂気であれ「天国」であれ、共有することになっているからです。[8]そして、あなたと兄弟には、一緒に信頼して目を上げるか、まったく目を上げないかのどちらかしかないのです。

13. あなたの傍らに「あがない」の聖杯を差し出している人がいます。というのは、「聖霊」が彼の中にいるからです。[2]あなたは彼の罪の故に彼を責めたいでしょうか、それとも、あなたへの彼の贈り物を受け容れたいでしょうか。[3]救いを与えてくれるこの人はあなたの友人でしょうか、それとも、敵でしょうか。[4]あなたの選択に従って彼から受け取ることになることを思い出しながら、彼がどちらであるかを選択してください。[5]あなたがあなたの中に彼の罪をゆるす力をもっているように、彼は彼の中にあなたの罪をゆるす力をもっています。[6]彼もあなたもそれを自分にだけ与えることはできません。[7]しかし、あなた方の救い主はそれぞれの傍らに立っています。[8]彼が彼であることを許してください。そして、愛を敵にしないでください。

14. あなたの「友達」を見てください。あなたの傍らに立っている「キリスト」を見てください。[2]「彼」はなんと神聖で美しいことでしょうか。[3]「彼」は罪を犯したとあなたは考えました。なぜなら、「彼」の美しさを隠すために、あなたが「彼」の上に罪のヴェールをかけたからです。[4]しかしながら、それでもなお、「彼」は「彼の神聖性」を分かち合うために、ゆるしをあなたに差し出しています。[5]この〝敵〟、この〝見知らぬ人〟は「友人」として、あなたになおも救いを差し出しています。[6]「キリスト」の〝敵〟、罪の信奉者は、彼らが誰を攻撃しているのかを知りません。

15. これはあなたの兄弟であり、罪によって十字架にかけられ、苦痛からの解放を待っています。[2]あなたの兄弟だけがゆるしをあなたに差し出すことができるときに、あなたは彼にゆるしを差し出さないでしょうか。[3]「神」がすべての生きとし生けるものを創造し、それを愛しておられるのと同じくらい確実に、あなたの兄弟は彼の救いのために、あなたにあなたの救いを与えるでしょう。[4]そして、彼はそれを真に与えるでしょう。というのは、それは差し出され、そして、受け取られるからです。[5]あなたがあなたの兄弟に差し出すことができて、あなたの最も神聖な友人から受け取ることができない「天国」の恩寵はありません。[6]彼にそれを撤回させないでください。というのは、あなたはそれを受け取ることによって、それを彼に差し出すからです。[7]そして、彼はあなたが彼から受け取ったものをあなたから受け取るでしょう。[8]救いはあなたが兄弟に与えるようにとあなたに与えられます。こうしてあなたも救いを受け取ります。[9]あなたがゆるす者は自由であり、あなたが与えるものをあなたは共有します。[10]あなたの兄弟が犯したと考えている罪をゆるしてください。そして、あなたが兄弟の中に見えると考えているすべての罪をゆるしてください。

16. ここに復活の神聖な場所があり、この場所に私たちは再びやって来ます。この場所に私たちは、救いが達成され受け取られるまで戻ってきます。[2]あなたの兄弟に有罪判決を下す前に、彼が誰であるかを考えてください。[3]彼が神聖であることに、そして、彼があなたのために神聖性の贈り物を与えられたことに対して「神」に感謝を捧げてください。[4]喜びの中で彼と一緒になり、混乱し苦しみに苛まれた彼のマインドから罪悪感の痕跡をすべて取り除いてください。[5]あなたが彼の上に置き、彼が自分のものとして受け容れた重い罪の荷物を、彼が持ち上げるのに手を貸してあげてください。そして、それを幸せな笑い声と共に彼から離れた所に軽く投げ捨ててください。6額にささった棘のように、彼に重い罪の荷物を押しつけないでください。また、彼を重い罪の荷物に釘で打ちつけて、救いを与えずに絶望させないでください。

17. あなたの兄弟に信頼を与えてください。というのは、信頼と希望と慈悲心はあなたが与えるべきものだからです。2与える手の中に贈り物は与えられます。3あなたの兄弟を見つめ、彼の中にあなたが受け取る「神」の贈り物を見てください。4復活の時であるイースターがほとんどそこまで来ています。5私たちが死において分離するのではなく、復活の中で一つとなって上昇できるように、お互いに対して救いを与え、それを分かち合いましょう。6私があなたのために「聖霊」に与えた自由という贈り物を見てください。7あなたが「聖霊」にこの同じ贈り物を差し出すとき、あなたとあなたの兄弟は共に自由になるでしょう。8そして、それを与えることによって、あなたが与えたものへの返礼として「聖霊」からそれを受け取ることになります。9「聖霊」は、私たちがこの神聖な場所で会い、同じ決断を下すようにと、あなたと私を一緒に導いてくれます。

18. 私があなたを解放したように、あなたの兄弟をここで解放してください。2兄弟にまったく同じ贈り物を与えてください。また、兄弟をいかなる種類の咎めの気持でも見ないでください。3私があなたを見るのと同じように、罪のない者として兄弟を見てください。そして、兄弟が自分の中に見えると考えている罪を見過ごしてください。4外見的には苦悩と死のこの庭の中で、あなたの兄弟に自由を差し出し、罪からの完全な解放を差し出してください。5このようにして、私たちは「神の子」の復活に至る道を準備し、再び「神の子」を上昇させ、「神の子」は罪も死も知らず、永遠の生命だけを知っておられる「父」を、喜びをもって思い出すことでしょう。

19. 私たちは、ヴェールの彼方にいる「存在」の中へと一緒に消えていきます。そこで私たちは失われるのではなく発見されます。ただ見られるのではなく、知られるのです。2そして、私たちがすべてを知る存在になったとき、「神」が救いのために確立された計画において、すべてが解除されます。3これが旅の目的であり、この目的がなければ旅は無意味です。4ここに「神」の安らぎがあり、それは「神」によってあなたに永遠に与えられています。5ここにあなたが求める休息と静けさがあり、それが当初からの旅の理由です。6「天国」はあなたが兄弟に与えることになっている贈り物です。それは、「神の子」が「神の子」であることに対する感謝を込めて、そして、彼の「父」が彼をそのようなものとして創造されたことに対する感謝を込めて、支払わなければならない借財とも言うべき感謝です。

20. この贈り物を与える者をどのように見るかについて注意深く考えてください。というのは、あなたが彼をどのように見るかによって、贈り物がどのように見えるかが決まるからです。2彼が罪悪感を与える者として見られるか、救いを与える者として見られるかに応じて、彼が差し出すものの見え方が決まり、そのようなものとして受け取られることになります。3十字架にかけられた人々は苦痛を体験するが故に苦痛を与えます。4しかし、救われた人々は苦痛を癒されたが故に喜びを与えます。5誰もが受け取るのと同じように与えます。しかし、誰もが自分が何を受け取るかを選択しなければなりません。6そして、自分が何を与えるかによって、また、自分が何を与えられるかによって、自分の選択を認識します。7また、地獄あるいは「天国」のいかなるものにも、彼の決断を妨害する力は与えられていません。

21. この旅はあなたの選択であったが故に、あなたはこれほど遠くまでやって来ることができました。2そして、誰も、無意味であると信じていることには着手しません。3あなたが信頼を置いたものは未だに信頼できるものであり、非常に優しくありながらも非常に強固な信頼をもってあなたを見守っているために、あなたをヴェールの遙か彼方まで引き上げ、「神の子」を「父」の確実な保護のもとに安全に置いてくれるでしょう。4ここにこの世界に対して、そして、この世界を通る長い旅に対して、その中に横たわる意味を与える唯一の目的があります。5これ以上のことにおいては、この世界およびこの世界の旅は無意味です。6あなたとあなたの兄弟は、それらには目的があるという確信を未だにもたずに一緒に立っています。7しかしながら、あなたの神聖な「友人」の中にこの目的を見て取り、それをあなた自身のものとして認識する力があなたには与えられています。

第20章　神聖性のヴィジョン

I. 聖週間

1. 今日は「枝の主日」であり、勝利の祝いと真実の受容の日です。[2]この聖週間を「神の子」が十字架にかけられたことを思うのではなく、彼の解放を喜びの中で祝って過ごすことにしましょう。[3]というのは、イースターは苦痛のしるしではなく、安らぎのしるしだからです。[4]殺された「キリスト」には何の意味もありません。[5]しかしながら、復活した「キリスト」は「神の子」の自分自身に対するゆるしの象徴となります。すなわち、「神の子」が自分を癒されたものとして、そして、完全なものとして見なすしるしとなります。

2. 今週は棕櫚で始まり百合の花で終わります。百合の花は「神の子」には罪はないということの白く神聖なしるしです。[2]十字架刑の暗いしるしを、旅とその目的の間に介在させないでください。真実の受容とその表現との間に介在させないでください。[3]今週、私たちは死ではなく、生命を祝います。[4]そして、私たちは「神の子」の罪ではなく、「神の子」の完全な純粋性に敬意を表します。[5]あなたの兄弟に茨の冠ではなく百合の花の贈り物を、怖れの〝贈り物〟ではなく愛の贈り物を差し出してください。[6]あなたは一方の手に茨をもち、もう一方の手に百合の花をもって、どちらを与えるべきか確信をもてずに兄弟の傍らに立っています。[7]今、私と一緒に、茨を捨て、それに代えて百合の花を差し出すことにしましょう。[8]私はこのイースターに、ゆるしの贈り物があなたによって私に差し出され、それが私によってあなたに返されるようにしたいと思います。[9]私たちは十字架刑と死において結ばれることはできません。[10]あるいはまた、復活はあなたのゆるしが私のゆるしと一緒に「キリスト」の上に安らぐまでは、完全ではあり得ません。

3. 一週間は短いですが、この聖週間は「神の子」が着手した旅全体の象徴です。[2]「神の子」は勝利のしるし、すなわち、復活の約束を既に与えられて出発しました。[3]「神の子」が十字架刑の誘惑に迷い込み、そこで遅滞することのないようにしなければなりません。[4]「神の子」が自分の罪のなさの光で彼の救いと解放に至る道を照らしながら、安らぎの中でそれを乗り越えていけるように手を貸してください。5「神の子」の救いがこんなにも近くまで来ているときに、茨と釘で彼を押しとどめないでください。6そうではなく、あなたの真っ白に輝く百合の花の贈り物によって、復活へと至る道を歩む彼のスピードを速めてあげてください。

4. イースターは罪の**代価**を祝うことではなく、罪の**終わり**を祝うものです。2ヴェールの背後に「キリスト」の顔が一瞥できるならば、それはあなたが贈り物として受け取りかつ与えた百合の花の雪のように白い花びらの間に見えていますが、あなたは兄弟の顔を見てそれが兄弟の顔であると分かるでしょう。3私は見知らぬ人でしたが、あなたは私が誰であるかも知らないのに私を受け容れてくれました。4しかしながら、あなたの百合の花の贈り物の故に、あなたは知るでしょう。5あなたにとって見知らぬ存在でありながら、昔からの「友人」でもあるこの見知らぬ人に対するあなたのゆるしの中に、彼の解放と、彼も共に体験するあなたの救いが横たわっています。6イースターの時期は悲嘆にくれる時ではなく、喜びの時です。7復活したあなたの「友」を見て、彼の神聖性を私と一緒に祝ってください。8というのは、イースターは私の救いの時であると同時に、あなたの救いの時でもあるからです。

II. 百合の花の贈り物

1. 肉体の上に垂れ下がるようにと、あるいは肉体を覆うために、あるいは肉体が用いることができるようにと作られた様々な飾り物を見てください。2肉体の目が見ることができるようにと作られた様々な無用のものを見てください。3肉体の楽しみのために作られた数多くの捧げ物について考えてみてください。そして、これらのものはすべてあなたが憎んでいるものを美しく見せるために作られているということを思い出してください。4あなたはこの憎まれているものを用いて兄弟を惹きつけ、彼の肉体の目を惹きつけたいと思うでしょうか。5あなたはそれが何であるかを認識していないにもかかわらず、彼の受容を理由にあなた自身の解釈を正当化しようとしながら、茨の冠を差し出しているだけであることを知ってください。6しかしながら、それでもなお、その贈り物は彼の価値のなさをあなたに対して宣言します。というのは、その贈り物を受容して喜ぶということは、彼が自分自身に置く価値の欠如を認めているからです。

2. 贈り物が真に与えられ受け取られるためには、贈り物は肉体を通して作られるものであってはなりません。[2]というのは、肉体は差し出すことも受け容れることもできず、差し伸べることも受け取ることもできないからです。[3]マインドだけが評価することが可能であり、マインドだけが何を受け取り、何を与えるかを決断します。[4]そして、マインドが差し出す贈り物はすべて、マインドが何を欲するかにかかっています。[5]マインドは自分が選んだ家を非常に注意深く飾りつけ、選んだ家にやって来る人々に贈り物を差し出すことによって、あるいは、マインドが家に惹きつける人々に贈り物を差し出すことによって、自らが望む贈り物を受け取れるように家の準備をします。[6]そして、そこで人々は彼らのマインドが彼らにふさわしいと考えるものを差し出し、かつ、受け取りながら贈り物の交換をします。

3. すべての贈り物はそれを受け取る人と**与える人**の評価です。[2]自分が選んだ家を自分自身に対する祭壇と見なさない者はいません。[3]人々の献身に値するものにして祭壇に置いたものに信奉者を惹きつけようとしない者はいません。[4]そして、誰もが自分の祭壇に置いたものが彼らに見えるようにと、そして、それを彼ら自身のものと見なすようにと、祭壇に明かりを灯しています。[5]ここに、あなたがあなたの兄弟に置く価値、そして、自分自身の上に置く価値があります。[6]ここに、両者へのあなたの贈り物があります。すなわち、「神の子」が何であるかについてのあなたの価値判断があります。[7]その贈り物が捧げられる相手は、あなたの救い主であることを忘れないでください。[8]彼に茨を差し出せば、**あなた**が十字架にかけられます。[9]彼に百合の花を差し出せば、あなた自身を解放することになります。

4. 私は百合の花を大いに必要としています。というのは、「神の子」は私をゆるしていないからです。[2]そして、「神の子」が私に茨を差し出すとき、私は彼にゆるしを差し出すことができるでしょうか。[3]というのは、誰に対してであれ、茨を差し出す者は未だに私に反抗しているからであり、「神の子」なしで完全である人はいないからです。[4]私がゆるされ、あなたが「神の子」を完全なものとして見ることができるように、私のために「神の子」の友達になってください。[5]しかし、最初に、あなたが選んだ家の祭壇を見て、あなたが私に差し出すためにその上に何を置いたかを見てください。6先端が血のように赤く鋭く光る茨であれば、あなたが選んだ家は肉体であり、私に分離を差し出しています。7しかし、その茨はもうありません。8さあ、もっと近くに寄って茨を見てください。すると、あなたの祭壇はもはや以前の祭壇ではないことが見えるでしょう。

5. あなたはまだ肉体の目で見ています。そして、肉体の目には茨しか見えません。2しかし、あなたは別な視力を依頼し、それを受け取りました。3「聖霊」の目的を自分自身の目的として受け容れる者たちは、「聖霊」のヴィジョンも共有します。4そして、「聖霊」の目的が今やすべての祭壇から輝き出るのを「聖霊」が見ることを可能にしてくれるのは、聖霊のヴィジョンであるだけでなくあなたのヴィジョンでもあります。5「聖霊」には見知らぬ人は見えません。ただ非常に愛され、愛に満ちた友人が見えるだけです。6「聖霊」に見えるのは茨ではなく百合の花だけです。「聖霊」が見つめ「聖霊」が愛するすべてのものを照らす、安らぎの優しい輝きの中でかすかに光る百合の花だけです。

6. このイースターに、あなたの兄弟を違った目で見てください。2あなたは私をゆるしています。3しかし、あなたが百合の花を見ない限り、私はあなたの百合の花の贈り物を使うことはできません。4また、あなたは私が与えたものを分かち合わなければ使うことはできません。5「聖霊」のヴィジョンは無駄な贈り物ではなく、少しの間もてあそんでは捨てる遊び道具でもありません。6このことに注意深く耳を傾け、聞いてください。あるいはまた、それは単なる夢であり、もてあそぶだけの軽率な考えであり、時々取り上げてはまた脇に置く玩具であると考えないでください。7というのは、そうすれば、それはあなたにとってそのようなものとなるからです。

7. 今のあなたにはすべての幻想を見通すヴィジョンがあります。2あなたには茨も、見知らぬ人も、障害物も見えないという贈り物が与えられています。3「神」への怖れは今やあなたにとっては何でもありません。4自分の傍らに救い主が立っていることを知っていて、幻想を見ることを恐れる者がいるでしょうか。5救い主が傍らにいる状況の中で、あなたのヴィジョンは幻想を除去するための最大の力となりました。この力は「神ご自身」が与えてくださるものです。6というのは、「神」が「聖霊」に与えられたものを、あなたは受け取ったからです。7「神の子」は解放についてあなたを頼りにしています。8というのは、あなたはこの最後の障害物を見て、「神の子」を十字架にかけ、死の王としての王冠をいただかせるための茨も釘も見ないだけの強さを依頼し、与えられたからです。

8. あなたが選んだ家は、ヴェールを越えた向こう側にあります。2 それはあなたのために注意深く準備され、今やあなたを受け容れる体制が整っています。3 あなたはそれを肉体の目では見ることはできません。4 しかしながら、必要なものはすべてあります。5 あなたの家は時が始まって以来、ずっとあなたに呼びかけてきました。また、あなたにその呼び声が完全に聞こえなかったことは一度もありません。6 あなたにはそれは聞こえましたが、どのように探せば良いのか、また、どこを探せば良いのか分かりませんでした。7 そして、今、あなたは知っています。8 あなたの中にその知識は横たわっています。知識を隠してきたすべての恐怖のヴェールを剥がし、知識を解放する準備ができています。9 愛の中には怖れはまったく存在しません。10 復活祭の歌は「神の子」が十字架にかけられなかったことを讃える喜びのリフレインです。11 怖れではなく信頼の気持で共に目を上げて見ましょう。12 そうすれば、私たちの中にはいかなる怖れもなくなるでしょう。というのは、私たちのヴィジョンにはいかなる幻想も見えないからです。私たちのヴィジョンに見えるのは、「天国」の開かれたドアに通じる道だけです。「天国」は私たちが静けさの中で共有する家であり、私たちが優しさと安らぎの中で一つになって一緒に生活する家です。

9. あなたはあなたの神聖な兄弟にそこに導いて欲しいのではないでしょうか。2 兄弟の罪のなさがあなたの道を照らし、あなたにその導きの光と確実な保護を差し出してくれるでしょう。そして、あなたが百合の花を横たえた彼の内なる神聖な祭壇から、兄弟の罪のなさが輝き出るでしょう。3 兄弟が幻想からの救い主になることを許してください。百合の花を見つめる新しいヴィジョン、そして、あなたに喜びをもたらす新しいヴィジョンで兄弟を見てください。4 私たちはお互いの道を照らし合いながら、怖れのヴェールの向こうまで行きます。5 私たちを導く神聖性は、私たちの家が私たちの中にあるのと同じように、私たちの中にあります。6 そのようにして、私たちが発見することになっていたものを、私たちを導く「聖霊」の助けによって発見するでしょう。

10. これが「天国」と復活祭の「安らぎ」に至る道であり、そこで私たちは「神の子」が過去から復活し現在に目覚めたことを、喜びをもって自覚して一緒になります。2 今や「神の子」は自由であり、彼の内にあるすべてのものとの彼のコミュニオンに制限はありません。[3]今や、彼の罪のなさを象徴する百合の花は罪によって触れられることもなく、怖れの冷たい悪寒と生命を萎縮させるような罪の暗い影から共に完全に守られています。[4]あなたの贈り物が「神の子」を茨と釘から救い出したのです。そして、彼の逞しい腕はいまや自由になって、茨と釘の間を通り抜けてその向こうまであなたを安全に導くことができます。[5]喜びながら彼と共に歩いてください。というのは、幻想から救ってくれる救い主があなたを出迎え、あなたを故郷へと導いていくためにやって来たからです。

11. ここにあなたの救い主、あなたの友人がいます。彼はあなたのヴィジョンによって十字架刑から解放され、今、彼がいたいと望む場所に自由にあなたを導くことができます。[2]彼はあなたのもとを去ることはしないでしょう。また、苦痛の中にあっても救い主を見捨てることはないでしょう。[3]そして、あなたとあなたの兄弟は「天国」の開かれたドアを見て、あなたに呼びかけた家であることに気づき、歌いながら、罪のない道を一緒に喜びの中で歩くでしょう。[4]兄弟にそこにあなたを導く自由と強さを喜んで与えてください。[5]そして、強さと自由が待つ彼の神聖な祭壇の前に来て、あなたを故郷へと導いてくれるまぶしいばかりの自覚を差し出し、そして、受け取ってください。[6]ランプの火はあなたの兄弟のためにあなたの中に灯されています。[7]そして、その火を彼に与えた手によって、あなたは怖れを超えて愛へと導かれるでしょう。

III. 調整としての罪

1. 罪への信念は一つの調整です。[2]そして、調整とは変化です。すなわち、知覚におけるシフトです。ないしは、以前に或る状態であったものが今では異なったものになったという信念です。[3]したがって、すべての調整は歪曲であり、実在に対抗して支持してくれるようにと防御を依頼します。[4]知識に調整は必要ではありません。実際、シフトないしは変化が起こされれば知識は失われます。[5]というのは、シフトや変化は知識を直ちに単なる知覚に貶めてしまうからです。すなわち、確実性が失われ、疑惑が入った一つの物の見方に貶めてしまうからです。[6]この不自由な状態にとっては調整が確かに必要です。なぜなら、それは真実ではないからです。[7]本来の自分を理解することだけを求める真実に対して、理解するために調整する必要のある人がいるでしょうか。

2. いかなる手段の調整もエゴから来るものです。[2]というのは、すべての関係をエゴが望むものにするために調整に依存するというのがエゴの固定観念だからです。[3]何の妨害もない直接的な関係は常に危険であると見なされます。[4]エゴはすべての関係において自分で任命した仲介者であり、エゴが必要であると見なす調整を何であれ実行し、それを出会う人々の間に介在させて彼らを分離した状態に保ち、彼らの結合を阻止します。[5]あなたの神聖な関係を神聖な関係として認識するのを困難にしているのは、このよく計算された妨害です。

3. 神聖な人たちは真実を妨害しません。[2]彼らは真実を恐れていません。というのは、真実の中に彼らの神聖性を認識し、そこで目にするものに歓喜するからです。[3]真実をまっすぐに見て、自分を調整してそれに合わせようとすることはなく、真実を調整して自分に合わせようとすることもありません。[4]したがって、最初に真実がどこにあって欲しいかということを決定せずに、真実が自分の中にあることを見たのです。[5]彼らは見るときに単に質問を発するだけであり、そうして彼らに見えるのがその答えなのです。[6]あなたは世界を作ってそれからその世界に自分を調整して合わせ、そして、世界を調整してあなたに合わせます。[7]あなたの知覚においては、あなた自身と世界の間には何の違いも存在しません。知覚がその両者を作ったのです。

4. 一つの単純な質問がまだ残っており、答えを必要としています。[2]あなたは自分が作った世界が好きですか。それは殺人と攻撃の世界で、あなたは一人で怯えながら、絶えざる危険の中をおずおずと縫うようにして歩き、せいぜい抱く希望と言えば、死に追いつかれてあなたが消えてしまうまで死がもう少し待ってくれれば良いがということだけです。[3]**これはあなたの作り事です。**[4]それはあなたが自分は何であると考えているかの構図であり、自分自身をどのように見ているかの構図です。[5]殺人者は怯えています。殺す人々は死を恐れています。[6]こうしたことのすべては、自らの調整によって恐ろしいものにされた世界に自分自身を調整して合わせようとする人々の怖れに満ちた思いにすぎません。[7]そして、彼らは自分の中にある悲しいものの視点から悲しみに暮れて外を見て、そこに悲しみを見ます。

5. あなたは世界が本当はどのようなものなのだろうかと考えたことはないでしょうか。つまり、幸せな目を通して見たならば、世界はどのように見えるだろうかと考えたことはないでしょうか。[2]あなたに見える世界は、あなた自身に対する価値判断に他なりません。[3]あなたに見える世界は、そこにはまったく存在していません。[4]しかし、価値判断はそれに判決を下し、それを正当化し、それを実在的なものにします。[5]あなたに見える世界とはそのようなものです。あなた自身に対する価値判断であり、あなたによってなされる価値判断です。[6]あなた自身についてのこの病的な構図はエゴによって注意深く保存されますが、それはエゴのイメージであり、エゴが愛するものであり、この世界であなたの外側に配置されます。[7]そして、この構図が外側にあって、あなたを自由に翻弄していると信じている限り、あなたは自分自身を調整してこの世界に合わせなければなりません。[8]この世界は確かに容赦ないもので、もしもそれがあなたの外側にあるとしたら、確かに怖れを抱くべきです。[9]しかし、それを容赦ないものにしたのはあなたであり、今その容赦のなさが振り返ってあなたを見ているとしても、それは修正可能です。

6. 神聖な関係にいる人で長い間にわたって神聖でない状態にとどまることができる人がいるでしょうか。[2]エゴが見る世界がエゴ自身に似ているのと同じように、神聖な人たちが見る世界は彼らと同じです。[3]神聖な人たちが見る世界は美しいものです。なぜなら、彼らはその中に自分自身の罪のなさを見るからです。[4]彼らは世界に対して世界とはこのようなものですと言いませんでした。自分の注文に合うように世界を調整しませんでした。[5]彼らは優しく質問しました。〝あなたは何ですか〟とささやきました。[6]そして、すべての知覚を見守っている「聖霊」が答えました。[7]この世界の価値判断を〝私は何ですか〟という質問に対する答えであると考えないでください。[8]この世界は罪を信じていますが、そのような世界にした信念はあなたの外側にはありません。

7. 「神の子」を強制して「神の子」の狂気に合わせることを求めないでください。[2]「神の子」の中には見知らぬ人がいて、その見知らぬ人は不注意にも真実の家にさまよって入り込みましたが、再び当てもなく出ていくことでしょう。[3]彼は目的なしでやって来ましたが、「聖霊」が差し出し、あなたが受け容れた輝く光の前にとどまることはないでしょう。[4]というのは、そこでは見知らぬ人はホームレスにされ、あなたが歓迎されるからです。[5]このつかの間しか滞在しない見知らぬ人に、〝私は何ですか〟と尋ねないでください。[6]彼はこの宇宙全体でその答えを知らない唯一のものです。[7]しかしながら、あなたが尋ねるのは彼であり、あなたが自分を調整して合わせようとするのは彼の答えに対してです。8 強烈に傲慢でありながら非常に小さくて無意味なこの狂ったような思いは、気づかれることなく真実の宇宙を通り抜け、あなたの道案内になります。9 あなたは彼の方を見て宇宙の意味を尋ねます。10 そして、目が見える真実の宇宙の中で唯一の目が見えないものにあなたは尋ねます。〝私は「神の子」をどのように見るべきなのでしょうか〟と。

8. 人は価値判断を完全に喪失しているものに対して価値判断を求めるでしょうか。2 仮に尋ねたとして、その答えを信じ、まるでそれが真実であるかのように自らを調整してそれに合わせるでしょうか。3 あなたが見る世界は世界があなたに与えた答えです。そして、あなたはあなたが見る世界に、世界を調整してその答えを真実のものにする力を与えたのです。4 あなたは突風のように過ぎ去るこの狂気に、あなたの神聖でない関係の意味を求め、その狂気の答えに応じて神聖でない関係を調整しました。5 それはあなたをどれくらい幸せにしたでしょうか。6 あなたは「神の子」を祝福する喜びをもってあなたの兄弟と会ったでしょうか。そして、「兄弟」があなたに差し伸べてくれたすべての幸せに対して感謝したでしょうか。7 あなたの兄弟を「神」からの永遠の贈り物として認識したでしょうか。8 あなたとあなたの兄弟の中でお互いを祝福するべく輝いていた神聖性を見たでしょうか。9 それがあなたの神聖な関係の目的です。10 あなたの神聖な関係をなおも神聖でないものにしようとする一つのものに、それを達成するための手段を聞かないでください。それに手段と目的を調整する力を与えないでください。

9. 長年の間、重い鎖で縛られていた囚人たちは、飢え、やせ衰え、弱々しく、疲れ果て、目は長きにわたって暗闇を見つめてきたために光を覚えてはおらず、解放された瞬間には喜びのために飛び上がることはしません。2 自由が何であるかを彼らが理解するにはしばらく時間が必要です。3 あなたは埃の中を弱々しく手探りし、そして、兄弟の手を見つけましたが、それを手放すべきか、それとも、こんなにも長い間忘れられていた生命をしっかりと握りしめるべきかどうか、確信がもてないでいました。4 更にしっかりと握りしめ、目を上げてあなたの力強い仲間を見てください。彼の中にあなたの自由の意味が横たわっています。5 彼はあなたの傍らにあって十字架にかけられているように見えました。6 しかし、彼の神聖性は傷つくことなく完璧なままでした。彼を傍らにして、あなたは今日というこの日に「天国」に彼と共に入ることを許され、「神」の安らぎを知ることを許されるでしょう。

10. それが、あなたとあなたの兄弟に対する、あなた方それぞれのお互いに対するそしてあなた自身に対する私の意志です。[2]ここには神聖性と制限のない結合だけがあります。[3]というのは、「天国」とは直接的で完璧で、怖れのヴェールがかかっていない結合に他ならないからです。[4]ここでは、私たちは一つであり、完璧な優しさをもってお互いを見つめ、自分自身を見つめています。[5]ここでは、私たちの間のいかなる分離についての思いもすべて不可能となります。[6]分離の囚人であったあなたは今や「天国」で解放されました。[7]そして、私の友よ、私の兄弟にして私の「自己」であるあなたよ、ここにおいて私はあなたと一つに結ばれます。

11. 兄弟へのあなたの贈り物が、私たちの結合が間近いという確信を私に与えてくれました。[2]そういうわけですから、私とこの信頼を分かち合い、それが正当であることを知ってください。[3]完璧な愛に怖れはありません。なぜなら、完璧な愛は罪を知らず、他のものをそれ自身を見るのと同じように見なければならないからです。[4]自分の内なる人間愛をもって見る完璧な愛が、外にある何を恐れることがあり得るでしょうか。[5]罪のない人は安全を見、心が純粋な人は「神の子」の中に「神」を見、「神の子」に「父」のもとへと導いてくれることを期待します。[6]そして、彼らは彼らが意志を抱く場所以外のどこにも行くことはありません。[7]「神」が「神の子」を神聖なものとして創造され、そのようなものとして保たれてきたのと同じくらい確実に、あなたとあなたの兄弟はお互いを「父」のもとへと導くでしょう。[8]兄弟の中にあなたの不滅性についての「神」の永遠の約束の光があります。[9]兄弟を罪のないものとして見てください。そうすれば、あなたの中に怖れはあり得ないでしょう。

IV. 箱船に入る

1. いかなるものもあなたがそうする力を与えなければあなたを傷つけることはできません。[2]しかし、あなたは与えることに関するこの世界の法則の解釈に従って力を与えます。すなわち、与えれば失うという法則です。[3]力を与えるのはあなたの責任ではありません。[4]力は「神」から来るものであり、「神」によって与えられ、あなたが与えるように受け取るということを知っている「聖霊」によって再び目覚めさせられます。5「聖霊」は罪に何の力も与えることはしません。したがって、罪には力はありません。また、この世界が見る罪の結果、たとえば、病気、死、不幸、苦痛などに力を与えることもありません。6これらの事柄は実際には起こっていません。なぜなら、「聖霊」にはそれらの事柄は見えず、それらの源であると思われるものに力を与えないからです。7こうして、「聖霊」はあなたをそれらのものから自由にしておいてくれます。8あなたが何であるかについて幻想をもたない「聖霊」は、すべてのものを「神」に与えるだけです。そして、「神」は真実であるものを既にすべて与えられ、受け取られています。9真実でないものを「神」は受け取られたことはなく、与えられたこともありません。

2. 罪の居場所は「天国」にはありません。「天国」では罪の結果は異質なものであり、罪の源が入ることができないのと同様に、罪の結果も入ることはできません。2そして、そこにあなたの兄弟を罪のない者として見ることの必要性があります。3兄弟の中に「天国」があります。4その代わりに、兄弟の中に罪を見れば、「天国」はあなたにとって失われます。5しかし、兄弟をありのままに見るならば、あなたのものであるところのものが兄弟の中からあなたに向かって輝き出ます。6あなたの救い主はあなたに愛だけを与えますが、彼から何を受け取るかはあなた次第です。7あなたの間違いのすべてを見過ごす能力は兄弟の中にありますが、その中に彼自身の救いがあります。8あなたの救いについてもそれは同じです。9「聖霊」の解釈によれば、救いは与えることのレッスンです。10救いは、他の法則を確立して、その法則に「神」が創造されなかったものを強制する力を与えたマインドの中に、「神」の法則を再び目覚めさせることです。

3. あなたの狂気の法則は、あなたが間違いを犯し、間違いの結果を当然の報いとして受け容れることによって、間違いにあなたを支配する力を与えることを保証するために作られました。2これは狂気以外の何であり得るでしょうか。3そして、狂気からのあなたの救い主の中にあなたが見たいのはこれでしょうか。4彼はあなたと同様にこれから自由であり、彼の中にあなたが見る自由の中にあなた自身の自由が見えます。5というのは、これをあなたは分かち合っているからです。6「神」が与えられたものは「神」の法則に従います。「神」の法則にだけ従います。7また、「神」の法則に従う者たちが、「神」以外の源の結果に苦しめられることは不可能です。

4. 自由を選択する者たちはその結果だけを体験します。[2]彼らの力は「神」から来るものであり、彼らは「神」が彼らと分かち合うためにと与えられたものにだけそれを与えます。[3]これ以外のいかなるものも彼らに触れることはできません。というのは、彼らにはこれしか見えず、彼らの力を「神の意志」に従って分かち合うからです。[4]このようにして彼らの自由は確立され、維持されます。[5]それは幽閉したいという誘惑、幽閉されたいという誘惑の中でずっと支持されます。[6]自由とは何かとあなたが尋ねるべき人は、自由について学んだ彼らです。[7]鷲の飛翔の方法を雀に聞くものではありません。というのは、小さな翼しかもたない者たちは、あなたと分かち合う力を自分自身のために受け容れていないからです。

5. 罪のない者たちは自分が受け取ったように与えます。[2]であるとすれば、あなたの兄弟の中に無罪性の力を見てください。そして、あなたが彼に差し出した罪からの解放の力を彼と分かち合ってください。[3]この地上を一見孤独の中で歩む一人一人に救い主が与えられています。そして、この救い主のこの地上での特別な機能は彼らを解放することであり、そうすることによって自分自身を解放することです。[4]分離の世界においては、一人一人が別々に任命されますが、実際は皆同じです。[5]しかしながら、皆同じであることを知っている者たちは、救いを必要とはしていません。[6]そして、それぞれが「キリスト」の顔を見て「キリスト」には罪がないと見る準備ができたとき、自分の救い主を発見します。

6. この救いの計画はあなたに属するものではなく、学ぶようにと与えられた役割以外、あなたはいかなることにも関わる必要はありません。[2]というのは、それ以外の役割を知っている「聖霊」が、あなたの助けなしでそれを取りはからってくれるからです。[3]しかし、残りの役割に関して「聖霊」を助けるというあなたの役割を「聖霊」が必要としていないとは考えないでください。[4]というのは、あなたの役割の中にそのすべてが横たわっており、あなたの役割なくしてはいかなる役割も完全ではなく、全体もあなたの役割なしでは完全には実現されないからです。[5]安らぎの箱船には二つずつ入っていきます。しかし、別な世界の始まりが彼らと一緒についていきます。[6]神聖な関係はすべて、今や「聖霊」の目的を共有することになったがために、「聖霊」の計画におけるその特別な機能を学ぶためにここに入らなければなりません。[7]そして、この目的が実現されるとき、新しい世界が上昇します。この世界に罪は入ることはできませんが、「神の子」は恐れることなく入ることができ、幽閉を忘れ自由を思い出すためにしばらく休息します。[8]「神の子」があなたなしで入り、休息し、思い出すことがいったいできるでしょうか。[9]あなたがそこにいなければ、「神の子」は不完全です。[10]そして、「神の子」がそこで思い出すのは自らの完全な実現です。

7. これがあなたに与えられた目的です。[2]兄弟に対するあなたのゆるしはあなた方二人のためにだけ役立つと考えないでください。[3]というのは、新しい世界全体が、休息するためにここに入るそれぞれの二人にかかっているからです。[4]そして、二人が休息するとき、「キリスト」の顔が彼らの上に輝き、彼らは「神」の法則を思い出し、それ以外のことはすべて忘れ、「神」の法則が彼らの中においてそして彼らの兄弟すべての中において完全に実現されることだけを切望するでしょう。[5]これが達成されたとき、あなたは彼らなしで休息することができると思うでしょうか。[6]私があなたのもとを去っても自分自身の一部を忘れることができないのと同じように、あなたは彼らの一人も外に残しておくことはできないはずです。

8. あなたが時間の中にいる間は、安らぎに至る道が開かれるまでにしなければならないことが山ほどあるのに、いったいどうして安らぎの中にいることができるだろうかと思うかもしれません。[2]おそらく、これはあなたには不可能に見えるかもしれません。[3]しかし、うまく機能しない救いの計画を「神」が用意されることがあり得るかどうか、自分自身に聞いてみてください。[4]あなたが果たす一つの機能として「神」の計画をいったん受け容れたならば、あなたが努力しなくとも「聖霊」があなたのために整えないものは何もありません。[5]「聖霊」はあなたの前を行き、あなたの道をまっすぐにし、あなたが歩む道に躓くような石は一つも残さず、あなたの道を塞ぐような障害物も一つとして残さないでしょう。[6]あなたが必要とするものは何であれ否定されることはないでしょう。[7]一見困難に見えることも、あなたがそれに到達する前に消えてなくならないものは一つとしてないでしょう。[8]あなたが果たす唯一の目的以外については何も考える必要はなく、意に介する必要もありません。[9]目的があなたに与えられたように、その実現も与えられるでしょう。[10]「神」の保証はすべての障害物に対して有効です。というのは、それは偶発性にではなく確実性に依拠しているからです。[11]それは他ならぬあなたに依拠しています。[12]そして、「神の子」よりも確実なものがあり得るでしょうか。

V. 永遠の使者

1. この世界においては、「神の子」は神聖な関係の中で自分自身に最も近づきます。2 神聖な関係において、「神の子」は「神」が彼の中にもっておられる確実性を発見し始めます。3 そして、そこで「神の子」は「神」の法則の外側に維持されていたものに「神」の法則を回復し、失われたものを発見するという彼の機能を発見します。4 時間の中においてだけいかなるものでも失われる可能性がありますが、永遠に失われることは決してありません。5 したがって、「神の子」の数々の部分は徐々に時間の中で一緒になり、その一つ一つの結合と共に時間の終わりが近づきます。6 結合の一つ一つの奇跡は永遠性の力強い使者です。7 一つの目的をもち、結合し、確信をもっているものが怖れを抱くことはあり得ません。8 彼と共に目的を分かち合う者は誰一人として彼と一つになることができないということは絶対にありません。

2. 永遠の使者の一人一人が罪と怖れの終焉について歌います。2 それぞれが時間の中で時間を遥かに超越したものについて語ります。3 一緒に上げられた二つの声はすべての人の心に呼びかけ、心を一つにして鼓動させます。4 そして、その一つの鼓動の中において愛の結合が宣言され、歓迎されます。5「神の子」の結合を保持する力をもっているあなたの神聖な関係に安らぎがありますように。6 あなたはすべての人のためにあなたの兄弟に与えます。そして、あなたの贈り物の中ですべての人が喜びを与えられます。7 あなたが与える贈り物を「誰」があなたに与えたのかを忘れないでください。そして、あなたがこれを忘れないことによって、「誰」があなたに与えるようにとその贈り物を「彼」に与えたのかを思い出すでしょう。

3. あなたの兄弟の価値を過大評価することは不可能です。2 これをするのはエゴだけですが、それが意味することは、エゴは自分自身のために他者を欲するということであり、したがって、エゴは他者をあまりにも過小に評価します。3 評価することができないものを明確に評価することは不可能です。4 あなたの価値判断を遥かに超えた所にあるために、あなたには見ることすらできないものを価値判断しようとする試みから生じる怖れを、あなたは認識しているでしょうか。5 あなたに見えないものを価値判断しないでください。さもなければ、それは決してあなたには見えないでしょう。そうするのではなく、それがやって来るのを辛抱強く待つことです。6あなたがあなたの兄弟のために欲することが安らぎだけであるとき、彼の価値を見るのはあなたの任務です。7そして、あなたが兄弟のために欲するものをあなたは受け取るでしょう。

4. あなたに安らぎを差し出す人の価値をどのようにして評価することができるでしょうか。2彼が差し出してくれるもの以外の何をあなたは望むでしょうか。3彼の価値は彼の「父」によって確立されており、あなたが彼を通じて彼の「父」の贈り物を受け取るとき、あなたはそれを認識するでしょう。4彼の中にあるものがあなたの感謝に満ちたヴィジョンの中で非常に明るく輝くがために、あなたはただ彼を愛し、喜びを感じるでしょう。5あなたは彼を価値判断しようとは思わないでしょう。というのは、「キリスト」の顔を見て、なおも価値判断に意味があると主張する者はいないからです。6というのは、この主張は見えない人々のものだからです。7ヴィジョンか価値判断があなたの選択ですが、その両者であることは絶対にありません。

5. あなたの兄弟の肉体は彼にとってほとんど役に立たないのと同じように、あなたにとってもほとんど役に立ちません。2「聖霊」が教えるような形においてのみ肉体が使われるとき、肉体には何の機能もありません。3というのは、マインドはコミュニケーションをするために肉体を必要としないからです。4肉体を見る目には神聖な関係の目的に役立つ活用法はありません。5そして、あなたの兄弟をこのように見ている限りは、手段と目的は一致していません。6これを達成するためには一つの神聖な瞬間で十分なのに、なぜそれほど多くの神聖な瞬間が必要であるべきでしょうか。7神聖な瞬間はただ一つです。8時間の中を黄金の光のように駆け抜ける永遠性のささやかな息吹はすべて同じです。その前には何もなく、その後にも何もありません。

6. あなたは一つ一つの神聖な瞬間を時間の中における異なった一点であると見なしています。2神聖な瞬間は決して変わることはありません。3それがかつて保持したもののすべて、未来において保持するであろうもののすべてが今この場所にあります。4過去はそれから何も取らず、未来はそれに何も付加しません。5したがって、ここにすべてがあります。6手段と目的が既に完全な調和を保っているあなたの関係の美しさがここにあります。7ここにあなたがいつか兄弟に差し出す完全な信頼が既にあなたに差し出されています。そして、あなたが彼に与える無限のゆるしが既に与えられています。あなたがまだ見ていない「キリスト」の顔がここにおいて既に見られています。

7. このような贈り物を与えてくれる人をあなたは評価することができるでしょうか。2この贈り物を他の贈り物と交換したいと思うでしょうか。3この贈り物は「神」の法則をあなたの記憶に戻してくれます。4そして、「神」の法則をただ思い出すことによって、あなたを苦痛と死の囚人にしてきた法則は必ず忘れられます。5これはあなたの兄弟の肉体があなたに差し出す贈り物ではありません。6この贈り物を隠しているヴェールはあなたの兄弟をも隠しています。7彼こそその贈り物ですが、彼はそれを知りません。8あなたも同様にそれを知りません。9しかしながら、あなたとあなたの兄弟の中に贈り物を見る「聖霊」が、あなた方二人に代わってそれを差し出し、そして、受け取ってくれるであろうことを信頼してください。10そして、「聖霊」のヴィジョンを通してあなたはそれを見るようになり、「聖霊」の理解を通して自分自身のものとしてそれを認識し、愛するようになるでしょう。

8. 安心してください。そして、「聖霊」が愛をもってあなたを見守り、見ているものに完全な信頼をもってあなたを見守っているのを感じてください。2「聖霊」は「神の子」を知っており、宇宙が「神の子」の優しい手の中で安全でかつ安らいでいるという「父」の確信を共有しています。3「父」の彼に対する信頼を共有するために彼が何を学ばなければならないかを今考えてみましょう。4宇宙の「創造主」が宇宙を彼に差し出し、それで宇宙が安全であることを確信しておられるとは、彼はいったい何者でしょうか。5彼は彼の「父」が彼を知っているようには自分自身を見ていません。6しかし、「神」の信頼が誤った場所に置かれるということは不可能です。

VI. 聖霊の神殿

1. 「神の子」の意味は「創造主」と彼との関係の中にだけあります。2仮にそれが別な場所にあったとすれば、それは偶発性に依拠することになります。しかしながら、それ以外には何もありません。3そして、この関係は完全に愛に満ちており、永遠のものです。4にもかかわらず、「神の子」は彼と彼の「父」の間に神聖でない関係を発明しました。5彼の実在的な関係は完全な結合の関係であり、途切れることのない連続性の関係です。6 彼が作った関係は部分的で、自己中心的で、断片的で、怖れに満ちています。7 彼の「父」によって創造された関係は完全に「自己」を包み込み、「自己」を延長するものです。8 彼が作った関係は完全に自己破壊的であり、自己限定的なものです。

2. 神聖な関係と神聖でない関係の体験ほど対照的なものはありません。2 前者は愛に基づいており、愛の上に静かに何ものにも妨害されることなく安らいでいます。3 肉体がそれに侵入することはありません。4 肉体が侵入する関係は何であれ愛に基づいてはおらず、偶像崇拝に基づいています。5 愛は知られることを願望し、完全に理解され共有されることを願望します。6 愛には何の秘密もありません。愛が分離の状態に保とうとするものはなく、隠しておこうとするものもありません。7 愛は目を開いたまま静かに歓迎の微笑みを浮かべ、非常に単純でありながらも非常に明らかな誠実さで太陽の光の中を歩くために、誤解されることは不可能です。

3. しかし、偶像は分かち合うことはしません。2 偶像は受け取りますが、決して返すことはしません。3 愛されることはできますが、愛することはできません。4 偶像は彼らに差し出されているものが何であるかを理解しておらず、彼らが入る関係は何であれその意味を失ってしまったものです。5 偶像に対する愛が愛を無意味なものにしてしまったのです。6 偶像は秘密の中で生活し、太陽を憎み、肉体の暗闇の中にいれば幸せです。肉体の暗闇の中に隠れることができ、自分と一緒に秘密を隠しておくことができます。7 そして、偶像は何の関係ももっていません。というのは、そこでは彼ら以外の誰も歓迎されないからです。8 偶像は誰に対しても微笑みかけず、彼らに微笑みかける者は彼らには見えません。

4. 愛には秘密が太陽から隠されて薄暗い状態に保たれるような暗い神殿はありません。2 愛は力を求めるのではなく、関係を求めます。3 肉体は、関係を通して力を求めるためにエゴが選んだ武器です。4 そして、その関係は神聖ではないものでなければなりません。というのは、その関係が何であるかをエゴは見ようともしないからです。5 エゴが関係を欲するのは、エゴの偶像がそれによって繁栄する捧げ物のためだけです。6 それ以外のものは、エゴはただ捨てるだけです。というのは、エゴが差し出すことができるものはすべて価値がないと見なされるからです。7 ホームレスとなったエゴは、その偶像を置くためにできるだけ多くの肉体を集め、その肉体をエゴ自身の神殿として確立しようとします。

5.「聖霊」の神殿は肉体ではなく関係です。2肉体は孤立した一点の暗闇です。すなわち、隠された秘密の部屋であり、意味のない秘密の小さな点であり、注意深く守られているにもかかわらず何も隠していない囲いです。3ここでは神聖でない関係が実在を逃れ、自分自身を生かしておくためにパン屑を探し求めます。4ここでは神聖でない関係は兄弟を引きずってきて、偶像崇拝の中にその兄弟たちを押さえつけておきます。5ここでは神聖でない関係は〝安全〟です。というのは、ここに愛は入ることができないからです。6「聖霊」は愛が絶対に存在することのできない場所に「彼」の神殿を建てることはしません。7「キリスト」の顔が見える「聖霊」が、宇宙全体の中でそれを見ることができないただ一つの場所を自分の家として選ぶはずがありません。

6. 肉体を「聖霊」の神殿にすることはできません。そして、肉体が愛の座る場所になることは決してありません。2肉体は偶像崇拝者の家であり、愛が有罪判決を受ける場所です。3というのは、ここでは愛は恐ろしいものとされ、希望は放棄されるからです。4崇拝される偶像ですら神秘に包まれており、偶像を崇拝する人々から引き離されています。5これは関係をもたないことに捧げられた神殿であり、そして、返さないことに捧げられた神殿です。6ここには、分離の〝神秘〟が畏敬の念をもって知覚され、尊崇の念のもとに置かれています。7「神」がお望みにならないであろうことがここで「神」から〝安全に〟守られています。8しかし、あなたが気づいていないことは、あなたが兄弟の中にあるもので恐れているもの、そして、あなたが兄弟の中に見ないものこそ、あなたにとって「神」を恐ろしいものに見せ、「神」を未知のままにしておくものだということです。

7. 偶像崇拝者は常に愛を恐れるでしょう。というのは、愛の接近ほど彼らを耐えがたく脅かすものはないからです。2愛を彼らに近づけさせ、肉体を見過ごさせてみることです。愛は必ずそうするでしょうが、そうすれば、彼らは一見どっしりとした彼らの神殿の土台がぐらつき、ゆるむのを感じて、恐ろしさのあまり退却するでしょう。3兄弟よ、あなたは彼らと一緒にふるえています。4しかしながら、あなたが恐れているものは脱出の使者にすぎません。5この暗闇の場所はあなたの家ではありません。6あなたの神殿は脅かされてはいません。7あなたはもはや偶像崇拝者ではありません。8「聖霊」の目的はあなたの肉体にではなく、あなたの関係の中に安全に横たわっています。9あなたは肉体から脱出しました。10あなたがいる場所に肉体が入ることはできません。というのは、「聖霊」がそこに「彼」の神殿を建てたからです。

8. 関係に序列はありません。2関係であるか関係でないかのいずれかです。3神聖でない関係は何の関係でもありません。4それは孤立の状態であり、実際にはそうでないものに見えるものです。5それ以上のものではありません。6「神」とあなたの関係を神聖でないものにするという狂った考えが可能であるように見えた瞬間に、あなたの関係のすべては無意味にされました。7その神聖でない瞬間に時間が生まれ、その狂った考えに宿を貸し、実在の幻想を与えるために肉体が作られました。8したがって、それは家をもっているように見えましたが、その家は時間の中で少しの間存在し、そして、姿を消しました。9というのは、実在に対抗してこの狂った考えにほんの一瞬よりも長く宿を貸すことができるものはいないからです。

9. 偶像は消えてなくならなければなりません。そして、彼らが去った後に何の痕跡も残してはなりません。2偶像がもっているように見える力の神聖でない瞬間は雪片のようにはかないものですが、雪片の美しさはありません。3神聖な瞬間の永遠の祝福とその無制限の恩恵の代替物としてあなたはこれを欲するでしょうか。4一見非常に強力で、ひどく誤解され、偽りの魅力に非常な投資をしている神聖でない関係の悪意のほうが、安らぎと理解を差し出してくれる神聖な瞬間よりもあなたにとって好ましいのでしょうか。5そうでないならば、肉体を横に置き、肉体を乗り越えて静かに上昇し、あなたが本当に欲するものを歓迎してください。6そして「聖霊」の神聖な神殿から、あなたが目覚めて後にしたものを振り返らないでください。7というのは、いかなる幻想も、幻想を乗り越え、幻想を遥か後ろに置き去ったマインドを惹きつけることはできないからです。

10. 神聖な関係は「神の子」が実在において彼の「父」ともっている真の関係を反映しています。2「聖霊」は神聖な関係が永遠に持続するであろうという確信をもってその中で安らいでいます。3そのどっしりとした土台は真実によって永遠に支えられ、愛は自分の仲間に捧げる優しい微笑みと愛のこもった祝福をもってそれを照らします。4ここでは、神聖でない瞬間は安全な帰還をもたらす神聖な関係と喜んで交換されます。5ここに優しく開かれている真の関係への道があります。あなたとあなたの兄弟は一緒にこの道を通り、感謝しながら肉体を後にし、「永遠に持続する腕」の中で安らぎます。[6]「愛の腕」はあなたを受け取り、あなたに永遠の安らぎを与えるべく開かれています。

11. 肉体はエゴの偶像です。すなわち、罪に対する信念が肉体化され、それから、外部へと投影されたものです。[2]これがマインドの周りに肉の壁のように見えるものを作り出し、マインドは時空間の小さな一点の中で捕虜にされ、肉体は死ぬまで恩義を受け、ほんの一瞬を与えられ、その一瞬の中でため息をつき、悲しみ、自分の主人に敬意を表して死んでいきます。[3]そして、この神聖でない瞬間が生命であるように見えます。それは、絶望の一瞬であり、水はまったくなく、忘却の上に頼りなげに置かれた乾ききった砂からなる小さな島です。[4]ここに「神の子」がほんの短い時間立ち寄り、死の偶像に参拝し、それから先へと進んでいきます。[5]そして、ここでは「神の子」は生きているというよりも死んでいます。[6]しかしながら、「神の子」が偶像崇拝か愛の選択を再びするのもこの場所です。[7]この瞬間を肉体に賛辞を送ることに過ごす選択をするか、それとも、自分自身に肉体からの自由を与える選択をするかが彼に与えられた任務です。[8]ここにおいて、彼が以前に選択した神聖でない瞬間に代わるものとして差し出された神聖な瞬間を受け容れることができます。[9]そして、ここにおいて、関係は彼の救いであって破滅ではないことを学ぶことができます。

12. これを学んでいるあなたはまだ恐れているかもしれませんが、動きがとれない状態ではありません。[2]神聖な瞬間は、一見相対物のように見える神聖でない瞬間よりも、今のあなたにとってはより大きな価値があります。そして、あなたは本当のところ一つだけしか欲しくないということを学びました。[3]これは悲しみの時ではありません。[4]混乱の時ではあるかもしれませんが、失望の時ではありません。[5]あなたには**実在的な**関係があり、それには意味があります。[6]それはまったく等しいもの同士のお互いとの関係と同じように、「神」とあなたの実在的な関係に似ています。[7]偶像崇拝は過去のものであり無意味です。[8]あなたはおそらく、あなたの兄弟をまだ少し恐れているかもしれません。おそらく、「神」への怖れの影があなたに残っているかもしれません。[9]しかしながら、肉体を超越した一つの真の関係を与えられた人々にとってそれが何でしょうか。[10]彼らが「キリスト」の顔を見ることを長い間引き止めておくことができるでしょうか。[11]そして、彼らの「父」との関係についての記憶を彼ら自身から長い間隠し、彼らの自覚から「神の愛」についての記憶を引き離しておくことができるでしょうか。

VII. 手段と目的の首尾一貫性

1. 手段と目的の様々な相違点について私たちは多くのことを語ってきました。そして、神聖な関係があなたに喜びだけをもたらすことができるようになるには、どのようにして手段と目的を一致させなければならないかについても語りました。[2] しかし、私たちはまた、「聖霊」の目標を果たすための手段は、「聖霊」の目的と同じ「源」から来るとも言いました。[3] このコースは非常に単純で直接的であるために、首尾一貫していないものは何もありません。[4] 一見したところ首尾一貫していないことや他の所に比べて難しいとあなたが思う箇所は、手段と目的がまだ一致していない領域を示しているにすぎません。[5] そして、これは非常な不快感を生み出します。[6] こうである必要はありません。[7] このコースはあなたにほとんど何も要求しません。[8] これほど僅かのことしか要求しないコース、あるいは、これよりもより多くのことを差し出すことができるコースを想像することは不可能です。

2. 罪から神聖性へと関係が突然変化した後に続く不快感の時期は、今ほとんど終わっているかもしれません。[2] あなたがまだどの程度それを体験しているかは、目的を変えた「聖霊」に手段を任せることをどの程度あなたが拒否しているかを表しています。[3] あなたはその目標を欲していることを認識しています。[4] あなたはまたその手段を受け容れる気持もあるのではないでしょうか。[5] あなたにその気持がないとすれば、首尾一貫していないのはあなたであることを認める必要があります。[6] 目的は手段によって達成されます。そして、もしもあなたが目的を欲するならば、そのための手段を欲する気持もなければなりません。[7] 誰かが、〝私は他の何よりもこれが欲しい。しかし、それを得るための手段を学びたいとは思わない〟と言ったとしたら、その人が誠実であると言えるでしょうか。

3. その目標を手に入れるために、「聖霊」はほとんど何も要求しません。[2]「聖霊」はその手段を与えるにあたってもほとんど何も要求しません。[3] 手段は目的にとって付随的なものです。[4] そして、あなたがためらうとき、それは目的があなたを怯えさせるからであって、手段がそうするのではありません。[5] これを覚えておいてください。というのは、さもなければ、あなたは手段が難しいと信じる過ちを犯すことになるからです。6 しかしながら、手段はただあなたに与えられるものであるとすれば、それが難しいということがあり得るでしょうか。7 手段は目的を保証するものであり、目的と完全に軌を一にしています。8 手段をもっと近くで見る前に、その手段は不可能であるとあなたが考えているとすれば、その目的に対するあなたの願望が揺るがされたのだということを思い出してください。9 というのは、目標が到達可能であるとするならば、そうするための手段も可能であるに違いないからです。

4. あなたの兄弟を罪がないと見ながら、それでいて、兄弟を肉体であると見なすことはまったく不可能です。2 これは神聖性の目標と完全に首尾一貫しているのではないでしょうか。3 というのは、神聖性は罪の影響が取り除かれた結果にすぎず、それによって、常に真実であったことが認識されるからです。4 罪のない肉体を見ることは不可能です。というのは、神聖性は肯定的なものであり、肉体は単に中立的だからです。5 肉体は罪深くもなければ罪がないということもありません。6 肉体は無であるというのがその本質であるために、「キリスト」の属性であれ、エゴの属性であれ、肉体に意味のある投資をすることはできません。7 いずれも過ちにならざるを得ません。というのは、両者共にその属性を、それがいることができない場所に置くことになるからです。8 そして、両者共に真実の目的のために解除されなければならなくなります。

5. 肉体はエゴが神聖でない関係を実在的なものに見せるための手段です。2 神聖でない瞬間は肉体の時間です。3 しかし、ここでの**目的**は罪です。4 それは幻想においてしか達成することはできません。したがって、肉体としての兄弟という幻想は神聖でない目的ときわめて調和がとれています。5 この首尾一貫性の故に、目的が大切にされている間は手段は疑問視されません。6 見ることは欲求に適応します。というのは、視力は常に願望に従属するからです。7 そして、もしもあなたが肉体を見るならば、あなたは価値判断を選んだのであって、ヴィジョンを選んだのではありません。8 というのは、ヴィジョンは関係と同じように序列をもたないからです。9 見えるか見えないかのどちらかです。

6. 兄弟の肉体を見る者は彼に価値判断を下したのであり、兄弟を見ていません。2 彼は実際には兄弟を罪深い者として見ているのではありません。彼は兄弟をまったく見ていません。3 罪の暗闇の中で兄弟は見えません。4 彼は暗闇の中で想像され得るだけであり、あなたが彼について抱く幻想が彼の実在にふさわしいものではないのはここにおいてです。5ここにおいては幻想と実在が分離されています。6ここにおいては、幻想が真実へと連れていかれることは決してなく、常に真実から隠されています。7そして、この暗闇においては、あなたの兄弟の実在は肉体として想像され、その肉体は他の肉体と神聖でない関係にあり、彼が死ぬ直前に罪の目的に奉仕するものとして想像されます。

7. この無益な想像とヴィジョンの間には確かに一つの違いがあります。2その違いは想像とヴィジョンにあるのではなく、その目的にあります。3両者共に手段にすぎませんが、それぞれの手段はそれぞれが使われている目的のために適切です。4いずれも他方の目的に役立つことはできません。というのは、それぞれが目的のために**選択されたもの**であり、目的のために使われているからです。5いずれもそれが意図されている目的がなければ無意味であり、その意図を離れた別なものとして尊重されることはありません。6手段が実在的に見えるのはその目標が尊重されているからです。7そして、目標が罪でなければ価値判断には価値はありません。

8. 肉体は価値判断を通してしか見ることはできないものです。2肉体が見えるということはあなたにはヴィジョンが欠如していることのしるしであり、「聖霊」が「彼」の目的に役立つようにとあなたに差し出す手段をあなたが否定したしるしです。3神聖な関係がいったいどのようにして罪という手段によって目的を達成することができるでしょうか。4価値判断はあなたが自分自身に教えたものです。ヴィジョンはあなたの教えを解除してくれる「聖霊」から学ぶものです。5罪を見ることができないが故に、「聖霊」のヴィジョンには肉体は見えません。6こうして、「聖霊」のヴィジョンはあなたを実在へと導きます。7あなたの神聖な兄弟は、彼が見えることはあなたの解放ですが、幻想ではありません。8暗闇の中で兄弟を見ようとしないでください。というのは、兄弟についてあなたが想像することは、そこでは実在的に見えるからです。9あなたは兄弟を閉め出すために目を閉じました。10あなたの目的はそのようなものでした。そして、この目的に意味があるように見える間は、それを達成するための手段は見る価値があるものとして評価され、したがって、あなたには見えないでしょう。

9. あなたの質問は、〝どうすれば肉体なしで兄弟を見ることができるだろうか〟であるべきではありません。2ただ、〝私は兄弟を罪のない者として見ることを本当に望んでいるだろうか〟とだけ聞いてください。3そして、その質問をするとき、兄弟に罪がないということは怖れからのあなたの脱出であることを忘れないでください。4救いが「聖霊」の目標です。5その手段はヴィジョンです。6というのは、見える者たちが見るものはまさに無罪だからです。7愛する者は価値判断することはできません。そして、彼が見るものは有罪判決から自由です。8そして、彼に見えるものは彼が作ったのではありません。というのは、それは見るために彼に与えられたものだからです。それは彼が見ることを可能にしたヴィジョンについても同じでした。

VIII. 無罪性のヴィジョン

1. ヴィジョンは、最初はちらりと見えるという形でやって来るでしょう。しかし、兄弟を無罪であると見るあなたに与えられるものが何であるかを示すには、それで十分でしょう。2真実はあなたの願望を通じてあなたに回復されます。それは他の何かに対するあなたの願望によって失われてしまったように、あなたの願望によって回復されます。3〝他の何か〟を尊重することによって閉じてしまった神聖な場所を開いてください。そうすれば、一度も失われたことがないものが静かに戻ってくるでしょう。4それはあなたのために安全に保管されていたのです。5仮に価値判断がなされなかったとしたならば、ヴィジョンは必要ではないでしょう。6今それをすべて解除することを望んでください。そうすれば、それはあなたのために解除されます。

2. あなたは自分の「帰属性」を知りたいと思わないでしょうか。2あなたの疑いを確実性と喜んで交換したくはないでしょうか。3自分から進んで悲惨さから解放され、再び喜びについて学びたくないでしょうか。4神聖な関係はこうしたことのすべてをあなたに差し出します。5それがあなたに与えられたように、その結果も与えられるでしょう。6そして、その神聖な目的があなたによって作られたのではないのと同じように、幸せな結末があなたのものとなるための手段もあなたから来るものではありません。7求めさえすればあなたのものとなるものを喜んでください。そして、あなたには手段か目的を作る必要があると考えないでください。8こうしたことのすべてが、あなたの兄弟を無罪であるとだけ見るあなたに与えられます。9こうしたことのすべてが、それを受け取りたいというあなたの願望を待って与えられます。10ヴィジョンは見ることを求める人々に自由に与えられます。

3.　あなたの兄弟の無罪性は輝く光の中であなたに与えられますが、それはあなたが「聖霊」のヴィジョンで見るために、そして、「聖霊」と共に喜ぶために与えられます。2というのは、安らぎは実在的な願望と誠実な目的をもってそれを求めるすべての人にやって来るからです。その目的は、「聖霊」と共有されたものであり、そして、救いが何であるかについて「聖霊」と意見を一つにするものでなければなりません。3そういうわけですから、「キリスト」があなたのヴィジョンの前に上昇し、あなたに喜びを与えてくれるように、あなたの兄弟を無罪であると見る気持をもってください。4そして、あなたの兄弟が何であるかについての幻想に兄弟を縛りつけている兄弟の肉体に、いかなる価値も置かないでください。5兄弟が自らを無罪であると見ることは、あなたの願望であるのと同じように、兄弟自身の願望でもあります。6そして、あなたの関係の中で「神の子」を祝福してください。また、兄弟の中に兄弟についてのあなたの解釈を見ないでください。

4.　「聖霊」は、「神の意志」によってあなたに与えられたものがあなたのものとなることを保証します。2これが今のあなたの目的であり、それをあなたのものにするヴィジョンが与えられる準備は整っています。3あなたには肉体が見えないことを可能にするヴィジョンがあります。4そして、あなたの兄弟を見るとき、あなたにはあなたの「父」を祭る祭壇が見え、それは「天国」のように神聖で、燦然とした純粋さに輝き、あなたがそこに置いた百合の花と共にきらきらと輝いています。5これよりも価値があると思えるものがあるでしょうか。6「神の子」にとって肉体のほうが良い家であり、安全な避難所であるとなぜあなたは思うのでしょうか。7なぜあなたは真実よりも肉体を見たいと思うのでしょうか。8どうして破壊のエンジンが好まれ、「聖霊」が差し出す神聖な家と取り替えるために選ばれるのでしょうか。しかも、その家には「聖霊」があなたと一緒に住むのです。

5.　肉体は弱さと、傷つきやすさと、力の喪失のしるしです。2そのような救い主があなたを助けることができるでしょうか。3苦しみの中にあって助けを必要としているとき、無力な人に助けを求めるでしょうか。4哀れなほどに小さな存在は、強さを求めて頼る存在として完璧な選択でしょうか。5価値判断はあなたの救い主を弱くするようです。6しかしながら、彼の強さを必要としているのは他ならぬあなたです。7いかなる問題も、いかなる出来事も、いかなる状況も、いかなる混乱も、ヴィジョンが解決できないものはありません。[8]ヴィジョンをもって見るとき、すべてのものは救われます。[9]というのは、これはあなたの視力ではなく、この視力の持ち主である「聖霊」が愛用する法則がヴィジョンと共にもたらされるからです。

6. ヴィジョンをもって見られるものはすべて、「聖霊」の静かで確かな視力によってもたらされる法則に従って、静かにしかるべき場所に落ち着きます。[2]「聖霊」が見るすべてのものの目的は常に確実です。[3]というのは、それは調整されていない形で見られ、「聖霊」の目的を果たすことに完璧に適しているがために、「聖霊」の目的を果たすからです。[4]「聖霊」の静かなまなざしの下で、破壊性は善良なものとなり、罪は祝福に変えられます。[5]修正する力をもたない肉体の目は何を知覚することができるでしょうか。[6]肉体の目はいかなる形であれ罪を見過ごすことができず、あらゆる場所に、あらゆるものの中に罪を見て、罪に適応します。[7]肉体の目を通して見れば、すべてのものはあなたの前で有罪判決を受けます。[8]あなたを救うことができるもののすべてを、あなたは決して見ることがありません。[9]あなたの救いの源である神聖な関係からは意味が奪われ、神聖な関係の最も神聖な目的からは達成するための手段が奪われてしまいます。

7. 価値判断は玩具であり、気まぐれであり、あなたの想像力の中で無益な死のゲームをするための無分別な手段にすぎません。[2]しかし、ヴィジョンがすべてのものを正しい状態に戻し、「天国」の法則の穏やかな支配のもとへと優しく連れていってくれます。[3]この世界は幻覚にすぎないことをあなたが認識したとしたらどうでしょうか。[4]自分がこの世界を作り上げたということをあなたが本当に理解したとしたらどうでしょうか。[5]この世界の中を歩き回り、罪を犯し、死に、自分自身を殺し、攻撃し、破壊するように見える人々がまったく実在していないということを認識したとしたらどうでしょうか。[6]これを受け容れたならば、あなたが見るものを信頼できるでしょうか。[7]そして、あなたはそれを見たいでしょうか。

8. 幻覚はその正体が認識されたとき姿を消します。[2]これは癒しであり、治療です。[3]信じなければ、幻覚はなくなります。[4]そして、あなたがする必要があるのは、幻覚を信じていたことを認識することだけです。[5]いったんこの単純な事実を受け容れ、幻覚に与えた力を自分に戻せば、幻覚から解放されます。[6]一つのことは確実です。幻覚は一つの目的を果たしています。そして、その目的がなくなったとき、幻覚は姿を消します。7したがって、問題はあなたが幻覚を欲するかどうかでは決してなく、常に、幻覚が果たしている目的を欲するかどうかです。8この世界は、それぞれが異なり、異なった価値をもつ数多くの目的を差し出しているように見えます。9しかしながら、皆同じです。10ここでも、序列はありません。ただ、一見したところ価値の序列があるように見えるだけです。

9. 二つの目的だけが可能です。2一つは罪であり、もう一つは神聖性です。3二つの間には何もありません。そして、どちらを選ぶかであなたに何が見えるかが決まります。4というのは、あなたに何が見えるかは、ただあなたがどのようにして目的を果たす選択をするかにかかっているからです。5幻覚は狂乱の目的を果たすのに役立ちます。6幻覚は手段であり、それによって内面から投影された外の世界が罪に適応して、罪の実在を証言しているように見えます。7外側には何も存在しないことはそれでもなお真実です。8しかしながら、無の上にあらゆる投影がなされます。9なぜなら、無がもっているすべての意味を〝無〟に与えるのはその投影に他ならないからです。

10. 意味をもたないものが知覚されることは不可能です。2そして、意味は常にそれ自身を発見するために内面を見つめ、それから、外を見ます。3こうして、あなたが外の世界に与える意味のすべては、あなたが内面で見たものを反映することになります。より適切な言い方をすれば、内面に見たかもしれないもの、あるいは、単にマイナスの価値判断をしたものを反映することになります。4ヴィジョンは「聖霊」があなたの悪夢を幸せな夢に翻訳するための手段です。すなわち、想像上の罪の恐ろしい結果のすべてをあなたに見せる途方もない幻覚を、静かで元気づけてくれる光景に翻訳する手段であり、「聖霊」がこれをやってくれます。5これらの優しい光景や音は、幸せの思いの中で見つめられ、喜びをもって聞かれます。6このヴィジョンは、エゴの目的があなたの恐怖におののく自覚にもたらした恐ろしい光景や悲鳴のすべてに対して「聖霊」が差し出す代替物です。7このヴィジョンは罪から一歩退いて思い出させてくれます。あなたを怯えさせるものは実在ではなく、あなたが犯した過ちは修正可能であることを思い出させてくれます。

11. 恐ろしく見えたものを見つめ、それが美しく平和な光景に変わるのを見たとき、暴力と死の場面を見て、それが大空の下に広がる庭の風景に変わるのを見たとき、しかもその庭の横を水が勢いよく踊るように流れる小川があって、小川の勢いは減ずることがなく、透明で生命を与える水が楽しそうに流れているのを見たとき、このヴィジョンの贈り物を受け取るようにとあなたを説得する必要があるでしょうか。2 そして、ヴィジョンの贈り物を受け取った後に、その後に必ずやって来るに違いないものを拒否することができる人がいるでしょうか。3 ほんの一瞬、これについて考えてみてください。あなたは「神」が「神の子」に与えられた神聖性を見ることができるのだということを考えてみてください。4 そして、あなたが見るべきものが他に何かあると考える必要はまったくありません。

第21章　理性と知覚

序論

1. 投影が知覚を作ります。2あなたに見える世界はあなたが世界に与えたものであり、それ以上の何ものでもありません。3しかし、それ以上のものではありませんが、それ以下のものでもありません。4したがって、それはあなたにとって重要です。5それはあなたのマインドの状態に対する証人であり、内側の状態が外側に写された写真です。6人は考えるのと同じような形で知覚します。7したがって、世界を変えようとはせずに、世界についてのあなたの気持を変えることを選択してください。8知覚は結果であって、原因ではありません。9そして、奇跡の難易度が無意味なのはこの理由によります。10ヴィジョンで見られるものはすべて癒されており、神聖です。11ヴィジョンなしで知覚されたものは何も意味しません。12そして、意味のない所には混沌があります。

2. 咎めはあなた自身に対するあなたの裁きであり、これをあなたは世界に投影します。2世界を咎められるべきものと見れば、あなたがそこに見るものは皆、あなたが「神の子」を傷つけるために行ったことだけです。3惨事や大災害が見えるならば、あなたは「神の子」を十字架にかけようとしたのです。4神聖性と希望が見えるならば、あなたは「神の子」を自由にする「神の意志」に加わったのです。5これらの二つの決断の間に横たわる選択はありません。6そして、あなたがした選択に対する証人を見て、それによってあなたがどちらを選択したかを認識することを学ぶでしょう。7あなたに見える世界は、あなたが自分の中にどれだけの喜びを見ることを自分に許し、それを自分のものとして受け容れることを許したかを示しています。8そして、もしもこれがこの世界の意味であるとすれば、世界に喜びを与える力はあなたの内部にあるに違いありません。

I. 忘れられた歌

1. 視力のない者たちに〝見える〟世界は想像されなければ

ならないということを決して忘れないでください。というのは、それが本当はどのように見えるかは、彼らには分からないからです。[2]彼らは永遠に間接的な証拠から、それがどのように見えるかを推論しなければなりません。そして、気づかなかったもののために躓いたり転んだりしながら、あるいは、閉まっていると思った戸が開いていたために怪我をすることなくそれを通り過ぎたりしながら、推論を再構築しなければなりません。[3]これはあなたも同じです。[4]あなたには見えません。[5]推論のためのあなたの手がかりは間違っています。そのために、気づかなかった石に躓いたり転んだりします。あなたは閉まっていると思っていたドアを通過できることに気づいていません。そのドアは、目の見えないあなたの目の前で開いていて、あなたを歓迎するべく待っています。

2. それとは逆に、見えるものを価値判断しようとすることはなんと愚かなことでしょうか。[2]世界がどのように見えるかを想像する必要はありません。[3]それが何であるかをあなたが認識する前にそれは見られなければなりません。[4]どのドアが開いているかをあなたに示すことは可能です。そして、どこが安全であるか、どの道が暗闇につながっているか、どの道が光につながっているかがあなたには見えます。[5]価値判断は常にあなたに間違った道順を教えますが、ヴィジョンはあなたにどこに行くべきかを示してくれます。[6]推測する必要があるでしょうか。

3. 苦痛を通して学ぶ必要はありません。[2]そして、優しいレッスンは喜びの中で獲得され、喜びをもって思い出されます。[3]あなたに幸せを与えてくれるものを、あなたは学びたいと思い、忘れたくはありません。[4]あなたが否定しようとするのはこれではありません。[5]あなたの疑問は、このコースを学ぶ手段が、約束している喜びをもたらしてくれるかどうかということです。[6]もたらしてくれるだろうとあなたが信じれば、それを学ぶことには何の問題もありません。[7]あなたはまだ幸せな学び手ではありません。なぜなら、ヴィジョンは価値判断よりも多くのものを与えてくれることにあなたは確信がもてないままであり、その両方をもつことはできないということを学んだところだからです。

4. 目が見えない者たちは彼らの世界に適応することによってその世界に慣れます。[2]彼らはその中でどう動けば良いかを知っていると考えています。[3]彼らはそれを学んだのですが、喜びに満ちたレッスンを通してではなく、自分には克服不可能であると信じた厳しくも必要な限界を通して学んだのでした。[4]そして、未だにこれを信じている彼らは、それらのレッスンを大切に思い、それにしがみついています。なぜなら、彼らには見えないからです。[5]彼らは自分を盲目にしているのはそのレッスンであるということを理解していません。[6]これを彼らは信じません。[7]したがって、彼らは彼らの想像力の中で〝見る〟ことを学んだ世界を保持し、選択できるのはそれか無のどちらかであると信じています。[8]彼らは苦痛を通して学んだ世界を憎んでいます。[9]そして、その世界の中にあると信じているもののすべてが、彼らは不完全であり苦々しくも剥奪されている存在であることを彼らに思い出させます。

5. 彼らは自分の人生そして自分がどこに住んでいるかをこのように定義し、自分がもっている僅かなものを失うことを恐れ、そうしなければならないと考えてそれに適応します。[2]そして、肉体を自分がもっているもののすべてであり、兄弟がもっているもののすべてであると見なす者たちは皆これと同じです。[3]彼らはお互いに手を差し伸べようとしては失敗し、さらに再び失敗します。[4]そして、彼らは肉体を保持することは自分がもっている僅かなものを安全に保つことであると信じて、孤独に適応します。[5]耳を傾けて、今、私たちが話すことを覚えているかどうか考えてください。

6. 耳を傾けてください。ひょっとすると、完全には忘れられていないずっと昔の状態の手がかりをつかむことができるかもしれません。おそらくはぼんやりとはしているかもしれませんが、まったくなじみがないわけではありません。それは、ずっと昔に題名を忘れてしまった歌のようで、それをどういう状況で聞いたのかも完全に忘れています。[2]その歌の全部は覚えていませんが、メロディーがほんの僅かだけ記憶に残っていて、それも、特定の人や場所、あるいは何かと結びついているわけでもありません。[3]しかし、その僅かの部分から、その歌がどんなに美しかったか、それを聞いた状況がどんなにすばらしかったか、そこにあなたと一緒にいてその歌を一緒に聞いた人たちをあなたがどんなに愛していたかは覚えています。

7. その音の調べは何でもありません。[2]しかしながら、あなたはそれをずっと大切にしてきました。それ自身のためではなく、その愛しさを思い出せばどうして涙が出るのかを、優しく思い出させてくれるものとして大切にしてきました。[3]あなたはこの調べを思い出すことができますが、それ以来学んだ世界を失うことを信じて恐れています。[4]しかし、あなたが学んだこの世界のいかなることも、これに比べたら半分ほどの大切さもないことをあなたは知っています。5耳を傾け、ずっと昔に知っていたこの古の歌を覚えているかどうか試してみてください。それ以来大事にするようにと自分に教えてきたどんなメロディーよりも、あなたはこの古の歌を大切にしてきたのです。

8. 肉体の向こうに、太陽や星の向こうに、あなたに見えるすべてのものを超えた場所でありながらなぜか見覚えのある所に、アーチ状の黄金の光があり、大きな輝く輪の中を見ると、そのアーチが延びていきます。2そして、その輪のすべてがあなたの目の前で光に満たされます。3輪の端が姿を消し、その中にあるものはもはやまったく封じ込められてはいません。4その光は広がり、すべてのものを覆い、無限へと延長され、永遠に輝き、どこにも切れ目はなく、限界もありません。5その中ではすべてのものが完璧な連続性において一緒になっています。6また、何かがその外側にあると想像することも不可能です。というのは、この光が存在しない場所はないからです。

9. あなたがよく知っている「神の子」のヴィジョンがこれです。2ここに「父」を知っている「神の子」が見えます。3ここにあなたが何であるかについての記憶があります。これの一部が、その内部にあるすべてのものと共に、すべてのものがあなたと一緒になっているのと同じくらい確実に、すべてのものと一緒になっています。4肉体を受け容れるのではなく、あなたにこれを示すことができるヴィジョンを受け容れてください。5あなたはこの古の歌を知っています。しかも、良く知っています。6「神の子」が今も彼の「父」に歌いかけるこの古の愛の讃歌ほど、あなたにとって大切なものはこれからも絶対にないでしょう。

10. そして今や、目の見えない者たちも見ることができます。というのは、彼らが「創造主」に敬意を表して歌うその同じ歌が、彼らをも讃えるからです。2彼らが作った盲目性はこの歌の記憶には抗しきれません。3そして、彼らは「神の子」のヴィジョンを見て、彼らが歌で讃美する人が誰であるかを思い出します。4これを思い出すことこそ奇跡ではないでしょうか。5そして、この記憶のない人などいるでしょうか。6一人の人の光はすべての人の光を目覚めさせます。7そして、あなたの兄弟の中に光を見るとき、あなたはすべての人のために思い出しています。

II. 視覚に対する責任

1. このコースを学ぶために、ごく僅かのことしか求められていないことを私たちは繰り返し述べてきました。2 あなたの関係の全体を喜びに変容するために必要なのも、それと同じくささやかな意欲です。それは、あなたが「聖霊」に差し出すささやかな贈り物です。その贈り物のために「聖霊」はあなたにすべてのものを与えてくれます。それは、ごく僅かのことであり、それに救いがかかっています。それはまた、マインドの僅かな変化であり、それによって十字架刑が復活へと変わります。3 それは真実であるがために非常に単純で、完全に理解されないはずがありません。4 それは拒絶されるかもしれませんが、曖昧ではありません。5 そして、あなたが今それと反対の選択をするとすれば、その理由はそれが不明瞭だからではなく、この僅かの代価が、あなたの価値判断においては、安らぎのために払うには大きすぎるように見えるからです。

2. ヴィジョン、幸せ、苦痛からの解放、罪からの完全な脱出、こうしたことのすべてを与えられるために、あなたがする必要があるのは次のことだけです。2 次のことを言いさえすれば良いのです。ただし、いかなる条件もつけずに本気で言わなければなりません。というのは、ここにこそ救いの力があるからです。

> 3 **私は何を見るかに関して責任があります。**
> 4 **私は体験する感情を選択します。達成したい目標に関して決断を下すのは私です。**
> 5 **そして、私に降りかかってくるように見えるすべてのことは私が求めていることであり、私は求めたようにそれを受け取ります。**

6 あなたに対してなされることを前にして、自分は無力であるとこれ以上自分自身を欺かないでください。7 これまで間違っていたということをただ認めてください。そうすれば、間違いの結果のすべてが姿を消すでしょう。

3. 「神の子」が外部の出来事によってただ追い立てられるということは不可能です。2「神の子」に起きる出来事が彼の選択でなかったということはあり得ません。3「神の子」の決断の力こそが、たまたま偶然に自分自身が置かれていると思うすべての状況の決定要因です。4 偶発的な事故や偶然は、「神」が創造されたものとしての宇宙の中においては不可能です。そして、その宇宙の外には何も存在しません。[5]苦しんでいるならば、あなたは罪が自分の目標であると決めたのです。[6]幸せであるならば、あなたは「神」に代わってあなたのために決断する「聖霊」に決断の力を与えたのです。[7]これはあなたが「聖霊」に差し出すささやかな贈り物ですが、これすらも、「聖霊」があなたにあなた自身に与えるようにと与えるものです。[8]というのは、あなたはこの贈り物によってあなたの救い主を解放するための力を与えられるからです。その結果、救い主はあなたに救いを与えることができるのです。

4. そのようなわけですから、このささやかな贈り物を出し惜しみしないでください。[2]それを差し控えれば、あなたが今見ている世界を維持することになります。[3]それをあげてしまえば、あなたに見えるすべてのものがそれと一緒に去っていきます。[4]それほど僅かなものの見返りとしてそれほど多くのものが与えられたことはかつてありません。[5]神聖な瞬間の中でこの交換が生み出され、維持されます。[6]ここにあなたがもたらしたいと望む世界にもたらしたくない世界があります。[7]そして、ここにおいて、あなたがもたらしたいと望む世界があなたに与えられます。なぜなら、あなたがそれを欲しているからです。[8]しかしながら、このためには、あなたが欲することの力がまず認識されなければなりません。[9]その弱さではなく、強さを受け容れなければなりません。[10]世界を作るに十分なだけの強さがある者はその世界を手放すことができるということ、そして、間違っていることを見て取る気持があるならば、修正を受け容れることができるということを知覚しなければなりません。

5. あなたに見える世界はあなたが正しかったと述べる意味のない証人であるにすぎません。[2]この証人は狂っています。[3]あなたがそれに証言陳述の訓練をしたのです。そして、この証人が証言をあなたに返したとき、あなたは耳を傾け、それが見たものは真実であると自分自身に納得させました。[4]あなたは自分自身に対してこれをしたのです。[5]これだけを見ても、あなたの〝見る〟という行動が依拠している理性的思考がいかに堂々巡りのものであるかということも見えます。[6]これはあなたに与えられたものではありません。[7]これはあなたに対する、そしてあなたの兄弟に対するあなたの贈り物でした。[8]そういうわけですから、自分から進んでそれを兄弟から取り返し、真実で置き換えることです。[9]そして、兄弟の中に変化を見るとき、その変化を自分自身の中に見ることがあなたにも許されます。

6. おそらくは、このささやかな捧げ物を与える必要性があなたには理解できないかもしれません。2 それならば、それが何であるかをもっと近くに寄って見てください。3 そして、きわめて単純に、その中に分離と救いの交換そのものを見て取ってください。4 エゴの本質のすべては、「神の子」に彼の意志とは無関係に様々なことが起こり得るという考えにすぎません。したがって、「神の子」に「創造主の意志」とは無関係に様々なことが起こり得るという考えです。「創造主の意志」は「神の子」自身の意志と切り離すことはできません。5 これが「神の子」が自分の意志と取り替えたものですが、これは永遠なるものに対する狂った反乱です。6 これは、「神の子」には「神」を無力にする力があり、それを自分自身のために奪って、「神」が彼のために意図されたものがなくなった状態に自分自身を置くという宣言です。7 これこそあなたが祭壇に祭り上げ、崇拝している狂った考えです。8 そして、これを脅かすものは何であれ、あなたの信頼を攻撃するように見えます。というのは、あなたの信頼はここに投資されているからです。9 あなたには信頼がないと考えないでください。というのは、これに対するあなたの信念と信頼はきわめて強いのですから。

7. 「聖霊」は神聖性に対する信頼と、それを簡単に見るためのヴィジョンをあなたに与えることができます。2 しかし、あなたはこれらの贈り物が属する祭壇を開いて贈り物を受け取れる状態にしておきませんでした。3 それらの贈り物があるべき場所に、あなたは他の何かのための偶像を設置しました。4 この他の〝意志〟に対して、この意志はあなたに何をしなければならないかを告げるようですが、あなたは実在を与えています。5 そして、それとは別のことをあなたに告げるものは、したがって、非実在的に見えることになります。6 あなたが依頼されていることは真実のための場所を作ることだけです。7 あなたは理解できないものを作ったり、理解できないことをしたりすることを依頼されてはいません。8 あなたが依頼されていることは**それを入れてあげる**ことだけです。それ自身で自然に起こることを妨害することをやめ、あなたがあげてしまったと思っていたものの存在を再び認識することだけです。

8. 一瞬の間、あなたの祭壇をあなたがそこに置いたものから解放する気持になってください。そうすれば、そこに本当にあるものを見逃すことはできません。2 神聖な瞬間は創造の瞬間ではなく、認識の瞬間です。[3]というのは、認識はヴィジョンと停止された価値判断からやって来るからです。[4]こうしてはじめて、内面を見て、そこにあるに違いないものを見ることが可能となります。それはそこにはっきりと見え、推論と価値判断から完全に独立して存在しています。[5]解除することはあなたの任務ではありませんが、解除を歓迎するかしないかはあなた次第です。[6]信頼と願望は共に手を取り合って進みます。というのは、誰でも自分が望むものを信じているからです。

9. 希望的な観測はエゴが欲するものを自分のものとするために使う方法であると私たちは既に述べました。[2]これほど、その目標を実在的で可能に見せるための、願望することの力、したがって、信頼の力を見事に実証するものはありません。[3]非実在的なものに対する信頼は、実在を狂乱の目標に合わせるために調整することにつながります。[4]罪の目標はその目的を正当化するために恐ろしい世界の知覚を誘発します。[5]あなたが願望するものがあなたには見えます。[6]そして、もしもその実在が偽りのものであったとしても、それをそのようなものにするためにあなたが導入したすべての調整に気づかないことによって、それを支持します。

10. ヴィジョンが否定されるとき、原因と結果の混同は不可避的になります。[2]今や、目的は結果の原因を不明瞭に保つことになり、結果を原因のように見せます。[3]結果のこの外見的な独立性によって、結果はそれ自体で独立しているように見なされ、結果を作ったものが自分で作ったと考えている出来事や感情の原因として役立つ能力があると見なされることになります。[4]私たちは前に、あなた自身の創造主を創造し、彼の子ではなく父になりたいというあなたの願望について語りました。[5]これはそれと同じ願望です。[6]「子」は結果ですが、彼の「原因」を子は否定するでしょう。[7]したがって、彼はまさに原因であるように見え、実在的な結果を生み出しているように見えます。[8]原因なしに結果を生み出すことができるものはありません。そして、この二つを混同すれば両者を理解することに失敗するだけです。

11. あなたは自分自身を創造しなかったと認識することが必要であるのと同程度に、あなたに見える世界はあなたが作ったということを認識する必要があります。[2]**それらは同じ間違いです**。[3]あなたの「創造主」によって創造されなかったものは何であれ、あなたに対していかなる影響力ももつことはありません。[4]そして、あなたが作ったものが、何を見るべきか、何を感じるべきかをあなたに命令することができると考えるならば、そして、あなたが作ったものがそうする能力にあなたが信頼を置くならば、あなたはあなたの「創造主」を否定し、あなたが自分自身を作ったと信じています。5というのは、あなたが作った世界がそれ自身の意志に合わせてあなたを作る力をもっていると考えているとすれば、あなたは「子」と「父」、すなわち、結果と「源」を混同しています。

12. 「神の子」の創造物は彼の「父」の創造物と似ています。2しかし、それらを創造するにあたって、「神の子」は「源」から独立していると自分自身を騙すことはしません。3「源」との結合が「神の子」の創造の源です。4これを離れては、彼には創造する力はなく、彼が作るものは無意味です。5それは創造において何ものも変えることはなく、それを作った者の狂気に完全に依存し、その狂気を正当化するのに役立ちません。6あなたの兄弟はこの世界をあなたと一緒に作ったと考えています。7こうして、彼は創造を否定します。8あなたもそうですが、彼が作った世界が彼を作ったと兄弟は考えています。9こうして、兄弟は自分が世界を作ったことを否定します。

13. しかしながら、真実はと言えば、あなたとあなたの兄弟は共に愛に満ちた「父」によって創造されたのです。「父」はあなた方を一緒に創造され、一つのものとして創造されました。2それとは逆であることを証明するものが見えれば、あなたはあなたの実在のすべてを否定することになります。3しかし、あなたとあなたの兄弟の間に介在し、あなた方を互いに分離させ、あなたの「父」から分離させているすべてのものは、あなたが密かに作ったものであることを認めるならば、解放の瞬間があなたに訪れたのです。4その結果はすべて消えてしまいます。なぜなら、その源が暴露されたからです。5あなたを囚人にしておくのは、それが源から一見独立しているように見えることです。6これは、あなたがあなたを創造した「源」、そして、あなたが一度も離れたことのない「源」から独立していると考えるのと同じ間違いです。

III. 信頼、信念、そして、ヴィジョン

1. 特別な関係はすべて罪を目標としています。2というのは、特別な関係は実在との取引であり、それに向かって外見的な結合が調整されるからです。3次のことを忘れない

でください。取引することは制限を設けることであり、あなたと制限された関係をもつ兄弟を誰であれ、あなたは憎みます。[4]あなたは〝公正さ〟の名においてその取引を維持しようとするかもしれません。そして、時には自分自身に支払いを要求し、おそらく、より多くの場合、相手に支払いを要求するでしょう。[5]こうして、〝公正さ〟において、あなたは関係の目的を受け容れたことから来る罪悪感を和らげようとします。[6]「聖霊」が関係の目的を「彼」にとって有用なものにし、あなたにとって無害なものとするために変えなければならない理由はここにあります。

2. この変化を受け容れるならば、あなたは真実の場所を作るという考えを受け容れたのです。[2]罪の**源**は消えてなくなります。[3]あなたは罪の結果をまだ体験していると想像するかもしれませんが、それはあなたの目的ではなく、あなたはもはやそれを欲しません。[4]誰も目的を望んでいる間は、それが他のものによって取って代わられることを許しません。というのは、マインドが受け容れる目標ほど大切にされ、守られるものはないからです。[5]これにマインドは従うでしょう。不承不承、あるいは、楽しげに従うでしょう。しかし、常に信頼をもって、更に、信頼が必ずもたらすねばり強さをもって従うでしょう。[6]信頼が罪の中に置かれれば、信頼の力が認識されることは決してありません。[7]しかし、愛の中に置かれるならば、信頼の力は常に認識されます。

3. 信頼が山をも動かすことができるということがなぜあなたにとって奇妙なのでしょうか。[2]これはそのような力にとってはまったくささやかな偉業にすぎません。[3]というのは、信頼は「神の子」が自分は鎖に繋がれていると信じている限り、「神の子」を鎖に繋いでおくことができるからです。[4]そして、「神の子」が鎖から解放されるとき、その理由は単に彼がもはや鎖を信じることなく、鎖が彼を押さえつけることができるという信頼を引っ込めて、代わりに信頼を自由の中に置くからです。[5]等しい信頼を正反対の方向に置くことは不可能です。[6]罪に与える信頼の分だけ、神聖性から信頼が奪われます。[7]そして、神聖性に差し出す分だけ、信頼が罪から取り除かれます。

4. 信頼と信念とヴィジョンは、神聖性の目標に到達するための手段です。[2]これらのものを通して、「聖霊」はあなたを実在の世界に導き、あなたの信頼が置かれていたあらゆる幻想からあなたを遠ざけます。[3]これが「聖霊」の方向です。「聖霊」が常に見ている唯一の方向です。[4]そして、あなたが道から外れたとき、「聖霊」はあなたにただ一つの方向しかないことを思い出させます。[5]「聖霊」の信頼と信念とヴィジョンはすべてあなたのためにあります。[6]そして、あなたの信頼と信念とヴィジョンの代わりに、「聖霊」の信頼と信念とヴィジョンを完全に受け容れたとき、あなたはもはやそれらを必要とはしなくなります。[7]というのは、信頼とヴィジョンと信念は確実性の状態に到達するまでの間だけ有意味だからです。[8]「天国」においてはそれらのものは知られていません。[9]しかしながら、それらのものを通して「天国」に到達します。

5.「神の子」が信頼しないということはあり得ませんが、信頼をどこに置くかを選択することはできます。[2]信頼しないということは信頼の欠如ではなく、無に対する信頼です。[3]幻想に与えられた信頼には力がないわけではありません。というのは、それによって「神の子」は自分が無力であることを信じるからです。[4]こうして、「神の子」は自分自身を信頼しませんが、自分自身についての幻想に対する信頼には強いものがあります。[5]というのは、信頼と知覚と信念を、確実性を失い、罪を発見するための手段としてあなたは作ったからです。[6]この狂った方向はあなたの選択でした。そして、あなたが選択したものに対する信頼によって、あなたは自分が望むものを作りました。

6.「聖霊」は、あなたがそれによって罪を探し求めた罪のための手段のすべてを活用します。[2]しかし、「聖霊」がそれらの手段を使うと、それらは罪から逸れていきます。なぜなら、「聖霊」の目的は反対方向にあるからです。[3]「聖霊」にはあなたが用いる手段は見えますが、あなたがそれらを作った目的は見えません。[4]「聖霊」はそれらの手段をあなたから奪うことはしません。というのは、「聖霊」はあなたのために意図することのための手段として、それらのものを見るからです。[5]あなたはあなたの兄弟の間で選択し、彼らと一緒に罪を探し求めるために知覚を作りました。[6]「聖霊」は知覚を、神聖な関係のヴィジョンだけがあなたが本当に見たいものであることを教えるための手段と見なします。[7]それから、あなたはあなたの信頼を神聖性に与え、神聖性を願望し、あなたの願望の故に神聖性を信じます。

7. かつて罪のために奉仕したすべての手段が今や神聖性の方に再び方向づけられるにつれて、信頼と信念がヴィジョンに結びつけられます。[2]というのは、あなたが罪であると考えるものは制限であり、あなたが肉体に制限しようとしている者をあなたは恐れているが故に憎むからです。[3]彼をゆるすことを拒否するとき、あなたは彼に有罪判決を下し、肉体に縛りつけます。なぜなら、罪のための手段はあなたにとって大切だからです。[4]したがって、肉体にはあなたの信頼と信念が置かれています。[5]しかし、神聖性はあなたの兄弟を解放し、怖れを症状としてではなくその源において除去することによって、憎しみを除去します。

8. 兄弟を肉体から解放する人々が怖れをもつことはあり得ません。[2]彼らはすべての制限の除去を許すと選択することによって、罪のための手段を放棄しました。[3]彼らが神聖性の中にいる兄弟を見ることを願うとき、彼らの信念と信頼の力は肉体の遙か彼方を見て、ヴィジョンを妨害する代わりに支持します。[4]しかし、彼らは最初に彼らの信頼がどれほどまでにこの世界に対する彼らの理解を制限していたかを認識する選択をしました。そしてそれから、別な見方を仮に与えられたら、信頼の力を別な場所に置きたいと願ったのでした。[5]この決断に次いで起こる奇跡もまた信頼から生まれます。[6]というのは、罪から目を逸らすことを選択する者は皆ヴィジョンを与えられ、神聖性へと導かれるからです。

9. 罪を信じる人々は「聖霊」は犠牲を求めていると考えているに違いありません。というのは、**彼らの**目的はこのようにして達成されると彼らは考えるからです。[2]兄弟よ、「聖霊」は犠牲が何ももたらすことはないことを知っています。[3]「聖霊」はいかなる取引もしません。[4]そして、「聖霊」を制限しようとすれば、「聖霊」を憎むことになります。なぜなら、あなたは恐れているからです。[5]「聖霊」があなたに与えた贈り物は、「天国」のこちら側にあるいかなるものにも勝るものです。[6]それを認識する瞬間が間近に迫っています。[7]あなたの自覚を既に一緒になっているものと一緒にしてください。[8]あなたの兄弟にあなたが与える信頼がこれを達成することができます。[9]というのは、この世界を愛する「聖霊」があなたに代わって、この世界を一点の罪の汚点もないものとして、「天国」と同じように美しく見せる罪のなさの中でこの世界を見ているからです。

10. 犠牲に対するあなたの信頼は、あなたの目から見ると犠牲に偉大な力を与えました。ただし問題は、そのためにあなたは見えないということにあなたが気づいていないことです。[2]というのは、犠牲は肉体が払わなければならないからです。しかも、他の肉体が払わなければならないからです。[3]マインドはそれ自体ではそれを求めることも受け取ることもできません。[4]肉体も同様にそうすることはできません。[5]その意図はマインドにあり、マインドは肉体を利用してマインドが信じる罪のための手段を遂行しようとします。6 こうして、マインドと肉体の結合は罪を尊重する人々の不可避的な信念となっています。7 したがって、犠牲は必ず制限の手段であり、それ故に、憎しみの手段です。

11. 「聖霊」がこれに関心があるとあなたは思うでしょうか。2「聖霊」は、あなたをそこから連れ出そうとしているものをあなたに与えることはありません。3「聖霊」はあなたに良かれと思ってあなたから奪うとあなたは考えます。4 しかし、〝良い〟と〝奪うこと〟は正反対であり、いかなる形であれ有意義に結合することはできません。5 それは、月と太陽は夜と昼にやって来るが故に一つであり、したがって一緒にされなければならないと言うようなものです。6 しかし、その内の一つが見えるということは、もう一つのほうが視界から消えたことのしるしです。7 また、光を与えるものが、他のものに見られるために暗闇に依存するものと一つになることは不可能です。8 いずれも他の犠牲を要求はしません。9 しかし、他の不在にそれぞれが依存していることは確かです。

12. 肉体は罪に対する犠牲として作られ、暗闇の中では今でもそのように見られています。2 しかし、ヴィジョンの光の中では肉体はまったく異なった目で見られます。3 あなたは肉体が「聖霊」の目標に奉仕することを信頼し、目の見えない者たちが見えるようにするための手段として奉仕する力を肉体に与えることができます。4 しかし、彼らが見るとき、あなたと同じように肉体を通り越して見ます。5 あなたが肉体に与えた信頼と信念はその向こうに属します。6 あなたは知覚と信念と信頼をマインドから肉体へと与えました。7 知覚と信念と信頼を、それらを生み出したものに返すことです。そうすれば、それらを生み出したものは自らが作ったものから自らを救うために知覚と信念と信頼をまだ使うことができます。

IV. 内面を見ることへの怖れ

1. あなたは罪深いと「聖霊」が教えることは決してありません。2 過ちを「聖霊」は修正しますが、これによって誰も怖れを抱くことはありません。3 あなたは内面を見ることを本当に恐れ、そこにあるとあなたが考えている罪を見ることを恐れています。4 このことを認めることをあなたは恐れません。5 罪と関連した怖れをエゴはきわめて適切なものであると見なし、満足そうに微笑みます。6エゴはあなたに恥を感じさせることをまったく恐れていません。7エゴは罪に対するあなたの信念と信頼を疑っていません。8エゴの神殿はこれ故に揺らぐことはありません。9罪がそこにあるというあなたの信頼は、それがそこにあって見えて欲しいという願望を証言しているにすぎません。10これは怖れの源であるように見えるだけです。

2. エゴは一人ではないことを思い出してください。2エゴの規則は緩められ、未知の〝敵〟をエゴは見ることすらできませんが、恐れています。3内面を見てはならないとエゴは大声であなたに命令します。というのは、もし内面を見れば、あなたの目は罪の上に止まり、「神」に打たれて盲目になってしまうから、というわけです。4あなたはこれを信じます。したがって、見ることをしません。5しかしながら、これはエゴの隠された怖れでもなければ、エゴに奉仕するあなたの怖れでもありません。6本当に大声でエゴはそうであると主張します。あまりにも大声で、あまりにも頻繁にそう主張します。7というのは、この不断の叫び声と逆上した宣言の背後には、エゴがそうであると確信していない事実が隠されているからです。8罪の故に内面を見ることを恐れる気持の下にもう一つ別な怖れがあります。これはエゴをふるえさせる怖れです。

3. あなたが内面を見てまったく罪が見えなかったとしたらどうでしょうか。2この〝恐ろしい〟疑問は、エゴが決して発することのないものです。3そして、その疑問を今発するあなたは、エゴの防御体系全体をあまりにも深刻に脅かしているために、エゴはあなたの友達である振りをする気持にすらなれません。4兄弟と一緒になった人々は、彼らの帰属性がエゴにあるという信念から自分自身を切り離しています。5神聖な関係は、真実の中のあなたの一部であるものとあなたが一緒になる関係です。6そして、罪に対するあなたの信念は既に揺らいでおり、また、内面を見てそこに罪が見えないことに対して、心の準備がまったくないわけではありません。

4. あなたの解放はまだ部分的であるにすぎません。まだ制限されており不完全ですが、あなたの内部に生まれています。2完全には狂気の状態にないために、あなたは自分の狂気の大部分を見つめ、その狂気を認識しようとしてきました。3あなたの信頼は内面へと動いており、狂気を過ぎて理性へと向かっています。4そして、あなたの理性があなたに告げることをエゴは聞こうとはしません。5「聖霊」の目的は、エゴが知らないあなたのマインドの一部によって受け容れられました。6 あなたのマインドのこの部分は、あなたもエゴ同様に知りませんでした。7 しかしながら、あなたが今や帰属意識を感じるこの部分は、それ自身を見ることを恐れていません。8 それは罪をまったく知りません。9 そうでなければ、「聖霊」の目的をそれ自身の目的と見なす気持になることはできなかったでしょう。

5. この部分は、時が始まって以来あなたの兄弟を見てきましたが、兄弟を完全に認識してきました。2 そして、兄弟と一緒になって、かつてそうであったように自由になること以外には何も願望しませんでした。3 それは自由の誕生をずっと待っていました。すなわち、解放の受容があなたに訪れるのを待っていたのです。4 そして、今やあなたは「聖霊」の目的と一緒になったのはエゴではないことを認識しています。したがって、他に何かがあるに違いありません。5 それは狂気であると考えないでください。6 というのは、理性はそれは狂気であるとあなたに告げるからです。そして、その考えはあなたが既に学んだことの完全な帰結です。

6. 「聖霊」が教えることには首尾一貫性の欠如はまったくありません。2 これは正気な者の理性的思考です。3 あなたはエゴの狂気を知覚し、それを恐れることはありませんでした。なぜなら、あなたはその狂気を共有することを選択しなかったからです。4 時として、それは未だにあなたを欺きます。5 しかしながら、比較的正気の瞬間には、それが怒鳴り立ててもあなたの心に恐怖が生まれることはありません。6 というのは、内面を見たいという〝生意気な〟欲求に激怒してエゴが引っ込める贈り物のすべてを欲しくないことにあなたは気づいたからです。7 いくつかの残っている飾り物がまだ輝いているように見えて、あなたの注意を引くように思われます。8 しかし、あなたはそれらのものを手に入れるために「天国」を〝売ろう〟とはしないでしょう。

7. そして、今やエゴは本当に恐れています。2 しかし、エゴが恐れおののいて聞くものを、マインドの他の部分は最も甘美な音楽として聞きます。すなわち、エゴがはじめてあなたのマインドの中に入って以来、聞くことを切望していた歌として聞きます。3 エゴの弱点はマインドの他の部分の強さです。4 別な世界を賞讃する歌である自由の歌は、それに安らぎの希望をもたらします。5 というのは、それは「天国」を覚えており、「天国」が遂に地上にやって来たことが今見えるからです。マインドのこの部分はエゴの規則によって「天国」から非常に長い間閉め出されてきました。6「天国」は地上におけるあなたの関係の中に家を見つけたが故にやって来ました。7そして、地上は「天国」が「天国」のものとして与えられたものをもはや保持することはできません。

8. 優しくあなたの兄弟を見て、エゴの弱点はあなた方二人の視覚の中で暴露されることを思い出してください。2エゴが別々にしておきたいと望むものが出会い、一緒になり、エゴを恐れることなく見つめます。3罪のない幼い子どもよ、確実性に至る道に喜んで従ってください。4確実性は疑いの中にあるという怖れの狂気の主張によって押しとどめられないでください。5これには何の意味もありません。6それがいかに声高に宣言されようと、あなたにとって重要でしょうか。7分別のないことが繰り返しと要求の叫び声によって有意味なものになることはありません。8静かな道は開かれています。9喜んでそれに従ってください。真実であるに違いないものを疑問視しないでください

V. 理性の機能

1. 知覚は選択します。そして、あなたが見る世界を作ります。2知覚はマインドの指示に従って文字通り世界を選びます。3大きさと形と明るさの法則は、他のものが等しければ適用されるでしょう。4他のものは等しくありません。5というのは、探しているもののほうが見過ごしたいと思っているものよりも発見される確率は遥かに高いからです。6「神」を代弁する静かで小さな声は、その声を聞きたい人たちに対してエゴが騒々しく悲鳴をあげ、無分別なたわごとを言ってもかき消されることはありません。7知覚は選択であって事実ではありません。8しかし、この選択にはあなたが現在気づいているよりも遥かに多くのことが依存しています。9というのは、あなたが聞くことを選択する声に、そして、あなたが見ることを選択する光景に、あなたが何であるかについてのあなたの信念の全体がかかっているからです。10知覚はこれに対する証人にすぎず、決して実在の証人ではありません。11しかしながら、知覚は実在についての自覚が可能な状況、あるいは、それが可能でない状況をあなたに示すことができます。

2. 実在が実在であるためにはあなたの協力は必要ではありません。2しかし、実在についての自覚はあなたの助けを必要としています。なぜなら、それはあなたの選択だからです。3エゴが言うことに耳を傾け、エゴが見るように指

示するものを見れば、自分自身を非常に小さく、傷つきやすく、恐れているものとして見るであろうことは確実です。[4]あなたは鬱状態と、無価値感と、はかなさ、そして、非実在の感情を体験するでしょう。[5]あなた自身の支配を遥かに超越した、あなたよりも遥かに強力な力の無力な餌食であると信じるでしょう。[6]そして、あなたが作った世界があなたの運命の方向を決めると考えるでしょう。[7]というのは、これはあなたが信頼することだからです。[8]しかし、信頼することが実在を作るとは決して信じないでください。

3. もう一つのヴィジョンともう一つの「声」があり、その中にあなたの自由があり、あなたの選択をただ待っています。[2]そして、あなたの信頼を「それら」の中に置けば、あなたの中にもう一人の自己を知覚するでしょう。[3]このもう一人の自己は奇跡を自然であると見なします。[4]呼吸が肉体にとって自然であるように、その自己にとって奇跡は単純で自然なものです。[5]奇跡は助けを求める呼び声に対する明白な反応であり、その自己が示す唯一の反応です。[6]奇跡はエゴにとっては不自然に見えます。なぜなら、別々なマインドがどのようにしてお互いに影響を及ぼすことができるか、エゴには理解できないからです。[7]そして確かに、別々なマインドにはそれはできません。[8]しかし、マインドが別々であることはあり得ません。[9]このもう一人の自己はこれを完璧に自覚しています。[10]それ故に、奇跡は他者のマインドに影響を及ぼすことはなく、自分のマインドにだけ影響を及ぼすことを認識しています。[11]奇跡は常にあなたのマインドを変えます。[12]奇跡が変える他のマインドは存在しません。

4. 分離の考えがどの程度まで理性を妨害してきたか、その全容にあなたは気づいていません。[2]理性はあなたが自覚から切り離したもう一人の自己の中にあります。[3]そして、あなたが自覚の中にとどまることを許したもので理性的思考が可能なものはありません。[4]理性が欠けているマインドの一部が、理性が何であるかを理解し、理性が提供する情報を把握できるはずがありません。[5]あらゆる種類の疑問がその中に生じるかもしれませんが、基本的な質問が理性に発しているならば、その質問をすることはないでしょう。[6]理性に発するものがすべてそうであるように、基本的な質問は明白であり、単純であり、問われることはありません。[7]しかし、理性がそれに答えることができないとは考えないでください。

5. あなたの救いのための「神」の計画は、あなたの意志と同意なしに確立することは不可能でした。2それは「神の子」によって受け容れられたに違いありません。というのは、「神」が「神の子」のために意図されることは、「神の子」は受け取らなければならないからです。3というのは、「神」は彼から離れて意図されることはなく、「神」の計画が達成されることを「神の意志」が時間に従って待つこともないからです。4したがって、「神の意志」と一緒になったものは永遠であるが故に、今あなたの中にあるに違いありません。5あなたは「聖霊」が住むことができて、「聖霊」がいるための場所を取っておいたに違いありません。6「聖霊」の必要性が生じ、その同じ瞬間にその必要性が満たされたときから、「聖霊」はそこにいたに違いありません。7耳を傾ければ、あなたの理性はこのようにあなたに告げるでしょう。8しかしながら、それがエゴの理性的思考でないことは明らかです。9あなたの理性がエゴとは異質であることは、あなたがそこには答えを見つけることはないであろうことの証拠です。10しかしながら、そうでなければならないとすれば、それは存在するに違いありません。11それがあなたのために存在するならば、そして、あなたの自由がその目的として与えられているのであれば、あなたはそれを自由に発見できるに違いありません。

6.「神」の計画は単純であり、決して堂々巡りであることはなく、自滅的でもありません。2「神」には「自己」を延長する以外にいかなる「思い」もありません。そして、このことにはあなたの意志も含まれなければなりません。3このようなわけですから、「神の意志」を知っていて、それを共有しているあなたの一部があるに違いありません。4そうであるに違いないものがそうであるかどうかを聞くのは意味のあることではありません。5しかし、そうであるところのものをなぜあなたが自覚していないのかを聞くことには意味があります。というのは、あなたの救いのための「神」の計画が完全であるならば、これには答えがなければならないからです。6そして、それは完全であるに違いありません。なぜなら、その「源」は不完全を知らないからです。

7.答えは「源」以外のどこにあるでしょうか。2そして、あなたはこの同じ答えがあるその場所以外のどこかにいるということがあるでしょうか。3その答えと同様にこの同じ「源」の真の「結果」であるあなたの「帰属性」は、したがって、その答えと一緒であり同じであるに違いありません。4確かにあなたはこれを知っています。そして、これだけでなく、それ以上のことを知っています。5しかしながら、知識のどの部分も知識のすべてと同程度に分断を脅かします。6 そして、知識のすべてがどの部分とであれ一緒についてきます。7 ここにあなたが受け取ることができる部分があります。8 理性が指し示すものがあなたには見えます。なぜなら、そのための証言は明確だからです。9 完全に狂気に犯されている者だけがその証言を無視することができます。そして、あなたはこの段階を既に通り過ぎています。10 理性は、それ独自の力で「聖霊」の目的に奉仕する一つの手段です。11 理性は、他のもののように、罪の目標という観点から再解釈されることはなく、方向を変えられることもありません。12 というのは、理性はエゴの手段の範囲を超えた所にあるからです。

8. 信頼と知覚と信念は間違った場所に置かれる可能性があります。そして、真実だけでなく偉大な詐欺師が必要とすることに奉仕する可能性があります。2 しかし、理性は狂気の中にはまったく居場所はなく、狂気の目的に合わせて調整することも不可能です。3 信頼と信念は狂気において強く、知覚をマインドが大切にしてきたものの方へと導きます。4 しかし、理性はこれにはまったく加わりません。5 というのは、理性が適用されれば、知覚は直ちに消え去ってしまうからです。6 狂気に理性はありません。というのは、狂気は理性の欠如に完全に依存しているからです。7 エゴは決して理性を使いません。なぜなら、理性が存在することにエゴは気づいていないからです。8 部分的に狂気の者たちは理性にアクセスできます。そして、彼らだけが理性を必要としています。9 知識は理性に依存しておらず、狂気は理性を閉め出しています。

9. 理性があるマインドの部分は、あなたの「父の意志」と結合したあなたの意志によって、狂気を解除することに捧げられました。2 ここでは「聖霊」の目的が、同時に受け容れられ、達成されました。3 理性は狂気とは異質のものであり、理性を使う人々は罪に適用することのできない手段を獲得したのです。4 知識はいかなる種類の達成をも遥かに超えた所にあります。5 しかし、理性はあなたが知識に反抗して閉めたドアを開くのに役立ちます。

10. あなたはこれの非常に近い所まで来ています。2 信頼と信念は移動して、あなたはエゴが決して発することのない質問を発しました。3 その質問はあなたが知らない何かでありながらあなたに属するに違いないものから来たに違いないことを、理性は今あなたに告げるのではないでしょうか。4 理性に支持された信頼と信念は、必ず知覚の変化につながります。5 そして、この変化の中にヴィジョンのためのスペースが作られます。6ヴィジョンはそれ自身を超えて延長されますが、ヴィジョンが果たす目的も、ヴィジョン達成のための手段のすべてもそうです。

VI. 理性対狂気

1. 理性には罪は見えませんが過ちは見ることができ、過ちの修正を導きます。2理性は過ち自体を尊重はしませんが、過ちの修正は尊重します。3理性はまた、あなたが罪を犯していると考えるときには助けを求めると良いと教えます。4しかしながら、助けをあなたが受け容れなければ、あなたはその助けはあなたが与えるものであることを信じないでしょう。5したがって、あなたは助けを与えず、その信念を維持することになります。6というのは、修正されない過ちはいかなる種類のものであれ、あなたの中にある修正の力についてあなたを欺くからです。7修正することができるのに理性に修正することを許さなければ、あなたは理性を自分自身に対して、また、あなたの兄弟に対して否定することになります。8そして、兄弟がこの同じ信念を分かち合うならば、あなた方は共に地獄に落とされるだろうと考えるでしょう。9これについては兄弟もあなたも免れるようにすることができます。10というのは、理性はあなただけに修正の道を開くことはしないからです。

2. 修正は、兄弟がいなければ、あなたによって受け容れられることも拒否されることも不可能です。2罪はそれは可能であると主張するでしょう。3しかし、理性は兄弟や自分自身を罪深いものと見ながら、他の人々には罪がないと見ることは不可能であると教えます。4自分自身を有罪であると見ながら、罪のない世界を見ることができる者がいるでしょうか。5そして、罪深い世界を見ながら、自分自身がそれから離れていると見ることができる者がいるでしょうか。6罪はあなたとあなたの兄弟は別々であるに違いないと主張するでしょう。7しかし、これは間違っているに違いないと理性は教えます。8あなたとあなたの兄弟が一緒になっているとすれば、あなたが自分だけの思いをもつということがいったい可能でしょうか。9そして、あなたの思いのようにしか見えないものの中に入ってくる思いが、あなたのものである思いにまったく影響を及ぼさないということがいったいあり得るでしょうか。10マインドが一緒になっているとすれば、これは不可能です。

3. 「神」は「神の子」がいなければお考えになることはない

のと同じように、誰も自分自身のためにだけ考えることはできません。2「神」と「神の子」が共に肉体の中にいるとするならば、その時はじめてこれが可能でしょう。3また、肉体がマインドでなければ、一つのマインドがそれ自身のためにだけ考えることは不可能です。4というのは、肉体だけが別々であることができ、したがって、非実在だからです。5狂気の家が理性の家であることはできません。6しかし、理性が見えれば、狂気の家を離れることは簡単です。7あなたはどこか別な場所に行くことによって狂気を離れるのではありません。8あなたは狂気があった場所でただ理性を受け容れることによって狂気のもとを去ります。9狂気と理性は同じものを見ますが、彼らがそれを異なった目で見ることは確実です。

4. 狂気は理性に対する攻撃であり、理性をマインドから追い出し、それに取って代わります。2理性は攻撃しませんが、静かに狂気に取って代わり、狂気の人がそれに耳を傾ける選択をすれば、狂気を取り除きます。3しかし、狂気の人々は自分の意志を知りません。というのは、彼らは自分の肉体を見ていると信じ、肉体は実在的であると狂気が自分に教えることを許すからです。4理性にはこれをする能力はありません。5そして、肉体を理性に対して防御するならば、あなたは肉体を理解することはなく、また、自分自身を理解することもないでしょう。

5. 肉体はあなたをあなたの兄弟から分離しません。そして、そうすると思っているならば、あなたは狂っています。2しかし、狂気には目的があり、狂気はその目的を実在的なものにする手段があると信じています。3肉体を、一緒にしなければならないと理性が教えるものの間に立つ障壁であると見なすのは、狂気であるに違いありません。4また、理性の声を聞いたならば、それは見えることもありません。5連続しているものの間にどんなものが立つことができるでしょうか。6そして、間に何もなかったとしたら、部分に入るものを他の部分から分けておくことがいったい可能でしょうか。7理性はあなたにこのことを教えてくれます。8しかし、そうであるとするならば、あなたが何を認識しなければならないかを考えてみてください。

6. 癒しの代わりに罪を選択するならば、あなたは「神の子」に修正不可能な罪を犯したという有罪判決を下すことになります。2あなたの選択によって、「神の子」は呪われていると彼に告げることになります。すなわち、「神の子」はあなたと彼の「父」から永遠に分離しており、安全な帰還の望みはないと告げることになります。3あなたは彼にこれを教え、教えたこととまったく同じことを彼から学びます。4というのは、あなたはこうであって欲しいとあなたが望むものとしての彼の姿しか、彼に教えることができないからです。そして、彼にこうであって欲しいと望むものが、あなたのためのあなたの選択に他なりません。5しかしながら、これは恐ろしいことであるとは考えないでください。6あなたが彼と一緒になっているというのは単なる事実であり、解釈ではありません。7あなたが真実よりも大切にしているものと事実が一致していないのでなければ、事実が恐ろしいということがあり得るでしょうか。8この事実はあなたの解放であると、理性はあなたに教えてくれるでしょう。

7. あなたの兄弟もあなた自身も単独で攻撃されることはあり得ません。2しかし、その代わりに、両者共に、もう一方が奇跡によって祝福され、苦痛を癒されることなくして奇跡を受け容れることはできません。3理性は愛と同じようにあなたを安心させようとするでしょう。そして、あなたを怯えさせようとはしないでしょう。4「神の子」を癒す力はあなたに与えられています。なぜなら「神の子」はあなたと一つにならなければならないからです。5「神の子」が自分自身をどのように見るかについて、あなたには責任があります。6そして、あなたと一つになっている彼のマインドの全体を僅か一瞬のうちに変える力があなたに与えられていることを、理性はあなたに教えるでしょう。7そして、いかなる瞬間も彼の過ちの完全な修正をもたらし、彼を完全にすることに役立ちます。8自分自身が癒される選択をあなたがしたその瞬間、その同じ瞬間の中において、彼の救いがあなたの救いと共に完全なものとして見られるでしょう。9これがそうであることをあなたが理解できるようにと、理性があなたに与えられています。10というのは、理性は自らがその手段となっている目的と同じように親切であり、狂気を着実に離れて真実の目標へと向かうからです。11そして、ここにあなたは真実を否定する重荷を横たえるでしょう。12これこそがひどい重荷なのであって、真実が重荷なのではありません。

8. あなたとあなたの兄弟が一緒になっているということは、あなたの救いです。それは「天国」の贈り物であり、怖れの贈り物ではありません。2「天国」はあなたにとって重荷であるように見えるでしょうか。3狂気の中ではそう見えます。4しかし、狂気が見るものは理性によって追い払われなければなりません。5理性は、「天国」があなたの欲するものであり、あなたが欲するもののすべてであることを保証します。6理性をもって語り、あなたの理性を彼の理性と軌を一にしてくれる「聖霊」に耳を傾けてください。7狂気を後にするための方法を「聖霊」が指示する、そのための手段に理性がなることを許す気持をもってください。8理性から逃れるために狂気の背後に隠れないでください。9狂気が隠そうとするものを「聖霊」はなおも差し出して、皆が喜びをもってそれを見つめることができるようにします。

9. あなたはあなたの兄弟の救い主です。2あなたの兄弟はあなたの救い主です。3理性は本当に幸せそうにこれについて語ります。4この優雅な計画は「愛」によって愛を与えられました。5そして、「愛」が計画するものは次のようにして「それ自身」と似ています。すなわち、「愛」は結合しているが故に、本来あるべきあなたをあなたに学ばせるでしょう。6そして、あなたは「愛」と一つであるがために、「愛」が与えたもの、そして、今もなお与えているものを与える力を与えられているに違いありません。7ほんの一瞬を使って、兄弟に与えるようにと与えられるものを喜びをもって受け容れてください。そして、あなた方二人に与えられたものを共に学んでください。8与えることは受け取ることと同様に祝福されます。9しかし、いずれも他方より劣ることはありません。

10. 「神の子」は常に一つのものとして祝福されています。2そして、「神の子」を祝福したあなたに彼の感謝が向けられるとき、あなたが祝福から離れて立っていることはできないことを理性が教えてくれるでしょう。3「神の子」があなたに差し出す感謝は、「父」を完全に実現してくれたことに対してあなたの「父」が与えられる感謝を思い出させるでしょう。4この時点においてはじめて、あなたは本来の自分が誰であるかを理解できることを理性は告げるでしょう。5あなたの「父」は、あなたの兄弟と同じくらいあなたに近い所にいます。6しかし、あなたの「自己」よりもあなたに近い所にいる者はいません。

11. あなたが「神の子」に対してもっている力は、彼の実在にとって脅威ではありません。2それはただ「神の子」の実在を証言するだけです。3もしも「神の子」が既に自由であるとすれば、彼の自由は彼自身の内部以外のどこにあり得るでしょうか。4もしも彼が自らに自由を否定するならば、彼以外の誰が彼自身を束縛しているのでしょうか。5「神」を馬鹿にすることはできません。「神の子」は自分自身が願望しなければ幽閉されることはありません。6そして、彼の解放は彼自身の願望によります。7それこそが彼の強さであり、それは弱さではありません。[8]「神の子」は彼自身の意のままにされます。[9]そして、彼が慈悲深くあることを選択する場所においては、彼は自由です。[10]しかしながら、逆に有罪判決を下すことを選択した場所においては、彼は囚人となり、自分が自分をゆるして解放するのを鎖に繋がれて待つことになります。

VII. 答えられていない最後の質問

1. あなたの不幸のすべては、自分は無力であるという奇妙な信念から来ていることがあなたには分からないでしょうか。[2]無力であることは罪の代価です。[3]無力であることは罪の条件です。それを信じることは、罪が要求する一つの必要条件です。[4]無力な者だけがそれを信じることができます。[5]巨大さは矮小な者に対してだけ魅力をもっています。[6]そして、自分が矮小であるとまず信じる者だけがそこに魅力を見ることができます。[7]「神の子」に対する裏切りは、彼に帰属性を感じない者たちの防御です。[8]そして、あなたは「神の子」の味方であるか、敵であるかのいずれかです。「神の子」を愛するか、それとも攻撃するかのいずれかです。「神の子」の結合を守るか、それとも、あなたの攻撃によって彼を粉砕し殺すかのいずれかです。

2. 「神の子」が無力であるとは誰も信じていません。[2]そして、自分自身を絶望的であると見なす人々は、自分は「神の子」ではないと信じているに違いありません。[3]彼らは「神の子」の敵以外の何であり得るでしょうか。[4]そして、彼らは「神の子」の力を羨む以外に何ができるでしょうか。そして、この羨望のために、彼らは「神の子」の力を恐れるようになります。[5]彼らは暗闇の存在であり、「神の子」の力によって打ち殺されることを恐れて、沈黙の中で恐れおののき、孤独で、誰ともコミュニケーションをせず、「神の子」に対して自分の絶望を振りかざします。[6]彼らは「神の子」に対して報復と苦痛と遺恨の戦争をしかけるために、そして、「神の子」を彼らと同じにするために、無力な者たちの軍隊に入ります。[7]彼らは自分たちが「神の子」と一つであることを知らないが故に、誰を憎んでいるのかを知りません。[8]彼らは本当に哀れな軍隊であり、彼らには共通の目的があると思っていたことを思い出しもしますが、自分の兄弟を攻撃したり、自分自身に襲いかかったりもします。

3. 暗闇の存在たちは逆上し、声高で、力強いように見えます。2しかしながら、彼らは敵を憎んでいるにもかかわらず、彼らの〝敵〟を知りません。3憎しみの中で集合しましたが、お互いに仲間になっているわけではありません。4というのは、もしも彼らがそうしていたならば、憎しみは不可能だからです。5無力な者たちの軍隊は強さの前にあっては解散せざるを得ません。6強い者たちは絶対に裏切ることはありません。なぜなら、彼らは権力を夢見て、自分の夢を実演する必要がないからです。7軍隊は夢の中でどのように行動するでしょうか。8どのような行動でもとります。9あらゆる武器を使って、誰でも攻撃するかもしれません。10夢それ自体の中に理性はありません。11花が毒のついた槍になり、子どもが巨人になり、ネズミがライオンのように吠えます。12そして、愛もそれと同じくらい簡単に憎しみに変わります。13これは軍隊などではなく、精神病院です。14計画的な攻撃に見えても、騒々しい混乱にすぎません。

4. 無力な者たちの軍隊は非常に弱い軍隊です。2武器もなく、敵もいません。3確かに、それは世界中を走り回って、敵を探し求めることはできます。4しかし、そこにいないものを発見することは決してできません。5確かに、それは敵を発見したという夢を見ることはできます。しかし、攻撃しているときですら敵は変わります。そのため、他の敵を見つけるために直ちに走っていきますが、勝利に安らぐことは決してありません。6そして、走りながら、変身することによって殺人的な攻撃をいつも逃れている偉大な敵を一瞥したと考えて、自分自身に襲いかかります。7この敵はなんと欺瞞に満ちていることでしょうか。認識することすらできないように変化するのですから。

5. しかしながら、憎しみは標的をもたなければなりません。2敵がいなければ罪に対する信頼はあり得ません。3罪を信じている者で、自分には敵がいないと敢えて信じる者がいるでしょうか。4罪を信じる者が、誰も自分を無力にはしなかったことを認めることができるでしょうか。5そこにないものを求めることはもはやしないようにと、理性が彼に命ずるであろうことは確実です。6しかしながら、最初にそれが存在しない世界を知覚する気持をもたなければなりません。7どうすればそれが見えるのかを理解することは必要ではありません。8また、理解しようとすべきでもありません。9というのは、理解できないものに焦点を絞れば、自分の無力さを強調するだけとなり、敵は彼自身であるに違いないと罪に語らせることになるからです。10しかしながら、次の質問を彼が自分自身にすることを許してください。これらの問題を解決するためには、彼が決断しなければなりません。

11 **私は、私を支配する世界の代わりに私が支配する世界を望んでいるだろうか。**

12 **私は、私が無力である代わりに私が力強く存在する世界を望んでいるだろうか。**

13 **私は、私に敵がなく、罪を犯すことができない世界を望んでいるだろうか。**

14 **そして、私は、私が否定したことを、それが真実であるが故に見たいと思うだろうか。**

6. あなたは最初の三つの質問には既に答えたかもしれませんが、しかし、最後の質問にはまだ答えていないかもしれません。2 というのは、この質問はまだ恐ろしいもののように見え、他の質問とは異なっているからです。3 しかし、それらの質問は皆同じであることを理性は保証するでしょう。4 私たちは、今年は同じである事柄の同一性を強調するだろうと言いました。5 この最後の質問は、あなたが最後に決断する必要のある質問ですが、他の質問があなたに対して失った脅威を未だにもっているように見受けられます。6 そして、この想像上の違いは、真実はまだこれから発見することになる敵であるかもしれないというあなたの信念の証人となっています。7 したがって、ここに罪を発見し、力を受け容れないという最後の望みが残っているように見えます。

7. 罪か真実かの選択、無力か力かの選択は、攻撃するか癒すかの選択であることを忘れないでください。2 というのは、癒しは力から生まれ、攻撃は無力から生まれるからです。3 あなたが攻撃する人をあなたが癒したいと思っているということはあり得ません。4 そして、あなたが癒したいと思った人は、あなたが攻撃から守ることを選択した人であるに違いありません。5 そして、この選択はその人を肉体の目を通して見るか、それとも、その人がヴィジョンを通してあなたに顕わされることを許すかの選択に他なりません。6 この決断がどのようにしてその結果を導くのかは、あなたの問題ではありません。7 しかし、あなたが見たいと思うものは、あなたの選択であるに違いありません。8 これは原因についてのコースであり、結果についてのコースではありません。

8. あなたがまだ答えていない最後の質問に対する答えを注意深く考えてください。2 そして、それは答えられなければならないということ、そして、それは他の三つの質問において答えられているということを、あなたの理性が告げることを許してください。3 そうすれば、いかなる形のものであれ、罪の結果を見るとき、する必要のあることは次の問いを自分自身に発することだけであることが明確になるでしょう。

4 **これは私が見たいものだろうか。** 5 **私はこれを望んでいるのだろうか。**

9. これはあなたの一つの決断です。これは物事が起こるための条件です。2 それはそれがどのように起こるかとは無関係ですが、なぜそれが起こるかとは無関係ではありません。3 あなたはこれをしっかりとコントロールしています。4 そして、敵がおらず、あなたが無力ではない世界を見る選択をすれば、それを見るための手段が与えられるでしょう。

10. 最後の質問はなぜそれほどに重要なのでしょうか。2 理性があなたになぜそうなのかを教えてくれるでしょう。3 それは、他の三つと同じです。ただし、時間においては同じではありません。4 他の質問は決断を下し、決断を却下し、再び決断を下すことができるものです。5 しかし、真実は一定であり、揺らぎが不可能な状態を暗示します。6 あなたは、あなたを支配する世界ではなくあなたが支配する世界を願望することもできれば、それについて気持を変えることもできます。7 あなたの無力さを力と交換することを願望することもできれば、罪の僅かな閃光に惹かれて、その願望を失うこともできます。8 そして、罪のない世界を見ることを望むこともできれば、〝敵〟があなたに肉体の目を使うように誘惑することを許し、望むものを変えるようにと誘惑することを許すこともできます。

11. 内容においてはすべての質問は同じです。2 というのは、それぞれの質問は、罪の世界を「聖霊」が見るものと交換する気持があるかどうかを聞いているからです。というのは、罪の世界が否定するのは「聖霊」が見る世界だからです。3 したがって、罪を見る人々は実在の世界の否定を見ています。4 しかしながら、最後の質問は実在の世界を見たいというあなたの願望の不変性に対する欲求を付け加えます。その結果、その願望はあなたがもつ唯一の願望となります。5 最後の質問に〝はい〟と答えることによって、他のすべての質問に対して下した決断に誠実さが付け加えられます。6 というのは、その時はじめて、気持を再び変える選択を放棄したからです。[7]あなたが欲しないものがこの選択であるとき、残りは完全に答えられます。

12. 他の質問が既に答えられていることに確信がもてないのはなぜだと思いますか。[2]既に答えられているのに、何度も質問することが必要だということがあり得るでしょうか。[3]最後の決断がなされるまでは、その答えは〝イエス〟であり〝ノー〟です。[4]というのは、あなたは〝イエス〟は〝ノーではない〟ことを意味しなければならないということを知覚せずに〝イエス〟と答えたからです。[5]誰も自分の幸せにならない決断を下すことはありません。しかし、自分がそうしていることが分からなければ、そうするかもしれません。[6]そして、もしも自分の幸せが常に変わるものであると見なすならば、すなわち、今はこうかと思えば、今度はあれ、そして次には何ものにも付着せずとらえどころのない影であると見なすならば、その人は確実に自分の幸せにならない決断を下しています。

13. とらえどころのない幸せ、あるいは、時間や場所と共に変わり、形が変わる幸せは、何の意味もない幻想です。[2]幸せは不変でなければなりません。なぜなら、幸せは不変でないものに対する欲求をあきらめることによって達成されるからです。[3]喜びは不変のヴィジョンを通さなければ知覚することは不可能です。[4]そして、不変のヴィジョンは不変性を願う人々にだけ与えられ得るものです。[5]「神の子」の願望の力は、自分が無力であると見る人々は間違っていることの証拠であり続けています。[6]あなたが欲しいものを願ってください。そうすれば、あなたはそれを実際に見ることになり、それは実在すると考えるでしょう。[7]解放するか殺すかの力をもたない思いはありません。[8]そしていかなる思いもそれを思う人のマインドを離れることはできず、あるいは、その人に影響を与えないことは不可能です。

VIII. 内面のシフト

1. それでは、思いは危険なのでしょうか。[2]肉体にとっては危険です。[3]殺すように見える思いは、思いを抱く人に彼は殺される可能性があると教える思いです。[4]したがって、その人は学んだことの故に〝死にます〟。[5]彼は生命から死へと移行します。それは不変性よりも不変でないものを尊重したことの最後の証になります。[6]確かに彼は幸せを望んでいると思っていました。[7]しかし、幸せが真実であり、したがって、不変でなければならないという理由で幸せを願ったのではありませんでした。

2. 喜びの不変性はあなたの理解にとってはまったく異質の状態です。2しかしながら、それがどのようなものであるかを想像することだけでもできれば、理解できなくともそれを願望するでしょう。3幸せの不変性に例外はありません。いかなる種類の変化もありません。4それは、創造物に対する「神の愛」がそうであるように、揺るぎないものです。5「創造主」が知っておられることを確信されているのと同じように、幸せは自らのヴィジョンに確信をもち、すべてのものを見て、それが同じであると見ます。6幸せはつかの間のものは見ません。というのは、幸せはすべてのものが自らと同じであることを願望し、そして、そのように見るからです。7いかなるものにも幸せの不変性を混乱させる力はありません。なぜなら、幸せ自身の願望を揺るがすことはできないからです。8安らぎが、裁くことではなく癒すことを選択する人々に必ずやって来るのと同じように、幸せは、最後の質問がそれ以外の質問にとって必要であると見る人々の所に確実にやって来ます。

3. 幸せは不変的にしか求めることはできないことを理性は教えてくれるでしょう。2というのは、願望するものを受け取ることになるのであれば、そして、幸せが不変であるならば、幸せを常に自分のものとするためには一度だけそれを求めれば良いからです。3そして、あなたが常に幸せをもっていないとすれば、その性質からして、あなたはそれを求めなかったということになります。4というのは、依頼すれば与えられるという見込みがあるものは、誰でも依頼するからです。5何を求めるか、どこで求めるか、何に求めるかにおいて間違うかもしれません。6しかしながら、人は求めるでしょう。なぜなら、願望は依頼であり、求めることであり、そして「神ご自身」は必ずお答えになるからです。7「神」は人が本当に欲するものはすべて既に与えられています。8しかし、人が確信をもてないでいるものを「神」はお与えになることはできません。9というのは、確信がもてないでいる間は、人はそれを願望しないからであり、そして、「神」が与えられてもそれが受け取られなければ完全ではないからです。

4. 「神の意志」を完全に実現するあなた、「神」の幸せであるあなた、意志が「神の意志」と同じく強力であるあなた、幻想の中で力を失っていないあなたは、最後の質問にどう答えるかをなぜまだ決めていないのかを注意深く考えなければなりません。2他の質問に対するあなたの答えは、あなたが既に部分的に正気になるのに役立ちました。[3]しかし、あなたが完全に正気になる気持が本当にあるかどうかを聞いているのが最後の質問です。

5. 神聖な瞬間とは、「神」があなたに与えられたものを認識するようにとの「神」のあなたに対する訴えに他なりません。[2]ここに理性への大きな訴えがあります。常にそこにあって見ることができるものに対する自覚、常にあなたのものであり得る幸せがあります。[3]ここに永遠に体験することができる不変の安らぎがあります。[4]ここにおいてあなたの否定が否定したものがあなたに対して顕わされています。[5]というのは、ここにおいて最後の質問は既に答えられており、あなたが求めるものは与えられているからです。[6]ここには、**今という瞬間**において未来があります。というのは、決して変わることのないものに対するあなたの願望の故に、時間は無力だからです。[7]というのは、あなたの関係の神聖性とその神聖性に対するあなたの**自覚**との間に、何ものも介在することがないようにとあなたが依頼したからです。

第22章　救いと神聖な関係

序論

1. かくも長い間奴隷にされてきたあなたを哀れんでください。2「神」によって結ばれた者たちが一緒になり、もはや罪を別々に見る必要はないことを喜んでください。3二人の人間が罪を一緒に見ることは不可能です。というのは、二人が罪を同じ場所に、同じ時間に見ることは不可能だからです。4罪は厳密に個人的な知覚であり、他者の中に見ながら、それでいて、自分自身の中にあるとそれぞれが信じるものです。5そして、それぞれが異なった過ちを犯すように見え、そして、他者には理解できない過ちを犯すように見えます。6兄弟よ、それは同じものです。それは同じ者によって犯され、それを犯した者のために同じようにゆるされるものです。7あなたの関係の神聖性があなたとあなたの兄弟をゆるし、あなた方が共に信じ、見たものの結果を解除してくれます。8そして、それらがなくなるのと時を同じくして、罪の必要性も共になくなります。

2. 罪を必要としているのは誰でしょうか。2自分の兄弟を自分自身とは違っていると見なす、孤独でひとりぼっちの者だけです。3見えるけれども実在しないこの違いこそが、実在はしないけれども見える罪の必要性を正当化されたものに見せます。4そして、罪が実在するならば、こうしたことのすべても実在するでしょう。5というのは、神聖でない関係は違いに基づいており、この関係においては、それぞれ自分がもっていないものを相手がもっていると考えるからです。6彼らは、それぞれ自分自身を完全に実現するために、そして、相手から奪うために一緒になります。7彼らは盗むものがもはや残されてはいないと考えるまでその関係にとどまり、それから、先へと進んでいきます。8したがって、彼らは自分自身とは異なる見知らぬ人々の世界を彷徨し、同じ屋根の下ではあるかもしれませんが、二人の避難所にはならない場所で肉体と共に生活します。それは同じ部屋ですが、まったく異なった世界です。

3. 神聖な関係は異なった前提から出発します。2それぞれが自分の内面を見つめ、いかなる欠如も見ません。3自らの完全な実現を受け容れ、自分自身と同じように完全な別な人と一緒になることによって、自らの完全な実現を延長します。4 これらの自己の間にいかなる違いも見ることはありません。というのは、違いは肉体の違いだけだからです。5 したがって、何を見ても取りたいと思うものはありません。6 自分自身の実在性を否定しません。なぜなら、それは真実だからです。7 彼は「天国」のすぐ下に立ちますが、地上に戻ることがないようにするのに十分なだけの近さです。8 というのは、この関係には「天国の神聖性」があるからです。9 かくも「天国」に似た関係が故郷からどれほど遠くまで離れていることができるでしょうか。

4. 神聖な関係が何を教えることができるかを考えてみてください。2 ここには違いが解除されたことへの信念があります。3 ここには違いが同一性へと移行されたことへの信頼があります。4 そして、ここでは違いを見る目がヴィジョンへと変容されています。5 今や、理性があなたとあなたの兄弟を結合という論理的な結論に導くことができます。6 あなたと兄弟が一緒になったときにあなたが延長されたように、理性は延長されるに違いありません。7 あなたとあなたの兄弟を結合するために、あなたが肉体を超えて手を差し伸べたように、理性はそれ自身を超えて手を差し伸べるに違いありません。8 そして今や、あなたが見た同一性が延長され、遂に違っているという感覚をすべて取り除き、その結果、それらの根底に横たわる同一性がすべて明らかになってきます。9 ここに黄金の輪があり、そこにおいてあなたは「神の子」を認識します。10 というのは、神聖な関係になったものは決して終わることはないからです。

I. 神聖な関係のメッセージ

1. 理性にもう一歩踏み出させることにしましょう。2 あなたが「神」が癒される者を攻撃し、「神」が愛される者を憎むならば、あなたとあなたの「創造主」は異なった意志をもっていることになります。3 しかし、あなたがまさに「神の意志」であるとするならば、あなたが信じなければならないことは、あなたはあなた自身ではないということになります。4 あなたがこれを信じることは実際に可能であり、あなたは実際にそう信じています。5 そして、あなたはこれを信頼しており、その証拠を数多く目にしています。6 そして、あなたの奇妙な不安、分断されているという感覚、自分自身には意味が欠如しているというしばしば心に浮かぶ怖れは、いったいどこからやって来るのだろうかとあなたは思います。[7]それはまるで、あなたは再びさまよって出ていくという計画以外、何の計画もなしにさまよって入ってきたかのようです。というのは、さまよい出ていくことだけが確実なことのように見えるからです。

2. しかしながら、私たちは以前に非常に似たような描写を聞いています。しかし、それはあなたについての描写ではありませんでした。[2]しかし、それにしても、それが正確に描写しているこの奇妙な考えは、あなたのことであるとあなたは考えています。[3]あなたのものではない目を通して見る世界は、あなたにとっては意味をなさないに違いないと理性は告げるでしょう。[4]このようにして見ることで、誰に対してそのメッセージは送られるのでしょうか。[5]あなたに対してでないことは確かです。あなたの視力はこの世界を見る目からは完全に独立しているからです。[6]もしもこれがあなたのヴィジョンでないとすれば、それはあなたに何を示すことができるのでしょうか。[7]脳はあなたのヴィジョンが見るものを解釈することはできません。[8]これをあなたは理解するでしょう。[9]脳は脳自身がその一部である肉体に対して解釈します。[10]しかし、脳が言うことをあなたは理解できません。[11]しかしながら、あなたは脳の言うことに耳を傾けてきました。[12]そして、長い間にわたって一生懸命、そのメッセージを理解しようとしてきました。

3. あなたの所までまったく届かないものを理解することはできないことにあなたは気づいていません。[2]あなたは理解できるメッセージをまったく受け取っていません。[3]というのは、絶対にコミュニケーションをすることができないものに耳を傾けてきたからです。[4]それでは、何が起こるかを考えてみましょう。[5]本来の自分を否定し、自分はそれ以外の何かであるということを固く信じているために、あなたが自分自身であるとしたこの〝何か別のもの〟があなたの視力になります。[6]しかしながら、見ているのは、そして、その視力をあなたとしてではなくあなたに対して説明するのはその〝何か別のもの〟であるに違いありません。[7]もちろん、あなたのヴィジョンはこれをまったく不必要にするでしょう。[8]しかし、あなたの目が閉じられており、このものに導いてくれるようにと依頼し、それが見る世界を説明してくれるようにと依頼したのであれば、それに耳を傾けない理由はあなたにはなく、それがあなたに告げることが真実ではないかもしれないと疑う理由もありません。[9]あなたにそれが理解できないのであるから真実であるはずがないと、理性はあなたに告げるでしょう。10「神」は秘密をもってはおられません。11「神」は悲惨な世界をあなたの手を取って案内し、旅が終わった所でなぜそのような悲惨な世界をあなたにもたらしたかをあなたに告げるようなことはされません。

4. 「神の意志」から隠すべきどんな秘密があり得るでしょうか。2しかしながら、あなたは秘密をもっていると信じています。3あなたの秘密とは、「神の意志」から離れたあなた自身のもう一つの〝意志〟であるに違いありません。4理性は、これは罪として隠す必要のある秘密ではないことをあなたに告げるでしょう。5しかし、確かに間違いではあります。6罪に対する怖れのためにそれを修正から守ることはしないほうが良いでしょう。というのは、罪悪感の魅力は怖れにすぎないからです。7それがどのようなものに見えようとも、ここにあるのはあなたが作った一つの感情です。8これは秘密の感情であり、個人的な思いの感情であり、肉体の感情です。9これは愛に反対し、常に相違を見る視力と、同一性の喪失につながる一つの感情です。10ここにあなたを盲目にしている一つの感情があり、この感情は、あなたが自分で作ったと考えている自己に依存しています。この自己があなたのために作った世界を案内させるために、あなたは自己を作ったと考えているのです。

5. あなたの視力は、あなたが理解できるすべてのものと一緒に与えられました。2このヴィジョンがあなたに告げるものを理解することにあなたはいかなる困難も知覚することはないでしょう。というのは、誰でも自分はこうであると考えているものしか見えないからです。3そして、あなたの視力が示すものをあなたは理解するでしょう。なぜなら、それは真実だからです。4あなたのヴィジョンだけがあなたに見えるものをあなたに伝えることができます。5それはあなたのために解釈される必要はなく、直接あなたに到達します。6解釈を必要とするものは異質なものであるに違いありません。7また、あなたが理解できない通訳者によってそれが理解可能なものにされることも決してないでしょう。

6. あなたがこれまで受け取りながら理解することができなかったすべてのメッセージの中で、このコースだけがあなたに対して開かれており、理解することが可能です。2これは他ならぬあなたの言語です。3あなたにはまだそれが理解できませんが、その理由は、あなたのコミュニケーション全体が赤ちゃんのそれに似ているからです。4赤ちゃんが出す音や赤ちゃんに聞こえる音はきわめて当てにできないものです。すなわち、それらは赤ちゃんにとってはその時々で異なったことを意味するからです。[5]また、赤ちゃんに聞こえる音も、見える光景も、まだ安定してはいません。[6]しかし、赤ちゃんに聞こえはするけれども理解できないものが母語となり、その母語を通じて赤ちゃんは周りの人々とコミュニケーションをはかり、周りの人々が赤ちゃんとコミュニケーションをはかります。[7]そして、周りで動き回る見知らぬ者が慰めを与えてくれる人となり、赤ちゃんはやがて自分の家を認識し、一緒にそこにいる彼らを見ることになります。

7. このように、それぞれの神聖な関係の中に、分離する代わりにコミュニケーションをする能力が再生されます。[2]しかしながら、神聖でない関係から自らをつい最近再生させたばかりではありながらも、それが取って代わった古い幻想よりも更に古いものである神聖な関係は、今再生しつつある赤ちゃんのようなものです。[3]しかしながら、この幼児においてあなたのヴィジョンがあなたに返され、幼児はあなたに理解できる言語を話すでしょう。[4]幼児はあなたが自分であると思っていた〝何か他のもの〟によって育まれているのではありません。[5]幼児はあなた自身以外の何かによってそこに与えられたのでもなければ、受け取られたのでもありません。[6]というのは、二人の兄弟は「キリスト」を通してしか結ばれることはないからです。「キリスト」のヴィジョンは二人の兄弟を一つのものとして見ます。

8. 神聖なる兄弟よ、あなたに与えられたものについて考えてみてください。[2]この子どもはあなたに理解できないものを教え、それを明確にしてくれるでしょう。[3]というのは、彼の言葉は外国語ではないからです。[4]彼にはあなたのための通訳者は必要ではありません。というのは、彼が知っていることを彼に教えたのはあなただからです。なぜなら、あなたはそれを知っていたからです。[5]彼はあなた以外の誰の所にも行くことは不可能であり、〝何か他のもの〟の所には決して行くことはできません。[6]「キリスト」が入られた所においては誰も一人ではありません。というのは、「キリスト」は別々に分離した者の中に家を見出すことはできないからです。[7]しかしながら、「キリスト」は「彼」の古の家の中に再び生まれなければなりません。その家は一見新しく見えますが、「キリスト」と同じくらい古いものであり、「キリスト」は非常に小さな新来者です。そして、「キリスト」はあなたの関係の神聖性が「彼」を生かしてくれることに頼らなければなりません。

9.「神」が「神の子」をそれに値しない者に任せられなかったことは確実です。2「神」の一部である以外の何ものも「神の子」と一緒になるに値しません。3また、「神」の一部でないものが何であれ一緒になることは不可能です。4一緒になる者たちにはコミュニケーションが復活したに違いありません。というのは、肉体を通してこれを行うことは彼らにはできないからです。5それでは、彼らと一緒になったのは何でしょうか。6彼らは肉体には属さないヴィジョンを通してお互いを見たに違いないと理性は教えてくれるでしょう。そして、肉体には理解できない言語でコミュニケーションをしたに違いないと教えてくれるでしょう。7また、彼らを優しく引き寄せて一つにしたのは、恐ろしい光景でもなければ恐ろしい音でもあるはずはありません。8そうではなく、それぞれの中にそれぞれが、自分の「自己」が安全にそして安らかに再生できる完全な避難所を見たのです。9そのように「神の子」の理性は彼に告げました。そして、「神の子」はそのように信じました。なぜなら、それは真実だったからです。

10. ここにあなたが作ることができる最初の知覚があります。2知覚よりも古いものでありながら一瞬のうちに再生した自覚を通してあなたはそれを作ります。3というのは、常にそのようなものとして存在したものにとって、時間とはいったい何でしょうか。4その一瞬がもたらしてくれたものについて考えてみることです。それは、あなたが自分であると思っていた〝何か他のもの〟は幻想であるという認識です。5そして、あなたの「自己」がいるに違いない場所をあなたに示すために、真実が瞬時にやって来ました。6幻想の否定が真実を招きます。というのは、幻想を否定することは、怖れは無意味であると認識することだからです。7怖れが無力である神聖な家の中に愛は感謝の気持で入り、愛を入れるために一緒になったあなた方と一つになることに感謝します。

11.「キリスト」は自分自身と似たものの所へとやって来ます。異なったものではなく同じものの所へとやって来ます。2というのは、「キリスト」は常に「自分自身」へと引き寄せられるからです。3神聖な関係ほど「キリスト」に似ているものがあるでしょうか。4そして、あなたとあなたの兄弟を引き寄せて一緒にするものは、「キリスト」をあなたへと引き寄せます。5ここにおいては、「キリスト」の優しさと「キリスト」の優しい罪のなさが攻撃から守られています。6そして、ここに「キリスト」は確実に帰ることができます。というのは、他者への信頼は常に「キリスト」

への信頼だからです。7あなたの兄弟を「キリスト」が選んだ家であると見なすのはまったく正しいことです。というのは、ここでは、あなたは「キリスト」と、そして、「キリストの父」と共にいるからです。8これはあなたに対するあなたの「父の意志」であり、「父の意志」と同じであるあなたの意志です。9そして、「キリスト」に引き寄せられる者は、「キリスト」と「神」がすべての神聖な関係に引き寄せられるのと同じくらい確実に「神」に引き寄せられます。神聖な関係とは、地上が「天国」に変わるときに「キリスト」と「神」のために準備される家です。

II. あなたの兄弟が無罪であること

1. 幻想の反対は幻滅ではなく真実です。2真実が無意味であるエゴに対してだけ、幻想と幻滅は唯一の代替物であるように見え、お互いとは異なっているように見えます。3真実のところは、幻想と幻滅はまったく同じものです。4それぞれがもう一方のものがもたらす悲惨を消滅させる方法であるように見えますが、両者共に同じ量の悲惨をもたらします。5すべての幻想は、それが無であることを隠している重い外套の暗い襞の中に苦痛と苦しみを抱え込んでいます。6しかしながら、幻想を求める人々は、これらの暗く重い外套によって覆われ、真実の喜びから遮られています。

2. 真実は幻想の反対です。なぜなら、真実は喜びを差し出すからです。2悲惨の反対は喜びでしかあり得ません。3ある種の悲惨を後にして別な種類の悲惨を求めるのでは脱出したことにはなりません。4幻想を変化させても何の変化も起こすことにはなりません。5悲惨の中にあって喜びを求めることは無分別です。というのは、悲惨の中に喜びを見出すことは不可能だからです。6悲惨さの暗い世界で可能なことは、ただその中からいくつかの側面を選び出して、それらを異なったものと見なし、その違いを喜びであると定義することだけです。7しかしながら、違いが存在しない所に違いを知覚しても、違いを生み出すことには必ず失敗します。

3. 幻想は罪悪感と苦しみ、そして病と死だけを、幻想を信じる者たちの所へ運びます。2それらがどのような形で受け容れられるかは問題ではありません。3いかなる形の悲惨も、理性の目からすれば、喜びと混同することは不可能です。4喜びは永遠です。5継続しないうわべだけの幸せは、実際は怖れであることは確実です。6 喜びが悲しみに変わることはありません。というのは、永遠であるものが変わることは不可能だからです。7 しかし、悲しみを喜びに変えることは可能です。というのは、時間は永遠なるものに道を譲るからです。8 無時間的なものだけは不変のままにとどまらなければなりませんが、時間の中にあるものはすべて時と共に変化することが可能です。9 しかしながら、その変化が実在的で想像されたものでなければ、幻想は同様に非実在的な他の夢にではなく真実に道を譲らなければなりません。10 これは違いではありません。

4. 悲惨から脱出する唯一の方法は悲惨を認識し、**それと反対の方向に行くことである**と理性はあなたに告げるでしょう。2 真実は同じであり、悲惨は同じです。しかし、真実と悲惨はあらゆる形において、あらゆる事例において、例外なく、お互いとは異なっています。3 一つの例外が存在し得ると信じることは、同じであるものを異なっているものと混同することです。4 一つの幻想を尊重し、真実に対抗して防御すれば、すべての真実を無意味なものにし、すべての幻想を実在的なものにすることになります。5 信念の力とはそのようなものです。6 信念の力は妥協することができません。7 罪のなさに対する信頼が、一つの生き物でも除外してゆるしから離れた所に置くならば、それは罪を信頼していることになります。

5. 理性もエゴも次のことをあなたに告げるでしょう。しかし、それをどのように解釈するかについては理性とエゴは同じではありません。2 エゴは、誰であれその人の中に罪を見ないことは不可能であるとあなたに保証するでしょう。3 そして、この見方が罪からの脱出を達成する唯一の方法であれば、罪に対する信念は永遠でなければならないことになります。4 しかし、理性はこれを別な見方で見ます。というのは、理性はある考えの源がその考えを真実にも誤ったものにもすると見るからです。5 考えがその源と似たものであるとすれば、そうであるに違いありません。6 したがって、罪からの脱出が「聖霊」の目的として「聖霊」に与えられていれば、しかも、意図されるものに不可能なことはない「存在」によって与えられていれば、それを達成するための手段は十分に可能です。7 その手段はそこにあるはずであり、あなたはそれをもっているに違いありません。

6. これはこのコースにおけるきわめて重要な段階です。というのは、ここにおいてあなたとエゴの分離が完全なものにされなければならないからです。2 というのは、もしもあなたが「聖霊」の目的を達成するための手段をもっているとすれば、それを使うことは可能だからです。3そして、それらの手段を用いることによって、あなたはそれらの手段を信頼することになります。4しかしながら、エゴにとってこれは不可能であるに違いありません。そして、達成する望みがないものに着手しようとする者はいません。5あなたは「創造主」が意図されることは達成可能であることを知っています。しかし、あなたが作ったものは「創造主」が意図されることは達成可能ではないと信じています。6今、あなたは自分自身と自分自身についての幻想のいずれかを選択しなければなりません。7両方ではなく、そのうちの一つです。8この一つの決断を避けようとしても無駄です。9この決断は下されなければなりません。10信頼と信念はどちらの側にもつく可能性がありますが、悲惨は一つの側に、喜びは別な側にあることを理性は告げるでしょう。

7. 今あなたの兄弟を見捨てないでください。2というのは、同じであるあなた方は一人で決断することも、異なった決断を下すこともないからです。3あなた方はお互いに対して生命を与えるか、それとも、死を与えるかのいずれかです。あなた方はお互いの救い主か裁判官になって、お互いに対して聖域を差し出すか有罪判決を差し出すかのいずれかです。4このコースは完全に信じられるか、まったく信じられないかのいずれかです。5というのは、このコースは完全に真実であるか、完全に誤りであるかのいずれかであり、部分的にだけ信じられるものではないからです。6そして、あなたが悲惨から脱出するとすれば、完全に脱出するかまったく脱出しないかのいずれかです。7「天国」の喜びと地獄の悲惨のいずれを選択するかを先延ばしにしながら、どっちつかずに休むことができる中間的な場所はないと理性はあなたに告げるでしょう。8「天国」を選ぶまでは、あなたははっきりと地獄と悲惨の中にいます。

8. 「天国」から一部だけをとって幻想に織り込むことはできません。2また、「天国」に入るときに一緒にもっていくことができる幻想は一つもありません。3救い主は裁判官であることはできず、慈愛が有罪判決であることはあり得ません。4そして、ヴィジョンには呪うことはできず、祝福を与えることができるだけです。5救う機能をもっている者は救うだけです。6「聖霊」が**どのように**それを行うかはあなたには理解できませんが、**いつ**それが行われるかはあなたの選択でなければなりません。7というのは、時間を作ったのはあなたであり、あなたは時間に命令することができるからです。[8]あなたはあなたが作った世界の奴隷でないのと同じように、時間の奴隷ではありません。

9. あなたが作ったものが制作者を奴隷にする力をもっているという幻想をもっと近くで見てみることにしましょう。[2]これは分離の原因となった信念と同じ信念です。[3]思いがそれを思う人のマインドを離れることができ、それと異なったものであることができ、それに反対するものであり得るというのは無意味な考えです。[4]これが真実であるとするならば、思いはマインドの延長ではなく、マインドの敵になってしまいます。[5]そして、ここでもまたこれまで何度も見てきたものと同じ、根本的な幻想の別な形を見ることができます。[6]「神の子」が「父のマインド」を離れることができ、自分を異なったものとして作ることができ、「神の意志」に逆らうことが可能であるとすれば、彼が作った自己、そして彼が作ったもののすべてが彼の主人になることが可能となるでしょう。

10. この大いなる投影に目を向けてください。しかし、怖れをもって見つめるのではなく、それは癒されなければならないという決断をもって見つめてください。[2]「創造主」から離れたいとなおも思い、「創造主の意志」と対立する意志をもっているのでなければ、あなたが作ったものがあなたに対して力をもつことはありません。[3]というのは、「神の子」が「神」の敵であり得ると信じた場合にのみ、あなたが作ったものはあなたの敵であることが可能であるように見えるからです。[4]あなたは「創造主」の喜びを咎めて悲惨に変え、「創造主」を異なったものにしてしまうでしょう。[5]そして、あなたが作った悲惨のすべてはあなた自身のものだったのです。[6]それが真実ではないことを知って嬉しくないでしょうか。[7]あなたが作った幻想のどれ一つとして真実に取って代わったものはないというニュースは、歓迎されるべきニュースではないでしょうか。

11. 他ならぬあなたの思いだけが不可能でした。[2]救いが不可能であることはあり得ません。[3]あなたの救い主をあなたの敵と見なして彼が救い主であると認識することは不可能です。[4]しかしながら、「神」がそう望まれるならば、救い主を救い主として認識することは可能です。[5]「神」があなたの神聖な関係に与えてくださったものはそこにあります。[6]というのは、あなたに与えるようにと「神」が「聖霊」に与えられたものを「聖霊」**は与えた**からです。[7]あなたに与えられた救い主をあなたは見たいのではないでしょうか。[8]そして、あなたが救い主に与えた死刑執行人の機能と、彼が本当にもっている機能とを感謝の気持で交換したいのではないでしょうか。9あなたが自分自身に与えようとしたものではなく、「神」があなたのためにと救い主に与えられたものを彼から受け取ってください。

12. あなたがあなたと兄弟の間に介在させた肉体の彼方で、永遠に延びる明るく果てしない輪から肉体まで届く黄金の光の中で、「神ご自身」の最愛のものである、あなたの神聖な関係が輝いています。2それはなんと静かに時間の中で、それでいて、時間の彼方で安らいでいることでしょうか。それは不滅でありながら、この地上にあります。3その中に横たわる力はなんと偉大なものであることでしょうか。4時間はその意志に奉仕し、地上はそれが望むままのものとなります。5ここには分離した意志はなく、いかなるものであれ分離させたいという願望もありません。6その意志には例外はなく、それが意図するものは真実です。7そのゆるしのもとにもたらされたすべての幻想は優しく見過ごされ、姿を消します。8というのは、その中心で「キリスト」が再生され、「キリスト」の家にこの世界を見過ごすヴィジョンで灯がともされたからです。9あなたもこの神聖な家を自分の家にしたいと思うのではないでしょうか。10ここには悲惨はなく、喜びだけがあります。

13. 「キリスト」と共にここで静かに暮らすためにあなたがしなければならないことは、「キリスト」のヴィジョンを共有することだけです。2自分の兄弟を無罪であると見なす気持のある人ならば誰にでも、迅速にかつ喜びをもって「キリスト」のヴィジョンは与えられます。3そして、罪のすべての影響から完全に解放されることを望めば、この気持を超えた所にとどまることはできません。4あなたは自分自身に対して部分的なゆるしを望むでしょうか。5一つの罪が悲惨の中にとどまるようにとなおもあなたを誘惑する中で、「天国」に到達することが可能でしょうか。6「天国」は完璧に純粋な家であり、「神」があなたのために創造されたものです。7あなた自身と同じように罪のないあなたの神聖な兄弟を見つめ、彼があなたをそこに導いてくれるのに任せてください。

III. 理性と様々な形の過ち

1. 理性がエゴの思考体系に導入されることによってエゴの解除が始まります。というのは、理性とエゴはお互いに相容れないからです。2また、この両者があなたの自覚の中に共存することも不可能です。3というのは、理性の目標は明確にすることであり、したがって、明らかだからです。4あなたは理性をはっきりと見ることができます。5これは言葉の遊びではありません。というのは、ここに意味のあるヴィジョンの始まりがあるからです。6ヴィジョンとは、まったく文字通りに、感覚です。7もしもそれが肉体の視力でなければ、理解されなければなりません。8というのは、それは明白であり、明白なものは曖昧ではないからです。9それを理解することは可能です。10そして、ここにおいて理性とエゴは分離し、それぞれ別な道を行くことになります。

2. エゴの存続そのものが、あなたにはこのコースを学ぶことはできないというエゴの信念に依存しています。2この信念を共有したならば、理性はあなたの過ちを見て、それを修正するために道を開けることはできなくなるでしょう。3というのは、理性は過ちを見抜き、あなたが実在すると思っていたものは実在しないことを告げるからです。4理性は罪と過ちの違いを見ることができます。なぜなら、理性は修正を望むからです。5それ故に、理性はあなたが修正不可能であると思っていたものが修正可能であり、したがって過ちであったに違いないとあなたに告げます。6修正に対するエゴの反対が、エゴが罪を固く信じることにつながり、過ちを無視することにつながります。7エゴは修正可能なものは何も見つめることはしません。8かくして、エゴは呪い、理性は救います。

3. 理性それ自体は救いではありませんが、理性は安らぎのための道を開き、救いが与えられるマインドの状態へとあなたを導いてくれます。2罪は安らぎに至る道に置かれた障壁であり、重々しい門のように固定され、錠が下ろされ、開ける鍵はありません。3理性の助けなしにそれを見る者は誰もそこを通ろうとはしません。4肉体の目にはそれはどっしりとした花崗岩に見え、あまりにも厚みのある石であるために、通り抜けようとするのは狂気の沙汰です。5しかしながら、理性はそれを簡単に見破ってしまいます。なぜなら、それは過ちだからです。6罪がとるこの形は理性の目からその空虚さを隠すことはできません。

4. エゴを惹きつけるのは過ちの形だけです。2エゴが意味を認識することはなく、そこに意味があるかどうかもエゴには見えません。3肉体の目に見えるすべてのものは間違いです。それは知覚の過ちであり、全体の中の歪められた断片であり、そこには全体が与える意味が欠如しています。4しかし、間違いがどのような形をとろうとも、修正可能です。5罪はエゴが崇拝する特別な形の過ちにすぎません。[6]エゴはすべての過ちを保存し、それらを罪にします。[7]というのは、ここにこそエゴ自身の安定があるからです。それはエゴが作った移ろいゆく世界に下ろした碇であり、エゴの教会が立つ岩盤であり、エゴの崇拝者が肉体の自由こそ自らの自由であると信じて肉体に束縛されている場所です。

5. 過ちの形がそれを間違いにするわけではないと理性はあなたに告げるでしょう。[2]形が隠すものが間違いであれば、形は修正を妨げることはできません。[3]肉体の目には形だけが見えます。[4]肉体の目は自らが見るべきものとして作られた以上のものを見ることはできません。[5]そして、肉体は過ちを見るように作られたのであって、過ちを見過ごすように作られたのではありません。[6]肉体の目の知覚は実に奇妙な知覚です。というのは、肉体の目には幻想しか見ることはできず、罪の花崗岩のような障壁の向こうを見ることはできず、無の外的な形の所で止まっているからです。[7]この歪められた形のヴィジョンにとっては、すべての物の外部は、すなわち、あなたと真実の間に立つ壁は完全に真実のものです。[8]しかしながら、無がまるでどっしりとした壁であるかのようにそこで止まってしまう視力が真に見えると言えるでしょうか。[9]それは、形以外のいかなるものも知覚されることがないように作られているために、形によって行く手を遮られます。

6. 見えないようにと作られたこれらの目は、決して見えるようにはなりません。[2]というのは、肉体の目が代表する考えはそれを作った者のもとを離れておらず、肉体の目を通して見るのはそれを作った存在だからです。[3]それを作った者の目標は見ないことに他なりません。[4]この目標のためには肉体の目は完全な手段ですが、見るためには完全な手段ではありません。[5]肉体の目がいかに外的なものに静止し、それを超えることができないかということを理解してください。[6]肉体の目は無で止まり、形を超えて意味にまで到達することができないことを観察してください。[7]形の知覚ほど目を見えなくするものはありません。[8]というのは、形を見るということは理解が不明瞭にされたことを意味するからです。

7. 間違いだけが異なった形をもっており、したがって、欺くことができます。[2]あなたは形を変えることができます。なぜなら、形は真実ではないからです。[3]形は変えることが可能であるが故に、実在ではあり得ません。[4]形が実在しないならばそれは幻想であるに違いなく、見えるものとしてそこには存在していないと理性があなたに告げるでしょう。5そして、それがあなたに見えるならば、あなたは間違っているに違いありません。というのは、あなたは実在しないものをあたかも実在しているかのように見ているからです。6そこにないものの向こうまで見ることができないものは歪められた知覚であるに違いなく、幻想を真実であるとして知覚しているに違いありません。7それでは、それは真実を認識することができるでしょうか。

8. 兄弟の神聖性はあなたの神聖性ですが、兄弟の間違いの形のために兄弟から遠ざからないでください。2兄弟の神聖性についてのヴィジョンはあなたのゆるしを見せてくれますが、肉体の目が見ることができるもののために、兄弟の神聖性のヴィジョンがあなたから遠ざかることを許さないでください。3兄弟についてのあなたの自覚が兄弟の罪と肉体についてのあなたの知覚によって妨げられないようにしてください。4兄弟の中にあるものであなたが攻撃するのは、罪を犯すことができるとあなたが信じている、兄弟の肉体と関連づけられるもの以外の何ものでもありません。5兄弟の過ちを超えた所に兄弟の神聖性があり、あなたの救いがあります。6あなたは兄弟に神聖性を与えてはいませんが、あなた自身を救うために兄弟の中にあなたの罪を見ようとしました。7しかしながら、兄弟の神聖性はまさにあなたのゆるしです。8あなたの兄弟の神聖性はあなたの救いですが、その兄弟を有罪にすることによってあなたは救われるでしょうか。

9. 神聖な関係は、誕生してどれほど間がないものであろうと、他の何よりも神聖性を尊重します。2神聖でない価値体系は混乱を生み出します。しかも、自覚の中に混乱を生み出します。3神聖でない関係においては、それぞれが相手の罪を正当化するように見えるが故に尊重されます。4それぞれが相手の中に、自らの意志に反して罪を犯すことを強制するものを見ます。5こうして、それぞれが相手に自分の罪をかぶせ、その罪を永続させるために彼に惹かれます。6したがって、それぞれが罪を実在的なものにしたいという願望によって、自分が罪の原因になっていることを見て取ることは不可能になります。7しかしながら、理性は神聖な関係をありのままに見て取ります。すなわち、神聖な関係は、二人が一体になって幸せに癒されるために、過ちを喜んで修正に委ねる共通のマインドの状態であると、理性は見て取ります。

IV. 道の分岐

1. 道が非常に明確に分岐している場所にやって来た場合、そのまま先に進むことはできません。2 どちらかの道を選ばなければなりません。3 というのは、今、まっすぐに進み続けるならば、すなわち、この分岐点に到達するまで歩んできた道を進み続けるならば、どこにも到達しないからです。4 これほど遠くまでやって来たことの目的は、今どちらの道を行くかを決断することにあったのです。5 あなたがやって来た道はもはや重要ではありません。6 それはこれ以上役立ちません。7 これほど遠くまでやって来る者は、決断を遅らせることはできても、間違った決断を下すことはできません。8 そして、この旅の路程で、道の分岐点に立ってどちらの道にするかを決めかねていることほど、絶望的で不毛に見える部分はありません。

2. 難しいように見えるのは、正しい道を歩む最初の数歩だけです。というのは、あなたはまだ戻って別な道を行くことができると思っているかもしれませんが、既に選択しているからです。2 戻ることはできません。3「天国」の力に支持されてなされた決断は解除することはできません。4 あなたの道は決定されています。5 これを認めれば、すべてのことがあなたに告げられるでしょう。

3. こういうわけで、あなたとあなたの兄弟は、この神聖な場所に立っています。すなわち、あなたと「キリスト」の顔の間に垂れ下がる罪のヴェールの前に立っています。2 そのヴェールを上げることにしましょう。3 それをあなたの兄弟と一緒に上げることにしましょう。というのは、あなた方の間にあるのは一枚のヴェールにすぎないからです。4 あなた、あるいはあなたの兄弟が単独で見ればそれはどっしりとした障壁に見え、今あなた方を分離する垂れ幕がどれほどに薄いものであるかを認識することはないでしょう。5 しかしながら、あなたの自覚の中ではそれはほとんど取り除かれており、ヴェールの前にいるあなたの所にさえも安らぎは到達しています。6 この後に何が起こるかを考えてください。7「キリストの愛」があなたの顔を照らし、光を必要としている暗い世界の中に、あなたの顔から「キリストの愛」が輝き出るでしょう。8 そして、この神聖な場所から、「キリスト」はあなたと一緒に戻り、この場所を離れることもなく、あなたのもとを離れることもないでしょう。9 あなたは「キリスト」のメッセンジャーとなり、「キリスト」を「キリスト自身」のもとへと返すでしょう。

4. 「キリスト」と共に歩くあなたに見える美しさがどんなものであるかを考えてみてください。2そして、あなたとあなたの兄弟がお互いに対してどんなに美しく見えるかを考えてみてください。3あなた方が一人で歩いてきたかくも長く孤独な旅の後で、一緒になったあなた方はなんと幸せなのでしょう。4今やあなたのために開かれた「天国」の門を、今度はあなたが悲しみに暮れる人たちのために開けることになります。5そして、あなたの中に「キリスト」を見る人で喜ばない人は一人もいないでしょう。6あなたがヴェールの彼方に見た光景はなんと美しいものであったことでしょうか。その光景を、かつてあなたがそうであったように、疲れ果てた人々の疲れ切った目にあなたがもたらすのです。7あなたが彼らの間にやって来て、罪に対する彼らの信頼を追い払うために「キリスト」のゆるしを差し出してくれるのを見て、彼らはなんと深い感謝を覚えることでしょうか。

5. あなたが犯す間違いの一つ一つを、あなたの兄弟はあなたのために優しく修正するでしょう。2というのは、彼の目においてはあなたの美しさが彼の救いであり、彼はそれが傷つくことのないように守るからです。3そして、あなたは二人の間に生じるように見えるすべての事柄からあなたの兄弟をしっかりと守る人になるでしょう。4そして、あなたは私と一緒にこの世界を歩くことになるでしょう。私のメッセージはまだすべての人には届けられていません。5というのは、私のメッセージが受け取られるようにするために、あなたがここにいるからです。6「神」の申し出は未だに有効ですが、それが受け容れられることを待っています。7それを受け容れたあなたから、それは受け取られます。8あなたの兄弟の手を握っているあなたの手の中にそれは安全に与えられます。というのは、それを分かち合うあなたが自ら進んでその守護者と守り手になったからです。

6. 「神の愛」を分かち合う者すべてにとって、恩寵は、受け取ったものを与える人々に与えられます。2こうして、彼らはそれが永遠に自分のものであることを学びます。3彼らがやって来る前にすべての障壁は姿を消します。というのは、それまでは出現して道を塞ぐように見えた障害物のすべてが、遂に乗り越えられたからです。4あなたとあなたの兄弟が一緒に上げるヴェールは、あなたに対してよりも真実に対して道を開きます。5幻想が自分のマインドから消えることを許す者はこの世界の救い主であり、彼らは「救い主」と共にこの世界を歩き、希望と苦しみからの自由と解放の「救い主」のメッセージを、自らの救いのために奇跡を必要としているすべての人の所へともたらします。

7. この奇跡をすべての人に差し出すことはなんと容易なことでしょうか！ [2]自分自身のためにそれを受け取った人であれば、誰もそれを困難であると思うことはあり得ません。[3]というのは、それを受け取ることによって、それは自分だけに与えられたのではないことを学んだからです。[4]それが神聖な関係の機能です。すなわち、一緒に受け取り、受け取ったように与えることです。[5]そのヴェールの前に立っているときは、それはまだ困難なように見えます。[6]しかし、兄弟と一緒に手を差し出して、この一見重い障害物に触ってみることです。すると、手の指はいとも簡単にその虚空をくぐり抜けてしまうことを知るでしょう。[7]それは実質のある壁ではありません。[8]そして、あなたとあなたの兄弟の間には幻想があるだけであり、あなた方は神聖な「自己」を共有しています。

V. 弱さと防御的な姿勢

1. 人はどのようにして幻想を克服するのでしょうか。[2]力づくや怒りでででもなければ、いかなる形であれ幻想に反抗することによってでもないことは確かです。[3]それは単に、理性があなたに幻想は実在と矛盾していると告げることを許すことによってです。[4]幻想は真実であるに違いないものに反しています。[5]反抗は幻想からやって来るのであって、実在からではありません。[6]実在はいかなるものに対しても反抗しません。[7]ただ存在するものはいかなる防御も必要ではなく、いかなる防御もしません。[8]幻想だけが弱さの故に防御を必要とします。[9]そして、弱さしか妨害するものがないとき、真実の道を歩くことが困難であり得るでしょうか。[10]この一見葛藤のように見えるものの中で強いのは他ならぬあなたです。[11]そして、あなたには防御は必要ではありません。[12]防御を必要とするものはあなたには必要ではありません。というのは、防御を必要とするものは何であれ、あなたを弱くするからです。

2. エゴが何のために防御を必要としているかを考えてみて

ください。2常に、真実に反するものを正当化し、まったく理性に反していて意味をなさないものを正当化するためです。3これを正当化することが可能でしょうか。4これはあなたを真実から救い出し、狂気へと招待しているだけのことではないでしょうか。5そして、あなたが何から救い出されたいかといえば、あなたが恐れているものからに他ならないのではないでしょうか。6罪を信じるには大変な防御が必要であり、しかも、多大な犠牲を払わなければなりません。7「聖霊」が差し出すものすべてに対して防御しなければならず、「聖霊」が差し出すものはすべて犠牲にしなければなりません。8というのは、罪はあなたの安らぎから切り出されたブロックに刻まれ、あなたと安らぎの帰還の間に横たえられるからです。

3. しかしながら、安らぎを細分化することがいったい可能でしょうか。2安らぎはなおも完全であり、何も安らぎから奪われてはいません。3邪悪な夢の手段と材料は無にすぎないことを見て取ってください。4真実のところ、あなたとあなたの兄弟は一緒に立っており、あなた方の間には何も存在しません。5「神」はあなたの手をもっておられます。そして、「神」が「神」と一つにされたものを分離できるものはいません。6あなたはあなたの「父」に逆らって自分を防御しようとしています。7しかしながら、愛を閉め出しておくことは今も不可能です。8「神」は、静かに、無防備に、まったく防御することなくあなたと一緒に安らいでおられます。というのは、この静かな状態にのみ強さと力があるからです。9ここには弱さは入ることはできません。というのは、ここには攻撃はなく、したがって、幻想もないからです。10愛は確実性の中で安らいでいます。11防御的になれるのは不確実性だけです。12そして、すべての不確実性はあなた自身についての疑惑です。

4. 怖れとはなんと弱く、なんと矮小で、なんと無意味なものでしょうか。2愛が結びつけて一緒にした人々の静かな強さの前ではなんと取るに足りないものでしょうか。3これがあなたの〝敵〟であり、それは怯えきったネズミでありながら、宇宙を攻撃しようとします。4それが成功する確率はどれほどのものでしょうか。5自分は万能だとこのネズミがたてるかすかな音を無視することが困難であるはずがありません。そして、そのかすかな音が、宇宙全体の心のすべてが一つになって、絶えず歌っている「創造主」を讃える讃美歌をうち消すことがあり得るでしょうか。6どちらがより強いものでしょうか。7この小さなネズミでしょうか。それとも、「神」が創造されたもののすべてでしょうか。8あなたとあなたの兄弟が一緒に結ばれているのはこのネズミによってではなく、「神の意志」によってです。9そして、ネズミは「神」が一緒にされたものを裏切ることができるでしょうか。

5. あなたと、兄弟との結合についてのあなたの自覚との間には、ほとんど何も介在するものはないことをあなたが認識すれば、それはなんとすばらしいことでしょうか。2その大きさ、厚み、重さ、堅固さ、どっしりとした土台といった幻想に騙されないでください。3確かに、肉体の目にはそれは巨大ながっちりとしたものに見え、山のように動かないものに見えます。4しかし、あなたの中にはいかなる幻想も抵抗できない「力」があります。5この物体は動かすことが不可能なように見えるだけです。しかし、この「力」は真に抵抗不可能です。6とすれば、この両者が一緒になったとき、何が必然的に起こるでしょうか。7動かすことができないというその幻想を、ただ静かに通過して乗り越えていくものから、長い間にわたって防御することが可能でしょうか。

6. 何に対してであれ、防御する必要性を感じるときは、あなたは幻想に帰属意識を抱いているのだということを忘れないでください。2したがって、自分は弱いとあなたは感じます。なぜなら、あなたは一人だからです。3これが幻想の代価です。4誰も自分が分離していると信じて安らぐことはありません。5あなたとあなたの兄弟の間に、重く、どっしりと、動くことなく立っているように見えない幻想はありません。6そして、真実が軽々と乗り越えることができない幻想はありません。しかも、真実はその幻想をあまりにも軽々と乗り越えてしまうために、あなたはそれは何でもないという確信をもつはずです。それまでは、それは大変なものだと思っていたにもかかわらず、その確信に至るはずです。7あなたの兄弟をゆるせば、これが必ず起こります。8というのは、それを貫通不可能なものに見せ、それを動かすことはできないという幻想を防御しているのは、あなたとあなたの兄弟の間に立っているように見えるものを見過ごしたくないというあなたの気持だからです。

VI. 神聖な関係の光

1. あなたは肉体の自由が欲しいでしょうか、それとも、マインドの自由が欲しいでしょうか。2というのは、両方をもつことは不可能だからです。3あなたはどちらを尊重するのでしょうか。[4]どちらがあなたの目標でしょうか。[5]というのは、あなたは一方を手段と見なし、もう一方を目的と見なしているからです。[6]そして、一方は他方のために奉仕し、他方の優越性を導き出し、自らの重要性を減じることによって他方の重要性を増大させます。[7]手段は目的に奉仕し、目的が達成されたとき、手段の価値は減少し、機能がなくなったと認識されるとその価値は完全に消失します。[8]自由にあこがれ、自由を見つけようとしない者はいません。[9]しかしながら、自由がそこにあると思っている場所、見つけることができると思っている場所でそれを見つけようとします。[10]人は、自由はマインドに関しても肉体に関しても可能であると信じ、自由を見つけるための手段として片方を自分が選んだものに奉仕させようとします。

2. 肉体の自由が選択された場合には、マインドが手段として用いられ、マインドの価値は肉体の自由を達成するための方法を工夫するその能力に置かれます。[2]しかしながら、肉体の自由には何の意味もありません。したがって、マインドは幻想に奉仕するために捧げられることになります。[3]これは非常に矛盾した状況であり、まったく不可能な状況であるために、これを選択する人は誰であれ、何に価値があるのかをまったく分かっていません。[4]しかしながら、あまりにも深刻であるがために描写することも不可能なこの混乱の中にあってさえ、「聖霊」は「創造主の愛」を確信しているのと同じように、その結果に確信をもって、静かに忍耐強く待ちます。[5]「聖霊」は、この狂気の決断は、愛自身にとって愛が大切であるのと同じように、「聖霊」の「創造主」にとって大切な存在によってなされたことを知っています。

3. 「聖霊」は、「神」が愛されるものにおける手段と目的の役割をどのようにして簡単に変えることができるのだろう、「神」が愛されるものをどのようにして永遠に自由にしておくことができるのだろうなどと考えて、あなたが心を悩ませる必要はありません。[2]しかし、あなたが「聖霊」の目的に奉仕する手段になることができることに感謝してください。[3]これが自由に至る唯一の奉仕です。[4]この目的に奉仕するためには、肉体は無罪であると知覚されなければなりません。なぜなら、目標は無罪性だからです。[5]矛盾の欠如は、手段から目的への優しい変移を、ゆるしの目の前で憎しみが簡単に感謝に変わるのと同じくらいに容易なものにしてくれます。[6]あなたはあなたの兄弟によって浄化され、罪のない者に奉仕するためにだけあなたの肉体を用いるでしょう。[7]そして、あなたが癒す者のために奉仕するものを憎むことは、あなたには不可能となるでしょう。

4. この神聖な関係は、その罪のなさにおいて美しく、力において強大であり、あなたが見る空を照らす太陽よりも遥かに明るい光で燃えるように輝いていますが、それはあなたの「父ご自身」の計画のための手段として、あなたの「父」によって選ばれたものです。[2]それはまったくあなたの計画に奉仕するものではないことに感謝しなければなりません。[3]それに委託されたものは何であれ濫用することは不可能であり、それに与えられるもので活用されないものはありません。[4]この神聖な関係には、苦痛の形が何であれ、あらゆる苦痛を癒す力があります。[5]あなたもあなたの兄弟も、単独では奉仕することはまったくできません。[6]あなた方二人の共通の意志の中に癒しが横たわっています。[7]というのは、ここにこそあなたの癒しがあり、ここにおいてあなたは「あがない」を受け容れることになるからです。[8]そして、あなたの癒しの中で「神の子のすべて」が癒されます。なぜなら、あなたの意志とあなたの兄弟の意志は一つに結ばれているからです。

5. 神聖な関係の前にあって罪は存在しません。[2]過ちの形はもはや見られることはなく、理性が愛と一緒にすべての混乱を静かに見つめ、〝これは間違いだった〟とただ観察します。[3]それから、あなたがあなたの関係の中で受け容れたあの同じ「あがない」がその過ちを修正し、「天国」の一部をその場所に横たえます。[4]この贈り物が与えられることを許すあなたはなんと祝福されていることでしょうか。[5]あなたがもたらす「天国」の一つ一つの部分があなたに与えられます。[6]そして、「天国」の空白の場所の一つ一つはあなたがもたらす永遠の光で満たされ、その場所が今やあなたを明るく照らします。[7]無罪の手段には怖れを知ることはできません。なぜなら、それらの手段は愛しか運ばないからです。

6. 安らぎの子よ、光があなたの所に来ました。[2]あなたがもたらす光をあなたは認識できませんが、思い出すでしょう。[3]自分が他の人々にもたらすヴィジョンを自分自身に対して否定することができる人がいるでしょうか。[4]そして、自分自身を通して「天国」に横たえることを許した贈り物を認識できない人がいるでしょうか。[5]あなたが「聖霊」に捧げる優しい奉仕は、あなた自身に対する奉仕です。[6]今や「聖霊」の手段であるあなたは、「聖霊」が愛するもののすべてを愛さなければなりません。[7]そして、あなたがもたらすものは、永遠であるものすべてについてのあなたの記憶です。8時間の中にあるものは何であれ、時間のないものに奉仕するマインドの中にその痕跡を長くとどめることはできません。9そして、いかなる幻想も、安らぎの手段となった関係の安らぎを乱すことはできません。

7. いかなる過ちも除外せず、何も隠されていない完全なゆるしをもって兄弟を見つめるとき、見過ごすことができない間違いはどこにも見つけることはできません。2どのような形の苦しみがあなたの視覚を妨げ、それを見過ごすことを妨げることができるでしょうか。3そして、あなたが間違いとして認識しないどんな幻想があり得るでしょうか。あなたがまったく心を乱されることなく通り抜けられる影として認識できない幻想があり得るでしょうか。4「神」は、「神の意志」と同じ意志をもった人々を、いかなるものであれ妨害することはお許しにはなりません。そして、彼らは自分の意志が「神の意志」であることを認識するでしょう。なぜなら、彼らは「神の意志」に奉仕するからです。5しかも、喜んで奉仕します。6そして、彼らが何であるかを長い間にわたって思い出さないということはありません。

8. あなたはあなたの兄弟の目を通して自分の価値を知るでしょう。そして、そこにいると思っていた攻撃者の代わりに救い主を見るとき、一人一人が解放されます。2この解放を通して世界は解放されます。3これが安らぎをもたらす上で、あなたが果たす役割です。4というのは、あなたはここでのあなたの機能が何であるかを問い、その答えが与えられたからです。5それを変えようとしないでください。また、それを別な目標で代用しようとしないでください。6この機能があなたに与えられたのであり、この機能だけが与えられたのです。7この機能を受け容れ、喜んでそれに奉仕してください。というのは、あなたが兄弟に与える贈り物を「聖霊」がどうするか、誰にそれを差し出すか、どこでいつ差し出すかは、「聖霊」に任されているからです。8「聖霊」はそれが受け取られ歓迎される場所に贈り物を授けるでしょう。9「聖霊」はその贈り物の一つ一つを安らぎのために用いるでしょう。10また、一つの小さな微笑みも、些細な間違いを喜んで見過ごそうとする気持も無駄にされることはないでしょう。

9. あなたの「父」が慈愛をもって愛するものを見つめるというのは、普遍的な祝福以外の何ものであり得るでしょうか。2ゆるしを延長することが「聖霊」の機能です。3これは「聖霊」に任せてください。4あなたは延長し得るものを「聖霊」に与えることだけを心配すれば良いのです。5「聖霊」が用いることのできない暗い秘密を取っておこうとしないでください。そして、「聖霊」が永遠に延長することができる最も小さな贈り物も「聖霊」に差し出してください。6「聖霊」はその一つ一つを受け取り、それを安らぎのための強力な力にするでしょう。7「聖霊」はそれに対して祝福を控えることはなく、いかなる形であれそれを制限することもないでしょう。8「聖霊」は「神」が「彼」に与えてくださった力のすべてをそれと合わせて、愛の小さな贈り物の一つ一つをすべての人のための癒しの源にするでしょう。9あなたが兄弟に差し出す小さな贈り物の一つ一つが世界を明るくします。10暗闇に気を取られないでください。暗闇から目をそらし、あなたの兄弟の方を見てください。11そして、光を知っている「聖霊」に暗闇を追い払ってもらってください。「聖霊」は、あなたが兄弟に祝福として与える信頼と自信の静かな一つ一つの微笑みの上に光をそっと横たえるでしょう。

10. あなたの学びに世界の幸福がかかっています。2そして、あなたの意志の力を否定しようとするのは傲慢にすぎません。3あなたは「神の意志」は無力であると思っているでしょうか。4これは謙遜でしょうか。5この信念がどのような結果をもたらしているか、あなたには分かっていません。6あなたは自分自身を、傷つきやすく、脆弱で、簡単に破壊され、あなたよりも力の強い数えきれない攻撃者のなすがままにされる存在であると見なしています。7この過ちがどのようにして生じたのかを直視してみましょう。というのは、ここに「神」への怖れを岩のように不動でがっちりとしたものにしているように見える、重い碇が埋められているからです。8これがある限り、そのように見え続けるでしょう。

11. 「神の子」を攻撃して「神の子」の「父」を攻撃しない人はいません。2「父」が弱く、脆弱で、簡単に攻撃される存在でなければ、「神の子」が弱く、脆弱で、簡単に攻撃されることがあり得るでしょうか。3あなたが知覚し正当化する一つ一つの罪と有罪判決のすべては、あなたの「父」に対する攻撃に他ならないということがあなたには分かっていません。4だからこそ、それは起こったことはなく、実在的でもあり得ないのです。5あなたは自分が攻撃を試みているとは理解していません。なぜなら、「父」と「神の子」は分離していると考えているからです。6そして、「父」と「神の子」は分離しているとあなたが考えるのは、怖れのためであるに違いありません。7というのは、宇宙の偉大な「創造主」を攻撃するよりも、他の人や自分自身を攻撃するほうが安全に思われるからです。「創造主」の力をあなたは知っています。

12. あなたが「神」と一つであるとしたら、そして、あなたがこの一体性を認識しているとすれば、あなたは「神」の力はあなたのものであることを知るでしょう。2 しかし、いかなる種類の攻撃であれ、攻撃が何かを意味すると信じている間は、あなたはこれを思い出しません。3 攻撃はいかなる形のものであれ、正当化されることはありません。なぜなら、攻撃には何の意味もないからです。4 攻撃を正当化し得るとすれば、それはあなたとあなたの兄弟がお互いに分離していて、すべてのものが「創造主」から分離している場合だけです。5 というのは、その時はじめて全体を攻撃することなく創造物の一部を攻撃することが可能となり、「神」を攻撃することなく「神の子」を攻撃することが可能となり、あなたを攻撃することなく他の人を攻撃することが可能となり、他の人が苦痛を感じることなくあなた自身を傷つけることが可能となるからです。6 そして、この信念をあなたは望んでいます。7 しかし、安全に攻撃したいという願望以外のどこにその価値があるでしょうか。8 攻撃は安全でもなければ危険でもありません。9 それは不可能です。10 そして、これが不可能なのは、宇宙は一つだからです。11 宇宙がそれを作った存在から分離しているかどうかを確認するために攻撃することが不可欠でなければ、宇宙の実在を攻撃する選択をあなたはしないでしょう。12 こうして、愛は攻撃することが可能であり、愛が怖れを抱くようになることがあり得るかのように見えます。

13. 異なっている者たちだけが攻撃することができます。2 したがって、あなたは攻撃することができるので、あなたとあなたの兄弟は異なっているに違いないと結論づけます。3 しかしながら、「聖霊」はこれを異なった形で説明します。4 あなたとあなたの兄弟は異なった存在ではないので、あなたは兄弟を攻撃することはできません。5 どちらの立場も論理的な一つの結論です。6 いずれも主張可能ですが、両方一緒に主張することは絶対に不可能です。7 どちらが真実であるかを決定するために答える必要がある唯一の質問は、あなたとあなたの兄弟が異なる存在かどうかということだけです。8 あなたが理解できる立場からすると、あなた方は異なっているように見え、したがって、攻撃することができるということになります。9 選択肢の中ではこれがより自然であり、あなたの体験とより一致しているように見えます。[10]したがって、何が自然であり真実であるかを自分に教えるためには、真実とより一致している他の体験をする必要があります。

14. これがあなたの神聖な関係の機能です。[2]というのは、ある人が考えることを他の人がその人と一緒に体験するからです。[3]これはあなたのマインドとあなたの兄弟のマインドが一つであること以外の何を意味し得るでしょうか。[4]怖れの気持でこの幸せな事実を見ないでください。そして、それがあなたに重い荷物を負わせると考えないでください。[5]というのは、あなたが喜びをもってそれを受け容れたとき、あなたの関係は「創造主」と「創造主の子」の結合の反映であることに気づくからです。[6]愛に満ちたマインドからの分離は絶対にありません。[7]そして、一つのマインドの思いの一つ一つが他のマインドに喜びをもたらします。なぜなら、それらのマインドは同じだからです。[8]喜びは無制限です。なぜなら、愛の輝かしい思いの一つ一つはその存在を延長し、分身を更に多く創造するからです。[9]それにはいかなる違いもありません。というのは、一つ一つの愛の思いは愛の分身だからです。

15. あなたとあなたの兄弟を一緒にする光は宇宙全体に輝き、それがあなたと彼を一緒に結びつけているが故に、あなたと彼を「創造主」と一体にします。[2]そして、「創造主」においてすべての創造物は一緒になります。[3]あなたの関係はすべての怖れを不可能にする愛の力がそこにあることを教えてくれるのに、そしてその事実はすべての怖れを不可能にするのに、一人で恐れることはできないことをあなたは後悔するでしょうか。[4]この贈り物と一緒にエゴを少しだけ取っておこうとしないでください。[5]というのは、この贈り物はあなたが活用するようにとあなたに与えられたのであって、それを不明瞭にするために与えられたのではないからです。[6]分離することはできないとあなたに教えるものは、エゴを否定します。[7]あなたとあなたの兄弟が異なっているのか、それとも、同じであるのかを真実が決定するのに任せ、どちらが真実であるのかを教えてもらってください。

第23章　自分自身との戦争

序論

1. もろさと弱さの反対は罪がないことであることが分からないでしょうか。2 罪のなさは強さであり、それ以外のものは何も強くありません。3 罪のない者が恐れることはあり得ません。というのは、いかなる種類の罪も弱さだからです。4 もろさを覆い隠すために攻撃が用いる力の顕示がもろさを隠すことはありません。というのは、非実在のものを隠すことは不可能だからです。5 敵をもつ者で強い者はいません。そして、敵がいると思わなければ誰も攻撃することはできません。6 したがって、敵を信じることは弱さを信じることであり、弱いものは「神の意志」ではありません。7「神の意志」と対立しているが故に、それは「神」の〝敵〟です。8 そして、「神」は対立する意志として恐れられています。

2. 自分自身とのこの戦争はなんと奇妙なものになることでしょうか。2 あなたは、罪のために用いるすべてのものがあなたを傷つけ、あなたの敵になると信じています。3 そして、あなたはそれと戦い、これを理由にしてそれを弱めようとします。そしてそのことに成功したと考え、再び攻撃します。4 罪がないと知覚するものを愛するのと同じくらい確実に、あなたが攻撃するものをあなたは恐れるでしょう。5 愛が示す道を罪なく旅する者は心安らかに歩みます。6 愛が一緒にそこを歩き、怖れから守ってくれるからです。7 そして、彼には攻撃することができない罪のない者だけが見えるでしょう。

3. 頭を高くしっかりと上げ、栄光の中を歩いてください。悪を恐れることはありません。2 罪のない者は安全です。なぜなら、罪のない者は彼らの罪のなさを分かち合うからです。3 彼らに見えるもので害をなすものはありません。というのは、真実に対する彼らの自覚があらゆるものを有害であるという幻想から解放するからです。4 そして、有害に見えたものが、罪と怖れから解放されて喜んで愛のもとへと戻り、今や、その罪のなさの中できらきらと輝いています。5 彼らは愛の強さを分かち合っています。なぜなら、罪のなさを見たからです。6 そして、すべての過ちは姿を消しました。なぜなら、彼らは過ちを見なかったからです。7栄光を探し求める者は、栄光がある場所に栄光を見出します。8それは罪のない者以外のどこにあり得るでしょうか。

4. 矮小な干渉者があなたを矮小性へと引っ張ることを許さないようにしましょう。2罪のなさの中に罪悪感の魅力が存在することは有り得ません。3真実があなたのそばにあれば、なんと幸せな世界を歩くことになるか考えてみてください。4この自由な世界を、外見的な罪のためいきのためにあきらめないでください。また、罪悪感の魅力に僅かに心が騒いだからといって、この自由な世界をあきらめないでください。5これらのものは無意味なものであり、あなたの注意を逸らすものですが、あなたはそのために「天国」を脇にのけたいと思うでしょうか。6あなたの運命と目的は、それらのものの遙か彼方にあります。矮小性が存在しない清らかな場所にあります。7あなたの目的はいかなる種類の矮小性とも合いません。8したがって、あなたの目的は罪とは合いません。

5. 矮小性が「神の子」を誘惑へと導くことを許さないようにしましょう。2「神の子」の栄光は誘惑を超越したものであり、永遠と同じように計り知れず、時間を超越したものです。3「神の子」についてのあなたの視界に時間が侵入することを許さないようにしましょう。4「神の子」が自らの誘惑の中で怯え、孤独なままにしておかないでください。その誘惑を克服し、彼自身もその一部である光を知覚できるように助けてあげてください。5あなたの罪のなさが彼の罪のなさに至る道を光で照らすでしょう。かくして、あなたの罪のなさはあなたの自覚において守られ、保たれます。6というのは、「神の子」の栄光を知りながら、同時に、「神の子」についての矮小性と弱さを知覚することができる人はいないからです。7怖れに満ちた世界をふるえながら歩き、同時に、「天国」の栄光が自分を照らしていることに気づくことができる人はいません。

6. あなたの周囲にあるものであなたの一部でないものはありません。2愛を込めてそれらを見つめ、その中に「天国」の光を見てください。3こうして、あなたは自分に与えられたもののすべてを理解するようになります。4優しいゆるしの中で世界はきらきらと輝き、あなたがかつて罪深いと考えていたもののすべてが、今や「天国」の一部として再解釈されることになります。5あなたの罪のなさが与える救いを痛切に必要としている世界を、一点の汚れもなく、救われた、そして、幸せなあなたが歩くのはなんと美しいことでしょうか。6 これよりも尊重すべきものがあり得るでしょうか。7 というのは、ここにあなたの救いと自由があるからです。8 あなたがそれを認識するとすれば、それは完全なものであるに違いありません。

I. 妥協不可能な信念

1. 「神」の記憶は静かなマインドにやって来ます。2 それは争いのある所にはやって来ません。というのは、自らと戦っているマインドが永遠の優しさを思い出すことはないからです。3 戦争の手段は安らぎの手段ではありません。そして、戦争を好む者が思い出すのは、愛ではありません。4 勝利に対する信念がなければ戦争は不可能です。5 あなたの内なる葛藤は、エゴが勝利する力をもっているとあなたが信じていることを暗示しています。6 そうでなければ、あなたがエゴに帰属意識をもつ理由があるでしょうか。7 エゴが「神」と交戦していることにあなたは確実に気づいています。8 エゴには敵がいないことは確かです。9 しかしながら、エゴは、それと同じくらいかたくなに、克服しなければならない敵がいると信じており、克服することに成功するだろうと信じ込んでいます。

2. 自分自身との戦争は「神」との戦争であることに気づいてください。2 勝利を想像することが可能でしょうか。3 仮にそれが可能であったとしても、あなたはそれを望むでしょうか。4「神」の死は、仮にそれが可能であるとした場合ですが、あなたの死です。5 これは勝利でしょうか。6 エゴは常に敵を敗北させようとして行進します。なぜなら、エゴはあなたに対する勝利が可能であると信じているからです。7 そして、「神」はそうは思われません。8 これは戦争ではありません。これは、「神の意志」は攻撃可能で覆すことが可能であるという狂気の信念であるにすぎません。9 あなたはこの信念に帰属意識を抱くかもしれませんが、それは狂気以外の何ものでもありません。10 そして、狂気においては怖れが君臨し、そこで愛に取って代わったかのように見えるでしょう。11 これが葛藤の目的です。12 そして、それが可能であると思う人々にとっては、その手段は実在するように見えます。

3. 「神」とエゴが出会うこと、あるいは、あなた自身とエゴが出会うことは不可能であることを確信してください。2 あなたはエゴと出会い、何の意味もない理由に基づいて奇妙な同盟を結んでいるように見えます。3 というのは、あなたの様々な信念は、エゴが選んだ家であり、あなたが自分のものであると信じている肉体において収斂するからです。4あなたは間違いにおいてエゴと出会います。すなわち、あなたの自己評価における過ちにおいて出会います。5エゴは、あなたがエゴと分かち合うあなた自身についての幻想と一緒になります。6しかしながら、幻想は一緒になることはできません。7幻想は皆同じであり、無です。8幻想が一緒になることは、無に頼ろうとするようなものです。二つの幻想は一つの幻想と同様に無意味であり、千の幻想と同様に無意味です。9エゴは無であるが故に、無と一緒になります。10エゴが探求する勝利は、エゴそのものと同様に無意味です。

4. 兄弟よ、自分自身との戦争はほとんど終わりました。2旅の終わりは安らぎの場所です。3旅の終わりに差し出される安らぎを、今受け容れたいと思わないでしょうか。4安らぎに対する侵入者であるとしてあなたが戦ったこの〝敵〟は、ここにおいて、あなたの目の前で、あなたに安らぎを与えるものに変容します。5あなたの〝敵〟は「神ご自身」でした。「神ご自身」にとっては、すべての葛藤、勝利、いかなる攻撃もすべて未知のものです。6「神」は、完璧に、完全に、永遠にあなたを愛しておられます。7「神の子」が自らの「創造主」と交戦するというのは、自然が風をどなりつけ、風はもはや自然の一部ではないと宣言するのと同じくらい馬鹿げた状況です。8自然がこれを事実として確立し、それを真実にすることがいったい可能でしょうか。9また、何をあなたの一部にして、何を別にしておくかを決めるのはあなたではありません。

5. 自分自身に対する戦争は、「神の子」に、彼は彼自身ではなく、「父の子」ではないことを教えるために着手されました。2これをするためには、彼の「父」についての記憶は忘れられなければなりません。3それは肉体の生命においては確かに忘れられています。そして、あなたが自分は肉体であると考えるならば、あなたはそれを忘れてしまったと信じるでしょう。4しかしながら、真実が真実そのものによって忘れられることは絶対にあり得ません。そして、あなたは自分が何であるかを忘れてはいません。5あなた自身についての奇妙な幻想、すなわち、本来のあなたに勝利をおさめたいという欲求が覚えていないだけです。

6. あなた自身に対する戦争は二つの幻想の戦いにすぎず、勝利を収めるほうの幻想が真実であると信じて、それぞれが自らを相手とは異なったものにしようとして戦うのです。[2]これらの幻想と真実の間にはいかなる葛藤もありません。[3]また、これらの幻想はそれぞれ異なったものではありません。[4]両者共に真実ではありません。[5]したがって、これらの幻想がどのような形をとるかは重要ではありません。[6]これらの幻想を作ったものは狂気であり、幻想は自らを作ったものの一部であり続けます。[7]狂気が実在を脅かすことはなく、実在にいかなる影響も及ぼすことはありません。[8]幻想が真実に勝利をおさめることは不可能であり、いかなる形においても真実を脅かすことはできません。[9]そして、幻想が否定する実在は幻想の一部ではありません。

7. あなたが覚えているものはあなたの一部です。[2]というのは、あなたは「神」があなたを創造されたままであるに違いないからです。[3]真実は幻想と戦うことはしません。また、幻想も真実とは戦いません。[4]幻想は自分自身と戦うだけです。[5]幻想は断片化しているが故に、断片化していきます。[6]しかし、真実は不可分であり、幻想の僅かの到達能力では遥かに及びません。[7]自分が葛藤の中にいることはあり得ないことを学んだとき、あなたは自分が知っていることを思い出すでしょう。[8]あなた自身についての一つの幻想がもう一つの幻想と戦うことはあり得ますが、二つの幻想の戦争では何も起こりません。[9]勝利者もなく、勝利もありません。[10]そして、真実は争いから離れ、何ものにも触れられることなく、「神」の安らぎの中で静かに光り輝いています。

8. 葛藤は二つの力の間で起こるものです。[2]葛藤は一つの力と無との間には存在しません。[3]あなたが攻撃できるものであなたの一部でないものはありません。[4]そして、それを攻撃することによってあなたは自分自身についての二つの幻想を作り、その二つの幻想は対立し合っています。[5]そして、この対立は、「神」が創造されたものを何であれ、愛以外の何かの感情をもって見つめる度に必ず起こります。[6]葛藤は怖れに満ちています。というのは、葛藤は怖れの誕生だからです。[7]しかしながら、無から生まれたものが戦いによって実在を勝ち取ることはできません。[8]あなたはなぜ自分の世界を自分自身との葛藤でいっぱいに満たしたいのでしょうか。[9]この狂気のすべてが解除されることを許し、あなたの静かなマインドの中で未だに輝いている「神」の思い出へと心安らかに向かってください。

9. 幻想の争いは、真実の前に行けば姿を消します！ [2]というのは、それは相反する真実同士の戦争であると見なされる場合にのみ実在するように見えるからです。征服者となった幻想がより真実でより実在的なものとなり、実在性が少なく敗北して幻想であるとされた幻想を打ち負かして勝利者となります。3かくして、葛藤は幻想のどちらを選ぶかという選択です。一つの幻想は実在するものとして王冠をいただき、もう一方の幻想は打ち負かされ、さげすまれます。4ここでは「父」が思い出されることは決してありません。5しかし、いかなる幻想も「父」の家に侵入し、「父」が永遠に愛しておられるものから「父」を追い出すことはできません。6そして、「父」が愛しておられるものは永遠に静かで安らいでいなければなりません。なぜなら、それは「父」の家だからです。

10. 「神」の最愛の人であるあなたは幻想ではなく、「神ご自身」と同じように真実であり神聖です。2「神」と自分自身に対するあなたの確信の静けさが、別々ではなく一つになって住む「あなた方二人」の家です。3「神」の最も神聖な家のドアを開け、「神」をホームレスの状態に保ち、「神の子」も「神」と一緒にホームレスにしておく罪に対する信念を、ゆるしがすべて跡形もなく取り去ることを許してください。4あなたは「神」の家にあっては見知らぬ人ではありません。5「神」が兄弟を静寂と安らぎの中に置き、「神」も一緒に住んでおられる家に、あなたの兄弟を迎え入れてください。6愛が居住し、愛が真実でないもののすべてからあなたを守っている所には幻想の居場所はありません。7あなたは愛の「創造主」と同じように無限の存在として安らぎの中に居住しており、「神」を思い出す人々にはすべてが与えられます。8「神」の家の安らぎが決して乱されることがないことを確信して、「聖霊」が「神」の家を見守っています。

11. 「神」の休息の場所がそれ自身に襲いかかって、そこに住む「存在」を征服しようとするようなことがあり得るでしょうか。2そして、自らが分断されていると「神」の家が知覚したとき何が起こるかを考えてみてください。3祭壇は姿を消し、光はかすかなものとなり、「神聖な存在」の宮殿は罪の家になります。4そして、幻想を除いては何も思い出されることはありません。5幻想が衝突することはあり得ます。なぜなら、幻想の形は異なるからです。6そして、幻想はどの形が真実であるかを確立するだけのために戦います。

12. 幻想は幻想と出合い、真実は真実と出合います。2幻想の出合いは戦争につながります。3安らぎは自らを見つめて、自らを延長します。4戦争は、怖れが生まれ、成長し、支配しようとする状態です。5安らぎは、愛が住み、自らを分かち合おうとする状態です。[6] 葛藤と安らぎは正反対のものです。[7] そのいずれかが住む場所には、もう一方のものは存在できません。そのいずれかが行く場所からは、もう一方のものは姿を消します。[8] したがって、「神」についての記憶は、幻想の戦場となったマインドの中では薄れていきます。[9] しかしながら、この無分別な戦争の遙か彼方でそれは輝いており、あなたが安らぎの側についたときには思い出せるように準備を整えています。

II. 混沌の法則

1. 混沌の〝法則〟は決して理解されることはありませんが、明るみに出すことは可能です。[2] 混沌の法則はほとんど意味のあるものではありません。したがって、理性の領域外にあります。[3] しかしながら、混沌の法則は理性と真実の障害となっているようです。[4] というわけで、混沌の法則の彼方に目をやり、それが主張するものではなくその本質を理解するために、心静かに見つめてみることにしましょう。[5] 混沌の法則が何のためにあるのかを理解することが不可欠です。なぜなら、真実を無意味にし、真実を攻撃することがその目的だからです。[6] ここにあなたが作った世界を支配する法則があります。[7] にもかかわらず、その法則は何も支配しておらず、破る必要もありません。ただそれを見つめて、超えていくだけで良いのです。

2. 混沌の第一の法則は、真実は人によって異なるというものです。[2] この種の原則が皆そうであるように、一人一人は別々であり、他者と自分を分け隔てる一連の異なった思いをもっていると、この法則は主張します。[3] この原則は幻想には序列があるという信念から派生しています。すなわち、ある種の幻想は他の幻想よりも貴重であり、したがって、真実であるという信念です。[4] それぞれが自分自身のために序列を確立し、他の人が尊重するものを攻撃することによってそれを真実にします。[5] そして、そうすることは正当化されます。なぜなら、彼らの価値観は異なっており、それらの価値観をもっている人々は異なっているようであり、したがって敵だからです。

3. これがいかに奇跡の第一の原則に抵触するように見えるかを考えてみてください。[2] というのは、これは幻想の間に真実の序列を確立し、ある種の幻想は他の幻想よりも克服することが難しいかのように見せかけるからです。[3] 幻想はすべて同じであり等しく真実ではないことが分かれば、奇跡がすべての幻想に適用されることを理解するのは容易になります。[4]いかなる種類の過ちも修正可能です。なぜなら、過ちは真実ではないからです。[5]過ちをお互いの所にではなく真実の所へもっていけば、過ちはただ姿を消します。[6]無のどの部分も、他の部分よりも真実に対してより強い抵抗力があるということは有り得ません。

4. 混沌の第二の法則は、これは罪の崇拝者であれば誰にとっても大切なものですが、人は皆必ず罪を犯すものであり、したがって、攻撃と死に値するというものです。[2]この原則は第一の原則と密接に関連していますが、過ちは修正ではなく罰に値するとの要求です。[3]というのは、過ちを犯す人を破壊すれば、その人は修正とゆるしの手の届かない所に置かれることになるからです。[4]こうして、彼がやったことは彼自身に対する取り消し不可能な判決であると解釈され、それは「神ご自身」にも克服する力はないとされます。[5]罪は、「神の子」が自らの破壊が不可避的になる間違いを犯すことが可能であるという信念であるために、ゆるされることはあり得ません。

5. これが「父」と「神の子」の関係に与えるように思われる影響を考えてみてください。[2]今や、「彼ら」が再び「一つ」になることは決してないように見えます。[3]というのは、「一方の存在」は常に有罪の宣告をされるからです。しかも、もう「一方の存在」によってです。[4]今や、「彼ら」は異なった存在であり、敵です。[5]そして、「彼ら」の関係は対立の関係となり、それは「神の子」の別々な側面が出合うのは一緒になるためではなく争うだけのためであるのと同じことになります。[6]一方が弱くなり、他方は相手の敗北によって強くなります。[7]そして、「神」に対する怖れとお互いに対する怖れは、「神の子」が自分自身に対してしたことと、「創造主」に対してしたことによって実在的にされ、理に適ったもののように見えます。

6. 混沌の法則が拠って立つ傲慢さは、ここにおいて最もはっきりとしています。[2]ここには実在の「創造主」がどのようなものでなければならないかを規定する原則があります。すなわち、「創造主」が何を考えなければならないか、何を信じなければならないか、それを信じてどのように反応しなければならないかを規定する原則です。[3]「創造主」の信念として確立されていることの真実性について、「創造主」に尋ねることすらも必要とは見なされません。[4]これは「神の子」が「神」に教えることができるのであって、「神」には「神の子」の言葉をそのまま信じるか、間違いを犯すかの選択しかありません。[5]これは混沌を永遠なものとするように見える第三番目の途方もなく馬鹿げた信念に直接的につながっていきます。[6]「神」が間違うことがあり得ないのであるならば、「神」は「神の子」が自らの本質について信じている考えを受け容れ、そのために「神の子」を憎まなければならないという信念です。

7. この第三の原則によって、いかに「神」に対する怖れが強化されるかを理解してください。[2]今や、悲惨な状態にあっても「神」に助けを求めることは不可能です。[3]というのは、「神」は悲惨を作り出した〝敵〟になったからであり、その「神」に訴えても無駄だからです。[4]また、救いも「神の子」の中にはありません。というのは、「神の子」の側面のすべてが「神」と戦っているように見え、その攻撃が正当化されているように見えるからです。[5]かくして、今や葛藤は不可避的なものとなり、「神」の助けは及びません。[6]というのは、今や救いは不可能なままでなければならないからです。なぜなら、「救い主」が敵になってしまったからです。

8. 解放も脱出も不可能です。[2]かくして、「あがない」は神話となり、ゆるしではなく復讐が「神の意志」となります。[3]こうしたことのすべてが開始される場所からは、成功し得る援助は見えません。[4]結果は破壊でしかあり得ません。[5]そして、「神ご自身」も「子」を打ち負かすためにその側についているように見えます。[6]エゴが欲するものから脱出できるようにエゴが力になってくれるなどとは考えないでください。[7]それはこのコースの機能です。このコースはエゴが大切にしているものを尊重しません。

9. エゴは自分が奪うものだけを尊重します。[2]これが混沌の第四の法則を導きます。それは、他の法則が受け容れられたならば、真実でなければならないものです。[3]この一見、法則らしい法則は、あなたは自分が奪ったものをもっているという信念です。[4]これによって他の人の喪失はあなたの獲得になり、この法則では、あなたは自分自身からしか奪うことはできないということの認識ができません。[5]しかしながら、他のすべての法則はこの法則に必然的につながってきます。[6]というのは、敵は自分から進んでお互いに与えることはせず、また、自分が大事にしているものを分かち合おうとしないからです。[7]そして、あなたの敵があなたから隠しておこうとするものは、もつだけの価値があるに違いありません。なぜなら、彼らはそれをあなたの目から隠しているのですから。

10. 狂気のメカニズムのすべてがここに出現しているのが見えます。あなたのものであるべき貴重な遺産を隠しておくことによって、〝敵〟が強くされます。隠されてきたものに対するあなたの立場および攻撃が正当化されます。そして、あなた自身を救うために敵が損失を被るのは不可避的になります。2こうして、有罪の者たちが彼らの〝罪のなさ〟を主張することになります。3敵の無節操な行動によってこの悪辣な攻撃をせざるを得ない状況に追い込まれなければ、彼らはただ優しさだけをもって応じることでしょう。4しかし、野蛮な世界において親切な人たちが生き残ることは不可能です。したがって、彼らは奪わなければなりません。さもなければ奪われてしまうからです。

11. さて、答えられていない漠然とした質問があります。それはまだ〝説明〟されていません。2このきわめて背信的で狡猾な敵から正当な怒りをもってもぎ取らなければならないこの大切なものとは、このかけがえのない真珠とは、この隠された秘密の宝物とは、いったい何でしょうか。3それはあなたが欲するものでありながらまだ見つけていないものであるに違いありません。4そして、今やあなたはなぜまだそれが見つかっていないのか、その理由を〝理解〟しています。5というのは、それはこの敵によって奪われ、あなたが思いもつかないような場所に隠されてしまったからです。6彼はそれを肉体の中に隠し、肉体を彼の罪を遮蔽するものにしました。すなわち、あなたに属するものの隠れ家にしたのです。7今や、あなたに属するものをあなたのものとするために、彼の肉体を破壊し犠牲にしなければなりません。8彼の背信は彼の死を要求しています。彼の死によって、あなたは生きることが可能になります。9そして、あなたは自己防衛のためにだけ攻撃します。

12. しかし、それは彼の死を必要としているといいますが、あなたが欲するそれとはいったい何でしょうか。2それが何のためであるかを知らないで、殺人的な攻撃をすることは正当化されるのでしょうか。3ここで、混沌の最後の原則が〝助け〟に来てくれます。4それは愛の代替物があると主張します。5これはあなたの苦痛のすべてを治してくれる魔法です。それはあなたの狂気の中で欠けている要素であり、あなたの狂気を〝正気〟に戻してくれるものです。6攻撃しなければならない理由はここにあります。7ここに復讐を正当化してくれるものがあります。8見てください。あなたの兄弟の肉体から引き剥がされたエゴの秘密の贈り物が覆いを取られました。その贈り物はその所有者に対する悪意と憎しみの中に隠されていたものです。9あなたの兄弟は、人生に意味を与えてくれる秘密の材料をあなたから奪うでしょう。[10] あなたの兄弟に対する敵意から生まれた愛の代替物は、救いであるに違いありません。[11] それにはいかなる代替物もなく、ただ一つしかありません。[12] そしてあなたの関係のすべては、それを捕まえて自分のものにすることだけを目的としています。

13. あなたの所有物が完璧になることは決してありません。[2] そして、あなたが盗んだものが原因である、あなたに対する兄弟の攻撃が止むことは決してありません。[3] また、「神」もあなた方二人に対する復讐を終わらせることはありません。というのは、「神」の狂気の中で「神」は愛の代替物をもっているに違いなく、あなた方二人を殺すに違いないからです。[4] 足をしっかりと大地につけて意味を見出すことができる世界を、気を確かにして歩いていると信じているあなたは、次のことについて考えてみる必要があります。あなたの〝正気〟が依拠しているように見える法則とはこのような法則です。[5] あなたの足下の大地をしっかりとしたものに見せかけているのはこれらの原則です。[6] そして、あなたはまさにこういう場所において意味を探しています。[7] これが、あなたの救いのためにあなたが作った法則です。[8] これらの法則は、あなたがより好む「天国」の代替物のための場所を確保しています。[9] これが混沌の法則の目的です。このためにこれらの法則は作られました。[10] これらの法則が何を意味するかを聞いても無駄なことです。[11] それははっきりしています。[12] 狂気の手段は狂気であるに違いありません。[13] それが目指すものは狂気であることに、あなたはこれと同じくらいの確実さで気づいているでしょうか。

14. 誰も狂気を欲しくはありません。また、正体が何であるかが分かれば、自分の狂気にしがみつく人はいません。[2] 狂気を守るのは、それが真実であるという信念です。[3] 真実に取って代わるのが狂気の機能です。[4] 狂気が信じられるためには、それが真実であると見なされなければなりません。[5] そして、狂気が真実であるとすれば、以前は真実であった狂気と正反対のものは今や狂気でなければなりません。[6] このように一八〇度完全に逆転させること、すなわち、狂気を正気に、幻想を真実に、攻撃を優しさに、憎しみを愛に、殺人を祝福に逆転させることこそ、混沌の法則が奉仕する目標です。[7] これらの手段によって「神」の法則が逆転されるかのように見えます。[8] ここにおいては、罪の法則は愛を捕虜にして、罪を解放するかのように見えます。

15. このようなことが混沌の目標であるようには見えませ

ん。というのは、見事な逆転によって秩序の法則であるかのように見えるからです。[2]どうしてそれが秩序の法則ではなく混沌の法則に見えないのでしょうか。[3]混沌とは無法の状態であり、いかなる法則もありません。[4]混沌が信じられるためには、その一見法則のように見えるものが実在するものであると知覚されなければなりません。[5]狂気を目指す法則の目標が正気であると見なされなければなりません。[6]唇は青ざめ盲目となった怖れは、目も見えず見るも無惨な姿をしていますが、愛の玉座へと引き上げられます。怖れは今や死につつある愛の征服者であり、愛の代替物であり、救いからの救い主です。[7]怖れの法則は死をなんと美しいものに見せかけることでしょうか。[8]「神の子」を怖れと死に関して救ってくれた、愛の玉座に座る英雄に感謝を捧げなければなりません。

16. しかしながら、このような法則を信じることがいったいどうして可能でしょうか。[2]それを可能にする一つの奇妙な道具があります。[3]それはなじみのないものではありません。私たちは、それが一見機能するように見えるのを以前に何度も見たことがあります。[4]真実のところ、それは機能しません。しかし、影だけが主要な役割を演じる夢の中では、それは最も強力なものに見えます。[5]内容を無視して形を強調することなく、混沌の法則が信念を強制することは不可能です。[6]これらの法則の一つでも真実であると考える人の誰一人として、その内容を理解していません。[7]その法則がとる形は意味があるように見えます。ただ、それだけです。

17. ある形の殺人は死を意味しないということがどうしてあり得るでしょうか。[2]何らかの形における攻撃は愛であり得るのでしょうか。[3]どのような形の有罪判決が祝福になるのでしょうか。[4]自分の救い主を無力にして救いを見出すことができる人がいるでしょうか。[5]自分の救い主に対する攻撃の形によって自分を欺いてはなりません。[6]救い主を傷つけて、自分が救われることは不可能です。[7]自分自身に戦いを挑んで、攻撃からの安全を見出すことができる人がいるでしょうか。[8]この狂気がどのような形をとるかが重要であるなどということがあり得るでしょうか。[9]価値判断そのものを打ち負かすのは価値判断であり、価値判断が救いたいと言うものに有罪判決を下します。[10]狂気があなたには美しいと思われる形をとったとき、それに騙されないでください。[11]あなたを破壊しようと意図している者はあなたの友人ではありません。

18. あなたはこれらの無分別な法則は信じてもいなければ、

それに基づいて行動してもいないと主張するでしょう。そして、それが真実であると思うでしょう。[2]そして、それらの法則が言っていることを見れば、信じられるものではありません。[3]兄弟よ、あなたはこれらの法則を固く信じています。[4]というのは、そうでなければ、このような内容しかない法則がとる形を知覚できるはずがないからです。[5]これのどんな形が理に適ったものであり得るでしょうか。[6]にもかかわらず、あなたはそれらの法則がとる形の故に法則を信じ、その内容を認識することはありません。[7]その内容は決して変わりません。[8]骸骨に桃色の唇を描き、美しく着飾らせ、かわいがり、甘やかして、生命を与えることができるでしょうか。[9]そして、あなたは自分が生きているという幻想で満足することができるでしょうか。

19. 「天国」の外には生命はありません。[2]「神」が生命を創造された場所には、生命が存在しなければなりません。[3]「天国」を離れたいかなる状態においても生命は幻想です。[4]最善の場合でもそれは生命のようなものであり、最悪の場合には死のようなものです。[5]しかし、両方とも、生命ではないものに対する価値判断であり、不正確さと意味の欠如において同じです。[6]「天国」の中にない生命は不可能であり、「天国」に存在しない生命はどこにも存在しません。[7]「天国」の外側には幻想の葛藤だけがあり、無分別で、不可能なものとして、あらゆる理性に反するものとして、それでいて、「天国」を遮る永遠の障壁として知覚されます。[8]幻想は形にすぎません。[9]幻想の内容が真実であることは絶対にありません。

20. 混沌の法則がすべての幻想を統治します。[2]混沌の法則の形は相反しているため、ある幻想よりも別な幻想をより尊重することがまったく可能であるかのように見せかけます。[3]しかし、それぞれの幻想は他の幻想と同様に、混沌の法則は秩序の法則であるという信念に確実に依拠しています。[4]それぞれの幻想はこれらの法則を完全に支持し、これらの法則が真実であるということの確かな証言を差し出します。[5]一見したところ比較的優しいように見える攻撃の形態も、その証言において、また、その結果において同様に確実です。[6]幻想がその形によってではなく、暗示する信念によって怖れをもたらすことは確実です。[7]そして、どのような形であっても愛に対する信頼が欠けているとき、それは混沌を実在として証言します。

21. 罪に対する信念の後には、必然的に混沌に対する信頼が続きます。[2]その理由は、それが論理的な結論、すなわち、秩序立てられた思考における妥当な一歩のように見えるからです。3 混沌に至る歩みは、その出発点からきちんと確かに続いています。4 それぞれの歩みは、真実を逆転させる進行において異なった形をとり、更に深く恐怖の中へと入っていき、真実から離れていきます。5 ある一歩のほうが他の一歩よりも小さいと考えないでください。また、ある一歩による帰還のほうが他の一歩による帰還よりも容易であると考えないでください。6「天国」からの降下はそれぞれの一歩一歩にかかっています。7 そして、あなたの思考が始まる場所において、その降下は終わらなければなりません。

22. 兄弟よ、地獄に堕ちる道を一歩たりとも踏み出さないでください。2 というのは、一歩を踏み出した後は、それから歩む道の正体は認識できないからです。3 道はたしかに続くでしょう。4 いかなる形であれ攻撃をすれば、「天国」から降りていく曲がりくねった階段に足を置いたことになります。5 しかしながら、いついかなる時でも、これをすべて解除することが可能です。6 では、「天国」に至る階段を選んだのか、地獄に至る道を選んだのか、どうすれば知ることができるでしょうか。7 きわめて簡単です。8 どのように感じますか。9 安らぎを自覚していますか。10 どちらの道を行くべきかについて確信がありますか。11「天国」の目標に到達できることを確信していますか。12 これらの確信がなかったら、一人で歩くことになります。13 ですから、あなたの「友人」に一緒になってくれるように依頼し、どこに行くべきかの確信を与えてくれるように依頼してください。

III. 妥協のない救い

1. 攻撃がとる形の中には、あなたが認識できないものがあるというのは真実ではないでしょうか。2 いかなる形の攻撃であれ、あなたを傷つけるということが真実であるとすれば、そしてまた、あなたがしっかりと認識している形の攻撃と同様にあなたを傷つけるとすれば、あなたは苦痛の源を必ずしも認識していないということになります。3 いかなる形の攻撃も等しく破壊的です。4 その目的は変わりません。5 攻撃の唯一の意図は殺人です。どのような形の殺人が、殺人という巨大な罪を覆い隠し、殺人者が必然的に感じることになる罰へのもの凄い怖れを覆い隠すことに役立つでしょうか。6 彼は自分が殺人者であることを否定し、微笑みながら攻撃する自らの残虐性を正当化するかもしれません。7しかしながら、彼は苦しみ、悪夢の中で自分の意図を見つめることになります。悪夢の中では、微笑みは消えてなくなり、殺人の目的がこつぜんとわき上がってきて彼の愕然とした自覚と出会い、なおも彼を追求します。8というのは、誰でも殺人を考えれば、その思いが必然的に引き起こす罪悪感を免れることはないからです。9意図することが死であるならば、死がとる形は重要ではありません。

2. いかに美しく慈悲に満ちたもののように見えようとも、どんな形をとろうとも、死が、「神を代弁する声」があなたを通してあなたの兄弟に語りかける祝福やしるしであるでしょうか。2包装しただけでは人にあげる贈り物にはなりません。3空っぽの箱は、どんなに美しくとも、またどんなに優しげに与えられようとも、空っぽであることに変わりはありません。4そして、そういう贈り物を受け取る者も与える者も、長い間騙されることはありません。5兄弟に対してゆるしを控えれば、あなたは彼を攻撃しています。6兄弟に何も与えなければ、あなたが与えたものしか彼から受け取らないことになります。

3. 救いはいかなる種類の妥協でもありません。2妥協することは、あなたが欲しいものの一部だけを受け取ることです。すなわち、少しだけ取って、残りはあきらめることです。3救いは何も放棄しません。4それはすべての人にとって完全です。5妥協の考えが少しでも入ることを許せば、救いの目的の自覚は認識されないが故に失われてしまいます。6妥協が受け容れられている所では救いの目的の自覚は否定されます。というのは、妥協とは救いは不可能であるという信念だからです。7あなたは少し攻撃することができ、少し愛することができ、そして、その違いを知ることができると妥協は主張するかもしれません。8こうして、同じものの一部は異なっていることが可能で、それでいながら、同じものは一つのものとしてそのままであると妥協は教えるでしょう。9これは意味をなすでしょうか。10これは理解可能でしょうか。

4. このコースは簡単ですが、その理由はただ何の妥協もしないからです。2しかしながら、妥協は可能であると未だに信じている人々にとっては難しいように見えます。3妥協が可能であれば、救いは攻撃であるということが彼らには分かりません。4しかしながら、救いは不可能であるという信念は、救いが訪れたという静かで落ち着いた確信を支持することができないことは確実です。5ゆるしを少しだけ控えることは不可能です。[6]また、これに関しては攻撃し、それに関しては愛し、それでいてゆるしを理解することは不可能です。[7]安らぎに対する攻撃を認識することによって安らぎを見失うことが不可能になるとすれば、あなたの安らぎに対する攻撃はどのような形のものであれ認識したいとは思わないのではないでしょうか。[8]あなたが安らぎを防御しなければ、あなたのヴィジョンの前で、永遠に明確に、決してあなたの視界から去らせることなく、安らぎを輝き続けさせることは可能です。

5. 安らぎを防御することは可能であり、安らぎのために攻撃することは正当化できると信じている人々は、安らぎが自分の中にあることが知覚できません。[2]彼らが知ることは不可能です。[3]殺人は彼らの安らぎが温存されるような何らかの形をとるという信念と一緒に、ゆるしを受け容れることができるでしょうか。[4]彼らの凶暴な目的は自分自身に向けられているという事実を受け容れる気持が彼らにあるでしょうか。[5]誰も目的において敵と一体になることはなく、一つになることもありません。[6]そして、敵と妥協しているにもかかわらず、敵が自分に与えてくれなかったもののために敵を憎まない人はいません。

6. 休戦を平和と間違えないでください。また、妥協を争いからの脱出と間違えないでください。[2]争いから解放されるということは争いが終わったことを意味します。[3]ドアは開いています。あなたは戦場を去ったのです。[4]銃声がほんの一瞬の間止んだが故に、そして、死の場所に付きまとう怖れが明白ではないが故に、戦いが再び始まることはないことを恐怖にふるえながら願って戦場にとどまることはしなかったのです。[5]戦場に安全はありません。[6]上空から安全に戦場を見下ろすことは可能であり、そうすれば何をされることもありません。[7]しかし、戦場の中にあってはいかなる安全も見出すことはできません。[8]残されてまだ立っている木のどれ一つとして、あなたの避難所になることはできません。[9]殺人に対する信念に対しては、守りという幻想のどれ一つも立ち向かうことはできません。[10]コミュニケーションをはかりたいという自然な願望と、人を殺して自分も死にたいという不自然な意図の間で引き裂かれながら、肉体がここに立っています。[11]殺人がとる形が安全を差し出すことができるとあなたは思うでしょうか。[12]罪悪感が戦場においては不在であるということがあり得るでしょうか。

IV. 戦場の上空から

1. 争いの中にとどまらないでください。というのは、攻撃がなければ戦争はまったく存在しないからです。2「神」に対する怖れは生命に対する怖れであり、死に対する怖れではありません。3しかしながら、「神」は依然として唯一の安全な場所です。4「神」の中には攻撃は存在せず、いかなる形の幻想も「天国」を忍び足で歩き回ってはいません。5「天国」は完全に真実です。6いかなる違いも「天国」に入ることはなく、同じであるものが葛藤することは不可能です。7あなたは殺人を犯したいという欲求と戦うことを求められません。8しかし、殺人がとる形は殺したいという意図を隠していることに気づくことを求められています。9そして、あなたが恐れているのはこの意図であって、その形ではありません。10愛でないものは殺人です。11愛にあふれていないものは必然的に攻撃です。12幻想の一つ一つは真実に対する攻撃であり、愛という考えに対して暴力を振るいます。なぜなら、愛という考えは等しく真実であるように見えるからです。

2. 真実と等しいものでありながら、それでいて異なるものがあり得るでしょうか。2殺人と愛は両立不可能です。3しかしながら、それらが共に真実であるとすれば、それらは同じであって、お互いに識別不可能であるということになります。4「神の子」を肉体と見る人々にとって、殺人と愛は同じであり、識別不可能です。5というのは、「神の子の創造主」に似ているのは肉体ではないからです。6そして、生命のないものが「生命の子」であるはずはありません。7肉体を延長して宇宙を包含することがいったい可能でしょうか。8肉体は創造することができるでしょうか。そして、自らが自らの創造物になることができるでしょうか。9肉体は自らのすべてを自分の創造物に差し出し、それでいてまったく何も失うことがないでしょうか。

3. 「神」は「ご自分」の機能を肉体と分かち合うことはされません。2「神」は創造する機能を「神の子」に与えられました。なぜなら、それは「神ご自身」のものだからです。3「神の子」の機能は殺人であると信じることは罪深いことではなく、狂気です。4同じであるものが異なった機能をもつことはできません。5創造は「神」の延長のための手段であり、「神」のものであるものは「神の子」のものでもなければなりません。6「父」と「子」は殺人者であるか、両者共に殺人者ではないかのいずれかです。7生命は死を創造することはなく、自らと同じものを創造します。

4. あなたの関係の美しい光は「神の愛」に似ています。2それは「神」が「子」に与えられた神聖な機能をまだ果たすことはできません。というのは、兄弟に対するあなたのゆるしはまだ完全ではなく、したがって、すべての創造物に延長することができないからです。3殺人と攻撃のそれぞれの形は、未だにあなたを惹きつけ、あなたはその本質を認識していませんが、あなたがすべてのものに延長する力をもっている癒しと奇跡の力を制限しています。4しかし、「聖霊」はあなたのささやかな贈り物を増大して強力なものにする方法をしっかりと理解しています。5また、「聖霊」はあなたの関係が戦場の上空へと持ち上げられ、もはや戦場にはないことを理解しています。6これがあなたの役割です。すなわち、いかなる形の殺人もあなたの意志ではないと認識することです。7戦場を見過ごすことが、今やあなたの目的です。

5. 持ち上げてもらって、より高い所から戦場を見下ろしてください。2そこからの展望はきわめて異なったものであるでしょう。3ここ戦場のまっただ中にあって、戦場は確かに実在するように見えます。4ここではあなたはその一部になることを選択しました。5ここでは殺人があなたの選択です。6しかしながら、戦場の上空での選択は、殺人ではなく奇跡です。7そして、この選択によって得られる展望によって、その戦いが実在するものではないことが示され、簡単に戦いから逃れることができます。8肉体は戦うかもしれませんが、形の衝突は無意味です。9戦いは一度も開始されたことはないのだと認識したとき、戦いは終わります。10戦いに従事していながら戦いはないと知覚することがいったい可能でしょうか。11殺人があなたの選択であるとするならば、奇跡の真実をどうやって認識することができるでしょうか。

6. 攻撃したいという誘惑に駆られてマインドが暗くなり殺人的になったとき、高い所から戦いを見ることが可能であることを思い出してください。2形は認識できなくとも、あなたは戦いのしるしを知っています。3刺すような痛み、罪悪感からくる疼き、そして何よりも、安らぎの喪失があります。4これをあなたはよく知っています。5このようなことが起こったときには、高い場所を離れず、殺人の代わりに奇跡を直ちに選択してください。6そうすれば、「神ご自身」と「天国」の光のすべてがあなたの方に優しく向けられ、あなたを抱き上げてくれます。7なぜなら、「神」

があなたにいて欲しいと思われる場所にとどまることをあなたが選択したからであり、「子」と共にある「神」の安らぎをいかなる幻想も攻撃することはできないからです。

7. 戦場からは誰も見ないでください。というのは、戦場から見たのでは、どこからも見ていないことになるからです。[2]どこから見るべきかという参照点、そして、見えるものに意味を与えることができる参照点はありません。[3]というのは、攻撃して人を殺すことができるのは肉体だけであり、これがあなたの目的であるならば、あなたはそれらのものと一つであるに違いないからです。[4]一体にするのは目的だけであり、一つの目的を分かち合う者たちは一つのマインドをもっています。[5]肉体にはそれ自体の目的はなく、したがって、単独でなければなりません。[6]「天国」の下からでは肉体を乗り越えることはできません。[7]戦場の上空から見れば、未だに戦いの中にある人々に肉体が課す制限はなくなっており、知覚されることもありません。[8]肉体は「父」と、「父」が「子」のために創造された「天国」の間に立っています。なぜなら、肉体には目的がないからです。

8. 「父」の目的を共有し、それが自分のものであることを知っている人々に何が与えられているかを考えてみてください。[2]彼らには何一つ不足していません。[3]いかなる種類の悲しみも想像不可能です。[4]彼らが愛する光だけが自覚され、愛だけが彼らの上に永遠に輝いています。[5]それが彼らの過去であり、現在であり、未来です。常に同じであり、永遠に完璧であり、完全に共有されます。[6]彼らの幸せがいかなる種類の変化も被ることは不可能であることを彼らは知っています。[7]おそらくあなたは、あなたが勝ち取ることができる何かを戦場は差し出してくれると考えているかもしれません。[8]それはあなたに完璧な静けさを差し出してくれるものでしょうか。そして、いかなる疑念もあなたの確信を揺るがすことがないほどに深く静かな愛の感覚を差し出してくれるものでしょうか。[9]そして、それは永遠に持続するものでしょうか。

9. 「神」の強さを自覚している人々は決して戦いを思うことはできません。[2]戦いを思うことによって、彼らの完全性の喪失以外の何を得ることができるでしょうか。[3]というのは、戦場での戦いの目的になるものはすべて肉体に属するからです。すなわち、肉体が差し出すか所有するように見えるものだからです。[4]自分はすべてのものをもっていると知っている者が制限を求めることはあり得ず、肉体が差し出すものを尊重することもあり得ません。[5]征服が

無意味であることは、戦場の上空にある静かな世界から見
るときわめて明白です。6 すべてのものと相反するものが
いったいあり得るでしょうか。7 そして、より少ないもの
を差し出しながら、同時に、更に多くを望まれるものなど
あるでしょうか。8「神の愛」に支えられながら、奇跡を
選択するか殺人の選択をするかの決断が困難であると思う
人などいるでしょうか。

第24章　特別性の目標

序論

1. このコースの動機は、安らぎの状態の達成と維持であることを忘れないでください。2この状態を与えられれば、マインドは静かになり、「神」が思い出される状態が達成されます。3「神」に何をなすべきかを告げる必要はありません。4「神」が失敗されることはありません。5「神」が入ることができる場所には「神」は既におられます。6したがって、「神」が意図される場所に「神」が入ることができないということがあり得るでしょうか。7安らぎはあなたのものとなるでしょう。なぜなら、それが「神の意志」だからです。8宇宙を安全に保っている「意志」を影が抑止できると信じることができるでしょうか。9「神」は「神ご自身」であることを許してもらうために幻想に仕えることはありません。10それは「神の子」も同様です。11「神」も「神の子」もただ存在するだけです。12そして、「彼ら」の間を無為に漂っているように見えるいったいどの幻想に、「彼らの意志」を打ち負かす力があるでしょうか。

2. このコースを学ぶためには、あなたが信じている価値のすべてを疑ってみる気持が必要です。2あなたが信じている価値を一つでも隠して曖昧にしておけば、あなたの学びは危険にさらされることになります。3いかなる信念も中立ではありません。4一つ一つの信念に、あなたが下す決断の一つ一つを左右する力があります。5というのは、決断とは、あなたが信じていることのすべてに基づいた一つの結論だからです。6それは信念の結果であり、罪には苦痛が伴い、無罪には自由が伴うのと同じくらい確実に、信念に伴うものです。7安らぎに代わるものはありません。8「神」が創造されるものには代替物はありません。9真実は「神」が知っておられるものから生じます。10そして、あなたの決断はあなたの信念から生じます。それは、すべての創造物は、「神」が知っておられるものの故に、「神のマインド」の中に生じたのと同じくらいに確実なことです。

I. 愛の代替物としての特別性

1. 愛は延長です。2 最も小さな贈り物であってもそれを差し控えるということは、愛の目的を知らないということです。3 愛はすべてのものを永遠に差し出します。4 一つの信念でも、一つの捧げ物でも差し控えれば、愛はなくなってしまいます。なぜなら、あなたは別のものに愛に取って代わるようにと依頼したからです。5 そして、今や、安らぎの代替物である戦争が、愛の代わりに選択できる選択肢と共にやって来ることになります。6 あなたがその代替物を選んだことによって、それがもっているように思われる実在性のすべてがそれに与えられます。

2. 信念がお互い同士を公然と攻撃することは決してありません。なぜなら、相反する結果は不可能だからです。2 しかし、認識されていない信念は密かに戦争をするという決断であり、その秘密の状態においては、争いの結果は未知の状態に置かれ、それが分別のあることかどうかを考慮するべく、理性の判断に委ねられることは決してありません。3 そして、数多くの無分別な結果が得られ、無意味な決断が下され、かつそれがずっと隠されてきた結果、信念となり、今やそれがその後のすべての決断を方向づける力を与えられています。4 あなたの安らぎを乱すこれらの隠れた戦士の力を誤認しないでください。5 というのは、あなたがそれをそのままにしておく決断を下している間は、彼らの言いなりだからです。6 安らぎの秘密の敵、すなわち愛の代わりに攻撃を選択するというあなたの最小限の決断は、認識されず、したがってすぐにあなたをそそのかして、あなたが考えるよりもずっと包括的な戦いや暴力へと駆り立てますが、この敵がそこにいるのはあなたの選択によります。7 彼らの存在や彼らがもたらす結果を否定しないでください。8 否定できるのは彼らの実在だけであって、彼らがもたらす結果ではありません。

3. 認識されていないにもかかわらず、防御すべき隠れた信念として常に大切にされてきたものは、特別性に対する信頼です。2 これは数多くの形をとりますが、「神」の創造物の実在、そして「神」が「子」に与えられた壮大さと常に衝突します。3 それ以外の何が攻撃を正当化できるでしょうか。4 というのは、自分の「自己」である人を誰が憎むことができるでしょうか。また、自分が知っている「自己」を誰が憎むことができるでしょうか。5 特別な存在だけが敵をもつことが可能です。というのは、彼らは異なっていて同じではないからです。6そして、いかなる種類の相違も実在の序列を必然化し、逃れることのできない価値判断の必要性をもたらすからです。

4.「神」が創造されたものを攻撃することは不可能です。というのは、宇宙にはそれと同じでないものは何も存在しないからです。2しかし、異なっているものは価値判断を喚起します。そして、この価値判断は〝より優れた〟誰か、自分が咎めるもののようになることはできない誰か、咎められるものを〝超越した〟誰か、それと比較して罪のない誰かから来ることになります。3このようにして、特別性は同時に手段と目的になります。4というのは、特別性は区別するだけでなく、特別な存在よりも〝劣っている〟ように見える人々に対する攻撃が〝当然〟であり〝正当〟であるという根拠になるからです。5特別な存在は違いの故に自らをもろく虚弱に感じます。というのは、彼らを特別にしているのはまさに彼らの敵だからです。6しかしながら、彼らは敵の敵意を守り、敵を〝友〟と呼びます。7敵のために彼らは宇宙を相手にして戦います。なぜなら、この世界で彼らが敵ほど大切にしているものはないからです。

5. 特別性は誤った決断を下す偉大な独裁者です。2ここに、あなたが何であるか、そして、あなたの兄弟が何であるかについての大いなる幻想があります。3そして、ここに、肉体を大切で保存する価値のあるものにしているに違いないものがあります。4特別性は防御しなければなりません。5幻想は特別性を攻撃でき、実際に攻撃します。6というのは、あなたの特別性を保持するために兄弟がならなければならないものは幻想だからです。7あなたよりも〝悪い〟者は攻撃しなければなりません。そうすることによって、あなたの特別性は彼の敗北を糧にして生き続けることができます。8というのは、特別性は勝利であり、特別性の勝利はあなたよりも〝悪い〟者にとっての敗北であり恥辱だからです。9あなたの罪のすべてを背負った彼が生きていくことがいったい可能でしょうか。10そして、あなたこそ他ならぬ彼の征服者です。

6. もしもあなたがあなたの兄弟と同じであるとしたならば、兄弟を憎むことができるでしょうか。2もしも兄弟と一緒に同じ目標に向かって旅をしていると分かったならば、兄弟を攻撃することができるでしょうか。3もしも兄弟がその旅を達成することがあなた自身の達成であると知覚したならば、できる限りの手段を尽くして兄弟がそこに到達するように手を貸すのではないでしょうか。4あなたは特別性においては兄弟の敵であり、共有する目標においては兄弟の友です。5特別性は決して共有することはできません。というのは、特別性はあなただけが到達できる目標に依存しているからです。6そして、あなたの兄弟は決して目標に到達してはなりません。さもないと、あなただけが到達できる目標が危険にさらされることになります。7目標が勝利である場所において、愛が意味をもつことは可能でしょうか。8そして、あなたを傷つけることのないどのような決断を勝利という目標のために下すことができるでしょうか。

7. あなたの兄弟は、あなたの友達です。なぜなら、兄弟の「父」は彼をあなたと同じように創造されたからです。2違いはまったくありません。3あなたはあなたの兄弟に与えられましたが、それは愛があなたの兄弟から切断されずに、延長されるようにするためでした。4あなたが取っておくものはあなた自身にとって失われます。5「神」はあなたとあなたの兄弟に「ご自身」を与えられました。これを思い出すことが、今あなた方が共有する唯一の目的です。6したがって、それがあなたの唯一の目的です。7あなたとあなたの兄弟の間にいかなる種類の特別性も見ないという選択をしたとすれば、兄弟を攻撃できるでしょうか。8兄弟を心から歓迎させないものが何であれ、それを公正に見つめてください。また、兄弟とは別々のほうが良いとあなたに考えさせるものが何であれ、それを公正に見つめてください。9あなたの特別性はあなたの関係によって制限されるというのが常にあなたの信念ではないでしょうか。10そして、これこそがあなたとあなたの兄弟をお互いにとっての幻想にしてしまう〝敵〟ではないでしょうか。

8. 「神」やあなたの兄弟に対する怖れは、特別性に対する一つ一つの認識されていない信念から生じます。2というのは、あなたは兄弟が自分の意志に反して特別性に頭を下げることを要求するからです。3そして、「神ご自身」もまたそれを尊重しなければなりません。さもなければ、復讐を受けることになります。4ありとあらゆる悪意の痛み、憎しみの刺すような痛み、分離したいという欲求がここでわき上がってきます。5というのは、ここであなたとあなたの兄弟が共有する目的が、お互いにとって不明瞭なものになってしまうからです。6あなたは、このコースはあなたとあなたの兄弟は同じであると教えるが故に、このコースに反抗したいと思うでしょう。7あなた方がもっている目的で同じでないものはなく、「父」があなたと共有していないものはありません。8というのは、あなたの関係から特別な目標は一掃されたからです。[9]そして今、「天国」があなたの関係に与えてくれた神聖性という目標を破棄したいと思うでしょうか。[10]特別な人がもつことができる展望で、外見的な打撃、中傷、あるいはそれ自身に対する想像上の価値判断を受ける度ごとに変わらないものがあるでしょうか。

9. 特別である人々は真実に対抗して幻想を防御しなければなりません。[2]というのは、特別性とは「神の意志」に対する攻撃以外の何ものでもないからです。[3]あなたが兄弟に対してこれを防御しようとしている間は、兄弟を愛していません。[4]これはあなたの兄弟が攻撃するものであり、あなたが守っているものです。[5]ここにあなたが兄弟に対してしかける戦いの場所があります。[6]ここにおいて、彼はあなたの友ではなく敵でなければなりません。[7]異なった者同士の間には絶対に平和はあり得ません。[8]彼はあなたの友人です。なぜなら、あなた方は同じだからです。

II. 特別性の背信

1. 比較はエゴの道具であるに違いありません。というのは、愛はいかなる比較もしないからです。[2]特別性は常に比較します。[3]特別性は他人の中に見える欠如によって確立され、知覚できるあらゆる欠如を探し求めることによって、そしてまた、その欠如をはっきりと視野にもち続けることによって維持されます。[4]これを特別性は探し求め、これを特別性は見つめます。[5]そして、あなたの特別性のほんの僅かでもあなたの救い主に認める選択をしなければ、特別性が常に貶める者はその救い主です。[6]あなたが彼の中に見る矮小性に対して、あなたは高く堂々とそびえ立ち、清潔で正直であり、純粋で汚れていません。これは皆、あなたが目にしているものとの比較においてです。[7]このようにしてあなたが貶めるのは他ならぬあなた自身であることを、あなたは理解していません。

2. 特別性の探求は常に安らぎの犠牲においてなされます。[2]自分の救い主を攻撃し殺しておきながら、それでいて救い主の援助を認識できる者がいるでしょうか。[3]救い主の全能の力をけなしながら、それでいて、救い主の力を共有できる者がいるでしょうか。[4]そして、救い主を矮小性の尺度として使って、制限から解放される者がいるでしょうか。[5]あなたには救いの機能があります。[6]その機能を探求すれば喜びがもたらされるでしょう。[7]しかし、特別性を探求すれば苦痛がもたらされるでしょう。8ここに救いを挫折させ、したがって、「神の意志」に逆らう一つの目標があります。9特別性を尊重することは異質な意志を尊重することであり、その意志にとっては、あなた自身についての幻想のほうが真実よりも大切です。

3. 特別性は罪を実在化した考えです。2罪はこの基盤がなければ想像することも不可能です。3というのは、罪は特別性から発生したからです。すなわち、無から発生したからです。罪とは根のない邪悪な花です。4ここに、自らが作った〝救い主〟がいます。「父なる神」とは異なった創造をする〝創造主〟がいます。そのために、「神の子」は彼と似せて作られ、「神」に似せては作られません。5彼の〝特別な〟子はたくさんいて、決して一人ではなく、それぞれが自分自身を離れて流浪しています。そしてまた、自分がその一部である「神」を離れて流浪しています。6彼らはまた、彼ら自身を「神」と一つにした「一体性」を愛してはいません。7彼らは「天国」の代わりに、そして、安らぎの代わりに特別性を選び、真実から離して〝安全〟にしておくために、それを注意深く罪の中に包み込んだのです。

4. あなたは特別ではありません。2もしもあなたが自分は特別であると考え、本来の自分が何であるかという真実に対抗して自分の特別性を防御したならば、いったいどのようにして真実を知ることができるでしょうか。3あなたが耳を傾けるのがあなたの特別性で、その特別性が自分で問いを発して自分で問いに答えるとすれば、「聖霊」が与えるいかなる答えもあなたの所まで到達することはできないのではないでしょうか。4「聖霊」の小さな答えは、あなたの本質を愛を込めて永遠に讃美し、「神」からあふれ出るメロディーとなって音もなく出てきますが、あなたが耳を傾けるべきものはこれだけです。5そして、あなたの本質に対する尊敬と愛を込めたその雄大な歌も、特別性の〝強大な力〟の前にあっては沈黙して聞こえないかのようです。6あなたはその声なき声を聞こうとして耳を澄まします。しかし、それでもなお、「神ご自身の呼び声」はあなたにとっては声なきものです。

5. あなたの特別性を防御することは可能です。しかし、「神を代弁する声」がそれと一緒に聞こえることは決してないでしょう。2それらは異なった言語を話し、異なった耳に聞こえます。3一人一人の特別な存在にとっては、異なったメッセージが真実です。しかも、異なった意味をもつメッセージが真実です。4しかし、真実がそれぞれに異なるということがいったいあり得るでしょうか。5特別な者に聞こえる特別なメッセージが、彼らは異なっており別々であると彼らを納得させます。すなわち、それぞれがそれぞれの特別な罪をもっていて、彼らの特別性をまったく見ない愛から離れた、〝安全〟な場所にいると納得させます。[6]「キリスト」のヴィジョンは彼らの〝敵〟です。というのは、「キリスト」のヴィジョンには彼らが見つめようとするものが見えず、彼らが見えると考えている特別性は幻想であることを示そうとするからです。

6. 彼らはその代わりに何を見ることになるのでしょうか。[2]「神の子」の燦然たる輝きであり、それは彼の「父」に非常に似ているため、「神」の記憶が一瞬のうちにマインドによみがえってきます。[3]この記憶と共に、「神の子」は自分自身の創造物を思い出します。それらの創造物と彼の関係は彼と「父」との関係と同じものです。[4]そして、彼のマインドが自分自身についての真実を受け容れ、真実が取って代わるべく戻ってくるとき、彼が作った世界のすべてが姿を消し、彼の特別性のすべてが姿を消し、自分自身に対抗して固守してきた罪のすべてが姿を消すでしょう。[5]これが真実の唯一の〝代価〟です。一度も存在したことのないものはもはや見えなくなり、音がしないものが聞こえることももはやなくなるでしょう。[6]無を放棄し、「神の愛」を永遠に受け容れることが犠牲でしょうか。

7. 自分の救い主を自分の特別性に鎖で縛りつけ、特別性に救い主の場所を与えてしまったあなたは次のことを思い出してください。あなたの救い主は、あなたのために彼に与えられた救いの機能と彼の間に置いたとあなたが考えている罪のすべてに関して、あなたをゆるす力を失ってはいません。[2]また、彼における真実とあなた自身における真実をあなたには変えることができないのと同じように、あなたには彼の機能を変えることはできません。[3]しかし、真実は両者においてまったく同じであることを確信してください。[4]真実は異なったメッセージを伝えることはなく、真実の意味は一つだけです。[5]そして、その意味はあなたとあなたの兄弟が共に理解できるものであり、あなた方二人に解放をもたらすものです。[6]ここに、あなたの兄弟が「天国」に至る鍵をあなたに差し出しながら立っています。[7]特別性の夢があなた方の間にとどまることを許さないでください。[8]一つであるものは真実において結ばれています。

8. あなたの兄弟を友として見たとき、あなた自身の中に見える美しさを考えてみてください。[2]あなたの兄弟は確かに特別性の敵ですが、あなたの中に実在するものの友であるだけです。3彼に対して加えたとあなたが考えている攻撃のどれ一つとして、「神」が彼を通してあなたに与えようとされている贈り物を彼から奪ってはいません。4彼がそれをあなたに与えなければならない必要性は、あなたがそれを受け取らなければならない必要性と同じく大きなものです。5あなたの特別性のすべてに関して彼があなたをゆるし、彼があなたのマインドを完全にして彼と一つにすることを許してください。6彼はあなたのゆるしを待っていますが、それはゆるしをあなたに返すというただそれだけのためです。7「神の子」に有罪判決を下してきたのは「神」ではなくあなたです。あなたは「神の子」の特別性を救って彼の「自己」を殺すためにそうしてきました。

9. あなたは真実の道をずいぶん遠くまでやって来ました。これほど遠くまでやって来て、今になってたじろぐことはできません。2あと一歩さえ踏み出せば、「神」に対する怖れの痕跡は一つ残らず愛の中で溶け去るでしょう。3あなたの兄弟の特別性とあなたの特別性はまさに敵であり、憎しみの故にお互いを殺し、その二つの特別性は同じものであることを否定しようとします。4しかしながら、「神」と「神の天国」はあまりにも遠く、たどり着くことは不可能であるかのように見せかけるこの最後の障害物にたどり着いたことは、幻想ではありません。5この神聖な場所に真実は立ち、静かな祝福の中で、そしていかなるものもその外側に立つことはできないほどに実在的で包括的な安らぎの中で、あなたとあなたの兄弟を受け容れるべく待っています。6あなたが希望と正直な気持を抱いてやって来るこの場所の外に、あなた自身についての幻想のすべてをおろしてください。

10. ここにあなたの特別性からの救い主がいます。2あなたが彼の一部としてのあなた自身を受け容れてもらう必要があるのと同じように、彼もまたあなたの一部としての彼自身をあなたに受け容れてもらう必要があります。3「神」が「ご自身」と似ておられるのと同じように、あなたは「神」に似ています。4「神」は特別ではありません。というのは、「神」は「ご自分」の本質の一部を「ご自分」だけのものにしておくことはされないからです。それを「子」に与えず「ご自分」だけのものにしておくことはされないからです。5そして、あなたが恐れているのはまさにこのことです。というのは、「神」が特別でないとすれば、「神」は「子」が「ご自身」のようになることを意図されたはずであり、あなたの兄弟はまさにあなたと同じはずだからです。6あなたの兄弟は特別ではなく、あなた自身も含めてすべてのものを所有しています。7 彼がもっているものだけを彼に与えてください。そして、「神」は「ご自身」をあなたとあなたの兄弟に等しい愛をもって与えられたということを思い出してください。「神」がそうされたのは、愛を分割することは絶対に不可能であり、愛をその本質から分離しておくことは不可能であり、愛は永遠に存在しなければならないという選択をされた「神」と、あなたとあなたの兄弟が宇宙を分かち合うようにするためであったことを思い出してください。

11. あなたはあなたの兄弟のものです。愛の一部は彼に対して否定されてはいません。2 しかし、彼が完全であるが故にあなたは敗北したということがあり得るでしょうか。3 彼に与えられたものが彼を完全にするように、それはあなたをも完全にします。4「神の愛」はあなたを彼に与え、彼をあなたに与えました。なぜなら、「神」は「ご自身」を与えられたからです。5「神」と同じであるものは「神」と一つです。6「神」とあなたは一つであるという真実を、安らぎの希望が遂に見えてくる「天国」以外の何かに見せかけることができるのは特別性だけです。

12. 特別性は愛の贈り物の上に押された背信の印章です。2 そのために役立つものは何であれ殺すために与えられることになります。3 その印章が押されている贈り物で、送り手と受け取り手に背信を差し出さないものはありません。4 特別性がヴェールをかぶせている目の一瞥で、死の光景を見ないものは一つとしてありません。5 特別性の力を信じる者で、罪を愛の代替物として確立し、それに忠実に奉仕する取引と妥協を求めない者は一人もいません。6 そして、特別性の目的を大切にする関係で、安全の武器としての殺人にしがみつき、愛の〝脅威〟からすべての幻想を守る偉大な防御者にしがみつかない関係はありません。

13. 特別性という希望は、「神」が「子」を「神」から遠ざけておくための監獄として肉体を作られたということがあり得るかのように見せかけます。2 というのは、特別性は「神」が入ることができず、あなたの小さな自己以外は誰も歓迎されない特別な場所を要求するからです。3 ここにはあなた以外の人にとって神聖なものは何もありません。あなたは兄弟のすべてから離れ、分離して一人でいます。幻想に対する正気のありとあらゆる侵入からも自由であり、「神」からも自由であり、永遠に続く争いを保証されています。4 ここにあなたが自分をその中に閉じ込めた地獄の門があります。あなたはあなたの特別な王国を、「神」から離れ、真実と救いから離れ、狂気と孤独の中で統治するために、その門を閉じたのです。

14. あなたが投げ捨てた鍵を、「神」はあなたの兄弟に与えられました。あなたが自分で作った救いの計画の代わりに「神」の計画を受け容れる準備ができたとき、兄弟の神聖な手がその鍵をあなたに差し出すでしょう。[2]この準備を達成するためには、あなたの悲惨のすべてを目撃し、あなたの計画は失敗したことを自覚し、あなたの計画がいかなる種類の安らぎや喜びも永遠にもたらすことはないだろうと自覚する以外に方法はありません。[3]この絶望の中をあなたは今旅しています。しかし、それは絶望の幻想にすぎません。[4]特別性の死はあなたの死ではなく、永遠の生命にあなたが目覚めることです。[5]自分が何であるかについての幻想から抜け出て、「神」が創造された自分自身を受け容れてください。

III. 特別性のゆるし

1. ゆるしは特別性の終焉です。[2]ゆるされ得るのは幻想だけであり、ゆるせば幻想は姿を消します。[3]ゆるしはすべての幻想からの解放であり、部分的にだけゆるすことが不可能な理由はここにあります。[4]一つの幻想にしがみついている人は誰であれ、自分自身を無罪であると見ることはできません。というのは、彼は一つの過ちをまだ美しいと考えて大切にしているからです。[5]したがって、彼はそれを〝ゆるしがたい〟ものであると呼び、それを罪にします。[6]自分自身へのゆるしを受け容れずに、ゆるしを完全に与えることがいったいできるでしょうか。[7]というのは、ゆるしを与えた瞬間に、ゆるしを受け取るであろうことは確実だからです。[8]こうして、密かに抱いていた罪悪感は彼自身によってゆるされて姿を消すでしょう。

2. どのような形の特別性を大切にしているとしても、あなたは罪を作っています。[2]その罪は不可侵のものとしてそびえ立ち、「神の意志」に対抗してあなたの微弱な力を総動員してしっかりと防御されています。[3]こうして、それはあなた自身に対する敵としてそびえ立ちます。それは**あなたの**敵であって、「神」の敵ではありません。[4]こうして、それはあなたを「神」から切り離し、あなたを「神」から分離して罪の防御者にするかのように見えます。[5]あなたは「神」が創造されたものではないものを守ろうとします。[6]しかしながら、あなたに力を与えるように見えるこの偶像は、力をあなたから奪っています。[7]というのは、あなたは兄弟の生得の権利をその偶像に与え、あなた方を救うことができない偶像の前に、兄弟を孤独でゆるされないままに置き去りにするからです。そして、兄弟と共にあなた自身をも罪にまみれさせ、悲惨な状態に置き去りにしているからです。

3. 非常に傷つきやすく攻撃されやすいために、気に入らない言葉やちょっとしたささやき、あるいは、都合の悪い状況、あるいは、予期していなかった出来事が自分の世界をひっくり返して混沌とした状況にしてしまうのは、あなたではありません。[2]真実は脆弱ではありません。[3]真実は幻想によって揺り動かされることはなく、惑わされることもまったくありません。[4]しかし、特別性はあなたの真実ではありません。[5]どんなものでも特別性のバランスを崩すことができます。[6]無の上に立っているものが安定することは絶対に不可能です。[7]それがどんなに大きく堂々としているように見えても、微風が吹く度ごとに揺れ動き、方向を変え、ぐるぐると回転しなければなりません。

4. 土台がなければいかなるものも安定することは不可能です。[2]「神」は安全が何の意味ももたないそのような状態に「神の子」を置き去りにされたりするでしょうか。[3]いいえ、「神の子」は安全であり、「神」の上で安らいでいます。[4]歩き、息をし、腹這いになって動く、あるいは、ただ生きているだけの存在、そういったあらゆる存在によって攻撃されるのはあなたの特別性です。[5]いかなるものといえどもそれらの攻撃から安全ではなく、特別性はいかなるものからも安全ではありません。[6]それは今後とも永遠にゆるすことはないでしょう。というのは、それがその本質だからです。すなわち、「神」があなたのために望まれることは絶対に実現させないようにし、あなたを永遠に「神の意志」に逆らわせるという秘密の誓いです。[7]また、特別性が燃えさかる死の剣のようにこの両者の間に立ち、それらを敵にしている間は、この両者が同じになることは不可能です。

5. 「神」はあなたのゆるしを求めておられます。[2]「神」は、分離がまるで異質の意志のように、あなたのために「神」が意図されていることとあなたが意図していることの間に介在することを望まれません。[3]「両者」は同じものです。というのは、「両者」とも特別性は意図しないからです。[4]愛そのものの死を意図することができるはずがありません。[5]しかしながら、「両者」は幻想を攻撃する力はもっていません。[6]「両者」共に肉体ではなく、一つの「マインド」として、すべての幻想が「彼ら」の前にもってこられるのを待ち、そこに置き去りにされることを待っています。7救いは死に対してすら挑戦することはありません。8そして、死はあなたの意志ではないことを知っておられる「神ご自身」も、〝あなたの意志がなされますように〟と言わなければなりません。なぜなら、あなたは死が自分の意志であると思っているからです。

6. 宇宙の偉大な「創造主」、生命の「根源」、愛と神聖性の「根源」、完璧な「神の子」の完全な「父」を、あなたの特別性というあなたの幻想に関してゆるしてください。2ここにあなたが自分の家にするべく選んだ地獄があります。3「神」はあなたのためにこれを選ぶことはされませんでした。4「神」にここに入るように依頼しないでください。5その道は愛と救いに対して閉ざされています。6しかしながら、あなたの兄弟を地獄の淵から解放するならば、あなたは「神」をゆるしたことになるでしょう。「神の意志」は、あなたが安らぎの腕の中で完璧に安全に安らぎ、特別性の思いの熱や悪意によって妨げられることなく、永遠に休息できるようにというものです。7「神」が与えることができなかった特別性に関して、それは「神」ではなくあなたが作ったものですが、「神聖な存在」をゆるしてください。

7. 特別な者たちは皆、彼らには見えない美しい世界に囲まれて眠っています。2彼らが眠っている棺の横には、自由と安らぎと喜びが立ち、彼らに死の夢から目を覚まして出てくるようにと呼びかけています。3しかしながら、彼らには何も聞こえません。4彼らは特別性の夢の中で道に迷っています。5彼らを起こそうとする呼び声を憎み、「神」が彼らの夢を実在のものにしなかったという理由で「神」を呪います。6彼らは「神」を呪い、死にますが、その死は死を作らなかった「神」によるものではなく、ただ、夢の中でのことです。7あなたの目を少し開いて、「神」があなたに与えてくださった救い主を見てください。あなたが彼を見て、彼の生得の権利を彼に返すようにと「神」は彼をあなたに与えられたのです。8それはあなたの生得の権利です。

8. 特別性の奴隷たちは自由になるでしょう。2それが「神の意志」であり「神の子」の意志です。3「神」は「ご自身」に有罪判決を下して地獄へ落とし、永劫の罰を与えるようなことをされるでしょうか。4そして、これがあなたの救い主に対してなされることをあなたは意図するでしょうか。5「神」はあなたの救い主を通して、あなた方二人を地獄から救い出すという「神の意志」に合流するようにとあなたに呼びかけておられます。[6]あなたのゆるしを求めて差し出されている彼の手についた釘の跡を見てください。[7]「神」は「神の子」に対する、そして「ご自身」に対するあなたの慈悲心を求めておられます。[8]「彼ら」の願いを拒絶しないでください。[9]「彼ら」があなたに依頼しているのはあなたの意志がなされることだけです。[10]「彼ら」はあなたが自分自身を愛するようにとあなたの愛を求めています。[11]「彼ら」の代わりに特別性を愛することはしないでください。[12]釘の跡はあなたの手にもあります。[13]あなたの「父」をゆるしてください。あなたを十字架にかけるのは「父の意志」ではありませんでした。

IV. 特別性と無罪性

1. 特別性とは、あなた以外の誰も信頼しないということです。[2]信頼はあなた自身にだけ投資されます。[3]自分以外のものはすべて敵であり、恐れるべきものであり、攻撃するべきものであり、生命とりになる危険なものであり、破壊されるだけの価値しかないものです。[4]自分以外の何かがどんな優しさを差し出したとしても、それは欺瞞です。しかし、その憎しみは実在的なものです。[5]破壊の危機に直面すれば、それは相手を殺さなければなりません。そして、あなたはそれを最初に殺そうとしてそれに惹きつけられます。[6]それが罪悪感の魅力です。[7]ここでは死が救い主の座につかされています。十字架刑は今や「あがない」となり、救いはあなた自身を除いた世界の破壊を意味するだけです。

2. 肉体の目的は特別性以外の何であり得るでしょうか。[2]まさにこのことが、自らを防御しようとする肉体を脆弱で無力なものにしています。[3]それはあなたを脆弱で無力にするために考え出されたものです。[4]分離という目標がその呪いです。[5]しかしながら、肉体には目標はありません。[6]目的はマインドに属します。[7]そして、マインドは自らが望むままに変わることができます。[8]マインドの本質、そして、マインドの属性のすべてについて、マインドは変えることはできません。[9]しかし、マインドが目的として保持するものは変えることができます。そして、肉体の状態はそれに応じて変化しなければなりません。[10]肉体はそれ自体では何もできません。[11]肉体を傷つけるための手段と見なせば、肉体は傷つけられます。[12]肉体を癒すための手段と見なせば、肉体は癒されます。

3. あなたは自分自身しか傷つけることはできません。[2]これは何度も繰り返し説明されてきたことですが、未だに把握するのは困難です。[3]特別性に夢中になっているマインドにとって、それは不可能です。[4]しかしながら、攻撃することではなく癒したいと願っている者たちにとっては、それはきわめて明白です。[5]攻撃の目的はマインドの中にあります。そして、その効果はそれがある場所においてのみ感じられます。[6]また、マインドは制限されていません。したがって、有害な目的は一つのものとしてのマインドを傷つけます。[7]特別性にとってこれほど意味をなさないことはありません。[8]奇跡にとってこれほど意味をなすことはありません。[9]というのは、奇跡とは傷つけることから癒すことへと目的を変えることに他ならないからです。[10]目的のこの変化は確かに特別性を〝危険に陥れます〟が、すべての幻想は真実によって〝脅かされる〟という意味においてだけです。[11]幻想は真実の前にあっては立っていることはできません。[12]しかしながら、あなたの「父」が求める贈り物を「神」に与えずに幻想に与えることほど幻想に慰めを与えることがあるでしょうか。[13]贈り物を「神」に与えれば、宇宙があなたのものとなります。[14]贈り物を幻想に差し出せば、贈り物は何も戻ってきません。[15]あなたが特別性に与えたもののためにあなたは倒産し、あなたの宝物殿には何もなく空っぽで、そのドアは開け放たれ、あなたの安らぎを乱すありとあらゆるものに入ってきて破壊するようにと招いています。

4. 以前に、救いを達成するための手段や、救いに到達するための方法について考えないようにと私は言いました。[2]しかし、あなたの兄弟を無罪であると見ることがあなたの欲求であるかどうかは考えてください。よく考えてください。[3]特別性にとって、その答えは〝ノー〟であるに違いありません。[4]罪のない兄弟はまさに特別性の敵です。一方、それが可能ならばの話ですが、罪はその友です。[5]あなたの兄弟の罪は特別性そのものを正当化し、特別性に真実が否定する意味を与えます。[6]実在するものはすべて兄弟の無罪を宣言します。[7]偽りのものはすべて兄弟の罪は実在すると宣言します。[8]あなたの兄弟が有罪であるとすれば、あなたの実在性は実在せず、特別性のただの夢にすぎず、ほんの一瞬の間続くだけで崩壊して塵になってしまいます。

5. この無分別な夢を防御しないでください。この夢においては「神」は愛するものを奪われ、あなたは救いの届かない場所にいます。[2]実在においては何の意味もないこの移ろいゆく世界で、確かなことは次のことだけです。安らぎが完璧にはあなたと共にないとき、いかなる種類の苦痛であれあなたが何らかの苦痛を覚えるとき、あなたはあなたの兄弟の中に何らかの罪を見たのです。そして、あなたがそこにあると思ったものを喜んだのです。[3] あなたの特別性はその故に安全であるかのように見えました。[4] こうして、あなたが救い主に任命したものをあなたは救い、「神」があなたに与えられた者をその代わりに十字架にかけたのです。[5] したがって、あなたは彼と一緒に縛りつけられています。というのは、あなた方は一つだからです。[6] したがって、特別性は彼の〝敵〟であり、そしてまた、あなたの敵でもあります。

V. あなたの中にいるキリスト

1. あなたの中にいる「キリスト」は非常に静かです。[2]「彼」は愛するものを見つめ、それが「彼自身」であることを知っています。[3] こうして、「彼」は見るものに喜びを覚えます。なぜなら、それは「彼」と一つであり、「彼の父」と一つであることを知っているからです。[4] 特別性もまた、それは真実ではないけれどもそれが見るものに喜びを見出します。[5] しかしながら、あなたが探し求めるものは、あなたが想像する喜びの源です。[6] あなたが願望するものはあなたにとって真実です。[7] また、あなたが何かを願望して、それがあなたにとって真実であるという確信をもたないということはあり得ません。[8] 意志が創造するのと同じくらい確実に、欲求は実在を作ります。[9] 愛が愛を延長するのと同じくらい力強く、欲求の力は幻想を支えます。[10] ただ一つの違いは、欲求は妄想であり、愛は癒すということです。

2. その形がどのように隠され偽装されていようとも、それがどれほど美しく見えようとも、どれほど巧妙に安らぎの希望と苦痛からの脱出を差し出そうとも、あなたが自分の有罪判決に悩まされない特別性の夢というものはありません。[2] 夢の中では結果と原因は交換されます。というのは、ここでは夢の作り手は自分が作ったものが自分に起こっていると信じるからです。[3] 彼はある所で一本の糸を拾い、別な所で切れ端を拾っては、無から一つの絵を織り上げたということに気づいていません。[4] というのは、それぞれの部分は合わず、全体もそれぞれの部分に貢献して意味を与えることはまったくないからです。

3. あなたの安らぎは癒し以外の何から生じ得るでしょうか。2あなたの中にいる「キリスト」は真実だけを見つめ、ゆるしを必要とし得る有罪判決は「キリスト」には見えません。3「キリスト」は安らぎの中にいます。なぜなら、「キリスト」にはいかなる罪も見えないからです。4「キリスト」に帰属意識を抱いてください。「キリスト」がもっているもので、あなたがもっていないものは何でしょうか。5「キリスト」はあなたの目であり、あなたの耳であり、あなたの手であり、あなたの足です。6「彼」の目に見える光景はなんと優しく、「彼」に聞こえる音はなんと優しいことでしょうか。7兄弟の手をもつ「彼」の手はなんと美しいことでしょうか。そして、兄弟の傍らを歩く「彼」の足取りのなんと愛に満ちていることでしょうか。そして、「キリスト」は、兄弟には何も見えない場所で、何も聞こえない場所で、何が見え、何が聞こえるかを示すのです。

4. しかしながら、あなたの特別性に兄弟の道を案内させれば、あなたもそれに従うことになります。2そして、二人は何も見えない暗い森の中を、危険にさらされながら余念なく歩きます。その森は罪の蛍から放たれる一瞬光っては消える移ろいゆくかすかな光で照らされるだけで、二人は相手を名もない断崖絶壁へと導き、そこから放り投げます。3というのは、特別性が喜びを見出すのは殺すこと以外には何もないからです。4それが探し求めるのは死の光景に他なりません。5それは破壊以外の何にあなたを導くでしょうか。6しかし、それが最初にあなたの兄弟を見つめたと考えないでください。また、あなたを憎む前に彼を憎んだとも考えないでください。7特別性の目は彼の中に罪を見ます。そして、それを見ることを愛し、それをあなたの中に見、未だに喜びをもってそれを見ています。8しかし、腐食と狂気を見て、肉が既に骨から離れかけ、目は穴があいているだけで見ることもできないこの朽ちかけているものが、自分自身と同じものであると信じることが喜びでしょうか。

5. あなたには見るための目がなく、聞くための耳がなく、握るための手がなく、導いてくれる足もないことを喜んでください。2それらのものをあなたが必要とする間は、「キリスト」だけが「彼のもの」を貸してくれることを喜んでください。3それらのものもまた、あなたのものと同様に幻想です。4しかし、「キリスト」の目・耳・手・足は異なった目的に奉仕するが故に、目的のもつ強さが与えられています。5そして、それらが見、聞き、握り、導くものには光が与えられます。それは、あなたが導かれたように導くことができるようにするためです。

6. あなたの中にいる「キリスト」は非常に静かです。[2]「彼」はあなたがどこに行こうとしているかを知っており、優しく、途中ずっと祝福しながらあなたをそこまで導いていきます。[3]「キリスト」の「神」に対する「愛」は、あなたが自分自身の中に見たと思った怖れのすべてに取って代わります。[4]「キリスト」の神聖性は、あなたがその手を握って「キリスト」の所まで導いている人の中に「キリスト自身」がいることを見せてくれます。[5]そして、あなたに見えるものはあなた自身に似ているものです。[6]というのは、見て、聞いて、愛して、故郷までついていくべきものは、「キリスト」以外に何もないからです。[7]「キリスト」は最初にあなたを見つめましたが、あなたが完全ではないことを認識しました。[8]そこで、「彼」が見つめ愛する一つ一つの生き物の中にあなたの完全な実現を探し求めました。[9]そして、それぞれの生き物があなたに「神の愛」を差し出すことができるように、未だにそれを探し求めています。

7. しかしながら、「キリスト」は静かです。というのは、今や愛があなたの中にあり、兄弟の手を握っているその同じ手によって愛があなたの中に安全に保たれていることを知っているからです。[2]「キリスト」の手は「キリスト」の兄弟のすべてを「キリスト自身」の中に保持しています。[3]「キリスト」は視力を失った彼らの目にヴィジョンを与え、彼らの耳が戦いと死の音をもはや聞くことのないようにと「天国」についての歌を彼らに歌って聞かせます。[4]「キリスト」は彼らを通じてやって来て、手を差し伸べます。それは、すべての人が生きとし生けるもののすべてを祝福し、それらの神聖性を見ることができるようにするためです。[5]そして、「キリスト」はこれらの光景があなたのものとなり、あなたが「彼」と一緒に見つめ、「彼」の喜びを分かち合えることを喜びます。[6]「キリスト」は特別性の完全な欠如をあなたに差し出します。それは、あなたがすべての生き物を死から救い、あなたのゆるしがあなたの「自己」に差し出す生命の贈り物を、あなたがすべての生き物から受け取ることができるようにするためです。[7]「キリスト」が見るべきもののすべてです。[8]「キリスト」の歌が聞くべきもののすべてです。[9]「キリスト」の手が握るべきもののすべてです。[10]「キリスト」と共に歩む旅以外の旅はありません。

8. 特別性に満足し、愛との戦いの中に救いを求めようとしているあなたは次のことを考えてみてください。「天国の神聖な主ご自身」が、あなた自身の完全な実現をあなたに差し出すためにあなたの所まで降りてこられました。
[2]「主」のものはあなたのものです。なぜなら、あなたの
完全な実現の中に「主ご自身」の完全な実現があるからで
す。[3]「子」と共にあることを意図された「主」が、あなた
が兄弟をもつことがないようにと意図されることは絶対に
あり得ません。[4]そして、「主」はあなたの兄弟があなた
と同じように完全でなければ、そして、あなたがそうであ
るに違いないように「主」と同じく神聖でなければ、兄弟
をあなたに与えるでしょうか。

9. 葛藤が存在し得る以前に、疑いがなければなりません。
[2]そして、すべての疑いはあなた自身についてのものであ
るに違いありません。[3]「キリスト」は疑いをもっていま
せん。そして、確信から「キリスト」の静けさはやって来
ます。[4]「キリスト」はあなたと「一つ」であり、この「一
体性」は無限にして時間を超越していて、あなたの手は「キ
リスト」の手であるが故にこの「一体性」は手の届く所に
あることに同意するならば、「キリスト」はあなたの疑い
のすべてと「キリスト」の確信とを交換してくれるでしょ
う。[5]「キリスト」はあなたの中にいますが、同時に、「キ
リスト」はあなたの傍らを歩き、あなたの前を歩き、「キ
リスト自身」が完全であることを発見するために行かなけ
ればならない道を導いていきます。[6]「キリスト」の静け
さはあなたの確信になります。[7]そして、確信がやって来
たとき、疑いはどこにあるでしょうか。

VI. 怖れからの救い

1. あなたの兄弟の神聖性の前にあって、世界は静かです。
そして、安らぎが優しく祝福しながら世界に降りてきます。
その優しさと祝福はあまりにも完璧なものであるために、
葛藤の痕跡は一つも残ってはおらず、夜の暗闇の中であな
たの前に現れることはありません。[2]あなたの兄弟は怖れ
という夢からあなたを助け出す救い主です。[3]あなたの兄
弟はあなたの犠牲を強いられているという感覚を癒し、あ
なたがもっているものは風と共に飛び散り塵になってしま
うという怖れの感覚を癒します。[4]彼の中に、「神」が今
ここにあなたと一緒におられるというあなたの確信があり
ます。[5]兄弟が兄弟である限り、「神」を知ることは可能
であり、あなたが「神」を知ることになるであろうことは
確実です。[6]というのは、「神」が「ご自身」の創造物を後
にして去ることは不可能だからです。[7]そして、これがそ

うであるというしるしはあなたの兄弟の中にあり、そのしるしは、自分自身についてのあなたの疑いのすべてが彼の神聖性の前で姿を消すようにとあなたに差し出されます。[8]あなたの兄弟の中に「神」の創造を見てください。[9]というのは、「神」があなたを「神」の一部として創造したことをあなたが認めるのを、「神」はあなたの兄弟の中で待っておられるからです。

2. あなたがいなければ「神」は何か一つ欠けることとなり、「天国」は不完全となり、「神の子」には「父」がいないことになります。[2]宇宙も実在も存在し得ないことになります。[3]というのは、「神」が意図されることは完全であり、「神の意志」は「一つ」であるが故に「神」の一部だからです。[4]生命あるもので「神」の一部でないものはなく、「神」の中にあって生命のないものはありません。[5]あなたの兄弟の神聖性は「神」が彼およびあなたと一つであることを示しています。また、あなたは彼からも彼の「父」からも分離していないが故に、彼がもっているものはあなたのものであることを示しています。

3. 宇宙全体のいかなるものも、あなたには失われていません。[2]「神」が創造されたものを永遠にあなたのものとして愛を込めてあなたの前に横たえることに「神」が失敗されたことはありません。[3]そして、「神のマインド」の中のいかなる「思い」も、あなた自身のマインドから不在であったことはありません。[4]あなたに対する「神の愛」を分かち合い、世界が始まる前に「神」が愛を込めてあなたを思いつかれたように、また、今でも愛を込めてあなたを知っているように、あなた自身を見つめてください。それが「神の意志」です。[5]「神」は移ろいゆく状況と共に、「子」について「マインド」を変えられることはありません。移ろいゆく状況は「神」が住んでおられる永遠において、そしてまた、あなたが「神」と共に住んでいる永遠においては何の意味もありません。[6]あなたの兄弟は「神」が創造されたままです。[7]そして、「神」が創造されたものではない世界からあなたを救い出してくれるのはこの事実です。

4. 「神の子」の癒しこそ、世界が存在する理由のすべてであることを忘れないでください。[2]「聖霊」が世界に見る唯一の目的はそれであり、したがって、世界がもつ目的はそれだけです。[3]「神の子」の癒しこそ、世界によって、時間によって、外見的にも達成したいものであるとあなたが望むものであると見なすまでは、あなたは「父」を知ることも自分自身を知ることもないでしょう。[4]というのは、あなたは世界をその目的でないもののために用いることになり、暴力と死という世界の法則から逃れることができないからです。5しかしながら、あらゆる点において、あらゆる方法と状況において、そこにないものを見たいというあらゆる誘惑において、そしてまた「神の子」は自分自身を本来の自分として見ていないが故に苦痛を体験できるのだという信念のすべてにおいて、この世界の法則を超越する力をあなたは与えられています。

5. あなたの兄弟を見つめて、彼の中にこの世界を支配するように見える法則と正反対のものを見てください。2兄弟の自由の中にあなたの自由を見てください。というのは、それが事実だからです。3兄弟の特別性が彼の中にある真実を見えなくすることを許さないでください。というのは、あなたが彼を縛りつける死の法則のどれ一つからも、あなたは逃れることはないからです。4そして、あなたが彼の中に見る罪のすべてが、あなた方二人を地獄の中に引き留めることになります。5しかしながら、彼の完璧な無罪性はあなた方二人を解放します。というのは、神聖性はきわめて公平であり、見つめるものすべてに対して一つの価値判断をするだけだからです。6そして、その価値判断はそれ自身によってなされるのではなく、生命があり、「神の存在」を共有するすべてのものにおいて「神」を代弁する「声」を通じてなされます。

6. 見える目が見つめることができるのは「神」の無罪性です。2見える目がすべてのものの中に見るのは「神」の美しさです。3そして、見える目が至るところで探し求めるのは「神」であり、「神」が存在しない光景も場所も時間も見つかりはしません。4あなたの救いと世界の救いのための完璧な枠組みであるあなたの兄弟の神聖性の中に、あなたが兄弟と一緒に住んでいる「神」についての輝かしい記憶が置かれています。5兄弟から「キリスト」の顔を隠し、またあなたからも「キリスト」の顔を隠している特別性のヴェールによって、あなたの目が盲目になることを許さないでください。6そして、あなたが本来見るべきヴィジョンを「神」に対する怖れが妨げることをこれ以上許さないでください。7あなたの兄弟の肉体は「キリスト」をあなたに示すことはありません。8あなたの兄弟は彼の神聖性の中に存在しています。

7. したがって、彼の肉体ないしは彼の神聖性をあなたが見たいものとして選択してください。そうすれば、あなたが選ぶものがあなたの見るものとなります。2しかしながら、あなたは数え切れない状況の中で、そして、終わりがないように見える時間の中で選択を続け、最終的には真実があなたの決断するものとなるでしょう。[3]というのは、兄弟の中にいる「キリスト」をもう一度否定することによって永遠が取り戻されることはないからです。[4]あなたの兄弟が単なる肉体でしかなかったとすれば、あなたの救いはどこにあるでしょうか。[5]兄弟の神聖性以外のどこにあなたの安らぎがあるでしょうか。[6]そして、「神」があなたの兄弟の神聖性の中に永遠に置かれた「神」の一部以外のどこに「神ご自身」がおられるでしょうか。「神」はあなたに自分自身についての真実が見えるようにと、あなたにも認識でき理解できる言葉で遂にそれを説明されたのです。

8. あなたの兄弟の神聖性は、あなたにとっての秘蹟であり感謝の祈りです。[2]兄弟の過ちによって彼に対する「神」の祝福が差し控えられることはなく、兄弟を真に見ているあなたに対しても祝福が差し控えられることはありません。[3]兄弟の間違いは遅延の原因にはなり得ます。しかし、彼とあなたが決して開始したこともなく終わりを必要ともしていない旅を共に終えることができるように、あなたはその間違いを兄弟から除去する責任を与えられています。[4]一度も存在したことがないものはあなたの一部ではありません。[5]しかしながら、あなたは一度も存在したことがないものが自分の一部であると考えるでしょう。しかし、最後にはそれはあなたの傍らに立っている兄弟の一部ではないことに気づきます。[6]兄弟はあなた自身の鏡であり、その鏡の中にあなた方二人に対してあなたが下した価値判断が見えます。[7]あなたの中にいる「キリスト」は彼の神聖性を見ます。[8]あなたの特別性は彼の肉体を見て彼を見ません。

9. あなたの解放に長い時間がかかることのないように、兄弟を本来の姿において見なければなりません。[2]他の選択肢があなたに差し出してくれるのは、目的もなくいかなる種類の達成もない無意味な彷徨だけです。[3]あなたの兄弟が横たわって眠っている間は、機能が満たされないことの空虚さがあなたにまとわりつくでしょう。それはあなたに課された任務が達成され、あなたの兄弟が過去から起きあがるまで続くでしょう。[4]自分自身に有罪判決を下し、あなたにも有罪判決を下した兄弟は、あなたと一緒に有罪判決から救われるようにとあなたに与えられました。[5]そして、あなたが誤って肉体と見なし、「神の子」に対してまったく力をもっていない法則に縛られていると考えていた「神の子」の中に、二人は「神」の栄光を見るでしょう。

10. これらの法則はあなたのためのものではないと分かっ

たならば、あなたは喜びを覚えるのではないでしょうか。2それからまた、兄弟もそれらの法則の囚人ではないと分かれば、あなたは喜びを覚えるのではないでしょうか。3「神」の一部を支配するものが他のすべてを支配しないということは不可能です。4兄弟を支配しているとあなたが見なす法則のもとに、あなたは自分自身を置くことになります。5とするならば、あなたに対する「神の愛」がどれほどに偉大なものであるかを考えてください。「神」は苦痛からあなたを救い出し幸せを与えるために、「ご自身」の一部をあなたに与えられたのです。6そして、あなたの特別性は「神の意志」の前では姿を消してしまうであろうことを疑わないでください。「神」は「ご自身」の一つ一つの部分を等しい愛と配慮をもって愛しておられます。7あなたの中にいる「キリスト」は、あなたの兄弟を真に見ることができます。8あなたはこの「キリスト」が見る神聖性に逆らって決断を下したいでしょうか。

11. 特別性はあなたが自分に与えた機能です。2それはあなた一人のためにあり、自己によって創造され、自己によって維持され、何も必要とせず、肉体以外のいかなるものとも結合しないものとしてあります。3特別性の目から見ると、あなたは分離した宇宙であり、その宇宙はそれ自体で自分自身を完全に支える力をもっており、すべての入り口は閉まっていて侵入を許さず、すべての窓は閉ざされて光を閉め出しています。4あなたは常に攻撃され、常に完璧に正当な怒りに狂いながら、絶対に緩めることはないと思っていた警戒心をもって、また、絶対にやめることはないと思っていた努力をもってこの目標を追求してきました。5そして、この断固たる決意はすべてこのためにありました。すなわち、あなたは特別性が真実であって欲しかったのです。

12. 今あなたは、別な目標をそれよりもずっと少ない警戒心をもって追求することを依頼されているだけです。ほとんど努力することなく、ほとんど時間をかけることもなく、「神」の力がそれを維持してくれるために、成功は約束されています。2しかしながら、二つの目標の中であなたがより困難であると思うのはこの目標です。3自己の〝犠牲〟を理解しているあなたは、この代価を高すぎると考えてはいません。4しかし、「神」に向かうほんの少しの気持、「神」に対する目礼、あなたの中にいる「キリスト」への挨拶、こうしたものをあなたは疲れを覚え、退屈を感じ、運ぶには重すぎる荷物と考えます。5しかしながら、「神」が確立されたものとしての真実に献身するためにはいかなる犠性も求められてはおらず、いかなる努力も喚起されてはいません。そして、「天国」の力のすべてと真実そのものの力がその手段を提供し、目標の達成を保証するために与えられています。

13. 兄弟の神聖性よりも肉体を見るほうが簡単であると信じているあなたは、どうしてこのような決断を下したのかをしっかりと理解しておかなければなりません。[2] ここにおいては特別性の声がはっきりと聞こえ、その声は「キリスト」に逆らって価値判断を下し、あなたが達成できる目標と、あなたにはできないことをあなたに代わって宣言します。[3] この価値判断は、あなたの味方としての特別性に関してあなたがどうするかにも適用されなければならないことを忘れないでください。[4] というのは、あなたが「キリスト」を通じてやることを特別性は知らないからです。[5]「キリスト」にとって、この価値判断はまったく意味をなしません。というのは、「キリストの父」が意図されることだけが可能であり、「キリスト」にとってそれ以外に見るべきものはないからです。[6]「キリスト」には葛藤がないという事実からあなたの安らぎが訪れます。[7] そして、「キリスト」の目的から努力を要しない達成と休息のための手段がやって来ます。

VII. 出会いの場所

1. この世界に縛りつけられている人は誰もが、真実であって欲しいと思っている特別性をなんと厳しく防御することでしょうか。[2] その人の欲求は彼にとって法則であり、彼はそれに従います。[3] 彼の特別性が要求することは何であれ彼は与えます。[4] 特別性が必要とするものは何であれ、彼が愛するものに与えます。[5] そして、特別性が彼に呼びかけている間は他の「声」は聞こえません。[6] 些細な侮辱、取るに足りない攻撃、ささやき交わされる疑惑、僅かな脅威の兆し、あるいは深い敬意以外のすべてのものから彼の特別性を守るために、いかなる努力も大きすぎることはなく、いかなる損失も多すぎることはなく、いかなる代価も高すぎることはありません。[7] これがあなたの子であり、あなたが「神」にとって最愛の存在であるように、あなたにとっての最愛の存在です。[8] しかしながら、特別性はあなたにとっての子であるあなたの創造物に取って代わります。それは、あなたが「神の父性」を分かち合いながらもそれを「神」から奪い取ることをしないでも良いようにするためです。[9]あなたが自分の強さに仕立てあげたこの子とは何なのでしょうか。[10]それほどの愛が惜しげもなく注がれている地上のこの子はいったい何なのでしょうか。[11]あなたの創造物に取って代わる「神」の創造物についてのこの戯画化とは何なのでしょうか。[12]そして、「神」を宿らせる者が別な子を見つけその子を「神」の創造物よりも愛している今、あなたの創造物はどこにいるのでしょうか。

2. 「神」についての記憶は単独で輝くことはありません。[2]あなたの兄弟の中にあるものはなおも創造物のすべてを包含しています。創造されたもののすべて、創造しているもののすべて、生まれたもののすべて、まだ生まれていないもののすべて、まだ未来にいるもののすべて、一見過ぎ去ってしまったもののすべてを包含しています。[3]兄弟の中にあるものは不変であり、あなたの不変性はそれを承認することにおいて認識されます。[4]あなたの中にある神聖性は兄弟に属します。[5]そして、あなたがそれを彼の中に見ることによって、それはあなたの所へと戻ってきます。[6]あなたが特別性に与えた賞讃のすべては彼に属し、したがってあなたの所へと戻ってきます。[7]愛や配慮のすべて、強力な保護、日夜の思い、深い関心、これが自分だという強い信念、こういったものはすべて彼に属します。[8]あなたが特別性に与えたもので、彼が当然与えられるべきでないものはありません。[9]そして、彼が与えられるべきもので、あなたに与えられるべきでないものはありません。

3. 特別性があなたを自分のものであると主張しているのに、あなたが自分の価値を知ることは可能でしょうか。[2]兄弟の神聖性の中にあるあなたの価値を知り損ねるということがどうしてあり得るでしょうか。[3]あなたの特別性を真実にしようとしないでください。というのは、もしそうすれば、あなたは本当に道に迷うことになるからです。[4]それよりも、それがまさに真実であるというただその理由によって、兄弟の神聖性を見ることができることに感謝してください。[5]そして、兄弟において真実であるものはあなたにおいても真実であるに違いありません。

4. 自分に次のように聞いてみてください。マインドを守ることができるだろうか。[2]肉体を少し守ることはできます。しかし、時間からは一時的にしか守ることはできません。[3]あなたは肉体を一生懸命に守っていると考えていますが、実際は傷つけています。[4]肉体を何のために守るのでしょうか。[5]というのは、その選択の中に肉体の健康と害悪が横たわっているからです。[6]もう一匹の魚を捕まえるための餌として、あなたの特別性をもっと良く見せるために、あなたの憎しみの周りに美しい縁取りを織るために、肉体を見せびらかすために守れば、肉体に有罪判決を下し衰退と死に至らせることになります。[7]そして、もしもあなたの兄弟の肉体の中にこの目的を見れば、あなた自身の肉体もまたこれと同じ有罪判決を受けることになります。[8]したがって、真実の光が彼を照らし、そしてまた、真実があなたを衰退から安全に守ることができるように、彼の周囲に神聖な縁取りを織り上げてください。

5.「父」は「ご自身」が安全なものとして創造されたものを維持されます。[2]あなたは自分が作った誤った考えではそれに触ることはできません。なぜなら、それはあなたによって創造されたものではないからです。[3]あなたの愚かしい幻想に怯えないでください。[4]不滅であるものが攻撃されることは不可能です。一時的にすぎないものはいかなる結果ももたらしません。[5]あなたがその中に見る目的だけが意味をもっています。そして、それが真実であれば、その安全性は揺らぐことはありません。[6]そうでなければ、それには何の目的もなく、無のための手段です。[7]真実のための手段であると見なされるものは何であれ真実の神聖性を共有し、真実そのものと同じように安全に光の中に安らいでいます。[8]また、それがなくなってしまっても光が消えることはありません。[9]その神聖な目的が光に不滅性を与え、「天国」にもう一つの光を灯し、そこにおいてあなたの創造物はあなたからの贈り物を認識します。その贈り物とは、あなたがあなたの創造物を忘れてはいないというしるしです。

6. 地上におけるすべてのものについての試験は単に、〝それは何のためにあるのか〟という質問に答えることです。[2]この問いに対する答えが、あなたにとってそれが何であるかを決定します。[3]それ自体には何の意味もありません。しかしながら、あなたが奉仕する目的に応じて、あなたがそれに実在性を与えます。[4]この状況において、あなたはそれと同じく手段であるにすぎません。[5]「神」は「手段」であり「目的」です。[6]「天国」においては手段と目的は一つであり、「神」と一つです。[7]これが真の創造の状態であり、時間の中において見出されるものではなく、永遠の中に見出されるものです。[8]この世界の誰に対してもこれは説明不可能です。[9]また、この状態が何を意味するのかを学ぶための方法もありません。[10]あなたが学びを超越して「神によって与えられたもの」に到達するまで、すなわち、あなたの創造物のための神聖な家をあなたが再び作るまでは、それが理解されることはありません。

7. 「父」との共同の創造主には「子」がいなければなりません。[2]しかしながら、この「子」は「神ご自身」と同じように創造されたに違いありません。[3]それは完璧な存在であり、すべてを包含するものであり、すべてが包含されているものであり、付加するものは何もなく、何も奪われてはおらず、大きさや場所や時間をもって生まれたものではなく、いかなる種類の制限や不確実性にも縛られてはいません。[4]ここにおいては手段と目的が一つのものとなり、この存在には目的はまったくありません。[5]これはすべて真実ですが、記憶の中に未だに学んでいないレッスンを保持し、目的がまだ定かではない思いをもち、あるいは、目的が二分している欲求を未だに抱いている人にとっては何の意味もありません。

8. このコースは簡単に学ぶことができないことを教えようとはしません。[2]このコースの視野はあなた自身の視野を超えることはありません。ただし、あなたの視野はあなたに準備ができたときにあなたの所にやって来ます。[3]ここにおいては手段と目的は分離しています。なぜなら、手段と目的がそのようなものとして作られ、そのようなものとして知覚されたからです。[4]したがって、私たちは手段と目的がまるで分離しているものであるかのように対処します。[5]知覚の目的が理解されるまでは、すべての知覚はまだ逆さまであることを心に銘記しておくことが肝要です。[6]知覚は手段であるようには見えません。[7]この事実によって、何のためにあなたが見るのかということに知覚がどれほど依存しているかを理解することが困難になっています。[8]知覚は見えるものをあなたに教えてくれるように思われます。[9]しかしながら、知覚はあなたが教えたことを証言するだけです。[10]知覚はあなたの欲求の外的な姿です。あなたが真実であって欲しいと思っているもののイメージです。

9. 自分自身を見てみれば、肉体が見えるはずです。[2]この肉体を異なった光で見れば、違ったものに見えてきます。[3]そして、光がなければ肉体はなくなってしまったように見えます。[4]しかしながら、肉体がそこにあることをあなたは再び確認できます。なぜなら、まだ手で肉体を感じることができ、肉体が動くのが聞こえるからです。[5]ここにあなたが自分自身であって欲しいと思っているイメージがあります。[6]肉体はあなたの欲求を実現するための手段です。[7]肉体は肉体を見るための目を、肉体を感じるための手を、肉体が出す音を聞くための耳を与えてくれます。

8 肉体はそれ自身の実在をあなたに対して証明します。

10. こうして、肉体はあなた自身の理論となっており、肉体自身を超越した証拠は用意されておらず、肉体の視界の中には脱出口は見えていません。2 肉体自身の目で見たとき、肉体の歩むべき道筋は確かなものです。3 肉体は成長し、衰え、栄え、そして、死んでいきます。4 そして、あなたは肉体から離れた自分を想像することはできません。5 あなたはそれに罪深いという烙印を押し、その行為を憎み、それは邪悪なものであるという価値判断を下します。6 しかしながら、あなたの特別性はささやきかけます。〝ここに私の最愛の子がいる。私はこの子に大いに満足している〟。7 こうして、〝子〟は〝父〟の目的を果たすための手段となります。8 その目的はまったく同じではなく、似てさえもいませんが、〝父〟に対して〝父〟が望むものを差し出すための手段ではあります。9「神」の創造物に対する戯画化とはまさにそのようなものです。10 というのは、「神の子」の創造が「神」に喜びを与え、「神の愛」を証言し、「神」の目的を分かち合ったのと同じように、肉体はそれを作った考えのために証言台に立ち、その実在と真実のために語るからです。

11. このようにして、二人の子が作られ、二人は出会う場所もなく出会うこともなくこの地上を歩いているように見えます。2 一人はあなた自身の外側に知覚するものであり、あなた自身の最愛の子です。3 もう一人は中で安らいでいる「父の子」であり、あなたの中にいるのと同じように兄弟の中にもいます。4 彼らの違いは外見にあるのでもなく、どこに行くかでもなく、何をするかですらありません。5 彼らには異なる目的があります。6 彼らを同類の人の仲間にするのはこの目的であり、それぞれの人を異なった目的をもったあらゆる側面から区別するのはこの目的です。7「神の子」は彼の「父の意志」を保持しています。8 人の子は異質な意志を知覚し、それがそうであることを願望します。9 こうして、彼の知覚はその欲求に真実の外見を与えることによって彼の欲求に奉仕します。10 しかしながら、知覚は別な目標のために役立つこともできます。11 知覚は特別性に縛られてはいませんが、それはあなたの選択によります。12 あなたは異なった選択をすることができ、知覚を異なった目的のために使う任務を与えられています。13 そして、あなたに見えるものはその目的をしっかりと果たし、それ自身の実在をあなたに証明するでしょう。

第25章　神の正義

序　論

1.　あなたの内なる「キリスト」は肉体に住んでいるのではありません。2しかしながら、「キリスト」はあなたの中にいます。3したがって、あなたは肉体の中にはいないということであるに違いありません。4あなたの中にあるものが外にあることは不可能です。5あなたの生命のまさに中心にあるものからあなたが遊離できないということは確かです。6あなたに生命を与えるものを死の中に収容することは不可能です。7それと同様に、あなたを死の中に収容することも不可能です。8「キリスト」は「神聖性」の枠組みの中に在り、その枠組みの唯一の目的は、「キリスト」を知らない者たちに「キリスト」をはっきりと見せることです。そうすることによって、「キリスト」が彼らに呼びかけ、「キリスト」のもとに来るようにと招き、彼らの肉体があると思っていた場所に「キリスト」が見えるようにするのです。9それから、「キリストの神聖性」を彼らの中に入れることができるようにするために、彼らの肉体は消失します。

2.　自分自身の中に「キリスト」を運んでいる人は誰であれ、あらゆる場所で「キリスト」を認識することになります。2ただし、肉体の中は例外です。3そして、自分が肉体の中にいると信じている限り、自分はここにいるとその人が思っている場所に「キリスト」がいることはできません。4したがって、彼は自分では意識することなく「キリスト」を運んでおり、「キリスト」を顕現させることはありません。5かくして、彼は「キリスト」がいる場所において「キリスト」を認識することはありません。6人の子は復活した「キリスト」ではありません。7しかしながら、「神の子」は人の子がいるまさにその場所に住み、人の子の神聖性の中にあって人の子と共に歩き、人の子の肉体の中に表現された特別性と同じように、はっきりと目で見ることができます。

3.　肉体は癒しを必要とはしていません。2しかし、自分は肉体であると考えているマインドは確かに病んでいます。3「キリスト」が治癒に取り掛かるのはここにおいてです。

4「キリスト」の目的が肉体を「キリスト」の光の中に包み込み、「キリスト」から輝き出る神聖性で肉体を満たします。5 すると、肉体が言うことで、また、肉体がすることで「キリスト」を顕現させないものはありません。6 肉体は優しさと愛の中に「キリスト」を入れて、「キリスト」を知らない人々の所へと運んで行き、彼らのマインドを癒します。7 あなたの兄弟があなたのためにもっている使命とはこのようなものです。8 そして、兄弟のためのあなたの使命もそのようなものであるに違いありません。

I. 真実との絆

1. 「キリスト」があなたに課した任務の遂行が難しいということはあり得ません。というのは、その任務を遂行するのは「キリスト」に他ならないからです。2 そして、それを遂行するとき、肉体はそれを遂行するための手段であるようにしか見えないことをあなたは学ぶでしょう。3 というのは、「マインド」は「キリスト」のものだからです。4 したがって、それはあなたのものであるに違いありません。5「キリストの神聖性」がマインドを通じて肉体を導き、「キリスト」と一つにします。6 そして、あなたの兄弟があなたに顕れているように、あなたはあなたの神聖な兄弟に顕れています。7 ここに神聖な「キリスト」と「キリスト自身」との出会いがあります。そしてまた、「キリストの神聖性」の諸側面の間にいかなる違いも知覚されることはありません。「キリストの神聖性」の様々な側面は出会って一緒になり、完全で純粋で「神の永遠の愛」にふさわしい「キリスト」を「父」の所へと上昇させます。

2. 神聖性を見てそこに「キリスト」を見る以外に、あなたの内なる「キリスト」を顕わすことができるでしょうか。2 知覚は見るものの中に**あなた**が顕れることを教えてくれます。3 肉体を見ればあなたはそこに自分がいると信じるでしょう。4 そして、あなたが見る肉体の一つ一つが、あなたに自分自身のことを想起させます。あなたの罪の深さ、邪悪さ、そして何よりもあなたの死を想起させます。5 あなたはこのようなことをあなたに告げる人を軽蔑し、その人の死を求めるのではないでしょうか。6 メッセージとメッセンジャーは一つです。7 そして、あなたは兄弟を自分自身であると見なさなければなりません。8 兄弟の肉体という枠の中に入れられている自分の罪の深さをあなたは見ますが、そこにおいてあなたは有罪判決を受けます。

[9]兄弟の神聖性の中にいる彼の内なる「キリスト」は「自ら」をあなたであると宣言します。

3. 知覚とは、あなたが自分自身にどうであって欲しいか、どのような世界に住みたいのか、どのような状態にあれば自足し満足すると考えるかを選択することです。[2]知覚はあなたの決定によって安全がどこにあるとあなたが考えるかを選択します。[3]知覚は、あなたがこうであって欲しいと思っている自分自身を自分に対して明らかにします。[4]そして、知覚は常にあなたの目的に忠実であり、あなたの目的から決して分離することなく、また、あなたのマインドの中にある目的が支持しないものに対して証言を与えることはまったくありません。[5]知覚は、それを見ることがあなたの目的であるものの一部です。というのは、手段と目的が分離することは決してないからです。[6]こうして、分離した生命をもっているように見えるものは何の生命ももっていないことをあなたは学びます。

4. **あなた**は「神」のための手段です。あなたは分離した存在ではなく、「神」の生命から分離した生命をもっている存在でもありません。[2]「神」の生命は「神の子」であるあなたの中に顕れています。[3]「神ご自身」の一つ一つの側面は神聖性と完全な純粋性と愛の中に入っていますが、それは神々しく完全であるために、見るもののすべてがそれに向かって解放されることを願います。[4]その燦然とした輝きはそれが見つめる肉体の一つ一つを貫き、肉体を見過ごして光を見ることによって肉体の暗闇のすべてを払拭して光に変えてしまいます。[5]ヴェールは愛の優しさによって持ち上げられ、いかなるものも愛を見つめる者から「キリスト」の顔を隠すことはありません。[6]あなた方を分離し別々にしているように見えるヴェールを「キリスト」に取り除いてもらうために、今あなたとあなたの兄弟は「キリスト」の前に立ちます。

5. あなたは分離していると信じているが故に、「天国」も分離したものとしてそれ自身をあなたに提示します。[2]それは真実ではなく、真実に加わるようにとあなたに与えられた絆が、あなたが理解できることを通してあなたに到達できるようにするためです。[3]あなたの兄弟のすべてが真実において一つのものとして一緒になるとき、「父」と「子」と「聖霊」は「一つのもの」として存在します。[4]「キリスト」と「キリストの父」が分離したことは一度もなく、「キリスト」はあなたの理解の中に住んでいます。すなわち、「キリストの父の意志」を共有するあなたの一部の中に住んでいます。[5]「聖霊」がそれ以外の部分、すなわち、分離したい、異なっていたい、特別でありたいとする矮小で狂気の願望を「キリスト」と連結し、実際に一つであるものに対してその一体性を明確にします。6 この世界ではこのことは理解されていませんが、教えることは可能です。

6. 特別性の目的をその過ちがある場所で修正できるように、「聖霊」はあなたのマインドの中で「キリスト」の目的に奉仕します。2「キリスト」の目的は今も「父と子の両方」と一体であるが故に、「キリスト」は「神の意志」を知っており、あなたが本当に意図していることを知っています。3 これはマインドによって理解されます。一つのものとして知覚され、一つであることが自覚され、そのように体験されます。4 この一体性をどのようにして体験し、体験するためには何をしなければならないのか、そして、それをするためにはどこに行くべきなのか、それをあなたに教えるのが「聖霊」の機能です。

7. こうしたことのすべては、まるでそれらが別々であるかのように時間や場所に注目します。というのは、あなたの一部が分離しているとあなたが考えている間は、「一つ」であるという「一体性」の概念は無意味だからです。2 そのように分裂したマインドが、すべてのものを「それ自身」の内部において結合する「一体性の教師」になることが絶対にできないことは明白です。3 したがって、このマインドの中に「あるもの」は、そして、すべてのものを一緒にするものはマインドの「教師」でなければなりません。4 しかし、「それ」はマインドがそこにいると考える状況の中で、このマインドが理解できる言語を使用しなければなりません。5 そして、「それ」はすべての学びを活用して、幻想を真実へと移行させ、あなたが何であるかについての誤った考えを取り去り、それらの考えを超えてそれらの考えの彼方にある真実へとあなたを導いていかなければなりません。6 こうしたことのすべては次の言葉に端的に要約できます。

7 **同じであるものが異なっていることは不可能であり、一つであるものが分離した部分をもつことは不可能です。**

II. 暗闇からの救い主

1. 肉体の目が知覚するものはあなたを怖れで満たすということは明らかではないでしょうか。2 おそらく、あなたはそこに満足の希望を見出すことができると考えているかもしれません。[3]おそらく、あなたは自分が知覚する世界の中で何らかの安らぎと満足を達成することができると空想しているかもしれません。[4]しかしながら、結果は変わらないということは明らかであるに違いありません。[5]あなたの希望や空想とは関係なく、結果として得られるのはいつも絶望です。[6]そして、例外はまったくなく、これからもないでしょう。[7]過去が保持できる唯一の価値は、取っておきたいと思うような報酬を過去は与えてくれなかったということをあなたが知ることにあります。[8]というのは、こうすることによってはじめて、あなたは過去を放棄し、過去を永遠に手放す気持になれるからです。

2. あなたに見える世界から満足を得る望みを未だにもち続けているというのは奇妙なことではないでしょうか。[2]いかなる点においても、いかなる時においても、いかなる場所においても、怖れと罪以外の報酬があなたに与えられたことはありません。[3]この点における変化のチャンスは、より良い結果をもたらすかもしれない変化を遅らせるまでの価値はないと分かるまでに、どれほどの時間が必要なのでしょうか。[4]というのは、一つのことは確実だからです。あなたのものの見方は、長い間そのような見方をしてきたのですが、未来についての希望の基盤となるものをまったく与えてはくれず、成功の気配もまったくありません。[5]何の希望もない所で希望を抱けば、必然的に絶望することになります。[6]しかしながら、希望がかつて見出されたことのない場所で希望を求めようとしている間は、この絶望があなたの選択なのです。

3. これとは別なある希望をあなたが発見したというのもまた真実ではないでしょうか。それは一定せず、不安定に揺らめき、かすかに見える明滅する光のような希望です。その希望はこの世界のものではない根拠において保証されています。[2]しかしながら、それらの根拠がこの世界にもあるかもしれないと願っているために、取り組んでいる絶望的で報われることのない仕事をあなたは放棄できないでいます。[3]突然それが成功してこれまでにもたらしたことが一度もないものをもたらしてくれるだろうということを根拠に、これまで常に失敗したことの追求を支持することには理由があるという固定観念をもち続けることは意味をなし得るでしょうか。

4. その過去は失敗しました。[2]それがあなたのマインドの中で消え去り、そこにあるものを暗くしていることを喜ばなければなりません。[3]形を内容と考えないでください。というのは、形は内容を表す手段にすぎないからです。4そして、額縁は絵が見えるように絵を支えるための手段にすぎません。5絵を隠す額縁は何の役にも立ちません。6見えるのが額縁でしかないとすれば、それは額縁ではあり得ないことになります。7絵がなければ額縁に意味はありません。8額縁の目的は絵を引き立たせることであって、それ自身を引き立たせることではありません。

5. 何も入っていない額縁を壁に掛け、あたかも傑作がそこにあるかのように深い畏敬の念をもって額縁の前に立つ人がいるでしょうか。2しかしながら、兄弟を肉体として見るならば、あなたがやっていることはこのことに他なりません。3見るべきものは「神」がこの額縁の中に飾られた傑作以外にありません。4肉体はその傑作をいかなる意味においても不明瞭にすることなく、しばらくの間保持します。5しかしながら、「神」が創造されたものには額縁は必要ではありません。というのは、「神」は創造されたものを「ご自身」の中で支え、「ご自身」の額縁の中に飾られるからです。6「神」は「ご自身」の傑作をあなたに見えるようにと差し出されます。7あなたはこれよりも額縁の方を見たいと思うでしょうか。8そして、その絵をまったく見ないでも良いのでしょうか。

6. 「聖霊」はあなたが分離していると見なす「神」の部分の周囲に、「神」が置かれた額縁です。2しかし、その額縁は「創造主」とつながっており、「創造主」および「創造主」の傑作と一体です。3これが「聖霊」の目的であり、あなたが傑作の代わりに額縁を見る選択をしても、あなたは額縁を絵に変えることはありません。4「神」がその絵に与えられた額縁は「神」の目的に奉仕するだけであり、「神」の目的から離れたあなたの目的に奉仕することはありません。5その絵を不明瞭にして、絵の代わりに額縁を大切にするのはあなたの分離した目的です。6しかしながら、「神」は永遠に持続する額縁の中に「ご自身」の絵を飾られました。永遠の時がたてばあなたの額縁は粉々に砕けて塵になってしまうでしょう。7しかし、その絵がいかなる意味においてであれ破壊されてしまうとは考えないでください。8「神」が創造されるものは、あらゆる腐敗から安全であり、永遠に不変であり完璧です。

7. あなたの額縁の代わりに「神」の額縁を受け容れてください。そうすれば、その傑作が見えるでしょう。2その美しさを見て、それを骨肉の中ではなくそれ自身と同じくらい美しい額縁の中に入れることを考えた「マインド」を理解してください。3その神聖性は暗闇の額縁が隠す無罪性を照らし出し、その絵から輝き出て「創造主」へと向かう光を反映している画面に光のヴェールを投げかけます。[4]この画面を死の額縁の中で見たからといって、それが一度でも暗いものにされたことがあるとは考えないでください。[5]あなたがそれを見て「神」が与えられた神聖性を見ることができるように、「神」がそれを安全に保ってこられたのです。

8. 暗闇の中に暗闇からの救い主を見て、「父のマインド」が見せてくれるあなたの兄弟を理解してください。[2]あなたが兄弟を見るとき、彼は暗闇から離れ、あなたが暗闇を見ることはもはやなくなるでしょう。[3]暗闇は兄弟に触れてはおらず、彼を見ようとして暗闇から彼を連れ出したあなたにも触れてはいません。[4]兄弟の無罪性はあなたの無罪性を写し出しているだけです。[5]兄弟の優しさはあなたの強さとなり、二人は共に喜んで自らの内部を見て、あなたが兄弟の中に見たものの故にそこにあるに違いない神聖性を見ます。[6]兄弟はあなたの神聖性を飾る額縁であり、「神」が彼に与えられたものはあなたにも与えられているに違いありません。[7]兄弟が自分の中にある傑作を見過ごし、暗闇の額縁だけを見たとしても、彼が見ていないものを彼の中に見るのがあなたの唯一の機能です。[8]そして、この見るという行為の中に共有されたヴィジョンがあり、それは死の代わりに「キリスト」を見ます。

9. あなたが「神」の傑作をありがたいと思ったならば、「天国の主」が喜ばれないということがあり得るでしょうか。[2]「神」が愛されるが如く「神の子」を愛するあなたに、「神」は感謝を捧げる以外になさることがあるでしょうか。[3]「神」が愛されるものをあなたが「神」と共に賞讃するならば、「神」はあなたへの愛をあなたにお知らせになるのではないでしょうか。[4]完全なる「父」である「神」は、創造されたものを大切にされます。[5]したがって、「神」のどの部分であれ「神」の賞讃に加わり、「神」の喜びを共有するとき、「神」の喜びは完璧なものとなります。[6]この兄弟はあなたへの「神」の完璧な贈り物です。[7]あなたが「神」の完璧な「子」に彼が彼であることに感謝するとき、「神」は喜ばれ、感謝されます。[8]そして、「神」の感謝と喜びはあなたの上に輝き、あなたは「神」と共に「神」の喜びを完成します。[9]かくして、あなたの喜びは完璧なものとなります。[10]「父」の幸せを完璧なものとし、「父」の幸せと一緒に自らの幸せをも完璧なものにしようと意図する者たちには、暗闇の光線は一条たりとも見えることはありません。[11]「神ご自身」の感謝は、「神」の目的を共有するすべての人に自由に差し出されます。12 一人でいることは「神の意志」ではありません。13 それはあなたの意志でもありません。

10. あなたの兄弟をゆるしてください。そうすれば、あなたは自分自身を兄弟からも「神」からも分離することはできなくなります。2 あなたはゆるしを必要とはしていません。というのは、完全に純粋なものは罪を犯してはいないからです。3「神の子」は一つであると見えるように、「神」があなたに与えられたものをあなたも与えてください。そして、「神」があなたに感謝されるように、彼の「父なる神」に感謝してください。4 そしてまた、「神」の賞讃のすべてがあなたには与えられていないとは信じないでください。5 というのは、あなたが与えるものは「神」のものであり、それを与えるとき、「神」のあなたへの贈り物が理解できるようになるからです。6 そして、「聖霊」が「父」と「子」に同様に差し出すものを、「聖霊」に与えてください。7「神の意志」とあなたの意志以外にあなたを支配するものはなく、あなたの意志は、「神の意志」の延長であるにすぎません。8 あなたはこのために創造されたのであり、あなたの兄弟はあなたと共にあなたと一体のものとして創造されたのです。

11. 「神ご自身」が「一つ」であるように、あなたとあなたの兄弟は同じであり、「神の意志」において分割されていません。2 そして、「神」は同じものをあなた方に与えられたのですから、あなた方は一つの目的をもっているに違いありません。3 あなた方が意志において一つになるとき、「神の意志」も一つとなり、あなたの完全な実現を兄弟に差し出すことによってあなたは完璧になります。4 兄弟が見る罪の深さを彼の中に見ないでください。そうではなく、あなたが自分自身を尊重し、兄弟を尊重できるように彼に名誉を与えてください。5 あなたとあなたの兄弟に救いの力が与えられています。それは、あなたが暗闇を逃れて光へと至り、それを分かち合うためであり、一度も分離したことがなく「神の愛」のすべてから分離したことがないものを、平等に与えられたものとして見ることができるようにするためです。

III. 知覚と選択

1. 罪悪感を尊重するのとまったく同程度に、攻撃が正当化される世界をあなたは知覚します。2 罪悪感は無意味であると認識するのとまったく同じ程度だけ、攻撃を正当化することは不可能であることをあなたは知覚します。[3]これは知覚の基本的な法則と一致しています。あなたに見えるのはそこにあるとあなたが信じているものであり、そこにあるとあなたが信じるのはそこにあって欲しいとあなたが思っているからであるという法則です。[4]知覚にはこれ以外の法則はありません。[5]それ以外の法則は皆この法則に根ざしており、この法則を支持し、この法則へのサポートを差し出しています。[6]これは、愛はそれ自身を創造しそれ以外のものは何も創造しないという、「神」のより基本的な法則の知覚形態であり、この世界に適用されたものです。

2. 「神」の法則はこの世界の知覚の規則には直接的には通用しません。というのは、そのような世界は知覚が何の意味ももたない「マインド」によって創造されたということはあり得ないからです。[2]しかしながら、「神」の法則はあらゆる所に反映しています。[3]この反映がある世界が実在するということではありません。[4]「神の子」がそうであると信じることによってのみその世界は実在します。そして、「神の子」の信念から「神」は「ご自身」を完全に分離させることはできません。[5]「神」は「神の子」の狂気の中に「子」と一緒に入っていくことはできませんが、「神」の正気が「子」と共にそこに行ったことについては確信をもつことができます。「神」の正気が「神の子」と共にそこに行ったのは、「子」が願望する狂気の中で「子」が永遠に道に迷ってしまうことがないようにするためです。

3. 知覚は選択に依拠していますが、知識はそうではありません。[2]知識には一つの法則しかありません。なぜなら、知識には一人の「創造主」しかいないからです。[3]しかし、この世界にはそれを作った二人の造物主がいて、彼らはこの世界を同じものとは見なしてはいません。[4]それぞれにとって世界は異なった目的をもっており、それぞれにとってこの世界は知覚されている目標に奉仕するための完璧な手段です。[5]特別性にとっては、この世界は特別性を引き立てるための完璧な額縁であり、特別性の戦争を仕掛けるための完璧な戦場であり、特別性が実在的なものにする幻想のための完璧な避難所です。[6]特別性がその知覚において支持しない幻想は一つもなく、完全に正当化できない幻想は一つもありません。

4. この世界の「造物主」がもう一人います。この「造物主」は、どんなことであれ確立可能であり、「神」の法則の中にそれを維持する何らかのつながりがなくともそれを維持することは可能であるという狂気の信念の同時的な「修正者」

です。ここでは法則そのものが「神」が創造された宇宙を支えているわけではありませんが、「神の子」が必要であると信じている必要性に合わせて法則が何らかの形で適用されています。[2]修正された過ちは過ちの終焉です。[3]このようにして、「神」は過ちにおいてすら「子」を守ってこられました。

5. 過ちが作った世界にはもう一つの目的があります。なぜなら、この世界にはもう一人の「造物主」がいて、彼は世界の目標を「彼の創造主」の目的と融和させることができるからです。[2]この世界についての「彼」の知覚においては、ゆるしを正当化しないものは何も見えず、完璧な無罪性の視覚を正当化しないものは何も見えません。[3]生起するやいなや完璧なゆるしによって迎えられないものはありません。[4]特別性はマインドの中になければならない無罪性をマインドから追い出して、無罪性の代わりに肉体を明かりで照らし出そうと哀れにも試みます。それにもかかわらず、変わることなく輝く無罪性を不明瞭にするものは一瞬といえども持続することはありません。[5]「天国」のランプは、マインドが見たい所でそれを見ることを選択するものではありません。[6]「天国」のランプが絶対にあり得ない場所に明かりを灯したかのように、「天国」のランプのあるべき場所以外の所にそれを見る選択をマインドがした場合、世界のこの「造物主」はあなたの過ちを修正しなければなりません。それは、ランプのない暗闇の場所にあなたがとどまることのないようにするためです。

6. ここにいる人は皆、暗闇の中に入っていますが、一人だけで入った者はいません。[2]また、一瞬よりも長くそこにとどまる必要もありません。[3]というのは、彼は自分の中にいる「天国の助力者」と共にやって来たからであり、その「助力者」はいつでも彼を暗闇から光の中へと導く準備ができているからです。[4]彼はいつでもこれを選択できます。というのは、助けはそこにあり、彼の選択を待っているからです。[5]彼が自分に与えられているものを活用する選択をするとき、これまでは自分の怒りを正当化する手段であると考えていた状況の一つ一つが、彼の愛を正当化する出来事に変わってしまったことを目撃することになります。[6]以前に聞こえた戦争への呼びかけは、実のところは安らぎへの呼びかけであったことがはっきりと聞こえるでしょう。[7]過去において攻撃した場所はもう一つの祭壇に他ならないことを知覚するでしょう。その祭壇に対して攻撃したときと同じ容易さで、しかもずっと幸せな気持でゆるしを与えることができることを知覚するでしょう。[8]そして、すべての誘惑を自分に喜びをもたらすもう一つの機会にすぎないものとして再解釈するでしょう。

7. いったいどうして誤った知覚が罪であり得るでしょうか。2兄弟の過ちのすべては、あなたが作った世界ではなく「聖霊」が作った世界が見えるようにとあなたに与えられた「助力者」の働きをみるための機会に他ならないと考えてください。3とすれば、何が正当化されるでしょうか。4あなたは何を望みますか。5というのは、この二つの質問は同じだからです。6そして、この二つの質問を同じであると見なすとき、あなたの選択がなされます。7というのは、それらを一つと見なすことによって、二つの見方があるという信念からの解放がもたらされるからです。8この世界にはあなたの安らぎに差し出すべきものがたくさんあり、あなた自身のゆるしを延長するための多くの機会があります。9安らぎとゆるしが降りてきて光を差し出してくれることを望む人たちにとって、この世界の目的はそのようなものです。

8. 優しさの世界の「造物主」には、あなたと「造物主」の間にあるように見える暴力と憎悪の世界を相殺する完璧な力があります。2暴力と憎悪の世界は「造物主」のゆるしの目から見ればそこにはありません。3したがって、それはあなたのゆるしの目から見てもそこにある必要はありません。4罪は知覚が変えることのできない固定観念です。5悪いと判定されたものは悪いと判定されたのであり、永遠に悪いと判定され、永遠にゆるされることはありません。6とすれば、もしそれがゆるされれば、罪という知覚は間違っていたに違いありません。7こうして、変化が可能となります。8「聖霊」には変化の機会はまったくないように見えるものも見えます。9しかし、「聖霊」のヴィジョンに罪が侵入することはできません。というのは、罪は「聖霊」の視覚によって修正されたからです。10したがって、それは罪ではなく過ちであったに違いありません。11というのは、それが主張したものは絶対に存在し得るものではなく、存在したこともないからです。12罪は罰によって攻撃され、そうすることによって保持されます。13しかし、それをゆるすことによって、その状態を過ちから真実へと変えることができます。

9. 「神の子」は決して罪を犯すことはできませんが、自分を傷つけることになるものを願うことはできます。2そして、自分は傷つけられる可能性があると考える力をもっています。3これは自分自身についての誤った知覚以外の何ものでもありません。4これは罪でしょうか、それとも、間違いでしょうか。ゆるすことができるものでしょうか、それとも、ゆるすことはできないものでしょうか。5 彼は助けを必要としているのでしょうか、それとも、有罪判決を必要としているのでしょうか。6 彼を救うことがあなたの目的でしょうか、それとも、彼を悪いと判定することがあなたの目的でしょうか。7 彼があなたにとって何であるか、この選択によってあなたの未来が決まることをあなたは忘れていないでしょうか。8 というのは、**今この瞬間**に決断を下せば、すべての時間が目標に到達するための手段となるからです。9 したがって、あなたの選択をしてください。10 しかし、この選択においてあなたに見える世界の目的が選択され、正当化されるであろうことを認識してください。

IV. あなたがもたらす光

1. 一体となっているマインドは、そして、一体であることを認識しているマインドは、罪悪感を覚えることはできません。2 というのは、これらのマインドは攻撃することができないからです。そして、彼らはこの喜ばしい事実の中に自分の安全を見て、それがそうであることを喜びます。3 彼らの喜びは彼らに見える罪のなさの中にあります。4 こうして、彼らはそれを探し求めます。なぜなら、それを見て喜ぶことが彼らの目的だからです。5 誰もが自分が喜びであると定義するものを自分にもたらしてくれるものを探し求めます。6 変わるのはその目的そのものではありません。7 しかしながら、手段の選択を不可避的なものにし、目的が変わらない限り手段も変えられないと思わせるのは、目的をどのように見るか、その見方です。8 それから、手段が再び選択されます。というのは、喜びをもたらすものが別な風に定義され、異なった形で求められるからです。

2. したがって、知覚の基本的な法則は、〝あなたはあなたに見えるものを喜ぶ。なぜなら、あなたは喜ぶために見るからである〟と言うことができます。2 そして、苦しみと罪が喜びをもたらしてくれるとあなたが信じている間は、苦しみと罪がそこに見えるでしょう。3 あなたが何を望んでいるかと無関係に、いかなるものも無益であることも有益であることもありません。4 あなたに対して及ぼす効果において、それがどのようなものであるかを決定するのはあなたの欲求です。5 なぜなら、あなたはそれを同じ効果を得るための手段として選択し、それらの効果が歓喜と喜びをもたらすものであると信じたからです。6「天国」においてすらこの法則は適用されます。7「神の子」は自らに喜びをもたらすために創造し、自らの創造において「父」の目的を分かち合います。そうすることによって、彼の喜びを増大させ、「神」の喜びも共に増大させるのです。

3. そのようなものではない世界の造物主であるあなたは、安らぎが宿る別な世界において休息と慰めを得てください。2罪を見つめ、罪の悲しげな旋律を奏でる疲れ切った目と疲れた心に、この世界をもっていってください。3彼らの休息はあなたからやって来ます。4彼らが見て喜べる世界、彼らの心が喜びを覚える世界はあなたから生まれます。5彼らのすべてに延長され、彼らを優しさと光で覆うヴィジョンはあなたの中にあります。6そして、この広がりゆく光の世界の中で、彼らがそこにあると考えていた暗闇は押しやられ、遠い影となり、ついには遥か彼方に去り、長い間思い出されることもなくなります。太陽がそれらの影を照らし、無に帰してしまうからです。7そして、彼らの〝邪悪な〟思いや〝罪深い〟希望、罪や容赦なき報復についての夢、傷つけ、殺し、死にたいという欲求の一つ一つが、あなたがもたらす太陽の前で姿を消します。

4. あなたはこれを「神の愛」のためにしたいとは思わないでしょうか。2そして、**あなた自身**のためにこれをしたいとは思わないでしょうか。3というのは、それがあなたのために何をしてくれるかを考えてみてください。4あなたにつきまとって離れない〝邪悪な〟思いは、今やあなたから離れてますます遠くなっていきます。5それらの思いはどんどん遠くへと離れていきます。なぜなら、あなたの内なる太陽が昇ったために、そのような思いが光を前にして押しやられるからです。6それはしばらくの間、ほんの少しの間、あまりにも遠くにあるためにそれと分からないような歪んだ形でとどまりますが、それから永遠に姿を消します。7そして、あなたは太陽の光の中で静かに、罪のなさの中でまったく何も恐れることなく立つことになります。8そして、あなたが見出した休息があなたから延長されます。その結果、あなたの安らぎが消え去ってあなたがホームレスになることは絶対にありません。9すべての人に安らぎを差し出す人は、この世界が破壊することができない家を「天国」に見出したのです。10というのは、その家は世界をその安らぎの中に保持するのに十分なほど大きいからです。

5. あなたの中に天国のすべてがあります。2落ちる葉の一枚一枚があなたの中で生命を与えられます。3 これまで歌を歌った鳥の一羽一羽が再びあなたの中で歌を歌います。4 そして、かつて咲いたことのある花の一輪一輪がその香りと美しさをあなたのために保っています。5「神の子」の唯一の家として創造された「天国」を彼のために復興しようとの「神の意志」と「神の子」の意志に、いかなる目的が取って代わることができるでしょうか。6 その前には何もなく、その後にも何もありません。7 それ以外の場所はなく、それ以外の状態はなく、それ以外の時間もありません。8 その向こうには何もなく、それよりも近い所にも何もありません。9 それ以外に何もありません。10 いかなる形においてもありません。11 あなたはすべての世界にこれをもたらすことができます。そして、その世界に入りしばらくの間誤解されていたすべての思いに対して、これをもたらすことができます。12 あなた自身の間違いを真実の前にもっていくのに、暗闇の世界を越えて光の世界へと歩みを進めながら、自分から進んで「天国」の光をもっていくよりも良い方法があるでしょうか。

V. 無罪性の状態

1. 無罪性の状態とは単に次のような状態であるにすぎません。攻撃したいという願望がまったくなく、したがって、「神の子」をそれ以外のものとして知覚する理由はまったくありません。2 罪悪感の必要性はなくなっています。なぜなら、罪悪感には目的がなく、罪という目標がなければ罪悪感は無意味だからです。3 攻撃と罪は一つの幻想としてまとまったものであり、それぞれが原因と目的であり、他方を正当化するものです。4 それぞれ単独では無意味ですが、他方から意味を引き出しているように見えます。5 それぞれがもっているように見える意味が何であれ、一方はそれに関して他方に依存しています。6 そして、一方が真実でなければ他方を信じることは誰にも不可能です。というのは、それぞれ他方が真実であるに違いないと証言するからです。

2. 攻撃は「キリスト」を敵にし、「キリスト」と一緒に「神」をも敵にします。2 このような〝敵〟をあなたは恐れなければならないのではないでしょうか。3 そして、自分自身を恐れなければならないのではないでしょうか。4というのは、あなたは自分自身を傷つけ、あなたの「自己」を〝敵〟にしたからです。5そして、今やあなたはあなたではないと信じなければなりません。あなた自身とは異質な何か、〝何か別のもの〟、愛するべきではなく恐れるべき〝何か〟であると信じなければなりません。6完全に罪がないと知覚するものを攻撃する人がいるでしょうか。7そして、攻撃したいという欲求があるために、罪のなさを望みながら攻撃したいという欲求をもち続ける自分は有罪であるに違いないと考えない者がいるでしょうか。8というのは、「神の子」には罪がないと見なしながら、彼の死を望む者はいないからです。9あなたが兄弟を見る度ごとに、あなたの前には「キリスト」が立っています。10あなたの目が閉じられたからといって、「キリスト」は姿を消しません。11視力のない目で「救い主」を見て、「救い主」を探し求めたとしても何が見えるでしょうか。

3. このようにしてあなたに見えるのは「キリスト」ではありません。2あなたが見ているのは「キリスト」と混同された〝敵〟です。3そして、憎しみです。なぜなら、彼の中にはあなたが見るべき罪はないからです。4また、あなたには彼の悲しげな呼び声も聞こえません。その呼び声はどのような形をとろうとも内容が変わることはなく、あなたに彼と一体になるように、そして、罪のなさと安らぎの中で彼と一緒になるようにと呼びかけています。5しかしながら、エゴの無分別な金切り声の下に「神」が彼に与えられたこのような呼び声があります。それはあなたが彼の中に「神の呼び声」を聞き、「神ご自身」のものであるものを「神」に返すことによってそれに応えるようにするためです。

4. 「神の子」があなたに求めるのはこれだけです。すなわち、彼が本来与えられるべきものを彼に返すこと、そして、あなたがそれを彼と分かち合うことです。2単独では彼もあなたもそれをもつことはできません。3したがって、それは両者にとって無用のままにとどまることになります。4一緒になれば、それはそれぞれに相手を救い、相手と一緒に自分自身を救うための強さを等しく与えてくれます。5あなたの救い主は、ゆるされればあなたに救いを差し出します。6有罪判決を受ければあなたに死を差し出します。7すべての人の中に、その人をあなたにとってどのような存在にするかについてのあなたの選択が反映されているのが見えます。8彼が真実においてもっている唯一の適切な機能に反対する決断をあなたが下せば、「神」が彼に与えられた役割を果たした場合に彼が見出したであろう喜びのすべてを彼から奪うことになります。[9]しかし、「天国」が彼だけに失われたと考えないでください。[10]彼の傍らを歩きながらあなたもそれを見つけることができるように、あなたを通して彼に「天国」への道を示さなければ、「天国」を取り戻すことは不可能です。

5.「神の子」を救うのは犠牲ではありません。というのは、彼の自由によってあなた自身の自由を得ることになるからです。[2]彼の機能が果たされるようにすることは、あなたの機能が果たされるようにすることに他なりません。[3]したがって、あなたは「天国」に向かって歩くか、地獄に向かって歩くかのいずれかですが、単独でそうすることはありません。[4]彼の無罪性をあなたが知覚するとき、その無罪性はなんと美しいことでしょうか。[5]そして、「神」があなたのためにと彼に与えられた視力の贈り物を彼が自由にあなたに差し出すとき、あなたの喜びはなんと大きなものであることでしょうか。[6]彼には次のこと以外に必要なことはありません。すなわち、「神」が彼に与えられた任務を完了する自由をあなたが彼に許すということだけです。[7]次のことだけを覚えておけば良いのです。彼がすることは、あなたも一緒にするということです。[8]そして、あなたが彼をどのように見るかで、彼があなたのために果たす機能が定義されることになります。それは、あなたが彼を異なった目で見て、「神」があなたにとってこのようになりなさいと任命された存在に彼がなることをあなたが許すまで継続します。

6.「神の子」が自分自身に抱いているかもしれない憎しみに逆らって、「神ご自身」が創造されたものを地獄の苦しみから救う力を「神」はもっておられないと信じられています。[2]しかし、「神の子」が自分自身に対して示す愛の中で「神」は解放され、「神の意志」をなすことができます。[3]あなたにとっての「神の意志」がどのようなものでなければならないかについてのあなた自身の信念の構図を、あなたは兄弟の中に見ることができます。[4]あなたがゆるすとき、あなたに対する「神の愛」をあなたは理解します。あなたが攻撃するとき、「神」はあなたを憎んでいるとあなたは信じ、「天国」は地獄であるに違いないと考えます。[5]あなたが兄弟を知覚するとき、兄弟は「天国」ないしは地獄に至る道そのものであるとの理解をもって、再び兄弟を見てください。[6]しかし、これを忘れないでください。あなたが彼に与える役割はあなたに与えられるということです。そして、彼に指し示した道をあなたが歩くことになるだろうということです。なぜなら、それはあなた自身に対するあなたの価値判断だからです。

VI. 特別な機能

1. 「神」の恩寵はゆるす目の上に優しくくつろぎます。そして、ゆるしの目が見つめるもののすべてが、見つめる者に「神」について語りかけます。2 彼にはいかなる悪も見えず、この世界に恐れるものは何もなく、彼自身と異なる人は一人もいません。3 そして、彼らを愛するのと同じように、彼は自分自身を愛と優しさをもって見ます。4 彼は自分自身の間違いに関して他人を悪者にすることもなければ、自分自身に有罪判決を下すこともありません。5 彼は報復の仲裁者でもなければ、罪を罰する人でもありません。6 彼の親切な視覚は、それが他の人々に差し出す優しさのすべてをもって彼自身の上に安らぎます。7 というのは、彼は癒すだけであり、祝福するだけだからです。8 そして、「神」が意図されるものと一致しているために、彼の視覚に与えられている「神」の恩寵によって、彼には彼が見つめる者のすべてを癒し、祝福する力があります。

2. 目は暗闇に慣れます。明るい陽光が射す日中の光は、黄昏時に知覚する薄暗い印象に長い間慣れてきた目には苦痛であるように思われます。2 そして、陽光から目をそらし、見るものに陽光がもたらす明晰さから目をそらします。3 薄暗いほうが良さそうで、見えやすく、認識しやすいように思われます。4 なぜか、ぼんやりとしていてより不明瞭なもののほうが見やすいように思われます。完全に明確で不明瞭でないものよりも目にとって痛みが少ないように思われます。5 しかし、これは目の目的に適っていません。暗闇のほうが良いと言いながら、自分は見たいと主張できる人がいるでしょうか。

3. 見たいという欲求は「神」の恩寵をあなたの目にもたらし、視覚を可能にする光の贈り物をもたらしてくれます。2 あなたは兄弟を見たいでしょうか。3「神」は喜んであなたに兄弟をお見せになります。4 あなたの救い主があなたによって認識されないようにとは、「神」は意図してはおられません。5 また、あなたの救い主が「神」が与えられた機能をもたないままでいるようにと意図されてもいません。6 あなたの救い主をこれ以上孤独なままにしておかないでください。というのは、孤独な人々とは、この世界において自分が果たすべき機能や、自分が必要とされている場所や、彼らだけが完璧に果たすことができる目的が見えない人々だからです。

4. 特別性についての「聖霊」の優しい知覚とはこのようなものです。あなたが作ったものを「聖霊」は傷つける代わりに癒しのために活用します。[2]一人一人に「聖霊」はその人だけが果たすことができる救いにおける特別な機能、すなわち、彼だけのための役割を与えます。[3]また、一人一人が自分の特別な機能を発見し、自分に課せられた役割を果たし、不完全が支配する世界の中にあって自分自身を完全に実現するまでは、この計画は完了しません。

5.「神」の法則が完全な形では支配していないこの世界において、人は**一つ**完璧なことができ、**一つ**の完璧な選択をすることができます。[2]そして、自分とは別であると知覚されている人に対して特別な忠実性をもつというこの行為によって、その贈り物は自分自身に与えられたことを学び、したがって、彼らは一つであるに違いないことを学びます。[3]ゆるしだけが時間の中にあってただ一つ意味のある機能です。[4]ゆるしは、「聖霊」が特別性を罪から救いへと翻訳するために用いる手段です。[5]ゆるしはすべての人のためにあります。[6]それがすべての人の上に安らぐとき、ゆるしは完全になり、この世界のすべての機能がゆるしと共に完了します。[7]すると、時間はもはや存在しなくなります。[8]しかしながら、時間の中にいる間は、なすべきことはまだ多くあります。[9]そして、それぞれが自分に割り当てられたことをしなければなりません。というのは、計画の全体がそれぞれの役割に依存しているからです。[10]それぞれの人が時間の中で特別な役割を担っています。というのは、それぞれがそのように選択したからであり、それを選択することによってそれを自分自身のものとしたからです。[11]彼の欲求は否定されたのではなく形を変えられただけです。それは、彼の欲求を兄弟のためにそして彼自身のために役立て、かくして、失うための手段ではなく救いの手段にするためです。

6. 救いはこの世界はあなたの家ではないことを思い出させる以上のものではありません。[2]この世界の法則はあなたに課せられてはおらず、この世界の価値はあなたのものではありません。[3]そして、あなたがこの世界の中に見えると思っているものは、実際にはまったくそこに存在していません。[4]この世界を作ったときにそうしたように、一人一人がこの世界を解除する上でそれぞれの役割を果たすとき、このことが見え、理解されます。[5]常にそうであったのですが、誰もがこの世界の創造と解除のための手段をもっています。6彼が自分自身を傷つけるために選択した特別性は、その選択がなされた瞬間から彼が救われる手段になるようにと「神」が定められたものです。7彼の特別な罪は彼の特別な恩寵にされました。8彼の特別な憎しみは彼の特別な愛になりました。

7.「聖霊」は自らの機能を果たすためにあなたの特別な機能を必要としています。2ここであなたには特別な価値がないとは考えないでください。3あなたはそれを望みました。そして、それはあなたに与えられました。4あなたが作ったものはすべて、救いのために容易にそして立派に役立つことができます。5「聖霊」が「神の子」を不利にするためではなく「神の子」を有利にするために選択できないことを、「神の子」が選択することはできません。6暗闇の中においてのみ、あなたの特別性は攻撃であるように見えます。7光の中では、それは「神の子」をあらゆる攻撃から救い出す計画におけるあなたの特別な機能であるとあなたは見ます。そして、常にそうであったように安全であることを彼に理解させ、時間の中にあっても永遠の中にあっても彼は同じままにとどまるであろうことを彼に理解させます。8これがあなたの兄弟のためにあなたに与えられた機能です。9そういうわけですから、あなたの兄弟の手からそれを優しく取って、救いをあなたの中で完全に実現してください。10すべてのものがあなたに与えられるように、この一つのことをしてください。

VII. 救いの岩

1. しかしながら、あなたが自分自身に下した判決の一つ一つを「聖霊」が祝福に変えることができるとすれば、それは罪ではあり得ません。2罪はすべての世界においてただ一つ変わることができないものです。3罪は不変です。4そして、罪の不変性にこの世界は依存しています。5この世界の魔法は罪の痛みを罪人から隠し、きらびやかさと巧みさで騙すことができるように見えます。6しかしながら、罪の代償は死であることは誰でも知っています。7そして、それは確かにその通りです。8というのは、罪は死を求める要請であり、この世界の土台を愛のように確実で、「天国」のように頼りがいがあり、「神ご自身」と同じくらい強いものにしたいとの欲求だからです。9罪が可能であると考える人であれば誰にとっても、この世界は愛から安全です。10また、それは変わることもありません。11しかしながら、「神」が創造されなかったものは「神」の創造物とはあらゆる点において相反しているというのに、「神」が創造されなかったものが「神」の創造物の属性をもつということがあり得るでしょうか。

2. 〝罪人〟の死への欲求が「神」の生命への「意志」と同じくらいに強いということは不可能です。2また、「神」がお作りにはならなかった世界の基礎が、「天国」と同じくらいに強固にして確実なものであることも不可能です。3地獄と「天国」が同じであるということがあり得るでしょうか。4そして、「神」が意図されなかったことを変えることができないということがあり得るでしょうか。5「神の意志」以外に何が不変であるでしょうか。6そして、「神の意志」以外に何がその属性をもつことができるでしょうか。7「神の意志」に逆らって、いかなる欲求が芽生えることができるでしょうか。そして、不変であり得るでしょうか。8「神の意志」以外はいかなるものも不変ではないことが分かれば、このコースはあなたにとって難しいものではなくなるでしょう。9というのは、あなたが信じていないのはまさにこのことだからです。10しかしながら、それが本当に何であるかを見たならば、それ以外にあなたが信じられるものはないでしょう。

3. 私たちが前に述べたことに戻って、もっと注意深くそれについて考えてみることにしましょう。2「神」が狂気であるか、この世界が狂気の場所であるかのいずれかでなければなりません。3「神の思い」はどれ一つとしてこの世界ではまったく意味をなしません。4そして、この世界が真実であると信じているいかなることも、「神のマインド」においては何の意味ももちません。5意味をなさず意味をもたないものは狂気です。6そして、狂気であるものは真実ではあり得ません。7この世界でかくも深く尊重されている一つの信念が仮に真実であるとするならば、「神」が抱かれた「思い」の一つ一つが幻想であるということになります。8そして、「神の思い」の一つでも真実であるとすれば、この世界が意味を与える信念のすべては間違いであり、まったく意味をなさないということになります。9これはあなたがする選択です。10それを違ったふうに見ないでください。また、それを歪曲してその実体とは別な何かにしないでください。11というのは、あなたにできる決断はこれしかないからです。12それ以外はあなたではなく「神」に任されています。

4. この世界が掲げる価値の一つを正当化することは、あなたの「父」の正気を否定することであり、あなたの正気を否定することです。2というのは、「神」と「神」の最愛の「子」の考えが異なることはないからです。3そして、彼らの思いが一致しているからこそ、「神の子」はその「思い」が彼を創造した「マインド」と共に共同創造者になるのです。4したがって、真実と相反する思いの一つを信じる選択をしたならば、彼は自分が「父の子」ではないと決断したことになります。なぜなら、「子」は狂気であるということになり、正気は「父」と「子」の「両者」から離れていなければならないからです。5あなたはこれを信じています。6この信念はそれがとる形に依存しているとは考えないでください。7この世界はいかなる意味においても正気であり、それが何を考えても正当化され、いかなる形の理性によっても維持されると信じている人は、これが真実であると信じています。8罪は実在しません。**なぜなら**、「父」と「子」は狂気ではないからです。9この世界は無意味です。**なぜなら**、それは罪の上に安らいでいるからです。10この世界が真実に依拠していないとすれば、誰が不変なるものを創造することができるでしょうか。

5. 「聖霊」にはあなたに見える世界の土台を別なものに変える力があります。それは狂気ではない基礎であり、その上に正気の知覚が拠って立ち、別な世界を知覚することができるものです。2そして、「神の子」を正気と喜びに導くものは何であれ、すべて否定されることのない土台です。3死と残酷さ、分離と相違を証言するものは何もありません。4というのは、ここにおいてはすべてのものが一つのものとして知覚され、それぞれが利益を得るために何かを失うことになる人は誰もいないからです。

6. この必要条件に反してあなたが信じているもののすべてを吟味してください。そして、この必要条件を満たすものはすべてあなたの信頼に値することを理解してください。2しかし、それ以外のものはそうではありません。3愛でないものは罪であり、それぞれが他方を狂気で無意味であると知覚しています。4愛は罪人にとって完全に狂気であると知覚された世界の土台であり、罪人たちは彼らの道こそ正気に至る道であると信じています。5しかし、愛の目で見ると罪は同様に狂気であり、愛の優しい目は狂気の彼方を見て、真実の上に安らかに落ち着きます。6あなたが何であるかについての不変にして永遠の真実を定義するとき、それぞれが世界は不変であると見ます。7そして、それぞれが「父」と「子」が何であらねばならないかについての見方を反映し、その見解を有意味で正気であるようにしようとします。

7. あなたの特別な機能は特別な形態であり、この形態においては「神」は狂気ではないという事実があなたにとって最も理に適っていて有意味であるように見えます。[2]その内容も同様です。[3]その形態はあなたの特別な必要性に適ったものであり、あなたが自分はここにいると思っている特別な時間と場所にも適っています。その特別な時間と場所において、あなたは場所と時間から自由であることが可能であり、自分を制限していると信じているもののすべてから自由になることが可能です。[4]「神の子」が時間や場所、あるいは、「神」が意図されなかったものによって束縛されることはあり得ません。[5]しかしながら、「神の意志」が狂気であると見なされるならば、狂気である人々にとって正気を最も受け容れやすくする正気の形態は特別な選択を必要とします。[6]また、この選択は狂気の人々によっては不可能です。狂気の人々の問題は、彼らの選択は自由ではなく、理性の光によってなされないことにあります。

8. 救いを狂気の者に委ねるのは狂気そのものです。[2]「神」は狂気ではないが故に、「神」と同じように正気である「存在」を任命し、より正気な世界を育ませ、その世界を、自らの救いとして狂気を選択した人すべての視力に合わせられました。[3]狂気を選択した者にとって最も適切な形態の選択がこの「存在」に与えられています。この選択は彼に見える世界を攻撃することはせず、その中に静かに入っていき、彼が狂気であることを示す形態です。[4]この「存在」は一つの選択肢を指し示すだけです。すなわち、狂気を選択した者が以前に見たものを別な目で見て、それは自分が住んでいる世界であると認識し、以前には理解していると思っていた世界であると認識する選択肢を指し示すのです。

9. 今や彼はこれを疑問視しなければなりません。なぜなら、その選択肢の形態は彼が否定できないものであり、見過ごすこともできないものであり、完全に知覚し損なうこともできないものだからです。[2]人それぞれの特別な機能はすべての人にとって可能なものとしてデザインされており、それぞれが本当に望んでいる選択肢であることが証明されるにつれてますます望ましいものとして知覚されるようにデザインされています。[3]この立場からすると、彼の有罪性やこの世界に見える罪のすべてが彼に差し出すものはますます少なくなります。[4]最後には、彼はそのために正気という代償を払ったということ、そしてそれは自分が正気になる可能性と自分自身との間に立って妨害していることが分かります。5 同時に、彼には狂気から脱出する可能性が残されていないわけではありません。というのは、彼はすべての人の脱出において特別な役割を果たすからです。6「父」が「子」を見過ごして不注意にも子の傍らを通り過ぎることがないのと同じように、狂気を選択した者が安らぎを達成する希望において果たす特別な機能ももたず外にとどまるということはあり得ません。

10. 「神の愛」以外に頼れるものがあるでしょうか。2 そして、「神」以外のどこに正気があるでしょうか。3「神」の代弁をする「存在」は、「彼」があなたのために特別に選んだ選択肢においてあなたにこれを示すことができます。4 あなたがこれを思い出し、そうすることによって最も深い悲しみから出て完璧な喜びの中に入っていくことが「神の意志」です。5 地獄と「天国」は異なったものであり、同じではないことを「子」に示すための「神ご自身」の計画の中で、あなたに課された機能を受け容れてください。6 この「神の計画」は、「天国」において「**彼ら**」はすべて同じであり何の違いもないことを示しています。もし違いがあったとすれば、「天国」は地獄と化し、地獄の天国になってしまったことでしょう。

11. 誰かが損をするという信念は、「神」は狂っているに違いないという根底的な教義を反映しているにすぎません。2 というのは、この世界においては誰かが得をするのは誰かが損をしたからであるように見えるからです。3 仮にこれが真実であれば、「神」は確かに狂っています。4 しかし、この信念は〝罪は実在し、世界を支配している〟という比較的基本的な教義以外の何ものでもありません。5 というのは、誰かが得た分はすべて誰かが失わなければならず、血と苦しみでまったく同じ量を払わなければならないからです。6 というのは、そうでなければ、悪が勝利をおさめることとなり、得たものが何であれその代価の合計は破壊になるからです。7「神」は狂っていると信じているあなたは、これを注意深く見て、「神」が狂っているか、それともこれが狂っているかのどちらかであり、両方ではないことを理解しなければなりません。

12. 救いは、誰かが利益を得るためには誰かが損をしなければならないことはないという考えの再生です。2 そして、誰かが得をする人になるためには、誰もが得をしなければなりません。3 ここにおいて正気が復活します。4 そして、真実のこの岩の上に、「神」の永遠の正気に対する信頼が、完璧な自信と完璧な安らぎの中で休息するのです。5 理性は満足しています。というのは、狂気の信念はすべてここにおいて修正できるからです。6そして、これが真実であるとすれば、罪は絶対に不可能でなければなりません。7これこそ救いが休息する岩であり、それは展望が利く場所で、あなたの特別な機能が一つの役割を担っている計画に対して、「聖霊」がこの場所から意味と方向性を与えます。8というのは、ここにおいてあなたの特別な機能は完全なものにされるからです。なぜなら、あなたの特別な機能は全体の機能を共有しているからです。

13. すべての誘惑は次のこと以上のものではないことを覚えておいてください。それは、「神」の狂気があなたを正気にし、あなたが望むものをあなたに与えてくれるという狂った信念であり、「神」とあなたの目的を融和させることは不可能であるが故に、「神」とあなたのいずれかが狂気に屈しなければならないという狂った信念です。2死は生命を要求しますが、生命は何らかの代価を払って維持されるものではありません。3「神の意志」を実現するために誰であれ苦しむことはあり得ません。4救いが「神の意志」です。なぜなら、あなたはそれを共有しているからです。5あなただけのためではなく、「神の子」である「自己」のためです。6彼が損をすることはあり得ません。というのは、彼が損をすることがあり得るとすれば、その喪失は彼の「父」の喪失であり、「神」においてはいかなる喪失も不可能だからです。7そして、これは真実であるが故に正気です。

VIII. 愛に戻された正義

1. あなたの救いのためにあなたが「聖霊」に与えるもののすべてを「聖霊」は用いることができます。2しかし、「聖霊」はあなたが与えないものを用いることはできません。というのは、あなたにその気持がなければ、「聖霊」はそれをあなたから取ることはできないからです。3というのは、「聖霊」がそれをあなたから取れば、あなたは自分の意志に反して無理矢理に奪われたと信じるからです。4したがって、それをもたないことはあなたの意志であるという事実を学ばないことになります。5あなたはそれを百パーセント自分から進んで与える必要はありません。というのは、それがあなたにできれば、「聖霊」の必要性はないからです。6しかし、「聖霊」には次のことが必要です。それは、あなたが自分自身のためにだけ保持するよりも「聖霊」がそれを取ることを望むということ、そして、誰にも喪失をもたらさないものが何であるかを自分は知らないと認識することです。[7]あなたが得るために誰も失うことはないという考えにこれだけを付け加える必要があります。[8]これ以上は何も必要ありません。

2. 救いが必要とする唯一の原則がここにあります。[2]それに対するあなたの信頼が強固にして不動であり、それに反対するあらゆる信念の攻撃を受けないということは必要ではありません。[3]あなたには特定のものに対する忠誠心はありません。[4]しかし、救われた者には救いは必要ではないことを覚えておいてください。[5]未だに自分自身に逆らって分裂している人が不可能であると思うようなことを遂行してくださいと要請されているわけではありません。[6]そのような状態のマインドに叡智を見出すことができることをほんの少し信じてください。[7]しかし、ほんの僅かの信頼しかあなたに求められていないことに感謝してください。[8]未だに罪を信じている者にはほんの僅かの信頼しか残されてはいません。[9]「天国」について、また、救われた者の正義について、彼らはいったい何を知ることができるでしょうか。

3. 救いには一種の正義があり、それについてはこの世界はまったく何も知りません。[2]この世界にとって、正義と復讐は同一のものです。というのは、罪人は正義を自らへの罰と見なすだけであり、おそらく正義は誰か他の人によって維持されていて、しかし、逃れることはできないものと見なしているからです。[3]罪の法則は犠牲者を要求します。[4]犠牲者が誰であるかは問題ではありません。[5]しかし、死が代償であり、この代償は支払わなければなりません。[6]これは正義ではなく、狂気です。[7]しかしながら、愛が憎しみを意味し、死が永遠と無時間性と生命に対する克服であり勝利であると見なされている場所において、正義を狂気なしに定義できるはずはありません。

4. 正義について知らないあなたはなお質問をし、その答えを知ることができます。[2]正義はあらゆるものを同じように見ます。[3]誰かが何かをもっていれば、それを他の人はもつことができないというのは正義ではありません。[4]というのは、どのような形をとろうとも、それは復讐だからです。[5]正義は犠牲を要求しません。というのは、犠牲は何であれ罪を維持し保持するために払われるからです。[6]犠牲は罪の代価として支払われますが、代価のすべてではありません。[7]残りの代価は他の人によって支払われ、それはあなたが支払った僅かな代価の横に置かれ、あなたが保持して与えないものすべてのために〝あがない〟をします。[8]したがって、犠牲者は一部だけあなたであると見なされ、他の誰かがそれよりも遥かに大きな部分を占めます。[9]代価全体の中で他の人が支払う部分が多ければ多いほど、あなたの支払いは少なくなります。[10]そして、ここでの正義は盲目であるが故に、支払いを受けることで満足し、誰から支払いを受けるかは問題ではありません。

5. これが正義であり得るでしょうか。[2]「神」はこれについてはご存じありません。[3]しかし、正義については「神」はご存じです。よくご存じです。[4]というのは、「神」はすべての人に対して完全に公平であられるからです。[5]復讐は「神のマインド」とは異質のものです。**なぜなら**、「神」は正義について知っておられるからです。[6]公正であることは公平であることであり、復讐心に燃えることではありません。[7]公平と復讐は両立不可能です。というのは、それぞれがお互いと矛盾し、相手が実在することを否定するからです。[8]「聖霊」の正義を、特別性を思うことができるマインドと共有することは不可能です。[9]しかしながら、犯していないにもかかわらず犯したと思っている罪に関して「聖霊」が罪人を責めるとすれば、「聖霊」は公正であるはずがありません。[10]罰の考えに取りつかれた人々に、誰の助けも借りずに罰の考えをひとまず横に置き、それが真実でないと知覚するようにと「聖霊」が要求したならば、正義はどこにあると言えるでしょうか。

6. 罪が有意味であるとなおも信じている人々にとって「聖霊」の正義を理解することはきわめて困難です。[2]彼らは「聖霊」もまた彼らの混乱を共有していると信じているに違いなく、正義に対する彼ら自身の信念が必然的にもたらす復讐を避けることはできません。[3]したがって、彼らは「聖霊」を恐れ、「聖霊」の中に「神」の〝怒り〟を知覚します。[4]また、「神ご自身」の怒りの「手」によって「天国」の〝火〟から引きちぎられた稲妻で、「聖霊」が彼らを撃ち殺すことはないだろうと信じることはできません。[5]彼らは「天国」は地獄であると確信しており、愛を非常に恐れています。[6]そして、彼らは一度も罪を犯したことはないと教えられると、深い疑念と怖れから来る悪寒に襲われます。[7]彼らの世界は罪の安定性に依存しています。[8]そして、「神」が正義であると知っておられるものの脅威は、彼ら自身にとって、また、彼らの世界にとって、彼らが理解し愛している復讐よりも破壊的であると知覚しています。

7. したがって、彼らは罪の喪失は呪いであると考えます。[2]そして、「聖霊」はまるで地獄からやって来たメッセンジャーであり、天界から派遣された者であり、背信と術策によって解放者であり友人であることを装いながら「神」の復讐を行う者であるかのように、「聖霊」から逃れようとします。[3] 彼らにとって、「聖霊」は天使の衣をまとって欺こうとする悪魔以外の何者でもありません。[4] そして、「聖霊」が彼らのために差し出す脱出の手段は、「天国の門」のように見える地獄へのドア以外の何ものでもありません。

8. しかしながら、正義は罰を求める者たちを罰することはできません。ただ、彼らが真実においては完全に罪がないことを知っている「審判者」である、「神」がおられるだけです。[2]「神」は正義において彼らを解放され、彼らが受けるに値するものでありながら自らに否定してきた名誉を必然的に与えられることになります。なぜなら、彼らは公平ではなく、自分自身には罪がないことが理解できないからです。[3] 愛は罪人にとっては理解不可能です。なぜなら、正義は愛から分離したものであり、何か別のものを表していると彼らは考えるからです。[4] したがって、愛は弱いものとして知覚され、復讐は強いものとして知覚されます。[5] というのは、価値判断がその側を離れたときに愛は負けたからであり、罰から救い出すためにはあまりにも弱いからです。[6] しかし、愛のない復讐は、愛から分離し離れることによって強さを獲得しました。[7] そして、愛が正義と活力を奪われ、救い出す力もなく、手を出すこともできず弱々しく立っている状況の中で、助けの手を差し伸べ救出することができるのは復讐だけです。

9. こうしたことのすべてが真実であると考えているあなたに、「愛」は何を求めることができるでしょうか。[2] 正義と愛の中にいる「聖霊」は、あなたが混乱の中にあって与えるべき多くのものをもっていると信じることができるでしょうか。[3] あなたは「聖霊」をそれほど深く信じるようにと求められてはいません。[4]「聖霊」があなたに差し出しているとあなたに見えるもの以上に「聖霊」を信じることは求められていません。[5]「神ご自身」の正義において、「聖霊」はあなたが値するもののすべてを認識していますが、あなたが自分ではそれを受け容れることができないことをよく理解しています。[6] 罪のない者が受けるに値する贈り物をあなたに差し伸べるのが「聖霊」の特別の機能です。[7] そして、あなたが受け取る贈り物の一つ一つが、あなただけではなく「聖霊」にも喜びをもたらします。[8] あなたが受け容れる贈り物の一つ一つによって、「天国」がより豊かになることを「聖霊」は知っています。[9]「神の子」が受け取って当然であると、愛に満ちた正義が知っているものを彼が受け取るとき、「神」はお喜びになります。10というのは、愛と正義は違うものではないからです。11愛と正義は同じものであるが故に、慈悲が「神」の右の「手」にあって、「神の子」に自分自身を罪に関してゆるすための力を与えます。

10. すべてのものに値する者にとって、どんなものであれ自分から何かが遠ざけられるということがあり得るでしょうか。2というのは、それは正義ではなく、それをどの程度まで認識していようとも、彼の中にある神聖性全体にとってまったく不公平だからです。3「神」は不正についてはご存じありません。4「神」は、「神の子」の死を求め「神の子」の価値がまったく見えない者たちによって「子」が価値判断されることをお許しにはなりません。5そのような彼らが「神の子」のために証言する正直な証人を召還することがいったい可能でしょうか。6彼の生命を奪うためではなく、彼のために抗弁するべく誰がやって来るでしょうか。7あなたによって「神の子」にいかなる正義も与えられることはないでしょう。8しかしながら、「神」が愛される「子」に正義がなされることを「神」は保証されており、復讐こそ彼が受けるにふさわしいと信じてあなたが差し出そうとするかもしれない不公平のすべてから彼を守られるでしょう。

11. 特別性は代価が払われる限り、誰が罪の代価を払うかは問題とはしません。それと同じように、「聖霊」は罪のなさが見られ認識される限りは、誰が遂に罪のなさを見るかということには注意を払いません。2というのは、証人が真に見るならば、一人の証人だけで十分だからです。3単純な正義はそれ以上のものは求めません。4正義が愛に戻りそこで満足できるように、「聖霊」は一人一人にその証人になるかどうかと尋ねます。5「聖霊」が割り当てる一つ一つの特別な機能はこれだけです。すなわち、一人一人が愛と正義は分離したものではないと学ぶことです。6そして、愛と正義はそれぞれ相手と結合することによって共に強化されます。7愛がなければ正義は偏ったものとなり弱体化します。8そして、正義のない愛は不可能です。9というのは、愛は公平であり、原因なくして罰することはできないからです。10いかなる原因といえども罪のない者に対する攻撃に権限を与えることはできません。11したがって、愛は正義において間違いを修正するのであって、復讐において修正するのではありません。12というのは、それは罪のなさにとって公正ではなくなるからです。

12. 「神の子」が復讐に値することはあり得ないと理解でき

れば、あなたは愛と正義の力の完璧な証人になることができます。2これが真実であることをすべての状況において知覚する必要はありません。3あるいはまた、この世界における自分の体験に依存する必要もありません。この世界における体験は、実際にあなた自身の内部で起こっているすべてのことの影にすぎません。4あなたが必要とする理解はあなたから来るのではなく、より大きな「自己」からやって来ます。より大きな「自己」はあまりにも偉大で神聖であるために、「自ら」の罪のなさを疑うことは不可能なほどです。5あなたの特別な機能は、あなたの無罪性を共有する「自己」にあなたに微笑みかけるようにと呼びかけることです。6「自己」の理解はあなたの理解となるでしょう。7こうして、「聖霊」の特別な機能は果たされたことになります。8「神の子」は自らの罪ではなく無罪性の証人を見つけたのです。9この単純な正義を与えられるために、あなたが「聖霊」に与える必要があるものはなんと僅かであることでしょうか。

13. 公平であることなくして正義は存在しません。2特別性が公正であることがいったいどうして可能であり得るでしょうか。3価値判断をしないでください。なぜなら、あなたには価値判断することができないからです。その理由は、あなたもまた惨めな罪人であるからではありません。4正義はすべての人にとって同じものであることを、特別な者が真の意味で理解できるはずはありません。5別な誰かに与えるためにある人から奪うことは、両者にとって公正を欠くことになるのは必然的です。というのは、「聖霊」の目から見れば彼らは等しい存在だからです。6彼らの「父」は両者に同じ遺産を与えられました。7多かれ少なかれもっている者は、自分がすべてのものをもっていることを自覚していません。8彼には他の人に当然支払われるべきものを判断することはできません。なぜなら、彼は自分が与えられるべきものを与えられていないと思っているからです。9したがって、彼は嫉妬心を抱き、自分が価値判断している者から奪おうとします。10彼は公平でないわけではなく、自分自身の権利が見えなくなっているために、他の人の権利を公平に見ることができないのです。

14. あなたには宇宙のすべてに対する権利があります。「神」が神聖な「子」のために定められたように、完璧な安らぎ、罪の影響からの完全な解放、あらゆる意味において喜びに満ちかつ完璧な永遠の生命に対する権利があります。2これこそ「天国」が知っている唯一の正義であり、「聖霊」が地上にもたらすもののすべてです。3あなたの特別な機能は、完璧な正義があなたのために勝利するということ以外には何もあなたに示しません。4そして、あなたはあらゆる形の復讐から安全です。5この世界は欺きますが、「神の正義」をこの世界独自のヴァージョンの正義で置き代えることはできません。6というのは、愛だけが公正であり、愛は正義が「神の子」に授けなければならないものを知覚できるからです。7愛に決定を委ねることです。そして、あなたが「神」の正義によって割り当てられたものを不公平にも自分自身から奪い取るようなことがあったとしても、それを決して恐れないでください。

IX. 天国の正義

1. 「天国」の正義があなたの些細な過ちを解除できないと考えるのは傲慢以外の何ものでもありません。2そしてこのことは、あなたの過ちが罪であって間違いではなく、永遠に修正不可能であり、正義ではなく復讐の対象になるという以外の何を意味し得るでしょうか。3あなたは罪の影響のすべてから解放されても良いという気持になっていますか。4この問いに対する答えが意味することのすべてを理解するまでは、この問いに答えることはできません。5というのは、この問いに〝イエス〟と答えるならば、それはこの世界の価値のすべてを捨てて、「天国」の安らぎを選択することを意味するからです。6罪をただの一つももち続けることはなくなります。7そして、これが可能であることを疑い、その思いを大切にすれば、罪は秘密のままにされるでしょう。8あなたにとって真実は今やすべての幻想よりも大きな価値をもつことになります。9そして、真実があなたに明らかにされなければならないということをあなたは認識します。なぜなら、真実が何であるかをあなたは知らないからです。

2. 躊躇しながら与えることは、その贈り物を獲得しないということです。なぜなら、あなたはそれを受け容れることを躊躇しているからです。2それを受け取る上での躊躇がなくなり、それを与えられることをよしとする気持になるまで、その贈り物はあなたのために取っておかれます。3「神」の正義は感謝に権限を与えますが、怖れに権限を与えることはありません。4あなたが与えるものは、あなたにとってであれ誰にとってであれ失われることはなく、「天国」で大切にされ保存されます。「天国」にあっては、「神の子」に与えられた宝物のすべてが「神の子」のために保たれ、受け取ろうとして手を差し伸べる人であれば誰にでも与えられます。5また、これらの宝物は与えられても少なくなることはありません。6与えられる贈り物の一つ一つが貯蔵された宝物を増やしていきます。7というのは、「神」は公平だからです。8救いを「神」からの贈り物であると知覚することを躊躇する「子」と、「神」は戦うことはされません。9しかしながら、それがすべての人によって受け取られるまでは、「神」の正義が満足することはありません。

3. 「聖霊」が解決する問題の答えは、誰も損をすることのない答えであることを確信してください。2「聖霊」は誰に対しても犠牲を要求しないのですから、これは真実であるに違いありません。3誰かに対してほんの僅かであれ損失を要求する答えは、問題を解決したのではなく問題を増大させたのであり、問題の解決をより困難にかつより不公平にしたのです。4「聖霊」が不公平を解決策と見なすことはあり得ません。5「聖霊」にとって、不公平であるものはそれが不公平であるが故に修正されなければなりません。6そして、過ちの一つ一つは、少なくとも一人の人が不公平に見られている知覚作用です。7したがって、「神の子」に正義が与えられていません。8誰であれ損をしていると見なされたならば、その人は有罪判決を受けています。9正義の代わりに罰がその人に与えられることになります。

4. 罪のなさを見れば罰は不可能となり、正義が確実なものとなります。2「聖霊」の知覚は攻撃のための根拠を残しません。3攻撃を正当化できるのは損失だけであり、「聖霊」にはいかなる種類の損失も見えません。4この世界は別なやり方で問題を解決します。5この世界は、解決策は一つの状態であると見なし、この状態においては誰が勝ち、誰が負けるかが決まっています。そして、勝者がどれだけ取るか、敗者がどれだけ防御できるかが決まっています。6しかしながら、問題は依然として解決されないままです。というのは、敗者がいない状態、すなわち、誰も不公平に扱われることがなく、権利を奪われることもなく、その結果、復讐の根拠を与えられていない状態を作ることができるのは正義しかないからです。7問題の解決が復讐であることはあり得ません。復讐はせいぜいのところ最初の問題にもう一つの問題を付加するだけですが、最初の問題において殺人は明白ではありません。

5. 「聖霊」の問題解決こそ問題を終わらせる方法です。2「聖霊」の問題解決においては、問題は正義と出合ったが故に解決されます。3問題は解決するまで繰り返し起こります。なぜなら、まだ解決されていないからです。4正義とは誰も負けることはあり得ないことを意味するという原則は、このコースにとって不可欠です。5というのは、奇跡は正義に依存するからです。6ここでいう正義はこの世界の目で見た正義ではなく、「神」がご存じのものとしての正義であり、その知識が「聖霊」が与える視覚に反映されたものとしての正義です。

6. 誰も損をするいわれはありません。2そして、誰かにとって公正でないことが起こることはあり得ません。3癒しはすべての人のためにあります。なぜなら、誰もいかなる種類の攻撃であれ攻撃を受けるいわれはないからです。4ある者はより多く苦しみ、ある者は比較的少なく苦しむというのでない限り、奇跡に序列があるはずがありません。5そして、これは完全に罪のない者に対して正義と言えるでしょうか。6奇跡とは正義です。7奇跡は一部の者に対する特別な贈り物ではありません。他の者は価値が低く、より咎められるべきであり、したがって癒しからは遠ざけておくべきであるとして与えない特別な贈り物ではありません。8救いの目的が特別性の終焉であるとしたら、救いから分離し得る人はどこにいるでしょうか。9一部の過ちはゆるすことが不可能で、癒しと安らぎの回復の代わりに復讐が保証されるとしたら、救いの正義はどこにあるでしょうか。

7. 救いには「神の子」を助けて「神の子」自身が求めたよりも彼をより不公平にしようとすることはできません。2「聖霊」の贈り物である奇跡が、選り抜きの特別なグループにだけ特別に与えられ、他の人々にはそれに値しないとして与えられなかったとしたならば、「聖霊」は特別性の仲間であるということになります。3「聖霊」は自らが知覚できないことは証言しません。4そして、誰もが癒し、解放、安らぎという「聖霊」の贈り物を受ける資格を等しくもっています。5自分に代わって問題を解決してもらうために「聖霊」に問題を委ねるということは、あなたはその問題が解決されることを強く望んでいることを意味します。6「聖霊」の助けを得ることなく自分自身で解決しようとしてその問題を取っておくことは、問題を解決せず、結末をつけないままにしておく決断をし、問題に非公正と攻撃の力をもち続けさせる決断をすることです。7あなたが最初に非公正にするという決断を下さなければ、誰もあなたに対して非公正であることはできません。8あなたが非公正にするという決断を下せば、必ずや様々な問題が生起してあなたの道を塞ぎ、安らぎは憎しみの風のために雲散霧消することになります。

8. 兄弟のすべてがあなたと共に奇跡の権利を平等にもっていると考えなければ、平等な権利をもっている兄弟に対して非公正であるという理由で、あなたが奇跡に対する権利を主張することはないでしょう。2 否定しようとすれば、否定されたと感じるでしょう。3 権利を奪おうとすれば、あなたの権利を奪われるのです。4 他の人が奇跡を受け取ることができなければ、奇跡を受け取ることは絶対に不可能です。5 ゆるしだけが奇跡を差し出します。6 そして、ゆるしはすべての人に対して公正でなければなりません。

9. あなたが保持し隠している小さな問題はあなたの密やかな罪になります。なぜなら、それらの問題を自分のために取り除いてもらう選択をしなかったからです。2 したがって、それらの問題は塵を積もらせて大きくなり、最後には、あなたが知覚するもののすべてを覆い隠し、あなたは誰に対しても公平ではなくなってしまいます。3 あなたはたった一つの権利ももってはいないと信じるようになります。4 そして、復讐は正当化され慈悲心が失われて、恨みの思いはあなたが有罪であり、ゆるしには値しないと宣言します。5 ゆるされていない者には他の人に与える慈悲心はありません。6 あなたの唯一の責任が自分自身をゆるすことにあるのはこのためです。

10. あなたが受け取る奇跡は、あなたが与えるものです。2 一つ一つの奇跡は救いが拠って立つ法則の実例となります。その法則とは、誰であれ一人の人間が癒されるためには、すべての人に対して正義がなされなければならないということです。3 誰も損失を被ることは不可能であり、すべての人が恩恵を得なければなりません。4 一つ一つの奇跡は、正義がすべての人に等しく差し出されたとき、正義に何が達成できるかを示す実例です。5 奇跡は等しく受け取られ、等しく与えられます。6 それは、与えることと受け取ることは同じであるという自覚です。7 奇跡は同じものを異なったものにはしないが故に、違いが存在しない所に違いを見ることはありません。8 かくして、奇跡はすべての人にとって同じものです。なぜなら、奇跡は人々の中に違いを見ないからです。9 奇跡が差し出すものは普遍的であり、教えるメッセージはただ一つです。

10 **「神」のものはすべての人のものであり、すべての人に当然与えられるべきものです。**

第26章　変　移

I. 一体性の〝犠牲〟

1. 攻撃の〝力学〟においては犠牲が鍵となる考えです。2 犠牲こそ、妥協や契約を結ぶための必死の試みや争いのすべてが外見上のバランスを達成する要です。3 それは**誰かが損失を被らなければならない**という中心的なテーマの象徴です。4 それが肉体に焦点を絞るのは明白です。というのは、それは常に損失を限定しようとする試みだからです。5 肉体はそれ自体が一つの犠牲です。あなた自身のためにほんの少しだけ力を取っておくと誓って力を放棄するのです。6 あなたの肉体とは別のもう一つの肉体の中に兄弟を見るということは、兄弟のごく僅かな部分を見てそれ以外の部分は犠牲にしたいという欲求の表れです。7 この世界を見てみれば、いかなるものも、それ自体を超越した何にも結びついていないのが見えるでしょう。8 外見的な存在物は皆もう少し近くに来ることもできれば、もう少し離れることもできますが、一体になることはできません。

2. あなたに見える世界は一体性の〝犠牲〟に基づいています。2 それは完全な不調和と、結合の完全な欠如の姿です。3 それぞれの存在物の周りには一見きわめて頑丈な壁が築かれているために、内側にあるものは絶対に外側に達することはできず、外側にあるものは壁の内側に閉じ込められているものの所まで達して一体になることは絶対に不可能であるかのようです。4 それぞれの部分がそれ自身を完全なものとして保持するためには、他の部分を犠牲にしなければなりません。5 というのは、仮に彼らが一体になったならば、それぞれの存在物は自らの帰属性を失ってしまうからです。こうして、分離によって彼らの自己が維持されます。

3. 肉体が囲って守るごく僅かなものが自己となり、それが他のすべてを犠牲にして保存されます。2 他のすべてはこの僅かな部分を失わなければならず、自らの帰属性をしっかりと守るために不完全なままにとどまらなければなりません。3 あなた自身についてのこのような知覚においては、肉体の喪失は確かに犠牲であるでしょう。4 というのは、肉体の視覚は犠牲が制限されていてまだ何かがあなただけのために残っているというしるしになるからです。5そして、この僅かなものをあなたに所属させておくために、外側のすべてのものに制限が課せられます。それは、あなたが自分のものであると考えているもののすべてに制限が課せられているのと同じです。6というのは、与えることと受け取ることは同じだからです。7そして、肉体の制限を受け容れることは、これらの制限をあなたが見る一人一人の兄弟に課すことを意味します。8というのは、あなたは自分自身を見るのと同じように兄弟を見なければならないからです。

4. 肉体はまさに喪失であり、犠牲にすることが可能なものです。2兄弟を肉体と見なし、あなたから離れた存在であり、細胞において別なものであると見なしている限り、あなたは彼およびあなた自身に犠牲を要求しています。3「神の子」が「父」をもたない自分自身を知覚するように強制されるよりも大きな犠牲があるでしょうか。4そして、「父」に「子」がいないということよりも大きな犠牲があるでしょうか。5しかしながら、すべての犠牲は「彼ら」が分離し、「他方」が存在しないことを要求します。6誰に対してであれ、何らかの犠牲が求められているならば、「神」についての記憶が否定されているに違いありません。7「神の子」が真実をどれほど証言したとしても、「神の子の完全性」について証言するものは分離した肉体の世界においては見られないのではないでしょうか。8そのような世界においては「神の子」は見えません。9そしてまた、結合と愛についての「神の子」の歌もまったく聞こえません。10しかしながら、「神の子」の歌の前でこの世界を遠のかせ、「神の子」の視覚をもって肉体の目に代える能力を「神の子」は与えられています。

5. 幻想の証人ではなく真実の証人を見ようとする者は、この世界に分別を与え、この世界を有意味にする目的を見ることを求めているだけです。2あなたの特別な機能がなければ、この世界はあなたにとって何の意味ももちません。3しかしながら、この世界は「天国」と同じように豊かで無限な宝庫となることもできます。4ここ地上においては、あらゆる瞬間においてあなたの兄弟の神聖性を見ることが可能であり、あなたが自分自身に割り当てている僅かばかりの幸せに無限の幸せを供給することができます。

6. あなたは一体性を見失うことはできますが、その実在を犠牲にすることはできません。2また、あなたが犠牲にするであろうものを失うこともできなければ、それが失われていないことをあなたに示すという任務を「聖霊」が果たすのを妨げることもできません。3 そういうわけですから、あなたの兄弟があなたに向かって歌う歌を聞き、この世界を遠ざからせ、兄弟の証言が安らぎのために差し出してくれる休息をとってください。4 しかし、兄弟を価値判断しないでください。というのは、価値判断すればあなた自身のための解放の歌は聞こえず、あなたがそれを見て共に喜ぶことができるようにと兄弟が証言しているものも見えないからです。5 罪に対する信念のために兄弟の神聖性を犠牲にしないでください。6 あなたは兄弟の罪のなさと一緒にあなた自身の罪のなさを犠牲にし、兄弟の中に死に値する罪を見る度ごとに自らも死ぬことになります。

7. しかしながら、瞬間ごとに生まれ変わり、生命を再び与えられることも可能です。2 兄弟の神聖性があなたに生命を与えます。あなたは彼の無罪性が「神」に知られているが故に死ぬことはできません。あなたの内なる光が兄弟に見えないという理由で消え去ることがないのと同じように、あなたがあなたによって犠牲にされることはあり得ません。3 生命を犠牲にして、目と耳に「神」の死と「神」の神聖な「子」の死を証言させようとしているあなたは、「彼ら」を「神」が意図されなかったものにする力をもっているとは考えないでください。4「天国」にあっては、「神の子」は肉体に幽閉されてはおらず、孤独の中で罪の犠牲にされてもいません。5 そして、「神の子」は「天国」において存在しているのと同じように、永遠にあらゆる場所において存在しています。6「神の子」は永遠に同じです。7 あらゆる瞬間に再び生まれ変わり、時間に触れられることもなく、生死のいかなる犠牲も遥かに届かない所にいます。8 というのは、生も死も共に彼が作ったものではなく、そのうちの一つだけは、「ご自分」の贈り物が犠牲と喪失に苦しむことは絶対にないことを知っておられる「存在」によって与えられたからです。

8. 「神」の正義は「神の子」の上でそっと安らぎ、この世界が課すあらゆる非公正から「神の子」を安全に守っています。2 兄弟の罪を実在的なものにして、彼に対する「父の意志」を変えることがいったい可能でしょうか。3 あなたの兄弟は人をして朽ち果てさせる監獄の中にいると思っていますが、その監獄の中に彼を見ることによって、彼に有罪判決を下さないでください。4 彼がそこから出てきてあなたを光で照らし、自由という贈り物をあなたから受け取ることによって自由という贈り物をあなたに返すことができるように、そのドアを開けておくのがあなたの特別な機能です。5「聖霊」の特別な機能は、神聖な「神の子」が自らを正義から遠ざけておくために自らを幽閉している状態から「神の子」を解放することに他なりません。6 あなたの機能が「聖霊」自身の機能とは別な分離したものであるはずはありません。

II. 数多くの形・一つの修正

1. なぜあなたが「聖霊」にすべての問題をあなたに代わって解決してくれるようにと依頼しないのか、その理由を理解するのは難しいことではありません。2「聖霊」にとって、ある問題を解決するほうが他の問題を解決するよりも難しいということはありません。3「聖霊」にとってはどの問題も同じです。なぜなら、どの問題も同じ点において、そして、同じ方法で解決されるからです。4 問題がどのような形をとろうとも、解決を必要とする側面は変わりません。5 問題は様々な形で現れますが、問題が継続する限りそれは変わりません。6 問題を特別な形で解決しようとしても何の役にも立ちません。7 永遠に妥当な答えを与えられるまでは、問題は何度も何度も繰り返し起こり、その答えが与えられれば、いかなる形でも再浮上することはなくなります。8 その時はじめて、あなたは問題から解放されます。

2. あなたがもっていると考えている問題のすべてからの解放を、「聖霊」はあなたに差し出します。2 それらの問題は「聖霊」にとっては同じです。なぜなら、すべての問題は様々な形をとるように見えても、あなたが得をすることができるように誰かが損失を被って犠牲になるようにとの要求だからです。3 したがって、誰も損失を被ることがないような状況が設定されれば、問題はなくなります。なぜなら、知覚における過ちが今や修正されたからです。4「聖霊」にとって、ある間違いを真実の前で正すことのほうが他の間違いをそうするよりもより困難であるということはありません。5 というのは、間違いは一つしかないからです。すなわち、損失は可能であり、それによって誰かが得をする可能性があるという考えです。6 仮にこれが真実であるとしたならば、「神」は不公平であり、罪は可能であり、攻撃は正当化されるべきであり、復讐は公平であるということになります。

3. どんな形をとるにせよ、この一つの間違いには一つの修正しかありません。2 いかなる損失もありません。あると考えるのは間違いです。3 あなたは問題があると考えていますが、何の問題もありません。4しかしながら、問題が一つ一つ、大きさや複雑さや場所や時間に関係なく、また、それぞれの問題を他の問題とは異なったものに見せているとあなたが知覚している属性とも関係なく、姿を消していくのを見れば、問題があると考えることは不可能です。5あなたが見るものに課す制限が、いかなる意味においてであれ「神」を制限できるとは考えないでください。

4. 正義の奇跡はすべての過ちを修正することができます。2すべての問題は過ちです。3それは「神の子」に対して不当であり、したがって、真実ではありません。4「聖霊」は非公正を偉大であるとか矮小であると評価することはなく、より多いとかより少ないと評価することもありません。5「聖霊」にとって非公正は何の属性も有してはいません。6非公正は「神の子」がそれによって苦しんでいる間違いであり、しかも、不必要に苦しんでいる間違いです。7したがって、「聖霊」はその棘と釘を取り去ります。8「聖霊」は一休みしてその傷が大きいか小さいかを判断したりすることはありません。9「聖霊」が下す価値判断はただ一つです。「神の子」を傷つけるのは不公平であるに違いない。したがって、「神の子」を傷つけることは不可能である、というものです。

5. 間違いの一部を自分のために取っておき、一部の間違いだけを修正してもらってそれで安全であると信じているあなたは、次のことを覚えておかなければなりません。正義は全体的であるということです。2部分的な正義というものはありません。3「神の子」が有罪であるとすれば、彼は有罪判決を受けているのであり、彼は正義の「神」の情けを受けるに値しません。4しかし、あなたが彼を有罪であると見なし、彼が死ぬことを望むが故に、彼を罰するようにと「神」に依頼しないでください。5「神」は彼の罪のなさを見るための手段をあなたに差し出されます。6そこに見るべきものとしてあるものを、あなたが見ないという理由で彼を罰するのは公平でしょうか。7問題を自分自身で解決しようとする度ごとに、また、その問題には解決策はないという判断を下す度ごとに、あなたはその問題を大きなものにし、癒す望みはないものにしています。8正義の奇跡は公平であり得ることを否定することになります。

6. したがって、「神」が公正であるとしたら、正義が解決できない問題はあり得ないことになります。2しかし、あなたは非公正の中には公平で善なるものもあると信じており、したがって、非公正はあなた自身を保持するためには必要であると信じています。3大きくて解決不可能であるとあなたが考えているのはこれらの問題です。4というのは、損失を被ることをあなたが望んでいる人がおり、誰であれ犠牲から完全に守られることをあなたは望んでいないからです。5ここでもう一度あなたの特別な機能について考えてみてください。6あなたに与えられている一つの機能は、彼の中に完璧な無罪性を見ることです。7そして、彼にいかなる犠牲も求めることはしません。なぜなら、彼が損失を被ることをあなたが意図することは不可能だからです。8あなたが呼び起こす正義の奇跡は、彼の上にしっかりと安らぐように、あなたの上にもしっかりと安らぐでしょう。9また、それがすべての人によって受け取られるまで、「聖霊」が満足することはないでしょう。10というのは、あなたが「聖霊」に与えるものはすべての人のものであり、あなたがそれを与えることによって、「聖霊」はすべての人がそれを等しく受け取ることを確実にすることができるからです。

7. とすれば、問題のすべてに関して修正を受ける気持になったとき、あなた自身の解放がどれほど大きなものであるか、考えてみてください。2あなたは問題を一つとして保持しておくことはないでしょう。というのは、どのような形の苦痛も望まないからです。3そして、一つ一つの小さな傷が「聖霊」の優しい目の前で解決されるのを見ることでしょう。4というのは、そのすべては「聖霊」の目からすればまさに小さなものであり、姿を消して永遠に解除され思い出されることもなくなるにあたって、かすかなため息をつく以上の価値はないからです。5かつては特別な問題と思われ、直しようのない間違いと見なされ、癒しようのない苦痛と思われていたものが、普遍的な祝福へと変容したのです。6犠牲はもはやありません。7犠牲の代わりに「神の愛」が思い出され、「神の愛」が犠牲と損失の記憶のすべてを光で照らして消してしまうことでしょう。

8. 正義を恐れる代わりに正義を愛するようになるまでは、「神」を思い出すことは不可能です。2「神」は誰に対してであれ、何に対してであれ、非公正であることはできません。なぜなら、存在するもののすべては「神」に属し、「神」が永遠に創造したままであることを「神」は知っておられるからです。3「神」が愛されるものはすべて必然的に無罪であり、攻撃を超越しています。4あなたの特別な機能がドアを広く開け放ち、そのドアの向こうには「神の愛」の記憶が汚されることなく完璧に保たれています。5あなたがしなければならないことは、地獄の代わりに「天国」が与えられるのを望むことだけです。そうすれば、ドアにしっかりと錠をかけているように見えるかんぬきや障壁の一つ一つがなくなって姿を消すでしょう。[6]というのは、「父」があなたを完全な愛の中で創造されたとき、「神」が与えられたよりも少ないものをあなたが差し出し、受け取るようにとは意図されなかったからです。

III. 境界地帯

1. 複雑性は「神」に属するものではありません。[2]「神」が知っておられるのはただ一つであるのに、複雑性が「神」に属するということはあり得ません。[3]「神」は一つの創造物、一つの実在、一つの真実、ただ一人の「子」について知っておられます。[4]一体性と相反するものは何もありません。[5]とすれば、「神」の中に複雑性があることは不可能です。[6]決断すべきことは何もありません。[7]というのは、選択を可能にするのは葛藤だからです。[8]真実は単純です。真実は一つであり、真実に対立するものはありません。[9]真実の単純な存在に葛藤が入り込み、一体性しかない所に複雑性を持ち込むことがいったいどうして可能でしょうか。[10]真実はいかなる決断も下すことはありません。というのは、二つの選択肢の間で決断すべきものは何もないからです。[11]仮に決断すべきものがあった場合には、選択が一体性に向けて前進するための必要な一歩になり得るでしょう。[12]すべてであるものは他のいかなるものに対しても余地を残しません。[13]しかしながら、この問題の大きさはこのカリキュラムの範囲を超えています。[14]また、直ちに把握することが不可能なことに長くとどまることも必要ではありません。

2. この世界と「天国」の間に思いの境界地帯があります。[2]それは場所ではありません。あなたがそれを求めて手を伸ばすとき、それは時間から離れています。[3]ここに出合いの場所があり、そこで様々な思いが一緒になり、相反する価値が出合い、あらゆる幻想が真実の傍らに置かれ、真実ではないと判断されます。[4]この境界地帯は「天国」の門のほんの少し向こう側にあります。[5]ここですべての思いが純粋なものにされ、完全に単純なものにされます。[6]ここで罪は否定され、その代わりに、存在するもののすべてが受け取られます。

3. これが旅の終わりです。[2]私たちは実在の世界としてそれに言及したことがあります。[3]しかしながら、ここには一つの矛盾があります。実在の世界という言葉は限定された実在、部分的な真実、宇宙の一部が真実にされたことを暗示するという意味においての矛盾です。4 この理由は、知識は知覚を攻撃しないということにあります。5 知識と知覚が集められ、ただ一つだけがその門を通って「一体性」がある場所に行きます。6 救いは境界地帯であり、そこでは場所と時間と選択がまだ意味をもっていますが、それらのものは一時的であり、場違いであり、それぞれの選択は既になされていることが分かります。

4. 「神の子」が信じるもので破壊可能なものはありません。2 しかし、「神の子」にとっての真実は彼が行うであろう最後の比較の前に引き出されなければなりません。それは可能な最後の評価であり、この世界に対する最後の価値判断です。3 それは幻想に対する真実の価値判断であり、知覚に対する知識の価値判断であり、〝それには何の意味もなく、それは存在しない〟というものです。4 これはあなたの決断ではありません。5 単なる事実を述べただけの言葉です。6 しかし、この世界においては単純な事実はありません。なぜなら、同じものと異なったものが不明瞭のままだからです。7 仮に選択をするのであれば、一つ不可欠なことはこの区別です。8 そして、ここに二つの世界の違いがあります。9 この世界においては、選択は不可能なものにされています。10 実在の世界においては、選択は単純化されています。

5. 救いは「天国」の直前で止まります。というのは、救いを必要としているのは知覚だけだからです。2 「天国」は失われたことがありません。したがって、「天国」を救出することは不可能です。3 しかしながら、「天国」と地獄は同じものではないとの認識をもたずに、「天国」への欲求と地獄への欲求の間で選択できる人がいるでしょうか。4 この違いこそ、このコースが設定した学習目標です。5 このコースはこの目標以上のことを目指してはいません。6 コースの唯一の目標は、何が同じで何が違うかを教えることであり、可能な唯一の選択をするための余地を残しておくことです。

6. この複雑で過度に錯綜した世界においては、選択をするための基盤がありません。2 というのは、何が同じであるかを誰も理解してはおらず、実際には選択が存在しない所で選択しているように見えるからです。3 実在の世界は、結果においてではなく選択肢についての知覚において選択の領域を実在的にした世界です。4 選択があるというのは幻想です。5 しかしながら、この幻想においてすべての幻想を解除することができ、この幻想もその例外ではありません。

7. これはあなたの特別な機能に似ていないでしょうか。あなたの特別な機能においては、かつては特別性であったものが今は結合し、その中で目的が変わることによって分離が解除されます。2 すべての幻想は一つの幻想であるにすぎません。3 そうであるという認識の中に、様々な幻想の中で選択し、幻想を違ったものにしようという試みのすべてを放棄する能力が横たわっています。4 まったく似ていない二つのもののいずれかを選択するのはなんと簡単なことでしょうか。5 ここには何の葛藤もありません。6 幻想であると認識された幻想を放棄するにあたって、犠牲を払うことはあり得ません。7 一度も真実であったことのないものから実在性がすべて取り去られた場合、それを放棄して絶対に真実であるに違いないものを選択することが困難であり得るでしょうか。

IV. 罪が去った場所

1. この世界におけるゆるしは「天国」の正義に匹敵します。2 ゆるしは罪の世界を翻訳して単純な世界に変貌させせます。この単純な世界にあっては、その背後では限界がまったく存在しない門の彼方から正義を反映させることが可能です。3 限りない愛の中にあるものがゆるしを必要とすることはあり得ません。4 この世界においては慈善であるものも、「天国」へと開かれている門を過ぎると単なる正義に道を譲ります。5 罪を信じたことがあるのでなければ、そして、自分は多くのゆるしを必要としていると未だに信じているのでなければ、誰もゆるすことはしません。6 かくして、ゆるしはゆるされるべきことは何もしていないことを学ぶための手段となります。7 ゆるしは常にそれを差し出す人の上にとどまり、その人がもはや自分にゆるしは必要ではないと見なすまでとどまります。8 かくして、その人は創造という本来の機能に戻ります。この創造という機能は、ゆるしが再びその人に差し出すものです。

2. ゆるしは、罪の世界を目にも美しい栄光の世界へと変貌させせます。2 一輪一輪の花が光の中で輝き、一羽一羽の鳥が「天国」の喜びを歌います。3 ここには何の悲しみもなく、別れもありません。というのは、すべてのものが完全にゆるされているからです。4 そして、ゆるされたものは必然的に一緒になります。というのは、彼らを分離させ別々にしておくものは何も存在しないからです。5 罪のない者たちは彼らが一つであることを必然的に知覚します。というのは、彼らの間に他の人を押しやるようなものは何も存在していないからです。6そして、罪が去ったためにできた空間の中で彼らは一つとなり、彼らの一部であるものが別々に分離されていなかったことを喜びの中で認識します。

3. あなたが立っている神聖な場所は、罪が去ってできた空間であるにすぎません。2そして、ここにおいてその場所に現れる「キリスト」の顔をあなたは見ます。3「キリスト」の顔を見て、本来の姿における「父」を思い出さない者がいるでしょうか。4「天国」の祭壇が立ち上がってこの世界の遙か上空にそびえ立ち、宇宙の彼方まで届き、あらゆる創造物の「心」にまで到達するようにと、罪が去った後に残していってくれた場所に立って、愛を恐れる人がいるでしょうか。5「天国」とは、創造されたもののすべてが創造の「源」に向かって歌う、感謝と愛と賞讃の歌であるにすぎません。6最も神聖な祭壇は、かつて罪があると信じられていた場所に設けられます。7そして、ここに「天国」の光のすべてがやって来て、再び光が灯され、喜びが増大します。8というのは、ここにおいて失われたものが再び復活し、彼らの輝きは再び完全なものとなるからです。

4. ゆるしは「天国」の門の前に大きな奇跡を置きます。2ここに「神の子自ら」がやって来て、自分を故郷へと更に近づけてくれる贈り物をそれぞれが受け取ります。3誰一人として失われることはなく、誰かが他の誰かより大切にされることもありません。4それぞれが他の人と同じように確実に「父の愛」をそれぞれに対して思い出させます。5そして、それぞれがそれぞれに対して、彼が恐れていたものを彼は最も愛していることを教えます。6彼のマインドを変え、彼が愛を恐れることは不可能であることを理解するようになるとは、奇跡以外にできることではありません。7これ以外にいかなる奇跡があるというのでしょうか。8そして、あなた方の間にある空間を消失させるのにこれ以外の何が必要でしょうか。

5. かつて罪が知覚されていた場所に真実の祭壇となる世界が出現し、あなたはそこで「天国」の光と一緒になり、それらの光の感謝と賞讃の歌を歌います。2そして、「神の子」が完全になるためにあなたの所にやって来るように、あなたもまた「神の子」と一緒に行きます。3というのは、「天国」の歌を聞けば、誰もがその歌に力を加え、それを更に甘美なものにする声をもつことになるからです。4そして、罪がこれは自分のものであると宣言していた小さな場所に建てられた祭壇で、それぞれがその歌に加わります。5そして、その時はごく小さかったものが今や飛翔して巨大な歌となり、その歌に宇宙が一つの声となって参加します。

6. あなたとあなたの兄弟の間に未だに存在する罪のこの僅かな場所が、「天国」の幸せな開門を拒んでいます。2「天国」の富をあなたがもてないようにしている妨害はなんと小さなものでしょうか。3それに対して、「神の愛」への力強いコーラスにあなたが加わるときの「天国」の喜びはなんと大きなものであることでしょうか。

V. 小さな妨害

1. 奇跡はすべて同じであることを理解していない人々にとっては、小さな妨害も非常に大きなものに見えるかもしれません。2しかしながら、それを教えるのがこのコースの目的です。3それがコースの唯一の目的です。というのは、学ぶべきことはそれしかないからです。4そして、それを学ぶには様々な方法があります。5すべての学びは「天国」の門に至る助けになるか妨げになるかのいずれかです。6その二つの間には何もありません。7二人の教師しかおらず、それぞれが異なった方向を指し示します。8そして、あなたは自分が選んだ教師が先導する道を行くことになります。9時間がまだ存在し選択が有意味である間は、あなたがとれる方向は二つしかありません。10というのは、「天国」に至る道以外に、別な道が作られることは二度とないからです。11あなたは「天国」の方向に行くか、「天国」から遠ざかってどこにも行かないか、二つに一つの選択をするしかありません。12それ以外の選択はありません。

2. 時間以外は何も失われることはありませんが、時間は最終的には無意味なものです。2というのは、時間は永遠にとっては小さな妨害にすぎず、この世界の実在的な「教師」にとってはまったく無意味だからです。3しかしながら、あなたは時間を信じているのですから、時間を活用して学びが達成できる最高の目標に到達できるとすれば、どこにも行かないことによって時間を無駄にするべきではありません。4「天国」の門に至る道が困難であるなどとは考えないでください。5あなたが、しっかりとした目的と断固たる決意と陽気な自信をもって兄弟の手を取り、「天国」の歌に歩調を合わせながら取り組めば、困難なことなど何もありません。6しかし、道を踏み外して惨めにただ一人で、行き止まりで何の目的もない道を行くのは確かに難しいことです。

3. 「神」は、あなたが作った教師と争わせるためではなく、その教師に取って代わらせるために「神の教師」を与えられました。2そして、「神」が代えたいと思われるものは既に代えられました。3時間はあなたのマインドの中でほんの一瞬経過しただけであり、永遠に対しては何の影響も与えてはいません。4したがって、時間はすべて過去のものとなり、すべてのものは無に至る道が作られる前とまったく同じです。5かすかに時が刻まれたときに最初の間違いが犯され、その最初の間違いの中ですべての間違いが犯されましたが、その時の刻みの中にはその間違いに対する「修正」も含まれていたのであり、最初の間違いに内包されてやって来たすべての間違いに対する「修正」も含まれていました。6そして、その僅かな一瞬において時間は消え去りました。というのは、時間とはそもそもそれだけのものだったからです。7「神」が答えを与えられたものは答えを与えられて消え去ります。

4. 時間の中に生きていると信じ、時間は既に消え去ったことを知らないあなたに対して、時間は消え去ってしまったにもかかわらずあなたが未だに時間の中で知覚している限りなく小さく無意味な迷路の中で、「聖霊」は今もなおあなたに導きを与えています。2あなたは過ぎ去ったものの中に生きていると考えています。3あなたが見つめるものの一つ一つは、ずっと前に、その非実在性が真実に道を譲る前に、ほんの一瞬見たものです。4あなたのマインドの中で未だに答えられていない幻想は一つもありません。5不確実性が確実性の前にもたらされたのはあまりにも遠い昔のことであるために、不確実性が未だにあなたの前にあるかのようにそれを心で抱擁することは困難です。

5. あなたが保持し、永遠なものにする僅かな瞬間は、「天国」にあってはあっと言う間に過ぎてしまったために、それが訪れたことにいかなるものも気づくことはありませんでした。2あまりにも速く姿を消してしまったがために「神の子」の単純な知識に何の影響も及ぼさなかったものが、あなたが自分の教師として選ぶことができるようにまだそこに存在しているという可能性はほとんどありません。3過去においてのみ、それはずっと昔の過去であり、創造に呼応して世界を作るには短すぎたものでしたが、この世界は出現するように見えました。4それはあまりにも昔のことであり、あまりにも短い期間のことであったために、「天国」の歌の旋律はどれ一つとして飛ばされることはありませんでした。5しかしながら、ゆるしを拒否する行動や思いの一つ一つにおいて、価値判断の一つ一つにおいて、罪に対する信念のすべてにおいて、その瞬間が未だに呼び戻されます。あたかも、その瞬間を時間の中で再び作ることが可能であるかのように。[6]あなたは古の記憶を自分の目の前に保持しています。[7]そして、記憶のみに生きる者は自分がどこにいるかを自覚していません。

6. ゆるしは時間からの偉大な解放です。[2]ゆるしは、過去は終わっていることを学ぶための鍵です。[3]狂気はもはや語ることはありません。[4]これ以外に教師はなく、これ以外に方法はありません。[5]というのは、解除されたものはもはや存在しないからです。[6]そして、僻遠の海岸に立ち、遙か昔になくなってしまった場所と時間に向かって海を渡っていく自分を夢見ることができる人がいるでしょうか。[7]その人が実際にいる場所に対して、この夢はどれほど実在的な妨げとなり得るでしょうか。[8]というのは、これは事実であり、彼がどのような夢をもっていようとも変わることはないからです。[9]しかしながら、それでもなお彼は自分がどこか別な場所にいて、別な時間の中にいると想像することはできます。[10]極端な場合には、自分自身を騙してこれが本当であると信じ、単なる想像から信念と狂気に入り込み、自分がいたい場所に自分はまさにいるのだと確信することもできます。

7. これは彼が立っている場所にとって妨げとなるでしょうか。[2]彼に聞こえるかもしれない過去のこだまは、彼が現在いる場所で聞こえるものにおいては事実であるでしょうか。[3]そして、時間と場所についての彼自身の幻想は、彼が実際にいる場所においてどれほどの変化を生み出すことができるでしょうか。

8. ゆるされていないのは、永遠に過ぎ去った過去から呼びかける声です。[2]そして、実在するものとしてそれに言及するものはすべて、一つの欲求にすぎません。すなわち、過ぎ去ったものを再び実在させることは可能であり、今ここに実際にあるものの代わりに今ここでそれを見たいという欲求です。[3]過去は過ぎ去ったものであり戻すことはできないという真実に対して、これは妨げとなるでしょうか。[4]そして、あなたはあの恐ろしい瞬間を取っておきたいでしょうか。「天国」が姿を消したかのように思われ、「神」が恐れられあなたの憎しみの象徴にされたあの瞬間を取っておきたいでしょうか。

9. ずっと昔に修正され解除された恐怖の時間を忘れてください。[2]罪は「神の意志」に抗うことができるでしょうか。[3]過去を見て過去を現在の中に置くことは、あなた次第でできることでしょうか。[4]あなたは絶対に戻ることはできません。[5]過去の方向を指し示すものはすべて、その達成が非実在のものでしかあり得ない使命へとあなたを駆り立てます。[6]「すべてを愛する父」が、あなたのもとに必ずやって来るようにと保証された正義とはこのようなものです。[7]そして、自分自身に対するあなた自身の不公平から「神」はあなたを守ってこられたのです。[8]あなたが道に迷うことは不可能です。なぜなら、「神」の道しか存在せず、「神」のもとに向かう以外、どこにも行くことはできないからです。

10. 時間の記憶がなくなって長い時間が経過した今、「神の子」が道に迷うことを「神」はお許しになるでしょうか。[2]このコースは今現在あるものだけを教えます。[3]遥かな過去における恐ろしい瞬間は、今や完璧に修正され、心配する必要もなければ何の価値もありません。[4]死んで過ぎ去ったものは安らかに忘れることです。[5]復活が訪れてそれに取って代わったのです。[6]そして、今やあなたは復活の一部であり、死の一部ではありません。[7]過去の幻想にはあなたを死の場所に閉じ込めておく力はありません。死の場所は、「神の子」が「父」の完璧な「愛」に瞬時のうちに復活するために一瞬の間入った地下の建物です。[8]ずっと昔に取り外され、「神の子」のマインドから永遠に消えてしまった鎖に「神の子」を繋いでおくことはできません。

11. 「神」が創造された「神の子」は、「神」が創造されたときと同じように自由です。[2]「神の子」は生きる代わりに死ぬ選択をした瞬間に再び生まれ変わりました。[3]そして、あなたも今は彼をゆるすべきではないでしょうか。なぜなら、彼は「神」も覚えてはおられない過去において過ちを犯し、その過ちはもはやそこにはないのですから。[4]今あなたは過去と現在の間を行き来しています。[5]時には、過去があたかも現在であるかのように実在的に見えることもあります。[6]過去からの声が聞こえ、それから、その声に疑いを抱きます。[7]あなたは、未だに幻覚症状を体験しながら、自分が知覚するものに確信がもてない人に似ています。[8]これは二つの世界の境界地帯であり、過去と現在の間の架け橋です。[9]ここにおいては過去の影がまだ残っていますが、現在の光もおぼろげながら認識されています。[10]その光は、一度見れば決して忘れることはできないものです。[11]それはあなたを過去から連れ出し、今あなたが実際に存在している現在の中へと引き寄せてくれるに違いありません。

12. 過去の影である声は、時間の法則を変えることもなければ永遠の法則を変えることもありません。[2]それは過去に姿を消したものからやって来ますが、今ここにある真の存在を妨害することはありません。3実在の世界は、時間と死は実在しており知覚できる存在をもっているという幻覚の第二の部分です。4この恐ろしい幻想は、あらゆる時間とすべての状況に関する幻想に「神」が答えを与えられるのに要しただけの時間の中で否定されました。5それから、それはそこにあるものとして体験されることはなくなったのです。

13. 毎日、毎分、毎秒、恐怖の時間が愛に取って代わったあの瞬間をあなたは再び生きているだけです。2したがって、あなたは再び生きるために毎日死んでいます。それは、あなたが過去と現在の間にあるギャップを渡るまで続きます。それはまったくギャップではないのですが。3それぞれの人生とはそのようなものです。生まれ、死に、そして再び生まれるという、一見したところ一定の長さをもった時間、ずっと昔に過ぎ去った、再び生きることはできない瞬間の繰り返し。4そして、時間のすべては、終わってしまったものが未だにここにあるという狂った信念であるにすぎません。

14. 過去をゆるし、手放してください。というのは、過去はもはやないからです。2あなたはもはや二つの世界の間に横たわる場所に立ってはいません。3あなたは歩みを続け、「天国」の門前に横たわる世界に到達しました。4「神の意志」を妨げるものは何もなく、ずっと昔に終えた旅を再び繰り返す必要もありません。5あなたの兄弟を優しく見つめ、あなたの憎しみの知覚が変容して愛の世界になった世界を見てください。

VI. 定められた友

1. この世界にあるもので、あなたが良いと信じ、価値があると信じ、得るために努力をする価値があると信じているものは何であれ、あなたを傷つけることが可能であり、実際にあなたを傷つけるでしょう。2それに傷つける力があるからではなく、それが幻想であることをあなたが否定し、それを実在的なものにしたからです。3そして、それはあなたにとっては実在するものです。4それは無ではありません。5そのように知覚されたものとしての実在を通して、様々な病んだ幻想の世界が登場しました。6罪に対する信念、攻撃の力に対する信念、傷や害に対する信念、犠牲や死に対する信念のすべてがあなたの所にやって来ました。7というのは、一つの幻想を実在させ、なおかつ、それ以外の幻想から逃れることができる者はいないからです。8というのは、自分が好む幻想を保持する選択をして、真実だけが与えることができる安全性を見つけることは誰にもできないからです。9幻想は皆同じであると信じながら、それでもなお一つの幻想が最高であると主張することは誰にもできません。

2. あなたのささやかな人生を、一つの幻想を唯一の友として孤独の中で生きないでください。2これは「神の子」にふさわしい友情でもなければ「神の子」が満足できる友情でもありません。3しかしながら、「神」は「神の子」にそれよりも良い「友」を与えられました。そして、この「友」の上に地上と「天国」のすべての力が安らいでいます。4あなたが友であると考える一つの幻想は、「キリスト」の恩寵と威厳をあなたに見えなくさせ、「キリスト」の友情とゆるしをあなたの歓迎の抱擁から遠ざけます。5「キリスト」がいなければあなたに友はいません。6「キリスト」の代わりに別な友を求めないでください。7他に友はいません。8「神」が定められたものに代わるものはありません。というのは、いかなる幻想といえども真実に取って代わることはできないからです。

3. 影と一緒に住む者は確かに孤独です。そして、孤独は「神の意志」ではありません。2「友」の玉座が空席であるためにあなたの玉座も空席にされてきたことが分かりさえしたならば、「神」があなたの「友」のために定められた玉座を一つの影が奪うことをあなたは許すでしょうか。3幻想を友としないでください。というのは、幻想の友を作れば、「神」があなたの「友」とお呼びになった「キリスト」にそれが取って代わることになるからです。4そして、真にあなたの唯一の「友」であるのは「キリスト」だからです。5「キリスト」はこの世界のものではない贈り物をあなたにもたらしますが、それらの贈り物を既に与えられている「キリスト」だけが、あなたが必ずそれを受け取るようにできます。6あなたが「キリスト」の玉座に「キリスト」のための場所を作るとき、「キリスト」はそれらの贈り物をあなたの玉座の上に置くでしょう。

VII. 癒しの法則

1. これは奇跡のコースです。2コースがそのようなものであるため、コースの目的が達成される以前に癒しの法則が理解されなければなりません。[3]これまでに扱ってきた原則を復習し、癒しが可能となるために起こらなければならないことを要約するような形でそれらの原則を並べてみることにしましょう。[4]というのは、それが一度でも可能であれば、それは必ず起こるからです。

2. すべての病は分離が原因です。[2]分離が否定されるとき、病はなくなります。[3]というのは、病をもたらした考えが癒され、正気によって取って代わられるやいなや、病は消え去るからです。[4]理性の光から注意深く守るために、意識から隠されてきた関係においては、病と罪は結果であり原因であると見なされます。

3. 罪は罰を求め、その要請は認められます。[2]真実においてではなく、罪の上に築かれた影と幻想の世界において認められます。[3]「神の子」は自分が見たいものを知覚しました。なぜなら、知覚は実現された欲求だからです。[4]不変の知識に取って代わるべく作られた知覚は変化します。[5]しかしながら、真実は変わっていません。[6]真実を知覚することは不可能であり、知ることができるだけです。[7]知覚されるものは多くの形をとりますが、どの形にも意味はありません。[8]真実の前に来れば、その無意味性は明らかです。[9]真実から離れた所にいれば、それは意味があるように見え、実在するかのように見えます。

4. 知覚の法則は真実と正反対のものであり、知識にあてはまることは知識とは別なものに関しては何であれあてはまりません。[2]しかしながら、「神」は病の世界に対して答えを与えられ、その答えはあらゆる形の病にあてはまります。[3]「神」の答えは永遠ですが、必要とされている場所においては時間の中でも機能します。[4]しかし、それは「神」から来るが故に時間の法則によって働きに影響が及ぶことはありません。[5]それはこの世界にありますが、この世界の一部ではありません。[6]というのは、それは実在するものであり、実在のすべてが存在する場所に住んでいるからです。[7]考えはその源を離れることはなく、その結果が考えから離れているように見えるだけです。[8]考えはマインドに属します。[9]外部に投影され、マインドの外にあるように見えるものは、外部にあるのではまったくなく、内部にあるものの結果であり、その源を離れてはいません。

5. 「神」の答えは罪に対する信念があるに違いない場所にあります。というのは、そこにおいてだけその結果を完全に解除することができるからであり、原因をなくすことができるからです。[2]知覚の法則は逆転されなければなりません。なぜなら、それは真実の法則とは正反対のものだからです。[3]真実の法則は永遠に真実であり逆転することはできませんが、逆さまに見ることは可能です。[4]そして、逆転の幻想がある場所において、これを修正しなければなりません。

6. 一つの幻想が他の幻想よりも真実になじまないということはあり得ません。[2]しかし、一部の幻想がより大きな価値を与えられて、癒しや助けのために真実の前に差し出されにくいということはあり得ます。[3]いかなる幻想にも真実はありません。[4]しかしながら、一部の幻想が他の幻想よりもより真実であるように見えるということはあります。これが意味をなさないことは明らかですが。[5]幻想の序列が示すことができるのは好みであって、実在ではありません。[6]好みが真実とどのような関係があるというのでしょうか。[7]幻想は幻想であり、偽りのものです。[8]好みが幻想に実在を与えることはありません。[9]一つの幻想といえどもまったく真実ではなく、すべての幻想は「神」が幻想のすべてに答えとして与えられたものに等しく屈しなければなりません。[10]「神の意志」は「一つ」です。[11]そして、「神の意志」に逆らうように見える欲求はどのような欲求であれ、真実に根拠を置いてはいません。

7. 罪は過ちではありません。というのは、罪は修正を超えたものであり、不可能なものだからです。[2]しかしながら、罪は実在するという信念のために、一部の過ちは永遠に癒される希望はないかのように見せかけられ、地獄の永続的な根拠となってきました。[3]仮にこれがそうであるとしたならば、「天国」は「天国」と同じ実在性をもった正反対のものによって抵抗を受けることになります。[4]そうなれば、「神の意志」は二分され、すべての創造物は二つの相対立する勢力の法則に屈することとなり、最後には、「神」は短気を起こしてこの世界を引き裂き、「神ご自身」を攻撃させるでしょう。[5]かくして、「神」は正気を失い、罪が「神」の実在を「神」から奪ったと宣言し、「神の愛」を遂に復讐の足下へともっていくことになります。[6]このような狂気の想像図に対しては狂気の弁護があるでしょうが、それによってこの図が真実になることはありません。

8. 意味が存在しない場所においては、いかなるものも意味を与えることはありません。[2]そして、真実は自らを真実にするために防御を必要とはしません。[3]幻想にはいかなる証人もおらず、いかなる結果もありません。[4]幻想を見る者はただ騙されているだけです。[5]ゆるしこそここでの唯一の機能であり、ゆるしはこの世界が「神の子」のすべての側面に対して否定する喜びを、罪が支配していると考えられていた場所にもたらすことに役立ちます。[6]死を終わらせ、罪の霧から立ち上る信念のすべてを終わらせる上でゆるしが果たす役割は、おそらくあなたには理解できないかもしれません。[7]罪とはあなたが兄弟と自分自身との間に押しつける信念です。[8]罪はあなたを時と場所に限定し、あなたに僅かな空間を与え、あなたの兄弟にもそれとは別な僅かな空間を与えます。[9]あなたの知覚において、この分割は明らかに分離していて別なものである肉体によって象徴されます。[10]しかしながら、この象徴が表しているものは、別々に分離していたいというあなたの欲求にすぎません。

9. ゆるしはあなたの兄弟とあなたの間にあるものを取り去ってくれます。[2]ゆるしは兄弟と別々でいるのではなく一緒になりたいという欲求です。[3]私たちがそれを〝欲求〟と呼ぶのは、それはまだ他の選択肢を思っているからであり、選択の世界をまだ完全には超越していないからです。[4]しかしながら、この欲求は「天国」の状態と軌を一にしており、「神の意志」と対立するものではありません。[5]それはあなたの完全な遺産をあなたに与えるには遥かに及びませんが、今現在あなたがいる「天国」と、今どこにいるかそして自分が何者であるかについての認識との間に、あなたが置いた障害物を確実に取り除いてくれます。[6]事実は変わっていません。[7]しかしながら、事実を否定することは可能であり、その結果、事実が知られないということはあり得ます。事実は否定される前には知られていたのですが。

10. 完璧で完全な救いが求めるのは、真実であるものが真実であれというささやかな欲求であり、そこにないものを見過ごすというささやかな意欲であり、死と荒廃が支配するかのように見えるこの世界よりも「天国」が良いと語る小さなため息だけです。[2]あなたがそうするとき、喜びの答えが返ってきてあなたの内部に創造が生起し、あなたの目に見える世界は完全で完璧な「天国」に取って代わられるでしょう。[3]ゆるしとは、真実が真実であることを認める気持以外の何ものでもありません。[4]すべてのものをそれ自身の内部に包含する結合から別れて、癒されないままでいることができるものはありません。[5]罪は存在しません。[6]そして、「神の子」が自らの欲求と「神の意志」は一つであることを知覚した瞬間、あらゆる奇跡が可能となります。

11. 「神の意志」とは何でしょうか。[2]「神」は「子」がすべてのものをもつことを意図されています。[3]そして、「神」が「子」をすべてのものとして創造されたとき、「神」はこれを保証されました。4 あなたがもっているものはあなたそのものであるとしたら、何であれ失うことは不可能です。5 この奇跡によって創造があなたの機能となり、あなたはこの機能を「神」と共有しています。6 それは「神」を離れては理解されず、したがって、この世界においては何の意味ももちません。7 ここでは「神の子」はあまりに多くを求めるどころか、求めることがあまりにも少なすぎます。8 彼は自分自身のささやかな宝物を見つけようとして、すべてのものに属する自らの帰属性を犠牲にしようとします。9 そして、孤立感、喪失感、孤独感を抱くことなしにこれをすることはできません。10 彼が探し求めてきた宝物はこれです。11 そして、彼はそれを恐れることしかできません。12 怖れは宝物でしょうか。13 不安があなたの欲するものであり得るでしょうか。14 それとも、それはあなたの意志についての間違いでしょうか。そして、あなたの本質が何であるかについての間違いでしょうか。

12. 過ちを守るためではなく修正することができるように、過ちとは何かについて考えてみましょう。2 罪とは、攻撃は信念が生じたマインドの外側に投影できるという信念です。3 ここにおいては、考えはその源を離れることができるという確固たる信念が実在的で有意味なものにされています。4 そして、この過ちから罪と犠牲の世界が生起します。5 この世界は、攻撃を大事にしながらあなたの罪のなさを証明しようとする試みです。6 それが失敗していることは、あなたが理由は分からないながらも未だに罪の意識をもっていることで分かります。7 結果はその源から分離しているものと見なされ、あなたにはコントロールすることも阻止することもできないかのように見えます。8 このようにして別々にされているものは、決して一緒になることはできません。

13. 原因と結果は一つであり、分離したものではありません。2「神」はあなたが常に真実であったことを学ぶようにと意図されています。すなわち、「神」は「神」の一部としてあなたを創造されたということであり、考えはその源を離れないのですから、これは今も真実であるに違いありません。3 これが創造の法則です。すなわち、マインドが抱く考えの一つ一つは考えの豊かさを更に豊かにするのであって、減らすことは決してないということです。4 これは真に意図されることについて言えるだけでなく、何となく願望することについても同様に言えることです。なぜなら、マインドは欺かれることを願うことはできますが、自分をそもそも自分ではないものにすることはできないからです。5そして、考えが源を離れることができると信じるのは、幻想に真実であれと呼びかけて失敗することと同じです。6というのは、「神の子」を騙そうとしても成功は絶対にあり得ないからです。

14. 原因と結果を別々ではなく一緒にしたときに奇跡が可能となります。2原因を癒すことなく結果を癒しても単に結果を別な形に変えるだけです。3これは解放ではありません。4「神の子」は完全な救いと罪からの脱出以下のものでは決して満足できません。5というのは、救いと罪からの脱出が達成されない限り、「神の子」は何らかの犠牲を自分が払うことを要求し続け、そうすることによって、すべてのものは彼のものであり、いかなる種類の損失によっても制限されていないことを否定することになるからです。6小さな犠牲もその結果においては全体的な犠牲と同じです。7どのような形であれ損失が可能であるとすれば、「神の子」は不完全なものにされたことになり、本来の自分ではないことになります。8また、彼は自分自身を知らず、自分の意志も認識できないことになるでしょう。9彼は「父」および自分自身を強く否定し、憎しみの中で「両者」を自分の敵にしたのです。

15. 幻想は幻想が奉仕するようにと作られた目的に奉仕します。2そして、幻想はその目的から、どのようなものであれ幻想がもっているように見える意味を引き出します。3「神」は作られたすべての幻想に、幻想がどのような形をとったにせよ、奇跡を正当化するもう一つの目的を与えられました。4一つ一つの奇跡の中に癒しのすべてがあります。というのは、「神」は幻想のすべてが一つであるとして答えを与えられたからです。5そして、「神」にとって一つであるものは同じでなければなりません。6同じであるものを異なっていると信じているとすれば、あなたは自分を騙しているにすぎません。7「神」が一つであると呼ばれるものは永遠に一つであり、分離することはありません。8「神の王国」は一つであり、そのようなものとして創造されており、常にそのようなものであるでしょう。

16. 奇跡はあなたの古の「名前」を呼ぶだけであり、あなたはそれを認識するでしょう。なぜなら、真実はあなたの記憶の中にあるからです。2そして、あなたの兄弟は彼の解放とあなたの解放のためにこの「名前」に呼びかけます。3「天国」は「神の子」の上に輝いています。4あなた自身が解放されるように、兄弟を否定しないでください。5「神の子」は再び死なない選択をするまでは、瞬間ごとに再生します。6傷つけようという欲求をもつ度ごとに、「神の子」

は「神」が彼のために意図されるものの代わりに死を選択します。[7]しかしながら、瞬間瞬間が彼に生命を差し出します。なぜなら、「父」は彼が生きることを意図されるからです。

17. 十字架刑の中に救いがあります。というのは、苦痛も苦しみもない所に癒しは必要ないからです。[2]いかなる種類の攻撃に対してもゆるしが答えです。[3]すると、攻撃はその結果を奪われ、憎しみは愛の名において応えられます。[4]「神の子」を十字架刑や地獄、そして死から救う力を与えられたあなたにとって、すべての栄光が永遠でありますように。[5]というのは、あなたには「神の子」を救う力があるからです。なぜなら、「父」がそう意図されたからです。[6]そして、あなたの手に救いのすべてがあります。それは一つのものとして差し出され、受け取られるものとしてあります。

18. 「神」があなたに与えられた力を、「神」が望まれるような形で使うことは自然なことです。[2]「神」があなたを創造されたように在ることは傲慢ではありません。また、「神の子」の間違いのすべてに答えて彼を解放するために、「神」が与えてくださったものを活用するのも傲慢ではありません。[3]しかし、「神」が与えてくださった力を脇に置き、「神」が意図されるものの代わりに些細で無分別な欲求を選択するのは傲慢です。[4]あなたへの「神」の贈り物は無限です。[5]それが応えることができない状況はなく、その優雅な光の中で解決されない問題もありません。

19. 安らぎの中にいてください。「神」があなたにいて欲しいと願っておられる場所は安らぎです。[2]あなたの願いは安らぎの中で実現しますが、あなたはその安らぎをあなたの兄弟が見つけるための手段になってください。[3]私たちは一体となって、祝福を罪と死の世界にもたらしましょう。[4]というのは、私たちの一人一人を救うことができるものは、私たちすべてを救うことができるからです。[5]「神の子」の間には何の違いもありません。[6]特別性が否定する結合は、「神の子」のすべてを救うことができます。というのは、一つであるものはいかなる特別性ももつことはできないからです。[7]そして、すべてのものが彼ら一人一人のものです。[8]兄弟と兄弟の仲間の間にはいかなる欲求もありません。[9]一人から奪うことはすべての人から奪うことです。[10]しかしながら、一人の人にだけ祝福を与えることは、一つのものとしてのすべての人に祝福を与えることでもあります。

20. あなたの古の「名前」はすべての人のものです。それは、すべての人の名前があなたのものであるのと同じことです。2あなたの兄弟の名前を呼べば、「神」がお応えになるでしょう。というのは、兄弟を呼べば「神」を呼ぶことになるからです。3「神」を呼ぶすべての人に既にお応えになっている「神」が、答えを拒絶されることがあり得るでしょうか。4奇跡はまったく何の変化も起こすことはありません。5しかし、奇跡は、常に真実であったものをそうであると知らない人々に認識させることはできます。この小さな真実の贈り物によって、真実はただ真実であることを許され、「神の子」は「神の子」であることを許され、すべての創造物が解放されて「神の名前」を一つのものとして呼ぶことができます。

VIII. 救いの即時性

1. 残された一つの問題は、あなたがゆるし、それから兄弟を信頼した結果として恩恵を受け取るまでの間に、あなたには時間的な間隔が見えることです。2このことは、あなたがあなたと兄弟を少し分離させておくために、あなたと兄弟の間に維持している僅かなものを反映しているだけです。3というのは、時間と空間は一つの幻想であって、この幻想は様々な形をとるからです。4それがあなたのマインドを超えた所まで投影されれば、あなたはそれを時間と考えます。5それがある場所の近くまでそれが引き寄せられれば引き寄せられるほど、あなたはそれを空間として考えます。

2. 兄弟との間にあなたは一定の距離を保とうとしており、あなたはこの空間を時間として知覚します。なぜなら、あなたは彼の外部にいると未だに信じているからです。2これは信頼を不可能にします。3そして、あなたには信頼がすべての問題を解決するとは今や信じられません。4かくして、別々であると知覚されている利害に関して少し注意し、少し用心していたほうが安全であるとあなたは考えます。5この知覚からは、ゆるしが今差し出しているものを得られると考えることはできません。6贈り物の授与の間にあるとあなたが考える時間的間隔は、その間にあなたが犠牲を払い損失を経験する間隔であるように見えます。7救いがやがて来ることは見えますが、即時的な結果は見えません。

3. 救いは即時的です。2そのように知覚しなければ、あなたは救いを恐れるでしょう。というのは、救いの目的があなたの目的となってからその結果があなたの所までやって来る間に、損失を被る危険性が高いとあなたは信じるからです。3このような形でその過ちは不明瞭にされ、それが怖れの源となります。4救いはあなた方の間にあなたが未だに見ている空間を一掃し、あなた方を瞬間的に一つにするでしょう。5そして、ここに損失があるのではないかとあなたは恐れています。6この怖れを時間に投影しないでください。というのは、時間はあなたが知覚しているような敵ではないからです。7あなたが時間をどのようなものとして見るかという点を除けば、時間は肉体と同じように中立的です。8あなたが兄弟との間に少し空間を置きたいと思えば、少しの間ゆるしを控えておきたいと思うでしょう。9これは、ゆるしを与えない時間と与える時間との間の間隔を危険に見せるだけであり、その結果、恐怖が正当化されることになります。

4. しかしながら、あなたとあなたの兄弟の間にある空間は、**今**現在においてのみ明白であり、未来の時間においては知覚不可能です。2それは、現在の時間内においてしか見過ごすことができないものです。3未来における損失は、あなたが恐れるものではありません。4しかし、今、一体になるということをあなたは恐れます。5今以外の時に寂しさを感じることができる人がいるでしょうか。6未来の原因は、今現在に対しては結果をもたらしてはいません。7したがって、あなたが恐れているとすれば、現在の原因があるということになります。8そして、修正を必要としているのはまさに**これ**であって、未来の状態ではありません。

5. あなたが安全のために立てる計画はすべて未来に置かれていますが、未来の中で計画を立てることは不可能です。2未来にはまだ何の目的も与えられてはおらず、未来に何が起こるかについての原因はまだありません。3原因がないのに結果を予知できる人がいるでしょうか。4結果が生じて、その結果が**現在において**悲惨であると価値判断されたのでなければ、結果を恐れることは不可能です。5罪に対する信念は、怖れを目覚めさせ、その信念の原因と同じように、未来に目を向け、後ろを振り返りますが、今現在ここにあるものを見過ごします。6しかしながら、結果が既に恐ろしいものとして価値判断されたのであれば、その原因は今ここにあるに違いありません。7それを見過ごすとき、それは守られ、癒しから離れたままにとどめられます。8というのは、奇跡は**今**だからです。9奇跡は既にここにあります。現在の恩寵の中にあり、罪と怖れが見過ごした今という時間の唯一の間隔の中にあります。時間は今しか存在しません。

6. すべての修正の実行には時間はまったくかかりません。[2]しかしながら、修正の実行を受け容れるには永遠の時間がかかるように思われるかもしれません。[3]「聖霊」があなたの関係にもたらしてくれた目的の変化の中に、あなたが見ることになる結果のすべてがあります。[4]それを**今現在**見ることが可能です。[5]その結果がやがて起こるまで待ち、結果は既にそこに来ているのにそれは来ないかもしれないと心配するのは無駄というものです。[6]「神」からやって来るものはすべて善をもたらすとあなたは聞かされてきました。[7]しかし、それは事実ではないかのように見えます。[8]悲惨という形をとる善をあらかじめ評価することは困難です。[9]また、この考えには実際のところ分別はありません。

7. なぜ善なるものが悪の形をとって現れるべきなのでしょうか。[2]それは欺瞞ではないでしょうか。[3]それが仮に現れるとすれば、その原因はここにあります。[4]とすれば、その結果はなぜ明らかではないのでしょうか。[5]なぜ未来においてその結果が明らかになるのでしょうか。[6]そして、あなたはため息をつき、今は理解できないけれどいつか分かるだろうと〝理性的に考えて〟満足します。[7]そうすれば、その意味も明らかになるのでしょう。[8]これは理性ではありません。というのは、それは非公正であり、解放の時が間近にやって来るまでの罰を明らかに暗示しているからです。[9]善なるもののために目的が変更されたことを考慮すれば、その間に災難が降りかかってくる時間的間隔を、いつかは〝良くなる〟けれども今は苦痛の形をとっているものとして知覚する理由は何もありません。[10]これは**現在**を犠牲にすることであり、それは「聖霊」がいかなる代価も取らずに与えたものに対して求める代価ではあり得ません。

8. しかしながら、この幻想には原因があり、それは真実ではないにもかかわらず既にあなたのマインドの中にあるに違いありません。[2]しかし、この幻想は原因が引き起こす一つの結果にすぎず、原因の結果が知覚される一つの形です。[3]この時間における間隔の中で、〝善〟が懲罰の形をとって現れると知覚されますが、それはあなた方の間に横たわる僅かな空間の一側面にすぎず、それは未だにゆるされていません。

9. 未来の幸せに満足しないでください。[2]未来の幸せには何の意味もなく、それはあなたの正当な報酬でもありません。3というのは、あなたには今自由になる原因があるからです。4囚人の形をとっているものが自由に何の益をもたらすでしょうか。5解放がなぜ死を装うべきなのでしょうか。6遅らせることは無分別であり、現在ある原因の結果は未来の時まで遅らせなければならないとする〝理性的思考〟は、結果と原因は必ず一つのものとしてやって来るという事実をただ否定しているだけです。7自分をどこから救い出すべきかを見るときに、時間ではなく、あなた方の間に未だにある僅かな空間を見なければなりません。8その空間が偽って時間を装い、そうすることによって自らを保持することを許してはなりません。なぜなら、その形は変わり、その正体は認識不可能になるからです。9今や「聖霊」の目的はあなたの目的です。10「聖霊」の幸せはまたあなたの幸せでもあるべきではないでしょうか。

IX. というのは、彼らはやって来た

1. 兄弟の中にあるあなたの呼び声に応える「声」を目覚めさせるために、あなたの中から「神の声」が愛を込めて兄弟に呼びかけるとは、あなたはなんと神聖な存在であることか、そのことに思いを馳せてください。2そしてまた、彼の中にあなた自身の救いが眠っているとは、そして彼の自由も一緒にそこに眠っているとは、あなたの兄弟もなんと神聖な存在であることか、そのことに思いを馳せてください。3彼に有罪判決を下したいとあなたがどれほど願ったとしても、「神」が彼の中におられるのです。4あなたが「神」が選ばれた家を攻撃し、「神」を宿らせている者と戦っている間は、「神」があなたの中にもおられることはあなたには決して分からないでしょう。5兄弟を優しく見てください。6兄弟の栄光を見て、「天国」はあなたから分離したものではないことを喜ぶことができるように、自分の内部に「キリスト」を運んでいる兄弟を愛に満ちた目で見てください。

2. 罪のすべてをゆるしてもらい、一つの罪も大切に取っておくことがないように、「キリスト」をあなたのもとへと運んでくれる兄弟を、少しだけ信頼するようにと依頼するのは理不尽でしょうか。2あなたの兄弟とあなたの間に維持されている影は、「キリスト」の顔と「神」の記憶を不明瞭にすることを忘れないでください。3そして、あなたは「キリスト」と「神」を古の憎しみと交換したいと思うでしょうか。4あなたが立っている場所が神聖な場所であるのは、

あなたと一緒にそこに立っている「神」と「キリスト」が「彼ら」の罪のなさと安らぎでその場所を祝福されたからです。

3. 憎しみの血が次第に消え去り、草が再び青々と生え、花々が皆真っ白く夏の太陽の中できらきらと輝きます。2 死の場所であったものが、今や光の世界の生命ある神殿となったのです。3 それは「キリスト」と「神」のお陰です。4 神聖性を持ち上げて再び古の玉座に置いたのは「キリスト」と「神の存在」です。5「キリスト」と「神」のお陰で、憎しみが焼き焦がして荒廃させた不毛の地に、奇跡が草や花々として姿を現したのです。6 憎しみが作ったものを「キリスト」と「神」が解除されたのです。7 そして、今やあなたは誠に神聖な地に立っているために、「天国」もそれと一緒になろうとしてあなたの方に傾き、それを「天国」と同じものにしようとします。8 古の憎しみの影は今やなくなり、暗い影のすべては「彼ら」がやって来た地から永遠に消え去ります。

4. 「彼ら」にとって百年や千年は何でもありません。あるいは、一万年も何でもありません。2「彼ら」が来るとき、時間の目的は達成されます。3「彼ら」がやって来ると、これまで一度も存在したことのないものは無へと移行します。4 憎しみが当然の権利として要求していたものが放棄され、愛に道を譲り、自由が生きとし生けるもののすべてを輝かせて「天国」へと上昇させます。「天国」では一人一人が帰ってくる度ごとに、光は明るさを増していきます。5 不完全なものが再び完全なものとなり、「天国」の喜びは増大します。なぜなら、「天国」のものが「天国」に戻って来たからです。6 血にまみれた地上は清められ、狂気の者たちも狂気の衣服を脱ぎ捨てて、あなたが立っている場所で「彼ら」と一緒になります。

5. かくも長い間与えられることのなかった贈り物に「天国」は感謝します。2 というのは、「彼ら」は「彼ら自身のもの」を集めるためにやって来たからです。3 錠で閉ざされていたものが今や開け放たれ、光から隔離されていたものが放棄されたのです。光がその上に輝き、いかなる空間も距離も「天国」の光とこの世界の間にぐずぐずととどまることのないように、それが起こったのです。

6. 地球上のあらゆる場所の中で最も神聖な場所は、古の憎しみが今や愛になった場所です。2 そして、「彼ら」は「彼ら」のための家が設けられている生きた神殿にたちどころにやって来ます。3「天国」にはこれより神聖な場所はありません。4 そして、「彼ら」は、あなたの休息の場所としてだけでなく、「彼ら」の休息の場所として「彼ら」に差し出された神殿に住むためにやって来ました。5 憎しみが愛に解放したものは「天国」の輝きの中で最も明るい光になります。6 そして、「天国」のすべての光が、再び回復されたものに感謝して、更に明るく輝きます。

7. あなたの周囲で天使たちが優しく舞い、罪の暗い思いをすべて追い払い、光が入っていった場所に光がとどまるようにしています。2 あなたの足跡はこの世界を明るくします。というのは、あなたが歩く所にはゆるしが喜んでついていくからです。3 地上に住む人で、自分の家を再興し、凍てつく冬の凍えるような寒さから自分を守ってくれた人に対して感謝しない人はいません。4 そして、「天国の主」と「神の子」がそれよりもはるかに多くのものへの感謝の表現として、それよりも少なく与えるということがあるでしょうか。

8. 今や、生きた「神」の神殿がそれを創造した「神」を宿らせるものとして再建されたのです。2「神」が宿られる所には「神の子」も宿り、離れることはありません。3 そして、遂に歓迎されたことに「彼ら」は感謝します。4 十字架が立っていた場所に今や復活した「キリスト」が立ち、古の傷は「キリスト」の視覚の中で癒されます。5 殺すためにやって来た古の敵意を祝福し、それに取って代わるために古の奇跡が訪れたのです。6 穏やかに感謝の念をもって、「父なる神」と「神の子」は、本来「彼らのもの」であり永遠に「彼らのもの」であるものへと帰ります。7 今や「聖霊」の目的は果たされました。8 というのは、「彼ら」がやって来たからです！ 9 というのは、「彼ら」が遂にやって来たからです！

X. 非公正の終焉

1. それでは、あなたが「彼らの存在」を実現するために解除すべきことで残っていることは何でしょうか。2 それは、以下のことだけです。あなたは、攻撃が正当化されてしかるべき時と、攻撃は不公平で許されるべきではないと考える時について異なった見解をもっています。3 攻撃が不公平であると知覚した時には、怒りの反応は公正であると考えます。4 かくして、あなたは同じであるものを異なったものであると見なします。5 混乱は限定されません。6 いったん混乱が生じれば、それは全体的なものとなります。7 そして、混乱が存在すれば、それがどのような形をとろうとも、「彼らの存在」を隠すことになります。8「彼ら」は明確に知られるか、まったく知られないかのいずれかです。9混乱した知覚は知識を妨害します。10それは混乱の大きさの問題でもなければ、それがどの程度妨害するかという問題でもありません。11それがただ存在するだけで、「彼らの存在」に対するドアは閉ざされ、「彼ら」は知られないままにとどまることになります。

2. ある種の形をとった攻撃をあなたが自分にとって不公平であると知覚するというのは、いったい何を意味するのでしょうか。2それはあなたが公平であると考える形があることを意味します。3というのは、そうでなければ、ある形が不公平であると評価することは不可能だからです。4したがって、ある形は意味を与えられ、分別があると知覚されます。5そして、ある種の形だけが無意味であると見なされます。6これは、すべての攻撃は無分別であり、原因と結果を等しく欠いており、いかなる種類の結果ももつことはあり得ないという事実を否定しています。7「彼ら」の輝ける罪のなさと、その罪のなさはあなた自身のものであると同時に、すべての生きとし生けるものに平等に属するというあなたの自覚の間に何らかのヴェールがかかっていれば、それによって「彼らの存在」は不鮮明なものとなります。8「神」は制限を加えることはされません。9したがって、制限されているものは「天国」であるはずがありません。10したがって、それは地獄であるに違いありません。

3. 不公平と攻撃は一つの間違いであり、しっかりと合体しているために、片方が知覚される場所には他方もまた必ず見つかります。2あなたが不公平に扱われるということはあり得ません。3不公平に扱われているという信念は、あなた以外の誰かによって奪われているという考えが形を変えたものです。4犠牲の原因の投影が、不公平であり正当な報酬ではないと知覚されるすべてのものの根底にあります。5しかしながら、「神の子」に対する深甚なる非公正において、自分自身にこれを求めているのは他ならぬあなたです。6あなたには自分以外の敵はいません。そして、実際に、あなたは「神の子」にとっての敵です。なぜなら、あなたは「神の子」は自分自身であると知らないからです。7本来の自分であることをないがしろにされ、自分自身である権利を否定され、本来自分に与えられるべき「父の愛」と自分自身の愛を犠牲にするよう求められることよりも大きな非公正があり得るでしょうか。

4. 自分が不公平に扱われていると知覚したい誘惑に気をつけてください。2この見解においては、「彼らのもの」ではなくただあなただけのものである罪のなさを求めようとしており、しかも、誰かの罪悪感を犠牲にしてそれを求めようとしています。3 あなたの罪悪感を誰かに与えることによって罪のなさを買うことができるでしょうか。4 あなたが誰かを攻撃して手に入れようとしているのは罪のなさでしょうか。5 あなたが求めているのは、「神の子」へのあなた自身の攻撃に対する報復ではないでしょうか。6 あなたはこれに関して罪はなく、罪がないにもかかわらず犠牲者にされていると信じたほうがより安全ではないでしょうか。7 罪悪感のゲームがどのような形で演じられようとも、そこには必ず損失があります。8 誰かが罪のなさを他の誰かから奪って自分のものとするためには、自分の罪のなさを失わなければなりません。

5. あなたは兄弟があなたに対して不公平であると考えています。なぜなら、誰かを罪のない者とするためには誰かが不公平でなければならないと考えるからです。2 そして、このゲームにおいて、あなたはあなたの関係のすべてに関して一つの目的を知覚します。3 そして、関係に与えられた目的にあなたはこれを付け加えようとします。4「聖霊」の目的は、あなたの神聖な「客人」の「存在」をあなたに知らせることです。5 そして、この目的には何も付加することはできません。というのは、この世界は、これがなければ無目的になるからです。6 この一つの目標に何かを付加することも、それから何かを奪うことも、この世界から、そしてあなた自身からすべての目的を奪い取るだけです。7 そして、あなたは、この世界を「聖霊」に見える機能もなく目的もないものにすることによって、この世界があなたの上にもたらすように思われる不公平の一つ一つをこの世界の上に置いてきました。8 かくして、地上のすべての生きとし生けるものに対して、単純な正義が否定されてきました。

6. 不公平な価値判断を下すあなたに対して、そして、あなたが価値判断した他の人々に対して、この非公正がどのような害を与えるか、それはあなたには計り知ることもできません。2 世界は暗く恐ろしげなものとなり、あなたの道を照らすべく救いがもたらしてくれる、きらきらと明るく輝く火花の痕跡も知覚できなくなります。3 こうして、あなたは光を奪われ、暗闇の中に見捨てられ、不毛な世界に何の目的もなく、不公平にも置き去りにされます。4 この世界は公平です。なぜなら、「聖霊」が非公正を内なる光のもとへともっていき、そこですべての不公平は解決され、正義と愛に取って代わられたからです。5 いかなる場所においてであれ非公正を知覚したならば、次の言葉を言うだけで十分です。

6 **これによって、私は「父」と「神の子」の「存在」を否定します。**

7 **私は非公正を見るよりも、「彼ら」について知りたいと思います。非公正は、「彼らの存在」の輝きで消し去られます。**

第27章　夢の癒し

I. 十字架刑の絵

1. 不公平に扱われたいという欲求は、攻撃と罪のなさを組み合わせようとする妥協の試みです。[2]まったく相容れないものを組み合わせて、絶対に結合できないものを一つにできる人がいるでしょうか。[3]穏やかな道を歩めば、夜中に悪を恐れることもなく影を恐れることもないでしょう。[4]しかし、あなたの道に恐怖の象徴を置かないでください。さもないと、あなたの兄弟とあなたが逃れることのできない茨の冠を編むことになるでしょう。[5]あなたは自分だけを十字架にかけることはできません。[6]そして、もしもあなたが不公平に扱われているとしたら、そのようにあなたを扱っている人は、あなたが見ている不公平に苦しまなければなりません。[7]あなたは自分だけを犠牲にすることはできません。[8]というのは、犠牲は全体的だからです。[9]仮に犠牲が起こり得るとすれば、それは「神」の創造物のすべてと、「父」および「父の最愛の子」の犠牲をも引き起こすことになります。

2. 犠牲からのあなたの解放において兄弟の解放が顕在化され、それは兄弟の解放でもあることが示されます。[2]しかし、あなたが被る苦痛の一つ一つは、彼が攻撃の罪を犯していることの証拠であるとあなたは考えます。[3]かくして、あなたは自分自身を兄弟が罪のなさを失ったことのしるしとし、自分を見さえすれば彼が有罪判決を受けたことが分かると考えます。[4]そして、あなたにとって不公平であったものが正当性を主張しながら彼の所にやって来ます。[5]あなたが受ける非公正な報復は今や彼のものとなり、それが彼の上に安らぐとき、あなたは解放されます。[6]あなた自身を兄弟の罪の生きた象徴にしようと思ってはなりません。というのは、あなたが彼のために作った死から逃れることはあなたにもできないからです。[7]しかし、彼の罪のなさの中にあなた自身の罪のなさを見出すことはできます。

3. 苦しむことに同意し、奪われることに同意し、不公平に扱われることに同意し、何かを必要としていることに同意する度に、あなたは「神の子」を攻撃しているとして兄弟を責めています。2彼の罪があなたの血と死で「天国」に描かれていることを見せるために、あなたはあなたが十字架にかけられている絵を彼の目の前に掲げ、彼の前に歩いていき、「天国」の門を閉め、彼を地獄に落とします。3しかしながら、これは地獄に描かれているのであって、「天国」に描かれているのではありません。「天国」においては、あなたは攻撃を超越しており、彼の罪のなさを証明します。4あなたが彼に差し出すあなた自身の絵は自分自身に見せているのであり、それにあなたの信頼のすべてを与えているのです。5「聖霊」は苦しみも非難もまったくないあなたの絵を、彼に与えるようにとあなたに差し出します。6そして、彼の罪の殉教者とされたものが、彼の罪のなさの完璧な証人となります。

4. 証人の力には信じられないものがあります。なぜなら、その軌跡に確信を残すからです。2証人が信じられるのは、自分自身を超えて自らが代表するものを指し示すからです。3病み、そして苦しんでいるあなたは、兄弟の罪を表しているにすぎません。すなわち、それは彼が与えた傷を忘れさせないようにあなたが送る証言であり、彼をそれから絶対に逃れさせまいとあなたは誓います。4この病んだ哀れな絵を、彼を罰するのに役立ちさえすれば良いとあなたは受け容れます。5病める者はすべての人に対して容赦せず、病気を伝染させて殺そうとします。6〝兄弟よ、見てくれ、あなたの手で私は死ぬ〟と言うことができるのであれば、死は簡単に払うことができる代価です。7というのは、病気は兄弟の罪の証人であり、死は兄弟の過ちが罪であるに違いないことを証明するからです。8病気は〝小さな〟死にすぎません。それは一種の報復ですが、まだ完全ではありません。9しかしながら、死は自らが代表するもののために確信をもって語ります。10兄弟に送った暗く苦々しい絵をあなたは悲しみの中で見つめました。11その絵が兄弟に示したもののすべてをあなたは信じました。なぜなら、それは彼の中にある罪を証言したからです。その罪をあなたは知覚し、愛したのです。

5. 今や「聖霊」に触れられて優しくなった手に、「聖霊」が異なったあなたの絵を置きます。2それも肉体の絵です。というのは、あなたの本質は見ることも絵にすることもできないからです。3しかし、この肉体は攻撃の目的で使われたことはありません。したがって、苦痛を味わったことはまったくありません。4あなたは傷つけられることがないという永遠の真実をそれは証言し、それ自身の彼方にあるあなたの罪のなさと彼の罪のなさを指し示します。5これをあなたの兄弟に見せなければなりません。あなたの兄弟はすべての傷が癒されているのを見て、涙の一粒一粒が笑いと愛の中でぬぐい去られるでしょう。6 そして、彼はそこに彼のゆるしを見るでしょう。そして、癒された目をもってその彼方を見て、あなたの中に罪のなさを見るでしょう。7 彼は一度も罪を犯したことはなく、彼の狂気が彼に命じたことは一度も実行されたことはなく、いかなる種類の結果も引き起こしてはいないという証拠がここにあります。8 彼が自分の心に加えたいかなる非難も正当化されたことはなく、いかなる攻撃も怖れの毒のある容赦ない一刺しで彼に触れることはできないという証拠です。

6. 兄弟の罪ではなく、罪のなさを証言してください。2 あなたの癒しが彼の慰めであり、彼の健康です。なぜなら、幻想は真実ではないことをあなたの癒しは証明するからです。3 この世界の動機は生への意志ではなく死への欲求です。4 この世界の唯一の目的は罪の実在性を証明することです。5 世俗的な思いや行動や感情にはこれ以外の動機はありません。6 これらのものが信用できる証人として召喚され、それらが代弁し象徴するシステムに信憑性を与えます。7 そして、それぞれが様々な声をもっていて、別な言葉であなたの兄弟やあなた自身に語りかけます。8 しかしながら、両者にとってそのメッセージは同じです。9 肉体という装飾品は罪の証人がいかに美しいものであるかを見せようとします。10 肉体についての心配は、あなたの生命がいかに脆弱で傷つきやすいものであるか、そして、あなたの愛するものがいかに簡単に破壊されるものであるかを実証しています。11 憂鬱は死について語り、虚栄心はどんなことに関してでも本当に関心をもっていると語ります。

7. 無益性の最強の証人はどのような形であれ病であり、他のすべてを補強して罪が正当化される絵を描く助けをします。2 病んでいる者は不自然な願望や奇妙なものを必要としますが、その一つ一つに関して理由をもっています。3 というのは、かくも短く中断される人生を生きるとなれば、誰でもつかの間の喜びを大切にするからです。4 持続する喜びなどというものがあり得るでしょうか。5 か弱き者たちは、奪い取った快楽の一つ一つは彼らのささやかな人生の正当な報酬であると信じる権利があるのではないでしょうか。6 彼らが快楽の恩恵を享受しようとしまいと、死がそのすべてに対する代価を払ってくれます。7 人生をどのように過ごそうとも、終わりは必ずやって来ます。8 そういうわけですから、瞬く間に過ぎゆくはかないものに喜びを見出すべきだというわけです。

8. これらの考えは罪ではありませんが、罪と死は実在し、罪のなさと罪は墓地での終焉において同様に終わりを告げるという奇妙な信念の証人です。2もしもこれが真実であるとすれば、そうできる場所ではかない喜びを求め、ささやかな快楽を大切にして満足していることにもっともな理由があるでしょう。3しかしながら、この絵においては、肉体は中立的なものとしては知覚されておらず、また、それ自体には内在的な目標はないものとして知覚されていません。4というのは、肉体は非難の象徴にして結果を今も目にすることができる罪のしるしとなるからです。そのため、罪の原因を否定することは絶対に不可能です。

9. あなたの機能は、罪が原因をもつことはあり得ないことを兄弟に示すことです。2あなたの機能は絶対に存在し得ないという証拠の絵として自分自身を見るというのは、なんと無益なことでしょうか。3「聖霊」の絵は、肉体をそもそも肉体ではないものに変えることはしません。4非難と非難されてしかるべきもののしるしのすべてを取り去るだけです。5目的なしに描かれている「聖霊」の絵は、病んでいるとも健康であるとも知覚されず、悪いものとも良いものとも知覚されません。6いかなる形であれ価値判断されるための根拠は、何一つ差し出されていません。7それには生命もありませんが死んでもいません。8それは愛や怖れの体験のすべてから離れた所に立っています。9というのは、それは今はまだ何も証言せず、その目的はまだオープンであるために、マインドは再び解放されてそれが何のためにあるのかを自由に選択することができるからです。10今現在、それは有罪判決を受けてはおらず、やがて受け取る機能を果たすことができるように、目的が与えられるのを待っています。

10. 罪の目標が取り去られた空っぽの空間の中で、「天国」を自由に思い出すことができます。2ここには「天国」の安らぎが訪れることが可能であり、完璧な癒しが死に取って代わります。3死の悪臭の中で呼吸することに倦んだ人々にとって、肉体は生命のしるしとなり、救いを約束するものとなり、不滅性の息吹となることができます。4肉体が癒しをその目的とすることを許しましょう。5そうすれば、肉体は自らが受け取ったメッセージを送り、その健康と美によって肉体が表す真実と価値を宣言するでしょう。6永遠に攻撃されることのない終わりなき生命を表す力を肉体にもたせましょう。7そして、あなたの兄弟に対するメッセージを次のようなものにしましょう。〝兄弟よ、私を見てください。あなたの手によって、私は生きます〟。

11. これを達成するための単純な方法はこうです。肉体に過去の目的をもたせないようにすれば良いのです。過去において、あなたは肉体の目的は罪悪感を助長することであると確信していました。2というのは、この考えは、欠陥のあるあなたの絵は肉体が象徴しているものの永続的なしるしであると主張するからです。3これは、異なった見解、ないしは、別な目的を肉体に与える余地を残しません。4あなたはその目的を理解していません。5あなたはただ、自分自身から自分の機能を隠すために作ったものに目的の幻想を与えただけです。6目的をもたないこのものは「聖霊」が与えた機能を隠すことはできません。7とすれば、その目的とあなたの機能を遂に和解させて一つのものに見えるようにしたいものです。

II. 癒しへの怖れ

1. 癒しは恐ろしいでしょうか。2多くの人にとって、その答えはイエスです。3というのは、非難が愛の障壁としてあり、傷ついた肉体は非難者だからです。4彼らは信頼と安らぎの道にしっかりと立ちはだかり、脆弱な者は信頼に値せず、傷ついた者には安らぎをもてる理由はないと宣言します。5兄弟に傷つけられた者で、兄弟をなおも愛し、なおも信頼できる人がいるでしょうか。6兄弟は過去に攻撃したことがあり、未来においても再び攻撃するでしょう。7彼を守ってはなりません。なぜなら、あなたの傷ついた肉体は、彼から守られなければならないのは**あなた**であることを示しているからです。8ゆるすことは慈悲の行為であるかもしれませんが、彼はまだそれを受けるに値しません。9彼は罪に関して哀れみを与えられても良いでしょうが、罪を免除されるべき人ではありません。10彼が犯した罪をゆるすならば、彼がこれまで実際にため込んだすべての罪悪感を更に増やすだけです。

2. 癒されていない者にはゆるすことはできません。2というのは、彼らは、ゆるしは不公平であるという証人だからです。3彼らは、自分が見過ごす罪悪感の結果を保持するでしょう。4しかしながら、実在すると信じている罪を誰もゆるすことはできません。5そして、結果をもつものは実在するものでなければなりません。なぜなら、それがやったことがそこにあって見えるからです。6ゆるしは哀れみではありません。ゆるしは自分が真実であると考えることをゆるそうとするだけです。7悪に対して善を返すことはできません。というのは、ゆるしは最初に罪を確立して、それから罪をゆるすことはしないからです。8 〝兄弟よ、あなたは私を傷つけた。しかし、二人の中では私のほうが優秀だから、あなたが私に与えた傷に関してあなたをゆるすことにします〟と本気で言える人はいないでしょう。9 兄弟に対するゆるしとあなたの傷は共存できません。10 片方が必然的にもう一方を否定し、それを偽りにします。

3. 罪を証言しながら罪をゆるすことは、理性には理解できない逆説です。2 というのは、理性はあなたに対してなされたことはゆるしには値しないと主張するからです。3 そして、ゆるしを与えることによって兄弟に哀れみはかけますが、兄弟は本当のところは無罪ではないという証拠を保留します。4 病んでいる者は非難者であり続けます。5 彼らは兄弟も自分自身もゆるすことはできません。6 というのは、真のゆるしが宿っている人が苦しむことはあり得ないからです。7 真のゆるしが宿っている人は、罪の証拠を兄弟の目の前に掲げることはしません。8 このようなわけですから、彼は罪を見過ごし、罪を自分の目から取り去ったに違いありません。9 ある人だけをゆるして他の人をゆるさないということは不可能です。10 ゆるす者は癒されます。11 彼の癒しの中に彼が本当にゆるしたということの証拠があります。そして、自分自身に対して、またいかなる生命体に対しても、咎める気持をもっていないということの証拠があります。

4. ゆるしはあなたの兄弟とあなた自身に癒しをもたらさなければ実在しているとは言えません。2 彼の罪が実在しないことを実証するためには、彼の罪があなたに何の影響も及ぼしていないことを証言しなければなりません。3 これ以外の方法で彼が無罪になることは不可能です。4 罪が罪悪感を保証する結果を何ももたらさなければ、彼の罪のなさをどうやって正当化することができるでしょうか。5 解除することができず、完全には見過ごすことができない結果を必然的に伴うからこそ、罪はゆるすことはできないものです。6 罪を解除するという行為に、罪は単なる過ちであることの証拠があります。7 あなたがゆるしの気持をもち、兄弟とあなた自身に救いを差し出すことができるように、自分自身が癒されることを許してください。

5. 壊れた肉体はマインドが癒されていないことを示しています。2 癒しの奇跡は、分離は何の結果ももたらさないことを証明しています。3 あなたが彼に対して証明することをあなたは信じるでしょう。4 証言の力はあなたの信念から生まれます。5 そして、あなたが言ったり行ったり考えたりすることのすべては、あなたが彼に教えることを証言しているにすぎません。6あなたの肉体は彼が原因で苦痛を体験したことは一度もないことを教えるための手段となり得ます。7肉体は癒されることで、彼の罪のなさについて沈黙の証言を差し出すことができます。8この証言こそ、千人の人が語るよりも強大な力をもって語ることができるものです。9というのは、ここにおいて、彼に対するゆるしが彼に対して証明されているからです。

6. 奇跡があなたに与えたよりも少ないものしか兄弟に差し出さないということはあり得ません。2それと同じように、あなたの癒しはあなたのマインドが癒されたこと、そして、彼がしなかったことをゆるしたことを示しています。3したがって、彼は彼の罪のなさが失われたことは一度もないことを納得し、あなたと一緒に癒されたのです。4かくして、この世界が決して解除することはできないと証言するすべてのものを奇跡は解除します。5そして、絶望と死は、古の朗々たる生命の呼び声の前にあっては姿を消さなければなりません。6この呼び声は、死と罪のかぼそく惨めな叫びを遥かに超越した力をもっています。7「父」から「子」に向けての古の呼びかけは、そして、「子」の「自分自身の子」に対する呼びかけはこの世界が聞く最後のトランペットとなるでしょう。8兄弟よ、死は存在しません。9兄弟によって傷つけられてはいないことを兄弟に示したいと思ったとき、あなたはこれを学びます。10彼は手にあなたの血が付いていると考えており、したがって自分は有罪であると思っています。11しかしながら、彼の罪悪感は意味のない夢の織り地にすぎないことを、あなたの癒しによって彼に示す力をあなたは与えられています。

7. 奇跡はなんと公正なものでしょうか。2というのは、奇跡は、罪からの完全な解放という贈り物をあなたの兄弟とあなた自身に平等に与えるからです。3あなたの癒しはあなただけでなくあなたの兄弟をも救います。そして、あなたが癒されるのは彼のためを思ったからです。4奇跡は次の法則に従います。すなわち、癒しは特別性をまったく見ないということです。5奇跡は哀れみから生まれるのではなく愛から生まれます。6そして、愛は、すべての苦しみははかない想像にすぎず、何の結果ももたらさない愚かな欲求にすぎないことを証明するでしょう。7あなたの健康は、手にはまったく血が付いておらず、心は罪の証拠で重くなってはいない存在として兄弟を見たいという願望の結果です。8そして、あなたが願うことは与えられ、それをあなたは見ることができます。

8. あなたの平静な心の〝代価〟は彼の代価でもあります。[2]この〝価格〟については、「聖霊」とこの世界は異なった解釈をします。[3]この世界はそれを、あなたの救いは兄弟の救いを犠牲にするという〝事実〟を述べたものであると知覚します。[4]「聖霊」は、あなたの癒しは兄弟の癒しの証人であり、兄弟の癒しとまったく区別することはできないものであることを知っています。[5]兄弟が苦しむことに同意する限り、あなたは癒されないでしょう。[6]しかしながら、あなたは彼の苦しみは無目的であり、まったく何の原因もないことを彼に示すことができます。[7]あなたが癒されたことを彼に示せば、彼が苦しみに同意することはなくなるでしょう。[8]というのは、彼の罪のなさがあなたの視覚と彼の視覚において確立されたからです。[9]笑いがため息に取って代わるでしょう。なぜなら、「神の子」が自分はまさに「神の子」であることを思い出したからです。

9. それでは、誰が癒しを恐れているのでしょうか。[2]兄弟の犠牲や苦痛が自分の平静な心を表しているように見える人々だけです。[3]彼らの絶望と弱さは、彼らが兄弟の苦痛を正当化する根拠を表しています。[4]兄弟が絶えず苦しむ罪悪感の刺すような痛みは、兄弟は奴隷であることを証明しますが、彼らは自由です。[5]彼らが体験する絶えざる苦しみは、彼らが自由であることを実証します。なぜなら、彼らは兄弟を縛りつけておくからです。[6]そして、犠牲のバランスを崩さないために病気を願望します。[7]このような病気を肯定する議論に「聖霊」を一瞬といえども、いやそれよりも短い時間すらも引き留めておくことは不可能です。[8]狂気に耳を傾けるために立ち止まって、あなたの癒しを遅らせる必要などあるはずがありません。

10. 修正はあなたの機能ではありません。[2]修正は罪悪感ではなく公平性を知っている「存在」のものです。[3]あなたが修正の役割を演じれば、ゆるしの機能を失うことになります。[4]修正とはゆるすことにすぎず、非難することではないことを学ぶまでは、誰もゆるすことはできません。[5]あなたは一人ではゆるしと修正が同じであることが見えず、したがって、修正はあなたのものではありません。[6]帰属性と機能は同じものであり、自分の機能によってあなたは自分自身を知ります。[7]したがって、あなたの機能を「別な存在」の機能と混同すれば、あなたは自分自身について、また、自分が何であるかについて混乱しているに違いありません。[8]分離とは、「神」の機能を「神」から奪って、それが「神」のものであることを否定したいという欲求にすぎません。[9]しかしながら、それが「神」のものでないとすれば、あなたのものでもありません。というのは、あなたが奪うものをあなたは失わなければならないからです。

11. 分裂したマインドにおいては、帰属性は分断されているように見えるに違いありません。2また、相反する目的や異なった目的をもっている機能を一つのものとして見ることは誰にもできません。3それほどに分裂したマインドにとっては、修正はあなたが自分のものであると考えている罪を、誰か他人において罰するための手段であるに違いありません。4かくして、彼はあなたの兄弟ではなく犠牲者となり、あなたとは異なっており、あなたよりも罪が深く、したがって、彼よりもより罪がないあなたによる修正を必要としているということになります。5これによって彼の機能はあなたの機能から分裂し、あなた方は異なった役割をもつことになります。6したがって、あなた方は一つのものとして知覚されることはなく、一つの目的だけを共有する帰属性を意味する一つの機能をもったものとして知覚されることはありません。

12. **あなた**が行う修正は分離しなければなりません。なぜなら、それがあなたが修正に与えた機能だからです。2修正はゆるしと同じであることを知覚するとき、あなたは「聖霊のマインド」とあなたの「マインド」も「一つ」であることを知ります。3こうして、あなた自身の「帰属性」が発見されます。4しかしながら、「聖霊」は与えられるもので活動をしなければなりませんが、あなたは「聖霊」にマインドの半分しか許しません。5かくして、「聖霊」は他の半分を代表し、あなたが大切にして自分のものであると思っている目的とは異なった目的をもっているように見えます。6こうして、あなたの機能は分断され、機能の半分がもう一方の半分と対立しているように見えることになります。7そして、この二つの半分は、二つであると知覚されている自己における分裂を表しているように見えます。

13. この自己についての知覚がどのように延長されなければならないかを考えてみるべきです。そして、思いの一つ一つが延長されるのは、思いの本来の性質からしてそれがその目的であるという事実を見過ごしてはなりません。2二つである自己という考えから、機能は二人の間で二つに分けられているという見解が必然的に生まれます。3そして、あなたが修正するのは過ちの半分だけですが、あなたはそれで全部だと考えます。4あなたの過ちと彼自身の過ちが一つのものと見なされなければ、あなたの兄弟の罪が修正の中心的な標的になります。5あなたの過ちは間違いですが、彼の過ちは罪であり、あなたの過ちと同じではありません。[6]彼の過ちは罰に値しますが、あなたの過ちは公平な観点からして見過ごされるべきものとなります。

14. 修正についてのこのような解釈においては、自分自身の間違いは見えることさえありません。[2]修正の焦点はあなた以外の場所に置かれ、この知覚が継続している間は、あなたの一部にはなり得ない人の上に置かれます。[3]有罪判決を受けているものを、それを非難している者の所に返すことは絶対に不可能です。その非難者はそれを過去においても憎み、現在も自分の怖れの象徴として恐れているからです。[4]これがあなたの兄弟であり、あなたの憎しみの焦点であり、あなたの一部になるに値せず、したがってあなた自身の外部にあります。それはすなわち、否定されているもう一方の半分です。[5]そして残されているものだけがあなたのすべてであるとして知覚されます。[6]この残りの半分に対して、「聖霊」はあなたがそれを他の半分であると認識するまで、他の半分を代表しなければなりません。[7]そして、「聖霊」はあなたとあなたの兄弟に異なった機能ではなく、一つの機能を与えることによってこれを達成します。

15. 修正は両者に与えられている機能であり、単独ではどちらにも与えられてはいません。[2]それが共有されて実現するとき、それはあなたと兄弟の間違いを必然的に修正することになります。[3]一人の間違いを癒さずに、もう一人だけを解放することはできません。[4]それは分断された目的であり、分かち合うことは不可能であり、したがって、「聖霊」が「聖霊自身の目標」をその中に見る目標ではあり得ません。[5]「聖霊」が自分のものと見なさず、かつ自分のものとして認識しない機能を果たさないことは確実です。[6]というのは、あなたの機能について「あなた」は別な見解をもっているにもかかわらず、こうすることによってのみ「聖霊」はあなたの機能をしっかりと保護することができるからです。[7]「聖霊」が分断された機能を支持したならば、あなたは完全に道に迷ったでしょう。[8]「聖霊」の目標が分断されてあなたと兄弟にとって別々なものになっているとは、「聖霊」には見ることができないために、あなた自身のものではない機能を意識することからあなたは守られています。[9]こうして、あなたとあなたの兄弟に癒しが与えられます。

16. 修正は、修正とゆるしが同じものであることを知っている「存在」に任されなければなりません。[2]マインドの半分だけではこれは理解できません。[3]したがって、目的において分裂しておらず、一つの機能を唯一の機能と見なしているがために一体となって機能している「マインド」に修正は任せなければなりません。4ここにそれに与えられた機能があり、それは「それ自身のもの」であると考えられ共有されてきたが故に、それを「与えた存在」が保持する機能と別のものではありません。5「聖霊」がこの機能を受け容れることに、あなたのマインドを一つにするための手段がかかっています。6あなたが分離していると知覚する二分されたあなたを、「聖霊」の唯一の目的が一つにします。7兄弟が彼の半分を彼の一部として受け容れることができるように、それぞれが相手をゆるします。

III. すべての象徴を超えて

1. 力は反対することはできません。2というのは、反対は力を弱め、弱くなった力は概念的に矛盾しているからです。3弱い強さは無意味であり、弱めるために用いられる力は制限するために使用されています。4したがって、その力は制限されて弱いものであるに違いありません。なぜなら、それがその目的だからです。5力が力であるためには、反対するものがあってはなりません。6弱さが力の中に侵入すれば、力を本来のものとは異なったものに変えることになります。7弱めることは制限することであり、それが攻撃する概念と矛盾する正反対のものを強制することです。8こうすることによって、その概念にそれとは異なる何かを合体させ、それを意味不明なものにします。9〝弱体化した力〟、〝憎悪に満ちた愛〟などという二重概念を誰が理解できるでしょうか。

2. あなたの兄弟は〝憎悪に満ちた愛〟、〝弱体化した力〟、そして何よりもまず、〝生ける死〟の象徴であるという結論をあなたは出しました。2したがって、彼はあなたにとって何の意味もありません。というのは、彼は無意味なものを表しているからです。3彼は二重の思いを代表しており、その半分は残りの半分によって相殺されます。4しかしながら、その半分も自らが相殺した半分によって直ちに否定され、したがって、両者共に姿を消すことになります。5そして、今や彼は無を表すだけです。6存在不可能な考えを代表するだけの象徴は、必然的に何もない空間と無を代表することになります。7しかしながら、無や何もない空間は妨害にはなり得ません。8実在についての自覚を妨害できるのは、そこに何かがあるという信念です。

3. あなたに見える兄弟の絵には何の意味もありません。2攻撃すべきものも否定すべきものもなく、愛すべきものも憎むべきものもなく、力を付与すべきものも弱いと見なすべきものもありません。3その絵は完全に相殺されてしまいました。なぜなら、それが表す思いを相殺した矛盾を象徴していたからです。4かくして、この絵にはまったく何の原因もありません。5原因なくして誰が結果を知覚できるでしょうか。6原因のないものは無以外の何であり得るでしょうか。7あなたに見える兄弟の絵は完全になかったものであり、一度も存在したことがないものです。8したがって、その絵が占める何もない空間を虚空の空間として認識し、その絵を見ることに捧げられた時間を無為に過ごした時間、何もしなかった時間として知覚しましょう。

4. 何かによって占められているとは見えない何もない空間、そして、使われているようには見えず完全には塞がれているようにも見えない時間的な間隔は、真実に対し中に入ってそこでくつろいでくださいと無言のままに招いています。2この招待の本当の魅力を更に高めるような準備をすることは不可能です。3というのは、あなたが空っぽにしておく場所は「神」が満たされるからであり、「神」がおられる場所には必然的に真実があるからです。4反対物がなく弱体化されていない力が創造の本質です。5これには何の象徴も存在しません。6真実以上のものを指し示すものはありません。というのは、すべてのものより多くのものを代表することができるものはないからです。7しかしながら、真の解除は優しくなければなりません。8したがって、あなたの絵の最初の代わりの絵は、別な種類の別な絵でなければなりません。

5. 無を絵にすることができないのと同じように、全体性の象徴はありません。2実在は究極的には形のないままに知られ、絵にされることもなく、見られることもありません。3ゆるしは現在のところ完全に制限のないものとして知られている力ではありません。4しかしながら、ゆるしはあなたが課すことを選択した制限を課すことはしません。5ゆるしは真実を一時的に代表するための手段です。6援助が無意味になり学びが完了するときまで、「聖霊」が絵を交換することを可能にするのがゆるしです。7学習補助教材が学びの目標以上に延長されて活用されることはありません。8学びの目的が達成されたとき、その機能はなくなります。9しかしながら、学んでいる間はそれには活用法があり、あなたは今それを恐れていますが、やがてそれを愛するでしょう。

6. つい最近まで何もなく空いていた空間に置くようにとあなたに与えられた兄弟の絵は、いかなる種類の防御も必要ではありません。[2]というのは、あなたはそれに圧倒的な優先権を与えるからです。[3]また、あなたが欲するのはそれだけであると一瞬の遅滞もなく決断するでしょう。[4]それは二重概念を表してはいません。[5]それは半分の絵であり不完全ですが、それ自身においては同じです。[6]それが表しているもののもう一方の半分は未知のままですが、相殺はされていません。[7]かくして、「神ご自身」が最後の一歩を歩む自由が残されています。[8]このためにはいかなる絵も、いかなる補助教材も必要ではありません。[9]そして、すべての補助教材に究極的に取って代わるものがただしっかりと存在するでしょう。

7. ゆるしは姿を消し、象徴は色あせ、かつて目が見たもの、耳が聞いたことがあるものはすべて知覚されなくなるでしょう。[2]完全に無限な力が、破壊するためではなくそれ自身に属するものを受け取るためにやって来たのです。[3]いかなる場所にも機能の選択はありません。[4]失うことを恐れている選択肢をあなたがもっていたことは一度もなかったのです。[5]しかしながら、これだけが無限の力と、反対物がなく完璧で幸せな一つ一つの思いを妨害するように見えます。[6]いかなるものとも対立しない力の安らぎがどのようなものであるかをあなたは知りません。[7]しかしながら、それ以外のいかなる力もまったく存在不可能です。[8]ゆるしを超越し、象徴と制限の世界を超越した力を歓迎してください。[9]「神」はただ存在することを望まれ、したがって、ただ存在されるだけです。

IV. 静かな答え

1. 静けさの中ですべてのことに解答が与えられ、すべての問題は静かに解決されます。[2]争いの中には解答も解決もあり得ません。というのは、争いの目的は解決を不可能にすることであり、いかなる解答も明確にならないようにすることだからです。[3]争いの中で設定される問題に答えはありません。というのは、それは異なった形で見られているからです。[4]一つの見解からすれば答えに見えることも、別な観点からすれば答えではありません。[5]あなたはまさに葛藤の中にいます。[6]かくして、あなたにはまったくいかなることに対しても答えることができないということが明らかであるに違いありません。というのは、葛藤の結果に限りはないからです。7しかしながら、「神」が答えを与えられたならば、あなたの問題を解決する方法があるに違いありません。というのは、「神」が意図されることは既になされているからです。

2. かくして、時間は関わっておらず、すべての問題は**今この瞬間**に答えることができるに違いありません。2しかしながら、あなたのマインドの状態では解決は不可能であることもまた事実であるに違いありません。3したがって、答えが既にあるもう一つ別なマインドの状態に到達するための方法を、「神」があなたに与えられたに違いありません。4それが神聖な瞬間です。5あなたのすべての問題をもってきて置いていくべき場所はまさにここです。6あなたの問題はこの場所に属します。というのは、その答えはここにあるからです。7そして、答えがある場所においては、問題は必然的に単純であり簡単に解決されます。8答えがあり得ない所で問題を解決しようとするのは無意味です。9しかしながら、それを答えがある場所にもっていけば、答えがない場所では解決されないのと同じくらいの確実さで、それは解決されます。

3. いかなる問題であれ、神聖な瞬間の確実性の中での解決を試みてください。2というのは、そこにおいては、問題は解答を与えられ解決されるからです。3それ以外の場所には解決はありません。というのは、そこには見つけるべき答えがないからです。4それ以外の場所ではただ一つの単純な質問もされることはありません。5この世界は裏表のある質問しかすることができません。6たくさんの答えがある問題には答えはあり得ません。7どの答えも役に立ちません。8それは答えることができる質問をするのではなく、それ自身の見解を再び述べるだけです。

4. この世界における質問はすべて一つの見方にすぎず、質問をしているのではありません。2憎しみの中でされる質問に答えるのは不可能です。なぜなら、それ自体が答えだからです。3裏表のある質問は、質問すると同時に解答を与えます。すなわち、同じことを異なった形で証言します。4この世界は一つの質問をするだけです。5それは次のような質問です。〝これらの幻想の中でどれが真実なのですか。6どの幻想が安らぎを確立し喜びを差し出してくれるのですか。7そして、この世界を構成しているあらゆる苦痛からの脱出をもたらすことができるのはどの幻想ですか〟。8その質問がどのような形をとろうとも、その目的は同じです。9その質問は罪の実在を確立することだけを求め、好みの形をとって答えます。10〝あなたはどの罪が好みですか。11あなたが選ぶべき罪はあれです。12他の罪は事実ではありません。13あなたが一番欲しいと思うものの中で肉体が得ることができるものは何ですか。14それはあなたの従僕であり、あなたの友人です。15しかし、あなたは何が欲しいのかをそれに言うだけで良いのです。そうすれば、それは愛を込めて、しかも立派にあなたのために奉仕するでしょう〟。16これは質問ではありません。というのは、それはあなたは何が欲しいのか、どこに行けばそれを入手できるかを教えるからです。17言葉は質問の形をとっていますが、その信念に対して疑問を発する余地はありません。

5. 似非の質問に答えはありません。2それは質問をしながらも答えを命令しています。3かくして、この世界における質問のすべては、それ自身のための宣伝活動の一形態です。4肉体の証言が肉体自身から来る感覚にすぎないのとまったく同じように、この世界の質問に対する答えは尋ねられている質問の中に含まれています。5答えが質問を表している場合には、答えは新しいことは何も付加せず、何も学ばれてはいません。6あなたが知らない何かを求める正直な質問は学びの道具です。7それは答えの条件を設定せず、答えがどうあるべきかを尋ねるだけです。8しかし、争いの状態にいる人は誰もこの質問を自由にすることはできません。というのは、その人はそれによって争いが終結する正直な答えをまったく望んでいないからです。

6. 神聖な瞬間においてのみ正直な質問を正直にすることができます。2そして、質問の意味から答えの意味深さが生まれます。3ここでは、あなたの欲求を答えから分離することが可能であり、こうして、答えをあなたに与えることが可能となり、それを受け取ることが可能となります。4その答えは至るところで提供されます。5しかしながら、答えが聞こえるのはここだけです。6正直な答えは犠牲を求めることはありません。なぜなら、真に問われた質問に答えるからです。7この世界の質問は誰に犠牲が要求されているかを聞くだけであり、犠牲に意味があるかどうかについて聞くことはまったくありません。8したがって、答えが〝誰に〟という質問に答えなければ、それは認識されることも聞かれることもないままです。かくして、質問はそのまま残ることになります。なぜなら、質問が質問に答えを与えたからです。9神聖な瞬間は、マインドが十分静かであるために、尋ねられた質問の中に含意されていない答えが聞こえる時間的な間隔です。10それは質問とは異なった新しい何かを差し出します。11質問がただ同じ質問を繰り返すだけであったとしたら、それに答えることは不可能です。

7. したがって、答えが阻止されている世界でいかなる問題も解決しようとはしないでください。[2]そうではなく、あなたのために愛を込めて答えが保たれている唯一の場所に問題をもっていくべきです。[3]そこにはあなたの問題を解決してくれる答えがあります。なぜなら、答えは問題から離れて立ち、何に答えることができるか、質問が何であるかを見ることができるからです。[4]この世界においては、答えは別な質問を惹起するだけです。最初の質問には答えないままにそうするのです。[5]神聖な瞬間においては、質問を答えの所にもっていくことができ、あなたのために用意された答えを受け取ることができます。

V. 癒しの例

1. 癒すための唯一の方法は癒されることです。[2]奇跡はあなたの助けがなくとも延長されますが、奇跡が始まるためにはあなたが必要です。[3]癒しの奇跡を受け容れれば、奇跡は奇跡であるが故に延長されていきます。[4]生まれた瞬間に自らを延長していくのが奇跡の性質です。[5]そして、奇跡はそれが差し出され受け取られた瞬間に生まれます。[6]誰も他の人に癒されてくださいと依頼することはできません。[7]しかし、**自分自身**が癒されることを許すことは可能であり、かくして、自分が受け取ったものを他の人に差し出すことはできます。[8]自分がもっていないものを他の人に与えることができる人がいるでしょうか。[9]そして、自分自身に対して否定しているものを分かち合うことができる人がいるでしょうか。[10]「聖霊」は**あなた**に話しかけます。[11]「聖霊」は誰か他の人に話しかけるのではありません。[12]しかしながら、あなたが耳を傾けることによって、「聖霊の声」は延長されます。なぜなら、「聖霊」が言ったことをあなたが受け容れたからです。

2. 健康は健康の証人です。[2]証言を与えられない限り、健康は確信をもつことができないままにとどまります。[3]それが実際に示されたときはじめてそれは証明され、必然的に信じざるを得ない証人を提供することになります。[4]裏表のあるメッセージで癒される人はいません。[5]癒されることだけを願えば、あなたは癒されます。[6]あなたのひたむきな一つの目的がこれを可能にします。[7]しかし、あなたが癒しを恐れていれば、癒しがあなたを通してやって来ることはできません。8癒しのために必要な唯一のことは、怖れがないことです。9恐れている者は癒されてはおらず、癒されることもありません。10これは、癒すためには葛藤があなたのマインドから永遠になくならなければならないことを意味するものではありません。11仮にそうであるとしたならば、癒しの必要はまったくないことになります。12しかし、ほんの一瞬であれ、あなたは攻撃することなく愛することをそれは意味します。13一瞬で十分です。14奇跡は時間の従僕ではありません。

3. 神聖な瞬間は奇跡が住む場所です。2その場所から、葛藤を超越し安らぎに到達したマインドの状態の証人として、一つ一つの奇跡がこの世に誕生します。3奇跡は安らぎの場所から戦場に慰めをもたらし、戦争は何の結果ももたらさないことを実証します。4というのは、戦争がもたらそうとした傷のすべて、ばらばらにされた肉体、粉々に砕かれた手足、悲鳴をあげながら死につつある者たち、沈黙の死者たちが、優しく持ち上げられて慰められるからです。

4. 奇跡が癒しにやって来た場所に悲しみはありません。2そして、こうしたことのすべてが起こるために必要なのは、あなたが攻撃することなくほんの一瞬愛すること、ただそれだけです。3その瞬間にあなたは癒され、その一瞬にすべての癒しがなされます。4神聖な瞬間がもたらしてくれる祝福をあなたが受け容れるとき、あなたと離れて立つものは何もありません。5祝福を恐れないでください。というのは、あなたを祝福する「存在」は全世界を愛し、怖れを抱く対象になり得るものは何もこの世界に残さないからです。6しかし、あなたが祝福からしりごみすれば、世界は確かに恐ろしいものに見えるでしょう。というのは、あなたがこの世界の安らぎと慰めを許さず、それが死ぬままに任せたからです。

5. かくも悲痛なまでに絶望的な世界は、その世界を救うことができたにもかかわらず自らが癒されることを恐れてしりごみした人には、有罪判決のように見えるのではないでしょうか。2死につつある人々の目は非難の目であり、彼らの苦しみは〝恐れるものなど何もないではないか〟とささやきかけます。3この質問をよく考えてみてください。4それはあなたのためにあなたに対して問われている質問です。5死につつある世界は、それが癒されるように、あなたがほんの一瞬の間攻撃をやめて自分自身の上に安らぐことを依頼しているだけです。

6. 神聖な瞬間を訪れ、そこで癒されてください。というのは、そこで受け取られるもので、あなたがこの世界に戻るとき後に残されるものは何もないからです。2 そして、祝福されたあなたは祝福をもたらすでしょう。3 死につつある世界に与えるようにとあなたに生命が与えられます。4 そして、苦しみの中にある目はもはや責めることをせず、祝福を与えたあなたへの感謝の思いで光り輝きます。5 神聖な瞬間の輝きがあなたの目に光を灯し、すべての苦しみの彼方を見て、代わりに「キリスト」の顔を見る視力を与えるでしょう。6 癒しが苦しみに取って代わります。7 癒しか苦しみの一方を見る者は他方を知覚することはできません。というのは、癒しと苦しみが共にそこにあることはできないからです。8 そして、あなたに見えるものをこの世界は目撃し、そして、証言します。

7. このようなわけで、世界が癒されるために必要なのはあなたの癒しだけです。2 癒しには完全に学ばれた一つのレッスンが必要です。3 そして、あなたがそれを忘れたとき、この世界はあなたが教えたことを優しくあなたに思い出させるでしょう。4 この世界が在り続けるようにと自分自身が癒されることを許したあなたに、世界は感謝を惜しみなく与えるでしょう。5 世界は証人を召喚し、彼らに視力を与えたあなたに「キリスト」の顔を見せるでしょう。あなたが彼らに与えた視力によって、彼らは「キリスト」の顔を目撃したのです。6 非難の世界は、解放をもたらしてくれた「友人」の上にすべての目が愛を込めて注がれる世界によって取って代わられます。7 そして、幸せにも、あなたの兄弟はこれまで敵だと思っていた多くの友人を知覚するでしょう。

8. 問題は具体的ではありませんが具体的な形をとります。そして、これらの具体的な形がこの世界を形作ります。2 そして、誰も自分の問題の性質を理解していません。3 仮にそれを理解したとしたならば、もはやそこには何も見ることはできないでしょう。4 その問題の本質はまさに存在しないということにあります。5 かくして、それを知覚している間は、その本質のままには知覚することはできません。6 しかし、癒しは具体的な事例において明らかであり、一般的なものとなって広がり、具体的な事例のすべてを包含するようになります。7 この理由は、それらは皆、形は違っていても実際のところは同じものだからです。8 すべての学びは転移を目指しますが、転移は一つのものと見なされる二つの状況において完成します。というのは、共通な要素しかそこにはないからです。9 しかしながら、これはあなたには見える違いが見えない「存在」によってのみ達成可能です。[10]あなたの学びの完全な転移はあなたによってなされるのではありません。[11]しかし、あなたに見える様々な違いにもかかわらずそれがなされたという事実は、それらの違いは実在しないということをあなたに確信させてくれます。

9. あなたの癒しは延長され、自分の問題とは思っていなかった問題にもその癒しはもたらされるでしょう。[2]そして、あなたの数多くの様々な問題は、その内のどれか一つからでも脱出できたとき、解決されるでしょう。[3]これを可能にしたのがそれらの問題の違いであるということはあり得ません。というのは、学びはある状況を飛び出して正反対の状況に行って同じ結果をもたらすことはしないからです。[4]すべての癒しは法則に適った形で、すなわち、適切に知覚され決して破られることのない法則に従って進行しなければなりません。[5]あなたがそれをどのように知覚するとしても恐れることはありません。[6]あなたは間違っていますが、あなたの中に正しい「存在」がいます。

10. そういうわけですから、あなたの学びの転移を、その法則を真に知っていて、その法則が犯されず制限されないことを保証する「存在」に任せてください。[2]あなたの役割はこの「存在」があなたに教えたことを自分に応用することだけであり、後は「彼」がやってくれるでしょう。[3]このようにして、あなたの学びの力はそれが見出す数多くの様々な証人によって、あなたに対して証明されるでしょう。[4]それらの証人の中で最初にあなたの兄弟が見えるでしょう。しかし、兄弟の背後に何千人もの人々が立っており、その一人一人の背後にも更に千人の人が立っています。[5]それぞれが他の人とは異なった問題をもっているように見えるかもしれません。[6]しかしながら、それらの問題は一緒に解決されます。[7]そして、それらの問題に対する答えが同じであることは、問題が別ではあり得なかったことを示しています。

11. 癒しが今あなたに向かって差し出されていますが、あなたに安らぎが訪れることを祈ります。[2]そして、自分自身のために癒しを受け容れたとき、安らぎが与えられることをあなたは学ぶでしょう。[3]あなたがその癒しから受けた恩恵を理解するのに、癒しの価値の全容をあなたが評価する必要はありません。[4]攻撃することなく愛が入ったその瞬間に起こったことは、永遠にあなたのもとにとどまるでしょう。[5]あなたの癒しはその結果の一つであり、あなたの兄弟の癒しもその結果の一つです。[6]どこに行っても、その相乗効果を目撃するでしょう。[7]しかしながら、あなたに見える証人のすべては、実際に存在する証人のすべてよりも遥かに少ない数でしょう。8無限の部分部分を数え上げても無限を理解することは不可能です。9「神」はあなたの癒しに対してあなたに感謝されます。というのは、それは「神の子」への愛の贈り物であり、したがって、「神ご自身」に与えられたものであることを「神」は知っておられるからです。

VI. 罪の証人たち

1. 苦痛は肉体が実在するに違いないことを実証します。2苦痛は声高で他の声を聞こえなくしてしまう声であり、その金切り声は「聖霊」が言っていることをかき消し、「聖霊」の言葉をあなたが自覚するのを妨害します。3苦痛は注意を強制し、注意を「聖霊」から逸らして苦痛に向けさせます。4苦痛の目的は快楽と同じです。というのは、両者は共に肉体を実在させるための手段だからです。5同じ目的を共有するものは同じです。6これが目的の法則であり、目的はそれを共有する人たちを目的の中において一体にします。7快楽と苦痛は等しく非実在です。なぜなら、その目的を達成することは不可能だからです。8かくして、快楽と苦痛は無のための手段です。というのは、それらは意味のない目標をもっているからです。9そして、快楽と苦痛は、その目的に意味が欠如しているという点で共通しています。

2. 罪は苦痛から快楽へ、そしてまた苦痛へと移行します。2というのは、どちらの証人も同じであり、一つのメッセージだけを伝えているからです。そのメッセージとは、〝あなたはこの肉体の中にいる。あなたを傷つけることは可能である。3あなたは快楽を得ることはできるが、それは苦痛の代価を払ってはじめて可能である〟というものです。4これらの証人の他にも更に多くの証人がいます。5それぞれの証人は異なった名前をもっているが故に異なっているように見え、そのために異なった音に答えるかのように見えます。6この点を除けば、罪の証人は皆同じです。7快楽を苦痛と呼べば、快楽は苦痛をもたらします。8苦痛を快楽と呼べば、快楽の背後にある苦痛はもはや感じられないでしょう。9罪の証人たちは、一人が一歩前に踏み出しもう一人が一歩後退するごとに、名前が次々に変わるだけです。10しかしながら、誰が一番前に立っているかで何らかの違いが起こることはありません。11罪の証人には死の呼び声しか聞こえないのです。

3. この肉体は、それ自体では何の目的もありませんが、あなたの記憶のすべてと希望のすべてを保持しています。2 あなたは肉体の目を使って見、耳を使って聞き、肉体が何を感じているかを肉体に語らせます。3 **肉体はまったく何も知りません。**4 あなたが肉体の実在に関する証言を呼び起こすとき、肉体はあなたがそれを使うようにと与えた名前だけをあなたに告げます。5 それらの名前の中でどれが実在的であるかをあなたは選択できません。というのは、どれを選んでもそれは他のものと同じだからです。6 あなたが選ぶのはこの名前やあの名前ですが、それ以上のものではありません。7 あなたがその証人は真実であると言っても、彼を真実にすることはできません。8 彼が真実を代表していれば、その真実は彼の中に見出されます。9 さもなければ、あなたが彼を仮に「神ご自身」の神聖な「名前」で呼んだとしても、彼は嘘をつくことになります。

4. 「神の証人」には肉体に反対する証人は見えません。2 また「聖霊」は、肉体の実在に関して別な話し方をする別な名前の証人の言葉に耳を傾けることはしません。3 「聖霊」は肉体が実在しないことを知っています。4 というのは、いかなるものも、肉体が内部に保持しているとあなたが信じているものを包含することはできないからです。5 また、肉体は「神ご自身」の一部に対して、それが何を感じるべきなのか、そして、その機能が何であるのかを告げることもできません。6 しかしながら、「聖霊」はあなたが大切にするものは何であれ愛さなければなりません。7 そして、肉体の死に対する証人の一人一人に対して、「聖霊」は死を知らない「神」の中にあるあなたの生命についての証人を送ります。8 「聖霊」がもたらす奇跡の一つ一つは、肉体は実在しないという証言です。9 肉体の苦痛と快楽を「聖霊」は同様に癒します。というのは、罪の証人のすべてに「聖霊」の証人が取って代わるからです。

5. 罪の証人が呼ばれる様々な名前について、奇跡は区別することはしません。2 奇跡はただ、罪が代表しているものは何の結果ももたらさないことを証明するだけです。3 そして、奇跡がこれを証明するのは、奇跡自身の結果がやって来て罪の証人たちに取って代わったからです。4 あなたがあなたの苦しみをどのような名前で呼んだかは重要ではありません。5 それはもはやそこにはありません。6 奇跡をもたらす「存在」は、怖れの名前で呼ばれるそれらのもののすべてを一つのものであると知覚します。7 怖れが死の証人であるように、奇跡は生命の証人です。8 奇跡は誰も否定することができない証人です。というのは、奇跡がもたらすのは生命という結果だからです。9 死につつある者が生き、死んだ者が立ち上がり、苦痛は消えました。10 しかしながら、奇跡はそれ自身のために語るのではなく、それが代表しているもののために語ります。

6. 愛もまた罪の世界に象徴をもっています。2 奇跡がゆるすのは、奇跡はゆるしを超越し、真実であるものを表しているからです。3 奇跡がそれを解除することを唯一の目的としてやって来た法則によって束縛されているというのは、なんと愚かで狂っている考えであることでしょうか。4 罪の法則には様々な強さをもった様々な証人がいます。5 そして、彼らは様々に異なった苦しみを証言します。6 しかしながら、この世界を祝福するために奇跡を送り出す「存在」にとって、僅かな突き傷の痛みや、ささやかな世俗的な快楽や、死そのものの苦しみは、ただ一つの音にすぎません。すなわち、それは癒しを求める呼び声であり、悲惨な世界で助けを求める、哀れな叫び声にすぎません。7 それらが皆同じであることを奇跡は証言します。8 それらが皆同じであることを奇跡は証明します。9 それらのものを違ったものであると呼ぶ法則は無効にされ、無力であることが示されます。10 奇跡の目的はこれを達成することです。そして、「神ご自身」が奇跡が証言することに対する奇跡の強さを保証されています。

7. したがって、あなたは罪の法則の証人ではなく、奇跡の証人とならなければなりません。2 もはやこれ以上苦しむ必要はありません。3 しかし、あなたが癒される必要はあります。なぜなら、この世界の悲しみと苦しみのために、この世界はその救いと解放に対して耳を貸さなくなってしまったからです。

8. この世界の復活は、あなたの癒しとあなたの幸せを待っています。それは、あなたがこの世界の癒しを実証することができるようにするためです。2 あなたが神聖な瞬間の結果を身につけさえすれば、神聖な瞬間がすべての罪に取って代わるでしょう。3 そして、誰もこれ以上苦しみを選択することはなくなるでしょう。4 あなたが果たすべき機能として、これよりも立派なものがあるでしょうか。5 癒すことができる人になるように、癒されてください。そうすれば、罪の法則が自分に適用されて苦しむことはないでしょう。6 そうすれば、愛の象徴に罪に取って代わらせる選択をしたあなたに真実が顕わされるでしょう。

VII. 夢を夢見る人

1. 苦しみとは、この世界があなたを傷つけるためになしたすべてのことを強調することです。2ここに救いについてのこの世界の狂ったヴァージョンがはっきりと示されています。3何のために自分が攻撃されているのかが分からないでいる罰の夢と同じように、夢を見ている人は自分が不当にも自分ではない何かによって攻撃されていると考えます。4彼はこの〝何か〟、彼自身の外部にある何かの犠牲者ですが、そのことに関して彼が責任を問われる理由は何もありません。5彼は無罪であるに違いありません。なぜなら、彼に分かっているのは自分が何をしているかではなく、何をされているかだからです。6しかしながら、彼自身に対する彼の攻撃は明らかです。というのは、その苦しみを受けるのは彼に他ならないからです。7そして、その苦しみの源は彼自身の外側にあると見られているために、彼は脱出することができません。

2. いま、あなたは脱出できるということを見せられています。2必要なことは問題をありのままに見ることだけであり、あなたがどのようにその問題を設定したかではありません。3非常に単純でありながら、問題を未解決のままにしておくために作られた複雑さの重い雲によって見えにくくされている問題を解決するのに、別な方法があり得るでしょうか。4雲がなくなれば、問題は原始的なまでの単純さの中に姿を現すでしょう。5その選択は困難ではないでしょう。なぜなら、その問題がはっきりと見えると、それは馬鹿げた問題であることが分かるからです。6その問題が自分を傷つけていることが見え、しかも、きわめて簡単に除去できるものであることが見えれば、その単純な問題を解決する決断をするのが難しい人はいません。

3. この世界は〝理性的思考〟によって作られ、その上に安らぎ、それによって維持されていますが、〝理性的思考〟とはただ次のように要約できるものです。〝あなたこそ私がすることの原因である。あなたの存在が私の怒りを正当化する。2あなたは私から離れて存在し、私とは別に思考する。3あなたが攻撃している間は、私には罪がないに違いない。4そして、私はあなたの攻撃に苦しんでいる〟。5この〝理性的思考〟をありのままに見る人は誰であれ、それが道理に適ってはおらず意味をなしていないことが必ず分かるはずです。6しかしながら、それは分別があるかのように見えます。なぜなら、この世界はあなたを傷つけているように見えるからです。7したがって、原因に関しては、一見明らかなもの以上のものを求める必要はないかのように見えます。

4. 実際にはその必要性があります。2この世界が有罪判決から脱出することが、この世界の中にいる人々が共有している必要性です。3しかしながら、彼らはこの共通の必要性を認識していません。4というのは、それぞれが自分の役割を果たしたとしても、この世界の有罪判決は自分に対してなされるだろうと考えているからです。5そして、それぞれの人が、この世界の救いにおける自分の役割は有罪判決を下すことだと知覚しているのです。6復讐には焦点がなければなりません。7さもなければ、復讐者は自分自身の手でナイフを自分自身に向けることになります。8彼が選択しなかった攻撃の犠牲者になるためには、ナイフを誰か他の人間の手に見なければなりません。9かくして、彼は自分が手にしていないナイフが自分につけた傷に苦しむことになります。

5. これが彼に見えるこの世界の目的です。2そして、このように見てみれば、この世界はこの目的がそれによって実現されるように見える手段を提供してくれます。3その手段は目的の証言にはなりますが、それ自体は原因ではありません。4また、原因を結果とは別なものとして見ることによって原因が変わることもありません。5原因は結果を生み出し、ひいては、結果が結果自身ではなく原因の証言をします。6したがって、結果の更に向こうを見てください。7苦しみや罪の原因が横たわっているのはここではありません。8そして、苦しみや罪についていつまでも考えていてはなりません。というのは、苦しみや罪はその原因の反映にすぎないからです。

6. この世界を有罪判決から救出する上であなたが果たす役割そのものが、あなた自身の脱出になります。2悪の世界の証人は、この世界における悪の必要性を見たものについてしか証言できないことを忘れないでください。3そして、まさにここにおいて、あなたの罪悪感が最初に見られたのです。4あなたの兄弟からの分離において、あなた自身に対する最初の攻撃が始まりました。5そして、この世界が証人をもたらすのはこの事実に対してです。6これとは別な原因を探そうとしないでください。また、強力な証人の軍団の中にこの世界の解除を探し求めてはなりません。7彼らは、この世界があなたの忠誠を要求することを支持します。8真実を見つけようとして、真実を隠しているものの方を見るべきではありません。

7. 罪の証人たちは皆、一つの小さな空間の中に立っています。2そして、まさにここにあなたの世界観の原因を見出すことができます。3招待もせず依頼もしないのに、この世界が無理矢理に押しつけてくるように見えるものすべての原因がいったい何なのか、かつてのあなたは自覚していませんでした。4一つのことについては、あなたは確信していました。苦痛や苦しみをあなたにもたらしているとあなたが知覚していた様々な原因の中に、あなたの罪悪感は含まれてはいませんでした。5また、いかなる意味においても、あなたは自分のためにそれらの苦痛や苦しみを依頼はしませんでした。6すべての幻想はこのようにして生まれたのです。7幻想を作る人には自分自身が幻想を作っていることが見えず、幻想の実在はその人に依存してはいません。8それらの幻想の原因が何であれ、それは彼とは無関係であり、彼に見えるものは彼のマインドから分離したものです。9彼は自分の夢の実在を疑うことはできません。なぜなら、彼にはその夢を作り、夢を実在しているように見せかける上で自分が果たしている役割が見えないからです。

8. 誰もこの世界が彼のために見ている夢から目覚めることはできません。2彼は誰か別な人の夢の一部になります。3彼は自分が作らなかった夢から目覚める選択をすることができません。4彼は、別なマインドによって想像され大事にされている夢の犠牲者としてどうすることもできず立ちつくします。5天候や時間が彼の安らぎや幸せなど考慮しないのと同じように、このマインドは彼のことなどまったく気にしていないに違いありません。6それは彼を愛してはおらず、その夢を満足させるために意のままに彼に役を振ります。7彼の価値はまったく取るに足りないものであるため彼は踊る影のような存在にすぎず、この世界の怠惰な夢の中で想像された、意味のない筋書きに従って跳んだりはねたりしているだけです。

9. これがあなたに見ることができる唯一の絵です。あなたが自分の夢を見る人でない場合に、選択できる唯一の選択肢であり、原因のもう一方の可能性です。2そして、苦しみの原因はあなたのマインドの中にあることを否定した場合にあなたが選ぶのがこれです。3そのことを喜んでください。というのは、かくして、あなたは時間の中で自分の運命を決定する唯一の存在であるからです。4眠れる死と悪の夢を選ぶか、それとも、幸せな目覚めと生命の喜びを選ぶか、それはあなたの選択です。

10. 生命と死、覚醒と睡眠、平和と戦争、あなたの夢とあなたの実在、これらの選択肢の中からあなたはいったい何を選ぶことができるでしょうか。2死は安らぎであると考えるという危険性があります。なぜなら、この世界は肉体を「神」が創造された「自己」と同じものであると見なすからです。3しかしながら、物事というものはその正反対のものであることはできません。4死は安らぎとは逆のものです。なぜなら、死は生とは正反対のものだからです。5そして、生命は安らぎです。6目を覚まして、死についてのすべての思いを忘れてください。そうすれば、あなたには「神」の安らぎがあることが分かるでしょう。7しかしながら、その選択肢が本当に与えられたならば、あなたが選択するものの原因をありのままに、そしてそれがどこにあるかというところから見て選択しなければなりません。

11. 二つの状態があって、その内の一つが明確に認識されている場合、どのような選択が可能でしょうか。2様々な選択対象の結果があって、その内の一つだけが自分にとって可能なものであることが見えるとき、自由に選択できる人がいるでしょうか。3正直な選択が、あなたの内なる真実について異なった夢をもっている、小さな自分と巨大な世界との間で二分された選択であると知覚されることは絶対にあり得ません。4実在とあなたの夢の間のギャップは、この世界の夢とあなたが密かに見る夢の間にはありません。5この世界の夢とあなたの夢は一つです。6この世界の夢はあなたが捨てたあなた自身の夢であり、それが終わりと始めの両方であるとあなたが思ったあなた自身の夢の一部にすぎません。7しかしながら、それはあなたの密かな夢によって開始されたのです。あなたにはそれが見え、それはあなたが実在することを疑っていない部分の原因になっているにもかかわらず、あなたはそれを知覚していません。8横たわって眠りながら、その原因は実在的であると密かに夢見ながら、それを疑うことがいったい可能でしょうか。

12. あなた自身から分離した兄弟、古の敵、夜あなたを密かにつけ回しあなたの死を画策する殺人者、しかも、彼は緩慢なゆっくりとした死をもたらそうとしています。あなたが見る夢はこういう夢です。2しかしながら、この夢の背後にもう一つの夢があって、その夢の中ではあなたが殺人者であり、密かな敵であり、あなたの兄弟とこの世界を破壊しその死骸を食らう禿げ鷹です。3ここに苦しみの原因があります。あなたのささやかな夢とあなたの実在との間の空間があります。4あなたには見えることさえない小さなギャップ、幻想と怖れの出生地、恐怖の時、そして古の憎しみの時、大きな不幸の瞬間、こうしたもののすべてがここにあります。[5]ここに非実在の原因があります。[6]そして、それが解除されるのもこの場所です。

13. あなたこそが夢の世界の夢見る人です。[2]それ以外の原因はなく、未来においてもそれ以外の原因はありません。[3]「神の子」を怯えさせて、自分は罪のなさを失い、「父」を否定し、自分自身に対して戦争を始めてしまったと思わせる怠惰な夢よりも恐ろしいものはありません。[4]その夢はあまりにも恐ろしく、一見実在するかのように見えるため、恐ろしさのあまり汗をかき、生命を奪われることを恐れるあまり悲鳴をあげずに目を覚ますことはできません。ただし、目を覚ます前に優しい夢を見て、マインドが静まり、目を覚ますようにと愛をもって呼びかける「声」を恐れずに歓迎できればその限りではありません。それは優しい夢で、その中では彼の苦しみは癒され、兄弟は友人だったのです。[5]「神」は彼が静かに喜びの中で目を覚ますことを意図され、恐れることなく目を覚ますための手段をお与えになったのです。

14. あなたの夢の代わりに、「神」が与えてくださった夢を受け容れてください。[2]夢を見ている人が誰であるかがいったん認識されれば、夢を変えることは難しいことではありません。[3]「聖霊」の中で休息し、恐怖と死の恐れにおののきながら見た夢に「聖霊」の優しい夢が取って代わることを許してください。[4]「聖霊」はゆるしの夢をもたらしてくれます。その夢の中では、選択は誰が殺人者で、誰が犠牲者になるかということではありません。[5]「聖霊」がもたらす夢では殺人は起こらず、死もありません。[6]あなたの目は閉じられてはいますが、罪の夢はあなたの視覚から次第に消えていきます。[7]微笑みがやって来てあなたの眠っている顔をぱっと明るくします。[8]今や眠りは安らかです。というのは、幸せな夢を見ているからです。

15. 神聖な罪のなさの中であなたと一体になる罪のない兄弟についてそっと夢見てください。[2]そして、「天国の主」は最愛の「子」を「ご自身」の手でこの夢から目覚めさせてくださるでしょう。[3]兄弟の間違いについてのあなたの夢をいつまでも思う代わりに、兄弟の優しさの夢を見てください。[4]兄弟があなたに与えた痛みの数を数える代わりに、彼の思いやりについての夢を見る選択をしてください。[5]彼の幻想をゆるし、彼が与えてくれた様々な援助に対して感謝してください。[6]そして、あなたの夢の中では彼は完全ではないからという理由で、彼の数多くの贈り物をないがしろにしないでください。[7]兄弟は「父」を代表しており、彼の「父」はあなたに生命と死の両方を差し出しているのがあなたには見えます。

16. 兄弟よ、「父」が与えてくださるのは生命だけです。[2]しかしながら、あなたの兄弟が差し出す贈り物とあなたが見なしているものは、あなたの「父」があなたに与えてくださるとあなたが夢見ている贈り物を代表しています。[3]あなたの兄弟の贈り物をすべて、あなたに差し出された慈善と親切という光の中で見てください。[4]そして、いかなる苦痛にも、あなたへの兄弟の贈り物に対する深い感謝というあなたの夢を邪魔させることのないようにしてください。

VIII. 夢の〝英雄〟

1. 肉体はこの世界の夢における中心人物です。[2]肉体がなければ夢もなく、また、肉体があたかも目に見え信じることができる人間であるかのように演技をする場である夢がなければ肉体も存在しません。[3]肉体はあらゆる夢の中で中心的な場所を占め、その夢は、肉体が他の肉体によって作られたこと、肉体の外側にある世界に生まれてきたこと、しばらく生きた後に死んで、同じように死んでいる他の肉体と塵の中で一緒になるという物語を語ります。[4]肉体に与えられる短い時間の中で、肉体は他の肉体を友人としてまた敵として探し求めます。[5]肉体の主たる関心事は安全です。[6]肉体を導く規則は肉体の安逸です。[7]肉体は快楽を探し求め、傷つけるものは避けようとします。[8]何よりもまず、肉体は苦痛と喜びは異なったものであり、区別できると自分自身に教えようとします。

2. この世界の夢は多くの形をとります。なぜなら、肉体は自らが自律的であり実在していることを様々な形で証明しようとするからです。[2]肉体は、この世界が貴重であり実在的なものであると宣言する小さな円い金属や長方形の紙で買ったものを、それ自身の上に置きます。[3]肉体はそれらを得るために仕事をし、意味のないことをし、肉体が必要としてもいなければ欲しくもない無意味なもののためにそれらを投げ捨てます。[4]肉体は他の肉体に自分を守らせ、自分のものと呼ぶ意味のないものを更に集めるために、他の肉体を雇います。[5]肉体はその夢を分かち合うことができる特別な肉体を探し求めます。[6]時には、肉体は自分よりも弱い肉体の征服者であるという夢を見ることもあります。[7]しかし、夢のいくつかの局面では肉体は自らを傷つけ拷問する肉体の奴隷になります。

3. 生まれた時から死ぬまでの肉体の連続的な冒険は、この世界がこれまで見た夢のすべてのテーマです。[2]この夢の“英雄”は決して変わることはなく、その目的も変わることはありません。[3]夢それ自体は多くの形をとり、夢の“英雄”が登場する実に多様性に富んだ場所や出来事を見せるように見えますが、夢には一つの目的しかなく、それが様々な形で教えられます。[4]この一つのレッスンを夢は何度も何度も教えようとします。そのレッスンとは、夢は原因であって結果ではないということです。[5]そして、あなたは夢の結果であり、夢の原因にはなれないというものです。

4. かくして、あなたは夢見る人ではなく、夢になります。[2]したがって、あなたは肉体がたくらむ様々な場所や催事から出たり入ったりして無為に徘徊します。[3]肉体がすることはこれだけであるというのは真実です。というのは、それは夢の中の一人物にすぎないからです。[4]しかし、夢の中の人物が実在するように見えなければ、彼らに対して反応する人がいるでしょうか。[5]夢の中の人物がありのままに見えた瞬間、夢の中の人物は彼に対していかなる結果ももたらさなくなります。なぜなら、彼らを生じさせ、彼らが実在するかのように見せることによって彼らに結果を与えたのは自分に他ならないことを理解するからです。

5. この世界がこれまで見てきた夢のすべての結果から脱出したいという気持があなたにはどれほどあるでしょうか。[2]いかなる夢もあなたがすることの原因であるようには見せないことがあなたの欲求でしょうか。[3]とすれば、夢の始まりをただ見てみることにしましょう。というのは、あなたが見る部分は二番目の部分であるにすぎず、その原因は最初の部分にあるからです。[4]この世界で眠って夢を見ている人は、自分自身に対する自分の攻撃を覚えてはいません。[5]肉体について何も知らず、この世界が実在するなどとは想像することすらできなかった時が実際にあったとは誰も信じられません。[6]その時であれば、これらの考えは一つの幻想にすぎないことを直ちに見て取り、あまりにも馬鹿げていて笑い飛ばすしかないものと見たでしょう。[7]それらの考えが今はなんとまじめなものに見えることでしょうか。[8]そして、そのような考えが笑い飛ばされ信じられなかった時のことを誰も思い出すことはできません。[9]私たちはそれらの原因を直視さえすれば思い出すことができます。[10]そして、怖れの原因ではなく、笑いの根拠が見えてきます。

6. 夢見る人があげてしまった夢を夢見る人に返してあげましょう。夢見る人は、夢は自分自身とは分離したもので、自分に被害を与えるものだと知覚しています。[2]すべてのものが一つである永遠の中に、一つのごく小さな狂った考えが忍び込み、その時点で「神の子」は笑うことを思い出さなくなりました。[3]彼が忘れたとき、その思いはまじめな考えとなり、達成することも実在的な結果をもたらすこともできるものとなりました。[4]私たちは一緒であればこれらの考えを笑い飛ばすことができます。そして、時間が永遠の中に忍び込むことなどできないことが理解できます。[5]時間が永遠を包囲することができるようになるなどと考えるのはただの冗談にすぎません。永遠は時間が存在しないことを意味しているのですから。

7. 時間がその中で実在化される無時間性、それ自身を攻撃できる「神」の一部、敵である分離した兄弟、肉体の中にあるマインド、こうしたものはすべて堂々巡りの様々な形であって、終わりが最初に始まり、その原因の所で終わっているものばかりです。[2]あなたに見える世界はあなたがしたと思ったものを厳密に描写します。[3]ただ、今は、あなたは自分がしたことが自分に対してされていると考えています。[4]あなたが考えたことに対する罪悪感があなた自身の外側に置かれ、あなたに代わってあなたの夢を見、あなたの思いを抱く罪のある世界の上に置かれます。[5]この罪悪感はあなた自身の報復ではなく、それ自身の報復をもたらします。[6]それはあなたを狭苦しい肉体の中に閉じ込め、肉体がその夢の中で行う様々な罪深いことのために肉体を罰します。[7]肉体がする邪悪な行為を止める力はあなたにはありません。なぜなら、あなたが肉体を作ったのではなく、その行動や目的、あるいは、運命をコントロールすることはあなたにはできないからです。

8. この世界は古の真実を実証するだけです。すなわち、他の人たちはあなたが彼らに対してやったと考えていることとまったく同じことをあなたに対してするとあなたは信じているということです。[2]しかし、一度騙されて彼らを責めれば、彼らがすることの原因はあなたには見えません。なぜなら、あなたは罪悪感が彼らの上にとどまることを強く望むからです。[3]罪悪感を決して手放さずに自分自身の外側に押しやることによって自分の罪のなさを保とうとするせっかちな計略は、なんと子どもじみたものであることでしょうか。[4]あなたの目が周囲に見るものがその重々しい結果だけで、その原因がいかに取るに足りないものであるかが見えないとき、その滑稽さを知覚するのは容易ではありません。[5]原因がなければ、その結果は確かに深刻で悲しいものに見えます。[6]しかしながら、結果はただついてくるだけです。[7]そして、それらの原因は何ものの後にもついていかず、ただの滑稽な冗談にすぎません。

9. 優しく笑いながら「聖霊」はその原因を知覚し、結果を見ることはしません。[2]これ以外の方法で、「聖霊」はどうしてあなたの過ちを修正することができるでしょうか。あなたは原因を完全に見過ごしてきたのです。[3]「聖霊」は恐ろしい結果を一つ一つ「聖霊」の所にもってくるようにとあなたに命令します。あなたがその愚かしい結果を一緒に見て、「聖霊」と共にしばらく笑うことができるようにそうするのです。[4]あなたは結果を価値判断しますが、「聖霊」は結果の原因を価値判断しています。[5]そして、「聖霊」の価値判断によって結果は除去されます。[6]おそらく、あなたは泣きながらやって来るかもしれません。[7]しかし、「聖霊」の言葉を聞いてみると良いでしょう。〝私の兄弟よ、神聖な「神の子」よ、あなたの怠惰な夢を見てください。この夢の中でこれは起きたのです〟。[8]そして、あなたは笑いながら、兄弟も「聖霊」と一緒に笑っている中で、その神聖な瞬間を後にするでしょう。

10. 救いの秘訣はこれだけのことです。すなわち、あなたは自分で自分を攻撃しているということです。[2]攻撃の形がどのようなものであろうとも、これは真実です。[3]誰が敵や攻撃者の役割を担おうとも、これは真実です。[4]あなたが感じている苦痛や苦しみの原因がどのようなものに見えても、これは真実です。[5]というのは、あなたが夢を見ていることを知っている夢の中の登場人物に対して、あなたはまったく反応することはないからです。[6]彼らがどんなに憎々しく邪悪であったとしても、それはあなたの夢であることが認識できれば、あなたに対して何の結果も起こすことはできません。

11. この一つのレッスンだけでも学べば、どのような形の苦しみからもあなたは解放されるでしょう。[2]「聖霊」はこの包括的な救いのレッスンをそれが完全に学ばれるまで繰り返します。あなたに苦痛をもたらす苦しみの形が何であれそれは変わりません。[3]あなたがどのような傷をもって「聖霊」のもとに行こうとも、「聖霊」はこのきわめて単純な真実をもって答えるでしょう。[4]というのは、この答えは、あらゆる形の悲しみや苦しみの原因を取り去ってくれるからです。[5]形が「聖霊」の答えに影響を及ぼすことはありません。というのは、「聖霊」は形が何であれ、そのようなものすべての唯一の原因だけを教えようとするからです。6そして、あなたは、〝これをしたのは私です。私はこれを解除します〟という単純な言葉を奇跡が反映していることを理解するでしょう。

12. そういうわけですから、一つ一つの苦しみは他の苦しみと同じであることを知っている「聖霊」の所に、あらゆる形の苦しみをもっていってください。2「聖霊」は違いが存在しない所に違いを見ることはせず、一つ一つの苦しみが、何が原因で起こったかをあなたに教えるでしょう。3他の苦しみとは異なった原因をもつ苦しみはなく、一つのレッスンが真に学ばれることによってすべての苦しみは簡単に解除されます。4救いはあなたが自分にだけ隠してきた秘密です。5宇宙はそうであることを宣言します。6しかしながら、その証人に対してあなたはまったく注意を払いません。7というのは、彼らはあなたが知りたくないことを証言するからです。8彼らはそれをあなたに隠して秘密にしているように見えます。9しかしながら、聞かないように、そして、見ないようにする選択をしたのはあなたであることを知るだけで十分です。

13. これが認識されたとき、この世界に対するあなたの知覚はどれほど違ったものになることでしょう。2あなたの罪悪感についてこの世界をゆるすとき、あなたは罪悪感から解放されます。3この世界の罪のなさがあなたの罪悪感を要求することもなければ、あなたの無罪性が世界の罪に依存することもありません。4これは明瞭なことであり、あなた以外の誰からも隠されていない秘密です。5そして、あなたをこの世界から分離させ、あなたの兄弟をあなたから分離させてきたのはこのことに他なりません。6今あなたが学ぶ必要があるのは、あなた方が共に無罪であるか有罪であるかのいずれかであるということです。7一つ不可能なことがあります。それは、あなたと兄弟が同じでないということ、そして、あなた方が無罪であると同時に有罪であるということです。8なおも学ぶ必要がある秘密はこれだけです。9そして、あなたが癒されたことは秘密ではなくなるでしょう。

第28章　怖れの解除

I. 現在の記憶

1. 奇跡は何もしません。2奇跡がすることは解除することだけです。3かくして、奇跡は成されたことに対する妨害を抹消します。4奇跡は付加することはせず、ただ取り去るだけです。5そして、奇跡が取り去るものはなくなってから長い時間が経過しているものですが、記憶にとどめられているためにそれが即時的な結果をもっているように見えます。6この世界はずっと前に終わったものです。7この世界を作った思いは、その思いを抱き、しばらくの間はそれを愛したマインドの中にはもはや存在しません。8奇跡は、過去は去ってしまったこと、そして、本当に去ってしまったものは何の結果ももてないことを示すだけです。9原因を思い出すことは原因の存在についての幻想を生み出すだけであり、いかなる結果も生み出すことはありません。

2. 罪悪感のあらゆる結果はもはやここにはありません。2というのは、罪悪感は終わったからです。3罪悪感が去ったとき、原因がなくなったその結果も去ったのです。4その結果を望まないのであれば、あなたはなぜ記憶の中でそれに固執したいのでしょうか。5思い出すことは過去形の知覚であるために、知覚と同様に選択的です。6思い出すことは過去の知覚であり、それが今起こっていて見えているかのように知覚するものです。7知覚と同じように、記憶はあなたを創造されたときに「神」が与えられたものに取って代わらせようと、あなたが作り出した技術です。8そして、あなたが作ったものが皆そうであるように、それは他の目的のために用いることもできれば、他の何かの手段として用いることもできるものです。9あなたがそう望めば、傷つけるのではなく癒すために用いることもできます。

3. 癒しのために使われるものは何であれ、何かをするための努力を表すことはまったくありません。2それは、何かをしなければならないという必要性はあなたにはないことの認識です。3それは非選択的な記憶であり、真実を妨害するのに用いられることのないものです。4「聖霊」が癒しのために用いるものはすべて「聖霊」に与えられていますが、それらのものの中身やそれらが作られた目的は与えられません。5それらは技術だけであって、応用できないものです。6それらは使われることを待っています。7それらは献身することもなければ、目的もありません。

4.「聖霊」が記憶を活用できることは確かです。というのは、そこには「神ご自身」がおられるからです。2しかしながら、これは過去の出来事についての記憶ではなく、現在の状態についてだけの記憶です。3あなたは、記憶は過去のことだけを保持していると信じることに長い間慣れきっているために、記憶は**今この瞬間**に思い出すことができる技術であることを理解するのは難しいことです。4この世界が記憶に課す制限は、この世界があなたに課すことをあなたが許している制限と同じように莫大なものです。5記憶は過去とまったく連結していません。6あなたが記憶の過去との連結を望めば、連結はそこに生まれます。7しかし、連結をもたらしたのはあなたの願望であり、罪悪感が未だにとどまっているように見える時間の部分との連結を保持しているのはあなたです。

5.「聖霊」の記憶の使い方は時間からまったく離反しています。2「聖霊」は過去を保持するための手段としてではなく、過去を手放すための手段として時間を使おうとします。3記憶は自らが受け取るメッセージを保持し、与えられた任務を遂行します。4記憶はメッセージを書くことはせず、記憶が何のためにあるかを規定することもしません。5肉体と同じように、記憶はそれ自体においては無目的です。6そして、記憶が古の憎しみを大切にする役目を果たし、あなたが取っておいた非公正や傷の絵をあなたに与えるとすれば、それはあなたが記憶にそのようなメッセージを伝えるようにと依頼したからそうなったのです。7頑丈な肉体の構築物に委託されて、肉体の過去の歴史のすべてはそこに隠されています。8過去を生かし、現在を殺しておくためになされる様々な奇妙な連想のすべてがその中に貯蔵され、あなたの所に行って再び生き返るようにとの命令を待っています。9かくして、そのような連想の結果は、それらの原因を取り去って消失させた時間によって増大されるように見えます。

6.しかしながら、時間とは何もしないもののもう一つの局面にすぎません。2時間はあなたが自分自身についての真実を隠す手段であるその他のすべての属性と手を取り合って機能します。3時間は取り去ることもしなければ、回復させることもしません。4しかしながら、あなたはあたかも過去が原因となって現在を作り出したかのように、時間を奇妙な形で利用します。しかし、現在とは、原因が去ってしまったために変化が不可能な結果にすぎません。5しかしながら、変化には継続する原因がなければなりません。さもなければ変化は継続しません。6現在の原因が過去であるならば、現在においてはいかなる変化も起こすことは不可能です。7あなたが記憶を利用するとき、過去だけが記憶の中に保持されています。したがって、記憶は過去を現在と対立させるための一つの方法です。

7. あなたが自分に教えたことは何も思い出さないでください。というのは、あなたは悪い教えを受けたからです。2もっと良いレッスンを学ぶことができ、それを維持することができるというのに、無分別なレッスンをマインドにとどめておこうとする人がいるでしょうか。3憎しみの古の記憶がよみがえってきたときには、その原因はなくなってしまったことを思い出してください。4したがって、あなたにはそうした古の記憶が何のためにあるのかが分かりません。5あなたがそれらの記憶に今与えようとする原因を、それらの記憶をそのようにした原因、あるいは、それらが一見そのように見えたものにした原因にしないでください。6それがなくなってしまったことを喜ぶべきです。というのは、あなたがゆるされるのはこのことにおいてだからです。7そして、代わりに、今受け容れられた原因の新しい結果を見ることです。その結果はここにあります。8その結果の美しさにあなたは驚くでしょう。9それらがもたらす古くて新しい考えは、あまりにも古いためにあなたの知覚に見える記憶の時間的範囲を遥かに超えた「原因」の幸せな結果です。

8. あなたが忘れがちだったときに、「聖霊」があなたに代わって覚えていた「原因」はこれです。2「それ」は過ぎ去ってはいません。なぜなら、「聖霊」が「それ」を忘れられないようにしたからです。3「それ」は一度も変わったことはありません。なぜなら、「聖霊」が「それ」を安全にあなたのマインドの中に保っておかなかったことは一度もなかったからです。4その結果はまったく新しいものに見えるでしょう。なぜなら、あなたはその「原因」を覚えてはいないと思っていたからです。5しかしながら、「それ」があなたのマインドに不在であったことは一度もありませんでした。というのは、「父」が「父の子」によって忘れられるというのは、あなたの「父の意志」ではなかったからです。

9. あなたが覚えていることは一度も存在したことのないも

のです。[2]それはあなたが原因と混同した原因でないものからやって来たものです。[3]原因がなく、したがって結果であり得ない結果を覚えていたのだということが分かったとき、それは笑いにしか値しないものです。[4]奇跡は、永遠に存在し時間によっても妨害によってもまったく影響されることのない「原因」を思い出させてくれます。[5]「それ」は本来の姿から決して変わることはありません。[6]そして、あなたは「その結果」であり、「それ自身」と同じように不変にして完璧です。[7]その記憶は過去の中に横たわっているのでもなければ、未来を待っているのでもありません。[8]それは奇跡には顕れません。[9]奇跡は「それ」が去ってはいないことをあなたに思い出させるだけです。[10]あなたの罪に関して「それ」をゆるすとき、「それ」が否定されることはなくなります。

10. あなた自身の「創造主」に裁きを下そうとしたあなたは、「神の子」に裁きを下したのは「神」ではないことが理解できません。[2]あなたは「神」に対して「神の結果」を否定しようとしますが、「神の結果」が否定されたことは一度もありません。[3]「神の子」が、原因がなく「神の意志」に反するもののことで有罪判決を受ける可能性があったことは一度もありません。[4]あなたの記憶が証言しようとするのは「神」への怖れだけです。[5]「神」はあなたが恐れることをなされたことはありません。[6]それはあなたも同様です。[7]したがって、あなたの罪のなさは失われていません。[8]あなたは癒されるために癒しを必要とはしていません。[9]静けさの中で、奇跡の中に一つのレッスンを見てください。そのレッスンとは、「原因」が「それ自身の結果」を起こすことを許し、妨害することは何もしないというレッスンです。

11. 奇跡は一瞬止まって静かになるマインドの中に静かに入ってきます。[2]奇跡は、その静かな時間と奇跡が静かに癒したマインドから、その静けさを分かち合うために他のマインドへと優しく延びていきます。[3]そして、他のマインドはすべてのマインドを生じさせた「マインド」へと、奇跡が光を放ちながら延長され戻っていくのを一緒になって妨げることは何もしません。[4]分かち合うことから生まれた奇跡が静かではないマインドに大急ぎで向かっていき、瞬間の静けさをもたらすのを遅らせる原因になるような時間の休止はあり得ません。奇跡がもたらす瞬間的な静けさの中で、「神」の記憶がそれらのマインドに戻るのです。[5]彼ら自身の記憶は今や静かです。そして、それに代わるためにやって来たものが後になってまったく思い出されないということはありません。

12. 時間を与えられる「聖霊」は、「自ら」に与えられる静かな一瞬一瞬に対して感謝を捧げます。[2]というのは、その瞬間において「神」の記憶が、「神の子」のために取っておかれた宝物のすべてを「神の子」に差し出すことが許されるからです。[3]「聖霊」はなんという喜びをもってその宝物を差し出すことでしょうか。「聖霊」は「神の子」に与えるようにとそれらの宝物を与えられたのです。[4]そして、「聖霊の創造主」も「聖霊」の感謝を共有されます。なぜなら、これによって「神」は「ご自身の結果」を奪われることがなくなるからです。[5]「神の子」が受け容れる一瞬の沈黙は永遠と「神」を歓迎し、「彼ら」が住むことになる場所に「彼ら」を入らせます。[6]というのは、その瞬間において、「神の子」は自分自身を恐れさせることは何もしないからです。

13. 「神」の記憶は、「神」の記憶を遠ざけてしまう怖れをもたないマインドには一瞬のうちによみがえります。[2]それ自身の記憶はもはやありません。[3]現在の安らぎに喜びの中で目覚めることをマインドの恐ろしいイメージが邪魔する過去は存在しません。[4]永遠のトランペットが静けさの中で響きわたりますが、このマインドの安らぎを乱すことはありません。[5]そして、今思い出されるものは怖れではなく、怖れが忘れさせられ解除することを強制させられた「原因」です。[6]その静けさは、「神の子」が覚えている愛の優しい声で語りますが、それは彼自身の記憶が現在と過去の間によみがえって愛の声を閉め出してしまったそれ以前の所から聞こえてきます。

14. 今、「神の子」は現在の「原因」とその恵み深い「結果」を遂に自覚します。[2]今、彼が作ったものには原因がなく、いかなる結果ももたらさないことを理解します。[3]彼は何もしなかったのです。[4]そして、これが分かったとき、彼には何もする必要がなく、事実何もしたことはないことを彼は理解します。[5]彼の「原因」は「その結果」です。[6]この「原因」以外に、異なった過去や未来を生み出すことができる原因は一度も存在したことはありませんでした。[7]「その結果」は永遠に不変であり、怖れを超越しており、罪の世界を完全に通り越しています。

15. 原因がないものが見えないようになるために何が失われたでしょうか。[2]「神」の記憶が戻ってきて喪失に取って代わったというのに、犠牲などどこにあるでしょうか。[3]幻想と実在の間にあるギャップを埋める方法として、「神」についての記憶がそのギャップを横切って、ギャップを一瞬のうちに向こう岸に渡れる橋に変えてしまうよりも良い方法はありません。[4]というのは、「神」が「ご自身」でそのギャップを埋められたからです。[5]「神」の記憶はただ通り過ぎ、暗礁に乗り上げた「子」を、絶対にたどり着くことができない向こう岸が見えるだけの岸辺に置き去りにしたわけではありません。[6]「父」は、「子」が持ち上げられて静かに向こう岸へと運ばれることを意図されています。[7]「神」がその橋を築かれたのであり、その橋を渡って「子」を運ばれるのも「神」です。[8]「神」が意図されることにおいて失敗するかもしれないなどと恐れることはありません。[9]また、あなたに対する「神の意志」からあなたが除外されるかもしれないなどと恐れる必要もありません。

II. 結果と原因を逆転する

1. 原因がなければ結果はあり得ませんが、結果がなければ原因もありません。[2]原因はその結果によって原因にされます。「父」は「神の子」によって「父」にされます。[3]結果は原因を創造することはしませんが、因果関係を確立します。[4]かくして、「子」は「創造主」に「父性」を与え、自らが「創造主」に与えた贈り物を受け取ります。[5]彼が父にならなければならないのは、「神の子」であるからであり、彼を創造された「神」にならって彼も創造するのです。[6]創造の輪に終わりはありません。[7]創造の始まりと終わりは同じです。[8]創造の輪は、それ自身の中に、始まりも終わりもないすべての創造の宇宙を保持しています。

2. 「父性」はまさに創造です。[2]愛は延長されなければなりません。[3]純粋性は閉じ込められるものではありません。[4]障壁も制限もなく、永遠に封じ込められることがないというのが罪のない者の性質です。[5]かくして、純粋性は肉体に属するものではありません。[6]また、制限のある所に見出されるものでもありません。[7]肉体は純粋性の結果によって癒されることはあり得ます。純粋性の結果は純粋性そのものと同様に無限です。[8]しかしながら、マインドは肉体の中にはないことが認識され、マインドの罪のなさは肉体とは非常に離れた所にあって、すべての癒しがある場所に存在することが認識されてはじめて、すべての癒しが起こります。[9]それでは、癒しはどこにあるのでしょうか。[10]癒しの原因が癒しの結果を与えられる場所以外にはありません。[11]というのは、病気は、原因がないものに結果を与え、原因がないものを原因にしようとする無意味な試みだからです。

3. 「神の子」は、常に病気において自分自身を自分の原因にしようと試み、「父の子」であることを自分に許しません。[2]この不可能な願望のために、彼は自分が「愛の結果」であり、彼の本質的な性質の故に原因であるに違いないということを信じません。[3]癒しの原因こそすべてのものの唯一の「原因」です。[4]それには一つの「結果」しかありません。[5]そして、それが認識されるとき、原因のないものには何の結果も与えられず、何の結果も見られません。[6]肉体の中にあるマインド、それぞれが異なったマインドをもっている他の肉体の世界、これらはあなたの〝創造物〟です。〝他の〟マインドであるあなたは、創造して自分自身とは異なった結果を生み出しています。[7]そして、それらの〝父〟であるあなたはそれらと同じであるに違いありません。

4. あなたが自分を眠らせて、自分が自分自身に対して異邦人である夢を見て、しかも、その夢の中であなたは誰か別な人の夢の一部でしかなかったということ以外にはまったく何も起こらなかったのです。[2]奇跡はあなたを夢から起こすことはせず、夢見ている人が誰であるかをあなたに示すだけです。[3]あなたが何の目的で夢を見ているかによって、眠っている間に見る夢の選択ができることを奇跡は教えてくれます。[4]あなたは癒しの夢を見たいでしょうか、それとも、死の夢を見たいでしょうか。[5]夢は、あなたが見せてもらいたいものを描くという点において記憶と同じです。

5. ドアが開け放たれた倉庫の中に、あなたの思い出や夢のすべての切れ端があります。[2]しかしながら、あなたが夢見る人であるならば、少なくともこれだけのことは知覚できます。すなわち、あなたがその夢を引き起こしたのであり、別な夢を受け容れることもできるということです。[3]しかし、夢の内容をこのようにして変えるためには、気に入らない夢を夢見たのは他ならぬあなたであるということを理解しなければなりません。[4]それは**あなた**が原因となって引き起こした結果にすぎず、あなたはこの結果の原因であることは望みません。[5]殺人と攻撃の夢の中では、あなたは惨殺された死体という犠牲者です。[6]しかし、ゆるしの夢の中では、誰も犠牲者や苦しむ人になるようにと求められることはありません。[7]奇跡があなたの夢と交換してくれる夢はこのような幸せな夢です。[8]奇跡は別な夢を作るようにとあなたに依頼することはしません。ただ、あなたがこれと交換したいと思うであろう夢を作ったことを理解するようにと依頼するだけです。

6. この世界には原因はありません。この世界で誰が見た夢であれすべて原因はありません。2 いかなる計画も不可能であり、発見可能でかつ理解可能なデザインもまったく存在しません。3 原因のないものからこれ以外の何を期待することができるでしょうか。4 しかしながら、それに原因がないとすれば、それには何の目的もないことになります。5 あなたは自分が原因となって夢を引き起こすことはできるかもしれませんが、その夢に実在的な結果を与えることは決してありません。6 というのは、それはその原因を変えることになるからであり、それはあなたにはできないことだからです。7 夢を見ている人は目を覚ましてはおらず、自分が眠っていることを知りません。8 彼には、病気である、または健康である、憂鬱である、または幸せであるといった自分自身についての幻想は見えますが、それらの幻想には結果が保証されている安定した原因はありません。

7. 奇跡はあなたが夢を見ているということ、そして、その内容は真実ではないという事実を確立します。2 これは幻想に対処する上での重要な一歩です。3 自分が作ったものであることが知覚できれば、誰も幻想を恐れません。4 怖れを抱いた理由は、彼は夢の作者であって、夢の中の人物ではないことが分からなかったからです。5 彼は兄弟に与えたと夢見ている結果を自分自身に与えます。6 そして、夢がまとめて彼に差し出したのはこれだけであり、彼の願いが満たされたことを彼に示すためにそれはなされたのです。7 かくして、彼は自分自身の攻撃を恐れますが、その攻撃が別な人の手によってなされるのを見ます。8 彼は犠牲者としてその結果に苦しみますが、その原因に苦しむのではありません。9 彼は自分自身の攻撃を創作してはおらず、自分が原因となって作ったものに関して罪はありません。10 奇跡は、彼が何もしなかったことを示す以外には何もしません。11 彼が恐れるのは結果のない原因ですが、原因は結果があってはじめて原因になります。12 したがって、それは一度も存在したことはありません。

8. 「父」が「父の結果」を奪われ、もはや結果の「創造主」ではないために結果を保持する力はなくなってしまったという夢から分離は始まりました。2 この夢の中で、夢を見る人は自分自身を作りました。3 しかし、彼が作ったものが彼に反旗をひるがえし、夢見る人が果たしていた創造者の役割を果たすようになりました。4 そして、彼が自らの「創造主」を憎んだのと同じように、夢の中の人物たちは彼を憎みました。5 彼の肉体は彼らの奴隷であり、それを彼らは虐待します。なぜなら、彼が肉体に与えた動機を彼らも自分自身のものとして採用したからです。[6]そして、肉体が彼らに差し出す復讐の故に、彼らは肉体を憎みます。[7]夢を見る人が夢を作る人ではあり得ないことを証明するように見えるのは、肉体に対する彼らの復讐です。[8]結果と原因がまず分裂し、それから逆転され、その結果、結果が原因になり、原因が結果になります。

9. これが分離の最後の一歩であり、これと共に、分離とは逆の道を行く救いが開始されます。[2]この最後の一歩は以前にあったことの一つの結果であり、それが原因のように見えているのです。[3]奇跡は、因果関係の機能を結果にではなく原因に返す第一歩です。[4]というのは、この混乱が夢を作り出したからであり、この夢が続く間は、目を覚ますことを人は恐れるからです。[5]また、目を覚ますようにとの呼び声も聞こえないでしょう。なぜなら、それは怖れへの呼びかけであるかのように思われるからです。

10. 「聖霊」があなたに学ぶように要請するレッスンがすべてそうであるように、奇跡は明確です。[2]奇跡は、「聖霊」があなたに学んで欲しいことを実際に示し、その結果はあなたが望むものであることを示します。[3]「聖霊」のゆるしの夢の中で、あなたの夢の結果は解除され、憎まれていた敵は慈悲深い意図をもった友人であると知覚されます。[4]彼らの敵意は今や原因がないものと見なされます。なぜなら、彼らはそれを作らなかったからです。[5]そして、あなたは彼らの憎しみを作った人という役割を受け容れることができます。なぜなら、それには何の結果もないことが見えるからです。[6]今や、あなたは夢のこれだけの部分からは解放されました。この世界は中立であり、未だに分離したものとして動き回っているように見える肉体をもはや恐れる必要はありません。[7]したがって、彼らは病気ではありません。

11. 奇跡は、怖れを作ったあなたに怖れの原因を返します。[2]しかし、奇跡は怖れには結果がないが故にそれは原因ではないことも示します。なぜなら、因果関係の機能は結果をもつことだからです。[3]そして、結果がなくなってしまった所には原因はありません。[4]かくして、肉体は奇跡によって癒されます。なぜなら、マインドが病気を作ったこと、そして、マインドが作ったものの犠牲者ないしは結果にするためにマインドが肉体を使ったことを奇跡は示すからです。[5]しかしながら、レッスンの半分でレッスンの全体を教えることはできません。[6]肉体は癒すことができるということを学ぶだけであれば、奇跡は無用です。というのは、それを教えるために奇跡が送られてくるのではないからです。7奇跡が教えるレッスンとは、肉体が病気になり得ると考えた**マインド**は病んでいたこと、しかしその罪悪感の投影が原因となって何も引き起こされてはおらず、何の結果も引き起こされてはいないということです。

12. この世界は奇跡に満ちています。2苦痛や苦しみや罪や罪悪感などの夢の一つ一つのすぐ傍らに、奇跡は輝きながら静かに立っています。3奇跡は夢に代わる選択肢であり、夢を作る上で果たしている積極的な役割を否定する代わりに、夢を見る人になる選択をすることです。4奇跡は、病気の結果を原因に返したことによって得られる嬉しい結果です。5マインドが〝これは私に対してなされているのではない。**私**がこれをしている〟と承認するが故に、肉体は解放されます。6かくして、マインドは代わりに別な選択を自由にすることができます。7救いはここにおいて始まり、分離に向かって降りていくすべての歩みの方向を変えていくでしょう。そして、最後には、すべての歩みの跡がたどられ、梯子はなくなり、この世界の夢はすべて解除されるでしょう。

III. 参加の合意

1. 救いの彼方に完璧な確実さで何が待っているかは私たちの関心事ではありません。2というのは、あなたは分離のために降りていた梯子を、上に向かって不確かな足取りで一歩目をやっと踏み出し始めたばかりなのですから。3現在のところは、奇跡だけがあなたの関心事です。4これが私たちの出発点でなければなりません。5そして、奇跡は今や開始され、あなたは起きて目を覚まし、その夢を終わらせる道は静かで簡単なものになるでしょう。6あなたが奇跡を受け容れるとき、既に見ている夢に怖れの夢を加えることはしません。7支持がなければ、怖れの夢は次第に姿を消し、何の結果も残すことはありません。8というのは、それを強くするのはあなたの支持だからです。

2. マインドが分離していることに他のマインドが同意するまでは、マインドが病気になることはありません。2かくして、病気になるというのは複数のマインドによる共同の決断です。3あなたが同意を与えずに、病気を実在的なものにする上で果たす役割を受け容れれば、他のマインドは、あなたの助けがないために自らの罪悪感を投影して、それ自身があなたから分離し離れていると知覚することはできません。4かくして、分離の見解からすれば、肉体があなた方双方のマインドによって病んでいると知覚されることはありません。5兄弟のマインドと一体になれば、病気の原因および知覚される結果は阻止することができます。6病気が分離するマインドから生まれるのと同じように、癒しは一緒になるマインドの結果です。

3. マインドが一緒であり分離できないというただそれだけの理由では奇跡は何もしません。2しかしながら、夢の中ではこれが逆転され、別々なマインドが肉体と見なされ、分離していて一緒になることができません。3あなたの兄弟が病気になることを許さないでください。というのは、彼が病気であるとすれば、あなたは彼の夢を共有することによって彼を見捨て、彼自身の夢に行かせてしまったからです。4彼は病気の原因がある場所に病気の原因を見ていません。そして、あなたはあなた方の間にあるギャップを見過ごしてしまいました。そして、そのギャップの間で病気が成長してきたのです。5かくして、あなた方は小さなギャップを癒さないでおくために病気において一緒になります。そのギャップの中で、病気が注意深く守られ、大切にされ、確固たる信念によって支持されます。それは「神」がやって来て、「神」に至るその小さなギャップに橋を架けることがないようにするためです。6幻想と一緒に「神」の到来と戦わないでください。というのは、夢の中できらきらと輝いているように見える様々なものの中で、あなたが一番望んでいるのは「神」の到来だからです。

4. 夢を見ることの終わりは怖れの終わりであり、愛は夢の世界には一度も存在したことはありません。2そのギャップは小さなものです。3しかしながら、それは疫病の種とあらゆる形の病の種をもっています。なぜなら、それは分離していたい、一緒になりたくないという欲求だからです。4かくして、それは病気に原因を与えるかのように見えますが、病気はその原因ではありません。5このギャップの目的は、病気がもっている原因のすべてです。6というのは、ギャップは、あなたにはまるで苦痛の原因であるかのように見える肉体の中で、あなたを分離しておくために作られたからです。

5. 苦痛の原因は分離であって肉体ではありません。肉体は分離の結果にすぎません。2しかしながら、分離は何もない空間であり、何も囲い込んではおらず、何もしておらず、船が通り過ぎていくときにできる波の合間の何もない空間と同様に実質のないものです。3そして、海水がどっと押し寄せてギャップを埋め、波が一緒にやって来てギャップがなくなるのと同じように、たちまちのうちに分離もなくなってしまうものです。4波が一緒になって、少しの間、波を分離させているように見えた空間を覆ってしまうとき、波の間のギャップはどこにあるのでしょうか。5マインドとマインドが一緒になって、病の種がそこで育っているように見えたマインドとマインドの間にある小さなギャップが埋められるとき、病気が育つための土壌はどこにあるのでしょうか。

6. 「神」がその橋を築いてくださいますが、奇跡によって清潔で何もなくなった空間にしか築くことはされません。2「神」は病の種と罪悪感という羞恥心に橋を架けることはできません。というのは、「神」が創造されたものではない異質な意志を「神」は破壊できないからです。3その結果が去ることを許してください。それを自分のために保持しようとして必死になって手でしがみつかないでください。4奇跡がそれをすべて払いのけ、「神ご自身」のもとへと「神の子」が帰ることができるように橋を架けに来ることを意図されている「神」のための場所を作るでしょう。

7. そのようなわけですから、幸せの銀色の奇跡と黄金の夢を、この世界の倉庫に保存する宝物のすべてであるとして数えてください。2この倉庫のドアは開かれています。泥棒に対してではなく、小石の輝きを黄金と見間違い、銀のように輝く雪を山のように蓄えていたあなたの飢える兄弟のために開かれています。3開かれたドアの背後には何も残されていません。4この世界は、永遠が引き裂かれて、細かく砕かれ、日、月、年として知覚される小さなギャップに他なりません。5そして、この世界に生きるあなたはと言えば、「神の子」の絵がばらばらに砕け散った姿であり、それぞれが一つ一つに分離した不確かな粘土の破片の中に隠されているのではないでしょうか。

8. 我が子よ、恐れることはありません。ただ、あなたの世界が奇跡によって優しく明かりを灯されるのを許してください。2そして、あなたとあなたの兄弟の間に小さなギャップが見えた所では、彼とそこで一緒になってください。3こうして、病気はもはや原因がないものと見られるでしょう。4癒しの夢はゆるしの中にあり、あなたは一度も罪を犯したことはないことをあなたに優しく見せてくれるでしょう。5奇跡は、一度も存在したことのないものに対する証言である罪悪感という証拠は残さないでしょう。6そして、あなたの倉庫の中に、あなたの「父」とあなたの「自己」を歓迎する場所を奇跡は作るでしょう。7そこに来る者がこれ以上飢えることなく、そこに並べられたご馳走を楽しむことができるように、そのドアは開け放たれています。8そして、奇跡があなたのもとへと来るように依頼した招待「客」と彼らは出会うでしょう。

9. これはこの世界の夢が見せたものとは非常に異なったご馳走です。2というのは、ここでは、誰かがたくさん受け取れば受け取るほど、より多くのものが他の人たちのために残されるからです。3「客人」は無限の食べ物をもってきてくれたのです。4そして、誰も奪われることはなく、奪うこともできません。5ここにあるご馳走は、「父」が「子」の前に並べたものであり、「子」と等しく分かち合うご馳走です。6そして、「彼ら」が分かち合うとき、豊かさが弱まり衰微するギャップは存在し得ません。7そして、やせた年がやって来ることも不可能です。というのは、限りないこのご馳走に時間は仕えないからです。8というのは、あなたの「客人」をあなたから引き離しておくように見えた空間に、愛が愛のテーブルを置いたからです。

IV. より大きな結合

1. あなた自身のために「あがない」を受け容れることは、病気と死という誰かの夢を応援しないことを意味します。2それは、分離して幻想に自分自身を襲わせたいというその人の欲求を分かち合わないことを意味します。3また、それらの幻想が彼ではなくあなたを襲うことはあなたの望むことではありません。4かくして、それらの幻想にはいかなる結果もありません。5そして、あなたは苦痛の夢から自由になります。なぜなら、彼が苦痛の夢から自由になることをあなたが許したからです。6彼を助けなければ、あなたも彼と一緒に苦しむことになります。なぜなら、それがあなたの望みだからです。7そして、彼があなたの夢の中の人物になるように、あなたも彼の夢の中の人物になります。8その結果、あなたもあなたの兄弟も共に幻想となり、帰属性を失います。9あなたは邪悪な夢を分かち合うことによって誰にでも、また、何にでもなることができます。10その時、あなたはただ一つのことだけは確信できます。あなたが邪悪であるということです。なぜなら、あなたは怖れの夢を共有するからです。

2. 今この場所に確実性を発見する方法があります。[2]どのような形をとっているものであれ、恐ろしい夢の一部になることを拒否してください。というのは、それらの夢の中であなたは帰属性を失ってしまうからです。[3]それらの夢を、あなたの原因となってあなたを作り出し、あなたに結果を与えているものとして受け容れないことによって、あなたは自分を発見します。[4]あなたはそれらの夢から離れて立っていますが、それらの夢を見ている彼から離れてはいません。[5]かくして、あなたは夢を見る人と夢を切り離し、彼と一つになりますが、夢は手放さなければなりません。[6]その夢はマインドの中の幻想にすぎません。[7]そして、あなたはそのマインドと結合しますが、夢とは決して結合しません。[8]あなたが恐れているのは夢であり、マインドではありません。[9]あなたはマインドと夢は同じであると見ています。なぜなら、あなたは自分が一つの夢にすぎないと考えているからです。[10]そして、自分自身の中の何が実在的で、何が幻想にすぎないのか、あなたには分からず、区別することができません。

3. あなたと同じように、あなたの兄弟は自分が夢であると考えています。[2]彼自身についての彼の幻想を共有しないでください。というのは、あなたの「帰属性」は彼の実在に依存しているからです。[3]兄弟を、幻想が未だに執拗にとどまっているマインドではあるもののあなたにとって兄弟であるマインドとして考えてください。[4]彼は、彼が夢見るものによって兄弟なのではなく、肉体でもなく、また、夢の〝英雄〟でもなく、ただあなたの兄弟なのです。[5]あなたの実在が彼の兄弟であるのと同じように、あなたの兄弟であるのは彼の実在です。[6]あなたのマインドと彼のマインドは兄弟であることにおいて一つになります。[7]彼の肉体と夢は小さなギャップを作るだけのようであり、そこであなたの肉体と夢が彼のそれと一緒になったのです。

4. しかしながら、あなた方のマインドの間にはギャップはありません。[2]かくして、彼の夢と一緒になることは彼と出会うことではありません。なぜなら、彼の夢はあなたから分離するからです。[3]したがって、怖れの夢を主張するのではなく、兄弟であることを主張することによって彼を解放してください。[4]彼が誰であるかを彼自身に承認させてください。彼を信頼して彼の幻想を支持しないことによってそうするのです。というのは、あなたが彼の幻想を信頼すれば、あなた自身の幻想を信頼することになるからです。[5]あなたの幻想を信頼していれば、彼が解放されることはなく、あなたは彼の夢に束縛され続けるでしょう。[6]そして、あなたが兄弟のマインドの中で支持した幻想だけが住んでいるあの小さなギャップを、怖れの夢が何度も幽霊の如く訪れるでしょう。

5. あなたがあなたの役目を果たせば、彼も彼の役目を果たすことを確信してください。というのは、彼はあなたが立っている場所であなたと一緒になるからです。[2]あなた方の間にあるギャップの中で会おうと彼に呼びかけないでください。さもなければ、それは彼の実在であるだけでなくあなたの実在でもあると信じることになります。[3]あなたには彼の役割を演じることはできません。しかし、自分の夢を見る人になる代わりに彼の夢の中の受動的な人物になると、あなたは彼の役割を演じることになります。[4]夢の中では帰属性は無意味です。なぜなら、夢を見る人と夢は一つだからです。[5]夢を分かち合う人は、彼が分かち合う夢であるに違いありません。なぜなら、分かち合うことによって原因が生み出されるからです。

6. 混乱を共有すれば、あなたは混乱します。というのは、そのギャップには安定した自己は存在しないからです。[2]同じであるものが違っているように見えます。なぜなら、同じであるものが似ていないように見えるからです。[3]彼の夢はあなたの夢です。なぜなら、あなたがそうであることを許すからです。[4]しかし、あなたが自分自身の夢を取り去ってしまったならば、彼もそれらの夢から解放され、彼自身の夢からも解放されるでしょう。[5]あなたの夢は彼の夢の証人であり、彼の夢はあなたの夢の真実性を証言します。[6]しかしながら、あなたの夢の中にはいかなる真実もないことがあなたに分かれば、彼の夢は去り、何がその夢を作ったのかを彼は理解するでしょう。

7. 「聖霊」はあなた方二人のマインドの中にあり、「聖霊」は「一つ」です。なぜなら、「聖霊」の「一体性」を「それ自身」から分離するギャップは存在しないからです。[2]あなた方の肉体間のギャップは重要ではありません。というのは、「聖霊」において一つになっているものは常に一つだからです。[3]誰かが自分と他の人との結合を共に受け容れるならば、誰も病気にはなりません。[4]病んで分離したマインドになりたいというその人の願望は、証人ないしは原因がなければ残ることはできません。[5]そして、誰かが彼と結合することを意図すれば、その証人と原因は共に姿を消します。[6]彼の夢を分かち合わないことによって彼らの間の空間を空いたままにしていった兄弟から、自分は分離しているという夢を彼は見ています。[7]そして、「父」は、

「聖霊」が一緒になった「神の子」と一緒になるためにやって来られます。

8.「聖霊」の機能は「神の子」の壊れた絵を取って、破片を元の場所に戻して絵を再生することです。2完全に癒されたこの神聖な絵を、それ自身が一枚の絵であると考えている一つ一つの別々な破片に「聖霊」は差し出します。3一人一人に「聖霊」は彼の「帰属性」を差し出します。その全体的な絵が表すのはこの「帰属性」であり、彼が自分自身であると主張していた小さな壊れた破片ではありません。4そして、この絵を見るとき、彼はそれが自分自身であることを認識します。5あなたが兄弟の邪悪な夢を分かち合わなければ、これが、病気と罪の種をすべて取り除いてきれいになった小さなギャップに奇跡が置く絵です。6そして、ここにおいて「父」は「我が子」を受け取られるでしょう。なぜなら、「神の子」が自分自身に対して慈悲深さを示したからです。

9.「父」よ、私はあなたに感謝します。それは、「あなた」の神聖な「子」のばらばらな破片の間にある小さなギャップの一つ一つを埋めるために、「あなた」が来てくださることを知っているからです。2完全で完璧なあなたの「神聖性」は破片の一つ一つの中にあります。3そして、それらは一緒に結ばれています。なぜなら、一つの中にあるものはそれらすべての中にあるからです。4最も小さな砂粒であってもそれが「神の子」の完成された絵の一部であることが認識されるとき、それはなんと神聖であることでしょうか。5壊れた破片同士が作るように見える形は何も意味しません。6というのは、全体がそれぞれの中にあるからです。7「神の子」の一つ一つの側面は他のすべての部分とまったく同じです。

10.あなたの兄弟の夢と一緒になるのではなく、兄弟と一緒になってください。そして、あなたが兄弟と一緒になる場所には「父」がおられます。2自分が何も失ってはいないと知覚しているのに、代わりのものを探し求める者がいるでしょうか。3健康の素朴な幸せを受け取っているのに、病気の〝恩恵〟を得たいと望む人がいるでしょうか。4「神」が与えられたものは損失ではあり得ず、「神」に属さないものはいかなる結果ももたらしません。5だとすれば、ギャップの中にあなたは何を知覚するのでしょうか。6病気の種は、分離に喜びがあり、分離を放棄することは犠牲であるという信念から生まれます。7しかし、ギャップの中に存在していないものを見ようとするこだわりを捨てると、結果として奇跡がやって来ます。8幻想を手放しても良いと思う気持が、「神の子であるヒーラー」が必要とするもののすべてです。9その「ヒーラー」は病気の種があった場所に癒しの奇跡を置くでしょう。10そして、いかなる損失もなく、ただ、利益だけがあるでしょう。

V. 怖れの夢に代わるもの

1. 病気の感覚は制限の感覚以外の何ものでもありません。2分裂の感覚であり、分離する感覚です。3あなたとあなたの兄弟の間に知覚されるギャップです。とすれば、今や何が健康であると見なされるのでしょうか。4こうして、善なるものは外側にあると見られ、邪悪なものは内側にあると見られます。5かくして、病気は善なるものから自己を分離させ、邪悪なものを内側に保持します。6「神」は怖れの夢の「代替物」です。7怖れの夢を共有する者は「神」を共有することはできません。8しかし、怖れの夢を共有することからマインドを引っ込める者は、「神」を共有しています。9これ以外の選択はありません。10あなたがこれを共有しなければ、何も存在することはできません。11そして、あなたが存在するのは、「神」の創造物が創造できるようにと「神」が「ご自身の意志」をあなたと共有されたからです。

2. 怖れの夢を実在させるのは、憎しみと悪意・恨みと死・罪と苦しみ・苦痛と喪失という邪悪な夢の共有です。2共有しなければ、それらのものは無意味であると知覚されます。3それらのものから怖れは去っています。なぜなら、あなたがそれらを支持しなかったからです。4怖れが去った場所には、必然的に愛がやって来ます。なぜなら、その選択肢しか存在しないからです。5片方が現れれば、もう一方は姿を消します。6そして、共有するものが所有する唯一のものとなります。7あなたはあなたが受け容れるものを所有することになります。なぜなら、それはあなたがもっていたいと願望する唯一のものだからです。

3. 夢を見る人をゆるし、その人はその人が作った夢ではないことを知覚すれば、邪悪な夢を共有することはありません。2したがって、彼があなたの夢の一部であることはあり得ず、あなたの夢からあなた方は共に自由です。3ゆるしは夢見る人を邪悪な夢から分離し、そうすることによって解放します。4もしも邪悪な夢を共有すれば、あなたは自分が共有する夢の一部であると信じるようになることを覚えておいてください。5そして、それを恐れているあなたは、あなた自身の「帰属性」を知りたいとは思わないでしょう。なぜなら、「それ」は恐ろしいものであると考えるからです。6 そして、あなたはあなたの「自己」を否定し、あなたの「創造主」が作られたものではない見知らぬ土地を歩くでしょう。そこでは、あなたは自分ではない何かになったように見えるでしょう。7 あなたは、あなたの敵のように見えるあなたの「自己」に戦いを仕掛け、あなたが憎んでいるものの一部であるとしてあなたの兄弟を攻撃するでしょう。8 妥協はできません。9 あなたはあなたの「自己」であるか幻想であるかのどちらかです。10 幻想と真実の間に何があり得るでしょうか。11 中間の場所は、あなたがあなたでないものになれる場所ですが、夢であるに違いなく、真実ではあり得ません。

4. あなたは幻想と真実の間にある小さなギャップを、あなたの安全性のすべてがある場所で、あなたの「自己」があなたの作ったものによって安全に守られている場所であると思ってきました。2 ここに病んでいる世界が確立され、そして、肉体の目が知覚する世界はこれです。3 ここに肉体に聞こえる音があり、肉体の耳に聞こえるように作られた声があります。4 しかしながら、肉体に知覚できる光景や音は無意味です。5 肉体には見ることも聞くこともできません。6 肉体には見ることはどういうことなのか、何のために聞くのかは分かりません。7 肉体は、価値判断することも理解することも知ることもできないのと同様に、ほとんど知覚することはできません。8 その目は盲目であり、その耳は聞こえません。9 肉体は考えることもできず、したがって、結果を出すことはできません。

5. 「神」が病むようにと創造されたものがあるはずはありません。2 そして、「神」が創造されたもので存在できないものがあるでしょうか。3 あなたの目が夢を見つめることを許さないでください。あなたの耳に幻想の証言をさせないでください。4 あなたの目や耳は、そこにない世界を見るように作られたのであり、音を出すことができない声を聞くように作られたのです。5 しかしながら、見ることができ、聞くことができ、理解することができる別な音や光景があります。6 というのは、目や耳は分別できない感覚であり、それらは見たり聞いたりするものをただ報告するだけだからです。7 聞いたり、見たりするのは耳や目ではなくあなたであり、あなたがジグザグの断片の一つ一つ、意味のない細々とした証拠の断片を一緒にしては、あなたが望む世界の証人を作るのです。8 肉体の耳や目に、あなたが想像したギャップの中に見える無数の断片を知覚させないでください。そして、それらの断片を作った人に、彼が想像したものは実在するのだと肉体の耳や目に説得させてください。

6. 創造は実在を証明します。なぜなら、創造はすべての創造が共有する機能を共有するからです。[2]それは、ガラスの小さな破片・一本の材木・一、二本の糸などがまとまってその真実性を証言しているのではありません。[3]実在はこのようなことに依存してはいません。[4]真実を夢や幻想から分離するギャップはありません。[5]真実はいかなる場所にもいかなる時間にも、夢や幻想の余地を残してはいません。[6]というのは、真実はあらゆる場所とあらゆる時間を満たし、場所と時間を完全に不可分なものにするからです。

7. あなたとあなたの兄弟の間に小さなギャップがあると信じているあなたは、このギャップに存在していると知覚されている世界の中で囚人になっているということが見えません。[2]あなたに見える世界は存在しません。なぜなら、あなたがそれを知覚する場所は実在しないからです。[3]そのギャップは霧の中に注意深く隠され、霧がかかった絵が現れてそれをぼんやりとした不確かな形や、常に実質がなく不安定で変化する形で覆い隠します。[4]しかしながら、ギャップの中には何もありません。[5]そこには畏怖の念を覚えるような秘密もなく、恐怖が死者の骨から立ち上がってくる暗い墓地もありません。[6]その小さなギャップを見てみれば、罪のなさと罪のない空間が見えるでしょう。それは、愛を認識することに対する怖れがなくなったとき、自分自身の中に見えるものです。

VI. 密かな誓い

1. 肉体を罰する者は狂っています。[2]というのは、ここに小さなギャップが見られていますが、ギャップはここにはないからです。[3]肉体はそれ自身を価値判断してはおらず、それ自身を本来の自分ではないものにもしていません。[4]肉体は苦痛を喜びにすることを求めず、塵の中に永続的な喜びを探そうともしません。[5]肉体はその目的が何であるかをあなたに告げることはせず、それが何のためにあるのか理解することもできません。[6]肉体は何かを犠牲にすることはできません。なぜなら、肉体には意志がないからであり、好みもなければ疑うこともないからです。[7]肉体は自分が何であるかと考えることはありません。[8]したがって、肉体には競争する必要はありません。[9]肉体は犠牲にされる可能性はありますが、自らを犠牲者として感じることはできません。[10]肉体は何の役割も受け容れることはなく、言われたことを攻撃することなく実行します。

2. 見ることができないものに視覚について責任をとらせ、聞くことができないものをあなたが気に入らない音に関して責めるというのは、まったく無分別な見解です。[2]肉体はあなたが与える罰で苦しむことはありません。なぜなら、肉体に感情はないからです。[3]肉体はあなたが望むように行動しますが、自分で選択をすることは絶対にありません。[4]肉体は生まれることもなく、死ぬこともありません。[5]肉体は自らが置かれた道をただ目的もなくたどることができるだけです。[6]そして、もしもその道が変われば、肉体は別な道をこれまでと同じように楽々と歩いていきます。[7]肉体は誰の側にもつくことはせず、旅する道を価値判断することもしません。[8]いかなるギャップも知覚しません。なぜなら、肉体は憎まないからです。[9]肉体を憎しみのために利用することはできますが、それによって肉体が憎悪に満ちたものになることはありません。

3. あなたが憎み、恐れ、ひどく嫌い、欲するものを、肉体は知りません。[2]あなたは肉体を送り出して分離を探求させ、分離しようとします。[3]それから、あなたは肉体を憎みます。肉体そのものが理由ではなく、あなたが肉体を利用したその利用法の故に肉体を憎みます。[4]あなたは肉体に見え、肉体に聞こえるものにたじろぎ、肉体の脆弱さと矮小性を憎みます。[5]そして、肉体の行動を軽蔑しますが、自分の行動は軽蔑しません。[6]肉体はあなたに代わって見たり聞いたりします。[7]肉体にはあなたの声が聞こえます。[8]肉体が脆弱で矮小であるのはあなたの望みによります。[9]肉体はあなたを罰するかのようであり、かくして、それがあなたにもたらす限界の故に、あなたの憎しみに値します。[10]しかしながら、あなたは肉体を、マインドにもって欲しく、見て欲しく、保持して欲しいと思っている限界の象徴にしています。

4. 肉体は、あなたが自分自身のものと呼んでいるマインドの僅かな部分と、それ以外の本当にあなたのものである部分との間にあるギャップを表しています。[2]あなたは肉体を憎んでいますが、しかし、肉体はあなたの自己であり、肉体がなければあなたの自己は失われるだろうと考えています。[3]これは、あなたから離れて歩く兄弟の一人一人とあなたが交わした秘密の誓いです。[4]これは、あなたが攻撃されたと知覚する度ごとに再び交わす誓いです。[5]自分が攻撃されていると知覚し、攻撃によって失うものがあると知覚しなければ、苦しむ人はいません。6病気に対する誓いの一つ一つは、意識においては言葉として語られてはおらず、聞かれてもいません。7しかしながら、それは他の人によって傷つけられるという約束であり、仕返しにその人を攻撃するという約束です。

5. 病気は、肉体が苦しむようにと怒りが肉体に向けられたものです。2それは、他の誰かの密かな欲求、すなわち、あなたが彼から離れていたいと思っているように、彼もあなたから離れていたいと思っている、その欲求と合意の上で秘密裡に作られたものの当然の結果です。3あなた方二人が共にそれが望むことであると同意しなければ、それはいかなる結果ももつことはできません。4〝私のマインドとあなたのマインドの間にはいかなるギャップもない〟と言う人は誰であれ「神」の約束を果たしていて、永遠に死に忠実であるという自らの小さな誓いを守っているのではありません。5そして、彼の癒しによって、彼の兄弟は癒されます。

6. 次のことを兄弟一人一人との合意にしてください。あなたは兄弟と別々になるのではなく、一つになるということです。2そして、あなたの兄弟はあなたとの約束を守るでしょう。なぜなら、それは「神」が彼と交わされたように、彼が「神」と交わした約束だからです。3「神」は「ご自分」の約束を守られます。「神の子」は自分の約束を守ります。4彼を創造されたとき、「父」はこう言われました。〝あなたは「私」によって、「私」はあなたによって永遠に愛されている。5「私」と同じく完全であれ。というのは、あなたは「私」から決して離れることはできないからである〟。6「神の子」は、〝私はそうします〟と答えたことを覚えていません。しかし、彼はその約束において生まれたのです。7しかしながら、彼が病気になるという約束を共有せず、自分のマインドが癒されて一つになることを許す度ごとに、「神」はこのことを彼に思い出させてくださいます。8彼の密かな誓いは、「神の意志」の前にあっては無力です。「神」の約束を彼は共有しているのです。9「神」と約束した者が「神の意志」を自分の意志で代用することはありません。

VII. 安全な箱船

1. 「神」は何も求められることはありません。そして、「神の子」も「神」と同じように、何も求める必要はありません。[2]というのは、彼にはいかなる欠如もないからです。[3]空いている空間、小さなギャップは一つの欠如です。[4]彼がもっていない何かを欲する可能性があるのはそこにおいてだけです。[5]「神」が存在しない空間、「父」と「子」の間にあるギャップは「両者の意志」ではありません。「神」も「神の子」も一つになることを約束したのです。[6]「神」の約束は「ご自身」への約束であり、「神」の本質の一部に関して「神」が意図されることに対して不誠実であり得る人はいません。[7]「神ご自身」と「神」の本質との間にいかなるギャップもないという約束が偽りであることはあり得ません。[8]一つでなければならないもので、その「完全性」の中にはギャップがあり得ないものの中に、いったいどのような意志が入り込むことが可能でしょうか。

2. あなたの兄弟のすべてとの美しい関係はあなたの一部です。なぜなら、それは「神ご自身」の一部だからです。[2]もしもあなたが、完全性と健康、助けの「源」、癒しへの「呼びかけ」、そして、癒そうとの「呼びかけ」を自分自身に否定するとすれば、あなたは病んでいるのではないでしょうか。[3]あなたの救い主は癒しを待っており、この世界も彼と一緒に待っています。[4]また、あなたもこの世界と分離してはいません。[5]というのは、癒しは一つであるか全然ないかのいずれかであり、世界の一体性は癒しがある場所にあるからです。[6]分離を修正するのにそれと正反対であるもの以外の何が修正できるでしょうか。[7]救いのいかなる側面にも中間の場所はありません。[8]それを完全に受け容れるか受け容れないかのどちらかでしかありません。[9]分離されていないものは一緒であるに違いありません。[10]そして、一緒になっているものが分離していることはあり得ません。

3. あなたとあなたの兄弟の間にはギャップがあるか、それとも、あなた方は一つであるかのどちらかです。[2]その中間の答えはなく、他の選択肢はなく、忠誠心が二つの間で分裂することもありません。[3]二つに分裂した忠誠心は両者に対する不誠実以外の何ものでもなく、あなたを空回りさせるだけで、あなたは何らかの救いを約束しているように見える藁であればどんな藁にも自信なげにすがろうとすることになります。[4]しかしながら、藁の上に家を建て、風から守ってくれる避難所としてその家を頼りにできる人がいるでしょうか。[5]肉体をこのような家にすることはできます。なぜなら、肉体には真実の土台がないからです。[6]しかしながら、肉体には真実の土台がないために、それをあなたの家であるとは見なさず、「神」が住んでおられる家に到達するのを助けるだけのものであると見なすことができます。

4. **これ**を目的として、肉体は癒されます。[2] 肉体は分離と病気の夢の証人としては使われません。[3] また、肉体は自らがやらなかったことに関して無為に責められることもありません。[4] 肉体は「神の子」を癒す助けをすることができます。そして、この目的のためには肉体は病気になることはできません。[5] 肉体はあなた自身の目的ではない目的に加わることはありません。そして、あなたは肉体が病気にならないようにとの選択をしました。[6] すべての奇跡はこの選択に基づいており、この選択がなされた瞬間に奇跡があなたに与えられます。[7] いかなる形の病気もこれを免れることはできません。なぜなら、その選択は形という観点からすることはできないからです。[8] 病気の選択は形の選択のように見えますが、それと正反対のものがそうであるのと同じように一つです。[9] そして、あなたはこれに応じて、病気であるか健康であるかということになります。

5. しかし、あなたが単独でそうなることは絶対にありません。[2] この世界は、あなたは一人でいることができ、あなたとは別な人たちに影響を与えることなく考えることができるという夢であるにすぎません。[3] 一人であるということは、あなたは離れていることを意味し、離れているとすれば、あなたは病気であることになります。[4] これは、あなたが分離していることを証明するかのように見えます。[5] しかしながら、それが意味しているのは、信頼の欠如に対して忠誠を尽くすという約束をあなたが守ろうとしたということだけです。[6] しかしながら、信頼の欠如は病気です。[7] それは、藁の上に建てられた家のようなものです。[8] それはそれ自体ではしっかりとしており、どっしりとしているように見えます。[9] しかしながら、その安定性は土台を抜きにして判断することはできません。[10] それが藁の上にあるのであれば、ドアにかんぬきをかけたり、窓の鍵を閉めたり、錠の差し金をしっかりと閉める必要はありません。[11] 風が吹けば飛ばされ、雨が降ればどこかに流されて消えてなくなるのですから。

6. 危険と怖れのために作られたものの中で安全を求めることに何の意味があるでしょうか。[2] その家の弱さはそれ自体にあるのではなく、それが立っている無という小さなギャップの脆弱さにあるのに、更に錠を下ろし、鎖をつけ、碇を降ろすことによって家に負担をかけることに何の意味があるでしょうか。[3] 影の上に立っているものが安全であり得るでしょうか。4 あなたは一枚の羽根の重さでつぶれてしまうものの上に家を建てたいでしょうか。

7. あなたの家は、あなたの兄弟の健康と、幸せと、無罪性と、彼の「父」が彼に約束されたすべてのものの上に建っています。2 あなたがその代わりに交わした秘密の約束は、どれ一つとして彼の家の「土台」を揺るがしたことはありません。3 風が吹きつけ、雨が打ちつけても、なんの結果も生じることはないでしょう。4 この世界が流されても、この家は永遠に立ち続けるでしょう。というのは、その強さはそれ自身の内部だけにあるのではないからです。5 それは安全な箱船であり、「神の子」は「神ご自身」の中で永遠に安全であるという「神」の約束の上に安らいでいるからです。6 この避難所の安全性とその「源」の間に、どんなギャップが入り込むことができるでしょうか。7 ここからは、肉体をありのままに見ることができます。すなわち、「神の子」を彼の家へと解放するために肉体がどの程度役立つことができるか、それ以上でもなければそれ以下でもないものとして見ることができます。8 そして、この神聖な目的によって、それはしばらくの間神聖な家とされます。なぜなら、それはあなたの「父の意志」をあなたと共有するからです。

第29章　目覚め

I. ギャップを閉じる

1.「神」が不在である時間もなければ、場所もなければ、状態もありません。2恐れるべきものは何もありません。3「神」のものである「完全性」の中に、ギャップがあることを想像するのは不可能です。4「神」の永遠の「愛」においては、最低限度のそして最小のギャップが象徴するかもしれない妥協もまったく不可能です。5というのは、それは「神の愛」にほんの僅かの憎しみがあり、「神」の優しさは時には攻撃に転じることもあり、「神」の永遠の忍耐が時には失敗することもあることを意味するからです。6兄弟と自分自身との間にギャップを知覚するとき、あなたはこうしたことのすべてを信じています。7だとすれば、あなたにどうして「神」を信頼することができるでしょうか。8というのは、「神」は「神の愛」において欺瞞的であるに違いないからです。9とするならば、注意しなければなりません。「神」があまりにも近くに来ることは許さないほうが良いでしょう。そして、あなたと「神」との間にギャップを残しておいたほうが良いでしょう。そうすれば、逃げる必要が生じたときには、そのギャップを通って逃げることができます。

2. ここに、「神」への怖れをきわめて明確に見て取ることができます。2というのは、恐れる者たちにとって愛は背信的だからです。というのは、怖れと憎しみは決して離れることができないからです。3憎しみをもっている人で愛を恐れていない者はいません。4愛が何を意味するのかを彼が知らないことは確実です。5その人は愛することを恐れ、憎むことを愛しています。したがって、愛は恐ろしく、憎しみが愛であると考えています。6小さなギャップを大切に思い、それが自分の救いであり希望であると考える人たちに、そのギャップがもたらすのはこのような結果です。

3.「神」に対する怖れ！ 2安らぎがその上を流れていかなければならない最大の障害物はまだなくなってはいません。3それ以外のものはなくなりましたが、これはまだ残っていてあなたの道を塞ぎ、光に至る道を暗く、恐ろしく、危険で荒涼たるものに見せています。4兄弟はあなたの敵であるとあなたは既に決めてしまいました。5あなた方の分離した関心が友情を少しの間可能にしてくれたとすれば、彼は時には友人であるかもしれません。6しかし、彼が再び敵になる場合に備えて、あなたと彼の間にはギャップを知覚しておいたほうが良いでしょう。7彼を自分に近づかせておいて、あなたは飛び下がりました。あなたが近づいたとき、彼は直ちに引き下がりました。8展望において制限され、量においても注意深く制限された慎重な友情が、あなたが彼と交わした条約となりました。9かくして、あなたとあなたの兄弟は条件付きの協約を結んだだけであり、この協約の中で、分離に関する条項をしっかりと取り決めておくことに双方が合意しています。10そして、これを破ることは条約違反であり、許されることではありません。

4. あなたとあなたの兄弟間のギャップは、二つの別々な肉体の間にある空間ではありません。2そして、これはあなた方の分離したマインドを分割しているだけのように見えます。3それは、あなたが好きな時に会い、あなたと彼が再び会う選択をするまで別れているようにと交わされた約束の象徴です。4そして、それからあなた方の肉体が一見接触し、それによって一緒になるための出会いの場所が示されます。5しかし、あなたにとっても彼にとっても、別な道を行くことは常に可能です。6分離する〝権利〟を条件として、あなたと彼は時々会うことに同意し、分離している期間は離れたままでいるということに同意します。この分離の期間があなたを愛の〝犠牲〟からしっかりと守ってくれます。7肉体はあなたを救ってくれます。というのは、肉体は完全な犠牲を避けて、あなたの分離した自己を再び築くための時間をあなたに与えてくれるからです。あなたの分離した自己はあなたと兄弟が出会うとき減じていくと、あなたは本当に信じています。

5. 肉体をあなたと兄弟の間に見られる分離と距離の原因にしたいとあなたが望まなければ、肉体があなたのマインドをあなたの兄弟のマインドから分離することは不可能です。2かくして、あなたは肉体にそれ自体の中には存在しない力を付与します。3そして、肉体があなたを支配する力はここに横たわっています。4というのは、今やあなたは、あなたの兄弟とあなたが会う時を決めるのは肉体であり、あなたの兄弟のマインドと交わるあなたの能力を肉体が制限すると考えるからです。5そして、今や、あなたがどこに行くべきか、どのようにしてそこに行くべきか、何に着手するのが適切か、何をすべきではないかを肉体があなたに告げます。[6]肉体の健康が何に耐えられるか、何が肉体を疲れさせるか、何が肉体を病気にするか、こうしたことのすべてを肉体が命令します。[7]そして、肉体の〝内在的な〟弱さが、あなたがすることについての限界を設定し、あなたの目的を限定的で弱いものにしておきます。

6. あなたがそれを望むならば、肉体はこれに順応するでしょう。[2]肉体は〝愛〟への限定的な耽溺だけを許し、その合間に憎しみの期間を入れるでしょう。[3]そして、いつ愛するべきか、より安全にいつ怖れの中に後ずさりするかに関して、肉体が指揮をとることになります。[4]肉体は病気になります。なぜなら、愛することの意味が何であるかをあなたは知らないからです。[5]そのために、あなたは必然的に一つ一つの状況、出会う一人一人の人を乱用して、それらの中にあなた自身のものではない目的を見ることになります。

7. 愛は犠牲を求めません。[2]しかし、怖れは愛の犠牲を要求します。というのは、愛がある所に怖れはいることができないからです。[3]憎しみを維持するためには、愛を恐れなければなりません。そして、愛は時々存在し、時々いなくならなければなりません。[4]かくして、愛は当てにならないものと見なされます。なぜなら、愛は不確定的にやって来ては去っていき、あなたに安定性を差し出してはくれないからです。[5]あなたの忠誠心がどれほどに制限されたものでありどれほどに弱いものであるかがあなたには分かっていません。そして、あなたがどれほどの頻度で愛に去ることを要求したか、〝安らぎ〟の中にそっとしておいてくれと何度要求したことか、あなたには分かっていません。

8. 目標に関して何も知らない肉体は、あなたが保持していて、肉体に維持するようにと強制している様々な目標のためのあなたの口実です。[2]あなたが恐れているのは肉体の弱さではなく、強さないしは弱さを肉体が欠いていることです。[3]あなたとあなたの兄弟の間には何も立っていないことをあなたは知りたいでしょうか。[4]あなたがその背後に隠れることができるギャップは存在しないことをあなたは知りたいでしょうか。[5]彼らの救い主はもはや彼らの敵ではないことを学ぶ人たちには一つのショックが訪れます。[6]肉体は実在しないことを学ぶことによって警戒心が喚起されます。[7]そして、〝神は愛である〟という幸せなメッセージの周囲には、一見怖れのようなニュアンスが存在します。

9. しかしながら、ギャップがなくなったときに起きるのは永遠の安らぎだけです。2それ以上でもそれ以下でもありません。3「神」に対する怖れがなければ、「神」を見捨てるようにとあなたを説得できるものはありません。4そのギャップの中にあるどのような玩具が、あるいは、どのような飾り物が、あなたを「神の愛」から一瞬の間であれ引き留めることができるというのでしょうか。5「神」を発見するときに自己の喪失を発見することを恐れていなければ、「天国」の呼びかけに対して肉体が〝ノー〟と言うことを許すでしょうか。6しかしながら、あなたの自己が発見されることによって、その自己が失われるということがあり得るでしょうか。

II. 客人の到来

1. あなたが自由であると学ぶことは苦しみからの解放であると、なぜあなたは知覚しないのでしょうか。2その真実を敵と見る代わりに、なぜそれを拍手喝采して賞讃しないのでしょうか。3道に迷うことなど不可能なまでに明確な標識がついている簡単な道が、なぜ苦しく辛い道のように見え、ついていくには難しすぎる道に見えるのでしょうか。4その理由は、あなたがそれを、犠牲も損失もない、自分を「天国」と「神」の中に見出すための単純な道であると見る代わりに、地獄に至る道と見ているからではないでしょうか。5何も放棄することはないと分かるまで、いかなる喪失もないことが理解できるまで、あなたは選んだ道について何らかの後悔をするでしょう。6そして、あなたの選択があなたに差し出した数多くの恩恵が見えないでしょう。7しかしながら、あなたには見えなくとも、それらはそこにあります。8それらの原因が作動を開始したのですから、それらの原因が入った場所にそれらの結果は存在します。

2. あなたは癒しの原因を受け容れました。したがって、あなたは癒されたに違いありません。2そして、癒されたのであれば、癒す力もまたあなたのものとなったに違いありません。3奇跡とは分離したものではなく、原因がない結果として突然起こるものではありません。4また、奇跡はそれ自体においては原因ではありません。5しかし、その原因がある場所に、奇跡は必然的に存在します。6まだ知覚されてはいませんが、今や、奇跡の原因は作動を開始しました。7そして、まだ見られてはいませんが、その結果はそこにあります。8今、内面を見れば、後悔の理由ではなく、大いなる喜びと安らぎへの希望の原因が見えるでしょう。

3. 戦場において平和の希望を見つけようとするのは絶望的な試みでした。2罪と苦痛を保持する機能に役立てるようにと作られたものの罪と苦痛から脱出することを要求しても、何の結果も得ることはできませんでした。3というのは、憎しみと怖れ、そして、攻撃と罪悪感が一つの幻想でしかないのと同じように、苦痛と罪は一つの幻想だからです。4それらの原因がない場所からはそれらの結果はなくなっており、結果がない場所にはどこであれ愛が必然的に入ることになります。5あなたはなぜ喜ばないのでしょうか。6あなたは苦痛と病気、悲惨と喪失、憎しみと攻撃のすべての結果から解放されたのです。7もはや、苦痛はあなたの友人ではなく、罪悪感はあなたの神ではありません。あなたは愛の結果を歓迎すべきです。

4. あなたの「客人」がやって来ました。2あなたが「彼」に来るように依頼し、「彼」はやって来ました。3あなたには「彼」が入ってくるのが聞こえませんでした。というのは、あなたは「彼」を完全には歓迎しなかったからです。4しかしながら、「彼」の贈り物は「彼」と共にやって来ました。5「彼」はそれらの贈り物をあなたの足下に置き、あなたがそれを見て自分のものとして受け取ることを今あなたに依頼しています。6それらの贈り物を、自分たちは分離していて一人であると信じて別々に歩いている人たちに与えるにあたって、「彼」はあなたの助けを必要としています。7あなたがあなたの贈り物を受け取るとき、彼らは癒されるでしょう。なぜなら、あなたの「客人」は、あなたが立っている神聖な場所、そして、彼らのための「彼」の贈り物が横たえられている神聖な場所に足が触れているすべての人を歓迎するからです。

5. あなたが受け取ったすべてのもののお陰で、今どれだけのものをあなたが与えることができるか、あなたには分かっていません。2しかしながら、中に入った「客人」は、あなたが「彼」を招じ入れた場所にあなたが来るのをただ待っています。3「客人」が「彼」の宿主を見つけることができるのはこれ以外の場所ではなく、「彼」の宿主が「彼」に会うことができるのもこれ以外の場所ではありません。4そして、これ以外のいかなる場所でも、安らぎと喜びという「彼」の贈り物と、「彼」の存在がもたらす幸せのすべてを手に入れることはできません。5というのは、それらがあなたのものになるように、それらをもってきた「彼」がいる場所にそれらの贈り物はあるからです。6あなたにはあなたの「客人」は見えませんが、「彼」がもってきた贈り物は見えます。7そして、あなたがそれらの贈り物を見るとき、「彼の存在」がそこにあるに違いないことを信じるでしょう。8というのは、あなたに今できることは、「彼の存在」が保持する愛と恩寵がなければ不可能だからです。

6.　それが生命ある「神」の約束です。すなわち、「神の子」が生命をもつこと、生きとし生けるもののすべてが彼の一部であること、それ以外のいかなるものも生命をもたないことです。2あなたが〝生命〟を与えたものは生きてはおらず、生命から離れて生きていたいというあなたの欲求を象徴しているだけです。すなわち、死の中で生き、死を生命と知覚して死を生きているのです。3ここでは混乱の後に混乱が続きます。というのは、この世界はこれまで混乱に基づいてきたからであり、この世界はそれ以外のものを拠り所とはしていないからです。4この世界は常に変化しているように見えますが、その土台が変わることはありません。5しかしながら、それは混乱が意味する状態以外の何ものでもありません。6混乱している人々にとって安定は無意味であり、有為転変こそ人生の拠り所とする法則になります。

7.　肉体は変化しません。2肉体は、変化は可能であるというより大きな夢を表しています。3変化するということは、あなたが前に自分自身をその中に見出していた状況とは異なった状況を達成することです。4不滅性の中に変化は存在せず、「天国」は変化を知りません。5しかしながら、ここ地上においては変化には二重の目的があります。というのは、変化に二つの相反することを教えさせることができるからです。6そして、それらの相反する事柄はそれを教えている教師を反映します。7肉体は、時間が経過するにつれ、病気や健康によって、また、肉体を変えるように見える出来事と共に変わるように見えることもあります。8しかしながら、これは、肉体の目的が何であるかについての信念において、マインドが不変のままにとどまることを意味するだけです。

8.　病気は肉体にそれ以外のものになるようにとの要求です。2肉体は無であるということは、肉体が病気にはなり得ないことを保証するものです。3肉体にそれ以上のものであれというあなたの要求の中に病気の考えがあります。4というのは、それは「神」に対して「神」本来のすべてよりも小さくなるようにと求めているからです。5それでは、あなたはどうなるのでしょうか。というのは、その犠牲が求められているのはあなただからです。6というのは、「神」の一部がもはや「神」には属さないと「神」に伝えられるからです。[7]「神」はあなたの自己を犠牲にしなければならず、「神」の犠牲においてあなたはより多くされ、「神」はあなたを失うことによってより少なくされます。[8]そして、「神」から去ったものがあなたの神となり、「神」の一部であることからあなたを守ります。

9. 神であることを求められる肉体は攻撃されるでしょう。なぜなら、肉体は無であることが認識されていないからです。[2]したがって、肉体はそれ自体に力があるもののように見えます。[3]何かであるがために、肉体は感じるものとして、行動するものとして、あなたを囚人としてその中に閉じ込めておくものとして知覚されるかもしれません。[4]そして、肉体はあなたがこうであれと命令したものになることができないかもしれません。[5]そして、あなたは肉体をその矮小性の故に憎むでしょう。その時あなたは、肉体のその失敗はそれがそうであるべき以上のものではないことにあるのではなく、肉体が無であることをあなたが知覚できないでいることにあるということを忘れています。[6]しかしながら、肉体が無であることはあなたの救いですが、あなたはそこから逃げようとします。

10. 〝ある何か〟として、肉体は「神」の敵になることを求められ、矮小性と制限と絶望をもって「神」の本質に取って代わります。[2]肉体をあなたが愛しているものとして見つめるとき、あるいは、憎いものとして見つめるとき、あなたが祝っているのは「神」の喪失です。[3]というのは、もしも「神」がすべてのものの総計であるとしたら、「神」の中にないものは存在せず、「神」の完全な実現は肉体の無であるからです。[4]あなたの救い主は死んではおらず、また、死の神殿として建てられたものの中にも住んではいません。[5]彼は「神」の中に住んでおり、彼をあなたにとっての救い主にするのはこれであり、これ以外のものではありません。[6]彼の肉体が無であることが、あなたの肉体を病気と死から解放します。[7]というのは、あなたのものであるものが、救い主のものよりも多かったり少なかったりすることはあり得ないからです。

III. 神の証人たち

1. あなたの救い主が自らを肉体であると思っているからといって、彼に有罪判決を下さないでください。[2]というのは、彼の夢の彼方に彼の実在があるからです。[3]しかし、彼は自分が何であるかを思い出す前に、まず、救い主であることを学ばなければなりません。4そして、救われることを望む者を救わなければなりません。5彼の幸せはあなたを救うことにかかっています。6というのは、救い主とは、救いを与える者に他ならないからです。7かくして、救いは自分が与えなければならないものであることを彼は学びます。8与えなければ、自分がもっていることが分かりません。というのは、与えることがもっていることの証だからです。9これが必然的にそうであることが理解できないのは、自らの強さによって「神」が減じられると考える人々だけです。10というのは、もっていないのに与えることができる人がいるでしょうか。そして、与えることによって必然的に増大するものを与えることによって、失うことができる人がいるでしょうか。

2. 「父」があなたを創造されたとき、「父」は「ご自分」を失われたとあなたは考えるでしょうか。2「父」は「愛」を分かち合われたが故に弱くなったでしょうか。3「父」はあなたが完全になることによって不完全になったでしょうか。4それとも、あなたは「父」が完璧であり完全であることの証でしょうか。5「神の子」が実在よりも好む夢の中での「父」の証人を「父」から奪わないでください。6「神の子」は、夢から自由になるために、自らが作った夢からの救い主であるに違いありません。7「神の子」は誰か他の人を肉体としてではなく自分と一つのものとして見なければなりません。自分が生きていることを知らないでいるすべての生きとし生けるものをばらばらにしておくためにこの世界が築いた壁を見ずに、他の人を自分と一つのものとして見なければなりません。

3. それでも、肉体と死の夢の中には真実の一つのテーマがあります。それは、「神」がまだ輝いておられる暗闇の中で創造された小さな火花、ほんの僅かな光の空間以上のものではないかもしれません。2あなたには自分自身を目覚めさせることはできません。3しかしながら、あなたは自分が目覚めさせられることを許すことはできます。4あなたはあなたの兄弟の夢を見過ごすことができます。5あなたが幻想について兄弟を完全にゆるせるとき、彼はあなたの救い主となってあなたをあなたの夢から救い出してくれます。6そして、「神」がおられる暗闇の中の光の空間の中で彼が輝いているのを見るとき、「神ご自身」が彼の肉体がある所におられるのが見えます。7重々しい影が光に道を譲らなければならないのと同じように、この光の前で肉体は姿を消します。8暗闇は残ることを選択できません。9光の到来は暗闇が去ったことを意味します。10その時、あなたはあなたの兄弟を栄光の中に見るでしょう。そして、長い間あなたを分離させておくものとして知覚してきたギャップを本当は何が満たしているかを理解するでしょう。[11]そのギャップがあった場所に、「神」の証人が「神の子」に対する優しさの道を確立しています。[12]あなたがゆるす者は、あなたの幻想に関してあなたをゆるす力を与えられます。[13]あなたの自由の贈り物によって、それがあなたに与えられます。

4. 愛のために道をあけてください。あなたは愛を創造しませんでしたが、愛を延長することはできます。[2]地上においてこれが意味するのは、あなたの兄弟をゆるすということです。その結果、暗闇があなたのマインドから取り除かれることでしょう。[3]あなたのゆるしを通して光が彼にやって来るとき、彼は彼の救い主を忘れることはないでしょう。そして、救い主を救われないままにしておくことはないでしょう。[4]というのは、暗闇の中を永遠の光に向かって歩いていくときに彼が傍らに掲げていく光は、彼があなたの顔に見た光だからです。

5. 荒涼とした悲惨な夢のまっただ中にあって、「神の子」があなたの救い主であることができるとは、あなたはなんと神聖な存在であることでしょうか。[2]「神の子」が非常な情熱をもってやって来るのを見てください。そして、彼を隠してきた暗い影の中から彼が外に出て、感謝と愛の中であなたに光を注ぐのを見てください。[3]彼は彼自身ですが、一人では彼自身ではありません。[4]そして、彼の「父」はあなたを創造したときに彼の一部を失わなかったのと同じように、彼の内なる光は更に明るく輝いています。なぜなら、彼を暗闇から救い出すためにあなたが彼に光を与えたからです。[5]そして、今や、あなたの内なる光は彼の内なる光と同様に明るく輝いているに違いありません。[6]これが夢の中で輝く火花です。それは、彼が目を覚ますのをあなたが助けることができるように、そして、彼の目覚めかけている目があなたの上に向けられるようにするために輝いています。[7]そして、彼の喜びに満ちた救いの中で、あなたは救われます。

IV. 夢の役割

1. 真実は何らかの幻想にすぎないという可能性があるとあなたは信じているでしょうか。[2]幻想は真実ではないが故に夢なのです。[3]夢と幻想が共に真実を欠いていることが奇跡の土台となります。その意味するところは、夢は夢であることをあなたが理解したということであり、脱出は夢にかかっているのではなく目覚めることにのみかかっているということです。4ある夢は取っておき、別な夢からだけ目を覚ますことは可能でしょうか。5選択はどの夢を取っておくかということではなく、あなたが夢の中で生きたいか、それとも、夢から目を覚ましたいかということだけです。6このようなわけで、奇跡は、一部の夢を有益であるという理由でそのままにしておく選択はしません。7ある夢を見ながら、別な夢から目を覚ますということはできません。というのは、あなたは眠っているか目を覚ましているかのどちらかでしかないからです。8そして、夢はそのうちの一つにしか伴わないからです。

2. あなたが好きだと考えている夢も、怖れが見える夢と同様にあなたをしりごみさせます。2というのは、どのような形をとろうとも夢はすべて怖れの夢だからです。3怖れは中にも見えれば、外にも見えます。あるいは、内外の両方にも見えます。4あるいは、感じの良い形に見せかけることもできます。5しかし、怖れが夢にないことは絶対にありません。というのは、怖れが夢の材料であり、夢はすべて怖れでできているからです。6夢の形は変わることができますが、怖れ以外の何かで夢を作ることはできません。7怖れを認識しなかったが故に、あなたがまだ恐れていることを奇跡が許したとすれば、奇跡は確かに裏切り者ということになります。8だとすれば、奇跡はあなたが目を覚ますようにと準備をしていても、あなたは目を覚ます気持にならないでしょう。

3. 最も単純な言い方をすれば、攻撃とは、あなたが知覚するような形ではその機能が果たされていない機能に対する一つの反応であると言うことができます。2その機能はあなたの中にあるかもしれないし、誰か他の人の中にあるかもしれません。しかし、それがあると知覚される場所においてそれは攻撃されます。3すべての夢のテーマは必然的に憂鬱ないしは攻撃です。というのは、夢は怖れでできているからです。4夢を包んでいる快楽や喜びの薄っぺらな見せかけは、その核心である重い怖れの塊を僅かにヴェールで隠しているにすぎません。5そして、奇跡が知覚するのはこれであって、それを包んでいる包装ではありません。

4. あなたが怒るとき、その理由は、あなたが与えた役割を誰かが果たさなかったからではないでしょうか。2そして、これはあなたの攻撃が正当化される〝理由〟にならないでしょうか。3あなたが好きだと考える夢は、あなたが与えた機能が果たされている夢であり、あなたが自分に帰している必要性が満たされている夢です。[4]それらが満たされるか、あるいは単に、望まれているだけであるかということは重要ではありません。[5]怖れが生じるのはそれらの機能が存在するという考えからです。[6]夢は多く望まれたり少なく望まれたりするものではありません。[7]夢は望まれるか望まれないかのいずれかです。[8]そして、夢の一つ一つはあなたが課した何らかの機能を表しています。それは何らかの目標であり、一つの出来事、肉体、あるいは一つのものが表すべきものであり、あなたのために達成すべき目標です。[9]それが成功すれば、あなたはその夢が好きであると思います。[10]それが失敗すれば、あなたはそれは悲しい夢であると思います。[11]しかし、成功しようが失敗しようが、それは核心ではなく、薄っぺらな覆いにすぎません。

5. 仮にあなたが夢の中に登場する一人一人の人物に〝適切な〟役割を与える人でなかったならば、あなたの夢はどんなに楽しい夢になることでしょうか。[2]あなたが彼について抱いている考えを除いては、誰も失敗することはありません。そして、これ以外には裏切りはありません。[3]「聖霊」が与える夢の核心は絶対に怖れではありません。[4]その覆いは変わらないように見えますが、何か別なものを覆っているために、覆いが意味するものは変わりました。[5]知覚は目的によって決定されます。すなわち、知覚はそれが目的としているものそのものに見えるということです。[6]攻撃する影の人物は、もしもそれが夢の機能となるならば、助けるためのチャンスをあなたに与える兄弟になります。[7]このようにして、悲しい夢は喜びに変わります。

6. あなたの兄弟は何のために存在するのでしょうか。[2]あなたには分かっていません。なぜなら、あなたの機能があなたにとってはっきりしていないからです。[3]あなたに幸せをもたらしてくれるだろうとあなたが想像する役割を兄弟に与えないでください。[4]そして、あなたの人生がこのように運命づけられているとあなたが夢見るものの中で、兄弟に課した役割を彼が引き受けなかったからといって、彼を傷つけないでください。[5]彼は見る夢の一つ一つで助けを求めており、「聖霊」が知覚する夢の機能があなたに見えれば、あなたは彼を助けることができます。「聖霊」は自らに与えられた機能を果たすための手段として、すべての夢を活用することができます。[6]「聖霊」は夢ではなく、夢を見る人を愛しているが故に、一つ一つの夢が愛の捧げ物になります。[7]というのは、その中心にあなたへの

「聖霊の愛」があり、夢がどのような形をとろうとも、夢を愛で照らすからです。

V. 変わることのない住居

1. あなたの中にこの世界全体が忘れられている場所があります。罪や幻想のいかなる記憶もない場所があります。2あなたの中に時間が去った場所があり、永遠のこだまが聞こえる場所があります。3このうえなく静かで、「天国」に昇っていき「父なる神」と「神の子」を喜ばせる讃美歌以外には何の音も聞こえない静かな休息の場所があります。4その「両者」が住む場所において、「彼ら」は共に記憶されています。5そして、「彼ら」がいる場所は「天国」であり安らぎです。

2. 「彼ら」の住居をあなたが変えることができると考えないでください。2というのは、あなたの「帰属性」は「彼ら」の中にあり、「彼ら」がいる所にあなたは永遠にいなければならないからです。3「天国」の不変性はあなたの中にあります。それは、非常に深い所にあるために、この世界のいかなるものが通り過ぎても気づかれたり見られたりすることはありません。4終わりのない安らぎの静かな無限性が優しい抱擁であなたを包み込み、その無限性は「創造主」の力の中で非常に強力で静かで穏やかであるために、いかなるものも内在する神聖な「神の子」の邪魔をすることはできません。

3. 「神の子」に仕え、「神の子」が目覚めるのを見て喜ぶあなたに「聖霊」が与える役割がここにあります。2「神の子」はあなたの一部であり、あなたは彼の一部です。その理由は、彼が彼の「父」の「子」だからであり、あなたが彼の中に見るかもしれない目的が何であれ、その目的によるものではありません。3あなたに求められていることは、彼の中にある不変で永遠のものを受け容れることだけです。というのは、あなたの「帰属性」はそこにあるからです。4あなたの中にある安らぎは彼の中にしか見出すことはできません。5そして、あなたが彼に差し出す一つ一つの愛の思いは、永遠の安らぎと限りない喜びへの目覚めに向けてあなたを更に近づけます。

4. この神聖な「神の子」はあなた自身に似ています。彼は、あなたに対する彼の「父の愛」の鏡であり、彼がそれによって創造され、あなたの中にあるように今も彼の中にある彼の「父の愛」をそっと思い出させるものです。2非常に静かな、彼の内なる「神の声」を聞き、その「声」に彼の機能が何であるかを教えてもらってください。3彼はあなたが完全になるようにと創造されました。というのは、完全なるものだけがあなたを創造した「神」の完全な実現の一部であり得るからです。

5. 「父」があなたに求める贈り物は、あらゆる創造物の中にあなたへの「神」の贈り物の輝ける栄光を見ることだけです。2「神」の完璧な贈り物である「神の子」を見てください。彼の中に彼の「父」が永遠に輝き、すべての創造物が彼に対して彼自身のものとして与えられています。3彼がそれをもっているが故に、それはあなたに与えられます。そして、それが彼の中にある場所であなたの安らぎを見つめてください。4あなたを取り囲む静けさは彼の中にあり、あなた方の手が罪のなさにおいて結ばれる幸せな夢がこの静けさから生まれます。5その手は苦痛の夢の中で握る手ではありません。6その手は剣を握ってはいません。というのは、その手はこの世界のむなしい幻想の一つ一つをすべて手放してしまったからです。7そして、何もなくなった手で、幻想の代わりに、完全な実現がその中にある兄弟の手を握るのです。

6. ゆるしの向こうにある栄光に輝く目標を知ってさえいたならば、いかなる思いであれそれに触れる邪悪さがほんの僅かなものに見えたとしても、その思いにしがみ続けることはないでしょう。2というのは、「神」がお与えにならなかったことを、手を祝福に向かわせ「神の子」を彼の「父」の家へと導くことができるマインドの中にとどめておくことの代償がどれほど大きいものであるかがあなたには分かるからです。3彼の「父」によって「神」の家として創造された「神の子」の友達になりたいと思わないでしょうか。4「神」が彼を「神ご自身」にも値すると見なされるのに、あなたは憎しみの手で彼を攻撃したいでしょうか。5血に染まった手を「天国」に置いて、「天国」の安らぎが発見できると思う人がいるでしょうか。6あなたの兄弟は死の手を握っていると考えています。7彼を信じないでください。8しかし、その代わりに、彼にあなたの手をただ差し出すことによって彼を解放することができるあなたはなんと祝福されていることか、それを学んでください。

7. 一つの夢があなたに与えられ、その夢の中では彼はあなたの救い主であって、憎悪に満ちた敵ではありません。2一つの夢があなたに与えられ、その夢の中であなたは彼が見た死の夢のすべてに関して彼をゆるしています。あなたは、憎しみの邪悪で分離した夢を見る代わりに、希望の夢を彼と分かち合います。3 この夢を分かち合うことがなぜそれほど難しく見えるのでしょうか。4 なぜなら、「聖霊」が夢にその機能を与えなければ、夢は憎しみのために作られるからであり、そして、死への奉仕を続けるからです。5 夢がとる一つ一つの形は何らかの意味で死を要求しています。6 そして、死に神に仕える者たちがそれぞれ小さな槍と錆びた剣をもって、死という古の約束を守るために、分離した世界に祈りにやって来ます。

8. 夢のまったく異なった機能を見ている「聖霊」によって活用されずにきた夢のすべてにおいて、それが怖れの核心です。2 夢は共有されると、攻撃と分離の機能を失います。すべての夢は攻撃と分離のために作られたにもかかわらず、そうなります。3 しかしながら、夢の世界においては、いかなるものも変化や改善の希望がないままにとどまることはありません。というのは、ここは不変性が見出される場所ではないからです。4 これがそうであることを喜びましょう。そして、この世界で永遠なるものを探すことはやめましょう。5 ゆるしの夢は、あなたの外にある世界の夢から抜け出すための手段です。6 そして、すべての夢を遂に超えて、永遠の生命の安らぎに至るための手段です。

VI. ゆるしと時間の終焉

1. あなたにはあなたの兄弟をゆるす気持がどれほどあるでしょうか。2 果てしのない争いと悲惨と苦痛の代わりに、あなたはどれほど安らぎを望んでいるでしょうか。3 これらの質問は、形は違いますが同じ質問です。4 ゆるしがあなたの安らぎです。というのは、ここに分離、危険と破壊の夢、罪と死の夢、狂気と殺人の夢、悲しみと喪失の夢、これらのものすべての終わりがあるからです。5 救いが求める〝犠牲〟はこれであり、救いはその代わりに喜んで安らぎを差し出します。

2. 神聖なる「神の子」よ、死なないと誓ってください。2 あなたは守ることができない契約を結んでいます。3「生命の子」を殺すことは不可能です。4 彼は「父」と同じように不滅です。5 彼の本質を変えることは不可能です。6 宇宙全体でそのようなものでなければならないのは彼だけです。7 永遠に見えるものにはすべて終わりがあります。8 星は姿を消し、夜と昼もなくなるでしょう。9 潮の流れや季節そして人間の生命など、来ては去っていくもののすべて、そして、時間と共に変わり花を咲かせやがてしおれるもののすべては戻ることはありません。10時間が終わりを設定した場所は、永遠なるものが存在する所ではありません。11「神の子」は人間が彼をどのように考えたかによって変わることは絶対にできません。12彼は未来にあっても、過去の彼、そして今の彼と変わることはないでしょう。というのは、時間は彼の運命を決めてもいなければ、彼の出生や死の時間も設定してはいないからです。13ゆるしが彼を変えることはありません。14しかしながら、時間に属するものが姿を消すようにと、時間はゆるしを待っています。なぜなら、時間に属するものは使えないからです。

3. 自らの目的を超えて生き残ることができるものはありません。2もしも死ぬものとして想定されれば、死ななければなりません。この目的を自らの目的としない場合は別です。3目的が固定されていない場合には、それがどれほど不変であるように見えても、変化だけが可能な唯一の祝福です。4あなたのための「神」の目標とは異なった目標を設定して、それを不変で永遠のものとして確立できるとは考えないでください。5あなたは自分がもっていない目的を自分自身に与えることはできます。6しかし、あなたには、マインドを変えてそこに別な目的を見る力を除去することはできません。

4. 変化は、あなたが永遠のものにしたいと望むすべてのものに「神」が与えられた最大の贈り物です。「神」は「天国」だけは消滅することがないようにそうされたのです。2あなたは死ぬために生まれたのではありません。3あなたは変わることはできません。なぜなら、あなたの機能は「神」によって固定されているからです。4一つの目標を除いて、他のすべての目標は時間を守るために時間と変化の中に設定されています。5ゆるしは、時間の利用価値がなくなったときに時間を維持することは目指さず、時間を終わらせることを目指します。6その目的が完了すれば、時間は消えてなくなります。7かつて時間が影響力をもっているように見えた場所に、完全な自覚をもつ「神の子」のために「神」が確立してくださった機能が今や再び戻ります。8時間は自らの達成に終わりを設定することもできなければ、不変性に終わりを設定することもできません。9死は存在しません。なぜなら、生きているものは「創造主」が与えてくださった機能を共有しているからです。10生命の機能は死ぬことではあり得ません。11生命の機能は、生命が永遠に、永久に、終わることなく一つであるように延長することでなければなりません。

5. この世界は「神の子」を十字架にかけるために作られたとあなたが考えた場合にのみ、この世界によってあなたの手足は縛られ、肉体は殺されるでしょう。[2] というのは、この世界は死の夢でしたが、あなたは自らに対してこれを象徴させる必要はないからです。[3] これを変えることにしましょう。そうすれば、この世界のすべてのものが変わるでしょう。[4] というのは、この世界ではすべてのものがどのような目的のものと見られるかによって定義されているからです。

6. 「神の子」のゆるしを目的とする世界はなんと美しいものであることでしょうか。[2] 怖れからはまったく解放され、祝福と幸せになんと満ち満ちていることでしょうか。[3] そのような幸せな場所にしばらくの間住むことができるというのはなんと喜ばしいことでしょうか。[4] 同時に次のことも忘れられることはありません。このような世界においては、無時間が静かにやって来て時間に取って代わるまでには、ほんの僅かな時間しかないということです。

VII. あなた自身の外で探求しないでください

1. あなた自身の外で探求しないでください。[2] というのは、それは失敗し、偶像が落ちる度ごとにあなたは泣くことになるからです。[3] 「天国」のない所で「天国」を見つけることはできません。そして、「天国」以外の場所に安らぎが存在することは不可能です。[4] 「神」がお呼びになるときに、あなたが崇拝する偶像の一つ一つが「神」に代わって答えることは決してありません。[5] あなたが代用できる答えは他にはなく、他の答えによって「神」の答えがもたらす幸せを見出すことはできません。[6] あなた自身の外で探求しないでください。[7] というのは、あなたの苦痛のすべては、それは絶対そこにあるとこだわって、欲しいものを無益にも探し続けることから生まれるからです。[8] もしもそこになかったならばどうするのでしょうか。[9] あなたは自分が正しいことを望むでしょうか。それとも、幸せであることを望むでしょうか。[10] 幸せがどこに住んでいるかを教えられたことを喜んでください。別な場所をこれ以上探す必要がないことを喜んでください。[11] あなたは失敗するでしょう。[12]しかし、真実を知ること、そして、真実をあなた自身の外で探さないことはあなたにもできます。

2. ここに来る者で、自分に幸せと安らぎをもたらしてくれる何かが自分自身の外にあるという希望をもっていない者はいません。そのような、なかなか消えない幻想、一種の夢をもっていない者はいません。[2]もしも、すべてのものが彼自身の中にあるとしたならば、幸せと安らぎをもたらしてくれるものが外にあるはずはありません。[3]したがって、彼はここに来ることによって自分自身についての真実を否定し、すべてのもの以上の何かを探し求めようとします。それはまるで、すべてのものの一部が分離して離れ、すべてのものの他の部分がない所にそれを見出すことができるかのようです。[4]彼が肉体に与える目的とはこれです。すなわち、肉体の目的は彼が欠いているものを探し出し、彼を完全にしてくれるものを彼に与えることです。[5]かくして、彼は本来の自分ではないものを自分であると信じ、見つけることが不可能なものを探し求めて、目的もなくさまよいます。

3. なかなか去らない幻想に駆り立てられて、彼は千にも及ぶ偶像を探し出し、更に千の偶像を探そうとするでしょう。[2]そして、一つの偶像を除いてすべての偶像は彼を失望させるでしょう。というのは、彼は死ぬことになるわけですが、彼が探し求める偶像は彼の死に他ならないということが理解できないからです。[3]その形は彼自身の外にあるように見えます。[4]しかしながら、彼は内なる「神の子」を殺し、彼が「神の子」に対する勝利者であることを証明しようとします。[5]これがすべての偶像の目的です。というのは、これが偶像に課された役割だからですが、これは達成不可能な役割です。

4. 肉体を改善し肉体が主な受益者の役割を与えられる目標に到達しようとする度ごとに、あなたは自分の死をもたらそうとしています。[2]というのは、あなたは欠如に苦しむことがあると信じており、欠如は死に他ならないからです。[3]犠牲になることは放棄することであり、したがって、放棄したものがなくなることであり、喪失を体験したということです。[4]そして、この放棄によって、生命が放棄されます。[5]あなた自身の外で探求しないでください。[6]あなた自身の外でする探求は、あなたが内面において完璧ではなく、あなたの悲惨な状態を見ることを恐れ、あなたが何であるかの本質を求めてあなた自身の外を探したほうが良いと思っていることを暗示しています。

5. 偶像が落ちるのは必然です。**なぜなら**、偶像には生命がなく、生命がないものは死のしるしだからです。2あなたは死ぬためにやって来ました。したがって、あなたが求める死のしるしを知覚する以外に何を期待できるでしょうか。3いかなる悲しみも、いかなる苦しみも、発見された偶像以外のいかなるメッセージも宣言してはいません。偶像は生命の戯画化であり、偶像は生命をもたないが故に実際は死であるのに、実在するものとして想定され生きた形を与えられています。4しかしながら、すべての偶像は必ず失敗し、崩れ、衰退します。なぜなら、死の一形態が生命であることは不可能であり、犠牲にされるものが完全であることはあり得ないからです。

6. この世界の偶像のすべては、内なる真実をあなたに知られないようにするために作られたのであり、完全で幸せになるためには自分自身の外にあるものを見つけなければならないという夢に対する忠誠を維持するために作られています。2安らぎを求めて偶像を崇拝するのは無駄なことです。3「神」は中に住んでおられるのであって、あなたの完全な実現は「神」の中にあります。4いかなる偶像も「神」に取って代わることはできません。5偶像に頼らないでください。6あなた自身の外で探求しないでください。

7. 過去がこの世界に与えた目的を忘れることにしましょう。2というのは、さもなければ、未来は過去と同じものとなり、一連の憂鬱な夢となり、その夢の中で、すべての偶像があなたの期待を一つ一つ裏切り、あなたは至るところに死と失望を見ることになるからです。

8. こうしたことのすべてを変えるために、そして、果てしのない絶望の輪のように見えたものの中に希望と解放の道を開くためにしなければならないことは、自分はこの世界の目的を知らないと決めることだけです。2あなたはこの世界にはない目標をこの世界に与え、かくして、この世界が何のために存在するのかを自分で決めています。3あなたはこの世界の中に、自分自身の外に見出される偶像の世界を見ようとします。その世界は、あなたの本質を内と外に分裂させることによって、あなたの内なるものを完全にする力をもっている世界です。4あなたの夢を選ぶのはあなたです。というのは、あなたの夢はあなたが望むものだからであり、それはあなたに与えられたものであるかのように知覚されます。5あなたの偶像はあなたが望むことを実行し、あなたから与えられた力をもっています。6そして、あなたは夢の中で無益にもあなたの偶像を追い求めます。なぜなら、あなたは彼らの力を自分のものにしたいからです。

9. しかしながら、夢は眠っているマインド以外のどこにあるでしょうか。2そして、夢自身の外へと投影する絵を夢は実在的なものとすることができるでしょうか。3私の兄弟よ、時間を節約してください。時間が何のためにあるのかを学んでください。4そこに偶像を見ることによって悲しく病んだものにされてしまった世界において、偶像の終焉を早めてください。5あなたの神聖なマインドは「神」の祭壇であり、「神」がおいでになる所に偶像が住むことはできません。6「神」に対する怖れは偶像を失うことへの怖れにすぎません。7それはあなたの実在を失うことへの怖れではありません。8しかし、あなたはあなたの実在を偶像にしてしまったがために、真実の光からそれを守らなければなりません。9そして、この世界のすべてが、この偶像を救うための手段になります。10かくして、救いは生命を脅かし、死を差し出しているかのように見えます。

10. それは事実ではありません。2救いは、死は存在しないこと、そして、生命だけが存在することを証明しようとします。3死の犠牲で何も失われることはありません。4偶像は「神」に取って代わることはできません。5あなたへの「神の愛」を「神」に思い出させてもらってください。そして、あなた自身の偶像に向けた深い絶望の歌の中で、「神の声」を聞こえなくさせようとしないでください。6「父」の外であなたの希望を探さないでください。7というのは、幸せへの希望は絶望ではないからです。

VIII. 反キリスト

1. 偶像とは何でしょうか。2あなたはそれを知っていると思いますか。3というのは、偶像は偶像として認識されてはおらず、実際に何であるのかは一度も見られたことはないからです。4それが偶像のもつ唯一の力です。5偶像の目的は曖昧であり、何のためにあるのか、なぜ作られたのかが分からないために、偶像は恐れられ、かつ、崇拝されます。6偶像はあなたの兄弟についての一つのイメージであり、あなたが兄弟の本質よりも尊重するものです。7どのような形をとるにせよ、兄弟に代えるために偶像は作られます。8そして、決して知覚されることがなく認識されることがないのがこの事実です。9肉体、物、場所、状況、境遇、所有されている物体や、あるいは、望まれている物体、要求されている権利、獲得された権利、それが何であっても同じです。

2. 偶像の形に騙されないでください。[2]偶像はあなたの実在の代替物にすぎません。[3]ある意味では、あなたは偶像があなたの矮小な自己を完全にしてくれ、様々な力があなたの自信とマインドの安らぎを集中攻撃する、危険であると知覚される世界の中であなたを安全に守ってくれると信じています。[4]偶像はあなたの欠乏を満たし、あなたがもっていない価値を付加する力をもっています。[5]自分自身を矮小性と喪失の奴隷にしていない者は誰も偶像を信じません。[6]かくして、人は頭をもたげ、世界が反映する悲惨のすべてから離れて立つための強さを求めて、矮小な自己の彼方を探求しなければなりません。[7]これは、あなたをこの世界から解放し、静かにそして安らかに悲惨から離れて立たせてくれる確実性と静かな穏やかさを求めて内面を見ないことに対する罰金です。

3. 偶像は誤った印象ないしは誤った信念です。一種の反「キリスト」であり、「キリスト」とあなたに見えるものの間にあるギャップを構成するものです。[2]偶像は欲求が実体化され形を与えられたものであり、かくして、実在するものとして知覚され、マインドの外にあるものと見なされます。[3]しかしながら、それでもそれは一つの思いであり、その源であるマインドを離れることはできません。[4]また、偶像の形はそれが表す考えから分離してはいません。[5]すべての形の反「キリスト」は「キリスト」に反抗します。[6]そして、あなたを「キリスト」から遮断して暗闇の中に一人でいるように見せる暗いヴェールのように、「キリスト」の顔の前にかかっています。[7]しかしながら、光はそこにあります。[8]雲は太陽を消すことはできません。[9]それと同じように、ヴェールは分離しているように見えるものを消すことはできず、また、光そのものをほんの僅かですらも暗くすることはできません。

4. 偶像のこの世界は「キリスト」の顔にかかったヴェールです。なぜなら、その目的はあなたの兄弟をあなたから分離することにあるからです。[2]暗く恐ろしい目的ですが、一つの思いにすぎず、一枚の草の葉を生命あるものから死のしるしに変える力すらもっていません。[3]偶像の形はどこにもありません。というのは、その源は「神」が住んではおられないあなたのマインドの中にあるからです。[4]遍在するものが除外され分離させられているこの場所はどこにあるのでしょうか。[5]「神」の道を遮ることができる手があるでしょうか。[6]「神」が入らないようにと命令できる声があるでしょうか。[7]〝あらゆるもの以上のもの〟はあなたが怖れのあまりふるえ、ひるむべきものではありません。8「キリスト」の敵はどこにもいません。9「キリスト」の敵は自らが実在する形をとることはできません。

5. 偶像とは何でしょうか。2 無です！ 3 偶像は一見生命をもつかのよう見え、力を与えられて恐れられるようになる前に、まず信じられなければなりません。4 偶像の生命と力は偶像を信じる人の贈り物であり、奇跡がこれを再生して「天国」の贈り物にふさわしい生命と力、そして永遠の安らぎをもったものに変えるのです。5 奇跡は、間にあるヴェールが消すことはなかった光である真実を再生するのではありません。6 ただそのヴェールを持ち上げ、真実が何にも邪魔されることなく光を放つようにし、真実をありのままにしておくだけです。7 真実が真実であるためには信念は必要ではありません。というのは、真実は創造されたものだからです。したがって、真実はただ存在します。

6. 偶像は信念によって確立されており、信念が引っ込められれば〝死にます〟。2 これは反「キリスト」です。すなわち、万能以上の力があり、無限なるもの以上の場所があり、永遠を超越した時間があるという奇妙な考えです。3 ここでは、この力と場所と時間が形を与えられて、不可能なことが起こる世界を形成するという考えによって偶像の世界が設定されます。4 ここでは不死のものが死に、すべてを包含するものが喪失に苦しみ、時間を超越したものが時間の奴隷にされます。5 ここでは不変なるものが変化し、すべての生きとし生けるものに永遠に与えられている「神」の安らぎが混沌に道を譲ります。6 そして、「父」と同じように完全で無罪で愛に満ちた「神の子」がやって来て、少しの間、憎み、苦しみを味わい、最後には死んでいきます。

7. 偶像はどこにあるのでしょうか。2 どこにもありません！ 3 無限であるものの中にギャップがあり得るでしょうか。時間が永遠を妨害できる場所があるでしょうか。4 すべてが光である場所に置かれた暗い場所、果てしのないものから分離された陰鬱な小部屋には存在できる場所はありません。5 偶像は、「神」がすべてのものを永遠に設置され、「神の意志」以外の余地はまったく残されなかった場所の彼方にあります。6「神」はすべてのものであり、あらゆる場所に存在するのに対して、偶像は無であり、どこにも存在しません。

8. それでは、偶像には何の目的があるのでしょうか。2 何のためにあるのでしょうか。3 これは答えが複数ある唯一の質問であり、それぞれの答えは誰に対してその質問がされたかによって決まります。4 この世界は偶像を信じます。5 過去において偶像を崇拝していたのでなければ、そして、実在が包含していない贈り物を差し出してくれるかもしれない偶像を現在も探し求めているのでなければ、誰もこの世界にやって来ません。6 偶像の崇拝者の一人一人は、彼の特別な神々が他の人たちが所有するよりも多くのものを与えてくれれば良いなという希望を抱いています。7 それはより多くなければなりません。8 何がより多くであるかは問題ではありません。より多くの美、より多くの知性、より多くの富、より多くの苦しみやより多くの苦痛でさえあるかもしれません。9 とにかく、より多くの何かのために偶像はあります。10 そして、一つの偶像が失敗すると、別な偶像がそれに取って代わり、何か別のものをより多く見つけることができるという希望をもってきます。11 その〝何か〟がとる形に騙されてはなりません。12 偶像はより多くを得るための手段です。13「神の意志」に反しているのはまさにこのことに他なりません。

9.「神」には多くの「子」はおらず、ただ「一人の子」がいるだけです。2 これより多くをもつことができる者がいるでしょうか。これよりも少数を与えられる者がいるでしょうか。3「天国」で、仮に偶像が「神の子」の安らぎを乱すことができるとしたら、「神の子」はただ笑うでしょう。4「聖霊」は「神の子」に代わって語り、偶像はここでは何の目的ももっていないとあなたに言うでしょう。5 というのは、あなたは「天国」よりも多くのものをもつことはできないからです。6「天国」が内にあるとしたら、「神」と一つであるあなたの兄弟やあなたに「神」が与えられたものよりも多くのものを与えるために、「天国」をより小さくする偶像をなぜあなたは求めるのでしょうか。7「神」は存在するもののすべてをあなたに与えられました。8 そして、あなたがそれを失うことのないように、同じものを生きとし生けるもののすべてに与えられたのです。9 かくして、すべての生きとし生けるものは「神ご自身」の一部であるようにあなたの一部でもあります。10 いかなる偶像といえども「神」以上のものとしてあなたを確立することはできません。11 しかし、あなたはそれ以下のものでは絶対に満足しないでしょう。

IX. ゆるしの夢

1. 偶像の奴隷は自ら進んでなる奴隷です。2 というのは、自分から進んでするのでなければ、生命のないものを崇拝するためにお辞儀をし、無力なるものの中に力を求めようとはしないからです。[3]これを自らの欲求にするとは、「神の子」に何が起こったのでしょうか。すなわち、地面にある石よりも低い所まで自らを貶め、引き上げてくれるように偶像に依存するとは、「神の子」に何が起こったのでしょうか。[4]そういうわけですから、あなたが作った夢の中であなたの物語を聞いてみてください。そして、夢ではないとあなたが信じていることが真実であるかどうか、自らに聞いてみてください。

2.「神」が「ご自身」と同じように完全なものとして創造されたマインドの中に価値判断の夢が入りました。[2]そして、その夢の中で「天国」は地獄に変えられ、「神」は「神の子」の敵にされました。[3]「神の子」はどうすればこの夢から目を覚ますことができるでしょうか。[4]それは価値判断の夢です。[5]したがって、「神の子」は価値判断をしてはなりません。そうすれば、目覚めるでしょう。[6]というのは、自らが夢の一部である間は、その夢は続いているように見えるからです。[7]価値判断をしないでください。というのは、価値判断をする者は、価値判断が自分自身の上に降りかかるのを防いでくれる偶像が必要になるからです。[8]また、自らが有罪判決を下した「自己」を知ることも不可能になります。[9]価値判断をしないでください。なぜなら、価値判断をすれば自分自身を不吉な夢の一部にすることになるからです。不吉な夢の中では、偶像があなたの“真実の”帰属性であり、価値判断からのあなたの救いは、怖れと罪悪感の中であなた自身の上に置かれます。

3. 夢の中の人物はすべて偶像であり、あなたをその夢から救い出すために作られています。[2]しかしながら、あなたをそこから救い出すために作られたにもかかわらず、彼らはその一部です。[3]かくして、偶像は夢を生かし続け恐ろしいものにしておきます。というのは、怖れと絶望の中にいなければ誰も夢を望むことはないからです。[4]偶像が表すのはまさにこのことであり、したがって、偶像を崇拝することは絶望と怖れを崇拝することであり、絶望と怖れが生まれる場所である夢を崇拝することです。[5]価値判断は「神の子」に対する非公正であり、「神の子」に価値判断を下す者は彼が作った夢の中で自分自身に課した罰から逃れることはできないというのが正義です。[6]「神」は正義を知っておられますが、罰についてはご存じありません。[7]しかし、価値判断の夢の中であなたは攻撃し、そして、有罪判決を受け、あなたの価値判断と価値判断がもたらす罰の間に置かれる偶像の奴隷になることを願います。

4. あなたが見ている夢の中では救いは不可能です。[2]というのは、あなたが達成したと信じていることからあなたを救い出すために、そして、自らを罪深くし内なる光を消すためにあなたが行ったと信じていることからあなたを救い出すためには、偶像が夢の一部にならなければならないからです。3幼い子どもよ、光はそこにあります。4あなたは夢を見ているだけであり、偶像はあなたがそれで遊んでいると夢見ているおもちゃです。5おもちゃが必要なのは子どもだけです。6子どもたちは世界を支配している振りをして、動き回って、話をし、考え、感じ、彼らの代弁をする力をおもちゃに与えます。7しかしながら、おもちゃがしているように見えることはすべておもちゃで遊んでいる者のマインドの中にあります。8しかし、彼らはおもちゃが実在的な存在である夢を作ったのは自分であることを忘れようとし、おもちゃがもつ欲求は自分自身の欲求であることを認識しようとはしません。

5. 悪夢は子どもじみた夢です。2自分がおもちゃを実在させたと思っていた子どもにおもちゃが反抗したのです。3しかしながら、夢は攻撃することができるでしょうか。4あるいは、おもちゃが大きくなって、危険で獰猛で手がつけられなくなるということがあり得るでしょうか。5子どもはそう信じています。なぜなら、子どもは自分の思いを恐れ、それをおもちゃに与えるからです。6そして、おもちゃの実在が子ども自身の実在となります。なぜなら、おもちゃが自分の思いから救い出してくれるように見えるからです。7しかしながら、おもちゃは彼の思いを生かし続け実在性を保ってくれますが、彼自身の外にそれが見えるようにさせ、そこでは、おもちゃを裏切った場合にはおもちゃが彼に反抗することもできます。8子どもは自分の思いから逃げ出すためにはおもちゃが必要であると考えています。なぜなら、思いは実在的なものであると考えているからです。9したがって、子どもは、何でもおもちゃにして、彼の世界が自分の外にとどまるようにしておき、彼はその一部にすぎないという遊びをします。

6. 幼年時代を永遠に過ぎ去ったものにするべき時というものがあります。2子どものおもちゃをいつまでも持っていようとしないでください。3おもちゃは全部片づけなければなりません。というのは、あなたにはおもちゃはもう必要ないからです。4価値判断の夢は子どもの夢であり、その中で子どもは強力な父親になりますが、子どもの僅かな知恵をもっているだけです。5彼を傷つけるものは破壊され、彼を助けるものは祝福されます。6問題は、彼は子どもとしてこの価値判断を下すことにあります。子どもである彼には、何が傷つけるものであり何が癒すものであるかは分かりません。7そして、悪いことが起こるように見え、自分が作った法則によって支配されていると思っている世界のあらゆる混乱を恐れています。8しかしながら、実在の世界は、彼が実在すると思っているものによって影響を受けることはありません。9また、実在の世界の法則は、彼が理解できないからといって変わることはありません。

7. 実在の世界も一つの夢にすぎません。2ただ、登場する人物は変わっています。3彼らは裏切りをする偶像とは見なされていません。4それは、何か別なものの代わりに誰も使われたりすることのない夢であり、マインドが思う思いとマインドに見えるものの間に誰も差し挟まれることのない夢です。5誰も自分の本質とは異なるもののために利用されることはありません。というのは、子どもじみたものはすべて片づけられているからです。6そして、かつては価値判断の夢であったものが、今や、すべてが喜びである夢に変わったのです。なぜなら、それがその夢の目的だからです。7ここに入ることができるのはゆるしの夢だけです。というのは、時間はほとんど終わっているからです。8そして、夢の中に入ってくる形は今や兄弟として知覚され、価値判断においてではなく、愛の中で知覚されます。

8. ゆるしの夢は継続する必要はありません。2ゆるしの夢は、マインドが考えることからマインドを分離するために作られるのではありません。3ゆるしの夢は、その夢が誰か別な人によって夢見られていることを証明しようとはしません。4そして、ゆるしの夢では誰もが覚えているメロディーが聞こえます。そのメロディーは時間が始まって以来一度も誰も聞いたことのないものではありますが。5ゆるしは、いったん完璧なものとなれば無時間性を非常に近くまで運んでくれるために、「天国」の歌が聞こえてきます。それは、耳で聞くのではなく、「神の子」の奥深い所に永遠に安置されている祭壇を一度も去ったことのない神聖性によって聞かれます。6そして、この歌を再び聞くとき、それを一度も聞いたことがないわけではないということが彼には分かります。7では、価値判断の夢がなくなったとき、時間はどこにあるのでしょうか。

9. 深い満足感、助けがくるという確信、「天国」はあなたと共に移動することへの静かな確信を感じていなければあなたは絶対に恐れているのですが、どんな形であれ怖れを感じるとき、あなたが偶像を作ったことを確信してください。そして、その偶像はあなたを裏切るであろうことを信じてください。2というのは、その偶像が救ってくれるというあなたの希望の下に、あなたが自分自身を裏切ったことへの罪悪感と苦痛、そして確信のなさが深くしかも苦々しく横たわっているために、夢はあなたの、自分は破滅するという予感を完全に隠すことはできないからです。3 自分に対する裏切りは必然的に怖れという結果をもたらします。というのは、怖れは価値判断であり、必ず、偶像と死を必死になって探し求めることにつながるからです。

10. ゆるしの夢は、あなたが安全に生きており、あなたがあなた自身を攻撃したことはないということをあなたに思い出させます。2 したがって、あなたの子どもじみた怖れは消えてなくなり、夢は、あなたがもう一度偶像を崇拝し攻撃を続けようとするのではなく、新しい出発をしたしるしになります。3 ゆるしの夢は、夢の中に登場するすべての人物に対して親切です。4 したがって、ゆるしの夢は、夢見る人に怖れの夢からの完全な解放をもたらします。5 彼は自分の価値判断を恐れません。というのは、彼は誰に対しても価値判断を下さなかったからであり、価値判断を通じて価値判断が強制するものから解放されようとしなかったからです。6 そして、ゆるしの夢を見ている間中、価値判断が価値判断の罰から自分を救い出す唯一の方法であるように見えていたときに彼が忘れたことを思い出しているのです。

第30章　新たなる始まり

序　論

1. 新たなる始まりが今やカリキュラムの焦点になります。[2]目標は明確ですが、それを達成するための具体的な手段が必要です。[3]それをどれだけ速く達成できるかは次の一つのことにかかっています。それは一つ一つの歩みを練習しようとするあなたの意欲です。[4]それを試みる度ごとに、一歩一歩の歩みが少しずつ助けとなるでしょう。[5]そして、これらの歩みが積み重ねられて、あなたは価値判断の夢からゆるしの夢へと導かれ、苦痛と怖れから解放されるでしょう。[6]それらの歩みはあなたにとって新しいものではありませんが、考える上での規則というよりは、まだ考えです。[7]したがって、私たちは今それをしばらくの間練習し、生きる上での規則になるまで練習する必要があります。[8]いかなる必要性に対しても使うことができるようにするために、それを習慣にすることを私たちは目指します。

I. 決断にあたっての規則

1. 決断は連続的です。[2]いつ決断を下しているのかあなたは必ずしも理解してはいません。[3]しかし、認識できる決断に関して少しの練習をすると、一つのパターンが形成され、それ以外の決断もうまくいくようになります。[4]歩みの一歩一歩に気を取られることは賢明なことではありません。[5]目を覚ます度ごとに意識的に適切なパターンを採用すれば、大きく前進することができます。[6]抵抗が強く献身が弱ければ、あなたの準備はできていません。[7]**自分自身とは戦わないでください。**[8]しかし、一日をどのように過ごしたいのかを考え、今日という日をまさにそのように過ごすための方法があると自分に言い聞かせてください。[9]それから、もう一度、過ごしたいように一日を過ごそうとしてみてください。

2. (1)一日の展望は次の言葉から出発します。

[2]**今日、私は自分だけではいかなる決断も下さないこ**

とにします。

[3]これは、何をするべきかに関して価値判断を下す人にならないことを選択するという意味です。[4]しかし、あなたが反応することを求められる状況に価値判断を下さないことも意味します。[5]というのは、その状況を価値判断すれば、それにどう反応すべきかについての規則を決めたことになるからです。[6]そうすれば、それとは別な答えは混乱と不確実性と怖れを引き起こすだけになります。

3. これが今のあなたの大きな問題です。[2]あなたはそれでも決心をします。そして、それから、何をすべきかについて聞くという決断を下します。[3]そして、あなたに聞こえる答えは、あなたが最初に見た問題を解決できないかもしれません。[4]これは怖れにつながります。なぜなら、それはあなたが知覚するものと相反するからです。したがって、あなたは攻撃されたと感じます。[5]その結果、怒りを覚えます。[6]これが起こらないようにするための規則があります。[7]しかし、あなたがどのように耳を傾けるべきかを学んでいる間は、これは必ず起こります。

4. (2)一日を通して、どのように耳を傾けるべきかに関して何かを思いついたとき、あるいは、内省するための静かな瞬間があったときはいつも、どのような一日を過ごしたいのか、どのよう感情をもちたいのか、どのようなことが起こって欲しいのか、どのようなことを体験したいのかを自分に言い聞かせてください。それからこう言ってみてください。

[2]**自分で決断を下さなければ、今日という日が私に与えられる。**

[3]この二つの手順をきちんと実行すれば、恐れることなく方向を決めるのに役立つでしょう。というのは、最初に反対が生じて、それから、その反対自体が問題になることがないからです。

5. しかし、あなたが既に価値判断を下してしまったということがなおも起こるでしょう。[2]直ちにマインドを正して機能する答えを求めさせなければ、答えは攻撃を誘発するでしょう。[3]ただ座っていて答えが与えられることを求める気持になれない場合には、これが起こっていることは確実です。[4]これはあなたが自分で決断を下したことを意味し、あなたには質問が分かっていないことを意味します。[5]再び尋ねる前に、素早い回復剤が必要です。

6. (3)どういう一日を過ごしたいのかをもう一度思い出し、あなたが望む一日の一部ではない何かが起こったことを認識してください。[2]それから、自分で質問をしてしまったこと、そして、あなたの条件に基づいた答えを設定したに違いないことに気づいてください。[3]それから、次の言葉を言ってください。

[4]**私には質問はありません。**[5]**何を決めるべきかを私は忘れました。**

[6]これであなたが設定した条件は相殺され、質問が実際に何であったのかを、答えがあなたに示すことができるようになります。

7. あなた自身は反対であっても、この規則を遅滞なく守るように努めてください。[2]というのは、あなたは既に怒ったからです。[3]あなたの質問のヴァージョンが求めるものとは異なった形で答えが来るかもしれないことに対する怖れにますますはずみがついて、最後には、あなたが望む一日は、**あなた**の質問に対して**あなた**の答えを得ることができる一日であると信じるようになります。[4]そして、その答えは決して手に入れることはできません。というのは、その答えはあなたが本当に欲しいものをあなたから奪うことによって、その一日を台無しにしてしまうからです。[5]あなたに幸せな一日を約束する規則を自分でいったん決めてしまった場合には、これに気づくことは非常に難しいかもしれません。[6]しかしながら、あなたが受け容れることが可能な単純な方法によって、この決断を解除することはなおも可能です。

8. (4)あなたに受け取る気持があまりにもないために質問を手放すことすらできない場合には、次の言葉によって、気持を切り替えることができるかもしれません。

[2]**少なくとも、今感じていることは好きではないと、私は決断することができます。**

[3]これだけでも明らかであれば、次の簡単なステップの準備になります。

9. (5)今感じていることは好きではないと決めれば、次のステップに進むことほど簡単なことはありません。

[2]**したがって、私は自分が間違っていたことを希望します。**

[3]これは、反対したいという感覚に抗して、助けはあなたに押しつけられているのではなく、あなたが欲するものであり、あなたに必要なものであることを思い出させてくれます。なぜなら、あなたは自分が感じていることが好きではないからです。[4]この僅かな心の開きがあれば、自分が助けられることを許すために必要なあと数歩を踏み出すのに十分でしょう。

10. 今や、あなたは分岐点に到達しました。なぜなら、あなたが決めたことが正しくなければ、あなたは恩恵を得ることになるという考えが閃いたからです。[2]この点に到達するまでは、幸せは自分が正しいかどうかにかかっているとあなたは信じ続けるでしょう。[3]しかし、今やあなたはこれだけの理由を手にしたのです。すなわち、あなたが間違っていた場合には、あなたはより幸せであるということです。

11. ⑹この一粒の叡智があれば、更に前進するのに十分です。[2]あなたは強制されているのではなく、欲しいと思っているものを手に入れることを希望しているだけです。[3]そして、あなたは完璧な正直さをもって次の言葉を言うことができるでしょう。

[4]**私はこれを違った目で見る方法が欲しい。**

[5]今や、あなたはその一日についてのマインドを変え、本当に欲しいものが何であるかを思い出しました。[6]一日の目的は、あなたは間違っているのに、正しくあるために一日が欲しいという狂った信念によって覆い隠されることはもはやありません。[7]かくして、求めるための準備ができたことがあなたの自覚にもたらされます。というのは、欲しいものを求めているとき、そして、欲しいものがまさにこれであることが分かるとき、葛藤の中にいることはできないからです。

12. ⑺次の最後の一歩では、助けられることに対する反対がないことを承認するだけです。[2]それは、まだ確信はないものの、示されることに対して開かれたマインドの言葉です。

[3]**たぶん、これを見るための別な方法があるかもしれない。**

[4]**尋ねることによって何を失うことがあり得るだろうか。**

[5]かくして、今やあなたは意味のある質問をすることができるようになり、したがって、答えも意味をなすものにな

ります。[6]また、あなたはその答えと戦うこともしないでしょう。というのは、それによって助けられるのは自分であることが分かるからです。

13. 不幸せが入ってくることを防げば、幸せな一日を送ることがより簡単になることは明らかです。[2]しかし、そのためには、怖れの猛威から守ってくれる規則の練習をする必要があります。[3]これが達成されると、価値判断の哀れな夢は永遠に解除されます。[4]しかし、それまでの間は、それを解除するための規則を練習する必要があります。[5]それでは、ここで差し出されている決断の最初の決断について、もう一度考えてみることにしましょう。

14. 自分自身で決断を下さないという決意によって幸せな一日を開始できると私たちは言いました。[2]このこと自体が実在的な決断であるように思われます。[3]しかしながら、あなたには自分で決断を下すことはできません。[4]実際のところ、唯一の質問は、何に関してあなたが決断を下す選択をするかということだけです。[5]実際のところ、それがすべてです。[6]したがって、第一の規則は強制ではなく、単純な事実を単純に述べただけのものです。[7]どのような決断を下すにしても、あなただけでは決断を下すことはありません。[8]というのは、決断は偶像と共に下されるか、「神」と共に下されるかのいずれかだからです。[9]そして、反「キリスト」か「キリスト」のいずれかに助けを求め、あなたが選択したほうがあなたの仲間に加わり何をすべきかをあなたに告げます。

15. あなたの一日は行き当たりばったりのものではありません。[2]あなたがその一日を何によって生きる選択をするか、そして、相談した友人があなたの幸せをどのように知覚するかによって一日は設定されます。[3]あなたはどんなことについて決断するときでも、常に忠告を求めます。[4]これを理解してください。そうすれば、ここにはいかなる強制もあり得なければ、自由になりたいがために反対する根拠もないことが分かります。[5]必然的に起こることから逃げ出す自由はありません。[6]そして、その自由があると考えているとすれば、あなたは間違っているに違いありません。

16. 二番目の規則も事実であるにすぎません。[2]というのは、あなたとあなたの忠告者は、あなたが何を望んでいるかについて、それが起こる前に同意しなければならないからです。[3]この同意があってはじめてすべてのことが起こり得ます。[4]価値判断の夢との結合であれ、「神を代弁する声」との結合であれ、何らかの形態の結合がなければいかなることも生じることは不可能です。[5]決断は結果を引き起こします。**なぜなら**、決断は孤立状態でなされるものではないからです。6 決断はあなたとあなたの忠告者によって、あなた自身と世界のために下されます。7 あなたが望む一日をあなたは世界に差し出します。というのは、その一日はあなたが求めたものであり、あなたの忠告者のこの世界における支配を強化することになるからです。8 今日、この世界はあなたにとって誰の王国となるのでしょうか。9 あなたはどのような一日を過ごす決断を下すのでしょうか。

17. 幸せを全世界に約束するためには、今日という日に幸せを望む二人の存在だけで十分です。2 彼らが求める喜びが完全に共有されることを保証するのに必要なのは、二人の存在が単独では決断できないことを理解することだけです。3 というのは、彼らは、決断に力を与える基本的な法則、そして、決断がもつことになるすべての結果をその決断に与える基本的な法則を理解したからです。4 それに必要なのは二人だけです。5 決断が下される前にこの二人が一緒になります。6 このことを忘れず、心に銘記することにしましょう。そして、あなたが望む一日を過ごし、自分がそれを体験することによってこの世界にそれを差し出してください。7 幸せな一日を送る決断をしたことによって、この世界に対するあなたの価値判断は停止されます。8 そして、あなたは受け取ったように与えなければなりません。

II. 意志の自由

1. 「聖霊」に反抗することは他ならぬ**あなた自身**と戦うことであることがあなたには理解できないでしょうか。2「聖霊」はあなたの意志をあなたに告げるだけです。「聖霊」はあなたの代弁をします。3「聖霊の神性」の中にあなた自身の神性があります。4「聖霊」が知っていることはあなたの知識だけであり、あなたが「聖霊」を通してあなたの意志を実行するようにとあなたのために取っておかれたものです。5「神」はあなたがあなたの意志を行うことを求めておられます。6「神」はあなたと一緒になります。7「神」は「神の王国」を単独で建設されたのではありません。8 そして、「天国」そのものもあなたの意志を表しているだけであり、そこでは、創造されたもののすべてはあなたのためにあります。9 生命の火花はすべてあなたの同意があって創造されたものであり、あなたが望むように創造されたものです。10 そして、「神」が抱かれた「思い」のどれ一つとして、あなたの祝福が生まれるのを待たなかったものはありません。11「神」はあなたの敵ではありません。12「神」が求めておられるのは、あなたが「神」を〝友〟と呼ぶのをお聞きになりたいということ以上の何ものでもありません。

2. あなたの意志を実行することはなんとすばらしいことでしょうか。2というのは、それは自由だからです。3自由という名前で呼ばれるべきものはこれ以外にはありません。4自分の意志を実行するのでなければ、あなたは自由ではありません。5そして、「神の子」が自分自身のために選択したものを与えられないという状態を「神」が放置されるはずがありません。6「神」があなたに「神」の完璧な「答え」を与えられたとき、「神」はあなたが自分自身の意志を失うことがないように保証されただけでした。7「神の愛」を思い出し、あなたの意志を学ぶために、その「答え」を今聞いてください。8「神」は「子」が自ら望んでいないことの囚人になることを望んではおられません。9「神」はあなたと一緒になって、あなたが自由になることを意図されています。10そして、「神」に反抗することはあなた自身に逆らった選択をすることであり、あなたを束縛する選択をすることです。

3. 愛する代わりに憎む選択をした存在であるあなたの敵をもう一度見てください。2というのは、憎しみはそのようにしてこの世界に生まれ、そのようにして怖れの支配がこの世界で確立されたからです。3今、「神」の声でありあなたの声でもある「聖霊」を通して、あなたに語りかけられる「神」の声を聞いてください。憎しみを抱き、怖れの囚人となり、死の奴隷となり、小さな生命をもった小さな生き物であることは、あなたの意志ではないことを「神」はあなたに思い出させようとしておられます。4あなたの意志には限りはありません。それが制限されるのはあなたの意志ではありません。5あなたの中に横たわっているものは、すべての創造物の誕生において「神ご自身」と一緒になっています。6あなたを創造された「神」を思い出してください。あなたの意志を通じてすべてのものを創造された「神」を思い出してください。7創造されたもののどれ一つとして、あなたに感謝していないものはありません。というのは、彼らが誕生したのはあなたの意志のお陰だからです。8「天国」の光はすべてあなたのために輝いています。というのは、それはあなたの意志によって「天国」に置かれたからです。

4. あなたの祝福が解放されるのを待っているだけの世界に

おいて、怒りを感じるどのような原因があるというのでしょうか。2仮にあなたが囚人であるとすれば、「神ご自身」も自由ではあり得ません。3というのは、「神」がかくも愛されている存在に対してなされることは、「神ご自身」に対してなされることだからです。4あなたを宇宙の共同創造者にされた「神」が、あなたを束縛することを意図していると考えないでください。5「神」はあなたの意志を永遠に、永久に、無制限のままにしておくことだけを望んでおられます。6この世界は、あなたが自由であることを認識したときにあなたが与えてくれる自由を待っています。7しかし、あなたの意志をあなたに下さった「神」をゆるすまでは、あなたはこの世界をゆるさないでしょう。8というのは、この世界が自由を与えられるのはあなたの意志によるからです。9あなたは「神」の神聖な「意志」を共有していますが、その「神」から離れて自由であることはできません。

5.「神」はこの世界が救われるようにあなたを頼りにしておられます。というのは、あなた自身が救われることによって、この世界は癒されるからです。2この地上を歩く人で、死は何の支配力ももっていないことを学ぶために、あなたの決断に頼らなくとも良い人は一人もいません。なぜなら、彼はあなたの意志を共有しているのと同じように、あなたの自由をも共有しているからです。3彼を癒すのはあなたの意志であり、あなたが彼と一緒に決断を下したがために、彼は癒されます。4そして、今や「神」はゆるされます。というのは、あなたの兄弟を友として見る選択をあなたがしたからです。

III. すべての偶像を超えて

1. 偶像はきわめて具体的です。2しかし、あなたの意志は普遍的であり、無限です。3したがって、あなたの意志には形はなく、形による表現に満足することもありません。4偶像は制限です。5偶像とは幸せをもたらしてくれる形があるという信念であり、制限することによってすべてが達成されるという信念です。6あなたはあたかもこう語っているかのようです。〝私にはすべてのものは必要ではない。7私が欲しいのはこの小さなもので、それが私にとってはすべてである〟。8そして、これはあなたを満足させることに必ず失敗します。なぜなら、すべてのものを自分のものにしたいというのがあなたの意志だからです。9偶像を求める決断を下せば、喪失を求めることになります。10真実を求める決断を下せば、すべてがあなたのものとなります。

2. あなたが求めているのは形ではありません。2いかなる形が「父なる神の愛」の代替物になることができるでしょうか。3「キリストの神性」の中にある愛のすべてに、いかなる形が取って代わることができるでしょうか。4いかなる偶像が、一つであるものを二つにできるでしょうか。5そして、無限のものが制限されることがあり得るでしょうか。6あなたは偶像を欲してはいません。7偶像をもつことはあなたの意志ではありません。8偶像はあなたが求めている贈り物をあなたに与えてはくれません。9欲しいものの形について決断を下すとき、あなたは欲しいものの目的についての理解を失うことになります。10したがって、あなたはあなたの意志を偶像の中に見て、あなたの意志を特定の形に減じてしまいます。11しかしながら、これがあなたの意志であることは絶対にあり得ません。なぜなら、すべての創造を分かち合うものは、矮小な考えや矮小な物に満足することはできないからです。

3. 偶像を求める一つ一つの探求の背後には、完全な実現を求める熱望が横たわっています。2完全性は無限であるが故に形をもちません。3自分自身を完全にするために自分に付け足す特別な人や物を求めることは、何らかの形が欠けているとあなたが信じていることを意味するだけです。4そして、あなたはこれを発見することによって、自分が望む形で完全な実現を達成するでしょう。5これが偶像の目的です。すなわち、あなたが偶像の彼方を見て、自分は不完全であるという信念の源にたどり着かないようにすることです。6仮にあなたが罪を犯した場合には、あなたが不完全であるということはあり得ます。7というのは、罪はあなたが一人であり完全なるものから分離されているという考えだからです。8かくして、あなた自身に課された制限の境界線を超えて、完全性を探求することが必要となります。

4. あなたが欲するものが偶像であることは決してありません。2しかし、偶像が与えてくれるとあなたが信じているものは確かにあなたが欲するものであり、それを求める権利があなたにはあります。3また、それを否定することも不可能です。4完全であろうとするあなたの意志は「神の意志」に他ならず、それは「神の意志」であることによってあなたに与えられています。5「神」は形をご存じありません。6「神」は意味をもたない言葉によってあなたに答えることはできません。[7]そして、あなたの意志が、存在しないギャップを埋めるためにのみ作られた空虚な形で満足することはあり得ません。[8]あなたが欲するのはこれではありません。[9]創造は、別々な人や別々な物に、「神の子」を完成させるための力を与えることはしません。[10]「神の子」が既にもっているものを「神の子」に与えるようにと、どのような偶像に依頼することができるでしょうか。

5. 完全な実現が「神の子」の**機能**です。[2]「神の子」にはそれを探し求める必要はまったくありません。[3]すべての偶像を超えた所に、ただ自分であろうとする彼の神聖な意志があります。[4]というのは、完全以上であることは無意味だからです。[5]仮に彼の中に変化があったとすれば、仮に彼をどんな形であれ何らかの形に減じて彼の中には存在しない何かに限定することが可能であるとすれば、彼は「神」によって創造されたものではなくなっています。[6]「神の子」が自分自身であるために、いったいどのような偶像が必要でしょうか。[7]というのは、彼は自分の一部を人にあげることはできないからです。[8]完全でないものは他のものを完全にすることはできません。[9]しかし、本当に求められているものを却下することはできません。[10]あなたの意志は与えられています。[11]あなたを満足させないような形においてではなく、「神」があなたのために保持されている完全で完璧に美しい「思い」において与えられています。

6. 「神」がご存じないものは何も存在しません。[2]そして、「神」がご存じのものは永遠に変わることなく存在します。[3]というのは、思いはそれを考えたマインドが存在する限りあり続けるからです。[4]そして、「神のマインド」には終わりはなく、「神の思い」が不在であった時も変化に苦しんだ時もありません。[5]思いは生まれることはなく、死ぬこともあり得ません。[6]思いは思いの創造者の属性を共有しており、また、創造者を離れた別な生命はありません。[7]あなたを考えられた「マインド」の中にあなたが存在するのと同じように、あなたが考える思いはあなたのマインドの中に存在します。[8]したがって、「神のマインド」の中に存在するものの中には別々な部分は存在しません。[9]それは永遠に「一つ」であり、永遠に結合され、永遠に安らかです。

7. 思いはやって来てはまた去っていくように見えます。[2]しかしながら、これが意味するのは、あなたは思いを自覚していることもあれば自覚していないこともあるというだけのことです。3覚えられていない思いが再びあなたに自覚されると、それは再び生まれることになります。4しかしながら、あなたがそれを忘れていたときでもそれは死んでいたわけではありません。5それは常にそこにありましたが、あなたはそれを自覚していなかっただけです。6「神」があなたについて抱いておられる「思い」は、あなたが忘れてもまったく変わることはありません。7それはあなたが忘れる前の状態とまったく同じであり、あなたがそれを思い出すときもまったく同じです。8そして、あなたがそれを忘れていた間もまったく同じです。

8. 「神の思い」はあらゆる変化を遥かに超越しており、永遠に輝き続けます。2「神の思い」は誕生を待つことはありません。3歓迎され、思い出されることを待っています。4「神」があなたについて抱いておられる「思い」は、星のように永遠の空にあって変わることがありません。5それは「天国」の非常に高い所に置かれているために、「天国」の外にいる人々にはそれがそこにあることが分かりません。6しかしながら、じっと動かずに、白く、美しく、永遠にそれは輝き続けます。7そこに存在しなかった時は一度もなく、その光が一瞬の間も暗くなったことはなく、完全性が少しでも損なわれたことはありません。

9. 「父」を知っている者はこの光を知っています。というのは、「神」が、その光を安全に保ち、永遠に高々と掲げ、しっかりと固定している永遠の空だからです。2その完璧な純粋さは、それが地上で見えるかどうかには依存していません。3空がそれを抱擁し、完璧な場所でそれを優しく抱いています。その完璧な場所は、地上が「天国」から離れているのと同じように、地上から遠く離れた場所にあります。4この星を地上にとって見えなくさせているのは、距離でもなければ時間でもありません。5しかし、偶像を求める者たちはその星がそこにあることを知ることはできません。

10. すべての偶像を超越した所に「神」があなたについて抱いておられる「思い」があります。2この世界の騒動や恐怖、この世界で夢見られる生と死の夢、無数の形をとって表れる怖れ、こういったもののすべてにまったく影響されることなく、まったく煩わされることなく、「神」があなたについて抱いておられる「思い」は、これまで常にそうであったようにまったく変わらないままです。3戦いの音がほんの僅かであれ近づくこともないほどに完璧な静けさに囲まれ、それは確実さと完璧な安らぎの中に安らいでいます。4ここにあなたの一つの実在が安全に保たれており、それは、偶像を崇拝し「神」を知らない世界に関してはまったく自覚していません。5 その不変性と永遠の家での休息を完全に確信しながら、「神」があなたについて抱いておられる「思い」は、自らが知っている「創造主のマインド」を離れたことは一度たりともありません。そして、その「創造主」はそれがそこにあることを知っておられます。

11. 「神」があなたについて抱かれる「思い」は、あなたが存在する場所以外のどこに存在することができるでしょうか。2 あなたの実在はあなたから離れたものでしょうか。そして、あなたの実在が何も知らない世界にあるものでしょうか。3 あなたの外には永遠の空もなく、不変の星もなく、いかなる実在もありません。4「天国の子」のマインドは「天国」に存在します。というのは、そこでは、「父」の「マインド」と「神の子」のマインドが一緒になって終わりのない創造に参加しているからです。5 あなたには二つの実在はなく、一つの実在があるだけです。6 また、あなたは一つ以上の実在を自覚することはできません。7 偶像か、それとも、「神」があなたについて抱いておられる「思い」があなたの実在です。8 したがって、偶像はあなたの正体を「神のマインド」からではなく、あなたのマインドから隠しておかなければならないということを忘れないでください。9 星々は未だに輝き続けています。空は一度も変わったことはありません。10 しかしながら、「神ご自身」の神聖な「子」であるあなたは、あなたの実在を自覚していません。

IV. 幻想の背後にある真実

1. あなたは満足させてくれないものを攻撃します。かくして、自分がそれを作り上げたということがあなたには分かりません。2 あなたは常に幻想と戦っています。3 というのは、幻想の背後にある真実は非常に美しく、愛に満ちた優しさにおいて非常に静かであるために、仮にあなたがそれを自覚することができたならば、防御することなど完全に忘れて、駆け寄ってそれを抱擁するからです。4 真実を攻撃することは絶対に不可能です。5 偶像を作ったとき、あなたはこのことは知っていました。6 これが忘れられるようにと偶像が作られました。7 あなたは偽りの考えを攻撃するだけであり、真実に満ちた考えは決して攻撃しません。8 すべての偶像は、あなた自身と真実であるものとの間に生じたとあなたが考えているギャップを埋めるためにあなたが作った偽りの考えです。9 そして、それらの偶像が表しているとあなたが考えるものについて、あなたは偶像を攻撃します。10 偶像の背後に横たわっているものは攻撃不可能です。

2. あなたが作った、疲労や不満をもたらす神々は、突然ふくらんだ子どものおもちゃのようなものです。2 子どもは、閉じられていた箱を開けたとたんに木製の頭が飛び出せばびっくりします。また、何も言わないはずのふわふわとした熊の人形をつかんだとたん、その人形がキーキーと声を出せばびっくりします。3 それは、箱や熊の人形に関して彼が作った規則に裏切られ、彼を取り巻く環境に対する彼の〝支配〟が破壊されたからです。4 そして、彼が恐れるのは、これらの規則が自分を守ってくれるとそれまで考えていたからです。5 今、彼は、箱や熊は彼を騙したのではないこと、規則を破ったわけでもないこと、また、これで彼の世界が混沌としたものになり安全でなくなったわけでもないことを学ばなければなりません。6 彼は間違っていたのです。7 何が彼を安全に守ってくれていたかについて誤解していたのであり、彼はそれがなくなってしまったと考えたのです。

3. そこに存在しないギャップは数え切れない形の様々なおもちゃであふれています。2 そして、それぞれのおもちゃはあなたがそれらのために決めた規則を破るように思われます。3 おもちゃはあなたが考えていたものとはまったく異なったものでした。4 その規則は間違っていたがために、おもちゃは必然的に安全のためのあなたの規則を破ることになります。5 しかし、あなたは決して危険にさらされているわけではありません。6 自分にとって脅威ではないと分かった子どもがそうするように、飛び出してきた頭やキーキーと音をたてるおもちゃを見て笑うことができます。7 しかしながら、それらのおもちゃで遊ぶことを楽しんでいる間は、自分の楽しみのために作った規則におもちゃは従っていると子どもはなおも知覚しています。8 したがって、おもちゃが破ることができ、子どもを怯えさせることもできるように見える規則がまだあるということになります。9 しかしながら、子どもはおもちゃのなすがままでしょうか。10 そして、おもちゃは子どもにとっての脅威の象徴であり得るでしょうか。

4. 実在は「神」の法則を守るのであって、あなたが決める規則を守るのではありません。2 あなたの安全を保障するのは「神」の法則です。3 あなたがあなた自身について信じている幻想はすべて、いかなる法則にも従いません。

4幻想は、あなたが幻想のために決めた規則に従ってしばらくの間はダンスをするかのように見えます。5しかし、それから、幻想は倒れ、再び立ち上がることはできません。6我が子よ、幻想は単なるおもちゃにすぎません。ですから、幻想のために嘆き悲しむことはありません。7そのダンスがあなたに喜びをもたらしてくれたことは一度もありません。8しかし、幻想はあなたを怯えさせるものでもなければ、また、仮に幻想があなたの規則に従ったとして、あなたを安全にしてくれるものでもありません。9幻想は、大切にされるべきものでもなければ攻撃されるべきものでもなく、単にそれ自体の意味はまったくない、子どものおもちゃと見なされるべきものです。10幻想の中に一つの意味を見れば、すべての幻想を見ることになります。11幻想の中に何の意味も見なければ、幻想はあなたに触れることはできません。

5. 外見は外見であって実在ではないが故に欺きます。2どんな形であれ、外見についていつまでも考えないでください。3外見は実在を見えなくするだけであり、真実を隠すが故に怖れをもたらします。4騙されるために自分自身で作ったものを攻撃しないでください。というのは、そうすることで、自分が騙されたことを証明することになるからです。5攻撃には幻想を実在的なものにする力があります。6しかし、攻撃が生み出すものは無です。7実在的な結果をまったくもち得ない力によって、怖れを抱かされる者がいるでしょうか。8物事を幻想自身と同じように見せかけるものは、幻想以外の何であり得るでしょうか。9幻想のおもちゃを静かに見つめ、それはむなしい欲望に合わせて踊るだけの偶像であることを理解してください。10彼らを崇拝しないでください。というのは、彼らはそこにいないからです。11しかしながら、攻撃するときにはこのことは等しく忘れられます。12「神の子」は自分の夢に対して防御する必要はありません。13彼の偶像が彼を脅かすことはまったくありません。14彼の唯一の間違いは、偶像が実在すると考えていることです。15幻想の力に何ができるでしょうか。

6. 外見は、騙されることを望んでいるマインドを騙すことしかできません。2そして、あなたには、欺瞞を遥かに超越した場所にあなたを永遠に置いてくれる単純な選択をすることが可能です。3どのようにしてそれを行うかについて心配する必要はありません。というのは、それはあなたには理解不可能だからです。4しかし、一つの非常に単純なことを決断するとき、すなわち、偶像が与えてくれるとあなたが信じているものが何であれ、それは欲しくないという決断を下すとき、強力な変化が直ちに引き起こされたことがあなたには分かるでしょう。5というのは、こうして、「神の子」は偶像から解放されたことを宣言するからです。6かくして、「神の子」は真に自由になります。

7. 救いとはまさに逆説です。2それは幸せな夢以外の何であり得るでしょうか。3救いがあなたに求めることは、誰もやっていないことのすべてをゆるすことであり、そこにないものを見過ごすことであり、非実在のものを実在するものとして見ないというだけのことです。4あなたは、あなたの意志が行われることを許し、あなたが欲しくないものを追い求めることをやめるようにと求められているだけです。5そして、あなたが一度もそうではなかったものについての夢のすべてから自由になることを自分に許し、これ以上「神の意志」を無為な欲求の力で代用させようとしないことを求められるだけです。

8. ここにおいて、分離の夢は影が薄くなり、姿を消し始めます。2というのは、あなたが作った恐怖のおもちゃがなくなった今、そこに存在しないギャップが知覚され始めるからです。3これ以上のことは求められません。4救いはあまり多くのことは求めず、ほんの僅かしか求めないことを喜んでください。5実在においては、救いは何も求めません。6幻想においてすら、救いが求めるのはゆるしを怖れの代替物にするということだけです。7これが幸せな夢のための唯一の規則です。8ギャップからは恐怖のおもちゃが取り除かれ、その非実在性が明らかになります。9夢は無のためにあります。10そして、「神の子」が夢を必要とすることはあり得ません。11夢は「神の子」が欲しいと思えるようなものは何一つ差し出しません。12彼は自らの意志によって幻想から救われます。13彼を救うための「神」の計画とは、彼を「神ご自身」に与えるための手段に他なりません。

V. 唯一の目的

1. 実在の世界とは、世界の唯一の目的はゆるしであると見られているマインドの状態です。2怖れは実在の世界の目標ではありません。というのは、罪からの脱出がその目的となるからです。3ゆるしの価値が知覚され、偶像に取って代わります。偶像はもはや追い求められることはありません。というのは、偶像の〝贈り物〟は大切であると見なされないからです。4いかなる規則もむやみに設定されることはなく、誰に対しても何に対しても、無理に身をよじって怖れの夢に入れというような要求はされません。5その代わりに、本来のあるべき姿として創造されているすべてのものをありのままに理解したいという欲求があります。6そして、すべてのものはまずゆるされなければならず、そうしてはじめて、すべてのものが理解されるということが認識されます。

2. この世界においては、理解は攻撃によって獲得されると考えられています。2実在の世界では、攻撃によって理解が失われることは明白です。3罪悪感を目標として追求することの愚行は完全に認識されています。4そして、そこでは偶像が望まれることはありません。というのは、罪悪感はいかなる形であれ、苦痛の唯一の原因であると理解されているからです。5誰も罪悪感のむなしい魅力に惑わされることはありません。というのは、苦しみと死は望ましいものでもなければ得ようとして努力すべきものでもないと知覚されているからです。6自由の可能性が把握され、歓迎され、自由を得るための手段が今や理解可能となっています。7この世界は希望にあふれた場所となります。なぜなら、その唯一の目的は、幸せになりたいという希望が実現される場所になることだからです。8そして、この希望の外に立つ人はいません。なぜなら、希望が単なる夢以上のものであるとすれば、この世界の目的はすべての人が共有できるものでなければならないという信念において、世界が一つになったからです。

3. 「天国」はまだ完全には思い出されていません。というのは、ゆるしの目的がまだ残っているからです。2しかしながら、自分がゆるしを超えていくであろうことは誰もが確信しています。彼はゆるしが自分自身の中で完璧になるまでゆるしを超えずにとどまっているだけです。3彼にはこれ以外の望みはありません。4そして、怖れはなくなっています。なぜなら、彼は目的において自分自身と一つになったからです。5彼の中には幸せに対する希望がしっかりと絶えず存在するために、足はまだ何とか地についているものの、ここにとどまってもう少し待つことがほとんどできない状態です。6しかしながら、すべての手が一緒になり、すべての心が一緒に上昇して去る準備ができるまで、彼は喜んで待っています。7というのは、そうすることによって、すべてのゆるしを後に残していく一歩を踏み出す準備が彼にもできるからです。

4. 最後の一歩は「神」の一歩です。なぜなら、完璧な「神の子」を創造し、「神の父性」を彼と分かち合うことがおできになるのは「神」しかいないからです。[2]「天国」以外の場所にいる人には、これがどうして可能であるのかは分かりません。というのは、これを理解すること自体が「天国」だからです。[3]実在の世界ですら、創造と永遠よりも低い所に一つの目的をもっています。[4]しかし、怖れはなくなっています。なぜなら、実在の世界の目的はゆるしであり、偶像崇拝ではないからです。[5]こうして、「天国の子」は自分自身であるための準備ができ、「神の子」は「父」が理解されていることをすべて知っており、「神」と共にそれを完璧に理解していることを思い出す準備ができたのです。

5. 実在の世界はまだここまでは届きません。というのは、これは「神ご自身」の目的だからです。それは「神」だけの目的ですが、それでも完全に共有され、完璧に実現されます。[2]実在の世界とは、偶像を知覚しながらもそれを望まなければ偶像はいかに易々と去っていくものであるかをマインドが学んだ状態です。[3]偶像とは無であり、どこにもないものであり、無目的であることが分かったとき、どれほど快くマインドは偶像を手放すことができることでしょうか。[4]というのは、その時はじめて、罪と罪悪感には目的がなく意味のないものであることが見えるからです。

6. こうして、実在の世界の目的が穏やかに自覚されるようになり、罪と罪悪感の目標に取って代わることになります。[2]そして、あなた自身についてのイメージと本来のあなたとの間にあったものはすべてゆるしが喜んで流し去ってくれます。[3]しかしながら、「子」のものであるものを「子」に返すために、「神」が「子」を再び創造する必要はありません。[4]あなたの兄弟とあなたの間にギャップは一度も存在したことはありません。[5]そして、創造されたときに知っていたことを「神の子」は再び知らなければなりません。

7. 兄弟たちが怖れの世界で目的において一つになるとき、彼らは既に実在の世界の縁に立っています。[2]彼らはまだ振り返ってみて、自分が欲しい偶像が見えると思うかもしれません。[3]しかしながら、彼らの道は偶像を離れて実在に向かうように確実に設定されています。[4]というのは、彼らがお互いの手を取ったとき、彼らが取ったのは「キリスト」の手だったからであり、彼らは自分たちがその手を握っている「キリスト」を見ることになるからです。[5]「父」を思い出す前に「キリスト」の顔を見なければなりません。[6]というのは、「神の子」がゆるしを超えて「神の愛」に至るまでは、「神」は必然的に忘れられているからです。

7しかしながら、「キリストの愛」が最初に受け容れられます。8そして、それから、「彼ら」は一つであるという知識が訪れます。

8. あなたが「誰」の手を握っているかを認識したとき、怖れの世界の狭い境界線を越える歩みのなんと軽やかで易しいことでしょうか。2完璧な自信をもって怖れから永遠に立ち去り、まっすぐに歩いていき、たちまちのうちに「天国」の門に到達するために必要なもののすべてがあなたの手の中にあります。3というのは、あなたが手を握っている「キリスト」は、あなたが「彼」と一緒になることをただ待っていたのです。4あなたが遂にやって来た今、「キリスト」があなたと一緒に歩くことになる道をあなたに示すことを延期したりするでしょうか。5「キリスト」の祝福は、「父の愛」が「キリスト」の上に安らいでいるのと同じくらい確実にあなたの上にあります。6あなたに対する「キリスト」の感謝はあなたの理解を超えています。というのは、あなたのお陰で「キリスト」は鎖で縛られた状態から立ち上がり、あなたと一緒に「彼の父」の家に行くことができるようになったからです。

9. 古の憎しみがこの世界から消えつつあります。2それと共にすべての憎悪とすべての怖れも消えていきます。3もはや振り返らないでください。というのは、あなたが心の中でこれまで欲したことのあるすべてのものが前方にあるからです。4この世界は放棄してください！ 5しかし、犠牲にするのではありません。6あなたがこの世界を欲したことは一度もありません。7あなたがこの世界で探求した幸せで、苦しみをもたらさなかったものがあるでしょうか。8満足の瞬間で、苦しみという硬貨の恐ろしい代価を払って買わなくともよい瞬間があったでしょうか。9喜びに代価はありません。10それはあなたの神聖な権利であり、幸せをお金で買うことはできません。11正直であることによって、あなたの道を進むスピードを上げてください。そして、振り返ってみるときにここでの体験に騙されないでください。12ここでの体験は厳しい代価と喜びのない結果から自由ではありませんでした。

10. 正直な気持で振り返るのでなければ、振り返らないでください。2そして、偶像があなたを誘惑するときには次のことを考えてみると良いでしょう。

3偶像が罪悪感という〝贈り物〟以外の何かをあなたにもたらしてくれたことは一度もありません。4どれ一つとして苦痛という代価を払わずに買ったもの

はなく、あなた一人だけでその代価を払ったこともありません。

5したがって、あなたの兄弟に慈悲深くしてください。6あなただけでなくあなたの兄弟もその代価を払うことを思い出して、偶像を軽率に選ばないでください。7というのは、あなたが振り返るとき彼の歩みは遅れ、あなたは「誰」の愛に満ちた手を握っているのか知覚できなくなるからです。8したがって、前を見てください。怖れでどきどきする心臓ではなく、希望が鼓動する幸せな心臓と共に、自信をもって歩いてください。

11. 「神の意志」は、手を取り合っている人々の中に永遠に横たわっています。2一緒になるまでは、「神」は敵であると彼らは思っていました。3しかし、彼らが一緒になり、一つの目的を共有したとき、彼らの意志は一つであることを学ぶ自由を得たのです。4かくして、「神の意志」が彼らの自覚に必然的に到達することになります。5また、それが彼ら自身の意志であることを長い間忘れていることはできません。

VI. ゆるしのための正当化

1. 怒りは**絶対に**正当化されません。2攻撃にはまったく何の根拠もありません。3怖れからの脱出はここから始まり、それから完全なものとなります。4ここで、恐怖の夢と交換に、実在の世界が与えられます。5ゆるしが安らぐのはこの上です。それはまったく自然なものです。6攻撃が当然で正当化される場所にゆるしを差し出すことを求められているのではありません。7というのは、それは本当にそこにあるものを見過ごすことによって罪をゆるすことを意味するからです。8これはゆるしではありません。9というのは、それは、正当化されない形で応じることによって、あなたのゆるしが、加えられた攻撃に対する答えになると仮定することになるからです。10かくして、与えられるべきでない所に与えることによって、ゆるしは不適切なものになります。

2. ゆるしは**常に**正当化されます。2ゆるしにはしっかりとした根拠があります。3あなたはゆるすべきでないものはゆるさず、また、罰を要求する本当の攻撃を見過ごすこともしません。4実在的なものにとって不適切である不自然な反応をするように求められることに救いはありません。5それとは逆に、救いは、起こっていないことを知覚しないことによって実在的でないものに対して適切に応じるようにと、あなたに求めるだけです。6仮にゆるしが正当化されないとしたならば、攻撃に対してゆるしを返すとき、あなたの権利を犠牲にすることを求められていることになります。7しかし、あなたは、過ちのために助けを求めている苦悩に対する自然な反応として、ゆるしを見ることを求められているだけです。8ゆるしだけが唯一の正気の反応です。9ゆるしはあなたの権利が犠牲にされることから守ってくれます。

3.　この理解こそ、実在の世界を浮上させて恐怖の夢の世界に取って代わらせる唯一の変化です。2攻撃が正当化されなければ、怖れが生じることはありません。そして、仮に怖れに実在的な根拠があるとしたならば、ゆるしには何の根拠もないことになります。3ゆるしの根拠はきわめて実在的であり完全に正当化されることをあなたが知覚したとき、実在の世界が達成されます。4あなたがゆるしを自分には値しない贈り物であると見なしている限りは、ゆるしはあなたが〝ゆるすであろう〟罪を高く掲げなければなりません。5正当化されないゆるしは攻撃です。6そして、この世界が与えることができるのはこれだけです。7この世界は時には〝罪人〟をゆるしますが、彼らが罪を犯したことはいつまでも意識しています。8したがって、彼らはこの世界が与えるゆるしに値しません。

4.　これは偽りのゆるしであり、この世界はこのゆるしを使って罪悪感を生かし続けます。2そして、「神」が公正であることを認識しているが故に、「神」のゆるしが実在的であり得るというのは不可能のように見えます。3かくして、ゆるしを不当なものであると見なすことの必然的な結果は、「神」に対する怖れです。4自分を有罪であると見なす者は、誰も「神」への怖れを回避することはできません。5しかし、ゆるすことができればこのジレンマから救われます。6マインドはそれ自身を見つめるように、自らの「創造主」について考えなければなりません。7あなたの兄弟はゆるしに値するということが見えれば、ゆるしは彼の権利であるのと同じようにあなたの権利でもあることをあなたは学んだのです。8また、あなたは、あなたの兄弟が受けるに値しない恐ろしい価値判断を、「神」があなたのために意図しておられるとも考えることはないでしょう。9というのは、あなたは兄弟より多く値することも少なく値することもないというのが真実だからです。

5. 正当であると見なされたゆるしは癒します。2ゆるしは奇跡に幻想を見過ごす強さを与えます。3このようにして、あなたもまたゆるされなければならないことを学びます。4見過ごすことが不可能な外見は存在し得ません。5というのは、仮に見過ごすことが不可能な外見があったとしたならば、まずゆるしを超越して立っている何らかの罪が必要ということになります。6間違い以上の過ちがあるということになります。すなわち、特別の形態の過ちがあって、それは不変であり、永遠であり、修正も脱出も不可能であるということになります。7創造を解除し、創造に取って代わる世界を作り、「神の意志」を破壊する力をもった一つの間違いがあるということになります。8これが可能であった場合にのみ、奇跡に抵抗し、奇跡によって癒されることがない外見があり得るでしょう。

6. ゆるしが癒すことができないある種の病気や喜びの欠如といったものがあるという信念ほど、偶像崇拝こそあなたが望むものであるということの確実な証拠はありません。2これは、あなたがある種の偶像を取っておくことを好み、まだすべての偶像を手放す準備ができていないことを意味します。3かくして、あなたはある種の外見は実在的であり、まったく見せかけなどではないと考えます。4外見の中には他の外見に比べて見過ごすことがより困難なものがあるという固定観念が意味することに騙されないでください。5それは常に、ゆるしは制限されなければならないとあなたが考えていることを意味します。6そして、あなたはあなたのために部分的なゆるしの目標を設定し、罪悪感からの限定的な脱出という目標を設定したのです。7これは、あなた自身に対する、そして、あなたから分離しているように見えるすべての人に対する、偽りのゆるし以外の何ものでもありません。

7. 奇跡はあらゆる形の病気を癒すことができるというのは真実であるに違いありません。さもなければ、奇跡が癒すことは不可能です。2奇跡の目的はどの形が実在的で、どの外見が真実であるかについて価値判断を下すことであるはずがありません。3もしも一つの外見が癒しから分離したままでなければならないとしたら、一つの幻想は真実の一部であるに違いありません。4そして、あなたは罪悪感のすべてから脱出することはできず、罪悪感の一部からしか脱出できないということになります。5あなたは「神の子」を完全にゆるさなければなりません。6さもなければ、あなたは完全でない自分についてのイメージをもち続け、内面を見てそこにいる偶像の一つ一つから脱出することを恐れ続けるでしょう。7 ゆるすことができない何らかの形の罪などあり得ないという信念の上に救いは安らいでいます。8 したがって、「神の子」についての真実に取って代わった外見が存在することはあり得ません。

8. あなたの兄弟をありのままに見るという気持で見てください。2 そして、彼の一部を、あなたの癒したいという気持の外に置きざりにしないでください。3 癒すことは完全にすることです。4 そして、完全であるものは、一部が外に置かれていて行方不明であるというようなことはあり得ません。5 ゆるしはこれを認識することの上に安らいでおり、奇跡が癒す力をもたない病の形は存在し得ないということを喜びます。

9. 「神の子」は完璧です。さもなければ、「神の子」ではあり得ません。2 また、「神の子」は罪のあらゆる結果やあらゆる形から脱出する価値がないとあなたが考えているとすれば、彼を知ることはできないでしょう。3 あなたが自分自身についての真実を知りたいならば、彼については次のように考えるしかありません。

4 **「父」よ、あなたの完璧な「子」に感謝します。私は彼の栄光の中に私自身の栄光を見ます。**

5 「神の意志」に打ち勝つことができるいかなる形の悪も存在しないという喜びの言葉がここにあります。すなわち、幻想を実在させたいとのあなたの欲求によっても罪悪感は成功しなかったということへの喜びに満ちた承認があります。6 これは、真実を端的に述べた言葉以外の何ものでもありません。

10. あなたの中にあるこの希望をもって、あなたの兄弟を見てください。そうすれば、彼の中にある真実を変えることができるような過ちを、彼が犯すことは不可能であることが分かるでしょう。2 何の結果も与えられていない間違いを見過ごすことは難しいことではありません。3 しかし、「神の子」を偶像にする力をもっているとあなたが見なすものを、あなたはゆるさないでしょう。4 というのは、彼はあなたにとって、深く刻み込まれた死のイメージとしるしになったからです。5 これはあなたの救い主でしょうか。6 彼の「父」は「ご自分の子」について間違っているのでしょうか。7 それとも、あなたの救いと解放のために、あなたが癒すことができるように与えられた「神の子」について、あなたは欺かれてきたのでしょうか。

VII. 新しい解釈

1. 「神」は仮にもこの世界の意味をあなたの解釈に任せられたりしたでしょうか。[2]仮に「神」がそうされたとすれば、この世界には意味はありません。[3]というのは、意味が絶えず変化しながら、同時に真実であることは不可能だからです。[4]「聖霊」は、不変に確立された一つの目的をもったものとしてこの世界を見ます。[5]そして、いかなる状況もその目標に影響を及ぼすことはできず、すべてその目標と一致しなければなりません。[6]というのは、世界の目的が状況ごとに変わることができる場合にのみ、一つ一つの状況は解釈に任されることになるからであり、解釈はあなたがそれについて考える度ごとに異なったものとなります。[7]あなたが書いている脚本に、あなたは一日中、毎分、新しい要素を付け加えます。そして、今起こることのすべては何か別なことを意味します。[8]あなたが他の一つの要素を取り去ると、それに応じて、すべての意味が変わります。

2. あなたの脚本は、一日がどのような一日であるべきかに関するあなたの計画以外のいかなるものも反映しません。[2]かくして、あなたは失敗と成功、進歩と後退、利益と損失という価値判断を下します。[3]こうした価値判断は、脚本が割り当てる役割に応じて下されます。[4]それらの事柄自体には何の意味もないという事実は、体験の異なった側面に関して下された他の価値判断と一緒にそれらのレッテルが簡単に変わることによって実証されます。[5]そしてそれから、振り返ってみると、起こった事柄の中に別な意味が見えるとあなたは思います。[6]あなたがそこでしたことは、そこには何の意味もないということを示す以外の何ものでもありません。[7]しかし、あなたは変化する目標という観点から意味を割り当てたのであり、目標が変わるにつれて意味も変わったのです。

3. 一つの一定した目的だけが出来事に安定した意味を付与することができます。[2]しかし、その目的は出来事のすべてに一つだけの意味を与えるものでなければなりません。[3]もしも出来事が異なった意味を与えられれば、それらの出来事は異なった目的を反映することになります。[4]そして、それらの出来事がもつ意味はこれだけになります。[5]これが意味と言えるでしょうか。[6]意味が意味するものは混乱であるということがあり得るでしょうか。[7]知覚は絶えず変化しながら、同時に、あらゆる場所において意味の安定性を許容することはできません。8怖れは一度も正当化されたことのない価値判断です。9怖れの存在は、あなたが恐ろしい脚本を書き、その結果として、怖れの中にいることを示す以外に何の意味ももちません。10しかし、あなたが恐れているものがそれ自体恐ろしい意味をもっているからではありません。

4. 知覚を安定させ、この世界とそこでの体験に一つの解釈を与えるための唯一の手段は、一つの共通目的です。2この共有された目的の中で、一つの価値判断がすべての人によって、そして、あなたが見るすべてのものによって共有されています。3あなたは価値判断する必要はありません。というのは、一つの意味がすべてのものに与えられたことを学んだからであり、それが至るところに見えることがあなたには嬉しいからです。4それは変化不可能です。なぜなら、あなたはそれを至るところで知覚し、状況によって変わることがないことを知覚するからです。5そして、あなたはその意味をすべての出来事に差し出し、それらの出来事があなたに安定性を差し出すことを許します。

5. 価値判断からの脱出は単に次のことにかかっています。すべてのものには一つの目的しかなく、あなたはそれを全世界と共有しているということです。2そして、この世界のいかなるものもそれに反対することはできません。というのは、それはあなたに属するのと同じように、すべてのものに属しているからです。3一つの目的において犠牲についての考えのすべてが終焉します。犠牲という考えは、得る者と失う者のために異なった目的を想定しなければなりません。4この考えから離れた所ではいかなる犠牲の思いも不可能です。5そして、知覚を変化させ、意味を変化させるのは異なった目標というこの考えです。6一つに結合された目標においては、これは不可能になります。というのは、あなたの同意が解釈を安定させ継続させるからです。

6. 用いられるシンボルが異なったことを意味するとき、コミュニケーションを実際に確立することが可能でしょうか。2「聖霊」の目標は、あなたとあなたの兄弟にとって意味のある一つの解釈を与えてくれます。3かくして、あなたは兄弟とコミュニケーションをとることが可能となり、兄弟もあなたとコミュニケーションをとることが可能となります。4あなた方二人が理解できるシンボルにおいて、意味の犠牲が解除されます。5すべての犠牲は、出来事同士の間にある関係を見るあなたの能力の喪失を結果的に引き起こします。6出来事を別々に見れば、出来事には何の意味もありません。7というのは、光がないために、それらの出来事を見て理解することができないからです。8それらの出来事には何の目的もありません。9そして、それらが何のためにあるのかは分かりません。10喪失についてのいかなる思いにも意味はまったくありません。11それが何を意味するかについて、誰もあなたに同意していません。12それは歪められた脚本の一部であり、意味のある解釈は不可能です。13それは永遠に意味不明です。14これはコミュニケーションではありません。15あなたの暗い夢は、あなたが眠りの中で書く意味のない孤立した脚本です。16意味を求めて分離した夢に頼らないでください。17分かち合うことができるのはゆるしの夢だけです。18ゆるしの夢は、あなた方二人にとって同じものを意味します。

7. 孤独な状態の中で解釈しないでください。というのは、あなたに見えるものは何も意味しないからです。2それが表すものは変化し、この世界は危険の中を半信半疑の状態で歩く不安定な場所であると信じることになります。3安定性を欠いているのはあなたの解釈だけです。というのは、あなたの解釈は本来のあなたと軌を一にしていないからです。4これは、一見安全でない状態であるために必然的に怖れが生じることになります。5我が兄弟よ、これを続けないでください。6私たちには一人の「解釈者」がいます。7「解釈者」のシンボルの使用を通して私たちは一つになり、その結果、シンボルは私たちすべてにとって同じことを意味するようになります。8私たちの共通言語によって兄弟のすべてと話すことができるようになり、ゆるしが私たち皆に与えられたことを共に理解することができ、かくして、私たちは再びコミュニケーションができるようになります。

VIII. 不変の実在

1. 外見は欺きますが、外見を変えることはできます。2実在は不変です。3実在は欺くことはまったくしません。そして、外見を超えて見ることに失敗すれば、あなたは欺かれます。4というのは、あなたに見えるものはすべて変化するにもかかわらず、あなたは以前にそれが実在すると思っていたことがあり、そして今また、それは実在すると考えます。5かくして、実在は形に格下げされ、変化することができるものになります。6実在は不変です。7実在を実在たらしめ、実在をすべての外見から隔てるのはまさにこの事実です。8実在が実在であるためには、あらゆる形を超越しなければなりません。9実在が変化することは不可能です。

2. 奇跡は、すべての外見は外見であるが故に変化することはできるが、実在が必然的にもつ不変性をもつことはできないことを実証するための手段です。2奇跡は、外見は変わることができることを示すことによって、外見からの救いを証言します。3あなたの兄弟は自分自身の中に、外見と欺瞞を超越した不変性をもっています。4その不変性は、彼の実在であるとしてあなたが知覚する、彼についての変化しやすい見方によって見えなくされています。5彼についての幸せな夢は、完璧な健康、あらゆる形の欠如からの完璧な自由、あらゆる惨事から安全であることという外見的な形をとります。6奇跡は、いかなる形の喪失や苦しみによってもあなたの兄弟は縛られてはいないことを証明するものです。なぜなら、それらはいとも簡単に変えることができるからです。7これは、それらが実在したことは一度もなく、彼の実在から発したものではあり得ないことを実証しています。8というのは、彼の実在は不変であり、「天国」や地上の何かが変えることができる結果は何ももっていないからです。9しかし、外見は変化するが故に非実在であることが示されます。

3. 誘惑とは、幻想を実在化したいという欲求以外の何ものでもありません。2それは実在を実在でないようにしたいとの欲求であるようには見えません。3しかしながら、誘惑は、あなたが実在性をもたせたいとは思っていない偶像に比べて、ある種の偶像はより抵抗しがたい強烈な魅力をもっているという主張です。4したがって、誘惑とは、次のこと以上のものではありません。すなわち、奇跡が一部の夢には触れることがありませんように、それらの夢の非実在性を曖昧にしておき、代わりにそれらの夢に実在を与えてくれますように、という祈りです。5そして、「天国」はこの祈りに応えることはなく、あなたが好きでない外見を癒すために奇跡があなたに与えられることもありません。6あなたは制限を確立しました。7あなたが求めているものは既に与えられていますが、それは制限をご存じではない「神」から来たものではありません。8あなたが自分自身を制限しています。

4. 実在は不変です。2奇跡は、実在とあなたの自覚との間にあなたが差し挟んだものは非実在であり、まったく邪魔をすることはないということを示すだけです。3変化が不可能な外見があるに違いないと信じることの代価は、奇跡が常に変わることなくあなたから生まれることができなくなるということです。[4]というのは、すべての夢を癒す力が奇跡に与えられないようにとあなたが依頼したからです。[5]癒しを願望するとき、あなたが得ることができない奇跡は一つもありません。[6]しかし、望まなければいかなる奇跡も与えられません。[7]何を癒したいのかを選んでください。すべての奇跡を与える「聖霊」は、「彼」の贈り物を「神の子」に与える自由を与えられてはいません。[8]「神の子」は、誘惑されると実在を否定します。[9]そして、実在の代わりに自分が選んだものの奴隷に喜んでなります。

5. 実在は不変であるが故に、奇跡は既にそこにあって変化するもののすべてを癒し、怖れがなく幸せな状態になったそれらのものをあなたに見えるように差し出します。[2]あなたはあなたの兄弟をこのように見ることができるようになるでしょう。[3]しかし、ある点に関してそうではないことをあなたが望んでいる間はできません。[4]というのは、これは兄弟が癒されて完全になることをあなたが望んでいないことを意味するからです。[5]兄弟の内なる「キリスト」は完全です。[6]あなたが見たいのはこれでしょうか。[7]だとすれば、兄弟についてこれよりも好きな夢を許さないことです。[8]そうすれば、兄弟の中に「キリスト」が見えるでしょう。なぜなら、「キリスト」があなたの所に来るのをあなたが許したからです。[9]そして、「キリスト」があなたの前に現れたとき、あなたも兄弟と同じであることを確信するでしょう。というのは、「キリスト」は、あなたの兄弟とあなたの中にある不変なるものだからです。

6. あなたの兄弟の本当の姿の代わりに保持していたい外見は一つもないという決断を下すとき、あなたはこれを見るでしょう。[2]夢が不確実性を許してくれれば良いのにという誘惑の思いがここに入ることを許さないでください。[3]彼が何であるかについての夢に誘惑されたとき、罪悪感を覚える必要も、恐れる必要もありません。[4]しかしながら、あなたに見える彼の中の不変なるものに取って代わる力をその夢に与えないでください。[5]あなたが外見の代わりに奇跡を要請すれば、偽りの外見はすべて姿を消すでしょう。[6]あなたがあなたの兄弟を本来のままにしておくならば、彼はすべての苦痛から解放されます。[7]彼の中に「キリスト」を見ることを恐れることはありません。[8]あなたが見るものの中に見るのは自分自身に他なりません。[9]あなたの兄弟が癒されるとき、あなたは罪悪感から解放されます。というのは、彼の外見はあなたにとって、あなた自身の外見だからです。

第31章　最後のヴィジョン

I. 救いの単純性

1. 救いはなんと単純なものであることでしょうか！ 2救いが語ることとは、一度も真実でなかったものは今も真実ではなく、これからも決して真実ではないだろうということだけです。3不可能なことは起こっていません。したがって、いかなる結果も生じていません。4これがすべてです。5誰であれこれが真実であることを望む人であれば、これを学ぶことが難しいということはありません。6それを学びたくないという気持だけが、これほどに簡単なレッスンを困難なものにすることはあり得ます。7偽りであるものは真実であるはずがなく、真実であるものが偽りであるはずがないということを理解することがどれほど難しいでしょうか。8偽りと真実の違いを知覚することができないとは、もはやあなたは言えません。9両者を厳密に区別するにはどうすれば良いか、混乱した場合にはどうすれば良いかをあなたは教えられています。10それでは、いったいどうしてそのような単純なことを学ばないままでいることに固執するのでしょうか。

2. 一つの理由があります。2しかし、救いがあなたに学ぶように依頼する単純な事柄の難しさと、これを混同しないでください。3救いはきわめて明瞭なことを教えるだけです。4それは一つの明確なレッスンから次のレッスンへと移動していくだけであり、簡単なステップで一つのレッスンから次のレッスンへとあなたを優しく導いてくれるものです。あなたに負担はまったくかかりません。5これが混乱を招くことはあり得ないはずですが、あなたは混乱しています。6というのは、どういうものか、あなたは完全に混乱しているものは学びやすく、理解しやすいと信じているからです。7あなたが自分で学んだことは大いなる学びの偉業であり、まさに信じられないほどのものです。8しかし、あなたがそれを達成できたのはそうしたいとあなたが望んだからであり、勉強の手を休めて、学ぶには難しすぎるとか把握するには複雑すぎると価値判断しなかったからです。

3. あなたが何を学んだか、どれほど注意深くそれを学んだか、どれだけ苦労してそのレッスンを学び、果てしなく練習を繰り返したか、そして、あなたが思いつく限りあらゆる形でそれを実行したことを理解している人は誰も、あなたの学習スキルの力を疑うことはできないでしょう。2この世界にこれよりも偉大な力はありません。3この世界はそれによって作られたのであり、今でもそれに依存しています。4あなたが自分に教えてきたレッスンは、過剰なまでに学習され固定されてしまったために、重いカーテンのようになって単純で当たり前のことを見えなくさせています。5それらのことを学ぶことはできないと言わないでください。6というのは、あなたの学ぶ力は、あなたの意志はあなたの意志ではなく、あなたの思いはあなたのものではなく、あなた自身ですら誰か別な人であるということを学べるほどに強烈なものだからです。

4. このようなレッスンが簡単であるなどと誰が主張できるでしょうか。2しかしながら、あなたはこれ以上のことを学びました。3あなたは学びを続け、どんなに困難でも不平を言わず、一歩一歩進み、あなたに合った世界が築かれるまでそれを続けました。4そして、この世界を形成する問題の一つ一つは、学びの最初の達成から発生します。その達成の偉大さは実に甚大なものであるために、その前にあっては「聖霊」の声もか細く静かなものであるかのように思われます。5この世界は一つの奇妙なレッスンで始まりました。それは実に強烈なもので、「神」を忘れさせ、「神の子」をして自分自身にとっての異邦人にしてしまうに十分なものでした。そのレッスンは「神の子」を、「神ご自身」が「神の子」を安住させてくださった家を離れて流浪する異邦人にしたのです。6あなたは「神の子」には罪があると自分で学んだのですから、救いがあなたに教える単純きわまりないことを学ぶことができないなどとは言わないでください。

5. 学ぶことはあなたが作った能力であり、あなたが自分自身に与えた能力です。2それは「神の意志」を行うためにではなく、「神の意志」に反抗することは可能であり、「神の意志」を離れた意志のほうがより実在的であれば良いという欲求を支持するために作られました。3そして、学びはこれを実証しようとしてきたのであり、あなたは学びが教えるべきことを学んできました。4今や、あなたの古からの過剰なまでの学びが、真実の「声」を前にして消しがたいものとしてあり、その「声」のレッスンは真実ではなく、学ぶにはあまりにも難しく、理解するのは困難であり、本当に真実であることと対立しすぎているとあなたに教えます。5しかしながら、あなたはその「声」のレッスンを学ぶでしょう。というのは、それを学ぶことこそあなたの学習スキルの唯一の目的であり、「聖霊」がこの世界の中に見る唯一の目的だからです。6ゆるしについての「聖霊」の単純なレッスンには、あなたのレッスンよりも強力な力があります。なぜなら、それは「神」からの呼びかけであり、あなたの「自己」からのあなたへの呼びかけだからです。

6. この小さな「声」は、あまりにもか細く静かであるために、まったく意味のない無分別な騒音の中でかき消されてしまうでしょうか。2「神」は「子」が「神」を忘れることを意図されませんでした。3そして、「神の意志」の力は「神」に代わって話す「声」の中にあります。4あなたはどちらのレッスンを学ぶつもりでしょうか。5どのような結果が不可避的でしょうか。どのような結果が「神」のように確実で、あらゆる疑いや疑問を超越しているでしょうか。6奇妙な結果しかもたらさず、信じられないほどに困難なあなたのささやかな学びが、時間が存在し始めて以来、そして、学びが作られて以来、毎日毎日瞬間ごとに教えられている単純なレッスンに対抗できるでしょうか。

7. 学ばれるレッスンは二つだけです。2それぞれのレッスンは異なった世界にその結果が出ます。3そして、それぞれの世界は確実にその源に従います。4「神の子」は有罪であるというレッスンの確実な結果は、あなたが見ている世界です。5それは恐怖と絶望の世界です。6また、その世界には幸せの希望もありません。7あなたが作る安全のための計画で、成功するものは一つとしてありません。8あなたがこの世界で探求しても、いかなる喜びも発見できる望みはありません。9しかしながら、あなたの学びが生み出すことができる結果はこれだけではありません。10あなたが自ら選んだ任務をどれほど過剰に学んだとしても、「神の愛」を反映するレッスンはなおそれよりも強いものです。11そして、あなたは「神の子」には罪がないことを学び、別な世界を見ることになるでしょう。

8. 「神の子」は無罪であるというレッスンの結果は、怖れがまったく存在せず、すべてのものが希望の光に輝き優しい友情できらめいている世界です。2すべてのものがあなたの友になりたい、あなたと一緒になりたいと静かに訴えながらあなたに語りかけるだけです。3そして、その呼びかけが聞かれないままであることはなく、誤解されたままに終わることもなく、応えられないこともなく、その呼びかけがなされたのとまったく同じ言葉で答えられます。4そして、あなたは、この世界のすべての人、すべてのものがいつも発していた呼びかけはこれだったということ、そして、あなたはそれをそのようなものとして知覚していなかったということを理解します。[5]そして、今やあなたは間違っていたことが分かります。[6]あなたはその呼びかけがとった形に騙されていました。[7]そのためにあなたはその呼びかけが聞こえませんでした。そして、あなたの一部でありたいといつも思っていた友を失っていたのです。[8]「神」の創造物のそれぞれの部分が全体に向かって発する静かで永遠なる呼びかけは、この二番目のレッスンがもたらすものですが、この世界中に響きわたって聞こえます。

9. 生きとし生けるもので、完全でありたいという普遍的な「意志」、その呼びかけを聞かれないままにしておいてはならないという普遍的な「意志」を分かち合わないものはありません。[2]あなたの答えがなければそれが死ぬに任されることになるのと同じように、あなたがその呼びかけを生命への古の呼びかけとして聞き、それは自分自身の呼びかけであると理解したとき、それは死の淵から救い出されます。[3]あなたの内なる「キリスト」は、「神」が「神の愛」を知っておられるのと同じ確実さで「神」を覚えています。[4]しかし、「神の子」が無罪であってはじめて「神」は「愛」であり得ます。[5]というのは、仮に「神」が罪なきものとして創造してくださった「子」が罪の奴隷であり得るとしたならば、「神」は確かに怖れになるからです。[6]「神」の完璧な「子」は自らが創造されたときのことを覚えています。[7]しかし、罪悪感の中で本来の自分が何であるかを忘れてしまったのです。

10. 「神」への怖れは、「神の子」が自らの罪のなさを学ぶとき「神の愛」を必然的に思い出すのと同じくらい確実に、「神の子」は有罪であるというレッスンの結果として生じます。[2]というのは、憎しみは必ず怖れの父となり、その父親をそれ自身と見なすからです。[3]死への一つ一つの呼びかけを超えてこだまするこの呼びかけ、殺人的な攻撃の一つ一つの背後で鳴りわたるこの呼びかけ、この死につつある世界を愛が回復してくれるようにと懇願するこの呼びかけが聞こえないあなたは、なんと間違っていることでしょうか。[4]様々な形をとる憎しみを超越して、戦争への一つ一つの呼びかけを超越して、「誰」があなたに呼びかけているのか、あなたは理解していません。[5]しかしながら、「キリスト」が呼びかける言語で「キリスト」に答えを与えるとき、あなたは「キリスト」を認識するでしょう。[6]あなたが「キリスト」に答えたとき、「キリスト」は姿を現し、「神」は「愛」であることを「キリスト」においてあなたは知るでしょう。

11. 誘惑とは、あなたが学びたいことが何であるかについて間違った決断を下し、望まない結果を出したいという欲求に他なりません。[2]誘惑とは、選択を再評価し、別な結果のほうが望ましいとするための手段になるのは望まれていないマインドの状態であるという認識です。[3]悲惨と不調和と苦痛こそ自分が望むものであると信じているならば、あなたは騙されています。[4]あなたの中にある、そのようなものを求める呼びかけを聞かないでください。[5]そうではなく、その彼方にある、より深い呼びかけ、安らぎと喜びを要請する呼びかけに耳を傾けてください。[6]そうすれば、この世界全体があなたに喜びと安らぎを与えるでしょう。[7]というのは、あなたは聞いたように答えるからです。[8]そして、見てください！ [9]あなたの答えはあなたが学んだことの証です。[10]その結果は、あなたが見る世界です。

12. 一瞬の間、静かにしてみましょう。そして、私たちが学んだことのすべて、抱いたことのある思いのすべて、物事が何を意味するかについて、そして、その目的は何であるかについて私たちがもっている先入観の一つ一つをすべて忘れて見てみることにしましょう。[2]この世界が何のためにあるかについての私たち自身の考えを忘れてみましょう。[3]私たちは知りません。[4]すべての人に対して抱いているイメージの一つ一つを私たちのマインドから解き放ち、一掃してみましょう。

13. 価値判断をなくし、誰についてであれ、あなたのマインドを横切ったことのある邪悪な思いや良い思いについての自覚を手放してください。[2]今や、あなたはその人を知りません。[3]しかし、彼について学ぶ自由があります。彼について新たに学ぶ自由があります。[4]彼に死の判決を下し、それと共にあなた自身にも死の判決を下していた過去がなくなった今、彼はあなたにとって生まれ変わった存在であり、あなたは彼にとって生まれ変わった存在です。[5]今や彼は、あなたが自由であるのと同じように、自由に生きることができます。なぜなら、古の学びは姿を消し、真実が再生するための場所を後に残していったからです。

II. キリストと共に歩く

1. 古のレッスンは、新しいレッスンと古いレッスンを対立させることによって克服されることはありません。[2]真実を知らしめるために古のレッスンを征服する必要はなく、真実の力に屈するために古のレッスンと戦う必要はありません。[3]準備しなければならない戦いはなく、費やすべき時間もなく、新しいものを導入するために立てるべき計画もありません。[4]古の戦いが真実に対して仕掛けられています。しかし、真実は反応しません。[5]そのような戦争において、自分で自分を傷つけなければ、誰が負傷する可能性があるでしょうか。[6]真実の中には彼の敵はいません。[7]そして、夢によって襲撃されるということはあり得ません。

2. あなたとあなたが何であるかという真実の間に立っているように見えるものをもう一度吟味してみましょう。[2]というのは、それを放棄するには段階があるからです。[3]最初の一歩はあなたが下す決断です。[4]しかし、その後で真実があなたに与えられます。[5]あなたは真実を確立します。[6]あなたの欲求によって、どんなことであれ決断しなければならないと考える度ごとに、あなたは二つの選択肢を設定します。[7]どちらの選択肢も真実ではありません。[8]どちらの選択肢も異なってはいません。[9]しかしながら、それらの選択肢の向こうを見て、それとは異なった一つの選択肢を見ることができるためには、その二つの選択肢を見なければなりません。[10]しかし、あなたが作った夢の中においてではありません。というのは、それは夢の中ではあなたには見えなくされているかもしれないからです。

3. あなたが両者の間で選ぶのは選択ではなく、選択することで自由であるという幻想を与えるだけです。というのは、それはいずれにしても一つの結果しかもたらさないからです。[2]かくして、それは実際にはまったく選択ではありません。[3]リーダーと追従者が別々な役割として現れ、それぞれがあなたとしては失いたくない利点をもっているかのように見えます。[4]したがって、彼らの役割を融合することに満足と安らぎへの希望があるかのように見えます。[5]あなたにはあなた自身がこの二つの役割に分断されているように見え、二つの役割の間で永遠に分裂しているように見えます。[6]そして、一人一人の友、そして、一人一人の敵は、あなたをこの問題から救い出してくれる手段になります。

4. もしかするとあなたはそれを愛と呼ぶかもしれません。[2]もしかすると、それは遂に正当化された殺人であると考えるかもしれません。[3]あなたはリーダーの役割を与えた人をあなたがその役割が欲しいときには憎み、あなたの内なる追従者に出てきてもらってリーダーの役割を人にあげたいときには、彼がリーダーの役割を演じないことを憎みます。[4]そして、あなたはこのために兄弟を作ったのであり、これが彼の目的であると考えるようになったのです。[5]あなたの兄弟がこの役割を果たしていなければ、彼はあなたによって与えられた機能を果たしていません。[6]かくして、彼は死に値します。なぜなら、彼にはいかなる目的もなく、あなたにとっていかなる有用性もないからです。

5. では、彼の側はどうでしょうか。[2]彼はあなたから何を欲するでしょうか。[3]彼が欲し得るものは、あなたが彼から欲するもの以外の何ものでもありません。[4]ここに死と同じくらい簡単に生命があります。というのは、あなたが選ぶものは、あなたの兄弟のためにも選んでいるからです。[5]彼があなたに呼びかけているのと同じように、あなたは彼に対して二つの呼びかけをしています。[6]この二つの呼びかけの間に選択があります。なぜなら、その二つの呼びかけから異なった結果が生まれるからです。[7]彼があなたにとってリーダーであるか追従者であるかは問題ではありません。というのは、あなたは死を選択したからです。[8]しかし、彼が死を喚起するかそれとも生を喚起するか、憎しみを喚起するかそれともゆるしと助けを喚起するかで、結果は異なってきます。[9]一方の呼びかけを聞けば、彼から分離され、道に迷うことになります。[10]しかし、それとは別な呼びかけを聞けば、彼と一緒になり、あなたの答えの中に救いが見出されます。[11]あなたが彼の中に聞く声は、あなた自身の声に他なりません。[12]彼は何をあなたに求めているのでしょうか。[13]耳を澄まして聞いてください。[14]というのは、彼はあなたの所にやって来るものを求めているからです。なぜなら、あなたに見えるのはあなた自身のイメージであり、あなたに聞こえるのは欲しいものを要請しているあなたの声だからです。

6. 答える前に、間をおいて次の言葉について考えてみてください。

> [2]**私が兄弟に与える答えは、私が求めているものです。**[3]**そして、私が彼について学ぶことは、私自身について学ぶことです。**

[4]それから、ほんの一瞬の間、静かにしてみましょう。そして、聞こえたと思ったすべてのことを忘れ、私たちがどれほど知らないかということを思い出してみましょう。[5]この兄弟は私たちを導くのでもなく、私たちの後についてくるのでもありません。ただ、私たちの傍らでまったく同じ道を歩いているだけです。[6]彼は私たちと同じであり、彼が私たちが欲するものにどれだけ近いか、それとも、そ

れからどれほど離れているかは私たち次第です。[7]彼が私たちと一緒に恩恵を得なければ、私たちも恩恵を得ることはありません。そして、彼が前進しなければ私たちは後退します。[8]怒りの気持で彼の手を取るのではなく、愛を込めて彼の手を取ってください。というのは、彼の進歩の中にあなた自身の進歩を数えることができるからです。[9]そして、彼をあなたの傍らで安全にしておかなければ、私たちは別々に道を進んでいくことになります。

7. 彼は「神の愛」においてあなたと同等であるが故に、あなたはあらゆる外見から救われ、あなたに呼びかける「キリスト」に応えるでしょう。[2]静かに耳を傾けてください。[3]古の思いを抱かないでください。[4]あなたに呼びかける「神の子」についてあなたが学んだ陰鬱なレッスンを忘れてください。[5]「キリスト」はあらゆる人々に等しい優しさで呼びかけ、リーダーも追従者も見ることはせず、彼らすべてに対する一つの答えを聞くだけです。[6]「キリスト」には一つの「声」しか聞こえないために、「神」が「キリスト」を「神の一人子」として任命したときに「キリスト」が与えた答えと異なる答えは聞こえません。

8. 一瞬の間、非常に静かにしてみましょう。[2]あなたがこれまで学んだことについての思いのすべてをなくし、あなたが作ったイメージのすべてを脇に置いてみましょう。[3]あなたが反対せずとも、また、あなたが意図しなくとも、古いものは新しいものを前にして姿を消していきます。[4]あなたが大切であると考えていた事柄、あるいは、世話をする必要があると考えていた事柄に対して何の攻撃もされることはないでしょう。[5]一度もなされたことのない呼びかけを聞きたいというあなたの欲求に対しても、いかなる襲撃も加えられることはないでしょう。[6]あなたが本当に欲しいものは何なのかについての真実に静かに耳を傾け、それを学ぼうとするためにあなたが来るこの神聖な場所では、いかなるものもあなたを傷つけることはありません。[7]これ以上のことを学ぶことを求められることはありません。[8]しかし、それを聞くとき、あなたが欲したことはなく、一度も真実であったことはない思いを捨て去るだけで良いのだということをあなたは理解するでしょう。

9. あなたの兄弟の外見について兄弟をゆるしてください。それは、あなたの中にある罪深さについて、あなたが自分に教えた古のレッスンであるにすぎません。[2]彼が何であるか、そして、あなたが何であるに違いないかについて彼が抱いている恐ろしいイメージからの解放と、慈悲を求める彼の呼び声だけを聞いてください。[3]彼はあなたと一緒に歩くことを恐れていて、少し後ろ、または、少し前のほうが彼にとってより安全な場所であると考えているかもしれません。[4]あなたも彼と同じように考えたならば、前進することができるでしょうか。すなわち、彼が後退するときだけ前進し、彼が前進するときには後退していたならば、前進することができるでしょうか。[5]というのは、そのようにしてあなたは旅の目標を忘れるからです。旅の目標とは、彼と一緒に歩くという決断を下すことだけであり、二人の内のどちらかが先導することも後に従うこともありません。[6]かくして、それは一緒に行く道であり、一人で行く道ではありません。[7]そして、この選択において学びの結果が変わります。というのは、あなた方二人にとって「キリスト」が生まれ変わったからです。

10. あなたの偉大な道連れが誰であるかについてのあなたの古い考え、そして、彼は何を求めるべきであるかについてのあなたの古い考えをもたずに一瞬を過ごせば、それだけでこれが起こるのに十分です。[2]そして、彼の目的はあなたの目的と同じであることを知覚するでしょう。[3]彼はあなたが欲するものを求め、あなたが必要としているのと同じものを必要としています。[4]おそらくは、それは彼においては異なった形をとるかもしれませんが、あなたが応えるのは形に対してではありません。[5]彼は求め、あなたは受け取ります。というのは、あなたは一つの目的だけをもってやって来たからです。すなわち、あなたは兄弟の愛をもってあなたの兄弟を愛していることを学ぶということです。[6]そして、兄弟なのですから、真実において彼はあなた自身と同じであるように、彼の「父」はあなたの「父」と同じです。

11. 一緒であるとき、あなた方の共同の遺産が思い出され、あなた方二人によって受け容れられます。[2]単独であれば、それはあなた方二人に対して否定されます。[3]あなたが先導するか、それとも、後についていくかにこだわっている間は、あなたの傍らには誰もおらず、あなたが一人で歩いていると考えていることは明確ではないでしょうか。[4]これはどこにも通じていない道です。というのは、あなたが一人で歩いている限り光は与えられず、したがって、どの道を行けば良いのかが見えないからです。[5]かくして、混乱が生じ、暗闇の中を一人で前後によろめきながら、あなたには果てしのない疑惑がわいてきます。[6]しかしながら、こうしたことは旅が何であるかについての外見であり、旅をどのようになすべきかについての外見にすぎません。[7]というのは、あなたの隣には、一歩一歩、道をしっかりと踏みしめて進むことができるように、行く手を光で照らしてくれる「存在」がいるからです。8 目隠しは確かにあなたの視覚を遮ることはできます。しかし、道そのものを暗くすることはできません。9 そして、あなたと一緒に旅する「キリスト」が光をもっています。

III. 自分を責める者

1. 自分を責める者だけが有罪判決を下します。2 異なった結果を生み出す選択をする前に、過剰なまでに学ばなければならないことが一つあります。3 それは、することのすべてに関して習慣的な反応になり、すべての誘惑や、発生するすべての状況に対する最初の反応にならなければなりません。4 これを学んでください。しっかりと学んでください。というのは、こうすることによって、幸せの遅延が短縮されるからです。どの程度短縮されるかについては、あなたには分からないかもしれません。5 あなたが兄弟を憎むのは彼の罪のためでは絶対になく、あなた自身の罪だけがその原因です。6 彼の罪がどのような形をとるように見えても、それはあなたの罪であるとあなたは信じていて、したがって、〝正当な〟攻撃に値すると信じている事実を見えにくくするだけです。

2. 兄弟の罪はあなたの内部でゆるすことはできないとあなたが信じていなかったならば、彼の罪はどうして罪であるべきでしょうか。2 罪があなたの実在であるとあなたが信じていなかったならば、それがなぜ彼においては実在するのでしょうか。3 そして、あなたが自分を憎んでいないならば、なぜ罪を至るところで攻撃するのでしょうか。4 あなたは罪そのものなのでしょうか。5 あなたは攻撃する度ごとに、この質問に対して〝イエス〟と答えます。というのは、攻撃することによって、あなたは自分が有罪であると主張し、自分が値するものに応じて与えなければならないからです。6 そして、本来のあなたであること以外の何にあなたは値し得るでしょうか。7 あなた自身が攻撃に値すると信じていなければ、あなたは誰に対しても攻撃を加えることを思いつくことはないでしょう。8 なぜ攻撃すべきなのでしょうか。9 それによって何を得ることができるのでしょうか。10 あなたが欲する結果とはいったい何でしょうか。11 そして、いったいどうして殺人があなたに恩恵をもたらすことができるのでしょうか。

3. 罪は肉体の中にあります。2 罪はマインドの中においては知覚されません。[3] 罪は目的とは見なされず、行動と見なされます。[4] 肉体は行動しますが、マインドは行動しません。[5] したがって、肉体がすることに関して咎められるべきなのは肉体です。[6] 肉体は、あなたの命令に従い、それ自体ではまったく何もしない受動的なものとは見なされていません。[7] もしもあなたが罪であるならば、あなたは肉体です。というのは、マインドは行動しないからです。[8] そして、目的は肉体の中になければならず、マインドの中にはないことになります。[9] 肉体はそれ自身において行動し、自らを動機づけなければなりません。[10] もしもあなたが罪であるとするならば、あなたはマインドを肉体の中に閉じ込めて鍵をかけ、マインドの目的をその牢獄に与えます。そして、牢獄がマインドに代わって行動します。[11] 看守は命令に従う存在ではなく、命令を囚人に強制する存在です。

4. しかしながら、囚人であるのは**肉体**であって、マインドではありません。[2] 肉体はいかなる思いも抱くことはありません。[3] 肉体には学ぶ力も、ゆるす力も、隷属させる力もありません。[4] 肉体はマインドが従う必要のある命令を与えることもなければ、マインドが服従しなければならない条件を設定することもありません。[5] 肉体は、肉体の中に喜んで住もうとするマインドを牢獄に閉じ込めておくだけです。[6] 肉体は、肉体の囚人となるマインドの命令によって病気になります。[7] そして、年をとって死にます。なぜなら、そのマインドはそれ自身において病んでいるからです。[8] 学びが変化を引き起こすすべてです。[9] したがって、マインドが与える目的に適うように肉体が外見を変えることをマインドが望まなければ、その中においていかなる学びも起こり得ない肉体は絶対に変わることはできません。[10] というのは、マインドは学ぶことができるからであり、すべての変化はマインドにおいてなされるからです。

5. 自分が罪であると考えるマインドには一つの目的しかありません。自らが選び守っている牢獄の中に自らを閉じ込め、憎しみや悪・病気や攻撃・苦痛や老化・悲しみや苦しみの犬どものうなり声によって、眠れる囚人である自分自身を追いつめておくために、肉体を罪の源にすることです。[2] ここに犠牲の思いが保存されています。というのは、ここでは罪悪感が支配し、この世界がそれ自身と同じであるようにと命令するからです。すなわち、いかなるものも慈悲を見出すことはできず、殺人と死においてしか怖れの猛威から生き残ることはできないようにします。[3] というのは、ここではあなたは罪にされているからであり、罪は喜びに満ちた自由な存在に対しては我慢ができないからです。というのは、彼らは罪が殺さなければならない敵だからです。[4]死の中に罪が保存されています。したがって、自らが罪であると考える者たちは、自分はこうであると考えるその自分のために死ななければなりません。

6. あなたは信じていることを見ることができるということ、そして、信じていることを変える力があなたに与えられていることを共に喜びましょう。[2]肉体は後についていきます。[3]肉体は、あなたが行きたくない場所にあなたを導くことは決してありません。[4]肉体はあなたの眠りを守ることもしなければ、あなたの目覚めを邪魔することもしません。[5]あなたの肉体を幽囚から解放してください。そうすれば、あなたが逃げ出してきた牢獄の囚人として人を見ることはなくなるでしょう。[6]あなたは自分が選んだ敵を罪悪感の中に置くこともなく、友人であると考えている人たちを変わりゆく愛の幻想の鎖に縛りつけておくこともなくなるでしょう。

7. 罪のない者たちは自らの解放に感謝して解放します。[2]そして、彼らに見えるものが幽囚と死からの解放を支えてくれます。[3]変化に対してあなたのマインドを開いてください。そうすれば、あなたの兄弟やあなた自身に古の罰を科すことはなくなるでしょう。[4]というのは、いかなる犠牲も求めることはできず、いかなる犠牲も払うことはできないと「神」が言われたからです。

IV. 実在的な選択肢

1. この世界は問題を維持することを目的としていますが、この世界がそれらの問題に対して慰めを与えることができ、それらの問題から脱出させてくれると考える傾向があります。[2]なぜこのようなことになるのでしょうか。[3]それは、この世界は幻想の中での選択が唯一の選択のように見える場所だからです。[4]そして、あなたは自分が選択することによって生じる結果をコントロールしています。[5]生まれてから死ぬまでの短い時間帯の中であなたは次のように考えます。その時間帯はあなたが自分だけのために使うようにと与えられた僅かな時間です。そして、それはすべての人があなたと争う時間であり、しかし同時に、あなたを争いから抜け出させてくれて、あなたには関わりのない困難から遠ざけてくれる道を選ぶことができる時間でもあります。[6]しかしながら、これらの困難はあなたの関心事です。[7]とすれば、それらを後に置き去りにすることによってそれらから逃げ出すことがどうして可能でしょうか。[8]一緒に連れていかなければならないものは、どのような道を歩く選択をしたとしても一緒に連れていかなければなりません。

2. 実在的な選択は幻想ではありません。[2]しかし、この世界はいかなる実在的な選択も差し出しません。[3]この世界の道はすべて、失望と無と死につながっているだけです。[4]この世界の選択肢にはこれ以外ありません。[5]この世界の問題からの脱出を求めないでください。[6]この世界は問題から脱出することができないように作られています。[7]この世界の道に与えられている様々な名前によって騙されないでください。[8]それらの道には一つの到達点しかありません。[9]そして、それぞれの道はその到達点に達するための手段でしかありません。というのは、道がどのように始まっているように見えても、どれほどに違った進み方をしているように見えても、すべての道が行き着く場所はそこだからです。[10]これらの道の到達点は確定しています。というのは、選択の余地はまったくないからです。[11]すべての道は死につながっています。[12]道によってはしばらくの間、楽しく旅ができるかもしれません。しかし、やがて荒涼たる状況がやって来ます。[13]直ちに茨が感じられる道もあります。[14]どのような終わりが訪れるかについての選択はなく、終わりがいつ来るかについての選択があるだけです。

3. すべての到達点が確実である所には選択はありません。[2]すべての道が一つであることを本当に学ぶまでは、あなたはすべての道を試してみたいかもしれません。[3]この世界が差し出すことができる道は膨大な数にのぼるように見えるかもしれません。しかし、それらの道がお互いに非常に似ていることに誰もが気づき始める時が必ずやって来ます。[4]これに気づいたときに死んだ人々もいます。なぜなら、この世界が差し出してくれる道以外の道が見えなかったからです。[5]そして、それらの道がどこにも導いてくれないことを学んだとき、彼らは希望を失いました。[6]しかしながら、その時こそ彼らが最大のレッスンを学び得るときであったのです。[7]すべての人がこの場所に到達しなければなりません。そして、それを超えていかなければなりません。[8]この世界にはまったく選択がないのは事実です。[9]しかし、これ自体はレッスンではありません。[10]レッスンには目的があります。そして、このことにおいて、この世界が何のためにあるかをあなたは理解するようになります。

4. あなたはそのレッスンがどのように始まるのかを学びましたが、それが何のためにあるのかがまだ知覚できていないのに、なぜ別な道や人や場所を試そうとするのでしょうか。[2]そのレッスンの目的は、まだ別な答えがあると信じている者たちのすべてが取り組まなければならない探究に対する答えです。[3]今、絶望の思いを抱くことなく、この世界で答えを得られる望みはないことを学んでください。[4]しかし、これと共に始まったばかりのレッスンを価値判断しないでください。[5]なおも別な道を指し示すように見えるこの世界の道標を探し求めないでください。[6]希望が存在しない所で希望を探し求めることはもうやめなければなりません。[7]今、あなたの学びを敏速に行い、学んだことを超えてまだ学んでいないことへと進んでいかなければ、時間を無駄にするだけであることを理解してください。[8]というのは、学びは、この最も低い地点から幸せな高みへとつながり、そこでは、そのレッスンの目的が明確に輝き、あなたに完全に理解できるものとしてあるのが見えるからです。

5. この世界の道が本当に不毛であることを理解しなければ、誰もこの世界の道のすべてに自分から背を向けたりはしないでしょう。[2]代わりに別な道を求めるためには、このことから始めることが必要ではないでしょうか。[3]というのは、選択のない所に選択肢を見ている間は、いかなる決断力ももてないからです。[4]力の大いなる解放は、学びに本当の利用価値がある場所での学びから始まらなければなりません。[5]そして、選択のない状況に応用された場合に、いったいどのような決断が力をもつでしょうか。

6. それがどのような形をとったとしても、この世界は一つの選択肢しか差し出すことができないと学ぶことが、代わりに実在的な選択肢があることを受け容れる始まりです。[2]この一歩に逆らって戦うことは、地上におけるあなたの目的を頓挫させることです。[3]あなたは、この世界がもっていない道を発見する方法を学ぶためにやって来たのではありません。[4]この世界における異なった道の探求は、異なった形の真実を求める探求にすぎません。[5]これは真実への到達を妨げ続けるでしょう。

7. 幸せから遠ざかっていく道を行っても、幸せを見つけることが可能であるなどと考えないでください。[2]これは意味をなさず、正しい道であるはずがありません。[3]このコースは学ぶには難しすぎるという体験をしているように見えるあなたに対して私は繰り返しますが、目標を達成するためには、その目標から遠ざかるのではなく、それに近づいていく道を進んでいかなければなりません。[4]そして、その目標とは反対の方向に行く道はどれも、発見すべき目的に近づけてはくれません。[5]これを理解することが難しければ、このコースを学ぶことは不可能です。[6]しかし、それは、これが理解できなければというだけの話です。[7]というのは、その点を除けば、これはきわめて単純で分かりきった教えだからです。

8. 実在的な選択肢が見えたとき、あなたが選択する力をもっている一つの選択があります。[2]その場所に到達するまでは、あなたには何の選択肢もありません。あなた自身を再び騙すために、より都合の良いものをどうやって選択するかを決断することができるだけです。[3]このコースが教えようとするのは、決断の力は、同じ幻想であり同じ間違いであるものの中から異なった形を選択することにはない、ということ以上の何ものでもありません。[4]この世界における選択はすべて次のことに依拠しています。すなわち、あなたはあなたの兄弟とあなた自身の間で選択し、兄弟が失う分だけあなたが手に入れることになり、あなたが失う分は兄弟に与えられる、というものです。[5]これは、真実とはまったく正反対です。すべてのレッスンの目的は、あなたの兄弟が失うものはすべて**あなた**が失うものであり、彼が得るものは**あなた**に与えられるものであることを教えることにあります。

9. 「神」が「神の思い」を離れられたことはありません！[2]しかし、あなたは「神の存在」を忘れ、「神の愛」を忘れてしまいました。[3]この世界の道はどの道も「神」に至ることはできず、いかなる世俗的な目標も「神」の目標と一つであることはできません。[4]旅が無駄な彷徨になることのないように旅がもたなければならない目的から旅を分離するために、この世界のすべての道は作られています。そういう状況で、この世界のどういう道が内面へと導いてくれるでしょうか。[5]本来のあなたから離れていく道はすべて、あなたを混乱と絶望へと導きます。[6]しかし、「神」は「神の思い」を見捨てて死ぬに任せられたことはなく、思いの「根源」が永遠に思い自身の中にない状態に放置されたことは一度もありません。

10. 「神」が「神の思い」を離れられたことはありません！[2]「神の思い」が「神」を閉め出しておくことができないのと同じように、「神」は「神の思い」から離れることはできません。[3]「神」との結合の中に「神の思い」は住み、「彼らの一体性」の中において「神」も「神の思い」も完璧なものとして保たれます。[4]「神」から離れていく道は存在しません。5 あなた自身から発する道は存在しません。6 そのような目的をもった道が存在し得るなどと考えるとは、なんと愚かでまたなんとおかしなことでしょうか。7 そのような道がどこに行けるというのでしょうか。8 そして、あなた自身の実在があなたと一つではない状態で、そのような道をどのようにして歩くことができるというのでしょうか。

11. あなた自身の狂気をゆるし、無意味な旅や、到着点のない目的のすべてを忘れてください。2 そうしたものには何の意味もありません。3 あなたは本来のあなたから逃げ出すことはできません。4 というのは、「神」は慈悲深く、「神の子」が「神」を見捨てることを許されなかったからです。5「神」が「神」であることに感謝しなければなりません。というのは、その事実に狂気と死からのあなたの脱出がかかっているからです。6「神」が存在される場所にしかあなたを見出すことはできません。7「神」に至らない道は存在しません。

V. 自己の概念と自己

1. この世界の学びはこの世界の実在に適合された自己の概念の上に築かれます。2 それはこの世界の実在にぴったりと合っています。3 というのは、これは影と幻想の世界に合っているイメージだからです。4 ここでは自己は家にいるようにのびのびと歩き、そこで自己が目にするものは自己と一つになっています。5 自己の概念の建設こそ、この世界の学びの目的です。6 以下がその目的です。すなわち、あなたは自己がない状態でこの世界にやって来て、この世界で生活しながら自己を作ります。7 そして、〝成熟期〟に達する頃までには、それを完成させ、一人前になって世界と直面し、世界の要求に応えることができます。

2. 自己の概念はあなたによって作られます。2 それはあなた自身とはまったく似ていません。3 それは、「神の子」としてのあなたの実在に取って代わらせるために作られた偶像です。4 この世界が教えようとする自己の概念は、その外見とは異なったものです。5 というのは、それは二つの目的を果たすように作られているからですが、マインドはその一つを認識できます。6 最初の自己は罪のない顔を提示しますが、それは演じられる側面です。7 微笑んで、魅力をふりまき、愛するかのようにさえ見えるのはこの顔です。8 それは連れを探し求め、多くの場合、哀れみをもって苦しむ者たちを見やり、時には慰めを差し出すこともあります。[9]それは、邪悪な世界の中にあって自分は善であると信じています。

3. この側面はだんだんと怒りを覚えるようになることもあります。というのは、この世界は邪悪であり、罪のなさが値する愛と避難所を提供することができないからです。[2]したがって、この顔は、寛大で善良であろうとする者たちにこの世界が与える様々な非公正に対する涙でしばしば濡れています。[3]この側面は最初に攻撃することは絶対にありません。[4]しかし、毎日、何百という細々とした事柄が、その側面に小さな攻撃を加え、挑発していらいらさせ、最後には公然とした侮辱、虐待へと駆り立てます。

4. 自己の概念がかくも誇り高く装う罪のない顔は、自己を防衛しながら攻撃を許容することができます。というのは、この世界が無防備な罪のなさに対して厳しく対処するというのは良く知られた事実ではないでしょうか。[2]自画像を描く者は誰もこの顔を省略しません。というのは、誰もがそれを必要としているからです。[3]もう一方の側を彼は見たくありません。[4]しかしながら、この世界の学びが目標に定めたのはここです。というのは、偶像が持続するようにとこの世界の〝実在〟が固定されているのはここだからです。

5. 罪のない顔の下に一つのレッスンがあり、それを教えるために自己の概念が作られました。[2]それは恐ろしい場違いな感覚と怖れのレッスンですが、その怖れはあまりにも破壊的なものであるために、怖れにもめげず微笑む顔が、その微笑む顔が隠している裏切りを知覚しないように、永遠に顔をそむけなければならないほどのものです。[3]そのレッスンは次のように教えます。〝私をこのように作ったのはあなたです。そして、あなたが私を見るとき、私が何であるかというその性質の故にあなたは有罪判決を受けます〟。[4]自己についてのこの概念に対して、この世界は同意の微笑みを投げかけます。というのは、それによって、この世界の道は安全に維持されることが保証され、その道を歩く者が脱出することはないからです。

6. あなたの兄弟が永遠に有罪であることを保証する中心的なレッスンがここにあります。[2]というのは、あなたがあなたであることが今やあなたの兄弟の罪となったからです。[3]これに関してはいかなるゆるしも不可能です。[4]彼が何をするかはもはや問題ではありません。というのは、あなたの非難の指は彼に向けられ、揺らぐことなく照準がぴたりと定まっているからです。[5]その指はあなたにも向けられていますが、これは罪のない顔の下にかかる深い霧の中に隠されています。[6]そして、この覆われた地下室の中に彼の罪やあなたの罪のすべてが保存され維持されており、そこでは彼やあなたの罪が過ちとして知覚されることは不可能ですが、光があれば、それらのものが過ちであることを見せてくれることは確実です。[7]あなたがあなたであることについて責められることもなければ、それがあなたにさせることをあなたが変えることもできません。[8]したがって、兄弟はあなたにとってはあなたの罪の象徴です。あなたは、静かに、しかし、たゆみない切迫感をもって、あなたが憎まれ者であることに関して兄弟をなおも責め続けます。

7. 概念は学ばれるものです。[2]自然なものではありません。[3]学びを離れて概念は存在しません。[4]概念は与えられるものではありません。したがって、作られなければならないものです。[5]概念のどれ一つとして真実であるものはなく、その多くは熱を帯びた想像力から生まれるものであり、怖れから生まれた憎しみと歪みを伴っています。[6]概念とは、その概念を作った者が彼自身の意味を与える思い以外の何ものでもありません。[7]概念はこの世界を維持します。[8]しかし、概念はこの世界が実在することを実証するために利用することはできないものです。[9]というのは、概念のすべてはこの世界で作られるものだからです。すなわち、概念はこの世界の影の中で生まれ、この世界の在り方の中で成長し、最後に、この世界の思いの中で〝成熟します〟。[10]概念は、この世界の絵筆で彩られた偶像の考えです。そして、この世界の絵筆は真実を表す絵は一枚たりとも描くことはできません。

8. 自己についての概念は無意味です。というのは、この世界の誰もそれが何のためにあるのか分からず、したがって、それを絵にすることはできないからです。[2]しかしながら、この世界が方向づける学びのすべては、自分自身についてのこの概念を自分に教えるという一つの目的と共に始まり、その目的と共に終わります。それは、あなたがこの世界の法則に従う選択をし、この世界の道を超えていくことを求めず、自分自身を見る見方を理解することがないようにするためです。[3]いかなる意味であれ、マインドの安らぎをあなたに与えるためには、「聖霊」は今、自己についてのこの概念は解除しなければならないことをあなたが理解する上で役立つ方法を見つけなければなりません。[4]また、あなたがそのような存在以外の何かであることを教えることを目的としたレッスンによらなければ、それを解除することは不可能です。[5]というのは、そうしなければ、あなたはあなたが今信じていることを自己の完全な喪失と交換することを求められ、より大きな恐怖があなたの中に生じることになるからです。

9. そのようなわけで、「聖霊」のレッスンの計画は、いくつもの簡単なステップで構成されています。その目的は、時として容易ではないことや苦しみがあるとしても、学ばれたことが粉々にうち砕かれることなく、ただ、証拠であるように見えるものをそれらの証拠に代わって再翻訳することです。[2]それでは、あなたは兄弟が作ったものであるというどのような証拠があるのかを考えてみましょう。[3]というのは、あなたはまだ自分がそう考えているとは知覚していませんが、まるでそうであるかのように行動していることは既に学んでいるに違いないからです。[4]彼はあなたに代わって反応するでしょうか。[5]そして、彼は何が起こるかを正確に知っているでしょうか。[6]彼にはあなたの未来を見て取ることができて、事が起こる以前に、あらゆる状況であなたが何をなすべきかを決めることができるでしょうか。[7]何が起こるかについてそのような先見の明があるとすれば、彼はあなたと同じようにこの世界を作ったに違いありません。

10. あなたはあなたの兄弟によって作られたものであるというのは、きわめてありそうにもない話です。[2]仮にそうであったとしても、誰があなたに罪のない顔を与えたのでしょうか。[3]これはあなたの功績でしょうか。[4]それでは、それを作った〝あなた〟とは誰でしょうか。[5]そして、あなたの善良さに騙されて、それでいて、それを攻撃する人は誰でしょうか。[6]この概念の馬鹿馬鹿しさは忘れて、ただ次のことについて考えてみることにしましょう。あなたが自分であると考えているものには二つの部分があるということです。[7]一つの部分はあなたの兄弟によって生成されたとするならば、他の部分は誰によって作られたのでしょうか。[8]そして、どのようなものを誰から隠さなければならないのでしょうか。[9]この世界は邪悪なものであるとしても、あなたが何によってできているかを隠す必要はまったくありません。[10]誰がそれを見るというのでしょうか。[11]そして、攻撃されないものが防御を必要とすることなどあり得るでしょうか。

11. この概念を暗闇の中に保っておかなければならない理由は、光の中にあっては、それが真実でないと考えるのはあなたであるからかもしれません。[2]あなたが見ている世界の土台のすべてが取り除かれてしまったならば、その世界はどうなるでしょうか。[3]この世界についてのあなたの概念は自己についてのこの概念に依存しています。[4]それらの概念の一つでも疑問視されれば、両方共に消えてなくなるでしょう。[5]「聖霊」はあなたを恐慌状態に陥れることを目指してはいません。[6]したがって、「聖霊」はちょっとした疑問を発することができるかどうかを聞くだけです。

12. あなたがどのような存在であるかについてはいくつかの選択肢があります。[2]一例をあげれば、あなたは、兄弟はこうであるとあなたが選択したものであるかもしれません。[3]これは、自己についての概念を完全に受動的なものから移動させ、少なくとも積極的な選択への道を開き、相互交流が始まったに違いないということに対する何らかの承認への道を開きます。[4]あなたはあなた方二人のために選択したということ、そして彼が表すものはあなたが与えた意味をもっているということに関して、ある程度の理解があります。[5]それはまた、あなたに見えるものは知覚者のマインドの状態を反映するという知覚の法則を垣間見させてくれます。[6]しかしながら、最初に選択をしたのは誰でしょうか。[7]もしも、あなたとは、あなたが兄弟はこうであると選択したその存在であるとしたら、いくつかの選択肢があって、誰かが最初に選択すべきものと手放すべきものについて決断を下したに違いありません。

13. このステップによって得るものはありますが、まだ基本的な問題に接近してはいません。[2]これらの自己についての概念以前に何かが姿を消してしまったに違いありません。[3]そして、何かが学びを行ったに違いなく、その学びによって自己についてのそれらの概念が生まれたに違いありません。[4]また、これはどちらの見方によっても説明不可能です。[5]最初の見方から二番目の見方に移行することの主たる利点は、あなたは自分の決断によってともかくもその選択をしたということです。[6]しかし、この得点に対してほとんど同じ程度の失点を払うことになります。というのは、今やあなたは兄弟が何であるかに関して責めを負うからです。[7]そして、彼の罪悪感を共有しなければなりません。なぜなら、あなた自身のイメージにおいて、彼のためにそれを選択したからです。[8]以前には裏切りをしたのは彼だけだったのが、今や、あなたもまた彼と一緒に有罪判決を受けなければなりません。

14. 自己の概念はこの世界が常に非常に気にしてきたことです。[2]そして、誰もが自分自身についての謎に対する答えを見つけなければならないと信じています。[3]救いは概念からの脱出以上のものとは見なされません。[4]救いはマインドの内容とは関わりをもたず、マインドは考える、という単なる宣言と関わりをもちます。[5]そして、考えることができるものには選択肢があり、異なった思いは異なった結果をもつということを見せてもらうことができます。[6]そして、マインドが考えることのすべては、マインドがどのように作られたか、また、マインドが何であるかについてマインドが感じている深遠な混乱を反映しているということをマインドは学ぶことができます。[7]そして、おぼろげにではありますが、マインドが知らないことに自己の概念が答えてくれるように見えます。

15. あなたの「自己」を象徴の中に求めないでください。[2]本来のあなたを表すことができる概念はありません。[3]悪と交流し、邪悪なものに対して反応する自己を知覚している限り、どのような概念を受け容れるかは問題ではありません。[4]自分自身についてのあなたの概念はまったく無意味なものにとどまるでしょう。[5]そして、あなたは自分自身としか交流することはできないということが知覚できないでしょう。[6]有罪の世界が見えるということは、あなたの学びがこの世界によって導かれてきたことのしるしであり、あなたは自分自身を見ているのと同じようにこの世界を見ていることのしるしに他なりません。[7]自己の概念はあなたが見るもののすべてを包括し、いかなるものといえどもこの知覚の外側にはありません。[8]もしもあなたが何かによって傷つけられることがあるとすれば、あなたは自分自身の密かな欲求の絵を見ています。[9]それだけのことです。[10]そして、どのような種類の苦しみであれ苦しみを体験するとき、殺したいという隠された自分自身の願望を見ているのです。

16. 学びが進行するにつれて、あなたは自己について数多くの概念を作るでしょう。[2]自分自身についてのあなたの知覚が変わるにつれて、自己についての一つ一つの概念はあなた自身の関係における変化を示すでしょう。[3]変化が起きる度ごとに何らかの混乱があるでしょう。しかし、この世界の学びがあなたのマインドに対する締めつけを緩めていることを喜んでください。[4]そして、その締めつけは最後にはなくなって、あなたのマインドは平和なものになることを自信をもって確信し、そのことを喜んでください。[5]非難者の役割は多くの場所に、多くの形をとって現れるでしょう。[6]そして、それぞれがあなたを責めているかのように見えることでしょう。[7]しかしながら、それが解除されることはないなどと恐れないでください。

17. この世界は、あなたが学びたいのでなければ、あなたについてのイメージを教えることはできません。[2]イメージがすべて通り過ぎていき、自分が何であるかを知らないということが分かる時が来ます。[3]真実が何ものにも妨げられることなく何ものにも束縛されることなく戻ってくるのは、この開封されたマインドにであり、開かれたマインドに戻ってくるのです。[4]自己の概念が脇に置かれた場所に、真実がまさにありのままに顕れます。[5]すべての概念が疑問と質問に付され、光に耐えることができる仮定に基づいていないものとして認識されるとき、真実は、清潔にして罪が取り除かれた聖域に自由に入っていくことができます。[6]次に掲げる宣言ほど、この世界が聞くことを恐れているものはありません。

[7]**私は私が何であるかを知りません。したがって、私は私が何をしているのか、どこにいるのか、あるいは、この世界をどのように見たいのか、そして自分自身をどのように見たら良いのかを知りません。**

[8]しかしながら、この学びの中に救いが生まれます。[9]そして、「本来のあなたであるもの」があなたに「それ自身」について教えてくれるでしょう。

VI. スピリットを認識する

1. あなたには肉体が見えるか、スピリットが認識できるかのいずれかです。[2]この両者の間に妥協はありません。[3]一方が実在するとすれば、もう一方は偽りです。というのは、実在するものはそれと正反対のものを否定するからです。[4]ヴィジョンにはこれ以外の選択はありません。[5]ここにおいてあなたが決断することが、あなたに見えるもののすべてを決定し、実在するとあなたが考え、真実であると信じるもののすべてを決定します。[6]あなたの世界のすべてはこの一つの選択にかかっています。というのは、ここにおいて、あなたは自分が何であるか、肉体であるかそれともスピリットであるかを、自分自身の信念において確立するからです。[7]もしも肉体を選択すれば、自分自身の実在としての肉体から決して逃れることはできないでしょう。というのは、あなたは自分が欲するものはそれであると選択したからです。[8]しかし、スピリットを選択すれば、「天国」のすべてが身をかがめてあなたの目に触れ、あなたの神聖な視覚を祝福するでしょう。その結果、あなたは肉体を癒し、慰め、祝福を与えるときを除いては、肉体の世界を見ることはなくなるでしょう。

2. 救いとは解除することです。[2]肉体を見る選択をすれば、あなたは分離の世界、相互に関係のない事柄、まったく意味をなさない出来事を見ることになります。[3]この肉体は姿を現しては、死ぬときに姿を消します。したがって、人は苦しみと喪失の運命にあります。[4]そして、誰も一瞬前の自分と同じではなく、一瞬後には現在の自分と同じではなくなります。[5]これほどの変化が見られる場所にあっては、信頼することができる人はいません。というのは、ただの塵でしかない人に価値があるはずはないからです。[6]救いは、こうしたことのすべてを解除することです。[7]というのは、救いによって罪悪感を保持することの代価を見ることから目を解放された人々の視覚には、恒常性が生じるからです。なぜなら、彼らは罪悪感を手放す選択をしたからです。

3. 救いは、スピリットを見て肉体を知覚しないようにと、あなたに向かって求めることはありません。[2]ただ、これがあなたの選択であるべきだと求めるだけです。[3]というのは、あなたは何の助けもなしに肉体を見ることはできますが、肉体から離れて世界を見る方法は理解していないからです。[4]救いが解除するのはあなたの世界であり、救いはあなたの目が決して発見することのできない別な世界をあなたに見せてくれます。[5]いったいどのようにしてこれが可能なのかについて心配することはありません。[6]あなたに見えるものがどのようにしてあなたの視覚に入ってくるのかあなたは理解していません。[7]というのは、それが分かれば、それは姿を消してしまうからです。[8]無知のヴェールが邪悪なものと善なるものの上にかけられており、両者が共に姿を消して、知覚が隠れる場所を見つけることがないようにするためには、そのヴェールを通り過ぎていかなければなりません。[9]これはどのようになされるのでしょうか。[10]それはまったくなされないのです。[11]「神」が創造された宇宙の中にあって、まだなされなければならないものなどあり得るでしょうか。

4. 「天国」に至る道をはっきりとしたものにしなければならないなどと想像するのは、傲慢以外の何ものでもありません。[2]あなたが作った世界に取って代わる世界を見るための手段はあなたに与えられています。[3]あなたの意志はなされるでしょう！[4]地上におけるが如く「天国」においてもこれは永遠に真実です。[5]今どこにいるとあなたが信じているか、また、あなた自身についての真実とは本当のところ何であるとあなたが考えているかは重要ではありません。[6]あなたが何を見るか、何を感じ、何を考え、何を願う選択をするかはいかなる違いも生み出しません。[7]というのは、「神ご自身」がこう言われたからです。〝あなたの意志はなされるであろう〟。[8]あなたの意志はそれに従ってなされます。

5.「神の子」をこうであって欲しいと思って見る選択ができると信じているあなたよ、あなた自身についてのいかなる概念も、あなたが何であるかという真実には対抗できないことを忘れないでください。[2]真実を解除することは不可能です。[3]しかし、概念を変えるのは難しいことではありません。[4]以前に知覚されていた絵に合わない一つのヴィジョンがはっきりと見えるならば、そのヴィジョンは見ることを学ぶ目のために世界を変えることになるでしょう。なぜなら、自己の概念が変わったからです。

6.あなたは不死身でしょうか。[2]であるとすれば、この世界はあなたの目から見れば無害です。[3]あなたはゆるすでしょうか。[4]ゆるすならば、この世界もゆるすでしょう。というのは、あなたはこの世界の罪過をゆるしたが故に、この世界はあなたの目と同じ目であなたを見るからです。[5]あなたは肉体でしょうか。[6]そうであるとするならば、この世界はすべて欺瞞に満ちたものとして知覚され、あなたを殺そうとしているものとして知覚されるでしょう。[7]あなたはスピリットであって不死であり、腐敗の心配はなく、罪の汚れもついていない存在でしょうか。[8]そうであるとすれば、この世界は安定していて、あなたの信頼に十分に値し、しばらくの間休息するのに幸せな場所であり、何も恐れる必要はなく、ただ愛すればよい場所であると見なされるでしょう。[9]心優しい者にとって、歓迎の対象にならない人はいません。[10]そして、真に罪のないものを傷つけることができるものはありません。

7.神聖な「神の子」であるあなたよ、あなたの意志はなされるでしょう。[2]あなたが地上にいると考えているか、「天国」にいると考えているかは重要ではありません。[3]あなたの「父」があなたについて意図されることは決して変わることはありません。[4]あなたの内なる真実は星のように明るく、光のように純粋で、愛そのもののように罪のないものであり続けるでしょう。[5]そして、あなたは価値ある存在であるが故に、あなたの意志はなされるでしょう！

VII. 救い主のヴィジョン

1. 学ぶことは変化です。2 救いは、あなたの考え方にとっては異質でありすぎて役に立たない手段を用いようとはせず、あなたに認識できないような種類の変化を起こそうともしません。3 知覚が継続している間は概念が必要であり、概念を変えることが救いの仕事です。4 というのは、救いは、対立概念がなくしたがって変化することができない真実ではなく、対照を扱わなければならないからです。5 この世界の概念においては、有罪である者は〝悪く〟、〝善い〟者には罪がありません。6 この世界にあっては、誰もが自分自身について一つの概念を抱いていて、この概念において自分の〝悪行〟をゆるすために自分の〝善行〟を数えます。7 また、〝悪〟が背後に潜んでいると信じているために、いかなる人の〝善〟も信じません。8 この概念は裏切りを強調するために、信頼は不可能になります。9 また、それは、あなたの中に〝悪〟を知覚している間は変わることはできません。

2. 攻撃に価値を見ている限りは、あなたには自分の〝邪悪な〟思いを認識することはできません。2 時にはそれらの思いを知覚することはありますが、無意味であるとは見なしません。3 したがって、それらの思いの中身はまだ隠されたままですが、恐ろしい形をとってやって来ては、あなた自身についての哀れな概念を揺るがし、もう一つの〝罪〟によってその概念を更に暗いものにします。4 あなたには自分自身に罪のなさを与えることはできません。というのは、自分自身についてあまりにも混乱しているからです。5 しかし、一人の兄弟があなたの目に完全にゆるしに値するものとして見えれば、自分自身についてのあなたの概念は完全に変わります。6 あなたの〝邪悪な〟思いは彼の思いと共にゆるされたのです。なぜなら、それらの思いがあなたに影響を与えることを許さなかったからです。7 もはや、あなたは彼の内なる悪と罪のしるしに自分がなるべきであるとの選択はしません。8 そして、彼の中にある善なるものに対して信頼を与えるとき、自分の中にある善なるものに信頼を与えます。

3. 概念という観点からすると、あなたはこのようにして兄弟を単なる肉体以上のものと見なします。というのは、肉体が善なるものであるように見えることは決してないからです。2 肉体の行動は、あなたの、したがって彼の、より〝劣悪な〟部分から起こされると知覚されています。[3]彼の内なる善に焦点を合わせると、肉体はあなたの目につく度合いが減少していき、最後には、善なるものの周囲を取り囲んでいる影以上のものではないと見なされるようになるでしょう。[4]そして、あなたの目だけがあなたに差し出すことができる視界を超えた世界に到達したとき、あなた自身についてのあなたの概念はこのようなものになるでしょう。[5]というのは、「神」から与えられた「助け」を借りることなしには、あなたに見えるものを解釈しないようになるからです。[6]そして、「神」の目には別な世界が存在します。

4. あなたはこの世界と同じ程度にその世界にも住んでいます。[2]というのは、二つの世界ともあなた自身についての概念だからであり、その概念は相互に交換できますが一緒に保持することは絶対にできないものです。[3]その対照はあなたが考えるよりも遥かに大きなものです。というのは、それはあなただけのために作られたものではないが故に、あなた自身についてのその世界の概念をあなたは非常に気に入るからです。[4]あなた自身であるとは知覚されない誰かのための贈り物として生まれたものがあなたに与えられました。[5]というのは、彼に差し出されるあなたのゆるしは、今やあなた方二人のために受け容れられたからです。

5. あなた自身についての恐ろしい概念が変わることができるように、あなたと一緒に歩いている彼を信頼してください。[2]あなたの〝邪悪な〟思いによって怯えさせられることのないように、彼の内なる善を見てください。なぜなら、そうすれば邪悪な思いは彼についてのあなたの見方を曇らせることはないからです。[3]そして、この変化が起きるために必要なことは、この喜ばしい変化が起きることを許す気持になることだけです。[4]これ以上のことは求められていません。[5]そのために、あなたが今抱いている自分自身についての概念がその航跡にもたらしてくれたものを思い出し、あなたに差し出された嬉しい対照を歓迎してください。[6]親切なゆるしの贈り物を受け取ることができるように手を差し出してください。その贈り物をあなたと同じように必要としている人に差し出してください。[7]そして、あなた自身についての残酷な概念が、「神」の安らぎをもたらす概念に変わることを許してください。

6. あなたが今抱いているあなた自身についての概念は、あなたのこの地上での機能が永遠に達成されず、成し遂げられることのないままに終わることを保証するでしょう。[2]かくして、それは、深い憂鬱と不毛感の苦い思いを抱く運命へとあなたを導くことになります。3 しかしながら、あなた自身についての概念を直す必要はありません。ただし、あなたが変化の希望がなくなるまでそれを固持し、それを静止状態に保ち、マインドの中に隠し続けることを選択しなければという条件は付きますが。4 そうする代わりに、あなた自身についての概念を「聖霊」に与えてください。「聖霊」は、安らぎをもたらすためにあなたに与えられた機能にそれが役立つようにする上で必要な変化を理解しています。あなたは安らぎを自分のものとするために安らぎを差し出します。5 選択肢はあなたのマインドの中にあって活用することができ、あなたは自分自身を別なふうに見ることができます。6 あなたは救いの敵ではなく、世界の救いのために必要とされている存在として自分を見たいのではないでしょうか。

7. 自己についての概念は盾のように立ち、何も言わないバリケードとして真実を遮り、真実をあなたの視界から隠しています。2 あなたに見えるものはすべてイメージです。なぜなら、あなたは、視界を暗くしあなたのヴィジョンを歪曲する障壁を通してそれらのものを見るために、何もはっきりと見ることはできないからです。3 あなたに見えるもののすべては光を遮られています。4 最善の場合でも、その向こうに横たわっているものの影を垣間見ることができるだけです。5 最悪の場合には、ただ暗闇を見て、怖れから生まれた罪悪感に満ちた思いや概念から生じる恐ろしい想像物を知覚します。6 そして、あなたに見えるものは地獄です。というのは、怖れは地獄だからです。7 あなたに与えられるもののすべては解放のために与えられます。視覚、ヴィジョン、内なる「ガイド」は、あなたが愛する者たちと一緒にあなたを地獄から連れ出し、そして、この宇宙もあなたと一緒に行きます。

8. この宇宙におけるあなたの役割を見てください！

2「愛と生命の神」は、真の創造物のすべての部分に悲惨な地獄からの救いを委託されました。3 そして、「神」は、特に世話するようにと委託された神聖な兄弟に対しての救い主となる恩寵を、それぞれの創造物にお許しになられました。4 まず自分自身を見るのと同じように一人の兄弟を見て、その兄弟の中に自分自身が映っているのを見るとき、彼はこのことを学びます。5 かくして、彼自身についての概念は脇に置かれることになります。というのは、彼の視覚と彼が見るものの間には何も介在せず、彼が見るものを価値判断するものは何もないからです。6 この一つのヴィジョンにおいて、彼は「キリスト」の顔を見て、この存在を見ているのと同じようにすべての人を見ているのだということを理解します。[7]というのは、以前には暗闇があった場所に光があり、今や、彼の視覚からヴェールが持ち上げられたからです。

9. 「キリスト」の顔にかけられたヴェール、「神」や救いに対する怖れ、罪悪感と死への愛、こうしたものはすべて、ただ一つの過ちに付けられた異なった名前です。その過ちとは、あなたとあなたの兄弟の間には空間があって、その空間はあなたを兄弟から分離し、兄弟をあなたから分離するあなた自身についての幻想によって保持されているという考えです。[2]価値判断の剣は、あなた自身についての幻想にあなたが与える武器ですが、この武器は兄弟との間にある空間が愛によって埋められることのないように兄弟を退けるためのものです。[3]しかしながら、この剣をもっている間は、あなたは肉体を自分自身であると知覚します。というのは、あなたは分離に縛りつけられていて、兄弟とは何であるか、つまり、あなたがそうであるに違いないものについての別な見方を鏡に映し出している兄弟を見ることができないからです。

10. 誘惑とは地獄と悲惨にとどまりたいという欲求以外の何ものでもありません。[2]そして、この誘惑は、惨めにも地獄と拷問の苦痛の中にとどまるあなた自身のイメージ以外の何を生起させることができるでしょうか。[3]自分の兄弟をこのようなものとして見ないようにすることを学んだ者は自分自身を救ったのであり、したがって、他の人たちにとっての救い主です。[4]「神」は一人一人の人にすべてを託されました。なぜなら、部分的な救い主は部分的にしか救われない人だからです。[5]あなたが救うようにと「神」があなたに与えられた神聖な人たちとは、誰であるかも知らず、あなたが出会うすべての人であり、あなたが見るすべての人です。瞬間的に見て忘れてしまった人々のすべて、長い間知っている人たち、まだ会っていないけれどもこれから出会う人たち、思い出せない人たち、まだ生まれていない人たち、そうした人々のすべてです。[6]というのは、「神」があなたに「神の子」をお与えになったのは、「神の子」がかつて考えた概念のすべてから彼を救い出すためだからです。

11. しかしながら、あなたが地獄にとどまりたいと願っている限り、「神の子」の救い主になることができるはずはありません。[2]あなたの神聖性から彼を分離して見ている限り、彼の神聖性を知ることができるはずがあるでしょうか。[3]というのは、神聖性は、内面に罪のなさを見つめ、かくして、至るところに罪のなさを期待する神聖な目によって見られるからです。4したがって、神聖な目は、それが見るすべての人がその期待に応えられるように、見つめるすべての人の中に罪のなさを喚起します。5これが救い主のヴィジョンです。すなわち、彼は見つめるものすべての中に彼の罪のなさを見、至るところに自分自身の救いを見ます。6彼は、彼の開かれた穏やかな目と見ているものの間に自分自身についての概念をまったく介在させません。7それがありのままに見えるように、見つめる対象に光をもたらします。

12. どのような形をとるように見えても、誘惑は常に、本来のあなたではない自己になりたいという欲求だけを反映します。2そして、その欲求から一つの概念が生まれ、あなたはあなたが願望するものであると教えます。3その概念を生み出した欲求がもはや尊重されなくなるまで、それがあなた自身についての概念であり続けます。4しかし、あなたがそれを大切にしている間は、あなたは兄弟を自己に似たものとして見つめ、この自己のイメージはあなたから生まれた欲求をもっているでしょう。5というのは、見ることは欲求の表れにすぎないからです。なぜなら、それには創造の力はないからです。6しかしながら、それは愛を込めて見ることもできれば、憎しみを込めて見ることもできます。そのいずれになるかは、あなたが見るものと一体になるか、それとも、あなた自身を別々に分離させておくかにかかっています。

13. 救い主のヴィジョンは、あなた自身に対してなされたいかなる価値判断からも自由であるだけでなく、あなたの兄弟が何であるかについてもまったく知りません。2それはいかなる人の過去も見ることはありません。3かくして、救い主のヴィジョンは古い概念によって曇らされることなく、完全に開かれたマインドに奉仕し、現在が保持しているものだけを見る準備ができています。4それは知らないが故に価値判断することはできません。5この事実を認識している救い主のヴィジョンは、ただこう質問するだけです。〝私が見ているものの意味は何だろうか〟。6そして、答えが与えられます。7そして、ドアが開かれて「キリスト」の顔が現れ、あなたの中にある「キリスト」のヴィジョンに逆らってかくも長い間にわたって大切にされてきた古の考えや概念のヴェールの向こうにあるものを見たいと無邪気に依頼する者の上に「キリスト」の光が注がれます。

14. したがって、誘惑には警戒してください。そして、誘惑とはあなたを本来のあなたではないものにしようという狂気の欲求であり、無意味な欲求であることを思い出してください。2誘惑に負けた場合にあなたがどのようなものになるかについてもよく考えてください。3それは狂気と苦痛と死であり、裏切りと暗澹たる絶望であり、失敗した夢であり、死んで怖れの夢を終わらせるしか希望はない状態です。4これは誘惑です。誘惑以上の何ものでもありません。5これとは逆の選択をすることが難しいでしょうか。6誘惑が何であるかを熟考し、それから、本当の選択肢は何であるかを見てください。7選択肢は二つしかありません。8数多くの選択肢のように見えるものによって騙されないでください。9地獄か「天国」のいずれかが存在します。そして、この中からあなたは一つを選択します。

15. あなたに与えられたこの世界の光がこの世界から隠されることを許さないでください。2この世界は光を必要としています。というのは、この世界は実に暗く、救い主のヴィジョンは与えられておらず、見えるのは死であるが故に、人々は絶望しているからです。3彼らの救い主は、知ることもなく、知られることもなく立ち、目を開けずに彼らを見ています。4そして、彼らの救い主が見える目で彼らを見てゆるしを差し出すまでは、彼らは見ることができません。5〝我が子を解放せよ！〟と「神」に語りかけられているあなたが、あなたのために「神」が解放を求められていることを知ったとき、それに耳を傾けないという誘惑に負けることがあり得るでしょうか。6そして、このコースが教えようとすることはこれ以外の何ものでもありません。7そして、これ以外にあなたが学ぶべきことはありません。

VIII. もう一度選択をする

1. どこで起ころうとも、誘惑がそのありとあらゆる形において教えるレッスンは一つです。2誘惑は「神の子」に、彼は肉体であり、死すべきものの中に生まれてきたのであり、肉体の脆弱性から逃れることはできず、肉体が命じる感情によって縛られているのだと説得しようとします。3肉体は「神の子」ができることを制限します。肉体の力だけが彼のもつ強さであり、彼が把握できるものは肉体の僅かな到達能力を超えることはできないということです。4「キリスト」が「キリスト」の栄光に包まれてあなたの前に現れ、あなたに次のように依頼したとしたら、あなたはそうするでしょうか。

[5]あなたはこの世界の救い主の中に自分の位置を占めたいでしょうか。それとも、地獄に残ってあなたの兄弟たちもそこにとどめておきたいのでしょうか。もう一度選択してください。

[6]というのは、「キリスト」は既に来ていて、この質問をしているからです。

2. あなたはどのようにしてこの選択をするのでしょうか。[2]これは実に簡単に説明できます。[3]あなたは常に、あなたの弱さとあなたの内なる「キリスト」の間で選択します。[4]そして、あなたが選択するものは、実在的であるとあなたが考えるものです。[5]弱さがあなたの行動を導くことを決して許さないことによって、あなたは弱さに力を与えていません。[6]そして、あなたの内なる「キリスト」の光が、あなたがするすべてのことに関して責任をとっています。[7]というのは、あなたがあなたの弱さを「キリスト」の所へもっていき、「キリスト」がその代わりに「キリスト」の強さをあなたに与えたからです。

3. 試練とは、あなたが学ぶことに失敗したレッスンが再び提示されているというだけのことです。したがって、あなたが以前に誤った選択をした場所において、今、あなたはより良い選択をすることが可能であり、かくして、以前に選択したことがあなたにもたらした苦痛のすべてから脱出することができます。[2]あなたが困難や苦痛や困惑を体験する度ごとに、「キリスト」はあなたに呼びかけ、優しくこのように語りかけます。〝我が兄弟よ、もう一度選びなさい〟。[3]「キリスト」は、苦痛の源を一つも癒さずに放置することはなく、真実にヴェールをかけているいかなるイメージもそのままにしておくことはありません。[4]「キリスト」は喜びの祭壇として創造されたあなたという存在から、すべての悲惨を取り除いてくれるでしょう。[5]「キリスト」は、あなたを地獄の夢の中にただ一人、何の慰めもない状態にして置き去りにすることはなく、「キリスト」の顔をあなたから隠しているすべてのものからあなたのマインドを解放するでしょう。[6]「キリスト」はあなたの中に実在する唯一の力であるが故に、「キリスト」の神聖性はあなたのものです。[7]「キリスト」は「神」が「神の一人子」として創造された「自己」であるが故に、「キリスト」の強さはあなたのものです。

4. あなたが作るイメージは、「神ご自身」があなたにこうであって欲しいと望まれるものに打ち勝つことはできません。[2]したがって、誘惑を決して恐れることなく、それをありのままに見てください。すなわち、再び選択するためのもう一つの機会であると見てください。そして、あなたが以前に自分自身についてのイメージを掲げたすべての状況、すべての場所において、「キリスト」の強さが勝利することを許してください。[3]というのは、「キリスト」の顔を隠しているように見えるものは「キリスト」の威厳を前にすれば無力であり、「キリスト」の神聖な視覚の前にあっては姿を消してしまうからです。[4]「キリスト」と同じように物事を見るこの世界の救い主とは、「キリスト」から離れた場合の彼らの弱さの代わりに「キリスト」の強さを選択する人々にすぎません。[5]彼らはこの世界を復活させるでしょう。というのは、彼らは「神の意志」のすべての力と一緒になっているからです。[6]そして、彼らが意図することは「神」が意図されることに他なりません。

5. したがって、あなた自身を弱く惨めな存在であると知覚したい誘惑に対して、次の言葉をもって反応するという楽しい習慣を身につけてください。

> [2]**私は「神」が創造されたままの存在です。[3]「神の子」はいかなる苦しみも体験することはありません。**
> [4]**そして、私は「神の子」です。**

[5]かくして、「キリスト」の強さが勝利するようにと招きを受け、「神」からやって来るがために決して負けることのない力があなたの弱さに取って代わります。[6]かくして、神聖性の選択がなされる前には怖れや苦悩が当然であるように見えたのと同じくらいに、奇跡が当然のものとなります。[7]というのは、その選択において偽りの区別は消え去り、幻想にすぎない選択肢は脇にどけられ、真実の妨害をするものはすべてなくなるからです。

6. あなたは「神」が創造されたままの存在であり、あなたにどのようなイメージが見えようとも、あなたが目にするすべての生きとし生けるものも皆同じです。[2]あなたが病気や苦痛として見るもの、弱さ・苦しみ・喪失として見るものは、あなた自身を無防備で地獄の中にいる者として知覚したいという誘惑にすぎません。[3]この誘惑に屈しないでください。そうすれば、すべての苦痛が、いかなる形でどこに現れても、太陽の前の霧のように消えていくのが見えるでしょう。[4]奇跡がやって来て「神の子」を癒し、彼の弱さという夢のドアを閉ざし、彼の救いと解放への道を開いたのです。[5]「神の子」にどのような存在であって欲しいか再び選択してください。そして、あなたがする選択の一つ一つが、あなたが見るものとしての、またあなたが信じるものとしてのあなたの帰属性を確立するということを思い出してください。

7. 私が求めるこのささやかな贈り物を拒否しないでください。私はそれと交換に、あなたの足下に「神」の安らぎを置きましょう。そして、この世界を確信もなく孤独に、いつも怖れを抱きながらさまよっている人のすべてにこの安らぎをもたらす力をあなたの足下に置きましょう。2というのは、彼らと一緒になり、あなたの内なる「キリスト」を通じて彼らの目からヴェールを取り去り、彼らの内なる「キリスト」を彼らに見せてあげる力があなたには与えられているからです。

8. 救いの中にある私の兄弟たちよ、私の声を聞き、私の言葉に耳を傾けてください。2私が求めているのはあなたの解放以外の何ものでもありません。3その美しさたるや、例えようもなく、かつ、すべてを包括するものであり、「天国」から僅か一歩しか離れていない世界には地獄のための場所はありません。4あなたの疲れた目に、私は異なった世界のヴィジョンをもたらします。その世界は本当に新しく、清らかで新鮮であるために、これまで見ていた苦痛や悲しみをあなたは忘れ去るでしょう。5しかしながら、あなたはこのヴィジョンを出会うすべての人と分かち合わなければなりません。というのは、そうしなければ、あなたにはそれが見えないからです。6この贈り物を与えることが、それを自分のものにするための方法です。7そして、「神」は愛に満ちた優しさにおいて、それがあなたのものとなるようにと定められたのです。

9. この世界を歩いて、「神」の贈り物を再び自分自身のものとして認識することができる状況を知覚する機会が数多く見出せることを喜びましょう。2かくして、地獄の痕跡、密やかな罪、隠された憎しみはすべて消え去ることになります。3そして、それらのものが隠していた美しさのすべてが、まるで「天国」の芝生のように私たちの目の前に現れ、「キリスト」が姿を現すまで私たちが歩んでいた茨の道から遙かに高い所まで私たちを持ち上げてくれます。4私の兄弟たちよ、私の声を聞き、私と一緒になってください。5私が呼びかければ無駄に終わることはないようにと「神」は定められました。そして、私は「神」の確実性に安らぎを覚えます。6というのは、あなたが私の声を聞くことは確実であり、再び選択することは確実だからです。7そして、この選択においてすべての人が解放されます。

10. 「父」よ、「あなたの子」にして私の兄弟であるこれらの神聖な存在のために、あなたに感謝いたします。2彼らへの私の信頼は「あなたの信頼」です。[3]彼らが何であるかについて、また、永遠にそうであることについて「あなた」が確信をもっておられるのと同じように、彼らが私の所にやって来ることを私は確信しています。[4]彼らは私が差し出す贈り物を受け容れるでしょう。なぜなら、それは彼らのために「あなた」が私に下さったものなのですから。[5]そして、私が「あなたの神聖な意志」をただ実行するのと同じように、彼らは選択するでしょう。[6]そして、私は彼らのために感謝を捧げます。[7]彼らがする選択の一つ一つと共に、救いの歌が世界中にこだまするでしょう。[8]というのは、私たちは目的において一つであり、地獄の終わりは近づいているからです。

11. 誘惑を乗り越えて私と一緒になる兄弟の一人一人に対し、そして、揺らぐことのない決意をもって彼方に完璧な不変性をもって輝く光を見つめる兄弟の一人一人に対し、喜びと歓迎の気持を込めて私は手を広げて差し出します。[2]私自身の兄弟を私にお与えください。というのは、彼らは「あなた」に属するのですから。[3]そして、「あなたの意志」に他ならないものにおいて、「あなた」が失敗することがあり得るでしょうか。[4]私の兄弟の存在の本質に関して私は感謝を捧げます。[5]そして、兄弟の一人一人が私と一緒になる選択をするとき、地上から「天国」へと向かう感謝の歌は、千々に乱れたか細いメロディーの糸から始まり、やがてすべての兄弟が一緒に歌うコーラスとなって鳴り響くことでしょう。それは地獄から救われた世界の歌であり、「あなた」に感謝を捧げる歌です。

12. そして、今、〝アーメン〟と言いましょう。[2]というのは、時間が存在する以前に、静かなる永遠の中で「あなた」が「キリスト」のために設定した住居に住むために、「キリスト」がやって来たのですから。[3]その旅は今、旅が始まったまさにその場所で終わります。[4]旅の痕跡は何も残されていません。[5]幻想に信頼はまったく与えられず、暗闇は一点たりとも後に残らず、「キリスト」の顔を誰からも隠すことはありません。[6]「あなたの意志」は完全に、完璧になされました。そして、すべての創造物は「あなた」を認識し、すべてのものの「根源」であるものとしての「あなた」を知っています。[7]「あなた」の中において息づいて動いているすべてのものから、光が輝き出ています。その光は「あなた」に似て明るく輝いています。[8]というのは、私たちは私たちが皆一つである場所に到達したからであり、私たちの家に帰ったからであり、「あなた」が私たちにいて欲しいと思う場所にたどり着いたからです。

訳語の解説

すべての用語には論争を巻き起こす潜在的な可能性があり、論争を求める人は論争の種を発見することができるでしょう。しかしながら、概念の明確さを求める人は明確な概念を発見することでしょう。そのためには、論争を見過ごす気持が必要であり、論争とは真実に対する防御戦術であり、引き延ばし戦術であることを認識しなければなりません。神学的考察は必ず論争を巻き起こすものです。というのは、神学的論争は信念に基づいており、したがって、受容されるか拒絶されるかのいずれかであるからです。普遍的な神学は不可能ですが、普遍的な体験は可能であるだけでなく必要なものです。このコースが目指すのはこの体験です。普遍的な体験においてのみ首尾一貫性が可能です。なぜなら、普遍的な体験においてのみ不確実性は終焉するからです。

これは『奇跡のコース・教師のためのマニュアル』の用語解説の序文からの引用であり、『奇跡のコース』全体の中で使用されている用語について言及したものですが、訳語についても同じことが言えるかもしれません。用語解説の序文の言い方を借りれば、〝普遍的な訳語は不可能ですが、その訳語を契機にして普遍的な体験は可能である〟ということになるでしょうか。それにしても、訳者である私の現在の時点における能力の最善を尽くすことが不可欠であることは無論のことです。ここでは、網羅的な訳語の解説ではなく、コースの理解において鍵となる概念をいくつか取り上げるにとどめたいと思います。

●あがない〈Atonement〉

聖書的な意味としての「あがない」は「買い取る」、「身代金を払って身受けする」というものです。動詞としては、atone for ～「～をあがなう」という形になります。キリストが十字架刑を受けることによって人々は救われたというのがキリスト教における一般的な考えです。それによって、人と神との和解が達成されたということで、Atonement が「和解」と訳される場合もありますが、一般的には「あがない」、または、「贖罪」と訳されています。『奇跡のコース』ではそもそも罪という概念の実在性が否定されていることを考慮して、「あがない」とさせていただきました。しかしながら、『奇跡のコース』の中で使われている Atonement の意味は上述の意味の範囲を超越しており、文脈の中で考えていくことが必要です。

●エゴ〈ego〉

この英単語の一般的な訳語は「自我」ですが、『奇跡のコース』の ego は「自我」という範疇でくくりきることはできません。「教師のためのマニュアル」の用語解説の中で、「人間の本来の存在に関する夢」、「人間は自らの創造主から分離しているという思い」、「無であるにもかかわらず何かであるように見える形をしたもの」というような定義が与えられた後に、本当の意味でエゴを定義づけることは不可能であると述べられています。そういうわけで、この語もカタカナ語で表現して、文脈の中で意味の探求をするのが適切であると思われます。

●解除する〈undo〉

「解除する」はundoの訳語です。undoの意味は、「はずす」、「元に戻す」、「取り消す」、などいろいろありますが、「元の状態に戻す」というニュアンスが強い語です。『奇跡のコース』ではそれが一貫した意味としてあり、「解除する」を選択しました。これもまた文脈の中で理解のヒントを与えられていると思います。『コース』全体の中で言うと、undoが四十一回、undoesが十四回、undoing が五十一回、undoneが七十六回登場していますから、相当に重要な概念であると考えられます。

●神の子〈Son of God〉

忠実に翻訳するならば、「神の息子」とすべきところです。「息子」という言葉は、イエス・キリストを想起させます。しかしながら、「テキスト」の中ではその意味にとどまらず、人間の兄弟一人一人を意味しています。兄弟だけでなく「姉妹」も当然含まれています。したがって、これらの意味を包括的に含んだ言葉として「子」が適切であると考え、「神の子」にした次第です。

●神の子のすべて〈Sonship〉

All the children of God という表現であれば、「神のすべての子どもたち」が訳語として適切で、この場合には、神と子の関係がより強く暗示されます。それに対して、Sonshipは神のすべての子どもたちを意味するものの、子ども同士の横の関係を暗示しています。そのような区別を表すために「神の子のすべて」という訳語にしました。Sonshipには神の子の全体というニュアンスもあり、それも含めてこの訳語を選択しました。

●コミュニオン〈communion〉

キリスト教ではcommunionは様々な意味を与えられ、様々に訳されています。「あがない」のために十字架にかけられたイエス・キリストの肉体と血をパンとワインに例えていただく儀式としてのcommunionは、「聖体拝領」と訳されることもありますが、宗派によって解釈は様々に異なります。しかし、『奇跡のコース』の中では「聖体拝領」という意味では使われていません。このような背景を考慮して、本書ではカタカナで「コミュニオン」としました。意味としては、「霊的な交わり」に近いと思われます。

●罪のない〈innocent〉

innocentの訳語として「罪のない」を選択しました。日本語で「罪のない」は、「無邪気な」という意味と「無罪である」の二つの意味が可能です。『奇跡のコース』の中のinnocentはまさにそのような二つの意味で使われています。「無罪である」の意味で使われる場合もあれば、「無邪気である」の意味で使われる場合もあります。しかしながら、guiltless、sinlessという語も登場します。すべての英単語に相当する日本語があれば問題はないのですが、事実はそうではありません。そういうわけで、innocentは「罪のない」、guiltless、sinlessは「無罪である」のように概ね区別しました。

●マインド〈mind〉

「心」という訳語も可能であるかもしれませんが、敢えて「マインド」というカタカナ語にしました。「教師のためのマニュアル」の用語解説の中で、mindは「スピリットを活性化する媒介物」を表すと述べられています。カタカナ語には当然抵抗も予測されますが、通常の日本語の中にはない概念として使われているmindを表現するためには「マインド」と翻訳し、文脈の中でこの語の意味するところを探求することに意味があると考えます。

『奇跡のコース』の英文のテキストには大文字で始まる語や語句があります。God、Holy Spirit などですが、日本語では鍵かっこでくくって、「神」、「聖霊」のように表記しました。イタリック体で強調されている文、語句、語もありますが、これは大体の場合太文字にしました。しかし、be 動詞の am、is などがイタリックになっている場合は、太文字にする代わりに、「まさに〜です」のように言葉を補うことによって強調しました。

訳者あとがき

本書は、FOUNDATION FOR INNER PEACE（内なる安らぎのための財団）によって出版されたA COURSE IN MIRACLES, TEXTの邦訳です。『奇跡のコース』誕生の経緯や内容についてはまえがきで説明されている通りです。ここでは、本書を翻訳する機会をいただいた私が、『コース』の導きによって、どのような奇跡を体験してきたかについて書かせていただきたいと思います。というのも、『奇跡のコース』は、まえがきにもある通り、理論よりも応用することの大切さを強調し、神学よりも体験の重要性を強調しているからです。「教師のためのマニュアル」の中にも、〝普遍的な神学は不可能ですが、普遍的な体験は可能であるだけでなく必要です〟と書かれており、この言葉は体験の共有を促しているのではないかと思うのです。

私が初めて『奇跡のコース』と出合ったのは三十年ほど前になります。その時はすごい本だとは思いながら、特に深く学ぶということはしませんでした。それから十年後の一九八九年に四番目の子どもの玲が生まれました。彼女は「致死性小人症」という原因不明の不治の病をもって生まれてきたのですが、自力では呼吸できないために酸素吸入の管が肺に挿入されました。そういうわけで、玲は集中治療室のベッドに横たわり、母親のジャネットも授乳することはできず、母乳を絞って看護師さんに授乳していただくという毎日でした。いつあの世に旅立ってもおかしくない、明日になったらもう会えないかもしれない、子どもがいつ亡くなるかわからないという状況は実に辛いものです。そういう絶望的な状況の中で、妻と私は『奇跡のコース』を思い出しました。英文の『奇跡のコース』を手に取った私たちの目に次の文章が飛び込んできました。

私は何を見るかに関して責任があります。
体験する感情を選択し、達成したい目標に
決断を下すのは私です。
そして、私に降りかかってくるように見えるすべてのことは
私が求めていることであり、私が求めたように受け取ります。

（「テキスト」第21章II節2－3）

それは衝撃的とも言える言葉でした。私たちが置かれていた状況をどのように考えるかに関して、責任はすべて私にあるというのです。それだけではありません。それは私が求めたことであるというのです。玲がこのような状態で生まれてくることを私たちが望んだというのです。まさか、そんなはずはありません。子どもが不治の病を持って生まれてくることを望む親などいるでしょうか。それは私たちの気持とはあまりにもかけ離れた言葉でした。とても真実であるとは思えません。にもかかわらず、私たちの目はこの言葉に釘づけになったのです。でも、もしかして、これを私たちが望んだとすれば、この状況はいったい何を意味するのだろうか。生きるということ、死ぬということはいったい何を意味するのだろうか。肉体の死とは本当に死を意味するのだろうか。様々な思いが波のように押し寄せてきました。

もしも、玲がこのようにして生まれることが私たちの選択であったとしたら、この状況をどのようなものとして知覚するか、その選択もまた私たちにあることになります。そのような思いの中で、「これですべては完璧である」と考えることにしたのです。それは実際に感じていることとは正反対のことでした。このままでは辛すぎるから、嘘でもいいからこの言葉を信じてみようと私たち夫婦は決めたのです。もちろん、それは誰に語ることもできない二人だけの秘密でした。〝これですべては完璧だ〟と宇宙に向かって宣言することによって、何か道が開けるかもしれないと直感で感じたのです。

今思えば、これは『奇跡のコース』の教えの要諦である〝知覚を変える〟ということだったのです。自分に起こることをどのように見るか、悲劇と見るか、成長の機会と見るか、その責任はあなたにあるんだよというこのメッセージを受け容れたことによって、いや、受け容れたつもりになることによって、様々な奇跡が見えてきました。この病院に初めて行ったのが出産の一ヵ月前でしたから、普通であれば受け付けを拒否されても仕方がない状況でしたが、院長さんの親切な計らいによってそれが可能となりました。しかし、病院の決まりとして、集中治療室には母親しか入ることは許されません。思い余った私は主治医の先生に誠実に心の思いを打ち明けました。玲は一生を集中治療室の中で過ごさなければなりません。それなのに、父親とも、兄弟とも会うことができないとしたら、それはいったい何のための人生なのでしょうかと訴えました。私の話を静かに聞いてくださった主治医の先生は病院の規則を変更して、毎日決まった時間に子どもたちは一人十五分ずつ、白衣を着て治療室に入ることができるようになり、私も毎日、夜会うことを許してくださったのです。看護師さんたちは愛情を込めて面倒を見てくださり、毎朝、集中治療室での看護師さんたちの仕事が一段落したころに母親が面会に行くと、「玲ちゃんはとてもお利口さんで、他の赤ちゃんが世話を必要としているときには、警告のベルを鳴らさないのよね」とか、「家族が来ると必要な酸素の量が少なくなるのよね」とか教えてくださるのでした。妻の友人のそのまた友人が私たちのことを聞いて、病院のすぐ前にあるマンションを三ヵ月自由に使ってくださいと提供してくれました。このマンションから通り越しに玲がいる集中治療室が見えるのです。このようにして、私たちの周りで様々な奇跡が起こっていました。ただ苦しみと悲しみの中にいるときには見えなかったものでした。玲の人生に関わるたくさんの方々が無償の愛、無条件の愛を行動で示してくれていたのです。

玲は様々な人たちのご好意と愛情に包まれて、二七〇日間の人生の足跡を残してあの世に旅立って行きました。その時に、私が書いた詩をシェアさせていただきたいと思います。

微笑んだ玲

その朝、集中治療室につくと
君はまどろんでいた
看護婦さんが
今日はちょっと疲れて休んでいますと言った

私はいつものように
君が横たわるベッドの傍らに座り
君の寝顔に向かって語り出した

突然、君の眼が開き

微笑んだ
私に向かって微笑みかけたんだ
喜びに包まれて呆然としている私に
君はもう一度微笑んだ

君の生命線であるチューブに
口の自由を奪われている中で
君は微笑んだ

動くこともなく
語ることもなく
育つこともなく
一週間生きることすら奇跡とされる
肉体を選んできた君は
なんと深く私たちの人生に触れたことか

君の眼を見つめたとき
君の眼が私を見つめたとき
私の時は止まった

過去を想い
未来を思い煩うことのむなしさを
君と共にいる瞬間のいとしさの中で
私は感知した

言葉を一言も発することなく
去っていく君は
なんという深い喜びに満ちた言葉を
残していってくれることか

ありのままで良い
すべてのものが
すべての生きとし生けるものが美しく
愛に満ち満ちたものであることを
君は
動くこともせず
語ることもせず
ただ大きな目で

私たちを見つめることで教えてくれた

玲よ、ありがとう
君は光に包まれた世界に帰っていく
しかし、同時に、君は私たちと共に
在り続けるだろう
君が呼び起こした愛が
私たちの胸に在り続けるから

人は誰でも魂の暗い夜を体験するもののようです。それは、〝学びに最適な瞬間〟と言えるものかもしれません。あるいは、〝神聖な不満〟を感じる時であるかもしれません。なぜなら、耐えがたく辛いその瞬間に、〝いったい私はここで何をしているのだろう？　私っていったいなんだろう？　この人生を生きていることにどんな意味があるのだろう？〟といった疑問がふつふつと湧いてくるからです。

『奇跡のコース』は人間がそのような瞬間に直面したときに、神の子どもである自分に目覚めさせてくれるのです。自分は肉体によって代表される存在だというそれまでの考えが、一八〇度の転換を迫られる時と言ってもよいかもしれません。そして、神と自分の関係に関して全責任を引き受ける道を歩み始めるのかもしれません。

「テキスト」の最初のページに次の言葉があります。〝このコースは愛の意味を教えることを目指すものではありません。というのは、愛の意味を教えることはできないからです。しかしながら、このコースは、あなたの生得の権利である愛の存在についての自覚を妨げている障壁を取り去ることを目指します〟。こうして、私たちが愛を体験することを妨げている障壁は価値判断であることが徐々に明らかにされ、それでは、価値判断を手放すためにはどうすればよいのかということへと話が展開していきます。そのためには知覚を変えることであると『コース』は宣言します。〝知覚〟という概念がいかに重要とされているかは、四八一ヵ所で知覚という語句が使われていることを見ても明らかです。私が出合った、〝私が何を見るかは私の責任である〟という文は、〝私が何を知覚するかは私の責任である〟と置き換えることもできます。人は誰でも状況や他人を自分なりの方法で知覚しながら生きていますが、そのことをあまり自覚していません。まして、知覚の仕方によって愛を体験することもできれば怖れも体験できるなどとは考えません。そのようなとき、『奇跡のコース』は知覚を変革させるような言葉を投げかけ、私たちが信じている価値体系の根底を揺るがすのです。

『奇跡のコース』には数えきれないダイヤモンドのような知覚転換のための言葉があります。それらの言葉が、苦しみと絶望の暗闇の中にいる私たちに一条の光を投げかけてくれます。人によって、置かれた状況によって、輝きを放つ言葉は異なるかもしれません。

にもかかわらず、それらの言葉は普遍的な輝きを放って人の心に迫ります。

「テキスト」は理路整然と系統だって書かれていますが、この体験をするためには最初のページから順序通りに読み進まなければならないというものではありません。直感にしたがって、あるいは、スピリットに導かれるままに本を開いて読んでいけば必ず出合うはずです。そこで得られる体験はまさに普遍的な体験です。もちろん、最初のページから読み進めていくことが適切な場合もあるでしょう。全体的に言えば、「テキスト」は形にとらわれることなく自由に読んでいく中で、読む人にとって最高の学びが体験できるように書かれていると私は感じています。

本書が出版されることは私にとってこの上ない喜びです。そしてまた、その翻訳をさせていただいたことは誠に光栄なことであり、謙虚に喜びをかみしめている次第です。最後になりましたが、以下の方々に深甚なる感謝の意を表したいと思います。『奇跡のコース』の受け取り手となって、勇気をもって伝えてくださったヘレン・シャックマンさん、彼女を忍耐強くサポートしてメッセージを書き起こしてくださったウィリアム・セットフォードさん、本書の日本語での出版に深くコミットして実現してくださったナチュラルスピリットの今井博樹さん、ほぼ四年間にわたって「テキスト」の内容を辛抱強くご教授くださったケネス・ワプニック博士、私たち夫婦が致死性の病をもつ子どもを抱えて苦しみのさなかにあった時、『奇跡のコース』の叡智を共有して力づけてくださったジェラルド・ジャンポルスキー博士、深い理解と洞察をもっていつも迅速に質問に答えてくださった、内なる安らぎのための財団のジュディス・ウィットソンさん、丁寧に、かつ、誠実に原稿をチェックしてくださった編集者の畑中直子さん、常にいたわりの言葉をかけ、ゆるぎない信頼をもって応援してくれたパートナーのジャネット、そして、「いつ出版されるのですか？　がんばってください。楽しみにしています」と情熱を込めて励ましの言葉を送ってくださった数多くの方々、本当にありがとうございました。

二〇一〇年十月十日

大内　博

『奇跡のコース』成立史

『奇跡のコース』は、ヘレン・シャックマンという女性が〈内なる声〉の語るところを筆記したもので、「テキスト（教科書）」と、その教えを実践を通して身につけるための「学習者のためのワークブック（Workbook for Students）」、さらに「教師のためのマニュアル（Manual for Teachers）」の三部から成り立つ。これに接したおかげで人生が変わったという人は欧米社会を中心に本当にたくさんいるし、その中からは、みずから著作を発表し、講演をし、ワークショップを始める人が次々と現れている。当面、その影響が衰えることはなさそうであり、繰り返し指摘されてきたように、二十世紀に記された精神世界の書物の中で最も重要なものの一つと言えるだろう。

一般的によく語られる顕著な特徴として、〈罪〉、〈あがない〉、〈聖霊〉、〈奇跡〉、〈キリスト〉など、キリスト教臭の強い用語で彩られているという事実と共に、その執筆・公刊の功績がヘレンばかりでなく、ウィリアム（ビル）・セットフォード、ケネス（ケン）・ワプニック、ジュディス（ジュディ）・スカッチらを加えた人々のチームワークに帰せられるという点があげられる。そして、彼らが出会い、活躍した『奇跡のコース』成立の裏話自体が、一つの〝奇跡の物語〟として人々の強い関心をひきつけてきた。ここではまず、その成立過程を振り返ってみたいと思う。

もっと別のやり方があるはずだ

一九〇九年にニューヨークで生まれたヘレン・シャックマンは、四十代の終わりになって心理学の博士号を取得し、一九五八年、ニューヨークにあるコロンビア・プレスビテリアン病院の心理療法部門に職を得た。これが、彼女の後の人生にとって重大な意味をもつ出会い、すなわちその部門の長、ウィリアム（ビル）・セットフォードとの出会いをもたらすのだ。この十四歳年下の、コロンビア大学の医療心理学準教授こそが、ヘレンにとっての終生の喧嘩相手にして、相談者、伴走者となる。

当時ビルは、研究者養成プログラムの刷新など、現場の仕事に大きな野心をもっていたようだが、同時に任された管理的な仕事に忙殺されて、それを思うように進められない状態にあった。職場には競争心や敵対心などが満ちており、管理体制を議題とした会議に出ると、必ずといってよいほど各部門や個人の権益を守るための罵り合いに発展してしまうのだった。しかも、お互いに能力を認め合い、職場の問題の改善に協力して取り組んでいたビルとヘレンもまた、しばしば激しく対立してしまっていた。

一九六五年の夏、疲れきったビルは意を決してヘレンのオフィスを訪ねた。そして、馬鹿にされるかもしれないと恐れ、緊張しながら口を開いた。

「もっと別のやり方があるはずだ。私たちの態度はあまりに否定的で、これでは何もできやしない」

だが、ヘレンの反応は、ビルが予期していたものとは違っていた。彼女は飛び上がって賛成し、新しいやり方を見つけるために自分も協力は惜しまないと約束したのだった。

それからビルは、会議の席で自分とは異なる意見を聞いても怒らないことにした。

そして、できるだけ協力的な態度をとり、まずは相手の意見にじっくりと耳を傾けて、その建設的な面を探そうとしてみた。すると徐々にではあるが、職場の空気が穏やかなものに変わっていくのを感じたのである。

同時に、ヘレンの身にも変化が訪れた。彼女は、「サイキック」と呼ばれるような能力を発揮し始める。寝ている間の夢や白昼夢のようなかたちで、ヘレンとビルの過去世に関係するのではないかと思われる映像を見たり、理解しがたい不思議なイメージを受け取ったりした。例えば、洞窟で羊皮紙の巻物を見つけ、それをひろげると「神は存在する」と書かれていたといったイメージである。また、友人が自殺しようとしているのを察知したり、ビルが出張先で体験したことをぴたりと言い当てるなどということもあった。

ヘレンはユダヤ系の家庭に生まれながらも、周囲の影響で何度かキリスト教会にも接近していた。だが、神や宗教への関心をもつたびに懐疑や失望を味わった彼女は無神論者となる決心をし、科学的な批判精神をよりどころとして生きてきたため、身に起き続ける奇妙なことがらをひどく恐れ、嫌った。しかし、いくら拒絶しようと、あの有名な〈内なる声〉が聞こえてしまったのである。

ヘレン・シャックマン

これは奇跡のコースです 書き取ってください

同じ六五年十月の夜、ベッドに座っているときに「これは奇跡のコースです。書き取ってください」という声を聞いたヘレンはパニックになって、すぐにビルに電話をした。ビルはとにかく〈声〉が言うことを書き取るべきだと主張し、翌朝、いつもより早くオフィスに来て、一緒に検討しようと説得した。それから二人は、ほかのスタッフが来る三十分前に出勤し、ヘレンが前日にペンで書き取ったものをビルがタイプし、話し合うという生活を七年半も続けることになるのである。

ヘレンによれば、〈声〉は外側からではなく明らかに内側からやって来るもので、実際の音は伴わないという。けれども、その言いたいことははっきりしていて、間違えようがないともいうのだ。〈声〉が聞こえるのは日に一度とはかぎらず、数度に及ぶ場合もあるので、ヘレンは小さなノートを絶えず持ち歩くようになった（結局それが、七年半で百冊にもなるのである）。また、書き取りはいわゆる「自動書記」ではないとのことだった。つまり、自分の意志に関わりなくペンを持つ手が勝手に動くという類のものではなく、〈声〉が聞こえてきたとしても、気が向かなければその書き取りを拒否することもできた。

実際、ヘレンは〈声〉に激しく抵抗し、何度も書き取りを中断している。そればかりか、書き取ってしまったあとでさえ抵抗してみせた。前日に書き取った内容を読んでくれとビルに頼まれても、ノートを手にしたヘレンは突如ひどい咳を始めたり、あくびをしたり、ため息をついたり、言葉をつかえたり、「ノートが読めない」などと訴えたりした。それをビルが何とかなだめすかしながら、ヘレンに書き取りを続けさせていくという形で作業は進んでいったようである。

しかし、激しく文句を言い、ときに一ヵ月も書き取りを拒否したことがあっても、結局、ヘレンが作業を完全に放棄してしまうことはなかった。拒絶したとしても情緒不安定に陥り、眠れないなどの不調をわずらってしまうため、しばらくすると、やはり書き取りを続けないではいられなくなったという。

東西の神秘思想とキリスト教の用語

ヘレンを励まし続けたビルもまた、ヘレンと同じように科学的批判精神の信奉者であった。それは、ビルの育った家庭環境に由来するところが大きい。彼の両親は、かつてはクリスチャン・サイエンス教会に属していたのだが、ビルの二歳上の姉が病で死んで以来、宗教に対する興味を失ってしまった。そのため、ビル自身はまともな宗教教育を受けてこなかったのだ。

しかしながら、ヘレンの身に常識では説明のつかないことが起こりだしたころから、ビルは積極的にエドガー・ケイシーの本を読んだり、また世界の神秘思想の勉強を始めている。そして、ヘレンが書き取っている文書が、職場の人間関係で「別のやり方」を求めていた自分たちへの答えであるばかりでなく、人類的な意義をもつものであると早い段階から考えていた。すなわちこのテキストは、世界の神秘思想に共通して説かれている非二元論的な真理を、キリスト教の用語と心理学的な理解とを用いて、現代の読者にもわかりやすく解説するものであると判断したのだ。だからこそビルは、ヘレンがくじけそうになっても後押しをやめず、その甲斐もあって「テキスト」は三年で完成した。

おかしな仕事からようやく解放されたとヘレンが喜んだのもつかの間、二週間後ヘレン・シャックマンにまた〈声〉は戻ってきた。「まだ『学習者のためのワークブック』の書き取りをしてもらわなければならない」というのである。ひょっとすると分量はいままでの倍くらいかも知れず、そうであればまだ五年以上も書き取りを続けなければならない、などと考えて、ヘレンはふたたび非常な不機嫌におちいった。

「ワークブック」は「テキスト」の理論を、実践を通して身につけるべく、一日に一つずつ課題をこなして、三六五日かけて完成させようという趣旨のものであるが（一つのレッスンを一日以上かけても良いが、一日に二つ以上のレッスンをすることは許されない)、三六五番目のレッスンを書き上げたのは二十一ヵ月後の一九七一年二月であった。

ようやく書き取りから解放されたと思った二人は、章や節などを設ける作業に着手する。そのころの文書は〈声〉が語ることをそのまま書き溜めただけで、読みやすいものではなかったからだ。ところがそのさなかの一九七二年四月、ヘレンはビルに「この作業はしばらく中断したほうがいい」と告げる。なんとまた例の〈声〉がやってきて、「教師のためのマニュアル」を書き取ってもらいたいと求めてきたというのである。〈声〉によれば、教えることと学ぶこととは別々の活動に見えながら実は一つであり、教えつつ学び、学びつつ教えることこそがその真相であるという。こうして二人はまた新たな仕事に取り組むことになり、タイプ用紙で七十二ページ分に達した同じ年の九月、それはようやく終了した。

神は存在する

ビルもヘレンも医療の専門家としての体面にこだわっていたが、特にヘレンはこの文書の誕生に自分が関わった事実が周囲に漏れることをひどく恐れていた。そのため、一九七二年九月から翌七三年の三月まで、二人はごく親しい四人にしか『奇跡のコース』を見せていない。その一人に、マイケル神父がいた。彼は、ビルが教えていた大学院の心理学講座の生徒だったが、その内容が東洋の偉大な神秘思想に一致することにいたく感心していた。

七二年九月のある日、ビルは専門誌でケネス・ワプニック博士なる人が書いた〈Mysticism and Schizophrenia〉(神秘主義と統合失調症)という論文を読み、おそらくマイケル神父はこれに興味をもつだろうと思って、彼に一読をすすめた。その時点ではビルも神父も、このワプニックなる人物と浅からぬ交流をもつことになるとはまったく思っていない。

それからしばらくして、マイケル神父は友人の聖職者から「このあいだケネス・ワプニック博士という人に洗礼式を施したが、すばらしい式だった」という話を偶然に聞く。三十歳のケネス（ケン）・ワプニックはユダヤ教徒として育てられたが、その年の中ほどに神秘体験をして気づくところがあり、この十月にカトリックに改宗したというのである。ケンの名前を覚えていたマイケル神父はさっそく紹介してもらい、やがてビルとヘレンを含めて四人で会う機会を設けた。その席で、ビルはケンにヘレンが書き取った文書の話をし、それを読んでみる気はないかと打診した。

ケンこそは後に『奇跡のコース』の編集作業を担当し、またその教えの普及に多大な貢献をした人物である。けれどもそのときは、数日後にイスラエルに旅立つ予定を立てていたこともあり、またその文書が千五百ページにもわたるものであることもあって、「暇がありません」と丁重に断っている。

五ヵ月間のイスラエル旅行はケンに大きな感銘を与えた。特にガリラヤの山上にイスラム教徒、キリスト教徒、ユダヤ教徒が共に暮らし、祈りを捧げるコミュニティが形成されているのに感激し、またみずからもそこで五週間にわたり幸福な時間をすごしたため、永住すら考えたのだった。しかし、一九七三年五月、一時帰国のつもりでニューヨークを訪れ、ビルから『奇跡のコース』の原稿を受け取った後、その文書を読むこと以外にはほとんど何もしないという生活を二ヵ月間も送ることになる。そして遂には、彼はイスラエルに永住しようという考えを放棄し、以降の人生をこの文書に捧げることに決めるのである。

いったんイスラエルに戻ったケンは、ビル、ヘレン、そしてヘレンの夫ルイスを招き、四人でイスラエル旅行をすることにした。そこでまた、ヘレンは常識では説明のつかない体験をしている。イエス・キリストの隠された一面が書かれているとされる、いわゆる死海文書が発見されたクムランあたりの洞窟に至ったとき、涙が止まらなくなったのだ。そここそが、かつてイメージの中で「神は存在する」と記された巻物を見つけた場所だと確信したからだった。

後年、ビルもヘレンも、『奇跡のコース』は自己啓発の本であって、新たなカルトを作るためのものではないとし、それを書き取らせた〈内なる声〉の主が誰であるかに強くこだわることは本質的ではないと語っている。しかし一方で、『奇跡のコース』を読めばその語り手はイエス・キリストと思われるし、ヘレン自身もイエスだと信じていたという。そしてこの洞窟のエピソードも、多くの人が〈声〉の主をイエスと確信する一つの根拠となっていることもまた、否定できない事実だろう。

九月に旅を終えると、ケンもニューヨークで暮らし始め、ヘレンのオフィスがあるプレスビテリアン医療センターに毎日通っては原稿の編集作業にあたった。以降、ケンはパートタイムでカウンセリングの仕事などをして生活費を稼ぎながら、千時間以上もかけて終止符の位置を調整し、単語に大文字を使用するか否かを判別し、章や節に区切って、それぞれに見出し語をつけていった。こうして一九七五年の一月、おおよその編集作業は完成をみたのである。

だが『奇跡のコース』が世に広まるには、ジュディス・スカッチとの出会いを待たなければならない。

内なる声が聞こえるんじゃありませんか

中流階級上層のユダヤ人家庭に育ったジュディス（ジュディ）・スカッチは、十三歳のときに肉体の限界から解放される神秘体験をしたが、娘のタマラもまた予知夢やテレパシーなどの能力を発揮したこともあって、投資顧問の夫ロバート（ボブ）と共に超心理学の研究を支援する非営利団体、超心理学研究協会（Foundation for Parasensory Investigation）を運営していた。だが、四十代のジュディは研究資金を調達するために奔走する日々を精力的に送ってはいたものの、どういうわけか満たされない思いを抱いていた。

そんなある日、ジュディは友人の紹介で数秘術家に出会う。数秘術の何たるかもよく知らないままに名前と生年月日を教え、チャートを作ってもらったところ、「非常に重要なことがあなたの身に起ころうとしている」と告げられた。その第一は、生きている間中、ジュディにとって教師となる年上の女性に出会うということ、そして第二は、一年以内に、人類にもたらされる霊的文献の中で最も重要なものを出版するということであった。しかし、以前に出版社で本のカバーにコピーを書く仕事をした経験はあるものの、すでに出版業界とは何の縁もなかったジュディは、その言葉を信用しなかった。

その翌日、友人のダグラス・ディーンから電話がかかってきた。先日、彼が議長をつとめたキルリアン写真についての会議を超心理学研究協会は支援しており、またジュディ自身、会場に出向いて歓迎のスピーチを行っていた。ダグラスは「（その会議で）コロンビア大学の心理学教授に出会って、大学で一緒に昼食をとる約束をしたんだけれど、君も一緒に来ないか」と誘ったのだった。実はその教授こそ、ビルだった。

ビルは『奇跡のコース』中のヒーリングに関する部分を伝統的医療に活かせないものかと考え、その関連でキルリアン写真に興味をもっていたところ、同僚の友人と称する人から電話をもらっていた。それは、「キルリアン写真についての会議を開きたいのだが、どこかよい会場を知らないか」という問い合わせだった。適当な会場を紹介してやると、ビル自身も招待され、そこでダグラス・ディーンと知り合いになったのである。

正統的な医学界の人々とホリスティックなヒーリングについて討議したいと思っていたジュディはダグラスに同行し、一九七五年五月二十九日、マンハッタンはアッパー・ブロードウェイにある医療センターのカフェテリアでビルとヘレンに会った。しかし、期待に反して、ビルもヘレンもホリスティックなヒーリングにはあまり興味を示してくれていないという印象をもった。しかもそのうちに、ヘレンは何か言いたいことがあるのにそれを隠しているのではないかとジュディは思うようになる。そして気がつくと、ジュディは自分でも信じられないことを聞いてしまっていたのである。

「あなたは内なる声が聞こえるんじゃありませんか」

ヘレンは白くなり、緊張した様子で「何ですって」とだけ言った。するとビルがすぐさま立ちあがり、「私のオフィスに来ませんか」と誘った。ジュディとダグラスは同意したが、オフィスに行くあいだ、先を歩くヘレンとビルはなにやらひそひそ相談していたという。

オフィスに着き、助手のケンを紹介するや、ビルはドアに鍵をかけた。そして、神妙にこう尋ねてきた。「この部屋でお話しすることを秘密にできますか」

ジュディとダグラスがうなずくと、ビルは自分たちがこの十年間に経験したこと、および『奇跡のコース』について語りだした。ビルとヘレンは客人がどのように反応するかを心配している様子だったが、ジュディは変な話を聞いているとは少しも思わず、かえって古い友人に再会したような気分になったという。そして、その文書を読ませて欲しいと頼み、黒いバインダーで七冊分にもなる、千五百ページの文書を持ち帰った。ジュディは夕食後、朝の五時まで八時間も読み続け、これこそが自分の虚しさを埋めるものであり、今後の人生の基盤となるものだと確信した。以降、三年間、ジュディ、ヘレン、ビル、ケンの四人は毎日のように顔を合わせ、勉強会のようなことを続けるのだった。

真摯な反応

『奇跡のコース』の原稿を受け取ってから十日後、ジュディは協会の仕事でカリフォルニアに行く予定になっていた。その際、興味をもちそうな現地の人に原稿を見せても良いか、とビルに尋ねている。ビルは「三千マイルも離れたカリフォルニアには自分たちを知る人などいないだろう」と言って、許可してくれた。

ジュディはファイルの束をショッピングバッグに入れて担いで旅立つことになるのだが、中身をじっくり読みたいとか、コピーが欲しいという人が大勢現れたらどうしようと考え始める。そこでビルとヘレンに、製本しようと提案するのである。ビルとヘレンが〈内なる声〉に尋ねてみたところ肯定的な答えを得たので、この計画は実行に移される。

一方、サンフランシスコ周辺で『奇跡のコース』について話してみたところ、多くの人から良好な反応が返ってきたので、ジュディはビル、ヘレン、ケンの三人に「西海岸に来て、人々と話し合う機会をもってはどうか」と誘った。ちょうど休暇の時期を迎えていたビルとヘレンは、「それほど大勢でなければ会ってもよい」という条件でサンフランシスコを訪れた。しかし結局、四週間の滞在期間中に彼らは五百人以上に会い『奇跡のコース』について語ることになってしまった。しかし、それまで常に馬鹿にされ、医療の専門家としての信用を失うことを恐れてきたヘレンを驚かせたのは、人々が本当に真摯な態度でその内容について質問をしてくることであった。

注文してから七週間後に、四冊組みの『奇跡のコース』百セットが、ジュディの元に届けられた。「テキスト」に二冊を、「ワークブック」と「マニュアル」にそれぞれ一冊ずつをあてたもので、一冊の大きさは縦八インチ（約二十センチ）、横五インチ（約十二・五センチ）である。タイプされたもともとのページをゼロックスで三十パーセント縮尺したため、やや読みにくくはなったが、持ち運びは格段にしやすくなった。

だが、西海岸で多くの熱心な質問者に出会ったことから予測されたとおり、噂はどんどん広まって、百セットは瞬く間になくなってしまう。もう百セット追加したが、それが届く前にさらに百セットを注文しなければならないほどだった。

その間、ジュディは『奇跡のコース』の用語にいくつかわからないものがあるので用語解説集が欲しいと思い、ヘレンに〈内なる声〉に聞いてみてくれないかと頼む。ヘレンは「これまでと同じような分量ならば聞きたくない」と乗り気ではなかったが、結局、十一の用語に関する解説集を九週間弱で書き取った。これは後に、「教師のためのマニュアル」に加えられることになる。

まず覚悟を決めなさい

三百セットを注文した直後から、当然のことだが、「もっと大規模な商業的出版をしないか」という誘いが次々と舞い込むようになった。四人としても、いままでのような形で本を作っていても、学びたいという人々の要望にはこたえられないことはわかっていたし、内容にふさわしいハードカバーでの出版を希望していた。しかし、版元はなかなか決められなかった。

そのころには、ヘレンだけでなく他の三人も含めて、みながそれぞれの内面に尋ね、どのような声を受け取ったかを話し合って『奇跡のコース』に関する方針を決定していた。いくつもの業者について〈内なる声〉に尋ねたが、決まって全員が否定的な反応を受け取っていたため、本格的な出版に踏み切ることはできなかったのだ。

一九七六年の二月には、三回目の百セットも注文だけでなくなってしまった。また同じ形で百セットを注文すべきかどうか尋ねたところ、全員が「ノー」というメッセージを受け取った。しかし、発行者は決まらない。そこで、「誰が出版するのが良いか」と質問してみることにすると、四人のうちヘレンだけが答えを受け取った。それは「『奇跡のコース』だけを専門に扱う版元」というものであった。そしてその版元とは、ジュディが運営している超心理学研究協会だというのである。

しかし、ジュディは言下に否定した。ハードカバーでの本格的な出版には莫大なお金がかかるが、夫と二人だけでやっている非営利団体にはとてもそのような資金はないと考えたからだ。するとヘレンは、今度はそれぞれの内面に「お金はどこからやって来るのか」を質問してみようと提案する。

答えを受け取ったのはジュディだけだった。それは、「まず覚悟を決めなさい」というものであった。

すぐさま、ジュディは頭の中で自分の貯蓄残高を計算したという。そして、この出版事業のために全額を投入すると誓った。そのうえで、決意を他の三人に告げたのである。

ジュディの夫ボブは、『奇跡のコース』の「テキスト」を六十二ページまで読んだところで、それ以上読み進める気を失っていたにもかかわらず、帰宅後、妻からその日の話を聞かされたとき、即座に彼女の決意を助けようと思ったという。夫婦の覚悟は決まったわけである。

さて、翌朝のことだ。メキシコのリード・エリクソン（エリック）という人物からジュディに電話がかかってきた。エリックはエリクソン教育協会（Erickson Educational Foundation）の創設者であり、そこにはジュディの友人ゼルダが働いていた。しかし、ジュディもボブも彼に会ったのは一度きりで、それも二年も前のことだった。

珍しい人から電話があったものだと驚いていると、エリックは、数ヵ月前にゼルダから『奇跡のコース』のコピーを受け取ったと話した。そして、それを読んで以来、人生がまるで変わってしまったし、いまでは友人と共に研究グループまでつくっていることをジュディに伝えたかったというのだ。そのうえで、「この本は是非ともハードカバー版で、きちんと出版すべきだ」と提案してきた。ジュディが、自分たちとしてももちろんそうしたいのだけれど、資金面で難しいのだと答えると、エリックは次のように言ったのである。「よくわかってないみたいだね、ジュディ。僕は最近、財産の一部を処分するよう導きを受けた。その収益を、ハードカバー版『奇跡のコース』の初刷五千部の資金にあてたいと思っているんだ」

驚いたジュディはすぐにヘレンとビルに電話した。すると、ビルはこう言ったという。

「ほらね、奇跡にできないことなんてないだろう」

それは、『奇跡のコース』に記された重要なテーゼの一つであった。

こうして超心理学研究協会（Foundation for Parasensory Investigation）は『奇跡のコース』の発行元としてファウンデーション・フォー・インナー・ピース（Foundation for Inner Peace）と名を改め、ハードカバー版は一九七六年六月二十六日に出版された。その後の反響はあらためて言うまでもないが、販売促進のための広告はいっさい行っていないにもかかわらず、『奇跡のコース』は現在までに十七ヵ国語に翻訳され、全世界で累計一五〇万部以上を売り上げているという。さらに数ヵ国語での翻訳計画が進行中である。

奇跡は自然なものである

ジュディとケンはその後、『奇跡のコース』の教えをひろめる役割を進んで担い、講演なども積極的に行っている（ケンは一九八三年、ファウンデーション・フォー・ア・コース・イン・ミラクルズ［Foundation for A Course in Miracles］を設立し、さまざまな教育・啓蒙プロジェクトを展開する）。その一方で、ビルとヘレンは

左から、ケネス・ワプニック、ジュディス・スカッチ、
ヘレン・シャックマン、ウィリアム・セットフォード

『奇跡のコース』とのかかわりにだんだんと興味を失っていったという。とくにヘレンは、自分と『奇跡のコース』とが結びつけられることに対する恐怖をいつまでたっても払拭できず、その教えに関心をもつ人々との交流の場にもあまり出たがらなかった。

これは「恐れるべきものなど何もない」という『奇跡のコース』の根本的な教えに反するものであり、ときにその「不徹底さ」がヘレン個人の人格的問題との関連で論じられたりすることもある。しかし、いくつかの関係者の証言によれば、ヘレンが厭わしく思っていたのは、世間の関心が『奇跡のコース』の内容ではなく彼女自身に向いてしまうことだったともいう。つまり、真摯な思いから問いかけてくる人がいる一方で、やはり「特別な体験をした、特別な能力をもつ女性について知りたい」という思いに凝り固まった人もたくさんいることに戸惑いをおぼえていたわけである。そして、このような証言のほうが、私たちとのかかわりで考えれば重要な意味をもつのではないかと思われる。

「奇跡の女性」に夢中になってしまう人々は、『奇跡のコース』の「奇跡は自然なもので、奇跡が起きていないならかえって何か問題がある」という原則を信じていないことになるだろう。つまり、奇跡はごく一部の特別な人だけが体験するもの、自分とは遠いものと思い込んでいるわけだ。これでは、『奇跡のコース』の精神に忠実であろうとする立場からすれば、本末転倒ということになるはずだ。

ここまで、ヘレンとその友人たちに起こった話を紹介してきた。それはやはり、私たちの多くにとって驚くべきものと言ってよいだろう。しかし、それは誰にも起こる奇跡の一例としてとらえるべきものであって、本当に意味があるのは私たち自身が体験する奇跡であり、その奇跡によって私たち自身が得るものなのだと、改めて肝に銘じる必要があるのかもしれない。

ナチュラルスピリット編集部　記

『スターピープル』第22号（二〇〇七年七月刊）より転載（表記修正）

【年 表】

1958 年　前半　ヘレン・シャックマンとウィリアム・セットフォードが出会う。

1965 年　6 月　ビルがヘレンに「もっと別のやり方があるはずだ」と告げる。

6 月～ 10 月　ヘレン、神秘的な体験をする。

1965 年　『奇跡のコース』の書き取りが始まる（1972 年まで）。

1965 年　10 月 21 日～ 1968 年 10 月 10 日：「テキスト」

1969 年　5 月 26 日～ 1971 年 2 月 18 日：「学習者のためのワークブック」

1972 年　4 月 12 日～ 1972 年 9 月 7 日：「教師のためのマニュアル」

1972 年　11 月 25 日　ビルとヘレン、ケネス・ワプニックと出会う。

1973 年　後半　編集作業始まる（1975 年前半まで）。

1975 年　5 月 29 日　ジュディス・スカッチがチームに加わる。

1975 年　夏から秋にかけて　最初の 300 セット配本される。

1975 年　9 月～ 12 月　「用語解説集」の書き取りが行われる。

1976 年　6 月　ハードカバー版が出版される。

1981 年　2 月 9 日　ヘレン死す。享年 71 歳。

1988 年　7 月 4 日　ビル死す。享年 65 歳。

【主要参考文献】

JOURNEY WITHOUT DISTANCE: Robert Skutch
The story behind A COURSE IN MIRACLES
Foundation for Inner Peace, 1984.

ABSENCE FROM FELICITY: Kenneth Wapnick, Ph. D,
The story of Helen Schucman and her scribing A COURSE IN MIRACLES
Foundation for A Course in Miracles, 1991.
（邦訳『天国から離れて』中央アート出版社刊）

Foundation for Inner Peace のウェブサイト：www.acim.org/
Foundation for A Course in Miracles のウェブサイト：www.facim.org/

【奇跡のコース　関係者プロフィール】

◈ **ヘレン・シャックマン** *Helen Schucman*

1909年7月14日～1981年2月9日
非宗教的なユダヤ系の両親の元にニューヨークで生まれる。40代の終わりに心理学の博士号を取得。1958年ニューヨークにあるコロンビア・プレスビテリアン病院の心理療法部門の職を得る。ここでウィリアム（ビル）・セットフォードと出会う。1965年、神秘的な体験をする。またこの年から1972年までイエス・キリストと思われる存在からの内なる声により『奇跡のコース』の書き取りが行なわれる。1972年、ヘレンとビルは、ケネス・ワプニックと出会う。1976年、『奇跡のコース』出版。他に詩集『The Gifts of God』などもある。享年71歳。

◈ **ウィリアム・セットフォード** *William Thetford*

1923年4月25日～1988年7月4日
アメリカ、イリノイ州シカゴに生まれる。コロンビア大学医療心理学準教授。1958年、ヘレン・シャックマンと出会う。1965年から始まるヘレンの『奇跡のコース』の書き取りに協力する。享年65歳。

◈ **ケネス・ワプニック** *Kenneth Wapnick*

1942年、ニューヨークのブルックリン生まれ。心理学者。ヘレン・シャックマン、ウィリアム・セットフォードと共に『奇跡のコース』の編集に携わった。「ファウンデーション・フォー・ア・コース・イン・ミラクルズ（FACIM）」の代表を務め、『奇跡のコース』の教育、普及に活躍する。2013年逝去。

◈ **ジュディス・スカッチ（現 ウィットソン）** *Judith Skutch*（*current Whitson*）

ジュディス・スカッチ（現ウィットソン）は幼少期からの神秘体験に加え、秀でたサイキック能力をもつ娘を授かる。当時の家は超能力者及び研究者のサロンとなり、ユリ・ゲラーや、ジェリー・ジャンポルスキーともこの頃から親交を深める。1975年、ヘレン・シャックマンとの出会いを経て『奇跡のコース』に関わることになる。現在、「ファウンデーション・フォー・インナーピース」代表。

◈ ファウンデーション・フォー・インナーピース（内なる安らぎのための財団）
Foundation for Inner Peace

1972年、ニューヨークでジュディスと当時の夫のロバート・スカッチによって設立された非営利団体。当初は、Foundation for ParaSensory Investigation（超心理学研究協会）という名で超心理学に関する学術的研究を行っていたが、ヘレン・シャックマンとの劇的な出会いを経て、『奇跡のコース』を出版。現在は場所をカリフォルニアに移し、もと夫妻だった2人にジュディスの現夫、ウィリアム・ウィットソンも加え、3人で組織を運営している。コースを各国語に訳して出版する際の綿密なチェックも活動のひとつである。

http://acim.org/

◈ ファウンデーション・フォー・ア・コース・イン・ミラクルズ
Foundation for A Course in Miracles

1983年にニューヨークで、ケネス＆グロリア・ワプニックによって始められた。『奇跡のコース』の学習と実践を通したスピリチュアルな成長とコースを教え、個々人の人生でコースの原理の活用に興味をもつことを助けることを目的としている。現在はカリフォルニアのテムキュラ（Temecula）に移転し、『奇跡のコース』についてのワークショップ、クラス、たくさんの書籍やテープを提供している。

http://www.facim.org/

【翻訳者プロフィール】

◈ **大 内　博**（おおうち ひろし）

元玉川大学文学部教授。

特定非営利活動法人ヴァーチューズ・プロジェクト・ジャパン理事長。

福島県生まれ。上智大学外国語学部英語学科卒業後、アメリカ政府の東西文化交流センター留学生としてアメリカに留学。ハワイ大学で第２言語としての英語教授法修士課程修了。

数々のスピリチュアルな書籍の翻訳を手がけ、新しいジャンルの精神文化を日本に紹介。著書に『コミュニケーションの英語』（講談社）、『言葉の波動で生き方が変わる』（大和出版）ほか。訳書に『それでもなお、人を愛しなさい』（早川書房）、『ゆるすということ』（サンマーク出版）、『プレアデス＋かく語りき』『愛への帰還』『ウエティコ・神の目を見よ』『光の翼』『ヴァーチューズ・プロジェクト 52の美徳 教育プログラム』『終わりなき愛』（太陽出版）、『生命の贈り物』『聖なる愛を求めて』『ホワイト・イーグル ヒーリング コンパクトブック』（ナチュラルスピリット）など多数。

本の翻訳、執筆活動や、ジャネット夫人と共に「安らぎのワークショップ」やヴァーチューズ・プロジェクト関係のワークショップを開催。

2013年2月14日帰天。

http://www.mfi.or.jp/hiroshi/

奇跡のコース
第一巻　テキスト

●

2010年11月28日　初版発行
2014年6月30日　普及版第一刷発行
2017年4月4日　普及版第二刷発行
2022年11月11日　普及版第三刷発行

記／ヘレン・シャックマン
編／ウィリアム・セットフォード、ケネス・ワプニック
訳／大内 博
装幀／鈴木 衛（東京図鑑）
編集・DTP／畑中直子

発行者／今井博揮
発行所／株式会社 ナチュラルスピリット
〒101-0051 東京都千代田区神田神保町3-2 高橋ビル2階
TEL 03-6450-5938　FAX 03-6450-5978
info@naturalspirit.co.jp
https://www.naturalspirit.co.jp/

印刷所／シナノ印刷株式会社

ISBN978-4-86451-122-3 C0011